БИЗНЕС-СЛОВАРЬ

Англо-русский и русско-английский

act
издательство ЮНВЕС
Москва
2003

УДК 334:811'374
ББК 65я2+81.2Англ-4
Б59

Составитель В.С. Сергеева

Воспроизведение данного издания любым способом,
полностью или частично, без договора
с издательством запрещается.

Бизнес-словарь: Англо-русский и русско-английский / Сост. В.С. Сергеева. — М.: ООО
Б59 «Издательство АСТ»; «ЮНВЕС» 2003. — 678, [10] с.

ISBN 5-17-005968-Х (ООО «Издательство АСТ»)
ISBN 5-88682-012-4 («ЮНВЕС»)

Двуязычный англо-русский и русско-английский бизнес-словарь издается в нашей стране впервые.
    Содержит более 50 000 терминов и терминологических словосочетаний, а также аббревиатуры и лексику, широко используемую в таких областях экономической деятельности, как промышленность, торговля, банковское и страховое дело, бухгалтерский учет, финансы и аудит, рекламное дело, сельское хозяйство, таможенное дело, морские перевозки, международные контакты, международное право и т.д.
    Включает многие термины и терминологические словосочетания, вошедшие в деловую лексику русского языка относительно недавно, но уже широко применяемые в бизнесе.
    В приложении приводятся образцы деловой корреспонденции, а также примеры составления финансовой документации на английском языке.

УДК 334:811'374
ББК 65я2+81.2Англ-4

© Издательство «ЮНВЕС», 2001

ПРЕДИСЛОВИЕ

- В современной жизни многим требуется быстрый и точный перевод тех или иных текстов, терминов, понятий в области бизнеса и смежных с ним сферах.

- Двуязычный англо-русский, русско-английский бизнес-словарь впервые издается в нашей стране.

- Словарь содержит более 50 000 терминов и терминологических словосочетаний и предназначен для широкого круга пользователей.

- Словарь содержит приложение: образцы деловой переписки и составление коммерческой корреспонденции и документации на английском языке.

- Словарь составлен на основе современной деловой лексики, современной коммерческой документации, международной бухгалтерской и финансовой документации, справочных и специальных изданий, лексикографических изданий, периодики.

- Словарь содержит термины, терминологические словосочетания, аббревиатуры и сопутствующую лексику, широко используемую в таких областях экономической деятельности как промышленность, торговля, банковское дело, страховое дело, бухгалтерский учет, финансы и аудит, рекламное дело, сельское хозяйство, таможенное дело, морские перевозки, международные контакты, международное право и т.д.

- В некоторых словарных статьях в скобках дается толкование специальных терминов, используемых в деловой лексике, что окажет существенную помощь пользователю. Например:
  assosiated company ассоциированная компания (*такая компания, в которой группа компаний имеет долю участия и оказывает влияние на ее деятельность и финансовую политику*)
  или:
  barratry баратрия (*намеренные действия капитана или команды, направленные в ущерб судовладельцу или грузовладельцу*)

- В словарь включены многие термины и терминологические словосочетания, вошедшие в деловую лексику русского языка в последние годы, но уже широко применяемые в бизнесе, например "фьючерсный рынок" и т.п.

- Словарь будет интересен, полезен и незаменим для всех, кто изучает или занимается бизнесом: для деловых людей, студентов, юристов, финансистов, журналистов, переводчиков, научных работников, специалистов в разных областях и т.п.

Все замечания и предложения просим направлять по адресу : 121096 Москва, а/я 425.

О ПОЛЬЗОВАНИИ СЛОВАРЕМ

Все словарные единицы расположены в алфавитном порядке.
Словарная статья имеет следующий порядок:
1. Заглавное слово
2. Перевод значения или значений заглавного слова. В случае многозначности, отдельные значения снабжены пометами, указывающими на область применения, стилистическую окраску.

Римской цифрой обозначены омонимы.
Отдельные значения обозначены арабскими цифрами.
Синонимы отделяются запятой, более существенные различия - точкой с запятой.
3. Свободные и устойчивые словосочетания даны в алфавитном порядке. То же относится к глагольным словосочетаниям.
4. Существительные даны в именительном падеже. Форма множественного числа обозначена тильдой (~) с окончанием множественного числа.
5. Прилагательные даны в форме единственного числа мужского рода.
6. Глаголы даны в форме несовершенного вида.
7. В примерах и фразеологии знак ~ (тильда) заменяет заглавное слово.

УСЛОВНЫЕ СОКРАЩЕНИЯ

Русские

Аббр. - аббревиатура
ав. - авиация
авто. - автомобильное дело
амер. - американизм
анат. - анатомия
бирж. - биржевые операции
брит. - английский термин
бух. - бухгалтерский термин
воен. - военное дело
вульг. - вульгаризм
геогр. - география
геол. - геология
горн. - горное дело
дипл. - дипломатический термин
ж.д. - железнодорожное дело
ист. - исторический термин
и т.п. - и тому подобное
какой-л. - какой-либо
кем-л. - кем-либо
крим. - криминальный термин
кто-л. - кто-либо
лат. - латинский
матем. - математика
мн.ч. - множественное число
мор. - морское дело

напр. - например
перен. - в переносном смысле
полигр. - полиграфический термин
полит. - политический термин
разг. - разговорное выражение
сленг. - сленг
см. - смотри
собир. - собирательный термин
страх. - страховой термин
с.х. - сельское хозяйство
тех. - технический термин
транс. - транспорт
тамож. - таможенное дело
фиг. - фигурально, в переносном смысле
фин. - финансовое дело
хим. - химический термин
чем-л. - чем-либо
что-л. - что-либо
экон. - экономический термин
юр. - юридический термин

английские

e.g. - for example
p.p. - past passive
pr.p. - present passive

АНГЛО-РУССКИЙ СЛОВАРЬ

A

A.B.C. название коммерческого кода
abacus счеты
abandon 1. несдержанность, самозабвение; 2. покидать, отказываться, прекращать; **to ~ an action** отказать в иске; **to ~ a suit** отказать в иске
abandonment абандон, оставление, отказ; **malicious ~ of child** злостное оставление ребенка; **malicious ~ of family** злостное оставление семьи; **~ by one spouse of the other** оставление одного из супругов другим; **~ of action** отказ от иска; **~ of a child** подкидывание ребенка; **~ of encumbered property** оставление обремененного ипотекой имущества; **~ of indemnity** отказ от возмещения; **~ of property** отказ от имущества; **~ of ship** оставление погибающего корабля; **~ of suit** отказ от иска; **~ of usufruct** оставление за собой узуфрукта
abbreviate сокращать
abbreviation сокращение
abdicate отрекаться, отречься; **to ~ the throne** отрекаться от престола
abdication отречение; **~ of the throne** отречение от престола
abduct похищать
abduction похищение
abetting, aiding and ~ пособничество
abettor пособник

ability способность; **competitive ~** конкурентная способность; **payment ~** платежная способность
able способный
able-bodied работоспособный, трудоспособный
abolition отмена
abortion аборт; **criminal ~** наказуемый аборт; **self-~** аборт произведенный самой беременной; **to perform an ~** произвести аборт; **~ performed by the subject** аборт произведенный самой беременной; **~ performed by a third party** аборт произведенный другим лицом
above 1. выше, свыше; **~ 500 tons** свыше 500 тонн; 2. выше; **as stated above** как указано выше; 3. названный выше, указанный выше; **the above price** указанная выше цена; 4. **the above** изложенное выше, вышеизложенное
abnormal shrinkage убыль, усушка сверх норм
abnormal spoilage брак, порча сверх норм
abrogate расторгать, расторгнуть
abrogation отмена, расторжение
absence неимение, отлучка, отсутствие; **in one's ~** заочно; **premeditated ~** преднамеренное отсутствие; **~ of guilt** отсутствие вины; **~ of liability** отсутствие ответственности; **~ without leave (AWOL)** самовольная отлучка
absence отсутствие; **in the absence of** в отсутствие (или в случае отсутствия) кого-л.
absent отсутствующий; **to be ~** отсутствовать; **~ without leave (AWOL)** в самовольной отлучке
absenteeism абсентеизм, неявка на работу, прогул
absolutism абсолютизм; **enlightened ~** просвещенный абсолютизм
absorbed overhead costs величина накладных расходов, включенных в себестоимость
absorbtion rate нормативная ставка накладных расходов
abstain воздерживаться
abstract автореферат *(of document)*, выписка; **~ from the registry** выписка из реестра
abundance изобилие
abuse злоупотребление; **~ of authority** злоупотребление властью; **~ of an invention** злоупотребление изобретением; **~ of office** злоупотребление служебным положением; **~ of privileges** злоупотребление привилегиями; **~ of a right** злоупотребление правом; **~ of trademark** злоупотребление товарным знаком
abusive оскорбительный
academy академия; **~ of International Law** Академия международного права
accelerated ускоренное накопление; **capital ~** накопление капитала; **nonproductive ~** непроизводственное накопление; **productive ~** производственное накопление; **substan-**

tial ~ существенные накопления; ~ **of funds** накопление денежных средств; ~ **of stocks** создание запасов; ~ **cost recovery system (ACRS)** *(амер.)* система ускоренного восстановления стоимости основных средств; ~ **depreciation methods** методы ускоренного начисления износа

accept акцептовать, принимать *(a negotiable instrument, etc.)*

acceptability приемлемость

acceptable приемлемый

acceptance 1. акцепт; приемка, принятие, тратта, акцептование; 2. акцепт, акцептованная тратта; 3. приемка; **act of** ~ акт о принятии; **bank** ~ банковский акцепт; **conditional** ~ условный акцепт; **notice of** ~ авизо об акцепте; **partial** ~ частичный акцепт; **positive** ~ положительный акцепт; **preliminary** ~ предварительный акцепт; "**present for** ~" "предъявить для акцепта"; **qualified** ~ ограниченный акцепт; **silent** ~ молчаливый акцепт; **subsequent** ~ последующий акцепт"; **unconditional** ~ безоговорочное принятие, безусловный акцепт; **uncovered** ~ вексель, акцептованный без покрытия; **warehouse** ~ принятие на хранение товарным складом; ~ **against documents** акцепт против документов; ~ **certificate** акт приемки; ~ **for safe deposit** прием на хранение; ~ **in blank** бланковый акцепт; ~ **into the U.N.** прием в ООН; ~ **of a bill** акцепт счета; ~ **of a bill of exchange** акцепт векселя; ~ **of a bribe** получение взятки; ~ **of cargo** получение груза; ~ **of a check** принятие чека; ~ **of commercial documents** акцепт коммерческих документов; ~ **of a draft** акцепт тратты; ~ **of goods** сдача-приемка; ~ **of risk** принятие риска; ~ **under condition** принятие под условием

acceptor акцептант

access допуск, доступ; **complete** ~ полный доступ; **free** ~ свободный доступ; **market** ~ доступ к рынкам; **product** ~ **to the market** допуск продукции на рынок; **to gain** ~ **to** получить допуск к; **to have** ~ **to** иметь допуск к; **unobstructed** ~ беспрепятственный доступ; ~ **to natural resources** доступ к источникам сырья; ~ **to the pavilion** доступ в павильон

accessible доступный

accession акцессия; **instrument of** ~ акт о присоединении; ~ **to a convention** присоединение к конвенции

accessories принадлежности

accessory принадлежность, соучастник; ~ **to a crime** соучастник преступления

accident аварийное происшествие, авария, несчастный случай; ~ **rate** аварийность; **insured accident** страховой случай

accidental случайный

accommodate ~ помещать, приспособлять

accommodation помещение, приспособление, ссуда; **(loan) price** ~ приспособление цен

accompanied сопровождаться (чем-л. ~ **by**)

accompany сопровождать

accomplice соучастник

accomplish совершать, выполнять

accomplish осуществлять, осуществить, совершать

accomplishment достижение, осуществление, совершение; ~ **of a deal** совершение сделки

accord I согласие; **to** ~ соответствовать

accord II оказывать; **to accord assistance** оказывать помощь

accordance соответствие; **in accordance with** в соответствии с; **in** ~ **with legislation** в соответствии с законодательством; **in** ~ **with your request** в соответствии с Вашей просьбой

according to 1. согласно; **according to your request** согласно вашей просьбе; 2. в зависимости от; **according to the circumstances** в зависимости от обстоятельств

accordingly соответственно, соответствующим образом

account описание, отчет, счет; **bank** ~ банковский счет; **bilateral** ~ двухсторонний счет; **blocked** ~ блокированный счёт; **budget** ~ бюджетный счёт; **call** ~ онколь; **capital** ~ капитальный счёт; **checking** ~ текущий банковский счёт; **clearing** ~ безналичный расчет, клиринговый счёт; **closing** ~ сводный счёт; **consolidated** ~ консолидированный счёт; **convertible** ~ конвертируемый счёт; **correspondent** ~ корреспондентский счёт; **current** ~ текущий счёт; **demand** ~ онколь; **deposit** ~ авансовый счёт, депозитный счёт; **domestic** ~ внутренний счёт; **external** ~ внешний счёт; **foreign** ~ иностранный счёт; **foreign exchange** ~ валютный счёт; **freight** ~ счёт за фрахт; **governmental** ~ государственный счёт; **investment** ~ инвестиционный счёт; **joint** ~ общий счёт; **loan** ~ ссудный счёт; **non-interest bearing** ~ беспроцентный счёт; **on** ~ в счёт; **personal** ~ лицевой счёт; **postal** ~ почтовый счёт; **registered** ~ регистрированный счёт; **reserve** ~ резервный счёт; **separate** ~ отдельный счёт; **settlement** ~ расчетный счёт; **special** ~ особый счёт; **to** ~зачитывать, зачесть; **to ~ for** учитывать; **to call to** ~ привлекать к участию в деле; **to overdraw an** ~ превышать кредит; **to block an** ~ блокировать счёт; **to close an** ~ закрыть счёт; **to deposit into an** ~ внести в счёт; **to give an** ~ **of** отчитываться; **to open an** ~ открыть счёт; **to take into** ~ принимать во внимание, учитывать; **to unblock an** ~ деблокировать счёт; **transferrable** ~ переводный счёт; ~ **of events** изложение

account: to account for something объяснять что-л
account balance сальдо счета
accountability подотчётность; **property** ~ имущественная ответственность
accountable подотчётный
accountancy бухгалтерский учет как профессиональная деятельность
accountant бухгалтер; **chief accountant** главный бухгалтер; **certified public** ~ аудитор; **chief** ~ главный бухгалтер; **cost** ~ бухгалтер-калькулятор; **accountant's report** аудиторское заключение
accounting бухгалтерский учёт, счетоводство; **cost** ~ учёт производственных затрат, хозрасчёт, хозрасчётная деятельность, хозрасчётный; ~ **cycle** учётный цикл; **economic** ~ **system** система хозрасчёта; ~ **education** бухгалтерское образование; **full-scale cost** ~ полный хозрасчёт; **intra-system cost** ~ внутрисистемный хозрасчёт; ~ **measurement** измерители в учете; **money** ~ денежный учёт; **profit and loss** ~ хозяйственный расчёт; ~ **records** учетная документация; ~ **standards** стандарты бухгалтерского учета; **routine** ~ оперативный учёт; **statistical** ~ статистический учёт; **to operate on a cost** ~ **basis** быть на хозрасчёте; **to transfer to cost** ~ переводить хозрасчёт; **work on a cost** ~ **basis** работа на базе хозрасчёта; ~ **of national income** баланс национального дохода; ~ **practices** методы бухгалтерского учёта; ~ **records** бухгалтерский счёт; **International** ~ **Standarts Committee - IASC** комитет по международным бухгалтерским стандартам; ~ **information system (AIS)** система обработки учетных данных

accredit аккредитовать
accreditation аккредитация, аккредитование
accredited аккредитованный
accrual накопление; ~**s** начисления; **interest** ~ **formula** формула начисления процентов; ~ **of interest** накопление процентов
accrue накапливаться, нарастать
accrued накопившийся, наросший; ~ **expenses** начисленные расходы; ~ **liabilities** начисленная кредиторская задолженность; ~ **revenue** начисленный доход
accumulate накапливать, нарастать
accumulated наросший
accumulation аккумуляция, накопление, наращивание
accuracy правильность, точ-

ность; **maximum** ~ максимальная точность; **possible** ~ возможная точность; **required** ~ необходимая точность
accurate правильный
accurately точно
accusation обвинение; **to bring an ~ against** выдвигать, выдвинуть обвинение против + g.
accusatorial обвинительный
accuse обвинять, обвинить; **he was ~d of steaming** его обвинили в краже
accused подсудимый, обвиняемый
accuser обвинитель
accustom приучать
accustomed обычный, привычный
ace очко, туз; **within an ~ of ...** на волосок от...
acetic уксусный; ~ **acid** уксусная кислота
achieve ~ достигать
achieved достигнутый
achievement достижение; **economic ~s** экономические достижения; **latest ~s** новейшие достижения; **level of ~s** уровень достижений; **scientific and technological ~s** достижения науки и технологии; **technical ~s** технические достижения; **to reflect ~s** отражать достижения
acknowledge 1. подтверждать, подтверждать получение; **we acknowledge (the) receipt of your letter** подтверждаем получение вашего письма; 2. признавать, признать
acknowledgment признание; **death-bed ~** посмертное признание;' **direct ~** прямое подтверждение; **implied ~** подразумеваемое подтверждение; **mutual ~** взаимное признание; ~ **of annexation** признание аннексии; ~ **of a debt** признание долга; ~ **of illegitimate child** признание внебрачного ребёнка; ~ **of independence** признание независимости; ~ **of maternity** признание материнства; ~ **of paternity** признание отцовства; ~ **of signature** признание подписи; ~ **with reserve** признание с оговоркой
acquaint знакомить; **to acquaint oneself with...** знакомиться с ...
acquire получать, приобретать, усваивать; ~ **a habit** усвоить привычку; ~ **a language** овладеть языком
acquiesce соглашаться, согласиться; ~ **in** соглашаться, согласиться с
acquiescence согласие, уступчивость, податливость
acquiescent уступчивый, податливый
acquisition получение, приобретение; **advantageous ~** преимущественное приобретение; **good faith ~** добросовестное приобретение; **joint ~** совместное приобретение; **original ~** первоначальное приобретение; **paid ~** возмездное приобретение; **sham ~** мнимое приобретение; **territorial ~** территориальное приобретение; **unpaid ~** безвозмездное приобретение; ~ **by prescription** приобретение по давности; ~ **of citizenship by marriage** приобретение гражданства по браку; ~ **of citizenship by parentage** приобретение гражданства по усыновлению; ~ **of citizenship** приобретение гражданства; ~ **of community property (by marriage)** приобретение супружеской общности; ~ **of property** приобретение имущества; ~ **of right** приобретение права; ~ **of right of property** приобретение права собственности
acquit оправдать
acquittal оправдание, оправдательный приговор
acquittance расписка об уплате долга
acre акр
act I 1. акт, действие, поступок; 2. договор, закон, акт; ~ **of God** действие непреодолимой силы, форс-мажор; **action in ~** иск из договора; **arbitral ~** акт об арбитраже, арбитражный акт; **as per ~** согласно договору; **breach of ~** нарушение договора; **broker's ~** агентский договор; **buy-sell ~** договор купли-продажи; **by ~** по договору; **civil law ~** гражданско-правовой договор; **collective ~** коллективный акт; **commercial ~** коммерческий акт; **conclusive ~** заключительный акт; **consignment ~** договор консигнации; **constitutional ~** конституционный акт; **consular ~** консульский акт; **diplomatic ~** дипломатический акт;

disputed ~ оспоримое действие; enabling ~ акт об установлении права; evidentiary ~ доказательственный акт; extra-judicial ~ внесудебный акт; formal ~ формальный акт; freight ~ договор о фрахтовании судна; general freight ~ генеральный договор о фрахтовании судна; government ~ постановление правительства; hostile ~ враждебный акт; illegal ~ незаконный акт, незаконный договор; illegal ~s противоправные действия; indemnity ~ договор гарантии от убытков; individual ~ индивидуальный акт; internal government ~ внутригосударственный акт; judicial ~ юридический акт; juridical ~ юридическое действие; lawful ~ правомерное действие; legal ~ правовой акт; legislative ~ законодательный акт; marine insurance ~ договор морского страхования; marine tug ~ договор морской буксировки; monopoly ~ монопольный договор; multilateral ~ многосторонний акт; navigation ~ акт навигации, навигационный ак; normative ~ нормативный акт, подзаконный акт; obligations under ~ обязательства по договору; obligatory ~ обязательный акт; official ~ официальный акт, служебный акт; optional ~ факультативный акт; penalty for non-performance of an ~ штраф за невыполнение договора; performance of an ~ выполнение договора; preliminary ~s предварительные действия; private ~ частный акт; procedural ~ процессуальный акт; separate ~ отдельный закон; shipping ~ акт о судоходстве; supplementary ~ дополнительный акт; to be bond by ~ быть связанным договором; to breach an ~ нарушать договор; to draw up an ~ оформлять договор; to extend an ~ продлеать договор; to perform under an ~ выполнять договор; to sign an ~ подписывать договор; uncompleted executory ~ незавершенный договор; under an ~ по договору; unfriendly ~ недружественный акт; unilateral ~ односторонний акт, одностороннее действие; voidable ~ оспоримый договор; ~ in the line of duty служебный акт; ~ of affreightment договор морской перевозки; ~ of civil nature акт гражданского состояния; ~ of employment договор о найме; ~ of guarantee договор о поручительстве; ~ of jurisdiction акт юрисдикции; ~ of parlament акт парламента, парламентский акт; ~ of state акт правительства, государственный акт; ~ of tenancy договор об аренде помещения

act II действовать, работать, выступать
acting договаривающийся (parties etc.)
action дело, иск, мероприятие; судебный процесс; to bring an ~ возбудить судебный процесс; authorized ~ санкционированное действие; dismissal of legal ~ прекращение дела; enforcement ~s принудительные действия; legal ~ судебный иск; obligatory ~s принудительные действия; official ~ официальное действие; personal ~ личный иск; plan of ~ план мероприятий; possessory ~ поссесорный иск; prejudicial ~ действие наносящее ущерб; prior to ~ до начала действий; probate ~ иск о наследстве; public ~ публичный акт, публичный иск; real property ~ иск о недвижимости; recourse ~ регрессный иск; repeated ~s многократное действие; summary ~ суммарное действие; to bring an ~ возбуждать дело, возбудить иск, вчинить иск, подать в суд, предъявить иск; to bring an ~ against возбуждать действие против, привлечь к суду; to initiate an ~ against начать дело против; to prevent ~ предупреждать действия; to require ~s требовать действий; to take ~ предпринимать действия; to win an ~ выигрывать дело; to withdraw an ~ отказаться от иска; tort

~ иск о деликтной ответственности; **unfair competition** ~ иск о недобросовестной конкуренции; **urgent** ~ срочное действие; **warranty** ~ иск о гарантии; ~ **at law** исковое требование, судебный иск; ~ **for damages** иск о возмещении убытков; ~ **for divorce** иск о разводе; ~ **for an injunction** исполнительный иск; ~ **for partition** иск о разделе; ~ **for personalty** иск о движимом имуществе; ~ **in rem** вещный иск; ~ **to enforce judgment** иск о приведении в исполнение решения; ~ **to settle a boundary dispute** иск о размежевании

active действующий

activity деятельность; **advertising** ~ рекламная деятельность; **agent's** ~ деятельность агента; **business** ~ деловая деятельность, торгово-промышленная деятельность; **commercial** ~ коммерческая деятельность; **creative** ~ творческая деятельность; **diversification of** ~ диверсификация деятельности; **diversified** ~ многообразная деятельность; **economic** ~ хозяйственная деятельность, экономическая деятельность; **external economic** ~ внешэкономическая деятельность; **financial** ~ финансовая деятельность; **financial and economic** ~ финансово-хозяйственная деятельность; **foreign trade** ~ внешнеторговая деятельность; **joint** ~s совместные действия, совместная деятельность; **labor** ~ трудовая деятельность; **licensed** ~ лицензионная деятельность; **nature of** ~ характер деятельности; **past** ~ прошлая деятельность; **practical** ~ практическая деятельность; **primary** ~ основная деятельность; **procurement** ~ закупочная деятельность; **production** ~ производственная деятельность; **promotional** ~ мероприятия стимулирования сбыта; **related** ~ относящаяся деятельность; **resumption of** ~ возобновление деятельности; **site of** ~ место деятельности; **to coordinate** ~ координировать деятельность; **to direct** ~s руководить действиями; **to discuss** ~ обсуждать деятельность; **to expand** ~ расширять деятельность; **to increase** ~ активизировать деятельность; **to resume** ~ возобновлять деятельность; **to supervise** ~ купировать деятельность; **to suspend** ~ приостанавливать деятельность; **trade** ~ торговая деятельность; **vigorous** ~ активная деятельность

actual договорный; фактический, действительный; подлинный; существующий, текущий, настоящий; **in** ~ **fact** в действительности; **those were his** ~ **words** это его подлинные слова; ~ **time of arrival** фактическое время прибытия; **the** ~ **state of affairs** действительное положение дел; ~ **strength** наличный состав

actuality действительность, реальность, актуальность

actually фактически, действительно, в сущности, на самом деле, собственно говоря

actuary актуарий

acumen сообразительность, проницательность

ad реклама; **newspaper** ~ газетное объявление

adapt приспособлять

adaptation адаптация, приспособление; **economic** ~ экономическое приспособление

add добавлять, прибавлять; набавлять, присоединять

addendum аддендум, добавление, дополнение, приложение; **in the form of** ~ в виде дополнения

addition дополнение, добавление, присоединение; **in addition** вдобавок, кроме того

additional добавочный, дополнительный; ~ **finance** выделение дополнительных средств; ~ **service** сверхсрочный; ~ **payment** доплата

additionally дополнительно

address адрес, обращение; **business** ~ место нахождения; **business** ~ **of a firm** местонахождение фирмы; **forwarding** ~ проводительный адрес; **home** ~ домашний адрес; **postal** ~ почтовый адрес; **telegraph** ~ телеграфный адрес; **to** ~ направлять; **welcoming**

~ приветственное обращение
addressee адресат
addresser адресант
adequacy соответствие
adequate достаточный
adequate соответствующий; достаточный
adherent сторонник; ~ **of free trade** сторонник свободной торговли; ~ **of neutrality** сторонник нейтралитета
adhesion адхезия, обязательное присоединение; **contract of** ~ договор адхезии; **instrument of** ~ акт о присоединении
adjacent смежный
adjunct адъюнкт, придаток
adjust уточнять; регулировать; приспособлять
adjust ~ корректировать, налаживать, урегулировать; **to ~ prices** корректировать цены
adjusted урегулированный; **seasonally** ~ с учетом сезонных колебаний
adjuster диспашер, монтер; **bureau of average ~s** бюро диспашеров; **foreign average** ~ иностранный диспашер; **senior average** ~ старший диспашер
adjustment корректировка, корректировочный, наладка, регулирование, урегулирование; уточнение; расчет; **average adjustment** см. **average**; **claim** ~ определение страхового возмещения; **general average** ~ распределение общей аварии; **interest rate ~s** регулирование нормы процента; **price** ~ урегулирование цен; **seasonal** ~ корректировка на сезонные колебания; **statistical** ~ статическая корректировка; ~ **instructions** инструкции по наладке; ~ **period** период наладки
administration администрация, ведомство, правительство (e.g. as of a U.S. president); **aviation** ~ авиационное ведомство; **bureaucratic** ~ администрирование; **central** ~ центральная администрация; **civil** ~ гражданская администрация; **colonial** ~ колониальная администрация; **international** ~ международная администрация; **local** ~ местная администрация; **military** ~ военная администрация; **patent** ~ патентное ведомство; **penal** ~ тюремная администрация; **ports** ~ администрация портов; **postal** ~ почтовая администрация; **property** ~ администрация над имуществом; **railway** ~ железнодорожное ведомство; **special riparian** ~ специальная речная администрация; **tax** ~ налоговое ведомство; **tax-collection** ~ взимающая администрация; ~ **of international development** администрация международного развития; ~ **pro tempore** временная администрация
administrative административный, руководящий, управленческий; **by ~ means** в административном порядке
administrator администратор; **property** ~ администратор имуществ
admissibility приемлемость
admissible допустимый, приемлемый
admission признание; доступ; допуск, разрешение на участие; **act of** ~ акт признания; **extralegal** ~ внесудебное признание; **qualified** ~ квалификационное признание; **voluntary** ~ добровольное признание; ~ **of guilt** признание виновности; ~ **of liability** признание ответственности; ~ **to "on the exchange"** допуск к регистрации на бирже
admit признавать, пропустить; **to admit a claim** признать претензию справедливой
admittance допуск; ~ **to membership** прием в члены
admixture примесь; **foreign admixture** посторонняя примесь
adopt принимать
adopted заимствованный, приемный; ~ **child** приемыш
adoption принятие, удочерение (daughter), усыновление (son); ~ **of a child** удочерение (daughter), усыновление (son); ~ **of a law** принятие закона
adult взрослый, совершеннолетний
adulterer адюльтер
adulterous прелюбодейный
adultery прелюбодеяние
advance аванс, ссуда, улучшение; **bank** ~ банковское кредитование; **cash** ~ денежный аванс; **import**

~ импортный аванс; **in ~** досрочный, заблаговременный, заблаговременно; **monthly ~s on account** ежемесячное авансирование; **reimbursable ~** возместимый аванс; **to ~** авансировать, выдвигать, провозглашать, продвигать, ссужать, ссудить; **to grant an ~** предоставить аванс; **to transfer an ~** перечислить аванс; **~ against payments** аванс в счет платежей; **~ in guarantee** гарантийный аванс; **~ of funds** аванс фондов; **~ of funds on account** денежное авансирование; **~s on account** авансирование; **~ on expenses** аванс на расходы; **~ payment to suppliers** аванс поставщикам; **~ subject to refund** аванс подлежащий возврату

advance II 1. повышать(ся); повышаться в цене; 2. платить авансом; 3. давать ссуду

advance III 1. повышение; **advance in price** повышение в цене; 2. аванс; **freight advance** аванс фрахта; **in advance** заранее, предварительно; в качестве аванса; 3. ссуда

advancee авансодержатель

advantage выгода, преимущество; выгодно, хорошо; **equal ~** равная выгода; **financial ~** финансовая выгода; **general ~** общая выгода; **on the basis of mutual ~** на основе взаимной выгоды; **personal ~** личная выгода; **preferential ~s** преференциальные льготы; **principle of equal ~** принцип равной выгоды; **self-~** личная выгода; **to a mutual ~** к взаимной выгоде; **to be of mutual ~** представлять взаимную выгоду; **to recognize the ~** признавать выгоду; **to take ~ of** использовать с выгодой

advantageous выгодный; **to be ~** быть выгодным, приносить выгоду; **to turn out to be ~** оказаться выгодным

advent приход; прибытие, появление

adventitious случайный

adventure авантюра

adventurer авантюрист, искатель приключений; аферист, проходимец

adventurous смелый, предприимчивый; рискованный, авантюрный; опасный

adversary противник; враг; соперник

advertise рекламировать, помещать объявления

advertisement реклама, объявление

advice извещение, консультация, совет, уведомление; **collection ~** извещение об инкассо; **credit ~** уведомление о кредитовании; **debit ~** уведомление о дебетовании; **forwarding ~** уведомление об отправке; **legal ~** консультация юриста; **payment ~** платежное извещение; **railway ~** уведомление о прибытии на железнодорожную станцию; **remittance ~** уведомление о денежном переводе; **~ of sale** извещение о продаже; **shipping ~** уведомление об отгрузке; **under ~** при уведомлении; **~ by mail** почтовое извещение; **~ of payment** уведомление о платеже; **~ of readiness** уведомление о готовности

advisability целесообразность

advise 1. уведомлять, извещать; **to keep advised** держать в курсе, извещать; 2. советовать

advisor референт, советник; **economic ~** экономический советник; **financial ~** финансовый советник; **general ~** генеральный советник; **legal ~** юридический советник; **military ~** военный советник; **technical ~** технический советник; **trade ~** торговый советник

advisory консультативный, совещательный; **advisory services** обслуживание консультациями; консультации

advocate адвокат

aerospace воздушно-космическое пространство; авиационно-космический; **the ~ industry** авиационно-космическая промышленность

afar (off) вдалеке; **from ~** издали, издалека

affair дело; **current ~s** текущие дела; **domestic ~s** внутренние дела; **financial ~s** финансовые дела; **state of ~s** обстоятельства дела, положение дел; **to**

look into the ~ заниматься рассмотрением дела; **to put ~s in order** приводить дела в порядок; **to settle an ~** улаживать дело

affect влиять; действовать; **to affect something** влиять на что-л

affectation притворство

affection привязанность, любовь

affidavit афидевит, письменное показание; **to make, to swear ~** давать показания под присягой

affiliate присоединять; принимать в члены; **~d company** подконтрольная/дочерняя компания

affiliate филиал

affiliated дочерний; **~ enterprise** филиал предприятия

affinity свойство, склонность

affirm подтверждать

affirmation подтверждение

affix наклеивать; **to ~ a seal** накладывать пломбу, опломбировать; **to ~ a stamp** накладывать печать

affixing опломбирование, приложение; **~ of a (company) seal** приложение фирменной печати

afford оказывать; **to afford assistance** оказывать помощь

affreight фрахтовать

affreighter фрахтователь

affreightment фрахтование

afloat на плаву

afore-mentioned ранее упомянутый

after-tax после удержания налогов; **~ profit** прибыль за вычетом налога

against против; **to work ~** действовать в ущерб

agency агентство, орган, посредничество, посредство; **advertising ~** рекламное агентство, рекламное бюро; **central ~** центральное агентство; **commercial ~** торговое агентство; **consular ~** консульское агентство; **efficient ~** распорядительный орган; **exclusive ~** агентство с исключительными правами; **executive ~** исполнительный орган; **full service ~** агентство с полным циклом услуг; **government ~** государственный орган, правительственный орган; **insurance ~** страховая организация; **international ~** международное агентство, международный орган; **introduction ~** агентство для устройства браков; **investigative ~** орган расследования; **law enforcement ~** правоохранительный орган; **marine shipping ~ service** морское агентирование; **official press ~** официальный орган печати; **oversight ~** контрольный орган; **patent ~** патентная фирма; **press ~** агентство печати; **private ~** частная организация; **purchasing ~** закупочное учреждение; **sales ~** агентство по продаже; **sanitary oversight ~** орган санитарного надзора; **shipping ~ service** агентирование; **sole ~** монопольное агентство; **travel ~** бюро путешествий, туристическое бюро, туристическая фирма

agenda повестка дня, порядок дня; **preliminary ~** предварительная повестка дня

agent агент, доверенное лицо, комиссионер, поверенный, посредник; **~s** агентура *(collective)*; **accreditied ~** аккредитованный агент; **administrative ~** административный агент; **average ~** аварийный комиссар; **charterer's ~** агент фрахтователя; **commercial ~** торговый агент; **communications ~** агент для связи; **consignment ~** консигнационный агент; **consular ~** консульский агент; **del credere ~** комиссионер, берущий на себя делькредере; **diplomatic ~** дипломатический агент; **exclusive ~** исключительный агент, единственный *(или* монопольный*)* агент; **export ~** экспортный агент; **general ~** генеральный представитель; **government ~** государственный агент; **import ~** импортный агент; **marine ~** морской агент; **postal ~** почтовый агент; **purchasing ~** агент по закупкам; **secret ~** тайный агент; **shipping ~** агент пароходных компаний; **shipping** *(или* **forwarding) agent(s)** экспедитор(ы), экспедиторская фирма; **sole ~** единственный агент; **sworn ~** присяжный агент; **to act as an ~** посредничать; **~'s report** отчет о деятельности агента

aggravate отягчать

aggravating отягчающий; ~ **circumstances** отягчающие обстоятельства

aggregate общий, совокупный, совокупность

aggression агрессия; **act of** ~ агрессивный акт, акт агрессии; **armed** ~ вооруженная агрессия; **flagrant** ~ явная агрессия; **ideological** ~ идеологическая агрессия; **indirect** ~ косвенная агрессия; **military** ~ военная агрессия

aggressor агрессор, захватчик

aging старение; **natural** ~ естественное старение; ~ **of the population** старение населения

agio ажио

agiotage ажиотаж (*speculation*)

agree (up)on договориться о чем-л., согласовать что-л.; соглашаться, согласиться (с чем-л., на что-л.) **to** ~ **with** согласиться с кем-л.

agreed договоренный, согласованный; договорено, решено

agreeable согласный

agreement договор, согласие, соглашение; ~**s** согласование; **administrative** ~ административное соглашение; **agency** ~ договор поручения; **appropriate** ~ соответствующее соглашение; **arbitration** ~ арбитражное соглашение; **article of an** ~ статья договора; **assignment** ~ договор о переуступке прав; **auxiliary** ~ вспомогательное соглашение; **barter** ~ бартерное соглашение, договор мены; **basic** ~ основное соглашение; **bilateral** ~ двухстороннее соглашение; **binding** ~ договор обязывающий; **by** ~ по договоренности; **cartel** ~ картельное соглашение; **clause of an** ~ пункт договора; **collective** ~ коллективный договор; **complete** ~ полная договоренность; **concessionary** ~ концессионное соглашение; **concluded** ~ заключенный договор; **construction** ~ договор о строительстве объекта; **contractual** ~ договорное соглашение; **credit** ~ кредитное соглашение; **cross-licensing** ~ соглашение об обмене лицензиями; **direct** ~ прямое соглашение; **draft** ~ проект договора; **economic** ~ экономическое соглашение; **employment** ~ договор найма; **engineering** ~ договор на инжиниринг; **exclusive sales** ~ договор об исключительном праве на продажу; **executive** ~ исполнительное соглашение; **financial** ~ финансовое соглашение; **foreign economic** ~ внешнеэкономический договор; **formal** ~ формальное соглашение; **general** ~ генеральное соглашение, общее соглашение; **gentlemen's** ~ джентльменское соглашение; **global** ~ мировое соглашение; **implicit** ~ подразумеваемое соглашение; **indemnity** ~ договор гарантии от убыток; **industrial** ~ промышленное соглашение; **installment trade** ~ договор о продаже в кредит; **interbank** ~ межбанковское соглашение; **interdepartmental** ~ межведомственное соглашение; **intergovernmental** ~ межгосударственное соглашение; **international** ~ международное соглашение; **invalid** ~ недействительный договор; **judicial** ~ судебное соглашение; **know-how** ~ договор на передачу ноу-хау; **labor** ~ трудовой договор; **leasing** ~ договор о сдаче в аренду; **licensing** ~ лицензионный договор, лицензионное соглашение; **local** ~ местное соглашение; **long-term** ~ долгосрочный договор, долгосрочное соглашение; **long-term trade** ~ долгосрочное торговое соглашение; **memorandum of** ~ меморандум о договоре; **military** ~ военное соглашение; **monetary** ~ валютное соглашение; **mortgage** ~ договорная ипотека; **multilateral** ~ многостороннее соглашение; **object of an** ~ предмет договора; **one-time** ~ разовый договор; **operating** ~ договор на эксплуатацию; **oral** ~ устный договор, устное соглашение; **package** ~ комплексное соглашение; **partial** ~ частичное соглашение; **party to an** ~ сторона в договоре; **patent** ~ договор о патентах, патентный договор, патентное согла-

A air

шение; **payment** ~ платежное соглашение; **performance of an** ~ реализация договора; **preferential** ~ преференциальное соглашение; **preliminary** ~ предварительное согласие; **provisional** ~ предварительное соглашение; **purchase** ~ договор о покупке; **quitclaim** ~ договор о переуступке прав; **reciprocity** ~ договор на основе взаимности; **regional** ~ региональное соглашение; **reinsurance** ~ договор перестрахования; **renewal of insurance** ~ возобновление договора о страховании; **rental** ~ договор об аренде, соглашение об аренде; **rescission of an** ~ аннулирование договора; **sales** ~ договор продажи; **salvage** ~ договор о спасении; **secret** ~ секретное соглашение; **sharecropping** ~ испольная аренда; **special** ~ специальное соглашение; **standard** ~ типовое соглашение; **supplementary** ~ дополнительное соглашение; **tacit** ~ молчаливое соглашение; **tax** ~ налоговое соглашение; **tentative** ~ предварительная договоренность; **termination of an** ~ расторжение договора; **terms and conditions of an** ~ условия договора; **to come to an** ~ договориться; **to conclude an** ~ заключать договор; **to enter into an** ~ вступать в договор; **to**

finalize an ~ договориться окончательно; **to observe an** ~ соблюдать договор; **to ratify an** ~ ратифицировать договор; **to renew an** ~, **act or treaty** возобновлять договор; **to sign an** ~ подписывать договор; **to stipulate by** ~ обусловливать договором; **to terminate an** ~ прекращать действие договора, расторгать договор; **to come to an** ~ согласовать; **trade** ~ торговое соглашение; **trademark** ~ договор о товарных знаках; **transfer** ~ договор о передаче; **turn-key** ~ договор подряда "под ключ"; **unilateral** ~ односторонний договор; **verbal** ~ словесное соглашение; **working** ~ рабочее соглашение; ~ **on atomic cooperation** соглашение об атомном сотрудничестве; ~ **with an option to extend** договор с правом продления
agricultural сельскохозяйственный
agriculture сельское хозяйство
ahead вперед, впереди; ~ **of schedule** досрочно
aid помощь; **additional** ~ дополнительная помощь; **conditional** ~ условная помощь; **economic** ~ экономическая помощь; **family legal** ~ правовая помощь по семейным делам; **financial** ~ финансовая помощь, финансовое содействие; **first** ~ скорая помощь; **foreign** ~ внешняя помощь; **free legal** ~ бес-

платная правовая помощь; **government** ~ государственная помощь; **legal** ~ правовая помощь; **mutual** ~ взаимопомощь; ~ **to single mothers** пособие одиноким матерям; ~ **to the elderly** помощь старикам; ~ **to underdeveloped countries** помощь слаборазвитым странам
aiding оказание помощи; ~ **and abetting** пособничество
air воздух, воздушный; **customs** ~ **station** таможенный аэродром; **rush** ~ **parcel** срочная авиапосылка; **medical** ~ **station** санитарный аэродром; **transit** ~ **depot** транзитная авиадепеша; ~ **depot** авиадепеша; ~ **freight** авиафрахт; ~ **group** авиагруппа; ~ **parcel** авиапосылка; ~ **transport** авиаперевозка
air starting воздушное пусковое устройство
air проветривать
aircraft летательный аппарат, самолет; **civil** ~ гражданское воздушное судно, гражданский самолет; **commercial** ~ коммерческий летательный аппарат; **government** ~ государственный летательный аппарат; **pirate** ~ пиратский летательный аппарат; ~ **construction** самолетостроение
airgram аэрограмма
airline авиалиния, авиационная компания, воздушная линия; **domestic** ~ внутренняя воздушная линия

airliner лайнер
airmail авиапочта, воздушная почта; ~ **pouch** авиамешок
airmail посылать авиапочтой
airplane самолет; **civilian** ~ гражданский самолет; **military** ~ военный самолет
airport аэродром, аэропорт, воздушный порт
airtight воздухонепроницаемый
airway авиапуть
alcoholic алкогольный, алкоголик; ~ **drink** спиртные напитки
alcoholism алкоголизм
alibi алиби
alienable отчуждаемый
alienate отчуждать
alienation отчуждение; **bad faith** ~ недобросовестное отчуждение; **compensated** ~ возмездное отчуждение; **uncompensated** ~ безвозмездное отчуждение
alimony алименты на содержание
allege утверждать, утверждать что якобы
allegedly якобы
alliance альянс
allocate ассигновать, выделять, назначать, размещать, распределить; **to** ~ **by shares** распределить по паям
allocation назначение, отчисление, предоставление, распределение; ~**s** ассигнования; **budget** ~ отчисление в бюджет; ~ **of costs** распределение затрат; **convertible currency** ~ валютное ассигнование; **supplementary** ~ дополнительное ассигнование; ~ **of the budget** ассигнование бюджета; ~ **of expenses** распределение расходов; ~ **of funds** выделение ассигнований; ~ **of space** выделение площади
allonge аллонж
allotment выделение, доля, разверстка, часть; **proportional** ~ пропорциональное распределение; ~ **of shares** распределение акций
allow допускать, разрешать; предоставлять;
allowable допустимый
allowance допуск, норма, содержание; скидка; скидка с ранее выставленного счета-фактуры; **to make an allowance** сделать скидку; **budget** ~**s** сметные ассигновки; **budgetary** ~ сметнобюджетное ассигнование; ~ **a discount** предоставить скидку; **daily** ~ **(per diem)** суточные деньги; **large family** ~ пособие многодетным матерям; **loss** ~ рефакция; **tax** ~ скидка с налогооблагаемых сумм
allowing for за вычетом; ~ **risk** с учетом риска
alloy сплав
ally союзник
alongside вдоль борта *(ship)*, у борта *(ship)*
alter изменять
alter, to ~ изменить, менять
alteration изменение, переделка; **territorial** ~ территориальное изменение; ~ **of border** изменение границы; ~ **of judicial practice** изменение судебной практики
alternate альтернат
altogether в общем, всего
amalgamate объединять, сливать, укрупнять
amalgamated объединенный
amalgamation объединение, слияние, укрупнение; **intersectoral** ~ межотраслевое объединение; ~ **of capital** слияние капитала
ambassador посол; **extraordinary** ~ чрезвычайный посол; **extraordinary and plenipotentiary** ~ чрезвычайный и полномочный посол; **permanent** ~ постоянный посол; ~ **plenipotentiary** полномочный представитель (полпред)
ambition притязание; **territorial** ~**s** территориальные притязания
ambush засада
amend исправлять, внести исправление; изменить; **to** ~ **a letter of credit** вносить поправки к условиям аккредитива
amendment дополнение, изменение, поправка; **constitutional** ~ конституционное изменение; **filing of** ~**s** подача дополнений; **legislative** ~ законодательная поправка, изменение законодательства; **proposed** ~ предлагаемое дополнение; **to sign an** ~ подписывать дополнение; ~ **to an act** дополнение к контракту; ~ **to an agreement** изменение договора; ~ **to articles** изменение устава; ~ **to a charter** изменение устава, по-

правка к уставу; **~ to a constitution** поправка к конституции; **~ to a decision** изменение решения; **~ to a law** изменение закона, поправка к закону; **~ to a protocol** дополнение к протоколу; **~ to a suit** *(by plaintiff)* изменение иска

amicable дружественный, дружелюбный

amicably мирным путем, полюбовно, дружеским образом

ammunition боеприпасы; **to exhaust ~** расстрелять **~**

amnesty амнистия; **general ~** общая амнистия; **grant of ~** акт об амнистии; **to grant ~** амнистировать

amortization амортизация, амортизационное отчисление, выкуп

amortize амортизировать; **amortising of the bond discount/premium** списание облигационной скидки/премии

amount I сумма, количество, размер; **to the ~ of** на сумму; **lumpsum ~** паушальная сумма; **maximum ~ insurable** максимальный размер страховой суммы; **total ~** общее количество; **usurious ~** ростовщический размер; **~ of damages** сумма возмещения убытков; **~ of deposit** размер взноса; **~ of depreciation** размер амортизации; **~ paid** выплачиваемая сумма; **amount in ~** сумма недоимки

amount II составлять *(сумму, количество)*; **to amount to $100** составить *(сумму в)* 100 долларов

ampersand знак "&"

amplify расширять, дополнять

analog аналог

analogous аналогичный

analogy аналогия; **to make an ~** проводить аналогию

analysis *(мн.ч.* **analyses)** анализ; **cost-effectiveness ~** анализ экономической эффективности; **demand ~** анализ спроса; **financial ~** анализ финансового состояния; **income-expenditure ~** анализ доходов и расходов; **retail market ~** анализ рынка сбыта; **wholesale market ~** анализ конъюнктуры

analytic(al) аналитический; **~ review** аналитический обзор

anarchism анархизм

anarchist анархист

anarchistic анархистский

anarchy анархия

ancestor предок; прародитель, родоначальник; **~s** предки; **~ worship** культ предков

ancestral родовой, наследственный; **~ home** отчий дом

anchor якорь, якорный; **~ buoy** томбуй, ~буй; **to cast, to drop ~** бросать, бросить якорь; **to come to ~** стать на якорь; **to lie, to ride at ~** стоять на якоре; **to weigh ~** сниматься с якоря

anchorage якорная стоянка; **~ fee** якорный сбор, портовый сбор

ancorman *(TV, radio)* ведущий

ancillary вспомогательный, подсобный; **~ housing** вспомогательное жилое помещение

and/or и/или

annex *(к документу)* приложение; *(к зданию)* пристройка, флигель; **to ~** аннексировать, присоединять; **~ of minutes of a meeting** приложение к протоколу; **~ to a contract** приложение к договору; **~ to a visa** приложение визы

annexation акт аннексии, аннексия, присоединение; **compulsory ~** обязательное присоединение; **territorial ~** аннексия территории; **~ of territory** присоединение территории

annexing party (nation); аннексионист, захватчик

annotate аннотировать, снабжать, снабдить примечаниями; **~d text** текст с примечаниями

annotation аннотация

announce заявлять, заявить, объявлять, оглашать огласить, сообщать, сообщить

announcement заявка, заявление, объявление, сообщение; **marriage ~** оглашение о предстоящем браке, провозглашение брака; **preliminary ~** предварительное объявление; **to put ~ in the newspaper** поместить объявление в газете

announcer диктор, конферансье

annual годовой, ежегодный,

годичный; **~ accounts** годовая финансовая отчетность; **~ general meeting** ежегодное общее собрание (акционеров); **~ report** годовой отчет
annually ежегодно
annuity ежегодный взнос; **government ~** государственная рента; **lifetime ~** пожизненная рента; **patent ~** ежегодный патентный взнос; **temporary ~** временная рента; **terminable ~** срочная рента; **to pay an ~** выплачивать ренту
annul аннулировать, кассировать, расторгать, расторгнуть; **empowered to ~** аннулирующий
annulment аннулирование, расторжение; **~ of a marriage** признание брака недействительным, расторжение брака; **~ of a patent** объявление патента ничтожным
anonymous аноним (*author*)
answer акт возражения (*in litigation*), ответ; **to ~** отвечать; **in answer to** в ответ на
answerable ответственный; **to make (legally) ~** привлекать к судебной ответственности
ante ставка; **to raise the ~** повышать ставку
antecedent предшествующее, предыдущее; прошлое, прошлая жизнь
antedate помечать задним числом
anthropology антропология; **criminal ~** преступная антропология

anthropometric антропометрический
anthropometry антропометрия
anticipate предвидеть, ожидать
anticipation предвосхищение
anti-constitutional антиконституционный
anti-dumping антидемпинговый; **~ legislation** законы по борьбе с демпингом
anti-economic антиэкономический
anti-governmental антиправительственный
anti-inflationary анти-инфляционный; **~ measures** антиинфляционные меры
antinomy антиномия
anti-parliamentary антипарламентский
anti-party антипартийный
anti-semite антисемит
anti-semitic антисемитский
anti-semitism антисемитизм
antitrust антимонопольный
apart в стороне; **to take ~** разбирать на части
apart from кроме
apologize просить извинения, извиняться (перед **~ to**)
apology извинение; **public ~** публичное извинение
apparatus (*мн.ч.* **apparatuses**) аппарат, прибор; **administrative ~** административный аппарат; **bureaucratic ~** аппарат; **central ~** центральный аппарат; **government ~** правительственный аппарат; **investigative ~** следственный аппарат; **judicial ~** судебный аппарат; **taxation ~** налоговый аппарат
apparent видимый

apparently по-видимому
appeal апелляция, жалоба, обжалование, обращение, призыв; **to ~** апеллировать, подавать апелляцию; **applicant's ~ against** жалоба заявителя на; **Court of ~** апелляционный суд; **grounds for an ~** обоснованность жалобы; **nature of the ~** суть жалобы; **notice of ~** предупреждение об обжаловании; **order of ~** порядок обжалования; **right of ~** право обжалования; **subject to ~** подлежащий обжалованию; **to ~** апеллировать, обжаловать, опротестовать; **to file an ~** подать апелляцию; **without ~** обжалованию не подлежит; **~s department** отдел жалоб; **~ to arbitration** кассация в арбитраж; **~ to the court of Cassation** кассация в кассационный суд, кассационное опротестование
appear явиться; казаться; оказываться; **it appears that** оказывается, что; **to ~ before the court** явиться в суд
appearance появление, явка; **court ~** явка в суд
appeasement соглашательский, умиротворение
appeaser соглашатель
appeasing соглашательский
appellant апеллянт
appellate апелляционный
appendage придаток
appendix (*мн.ч.* **appendices**) приложение, добавление
appertain относиться, принадлежать, соответство-

вать; **the duties ~ing to his office** обязанности, соответствующие его должности

appliance хозяйственный товар; **household ~** бытовые товары

applicability применимость, пригодность к работе; **~ of the statute of limitations** применимость исковой давности

applicable применимый

applicant проситель

application бланк заявления, заявка; привлечение, распространение, применение; прошение, требование, обращение, заявление, ходатайство; **commercial ~** коммерческое применение; **credit ~** кредитная заявка; **economic ~** внедрение в народное хозяйство; **elaboration of an ~** разработка заявочного документа; **import ~** импортная заявка; **industrial ~ of an invention** промышленное осуществление изобретения; **joint ~** совместная заявка; **legal ~** законное применение; **object of ~** объект заявки; **on the job ~** применение на месте работы; **original ~** первоначальная заявка; **parent ~** первичная заявка; **patent ~** ходатайство о выдаче патента; **separate ~** отдельная заявка; **territorial ~** территориальное применение; **to deny an ~** отказывать в ходатайстве; **to put in an ~** подать заявление; **to renew an ~** возобновлять заявку на участие; **valid ~** действительная заявка; **written ~** письменная заявка; **~ for cancellation** ходатайство об аннулировании; **~ for compensation** ходатайство о возмещении убытков; **~ for registration** ходатайство о регистрации; **~ of amendments** введение поправки; **~ of an invention** внедрение изобретения; применение изобретения; **~ of legislation** применение законодательства; **~ of sanctions** применение санкции; **to make an application** подать заявление; возбудить ходатайство

apply 1. накладывать, применять, применяться, распространяться, относиться; 2. обращаться, просить; **to ~ a penalty** накладывать штраф

appoint назначать, определять; **at the ~d time** в назначенное время

appointed назначенный; **newly ~** вновь назначенный; **well ~** хорошо оборудованный

appointee получивший назначение, назначенный

appointment 1. свидание, встреча; 2. назначение, замещение; **regular ~** должность штатная; **to receive an ~** получить назначение; **~ to a post** назначение на пост

apportionment разверстка, разделение, распределение; **~ of dividends** распределение дивидендов

appraisal оценка, оценочный документ

appraise оценивать

appraiser оценщик

appreciate 1. ценить; понимать; сознавать; 2. быть благодарным, быть признательным; **we shall ~ it if you will** мы будем благодарны, если вы; **we ~ your invitation** мы благодарны за ваше приглашение; **your early reply will be much ~d** мы будем весьма признательны за ваш скорый ответ

apprentice подмастерье

approach наступление, приближение, подход; обращение, предложение

appropriate надлежащий, соответствующий; **to ~** ассигновать, назначать, присваивать, присвоить; **~d retained earnings** реинвестированная прибыль

appropriation назначение, присвоение; **~s** ассигнования; **budgetary ~s** бюджетные ассигнования; **~ of profit** распределение прибыли; **special ~s** специальные ассигнования; **~s for capital expenditures** ассигнование на капиталовложения; **~s for public education** ассигнование на просвещение; **~ from the budget** ассигнование из бюджета; **~ of found property** присвоение найденного имущества; **~ of funds** выделение денежных средств

approval агреман, одобрение; утверждение; **certificate of ~** акт об одобрении; **import** ~ разрешение на ввоз; **practical** ~ апробация; **preliminary** ~ предварительное одобрение; **unanimous** ~ единодушное одобрение; ~ **of an estimate** одобрение сметы; ~ **of a government** одобрение правительства; ~ **of a law** одобрение закона; ~ **of a letter of intent** одобрение протокола; ~ **of minutes of a meeting** одобрение протокола; ~ **of a statute** одобрение закона; **to meet with somebody's** ~ быть одобренным кем-л. *или* удовлетворить кого-л.

approve одобрять; подтверждать; **to** ~ дать агреман, одобрять, разрешать, разрешить

approximate приблизительный

approximately приблизительно

appurtenances принадлежности

arbitrage арбитраж, арбитражная операция; **action in** ~ арбитрирование; **ad hoc** ~ арбитраж "ад ок"; **bill of exchange** ~ вексельный арбитраж; **note** ~ вексельный арбитраж

arbitral арбитражный

arbitrarily произвольно

arbitrariness произвол

arbitrary произвольный, самоуправный

arbitrate выносить арбитражное решение, решать третейским судом

arbitration арбитраж; **Ad hoc** ~ специальный ~; ~ **sample** арбитражная проба; арбитражный образец; **by** ~ арбитражем или арбитражным судом; **administrative** ~ ведомственный арбитраж; **chairperson of** ~ **tribunal** арбитр-председатель; **commercial** ~ коммерческий арбитраж; **compound** ~ многосторонний арбитраж; **compulsory** ~ обязательный арбитраж; **formal** ~ формальный арбитраж; **international** ~ международный арбитраж; **international trade** ~ международный торговый арбитраж; **maritime** ~ морской арбитраж; **obligatory** ~ принудительный арбитраж; **optional** ~ факультативный арбитраж; **pre-contract** ~ предоговорный арбитраж; **trade** ~ торговый арбитраж

arbitrator арбитр; **individual** ~ единоличный арбитр; **third party** ~ третий арбитр

archives архивы; **consular** ~ консульские архивы

area зона, площадь, район, территория; **built-up** ~ застроенная площадь; **designated** ~ зона назначения; **port** ~ портовая зона; **storage** ~ складская территория; **supervised** ~ зона надзора; ~ **of territorial waters** зона территориальных вод

argument аргумент, довод, спор; **convincing** ~ убедительный довод; **irrefutable** ~ неопровержимый довод; **legal** ~ правовой аргумент; **poor** ~ малоубедительный довод; **rebuttal** ~s опровергающие доводы; **strong** ~ веский довод; **to make an** ~ аргументировать; **to set forth** ~s выдвигать доводы; **unconvincing** ~ неубедительный довод; ~ **by the prosecution** речь прокурора; ~ **for the defense** защитительная речь

arise (arose, arisen) возникать

arisen *p. p. от* arise

armistice перемирие; **general** ~ общее перемирие; **local** ~ местное перемирие; **short** ~ короткое перемирие

arms оружие

arrange 1. устраивать, договариваться, согласовывать; 2. принимать меры; обеспечивать, размещать

arrangement 1. соглашение, договоренность, порядок, размещение, расположение; 2. мероприятие, план; **to make** ~s принимать меры; договариваться; **actual** ~ договоренность по контракту; **administrative** ~s административная структура; **cartel** ~ карательный сговор; **clearing** ~ клиринговое соглашение; **contract** ~s мероприятия по контракту; **final** ~ окончательная договоренность; **financial** ~ финансовая договоренность; **reciprocal** ~ взаимное соглашение; **shipping** ~s фрахтовые мероприятия *или* мероприятия по отгрузке; **temporary** ~ временное мероприятие; **transitional** ~s меры переходного характера; **verbal** ~ устная договоренность;

without prior ~ явочным порядком; **working ~s** рабочий механизм

arrears долг, задолженность, недоимка, просрочка; отставание; **amount in ~** сумма недоимки

arrest арест, задержание; **disciplinary ~** дисциплинарный арест; **false ~** незаконный арест; **house ~** домашний арест; **preliminary ~** предварительный арест; **simple ~** простой арест; **strict ~** строгий арест; **subject to ~** подлежащий задержанию; **to ~** арестовать; **to be subject to ~** подлежать задержанию; **to place under ~** наложить арест; **to subject to ~** подлежать аресту; **~ and custody in detention** арест с содержанием на гауптвахте; **~ of property** задержание имущества; **~ of a vessel** задержание судна

arrival поступление, прибытие; **on ~** по прибытии

arrive прибывать, приезжать

arrogance самонадеянность

arson поджог; **to commit ~** поджигать

arsonist поджигатель

article изделие, предмет, пункт, статья, товар; **model ~** типовая статья; **newspaper ~** газетная статья; **patented ~** запатентованное изделие; **~ of export** предмет экспорта; **~s of incorporation** устав корпорации; **~s of assosiation** устав акционерной компании; **~s of incorporation** договор о создании акционерной компании; **~ of an agreement** статья договора

artisan ремесленник

as: as per согласно; **as regards** что касается или относительно; **as to** что касается или относительно; **as well as** а также; так же как и; **as yet** еще, пока что

ascension восхождение; **~ to power** приход к власти

ascertain определять, устанавливать, разведывать

ask просить; спрашивать

aspect момент

assault оскорбление; **~ and battery** избиение, оскорбление действием

assay испытание; **~ certificate** свидетельство о качестве

assemblage сборище

assemble собирать, монтировать

assembler монтажник

assembly ассамблея *(people)*, сбор, собрание; монтаж *(machinery)*, монтажный; сборка; узел; **advisory ~** совещательное собрание; **annual ~** ежегодное собрание; **Constituent ~** учредительное собрание; **consultative ~** консультативная ассамблея; **cost of ~** стоимость монтажа; **date of ~** дата монтажа; **~ drawing** сборочный чертеж; **electoral ~** избирательное собрание; **extraordinary ~** внеочередное собрание; **Federal ~** федеральная ассамблея; **General ~ of the United Nations** генеральная ассамблея Объединенных Наций; **instructions for ~** инструкция по монтажу; **legislative ~** законодательное собрание; **national ~** национальное собрание; **people's ~** народное собрание; **plenary ~** пленарное собрание; **public ~** общественное собрание; **regular ~** очередное собрание; **representative ~** представительное собрание; **~ and operation** монтаж и эксплуатация; **parts and ~ies of the machine** части и узлы машины

assert утверждать

assertion утверждение

assess облагать

assessment аттестация, обложение, подать; оценка налогообложения; **data ~** оценка данных; **insurance loss ~** определение страхового возмещения; **joint ~** совместная оценка; **judicial ~** судебная оценка; **product ~** аттестация продукции; **state ~** государственная аттестация; **tax ~** оклад, оценка налога

assessor асессор, заседатель, эксперт по оценке *(недвижимости)*; **public ~** народный заседатель

asset актив, имущество, средство, фонд; активы, средства; **~s** авуары; **bank ~s** банковские активы; **blocked ~s** блокированное имущество, блокированные средства; **book ~** актив баланса; **carryover ~s** переходящие фонды; **com-**

munal ~s коммунальные имущества; **company** ~ актив товарищества; **dead** ~s мертвые активы; **fixed** ~s неликвидные активы, основные средства; **foreign** ~s иностранные авуары; **foreign exchange** ~s валютные авуары; **frozen** ~s блокированные авуары, замороженные активы; **hard currency** ~s валютные активы; **liquid** ~ ликвидная статья актива; **liquid** ~s наличное имущество, ликвидные авуары, ликвидные активы, ликвиды; **net** ~ чистый актив; **realizable** ~ реализуемый актив; **rehabilitation of productions** ~s обновление производственных фондов; ~ **register** реестр/регистр учета долгосрочных внеоборотных активов; **renewal of fixed** ~s обновление основных производственных фондов; **reserve** ~s резервные активы; ~ **revaluation reserve** фонд переоценки активов; **slow** ~s труднореализуемые активы; ~ **turnover ratio** коэффициент оборачиваемости активов; **to freeze** ~s блокировать; **total listed** ~s сумма баланса; **working** ~s оборотные фонды; ~ **formation** образование фондов; ~s **held abroad** авуары за границей; ~ **on balance sheet** статья актива

assign правопреемник, **to** ~ назначать ~а, переуступать

assignation передача; **decree of** ~ акт отвода

assignee правопреемник; **general** ~ общее правопреемство

assignment ассигновка, выделение, назначение, передача, переуступка, правопреемство; **conpensated** ~ возмездная передача; **gratuitous** ~ безвозмездная передача; **import** ~ импортное поручение; **special** ~ специальное поручение; **unconditional** ~ безоговорочная передача; ~ **of a case** передача дела; ~ **of a contract** передача договора; ~ **of copyright** передача авторских прав; ~ **of deliveries** передача поставок; ~ **of lease** передача в аренду; ~ **of a logo** передача лого; ~ **of a matter for judicial reconsideration** передача дела на новое судебное рассмотрение; ~ **of a patent** передача патента; ~ **of a policy** передача полиса; ~ **of property** передача собственности; ~ **of rights** передача прав

assignor лицо, переступающее право

assimilate ассимилировать

assimilation ассимиляция

assist оказывать помощь, содействовать

assistance пособие, содействие; **to render** ~ оказывать помощь; **additional** ~ дополнительная помощь; **administrative** ~ административная помощь; **development** ~ содействие в развитии; **family** ~ семейное пособие; **food** ~ продовольственная помощь; **legal** ~ юридическая помощь; **lifetime** ~ пожизненное пособие; **military** ~ военная помощь; **monetary** ~ денежное пособие; **mutual** ~ взаимная помощь, взаимное содействие; **one-time** ~ единовременное пособие; **preliminary** ~ предварительное пособие; **relocation** ~ пособие при переезде; **social** ~ общественная помощь; **technical** ~ техническая помощь, техническое содействие; **temporary** ~ временное пособие; **unemployment** ~ помощь по безработице; ~ **to senior citizens** помощь престарелым

assistant помощник; ~ **to the bookkeeper** помощник бухгалтера; ~ **to the general secretary** помощник генерального секретаря; ~ **to the mayor** помощник мэра; ~ **to the prosecutor** помощник прокурора; ~ **to the secretary of state** помощник государственного секретаря

associate партнер, сотрудник; коллега; **to** ~ **with** присоединяться

assosiated company ассоциированная компания (*такая компания, в которой группа компаний имеет долю участия и оказывает влияние на ее деятельность и финансовую политику*)

association ассоциация, общество, объединение; **agricultural** ~ сельскохозяйственное объединение; **bankers'** ~ банковская ас-

социация; **customs** ~ таможенное объединение; **export** ~ экспортное объединение; **foreign trade** ~ внешнеторговое объединение; **industrial** ~ промышленное объединение; **international** ~ международное объединение; **joint** ~ совместное объединение; **joint stock** ~ паевое объединение; **legislative** ~ законодательное объединение; **national** ~ наднациональное объединение; **open for** ~ открыто для присоединения; **producers'** ~ ассоциация производителей; **professional** ~ профессиональное объединение; **regional** ~ региональная ассоциация; **secret** ~ тайная ассоциация; **specialized** ~ специализированное объединение; **syndicated** ~ синдикальное объединение; **trade** ~ торговая ассоциация; **trade union** ~ профсоюзное объединение; **trading** ~ торговое объединение; **European Free Trade** ~ **(EFTA)** европейская ассоциация свободной торговли; **International** ~ **for the Protection of Industrial Property Rights** международная ассоциация по охране прав промышленной собственности; **International Bar** ~ международная ассоциация адвокатов
assort сортировать
assorting сортировка
assortment ассортимент, выбор, набор, номенклатура, сортамент; **wide** ~ большой выбор; ~ **of goods** ассортимент товаров; **in** ~ в ассортименте
assume предполагать
assumptions условные допущения, соглашения
assurance заверение, обеспечение; ~ **of reliability** обеспечение надежности
assure уверять, заверять
asylum убежище
atomic атомный
atone искупить
atonement искупление
attach прилагать, прикреплять (к ~ **to**)
attache атташе *(diplomatic)*; **commercial** ~ коммерческий атташе; **maritime** ~ морской атташе; **military** ~ военный атташе; **press** ~ пресс-атташе; ~ **for cultural affairs** атташе по вопросам культуры; ~ **for financial affairs** атташе по вопросам финансов
attachment арест, прикрепление; ~ **of movable property** арест движимого имущества; ~ **of property** арест имущества; ~ **of real property** арест недвижимого имущества
attack атака, нападение
attain достигать
attempt покушение (**assault**), попытка, пытка; **to** ~ пробовать, пытать; ~ **on a life** покушение на жизнь, посягательство на жизнь; **attempted** неудавшийся; ~ **crime** покушение на преступление; ~ **escape** покушение на побег, попытка побега; ~ **murder** покушение на жизнь; ~ **violation** попытка правонарушения
attend 1. заниматься (чем-л. ~ **to**); 2. присутствовать, посещать
attendance 1.посещаемость, явка, явочный; 2. обслуживание, присмотр, забота; ~ **to customs formalities** выполнение таможенных формальностей
attended by сопряженный
attention внимание; **to pay** ~ **to** обращать; **(for the)** ~ **of Mr. A.** вниманию г-на А. *(надпись над текстом письма)*; **the matter (your enquiry) is having our careful** ~ мы уделяем этому делу (вашему запросу) должное внимание; **to give careful** ~ уделять должное внимание; **we draw your** ~ *см.* **draw**
attest акт свидетельствования; **to** ~ засвидетельствовать, подтверждать, удостоверять
attestation подтверждение, удостоверение; ~ **of authenticity** подтверждение подлинности; ~ **of signature** удостоверение подписи
attitude отношение
attorney адвокат, поверенный. ~ **at law** судебный поверенный
attract привлекать, привлечь
attraction привлечение; ~ **of buyers** привлечение покупателей; ~ **of resources** привлечение средств; ~ **of savings** привлечение сбережений

auction аукцион, торги; **fur (pelt)** ~ пушной аукцион; **international** ~ международный аукцион; **public sale** публичные торги; **by public** ~ с публичного аукциона **timber** ~ лесной аукцион; **to buy at** ~ купить на аукционе; **to sell at** ~ продать с аукциона; ~ **of goods** товарный аукцион; ~ **room** аукционный зал

auctioneer аукционист, лицо, производящее продажи на аукционе

audience аудиенция *(meeting)*, аудитория *(collective)*; **public** ~ публичная аудиенция

audit ревизия; **financial** ~ финансовая ревизия; **to** ~ проверять; **to** ~ **accounts** ревизовать баланс; ~ **of accounts** ревизия баланса; ~ **of the books** анализ баланса, бухгалтерская ревизия; ~ **committee** ревизионный комитет; ~ **evidence** аудиторские доказательства; ~ **manual** учебник по аудиту; ~ **report** аудиторское заключение; ~ **sampling** выборка при проведении аудиторских проверок; ~ **working papers** документация аудиторской проверки

auditing проведение аудиторских проверок; аудиторство; аудит

auditor аудитор, бухгалтер-ревизор, контролер отчетности, ревизор; **general** ~ генеральный аудитор

auditorium аудитория

autarky автаркия

authentic аутентичный, подлинный, достоверный

authenticate подтверждать, скрепить подписью, удостоверять

authentication скрепление, удостоверение

authenticity аутентичность, подлинность; **to establish** ~ установить подлинность

author автор, составитель

authoritativeness авторитетность; **to dun for** ~ взыскивать недоимку

authorities *(мн.ч.)* власти, органы; органы власти; учреждение, учреждения

authority авторитет, власть, орган, полномочие; **abuse of** ~ злоупотребление властью; **administrative** ~ административный орган; **appropriate** ~s соответствующие власти, соответствующий орган; **arbitral** ~ арбитражная инстанция, третейский орган; **civil** ~ гражданская власть; **competent** ~s компетентные власти, компетентный орган, компетентное учреждение; **constitutional** ~ конституционный орган, конституционное полномочие; **currency control** ~ орган валютного контроля; **customs** ~s таможенные власти, таможенный орган; **delegated** ~ делегированное полномочие; **delegation of** ~ передача власти; **discretionary** ~ дискреционное полномочие; **executive** ~ исполнительная власть, исполнительное полномочие; **federal** ~ федеральное полномочие; **governmental** ~s органы государственной власти; **fiscal** ~ финансовый орган; **higher** ~ высший орган; **highest** ~ высший авторитет; **housing** ~ жилищный орган; **implicit** ~ подразумеваемое полномочие; **judicial** ~ судебная власть; **lawful** ~ законная власть; **legislative** ~ законодательное полномочие; **level of** ~ инстанция; **local** ~s местные власти; **military** ~s военная инстанция, военные власти; **municipal** ~s муниципальные власти; **mutual** ~ взаимное полномочие; **notarial** ~ нотариальный орган; **official** ~s официальные власти; **policy-making** ~ директивный орган; **port** ~ портовые власти; **port** ~ **regulations** распоряжения портовых властей; **presidential** ~ президентское полномочие; **price regulating** ~ ценорегулирующий орган; **public** ~s государственная власть; **prosecutorial** ~ прокурорский орган; **recourse to superior** ~s вышестоящая инстанция; **responsible** ~ ответственный орган; **scope of** ~ объем правомочий; **social welfare** ~ орган социального обеспечения; **statutory** ~s законные органы власти; **superior** ~ вышестоящий орган; **supervisory** ~ руководящий орган; **supreme** ~ верховный орган; **tax** ~ налоговый орган; **to vest someone with** ~ облекать кого-то

B

полномочиями; **written ~** письменное полномочие; **written ~ for representation** письменное полномочие на представительство; **~ of the court** авторитет суда
authorization выдача разрешений, авторизация, путевка, разрешение; **drawing ~** право выписки векселей; **exclusive ~** исключительное разрешение; **extraordinary ~** чрезвычайное разрешение; **preferential ~** льготная путевка
authorize (*или* **authorise**) уполномочивать; авторизовать, разрешать, разрешить
authorized авторизованный
authorized stock разрешенный к выпуску акционерный капитал
authorship авторство; **joint ~** совместное авторство; **~ of an invention** авторство на изобретение
autocracy автократия, самодержавие
autocrat самодержец
autocratic самодержавный
autocratically самодержавно
autolimitation автолимитация (*doctrine*)
automatically автоматически
automobile автомобиль, машина; **~ lot** автопарк
autonomous автономный
autonomy автономия; **administrative ~** административная автономия; **internal ~** внутренняя автономия; **territorial ~** территориальная автономия
auxiliary вспомогательный
availability наличие; **subject to ~** при условии наличия; **~ of cash** наличие денег; **~ of documentation** наличие документации; **~ of stock** наличие товаров
available наличный; имеющийся в наличии, наличный, доступный; **to be ~** быть в наличии или быть доступным; **Mr. A. isn't ~ at the moment** г-на А. нет сейчас; **to be ~ for sale** иметься в продаже
aval поручительство по векселю
avenge отомстить
avenue авеню
average 1. средний, среднее число, средняя величина, среднее; **~ collection period** средний срок покрытия дебиторской задолженности; 2. авария; **~ agent** аварийный комиссар; **~ adjustment** диспаша; **adjustment of ~ statement** составление диспаши; **~ statement** аварийная диспаша; **to annul a general ~ statement** отменять диспашу; **to contest the ~ statement** оспаривать диспашу; **draft of ~ statement** проект диспаши; **to draw up an ~ statement** составлять диспашу; **to find the ~** выводить среднее число; **free from particular ~** свободно от частной аварии; **general ~** общая авария; **general ~ adjustment** диспаша по общей аварии; **(insurance) ~ adjuster** диспашер; **particular ~** частная авария; **preparation of ~ statement** подготовка диспаши; **register of general ~ statements** реестр диспаши; **to register an ~ statement** регистрировать диспашу; **with particular ~** с ответственностью за частную аварию
avert предотвратить
aviation авиация; **civil ~** гражданская авиация; **commercial ~** коммерческая авиация
avionics электронное оборудование самолета
aviso авизо
await ожидать, ждать; **to ~ something** ожидать (*или* ждать) чего-л.
award награда, присуждение; решение (*суда или арбитров*); **~ by consent** решение в соответствии с мировым соглашением; **to ~** присуждать; **arbitral ~** арбитражное решение; **to ~** присваивать, присвоить; **to ~ a judgment** присуждать; **~ of damages** присуждение к возмещению
awarding присвоение; **~ of a patent** присвоение патента
aware знающий, осведомленный; **to be ~ (of something)** знать (что-л.) *или* быть осведомленным (о чем-л.); **to become ~** быть осведомленным *или* получить сведения
away: to be away отсутствовать; **to be ~ from Moscow** не быть в Москве
awkward щекотливый; **~ subject** щекотливая тема

B

bachelor 1. холостяк 2. бакалавр
back назад, спина; **to ~** обеспечивать

backer лицо, гарантирующее оплату векселя (**of a bill, note**)
background происхождение, фон; **family ~** семейное происхождение
back-haul доставка порожняка
backwardness отсталость
bad debts безнадежные долги, которые невозможно получить
badge значок; **party membership ~** партийный значок
badly плохо; серьезно; очень, очень сильно
bag мешок; **cargo in ~s** груз в мешках; **collapsible ~** складной мешок; **damaged ~s** поврежденные мешки; **pre-slung ~s** застропленные мешки
bail порука; **to put up ~ for** брать на поруки; **to release on ~** отпустить на поруки
bailiff приказчик, судебный пристав
balance I 1. остаток, остающаяся сумма, остающееся количество; 2. сальдо; 3. равновесие; **to keep the ~** сохранять равновесие; 4. баланс, балансовый, остаток, равновесие, сальдо; **account ~** баланс, остаток счета; **adjustment of the ~ sheet** исправление баланса; **compensatory ~** компенсационный остаток; **consolidated ~ sheet** сводный баланс; **credit ~** кредитовый остаток; кредитовое сальдо **current account; ~** баланс текущих расчетов, сальдо текущего счета; **debit ~** дебетовое сальдо; **decimal ~** десятичные весы; **delivery of the ~ of goods** допоставка; **favorable trade ~** активный торговый баланс; **in-house ~** наличный остаток; **intersectoral ~ sheet** межотраслевой баланс; **invisible ~** баланс услуг и некоммерческих платежей; **merchandise trade ~** баланс товарной торговли; **national ~ of accounts** баланс народного хозяйства; **negative ~** отрицательное сальдо, отрицательный счет; **on ~** после сведения баланса, в итоге; **Balance Sheet (BS)** баланс предприятия, баланс, заключительный баланс; **~ Sheet date** дата составления баланса; **~ sheet equation** балансовое уравнение; **positive ~** положительное сальдо; **rough ~** брутто баланс; **to ~** балансировать, сбалансировать; **to ~ accounts** подводить баланс; **to ~ books** подводить баланс; **to deliver the ~ of the goods** допоставлять; **trade ~** торговый баланс; **unfavorable ~** пассивный баланс; **unfavorable ~ of payments** пассивный платежный баланс; **unfavorable trade ~** пассивный торговый баланс; **zero ~** нулевое сальдо; **~ due** дебетовое сальдо; **~ of an account** сальдо счета; **~ of a debt** остаток долга; **~ of international trade** внешнеторговый баланс; **~ of payments deficit** дефицит платежного баланса; **annual ~** годовой баланс; **credit ~** кредитовый баланс; **debit ~** дебетовый баланс; **favorable ~** благоприятный баланс; **favorable ~ of payments** активный платежный баланс; **item on a ~** статья баланса; **material ~** материальный баланс; **negative ~** отрицательный баланс; **positive ~** активный баланс; **preliminary ~** предварительный баланс; **preparation of the ~** составление баланса; **to offset an item on a ~** сводить баланс; **to prepare a ~** составлять баланс; **total ~** итоговый баланс; **~ assets** активы баланса; **~ liabilities** пассивная часть баланса; **~ of payables and receivables** расчетный баланс
balance II сбалансировать, уравнять; погасить (счет)
balanced сбалансированный, уравновешенный; **~ budget** равновесие бюджета; **~ trade** нетто-баланс
balancing балансирование
bale кипа, тюк; **half a ~** половина кипы; **odd ~** лишняя кипа; **to be packed in ~s** быть упакованным в кипах; **to strap a ~** обтягивать кипу; **~ of cotton** кипа хлопка; **~ of paper pulp** кипа целлюлозы; **~ of wool** кипа шерсти
ban блокада, запрет, запрещение; **atomic weapons ~** запрещение атомного оружия; **to ~** запрещать
banal пошлый, шаблонный

banality пошлость, шаблонность
band лента, полоса, пояс; **metal** ~ металлическая лента; **nylon** ~ нейлоновая лента; **to fasten with a metal** ~ крепить металлической лентой
bandit бандит
banish изгнать, сослать
banishment изгнание, ссылка
bank банк, банковский, банкирская контора; "**co-op**" ~ кооперативный банк; **acceptance** ~ акцептный банк, банк-акцептант; **advice of the** ~ извещение банка; **advising** ~ авизующий банк; **affiliate** ~ филиал банка; **approved** ~ одобренный банк; **associated** ~s ассоциированные банки; **authorized** ~ уполномоченный банк; ~ **account** банковский счет; **branch of a** ~ отделение банка; **central** ~ центральный банк; **circulating** ~ банк-эмитент; **clearing** ~ клиринговый банк; **collecting** ~ банк-инкассатор; **commercial** ~ коммерческий банк; **confirming** ~ банк, подтверждающий аккредитив; **cooperative** ~ кооперативный банк; **correspondent** ~ банк-корреспондент; **credit** ~ ссудный банк; **creditor** ~ банк-кредитор; **discount** ~ учетный банк; **exchange** ~ разменный банк; **export-import** ~ экспортно-импортный банк; **exporter's** ~ банк экспортера; **first-class** ~ первоклассный банк; **foreign** ~ иностранный банк; **foreign exchange** ~ банк по обмену валюты; **foreign trade** ~ внешнеторговый банк; **founding** ~ банк-учредитель; **importer's** ~ банк импортера; **incorporated** ~ акционерный банк; **industrial** ~ промышленный банк; **interstate** ~ межгосударственный банк; **investment** ~ инвестиционный банк; **issuing** ~ эмиссионный банк; **leading** ~ ведущий банк; **local** ~ местный банк; **major** ~ крупный банк; **merchant** ~ акцептный банк, торговый банк; **merger of** ~s слияние банков; **mortgage** ~ ипотечный банк; **national** ~ государственный банк, национальный банк; **negotiating** ~ банк, производящий прием и оплату документов; **notice of the** ~ извещение банка; **notifying** ~ авизующий банк; **originating** ~ банк, выдающий аккредитив; **overseas** ~ иностранный банк; **payer's** ~ банк-плательщик; **primary** ~ основной банк; **private** ~ частный банк; **remittance via** ~ пересылка через банк; **remitting** ~ банк-ремитент; **reserve** ~ резервный банк; **savings** ~ сберегательный банк, сберегательная касса; **secondary** ~ второстепенный банк; **third-country** ~ банк третьей страны; **to authorize a** ~ уполномочивать банк; **to clear documents through the** ~ получать документы из банка; **to deposit a sum in the** ~ помещать сумму в банк; **to deposit money in a** ~ класть деньги в банк, вносить деньги в банк; **to deposit securities in the** ~ помещать ценные бумаги в банк; **to have an account with a** ~ иметь счет в банке; **to instruct the** ~ давать указания банку; **to keep money in a** ~ **account** держать деньги в банке; **to make a withdrawal from a** ~ взять вклад из банка; **to manage a** ~ управлять банком; **to open a letter of credit with a** ~ открывать аккредитив в банке; **to open an account at the** ~ открывать счет в банке; **to pay via** ~ платить через банк; **to pledge collateral with a** ~ закладывать товар в банке; **to present documents through the** ~ представлять документы через банк; **to transfer to the account in the** ~ перевести на счет в банке; **under** ~ **credit** на условиях банковского кредита; ~ **account** счет в банке; ~ **board of governors** совет банка; ~ **charges** стоимость услуг банков; ~ **certificate** сертификат банка; ~ **charges** комиссионные банку; ~ **clerk** служащий банка; ~ **confirmation** подтверждение банка (ответ на запрос); ~ **credit card** банковская кредитная карточка; ~ **customers** клиенты банка; ~ **debt** задолженность банку; ~ **deposit** вклад в

банк; **~ of deposit** депозитный банк; **~ discounting** учет векселя в банке; **~ employee** служащий банка; **~ examination** проверка отчетности банка; **~ failure** банкротство банка; **~ for international settlements** банк международных расчетов; **~ guarantee** гарантия банка; **~ in good standing** банк, пользующийся солидной репутацией; **~ issuing credit cards** банк, выпускающий кредитные карточки; **~'s liquid assets** ликвидный фонд банка; **~ loan** банковский кредит; **~ manager** управляющий банком; **~ overdraft** перерасход остатка денег в банке; **~ receipt** квитанция банка; **~ reconciliation statement** отчет о сверке банковской выписки с учетными данными компании; **~ representative** представитель банка; **~ statement** выписка счета, представляемая банком вкладчика; **~ statement** выписка из банковского счета; **~ transactions** операции банка

banker банкир; **first-class ~** первоклассный банкир; **merchant ~** банк-акцептант; **~'s acceptance** акцептованный банком вексель; **~'s references** рекомендация банкиров

banking банковское дело; **~ facilities** услуги банка

banknote банкнота; **reserve ~** резервная банкнота; **issuance of ~** эмиссия банкнот; **issue of ~** выпуск банкноты; **support of ~** обеспечение банком банкноты; **to issue ~ into circulation** выпускать банкноты в обращение; **withdrawal of ~** изъятие банкнот; **~ by denomination** банкноты по купюрам

bankrupt банкрот, неплатежеспособный, несостоятельный, обанкротившийся; **to declare oneself ~** объявлять банкротом; **to go ~** стать банкротом, обанкротиться

bankruptcy банкротство, крах, несостоятельность **declaration of ~** объявление о неплатежеспособности; **to declare ~** объявлять банкротство, объявлять неплатежеспособным; **to drive into ~** доводить до банкротства; **~ of a firm** крах фирмы

bannister перила; **courtroom ~** перила отделяющие судей от публики

bar адвокатура, запрет, препятствие; **the ~** адвокатура **(legal profession)**; **~ to patentability** препятствие к выдаче патента

bare-boat бэрбоут; **~ charter** бэрбоут чартер

bargain сделка; **"Dutch ~" (one-sided deal)** договор, выгодный только для одной стороны; **good ~** выгодная сделка; **to ~** торговаться о цене

barge баржа; **cargo ~** грузовая баржа; **deep-sea ~** глубоководная баржа; **"dumb" ~** несамоходная баржа; **dump ~** саморазгружающаяся баржа; **fob ~** франко баржа; **non-propelling ~** несамоходная баржа; **ocean-going ~** океанская баржа; **price ex ~** цена с баржи; **river ~** речная баржа; **self-propelled ~** самоходная баржа; **tanker ~** наливная баржа; **to deliver by ~** доставлять на барже; **to provide for ~ shipping** обеспечивать поставку баржи; **to unload (over side) to ~** разгружать на баржу; **utility ~** портовая баржа

barley ячмень

barrator виновный в баратрии

barratry 1. баратрия *(намеренные действия капитана или команды, направленные в ущерб судовладельцу или грузовладельцу)*; **2.** сутяжничество, кляузничество

barrel I бочка, бочонок; баррель; **~s empty** бочки пустые; **~s leaking** бочки текут; **to ~** укладывать в бочку; **wooden ~** деревянная бочка

barrel II упаковывать (укладывать, наливать) в бочки

barrier барьер, застава, ограждение; **border ~** пограничная застава; **customs ~** таможенный барьер; **discriminatory trade ~s** дискриминационные барьеры; **language ~** языковой барьер; **non-tariff trade ~** нетарифный барьер; **protectionist ~s** протекционистские барьеры; **to avoid customs ~s** обходить таможенные барьеры; **to eliminate ~s** устранять барь-

еры; **to erect ~s** создавать барьеры; **tariff ~** тарифный барьер; **trade ~** торговый барьер
barrister адвокат, присяжный поверенный
barter бартерный обмен, бартерный, мена, товарообмен, товарообменный; **direct commodity ~** непосредственный обмен товарами; **to ~** обменивать; **~ agreement** договор мены
bartering меновая торговля
base база, основа; **development of the export ~** развитие экспортной базы; **diversification of the export ~** диверсификация экспортной базы; **export ~** экспортная база; **financial ~** финансовая база; **material ~** материальная база; **material and technical ~** материально-техническая база; **military ~** военная база; **research ~** опытно-экспериментальная база; **tariff rate ~** база для исчисления тарифа; **to ~** базировать; **to ~ the price** базировать цену; **to establish a ~** создавать базу; **~ cost** себестоимость; **to ~** базировать; **to be based ~** базироваться; **~ year** базисный год, с которым сравниваются данные всех последующих отчетных периодов
based основанный; **the price is ~ on ...** цена базируется на
baseline базисный
basic основной; **~ rate of income tax** базовая ставка подоходного налога
basis база, базис, основа; **compensatory ~** компенсационная основа; **delivery ~** базис поставки; **economic ~** экономический базис; **lease on percentage of sales ~** аренда на условии исчисления платы в процентном отношении; **mutually profitable ~** взаимовыгодная основа; **on a contractual ~** на базе контракта; **on a fixed price ~** на базе твёрдой цены; **on a commission ~** на комиссионных началах; **on a consignment ~** на условиях консигнации; **on a contractual ~** на договорных началах; **on a reciprocal ~** на условиях взаимности; **on a rental ~** на условиях аренды; **on a turn-key ~** на условиях "под ключ"; **periodical ~** периодичность; **price ~** базис цены; **solid ~** прочное основание; **to trade on a consignment ~** торговать на условиях консигнации
basket корзинка; **SDR ~** корзинка СДР (Special Drawing Rights currencies); **wicker ~** плетённая корзинка; **~ of currencies** корзинка валют
batch processing пакетная обработка информации (на ЭВМ)
batman ординарец
batten баттенс (толстая доска)
battery побои; **assault and ~** оскорбление действием
battle борьба
bay бухта, залив; **fitting and assembly ~** место для сборки и накладки оборудования; **to clear a ~** выходить из бухты
bazaar восточный базар
beam балка; бимс; **hatch beam** бимс люка
bear (bore, borne) нести; носить, приносить; **to ~ expenses** нести расходы; **to ~ in mind** принимать во внимание или учитывать
Bearer векселепредъявитель, податель, предъявитель; **to ~** на предъявителя; **~ of a bill** предъявитель векселя
bearing подшипник
bed ложе; **engine bed** машинная плита
before раньше; **~ tax** до вычета налога
beforehand заранее
beg: we ~ to acknowledge (to inform, to state etc.) подтверждаем (сообщаем, заявляем и т. п.) или имеем честь подтвердить (сообщить, заявить и т. д.); **I ~ your pardon?** как вы сказали? (или будьте добры повторить); **I ~ your pardon** извините
beginning начало, начальный; **~ balance** начальное сальдо; сальдо на начало периода; **~ inventory** начальные запасы; запасы на начало периода; **~ work in process inventory** остатки незавершенного производства на начало периода
behalf: on behalf of от имени
believe думать, полагать

belong принадлежать
belonging принадлежность
below 1. ниже, внизу; 2. ниже (чего-л., чем что-л.)
belt лента, полоса, пояс
beneficial бенефициарный, выгодный, полезный; **mutually** ~ взаимовыгодный
beneficiary бенефициар; **designation of a** ~ наименование бенефициара; **letter of credit** ~ лицо, в чью пользу открыт аккредитив
benefit выгода, льгота, польза, пособие, привилегия; **cost** ~ финансовая льгота; **disability** ~ пособие по нетрудоспособности; **for mutual** ~ для взаимной выгоды; **incidental** ~ побочная выгода; **maternity** ~ пособие по беременности и родам; **potential** ~ потенциальная выгода; **retraining** ~ пособие по переквалификации; **social** ~ общественная выгода, общественная польза; **temporary disability** ~ пособие по временной нетрудоспособности; **to** ~ получать выгоду; **to derive** ~ извлекать выгоду; **to derive maximum** ~ извлекать наибольшую выгоду; **to the** ~ для выгоды; **unemployment** ~ пособие по безработице; **fringe** ~s дополнительные льготы; **to establish additional** ~s устанавливать дополнительные льготы; ~ **payment** пособие; ~s суммарная выгода; **to our mutual benefit** с выгодой для обеих сторон; ~s **in kind (BIK's)** выгоды в неденежной форме, являющиеся частью вознаграждения (например, право пользоваться автомобилем компании)

Bentley код Бентлей; **a cable in Bentley's code** телеграмма, закодированная по коду Бентлей
beta (β) "бета"-величина, (*показывает отношение риска на рынке по отдельной акции к риску на рынке акций в целом*)
betterment(s) улучшение эксплуатируемых долгосрочных внеоборотных средств (особенно земли), которое не приводит к увеличению их стоимости
berth I пристань, причал; место у причала; **container** ~ контейнерный причал; **discharging** ~ место для выгрузки у причала, место причала для разгрузочных работ; **loading** ~ место погрузки; **to assure safe** ~ обеспечить надёжное место у причала; **berth or no berth** независимо от того, имеется свободный причал или нет; **whether in berth or not** независимо от того, находится судно у причала или нет
berth II ставить на причал
berthage пристаньский сбор, причальная линия
besides кроме того, кроме
best: to do one's best сделать все возможное
bet заклад
betrayal предательство; ~ **of the homeland** измена родине

betrothal помолвка, обручение
beyond за пределами, вне; сверх; ~ **the control of the parties** не зависящий от сторон, который стороны не могут предотвратить
biased пристрастный
bid предложение, предложение цены (*со стороны покупателя*), тендер, торги; **full** ~ полный тендер; **highest** ~ самое выгодное предложение; **invited** ~ объявленный тендер; **lowest** ~ предложение по самой низкой цене; **to** ~ принимать участие в торгах; **to make a** ~ предлагать цену
bidder лицо, предлагающее цену, участник аукциона; **highest** ~ участник торгов, предложивший наивысшую цену
bidding торги; **closed** ~ закрытые торги; **open** ~ открытые торги; ~ **period** период подачи тендеров
bigamy бигамия
big Six "Большая Шестерка" бухгалтерских/аудиторских фирм, куда в настоящее время входят: **Arthur Andersen** (Артур Андерсен), **Coopers & Lybrand** (Куперс энд Лайбранд), **Deloitte Touche Tohmatsu International** (Делойт Туш Томатсу Интернэшнл), **Ernst & Young** (Эрнст энд Янг), **KPMG Peat Marwick** (КПМГ Пит Марвик), **Price Waterhouse** (Прайс Уотерхаус)
bilateral двухсторонний
bill I банкнота, ведомость,

вексель, вексельный, законопроект, список, счёт **bill II** 1. счет; 2. переводной вексель, тратта (*вместо* **bill of exchange**); 3. свидетельство, накладная; ж.-д. накладная; **railway ~, way ~** накладная; **accommodation ~** безденежный вексель, дружеский вексель; **account ~** ведомость бухгалтерского учёта; **advance ~** вексель, выписанный до отправления груза; **advance ~ of exchange** авансовая тратта; **after sight ~** вексель с оплатой после предъявления; **amount of a ~** сумма векселя; **auction ~** каталог аукциона; **backer of a ~** индоссант по векселю; **bearer of a ~** предъявитель векселя; **collateral ~** депонированный вексель; **collection of a ~** взыскание денег по векселю, инкассирование векселя; **collection against a ~** инкассо тратты; **commercial ~** коммерческий вексель; **copy of a ~** копия векселя, экземпляр векселя; **counter ~** встречный вексель; **counterfeit ~** поддельный вексель, фальшивая банкнота; **credit ~** вексель, выписанный против открытого аккредитива; **currency ~** вексель, выписанный в инвалюте; **currency of a ~** валюта векселя; **date of issue of a ~** дата выпуска векселя; **discountable ~** могущий быть учтенным в банке вексель, приемлемый для переучета вексель; **discounted ~** учтенный вексель; **discounting of a ~** дисконт векселя, учет векселя; **documentary ~** документированный вексель; **domiciled ~** домицилированный вексель; **domiciled ~ of exchange** домицилированная тратта; **drawer of a ~** лицо, выписывающее вексель; **due date of a ~** срок платежа по векселю; **duplicate of an exchange ~** дубликат векселя; **endorsed ~** индоссированный вексель; **endorsement on a ~** надпись на векселе; **failure to honor a ~** неоплата векселя; **fictitious ~** фиктивный вексель; **finance ~** финансовый вексель; **foreign ~** заграничный вексель, иностранная тратта; **forged ~** подложный вексель; **form of a ~** форма векселя; **grace period on a ~** льготные дни для уплаты по векселю; (days) **guaranteed ~ of exchange** гарантированный вексель; **guarantor of a ~** гарант по векселю; **holder of a ~** держатель векселя; **holder of a ~ of exchange** держатель тратты; **honored ~** погашенный (покрытый) вексель; **in-clearing ~** дебетовый вексель; **inland ~** оплачиваемый в местной валюте вексель; **inland ~** внутренняя тратта; **inland ~ of exchange** внутренняя тратта; **inscribed ~** именной вексель; **interim ~** временный вексель; **issue of a ~** выдача векселя; **legal action arising from a ~** иск по векселю; **local ~** местный вексель; **long-term ~** долгосрочный вексель; **negotiable ~** оборотный вексель, передаваемый вексель; **negotiation of a ~** выплата по векселю; **non-negotiable ~** не могущий быть переданным вексель; **noted ~** вексель с нотариальной отметкой об отказе трассата от его акцептования; **one-dollar ~** банкнота в 1 доллар; **order ~** ордерный вексель; **outland ~** иностранный вексель; **outstanding ~** неоплаченный вексель; **outstanding ~ of exchange** неоплаченная тратта; **paid ~** оплаченный вексель; **past due ~** просроченный вексель; **payment ~** подлежащий оплате вексель; **pilot's ~** лоцманская квитанция; **presentation of a ~** предъявление векселя; **prolongation of a ~** пролонгация векселя; **protest of a ~** протест векселя; **protest of a ~ for non-acceptance** протест векселя из-за неакцепта, протест векселя из-за неплатежа; **protestation of a ~** опротестование векселя; **protested ~** опротестованный вексель; **provisional ~** предварительный вексель; **rediscount of a ~** переучет векселя; **rediscounted ~** переучтенный вексель; **refusal of acceptance of a ~** отказ от акцепта векселя;

retired ~ погашенный вексель; secured ~ обеспеченный вексель; secured ~ of exchange документированная тратта; settlement of a ~ оплата векселя, платеж по векселю, погашение векселя; short-term ~ краткосрочный вексель, краткосрочная тратта; short-term commercial ~ краткосрочный коммерческий вексель; sight ~ вексель с оплатой по предъявлению; signature on a ~ подпись на векселе; single ~ вексель, выставленный в одном экземпляре, единственный экземпляр тратты; stamp duty on a ~ гербовый сбор по векселю; surety on a ~ поручитель по векселю; tenor of a ~ срок тратты; to back a ~ гарантировать оплату векселя; to collect a ~ инкассировать вексель, инкассировать тратту, получать деньги по векселю; to discount a ~ покупать вексель, принимать вексель к учету; to dishonor a ~ не оплачивать вексель; to dishonor a ~ by non-acceptance отказываться акцептовать вексель; to domicile a ~ домицилировать вексель; to draw a ~ выдавать вексель; to draw out a ~ of exchange выставлять вексель; to effect acceptance of a ~ производить акцепт векселя; to endorse a ~ индоссировать вексель, передавать вексель надписью, переводить вексель; to endorse a ~ to ... индоссировать вексель в пользу...; to extend a ~ продлевать вексель; to forge a ~ подделывать вексель; to guarantee a ~ давать поручительство по векселю; to have a ~ discounted учитывать вексель; to have a ~ expired просрочивать вексель; to honor a ~ оплачивать вексель; to issue a ~ выписывать вексель; to issue a short-term ~ выписывать краткосрочный вексель; to issue a long-term ~ выписывать долгосрочный вексель; to make a ~ out to order выписывать вексель по приказу; to make a ~ payable to order выписывать ордерный вексель; to meet a ~ выкупать вексель; to meet due date on a ~ оплачивать вексель в срок; to negotiate a ~ негоциировать вексель, передавать (переуступать) вексель, переуступать тратту, пускать вексель в обращение; to negotiate a ~ with recourse пускать в обращение с оборотом; to negotiate a bank ~ учитывать вексель в банке; to note a ~ делать на векселе нотариальную отметку об отказе трассата; to pay through a ~ платить траттой; to present a ~ представлять тратту; to present a ~ for acceptance представлять тратту для акцепта; to present a ~ for discount сдавать вексель на учет, предъявлять вексель к учету; to present a ~ for payment предъявлять вексель для оплаты; to present a ~ for protest предъявлять вексель для протеста; to prolong a ~ пролонгировать вексель; to protest a ~ опротестовывать вексель; to protest a ~ for dishonor протестовать по поводу неоплаты векселя; to redraw a ~ выписывать обратный переводной вексель; to rediscount a ~ переучитывать вексель, переучитывать тратту; to remit a ~ for collection передавать вексель на инкассо; to renew a ~ возобновлять вексель, возобновлять тратту; to retire a ~ погашать вексель; to return a ~ of exchange under protest возвращать тратту с протестом; to return a ~ under protest возвращать вексель с протестом; to return a ~ unpaid возвращать вексель неоплаченным; to sell a ~ продавать вексель; to submit a ~ for acceptance направлять вексель для акцепта; to take a ~ on discount производить учет векселя; to withdraw a ~ отзывать вексель; transfer of a ~ передача (переуступка) векселя; uncovered ~ непокрытый вексель; unsecured ~ необеспеченный вексель; usance ~ of exchange внешнеторговый вексель; usance of a ~ срок вексе-

B

ля, установленный обычаем; **waiver of demand on a** ~ отказ от протеста векселя; ~ **after date** вексель со сроком платежа, исчисляемым со дня выдачи; ~ **at ... day's sight ...** срочный вексель, через ... дней после предъявления; ~ **at usance** вексель на срок, установленный торговым обычаем; ~ **book** книга векселей; ~ **creditor** кредитор по векселю; ~ **debtor** должник по векселю; ~ **drawn in a set** вексель, выписанный в комплекте; ~ **drawn on a major bank** вексель, выставленный на первоклассный банк; ~ **drawn on non-existent party** вексель, выписанный на несуществующее лицо; ~ **endorsed over** вексель с передаточной надписью; ~ **for collection** вексель на инкассо, вексель для инкасирования; ~**s in circulation** банкноты в обращении; ~ **in the denomination of ...** банкнота достоинством ...; ~ **not yet matured** непросроченный вексель; ~ **to order** вексель собственному приказу **(to oneself)**; ~ **to the order of a third party** вексель чужому приказу; ~ **transactions** операции с векселями; ~ **with recourse** обратный вексель; ~ **of health** санитарное удостоверение; ~ **of materials** ведомость материалов; ~ **of sale** закладная, купчая; ~ **of work** ведомость работ

Bill of Exchange вексель, переводный вексель, тратта; **acceptance of a** ~ акцепт векселя; **acceptance** ~ акцептованный вексель; **advance** ~ авансовый вексель; **bank guarantee of a** ~ аваль векселя; **circulation of** ~**s** обращение векселей; **clean** ~ недокументированный вексель; **expenses for protesting a** ~ издержки по опротестованию векселя; **first** ~ первый экземпляр векселя; **guarantor of a** ~ авалист по векселю; **liabilities on** ~**s** обязательства по векселям; **pledged** ~ заложенный вексель; **portfolio of** ~**s** портфель векселей; **returned** ~**s** возвращенный векселя; **second** ~ второй экземпляр векселя; **sterling** ~ вексель, выписанный в фунтах стерлингов; **to accept a** ~ акцептовать вексель; **to advise a** ~ авизовать вексель; **to cancel a** ~ аннулировать вексель; **treasury** ~**s** казначейские векселя; **the** ~ **is overdue** вексель просрочен; ~**s in blank** бланковый вексель; ~**s receivable** векселя, подлежащие взысканию; **Bill of Lading** дорожный аккредитив, коносамент, накладная; ~ **form** форма коносамента; ~ **number** номер коносамента; ~ **terms** условия коносамента; **against a** ~ по коносаменту; **bearer of a** ~ предъявитель коносамента; **clean** ~ чистый коносамент; **completed** ~ заполненный коносамент; **copy of a** ~ экземпляр коносамента; **date of a** ~ дата коносамента; **direct** ~ прямой коносамент; **groupage** ~ сборный коносамент, групповой коносамент; **holder of a** ~ держатель коносамента; **inland** ~ внутренний коносамент; **liner** ~ линейный коносамент; **local** ~ локальный коносамент; **non-negotiable** ~ необоротный коносамент; **on board** ~ бортовой коносамент; **order** ~ ордерный коносамент; **original** ~ оригинальный коносамент; **outward** ~ внешний коносамент; **post-dated** ~ датированный более поздним числом коносамент; **pro forma** ~ проформа коносамента; **"received for shipment"** ~ коносамент на груз, принятый для отправки; **reservation in a** ~ отметка в коносаменте; **river** ~ речная накладная, речной коносамент; **service** ~ служебный коносамент; **short form** ~ краткий коносамент; **signature date of a** ~ дата подписания коносамента; **steamer** ~ морской коносамент; **straight** ~ именной коносамент, коносамент, выданный на определённое лицо; **summary of** ~ перечень грузов, указанных в коносаменте; **through** ~ сквозной коносамент; **to hand over a** ~ вручать коноса-

мент; "**to order**" ~ ордерный коносамент; **to sign a** ~ подписывать коносамент; **transshipment** ~ сквозная накладная; **truck** ~ автодорожная накладная; **unclean** ~ нечистый коносамент; **under a** ~ в соответствии с коносаментом; **warehouse** ~ складской коносамент
billboard афиша, рекламный щит
billet расквартировать
billeting военно-квартирная повинность, постой, расквартирование; **military** ~ военный постой
bin card карточка количественного учёта материалов на складе
bind скука (*situation*); **to** ~ (*bound*) обязывать, крепить, связывать, связать; **to** ~ **crosswise** обвязывать поперёк; **to** ~ **lengthwise** обвязывать вдоль; **to** ~ **with wire** крепить проволокой; **to** ~ **with cable** крепить тросом
binding связывающий, обязательный (для кого-л.~ (**up)on somebody**); ~ **offer** связывающее (или твёрдое) предложение; ~ **upon both parties** обязательный для обеих сторон
bio-technology биотехнология
birth рождение; **illegitimate** ~ незаконное рождение; **legitimate** ~ законное рождение; ~ **out of wedlock** внебрачное рождение; ~ **rate** рождаемость
blading (в телеграммах) == **bill of lading**

blank бланк, бланковый, пропуск; **application** ~ анкета; **cable** ~ телеграфный бланк; **documentary bill lodgement** ~ бланк инкассового поручения по документарной тратте
blanket глобальный
blend смесь, сочетание; **to** ~ смешивать, смешать
bloc блок; квартал (*амер.* в городе), пакет; **controlling** ~ контрольный пакет; **credit** ~ кредитная блокада; **currency** ~ валютный блок; **exclusive economic** ~ закрытый экономический блок; **military** ~ военный блок; ~ **of shares** пакет акций
blockade блокада; **breach of a** ~ прорыв блокады; **customs** ~ таможенная блокада; **naval** ~ морская блокада; **to** ~ блокировать; **to impose a** ~ ввести блокаду
blocked блокированный
blotter бювар; **police** ~ реестр арестов и запрещений
blower вентилятор
blueprint светокопия, синька, светописная копия; **to submit a** ~ представить светописные копии чертежей
board 1. борт; 2.доска; 3.совет; коллегия; **arbitration** ~ арбитражная коллегия; ~ **of directors** совет директоров; **examination** ~ аттестационная комиссия; **federal** ~ федеральный совет; **free on** ~ *см.* **free**; **free on** ~, (**f.o.b.**) франко борт; **judicial** ~ судебная коллегия; **on** ~ на борту; **on** ~ **vessel** (*или* **on** ~ **ship, on** ~ **steamer**) на борт(у) судна; **on** ~ **the m. v. "Krasnodon"** на борт(у) теплохода "Краснодон"; **price control** ~ орган контроля над ценами; "**on** ~ " **bill of lading** *см.* **bill of lading**; **standing arbitral** ~ инструкционный арбитраж; **to accept cargo on** ~ принимать на борт; **to load on** ~ погрузить на борт; **to take on** ~ взять на абордаж; ~ **of appeals** апелляционная коллегия; ~ **of guardians** опекунский совет; ~ **of sanitation** санитарный совет
boarding абордаж (**a ship**)
boat лодка, судно; **mail** ~ почтовое судно
body орган, тело; **administrative** ~ административный орган; **auxiliary** ~ вспомогательный орган; **collective** ~ коллективный орган; **consultative** ~ консультативный орган; **corporate** ~ корпоративная организация, корпорация; **deliberative** ~ совещательный орган; **human** ~ организм; **intergovernmental** ~ межправительственный орган; **interparlianentary** ~ межпарламентский орган; **judicial** ~ судебный орган; **judicial investigative** ~ судебно-следственный орган; **legislative** ~ законодательный орган; **managerial** ~ орган управления; **parliamentary** ~ парламентский

орган; **permanent arbitral ~** постоянный арбитражный орган; **representative ~** представительный орган
bogus фиктивный
bolt болт; **to ~** крепить болтами
bona fide бона фиде
bond бонд, облигация, подписка, долговое обязательство; **baby ~** мелкая облигация; **bearer ~** облигация на предъявителя; **bottomry ~** бодмерейный договор; **called ~** облигация, предъявленная к погашению; **called ~s** аннулированные бумаги; **~ certificate** сертификат облигации; **debenture ~** облигация, не имеющая специального обеспечения; **deferred ~** облигация с отсроченным платежом; **flotation of a ~ issue** размещение облигаций; **foreign ~** заграничная облигация; **general ~** аварийный бонд; **general average ~** аварийная гарантия; **government ~** государственная облигация; **guarantee ~** гарантийное письмо; **high-grade ~** первоклассная облигация; **internal ~** внутренняя облигация; **interest-bearing ~s** процентные облигации; **irredeemable ~** облигация, не подлежащая погашению до наступления срока; **issue of ~s** выпуск облигаций; **long-term ~** долгосрочная облигация; **maturing ~** облигация, выходящая в тираж; **maturing ~s** облигации, подлежащие погашению; **optionally redeemable ~** облигация с правом досрочного погашения; **overdue ~** облигация, не погашенная в срок; **participation ~** облигация с правом на участие в прибылях компании; **passive ~** беспроцентная облигация; **premium ~** облигация выигрышного займа; **registered ~** именная облигация; **retirement of ~s** выкуп облигаций; **savings ~** государственная облигация; **secured ~** облигация со специальным обеспечением; **~ sinking fund** фонд погашения облигаций; **short ~** краткосрочная облигация; **to issue ~s** выпускать облигации; **to redeem ~s** погашать облигации; **to retire ~s** выкупать облигации; **treasury ~** обязательство казначейства; **treasury ~s** казначейские обязательства; **~ issue** выпуск облигаций; **~ market** рынок облигаций; **~ note (customs)** разрешение на вывоз с таможенного склада
bonding оформление материальной ответственности
bondability бонитет
bonded бондовой **(customs)**, облигационный
bonus вознаграждение, дополнительное вознаграждение, премиальные, премия; **annual ~** ежегодная премия; **cash ~** бонус; **import ~** импортная премия; **incentive ~** поощрительная премия; **~ issue** премиальный выпуск акций; **lumpsum ~** единовременная премия; **net ~** чистая премия; **New Year's ~** новогодняя премия; **piece work ~** аккордная надбавка; **quality ~** надбавка за повышенное качество; **seniority ~** надбавка за выслугу лет; **~ for completing work ahead of schedule** вознаграждение за досрочное завершение работы; **~ for quality** премия за качество
bonus allowance надбавка; бонификация; **amount of ~** размер бонификации; **export ~** экспортная бонификация; **reimbursable ~** обратная бонификация
book книга, регистр; **account ~** бухгалтерская книга, регистр, учетный регистр; **~ of accounts** счетоводная книга; **accounting ~s** бухгалтерский учет; **address ~** адресная книга; **business ~** торговая книга; **cargo ~** грузовая книга; **carryover in the account ~** перенос в бухгалтерскую книгу; **cash receipts and payments ~** приходно-расходная книга; **day ~** журнал; **jacket of a ~** обложка книги; **log ~** вахтенный журнал, журнал; **machine performance log ~** машинный журнал; **publication of a ~** выход книги; **receipt ~** приходная книга; **reference ~** справочная книга;

stock ~ товарная книга; **tally ~** журнал регистрации приема груза; **telephone ~** телефонная книга **(white pages); till ~** кассовая книга; **to ~** бронировать, букировать **(freight); to audit the ~s** проверять бухгалтерские книги; **to enter into the account ~** вносить в книгу; **to keep the account ~s** вести бухгалтерские книги; **to subscribe for a ~** подписываться на книгу; **~ entry** запись в книге; **~s of original entry** книги первичного учета; **~s of prime entry** книги первичного учета; **~ value** учетная/балансовая стоимость

booking бронирование, букировка; **cargo-~** букировка груза; **freight ~** фрахтование тоннажа; **~ commission** плата за букировку; **~ list** букинглист, перечень забукированных грузов; **~ note** букинг-нот

bookkeeper бухгалтер **senior; ~** старший бухгалтер

bookkeeping бухгалтерский; счетоводство, ведение учетных регистров

booklet буклет, книжка, брошюра

boom бум; **economic ~** подъем конъюнктуры; **inflationary ~** инфляционный бум; **investment ~** бум капиталовложений; **speculative ~** спекулятивный бум; **stock-market ~** биржевой бум

boost повышение

border граница, пограничный **buyer's ~** граница страны покупателя; **delivery of shipment to the ~** доставка груза до границы; **national ~** государственная граница; **price FOB ~** цена франко граница; **seller's ~** граница страны продавца; **to cross the ~** пересекать границу; **transhipment at the ~** перевалка груза на границе; **with delivery at the ~** с поставкой на границе

bore *past* от **bear**

borne *p. p.* от **bear**

borrow брать взаймы, брать в долг

borrower заемщик

borrowing заем, заимствование; **domestic ~** внутренний заем; **foreign ~** внешний заем

boss начальник, хозяин, хозяйка

both ... and с/, как ... так и

bottle бутылка, бутыль; **to ~** упаковывать в бутыли

bottom дно

bottomry бодмерея

bound 1. направляющийся (*о судне*); 2. обязанный (*obligated*); 3. *p.p. от* **to bind; homeward ~** направляющийся в порт приписки; **to be ~** быть обязанным, обязываться, связывать, связать; **to be contractually ~** обязываться договором; **~ for** направляющийся; **~ for India** направляющийся в Индию;

boundary изгородь

bounty премия; **export ~** вывозная премия

box коробка, ящик, ящичный; **cardboard ~** картонная коробка, карточный ящик; **fold-down ~** разборно-складной ящик; **gift ~** подарочная коробка; **heavy duty ~** прочная коробка; **metal ~** металлический ящик; **plywood ~** фанерный ящик; **post office ~** почтовый ящик; **standard ~** стандартный ящик; **steel ~** стальной ящик; **to open ~es** вскрывать ящики; **tin ~** жестяная коробка; **wooden ~** деревянный ящик; **~ top** крышка ящика; **~ with hinged lid** ящик со съемной крышкой

boycott бойкот; **economic ~** экономический бойкот; **financial ~** финансовый бойкот; **to ~** бойкотировать; **to impose a ~** объявить бойкот; **to lift a ~** отменить бойкот

brace крепление, подпорка, связь; **to ~** крепить

bracing крепление

bracket разряд

bracking сортировка, браковка, бракераж

branch дочерний, отделение, отрасль, филиал; **local ~** местное отделение; **~ of agriculture** отрасль сельского хозяйства; **~ of an enterprise** отрасль предприятия; **~ of industry** производственная отрасль; **~ bank** филиал банка; **~ manager** руководитель филиала; **~ office** филиал компании

brand марка, марка товара; **best ~ name** высшая марка; **family of name ~s** групповая марка; **manufacturer's ~ name** марка производителя; **of the best ~s** высшей марки; **product ~ name** марка изделия; **to ~** клеймить, наносить маркировку выжиганием **(cattle),** ставить клеймо; **top selling ~** наиболее ходкая марка; **~ name** название марки, фирменный; **~ selection** выбор марки товара

branded марочный

breach нарушение; **to ~** нарушать; **~ of an agreement** нарушение соглашения; **~ of confidence** злоупотребление доверием, нарушение доверия; **~ of contract** нарушение договора, нарушение контракта; **~ of contract action** иск о нарушении договора; **~ of contract provisions** нарушение положений договора; **~ of an obligation** нарушение обязательства; **~ of a schedule** нарушение графика; **~ of trust** злоупотребление доверием; **~ of warranty** нарушение гарантии

break перерыв, разрыв; **to ~ (broke, broken)** ломать(ся), разбивать(ся); выбывать из строя, разъединить; **to ~ the law** нарушать закон; **to ~ off** разорвать; **~ in the period** перерыв срока; **to ~ down** сломаться или выйти из строя *(о машине);* **to ~ bulk** *см.* **bulk**

breakage бой, поломка, повреждение; **~ during handling** бой при перевалке; **~ in transit** бой при транспортировке; **~ rate** допуск брака

breakdown (*или* **break-down**) авария, поломка *(машины),* разбивка, развал; **price ~** расценочная ведомость; **~ of capital investment** распределение капиталовложений; **~ of negotiations** срыв переговоров

breaking разъединение; **~ of rules** нарушение правил; **~ off of negotiations** разрыв переговоров

breakup расформирование *(компании);* **~ of a meeting** роспуск собрания

bribe взятка; **to ~** давать взятку, подкупать; **to offer a ~** предлагать взятку; **to take a ~** брать взятку

bribed подкупленный

bribery взяточничество; **to convict for ~** осудить за взятку; **~ of an official** подкуп должностного лица

bridge мост; **to ~ the gap** ликвидировать разрыв

briefing инструктаж, инструктивное совещание

brigade бригада; **~ leader** бригадир

brigandage разбой

bring ~ приносить; **to bring about** вызывать, причинять

bringing введение; **~ a law into effect** введение закона в силу; **~ of an indictment** предъявление обвинения; **~ to court** предание суду

brittle ломкий

broadcast передача

broaden расширять

brochure брошюра; **promotional ~** рекламная брошюра

broken 1. разбитый, раздробленный; 2. *p. p.* от **break**

broker брокер, комиссионер, маклер, маклерский; **agency of a ~** посредничество маклера; **bill ~** вексельный посредник; **charter-~** брокер по фрахтованию; **charterer's ~** брокер фрахтователя; **"del credere" ~** брокер делькредере; **discount ~** занимающийся учетными операциями маклер; **freight ~** фрахтовый брокер; **grain ~** брокер по покупкам и продаже зерна; **insurance ~** страховой брокер, страховой маклер; **securities ~** вексельный брокер; **ship ~** корабельный маклер; **shipowner's ~** брокер судовладельца; **shipping ~** маклер по фрахтованию судов; **stock ~** биржевой брокер, биржевой маклер; **~ with a seat on the exchange** официальный биржевой маклер; **~'s commission** брокераж

brokerage брокераж, брокерский, брокерское дело, маклерство; брокерская комиссия; **freight ~** фрахтовая комиссия; **note ~** торговля векселями; **~ fees** вознаграждение маклеру

brothel публичный дом

brother брат

brotherhood братство

brother-in-law деверь *(брат мужа),* шурин *(брат же-*

ны), зять *(муж сестры)*, свояк *(муж сестры жены)*
budget бюджет; смета доходов и расходов; **advertising** ~ бюджет рекламы; **annual** ~ годовой бюджет; **balanced** ~ сбалансированный бюджет; **capital** ~ бюджет капиталовложений; **consolidated** ~ сводный бюджет; **current operating** ~ текущий бюджет; **draft** ~ проект бюджета; **fixed-revenue** ~ жесткий бюджет; **local** ~ местный бюджет; **low** ~ небольшой бюджет; **national** ~ национальный бюджет; **revenue** доходный бюджет; **state** ~ государственный бюджет; **supplementary** ~ дополнительный бюджет; **to ~ for** предусматривать в бюджете; **to approve a** ~ одобрить бюджет; **to cut the** ~ сокращать бюджет; **to increase the** ~ увеличивать бюджет; **to pass the** ~ утверждать бюджет; **to present a** ~ представлять бюджетные цены; **to submit a ~ for deliberation** представлять бюджет на рассмотрение; **to transfer a figure into the** ~ перечислять сумму в бюджет; **unbalanced** ~ несбалансированный бюджет; ~ **cuts** сокращение бюджета; ~ **contributions** взносы в бюджет; ~ **expenditures** расходный бюджет; ~ **implementation** исполнение бюджета; ~ **preparation** подготовка бюджета; ~ **process** составление бюджета; ~ **size** размер бюджета; ~ **volume** планируемый объем выпуска продукции и/или услуг;
budgetary бюджетный; **for ~ purposes** для учета в бюджете
budgeting финансовое планирование, составление смет *(доходов и расходов)*
build строить; **to ~ up** наращивать
builder строитель; **home** ~ застройщик
building застройка, здание, постройка, сооружение, строение, строительство; **administrative** ~ административное здание; **residential** ~ жилое здание, жилое строение; ~ **society** строительная инвестиционная компания
build-up наращивание
bulk 1. масса, массовый, навалочный, насыпной; 2. большая часть, основная часть; **in** ~ в массе, без упаковки, навалом, наливом, насыпью, нерасфасованный, без расфасовки; **shipment in** ~ погрузка без упаковки; **to ~ bulk** вскрывать люки, начинать разгрузку; **to load in** ~ грузить без тары; ~ **commodities** товарная масса; ~ **shipment** перевозка груза насыпью; ~ **storage** хранение насыпью; **Bulker, grain**-~ землевоз
bull бык; ~ **market** бойкая торговля
bulletin бюллетень; **informational** ~ информационный бюллетень; **price** ~ прейскурантный бюллетень; **to publish a** ~ издавать бюллетень; **trade** ~ коммерческий бюллетень
bundle тюк
bunker бункер
bunkering заправка топливом
bureau бюро; **information** ~ информационное бюро; **marriage** ~ агентство для устройства браков
bureaucracy бюрократия
burglary кража со взломом, ограбление
burlap мешковина
bury погребать
business бизнес, дело, дела, сделка; промысел, деловой, служебный; **arbitrage** ~ биржевой арбитраж; **brokerage** ~ маклерское дело; **course of** ~ ход дела; ~ **day** *см.* **day**; **freight forwarding** ~ экспедиторское дело; **line of** ~ род деятельности; **mail order** ~ посылочная торговля; ~ **relations** деловые отношения; **on** ~ по делу (**for purposes of business**); **profitable** ~ выгодное дело, выгодная торговля, прибыльный бизнес, прибыльное дело; **publishing** ~ издательское дело; **service** ~ операции по торговле услугами; **shady** ~ авантюра; **slack** ~ вялый бизнес; **small** ~ малый бизнес, мелкая фирма; **to be away on** ~ быть в командировке; **to be in** ~ заниматься торговлей; **to conduct** ~ вести дела, заниматься коммерцией; **to direct a** ~ руководить фир-

C

мой; **to do** ~ вести торговлю, делать дело; **to establish a** ~ создавать дело; **to expand a** ~ расширять дело; **to finance a** ~ финансировать дело; **to found a** ~ учреждать дело; **to have** ~ **with** иметь дело с; **to start up a** ~ начать дело; **to transact** ~ **through a bank** вести дела через банк; **to wind up a** ~ ликвидировать дело; **transportation** ~ транспортное дело; **urgent** ~ неотложное дело; ~ **address of a company** местонахождение фирмы; ~ **experience** опыт в делах; ~ **planning** планирование выпуска и сбыта продукции; ~ **stagnation** застои в делах; ~ **survey** обзор хозяйственной деятельности
business Cycle конъюнктура; **boom in the** ~ высокая конъюнктура; **peak in the** ~ высокая конъюнктура; **stagnation in the** ~ вялая конъюнктура
business entry хозяйствующая единица
business transaction хозяйственная операция
businessman коммерсант
busline автобусная линия; **inter-city** ~ междугородная автобусная линия
buy покупка; **to** ~ закупать, купить; **to** ~ **all of** скупать; **to** ~ **out** выкупать; **to** ~ **up** скупать
buy-back компенсационный
buyer заказчик, предприятие-покупатель; **commercial** ~ брокер по покупкам

buying закупка; **speculative** ~ спекулятивная закупка; ~ **up (~ an)** скупка
buy-sell купля-продажа; ~ **agreement** договор купли ~ продажи
by-laws устав
by-product побочный продукт

C

cable кабель, канат, телеграмма, трос; **by** ~ телеграммой или по телеграфу; **dispatch of a** ~ отправка телеграммы; **flexible** ~ гибкий канат; **hoisting** ~ грузоподъемный канат; **official** ~ (*regulatory instructions*) служебная телеграмма; **steel** ~ стальной канат, стальной трос; **to** ~ телеграфировать; **to** ~ **for** вызывать телеграммой; **to notify by** ~ уведомлять телеграммой; **to send a** ~ высылать телеграмму; **urgent** ~ срочная телеграмма
cablegram телеграмма
calculate, to ~ 1. исчислять, калькулировать, подсчитывать; начислять; 2. рассчитывать, полагать
calculation исчисление, калькуляция, начисление, подсчет; **annual summary** ~ сводный годовой расчет; **approximate** ~ приблизительный расчет; **demurrage** ~ калькуляция демерреджа; **final** ~ окончательная калькуляция; **summary** ~ сводный расчет; ~ **of expenses** калькуляция расходов; ~ **of income** исчисление дохода; ~ **of interest** исчисление процентов; ~ **of prices** калькуляция цен; ~ **of prime cost** калькуляция себестоимости; ~ **of tax** исчисление налога; ~ **of term** исчисление сроков
calculator калькулятор, счетная машина
calendar календарь
call востребование, заход; (*of a vessel at port*), опцион, призыв; **cash** ~ **on shares** требование уплаты взноса за акции; **courtesy** ~ визит вежливости; **distress** ~ (*of a vessel at port*) вынужденный заход; **margin** ~ требование гарантийного взноса, требование уплаты разницы; **to** ~ созывать; созвать; вызывать (*по телефону*); **to** ~ **at** заходить куда-л.; **to** ~ **collect** звонить по телефону с оплатой абонентом; **to** ~ **for** вызывать; требовать; **to** ~ **on** заходить к кому-л.; **to** ~ **up** вызывать (*по телефону*); **to** ~ **in a loan** требовать возврата займа; **to be** ~**ed for** до востребования; **to be subject to** (*cash*) ~ подлежать возврату по первому требованию; **to pay a** ~ наносить визит; ~ **at port** остановка в порту; ~ **back** возврат; ~ **up point** явочный пункт
callable подлежащий взысканию; ~ **bonds** облигации с правом досрочного погашения; ~ **preferred**

stock погашаемые привилегированные акции
calling призвание; ~ **of a meeting** созыв собрания; ~ **to order** призвание к порядку
calliper калипер *(мерная вилка)*; **Customs calliper measure** таможенный калиперный обмер
calm спокойствие
calumny клевета
campaign кампания; **advertising** ~ рекламная кампания; **broad** ~ широкая кампания; **export** ~ кампания по увеличению экспорта; **joint** ~ совместная кампания; **ongoing** ~ текущая кампания; **television** ~ телевизионная кампания; **to conclude a** ~ закончить кампанию; **to conduct a** ~ вести кампанию; **to support a** ~ поддерживать кампанию; **to wreck a** ~ сорвать кампанию; **trade press** ~ торговая кампания в печати; ~ **goal** цель кампании
campaigning агитация; **election** ~ выборная агитация
can банка; **hermetically-sealed** ~ герметичная банка; **swollen** ~ вздувшаяся банка; **to** ~ упаковывать в банку
canal канал; **to pass through a** ~ проходить канал; ~ **toll** сбор за проход через канал
cancel (cancelled) аннулировать, отменять, расторгать
cancelling канцелинг; **right to** ~ право канцелинга
cancelling date канцеллинг; *(обусловленный крайний срок прибытия зафрахтованного судна в порт погрузки)*
cancellation аннулирование, отмена, расторжение; ~ **of a lease** расторжение договора займа
candidacy кандидатура; **to declare withdrawal from** ~ заявить о самоотводе; **withdrawal of** ~ самоотвод
candidate кандидат; **political** ~ политический кандидат; ~ **for Master's degree** аспирант
canister канистра
cannery консервный завод, консервная фабрика
canvas холст; **packing** ~ упаковочный холст; ~ **cover** брезент
capability способность
capable способный, распорядительный
capacious вместительный
capacit/y вместимость, емкость, грузоподъемность; загрузка, мощность, производительность; способность; **aggregate** ~ суммарная мощность; **annual** ~ годовая мощность; **average** ~ средняя мощность; **bale** ~ киповая грузовместимость; **bunker** ~ вместимость бункера; **cargo** ~ грузовая вместимость; **commissioning of new** ~**ies** ввод в действие новых мощностей; **container** ~ **is ... cu.m.** контейнер емкостью в ...куб.м.; **continuous** ~ длительная мощность; **crane load-lift** ~ грузоподъемность крана; **cubic** ~ объемная вместимость; **cubic** ~ кубатура; **deadweight** ~ полная грузоподъемность судна; **design** ~ проектная мощность; **fresh** ~ новая мощность; **full** ~ полная загрузка, полная мощность, полная сила; **full freight** ~ полная грузовместимость; **general legal** ~ общая дееспособность; **grain cubic** ~ зерновая кубатура; **grain freight** ~ грузовместимость судна для насыпного груза; **guaranteed** ~ гарантированная мощность; **guaranteed deadweight** ~ гарантированная грузоподъемность; **guaranteed freight** ~ гарантированная грузовместимость; **high** ~ мощный; **hoisting** ~ грузоподъемность подъемного механизма; **idle** ~ неиспользованная мощность; **in the** ~ **of** в качестве; **installed** ~ установленная мощность; **legal** ~ дееспособность, правоспособность, юридическая способность; **legal** ~ **of foreigners** правоспособность иностранцев; **legal** ~ **of the parties** дееспособность сторон; **limited legal** ~ ограниченная дееспособность; **load** ~ загрузочная мощность; **load-lift** ~ грузоподъемность; **low** ~ малоемкий; **manufacturing** ~ производственная мощность; **margin of reserve** ~ резерв установленной мощности; **maximum** ~ максимальная мощность; **maximum freight** ~ максималь-

ная грузовместимость; **measures of** ~ меры емкости; **net** ~ чистая вместимость; **net freight** ~ чистая грузовместимость; **operation at full** ~ работа на полную мощность; **operational** ~**ies** действующие мощности; **payload** ~ полезная грузоподъемность; **rated** ~ расчетная мощность; **reduction in** ~ снижение мощностей; **renovation of productive** ~**ies** обновление производственных мощностей; **required** ~ потребная мощность; **reserve** ~ резервная мощность; **restriction of legal** ~ ограничение дееспособности; **ship** ~ вместимость судна; **spare** ~ запасная мощность; **specific** ~ удельная мощность; **storage** ~ емкость для хранения; **store** ~ складская емкость; **surplus** ~ избыточная мощность; **tank** ~ емкость цистерны; **to commission** ~**ies** вводить мощности в действие; **to reach projected** ~ достигать проектной мощности; **total** ~ общая мощность; **traffic** ~ потребительская способность; **transport** ~ транспортная емкость; **warehousing** ~ вместимость складских помещений; ~ **of a ship's hold** вместимость трюма; ~ **of ship's tank** емкость для перевоза жидких грузов на корабле; ~ **of a train car** вместимость вагона; ~ **for labor** способность к труду; ~ **plan** план вместимости; ~ **per unit** мощность на производственную единицу; ~ **rate** коэффициент мощности; ~ **to devise** способность завещать *(property by will);* ~ **to enter into an agreement** способность вступать в договор; ~ **to testify** способность дать показание

capital 1.капитал; *(assets, etc.);* 2. столица *(city)*; **accumulated** ~ накопленный капитал; **actual** ~ действительный капитал, фактический капитал; **advanced** ~ авансированный капитал; **aggregate** ~ совокупный капитал; **allocation of** ~ размещение капитала; ~ **allowance** скидки с налогооблагаемых сумм по внеоборотным активам; **available** ~ свободный капитал; **bank** ~ банковский капитал; **blocked** ~ блокированный капитал; **borrowed** ~ ссудный капитал; ~ **budgeting analysis** анализ бюджета капиталовложений; **charter** ~ уставный капитал, уставный фонд; **commercial** ~ торговый капитал; **commodity** ~ товарный капитал; **constant** ~ постоянный капитал; **contribution to charter** ~ вклад в уставный фонд; **debt** ~ привлеченный капитал; **demand for** ~ спрос на капитал; **depreciation of** ~ обесценение капитала; **disposable** ~ денежный капитал; **employed** ~ используемый капитал; ~ **employed** используемый капитал; ~ сумма собственного капитала; ~ **expenditure** капитальные затраты; **export of** ~ основной капитал; **foreign** ~ иностранный капитал; **freezing of** ~ замораживание капитала; **frozen** ~ замороженные фонды; ~ **gain** доходы от прироста стоимости активов; **gross working** ~ валовой оборотный капитал; **idle** ~ мертвый капитал; **industrial** ~ промышленный капитал; **inflow of** ~ приток капитала; **initial** ~ первоначальный капитал; **international** ~ международный капитал; **invested** ~ инвестированный капитал; ~ **investment** капитальные вложения *(долгосрочные);* ~ **lease** капитализируемая аренда; **liquid** ~ ликвидный капитал; **loan** ~ заемный капитал; **long-term** ~ долгосрочный капитал; ~ **loss** убытки от владения активами; **monopoly** ~ монополистический капитал; **private** ~ частный капитал; **productive** ~ производительный капитал; **real** ~ реальный капитал; **registered** ~ зарегистрированный капитал; **release of** ~ высвобождение капитала; **reserve** ~ запасный капитал; **share in** ~ доля в капитале; **short-term** ~ краткосрочный капитал; **state** ~ государственный капитал; **stated** ~ объявленный капитал;

~ **stock** акционерный капитал; **surplus** ~ избыточный капитал; **tax on** ~ налог на капитал; **to attract** ~ привлекать капитал; **to invest** ~ **in ...** вкладывать капитал в ...; **to provide** ~ предоставлять капитал; **to raise** ~ добывать капитал; **to withdraw** ~ изымать капитал; **transfer of** ~ **abroad** перевод капитала за границу; **unblocking of** ~ разблокирование капитала; **unproductive** ~ непроизводительный капитал; **variable** ~ переменный капитал; **working** ~ оборотный капитал, оборотные средства; ~ **appropriations** ассигнования на капиталовложение; ~ **budget** бюджет капиталовложений; ~ **expenditures** затраты капитала; ~ **flight** бегство капиталов; ~ **investment** вложение капитала, капиталовложение; ~ **market** рынок капитала; ~ **movement** движение капитала; ~ **outflow** отток капитала; ~ **shortage** нехватка капитала

capitalism капитализм

capitalist капиталист, капиталистический

capitalized капитализированный

caprice административный произвол; **administrative** ~ административный произвол

captain капитан; ~**'s** капитанский; ~**'s notice** нотис капитана

captive пленный

captivity плен

capture захват; **to** ~ совершить захват; ~ **of a market** захват рынка; ~ **of a ship** захват корабля

car автомобиль (*легковой*); вагон; **automobile** ~ моторный вагон; **availability of** ~**s** наличие вагонов; **baggage** ~ багажный вагон; **ballast** ~ балластный вагон; **box** ~ грузовой вагон, крытый вагон; **capacity of** ~ вместимость вагона; **closed** ~ закрытый вагон; **compartment** ~ купированный вагон; **composite** ~ вагон смешанного класса; **consolidated** ~ прямой сборный вагон; **delivery by** ~ поставка в вагоне; **empty** ~ порожний вагон; **flatbed** ~ вагон-платформа; **freight** ~ товарный вагон; **high capacity** ~ большегрузный вагон; **light** ~ облегченный вагон; **load onto** ~ грузить в вагон; **loading into a** ~ погрузка в вагон; **merchandise** ~ сборный вагон; **passenger** ~ пассажирский вагон; **passenger car** легковой автомобиль; **postal** ~ почтовый вагон; **railroad** ~ железнодорожный вагон; **refrigerated** ~ рефрижераторный вагон; **refrigerator** ~ вагон-холодильник; **reloading into a** ~ перегрузка в вагон; **repair** ~ вагон-мастерская; **scale** ~ вагон-весы; **self-propelled** ~ автономный вагон; **side dump** ~ вагон с боковой разгрузкой; **sleeper** ~ спальный вагон; **tanker** ~ вагон-цистерна; **through** ~ вагон прямого сообщения; **tipping** ~ саморазгружающийся вагон; **to load a** ~ загружать вагон; **trailer** ~ прицепной вагон; **under-loaded** ~ недогруженный вагон; **under-loading of a** ~ недогрузка вагона; **ventilated box** ~ вентилируемый крытый вагон; **"hard"** ~ **carriage** жесткий вагон

card карточка; **address** ~ адресная карточка; **calling** ~ визитная карточка; **credit** ~ кредитная карточка; **identification** ~ идентификационная карточка; **index** ~ **file** картотека; **library** ~ абонемент библиотеки; **party membership** ~ партбилет; **registration** ~ регистрационная карточка; **report** ~ отчетный бланк; **union** ~ профбилет; **use** ~ абонемент; **work** ~ рабочий наряд

care 1. забота, помощь, попечение; 2. внимание, осторожность, тщательность; **(in)** ~ **of** по адресу, через; **with** ~ осторожно; **free medical** ~ бесплатная медицинская помощь; **home health** ~ патронаж; **medical** ~ медицинская помощь

careful тщательный

carefully тщательно; **to** ~ **examine** тщательно проверять; **to** ~ **inspect** тщательно осматривать

careless небрежный, халатный

carelessly небрежно

C

carelessness небрежность, халатность

cargo 1. груз, карго; 2. полный пароходный груз; **acceptance of** ~ прием груза; **additional** ~ добавочный груз; **arrival of** ~ прибытие груза; **arrived by ship** ~ прибывший на судне груз; **bagged** ~ груз в мешках; **baled** ~ груз в кипах; **battening of** ~ закрепление груза; **booking of** ~ букировка груза; **boxed** ~ ящичный груз; **bulk** ~ груз без упаковки, навалочный груз; **bulk-break** ~ сыпучий груз; **bulky** ~ громоздкий груз; **certificate of origin of** ~ свидетельство о происхождении груза; **clearance of** ~ **through customs** получение груза из таможни; **commercial** ~ коммерческий груз; **complete** ~ полный груз; **condition of** ~ состояние груза; **confiscation of** ~ конфискация груза; **congestion of** ~ скопление грузов; **containerized** ~ груз контейнеризованный; **crated** ~ груз в обрешетке; **damage to** ~ порча груза; **damaged** ~ повреждённый груз; **dangerous** ~ опасный груз; **deck** ~ палубный груз; **delayed** ~ просроченный груз; **delivered** ~ доставленный груз, поставленный груз; **delivery of** ~ выдача груза, доставка груза, подвозка груза; **delivery of** ~ **for shipment** предъявление груза к перевозке; **dep**reciation **of** ~ обесценение груза; **detention of** ~ задержание груза; **direct** ~ адресованный груз; **disinfection of** ~ дезинфекция груза; **dissipation of** ~ утруска груза; **distress** ~ груз судна, терпящего бедствие; **dry** ~ сухой груз; **drying of** ~ усушка груза; **(shrinkage) duty-free** ~ не облагаемый пошлиной груз; **explosive** ~ взрывчатый груз; **fragile** ~ бьющийся груз; **general** ~ генеральный *(смешанный)* груз, сборный груз; **heavyweight** ~ тяжеловесный груз; **highly-inflammable** ~ легковоспламеняющийся груз; **hoisting of** ~ подъем груза; **hooking of** ~ закрючивание груза; **inspection of** ~ досмотр груза; **insured** ~ застрахованный груз; **inward** ~ доставленный (*или* импортный) груз; **jettisoned** ~ выброшенный за борт груз; **legal** ~ дозволенный груз; **lien on** ~ залоговое право на груз; **lightweight** ~ легкий груз; **liquid** ~ жидкий груз; **loading of** ~ погрузка груза; **loose** ~ груз россыпью, незакрепленный груз; **loss of** ~ гибель груза, потеря места груза, утрата груза; **lost** ~ погибший груз; **marine** ~ морской груз; **marking of** ~ маркировка груза; **misdelivery of** ~ неправильная сдача груза; **misdirected** ~ засланный груз; **missing** ~ недостающий груз; **mixed** ~ разнородный груз, смешанный груз; **non-delivery of** ~ недоставка груза; **optional** ~ опционный груз; **original** ~ первоначальный груз; **outbound** ~ экспортный груз; **overall dimensions of** ~ габарит груза; **oversized** ~ негабаритный груз; **owner of the** ~ владелец груза; **packa-ged** ~ груз в упаковке, тарный груз, упакованный груз; **packeted** ~ груз в пакетах; **packing of** ~ упаковка груза; **palletization of** ~ укладка груза на паллеты; **palletized** ~ груз на паллетах, пакетизированный груз; **perishable** ~ скоропортящийся груз; **portion of** ~ часть груза; **preservation of** ~ сохранение груза; **readiness of** ~ готовность груза; **received** ~ полученный груз; **replacement of** ~ замена груза; **return** ~ обратный груз; **return of** ~ возврат груза; **right to** ~ право на груз; **safety of** ~ сохранность груза; **salvage of** ~ спасение груза; **salvaged** ~ спасенный груз; **securing of** ~ крепление груза; **seizure of** ~ арест на груз; **separation of** ~ сепарация груза; **short delivery of** ~ недостача груза; **short-landed** ~ не выгруженный груз; **spoiled** ~ испорченный груз; **spontaneous combustion of** ~ самовозгорание груза; **stacked** ~ штабелированный груз;

storage of ~ хранение груза; **stowage of** ~ размещение груза; **stower of** ~ укладчик груза; **stranded** ~ выброшенный на берег груз; **strewing of** ~ раструска груза; **supplementary** ~ догрузка; **tally of** ~ подсчет мест груза; **to accept** ~ **for shipping** принимать груз к перевозке; **to cause damage to** ~ наносить ущерб грузу; **to deliver** ~ доставлять груз, выдавать груз; **to deliver** ~ **at port** сдавать груз в порту; **to deliver** ~ **to ship** доставлять груз к судну; **to detail** ~ задерживать груз; **to discharge** ~ разгружать груз; **to handle** ~ производить транспортную обработку груза; **to inspect** ~ осматривать груз; **to jettison** ~ выбрасывать груз; **to land** ~ **from a ship** снять груз с судна; **to misdirect** ~ засылать груз; **to pack** ~ упаковывать груз; **to pick up** ~ вывозить груз; **to receive** ~ получать груз; **to release** ~ **from the warehouse** выдавать груз со склада; **to return** ~ возвращать груз; **to route** ~ направлять грузы; **to safeguard** ~ защищать груз, предохранять груз; **to salvage** ~ спасать груз; **to secure** ~ крепить груз; **to separate** ~ проводить сепарацию груза; **to sling** ~ зацеплять груз стропом; **to sort out** ~ рассортировывать грузы; **to stack** ~ штабелировать груз; **to store** ~ хранить груз; **to stow** ~ укладывать груз; **to stow** ~ **on board ship** размещать груз на судне; **to take** ~ **on ship's tackle** принимать груз на строп судна; **to take delivery of** ~ принимать поставку груза; **to take in** ~ брать груз; **to transfer** ~ передавать груз, перемещать груз; **to unload** ~ выгружать груз; **to warehouse** ~ размещать груз на складе; **to weigh** ~ взвешивать груз; **total** ~ весь груз, габарит груза; **transfer of** ~ **to warehouse** сдача груза на склад; **transfer to ownership of** ~ передача права на груз; **transit** ~ транзитный груз; **transportable** ~ годный к транспортировке груз; **transship** ~ осуществлять перевалку груза; **truck freight** ~ автотранспортный груз; **uninsured** ~ незастрахованный груз; **unclaimed** ~ невостребованный груз; **undeclared** ~ незаявленный груз; **undelivered** непоставленный груз; **under deck** ~ трюмный товар; **undocumented** ~ бездокументный груз; **uniform** ~ однородный груз; **unloading of** ~ выгрузка груза, разгрузка груза; **unsealed** ~ незапечатанный груз; **unsecured** ~ незатаренный груз; **valuable** ~ ценный груз; **voluminous** ~ объёмный груз; **warehoused** ~ складной груз; **weight of** ~ вес груза; **wet** ~ подмоченный груз *(water-damaged)*; **wrongfully declared** ~ груз, неправильно указанный в таможенной декларации; ~ **accepted in apparent good order and condition** принятый в хорошем состоянии груз; ~ **afloat** груз на плаву; ~ **available for pick-up** готовый к вывозу груз; ~ **by post** почтовый груз; ~ **consignee** получатель груза; ~ **handling** обращение с грузом; ~ **has sunk** груз затонул; ~ **held below-deck** трюмный груз; ~ **in boxes** груз в коробках; ~ **indicated in the bill of lading** груз, поименованный в коносаменте; ~ **in parcels** штучный груз; ~ **in sacks** мешковый груз; ~ **measurements** размер груза; —**owner** грузовладелец; ~ **pick-up** вывоз груза; ~ **placed in storage** сданный на хранение груз; ~ **properties** свойства груза; ~ **received at warehouse** принятый на склад груз; ~ **received for shipment** принятый для отправки на судно груз; ~ **short against bill of lading** груз, частично недопоставленный по сравнению с коносаментом; ~ **stevedoring** обработка груза; ~ **stockpiling** накопление грузов в порту; ~ **tracer** запрос о местонахождении груза; ~ **turnover** оборот грузов; ~ **undeclared to customs** необъявленный груз; ~ **within size range** габаритный груз; **carload** повагонный груз; **by the ~** вагонами

carriage завоз, перевозка, провоз, транспортирование, транспортировка; **free ~** бесплатный провоз; **~ in** расходы по завозу; **~ out** расходы по отгрузке; **~ paid** перевозка оплачена *или* с оплаченной перевозкой; **road ~** автоперевозки; **~ by truck** автомобильная перевозка

carrier перевозчик; **bulk ~** насыпное судно; **common ~** генеральный перевозчик; **common air ~** линия воздушного транспорта общего пользования; **lighter ~** лихтеровоз; **ore bulk ~** танкер-рудовоз; **rail ~** железнодорожная транспортная фирма; **~ freight** фрахтовщик

carry, to ~ транспортировать, носить; перевозить; **to ~ out** провожать, выполнять, совершать, доставлять;

carryover перенос, репорт; **~ effect** переходящий эффект

carrying проведение, провоз; **~ capacity** провозоспособность; **(railroad) out an analysis** проведение анализа; **~ out investigation** проведение следствия; **~ value/amount** учетная/балансовая стоимость

cartel картель, картельный; **association of ~s** картельное объединение; **export ~** экспортный картель; **sales ~** сбытовой картель

cartelization картелизация
cartelize, to ~ картелировать
carton коробка; **collapsible ~** складная коробка; **per ~** за коробку; **standard ~** стандартная коробка

case I. коробка, место, ящик, ящичный; **collapsible ~** разборный ящик; **contents of a ~** содержимое ящика; **damaged ~** повреждённое место, повреждённый ящик; **~ dimensions** габариты ящика; **disposable ~** ящик одноразового пользования; **export ~** экспортный ящик; **folding ~** складной ящик; **multi-use ~** многооборотный ящик; **oversized ~** негабаритный ящик; **packing ~** ящик для упаковки или упаковочный ящик; **panel ~** щитовой ящик; **set of ~s** комплект из нескольких ящиков; **~ size** размер ящика; **skeleton ~** решетчатый ящик; **timber ~** тесовый ящик; **watertight ~** водонепроницаемый ящик; **weak ~** непрочный ящик; **weight of a ~** вес ящика; **wooden ~** деревянная коробка; **to carry in ~s** перевозить в ящиках; **to mark a ~** маркировать ящик; **to nail down a ~** забивать ящик; **to sort ~s** сортировать ящики; **~s are damaged** ящики повреждены; **~ is stained by seawater** ящик имеет пятна от морской воды; **~ shows signs of leakage** ящик имеет следы течи

case II. 1. дело; **(matter)** случай; 2. дело; судебное дело; **arbitration ~** арбитражное дело; **a ~ in dispute** спорное дело; **fees in a ~** сборы по делу; **in any ~** во всяком случае; **to be the ~** иметь место; **in ~ of** в случае чего-л.; **in the ~ of** в отношении чего-л.; **in ~** в случае если; **outcome of a ~** исход дела; **to drop a ~** прекращать дело в суде; **to hear a ~** слушать дело; **to lose a ~** проиграть дело; **to plead a ~** вести дело; **to refer a ~ to arbitration** направлять дело в арбитраж; **to win a ~** выигрывать дело; **~ of blatant violation** дело о явном нарушении; **which is more often the ~** что чаще имеет место

cased в ящиках; **~ goods** товар в ящиках

cash наличность, наличные деньги; денежные средства, касса, кассовый; **~ account** счет кассы; **~ advance** аванс наличными; **~ at bank** деньги в банке; **~ availability** наличие денег; **~ balance** кассовая наличность, остаток кассы; **~ bonus allowance** дополнительная выплата наличными; **~ call** требование наличных денег; **~ deposit** взнос наличными деньгами; **~ discounts** скидка за своевременную оплату в согласованные сроки; **~ dividend** дивиденды, выплаченные деньгами; **~ flow** движение денежных средств; ~ **inflow** поступление денежных средств; ~**-in-hand** денежная наличность; **in** (или; **by**) ~ наличными; ~**-in-transit** денежные средства в пути; **for** ~ за наличные; ~ **mobilization** мобилизация наличности; **net** ~ наличными без скидки; **net** ~ **terms** платеж наличными без скидки; ~ **on delivery** уплата при доставке; ~ **outflow** выплата денежных стредств; **out of** ~ без наличных денег; **payable in** ~ подлежащий оплате наличными; **payment by** ~ за наличный расчет; ~ **payment** выдача денег наличными, наличный расчет; ~ **payments for operating expenses** денежные выплаты по текущим расходам; ~ **price** цена за наличные деньги, цена при уплате наличными, цена при условии оплаты наличными; ~ **purchase** покупка с одновременной оплатой; ~ **receipts (from sales)** выручка, поступление/получение денег в кассу; **reserve** ~ резервная наличность; **spare** ~ свободная наличность; ~ **shorts or overs** недостаток или излишек наличных денег; ~ **shortage** недостаток денег; **spot** ~ немедленная уплата наличными; ~ **terms** платеж наличными; ~ **turnover** оборот наличных денег; ~ **withdrawal from an account** снятие денег со счета; ~ **with order** наличными при выдаче заказа; **to** ~ инкассировать *(e.g. draft)*; **to** ~ оплатить *(чек, вексель)*; получить деньги; *(по чеку, векселю)*; **to** ~ **a check** получать деньги по чеку; **to check the** ~ **balance** проверять кассовую наличность; **to convert into** ~ переводить в наличные; **to make a** ~ **audit** проводить ревизию кассы; **to pay** ~ платить наличными; **to pay net** ~ платить наличными без скидки

cashier кассир, кассовый; ~**'s desk** касса
cashing инкассо
cask бочка, деревянный барабан
cassation кассация
cast сложение; сумма
casual случайный
casualty аварийное происшествие
casus повод; ~ **belli** повод к войне
catalog (catalogue) каталог, перечень; **company** ~ фирменный каталог; **complete** ~ полный каталог; **comprehensive** ~ детальный каталог; **exhibition** ~ выставочный каталог; **general** ~ общий каталог; **illustrated** ~ иллюстрированный каталог; **latest** ~ последний каталог; ~ **of machines** каталог машин; **parts** ~ каталог запчастей; **publisher of a** ~ издатель каталога; **standard** ~ типовой каталог; **to compile a** ~ составлять каталог; **to distribute** ~**s** раздавать каталоги; **to include in a** ~ вносить в каталог; **to issue a** ~ выпускать каталог; **to provide -s** предоставить каталоги; **typical** ~ типичный каталог
catastrophe катастрофа
catch улов
category категория, разряд; **wage** ~ тарифный разряд
causality причинность
cause I. повод, причина; **good** ~ уважительная причина; **to** ~ наносить; **without** ~ без повода; ~ **of action** предмет иска
cause II 1. причинять, вызывать; 2. поручить, выполнить
caution предупреждение; **to** ~ предупреждать
caviar *(или* **caviare)* икра; **barrelled** ~ бочковая икра; **beluga** ~ белужья икра; **pressed** ~ паюсная икра; **osetrova** ~ осетровая икра
cease прекращать
cede, to ~ переуступать
censure порицание; **public** ~ общественное порицание; **to** ~ порицать
census перепись; **special** ~ специальная перепись; ~ **of the population** перепись населения
cent цент *(U.S. coin)*; **per** ~ процент, на сотню
center центр; **business** ~ деловой центр; **commercial** ~ коммерческий центр; **computer** ~ вычислительный центр; **coordination** ~ координационный центр; **cultural** ~ культурный центр; **data processing** ~ информационно-вычис-

лительный центр; **financial** ~ финансовый центр; **in the** ~ в центре; **industrial** ~ промышленный центр; **information** ~ информационный центр; **professional training** ~ центр по профессиональной подготовке; **research** ~ научно-исследовательский центр; **scientific and technical** ~ научно-технический центр; **service** ~ база для оказания услуг, бюро услуг; **shopping** ~ торговый центр; **social activism** ~ агитпункт; **technical** ~ технический центр; **technological** ~ технологический центр; **to be in the** ~ **of attention** быть в центре внимания; **training** ~ учебный комбинат, центр обучения; **World Trade** ~ центр международной торговли

central центральный; ~ **location** место в центре

centralized централизованный

ceramics керамика

cereal хлебный злак

ceremon/y обрядность; **master of** ~/**ies** распорядитель

certificate абонемент, акт, аттестат, грамота, расписка, свидетельство, сертификат, справка, удостоверение; **birth** ~ акт рождения, метрическое свидетельство; **currency** ~ валютный сертификат; **customs** ~ таможенное свидетельство; **death** ~ акт о гибели, акт смерти; **export** ~ экспортный сертификат; **inspection** ~ акт осмотра на месте; ~ **of insurance** страховой сертификат; **marriage** ~ акт регистрации брака, брачное свидетельство; **medical** ~ медицинское свидетельство, медицинский сертификат; **medical death** ~ врачебное свидетельство о смерти; **mortgage** ~ залоговое свидетельство, залоговый сертификат; **notarial** ~ нотариальное свидетельство; **profit-sharing** ~ пользовательная акция; **protest** ~ документ об опротестовании векселя; **quarantine** ~ карантинное разрешение, карантинное свидетельство; **school-leaving** ~ аттестат зрелости; **temporary customs** ~ таможенное свидетельство о временном беспошлинном ввозе; **warehouse** ~ складское свидетельство; ~ **of authorship** авторское свидетельство; ~ **of deposit** вкладной билет, вкладной сертификат; ~ **of pledge** залоговый сертификат; ~ **of indebtedness** долговое свидетельство; ~ **of notary** нотариальный акт; ~ **of origin** сертификат о происхождении; ~ **of payment** платежный сертификат; ~ **of pilotage** лоцманское свидетельство; ~ **of seaworthiness** сертификат о мореходности; **works test** ~ заводское свидетельство (*или* заводской сертификат) об испытании

certification акт свидетельствования; (*e.g. signature*), выдача удостоверения, легализация; **consular** ~ консульская легализация

certified заверенный; ~ **account** заверенная выписка; ~ **in writing** по письменному удостоверению

certify, to ~ выдавать удостоверение, заверять, засвидетельствовать, удостоверять

cessation прекращение; ~ **clause** (*or* **cesser clause**) оговорка; (*в чартере*) о прекращении ответственности фрахтователя

cession переуступка, цессия; **deed of** ~ акт об уступке; ~ **of a patent** уступки патента; ~ **of rights** переуступка прав

chain цепной

chair кресло, стул; **to** ~ председательствовать

chairman председатель, председательствующий; **honorable** ~ почетный председатель; **permanent** ~ постоянный председатель; ~ **pro tern** временный председатель

chairmanship председательство

chairperson председательствующий, председатель

challenge отвод; **to** ~ отводить;, отвести; **to** ~ **an arbitrator** отвод арбитра

chamber камера, палата; **cold storage** ~ рефрижераторная камера; **constitutional** ~ конституционная палата; **cooling** ~ холодильная камера; **judicial** ~ судебная палата; **legislative** ~ законодательная палата; **lower** ~ нижняя палата; **up-**

per ~ верхняя палата; international ~ of Commerce международная торговая палата; ~ of Commerce and Industry торгово-промышленная палата; ~ of Commerce торговая палата

chance случай, шанс, возможность *(вероятная)*

chandler москательщик; **ship** ~ шипчандлер

change замена, перемена, разменный; **loose** ~ разменные монеты; **small** ~ мелкие деньги, разменная монета; **to** ~ менять, переменять, сменять; сменить; ~ **for the worse** изменение к худшему; ~ **in amendment to sentencing** изменение приговора; ~ **in exchange rate** изменение курса; ~ **in inventories** изменение запасов; ~ **in price** изменение цены; ~ **in status** изменение статуса; ~ **of address** изменение адреса, перемена адреса; ~ **of cabinet** смена кабинета; ~ **of citizenship** изменение гражданства, перемена гражданства; ~ **of government** смена правительства; ~ **of nationality** перемена подданства; ~ **of occupation** перемена занятия; ~ **of owner** смена владельца; ~ **of regime** перемена режима, смена режима; ~ **of residence** перемена места жительства; ~ **of sovereignty** перемена суверенитета; ~ **of venue** передача юрисдикции

changeable неустойчивый

changing смена

channel канал, русло; **ship** ~ судоходный канал; **banking** ~ банковские каналы; **to determine** ~ **of distribution** определять каналы сбыта; **trade** ~ торговые каналы; **unofficial** ~ неофициальные каналы

character природа, характер; **jurisprudential** ~ юридическая природа; **legal** ~ правовая природа; **normative** ~ нормативная природа

characteristics показатель; характеристика; **detailed** ~ подробная характеристика; **operational** ~ эксплуатационная характеристика; **qualitative** ~ качественная характеристика; **technical** ~ техническая характеристика; **working** ~ рабочие показатели или рабочая характеристика

charge 1. взимание, начисление, сбор, расход; *(мн.ч.)* **charges** расходы, издержки; 2. посчитать, назначить (цену), поставить в счет, брать, взимать; дебетовать; **additional** ~ дополнительная плата; **advertising** ~ цена на рекламу; **bank** ~**s** банковские расходы или банковская комиссия; ~ **card** платежная карточка, владельцу которой периодически представляется счет для оплаты в полной сумме за совершенные им расходы; **customs** ~**s** таможенные расходы; **depreciation;** ~**s** амортизационные начисления; **fixed** ~**s** постоянные расходы; **extra; free of** ~ бесплатно; **freight** ~**s** дополнительная уплата фрахта; **freight forwarding** ~ плата за экспедиторские услуги, экспедиционный сбор; **generally accepted** ~**s** общепринятые начисления; **insurance** ~**s** страховые расходы; **interest** ~**s** подлежащие уплате проценты; **interest** ~**s** расходы по уплате процентов; **local** ~ местный сбор; **postal** ~ почтовый сбор; **redraft** ~**s** расходы по обратному переводу векселя; **to** ~ начислять, поручать; **to be in** ~ руководить; **to file criminal** ~**s** возбудить уголовное преследование

charge d'affaires поверенный; поверенный в делах; ~ **pro tempore** временный поверенный в делах

chargeable налогооблагаемый; ~ **accounting period** налогооблагаемый период; отрезок времени, в котором получены доходы компании; ~ **assets** налогооблагаемые активы

charges расходы

charging взимание, занесение; ~ **of royalties** взимание роялти; ~ **to an account** занесение на счет

chart схема; ~ **of accounts** план счетов; **progress** ~ график выполнения работ; **time** ~ временная диаграмма

charter I (*или* **charter-party**)

C

чартер, чартер-партия; устав, уставной, фрахтовый банковский чартер; **bare-boat** ~ договор о фрахтовании судна без экипажа, фрахтование судна без экипажа, чартер бэрбоут, чартер фрахтование судна без экипажа; **berth** ~ линейный чартер; **berthing** ~ причальный чартер; **broad** ~ широкий чартер; **cancellation of a** ~ аннулирование чартера; **clean** ~ чистый чартер; **coal** ~ угольный чартер; **consecutive voyage** ~ фрахтование на последовательные рейсы; **daily hire** ~ чартер с посуточной оплатой; **dry cargo** ~ сухогрузный чартер; **general** ~ генеральный чартер; **grain** ~ зерновой чартер, хлебный чартер; **liability on a** ~ ответственность по чартеру; **long-term** ~ долгосрочный чартер; **lumpsum** ~ чартер лумпсум; **marine** ~ морской чартер; **open** ~ открытый чартер; **port** ~ портовой чартер; **pro forma** ~ проформа чартера; **river** ~ речной чартер; **round trip** ~ чартер фрахтования судна на рейс в оба конца; **single voyage** ~ рейсовой чартер; **special** ~ специальный чартер; **standard** ~ типовой чартер; **terms and conditions of a** ~ условия чартера; **timber** ~ лесной чартер; **time** ~ договор о фрахтовании судна на время, чартер на срок

charter II, to ~ нанимать, фрахтовать; **to** ~ **a vessel** брать внаем судно по чартеру, брать судно в чартер, сдавать судно в наем по чартеру; **to** ~ **freight** зафрахтовать; **to cancel a** ~ аннулировать чартер, расторгать чартер; **to hold a** ~ владеть чартером; **to sign a** ~ подписывать чартер; ~ **hire** плата за фрахт по чартеру; ~ **of a joint venture** устав совместного предприятия; ~ **of a joint stock company** устав акционерного общества; ~ **party** чартер-партия

charterer фрахтователь, наниматель судна; **as ordered by the** ~ согласно распоряжению фрахтователей; **at** ~**s' option** по выбору фрахтователей; ~**'s agent** агент фрахтователя; ~**'s broker** брокер фрахтователя;; ~ **pays duties** пошлины подлежат оплате фрахтователем

chartering фрахтование; **round trip** ~ фрахтование на круговой рейс; **time** ~ фрахтование в тайм-чартер; **to perform vessel** ~ производить фрахтование судов; **voyage** ~ рейсовое фрахтование; ~ **at necessary tonnage** фрахтование судна необходимого тоннажа

charter-party см. **charter I**

chattels движимая собственность; **distraint of** ~ опись движимых имуществ

cheap дешевый, скупой; (*parsimonious*)

cheaper дешевле; **to make** ~ удешевлять

cheat жулик, обманщик; **to** ~ жульничать, обманывать

check I (*амер.*) чек, чековый; контроль, осмотр, проверка; ~**ing account** текущий счет в банке; **allonge on a** ~ аллонж к чеку; **altered** ~ переделанный чек; **automatic** ~ автоматический контроль; **bad** ~ фиктивный чек; **banker's** ~ чек, выписанный банком на другой банк; **bearer** ~ предъявительский чек; **blank** ~ бланковый чек, незаполненный чек; **cancelled** ~ недействительный чек, погашенный чек; **cashier's** ~ банковский чек; **certified** ~ удостоверенный чек; **clearance of** ~**s** зачет чеков; **clearinghouse** ~ расчетный чек, чек по клиринговым расчетам; **confirmed** ~ подтвержденный банком чек; **crossed** ~ кроссированный чек; **currency** ~ валютный чек; **dishonored** ~ не принятый к оплате банком чек; **drawer of a** ~ чекодатель; **endorsement on a** ~ индоссамент на чеке; **foreign** ~ иностранный чек; **forged** ~ поддельный чек; **forgery of a** ~ подделка чека; **holder of a** ~ чекодержатель; **multiple payment** ~ чек, выписанный в оплату по нескольким сделкам; **negotiation of a** ~ акцепт чека, выплата по чеку, передача чека; **non-negotiable** ~ непередаваемый чек, чек без права передачи; **NSF** ~ непокрытый чек *(insufficient funds)*; **open** ~ некроссированный чек, открытый чек; **order** ~ ордерный чек; **outstanding** ~ неоплаченный чек; **paid** ~ оплаченный чек; **payment by** ~ оплата чеком, платеж чеком; **personal** ~ чек, выданный отдельным лицом; **postdated** ~ датированный более поздним числом чек; **protested** ~ опротестованный чек; **redemption** ~ возвратный чек; **refusal to pay a** ~ отказ в оплате чека; **returned ("bounced")** ~ возвращенный чек; **settlement of a** ~ оплата чека; **single multi-payment** ~ единый чек на производство нескольких платежей; **stale** ~ просроченный чек; **stopped payment** ~ чек, по которому приостановлен платеж; **to cancel a** ~ отменять чек; **to cash a** ~ получать деньги по чеку; **to draw a** ~ **against the bank** трассировать чек на банк; **to forge a** ~ подделывать чек; **to forward a ~ to the bank** посылать чек в банк; **to exchange** ~s обменивать чеки; **to honor a** ~ уплачивать по чеку; **to make out a** ~ выдавать чек, выставлять чек; **to make out a ~ in favor of** выписывать чек в пользу; **to negotiate a** ~ выплачивать по чеку, передавать чек, разменивать чек; **to pay by** ~ платить чеком, уплачивать чеком; **to pay on a** ~ погашать чек; **to present a ~ for payment** представлять чек к оплате; **to refuse to honor a** ~ отказываться от уплаты чека; **to remit a** ~ пересылать чек; **to remit money by** ~ пересылать деньги чеком; **to sign a** ~ подписывать чек; **to stop payment on a** ~ прекратить платеж по чеку; **to** ~ контролировать; **transfer by** ~ перевод чеком; **traveler's** ~ дорожный чек, туристский чек; ~ **counterfoil** корешок чека; ~ **drawn on a bank** чек, выписанный на банк; ~ **endorsement** передаточная надпись на чеке; ~ **form** бланк чека; ~ **in settlement** чек в погашение; ~ **in the amount of ...** чек на сумму; ~ **made out to bearer** чек на предъявителя; ~ **number** номер чека; ~ **on account** чек в счет суммы; ~ **payable to ...** именной чек; ~ **payable to bearer** чек, выписанный на предъявителя; ~ **rate** курс чеков

check II проверять

check sheet проверочный лист, контрольный список

checkbook чековая книжка

checker тальман; **shore** ~ береговой тальман

checklist контрольный перечень, контрольный список

checkmark контрольная отметка

checkup проверка; **routine** ~ плановая проверка

cheque (*в США и Канаде - check*) чек; ~ **authorization** разрешение руководителя на выписку чека; ~ **register** регистр чеков; **bearer** ~ чек на предъявителя; **crossed** ~ кроссированный чек; **order** ~ ордерный чек

chief начальник, руководитель; ~ **of an enterprise** руководитель предприятия

child ребенок; ~**ren** дети; **abandoned** ~ покинутый ребенок; **abandonment of a** ~ подкидывание ребенка; **acknowledged** ~ признанный ребенок; **acknowledged illegitimate** ~ признанный незаконный ребенок; **adopted** ~ приемный ребенок, приемыш; **birth** ~ кровный ребенок; **(non adopted) illegitimate** ~ незаконный ребенок; **legitimate** ~ законный ребенок; **legitimized** ~ узаконенный ребенок; **one's own** ~ родной ребенок; **(by birth) switching** ~ *(at the hospital)* подмен ребенка; **to legitimize a** ~ **born out of wedlock** узаконить внебрачного ребенка; ~ **born out of wedlock** внебрачный ребенок

choice выбор; **absence of** ~ отсутствие выбора; **at** ~ на выбор; **buyer's** ~ выбор покупателя; **by** ~ на выбор; **consumer** ~ потребительский выбор; **free** ~ свободный выбор; **optimal** ~ оптимальный выбор; **poor** ~ бедный выбор; **preliminary** ~ предварительный выбор; **principle of** ~ принцип выбора; **random** ~ случайный выбор; **supplier's** ~ выбор поставщика; **to leave it to** ~ предоставлять выбор; **to make a** ~ делать выбор; **to make a preliminary** ~ делать предварительный выбор; **to have not a** ~ не иметь выбора; **wrong** ~ ошибочный выбор; ~ **from among samples** выбор по образцам; ~ **of an agent** выбор агента; ~ **of assets** выбор активов; ~ **of samples** выбор образцов

choose (chose, chosen) выбирать, избирать

chose *past от* **choose**

chosen *p. p. от* **choose**

cipher шифр; **in** ~ шифром

circle круг; ~**s** круги; **business** ~**s** деловые круги; **commercial** ~**s** коммерческие круги; **financial** ~**s** финансовые круги; **official** ~**s** официальные круги; **vicious** ~ порочный круг

circular циркуляр, циркулярный; **ministry** ~ циркулярное письмо министра

circulate, to ; ~ распространять

circulating оборотный

circulation оборот, обращение, тираж, циркуляция; **franchise** ~ договорный тираж; **internal** ~ внутреннее обращение; **large** ~ большой тираж; **mass** ~ массовый тираж; **monetary** ~ денежное обращение; **parallel** ~ параллельное обращение; **projected** ~ предполагаемый тираж; **to be in** ~ находиться в обращении; **to issue into** ~ выпустить в обращение; **to release into** ~ пускать в оборот; **to withdraw from** ~ изымать из оборота, изъять из обращения; ~ **of bank notes** банкнотное обращение; ~ **of bills** вексельное обращение; ~ **of commodities** товарное обращение; ~ **of goods** обращение товаров; ~ **of money** циркуляция денег; ~ **of paper money** бумажно-денежное обращение

circumstance обстоятельство; ~**s** обстоятельство; **extenuating** ~**s** смягчающее обстоятельство; **factual** ~**s** фактическое обстоятельство; **in** (*или* **under**) **the** ~**s** при таких обстоятельствах; **mitigating** ~**s** оправдывающее обстоятельство; **random** ~**s** случайное обстоятельство; **unforeseen** ~**s** непредвиденное обстоятельство

circumvention обход

cistern цистерна

cite вызывать в суд

citizen гражданин; **fellow** ~ согражданин

citizenship гражданство, подданство; **to obtain** ~ приобретать подданство

claim востребование, иск, претензионное требование, претензия, притязание, требование, рекламация; **certificate of damage** ~ рекламационный акт; **counter** ~ встречная претензия, встречное требование; **dead freight** ~ требование уплаты мертвого фрахта; **direct** ~ прямой иск; **financial** ~ финансовая претензия; ~ **for damages** иск; (*или* претензия) об убытках; **freight** ~ требование о возмещении убытков грузоотправителя; **grounds for a** ~ обоснование претензионного требования; **indirect** ~ непрямой иск; **insurance** ~ страховой акт; **legal** ~ правопритязание; **monetary** ~ денежная претензия, денежное требование; **notice of claim** заявление о претензии; **patent** ~ патентная заявка; **preferential** ~ преимущественное требование; **salvage** ~ требование уплаты возмещения за спасение; **statutory** ~ законное притязание; **subrogated** ~ иск в силу суброгации; **substantiation of a** ~ обоснование претензии; **supplementary** ~ дополнительное притязание, дополнительное требование; **to** ~ заявлять, заявить, требовать; **to abandon a** ~ отказаться от иска; **to acknowledge a** ~ признать иск; **to dismiss a** ~ отказать в иске; **to make a** ~ **on** (*или* **against**) **somebody** предъявить претензию к кому-л.; **to make an in-**

cla   **C**

surance ~ требовать выплаты страхового возмещения; **to press a** ~ настаивать на требованиях; **to reject a** ~ отклонить иск; ~ **against insurance** страховой акт; ~ **against a mortgage** иск на ипотеку; ~ **for back wages** иск об уплате заработной платы; ~ **for maintenance payments** иск о взыскании алиментов; ~ **for restitution** иск о реституции; ~ **of cargo** востребование груза; ~ **of ownership** имущественный иск, притязание собственности; ~ **of unjust enrichment** иск к истребованию неосновательного обогащения; ~ **to property** взыскание на имущество

claimant истец; претендент *(на доходы, имущество)*

clarify выяснять, вносить ясность

clash столкновение; **border** ~ пограничное столкновение; ~ **of interests** столкновение интересов

class I класс, классный; сорт; **first** ~ первый класс; **second** ~ второй класс; ~ **of goods** класс товара; ~ **of a vessel** класс судна

class II относить к классу; **to be** ~**ed** иметь класс или быть отнесенным к какому-л. классу; ~**ed** имеющий класс, классифицированный

classification классификация, номенклатура; **customs** ~ таможенная классификация; **freight** ~ классификация грузов; **inter-national commodity** ~ международная товарная номенклатура; **official** ~ официальная классификация; **service** ~ классификация услуг; **temporary** ~ временная классификация; ~ **of commodities** товарная номенклатура

classifying сортировка

classify, to ~ классифицировать, сортировать

clause оговорка, отметка, пункт, статья; условие *(контракта)*; **arbitration** ~ арбитражная оговорка; **assignment** ~ условия о переуступке; **compulsory arbitration** ~ оговорка об обязательном арбитраже; **(charter) continuation** ~ оговорка о пролонгации, условия продления чартера; **exchange** ~ валютная оговорка; **exchange rate** ~ курсовая оговорка; **extension** ~ условия о продлении срока; **force majeure** ~ оговорка о форс-мажоре; **freight** ~ условия о размере и порядке уплаты фрахта; **gold** ~ золотая оговорка; **guarantee** ~ пункт договора о гарантиях; **Jacob's** ~ оговорка Язона; **lien** ~ оговорка о праве удержания; **monopoly** ~ монопольная оговорка; **monopoly rights** ~ пункт договора о монопольном праве; **most favored nation** ~ акт особого благоприятствования, оговорка о наибольшем благоприятствовании; **optional** ~ факультативная оговорка; **payment** ~ пункт об условиях платежа; **price** ~ пункт о цене; **reciprocity** ~ оговорка о взаимности; **sanity** ~ оговорка о компетенции; **superimposed** ~ дополнительная оговорка; **territory** ~ территориальная оговорка; **transit** ~ транзитная оговорка; **transport** ~ условия перевозки

clean чистый

clear I ясный; **in** ~ клером; *(в некодированном, т. е. незашифрованном виде);* **to make** ~ явствовать

clear II очищать(ся);) **to** ~ выручать; **to** ~ **a vessel at the Custom House** производить очистку судна на таможне или выполнить таможенные формальности по судну, кларировать

clearance допуск, очистка, урегулирование; **customs** ~ **bill** квитанция таможни об уплате пошлины; ~ **of accounts** урегулирование расчётов

clearing клиринг, клиринговый; ~**s** расчёты по клирингу; **bank** ~ банковский клиринг; **bilateral** ~ двухсторонний клиринг; **compulsory** ~ принудительный клиринг; **currency** ~ валютный клиринг; **currency** ~ **system** система клиринга; **multilateral** ~ многосторонний клиринг; **unilateral** ~ односторонний клиринг; ~ **account** счёт по клирингу; ~ **agreement** соглашение о клиринге; ~ **bal-**

ance сальдо клиринга; ~ **bank** клиринг-банк; ~ **debt** задолженность по клирингу; ~ **house** ликвидационная касса; ~ **house bank** клиринговый банк; ~ **payment** платёж по клирингу; ~ **point** таможенный пункт

clemency милосердие, помилование; **grant of** ~ акт о помиловании

clergyman священнослужитель

clerical канцелярский

clerk служащий, конторский служащий; **check** ~ контролер; **head** ~ заведующий канцелярией; **ledger** ~ счетовод; **sales** ~ торговый служащий

client клиент, комитент, подзащитный; **major** ~ крупный клиент; **potential** ~s возможные клиенты; **solid** ~ солидный клиент; **primary** ~s основные клиенты

clientele клиентура

climate климат; **business** ~ деловой климат; **hot** ~ жаркий климат; **international** ~ международный климат; **severe** ~ суровый климат

clinic клиника; **legal** ~ юридическая консультация

clip клип

cloakroom камера хранения багажа

close I 1. близкий; **as** ~ **as possible** как можно ближе; 2. подробный; 3. заключительный *(о курсе)*; ~ **rate** заключительный курс; ~**ing balance** конечное сальдо; ~**ing entry** **(entries)** заключительная запись (записи); ~**ing stock** конечные запасы

close II, to ~ закрывать, закрыть; **to** ~ **off an account** закрыть счет

closed закрытый

closing закрытие, ~ **rate** = **close rate** *см.* **close**

closure закрытие

cloth ткань; **printed cotten** ~ набивная хлопчатобумажная ткань; **grey** ~ суровая ткань или суровье

club клуб, общество; **hunting** ~ охотничье общество

cluster drilling machine многошпиндельный сверлильный станок

co-author соавтор

co-authorship соавторство

co-belligerent с о воюющий

co-defendant сообвиняемый; *(in criminal proceedings)*

co-founder сооснователь

co-guardian соопекун

co-heir сонаследник

co-owner совладелец

co-ownership совладение, сособственность

co-proprietor сособственник

co-trustee соопекун

coal уголь; ~ **ship** углевоз

coarse грубый, необработанный

coastal каботажный

coasting каботажный; ~ **trade** каботаж

cocoa какао; ~ **beans** какао-бобы

code I индекс, код, кодекс, свод, шифр; **anti-dumping** ~ антидемпинговый кодекс; **building** ~ строительные нормы; **civil** ~ гражданский кодекс; **enciphered** ~ шифрованный код; **in** ~ **form** в кодированном (зашифрованном) виде; **international** ~ международный код; **key to a** ~ ключ к шифру; **machine** ~ шифр единицы оборудования; ~ **name** кодовое наименование; **postal** ~ почтовый код; **project** ~ код проекта; **vendor** ~ код подрядчика; **zip** ~ почтовый код; ~ **of laws** свод законов; ~ **of international law** кодекс международного права

code II кодировать, шифровать

codify, to ~ кодировать

coefficient коэффициент; **input** ~ коэффициент затрат; **weight** ~ весовой коэффициент; ~ **of loading** коэффициент загрузки; ~ **of performance** коэффициент полезного действия; ~ **of productivity** коэффициент продуктивности

coerce, to ~ принуждать

coercion принуждение; **collective** ~ коллективное принуждение; **direct** ~ прямое принуждение; **economic** ~ экономическое принуждение; **individual** ~ индивидуальное принуждение; **moral** ~ моральное принуждение; **physical** ~ физическое принуждение; **psychological** ~ психологическое принуждение

coercive принудительный

coexist, to ~ сожительствовать

coexistence сожительство, сосуществование; **peaceful** ~ мирное сожительство, мирное сосуществование

coffee кофе
cohabit, to ~ сожительствовать
cohabitation сожительство; **extramarital** ~ внебрачное сожительство
cohesion сплочённость
coin монета; ~s металлические деньги; **changing of** ~s размен монет; **gold** ~s золотые монеты; **silver** ~ серебряная монета; ~s **of large denominations** монеты крупного достоинства; ~s **of small denominations** монеты мелкого достоинства; ~s **of various denominations** монеты разного достоинства
coke кокс
collaboration кооперация, сотрудничество; **fruitful** ~ плодотворная кооперация; **inter-firm** ~ межфирменная кооперация
collapse крах, распад; **economic** ~ экономическая разруха; **financial** ~ финансовый крах; ~ **of credit system** крах кредитной системы; ~ **of currency** крах валюты
collateral двойное обеспечение, обеспечение, побочный; **additional** ~ дополнительное обеспечение; **as** ~ в качестве обеспечения; **commercial** ~ коммерческое обеспечение; **on** ~ под двойное обеспечение; **substitution of** ~ замена обеспечения; **to serve as** ~ служить обеспечением; ~ **for a loan** обеспечение займа
colleague коллега
collect, to ~ инкассировать, отбирать, отобрать; ~ **letter** письмо с доплатой
collection 1. взимание платы, взыскание; 2. коллекция, набор, получение, сбор, сборник, свод, собрание; 3. инкассация, инкассирование, инкассо, предъявление любого долгового обязательства для оплаты; 4. конверсия причитающихся сумм в наличные; **debt** ~ взыскание долгов; **documentary** ~ документарное инкассо; **for** ~ на инкассо; **tax** ~ взыскание налогов; ~ **charge** вознаграждение за инкассо; ~ **of a bill** взыскание денег по векселю; ~ **of a fine** взыскание штрафа; ~ **of interest** взимание процентов; ~ **of a note** погашение векселя (*получение денег от векселедателя*); ~ **of a payment** инкассовая операция; ~ **period** время, затраченное на получение долга от покупателя; ~ **of samples** коллекция образцов
collective коллектив, коллективный; **labor** ~ трудовой коллектив; **production** ~ производственный коллектив
collectively солидарно
collector инкассатор, сборщик; **tax** ~ налогов инкассатор, сборщик налогов; ~ **of duties** сборщик пошлин
collegium коллегия; **member of the** ~ член коллегии; ~ **of Advocates** коллегия адвокатов
collision столкновение; **accidental** ~ случайное столкновение; **to be in** ~ столкнуться *или* иметь столкновение
colonization заселение
color цвет; **deviation in** ~ отклонение в цвете; **in** ~ в цвете; **primary** ~ основной цвет
column колонка
combination комбинация, комбинированный; сочетание; **possible** ~ возможная комбинация
combine комбинат; **industrial** ~s промышленный комбинат; **production** ~s производственные комбинаты
combine, to ~ совмещать, совместить; объединять, комбинировать, смешивать
combined совместный
combine-harvester комбайн
combustibles горючие материалы
come: to ~ **upon something** натолкнуться на что-л. *или* встретиться с чем-л. *или* обнаружить что-л.
comfortable удобный
command господство, приказание; **to** ~ повелеть, приказывать, распоряжаться
commence начинать(ся)
commencement начало
commentary истолкование
commentator публицист
commerce коммерция, торговля; **maritime** ~ морская торговля; ~ **treaty** договор о торговле
commercial коммерческий, торговый; ~ **invoice** коммерческий счет *или* счет-

фактура; ~ **papers** коммерческие бумаги
commercialization коммерциализация
commissar комиссар
commission вознаграждение, комиссионное вознаграждение, комиссионное поручение, комиссионные; ~ **fees,** комиссионный, комиссионный процент, комиссионный сбор, комиссия, полномочие, поручение; **acceptance** ~ акцептная комиссия; **agent's** ~ агентское вознаграждение; **amount of** ~ размер вознаграждения, сумма вознаграждения; **broker's** ~ брокерское вознаграждение; **del credere** ~ вознаграждение за делькредере; **economic** ~ экономическая комиссия; **expert** ~ экспертная комиссия; **fixed** ~ твердая комиссия; **government** ~ правительственная комиссия; **maritime arbitration** ~ морская арбитражная комиссия; **maximum** ~ максимальное вознаграждение; **measure of a** ~ размер комиссионных; **minimum** ~ минимальное вознаграждение; **net** ~ чистое вознаграждение; **on a** ~ **basis** на базе комиссионного вознаграждения; **percentage** ~ процентная комиссия; **percentage rate of** ~ процент комиссионных; **rate of** ~ ставка комиссии; **reinsurance** ~ перестраховочные комиссионные; **sales** ~ комиссионные за прода-

жу; **to** ~ назначать, поручать; **to calculate** ~ исчислять вознаграждение; **to charge ..%** ~ взимать; ..% комиссионных; **to pay a** ~ платить комиссионные; **to receive a** ~ получать комиссионные; **to take goods on** ~ брать товар на комиссию; ~ **for acceptance** комиссия за акцепт; ~ **for letter of credit** комиссия за аккредитив; ~ **on advice** комиссия за авизо; ~ **rate** ставка вознаграждения; ~ **scale** шкала комиссионного вознаграждения
commissioner комиссар; **customs** ~**s** комиссары таможенного комитета
commissioning введение в эксплуатацию, ввод; ~ **ahead of schedule** досрочный ввод; ~ **of an enterprise** ввод в действие предприятия; ~ **of a factory** ввод в эксплуатацию завода; ~ **period** срок ввода в действие
commit, to ~ обязывать, совершать; **to** ~ **an offense** провиниться
commitment обязательство; **original** ~ первоначальное обязательство; **prior** ~ первоочередное обязательство; **monetary** ~**s** денежные обязательства
committee комиссия, комитет; **advisory** ~ консультативный комитет; **audit** ~ ревизионная комиссия; **banking** ~ банковская комиссия; **budget** ~ бюджетная комиссия; **certifying** ~ аттестационная ко-

миссия; **consultative** ~ консультативная комиссия; **coordinating** ~ координационная комиссия, координационный комитет; **drafting** ~ редакционный комитет; **evaluating** ~ оценочная комиссия; **executive** ~ исполком (исполнительный комитет); **financial** ~ финансовый комитет; **intergovernmental** ~ межправительственный комитет; **interim** ~ временная комиссия, временный комитет; **joint** ~ смешанная комиссия; **liquidation** ~ ликвидационная комиссия; **management** ~ управленческий комитет; **member of a** ~ член комиссии; **operating** ~ операционная комиссия; **organizing** ~ организационный комитет; **oversight** ~ контрольная комиссия; **planning** ~ плановая комиссия; **preparatory** ~ подготовительный комитет; **purchasing** ~ закупочная комиссия; **sectoral** ~ отраслевая комиссия; **standing** ~ постоянная комиссия, постоянный комитет; **state** ~ государственная комиссия; **steering** ~ руководящий комитет; **stock exchange** ~ биржевой комитет; **tender** ~ тендерный комитет; **to form a** ~ создавать комиссию; **trade** ~ торговая комиссия; **trilateral** ~ трехсторонняя комиссия; **unified** ~ объединённая комиссия; **working** ~ рабочий комитет

commodit/y предмет, продукт, товар, товарный; **agrarian** ~ аграрный продукт; **agricultural** ~ies сельскохозяйственные товары; **agricultural** ~ies **market** биржа сельскохозяйственных товаров; **barter of** ~ies обмен товаров; **bulk** ~ies массовые товары; **category of** ~ies категория товаров; **gross turnover** валовой товарооборот; **market** ~ies биржевые товары; **non-dutiable** ~ies беспошлинные товары; **physical** ~ реальный товар; **quotation on the** ~ies **spot market** котировка товара с немедленной сдачей и оплатой; **rare** ~ редкий товар; **scarce** ~ дефицитный товар; **staple** ~ies основные товары; **to barter** ~ies обмениваться товарами; **to deal in** ~ies торговать товаром; **trade in strategic** ~ies **on the COCOM list** торговля; "стратегическими" товарами по спискам КОКОМ; **unit of** ~ единица товара; ~ **circulation** обращение товара; ~ **exchange** товарообмен; ~ **market** рынок товаров; ~ **producer** товаропроизводитель; ~ **turnover** товарооборот

common внешний, единый, обыкновенный, общий; ~ **stock** обыкновенные акции; ~ **stockholders** владельцы обыкновенных акций

commonwealth содружество; **British** ~ **of Nations** британское содружество наций; ~ **of Independent States (CIS)** Содружество Независимых Государств; (СНГ)

commotion смятение, волнение; **civil** ~ гражданское волнение

commune община; **peasant** ~ крестьянская община; **religious** ~ религиозная община

communicate, to ~ 1. сноситься; 2. передавать, сообщать, сообщить

communication контакт, связь, сообщение, извещение; **external** ~s внешние контакты; **internal** ~s внутренние контакты

communique коммюнике; **joint** ~ совместное коммюнике; **to issue a** ~ опубликовать коммюнике

community общественность, община, общность, сообщество; **Atlantic** ~ атлантическое сообщество; **European Economic** ~ Европейское Экономическое Сообщество; **international** ~ международная общность, международное сообщество; **legal** ~ законная общность; **marital** ~ супружеская общность; **specialized** ~ специализированное сообщество; **urban** ~ городская община; ~ **of nations** сообщество наций

company компания, общество, фирма; акционерное общество; **affiliate of a** ~ филиал компании; **aviation** ~ авиакомпания; **bankrupt** ~ обанкротившаяся фирма; **bogus** ~ фиктивная компания; **branch office of a** ~ филиал фирмы; **civil engineering** ~ строительная; **engineering company** машиностроительная компания, фирма; **civil law limited** ~ акционерное командитное общество; **competitive** ~ конкурентная компания; **construction** ~ строительная компания; **controlling** ~ контролирующее общество; **cooperative** ~ кооперативная фирма; **designing** ~ дизайнерская компания, проектировщик; **direct marketing** ~ сбытовая фирма; **distribution** ~ распределительная компания; **finance** ~ финансовая компания, финансовое общество; **foreign** ~ иностранная компания, иностранная фирма; **foreign trade** ~ внешнеторговая фирма; **freight forwarding** ~ транспортно-экспедиционная фирма; **general director of a** ~ генеральный директор фирмы; **head of a** ~ глава фирмы; **holding** ~ компания-держатель, контролирующая компания, холдинговая компания; **incorporated** ~ объединенная компания; **industrial** ~ промышленная компания, промышленная фирма; **insurance** ~ страховая компания, страховое общество, страховая фирма, страховое учреждение; **international ~ международная компания; **investment** ~ инвестиционная компания; **joint stock** ~ акционерная компания, акционерное общество; **leading** ~ ведущая компания; **leasing** ~ арендная фирма, лизинговая компания, лизинговая фирма; **limited liability** ~ акционерное общество с ограниченной ответственностью, компания с ограниченной ответственностью; **liquidation of a** ~ ликвидация компании; **local** ~ местная фирма; **mail order** ~ посылочная компания; **major** ~ крупная компания; **manufacturing** ~ производственная фирма; **merger of** ~**ies** слияние компаний; **mixed** ~ смешанная компания; **mixed joint stock** ~ смешанное общество; **mixed trading** ~ смешанная торговая фирма; **monopolistic** ~ монополистическая компания; **national** ~ национальная фирма; **nationalized** ~ национализированная компания; **oil** ~ нефтяная компания; **operations of a** ~ деятельность фирмы; **overseas** ~ заокеанская компания; **parent** ~ материнская компания; **principal** ~**ies** крупнейшие компании; **private** ~ частная (*или* закрытая) компания, частная фирма; **purchasing** ~ фирма-покупатель; **railway** ~ железнодорожная

компания; **reputation of a** ~ репутация фирмы; **salvage** ~ спасательное общество; **separate** ~ отдельная компания; **shipping** ~ судоходная компания; **solvent** ~ платежеспособная фирма; **specialized** ~ специализированная компания; **state** ~ **with limited liability** государственная компания с ограниченной ответственностью; **state** ~ государственная компания; **state-owned** ~ государственная фирма; **steamship** ~ пароходное общество; **stevedoring** ~ стивидорная компания, стивидорная фирма; **structure of a** ~ структура фирмы; **subsidiary** ~ дочерняя компания, дочернее общество, дочерняя фирма; **to change the name of a** ~ переименовывать фирму; **to file suit against a** ~ возбуждать иск против фирмы; **to form a** ~ создавать компанию; **to found a** ~ основывать фирму; **to place an order with a** ~ размещать заказ у фирмы; **to register a** ~ регистрировать фирму; **to liquidate a** ~ ликвидировать компанию; **tour** ~ турагентская фирма; **trading** ~ торговая компания, торговое общество; **transport** ~ транспортная фирма; **universal** ~ универсальная фирма; **unlimited liability** ~ акционерное общество с неограниченной ответственностью, компания с не-

ограниченной ответственностью; ~ **name** название фирмы; ~**-lessor** фирма-арендодатель; ~ **with a good reputation** фирма с хорошей репутацией
comparability сопоставимость
comparable сопоставимый
comparatively сравнительно
compare сравнивать; **as** ~**d with** по сравнению с
comparison сопоставление, сравнение; ~ **of prices** сопоставление цен
compass компас
compatibility совместимость; ~ **principle** принцип совместимости
compatible совместимый
compatriot соотечественник
compel, to ~ принуждать, вынуждать, заставлять
compensate, to ~ возмещать, компенсировать, платить возмещение, возмещать; **refusal to** ~ отказ от возмещения
compensation возмещение убытков, возмещение, компенсация; **adequate** ~ достаточная компенсация; **as** ~ в качестве компенсации; **claim form for** ~ ходатайство о возмещении убытков; **demand for** ~ требование о возмещении убытков; **full** ~ полная компенсация; **in** ~ **of** в компенсацию; **in** ~ **of damages** в порядке возмещения убытков; **inadequate** ~ недостаточная компенсация; **means of** ~ способ вознаграждения; **measure of** ~ размер компенсации; **monetary** ~ денежная компенсация;

nonrecurring ~ однократное возмещение; **payment of** ~ выплата возмещения; **right to** ~ право на возмещение; **right to** ~ **for general average losses** право на возмещение убытков по общей аварии; **statutory** ~ законная компенсация; **to demand** ~ **for losses** требовать возмещения убытков; **to give** ~ давать компенсацию; **to insist on** ~ настаивать на возмещении; **to pay** ~ платить компенсацию; **to offer** ~ предлагать возмещение; **to receive** ~ **for expenditures** получать возмещение расходов; **to receive** ~ **for payments** получать возмещение платежей; **to receive** ~ **from ...** получать возмещение от; ~ **clause** оговорка о возмещении; ~ **for damages** возмещение убытков; ~ **for losses** покрытие убытков; ~ **for shortage** возмещение недостачи; ~ **in kind** вознаграждение натурой

compensatory компенсационный

compete, to ~ конкурировать; **covenant not to** ~ обязательство не конкурировать

competence компетенция, правомочие; **to be outside the** ~ **of** выходить за пределы компетенции; **within the** ~ **of** в пределах компетенции

competency компетенция

competent дееспособный, компетентный, полноправный, правомочный

competing конкурирующий

competition конкуренция, конкурс, соискание, соревнование; **active** ~ активная конкуренция; **cut-throat** ~ ожесточённая конкуренция; **direct** ~ прямая конкуренция; **electoral campaign** ~ предвыборное соревнование; **fair** ~ честная конкуренция; **free** ~ свободная конкуренция; **global** ~ глобальная конкуренция; **increase in** ~ обострение конкуренции; **indirect** ~ косвенная конкуренция; **intersectoral** ~ внутриотраслевая конкуренция, межотраслевая конкуренция; **keen** ~ острая конкуренция; **latent** ~ скрытая конкуренция; **market** ~ рыночная конкуренция; **predatory** ~ хищническая конкуренция; **price** ~ ценовая конкуренция; **pure** ~ чистая конкуренция; **restraint of** ~ ограничение конкуренции; **ruinous** ~ разрушительная конкуренция; **spirited** ~ оживлённая конкуренция; **stiff** ~ жестокая конкуренция; **to eliminate existing** ~ ликвидировать существующую конкуренцию; **to withstand** ~ выдерживать конкуренцию; **unfair** ~ недобросовестная конкуренция; **unlimited** ~ неограниченная конкуренция; **without** ~ безконкурентный

competitive конкурентный, конкурентоспособный; ~ **mechanism** механизм конкуренции; ~ **position** конкурентоспособность; ~ **pressure** давление конкуренции

competitiveness конкурентоспособность; **indicator of** ~ показатель конкурентоспособности; **to increase** ~ повышать конкурентоспособность

competitor конкурент; **main** ~ основной конкурент; **potential** ~ потенциальный конкуренты; **foreign** ~**s** иностранные конкуренты; **local** ~**s** местные конкуренты; **major** ~**s** важнейшие конкуренты; **to forestall the market entry of** ~**s** воспрепятствовать проникновению конкурентов

compiler составитель

complain, to ~ жаловаться; (на что-л.- **of, about**)

complainant податель жалобы

complaint жалоба, рекламация; (на - **about**); **cause for** ~ основание для жалобы; **immaterial** ~ несущественная жалоба; **letter of** ~ рекламационное письмо; письменная жалоба; **nature of the** ~ суть жалобы; **numerous** ~**s** многочисленные жалобы; **outstanding** ~ неразрешённая жалоба; **to examine an applicant's** ~ рассматривать жалобу заявителя; **to have a** ~ **about something** иметь жалобу на что-л. **to have a** ~ **against somebody** иметь жалобу на кого-л. **to lodge a** ~ обжаловать, обращаться с жалобой, по-

C

давать жалобу; **to make ~s** жаловаться; **to receive ~s** получать жалобы; **written ~** письменная жалоба
complete I полный, комплектный; **~ immunity from punishment** полное освобождение от наказания; **~ with ...** в комплекте с ...; **~ with all accessories** комплектно со всеми принадлежностями
complete II to ~ комплектовать, укомплектовывать; заканчивать, завершать; **to complete the contract** закончить исполнение контракта
completed заполненный, совершённый; **not ~** незаполненный
completeness комплектность; полнота (*отражения учетных данных*)
completion завершение, комплектование, окончание; **satisfactory ~** удовлетворительное завершение; **successful ~** успешное завершение; **~ of construction** завершение монтажа; **~ of construction supervision** завершение шеф-монтажа; **~ of a course** завершение курса; **~ of delivery** завершение поставки; **~ of equipment** комплектование оборудования; **~ of negotiations** завершение переговоров; **~ of an order** завершение выполнения заказа; **~ of purchases** завершение закупок; **~ of a voyage** завершение рейса; **~ of work** завершение работ; **~ of work within the contract period** завершение работ в установленные сроки
complex комплекс, комплексный, сложный; **agro-industrial ~** агро-промышленный комплекс; **exhibition ~** выставочный комплекс; **ferry ~** паромный комплекс; **foreign economic ~** внешнеэкономический комплекс; **hotel ~** гостиничный комплекс; **industrial ~** промышленный комплекс; **manufacturing ~** производственный комплекс; **petrochemical ~** нефтехимический комплекс; **port ~** портовый комплекс
compliance соблюдение, согласие, соответствие; **in ~ with** в соответствии с; **~ test** тест на соответствие
complicated сложный
complication осложнение
complicity соучастие
comply, to ~ следовать, соблюдать, исполнять; (что-л. - **with something**); следовать, поступать согласно; (чему-л. - **with something**)
component деталь, компонент, составная часть, составной; **accessory ~s** комплектующие детали; **finished ~** готовая деталь; **high-quality ~s** высококачественные компоненты; **principle ~** основная деталь; **separate ~s** отдельные компоненты; **specific ~s** специфические компоненты
composition сложение, состав, строение; **narrow ~ of a committee** узкий состав комитета; **narrow ~**

com

of a council узкий состав совета; **total ~** общий состав; **~ of management** состав правления; **~ of population** состав населения
compound сложный; **~ entry** сложная запись; **~ interest** сложный процент
comprehensive комплексный, совокупный; **~ income** совокупный доход
compress, to ~ сжигать
compressor компрессор; **air ~** воздушный компрессор
comprise включать, состоять из
compromise компромисс, компромиссный; **to make a ~** пойти на компромисс; **to reach a~** достигать компромисса
compromiser примиренец
comptroller бухгалтер-контролер, контролер, ревизор; **plant ~** заводской контролер; **general ~** генеральный контролер
compulsion принуждение; **administrative ~** административное принуждение; **governmental ~** государственное принуждение
compulsorily принудительным порядком
compulsory обязательный, принудительный
computation начисление, расчет
compute, to ~ начислять, подсчитывать
computer вычислительная машина, компьютер; **analog ~** аналоговая вычислительная машина; **digital ~** цифровая вычислительная машина; **~ised accounting package** програм-

ма обработки учетных данных на ЭВМ
conceal, to ~ скрывать
concealed скрытый
concealment скрытие, сокрытие; ~ **of profits** сокрытие прибыли
conceit самонадеянность; **criminal** ~ преступная самонадеянность
concentrate, to ~ концентрировать
concentration концентрация, осредоточение; **market** ~ рыночная концентрация; **permitted** ~ допустимая концентрация; ~ **camp** концлагерь; ~ **of capital** концентрация капитала; ~ **of forces** сосредоточение сил; ~ **of material resources** концентрация материальных ресурсов
concept концепция; **legal** ~ юридическое понятие; **proprietary** ~ **of a firm** концепция, принадлежащая фирме; **proven** ~ доказанная концепция
concern I концерн; **banking** ~ банковский концерн; **industrial** ~ промышленный концерн; **international** ~ международный концерн; **major** ~ крупный концерн; **manufacturing** ~ промышленный концерн; **multinational** ~ многонациональный концерн
concern II касаться, иметь отношение; **to the satifaction of all ~ed** к удовлетворению всех участвующих (или заинтересованных) сторон; **the party ~ed** заинтересованная сторона; **whom it may** ~ кого это может касаться
concerning относительно, касательно
concession концессия, уступка; **forced** ~ вынужденная уступка; **foreign** ~ иностранная концессия; **maximum** ~ максимальная уступка; **mutual** ~**s** взаимные уступки; **non-tariff** ~**s** нетарифные уступки; **numerous** ~**s** многочисленные льготы; **special** ~**s** специальные уступки; **tariff** ~**s** тарифные уступки; **tax** ~**s** налоговые уступки; **to grant a** ~ предоставлять концессию; **to make** ~**s** делать уступки; **to receive a** ~ получать концессию; **to renew a** ~ возобновлять концессию; **to seek** ~**s** добиваться уступок
concessionaire концессионер, концессионное предприятие, концессионный
conciliatory примирительный
conclude, to ~ выводить, заключать; **to** ~ **a contract** заключать договор
concluding итоговый
conclusion вывод; заключение; **baseless** ~ необоснованный вывод; **beneficial** ~ благоприятное заключение; **false** ~ ложный вывод; **final** ~ окончательный вывод; **hasty** ~ поспешный вывод; **incorrect** ~ неправильный вывод; **practical** ~ организационный вывод; **preliminary** ~ предварительное заключение; **satisfactory** ~ удовлетворительный вывод; **to arrive at a** ~ прийти к выводу; **to come to a** ~ делать вывод; **to come to the** ~ прийти к заключению; **to jump to a** ~ поспешить с выводом; **unfavorable** ~ неблагоприятное заключение; **well-founded** ~ обоснованный вывод; ~ **of an agreement** заключение соглашения; ~ **of a contract** заключение договора, заключение контракта; ~ **of a deal** заключение сделки; ~ **of an expert** заключение эксперта; ~ **of a peace treaty** заключение мирного договора; ~ **of a treaty** заключение договора
conclusive убедительный
concordance согласование; ~ **of the text of an agreement** согласование текста договора
condemn, to ~ осуждать, приговорить
condemnation принудительное отчуждение
condenser конденсатор
condensing plant = **condenser**
condescension снисходительность
condition вид, положение, состояние, условие; ~**s** обстановка, режим, условия; **abnormal** ~**s** ненормальные условия; **actual** ~**s** реальные условия, фактическая обстановка; **additional** ~ дополнительное условие; **"against all risks"** ~ условия "от всех рисков"; **appropriate** ~**s** подходящие условия; **as per** ~**s** согласно условиям;

atmospheric ~s атмосферные условия; auction sale ~s условия продажи с аукциона; automatic ~s условия, действующие автоматически; basic insurance ~s основные условия страхования; best ~s наилучшие условия; business ~s деловая конъюнктура; climactic ~s климатические условия; commodity market ~s товарная конъюнктура; competitive ~s равноправные условия; critical ~s критические условия; design ~s проектные условия; doubtful ~ финансовое состояние; economic ~s экономические условия; emergency ~s аварийные условия; established ~s установленные условия; exacting ~s обременительные условия; favorable ~s благоприятная конъюнктура; financial ~s финансовые условия; general terms and ~s of the contract общие условия контракта; general terms and ~s общие условия; housing ~s жилищные условия; if present ~s continue ... если эти условия все еще будут существовать; illegal ~ нелегальное положение; in humid ~s во влажных условиях; in a non-marketable ~ в нетоварном виде; in marketable ~ в товарном виде; inappropriate ~s неподходящие условия; indispensable ~ непременное условие; inflationary ~s инфляционная конъюнктура; labor ~s условия труда; lease ~s условия сдачи в аренду; loan with certain ~s заем с определенными условиями; local ~s местные условия; macroeconomic ~s общехозяйственная конъюнктура; market ~s условия рынка; marketable ~ товарный вид; meteorological ~s метеорологические условия; model ~s типовые условия; mutually agreeable ~s взаимоприемлемые условия; non-fulfillment of ~s невыполнение условий; non-observance of ~ несоблюдение условий; normal ~s нормальные условия; normal working ~s нормальные условия работы; obligatory ~s of a contract обязательные условия договора; obligatory ~s обязательные условия; on ~ при условии; on the following ~s на следующих условиях; operating ~ экономическое состояние; operating ~s эксплуатационные условия; other ~s другие условия; particular ~s частные условия; possible ~s возможные условия; practical ~s практические условия; present ~s условия, действующие в настоящее время; prevailing ~s общепринятые условия, преобладающие условия; production ~s производственные условия; service ~s условия обслуживания; social ~s социально-бытовые условия; sound ~ здоровое состояние; special ~s специальные условия; storage ~s условия хранения; strict ~s строгие условия; stringent technical ~s жесткие технические условия; subject to ~s of ... на условиях; ... subject to observance of the following ~s при соблюдении следующих условий; subsequent ~s последующие условия; technical ~s технические условия; technological ~s технологические условия; test ~s условия испытаний; to accept ~s принимать условия; to adapt to local ~s приспосабливать к местным условиям; to be bound by ~s быть связанным условиями; to be in accordance with ~s соответствовать условиям; to be subject to a ~ быть ограниченным условием; to ease ~s облегчать условия; to encounter ~s столкнуться с условием; to impose ~s ставить условия; to improve ~s улучшать условия; to include ~s включать условия; to include additional ~s включать условия дополнительно; to meet ~s отвечать условиям; to present ~s выставлять условия; to provide ~s создавать условия; to provide working ~s создавать условия для работы; to satisfy ~s удовлетворять условиям; to stipulate ~s обусловливать условия; to store

con

goods under proper ~s хранить товар в подходящих условиях; to study economic ~s изучать экономические условия; to violate ~s нарушать условия; traffic ~s условия движения; travel ~s условия поездки; under ~s в условиях; under ~s of production в производственных условиях; under actual ~s в реальных условиях; under any ~s на любых условиях; under certain ~s при определенных условиях; under no ~s whatsoever ни при каких условиях; under working ~s в рабочих условиях; unfavorable ~s неблагоприятные условия; unfavorable weather ~s неблагоприятные погодные условия; unhealthy working ~s вредные условия работы; upon the sole ~ при одном условии; violation of ~s нарушение условий; ~s for construction условия монтажа; ~s of economic management условия хозяйствования; ~ of the market конъюнктура рынка, положение на рынке; ~s of regional markets конъюнктура региональных рынков; ~s of work условия работы
conditional условный
conduct поведение; good ~ хорошее поведение; to ~ провожать; unbecoming ~ недостойное поведение
conducting проведение
confer, to ~ присваивать;, присвоить

conference 1. заседание, конференциальный, конференция, совещание, съезд; 2. ассоциация судовладельцев; картель судовладельцев; journal of a ~ бюллетень конференции; ministerial ~ совещание министров; national ~ национальный съезд; pre-election ~ предвыборное совещание; preliminary ~ предварительная конференция, предварительное совещание; ~ of heads of state совещание глав государств; ~ of the G-7 совещание глав правительств Семерки
conferment присвоение; ~ of authorship присвоение авторства
confession признание; written ~ акт содержащий признание
confidence доверие; abuse of ~ злоупотребление доверием; breach of ~ нарушение оказанного доверия; complete ~ полное доверие; loss of ~ утрата доверия; mutual ~ взаимное доверие; to enjoy ~ пользоваться доверием; to gain ~ входить в доверие; to justify ~ оправдывать доверие; to win ~ завоевывать доверие
confident уверенный
confidential конфиденциальный; to consider ~ считать конфиденциальным
confidentiality конфиденциальность; guarantee of ~ обеспечение конфиденциальности; to keep ~ соблюдать конфиденциальность; ~ of deposits тайна вкладов
configuration конфигурация; distinct ~ различительная форма (as of a logo)
confine предел; to ~ заточить
confinement заключение, заточение; solitary ~ одиночное заключение
confirm подтверждать
confirmation акт о подтверждении, подтверждение; ~ of a letter of credit аккредитивное подтверждение; ~ of an order подтверждение заказа
confiscate, to ~ конфисковать
confiscation изъятие, конфискация; ~ of cargo арест на груз; ~ of passport изъятие паспорта; ~ of property изъятие имуществ
conflict конфликт, столкновение; military ~ военное столкновение; to avoid ~s избегать конфликтов; ~ of interests конфликт интересов
conflicting конфликтующий, противоречивый
conform, to ~ соответствовать; (чему-л.- to something)
conformance соответствие; full ~ полное соответствие
conformity соблюдение, соответствие; in ~ with в соответствии с; legal ~ закономерность; ~ with a condition соблюдение условия
confrontation очная ставка; сопротивление

confuse, to ~ смешивать;, смешать
confusion смешение, смятение
congestion скопление; переполнение; ~ **of shipping** скопление морских судов
conglomerate конгломерат
congress конгресс, съезд; **constituent** ~ учредительный съезд; **extraordinary** ~ внеочередной съезд; **international** ~ международный конгресс; **scientific** ~ научный конгресс; **to hold a** ~ проводить конгресс; **world** ~ всемирный конгресс
conjugal брачный
conjunction соединение
connect, to ~ **with (by telephone)** связывать; связать
connection (*или* **connexion**) связь; **in** ~ **with** в связи с; **in this** ~ в связи с этим
connivance попустительство
conquer, to ~ завоевать
conqueror завоеватель
conquest завоевание; **territorial** ~ территориальное завоевание; **the Norman** ~ завоевание Англии Норманнами
conscription призыв; **military** ~ воинская повинность; ~ **into the army** призыв в армию
consecutive последовательный
consent согласие; (на - **to**); **common** ~ общее согласие; **direct** ~ прямое согласие; **mutual** ~ взаимное согласие; **oral** ~ устное согласие; **reciprocal** ~ обоюдное согласие; **tacit** ~ молчаливое согласие; **to** ~ **to** соглашаться, согласиться; **verbal** ~ словесное согласие; **voluntary** ~ добровольное согласие; **written** ~ письменное согласие
consequence последствие, следствие; **in** ~ вследствие *или* в результате
conservation сохранение
conservatism консерватизм; заниженность оценки; оценка по наименьшему
conservative консервативный
consider, to ~ обсуждать, рассматривать, рассмотреть; считать; принимать во внимание, учитывать; **to** ~ **a complaint** рассмотрение жалобы
considerable значительный
considerably значительно
consideration 1. вознаграждение, оплата; 2. встречное исполнение, встречное удовлетворение; 3. обсуждение, рассмотрение, удовлетворение; **executory** ~ встречное будущее удовлетворение; **favorable** ~ встречное благоприятное удовлетворение; **insufficient** ~ встречное недостаточное удовлетворение; **judicial** ~ судебное рассмотрение; **monetary** ~ встречное денежное удовлетворение; **past** ~ встречное предшествовавшее удовлетворение; **substantive** ~ **of a case** рассмотрение дела по существу; **sufficient** ~ встречное достаточное удовлетворение; **valid** ~ встречное действительное удовлетворение; **valuable** ~ встречное надлежащее удовлетворение; ~ **for licensing** вознаграждение за выдачу лицензии; ~ **in general assembly** обсуждение на общем собрании; ~ **in plenary assembly** обсуждение на пленарном собрании; ~ **of an application** рассмотрение заявки; ~ **of a bill** (*in parliament, etc.*) обсуждение законопроекта; ~ **of a case** рассмотрение дела; **to send for** ~ послать на рассмотрение (*или* для обсуждения); **to take into** ~ принимать во внимание или учитывать
consignee адресат, грузополучатель, консигнатор, комиссионер, принявший товар на комиссию от комитента, получатель, товарополучатель
consignment 1. партия (*товаров*); посылка, груз; 2. консигнация, консигнационный; комиссионный договор; ~ **agent** *см.* **agent**; ~ **agreement** консигнационный договор; **contract of** ~ договор консигнации; ~ **note** накладная груза; **in one** ~ одним грузом; **in part** ~s отправка частями; **international** ~ **note** международная накладная; **non-returnable** ~ безвозвратная консигнация; ~ **note** грузовая накладная; **returnable** ~ возвратная консигнация; ~ **stock** консигнационный склад; **term of** ~ срок консигнации; **terms of** ~

условия консигнации; **of valuables** ценная посылка; **to be on** ~ находиться на консигнации; **to forward on** ~ отправлять на консигнацию; **to send goods on** ~ посылать товар на консигнацию

consignor адресант, грузоотправитель, консигнант, отправитель, комитент, поставивший товар комиссионеру

consistency постоянство

consolidate, to ~ закреплять, закрепить, консолидировать

consolidated объединенный

consolidation консолидация

consortium консорциум; **to join a** ~ вступать в консорциум; **to withdraw from a** ~ выходить из консорциума; ~ **of banks** банковский консорциум

constitute составлять

constitution конституция, состав; **physical** ~ сложение

constructed конструктивный

construction конструкция, строительство; **stand** ~ монтаж стенда; ~ **advisor** консультант по монтажу; ~ **bank** Стройбанк; ~ **schedule** график проведения шефмонтажа

consul консул; ~ **General** генеральный консул

consult, to ~ консультироваться, совещаться

consultant консультант, консультационный; эксперт; **chief** ~ главный консультант; **paid** ~ платный консультант; **scientific** ~ научный консультант; **technical** ~ технический консультант

consultation консультация; **legal** ~ **bureau** юридическая консультация; **technical** ~ техническая консультация

consultative консультативный, совещательный

consume, to ~ израсходовать, потреблять, расходовать

consumer потребитель; **domestic** ~ внутренний потребитель; **retail** ~ розничный потребитель; **wholesale** ~ оптовый потребитель; ~ **demand** спрос на товары массового потребления

consummation заключение; ~ **of a marriage** заключение брака

consumption потребление; **average** ~ среднее потребление; **domestic** ~ внутреннее потребление; **energy** ~ энергоемкость; **final** ~ конечное потребление; **government** ~ государственное потребление; **household** ~ домашнее потребление; **individual** ~ индивидуальное потребление; **mass** ~ массовое потребление; **metal** ~ металлоемкость; **per capita** ~ потребление на душу населения; **personal** ~ личное потребление; **power** ~ потребляемая мощность; **private** ~ частное потребление; **productive** ~ производственное потребление; **total** ~ общее потребление

contact I. 1. контакт, общение, связь; 2. соприкосновение, удар; **business** ~s деловые контакты; **close** ~ тесный контакт; **direct** ~s непосредственные контакты; **further** ~s дальнейшие контакты; **indirect** ~s косвенные контакты; **initial** ~s начальные контакты; **personal** ~s личные контакты; **to be in** ~ быть в контакте; **to be in constant** ~ быть в постоянном контакте; **to develop personal** ~s наладить личные контакты; **to maintain** ~ поддерживать контакт; **to make** ~ вступить в контакт; **trade** ~s торговые контакты; **unofficial** ~s неофициальные контакты

contact II сноситься; **to** ~ **somebody** сноситься с кем-л.

contain содержать

container контейнер, контейнерный; тара, упаковка; **aerosol** ~ аэрозольная упаковка; **arctic** ~ арктическая тара; **cardboard** ~ картонная тара, картонная упаковка; **cargo** ~ грузовой контейнер; **closed** ~ закрытая тара; **demurrage of a** ~ простой контейнера; **disposable** ~ разовая тара; **empty** ~ пустой контейнер, порожняя тара; **fully-loaded** ~ полногрузный контейнер; **handling of** ~s обработка контейнеров; **heavy tonnage** ~ крупнотоннажный контейнер; **high capacity** ~ большегрузный контейнер; **large dimensioned**

C

~ крупногабаритная тара; **marked** ~ маркированная тара; **moisture-proof** ~ влагонепроницаемый контейнер; **open** ~ открытая тара; **packing** ~ тара для упаковки; **polyethylene** ~ полиэтиленовая тара; **polymer** ~ полимерная тара; **railway** ~ железнодорожный контейнер; **refrigerated** ~ контейнер-холодильник, охлаждаемый контейнер, рефрижераторный контейнер; **reinforced** ~ усиленный контейнер; **returnable** ~ инвентарная тара; **reusable** ~ возвратная тара; **sealed** ~ опечатанный контейнер; **strong** ~ прочная тара; **suitable** ~ пригодная тара; **tank** ~ контейнер-цистерна; **to load a** ~ заполнять контейнер; **to pick up a** ~ вывозить контейнер; **to unload a** ~ разгружать контейнер; **to unpack a** ~ распаковать контейнер; **transit** ~ транзитный контейнер; **universal** ~ универсальный контейнер; **unrefrigerated** ~ неохлаждаемый контейнер; **X-foot** ~ х-футовый контейнер (where x denotes footage, e.g. 20, 40); ~ **dimensions** габариты тары; ~ **leasing** прокат контейнеров; ~ **trailer** контейнер-прицеп
containerization контейнеризация
containerized контейнеризованный; ~ **vessel** контейнеровоз

contamination заражение, загрязнение
contango контанго; (futures exchange), репорт
contemplate, to ~ замышлять, предполагать
content довольный
contents содержание, содержимое; **gold** ~ золотое содержание; **metal** ~ **of a coin** металлическое содержание монеты; **moisture** ~ содержание влаги; **specific metal** ~ удельная металлоемкость; **table of** ~**s** оглавление; ~ **of impurities** содержание примесей
contention оспаривание
contest конкурс, оспаривание; **international** ~ международный конкурс; **to** ~ оспаривать; **to participate in a** ~ участвовать в конкурсе; ~ **of right** оспаривание права
contestant сторона в споре
contiguous смежный
continental континентальный
contingency непредвиденное обстоятельство
contingent контингент, непредвиденный; **individual** ~**s** индивидуальные контингенты; ~ **liability** условная задолженность
continuance отложение; ~ **of a case** отложение дела
continuation продолжение; ~ **sheet** лист для продолжения письма; ~ **of the warranty period** продолжительность гарантийного срока
continue, to ~ продолжать(ся); откладывать;, отложить;

con

~**ed** продолжено, продолжение
contra entry исправительная запись (бух.)
contraband контрабанда, контрабандный, контрабандный товар; **seizure of** ~ изъятие контрабанды
contract I договор, договорный акт, контракт, контрактный, соглашение; **acceptable** ~ приемлемый контракт; **actual requirements of** ~ требования договора; ~ **of affreightment** договор морской перевозки; **against** ~ по контракту (в счет контракта); **amendment to a** ~ поправка к контракту; **amount of** ~ сумма договора; **annex to a** ~ приложение к контракту; **annual** ~**s** ежегодные контракты; **annulment of a** ~ аннулирование контракта;; **appendix to a** ~ дополнение к контракту; **appropriate** ~ соответствующий контракт; **article of a** ~ статья контракта; **as per the** ~ согласно контракту; **bound by** ~ обязанный по контракту; **bounds of a** ~ пределы контракта; **breach of a** ~ нарушение контракта; **buy-sell** ~ контракт купли-продажи; **charter-party** ~ контракт на фрахтования судна; **claim under a** ~ претензия по контракту; **classified** ~ засекреченный контракт; **clause in a** ~ оговорка в контракте; **commercial** ~ торговый контракт; **commodity** ~

con   **C**

контракт на товар; **conditions of a ~** условия контракта; **details of a ~** детали контракта; **draft ~** проект контракта; **effective date of a ~** дата вступления контракта в силу; **essence of a ~** сущность контракта; **exclusive ~** исключающий контракт; **executed ~** заключенный контракт; **fixed term ~** срочный контракт; **form ~** типовой контракт; **form of a ~** формуляр (*или* образец) контракта, форма контракта; **formal ~** оформленный контракт; **freight ~** фрахтовый контракт; **futures ~** фьючерсный контракт; **future ~s** будущие контракты; **general conditions of a ~** общие условия контракта; **global ~** глобальный контракт; **government ~** правительственный контракт; **in accordance with a ~** в соответствии с контрактом; **in performance of a ~** в исполнение контракта; **incentive ~** поощрительный контракт; **insurance ~** договор страхования; **item of a ~** пункт контракта; **large ~** большой контракт; **long-term ~** долгосрочный контракт; **modification to a ~** изменение к контракту; **mutually profitable ~** взаимовыгодный контракт; **official ~** официальный контракт; **open-ended ~** открытый контракт; **operating ~** действующий контракт; **original ~** первоначальный контракт; **original of a ~** оригинал контракта; **outstanding ~** невыполненный контракт; **paragraph of a ~** параграф контракта; **performance of a ~** выполнение контракта, исполнение контракта; **previous ~** предшествующий контракт; **prime ~** основной контракт; **privately executed ~** акт составленный домашним порядком (*without witnesses or seal*); **production sharing ~** контракт, "продакшн шеринг"; **profitable ~** выгодный контракт; **proposed ~** предлагаемый контракт; **repudiation of a ~** расторжение контракта; **sales ~** контракт на продажу; **semi-turn-key ~** контракт "полу-под-ключ"; **service ~** контракт на обслуживание; **short-term ~** краткосрочный контракт; **signature date of a ~** дата подписания контракта; **signing of a ~** подписание контракта; **solid ~** солидный контракт; **(substantial) spot ~** договор на реальный товар, контракт на реальный товар; **stamp tax on a ~** гербовой сбор с контракта; **standardized ~** типовой контракт; **subject of a ~** предмет контракта; **technical services ~** контракт на техническое обслуживание; **termination of a ~** аннулирование контракта; **text of a ~** текст контракта; **under ~** по контракту (*на основании контракта*); **to ~** контрактовать; **to accept a ~** принимать контракт; **to agree upon a ~** соглашаться на контракт; **to annul a ~** аннулировать контракт; **to be awarded a ~** получать контракт; **to be in conflict with a ~** противоречить контракту; **to breach a ~** нарушать контракт; **to bring a ~ into effect** вводить контракт в силу; **to conclude a ~** заключать контракт; **to confirm a ~** подтверждать контракт; **to conform to the terms of a ~** отвечать условиям контракта; **to consider a ~** рассматривать контракт; **to deliver under a ~** поставлять по контракту; **to draw up a ~** составлять контракт; **to execute a ~** оформлять контракт; **to finance a ~** финансировать контракт; **to initial a ~** парафировать контракт; **to make corrections to a ~** вносить поправки в контракт; **to make modification to a ~** вносить изменения в контракт; **to negotiate a ~** обсуждать контракт; **to observe the terms of a ~** соблюдать условия контракта; **to perform under a ~** выполнять контракт; **to prepare a ~** подготовить контракт; **to renew a ~** возобновлять контракт; **to repudiate a ~** расторгать контракт; **to repudiate a ~ in total** растор-

гать контракт полностью; **to rescind a** ~ кассировать контракт; **to revise a** ~ пересматривать контракт; **to sign a** ~ подписывать контракт; **to submit a** ~ **for consideration** представлять контракт на рассмотрение; **to suspend a** ~ прекращать действие контракта; **total** ~ **value** общая стоимость контракта; **turn-key construction** ~ контракт на строительство "под ключ"; **under the conditions contemplated in a** ~ на условиях, предусмотренных в контракте; **under the conditions of a** ~ по условиям контракта; **valid** ~ действительный контракт; **verbal** ~ словесный контракт; **void** ~ недействительный контракт; **voidable** ~ оспоримый контракт; **work on a** ~ **basis** работа по трудовому договору; ~ **award** выдача заказа; ~ **correspondence** переписка по контракту; ~ **currency** валюта контракта; ~ **dispute** спор по контракту; ~ **interpretation** толкование контракта; ~ **obligations** обязательства по контракту; ~ **payments** выплаты по контракту; ~ **price** цена по контракту
contract II заключать контракт, заключать договор; ~**ing parties** договаривающиеся стороны
contracting контрактующий **(party)**
contraction сокращение; ~ **of credit** сокращение кредита; ~ **of paper money in circulation** сокращение бумажных денег в обращении; ~ **of staff** сокращение штатов
contractor подрядчик, подрядная фирма, фирма-исполнитель; **engineering** ~ фирма; ~'**s fee** вознаграждение подрядчику; ~'**s organization** подрядная организация
contractual договорный, по договору; **on a** ~ **basis** на базе контракта; **within** ~ **limits** в пределах контракта; ~ **delivery** поставка по контракту; ~ **understanding** договоренность по контракту
contradict, to ~ противоречить
contradiction противоречивость, противоречие; **statutory** ~ противоречие в законах
contradictorily противоречиво
contradictory противоречивый
contrary I в нарушение; ~ **to instructions** в нарушение инструкций
contrary II противоположность; **on the** ~ наоборот; напротив; **to the** ~ в противоположном смысле
contribute вкладывать, вложить; **to** ~ **to** вносить долю, содействовать; ~**d capital** оплаченный/внесенный капитал
contribution взнос, вклад, долевой взнос, доля, доля участия; **additional** ~ дополнительный вклад; **budget** ~**s** взносы в бюджет; **cargo's** ~ **to general average** взнос, причитающийся с груза по общей аварии; **charitable** ~ благотворительный вклад; **counterpart** ~ параллельный взнос; **dollar denominated** ~**s** долларовые вклады; **founding** ~ взнос в уставный фонд; **general average** ~ долевой взнос по общей аварии; **important** ~ важный вклад; **in** ~ **to the general average** в порядке возмещения расходов по общей аварии; **lumpsum** ~ единовременный взнос; **major** ~ крупный вклад; **mandatory** ~ обязательный взнос; **material** ~ натурально-вещественный вклад; **monetary and material** ~**s** денежные и материальные взносы; **proportional** ~ пропорциональный взнос; **share of** ~ паевой взнос; **significant** ~ значительный вклад; **to make a** ~ делать взнос, делать вклад, производить взнос; **to recall a** ~ отзывать вклад; **valuation of** ~**s** оценка вкладов; **voluntary** ~ добровольный взнос, добровольный вклад; ~ **to the charter fund** взнос в уставный фонд
contrivance приспособление
control контроль, контрольный, регулирование, управление; **accounting** ~ бухгалтерский контроль; **administrative** ~ административный контроль; **banking** ~ контроль над банковской деятельностью; **border** ~ пограничный

контроль, пограничный режим; **budget** ~ бюджетное регулирование; **commercial fishing** ~ регулирование рыболовства; **consumer credit** ~ контроль над потребительским кредитом; **counting** ~ счетный контроль; **credit** ~ кредитный контроль, кредитное регулирование; **currency exchange** ~ валютное регулирование; **current** ~ текущий контроль; **customs** ~ таможенный контроль; **direct** ~ непосредственный контроль, прямой контроль; ~ **environment** общая политика контроля; **environmental** ~ контроль над загрязнением окружающей среды; **export** ~ экспортный контроль; **financial** ~ финансовый контроль; **fiscal** ~ фискальный режим; **foreign exchange** ~ валютный контроль; **full** ~ полный контроль; **health** ~s санитарный режим; **immigration** ~ иммиграционный режим; ~**ling interest** контрольный пакет акций; **internal** ~ внутренний контроль; **lack of** ~ отсутствие контроля; **monetary** ~ денежное регулирование; **operational** ~ оперативный контроль; **outside** ~ внешний контроль; **passport** ~ паспортный контроль; **periodic** ~ периодический контроль; **personal** ~ личный контроль; **popular** ~ народный контроль; **price** ~ контроль цен; **price** ~s регулирование цен; **quality** ~ контроль качества продукции; **quality** ~ **method** метод контроля качества; **quality** ~ **schedule** таблица контроля качества; **random** ~ выборочный контроль; **reasonable** ~ разумный контроль; **regular** ~ регулярный контроль; **rent** ~ регулирование квартирной платы; **sequential** ~ последовательный контроль; **social** ~ общественный контроль; **special** ~ специальный контроль; **standard** ~ нормальный контроль; **state** ~ государственный контроль; **strict** ~ жесткий контроль, строгий контроль; **technical** ~ технический контроль; **to** ~ регулировать; **to assure** ~ обеспечить контроль; **to establish** ~ устанавливать контроль; **to exercise** ~ осуществлять контроль; **to maintain** ~ сохранять контроль; **to place under** ~ передавать под контроль, ставить под контроль; **to re-establish** ~ восстанавливать контроль; **to remove** ~ отменять контроль; **to retain** ~ сохранять контроль; **to strengthen** ~ усиливать контроль; **uniform** ~ единообразный контроль; **uninterrupted** ~ непрерывный контроль; **wage and price** ~ контроль над ценами и заработной платой; **workers'** ~ рабочий контроль; ~ **authority** орган контроля; ~ **of exchange** регулирование валюты
controller бухгалтер-аналитик; главный бухгалтер компании; (*иногда пишется:* "comptroller")
controversial спорный
controversy спор; **constitutional** ~ конституционный спор; **legal** ~ правовой спор
contumely оскорбление словом
convene, to ~ собирать;, собрать; созывать;, созвать
convenient удобный; (для кого-л.- **for**)
convention конвенция, конвенционный; соглашение; ~s допущения; **consular** ~ консульская конвенция; **customs** ~ таможенная конвенция, таможенное соглашение; **international** ~ международная конвенция; **to conclude a** ~ заключать конвенцию; **to ratify a** ~ ратифицировать конвенцию; **to sign a** ~ подписывать конвенцию
conventional конвенционный, нормальный, обычный
conversation разговор; **telephone** ~ *или* ~ **by telephone** телефонный разговор *или* разговор по телефону
conversion акт незаконного присвоения; **(misappropriation),** конверсия, обмен, перерасчет; **applicable** ~ соответствующий обмен; ~ **costs** издержки обработки; **gold** ~ обмен золота; ~ **of currency** об-

мен валюты; **of a loan** конверсия займа; **~ of securities** реализация ценных бумаг

convert, to ~ конвертировать, обменивать, переводить; **to ~ dollars into pounds sterling** переводить доллары в фунты стерлингов

convertibility конвертируемость, обратимость; **free ~** свободная обратимость; **limited ~** ограниченная обратимость; **of limited ~** ограниченно обратимый; **partial ~** частичная обратимость; **~ of currency** конвертируемость валюты

convertible конвертируемый, обмениваемый, обратимый; **~ bonds** конвертируемые облигации; **freely ~** свободно конвертируемый, свободно обратимый; **~ preferred stock** обратимые привилегированные акции

conveyance доставка, купчая, передаточный акт, передача, передвижение, провоз, транспорт; **air ~** воздушное передвижение; **deed of ~** акт о передаче правового титула; **means of ~** транспорт; **~ by inheritance** передача по наследству

convict заключенный, осужденный; **to ~** осуждать

convicted осужденный

conviction осуждение, судимость; **-s** судимость; **criminal ~** уголовное решение; **to expunge a ~** снять судимость; **~ by the criminal court** осуждение уголовным судом; **~ by default** заочное осуждение

convince убеждать

convocation созыв

convoke, to ~ созывать, созвать

convoy конвой; **truck ~** автопоезд

cooperate, to ~ взаимодействовать, кооперировать

cooperation (*или* **co-operation**) взаимодействие, кооперация, содействие, сотрудничество; **close ~** тесное взаимодействие; **contractual ~** сотрудничество на подрядных условиях; **economic ~** хозяйственное взаимодействие, экономическое сотрудничество; **financial ~** финансовое сотрудничество; **foreign economic ~** внешнеэкономическое сотрудничество; **integrated ~** комплексное сотрудничество; **international ~** международное сотрудничество; **legal ~** правовое сотрудничество; **~ between nations** взаимодействие между странами; **~ in the judicial sphere** сотрудничество в судебной области

cooperative кооператив, кооперативный, кооперированный; **agricultural marketing ~** сельскохозяйственная артель; **consumer's ~** потребительский кооператив; **consumer society** потребительская кооперация; **economic ~** экономическая кооперация; **full-scale ~** крупномасштабная кооперация; **international ~** международная кооперация; **marketing ~** артель; **participant in a ~** кооперант; **production ~** производственный кооператив

coordinate, to ~ координировать, согласовать

coordination координация, координационный; **exchange rate ~** валютное сотрудничество; **export sales ~** координация запродаж; **lack of ~** отсутствие координации, разнобой; **overall ~** общая координация; **preliminary ~** предварительное согласование

coordinator координатор; **project ~** проектный координатор

copy копия, номер, экземпляр; **advance ~** сигнальный экземпляр; **advertising ~** рекламный текст; **as per enclosed ~** согласно прилагаемой копии; **attestation of a ~** засвидетельствование копии; **attested ~** засвидетельствованная копия; **carbon ~** копия через копирку; **complimentary ~** рекламный экземпляр; **control ~** контрольный экземпляр; **enclosed ~** прилагаемая копия; **exact ~** точная копия; **executed ~** оформленный экземпляр; **fair ~** чистовая копия; **first ~** первый экземпляр; **fresh ~** новая копия; **fully executed ~ies** полностью оформленные копии; **identical ~** тождественный экземпляр; **in five ~ies** в пяти экземплярах; **in four ~ies**

в четырех экземплярах; **last** ~ последний экземпляр; **legalized** ~ легализованная копия; **marked** ~ отмеченный экземпляр; **multiple** ~**ies** многочисленные копии; **negotiable** ~ действительный экземпляр; **non-negotiable** ~ недействительный экземпляр; **number of** ~**ies** количество экземпляров; **official** ~ официальная копия; **photostatic** ~ фотостатическая копия; **primary** ~ основной экземпляр; **printed** ~ печатная копия; **red-lined** ~ отмеченная копия; **second** ~ второй экземпляр; **set of** ~**ies** комплект экземпляров; **single** ~ единственный экземпляр; **to append a** ~ приложить копию; **to certify a** ~ заверить копию; **to make a** ~ делать копию; **to take a** ~ снимать копию; **true** ~ верная копия; **unique** ~ уникальный экземпляр; **xerox** ~ ксероксная копия; ~ **of a bill** копия векселя, экземпляр векселя; ~ **of a bill of lading** экземпляр коносамента; ~ **of a document** копия документа, экземпляр документа; ~ **of an invoice** копия счета-фактуры; ~ **of a letter** копия письма; ~ **of minutes of a meeting** копия протокола собрания; ~ **of a note** копия векселя; ~ **of a patent** копия патента; ~ **of a shipped bill of lading** судовой экземпляр коносамента
copyright авторское право; **proprietary** ~ имущественные авторские права
cord веревка; **packing** ~ шнуровочная веревка; **pendant** ~ веревка для подвески
corking укупорка
corner угол, уголок; **to** ~ **the market** скупать; **one who** ~**s the market** скупщик
cornering скупка; ~ **the market** скупка
corporate корпоративный; ~ **income tax** налог с доходов корпораций, налог с доходов акционерных компаний; ~ **seal** печать корпорации; ~ **secretary** секретарь корпорации; ~ **tax** налог на корпорацию
corporation корпорация, объединение; **board of directors of a** ~ дирекция корпорации; **charter of a** ~ устав корпорации; **foreign** ~ иностранная корпорация; **industrial** ~ промышленная корпорация; **multinational** ~ многонациональная корпорация; **privately-held** ~ частная корпорация; **public** ~ государственная корпорация; **sole** ~ единоличная корпорация; **stock** ~ акционерская корпорация; ~ **tax** налог на прибыль компаний; **transnational** ~ транснациональная корпорация
corps корпус; **consular** ~ консульская служба; **diplomatic** ~ атташат, дипломатическая служба
corpus объект, состав; ~ **delicti** объект преступления, состав преступления
correct правильный
correcting корректирующий
correction корректировка, поправка
corrective корректив; ~ **amendments** коррективы
correctly правильно, точно
correctness правильность, точность
correlation соотношение
correlative корреляционный
correspond, to ~ соответствовать; (чему-л. - **to, with**)
correspondence корреспонденция, переписка, соответствие; **by** ~ заочно, заочный; (*course, pleading, etc*) **commercial** ~ коммерческая корреспонденция, коммерческая переписка; **exchange of** ~ обмен корреспонденцией; **incoming** ~ входящая корреспонденция; **official** ~ официальная переписка; **outgoing** ~ исходящая корреспонденция; **postal** ~ почтовая корреспонденция; **preliminary** ~ предварительная корреспонденция; **to review** ~ перлюстировать
correspondent корреспондент, корреспондентский; **foreign** ~ иностранный корреспондент; **newspaper** ~ корреспондент газеты
corresponding ведущий переписку; соответствующий
corroborate подтверждать, подкреплять
corrosion коррозия
corrupt подкурнои, продажный; **to** ~ совратить

corrupter совратитель

corruption коррупция; ~ **of minors** посягательство на моральное развитие малолетних

cosmetics косметические товары

cost I 1. затрата, стоимость, себестоимость; 2. (*мн.ч.*) **costs** издержки, расходы; **actual** ~ действительная стоимость, фактическая стоимость; **actual** ~**s** фактические затраты; **average** ~ средняя стоимость; ~ **based price** затратная цена; ~ **behavior** динамика издержек; ~ **benefit analysis** сравнительный анализ затрат и результатов; ~ **benefit principle** принцип эффективности; **book** ~ балансовая стоимость; **capital** ~**s** капитальные затраты; **carriage** ~**s** транспортные издержки; **conditional** ~ условная стоимость; **court** ~**s** издержки ведения судебного дела, судебные расходы; **current** ~**s** текущие издержки; **direct** ~**s** прямые затраты; **distribution** ~**s** издержки обращения; **estimated** ~ сметная стоимость; **export** ~**s** экспортные расходы; **final** ~ конечная стоимость; **first** ~ первоначальная стоимость; **fixed** ~**s** постоянные издержки; ~ **flow** поток информации о затратах; **freight forwarding** ~**s** экспедиторские расходы; **full** ~ полная стоимость; **initial** ~**s** начальные затраты; ~ **of goods manufactured** себестоимость произведенной продукции; ~ **of goods sold** себестоимость реализованных товаров; **legal** ~**s and expenses** судебные пошлины; **net** ~ чистая стоимость; **operating** ~**s** эксплуатационные затраты, эксплуатационные расходы; **original** ~ первоначальная стоимость; ~**s of production** издержки производства; **postage** ~**s** почтовые расходы; **prime** ~ цена по себестоимости; ~ **principle** принцип себестоимости; **probable** ~ полагаемая стоимость; **productive** ~**s** производственные затраты; **representation** ~**s** представительские расходы; **salvage** ~ ликвидационная стоимость; **seasonal** ~**s** сезонные затраты; **storage** ~**s** складские расходы; **supplementary** ~**s** добавочные расходы; **to recoup** ~**s** возместить издержки; ~ **to us** себестоимость; **total** ~**s** общие издержки; **transportation** ~**s** транспортные расходы; ~ **accounting** хозяйственный расчет; ~**s in a legal action** расходы по делу; ~ **of weight** весовая стоимость; ~ **saving** экономичный

cost II стоить

cottage кустарный; ~ **industry** кустарная промышленность

cotton I хлопок

cotton II хлопчатобумажный; ~ **piece goods** хлопчатобумажные ткани в кусках; штучные хлопчатобумажные изделия

council совет, совещание; **administrative** ~ административный совет; **city** ~ городской совет; **consultative** ~ консультативный совет; **defense** ~ совет обороны; **documentary** ~ совет по документам; **European** ~ европейский совет; **executive** ~ исполнительный совет; **family** ~ семейный совет; **grand** ~ большой совет; **Krai** ~ краевой совет; **military** ~ военный совет; **municipal** ~ муниципальный совет; **national** ~ национальный совет; **parliamentary** ~ парламентский совет; **people's** ~ народный совет; **permanent** ~ постоянный совет; **revolutionary** ~ революционный совет; **sanitary** ~ санитарный совет; **security** ~ совет безопасности; **social** ~ социальный совет; **state** ~ государственный совет; **supervisory** ~ наблюдательный совет; **workers'** ~ рабочий совет; ~ **of Foreign Ministers** совет министров иностранных дел; ~ **of Ministers** совет министров; ~ **of regents** регентский совет

councillor советник; **city** ~ городской советник; **municipal** ~ муниципальный советник; **state** ~ государственный советник

counsel совет, юрист; **in-house** ~ юрисконсульт; **outside** ~ внешний юрисконсульт

counsellor советник *(посольства)*; **commercial** ~ торговый советник; **general patent** ~ генеральный юрисконсульт по патентам

count 1. считать(ся); 2. подсчет, пункт иска *(of complaint, indictment)*; **improper vote** ~ неправильный подсчет голосов; **to** ~ насчитывать; **vote** ~ подсчет голосов

counter встречный, счетчик; ~-**claim** встречный иск; **to advance a** ~ **claim** выдвигать контртребование; **to contest a** ~ **claim** оспаривать контртребование; **to file a** ~ **claim** предъявлять контртребование; **to reject a** ~ **claim** отвергать контртребование; **vote** ~ счетчик голосов; ~ **balance** противовес; ~ **claim** контртребование; ~ **offer** контроферта; ~ **proposal** контрпредложение

counteraction противодействие

counterfeit подделка; **to** ~ подделывать

counterfeiter подделыватель

counterfeiting изготовление поддельных денег; ~ **of coins** подделка монеты; ~ **of currency** подделка денежных знаков

counterfoil отрывной корешок

counterpart контрагент; копия; ~ **of a contract** копия контракта

countersign пароль; **to** ~ контрассигновать, скрепить подписью

countersignatory контрассигнант

countersignature контрассигнация, скрепа

countersign скреплять подписью

countersigning скрепление

countersuit встречный иск; **notice of** ~ встречное исковое заявление

country господство, государство, страна; **agrarian** ~ аграрная страна; **agricultural** ~ сельскохозяйственная страна; **belligerent** ~ воюющая страна; **conquered** ~ побежденная страна; **developing** ~ развивающая страна; **distant** ~ отдаленная страна; **enemy** ~ враждебная страна; **exporting** ~ экспортирующая страна; **importing** ~ импортирующая страна; **industrialized** ~ индустриализованная страна; **maritime** ~ морская страна; **neighboring** ~ соседняя страна; **neutral** ~ нейтральная страна; **occupied** ~ оккупированная страна; **sovereign** ~ суверенная страна; **third** ~ третья страна; **transit** ~ транзитная страна; **underdeveloped** ~ слаборазвитая страна

coup d'etat государственный переворот

couple присоединять

coupon абонементный талон, купон, ордер на покупку, талон; ~ **bonds** купонные облигации; **detachable** ~ отрывной талон; **to detach a** ~ отрывать купон, отрывать талоны

courier курьер, нарочный; **diplomatic** ~ дипломатический курьер

course курс, путь, русло; **completion;** ход, течение; **in due** ~ в надлежащий срок; **in the** ~ **of** в течение, в ходе чего-л; **of** ~ конечно, само собой разумеется; **of a** ~ *(training, university)* завершение курса; **consistent** ~ последовательный курс; **deviation of a vessel from** ~ отклонение судна от курса; **inland water** ~ внутренний водный путь; **required** ~ обязательный курс; **ship's** ~ курс корабля; **short** ~ **of study** сокращенный курс; **special** ~ **of study** спец-курс; **to complete a** ~ заканчивать курс; **to deviate from** ~ отклоняться от курса; **water** ~ водный путь

court (of law) суд; **administrative** ~ административный суд; ~ **of appeal** апелляционный суд; **arbitral** ~ арбитражный суд; **arbitration** ~ арбитражная палата; **circuit** ~ окружной суд; **civil** ~ гражданский суд, палата по гражданским делам; **commercial** ~ коммерческий суд; **competent** ~ компетентный суд; **constitutional** ~ конституционный суд; **criminal** ~ уголовный суд; **ecclesiastical** ~ духовный суд; **federal** ~ федеральный суд; **federal constitutional** ~ федеральный конституционный суд; **inferior** ~ нижестоящий суд; **international** ~ международный суд; **international arbitration** ~ международный арбитражный суд; **judicial** ~ палата по судебным делам; **juvenile** ~ детский суд; **law** ~ общий суд; **local** ~ местный суд; **maritime** ~ морской суд; **municipal** ~ городской суд; **minor** ~ суд низшей инстанции; **patent** ~ патентный суд; **people's** ~ народный суд; **permanent** ~ **of International Justice** постоянная палата международного правосудия; **raion** ~ районный суд; **regional** ~ областной суд, районный суд; **revolutionary** ~ революционный суд; **special** ~ специальный суд; **superior** ~ вышестоящий суд; **supreme** ~ верховный суд; **Supreme** ~ **of Judicature** (*брит.*) Верховный суд; **supreme** ~ **of an autonomous republic** верховный суд автономной республики; **to apply to** ~ обратиться в суд; **to make an appearance in** ~ явиться в суд; **upper** ~ высший суд; **world** ~ мировой суд; ~ **martial** военный суд; ~ **of appeals** апелляционный суд, апелляционная палата; ~ **of cassation** кассационный суд; ~ **of customary law** суд обычного права; ~ **of first instance** суд первой инстанции; ~ **of higher instance** суд высшей инстанции; ~ **of law** суд; ~ **of second instance** суд второй инстанции

courtage куртаж (*brokerage fee*)
courtroom зал суда
cousin двоюродный брат (*male*); двоюродная сестра (*female*)
cover I 1. конверт, крышка, обертка; 2. покрытие (*денежное, страховое*); **colorful** ~ красочная обертка; **degree of** ~ степень обеспечения; **metal** ~ металлическая крышка; **patent** ~ патентное обеспечение; **to** ~ обеспечивать; **under separate** ~ в отдельном конверте, в отдельном пакете, в отдельной упаковке; **under the same** ~ в том же конверте; **waterproof** ~ водонепроницаемый конверт; ~ **policy** коверонт
cover II 1. покрывать, обеспечивать; 2. относиться к; **brochure** ~**ing Model 20A** брошюра, относящаяся к модели 20А
covering сопроводительный; ~ **letter** сопроводительное письмо
cover note коверонт, коверонота (*временное свидетельство о страховании*); **to issue a** ~ выписывать коверонт
coverage обеспечение, покрытие; **insurance** ~ страховое обеспечение; ~ **of risks** покрытие рисков
covering покрытие, чехол; **external** ~ внешний чехол; **plastic** ~ пленочный чехол; **tarp** ~ брезентовая упаковка; ~ **of expenditures** покрытие затрат; ~ **of expenses** покрытие издержек
crab краб; **tinned** ~ **meat** крабовые консервы
crack трещина; **to** ~ трескаться
craft ремесленный; судно, плавучее средство, плавучие средства; **harbor** ~ плавучее портовое средство; **pilot** ~ лоцманский бот; **small** ~ (*marine*) бот; **unmanned** ~ бэрбоут
craftsman мастер, ремесленник
craftsmanship мастерство, ремесленничество
crane кран; **construction** ~ монтажный кран; **container** ~ контейнерный кран; **deck-mounted** ~ палубный кран; **dock** ~ доковый кран; **floating** ~ плавучий кран; **gantry** ~ портальный кран; **hoisting** ~ подъемный кран; **lifting** ~ грузоподъемный кран; **mobile** ~ передвижной кран; **shore** ~ береговой кран; **wrecking** ~ аварийный кран
cranage пользование краном; плата за пользование краном
crash крушение; **stock market** ~ крах фондовой биржи
crate клеть, решетчатая тара, упаковочная корзинка; **skeleton** ~ решетчатый ящик; **wooden** ~ деревянная клеть; ~ **costs** расходы по упаковке в ящики
crating упаковка в ящики; **cost of** ~ стоимость упаковки в ящики

create, to ~ создавать
creation создание; ~ **of reserves** создание резервов
creator созидатель
credentials верительные грамоты, удостоверение; **personal** ~ удостоверение личности; **professional** ~ удостоверение для специалистов; **proper** ~ надлежащее удостоверение личности; **to present** ~ представить удостоверение личности
credibility доверие; достоверность, правдоподобность; убедительность; **to impair** ~ поколебать доверие
credit I 1. кредит, кредитный, кредитовый; 2. аккредитив; **abuse of** ~ злоупотребление кредитом; **acceptance** ~ акцептный кредит; **against** ~ в счет кредита; **allocation of bank** ~s распределение банковских кредитов; **amount of** ~ сумма кредита; **back-to-back** ~ компенсационный кредит; **blocked** ~ блокированный кредит; ~ **card** кредитная карточка; **cash** ~ наличный кредит; **cheap** ~ (low interest rate) дешевый кредит; **collateral** ~ ломбардный кредит; **commercial** ~ коммерческий кредит; **commodity** ~ подтоварный кредит, товарный кредит; **company** ~ фирменный кредит; **consumer** ~ потребительский кредит; **cost of** ~ стоимость кредита; **currency of** ~ валюта кредита; **current account** ~ контокоррентный кредит; **direct** ~ прямой кредит; **discount** ~ дисконтный кредит; **exhausted** ~ исчерпанный кредит; **expansion of** ~ расширение кредита; **export** ~ экспортный кредит; **extended** ~ длительный кредит; **extent of** ~ размер кредита; **foreign** ~ иностранный кредит; **foreign exchange** ~ валютный кредит; **foreign trade** ~ внешнеторговый кредит; **frozen** ~ замороженный кредит; **government** ~ государственный кредит; **guarantee** ~ гарантийный кредит; **guarantee of** ~ гарантия кредита; **initial** ~ начальный кредит; **interest-free** ~ беспроцентный кредит; **interest rates for** ~ процентные ставки по кредитам; **intermediate term** ~ среднесрочный кредит; **international** ~ международный кредит; **interstate** ~ межгосударственный кредит; **investment** ~ инвестиционный кредит; **issuance of** ~ выдача кредита; **lack of** ~ недостаток кредита; **line of** ~ кредитный лимит; **long term** ~ долгосрочный кредит; **margin of** ~ маржа по кредиту; **marginal** ~ предельный кредит; **maximum** ~ максимальный кредит; **mercantile** ~ торговый кредит; **mixed** ~ смешанный кредит; **monetary** ~ денежный кредит; ~ **note** кредитовое авизо; **non-installment** ~ разовый кредит; **on** ~ в кредит; **on account of** ~ за счет кредита; **on-call** ~ онкольный кредит; **open** ~ открытый кредит; **overdue** ~ просроченный кредит; **paper** ~ вексельный кредит; **preferential** ~ льготный кредит; ~ **purchases** покупка товаров в кредит; **reciprocal** ~ **arrangement** взаимное кредитование; **reciprocal** ~ **facilities** взаимный кредит; **reimbursement** ~ акцептно-рамбурсный кредит, рамбурсный кредит; **repayment of** ~ возмещение кредита, погашение кредита; **reserve** ~ резервный кредит; **revolving** ~ автоматически возобновляемый кредит; **risk attendant to** ~ **sales** риск при продаже в кредит; ~ **sales** продажа товаров в кредит; **secured** ~ обеспеченный кредит; **self-liquidating** ~ самоликвидирующийся кредит; **short term** ~ краткосрочный кредит; **significant** ~ значительный кредит; **source of** ~ источник кредита; **stand-by** ~ используемый в случае необходимости; **swing** ~ свинговый кредит; **term** ~ срочный кредит; **tide** ~ связанный кредит; **to allocate** ~s распределять кредиты; **to block** ~ блокировать кредиты; **to buy on** ~ покупать в кредит; **to exceed** ~ превышать кредит; **to extend** ~ кредитовать; **to guarantee** ~ гарантировать кредит; **to**

offer ~ предлагать кредит; **to prolong** ~ пролонгировать кредит; **to refuse** ~ отказаться от кредита; **to renew** ~ возобновлять кредит; **to repay** ~ погашать кредит; **to support with** ~ поддерживать кредитом; **to withdraw** ~ закрывать кредит; **unlimited** ~ бессрочный кредит *(term)*, неограниченный кредит; *(amount)* **unsecured** ~ необеспеченный кредит; **volume of** ~ объем кредита; **withdrawal of** ~ лишение кредита; ~ **advice** кредит-авизо; ~ **and monetary** кредитно-денежный; ~ **and monetary policy** кредитно-денежная политика; ~ **application** заявка на кредит; ~ **balance** остаток кредита; ~ **demand** спрос на кредит; ~ **insurance** страхование кредита; ~ **investigation** обследование кредитоспособности; ~ **market** рынок кредита; ~ **on mortgage** ипотечный кредит; ~ **payments** платежи по кредиту; ~ **purchase** покупка в кредит; ~ **rating** оценка кредитоспособности; ~ **reduction** сокращение кредита; ~ **restriction** ограничение кредита; ~ **squeeze** стеснение кредитов; ~ **term** срок кредита; ~ **terms** условия кредита; ~ **union** общество взаимного кредита
credit II кредитовать
crediting кредитование
creditor заимодавец, заимодатель, кредитор, лицо, предоставляющее кредит; ~**s' equity** заемный капитал; **general** ~ генеральный кредитор; **joint** ~ совокупный кредитор; **mortgage** ~ кредитор по закладной; **ordinary** ~ обычный кредитор; **preferred** ~ привилегированный кредитор; **principal** ~ главный кредитор; **unsecured** ~ необеспеченный кредитор; **to settle with** ~**s** рассчитываться с кредиторами
creditworthiness кредитоспособность
creditworthy кредитоспособный
crew бригада, команда, прислуга, экипаж или команда *(судна)*; **emergency** ~ аварийная бригада, аварийная команда; **maintenance** ~ бригада технического обслуживания; **ship's** ~ судовая команда; **stevedore** ~ бригада грузчиков; **training of a** ~ обучение команды
crime преступление; **insignificant** ~ малозначительное преступление; **war** ~ военное преступление; ~ **against personal freedom** преступление против личной свободы; ~ **against personal property** преступление против личной собственности; ~ **against property** преступление против имущества; ~ **of negligence** преступление небрежности
criminal преступник, преступный; **career** ~ профессиональный преступник; **to press** ~ **charges against** возбуждать уголовное дело; **war** ~ военный преступник; ~ **case** уголовное дело; ~ **investigation department** сыскная полиция; ~ **investigation unit** криминальная полиция
criminality преступность; **career** ~ профессиональная преступность
crisis кризис, перелом; **balance of payments** ~ кризис платежного баланса; **economic** ~ экономический кризис; **industrial** ~ промышленный кризис; **international** ~ международный кризис; **monetary** ~ валютный кризис, денежный кризис; **monetary and credit** ~ денежно-кредитный кризис; **monetary and financial** ~ валютно-финансовый кризис; **protracted** ~ затяжной кризис; **to avert a** ~ предотвращать кризис; **world** ~ мировой кризис
criteri/on критерий; **applicable** ~**a** соответствующие критерии; **basic** ~**a** основные критерии; **economic** ~ экономический критерий; **estimation** ~ оценочный критерий; **general** ~ общий критерий; **quality** ~**a** критерии качества; **rejection** ~ критерий браковки; **reliability** ~**a** критерии надежности; **sole** ~ единственный критерий; ~ **of patentability** критерий патентоспособности
critical критический; **to make** ~ вызывать кризис
criticism отзыв
crop урожаи; **record** ~ ре-

кордный урожай; **to sell a standing** ~ продавать урожай на корню

cross разойтись (*о письмах, телеграммах*); **our letters have ~ed** наши письма разошлись

cross-examine, to ~ опрашивать

crossing переход; **border** ~ переход границы; **illegal border** ~ незаконный переход границы; ~ **the border** переезд границы

crossroads стык

crucible тигль; **graphite** ~ графитовый тигль

crude необработанный; ~ **oil** нефть

cruel жестокий

cruelty жестокость

cruise поход

crush дробить, давить, мять

crux суть; **the** ~ **of the matter** суть дела

cubic кубический; ~ **capacity** кубатура; **total** ~ **volume** общая кубатура

cultivate, to ~ разрабатывать, разработать

cultivation разработка; **joint** ~ **of the land** совместная обработка земли; ~ **of the land** обработка земли

cum dividend с дивидендом; (*противоположным является* **ex dividend** - без дивиденда)

cumulative кумулятивный, накапливающийся; ~ **effect of an accounting change** суммарный эффект от изменения в методах ведения учета; ~ **preferred stock** кумулятивные привилегированные акции

cup tested дегустированный

currenc/y валюта, валютный; казначейские билеты; **against other ~ies** по сравнению с другими валютами; **agreed** ~ согласованная валюта; **backing of** ~ обеспечение валюты; "**basket**" **of ~ies** "корзина" валют; **blocked** ~ блокированная валюта; **clearing** ~ клиринговая валюта; **collapse of** ~ крах валюты; **collective** ~ коллективная валюта; **common** ~ единая валюта; **controlled** ~ регулируемая валюта; **conversion of** ~ **at the going rate** пересчет валюты по курсу; **conversion of** ~ **at parity** пересчет валюты по паритету; **convertibility of** ~ конвертируемость валюты, обратимость валюты; **convertible** ~ конвертируемая валюта, обратимая валюта; **corresponding** ~ соответствующая валюта; **counterfeit** ~ поддельная валюта, поддельный денежный знак; **credit denominated in foreign** ~ кредит в иностранной валюте; **demand for** ~ спрос на валюту; **depreciated** ~ обесцененная валюта; **depreciating** ~ падающая валюта; **devalorization of** ~ понижение курса валюты; **devaluation of** ~ девальвация валюты; **devalued** ~ девальвированная валюта; **domestic** ~ местная валюта, отечественная валюта; **exchange of** ~ обмен валюты; **fluctuating** ~ колеблющаяся валюта; **foreign** ~ иностранная валюта; **free** ~ свободно конвертируемая валюта; **freely convertible** ~ свободная валюта; **freely floating** ~ свободно плавающая валюта; **general asset** ~ банкноты, не имеющие специального обеспечения; **gold content of** ~ золотое содержание валюты; **gold-convertible** ~ валюта, обратимая в золото; **hard** ~ твердая валюта; **inconvertible** ~ неконвертируемая валюта; **instability of** ~ неустойчивость валюты; **issue of** ~ эмиссия денег; **key** ~ ключевая валюта; **local** ~ местные деньги; **national** ~ национальная валюта; **overvaluation of** ~ завышенная оценка валюты; **paper** ~ бумажная валюта; **pegged** ~ валюта, привязанная к валюте другой страны; **price of** ~ цена валюты; **purchasing power of** ~ покупательная способность валюты; **reserve** ~ резервная валюта; **revalued** ~ ревальвированная валюта; **scarce** ~ дефицитная валюта; **settlement in foreign** ~ расчет в иностранной валюте; **settlement in national** ~ платеж в национальной валюте; **sum of** ~ сумма валюты; **stability of** ~ устойчивость валюты; **stabilization of** ~ стабилизация валюты; **stable** ~ стабильная валюта, устойчивая валюта; **surplus of** ~ излишки валюты; **to appreciate** ~ повышать курс валюты; **to back** ~ обеспечивать валюту; **to compute in** ~ исчислять в валюте; **to control** ~ регулировать валюту; **to convert** ~ конвертировать в валюту; **to convert into another** ~ переводить в другую валюту; **to depreciate** ~ обесценивать валюту; **to devalue** ~ девальвировать валюту, девалоризировать валюту; **to earn** ~ зарабатывать валюту; **to exchange** ~ обменивать валюту; **to express in** ~ выражать в валюте; **to obtain** ~ приобретать валюту; **to pay by** ~ платить валютой; **to revalue** ~ ревальвировать валюту; **to sell for (hard)** ~ реализировать на валюту; **to transfer** ~ **from one account into another** переводить валюту с одного счета на другой; **to transfer** ~ **into an account** зачислять валюту на счет, переводить валюту на счет; **transfer of** ~ перевод валюты; **unit of** ~ единица валюты; **unstable** ~ неустойчивая валюта; **value of** ~ стоимость валюты; ~ **at full value** полноценная валюта; ~ **exchange restrictions** ограничения в переводе валюты; ~ **exchange transactions** операции в валюте; ~ **fluctuation** колебание курса валюты; ~ **pegged to the dollar** валюта, привязанная к доллару; ~ **reserves** запасы валюты; ~ **shortage** нехватка валюты; ~ **snake** валютная "змея"; ~ **swap** обмен валютами

current текущий, настоящий; ~ **account** контокоррент, контокоррентный; ~ **assets** оборотные средства; ~ **bank account** текущий счет в банке; ~ **liabilities** краткосрочная кредиторская задолженность; ~ **quotation** текущая цена

curtail, to ~ сокращать

curve кривая; **demand** ~ кривая спроса; **supply** ~ кривая предложения

cushion "подушка", запас, защитный период, излишек фондов; ~ **bond** облигация с "подушкой", облигация с купоном выше текущих рыночных ставок

custodian хранитель

custodianship хранение ценностей *(в сейфе банка)* с выполнением инструкций клиента

custody сохранение; **in carrier's** ~ на хранении у перевозчика; **taking into** ~ заключение под стражу; **to take into** ~ заключать под стражу; ~ **of children** попечение о детях

custom обычай, правило, привычка; **legal** ~ правовой обычай, правовая привычка; **local** ~ местное обыкновение, местный обычай; ~-**built** несерийный

customary обычный; **in a** ~ **manner** в обычном порядке

customer заказчик, покупатель, клиент, комитент; **bank** ~ клиент банка; **defaulting** ~ неисправный клиент; **small** ~ мелкий потребитель

custom house таможня

customs duties таможенные сборы, платежи

customs досмотровый, таможенный, таможня; **goods under** ~ **seal** товары, пломбированные таможней; **international** ~ международные правила; **to bring through** ~ провозить через таможню; **to clear** ~ проходить через таможню; **to present a** ~ **permit** предъявлять разрешение таможни; ~ **agtions** выполнение договорных обязательств; ~ **of an order** выполнение заказа; ~ **of a plan** завершение плана; ~ **of a plan ahead of schedule** досрочное выполнение плана; ~ **officer** сотрудник таможни; ~ **receipt** квитанция таможни об уплате пошлины; ~ **schedule** таможенный тариф; ~ **schdule of a foreign goverment** таможенный тариф иностранного государства; ~ **seal** печать таможни; ~ **union** таможенный союз

cut снижение, сокращение; **pay** ~ понижение зарплаты; **tax** ~ сокращение налога; ~ **in duties** сокращение пошлины; ~ **in expenses** сокращение расходов; ~ **in wages** снижение зарплаты

cut II (cut) уменьшать, снижать

cutting экономия; **cost** ~ режим экономии; **of expenditures** экономия в расходах

cycle 1. цикл; 2. период *(переменного тока)*; **business ~ forecast** прогноз конъюктуры; **product life ~** жизненный цикл товара

D

daily ежедневный; **~ output** дневной выпуск

damage I авария, повреждение, порча, (чего-л.- **to**); ущерб (чему-л.- **to**); 2. *(мн.ч.)* **damages** возмещение ущерба, убытков; убытки; **agreed and liquidated ~s** согласованные и заранее оцененные убытки; **~s** убыток; **action for ~s** иск об убытках; **actual ~ caused** нанесенный ущерб; **amount of ~s** сумма убытков; **anticipatory ~s** возмещение будущих убытков; **assessment of ~s** оценка убытков; **award of ~s** решение суда о возмещении убытков; "**carrier not liable for ~s**" "перевозчик не отвечает за убытки"; **cause of ~** причина ущерба; **causes of ~s** причины возникновения убытков; **compensation for ~s** возмещение ущерба, компенсация за убытки, компенсация за ущерб; **crop ~** потрава; **determination of ~s** определение убытков; **extent of ~** размер ущерба; **fire ~** ущерб от пожара неприятием товара; **further ~** дальнейший. ущерб; **great ~** большой ущерб; **in case of ~** в случае ущерба; **indirect ~** косвенный ущерб; **indirect ~s** косвенные убытки; **insignificant ~** незначительное повреждение, незначительный ущерб; **level of ~** уровень ущерба; **liability for ~s** ответственность за убытки; **liquidated ~s** согласованные и заранее оцененные убытки; **lumpsum ~s** паушальная сумма убытков; **major ~** крупный ущерб; **marginal ~s** предельные убытки; **material ~** материальный ущерб; **measure of ~s** размер возмещения убытков; **monetary ~** денежный ущерб; **nature of the ~** характер ущерба; **obligation to compensate for ~** обязательство возместить ущерб; **partial ~** частная авария, частичное повреждение, частичный ущерб; **payment of ~s** оплата убытков; **possible ~** возможный ущерб; **property ~** повреждение имущества, ущерб собственности; **prospective ~s** возмещение ожидаемых убытков; **recovery of ~s** взыскание убытков; **reduction in ~s** уменьшение убытков; **right to recover ~s** право на взыскание убытков; **significant ~** значительный ущерб; **storm ~** ущерб от шторма; **to assess the ~** оценивать размер ущерба; **to assess money ~s** определять сумму денежного возмещения; **to avoid ~** избегать неисправности; **to award ~s** присуждать убытки; **to be liable for ~** быть ответственным за ущерб; **to bring an action for ~s** возбуждать иск об убытках, ущербе; **to cause ~** причинять убытки; **to compensate ~s** компенсировать убытки, компенсировать ущерб; **to determine the amount of ~s** определять сумму убытков; **to hold someone harmless for ~s** избавлять кого-либо от ответственности за убытки; **to hold someone liable for ~s** считать кого-л. ответственным за ущерб; **to indemnify for ~** возмещать ущерб; **to indemnify someone against property ~** застраховать кого-либо от ущерба имуществу; **to inflict ~** наносить ущерб; **to pay judgment ~s** возмещать убытки истцу; **to pay liquidated ~s** платить заранее оцененные и согласованные убытки; **to prevent ~** предотвращать ущерб; **to recover ~s** взыскать убытки, получать возмещение убытков; **to report ~** заявить об ущербе; **to suffer ~** нести убыток, понести ущерб; **to ~** портить; **total ~** общая авария; **waiver of ~s** отказ от права на возмещение; **waiver of right to ~s** отказ от права на возмещение убытков; **water ~** повреждение водой, ущерб, нанесенный водой; **~ as-**

sessment оценка ущерба; ~ **caused by ...** ущерб, вызванный ...; ~ **claim** заявление об убытках; ~ **report** заявление об ущербе; ~ **survey** освидетельствование ущерба; ~ **to crops** повреждение сельскохозяйственных культур; ~ **to goods** порча товара; ~ **to personal property** повреждение личного имущества

damage II вредить, портить, наносить ущерб

danger опасность; **social** ~ общественная опасность; ~ **in the workplace** опасность в предприятиях

dangerous опасный

data данные, сведения; **acceptance test** ~ данные приемно-сдаточных испытаний; **according to incomplete** ~ по неполным данным; **according to official** ~ по официальным данным; **according to preliminary** ~ по предварительным данным; **additional** ~ дополнительные данные; **basic** ~ исходные данные; **biographical** ~ анкетные данные; **bookkeeping** ~ бухгалтерские данные; **comparative** ~ сравнительные данные; **complete** ~ полные данные; **comprehensive** ~ исчерпывающие данные; **correct** ~ правильные данные; **cumulative** ~ сводные данные; **design** ~ проектные данные; **economic** ~ экономический данные; **estimated** ~ сметные данные; **evaluation of technical** ~ оценка технических данных; **ill-founded** ~ малодостоверные данные; **incomplete** ~ неполные данные; **incorrect** ~ неправильные данные; **irrefutable** ~ неопровержимые данные; **manufacturing** ~ данные изготовления; **missing** ~ недостающие данные; **necessary** ~ необходимые данные; **numerical** ~ цифровые данные; **official** ~ официальные данные; **operating** ~ эксплуатационные данные; **operational** ~ рабочие данные; **original** ~ первоначальные данные; **predicted** ~ прогнозируемые данные; **preliminary** ~ предварительные данные; **pricing** ~ данные о ценах; **principle** ~ основные данные; **priority** ~ приоритетные данные; ~ **processing** обработка данных; **rating** ~ расчетные данные; **raw** ~ необработанные данные; **reference** ~ справочные данные; **sample** ~ выборочные данные; **statistical** ~ статистические данные; **submission of** ~ представление данных; **summarized** ~ итоговые данные; **systemized** ~ систематизированные данные; **tabulation of** ~ расположение данных в виде таблицы; **technical** ~ технические данные; **to collect** ~ собирать данные; **to examine technical** ~ изучать технические данные; **to furnish** ~ выдавать данные; **to include** ~ включать данные; **to process** ~ обрабатывать данные; **to update** ~ обновлять данные; **to verify** ~ проверять данные; ~ **analysis** анализ данных

date дата, срок, число (*месяца*); **acceptance** ~ дата акцепта; **act** ~ дата подписания контракта; **advice** ~ **of a letter of credit** авизованная дата аккредитива; **annulled** ~ дата аннулирования; **application** ~ дата заявки; **approximate** ~ приблизительная дата; **at an early** ~ в скором времени; **cancellation** ~ дата расторжения; **convenient** ~ удобная дата; **delivery** ~ дата поставки; **departure** ~ день отправления; **designated** ~ установленная дата; **dispatch** ~ дата отправки; **effective** ~ время вступления в силу, дата вступления в силу, момент вступления в силу; **effective** ~ **of an agreement** дата вступления в силу соглашения; **effective** ~ **of an insurance policy** дата выдачи полиса; **expected** ~ предполагаемая дата; **expiration** ~ дата окончания срока, конечный срок; **filing** ~ дата подачи заявки; **from this** ~ от даты этого письма (*или* этой телеграммы); **initial** ~ начальная дата; **initial** ~ **of warranty period** дата начала гарантийного периода; **interest** ~ срок уплаты процентов; **invoice** ~ дата выписки счета; **latest** ~ последняя дата; **licensing** ~ дата представления лицензии; **loading** ~ дата погрузки; **mailing** ~ дата отправки корреспонденции; **maturity** ~ дата наступление срока; **of today's** ~ от сегодняшнего числа; **of yesterday's** ~ от вчерашнего числа; **of the same** ~ (*или* **of even**) от того же числа; **offer** ~ дата предложения; **payment** ~ дата платежа; **possible** ~ возможный срок; **priority** ~ приоритетная дата; **protocol** ~ дата подписания протокола; **publication** ~ дата публикации, дата опубликования; **rail** ~ железнодорожное движение; **release** ~ дата выпуска; **sailing** ~ дата выхода судна в море; **shipping** ~ срок отгрузки; **stamped** ~ обозначенная штемпелем дата; **start-up** ~ дата пуска в эксплуатацию; **termination** ~ **of an act** дата прекращения действия контракта; **test** ~ дата испытания; **to** ~ помечать числом, датировать, проставлять дату; **to affix a later** ~ датировать более поздним числом; **to affix an earlier** ~ датировать более ранним числом; **to back** ~ датировать задним числом; **to fix a** ~ определять дату; **to modify a dispatch** ~ изменять дату отгрузки; **to notate the** ~ помечать датой; **to propose an alternative** ~ предлагать другую дату; **to set** **the last shipment** ~ определять последнюю дату отгрузки; **to show shipping** ~**s** указывать даты отгрузки; **up to** ~ до настоящего времени; **up-to-** ~ современный; **upon** ~ **of tender** на день предложения; **without** a ~ без числа; ~ **from which period tolls** дата, от которой исчисляется срок; ~ **of acceptance** дата приемки, день приемки, приемный день; ~ **of application** срок заявления; ~ **of arrival** дата прибытия; ~ **of border crossing** дата перехода границы; ~ **of claim** дата претензии; ~ **of commencement of work** дата начала работы; ~ **of delivery** срок доставки; ~ **of departure** дата выезда; ~ **of erection (construction)** дата монтажных работ; ~ **of filing an action** дата предъявления иска; ~ **of grant of patent** дата выдачи патента; ~ **of issuance** дата выдачи; ~ **of issue of a bill** дата выписки векселя; ~ **of manufacture** дата изготовления; ~ **of performance** срок исполнения; ~ **of receipt** дата поступления; ~ **of shipment** дата отгрузки; ~ **of ship readiness** дата готовности к отгрузке; ~**s tamp** календарный штемпель, штемпель-календарь

date II датировать; **to** ~ **from** начинаться (*или* считаться) от

dated датированный; **ante-**~ датированный задним числом; **a letter** ~ **the 15th May** письмо, датированное 15 мая; **post-**~ датированный более поздним числом

dating датировка (*of document, etc.*)

datum исходный факт

daughter-in-law сноха; невестка

day день; **at the end of the** ~ в конце дня; **business** ~**s** присутственные дни; **calendar** ~ календарный день; **consecutive** ~**s** последовательные дни; **cumulative** ~**s** кумулятивные дни; **delay of ...** ~**s** опоздание на ...дней; **demurrage** ~**s** контрсталийные дни; **dispatch** ~**s** дни диспача; **from the** ~ **of issue** со дня выдачи; **full** ~ полный день; **grace period** ~**s** льготные дни; **in a few** ~**s** через несколько дней; **lay** ~**s** дни погрузки и разгрузки судов, сталийные дни; **non-working** ~ нерабочий день; **opening** ~ день открытия; **order of the** ~ распорядок дня; **reversible** ~ реверсивный день; **running** ~**s** сплошные дни; **running** ~**s** последовательные (*или* календарные) дни; **sailing** ~ день отхода судна; **settlement** ~ день расчета; **short work** ~ короткий день; **weather working** ~ погожий рабочий день; **to establish** ~ **off** устанавливать дни отдыха день; **to fall on a** ~ приходиться на день; **to fix a** ~ назначать день; **weather**

working ~ погожий рабочий день; **work ~** рабочий день; **~s following acceptance** через ... дней после акцептования; **~ of arrival** день прибытия; **~s of grace** льготные дни; **~ of non-payment** день неплатежа; **~ of payment** день платежа; **~ off** выходной день; **~s on demurrage** дни демерреджа; **~s saved** сбереженные дни, сэкономленные дни; **...~s upon site** через... дней после предъявления

deacon дьякон

dead freight см. **freight**

deadline крайний срок

deadtime простой

deadweight (или **dead weight**) дедвейт (полная грузоподъемность судна)

deal сделка, сговор; соглашение; **barter ~** бартерная сделка; **business ~** коммерческая сделка; **cash ~** наличная сделка; **fair ~** честная сделка; **package ~** аккордный контракт, комплексная сделка; **re-export ~** реэкспортная сделка; **secret ~** тайная сделка; **sham ~** фиктивная сделка; **to ~ in** торговать; **to ~ with** иметь дело с; заниматься, ведать чем-л.; **to ~ with a claim** рассматривать претензию; **to conclude a ~** заключить сделку; **trade ~** торговая сделка; **wholesale ~** оптовая сделка

dealer дилер, посредник, торговец, торговый агент; **authorized ~** уполномоченный посредник; **bill ~** вексельный брокер; **exchange ~** биржевой брокер, биржевой дилер, биржевой торговец; **gemstone ~** торговцы драгоценностями; **licensed ~** дилер с лицензией; **second-hand ~** дилер по продаже подержанного имущества; **securities ~** инвестиционный банк; **~ discount** скидка дилерам; **~-importer** торговец-импортер

dealings дела, сделки, торговые операции; сношение; **business ~** торговые дела

deals дильсы (еловые или сосновые доски)

dear 1. (в обращениях в письмах) **Dear Sirs** Господа; Уважаемые господа; **Dear Mr. Smith** Уважаемый мистер Смит; **Dear Mrs. Brown** Уважаемая миссис Браун; **Dear Miss White** Уважаемая мисс Уайт; 2. дорогой

dearly дорого; **to pay ~** платить дорого

death смерть

debate дебаты, прения, спор; **parliamentary ~** парламентские прения

debenture дебентура, облигация; долгосрочное долговое обязательство; **customs ~** удостоверение таможни на возврат таможенной пошлины; **~ loans** долгосрочные долги; **long-term ~** долгосрочная облигация; **registered ~** именная облигация; **~ stock** долговые акции; **to issue ~s** выпускать облигации; **to redeem ~s** погашать облигации; **transfer of ~s** трансферт облигаций

debit дебет; **~ card** платежная (дебетовая) карточка (напр., **MasterCard, VISA**); **detailed ~ note** подробная дебет-нота; **to ~ an amount to an account** записать сумму в дебет счета; **to ~** дебетовать; **to charge a ~** записать в дебет; **to recall a ~** отзывать дебет-ноту; **~ and credit** дебет и кредит; **~ entry** дебетование счета, занесение в дебет; **~ note** дебет-нота; **~ note for ...** дебет-нота на ...; **~ note for services rendered** дебет-нота за услуги; **~ of an account** дебет счета

debt долг; **~s** задолженность; **accrued ~** накопленный долг; **acknowledgement of a ~** подтверждение долга; **amount of a ~** сумма долга; **bad ~** безнадежный долг, безнадежная задолженность; **bonded ~** фундированный долг; **collateral for a ~** обеспечение долга; **consolidated ~** консолидированный долг; **current ~** текущий долг; **discharged ~** погашенный долг; **doubtful ~** сомнительный долг; **foreign ~** внешний долг, внешняя задолженность; **frozen ~** замороженный долг; **heavy ~** большой долг; **hypothecated ~** ипотечная задолженность; **international ~** международная задолженность; **judgment ~** присужденный долг; **liquid ~**

ликвидная задолженность; **liquidation of ~s** ликвидация долгов; **long-term ~** долгосрочный долг; **money ~** денежный долг; **mortgage ~** ипотечная задолженность; **national ~** государственный долг; **old ~** старый долг; **overall ~** общий долг; **overdue ~** отсроченный долг; **paid ~** уплаченный долг; **past due ~** просроченный долг; **payment of a ~** уплата долга; **public ~** государственная задолженность; **remainder of a ~** остаток долга; **remission of a ~** освобождение от уплаты долга; **repayment of ~** возврат долга; **repudiation of a ~** отказ от уплаты долга; **secured ~** обеспеченный долг; **settlement of a ~** выплата долга, оплата долга; **settlement of ~s** урегулирование долгов; **short-term ~** краткосрочный долг, краткосрочная задолженность; **straight ~** прямой долг; **to account as payment of a ~** зачитывать в уплату долга; **to acknowledge a ~** признавать долг; **to be in ~** быть в долгу; **to collect ~s** взыскивать долги, инкассировать долги, получать деньги в погашение; **to deduct a ~** удерживать долг; **to demand payment of a ~** требовать уплаты долга; **to discharge a ~** погашать долг; **~ to equity ratio** отношение заемного капитала к собственному; **to extend the repayment period of ~s** продлевать срок выплаты долгов; **to extinguish ~** погасить задолженность; **to find oneself in ~** находиться в долгу; **to forgive a ~** прощать долг; **to have ~s** иметь долги; **to incur ~s** влезать в долги; **to pay off a ~** уплачивать долг; **to pay off ~s** расплачиваться с долгами; **to repay ~** возмещать долг; **to repudiate a ~** отказываться от уплаты долга; **to satisfy a ~** удовлетворять долг; **to service a ~** покрывать долг; **to settle a ~** выплачивать долг, оплачивать долг; **to write off a ~** аннулировать долг, списывать долг; **unconsolidated ~** неконсолидированный долг; **undischarged ~** непогашенный долг; **unpaid ~** неуплаченный долг; **unrecoverable ~** безвозвратный долг; **unsecured ~** необеспеченная задолженность; **~ collection** взыскание долгов; **~ on loans** долги по займам; **~ repayment schedule** график возмещения долгов; **~ service** покрытие долга; **~ service on bonds** выплата процентов по долговым обязательствам

debtor дебитор, должник, заёмщик; **~s** дебиторская задолженность; дебиторы; **bill ~** векселеобязанный, должник по векселю; **~s' days** средний срок покрытия дебиторской задолженности; **defaulting ~** должник, нарушивший обязательство; **insolvency of a ~** несостоятельность должника; **judgment ~** должник по иску; **non-creditworthy ~** некредитоспособный должник; **primary ~** основной должник; **principal ~** главный должник

decay гниль, порча; **to ~** гнить, портиться

deceive, to ~ обманывать, обмануть

deceleration замедление

deception обман

deceptive обманный

decide, to ~ решать, решить

decidedly решительно

deciphering расшифровка

decision выбор решения, определение, постановление, решение; **administrative ~** административное решение; **appellate ~** решение апелляционного суда; **civil law ~** гражданско-правовое решение; **compulsory ~** обязательное решение; **contradictory ~** противоречивое решение; **declaratory ~** декларативное решение; **final ~** окончательное решение; **final judicial ~** окончательное судебное решение; **foreign ~** иностранное решение; **foreign arbitral ~** иностранное арбитражное решение; **interim ~** временное определение; **irrevocable ~** неотменяемое решение; **judicial ~** судебное определение, судебное решение; **justified ~** обоснованное решение; **leaving a ~ in force** оставление решения в силе; **original** ~ первоначальное решение; **preliminary** ~ предварительное решение; **preliminary judicial** ~ предварительное судебное решение; **principal** ~ принципиальное решение; **senate** ~ сенатское решение; **to affirm a** ~ подтвердить решение; **to annul a** ~ аннулировать решение; **to carry out a** ~ вынести решение; **to leave a** ~ **in force** оставить решение в силе; **to overturn a judicial** ~ отменить судебное решение; **unanimous** ~ единогласное решение; ~ **by arbitration** третейское решение; ~ **by a court of final instance** решение вынесенное судом последней инстанции; ~ **by default** заочное решение; ~ **of the court** постановление суда; ~ **of the court of cassation** кассационное определение

deck 1. борт, бортовой; 2. палуба; **ship's** ~ борт; **on** ~ на палубе

deckless беспалубный

declarant заявитель, податель декларации; **original** ~ первоначальный заявитель

declaration декларация, заявка, заявление, объявление, объяснение, провозглашение, совместный акт; **consignor's** ~ декларация грузоотправителя; **currency** ~ валютная декларация; **customs** ~ таможенная декларация; **export** ~ экспортная декларация; **false** ~ ложное заявление; **master's** ~ декларация капитана; **official** ~ декларативный акт; **purchase** ~ декларация о закупке; **shipper's** ~ декларация грузоотправителя; **tariff** ~ тарифная декларация; **to fill out a** ~ заполнять декларацию; **value** ~ стоимостные данные; **warehousing** ~ декларация о грузах, подлежащих хранению в приписных складах; ~ **form** бланк декларации; ~ **of annulment** объявление недействительности; ~ **of duty-free goods** декларация о грузах, не облагаемой пошлиной; ~ **of incapacity in a legal proceeding** объявление недееспособности в судебном порядке; ~ **of independence** декларация независимости, провозглашение независимости, объявление независимости; ~ **of insolvency** объявление несостоятельности; ~ **of neutrality** объявление нейтралитета; ~ **of reservation of right** объявление выговора права; ~ **of sovereignty** провозглашение суверенитета; ~ **of war** объявление войны, провозглашение состояния войны

declare, to ~ декларировать, заявлять, заявить, объявлять, объявить; **to** ~ **bankrupt** объявлять банкротом

decline I падение, понижение, снижение, сокращение, спад; ~ **in birth rate** падение рождаемости; ~ **in the business cycle** спад конъюнктуры; ~ **in imports** сокращение импорта; ~ **in prices** снижение цен; ~ **in the prime cost** снижение себестоимости; ~ **in spending power** падение покупательной силы

decline II to ~ 1. отказать, отклонять; 2. уменьшаться, понижаться

decode раскодировывать, расшифровывать

decoding расшифровка

decrease 1. снижение, уменьшение (на - **by**, до - **to**); 2. **to** ~ понижать, уменьшать, уменьшать(ся) (на - **by**, до - **to**); **to** ~ **by** ... уменьшать на; **to** ~ **to** ... уменьшать до; **to speculate on a** ~ играть на понижение; ~ **in arbitration fee** уменьшение размера арбитражного сбора; ~ **in prices** уменьшение цен; ~ **in production** сокращение производства; ~ **in rent** уменьшение арендной платы; ~ **in weight** уменьшение в весе

decree постановление, распоряжение, указ; **administrative** ~ административный акт, административное постановление; **consent** ~ концессионный акт; **court** ~ судебный акт; **executive** ~ исполнительное постановление; **governmental** ~ правительственный акт; **presidential** ~ указ президента; **to** ~ постановлять; ~ **of amnesty** постановление об амнистии

deduct, to ~ вычитать, производить вычет, производить удержание, удерживать; **to ~ from** вычитать
deductibility возможность вычета
deductible подлежащий вычету
deducting ... за вычетом
deduction вычет, отчисление, удержание, уменьшение; скидка; **amortized ~** амортизационное отчисление; **automatic ~** автоматический вычет; **block ~** единый вычет; **compulsory ~** принудительный вычет; **payment without ~** платеж без вычетов; **progressive ~** прогрессивное удержание; **proportional ~** пропорциональное удержание; **tax ~** налоговый вычет; **to increase a ~** увеличивать вычет; **unauthorized ~** неразрешенный вычет; **~ from profits** отчисление от прибыли; **~ of an amount** удержание суммы; **~ of expenses** вычет расходов; **~ of franchise** удержание франшизы
deed запись; **gift ~** дарственная запись; **mortgage ~** закладная, закладной лист; **partition ~** раздельная запись; **title ~** документ, подтверждающий право собственности документ; **~ of incorporation** конститутивный акт; **~ of protest** акт о протесте; **~ of sale** акт продажи
deep-water глубоководный
default невыполнение, неисполнение; невыполнение обязательств, неплатеж, неуплата; отсутствие; **by ~** заочно, заочный; **in case of ~ of payment** в случае неуплаты, в случае неплатежа; **in ~** в случае невыполнения *или* в противном случае; ввиду неявки ответчика; **in ~ of agreement** в случае недостижения соглашения; **in the event of a ~** в случае невыполнения обязательств; **judgment by ~** заочный приговор; **partial ~** частичное невыполнение; **~ of appearance** неявка в суд; **~ of credit** неуплата задолженности по кредиту; **~ of payment** неплатеж
defaulter неплательщик
defeat поражениеб разгром
defect дефект, изъян, неисправность, порок; **~s** брак; **alleged ~** предполагаемый дефект; **basic ~** основной дефект; **correction of ~** а; исправление дефекта; **dangerous ~** опасный дефект; **description of ~s** описание дефектов; **design ~** дефект в конструкции; **incidental ~** случайный дефект; **inherent ~** внутренний дефект; **initial ~** первоначальный дефект; **insignificant ~** незначительный дефект; **latent ~s** скрытый дефект, скрытые недостатки; **manufacturing ~s** дефект завода-изготовителя, производственные недостатки; **material ~s** существенные недостатки; **minor ~** второстепенный дефект; **minor ~s** мелкие недостатки; **natural ~** естественный дефект; **nature of** а; **~** характер дефекта; **non-existent ~** несущественный дефект; **obvious ~** явный дефект; **packing ~** дефект упаковки; **production ~** дефект производства; **reason for a ~** причина дефекта; **serious ~** значительный дефект, серьезный дефект; **serious ~s** крупные недостатки; **slight ~** мелкий дефект; **stated ~** заявленный дефект; **surface ~** поверхностный дефект; **to be free of ~s** не иметь дефектов; **to be liable for a ~** быть ответственным за дефект; **to conceal a ~** скрывать дефект; **to correct a ~** исправлять дефект; **to discover a ~** обнаруживать дефект; **to eliminate a ~** устранять дефект; **to eliminate a ~ at ... expense** устранять дефект за счет; **to eliminate a ~ without prejudice to the other side** устранять дефект без ущемления прав другой стороны; **to eliminate a ~ by agreement of the parties** устранять дефект по соглашению сторон; **to have ~s** иметь дефекты; **to remedy ~s** исправлять недостатки; **undiscovered ~** необнаруженный дефект; **visual ~** внешний дефект; **~ detection** дефектоскопия; **~ in goods** дефект товара; **~ in quality** отклонение в качестве
defection переход; **~ to the**

enemy переход на сторону врага
defective дефектный, забракованный, неисправный, неполноценный
defence возражение ответчика
defend, to ~ защищать, защитить
defendant ответчик
defender защитник; **public** ~ общественный защитник
defense защита; **counsel for the** ~ защитник; **joint** ~ совместная защита; **personal** ~ личная защита; **political** ~ политическая защитар; **to mount a** ~ защищать; ~ **attorney** защитник; ~ **in court** защита в суде; ~ **of a dissertation** защита диссертации; ~ **of children** защита детей; ~ **of patent right** защита патентного права; ~ **of territory** защита территории
defer, to ~ отсрочивать
deferral отсрочка
deferred отсроченный; ~ **revenues** доходы будущих периодов
deficiency недостаток, недостаточность, недостача, нехватка; **liability for** ~ ответственность за недостачу
deficient недостающий, неполный
deficit дефицит, дефицитный; недочёт; **balance of payments** ~ дефицит платежного баланса; **balancing of a** ~ сбалансирование дефицита; **budget** ~ бюджетный дефицит; **cash** ~ кассовый дефицит; **chronic** ~ хронический дефицит; **current** ~ текущий дефицит; **current account** ~ дефицит текущего счёта; **dollar** ~ долларовый дефицит; **existing** ~ существующий дефицит; **external** ~ внешний дефицит; **financial** ~ финансовый дефицит; **foreign exchange** ~ дефицит валюты; **foreign trade** ~ внешнеторговый дефицит; **growth of a** ~ рост дефицита; **insignificant** ~ незначительный дефицит; **monetary** ~ денежная недостача; **outstanding** ~ непокрытый дефицит; **short-term** ~ краткосрочный дефицит; **size of a** ~ размер дефицита; **to balance a** ~ сальдировать дефицит; **to cause a** ~ вызывать дефицит; **to compensate for a** ~ покрывать дефицит; **to have a** ~ иметь дефицит; **to offset a** ~ компенсировать дефицит; **to reduce a** ~ сократить дефицит; **trade** ~ дефицит внешторгового баланса, дефицит торгового баланса
defilement осквернение
define определять
definite определенный
definitely определенно, окончательно
definition определение
deflation дефляция (снижение уровня цен)
defray, to ~ оплачивать, брать на себя (издержки, расходы)
defrayal покрытие; ~ **of expenses** покрытие расходов
defrayment покрытие
degree 1. степень, уровень; 2. градус; **academic** ~ ученая степень; **doctoral** ~ докторская степень; ~ **of development** уровень развития; ~ **of guilt** степень виновности; ~ **of risk** уровень риска; ~ **of service** уровень обслуживания
del credere делькредере; **to stand** ~ принять на себя делькредере, ручаться; ~ **agent** комиссионер, берущий на себя делькредере; ~ **commission** комиссия за делькредере
delay задержка, замедление, запоздание, опоздание, отлагательство, отсрочка, промедление, просрочка; ~ **in delivery** задержка в поставке; **protracted** ~ большая задержка; **to** ~ задерживать, промедлить; **unexcused** ~ неоправданное опоздание; **unjustified** ~ неоправданная задержка; ~ **in performance** задержка в исполнении
delcredere (или **del credere**) делькредере (поручительство комиссионера за выполнение покупателем его финансовых обязательств); **to accept the** ~ принять на себя делькредере
delegate делегат; **to elect a** ~ избирать делегатом; **to send in the capacity of a** ~ посылать в качестве делегата; ~ **to a conference** делегат конференции

delegation делегация; **foreign ~** иностранная делегация; **governmental ~** правительственная делегация; **head of a ~** руководитель делегации; **high-level ~** делегация руководящих деятелей; **large ~** большая делегация; **representative ~** представительная делегация; **to head up a ~** возглавлять делегацию; **to receive a ~** принимать делегацию; **trade ~** торговая делегация; **~ of authority** передача полномочий
delete зачеркивать
deliberate, to ~ совещаться
deliberately преднамеренно
deliberative совещательный
delicate щекотливый
delict правонарушение, преступление; **corpus ~i** состав преступления
delimit, to ~ размежевать
delinquency преступность; **juvenile ~** детская преступность
deliver, to ~ доставлять, поставлять, сдавать, сдать
deliverable подлежащий доставке;
delivered доставляемый; **free ~** доставка франко; **~ free alongside ship** выдача груза у борта судна; **~ price** цена с доставкой
delivery вручение, выдача, доставка, завоз, поставка, разнос, рассылка, рассыльный; сдача; **advance ~** досрочная доставка; **cash on ~ (C.O.D.)** наложенный платеж; **certificate of ~** приемо-сдаточный акт; **contracted ~s** договорные поставки; **fresh ~s** новые поставки; **collect on ~ (C.O.D.)** оплата при доставке; **complete ~s** комплектная поставка; **cost of ~s** стоимость доставки; **delay in ~s** задержка в доставке; **door to door cargo ~s** доставка груза на условиях "от двери до двери"; **expedited ~s** ускоренная поставка; **express ~** со срочной доставкой *(надпись на конверте)*; **express ~s** быстрая доставка; **forward ~s** будущая сдача; **immediate ~s** немедленная доставка; **internal ~s** внутренняя поставка; **land lease ~s** ленд-лизовская поставка; **late ~s** запоздавшая доставка, запоздалая сдача; **legal ~s** юридическая сдача; **means of ~** средства доставки; **package ~** комплектная поставка; **paid ~** оплаченная доставка; **partial ~** частичная сдача; **payable on ~** с уплатой при доставке; **point of ~** место доставки; **safe ~** сохранная доставка; **satisfactory ~** удовлетворительная поставка; **short ~** доставка неполного количества, неполная поставка, неполная сдача, убыль в весе; **special ~** срочная доставка; **speedy ~** быстрая поставка; **~ time** или **time for (** или **of) ~** срок поставки; **part ~** частичная поставка, частичная сдача; **to take ~** принять поставку; **to delay ~** задерживать доставку; **to effect ~** осуществлять доставку; **to make ~** производить доставку; **to pay on ~** платить при доставке; **to postpone ~** отсрочивать доставку; **to suspend ~** приостанавливать доставку; **trial ~** пробная поставка; **~ against a letter of commitment** выдача против обязательственного письма; **~ against acceptance** выдача против акцепта; **~ against trust receipt** выдача против сохранной расписки; **~ boy** рассыльный; **~ charge** плата за доставку; **~ costs** издержки по доставке; **~ for export** поставка на экспорт; **~ for storage** сдача на хранение; **~ free of charge** бесплатная поставка; **~ in partial consignments** поставка по частичным партиям; **~ note** транспортный коносамент; **~ of cargo** выдача груза, выдача товара; **~ of documents** вручение документов; **~ of documents against payment** выдача против платежа; **~ on an ex-plant basis** не включая стоимость доставки; **~ order** деливери-ордер *(распоряжение о выдаче товара)*, ордер на выдачу товара; **~ period** срок доставки
demand востребование, истребование, потребление, потребность, спрос (на - **for**); требование; **active ~** оживленный спрос; **brisk ~** живой спрос; **consumer ~** потребительский спрос; **domestic ~** внутренние

потребности, внутренний спрос; **effective** ~ эффективный спрос; **elastic** ~ эластичный спрос; **external** ~ внешний спрос; **immediate** ~ срочный спрос; **increasing** ~ растущий спрос; **inelastic** ~ жесткий спрос; **insistent** ~ настойчивое требование; **just** ~ справедливое требование; **loan** ~ потребность займа; **on** ~ по требованию; **to make a** ~ **on somebody for something** предъявить требование к кому-л. о чем-л.; **overall** ~ общий спрос; **persistent** ~ постоянный спрос; **plaintiff's** ~s требования истца; **reasonable** ~ обоснованное требование; **sluggish** ~ вялый спрос; **solvent** ~ платежеспособный спрос; **supply and** ~ спрос и предложение; (literally: demand and supply); **to** ~ истребовать, требовать; **to be in** ~ пользоваться спросом; **to** ~ **one's money back** истребовать обратно уплаченное; **to make** ~s выдвигать требования; **to present a** ~ заявлять требование; **urgent** ~ срочное требование; ~ **for credit** спрос на кредит

demarcate, to ~ разграничивать, размежевать

demarcation разграничение, размежевание; **territorial** ~ территориальное разграничение; ~ **of national boundaries** национально-государственное размежевание

demijohn большая, оплетенная бутыль

demise кончина; ~ **charter** димайз-чартер

demonstration демонстрационный; демонстрация, экспонирование; **flight** ~ демонстрация полета; **practical** ~ практическая демонстрация; **program of** ~s программа демонстрации; **public** ~ публичная демонстрация; **to arrange a** ~ устраивать демонстрацию; ~ **of an invention** демонстрация изобретения

demonstrator манифестант

demote, to ~ понижать в должности

demotion перевод на низшую должность, понижение в должности; ~ **to a lower position** смещение на низшую должность

demurrage демерредж (плата за простой судна), взыскание демерреджа, время простоя, простой; контрсталийный; контрсталия, контрсталийные деньги; **calculation of** ~ калькуляция демерреджа; **to be on** ~ находиться на демередже (или на простое); **to charge** ~ взимать демерредж; **to pay** ~ оплачивать контрсталию; ~ **calculation** расчет демерреджа; ~ **claim** претензия в связи с демерреджем; ~ **payment** оплата демерреджа; ~ **rate** ставка демерреджа

den притон; **gambling** ~ игорный притон; ~ **of thieves** воровской притон

denationalization денационализация

denationalize, to ~ денационализировать

denial опровержение, отказ, отклонение, отрицание

denomination деноминация, достоинство; купюра; название; ~ **of a bank note** купюра банкноты; ~ **of an applicant** наименование заявителя

denominator знаменатель

denounce, to ~ денонсировать

dense густой

density плотность; **population** ~ плотность населения

denunciation акт о денонсации, денонсация

deny, to ~ отклонять, отрицать

depart, to ~ **from** отступать

department бюро, ведомство, отдел, служба; **accounts** ~ бухгалтерия; **advertising** ~ рекламное бюро; **branch** ~s отраслевые ведомства; **design** ~ конструкторское бюро; **financial** ~ финансовый отдел; **housing** ~ жилищный отдел; **public-relations** ~ бюро по связи с общественностью; **service** ~ бюро обслуживания; **technical** ~ техническое бюро; ~ **of Visas and Registration** Отдел Виз и Регистрации (ОВИР)

departure выезд, вылет (by air), отправление, отступление, отклонение, отход; **actual** ~ фактический вылет; **date of** ~ дата выезда; **day of** ~ день вы-

езда; **scheduled** ~ запланированный вылет
depend зависеть (от - (up)on)
dependability надежность
dependable надежный
dependence зависимость, иждивенчество; **complete** ~ полная зависимость; **economic** ~ экономическая зависимость; **financial** ~ финансовая зависимость; **increasing** ~ растущая зависимость; **partial** ~ частичная зависимость; **personal** ~ личная зависимость; **to reduce** ~ сокращать зависимость
dependent зависимый; иждивенец; **to be** ~ **upon** находиться в зависимости от...
depletion истощение; снижение с течением времени стоимости природных ресурсов, *напр.*, скважин, месторождений
deploy, to развертывать, развернуть; **to** ~ **military** расчленять
deployment размещение, расчленение
deponent заявитель
deportation поселение
deposit взнос, вклад, вкладной; депозит, депозитный; задаток, залог, месторождение; **acceptance of** ~s приём вкладов; **amount of a** ~ размер взноса; **balance on** ~ остаток на вкладе; **bank** ~ банковский вклад, банковский депозит; **bank receipt** квитанция банка о принятии вклада; **call** ~ депозит до востребования; **cash** ~ взнос наличными деньгами, денежный взнос, денежный вклад, денежный депозит; **demand** ~ бессрочный вклад, вклад до востребования, бессрочный депозит; **depreciation of** ~ обесценение вкладов; **dollar-denominated** ~ долларовый депозит; **escrow** ~ условный депозит; **fixed period** ~ срочный вклад; **fixed term** ~ вклад на срок; **freely transferrable** ~s свободно переводимые депозиты; **general average** ~ взнос по общей аварии; **general** ~ обычный депозит; **government** ~ правительственный депозит; **guaranteed** ~ гарантийный депозит; **idle** ~ неиспользуемый депозит; **increase of** ~s увеличение вкладов; **initial** ~ первоначальный взнос, первоначальный вклад; **interest bearing** ~ процентный вклад; **interest on** ~s проценты по вкладам; **interest rate on** ~ ставка процента по вкладам; ~ **in transit** депозит в пути; **long term** ~ долгосрочный вклад; **mineral** ~ месторождение полезных ископаемых; **non-interest bearing** ~ беспроцентный вклад; **on call** ~ вклад на текущий счет; **ore** ~ месторождение руды; **period of** ~ срок вклада; **primary** ~ первичный депозит; **privacy of** ~s тайна вкладов; **refundable** ~ возвратный вклад; **reserve** ~ резервный депозит; **rich** ~ богатое месторождение; **savings** ~ сберегательный вклад; **secured** ~ застрахованный депозит; **service charge on a demand account** проценты по бессрочному вкладу; **short-term** ~ краткосрочный вклад, краткосрочный депозит; **special** ~ специальный депозит; **specific** ~ специальный вклад; **sum of** ~ сумма вклада; **term** ~ срочный депозит; ~ **ticket** бланк, подтверждающий внесение средств на депозит; **time** ~ временный счёт; **to accept a** ~ принимать вклад; **to accept a** ~ **at interest** принимать вклад под процент; **to close out a** ~ снять депозит; **to have a** ~ **at the bank** иметь депозит в банке; **to hold a** ~ иметь вклад; **to have on** ~ иметь на вкладе; **to make a** ~ вносить вклад; **to make an initial** ~ платить первоначальный взнос; **to pay a** ~ выплачивать деньги по депозиту; **to retain a** ~ удерживать депозит; **to transfer money on** ~ переводить деньги на депозит; **to transfer money from** ~ перечислять деньги с депозита; **to unblock a** ~ разблокировать депозит; **to withdraw a** ~ брать вклад из банка; **transfer of money on** ~ перевод денег на депозит; **withdrawal of** a ~ изъятие вклада; **withdrawal of** ~s изъятие де-

позитов; ~ **at long notice** вклад с длительным уведомлением; ~ **at notice** вклад с уведомлением; ~ **at short notice** вклад с краткосрочным уведомлением; ~ **of ...%** взнос в ...%; ~ **rate** ставка по депозитам; ~ **slip** бланк для взноса депозита
depositary депозитарий
depositee залогодержатель
deposition заявление, показание; **perjured** ~ ложное заявление; **to take a ~ from a witness** собрать показания свидетеля
depositor вкладчик, владелец вклада, депонент, залогодатель
depository хранилище
depot база, депо, склад, хранилище; **container** ~ контейнерная база; **floating** ~ плавучий склад; **maintenance** ~ база технического обслуживания и текущего ремонта; **sales** ~ сбытовая база; **supply** ~ торговая база; ~ **ship** плавучая база
depreciable: ~ **assets** амортизируемые активы; ~ **cost** амортизируемая стоимость
depreciate, to ~ амортизировать; обесценивать; обесцениваться
depreciated обесцененный
depreciation амортизация, износ; снижение, уменьшение стоимости; **annual** ~ ежегодная амортизация; **gradual** ~ постепенная амортизация; **stepped-up** ~ ускоренная амортизация; ~ **of capital** обесценение капитала; ~ **of cur-**rency **against major currencies** обесценение валюты по отношению к основным валютам; ~ **of the dollar** обесценение доллара; ~ **of fixed assets** основных фондов износ; ~ **of gold prices** обесценение золота; ~ **rate** норма амортизации
depressed вялый; ~ **economic activity** вялость хозяйственной деятельности
depression депрессия; застой, кризис; **acute** ~ острый кризис; **cyclical** ~ циклический кризис; **economic** ~ хозяйственный застой
deprive, to ~ лишать
deprivation лишение
deputize, to ~ замещать, заместить
deputy заместитель; ~ **director** заместитель директора; ~ **minister** заместитель министра
dereliction пренебрежение; ~ **of duty** ненадлежащее выполнение обязанностей, пренебрежение своими обязанностями
derive, to ~ извлечь
derrick подъемные
descendant потомок; ~**s** потомство
descent происхождение
describe, to ~ описать, отписывать
description изложение, описание; **patent** ~ патентное описание; ~ **of an article** наименование изделия; ~ **of cargo** наименование груза; ~ **of chattels** описание имуществ; ~ **of defects** описание дефектов; ~ **of expenditures** описание расходов; ~ **of goods** наименование товара; ~ **of invention** описание изобретения; ~ **of real property** описание недвижимого имущества; ~ **of the subject of a lease** описание предмета найма
descriptive описательный
deserter перебежчик
design I дизайн, конструкторский; конструкция, проект; **advertising** ~ дизайн рекламного объявления; **custom** ~ особая конструкция; **faulty** ~ неправильная конструкция; **infringement of** ~ нарушение конструкции; **modern** ~ современная конструкция; **of the latest** ~ новейшей конструкции; **optimum** ~ оптимальная конструкция; **patented** ~ запатентованный дизайн; **preliminary** ~ предварительный проект; **protection of registered** ~**s** защита моделей; **reliable** ~ надежная конструкция; **standard** ~ типовая конструкция; **to** ~ конструировать; **to apply a** ~ применять конструкцию; **to check a** ~ проверять конструкцию; **unique** ~ уникальная конструкция; **unreliable** ~ ненадежная конструкция; ~ **analysis** анализ конструкции; ~ **approval** одобрение конструкции; ~ **consultant** консультант по дизайну; ~ **improvement** улучшение дизайна; ~ **project leader** ведущий конструктор; ~ **review** пе-

ресмотр конструкции; ~ **selection** выбор варианта конструкции
design II конструировать, проектировать
designate, to ~ обозначать, предназначать
designation назначение, обозначение; **letter** ~ буквенное обозначение
designer дизайнер, конструктор; **chief** ~ главный конструктор
designing конструирование, проектирование
desire желать
desk бюро; **information** ~ справочное бюро
despatch I (*или* **dispatch**) 1. отправка; 2. скорость, быстрота; **with all possible** ~ как можно скорее; ~ **money** диспач (*премия за более быструю погрузку или выгрузку по сравнению с временем, указанным в чартер-партии*)
despatch II (*или* **dispatch**) отправлять
destabilization дестабилизация; ~ **of the economy** дестабилизация экономики
destination пункт назначения; **airport of** ~ аэродром назначения; **export** ~ место назначения экспортного груза; **final** ~ конечное место назначения, конечный пункт морского пути (*sea-going vessel*); **inland** ~ место назначения; **required** ~ требуемое место назначения; **station of** ~ станция назначения; **port of** ~ порт назначения
destitution нищета

destroy, to ~ истреблять, разгромить
destroyer истребитель
destruction истребление, порча уничтожение; ~ **of property** порча имущества
detachable stub отрывной корешок
detachment отряд
detail деталь; подробность; **in** ~ подробно или детально; **pricing** ~s детали расценки; **specific** ~s характерные детали; **technical** ~s технические детали; **to provide** ~s представлять детали
detailed детализированный, детальный, подробный
detain, to ~ задерживать
detainee арестованный
detect, to ~ обнаруживать
detention 1. детеншен; задержка, задержание, простой (*судна*); удержание; 2. возмещение за задержку (*судна*) сверх срока; **administrative** ~ задержание в административном порядке; **legal** ~ законное задержание; **subject to** ~ подлежащий задержанию; **to be subject to** ~ подлежать задержанию; **temporary** ~ временное задержание; ~ **beyond laydays** сверхконтрсталийные деньги; ~ **charges** штраф за задержку разгрузки; ~ **of goods** задержание товаров
deterioration износ, старение
determination определение; ~ **of a border** определение границы; ~ **of legal competency** определение компетенции; ~ **of violation** определение правонарушения
determinable который может быть определен
determine, to ~ определять, устанавливать
dethrone, to ~ свергнуть с престола
dethronement свержение с престола
detour обходной маршрут
detriment ущерб; **without** ~ **to the rights of...** без ущерба прав...
detrimental вредный; **it will be extremely** ~, **if ...** будет нанесен огромный ущерб, если; ...
devaluation девальвация, обесценение; **currency** ~ девальвация валюты; **extent of** ~ размер девальвации; **impending** ~ предстоящая девальвация; **rate of** ~ степень обесценения; ~ **of currency** обесценение валюты; ~ **of paper money** обесценение бумажных денег
devalue, to ~ девальвировать, обесценивать; обесцениваться; проводить девальвацию
devalued девальвированный
devastate, to ~ разгромить
devastation разгром
develop развивать
development 1. развитие, создание; 2. разработка, проектирование; 3. (*мн.ч.*) **developments** события, фактор; **chance** ~ случайный фактор; **commercial** ~ коммерческое развитие; **economic** ~ экономическое развитие; **engineering** ~ доводка опытного образца;

favorable ~ благоприятный фактор; **market** ~ расширение рынка; **natural** ~ естественное развитие; **new** ~ новое усовершенствование, новый фактор; **operational** ~ доводка; **peaceful** ~ мирное развитие; **rapid** ~ бурное развитие

deviate, to ~ **from** отступать, отклоняться, отклоняться от курса

deviation отклонение, отступление; ~ **from parity** отклонение от паритета; ~ **from the rules** отступление от правил; ~ **of prices** отклонение цен

device механизм

devise, to ~ записывать, записать

devolve, to ~ **into smaller units** разукрупнять

diagnostic диагностический

diagram диаграмма, схема; **block** ~ функциональная диаграмма

dial (dialled) набирать (*буквы и цифры по автоматическому телефону*)

diem день; **payment per** ~ оплата за день; **per** ~ **allowance** суточный; **per** ~ в день

difference 1. различие, разница; 2. разногласие, рознь; **fundamental** ~**s** основные различия; ~ **in rates** разница в курсах; ~ **of opinions** различие мнений, расхождение во мнениях

different отличный, другой; различный

differential дифференциальный; **price** ~ разница в ценах

differentiate, to ~ дифференцировать

differentiation дифференциация; **legal** ~ правовое разграничение; **price** ~ дифференциация цен; **wage** ~ дифференциация заработной платы

difficult затруднительный, трудный, тяжелый

difficult/y затруднение, трудность; **budgetary** ~ бюджетное затруднение; **economic** ~**ies** экономические трудности; **enormous** ~**ies** огромные трудности; **financial** ~**ies** финансовые затруднения, финансовые трудности; **foreign exchange** ~**ies** валютные затруднения; **in view of** ~**ies** ввиду трудностей; **major** ~**ies** большие трудности; **minor** ~**ies** небольшие трудности; **operational** ~**ies** эксплуатационные трудности; **persistent** ~**ies** постоянные трудности; **significant** ~**ies** значительные трудности; **technical** ~**ies** технические трудности; **to exaggerate** ~**ies** преувеличивать трудности; **to experience** ~**ies** испытывать трудности; **to indicate** ~**ies** указывать на трудности; **to meet with** ~**ies** встречаться с трудностями; **to overcome** ~**ies** преодолевать трудности; **unforeseen** ~**ies** непредвиденные трудности

digit цифра; **carryover** ~ цифра переноса

digital цифровой

dignitary сановник

diligence заботливость

dimension габарит, размер; ~**s** габарит, размер; **corresponding** ~**s** соответствующий габарит; **equipment** ~**s** габариты оборудования; **oversized** ~**s** нестандартный габарит; **overall** ~**s** общий габарит, габаритные (*или* предельные) размеры; **physical** ~**s** физические размеры; **standard** ~**s** стандартный габарит, стандартный размер

diminish уменьшаться

diplomacy дипломатический порядок; **act of** ~ акт дипломатии

diplomat дипломат; **career** ~ профессиональный дипломат; **foreign** ~ иностранный дипломат; **Western** ~ западный дипломат

direct I прямой; ~ **charge-off method** метод прямого списания безнадежных долгов на расходы; ~ **costs** прямые затраты; ~ **materials** основные материалы

direct II (*или* **directly**) прямо, непосредственно; немедленно

direct III направлять

direction распоряжение, трасса; ~**s** инструкция; **forward** ~ заблаговременное указание; **improper** ~**s** неправильные указания; **proper** ~**s** правильные указания

directive директива, руководящий акт; ~**s** директивные документы, директивные указания; **administrative** ~ акт управления; **to issue** ~**s** устанавливать директивы

director директор; **board of ~s** совет директоров; **deputy ~** заместитель директора; **deputy general ~** заместитель генерального директора; **executive ~** директор-распорядитель, исполнительный директор; **exhibit ~** директор выставки; **general ~** генеральный директор; **managing ~** директор-администратор; **technical ~** технический директор; **~ of an enterprise** директор предприятия; **~ of finance** финансовый директор

directory справочник, указатель; **trade ~** справочник о фирмах или указатель фирм

directorate директорат, правление, управленческий аппарат; **general ~** генеральная дирекция

dirt сорная примесь

disability инвалидность, нетрудоспособность, потеря трудоспособности; **full ~** полная инвалидность; **long-term ~** длительная инвалидность; **partial ~** частичная инвалидность, частичная нетрудоспособность; **permanent ~** постоянная инвалидность; **temporary ~** временная нетрудоспособность; **total ~** полная нетрудоспособность

disabled нетрудоспособный; лишённый возможности самостоятельно передвигаться (о судне); **~ person** инвалид; **~ veteran** военный инвалид; **~ worker** инвалид труда

disadvantageous невыгодный

disaffirm, to ~ отменять

disagio дизажио

disagree не соглашаться (с кем-л.- **with**, с чем-л., на что-л.- **to**)

disagreement несогласие, разногласие, разнобой

disappear, to ~ исчезать, исчезнуть

disappearance исчезновение

disappointed разочарованный

disarmament разоружение

disarray смятение

disaster бедствие

disband, to ~ распустить

disbandment расформирование

disburse израсходовать

disbursement 1.(*часто мн.ч,* disbursements) расходы, издержки; выплата; 2. (*только мн.ч.*) дисбурсментские расходы (*издержки по обслуживанию судна*); **quarterly ~** квартальная выплата

discard выбрасывание; **to ~** выбрасывать

discern, to ~ различать

discharge I 1. разгрузка; 2. освобождение, отставка, отстранение; 3. погашение, ликвидация; **complete ~ of debt** полная уплата долга; **completion of ~** окончание выгрузки; **forced ~** вынужденная выгрузка; **free ~** бесплатная выгрузка, свободно от расходов по выгрузке; **optional ~** опцион выгрузки; **point of ~** место выгрузки; **scale of ~** тарифные ставки по выгрузке; **to ~** отстранять, разгружать; **to complete ~** заканчивать выгрузку; **to effect ~** производить выгрузку; **warehouse ~** выгрузка на склад; **~ from work** отстранение от работы; **~ of duties** выполнение обязательств, выполнение обязанностей; **~ of ship freight to rail** выгрузка с судна в ж.-д. вагон; **~ procedure** порядок выгрузки

discharge II разгружать

discharging выгрузка, разгрузка

disciplinary дисциплинарный; **~ measure** дисциплинарная репрессия

disclaim, to ~ отрицать

disclosure обнаружение, раскрытие; **unauthorized ~** разглашение

discoloration изменение цвета

discontinuance прекращение; **~ of activity** прекращение действия

discontinue прекращать

discount I дисконт, дисконтный; скидка, уступка, учёт, учётный, учетная ставка; **to allow** (*или* **to grant, to give**) **a ~** предоставить скидку; **amount of a ~** размер дисконта; **bank ~** банковский дисконт; **breakage ~** скидка на бой; **commercial ~** коммерческая скидка; **customary ~** обычная скидка; **dealer ~** дилерская скидка; **maximum ~** максимальная скидка; **percentage of a ~** процент дисконта; **quantity** ~ скидка за количество; **~ing period** период учета векселя; **resale** ~ скидка для торговцев; **seasonal** ~ сезонная скидка; **time** ~ *(on bill, note)* скидка за досрочную уплату по векселю; **to** ~ дисконтировать, учитывать; **to give a** ~ уступать в цене; **to obtain a** ~ добиться снижения цены; **to take on** ~ принимать к учёту; **volume** ~ рефакция; **~ charges** расходы по учёту; **~ house** дисконтёр; **~ of bills** учёт векселей; **~ of drafts** учёт тратт; **~ of notes** учёт векселей; **~ period** период учёта *(bill, note)*; **~ rate** ставка дисконта

discount II учитывать *(вексель, тратту)*

discountable пригодный к учёту; **to be** ~ быть пригодным к учёту

discounting дисконтирование; **~ of a bill** дисконтирование векселя

discover обнаруживать

discoverer автор открытия

discovery изобретение, открытие; **joint** ~ совместное изобретение

discredit, to ~ дискредитировать

discrepancy отклонение, несоответствие, разница, разногласие

discrepant противоречивый

discretion усмотрение; **to the** ~ на усмотрение; **at the** ~ по усмотрению; **to be within the** ~ **of some-body** зависеть от чьего-л. усмотрения

discrimination дискриминация; **credit** ~ кредитная дискриминация; **economic** ~ экономическая дискриминация; **price** ~ ценовая дискриминация; **to eliminate** ~ ликвидировать дискриминацию; **trade** ~ торговая дискриминация

discriminatory дискриминационный

discuss, to ~ обсуждать

discussion обсуждение; **~s** переговоры; **preliminary** ~ предварительное обсуждение; **amicable ~s** дружественные переговоры; **fruitful ~s** плодотворные переговоры; **preliminary ~s** предварительные переговоры

disembarkation высадка; **airport of** ~ аэродром выгрузки

disenfranchisement поражение в правах; **~ of civil rights** поражение гражданских прав

disengagement отрыв

dishonest нечестный

dishonor бесчестье, позор, протест; отказ от оплаты *или* акцепта *(векселя или чека)*; **~ed note** вексель, по которому отказались платить; **notice of** ~ **of a note** опротестование векселя; **notice of** ~ протест; **notice of** ~ **of a bill** протест векселя; **to** ~ опротестовать

disinflation дефляция

disinflationary дефляционный

disintegration развал, распад

dismantle, to ~ демонтировать, разбирать (машину)

dismantling демонтаж; **~ of equipment** демонтаж оборудования; **~ of an exhibition** демонтаж выставки; **~ exhibition stands** демонтаж стендов; **~ of an installation** демонтаж установки; **~ period** сроки демонтажа

dismember, to ~ расчленять

dismemberment расчленение

dismiss, to ~ отстранять, распустить, увольнять; уволить

dismissal освобождение, отставка, отстранение, роспуск, смещение, увольнение; **~ from a post** отстранение от должности; **~ of action** отказ в иске; **~ of a case** прекращение дела; **~ of suit** отказ в иске

disparity несоответствие

dispatch диспач *(shipping premium)*; отправка, посылка; **amount of** ~ размер диспача; **free** ~ бесплатная пересылка; **free of** ~ свободен от диспача; **payment of** ~ выплата диспача; **receipt of** ~ получение диспача; **return** ~ обратная пересылка

dispatch, to ~ отослать; отправить отправлять; препровождать; ~ **loading only** диспач только за досрочную погрузку; ~ **rate** ставка диспача

dispensary профилакторий

displace, to ~ сместить, смещать

displacement водоизмещение; **full load** ~ водоизмещение при полном грузе; **standard** ~ стандартное водоизмещение; **tonnage** ~ весовое водоизмещение; **vessel of ... tons** ~ судно водоизмещением в ...тонн; ~ **scale** шкала водоизмещения; ~ **tonnage** водоизмещение судна

display выкладка, дисплей, щит; **basic** ~ основная демонстрация; **computer** ~ дисплей ЭВМ; **instore** ~ выкладка в магазине; **on** ~ экспонируемый; **open** ~ открытая выкладка; **sample** ~ выставка образцов, демонстрация образцов; **shelf** ~ выставка на полках; **to** ~ выставлять; **to put samples on** ~ выставлять экспонаты; **window** ~ выставка в витрине, экспозиция витрины; ~ **of goods** выкладка товара; ~ **of new export items** выставка новинок экспорта; ~ **section** раздел выставки; ~ **unit** выставочный экспонат

disposal 1. распоряжение; 2. ликвидация оборудования в связи с завершением срока эксплуатации; **at somebody's** ~ в чье(м)-л. распоряжение (и); **to place something at somebody's** ~ предоставить что-л. в чье-л. распоряжение; ~ **value** ликвидационная стоимость

dispose, to ~ **of** распоряжаться; **to freely** ~ **of** свободно распоряжаться

disposition размещение, расположение, распоряжение; **testamentary** ~ завещательное распоряжение; ~ **of cargo** расположение груза; ~ **of documents** назначение документов

dispossession лишение собственности

disprove, to опровергать, опровергнуть

disputant спорящая сторона

dispute конфликт, спор, спорное дело; **administrative** ~ административный спор; **border** ~ пограничный спор; **civil law** ~ гражданско-правовой спор; **commercial** ~ коммерческий спор; **customs** ~ таможенный спор; **housing** ~ жилищный спор; **international** ~ международный спор; **interstate** ~ межгосударственный спор; **labor** ~ трудовой конфликт, трудовой спор; **land** ~ земельный спор; **monetary** ~ валютный спор; ~ **on the quality** спор по качеству; **property** ~ имущественный спор; **settlement of a** ~ разрешение конфликта; **sum in** ~ спорная сумма; **territorial** ~ территориальный спор; **to** ~ оспаривать; **to accept a** ~ **for arbitration** принимать дело для решения в порядке арбитража; **to resolve a** ~ разрешить спор; **trade** ~ торговый спор

disputed конфликтный, спорный

disregard не принимать во внимание; несоблюдение; ~ **of formalities** нарушение формальностей; ~ **of instructions** несоблюдение указаний; ~ **of rules** несоблюдение правил

disruption срыв

dissatisfied неудовлетворенный

dissension рознь

dissent расходиться во мнениях; ~**ing opinion** особое мнение

dissenter раскольник

dissenting раскольнический

dissolution расторжение, роспуск; **judicial** ~ расторжение по суду; ~ **of an agency** ликвидация агентства; ~ **of a firm** ликвидация фирмы; ~ **of a partnership** ликвидация товарищества; ~ **of parliament** роспуск парламента

dissolve растворять, растворить; **to** ~ **parliament** распустить парламент

distiller винокур

distinction отличие, различие

distinguish, to ~ разграничивать, различать

distort, to ~ извратить, искажать

distortion деформация, извращение, искажение; **to avoid** ~ избегать деформации

distrain описать; **to** ~ **property** описать имущество

distraint опись; ~ **of inheritance** опись наследства; ~ **of real property** опись недвижимого имущества

distress бедствие; **vessel in** ~ судно, терпящее бедствие

distribute, to ~ распределить, распространять; продавать

distribution отпуск, продажа, разнос, распределение, распространение, рас-

D   doc

сылка; **territorial** ~ территориальное распространение; ~ **center** центр распределения; ~ **costs** расходы по реализации; ~ **in kind** распределение в натуре; ~ **list** разнарядка; ~ **of income** распределение доходов; ~ **of inheritance** распределение наследства; ~ **of inventory** распределение запасов

distributor дистрибьютер, распределитель

distributorship распределение; **wholesale** ~ оптовое распределение

district округ, окружной; **administrative** ~ административный округ; **appellate** ~ округ апелляционной палаты; **consular** ~ консульский район; **electoral** ~ избирательный округ; **industrial** ~ промышленный район; **judicial** ~ судебный округ; **military command** ~ военный округ; **residential** ~s жилые кварталы; **urban** ~ городской район

disturbance волнения, нарушение; **business** ~ нарушение торговой деятельности

disturbing тревожный; ~ **the peace** проступок против общественного порядка

ditto то же (употребляется в таблице или колонке во избежание повторения вышестоящих слов или цифр)

divergence расхождение; **statutory** ~ расхождение в законодательстве

divergency расхождение

diversification диверсификация; ~ **of activity** диверсификация деятельности; ~ **of the economy** диверсификация экономики; ~ **of export capabilities** диверсификация экспортных возможностей; ~ **of exports** диверсификация экспорта; ~ **of industrial production** диверсификация промышленного производства; ~ **of mutual trade** взаимного диверсификация товарооборота; ~ **of a product** диверсификация продукта; ~ **of trade** диверсификация торговли; ~ **plan** план диверсификации; ~ **program** программа диверсификации

diversified многоотраслевой

diversity разновидность

divide, to ~ делить

dividend дивиденд; **amount of a** ~ размер дивиденда; **annual** ~ годовой дивиденд; **cash** ~ денежный дивиденд, дивиденд, выплаченный наличными; **crude** ~s накопленные дивиденды; **declared** ~ объявленный дивиденд; **deferred** ~s отсроченные дивиденды; ~ **income** прибыль в виде дивидендов по финансовым вложениям; ~s **in arrears** просроченные дивиденды; ~s **payable** кредиторская задолженность по дивидендам; **payment of** ~s выплата дивидендов/по дивидендам; **quarterly** ~ квартальный дивиденд; **stock** ~ дивиденд, выпла-ченный акциями; **to declare** ~s объявлять о выплате дивидендов; **to pay out a** ~ выплачивать дивиденд; ~s **received** полученные дивиденды; **unclaimed** ~ невостребованный дивиденд; ~ **on account** предварительный дивиденд; ~s **on investment** дивиденды на вложенный капитал; ~ **on shares (share earnings)** дивиденд по акциям; ~ **payable** дивиденд к оплате; ~ **payment** оплата дивиденда

divisible делимый; разделимый; ~ **letter of credit** делимый аккредитив

division отдел, подразделение, раздел, разделение; **claims adjusters'** ~ бюро диспашеров; **judicial** ~ судебный раздел; **volunteer** ~ добровольный раздел; ~ **of labor** разделение труда, распределение труда

divorce развод; **to** ~ разойтись, разводиться, развестись; **to file for** ~ предъявить иск о разводе; ~ **by mutual consent** развод по взаимному согласию

divulge, to ~ разглашать; **to** ~ оглашать, огласить

do подходить, годиться, удовлетворять требованиям

dock док, доковый; **commercial** ~ коммерческий док; **dry**-~ сухой док; **floating** ~ плавучий док; **free**-~ франко док; **graving** ~ ремонтный ДОК; **harbor** ~s портовые доки; **the** ~ скамья подсудимых; **to** ~ **a vessel** вводить судно в док; **to de-**

doc

liver to ~ доставлять в док; **to depart a** ~ выходить из дока; **to dry-**доковать; **to enter a** ~ вводить в док; **to lie in** ~ стоять в доке; **to place a vessel in** ~ ставить судно в док; **wet** ~ мокрый док; ~ **pass** разрешение на вывоз со склада; ~ **rent** аренда дока; ~ **shed** крытый док

dockage стоянка в доке; ~ **fees** плата за стоянку в доке

docker докер

dockyard верфь

document документ; **acceptance of ~s for collection** принятие документов на инкассо; **accompanying ~s** сопровождающие документы; **accounting ~s** расчетные документы; **against ~s** против документов; **against presentation of ~s** против представления документов; **appended ~s** прилагаемые документы; **application** ~ заявочный документ; **authentic** ~ подлинный документ; **authenticated** ~ удостоверенный акт; **authenticity of ~s** подлинность документов; **bank** ~ банковский документ; **basic source** ~ первичный документ; **bearer** ~ документ на предъявителя; **certifying** ~ удостоверяющий документ; **charter** ~ конститутивный акт; **clean shipping ~s** чистые погрузочные документы; **conformity of ~s** соответствие документов; **concluding** ~ итоговый документ; **constituent ~s** учредительные документы; **contents of a** ~ содержание документа; **copy of a** ~ копия документа, экземпляр документа; **customs ~s** таможенные документы; **delivery of ~s** вручение документов; **distribution of ~s** распространение документов; **draft of ~s** проект документов; **exchange of ~s** обмен документов; **financial** ~ финансовый документ; **forged** ~ поддельный документ, подложный документ; **forgery of ~s** подделка документов; **form of ~s** форма документов; **founding** ~ учредительный акт; **indicated** ~ указанный документ; **in and out ~s** входная и выходная документация; **incoming** ~s поступающая документация; **to initial a** ~ визировать документ; **interdepartmental ~s** межведомственные документы; **to interpret a** ~ толковать документ; **jointly-authored** ~ совместный акт; **legal** ~ правовой документ, юридический документ; **legal ~s** нормативно-правовые документы; **list of ~s** перечень документов; **loan against payment ~s** ссуда под платежные документы; **missing** ~ недостающий документ; **negotiable** ~ оборотный документ, передаваемый денежный документ; **normative** ~ нормативный документ; **official** ~ грамота, официальный акт; **organizational ~s** уставные документы; **original ~s** оригиналы документов; **patent** ~ патентный документ; **payment against ~s** платеж против документов; **payment against delivery of ~s** платеж против представления документов; **payment for ~s** оплата документов; **present** ~ данный документ; **primary** ~ основной документ; **priority** ~ приоритетный документ; **receipt of ~s for collection** получение документов на инкассо; **redemption of ~s** выкуп документов; **registration of ~s** регистрация документов; **release of ~s** выдача документа; **relevant** ~ соответствующий документ; **return of ~s** возврат документов; **required** ~ требуемый документ; **set of ~s** комплект документов; **shipping ~s** грузовые (*или* погрузочные) документы, отгрузочные документы, товаросопроводительные документы; **signed** ~ подписанный документ; **source** ~ оправдательный документ; **stipulated** ~ обусловленный документ; **sufficiency of a** ~ достаточность документа; **sufficiency of ~s** полнота документов; **supporting** ~ подтверждающий документ; **technical ~s** технические документы; **tender ~s** тендерная документация; "**the ~ bears the stamp**" на документе проставлен штемпель; **to ~** документировать; **to accept presentation of ~s** принимать документы; **to append ~s to ...** прилагать документы к...; **to attest a ~** заверять документ; **to attest ~s** удостоверять документы; **to be inconsistent with ~s** противоречить документам; **to deliver ~s** препровождать документы; **to deliver ~s against a trust receipt** давать документы против расписки; **to dispose of ~s** распоряжаться документами; **to draft a ~** составлять документ, составить акт; **to draw up ~s** оформлять документы; **to duplicate a ~** размножать; **document to endorse a ~** расписывать на обороте документа; **to enter in a ~** вносить в документ; **to examine a ~** рассматривать документ; **to forward a ~** посылать документ; **to forward ~s** направлять документы, пересылать документы; **to furnish ~s** предоставлять документы; **to honor ~s** оплачивать документы; **to issue ~s** выдавать документы; **to legalize a ~** узаконивать документ; **to lend against ~s** выдавать ссуду под залог документов; **to list ~s** перечислять документы; **to prepare a ~** подготавливать документ; **to register ~s** регистрировать документ; **to release ~s** передавать документы; **to release ~s against acceptance** передавать документы против акцепта; **to release ~s against payment** передавать документы против платежа; **to require a ~** требовать документ; **to sign a ~** подписывать документ; **to submit ~s** предъявлять документы; **to transfer ~s by endorsement** передавать документы по индоссаменту; **to verify ~s** проверять документы; **to witness a ~** засвидетельствовать документ; **trade ~** товарный документ; **transport ~** транспортный документ; **treaty and legal ~s** договорно-правовые документы; **undated ~** бессрочный документ; **verification of ~s** проверка документов; **warehouse ~** складской документ; **working ~s** рабочий документ; **written ~** письменный акт; **~s against acceptance** документы против акцепта; **~s against payment** документы за наличный расчет; **~s covering goods** документ на отправленный товар; **~s for collection** документы на инкассо; **~s for payment** документы для оплаты; **~s for shipment** документы на отгрузку; **~s of carriage** перевозочные документы; **~s of title to goods** товарораспорядительные документы

documentary документальный, документарный, документированный; **~ pledge** залоговый документ

documentation документальное обоснование, документация; **complete ~** полная документация; **completeness of technical ~** комплектность технической документации; **correct ~** правильная документация; **customs ~** таможенная документация; **design ~** проектная документация; **elaboration of design ~** разработка проектной документации; **estimate ~** сметная документация; **exchange of ~** обмен документацией; **export ~** экспортные документы; **final ~** окончательная документация; **insurance ~** страховая документация; **patent ~** патентная документация; **payment ~** платежная документация; **scope of ~** объем документации; **shipping ~** товаросопроводительная документация; **standard technical ~** нормативно-технические документы; **technical ~** проектно-техническая документация, техническая документация; **textual ~** письменная документация; **to compile ~** оформлять документацию; **to complete ~** комплектовать документацию; **to furnish ~** предоставлять документацию; **to recheck the ~** перепроверять документацию; **transfer of technical ~** передача технической документации; **transport ~** транспортная документация; **~ of title** товорораспорядительная документация

dollar доллар; **conversion of ~s into gold** обмен долларов на золото; **one ~** банкнота в 1 доллар; **payment in ~s** платеж в долларах; **recalculation of ~s into currency of payment** пересчет долларов в валюту платежа; **sale for ~s** продажа на доллары; **to convert ~s into another currency** конвертировать доллары в другую валюту; **to exchange ~s for gold** обменивать доллары на золото; **to pay in ~s** платить в долларах; **~ amount** сумма в долларах; **~ denominated loan** заем в долларах; **~ earnings** поступления долларов; **~ equivalent** эквивалент в долларах; **~ exchange rate** курс доллара; **~ flow** (*from a country*) утечка долларов; **~ shortage** нехватка долларов

domestic внутренний, отечественный

domicile домицилий; **commercial ~** торговый домицилий; **to ~** домицилировать (*о векселе*)

domiciled домицилированный

dominance господство

dominant доминирующий

dominate, to ~ доминировать

domination доминирование, овладения; **market ~** овладения рынка

donated одаряемый

donation пожертвование; **to collect ~s** собирать пожертвование

dormitory общежитие

double двойной, удвоенный; **~-entry system** система двойной записи; **~ taxation** двойное налогообложение

double decker двухпалубный

doubt сомнение; **no doubt** (*или* **there is no doubt**) несомненно, нет сомнения

doubtful сомнительный

down внизу; **to write ~** списывать частично со счета (*as a debt*)

down: down to до (*употребляется вместо* **to** *для подчеркивания предела уменьшения количества, меры*); **to reduce the time ~ to 18 months** сократить время до 18 месяцев

downtime время простоя; **production ~** перерыв заседания

downturn понижение конъюнктуры, спад

dowry приданое

draft 1.проект; 2.тратта; переводный вексель; 3. осадка (*судна*); **acceptance ~** акцептованная тратта; **acceptance of a ~** акцепт тратты; **advance against a documentary ~** аванс против документарной тратты; **amount of a ~** сумма переводного векселя, сумма тратты; **bank ~** трассированный банком на другой банк вексель; **banker's ~** банковская тратта; **clean ~** недокументированная тратта; **collection against a ~** инкассо тратты; **commercial ~** коммерческая тратта; **documentary ~** документированная тратта; **~ at three months** (*или* **three months' ~**) тратта со сроком платежа через три месяца; **drawee of a ~** плательщик по тратте; **drawing of a ~** выписка тратты; **long term ~** долгосрочная тратта; **maturity of a ~** срок платежа по тратте; **payment against ~s** платеж против тратт; **reimbursement ~** рамбурсная тратта; **return ~** обратный переводной вексель; **site ~** предъявительская тратта; **tenor of a ~** срок тратты; **time ~** срочная тратта; **to ~** оформлять (*a document*); **to collect a ~** инкассировать тратту; **to negotiate a ~** переуступать тратту; **to pay through a ~** платить траттой; **to present a ~** представлять тратту; **to rediscount a ~** переучитывать тратту; **unaccepted ~** неакцептованная тратта; **valid ~** действительная тратта; **~ budget** проект бюджета; **~ of a law** проект закона; **~ resolution** проект резолюции; **~ treaty** проект договора

drafting оформление, составление; **proper ~ of an agreement** правильное оформление договора; **~ of an agreement** оформление договора; **~ of a budget** составление бюджета; **~ of a deed** составление акта; **~ of a distraint** составление описи;

D

~ **of a document** составление акта; **of a will** составление завещания
draw (drew, drawn) 1. обращать, привлекать *(внимание)*; 2. получать; 3. выставлять, выписывать *(о тратте)*; 4. иметь осадку; 5. **to draw up** составлять *(документ)*; **to ~ a bill of exchange** трассировать; **to ~ for ... dollars** трассировать на ... долларов; **to ~ one's supplies** снабжаться товарами; **to ~ somebody's attention to something** обращать чьё-то внимание на что-л.; **to ~ up** выставлять *(document)*
draw-down of inventory изъятие из запасов
drawee векселеполучатель; трассат *(лицо, на которое выставлена тратта)*
drawer векселедатель; лицо, выставившее инкассо; трассант *(лицо, выставившее тратту)*
drawing 1. чертёж; рисунок; 2. выписка тратт; ~ **authorization** право выписки векселей; **general arrangement** ~ чертёж общего расположения; **general view** ~ чертёж общего вида; **industrial** ~s промышленные рисунки; **payment by** ~ платёж траттами; **pro rata** ~ выписка тратт на суммы, пропорциональные количеству груза; ~ **of samples** выбор образцов; ~ **up** выписка; ~ **up of a balance sheet** составление баланса; ~ **up of an order** оформление заказа; **working** ~ рабочий чертёж
drawn *p. p.* от **draw**
drew *past* от **draw**
dressing of vessels *(admiralty)* расцвечивание флагами
drive кампания; **profit maximization** ~ борьба за максимальные прибыли; **quality** ~ борьба за высокое качество
drop падение; ~ **in demand** сокращение спроса; ~ **in exchange rate** снижение курса; ~ **in price** удешевление; ~ **in prices** падение цен; ~ **in the exchange rate of currency** падение курса валюты
dropping снятие; ~ **of restrictions** снятие ограничений
drought засуха
drug лекарство; **illegal** ~ наркотик; ~ **addict** наркоман; ~ **addiction** наркомания
drum барабан; **board** ~ дощатый барабан; **cardboard** ~ картонный барабан; **fiberboard** ~ фибровый барабан; **iron** ~ железный барабан; **plywood** ~ фанерный барабан; **steel** ~ железная бочка; **wooden** ~ деревянный барабан
dry I сухой; сухое состояние; **in the** ~ в сухом состоянии; **"keep ~"** *(cargo marking)* "Хранить в сухом месте" *(надпись)*
dry II сушить
drying up усушка
dual-purpose двухцелевой
dubious сомнительный
due 1. должный; 2. причитающийся; 3. срочный; ~s сбор; **ballast** ~ балластный сбор; **cargo** ~ грузовой сбор; ~ **care** соответствующее отношение; **to fall** ~ наступать сроку *(о платеже, о векселе)*; **harbor** ~ портовые сборы; **import** ~ импортный сбор; **in** ~ **course** своевременно; **lighthouse** ~ маячный сбор; **navigation** ~ навигационный сбор; **ship's** ~ корабельный сбор; **to be** ~ **to something** быть вызванным чем-л.; **to be** ~ *(в сочетании с инфинитивом)* быть должным; **to be** ~ **from** причитаться; **tonnage** ~ тоннажный сбор
dues *(мн.ч.)* пошлины, сборы; **customs** ~ таможенные сборы
duly 1. надлежащим образом; 2. своевременно
dumping бросовый вывоз, бросовой экспорт, вывоз товаров по бросовым ценам, демпинг, демпинговый; **currency** ~ валютный демпинг
dun, to ~ напоминать об уплате долга
dunnage подстилочный материал
dunning напоминание об уплате долга; ~ **letter** письмо с напоминанием
duplicate дубликат, копия; **in** ~ в двух экземплярах; ~ **of an application** копия заявки; ~ **of a bill of lading** копия коносамента; ~ **of a receipt** копия квитанции

dup

duplication снятие копий; **to issue a ~** выдавать копии
durability носкость
durable долговечный, прочный; **~s** товары длительного пользования; **consumer ~s** потребительские товары длительного пользования
duration длительность, продолжительность, срок; **~ of note** срок векселя
duress давление, нажим, принуждение; **under ~** под нажимом, по принуждению
dust пыль
dust-up свалка
dutiable облагаемый, подлежащий обложению
dut/y обязанность повинность; налог, сбор; пошлина, пошлинный сбор; **absolute ~** абсолютная обязанность; **ad valorem ~** адвалорная пошлина; **additional ~** дополнительная пошлина; **annual ~** ежегодная пошлина; **antidumping ~** антидемпинговая пошлина; **compensatory ~** компенсационная пошлина; **compound ~** смешанная пошлина; **currency defense ~** валютная пошлина; **customs ~** таможенная пошлина, таможенный сбор; **customs export ~** вывозная пошлина; **differential ~** дифференциальная пошлина; **every-day ~ies** повседневные обязанности; **excise ~** акцизный сбор; **exempted from ~** освобожденный от повинностей; **export ~** экспортная пошлина; **export customs ~** вывозная таможенная пошлина, экспортная таможенная пошлина; **foreign trade ~** внешнеторговая пошлина; **hypothecation ~** ипотечная пошлина; **import ~** ввозная пошлина, импортная пошлина; **import customs ~** ввозная таможенная пошлина, импортная таможенная пошлина; **imposition of a ~** обложение пошлиной; **imposition of customs ~ies** таможенное обложение; **internal customs ~** внутренняя таможенная пошлина; **legal ~** правовая обязанность; **levied ~** взимаемая пошлина; **maximum ~** максимальная пошлина; **military ~** военная обязанность; **minimum ~** минимальная пошлина; **moral ~** моральное обязательство; **municipal ~** муниципальная пошлина; **natural ~** натуральная повинность; **official ~** служебная обязанность; **penalty ~** штрафная пошлина; **progressive ~** прогрессивная пошлина; **prohibitive ~** запретительная пошлина; **protectionist ~** протекционистская пошлина; **protective ~** покровительственная пошлина; **revenue ~** фискальная пошлина; **specific ~** специфическая пошлина; **stamp ~** гербовый сбор; **temporary ~** временная пошлина; **to levy an excise ~** обложить акцизом; **transit ~** транзитная пошлина; **transit customs ~** транзитная таможенная пошлина; **~ to take on pilotage** обязанность брать лоцмана
duty free беспошлинный; **to admit goods ~** разрешать беспошлинный ввоз товара; **~ port** порт беспошлинного ввоза и вывоза
dye краска

E

each каждый; **~ and all** все до одного; **~ other** друг друга; 5 **~** по пять; 100 **~** по сто
eager стремящийся, жаждущий; **~ pursuit** неотступная погоня
eagerness рвение, стремление
early ранний, рано; **as ~ as possible** как можно раньше; **at an ~ date** в скором времени; **at the earliest possible moment** как можно раньше; **~ extinguishment of debt** долгосрочное погашение долга путем покупки своих облигаций
earmark предназначать
earmarking предназначение
earn зарабатывать, заработать
earnest серьезный; **~ money** задаток
earned заработанный, накопленный; **~ income** доход от основной деятельности; **~ capital** счет "добавочный капитал"
earnings доход, заработок, заработная плата, зарпла-

E

та, поступление; **actual ~** фактический заработок; **average ~** средний заработок; **~ befor interest and tax (EBIT)** прибыль до уплаты процентов и налогообложения; **business ~** доход от предпринимательства; **casual ~** случайный заработок; **currency ~ targets** задания по валютной выручке; **dollar denominated ~** долларовая выручка; **export ~** экспортная выручка, доход от экспорта, экспортный доход; **foreign exchange ~** валютная выручка, валютные поступления; **foreign trade ~** доход от внешней торговли; **gross ~** валовая выручка; **imputed ~** вмененный доход; **inflow of ~** приток доходов; **licensing ~** лицензионные поступления; **minimum ~** минимальный заработок; **monetary ~** денежный заработок; **piece work ~** сдельный заработок; **royalty ~** доход от роялти; **~ of foreign currency** поступление иностранной валюты; **~ rate** норма выручки; **~ per share (EPS) ratio** прибыль на акцию - один из коэффициентов рентабельности; **~ retained for use in the business (account)** счет "реинвестированная прибыль"
earth земля
earthquake землетрясение
easement сервитут
easily легко
easing ослабление; **~ of credit** предоставление льгот по кредиту
east восток; **Far ~** дальний восток; **Middle ~** средний восток; **Near ~** ближний восток
economic хозяйственный, экономический; **~ entity** хозяйствующий субъект; **national ~ development** развитие народного хозяйства; **to insure ~ measures** гарантировать экономию; **~ development** развитие экономики; **~ efficiency** экономичность; **~ gain** хозяйственная выгода; **~ rationalization** экономия
economical экономичный, экономный
economically экономично; **~ sound** экономически выгодный
economics экономика
economist экономист; **head ~** главный экономист; **industrial ~** промышленный экономист; **senior ~** старший экономист
economize выгадывать, выгадать, осуществлять экономию, экономить, сэкономить; **to ~ on (something)** экономить на (чем-либо)
economizing сбережение; **~ measures** меры экономии; **~ on material** экономия материала; **~ through division of labor** экономия от разделения труда
econom/y хозяйство, экономика, экономия; **~ies** сбережения, экономики; **application to the national ~** внедрение в народное хозяйство; **backwards ~** отсталая экономика; **branches of the ~** отрасли экономики; **centrally planned ~** централизованно-планируемая экономика; **commodity-based ~** товарная экономика; **competitive ~ies** конкурирующие экономики; **developed ~** развитая экономика; **directed ~** контролируемая экономика; **diversification of the ~** диверсификация экономики; **diversified ~** многоотраслевая экономика; **domestic ~** внутренняя экономика; **entrepreneurial ~** предпринимательская экономика; **expanding ~** развивающаяся экономика; **forced ~ies** вынужденное сбережение; **global ~** всемирное хозяйство, мировая экономика; **grain ~** зерновое хозяйство; **industrial ~** промышленная экономика; **market ~** рыночное хозяйство, рыночная экономика; **market ~ies** страны с рыночной экономикой; **national ~** народное хозяйство, национальная экономика; **natural ~** натуральное хозяйство; **planned ~** плановое хозяйство, плановая экономика; **profitable ~** рентабельное хозяйство; **recovery of the ~** оздоровление экономики; **restructuring of the ~** перестройка экономики; **revival of the ~** оживление экономики; **rigid ~** строгая экономия; **self-sufficient ~** самообеспеченная

экономика; **stable** ~ устойчивая экономика; **stagnant** ~ застойная экономика; **state of the** ~ состояние экономики; **strengthening of the** ~ укрепление экономики; **structure of the** ~ структура хозяйства; **thriving** ~ процветающая экономика; **to restructure the** ~ перестраивать экономику; **to revive the** ~ оживлять экономику; **unintended** ~**ies** незапланированная экономия; **unstable** ~ неустойчивая экономика; **urban** ~ городское хозяйство; **world** ~ мировое хозяйство; ~ **of specialization** экономия обусловленная специализацией
edit редактировать
editing редакция
edition выпуск, издание; **single-volume** ~ однотомник
editor редактор
editorial редакционный; ~ **staff** редакция
editor-in-chief главный редактор
education образование, просвещение; **compulsory** ~ обязательное обучение; **compulsory general** ~ всеобщее обязательное образование; **general** ~ всеобщее образование; **liberal** ~ светское образование; **public** ~ народное образование, народное просвещение; **universal** ~ всеобщее обучение; **universal compulsory** ~ всеобщее обязательное обучение
effect I действие, результат, эффект; **cumulative** ~ общий эффект; **desired** ~ желательный результат; **economic** ~ экономический эффект; **ill** ~ вредное действие; **positive** ~ положительный эффект; **price distorting** ~ эффект искажения цены; **retroactive** ~ обратная сила; **spillover** ~ побочный эффект; **technical** ~ технический эффект; **to** ~ вводить; **to bring an agreement into** ~ вводить в действие соглашение; **to bring into** ~ вводить в действие; **to carry a law into** ~ вводить в действие закон; **to give** ~ **to** приводить в действие; **to have** ~ оказывать действия; **to take** ~ вступать в действие, вступать в силу; **to yield an economic** ~ обеспечивать экономический эффект; **with retroactive** ~ с обратной силой; ~ **of circumstances** действие обстоятельств
effect II содержание; смысл; **to this** ~ в этом смысле; **to the** ~ **that** о том (*или* в том смысле) что
effect III производить, совершать; **to** ~ **payment** производить платеж; **to** ~ **insurance** производить страхование
effective эффективный; **to be economically** ~ давать экономический эффект; ~ **annual rate (EAR)** фактическая годовая процентная ставка; ~ **interest method** метод фактической процентной ставки; ~ **period** срок действия
effectively фактически, в действительности
effectiveness эффективность; **overall** ~ общая эффективность; ~ **ratio(s)** коэффициент(ы) эффективности
efficiency квалификация, коэффициент полезного действия; использование; отдача; продуктивность, производительность; эффективность; **advertising** ~ эффективность рекламы; **calculation of economic** ~ расчет экономической эффективности; **commercial** ~ коммерческая эффективность; **decline in** ~ снижение эффективности; **economic** ~ экономическая эффективность; **high** ~ высокая эффективность; **improvement of economic** ~ повышение экономичности; **increase in** ~ повышение эффективности; **investment** ~ эффективность капиталовложения; **level of** ~ уровень эффективности; **operating** ~ производительность, эксплуатационная эффективность; **optimum** ~ оптимальная эффективность; **to determine** ~ определять эффективность; ~ **of exports** эффективность экспорта; ~ **of information** эффективность информации; ~ **of an invention** эффективность изобретения; ~ **of licensing** эффективность лицензирования; ~ **of modi-**

fication эффективность модификации; **~ of patenting** эффективность патентования; **~ of production** эффективность производства

efficient производительный, распорядительный, рациональный, эффективный

effort усилие; **~s** деятельность; **propaganda ~s** пропагандистская деятельность; **rationalization ~s** рационализаторская деятельность; **to spare no ~** не щадить сил

elaborate разрабатывать, разработать, разрабатывать детально, тщательно разрабатывать

elder староста

elect избирать, предпочитать

election избрание; **municipal ~** муниципальное избрание

elector избиратель

electoral избирательный

electrode электрод

elemental стихийный

eliminate устранять

elimination устранение; элиминирование; устранение влияния побочных факторов

elsewhere в другом месте

elucidate разъяснять; выяснять

emancipate освобождать, освободить; **to ~** раскрепостить

emancipation освобождение, раскрепощение

embankment набережная

embargo блокада, экономическая блокада, эмбарго; **breach of an ~** прорыв блокады; **import ~** запрет на ввоз; **technological ~** технологическая блокада; **to ~** наложить секвестр; **to impose an ~** наложить эмбарго; **to lift an ~** снимать эмбарго; **trade ~** торговая блокада; **~ on exports** эмбарго на экспорт; **~ policy** политика эмбарго

embarkation посадка

embarrassing затруднительный

embassy посольство

embezzle растратить

embezzlement присвоение чужих денежных средств, хищение; **official ~** растрата казенных денег

embezzler растратчик

embodiment воплощение; **to be the ~ of** воплощаться

embody воплощать

emboss marking выбивать маркировку

emergency чрезвычайный

emigration эмиграция; **restrictions on ~** ограничение по эмиграции

emission выпуск, эмиссия; **~ of bank notes** выпуск банкнот; **~ of currency** эмиссия денег; **~ of currency into circulation** выпуск денег в обращение

emit выпускать

emoluments вознаграждение в форме заработной платы, иных денежных выплат и иных выгод в неденежной форме, как например, право пользоваться автомобилем фирмы

emperor император

emphyteusis эмфитевзис; **land lease on the basis of ~** аренда земли на началах эмфитевзиса; **lease in ~** эмфитевтическая аренда

empire империя; **colonial ~** колониальная империя; **economic ~** экономическая империя

employ нанимать, применять

employee работник, служащий, сотрудник представительства; **bank ~** банковский служащий; **qualified ~** квалифицированный служащий; **~ earnings record** лицевой счет работника; **~ time record** карточка учета рабочего времени работника

employer наниматель, работодатель

employment занятость, наём, приём, применение; **full ~** полная занятость; **permanent ~** постоянная занятость; **~ agent** агент по найму; **~ contract** договор найма; **~ of the death penalty** применение смертной казни; **~ of trademark** применение товарного знака; **~ of the work force** применение рабочей силы

empty без груза (*transport*), пустой; **to ~** опорожнять, высыпать

enable давать возможность

enact постановлять

enactment постановление; **legal ~** законное постановление, законное распоряжение

encashment наличные поступления

enclave анклав

enclose прилагать; **to ~ with**

(*или* **in**) **a letter** приложить к письму
enclose вкладывать, огородить
enclosure приложение
encoded шифрованный
encoding шифровка
encouragement поощрение
encroach покушаться, посягать; **to ~ upon rights** покушаться на права
encroachment посягательство; **~ on sovereignty** посягательство на суверенитет; **~ upon rights** посягательство на права
encumber обременять
encumbered обременительный
encumbrance обременение; **free from ~s** свободный от обременения, свободный от ипотек
encyclical, papal ~ послание папы
end 1. конец; **at the ~ of this month (this week, December etc.)** в конце этого месяца (этой недели, декабря и т. д.); 2. цель; **to this ~** с этой целью; "**this ~ up**" верх
end-of-period balance конечное сальдо, сальдо на конец периода
ending balance конечное сальдо
ending inventory конечные запасы; запасы на конец периода
endeavour старание, усилие; **to use the best ~** приложить все усилия
endorse (*или* **indorse**) 1. записать (*или* напечатать) на оборотной стороне документа; **to ~ on the bill of lading** внести (*или* вписать) в коносамент; 2. дать аваль, делать надпись, индоссировать, индоссировать (*делать передаточную надпись*); **to ~ a bill of exchange (a bill of lading)** индоссировать тратту (коносамент); **~d in blank** с бланковым индоссаментом
endorsee индоссат, лицо, в чью пользу произведён трансферт
endorsement аваль, жиро, индоссамент, надпись, индоссо (*передаточная надпись*); передаточная надпись; **blank ~** бланковый индоссамент, бланковая надпись; **partial ~** частичный индоссамент; **restrictive ~** ограниченный индоссамент; **special ~** именной индоссамент; **successive ~s** последовательные надписи; **~ by bearer** индоссамент на предъявителя; **~ for collection** инкассовый индоссамент; **~ in full** именная надпись; **~ of a bill (note)** вексельный индоссамент; **~ of a check** чековый индоссамент; **~ without recourse** безоборотная надпись
endorser (*или* **indorser**) индоссатор, жирант, индоссант
ends (*мн.ч.*) эндсы или дилены (короткие доски); **with falling ends** с соответствующим количеством дилен
endure переживать
enforce принуждать; взыскивать; **to ~ demands** добиваться выполнения требований; **to ~ Judgement** приводить в исполнение судебное решение принудительным путём
enforced принудительное взыскание
enforcement принуждение; взыскание; осуществление, соблюдение; **by ~** принудительным путём; **for the ~ of** для придания законной силы
engaged: to be engaged быть занятым; **to be ~ in something** заниматься чем-л.; **to be fully ~ with orders** быть полностью загруженным заказами
engagement 1. обязательство; **without ~** без обязательства; 2. назначенная встреча; дело, занятие
engine двигатель, мотор; **Diesel ~** дизельный двигатель или дизель; **steam ~** паровая машина; **heavy-oil ~** нефтяной двигатель
engineer инженер, конструктор; **chief ~** главный инженер; **chief mechanical ~** главный механик; **process ~** технолог; **to ~** конструировать
engineering конструирование, проектирование, техника; **chemical ~** химическое машиностроение; **civil ~** гражданское строительство; **heavy ~** тяжёлое машиностроение; **heavy ~ plant** завод тяжёлого машиностроения; **industrial ~** промышленное строительство; **mechanical ~** машиностроение; **plant ~** техника эксплуатации и монтажа оборудования; **power**

plant ~ энергическое машиностроение; **precision** ~ точное машиностроение; **transportation** ~ транспортное машиностроение; ~ **defect** дефект в конструкции; ~ **products** продукция машиностроения

enjoin предписывать; **to** ~ приказывать

enjoy пользоваться

enjoyment пользование

enlightenment просвещение

enlist заручаться

enquire (*или* **inquire**) спрашивать, наводить справки, посылать запрос, запрашивать

enquiry (*или* **inquiry**) запрос

enslave закабалить, поработить

enslavement порабощение

ensure обеспечивать

entailing сопряжённый

entente антанта; **Balkan** ~ балканская антанта

enter (upon) приступать к; **to** ~ **the arbitration** приступить к арбитражному разбирательству

enter, to ~ вступать; **to** ~ **into an agreement** вступать в соглашение

entering занесение; ~ **of a default judgment** отзыв на заочное решение

enterprise предпринимательство, предприятие; **aerospace** ~ авиапредприятие; **agricultural** ~ сельскохозяйственное предприятие; **air transport** ~ воздушно-транспортное предприятие; **branch** ~ дочернее предприятие; **business** ~ предпринимательство; **commercial** ~ коммерческое предприятие; **competing** ~ конкурирующее предприятие; **construction** ~ строительное предприятие; **cooperative** ~ кооперативное предприятие; **cottage** ~ кустарническое предприятие; **free** ~ свободное предпринимательство; **industrial** ~ промышленное предприятие; **medium-sized** ~ среднее предприятие; **mining** ~ горное предприятие; **mixed** ~ смешанное предприятие; **national** ~ национальное предприятие; **nationalized** ~ национализированное предприятие; **private** ~ частное предпринимательство, частное предприятие; **retail** ~ розничное предприятие; **self-financing** ~ хозрасчетное объединение; **self-supporting** ~ хозрасчетное предприятие; **shipping** ~ судоходное предприятие; **state** ~ государственное предприятие; **subsidiary** ~ подсобное предприятие; **trading** ~ торговое предприятие; **trading and manufacturing** ~ торгово-промышленное предприятие; **transport** ~ транспортное предприятие; **unprofitable** ~ нерентабельное предприятие, убыточное предприятие; **wholesale** ~ оптовое предприятие

enthrall поработить (**enslave**)

enthrallment порабощение

entire весь

entirely всецело, исключительно

entitle называть; дать право, предоставить право; **to be** ~**d** иметь право или быть вправе

entrance вступительный, вход, въездной

entrapment подстрекательство к порочной деятельности; **criminal** ~ подстрекательство к преступлению

entrenched закрепленный; ~ **faction** реакция

entrepreneur предприниматель; **agricultural** ~ сельскохозяйственный предприниматель; **private** ~ частный предприниматель

entrust поручать, вверять

entity view взгляд хозяйственника на предприятие, когда обращается внимание на активы

entry въезд, запись, проводка; **bookkeeping** ~ бухгалтерская запись; **credit** ~ кредитовая запись, кредитовая проводка; **debit** ~ дебетовая запись, дебетовая проводка; **duty-free** ~ беспошлинный пропуск; **right of** ~ **entrance** въезд; **to ban** ~ запрещать въезд; **to permit** ~ разрешать въезд; **to permit** ~ **to the construction site** разрешать въезд на территорию стройплощадки; **to record an** ~ произвести запись; ~ **of arbitral judgment** третейская запись; ~ **of payments received** учет денежных поступлений; ~ **permit** разрешение на ввоз, разрешение на въезд

enumerate перечислять

enumeration перечень, пере-

численне; список; **of claims** перечень заявленных претензий
envelope конверт, обертка; **sealed** ~ запечатанный конверт; **stamped** ~ конверт с маркой; **to address an** ~ надписывать конверт; **to open an** ~ вскрывать конверт; **to seal an** ~ запечатывать конверт; **waterproof** ~ водонепроницаемый конверт
environment обстановка
environmental окружающий; ~ **analysis** анализ условий окружающей среды
envoy посланник; **diplomatic** ~ дипломатический посланник; **peace** ~ парламентер; **special** ~ чрезвычайный посланник
epistle послание
equal равный, одинаковый; ровня; **in value** равный по стоимости, *или* равной стоимости; **to an** ~ **value** равной стоимости *или* на равную сумму; ~ **to sample** полностью соответствующий образцу *или* одинаковый с образцом; ~ **rights** равенство прав, равноправие
equality равенство; ~ **before the law** равенство перед законом; ~ **in economic relations** равноправие в экономических отношениях
equalization уравнение; ~ **charge** уравнительный взнос
equalize уравнивать
equally в равном размере, поровну
equate приравнивать
equilibrium равновесие; **demo-**graphic ~ демографическое равновесие; **market** ~ конъюнктура рынка; **monetary** ~ денежное равновесие
equip оборудовать
equipment оборудование, снаряжение, техника; **acceptance of delivery of** ~ приемка оборудования; **accessory** ~ вспомогательное оборудование; **adjustment of** ~ наладка оборудования; **agricultural** ~ сельскохозяйственное оборудование; **American-made** ~ оборудование американского производства; **ancillary** ~ комплектующее оборудование; **applicable** ~ соответствующее оборудование; **assembly line** ~ оборудование на линии сборки; **assembly of** ~ сборка оборудования; **automatic** ~ автоматическое оборудование; **auto repair** ~ гаражно-ремонтное оборудование; **availability of** ~ наличие оборудования; **breakdown of** ~ поломка оборудования; **cargo handling** ~ погрузочно-разгрузочное оборудование; **commercial** ~ коммерческое оборудование; **competitive** ~ конкурентоспособное оборудование; **complete outfit of** ~ комплектное оборудование; **complex** ~ сложное оборудование; **construction** ~ строительное оборудование; **consumer of** ~ потребитель оборудования; **container** ~ контейнерное оборудование; **contract** ~ оборудование по контракту; **damaged** ~ поврежденное оборудование; **defective** ~ дефектное оборудование; **delayed** ~ задержанное оборудование; **delivered** ~ поставляемое оборудование; **delivery of** ~ доставка оборудования; **demand for** ~ спрос на оборудование; **demonstration of** ~ показ оборудования; **depreciation of** ~ амортизация оборудования; **development of new** ~ разработка нового оборудования; **dimensions of** ~ габариты оборудования, размеры оборудования; **disassembled** ~ разобранное оборудование; **disassembly of** ~ разборка оборудования; **dismantling of** ~ демонтаж оборудования; **display** ~ оборудование для выкладки и экспонирования товара; **displayed** ~ экспонируемое оборудование; **dollars worth of** ~ оборудование стоимостью ... долларов; **domestically produced** ~ оборудование отечественного производства; **durable** ~ капитальное оборудование, оборудование длительного пользования; **electrical** ~ электротехническое оборудование; **emergency** ~ аварийное оборудование; **erection** ~ монтажное оборудование; **exportation of** ~ вывоз оборудования; **fire fighting** ~ противопожарное оборудование; **first-class** ~ первоклассное

оборудование; **food processing** ~ оборудование для обработки пищевых продуктов; **heavy ~(weight)** тяжеловесное оборудование; **high-quality** ~ высококачественное оборудование; **high-tech** ~ наукоёмкое оборудование; **highly productive** ~ высокопроизводительное оборудование; **idle** ~ бездействующее оборудование; **import of** ~ ввоз оборудования; **imported** ~ импортное оборудование; **incomplete set of** ~ некомплектное оборудование; **individual units of** ~ отдельное оборудование; **industrial** ~ промышленное оборудование; **inspection of** ~ осмотр оборудования; **installation of** ~ монтаж оборудования; **installed** ~ установленное оборудование; **introduction of** ~ (into operation) ввод оборудования в эксплуатацию; **large-scale specialized** ~ крупное оборудование специального назначения; **machining** ~ машинное оборудование; **maintenance of** ~ уход за оборудованием; **manufacturing** ~ производственное оборудование; **material handling** ~ погрузочно-разгрузочные механизмы; **metallurgical** ~ металлургическое оборудование; **mining** ~ горношахтное оборудование, шахтное оборудование; **miscellaneous** ~ разрозненное оборудование; **missing** ~ недопоставленное оборудование, недостающее оборудование; **modern** ~ современное оборудование; **modified** ~ модифицированное оборудование; **next generation** ~ оборудование новых поколений; **non-standard** ~ нестандартное оборудование; **obsolete** ~ устаревшее оборудование; **office** ~ конторское оборудование; **operation of** ~ эксплуатация оборудования; **order for** ~ заказ на оборудование; **ordered** ~ заказанное оборудование; **outfit of** ~ комплекс оборудования; **oversized** ~ крупногабаритное оборудование, негабаритное оборудование; **packing** ~ упаковочное оборудование; **patented** ~ патентованное оборудование; **plant** ~ заводское оборудование; **power plant** ~ энергетическое оборудование; **preservation of** ~ консервация оборудования; **primary** ~ основное оборудование; **process control** ~ оборудование для управления производственных процессов; **production of** ~ выпуск оборудования; **productivity of** ~ производительность оборудования; **quality of** ~ качество оборудования; **rapidly-wearing** ~ быстроизнашивающееся оборудование; **re-export of** ~ реэкспорт оборудования; **renovation of** ~ реновация оборудования; **rental** ~ сдаваемое в аренду оборудование; **repair of** ~ ремонт оборудования; **replaceable** ~ заменяемое оборудование; **replacement of** ~ замена оборудования; **reserve** ~ резервное оборудование; **return of** ~ возврат оборудования; **revenue** ~ коммерчески эксплуатируемое оборудование; **road building** ~ дорожно-строительное оборудование; **sale of** ~ реализация оборудования; **secondary** ~ подержанное оборудование; **semi-automatic** ~ полуавтоматическое оборудование; **serial** ~ серийное оборудование; **serial production** ~ оборудование серийного производства; **service of** ~ обслуживание оборудования; **servicing** ~ подсобное оборудование; **shop** ~ торговое оборудование; **short-shipped** ~ недопоставленное оборудование; **spare** ~ запасное оборудование; **specialized** ~ специализированное оборудование; **specifications of** ~ спецификация на оборудование; **standard** ~ стандартное оборудование; **stock of** ~ запас оборудования; **storage** ~ складское оборудование; **storage of** ~ складирование оборудования, хранение оборудования; **suitable** ~ соответствующее оборудование; **supplier of** ~ поставщик оборудования; **technical characteristics of** ~ техническая характеристика оборудования; **test** ~ испытательное обору-

дование; **to check** ~ проверять оборудование; **to design** ~ проектировать оборудование; **to improve** ~ улучшать оборудование; **to install** ~ монтировать оборудование, устанавливать оборудование; **to manufacture** ~ производить оборудование; **to obtain** ~ приобретать оборудование; **to reject defective** ~ отказаться от дефектного оборудования; **to rent** ~ (*as lessor*) сдавать в аренду оборудование; **to secure** ~ обеспечивать оборудование; **to submit** ~ **for inspection** предъявлять оборудование для осмотра; **type of** ~ тип оборудования; **unique** ~ уникальное оборудование; **unit of** ~ единица оборудования; **units of** ~ узлы оборудования; **used** ~ бывшее в эксплуатации оборудование; **user of** ~ пользователь оборудования; **wear and tear of** ~ износ оборудования; **weighing** ~ оборудование для взвешивания; **working** ~ действующее оборудование, оборудование в действии; **worn out** ~ изношенное оборудование; ~ **downtime** простой оборудования; ~ **list** перечень оборудования; ~ **rental** аренда оборудования
equipping оснащение
equitable справедливый
equity доля, капитал, справедливость; **shareholder** ~ акционерный капитал; ~

method метод пропорционального распределения прибылей
equivalent production условный объем производства
equivalent units условные единицы продукции
erect монтировать, устанавливать
erection монтаж, монтажный; **commencement of** ~ начало монтажа; **completion of** ~ завершение монтажа, окончание монтажа; **cost of** ~ стоимость монтажа; **exclusive of** ~ исключая монтаж; **expenditures on** ~ расходы по монтажу; **general conditions of** ~ общие условия монтажа; **in the course of** ~ в процессе монтажа; **overall** ~ полный монтаж; **proper** ~ правильный монтаж; **rapid** ~ быстрый монтаж; **timely** ~ своевременный монтаж; ~ **personnel** персонал, занимающийся монтажом; ~ **specialist** специалист по монтажу; ~ **work** работы по монтажу
errand поручение
erratum опечатка
error ошибка; ~ **of comission** ошибка контировки (*бух.*); **clerical** ~ канцелярская ошибка; **factual** ~ фактическая ошибка; ~ **in** (*или* **of**) **judgement** ошибка в суждении; **judicial** ~ судебная ошибка; **jurisprudential** ~ юридическая ошибка; **legal** ~ правовая ошибка; **navigational** ~ навигационная ошибка; ~ **of omission** пропущен-

ная проводка (*бух.*); **to make an** ~ допускать ошибку; **through a clerical** ~ из-за канцелярской ошибки; **through a typing** ~ по вине машинистки *или* из-за ошибки, допущенной машинисткой
escalation шкала, шкала надбавок и скидок, эскалация; **price** ~ эскалация цен; **price** ~ **formula** формула эскалации цен; **to be subject to** ~ подлежать увеличению, подлежать эскалации
escalator price *см.* **price**
escape побег
escheatment переход наследства к государству
essence существо, сущность
essential необходимый, существенный,
establish учреждать, устанавливать; открывать (аккредитив); **to** ~ **a letter of credit with a bank** открыть аккредитив в банке
establishment учреждение; открытие; **research** ~ научно-исследовательское учреждение
estate имение; сословие; **housing** ~ поселок; **real** ~ недвижимое имущество
estimate I оценка, наметка, смета; **additional budgetary** ~ дополнительная бюджетная смета; **annual** ~ годовая оценка; **approximate** ~ приблизительная оценка, приблизительная смета; **budgetary** ~ бюджетная смета; **design** ~s проектно-сметная документация; **low** ~ заниженная оценка; **prelimi-**

nary ~ предварительная смета; **sample** ~ выборочная оценка; **statistical** ~ статистическая оценка; **to** ~ оценивать; **to approve an** ~ одобрить смету; ~ **of expenditures** расходная смета; ~ **of expenses** смета расходов; ~ **of income** смета доходов; ~ **of outlays** смета затрат

estimate II оценивать, исчислять; ~**d production** расчетная производительность

estimation калькуляция, оценка; ~ **of risk** оценка риска

eurocheques еврочеки
eurocredit еврокредит
eurocurrency евровалюта, евровалютный
eurodollars евродоллары
euromarket еврорынок
evaluate оценивать
evaluation оценка; **customs** ~ таможенная оценка; **inventory** ~ инвентарная оценка; ~ **of evidence** оценка доказательств

evasion обход; ~ **of the law** обход закона; **tax** ~ обход налоговых законов, уклонение от уплаты налогов

event мероприятие, происшествие, событие, случай; **annual** ~ ежегодное мероприятие; **calendar of** ~**s** календарь мероприятий; **important** ~ важное мероприятие; **in the** ~ **of** в случае чего-л.; **the** ~ **of ...** в случае ...; **sequence of** ~**s** последовательность мероприятий

eventual возможный; ~ **losses** возможные убытки
ever когда-либо
eviction расквартирование; **order of** ~ ордер на расквартирование
evidence I доказательство, показание, свидетельство; **convincing** ~ убедительное доказательство; **documentary** ~ документальное доказательство; **false** ~ ложное показание; **irrefutable** ~ неоспоримое доказательство; **material** ~ вещественное доказательство; **medical** ~ медицинское показание; **oral** ~ устное показание; **to present** ~ представлять доказательства; **to give** ~ дать показание, свидетельствовать; **verification of** ~ проверка доказательства; **written** ~ письменное доказательство, письменное показание; ~ **of witnesses** свидетельское показание по судебным делам

evidence II являться доказательством
evident очевидный
evidently очевидно
ex-... франко...
exact точный
exactly точно; ~ **to measurement** точно по размеру
exactness точность
exaggerate преувеличивать
examination досмотр, опрос, опросный, осмотр, проверка, разбирательство, рассмотрение, изучение, экспертиза; **administrative** ~ административная проверка; **arbitration** ~ третейское разбирательство; **certificate of expert's** ~ акт экспертизы; **control** ~ контрольная экспертиза; **expert** ~ пункт решения экспертизы; **field** ~ выездная проверка; **final** ~ заключительная экспертиза, окончательная экспертиза; **follow-up** ~ повторная экспертиза; **formal** ~ формальная экспертиза; **independent** ~ независимая экспертиза; **judicial** ~ судебный осмотр; **objective** ~ объективная экспертиза; **painstaking** ~ тщательная экспертиза; **patent** ~ патентная экспертиза; **patentability** ~ экспертиза на патентоспособность; **postponed** ~ отсроченная экспертиза; **preliminary** ~ предварительное рассмотрение, предварительная экспертиза; **quarantine and sanitary** ~ санитарно-карантинный досмотр; **special** ~ специальная экспертиза; **state** ~ государственная экспертиза; **technical** ~ техническая экспертиза; **to resume** ~ возобновлять экспертизу; **to schedule an** ~ назначать экспертизу; **to stop an** ~ прекращать экспертизу; **to withhold an** ~ приостанавливать экспертизу; **urgent** ~ срочная экспертиза; ~ **department** отдел экспертизы; ~ **in situ** осмотр места происшествия, осмотр на месте; ~ **of an application** экспертиза заявки; ~ **of a**

ship досмотр судна; **~ of substantive evidence** осмотр вещественных доказательств; **~ results** результаты экспертизы

examine осматривать, осмотреть, подвергать экспертизе, проверять, рассматривать, рассмотреть, изучать; обсуждать

examiner эксперт; **assistant ~** помощник эксперта; **patent ~** эксперт патентного ведомства; **trademark ~** эксперт по товарным знакам; **~'s objections** возражения эксперта; **~'s statement** акт экспертизы

examiner-in-chief главный эксперт

exceed превышать

exceeding превышение; **~ demand** превышение спроса; **~ limits of necessary defense** превышение пределов необходимой обороны; **~ one's authority** превышение власти; **~ one's commission** превышение полномочий; **~ the balance of payments** превышение платежного баланса; **~ the budget** превышение бюджета; **~ the limits of self-defense** превышение пределов самозащиты; **~ the offer** превышение предложения

excellent превосходный

except for за исключением

exception исключение; **with the ~** за исключением

exceptional исключительный

excerpt выписка, выписка из документа, извлечение, отрывок; **data ~s** извлечение данных

excess избыток, избыточный, излишек, превышение; **~ earnings** излишек доходов; **~ moisture** избыток влаги; **~ money supply** излишек денег в обращении; **~ profit** сверхприбыль; **~ weight** излишек (*или* превышение) веса *или* лишний вес; **in ~** сверх данного количества; **in ~ of** выше чего-л.

excessive чрезмерный; **~ force** перевес сил

exchange I биржа, биржевой, обмен, обменный, размен; **agreement of ~** договор об обмене; **allocation of foreign ~** распределение валюты; **ban on foreign ~ export** запрещение вывоза иностранной валюты; **bilateral ~** двухсторонний обмен; **by way of ~** в порядке обмена; **calculation of ~ rate** вычисление курса валюты; **clearinghouse ~** обмен на основе взаимных расчетов; **commercial ~** возмездный обмен; **commodity ~** товарная биржа; **cotton ~** хлопковая биржа; **currency ~** валютная биржа; **currency-free ~** безвалютный обмен; **direct barter ~** непосредственный обмен; **equivalent ~** эквивалентный обмен; **expansion of ~** расширение обмена; **foreign ~** валютный баланс; **foreign ~ deficit** дефицит валюты; **foreign ~ earnings** поступления валюты; **foreign trade ~** внешнеторговый обмен; **~ gains or losses** прибыли или убытки от курсовой разницы; **grain ~** хлебная биржа; **in ~ for ...** в обмен на; **informal ~** неофициальная биржа; **international commodities ~** международная товарная биржа; **listed on the ~** котируемый на рынке; **lumber ~** лесная биржа; **medium of ~** средство обмена; **metals ~** биржа металлов; **non-equivalent ~** неэквивалентный обмен; **on the ~** на бирже; **parity of ~** паритет валюты; **quoted on the ~** котирующийся на бирже; **~ rate** обменный курс валюты; **reciprocal ~** взаимный обмен; **recognized ~** официальная биржа; **securities ~** биржа ценных бумаг; **shipping ~** фрахтовая биржа; **short-term ~ rate** краткосрочный курс векселя; **specialized ~** специализированная биржа; **stock ~ list** бюллетень курса ценных бумаг на бирже; **technological ~** технологический обмен; **terms of ~** условия обмена; **to ~** менять, обменивать, разменивать; **to carry out an ~** производить обмен; **to promote ~** поощрять обмен; **to surrender for ~** сдавать для обмена; **trade ~** торговый обмен; **transaction in foreign ~** сделка в валюте; **wool ~** биржа по шерсти; **~ as per endorsement** обмен по курсу, указанному на обороте векселя, курс векселя, указанный на обороте (**on bill, note**); ~ **at par** обмен по паритету, паритетный курс; ~ **at the rate of ...** обмен по курсу ...; ~ **bank** банк по обмену валюты; ~ **business** операции с валютой; ~ **control** управление обменом; ~ **dealer** биржевик; ~ **in kind** натуральный обмен; ~ **losses** потери на разнице курсов валют; ~ **of delegations** обмен делегациями; ~ **of experts** обмен специалистами; ~ **of information** обмен информацией; ~ **of know-how** обмен ноу-хау; ~ **of knowledge** обмен знаниями; ~ **of money** размен денег; ~ **of opinions** обмен мнениями; ~ **of patents** обмен патентами; ~ **of services** обмен услугами; ~ **of shares (stock)** обмен акций; ~ **of trade data** обмен торговыми данными; ~ **rate** курс валюты (**currency**), курс векселя (**notes**); ~ **system** система обмена; ~ **of letters (telegrams)** обмен письмами (телеграммами)

exchange II обменивать
exchangeability обратимость
exchangeable годный для обмена, обратимый, товарообменный
excise акциз; ~ **duties** акцизный сбор; **universal** ~ универсальный акциз
exclude исключать
exclusive исключительный
exclusive agent *см.* **agent**
exclusive of не включая чего-л., исключая что-л.
exclusively исключительно
exclusivity исключительность; ~ **of verdict and sentencing** исключительность решения и приговора
excuse извинение, оправдание; **to** ~ оправдать, извинять; **to** ~ **somebody from something** освободить кого-л. от какой-л. обязанности
ex-dividend (ex-div *или* **xd)** без дивиденда (*бух.*)
execute исполнять, выполнять (**carry out**), заключать (*напр. контракт*), расстрелять; **to** ~ **an order** выполнять заказ
executed выполненный, оформленный; **duly** ~ выполненный должным образом
execution исполнение, выполнение, оформление, проведение, расстрел; **delay an** ~ задержка в выполнении; **during the** ~ **of the work** во время выполнения работ; **painstaking** ~ тщательное выполнение; **period of** ~ срок выполнения; **proper** ~ должное выполнение; **successful** ~ успешное выполнение; **technical** ~ техническое выполнение; **time of** ~ время выполнения; **timely** ~ своевременное выполнение; **to be delayed in an** ~ задержаться в выполнении; **to proceed with an** ~ **of an order** приступать к выполнению заказа; ~ **of a contract** выполнение договора; ~ **of a special order** выполнение по особому заказу; ~ **of an order** выполнение поручения; ~ **of formalities** выполнение формальностей; ~ **of instructions** выполнение инструкций, выполнение указаний; ~ **of a patent** оформление патента
executor опекун, попечитель; ~ **of a will** опекун назначенный в завещании; ~ **of an inheritance** над наследством
exempt освобожденный; **to** ~ освобождать, освободить; ~ **goods** товары, не облагаемые НДС; **totally** ~ освобожденный полностью; ~ **from military service** освобожденный от военной службы
exemption льгота, освобождение, изъятие, исключение; **partial** ~ **from payment of tax** частичное освобождение от уплаты налога; ~ **from duties** освобождение от пошлин; **tax** ~**s** налоговые льготы
exercise I осуществлять, использовать; **to** ~ **an option** осуществлять (*или* использовать) право
exercise II осуществление
exhaustive исчерпывающий; ~ **list** исчерпывающий перечень
exhibit I образец, экспонат; **application for** ~ **space** заявка на место на выставке; **collective** ~ коллективная экспозиция; **competitive** ~ конкурентоспособный экспонат; **demonstration of** ~**s** демонстра-

ция экспонатов; **evidentiary** ~ объект доказательства; **layout of** ~s расположение экспонатов; **major** ~ главный экспонат; **open display of** ~s открытый показ экспонатов; **preparation of** ~s подготовка экспонатов; **range of** ~s ассортимент экспонатов; **recommended** ~ рекомендуемый экспонат; **sales** ~ выставка-продажа; **selection of** ~s отбор экспонатов; **to** ~ **at a display** экспонировать на выставке; **to arrange** ~s размещать экспонаты; **to present** ~s представлять экспонаты; **to put** ~s **on display** выставлять экспонаты на выставке; **working** ~ действующий экспонат

exhibit II выставлять, экспонировать

exhibiting экспонирование

exhibition выставка, выставочный; **advertising** ~ рекламная выставка; **agricultural** ~ сельскохозяйственная выставка; **annual** ~ ежегодная выставка; **application to participate in an** ~ заявка на участие в выставке; **ceremonial opening of an** ~ торжественное открытие выставки; **collective** ~ изменять расположение товаров на выставке; **consumer goods** ~ выставка товаров широкого потребления; **delivery free** ~ франко выставка; **design of an** ~ оформление выставки; **dismantling of an** ~ демонтаж выставки; **exchange of** ~s обмен выставками; **for** ~ **purposes** для выставки; **for the duration of an** ~ на время работы выставки; **foreign** ~ заграничная выставка; **goods** ~ товарная выставка; **hardware** ~ выставка технических средств и оборудования; **industrial** ~ промышленная выставка; **installation of an** ~ монтаж выставки; **international** ~ международная выставка; **joint** ~ совместная выставка; **jubilee** ~ юбилейная выставка; **local** ~ местная выставка; **major** ~ крупная выставка; **multilateral** ~ выставка на многосторонней основе; **national** ~ национальная выставка; **open air** ~ выставка на открытом воздухе; **opening address at an** ~ речь на открытии выставки; **opening ceremony of an** ~ церемония открытия выставки; **operation of an** ~ работа выставки; **opportunity to participate in an** ~ возможность участия в выставке; **outdoor** ~ **grounds** территория выставки под открытым небом; **participating nation at an** ~ страна-участник выставки; **permanent** ~ постоянная выставка; **premises of an** ~ помещение выставки; **rearrange the** ~ коллективная выставка; **rent of** ~ **site** аренда помещения для выставки; **selection of exhibits for an** ~ отбор экспонатов для выставки; **specialized** ~ специализированная выставка; **specialized trade** ~ отраслевая выставка; **sponsor of an** ~ организатор выставки; **technical** ~ техническая выставка; **terms of participation in an** ~ условия участия в выставке; **to advertise goods at an** ~ рекламировать товары на выставке; **to allocate a site at an** ~ выделять место на выставке; **to assess an** ~ давать оценку выставки; **to demonstrate at an** ~ демонстрировать на выставке; **to draw up an** ~ **schedule** составлять график работы выставки; **to dress an** ~ оформлять выставку; **to finance an** ~ финансировать на выставку; **to hold an** ~ проводить выставку; **to open an** ~ открывать выставку; **to organize an** ~ устраивать выставку; **to participate in an** ~ участвовать в выставке; **to plan an** ~ планировать выставку; **to postpone the opening of an** ~ откладывать открытие выставки; **to refill the display at an** ~ пополнять выставку товарами; **to sponsor an** ~ организовывать выставку; **to tour an** ~ осматривать выставку; **to visit an** ~ посещать выставку; **tour of an** ~ осмотр выставки; **trade and industrial** ~ торгово-промышленная выставка; **traveling** ~ пере-

движная выставка; **universal** ~ универсальная выставка; **upcoming** ~ предстоящая выставка; ~ **administration** администрация выставки; ~ **booth** стенд на выставке; ~ **grounds** площадь выставки, территория выставки; ~ **guide** путеводитель по выставке; ~ **manager** директор выставки; ~ **of achievements of science and technology** выставка достижений науки и техники; ~ **operating hours** часы работы выставки; ~ **organizer** устроитель выставки; ~ **participant** участник выставки; ~ **period** время проведения выставки, продолжительность проведения выставки, срок проведения выставки; ~ **program** программа выставки; ~ **site** место проведения выставки; ~ **space** место на выставке; ~ **visitor** посетитель выставки; ~ **worker** сотрудник выставки
exhibitioner участник выставки
exhibitor экспонент; **collective** ~ коллективный экспонент; **domestic** ~ отечественный экспонент; **first-time** ~ экспонент, выставляющий в первый раз; **foreign** ~ заграничный экспонент; **individual** ~ индивидуальный экспонент; **main** ~ основной экспонент; **major** ~ главный экспонент; **overseas** ~ зарубежный экспонент; **permanent** ~ постоянный участник, постоянный экспонент; **registration of** ~s оформление участия в выставке; ~ **at a fair** участник ярмарки
exigency острая необходимость
exile изгнание, изгнанник, ссылка, ссыльный; **administrative** ~ административная ссылка, административно-ссыльный; **life** ~ пожизненное изгнание; **political** ~ политический ссыльный; **state of** ~ отбывание ссылки **to** ~ изгнать, сослать
exist существовать
exit вывоз, выезд, выездной; **point of** ~ пункт вывоза; **to** ~ расстаться; ~ **permit** разрешение на выезд
exorbitant чрезмерный
expand расширять
expanse пространство
expansion расширение, рост, увеличение, экспансия; **credit** ~ кредитная экспансия; **economic** ~ экономическая экспансия; **foreign trade** ~ внешнеторговая экспансия; **rapid** ~ быстрое расширение; ~ **of credit** расширение кредита; ~ **of demand** расширение спроса; ~ **of an enterprise** расширение предприятия ~ **of exhibit space** увеличение выставочной площади; ~ **of exports** расширение экспорта; ~ **of output** увеличение производства; ~ **of production** расширение производства; ~ **of production operations** расширение масштаба производственной деятельности; ~ **of rights** расширение прав
expect ожидать, рассчитывать
expected monetary value (EMV) ожидаемое стоимостное выражение исхода *(бух.)*
expediency целесообразность; **economic and technological** ~ экономическая и технологическая целесообразность; ~ **of a project** обоснование проекта
expend израсходовать, расходовать, тратить
expenditure расход, расходование, трата; ~s издержки; **actual** ~s фактические расходы; **amortized** ~s амортизационные расходы; **budgeted** ~s бюджетные расходы; **capital** ~ затрата капитала, расходование капиталовложений; **concrete** ~ конкретные затраты; **current** ~ текущие расходы; **depreciated** ~s амортизационные расходы; **dollar denominated** ~s долларовые расходы; **extraordinary** ~s чрезвычайные расходы; **extrabudgetary** ~s внебюджетные расходы; **foreign exchange** ~ расход иностранной валюты; **gross** ~s затраты брутто; **material** ~s материальные затраты, материальные расходы; **military** ~s военные издержки, военные расходы; **net** ~s затраты нетто; **non-productive** ~s непроизводительные затраты, непроизводственные

расходы; **non-recurrent** ~ разовой расход; **private** ~s частные расходы; **public** ~s государственные расходы; **social** ~s социальные расходы; **unforeseen** ~ непредвиденные расходы; **wasteful** ~ непроизводительная трата

expense(s) издержки; затрата, затраты; расход, расходы; трата денег; **additional** ~s дополнительные затраты; **administrative** ~s административные расходы; **at the** ~ **of** за счет кого-л.; **clerical** ~s канцелярские расходы; **current** ~s текущие затраты; **fixed** ~s неизменные расходы; **incidental** ~ побочный расход; **indirect** ~s косвенные затраты, косвенные расходы; **intangible** ~s неосязаемые затраты; **labor** ~s трудовые затраты; **legal** ~s судебные издержки; **legal costs and** ~s судебные пошлины; **necessary** ~ необходимый расход; **necessary** ~s необходимые издержки; **obligatory** ~ обязательный расход; **office** ~s канцелярские расходы; **ordinary** ~s обыкновенные расходы; **storage** ~s издержки по хранению; **to cover** ~s покрыть расходы; **traveling** ~s дорожные расходы, командировочные, подъемные деньги, путевые издержки; **usual** ~s обычные издержки; **variable** ~s переменные издержки

expensive дорогой; **to turn out to be** ~ обходиться дорого

expensively дорого

experience I мастерство, опыт; ~ **in business** опытный в делах

experience II испытывать

experiment опыт

experimental пробный

expert мастер, референт, специалист, эксперт, экспертный; **commercial** ~ коммерческий эксперт; **commission of** ~s комиссия экспертов; **commodities** ~ товаровед; **design** ~ эксперт по промышленным образцам; **economic** ~ эксперт по экономическим вопросам; **multilingual** ~ эксперт, владеющий несколькими языками; **panel of** ~s группа экспертов; **resident** ~ постоянный эксперт; **technical** ~ технический эксперт; **to appoint an** ~ назначать эксперта; **to request an** ~ **examination** затребовать экспертизу; **to send** ~s посылать экспертов; **trade** ~ торговый эксперт; **trade-fair** ~ специалист по ярмаркам; **traffic** ~ эксперт по перевозкам грузов; **transportation** ~ транспортный эксперт; ~ **findings** заключение экспертизы; ~**'s decision** решение экспертизы; ~**'s findings** показания эксперта; ~**'s report** заключение эксперта

expertise экспертиза; **to require technical** ~ нуждаться в технической экспертизе

expiration истечение (срока); ~ **of concession** истечение срока концессии; ~ **of lease** истечение срока договора найма; ~ **of statute of limitations** истечение давности; ~ **of statute of limitations on criminal prosecution** истечение давности уголовного преследования; ~ **of term** истечение срока; ~ **period** предельный срок действия

expire истечь, истекать (о сроке)

explanation объяснение, разъяснение

explanatory пояснительный

exploit эксплуатировать

explosion взрыв

export I экспорт (часто мн.ч. **exports**), вывоз, экспортный; **agricultural** ~s вывоз продукции сельского хозяйства; **articles of** ~ предметы экспорта; **ban on** ~s запрет на экспорт; **ban on** ~ **of foreign exchange** запрет вывоза на инвалюты; **cargo available for** ~ груз готов к вывозу; **composition of** ~s структура экспорта; **decline in** ~s падение экспорта; **demand for** ~s спрос на экспорт; **development of** ~s развитие экспорта; **direct** ~s прямой экспорт; **diversification of** ~s диверсификация экспорта; **duty-free** ~ беспошлинный вывоз; **embargo on** ~s эмбарго на экспорт; **financing of** ~s финансирование экспорта; **food** ~s вывоз продовольствия; **high technology ~s** экспорт наукоемкой продукции; **imports and ~s** ввоз и вывоз; **increase in ~ surplus** превышение вывоза над ввозом; **increasing ~s** растущий экспорт; **indirect ~s** косвенный экспорт; **items of ~** статьи экспорта; **invisible ~s** невидимый экспорт; **marginally profitable ~s** малоприбыльный экспорт; **non-agricultural ~s** несельскохозяйственный экспорт; **proceeds from ~s** поступление от экспорта; **production for ~** производство на экспорт; **quality of ~s** качество экспорта; **rationalization of ~** рационализация экспорта; **restriction of ~s** ужесточение экспорта; **to reduce ~s** сокращать вывоз, сокращать экспорт; **to restrict ~s** ограничивать экспорт; **share of ~s** доля экспорта; **significant ~** значительный экспорт; **temporary ~** временный вывоз; **to ~** вывозить, экспортировать; **to arrange for ~ permit** оформлять вывоз; **to ban ~s** запрещать вывоз; **to be available for ~** иметь в наличии для экспорта; **to be packed for ~** быть упакованным для экспорта; **to expand ~s** расширять экспорт; **to finance ~s** финансировать экспорт; **to increase ~s** наращивать экспорт, увеличивать вывоз; **to increase the volume of ~s** увеличивать объем экспорта; **to obtain an ~ license** получать разрешение на вывоз; **total ~s** общий экспорт; **traditional ~s** традиционный экспорт; **traditional ~ goods** товары традиционного экспорта; **unpaid ~s** неоплаченный экспорт; **value of ~s** стоимость экспорта; **volume of ~s** объем вывоза; **world-wide ~s** экспорт по всему миру; **~ application** заявка на экспорт; **~ articles** предметы вывоза; **~ ban** запрет на вывоз; **~ barriers** затруднение вывоза; **~ control** контроль за экспортом; **~ credits** кредитование экспорта; **~ licensing procedures** порядок выдачи экспортных лицензий; **~ matters** вопросы экспорта; **~ of agricultural goods** экспорт продукции сельского хозяйства; **~ of capital** вывоз капитала; **~ of foodstuffs** экспорт продовольствия; **~ of gold** вывоз золота; **~ of goods and services** экспорт товаров и услуг; **~ of intellectual property** экспорт результатов творческой деятельности; **~ of R&D intensive products** экспорт научно-технических результатов; **~ of services** экспорт услуг; **~ of technology** экспорт технологий; **~ opportunity** возможность экспорта; **~ plan** план вывоза; **~ promotion** содействие экспорту; **~ restrictions** ограничение вывоза, ограничение экспорта; **~ sale** продажа на экспорт; **~ stimulation** стимулирование экспорта; **~ surplus** превышение экспорта над импортом; **~ transaction** сделка на экспорт; **~ turnover** оборот по экспорту; **~ volume** объем экспорта; **~-import** экспортно-импортный

export II экспортировать, вывозить

exportation вывоз, экспорт; **country of ~** страна экспорта; **duty-free ~** беспошлинный экспорт; **technical ~** технический экспорт; **~ of goods** вывоз товаров; **~ of machinery and equipment** экспорт машин и оборудования

exporter экспортер; **exclusive ~** исключительный экспортер; **sole ~** единственный экспортер; **~ of foodstuffs** экспортер продовольственных товаров; **~ of industrial goods** экспортер промышленных товаров; **~ of raw materials** экспортер сырьевых товаров

exposed без упаковки; **~ to ...** подверженный действию

exposition экспозиция; **graphic ~** графическая экспозиция; **joint ~** совместная экспозиция; **national ~** национальная экспозиция; **preparation of an ~** подготовка экспозиции; **section of an ~** раздел экспозиции; **to hold an ~** устраивать экспозицию; **to organize an ~** организовать экспозицию; **to review a**

~ осматривать экспозицию; **traditional** ~ традиционная экспозиция
expound истолковывать, истолковать
express четкий, экспрес; ~ **service** экспресс-служба
expression выражение
expressly четко, ясно, точно, определенно; ~ **indicated** точно указанный
extend продлевать действие, пролонгировать, расширять, удлинять; **to ~ a patent** продлевать действие патента
extension I отсрочка, пристройка, продление, продление срока действия, пролонгация (контракта), расширение; **automatic** ~ автоматическое продление; **tacit** ~ молчаливое продление; ~ **of deadline** рассрочка исполнения; ~ **of a quota** увеличение квоты; ~ **of the statute of limitations** продление срока давности; ~ **of the term of an agreement** продление срока действия договора; ~ **of the term of a treaty** продление срока действия договора; ~ **of time limit** продление срока; ~ **of validity** продление срока действия
extension II добавочный номер (телефона)
extensive экстенсивный
extent объем, мера; размер, степень; **vast** ~ громадный размер; ~ **of a claim** размер иска; ~ **of credit** размер кредита; ~ **of insurance coverage** размер страховки; ~ **of loss** размер ущерба; ~ **of operations** размер операции; ~ **of security for a claim** размер обеспечения претензии; **to the** ~ **of** в размере или в пределах
exterminate истреблять, истребить
external внешний; ~ **audit(or)** внешний аудит(ор); ~ **reporting** составление внешней отчетности
extinction недействительность; **notice of legal** ~ объявление о недействительности
extinguishment погашение; ~ **of bond/debt** погашение, выплата, аннулирование облигации/долга; ~ **of a deed** погашение записи; ~ **of a prescriptive easement** прекращение давности
extortion вымогательство, поборы
extortionist бандит-вымогатель
extra дополнительный, добавочный; 2. особо, дополнительно, сверх того; **at** ~ **cost** за особую доплату; **without** ~ **charge** без дополнительной доплаты; ~-**capacity** большегрузный; ~ **weight cargo** тяжеловес
extracontractual внедоговорный
extract выдержка, выписка; **to** ~ **from a contract** выдержка из контракта; ~ **from a decision** выписка из решения; ~ **from a protocol** выписка из протокола; ~ **from a statement of account** выписка из счета
extraction добыча (mining), происхождение (ancestry)
extraordinary чрезвычайный; ~ **charges** внереализационные расходы; ~ **general meeting (EGM)** внеочередное собрание акционеров; ~ **income** внереализационные доходы; ~ **items** внереализационные статьи (доходов и расходов); ~ **profit** внереализационная прибыль

F

fabric ткань
fabrication измышление; **libelous** ~ клеветническое измышление
face (of medal, plaque) аверс; **to** ~ стоять перед лицом; ~ **interest rate** номинальная процентная ставка; ~ **value** номинал; номинальная стоимость
facilities (мн.ч.) средства, возможности; **shipping facilities** тоннаж; **additional shipping** ~ дополнительный тоннаж; **airport** ~ оборудование аэропорта; **to expand production** ~ укреплять производственную базу; **to furnish necessary** ~ предоставлять необходимые условия; ~ **for study** условия для учебы; **handling** ~ перевалочные средства; **industrial storage** ~ заводская база; **minimum** ~ минимальные услуги; **payment**

~ льготы по платежам; **port** ~ портовое оборудование; **service** ~ встроенное оборудование; **sport** ~ спортивное оборудование, помещение для занятий спортом; **terminal** ~ оборудование терминала; **transport** ~ транспортное хозяйство; **refrigeration** ~ холодильное оборудование

facility средство; ~ies оборудование; **design** ~ проектно-конструкторская база; **exhibition** ~ выставочная база; **lending** ~ кредит; **maintenance** ~ ремонтное оборудование; **pilot production** ~ опытный завод; **production** ~ производственная база; **production/technical** ~ производственно-техническая база; **repair** ~ ремонтная база

facing облицовка, отделка

facsimile телефакс, факсимиле *(подписи)*; **via** ~ по телефаксу

fact факт; **as a matter of** ~ в действительности, фактически, на самом деле; **established** ~ достоверный факт, установленный факт; **grave** ~ веский факт; **ill-grounded** ~ малодостоверный факт; **in accordance with the** ~s в соответствии с фактами; **irrefutable** ~ неопровержимый факт; **relevant** ~ соответствующий факт; **separate** ~ отдельный факт; **the above** ~ вышеупомянутый факт; **the** ~, **pertaining to this matter** факт, имеющий отношение к данному вопросу; **the** ~ **remains** остается фактом; **the** ~s **show that** факты говорят о том, что; **to be faced with the** ~ стоять перед фактом; **to correspond to the** ~s соответствовать действительности; **to distort the** ~s искажать факты; **to elicit** ~s выявить факты; **to face** ~s сталкиваться с реальными фактами; ~-**finding mission** ознакомительный визит

factitious искусственный

factor коэффициент, момент, множитель; фактор; **accountable** ~ учитываемый фактор; **cost** ~ фактор стоимости; **critical** ~ критический момент; **decisive** ~ решающий фактор; **economic** ~ экономический фактор; **external** ~ внешний фактор; **human** ~ человеческий фактор; **important** ~ важный момент, важный фактор; **long-term** ~ фактор долговременного действия; **loss** ~ коэффициент потерь; **market** ~ фактор сбыта; **output** ~ коэффициент выработки, коэффициент отдачи; **permanent** ~ постоянно действующий фактор; **secondary** ~ второстепенный фактор; **short-term** ~ фактор кратковременного действия; **the above** ~ вышеназванный фактор; **the principal** ~ основной фактор; **time** ~ фактор времени

factoring факторинг

factory завод, фабрика, фабричный; **aircraft** ~ авиационный завод; **automated** ~ завод с автоматическим управлением; **automobile** ~ автомобильный завод; **central** ~ центральный завод; **construction of a** ~ строительство завода; **experimental** ~ экспериментальный завод; **heavy equipment** ~ завод тяжёлого машиностроения; **modern** ~ современный завод; **mounted at the** ~ смонтированный на заводе; **operating** ~ действующий завод; **overhaul** ~ ремонтный завод; ~ **overhead costs** общезаводские накладные расходы; **representative** ~ типовой завод; **to expand a** ~ расширять завод; **to manage a** ~ руководить заводом, управлять фабрикой; **to outfit a** ~ сооружать завод; ~ **payroll** счет "заработная плата производственного персонала"; **to reconstruct a** ~ реконструировать завод; **to visit a** ~ посещать завод; **truck** ~ завод грузовых машин; ~ **engineer** инженер завода; ~ **for the production of something** завод для производства чего-либо; ~ **inspection** посещение завода; ~ **installation** монтаж завода; ~ **owner** владелец завода; ~ **start-up** пуск завода

faculty кафедра

fading затухание, фединг

fag I усталость, утомление;

I'm ~ed out я вконец вымотался

fag II окурок, чинарик; конец (чего-л.); остаток (чего-л.)

fail 1. не иметь успеха; 2. обанкротиться; выбыть из строя, провалить; 3. *(в сочетании, с инфинитивом другого глагола передает значение отрицательной формы глагола)*: **should the suppliers ~ to deliver the goods** если поставщики не поставят товары; 4. *(в отрицательной форме в сочетании с инфинитивом)* не замедлить сделать что-л; **we shall not ~ to send** мы не замедлим послать; **to ~ to detect** не обнаруживать; **without ~** в обязательном порядке

failing в случае отсутствия, в случае невыполнения; **~ your acceptance** если вы не акцептуете; **~ which** в противном случае; **~ him** в случае его отсутствия

failure 1. неудача, провал; 2. банкротство; 3. *(в сочетании с инфинитивом указывает на невыполнение действия)*: **~ to comply with our instructions** несоблюдение наших инструкций; **bank ~** неплатёжеспособность банка; **~ to appear** неявка; **~ to deliver goods** несдача товара; **~ to deliver** несдача; **~ to follow procedure** несоблюдение порядка; **~ to honor a bill** неоплата векселя; **~ to meet the term date** несоблюдение срока;

~ to take measures непринятие мер

fair 1. объективный, правомерный, справедливый, сходный, 2. ярмарка, ярмарочный; **annual ~** ежегодная ярмарка; **application to participate in a ~** заявка на участие в ярмарке; **area of a ~** площадь ярмарки; **at a ~** на ярмарке; **autumn ~** осенняя ярмарка; **~ administration** администрация ярмарки; **commercial center of a ~** коммерческий центр ярмарки; **entrance pass to a ~** пропуск на ярмарку; **exposition of a ~** экспозиция ярмарки; **general plan of a ~** общий план ярмарки; **~ grounds** территория ярмарки; **horizontal ~** горизонтальная выставка; **international ~** международная ярмарка; **jubilee ~** юбилейная ярмарка; **organizers of a ~** организаторы ярмарки; **plan of participation in ~s** план участия в ярмарках; **participants in a ~** участники ярмарки; **regional ~** региональная ярмарка; **sample ~** ярмарка образцов; **section of a ~** раздел ярмарки; **specialized ~** специализированная ярмарка; **specialized trade ~** отраслевая ярмарка; **spring ~** весенняя ярмарка; **technical ~** техническая ярмарка; **to arrange a ~** устраивать ярмарку; **to hold a ~** проводить ярмарку; **to open a ~** открывать ярмарку; **to participate in a ~** принимать участие в ярмарке; **tour of a ~** осмотр ярмарки; **trade ~** выставка-ярмарка, торговая ярмарка; **traditional ~** традиционная ярмарка; **upcoming ~** предстоящая ярмарка; **~ value** справедливая стоимость; **wholesale ~** оптовая ярмарка; **world's ~** всемирная выставка, всемирная ярмарка

fairly беспристрастно

fairness справедливость

fait accompli совершившийся факт; **to confront with a ~** поставить перед совершившимся фактом

faith вера, доверие; **bad ~** недобросовестность; **good ~** добросовестность; **in bad ~** недобросовестный; **to shake ~ in** подрывать доверие к

faithfully правдиво; точно, верно; **yours ~** с уважением, с совершенным почтением *(заключительная формула вежливости в письмах)*; **deal ~ with** добросовестно относиться к ...

fake подделка, фальшивка; поддельный, фальшивый

fakery подделка; притворство

fall падение, понижение; **~ in demand** понижение спроса; **~ in the exchange rate** понижение курса; **~ in the interest rate on a loan** понижение ссудного процента; **~ of a government** распад государства

fallacy заблуждение; **popular**

F

~ распространенное заблуждение; ошибочный вывод
fal-lal безделушка
fallible подверженный ошибкам, заблуждающийся
false ложный, обманчивый, фиктивный, фальшивый; ~ **bottom** двойное дно; ~ **pregnancy** ложная беременность; ~ **hearted** вероломный; ~ **heartedness** вероломство
falsehood ложь, неправда
faltboat складная шлюпка
fame слава, репутация; **house of ill** ~ публичный дом
family род, семейство, семья; **adopted** ~ приёмная семья; **birth** ~ родная семья; **large** ~ многодетная семья; **legal** ~ законная семья
famine голод; **water** ~ острая нехватка воды; ~ **prices** цены, взвинченные острой нехваткой товаров
famish морить голодом; **I'm ~ed** я сильно проголодался, я умираю с голоду
far: as far as possible по возможности, по мере возможности; **as far as I know** насколько мне известно; **so far** до настоящего времени; **so far as something (somebody) is concerned** поскольку это касается чего-л. (кого-л.)
farm ферма, хозяйство, хутор; **collective** ~ колхоз; **experimental** ~ опытное хозяйство; **multiple production** ~ многоотраслевое хозяйство; **state** ~ совхоз; **to** ~ заниматься сельским хозяйством
farmer колхозник, фермер
farmhand сельскохозяйственный рабочий
farming ведение сельского хозяйства, земледелие; **tenant** ~ продовольственная аренда земли
fashion мода; **in the latest** ~ по последней моде; **to be in** ~ быть в моде; **to set the** ~ ввести в моду
fashionable модный; **to become** ~ входить в моду
fast-selling быстрореализуемый
fasten крепить, обвязывать; **to fasten (up)** скреплять; **to** ~ **horizontally** обвязывать горизонтально; **to** ~ **vertically** обвязывать вертикально
fastening крепление, закрепление
father отец; **adoptive** ~ приёмный отец; **birth** ~ родной отец
father-in-law свёкор (отец мужа), тесть (отец жены)
fatherland отечество
fault неисправность, провинность; **to locate a** ~ отыскивать неисправность
fault 1. вина; **through no ~ of somebody** не по вине кого-л.; **through somebody's** ~ по чьей-л. вине; 2. недостаток; **to find ~ with something** жаловаться на что-л.
faultless безупречный
faulty неисправный, недоброкачественный
favor льгота, любезность, одолжение; **to** ~ благоприятствовать; **to do official ~s** протежировать
favorable льготный; **to be** ~ благоприятствовать
favored благоприятствованный; **most** ~ **nation clause** оговорка о наибольшем благоприятствовании; **most** ~ **nation (mfn) status** режим наибольшего благоприятствования; **most** ~ **nation (mfn) tariff treatment** тариф на основе наибольшего благоприятствования
favorite избранник
favour 1. польза; **letter of credit in our (your)** ~ аккредитив в нашу (вашу) пользу или на наше (ваше) имя; 2. письмо
favourable благоприятный
favourably благоприятно
fax телефакс
fear страх
feasibility осуществимость; ~ **study of a project** расчёт технико-экономического обоснования; **to submit a** ~ **report** представлять технико-экономическое обоснование
feature признак; **identifying** ~ идентификационный признак
federal федеральный
federated федеративный
federation федерация; **Timber Trade Federation** Федерация лесной торговли (в Англии)
fee гонорар, отчисление; сбор; вознаграждение; **admission** ~ вступительный взнос; **agent's** ~ гонорар агента; **annual** ~ годовой взнос, годовой сбор; **ar-**

bitration ~ арбитражный взнос, арбитражный сбор; **arbitrator's** ~ гонорар арбитра; **at a nominal** ~ с номинальным вознаграждением; **attorney's** ~s адвокатские расходы; **auditor's** ~ гонорар ревизора; **average adjuster** ~ вознаграждение диспашеру; **brokerage** ~ брокерская комиссия; **certification** ~ пошлина на удостоверение акта; **commission** ~ комиссионное вознаграждение; **commission** ~s комиссионные издержки; **consular** ~ консульский сбор; **conveyance** ~s пошлина на переход имущества; **customs** ~ плата за таможенные услуги; **consultant's** ~s вознаграждение за консультационные услуги; **established** ~ установленный сбор; **fixed** ~ неизменное вознаграждение; **health** ~ санитарный сбор; **hunting license** ~ пошлина на право охоты; **incentive** ~ поощрительное вознаграждение; **inspection** ~ инспекционный сбор; **insurance** ~ страховой сбор; **license** ~ лицензионный сбор; **membership** ~ членский взнос; **minimal** ~ минимальный сбор; **mortgage** ~ ипотечный сбор; **one-time** ~ разовый сбор; **patent** ~ патентная пошлина, патентный сбор; **patent registration** ~ взнос при заявлении патента взнос; **pick-up** ~s плата за вывоз; **professional** ~ профессиональный сбор; **registration** ~ регистрационный взнос, регистрационная пошлина, регистрационный сбор; **renewal** ~ возобновительная пошлина; **sanitation** ~ санитарный сбор; **subscription** ~ абонементная плата; **to deduct bank ~s from money transfer** вычесть банковские комиссионные из денежного перевода; **to negotiate payment of** ~s договариваться об оплате гонорара; **to pay a** ~ платить взнос; **use card** ~ абонементная плата; **user** ~s издержки использования; **warehouse** ~ складской сбор; **weighing** ~ весовой сбор

feebleminded слабоумный
feed heater, экономайзер, подогреватель питьевой воды
feed heating equipment = feed heater
feeding stuffs (мн.ч.) кормовые продукты
feigned мнимый
felon уголовный преступник
fence изгородь, скупщик; **to** ~ огородить; ~ **of stolen goods** скупщик краденого
fertility рождаемость
fiduciary доверенное лицо
field арена, месторождение, область; **coal** ~ месторождение угля; **gas** ~ месторождение газа; **oil** ~ месторождение нефти; ~ **audit** ревизия на месте; ~ **change orders** доработка; ~ **of knowledge** область знаний; ~ **of law** отрасль права; ~ **service** обслуживание на месте
fighter истребитель
figure цифра; **above-mentioned** ~s вышеуказанные цифры; **actual** ~ действительная цифра; **adjusted** ~s цифры с поправкой на сезонные колебания; **amount in** ~s сумма цифрами; **census** ~s статистика населения; **firm** ~ твёрдая сумма; **gross** ~s валовые цифры; **ill-founded** ~s малодостоверные цифры; **industrial** ~s статистика промышленности; **in** ~s в цифровом выражении, цифрами; **in round** ~s в круглых цифрах; **labor productivity** ~s показатель производительности труда; **overall** ~s общие данные; **preliminary** ~ предварительная цифра; **productivity** ~s показатель производительности; **round** ~ округлённое число; **target** ~ намеченная величина, намеченная цифра; **to establish the actual** ~ установить фактическую цифру; **to give an exact** ~ дать точную цифру; **to submit** ~s представлять цифры; **trade** ~s статистика торговли; **unconvincing** ~s малоубедительные цифры; **wage** ~s статистика заработной платы

file I дело (канцелярское); досье; **application** ~ заявочное досье, комплект материалов; заявки; **to consult one's** ~s справить-

ся по картотеке; **to open a ~** составлять досье
file II регистрировать, подавать, передавать, представлять *(документ)*; **to ~ a document with an organization** представить документ в организацию; **to ~ a document with other documents of the case** приобщить документ к делу
filer податель
filing подача; **~ of a complaint** подача жалобы; **~ of a counter suit** предъявление встречного иска; **~ of an action** подача искового заявления; **~ of an application** подача заявки; **~ of a patent application** подача заявки на патент; **~ of a suit** предъявление иска
fill наливать, наполнять, насыпать; **to ~ in bags** насыпать в мешки
fill out заполнять
filling насыпка
film кинофильм; **advertising ~** рекламный кинофильм; **~ clips** киноматериалы
final итоговый, конечный, окончательный; **~ payment** окончательный расчет
finalization доработка
finalize завершать
finally окончательно, в последний раз
finance; *мн. ч.* **~s** финансы; **Minister of ~** министр финансов; **Ministry of ~** министерство финансов; **public ~** государственные финансы; **sales ~ company** компания по финансированию продаж в рассрочку; **to ~** финансировать; **~ and credit** финансово-кредитный; **~ and economic** финансово-хозяйственный **~-and-accounts department** отдел финансов и отчетности; **~ lease** капитализируемая (долгосрочная) аренда
financial финансовый; **~ authorization** разрешение на финансирование; **~ accounting** финансовый учет; **~ analysis** финансовый анализ; **~ assets** финансовые активы; **~ equities** финансовый капитал *(акции и другие формы владения/собственности)*; **~ liabilities** финансовые задолженности; **~ position** финансовое положение; **~ ratios** финансовые коэффициенты; **~ statements** бухгалтерская отчетность; **~ year** финансовый год; **~ Acoounting Standards Board (FASB)** Бюро стандартов финансового учета (США); **~ Reporting Standards (FRS)** Стандарты составления финансовой отчетности (Великобритания)
financier финансист
financing финансирование, финансирующий; **amount of ~** объем финансирования; **back-to-back ~** взаимное финансирование; **bank ~** банковское финансирование; **budgetary ~** бюджетное финансирование; **compensatory ~** компенсационное финансирование; **co-sponsored ~** совместное финансирование; **credit ~** кредитное финансирование; **domestic ~** внутренние финансирование; **equity (stock) ~** финансирование с помощью выпуска акций; **export ~** финансирование экспорта; **foreign ~** внешнее финансирование; **forms and methods of ~** формы и методы финансирования; **import ~** финансирование импорта; **international ~** международное финансирование; **irrevocable ~** безвозвратное финансирование; **long-term ~** долгосрочное финансирование; **medium-term ~** среднесрочное финансирование; **mixed ~** смешанное финансирование; **participation in ~** долевое финансирование; **plan of ~** план финансирования; **public ~** государственное финансирование; **secondary ~** вторичное финансирование; **short-term ~** краткосрочное финансирование; **supplementary ~** дополнительное финансирование; **sources of ~** источники финансирования; **terms of ~** условия финансирования; **to arrange for ~** договориться о финансировании; **to guarantee ~** гарантировать финансирование; **to provide ~ for a contract** обеспечивать финансирование контракта; **trade ~** финансирование торговли; **~ funds** фонды финансирования;

~ **of appropriations** финансирование ассигнований

find находка; **to ~ (found)** находить, найти; **to ~ not guilty** не признавать виновным; **to ~ out** выяснить

findings выводы комиссии, полученные данные, экспертиза

fine штраф, штрафная пошлина; **imposition of a ~** наложение взыскания, обложение штрафом; **money ~** денежный штраф; **to ~** оштрафовать, штрафовать; **to accept a ~** признавать штраф; **to impose a ~** наложить взыскание, подвергать штрафу; **to incur a ~** подвергаться штрафу; **to pay a ~** платить штраф

fined оштрафованный

fingerprint отпечаток пальца

finishing завершающий, окончательный; обработка; ~ **operation** окончательная обработка; ~ **touch** доделка

fire огонь; **to ~** расстрелять; увольнять, уволить

fire пожар

firing увольнение

firm I фирма, фирменный; **brokerage ~** брокерская фирма; **business brokering ~** посредническая фирма; **capital of a ~** капитал фирмы; **capitalist ~** капиталистическая фирма; **contracting ~** фирма-участница договора; **co-owner of a ~** совладелец фирмы; **division of a ~** отдел фирмы; **engineering ~** инжиниринговая фирма; **engineering consulting ~** инженерно-консультационная фирма; **entrant ~** начинающая фирма; **financial ~** финансовая фирма; **industrial sector ~** отраслевая производственная фирма; **joint ~s** совместные фирмы; **law ~ with a patent practice** патентная фирма; **leading ~** ведущая фирма; **liquidation of a ~** ликвидация фирмы; **major ~** крупная фирма; **marketing ~** маркетинговая фирма; **medium-sized ~** средняя фирма; **participating ~** фирма-участница; **president of a ~** президент фирмы; **representative of a ~** представитель фирмы; **retail ~** розничная фирма; **rival ~s** конкурирующие фирмы; **senior partner of a ~** глава фирмы; **shipping ~** судоходная фирма; **solid ~** солидная фирма; **specialized ~** специализированная фирма; **status of a ~** статус фирмы; **to do business with a ~** сотрудничать с фирмой; **to register a ~** регистрировать фирму; **to represent a ~** представлять фирму; **venture capital ~** венчурная фирма

firm II твердый; ~ **offer** твердое предложение или твердая оферта

first: ~-**class** первоклассный; ~ **of exchange** первый экземпляр переводного векселя; ~ **of all** прежде всего; ~-**rate** первоклассный; ~ **in first out (FIFO) method** метод оценки запасов по ценам последних покупок

fiscal year налоговый/фискальный год

fisher/y рыболовство; **coastal ~ies** прибрежный рыбный промысел

fishing рыболовство; **coastal ~ trade** береговое рыболовство; ~ **industry** рыболовство

fissile расщепляемый

fit I годный; **to deem ~** считать годным; ~ **for...** годный для; ~ **for grain transport** годный для перевозки зерна

fit II (fitted) устанавливать, монтировать; пригонять, приспособлять; снаряжать

fitness пригодность к работе

fitting надлежащий

fix 1. закреплять, определять, устанавливать, фиксировать; 2. фрахтовать

fixation фиксация

fixed определенный, фиксированный; ~-**rate payments** плата по; ~ **asset investments** долгосрочные инвестиции; ~ **assets (FA)** долгосрочные (внеоборотные) активы; ~ **costs** постоянные затраты

fixing фиксация; **price ~** фиксация цен; ~ **letter** письмо, подтверждающее фрахтование

fixture 1. закрепление, приспособление (к машине); 2. сделка на фрахтование, фрахтовая сделка; **hydraulically operated ~** гидравлическое приспособление; ~**s and fittings**

принадлежности и инвентарь *(в балансе)*
flag флаг; **raising of the ~** поднятие флага
flagging поднятие флага
flammable горючий
flask бутыль
flaw изъян, порок; **to detect quality ~s** обнаруживать брак
fleet флот, флотский; **air ~** воздушный флот; **dry cargo ~** сухогрузный флот; **fishing ~** рыболовный флот; **inactive ~** прикольный флот; **inland water ~** речной флот; **marine ~** морской флот; **merchant marine ~** торговый флот; **ocean-going ~** океанский флот; **oil tanker ~** нефтеналивной танкерный флот; **tanker ~** наливной флот, танкерный флот
flexibility гибкость; **~ principle** принцип гибкости
flexible гибкий
flexitainer эластичный контейнер
flight перелет, полет; поездка самолетом; **capital ~** иммиграция капитала; **international ~** международный полет; **nonstop ~** беспосадочный полет; **transit ~** транзитный полет
float 1. переплавить, плавать, размещать; 2. небольшая, постоянно пополняемая до определенного уровня сумма денег в кассе
floating размещение; **~ of a loan** размещение займа
flood наводнение
floor минимальный уровень; пол; **residential space** жилая площадь
flotsam плавающий груз
flour мука
flourish росчерк; **to ~** процветать
flow поток, приток; **cash ~** поток наличности; **credit ~** кредитные потоки; **monetary ~s** денежные потоки
fluctuate быть неустойчивым, колебаться
fluctuating колеблющийся, меняющийся
fluctuation колебание; **adjusted for seasonal ~s** с поправкой на сезонные колебания; **constant ~s** постоянные колебания; **currency ~s** валютные колебания; **cyclical ~s** циклические колебания; **excessive ~s** чрезмерные колебания; **exchange rate ~ band** размах колебаний валютного курса; **irregular ~s** нерегулярные колебания; **local ~s** местные колебания; **major ~s** большие колебания; **market ~s** колебание конъюнктуры, колебания цен на рынке, конъюнктурные колебания, неустойчивость рынков; **periodical ~s** периодические колебания; **seasonal ~s** сезонные колебания; **short-term ~s** кратковременные колебания; **sustained ~s** устойчивые колебания; **temporary ~s** временные колебания; **~s in costs** колебания стоимости; **~s in supply and demand** колебания спроса и предложения; **~ of the exchange rate** неустойчивость курса валюты
fluid жидкий
fluster суета, волнение; волновать, будоражить
FOB (free on board) франко борт; **~ destination** ФОБ пункт назначения *(погрузка товара за счет отправителя)*; **~ shipping point** ФОБ пункт отгрузки *(погрузка товаров за счет покупателя)*; **airfreight** франко борт; **~** поставка на условиях ФОБ; **~ airplane** франко борт самолета; **~ alongside** франко вдоль борта судна; **~ truck** франко борт грузового автомобиля
fodder корм, кормовой
fog туман
follow следовать; **as follows** как изложено ниже
following 1. *pr. p.* от **follow**; 2. следующий; 3. после, вслед за; **~ which** после чего; 4. **the ~** следующее
foodstuffs продовольственные товары, продовольствие
footing оборот
force сила; **agricultural labor ~** сельскохозяйственная рабочая сила; **armed ~s** вооруженные силы; **compulsory ~** обязательная сила; **international ~s** международные силы; **labor ~** рабочая сила; **legal ~** законная сила; **occupying ~** оккупант, оккупационные силы; **qualified work ~** квалифицированная рабочая сила; **relative**

~ относительная сила; **to come into** ~ войти в силу; **to remain in** ~ оставаться в силе; **use of** ~ акт насилия; ~ **of a judicial decision** сила судебного решения; ~ **of law** сила закона; **police** ~s полицейские силы; **productive** ~s производительные силы
Force Majeure непреодолимая сила; **conditions of** ~ форсмажорное обстоятельство
forecast прогноз на ближайшее будущее
foreclosure лишение права выкупа закладной; ~ **upon a mortgage** ипотечный иск
forefather предок; ~s предки
foregoing 1. предшествующий, изложенный выше; 2. **the** ~ изложенное выше
foreign 1. иностранный; внешний, зарубежный, чужестранный; ~ **economic** внешнеэкономический; ~ **exchange** инвалюта, иностранная валюта; ~ **trade** внешнеторговый, внешняя торговля; **the Bank for** ~ **Trade** Банк для внешней торговли; **the** ~ **Trade Arbitration Commission** Внешнеторговая арбитражная комиссия; 2. посторонний; ~ **admixture** посторонняя примесь; ~ **smell** посторонний запах; ~ **substance** постороннее вещество
foreigner иностранец
foreman мастер; **maintenance** ~ мастер по текущему ремонту; **senior** ~ старший мастер; **shift** ~ сменный мастер; ~ **of the jury** старшина присяжных заседателей
foremast фок-мачта
forensic судебно-медицинский
forestry лесное хозяйство
forfeited конфискованный
forfeiture конфискация; **to be subject to** ~ подлежать конфискации
forge кузница; **to** ~ подделывать
forged поддельный
forger подделыватель
forgery подделка, подлог; ~ **of documents** подделка документов; ~ **of a trademark** подделка товарного знака
forgiveness прощение; ~ **of a debt** прощение долга
forklift тележка; "Lift here with ~"; "Место Подъёма Тележкой" (надпись)
form анкета, бланк, форма; **application** ~ анкета; **bank** ~ банковский бланк; **blank (clean)** ~ чистый бланк; **cable** ~ бланк телеграммы; **check** ~ бланк чека; **company** ~ фирменный бланк; **declaration** ~ бланк декларации; **draft** ~ вексельный бланк; **in good order and proper** ~ в полном порядке и должной форме; **order** ~ бланк заказа; **pre-registration** ~ бланк предварительной регистрации; **printed** ~ печатная форма, типографский бланк; **printed order** ~ печатный бланк; **product registration** ~ бланк для регистрации покупки; **receipt** ~ форма квитанции, форма расписки; **sample** ~ образец бланка; **standard application** ~ анкета установленного образца; **standard form** ~ форма контракта; **standard contract** ~ бланк контракта; **standard document** ~ бланк документа; **subrogation** ~ акт о суброгации; **to** ~ образовать; **to complete a** ~ заполнять бланк; ~ **letter** бланк письма; ~ **of bill of lading** форма коносамента; ~ **of documents** форма документов
form; составлять
formal формальный, официальный
formality обрядность, процедура; ~ies обрядности **administrative** ~ административная процедура; **customs** ~ies таможенные обрядности
formation образование; **act of** ~ акт о создании; **methods of price** ~ методика ценообразования; **organizational** ~s организационные формы; **price** ~ ценообразование; **principles of price** ~ принципы ценообразования; ~ **of capital** образование капитала; ~ **of government** (in parliamentary system) образование государства; ~ **of stocks** образование запасов
forsake покидать
forth далее, ниже; **to set** ~ излагать
forthcoming предстоящий
forthwith немедленно

fortuitous случайный; **~ accident** случайность

forward вперёд, передний; **balance brought ~** сальдо с переноса; **to ~** направлять, пересылать; **to carry ~** переносить

forward пересылать, направлять, отправлять

forwarded направленный

forwarder отправитель; **freight ~** экспедитор; **freight ~s certificate of receipt** расписка экспедитора; **general freight ~** генеральный экспедитор; **order to the freight ~** поручение экспедитору; **to act in the capacity of freight ~** выступать в качестве экспедитора; **to be designated as freight ~** быть назначенным экспедитором

forwarding отправка, транспортно-экспедиторский, экспедиторский; **~ free of charge** безвозмездная посылка

forwarding транспортный, транспортировка; **~ agent** см. **agent**

found найденный; **to ~** основывать, создавать, учреждать

found p. p. от **find**

foundation основа, основание, учреждение; **legal ~** правовая основа

foundation plate фундаментная плита

founder основатель, учредитель

foundry литейный завод

fraction I часть; **~ of a transferrable letter of credit** часть переводного аккредитива

fraction II дробь

fragile бьющийся, ломкий, непрочный; **highly ~** легкоповреждаемый

framework конструкция; **supporting ~** опорная конструкция

franchise право использования торговой марки, за которое платится вознаграждение

franked investment income (FII) необлагаемая прибыль от инвестиций

fraudulent financial reporting фальсифицированная финансовая отчетность

frankly откровенно

fraud мошенническая проделка, мошенник, обман, обманщик; **by ~** обманным путём; **electoral ~** подделка избирательного документа

free I безвозмездно, безвозмездный, бесплатный, свободный; франко; **~ of charge** бесплатно; **~ alongside ship** франко вдоль борта судна, фас; **~ on board** франко борт судна, фоб; франко вагон (в США); **duty-~** беспошлинный; **fault-~** бездефектный; **interest-~** беспроцентный; **to ~** освобождать, освободить; **to supply ~ of charge** поставлять бесплатно; **trouble-~** безаварийный; **~ for import** свободно для ввоза; **~ in** фри-ин; **~ in and stowed** фри-ин со штивкой; **~ in and trimmed** фри-ин с размещением; **~ on rail** франко вагон; **~ on rail price** цена франко вагон; **~ out** выгрузка из трюма за счёт фрахтователя

free II освобождать

free on board vessel фоб (в США);

free on rail франко рельсы, франко вагон

freedom свобода; **basic ~** основная свобода; **religious ~** религиозная свобода; **trade union ~** профсоюзная свобода; **~ of action** свобода действия; **~ of assembly** свобода собраний; **~ of capital movement** свобода движения капиталов; **~ of conscience** свобода совести; **~ of movement** свобода движения; **~ of movement of labor** свобода движения рабочей силы; **~ of religion** свобода религии; **~ of speech** свобода слова

freely свободно; **~ convertible** свободно-конвертируемый

freeze замораживание; **price ~** замораживание цен

freight грузовой; фрахт, фрахтовый; **ad valorem ~** фрахт "ад валорем"; **agreed ~** обусловленный фрахт; **air ~** воздушный груз; **~ account** счет за фрахт; **amount of ~** размер фрахта; **base ~** базисный фрахт; **calculation of ~** расчет фрахта; **charter ~** фрахт по чартеру; **collection of ~** взыскание фрахта, оплата фрахта; **commercial ~** торговый груз; **contract ~** контрактный груз; **dead ~** мертвый фрахт (плата за за-

фрахтованное, но неиспользованное место на судне); **distance** ~ дистанционный фрахт; **double** ~ двойной фрахт; **in** транспортные расходы по завозу товавров; **out** транспортные расходы по отгрузке товаров; **in-transit** ~ фрахт за транзитный провоз грузов; **inland river** ~ речной фрахт; **long-distance** ~ груз перевозимый на дальние расстояния; **lumpsum** ~ аккордный фрахт; **ocean-going** ~ морской фрахт; **outbound** ~ экспортный фрахт; **outgoing** ~ фрахт в один конец; ~ **prepaid** фрахт уплачен *(до ухода судна из порта погрузки)*; **return** ~ обратный фрахт; **sea** ~ морской фрахт; **surcharge on** ~ надбавка к фрахту; **terms of** ~ условия фрахта; **through** ~ сквозной фрахт; **to increase** ~ повышать фрахт; **to pay** ~ уплатить фрахт; **to receive** ~ получить фрахт; **tramp** ~ трамповый фрахт; **transport of** ~ транспортировка грузов; **truck** ~ груз перевозимый автотранспортом; **way** ~ попутный груз; ~ **ad valorem** фрахт, исчисляемый со стоимости груза; ~ **advance** аванс фрахта; ~ **and demurrage** фрахт и плата за простой судна; ~ **both ways** фрахт в оба конца; ~ **capacity** грузовместимость; ~ **commission** комиссия с фрахта; ~ **contract** договор о фрахтовании судна; ~ **earnings** поступления от фрахта; ~ **forward** фрахт, уплачиваемый в порту выгрузки; ~ **forwarder** экспедитор груза; ~ **forwarding** экспедирование грузов; ~ **is prepayable** фрахт оплачивается предварительно; ~ **paid to ...** фрахт оплачен до...; ~ **payable at destination** фрахт, уплачиваемый в месте назначения; ~ **rebate** скидка с фрахта; ~ **revenues** доходы от фрахта; ~ **tax** налог на фрахт; ~ **traffic expert** эксперт по перевозке грузов
freightage стоимость фрахтования
freighter грузовое судно
freightline грузовая линия; **overland** ~ грузовая судоходная линия
frequent многочисленный
frequently часто
friend друг
friendly дружественный
fringe кайма, край; ~ **benefits** дополнительные выплаты
from alongside от борта
from among из числа, из
front передняя сторона, фронт; *(воен.)* ~ **line** прифронтовой
frontier граница
frost мороз; ~ **resistant** морозостойкий
frozen блокированный
fruit плод; **forbidden** ~ запретный плод
fruitful плодоносный
fuel топливо; **liquid** ~ жидкое топливо; **solid** ~ твердое топливо; ~ **oil** мазут, топливная нефть
fulfill выполнять, исполнить обязанность; **to** ~ **contractual obligations** завершать выполнение контракта
fulfilled выполненный
fulfillment выполнение, исполнение, совершение; **to cooperate in the** ~ **of a plan** сотрудничать в выполнении плана; **to delay** ~ задерживать выполнение; **to ensure the** ~ обеспечивать выполнение; **to interfere with the** ~ **of a program** мешать выполнению программы; **to take on for** ~ принимать к выполнению; ~ **of contractual obligations** выполнение договорных обязательств; ~ **of an order** выполнение заказа; ~ **of a plan** завершение плана; ~ **of a plan ahead of schedule** досрочное выполнение плана
full полный; ~-**costing method** метод полного учета затрат; ~ **disclosure** полнота представления отчетности; ~ **reach and burden** полная грузовместимость и грузоподъемность; **in** ~ полностью
fullness полнота
full-service полный цикл услуг
fully полностью, сполна; ~ **paid** полностью оплаченный; ~ **diluted earings per share** уменьшенные доходы на акцию *(как результат дробления акций)*
fully-loaded с полным грузом
function функционировать
functional функциональный;

~ **currency** функциональная валюта - валюта в стране местонахождения дочернего предприятия
functionary аппаратчик
fund резерв, фонд; **accumulation** ~ фонд накопления; **amortization** ~ амортизационный фонд; **bank's** ~s банковские фонды; **basic** ~ базовый фонд; **bonus** ~ фонд премирования; **borrowed** ~s заемные средства; **budgetary** ~s бюджетные средства; **capital investment** ~ фонд капитальных вложений; **cash** ~ денежный фонд; **cash** ~s наличный капитал; **consolidated** ~ консолидированный фонд; **consumption** ~ фонд потребления; **contingency** ~ чрезвычайный фонд; **contingency** ~s средство на непредвиденные расходы; **economic stimulus** ~ фонд экономического стимулирования; **expansion** ~ фонд развития производства; **fixed** ~s основные фонды; **foreign** ~s иностранные фонды; **foreign exchange** ~s валютные средства; **formation of** ~s формирование фондов; **frozen** ~s замороженные средства; **government** ~s правительственные фонды; **incentive** ~ фонд материального поощрения; **indemnification** ~ компенсационный фонд; **indivisible** ~s неделимые фонды; **insurance** ~ страховой фонд; **internal** ~s собственные средства; **investment** ~s инвестиционные фонды; **liquid** ~s ликвидный резерв, ликвидные фонды; **notice of incoming** ~s инкассовое авизо; **on account of lack of** ~s за неимением денег; **pension** ~ пенсионный фонд; **pool of** ~s общий фонд; **public** ~s государственные средства, общественные фонды; **redemption** ~ фонд погашения; **relief** ~ фонд помощи; **reserve** ~ резервный капитал, резервный фонд; **revolving** ~ автоматически возобновляемый фонд; **share of the charter** ~ доля в основном фонде; **sinking** ~ выкупной фонд, резерв на погашение задолженности; **standby** ~s резервные средства; **supplementary** ~s дополнительные фонды; **to invest** ~s инвестировать фонды; **to raise** ~s привлекать фонды; **to release** ~s высвобождать деньги; **to set aside** ~s создавать фонды
funding финансирование; **state** ~ государственное фондирование; **to cut off** ~ прекратить финансирование
funds *(мн.ч.)* средства; **to put somebody in** ~ снабдить кого-л. средствами
furlough отпуск; **soldier on** ~ отпускник
furnish снабжать, предоставлять; **to** ~ **somebody with something** снабжать кого-л. чем-л.
to ~ **personnel** укомплектовывать личным составом
furnished доставляемый
further I 1. дополнительный, добавочный, дальнейший; 2. далее, дополнительно; **further to our letter** в дополнение (*или* возвращаясь) к нашему письму
further II продвигать; содействовать завершению
furthermore кроме того
fuse предохранитель, пробка; плавиться; **the lifhts** ~**d** пробки перегорели; ~ **wire** проволка для предохранителя
fusible плавкий
fuss суета, шум *(из-за пустяков)*; **get into a** ~ разволноваться
fustian бумазея, фланель; напыщенные, высокопарные речи
fusty затхлый, спертый; старомодный
futile напрасный, тщетный
future будущее; **in (the)** ~ в будущем
futures фьючерсный; ~ **market** фьючерсный рынок
fuze (fuse) запал, фитиль, зарядная трубка, взрыватель

G

G-7, the ~ Семерка
gabbler болтун
gabby болтливый
gable фронтон
gadgetry технические новинки
gaffe ложный шаг, оплошность
gage залог

gain 1. прибыль, выгода, выигрыш; выручка, прирост; 2. доходы, нажива, завоевание; 3. увеличение, расширение; **to ~** выгадывать, выигрывать, выручать; **total ~** общий доход; **~s from economies of scale** выгоды связанные с массовым производством
gainful прибыльный, доходный; **~ employment** оплачиваемая работа
gala празднество
gale шторм, буря
gallon галлон
gamble авантюра, игра; **to ~** играть, спекулировать
gambler игрок, картежник
gambling азартные игры
game игра; **~ of chance** азартная игра
gang бригада, сборище, шайка, банда
gangster бандит
gangue рудная порода
gap разница, разрыв; брешь, пролом, прорыв; **inflationary ~** инфляционный разрыв
gas analyser газоанализатор
gas oil (или **gasoil**) газойль
gasifier газогенератор
gassy газированный; пустопорожний
gates ворота; **town ~** застава; **water ~** шлюзные ворота; **~ -money** входная плата; **~ post** воротный столб; **~ way** подворотня, подход
gather снимать, снять, собирать, собрать
gathering слёт, снятие, собрание; **customary ~** обыкновенное собрание
gauche неловкий, неуклюжий

gauge размер, лекало, шаблон, эталон; **equipment ~** габарит погрузки; **stsndard ~** стандартная колея
GBH (grievous bodily harm) тяжкие телесные повреждения
GCSE (General Certificate of secondary Education) аттестат о среднем образовании
gear зубчатое колесо, шестерня; зубчатая передача, механизм; **bevel ~** коническая зубчатая передача; **hoisting ~** подъёмное оборудование; **hoisting and conveying ~** подъёмно-транспортное оборудование
gearing платежеспособность
gearing riots коэффициенты платежеспособности
general генерал, генеральный, общий; **~ conditions** общие условия; **in ~** вообще, или в общем; **~ and administrative expenses (G&A)** административно-управленческие расходы: **~ journal** Главный журнал (бух.); **~ ledger** главная книга (бух.); **~ occupancy expenses** расходы по содержанию зданий; **~ partner** главный партнер товарищества
generator генератор
generosity щедрость
generous щедрый
geniality радушие, добродушие
genre род
Gentlemen (мн.ч.) Господа (форма обращения в деловых письмах)
germicide гермицид, бактерицидный препарат

gesso гипс
gesture жест, телодвижение
gift подарок; **given as a ~** одаряемый
gifted одарённый, способный
gigolo альфонс
give выдавать, сдавать, сдать; **on a "~ and take" basis** на условиях взаимообмена; **to ~ oneself up** сдаться; **"~ and take"** взаимные уступки
glaucous тусклый, серовато-зеленый; покрытый налетом
glib бойкий на язык; речистый; **a ~ excuse** благовидный предлог
glitch заминка
global глобальный
glut перенасыщение; **~ of the market** пресыщенность рынка
go идти, ехать; **to ~ on** происходить
goad стимул; кол; погонять, пришпоривать, дергать, раздражать
going concern концепция непрерывности (бух.)
goggles темные/защитные очки
gold золото; **fine ~** высокопробное золото; **low-grade ~** низкопробное золото; **monetary ~** монетарное золото; **~ in coins** золото в монетах; **~ in ingots** золото в слитках; **~ in nuggets** золото в самородках
good изделие; **~s** товар, товарный; **acceptable ~s** приемлемый товар; **acceptance of ~s** приёмка товара; **analogous ~s** родственные грузы; **assort-**

ment of ~s ассортимент товара; **auction** ~s аукционный товар; **baled** ~s товар в тюках; **batch of** ~s партия товара; **bill of** ~s номенклатура товаров; **bonded** ~s бондовый товар; **brand name** ~s фирменный товар; **bulky** ~s громоздкие товары; **clearance of** ~s **through customs** пропуск товара через таможню; **competitive** ~s конкурентоспособные товары; **consignment** ~s консигнационный товар; **consumer** ~s потребительские товары; **cost of** ~s стоимость товара; **cost of** ~s **delivered CIF** стоимость товара на условиях СИФ; **cost of** ~s **delivered FOB** стоимость товара на условиях ФОБ; **cost of** ~s **on the domestic market** стоимость товара на внутреннем рынке; **critical** ~s дефицитный товар; **damaged** ~s поврежденный товар; **defect in** ~s порок в товаре; **defective** ~s бракованный товар, дефектный товар; **delayed** ~s задержанный товар; **delivery of** ~s доставка товара, сдача товара; **description of** ~s описание товара; **display of** ~s выкладка товаров; **display of** ~s **in a store window** выкладка товаров в витрине; **dry** ~s сухой товар; **export** ~s экспортный товар; **failure to deliver** ~s **for shipment** непредъявление груза к перевозке; **fast selling** ~s быстро продающийся товар; **finished** ~ готовое изделие; **sample** ~ образец товара; **first class** ~s первоклассные товары; **flammable** ~s огнеопасный груз, огнеопасный товар; **great diversity of** ~s большое разнообразие товаров; **haberdashery** ~s галантерейные товары; **hazardous** ~s опасный товар; **high quality** ~s доброкачественный товар; **highly marketable** ~s быстро реализуемый товар; **household** ~s хозяйственные товары; **import** ~s импортные товары; **import of** ~s импорт товаров; **imported** ~s импортный груз; **incoming** ~s поступающий товар; **index of** ~s список товаров; **index of non-dutiable** ~s список товаров, не облагаемых пошлиной; **insufficient stock of** ~s недостаточный запас товаров; **insured** ~s застрахованные товары; **investment** ~s инвестиционный товар; **kind of** ~s вид товара; **labor-intensive** ~s трудоёмкий товар; **life cycle of** ~s жизненный цикл товара; **liquid** ~s жидкий товар; **livestock** ~s животноводческие товары; **loose** ~s бестарный товар; **low cost** ~s малоценный товар; **low quality** ~s низкосортный товар; **marked down** ~s уценённый товар; **merchantable** ~s реализуемый товар; **nature of** ~s вид товара, характер товара; **noncomestible** ~ непродовольственные товары; **non-competitive** ~s неконкурентоспособные товары; **non-hazardous** ~s неопасный товар; **non-traditional** ~s нетрадиционные товары; **order for** ~s заказ на товар; **ordered** ~s заказной товар; **ordering of** ~s выписка товаров; **origin of** ~s происхождение товара; **owner of** ~s владелец товара; **ownership of** ~s собственность на товар; **packaged** ~s упакованные товары; **parcel** ~ парцелльный груз; **past due** ~s просроченный товар; **patented** ~s патентованные товары; **pledge on** ~s закладная на товар; **pledged** ~s заложенный товар; **poor quality** ~s недоброкачественный товар; **popular** ~s ходкий товар; **pre-packaged** ~s расфасованный товар; **price reduction of** ~s уценка товара; **proprietor of** ~s собственник товара; **protection of** ~s защита товара; **purchase of** ~s закупка товара; **quality of** ~s качество товара; **quantity of** ~s количество товара; **re-exported** ~s реэкспортные товары; **readiness advice on** ~s извещение о готовности товара к осмотру; **refrigerated** ~s замороженный товар, рефрижераторный груз; **rejected** ~s забракованный товар; **rejection of** ~s браковка товара, отказ от товара;

retail ~s розничные товары; sale of ~s реализация товара, сбыт товаров; salvage ~s спасённый товар; second rate ~s второсортные товары; seized ~s груз на который наложен арест; seizure of ~s арест на товары; selected ~s отборный товар; semi-finished ~s незавершённое производство; short-delivered ~s недопоставленный товар; similar ~a сходные товары; slow selling ~s труднореализуемый товар; smuggled ~s контрабандный товар; sold ~s проданный товар, реализованный товар; sophisticated ~s сложный товар; specification of ~s спецификация товара; spoiled ~s испорченный товар; sporting ~s спортивные товары; stale ~s залежалый товар; standard batch of ~s стандартная партия товара; standardized ~s стандартизованный товар; strategic ~s стратегические товары; subject ~s данный товар; substitutable ~s взаимозаменяемые товары; supplier of ~s поставщик товаров; surplus ~s излишки товара; timber and paper ~s лесобумажные товары; to "rummage" ~s перекладывать грузы; to claim ~s востребовать груз; to clear ~s through customs очистить грузы через таможню; to number ~s занумеровывать груз; to palletize ~s перевозить грузы на поддонах; to collect ~s забирать товар; to declare ~s (to customs) декларировать товар; to deliver ~s FOB доставлять товар на условиях ФОБ; to deliver ~s CIF доставлять товар на условиях СИФ; to dump ~s on the market выбрасывать товары на рынок; to import ~s импортировать товар; to insure ~s страховать товар; to introduce ~s to market внедрять товары на рынок; to keep ~s in a warehouse держать товар на складе; to pledge ~s закладывать товар; to provide ~s обеспечивать товарами; to redeem pledged ~s выкупать заложенный товар; to reject ~s браковать товар, отказываться от товара; to replace defective ~s заменять дефектный товар; to report damage to ~s заявлять о повреждении товара; to sell (realize) ~s реализовывать товар; to send ~s посылать товар; to send ~s on approval посылать товар на одобрение; to send ~s on consignment посылать товар на консигнацию; to take ~s on a trial basis апробировать товар; to test ~s испытывать товар; to trace ~s следить за движением товара; to unload ~s выгружать товар, отгружать товар; to unload ~s on the dock выгружать товар на причал; to value ~s оценивать товар; to warehouse ~s складировать товар; top quality ~s товар высшей марки; total cost of ~s общая стоимость товара; transshipment of ~s перевалка товара; type of ~s тип товара; unclaimed ~s невостребованный товар; undamaged ~s неповреждённый товар; unmerchantable ~s невыгодный товар; unordered ~s незаказанный товар; unpacked ~s *(for shipment)* незатаренный товар; unsalable ~s неходовой товар; unsold ~s непроданный товар; warehoused ~s складированный товар; wrapped ~s товар в упаковке; ~s in barrels бочковый груз; ~s in bulk бестарный груз; ~s loaded in bulk погруженный навалом груз; ~s in (very) short supply остродефицитные товары; ~s listed hereinbelow перечисленные ниже товары; ~s of every sort and kind любые товары

good действительный; **to hold ~ (in law)** быть юридически обоснованным, *или* иметь юридическую силу

goodwill доброжелательность
gooey клейкий, липкий
government государство, правительство; **actual ~** фактическое правительство; **coalition ~** коалиционное правительство; **constitutional ~** конституционное правительство; **de facto ~** правительство де-факто; **de jure ~** правительство де-юре; **demo-**

cratic ~ демократическое правительство; **depositary** ~ **(to a convention)** правительство депозитарий; **dictatorial** ~ диктаторское правительство; **federal** ~ федеральное правительство; **hostile** ~ враждебное правительство; **interim** ~ временное правительство; **labor** ~ лейбористское правительство; **legal** ~ законное правительство; **liberal** ~ либеральное правительство; **nonsignatory** ~ неподписавшееся правительство; **parliamentary** ~ парламентское правительство; **provincial** ~ провинциальное правительство; **puppet** ~ марионеточное правительство; **revolutionary** ~ революционное правительство; **signatory** ~ подписавшееся правительство; **stable** ~ стабильное правительство; **to constitute a** ~ составить правительство; **to form a** ~ сформировать правительство; **to overthrow the** ~ свергнуть правительство; **totalitarian** ~ тоталитарное правительство; **transitional** ~ переходное правительство; ~ **in exile** правительство в изгнании; ~ **of national unity** правительство национального единства; ~ **of social salvation** правительство общественного спасения
government and not-for-profit accounting бюджетный учет в правительственных и других неприбыльных организациях
government Accounting Standarts Board (GASB) Бюро стандартов и учета в государственных организациях (США)
governmental государственный, правительственный
grade качество, сорт, ступень; **to** ~ сортировать
grading сортировка
gradual последовательный
graft подкуп
grant I безвозмездная субсидия, выдача, стипендия; **application for** ~ **of patent** ходатайство о выдаче патента; **application for a** ~ заявка на выдачу; **government** ~ государственная стипендия; ~ **of funds** ассигновка; ~ **of trademark registration** выдача документа о регистрации товарного знака
grant II: to ~ выдавать, предоставлять (скидку, кредит и т. п); **to** ~ **a discount** предоставить скидку
granting предоставление; ~ **a concession** предоставление концессии; ~ **a discount** предоставление скидки; ~ **independence** предоставление независимости; ~ **a license** предоставление лицензии; ~ **a loan** предоставление займа; ~ **of asylum** предоставление убежища; ~ **of citizenship** предоставление гражданства, приём в гражданство; ~ **of a loan** выдача ссуды; ~ **priority** предоставление приоритета
grantor лицо, передающее право на имущество
grateful благодарный, признательный (кому-л. ~ **to**)
gratis безвозмездно; **to transfer** ~ передавать безвозмездно
gratuitous бесплатный
grave серьезный
gravity тяжесть; ~ **centre** (или **centre of** ~) центр тяжести
greasing смазка
greatly очень, весьма
greenish зеленоватый
greenness зелень; неопытность
grisly ужасающий
gritty песчаный; шероховатый
groats крупа
groceries бакалейные товары
grosh грош
gross 1. брутто, валовой, масса; 2. грубый; **actual weight** фактический вес брутто; **in** ~ оптом; ~ **for net** брутто за нетто; ~ **freight** брутто фрахт; ~ **mass** масса брутто; ~ **margin (GM)** валовая прибыль; ~ **profit** валовая прибыль; ~ **method** метод цены брутто; ~ **operating income** валовая от продажи выручка; ~ **payroll** начисленная заработная плата; ~ **premium** брутто-ставка; ~ **register tonnage** брутто регистровый тоннаж; ~ **ton** брутто тонна; ~ **registered ton** брутто-регистровая тонна; ~ **tonnage** брутто тоннаж; ~ **weight** вес брутто, см. **weight**

ground 1. земля, почва; 2. ~s основание, мотив, причина; обоснование, повод; **legal** ~s юридическое обоснование; **on the** ~ на основании, по причине; **statutory** ~s законное основание; **without any** ~s без всяких оснований; ~s **for a decision** обоснование решения; ~s **for divorce** решающий повод к разводу; ~ **tenant** землепользователь

grounding посадка на мель

groundless несостоятельный

groundlessness несостоятельность

group (of companies) группа (компаний)

group sales валовая реализация; ~ **purchases** паушальный платёж

growth прирост, рост; **explosive population** ~ бурный рост численности населения; **population** ~ рост населения; **significant** ~ значительный рост; ~ **in employment** рост занятости

guarantee I (или **guaranty**) гарантия, обеспечение, подтверждение, порука, поручительство; **additional** ~ добавочная гарантия; **bank** ~ банковская гарантия; **banker's** ~ банковская гарантия; **collective** ~ круговая порука; **conditional** ~ условная гарантия; **contractual** ~s договорные гарантии; **credit** ~ гарантия кредита; **export** ~ вывозная гарантия; **export credit** ~ гарантия экспортных кредитов; **export risk** ~ гарантия экспортного риска; **extension of the term of the** ~ продление срока гарантии; **general** ~ общая гарантия; **granting of a** ~ предоставление гарантии; **insurance** ~ страховая гарантия; **irrevocable** ~ безотзывная гарантия; **issuance of a** ~ выдача гарантии; **legal** ~s правовые гарантии; **letter of** ~ гарантийное письмо; **loan against a** ~ ссуда под гарантию; **long-term** ~ долгосрочная гарантия; **money-back** ~ гарантия возврата платы за товар; **oral** ~ устная гарантия; **payment** ~ гарантия оплаты; **performance** ~ гарантия основных показателей; **production** ~ производственная гарантия; **property** ~ имущественная гарантия; **quality** ~ гарантия качества; **reliable** ~ надёжная гарантия; **revocable** ~ отзывная гарантия; **specific** ~ специальная гарантия; **to** ~ гарантировать возмещение, давать гарантию, ручаться; **to** ~ **against loss** гарантировать возмещение убытков; **to annul a** ~ аннулировать гарантию; **to be covered by** ~ входить в гарантию; **to conform with the** ~ **provisions** соответствовать условиям гарантии; **to extend the term of the** ~ продлевать срок гарантии; **to have a** ~ иметь гарантию; **to issue a** ~ оформлять гарантию; **to obtain a** ~ получать гарантию; **unconditional** ~ безусловная гарантия; **underwriter's** ~ гарантия страховщика; **vendor's** ~ гарантия продавца; **written** ~ письменная гарантия; ~ **against losses** гарантия от убытков; ~ **applied to** гарантия, распространяющая на; ~ **clause** пункт договора о гарантиях; ~ **expiration date** дата окончания срока гарантии; ~ **of creditworthiness** гарантия кредитоспособности; ~ **period** срок гарантии; ~ **terms** условия гарантии; ~ **valid until...** гарантия действительная до...

guarantee II гарантировать (от ~ **against**)

guaranteed гарантийный, гарантированный, гарантируемый

guarantor ведомство-гарант, гарант, лицо, дающее гарантию, поручитель; **as** ~ в качестве гарантии; **primary** ~ главный поручитель; ~ **for debts** поручитель по долгам; ~ **of a bill** гарант по векселю

guard охрана; **border** ~ пограничная охрана, пограничник; **coast** ~ береговая охрана; **national** ~ народное ополчение

guardian опекун, попечитель

guardianship опека, опекунство, попечительство

guidance руководство

guide справочный; руководитель, наставник; гид

guidebook справочник

guideline установка; ~s ди-

ректива, руководящие документы, руководящие указания, установки; **administrative ~s** административная директива; **trade policy ~** внешнеторговые директивы
guilty виноватый, повинный; **not ~** невиновный
gummy клейкий
guinea гинея
gulf залив
gun пистолет, пушка, ружьё
gunfire орудийный огонь; **exchange of ~** перестрелка
gunny рогожка
gustatory вкусовой
gusto смак; жар, рвение
gusty бурный, порывистый; **a ~ day** ветреный день
gyration вращение
gyratory вращательный
gyve окова, кандалы

H

h-bomb водородная бомба
habit обыкновение
habitat естественная среда
habitude склонность, предрасположение; обыкновение
hack 1. рубить, кромсать; 2. литературный поденщик, халтурщик; **~ work** халтура
hacker компьютерный взломщик
hail окрик
hall зал; **conference ~** конференц-зал; **town ~** ратуша; **union ~** профсоюзная палата
halt приостановка; **to ~** приостановить
hammer молоток, молот; **throwing the ~** метание молота; **to ~** ударять, бить; **we ~ed out a plan** мы разработали план
hand I рука; **~s** рабочие руки; **cash on ~** деньги в кассе
hand II to come to hand (*или* **to be to hand**) поступать, получаться (*о письмах*); **on the one (on the other) hand** с одной (с другой) стороны
hand III вручать: **to hand in** вручать; **to hand over** передавать, вручать
handbill листовка; **~s** листовки; **publicly distributed ~s** листовки, раздаваемые на улице
handbook указатель
handicraft кустарный
handing in вручение
handle ручка; **to ~** перемещать, упаковывать; "**~ with care**" "Ломкое"; **to ~** обращаться, обходиться
handling 1. обращение; перемещение; **~ of the machine** обращение с машиной; **rough ~** грубое обращение 2. *pr. p.* от **handle**
hands рабочая сила, рабочие
handsome красивый; **a ~ present** щедрый подарок; **~ is as ~ does** судят не по словам, а по делам
hangar ангар
hanged повешенный (*person*)
hanging повешение
hangman палач
happen случаться
harbor порт, гавань; **to put in at a ~** входить в гавань
hard трудный; **~ currency** твердая валюта
hardware (H/W) средства вычислительной техники
harm вред; **bodily ~** телесное повреждение; **irreparable ~** непоправимый ущерб; **serious bodily ~** тяжкое телесное повреждение; **to ~** повреждать; **to inflict ~** причинять убытки
harvest урожай; **size of the ~** размер урожая; **to ~** снимать, снять, убирать урожай
harvesting уборка урожая; **~ expenses** расходы, связанные с уборкой урожая
hasten спешить
hatch люк (*vessel*), люковый; **cargo ~** грузовой люк; **main ~** главный люк; **to batten the ~** задраивать люк; **to open the ~ for loading** открывать люк перед разгрузкой; **to unload a ~** разгружать люк; **~ cover** крышка люка; **~ cover of the hold** крышка трюма; **workable ~** рабочий люк
hatchery инкубатор
hatching штрих, штриховка
haughtiness высокомерие, зазнайство
haughty заносчивый, высокомерный
haul транзит; **back ~** обратный транзит; **to ~** перевозить, транспортировать
haulage транспортировка; **contractor ~** подрядчик на грузовые перевозки; **freight ~** грузовая перевозка; **marine ~** буксировка

haunt притон
have: the ~s and the ~-nots имущие и неимущие
haven гавань; **tax ~** налоговая гавань, налоговое убежище
hazard риск
head глава, начальник, голова; **~s** аверс (*of coin*); **~ clerk** заведующий канцелярией; **~ of livestock** (*number*) поголовье скота; **~ of the marketing department** управляющий отделом маркетинга
hear узнавать, получать сообщение, получать известие; **we look forward to ~ing from you** мы ожидаем получения известий от вас; **we regret to ~** мы с сожалением узнали
hearing процесс, разбор дела, рассмотрение, слушание (дела в суде), суд, судебное заседание; **administrative ~** административный процесс; **civil ~** гражданское судебное заседание; **closed judicial ~** закрытое судебное заседание; **evidentiary ~** расследование доказательства; **open ~** открытый процесс; **open public ~** открытое судебное заседание; **public ~** публичное заседание; **~ on a case** слушание дела
hearth очаг; **~ and home** домашний очаг
heavily-loaded с большим грузом
heavy 1. тяжелый; **~ weight** тяжеловесный; 2. большой, значительный; 3. строгий; **heavy restrictions** строгие ограничения
heavy-duty большая мощность, мощный
hectolitre гектолитр
hedge хеджирование; **buying ~** хеджирование покупкой; **selling ~** хеджирование продаж
hedging хеджирование
height высота
help помощь, содействие; **gratuitous ~** безвозмездная помощь; **to ~** содействовать
hemp пеньковая верёвка
hemp пенька; **Manilla hemp** Манильская пенька
hereby настоящим (письмом)
hereditary потомственный
herein = in this document (letter, offer, contract etc.) в этом документе (письме, оферте, контракте и т. д.)
hereinafter ниже, в дальнейшем (*в данном документе*); **~ called (referred to) as the "Sellers"** именуемые в дальнейшем "продавцы"
hereof = of this, of these этого, этих, об этом, об этих
hereon = on this document на этом документе
hereto = to this document; the parties hereto стороны по этому контракту (*или* договору)
hereunder = under this document по этому документу
herewith с этим письмом, при сем
hermetically герметичный
hesitate колебаться, стесняться
hewn goods тесаный материал
hide кожа, шкура; **to ~** скрывать
hierarchy иерархия; **to establish a ~** установить иерархию
high высокий; **~ price allowance** надбавка на дороговизну; **~ prices** дороговизна; **~ quality** высококачественный; **~ technology** высокотехнологический; **~ tide** высокая вода
high-end модный
higher-ranking старший по званию
high-grade высокосортный
highly высоко; **~ profitable** высокорентабельный; **~ qualified** высококвалифицированный; **~ remunerative** высокодоходный; **~ specialized** высокоспециализированный
highly весьма, очень, чрезвычайно
high-priced дорогостоящий
hijack похищать
hijacking похищение
hinder мешать, препятствовать
hinder препятствовать
hindrance помеха, препятствие
hire аренда, наём, прокат; **for ~** напрокат; **to ~** брать внаём, внаймы, брать напрокат, нанимать; **to ~ for contracting work** подрядить; **to ~ out** сдавать напрокат, сдавать внаём, внаймы; **~ purchase (HP)** аренда с правом выкупа; **work for ~** работа по найму
hired прокатный; **~ trans-**

portation перевозки по найму
hiring хайринг; ~ **of personnel** наём персонала; ~ **of work force** наём рабочей силы; ~ **out** сдача, сдача в наём; ~ **to a job** приём на работу
hiss шипение, свист; **to** ~ освистывать
historical исторический; ~ **cost accounting** бухгалтерский учет по первоначальной себестоимости; ~ **dollar** первоначальный доллар *(бух.)*
history история; **to make (go down in)** ~ войти в историю
Hoarding чрезмерное накопление
hoist подъёмный механизм
hoisting грузоподъёмный
hold I трюм *(of a vessel)*, трюмный; **aft** ~ задний трюм; **ample** ~ вместительный трюм; **capacity of the** ~ вместимость трюма; **main** ~ главный трюм; **to** ~ держать, занимать, занять, обладать; **to** ~ **a charter-party** быть владельцем чартер-партии; **to trim to** ~ размещать груз в трюме; **trimming of the** ~ размещение груза в трюме
hold II (held) 1. держать, **to** ~ **on** *(или* **to hold the line)** держать трубку, не вешать трубку (телефона); 2. признавать; 3. иметь силу; **to** ~ **good in law** *см.* **good**; 4. **to** ~ **up** останавливать, задерживать
holder векселедержатель, владелец, держатель, предъявитель, обладатель; **account** ~ владелец банковского счёта, держатель счёта; **bona fide** ~ добросовестный держатель; **bond** ~ держатель облигаций; **certificate** ~ лицо, имеющее сертификат; **copyright** ~ обладатель авторского права; **debenture** ~ владелец долгового обязательства, держатель облигаций; **fund** ~ владелец фондовых ценностей; **patent** ~ владелец патента; **patent** ~ **and lessor** владелец патентов, продающий лицензии на них; **policy** ~ держатель страхового полиса; **previous** ~ предыдущий держатель; **registered trademark** ~ владелец регистрации товарного знака; **subsequent** ~ последующий владелец, последующий держатель; **trademark** ~ владелец товарного знака; ~ **in due course** законный владелец, законный держатель; ~ **in good faith** добросовестный владелец; ~ **of a bill (note)** держатель векселя; ~ **of a bill of lading** держатель коносамента; ~ **of a draft (bill of exchange)** держатель тратты; ~ **of a letter of credit** держатель аккредитива; ~ **of a license** владелец лицензии, держатель лицензии; ~ **of a pledge** держатель залога; ~ **of documents** держатель документов; ~ **of securities** владелец ценных бумаг
holding владение; ~**s** авуары; **bank** ~**s** банковские авуары; **dollar** ~**s** долларовая наличность; **foreign exchange** ~**s** инвалютная наличность; **patent** ~ патентный фонд; ~ **back** выдержка; ~ **company** холдинговая компания; ~ **gain/loss** доход/убыток от увеличения/уменьшения стоимости активов
hole отверстие, дыра, щель, прорезь, нора, лунка; беда; **to** ~ делать отверстия, продырявливать, загонять в лунку
holiday праздник, праздничный день, выходной, отпуск, отдых, каникулы; **he is on** ~ он в отпуску; ~ **maker** отдыхающий, турист
homeland отечество, родина
honest честный
honing machine *см.* **machine**
honorable почётный
honorarium гонорар
honorary почётный
hook крюк; **load** ~ грузовой крюк
hooky прогул
hope надеяться
hopeful: young ~ подающий надежды ребенок; **a** ~ **prospect** обнадеживающая перспектива; **a** ~ **sign** благоприятный признак
horde орда; **Golden** ~ золотая орда
horizon горизонт; **over the** ~ за горизонтом
horizontal горизонтальный; горизонталь
horsepower лошадиная сила; ~ **per unit of weight** мощность на единицу веса
hospitality гостеприимство

hostage заложник; ~ **taking** заложничество

hour час; **actual** ~**s worked** фактически проработанные часы; **after banking** ~**s** вне рабочих часов банка; **cumulative** ~**s** накопившиеся часы; **idle** ~**s** часы простоя; **non-working** ~**s** нерабочие часы; **off** ~**s** свободные часы; **office** ~**s** присутственные часы, рабочее время, служебные часы; **overtime** ~**s** сверхурочные часы; **worked** ~**s** проработанные часы; **working** ~**s of the bank** рабочие часы; банка; ~**s of operation** рабочее время; ~**s worked** наработанные часы

hourly rate почасовая ставка заработной платы

house дом, палата, фирма; **brokerage** ~ агентская фирма; **clearing** ~ расчётная палата; **mail order** ~ посылочная фирма; **packing** ~ упаковочная фирма; **publishing** ~ издательство; **trading** ~ торговый дом, торговая фирма; ~ **of Deputies** палата депутатов; ~ **of Lords** палата лордов

housewares предметы обычной домашней обстановки и обихода

housing жилое помещение; **basic** ~ основное жилое помещение; **furnished** ~ меблированное помещение; **private** ~ частное помещение; **provision of** ~ обеспечение жильём; **unfurnished** ~ помещение без мебели

however однако; ~ **much** как бы ни

hoy небольшое береговое судно

h.p. (horsepower) л.с. (лошадиная сила)

HQ (headquarters) штаб, ставка

HRH (Her/His Royal Highness) Ее/Его Королевское Высочество

hub втулка; **the** ~ **of the universe** пуп земли

huckleberry черника

huddle куча, груда, ворох

hue оттенок, тон

huff вспышка раздражения, обиды

huge огромный, громадный

hugely весьма, чрезвычайно, страшно

hull корпус *(судна)*

humbug надувательство; обманщик, очковтиратель

humid влажный

humidity влажность; **maximum** ~ максимальная влажность; **relative** ~ относительная влажность; ~ **control** контроль за влажностью

hummock бугор, пригорок; ~**s of ice** торосы

hunting охота

hush-hush засекреченный

hydraulic гидравлический; ~ **press** гидравлический пресс

hyphenate писать через дефис

hypothecation залог

hypothesis гипотеза

hypothesize предполагать, строить догадки

I

ibid(em) там же, в том же месте

ice лёд

ice лед; ~ **conditions** ледовые условия

ice-free незамерзающий

ID (Identification) удостоверение личности

idea идея, представление; замысел, намерение; **fixed** ~ навязчивая идея; **a bright** ~ блестящая идея; ~ **of the price** представление о цене; **general** ~ общее представление

identical тождественный (чему-л. ~ **with something**)

identification идентификация, опознание, признак; **false** ~ ложное опознание; **for purposes of** ~ с целью удостоверения личности; **legal** ~ судебная идентификация; ~ **card** удостоверение личности

identify опознать, отождествлять; устанавливать

identikit: an ~ *(picture)* фоторобот

identity идентичность; тождественность; личность; ~ **card** удостоверение личности

idle неиспользованный, неиспользуемый; неработающий, бездействующий

idleness праздность, безделие, лень

if: if any если это имеет место, в надлежащем случае и т. п.; **if so** в случае положительного результата *(дословно: если так)*

ihsect насекомое

illegal незаконный, нелегаль-

ный, противозаконный, противоправный
illegality незаконность, противозаконность
illicit незаконный, недозволенный
illiterate неграмотный
ILO (International Labour Organisation) МОТ (Международная Организация Труда)
illumination освещение
illustrate иллюстрировать
image 1. имидж, изображение; 2. статуя, скульптура; 3. копия, портрет; 4. образ; 5. репутация, престиж; **graven** ~ идол, кумир
imbalance дисбаланс, нарушение равновесия, несбалансированность; **foreign trade** ~ дисбаланс во внешней торговле
imbalanced несбалансированный
imitation подражание
immaterial несущественный
immediate немедленный, срочный
immemorial исконный
immigrant иммигрант
immigrate иммигрировать
immigration иммиграция
immoveable недвижимый
immunity иммунитет, льгота; **absolute** ~ абсолютный иммунитет; **consular** ~ консульский иммунитет; **diplomatic** ~ дипломатический иммунитет; **financial** ~ финансовый иммунитет; **fiscal** ~ фискальный иммунитет; **functional** ~ функциональный иммунитет; **jurisdictional** ~ юрисдикционный иммунитет; **legal** ~ судебный ный иммунитет; **partial** ~ **from punishment** частичное освобождение от наказания; **parliamentary** ~ парламентский иммунитет; **personal** ~ личный иммунитет; **sovereign** ~ иммунитет суверена; **tax** ~ налоговый иммунитет; ~ **from arrest** иммунитет от наложения ареста; ~ **from confiscation** иммунитет от конфискации; ~ **from requisitioning** иммунитет от реквизиций; ~ **from search** иммунитет от обыска; ~ **from suit** иммунитет от исков
immutability неизменность, непреложность
impartial объективный
imparting придание
impede препятствовать
impediment препятствие
imperative императивный
imperfection неполнота
imperialism империализм
imperialist империалист, империалистический
implement инструмент, инвентарь, прибор; **agricultural** ~s сельскохозяйственный инвентарь; **to** ~ воплощать, выполнять, осуществлять; реализовывать
implementation введение, внедрение, выполнение, осуществление, реализация; **commercial** ~ промышленное внедрение; **efficient** ~ эффективное выполнение; **period for** ~ период внедрения; **prompt** ~ немедленное осуществление; ~ **efforts** усилия по внедрению; ~ **of an agreement** выполнение соглашения; ~ **of a contract** выполнение контракта; ~ **of a plan** выполнение плана
implication последствие; **legal** ~s правовые последствия
implicit неявный
implied подразумеваемый; ~ **interest cost** затраты по ссудному проценту
imply подразумевать, предполагать
import ввозной, импорт; **easing of** ~ **quotas** облегчение ввоза; **exclusive** ~ исключительный импортёр; **indirect** ~ косвенный импорт; **invisible** ~ невидимый импорт; **to** ~ ввозить, импортировать; **to obtain** ~ **clearance** оформлять ввоз товара в порт; **valuation of** ~s стоимость ввоза; ~s **and exports** ввоз и вывоз; ~ **items** предметы ввоза; ~ **permit into port** разрешение на ввоз в порт; ~ **surplus** превышение ввоза над вывозом
importation ввоз; **additional** ~ дополнительный ввоз; **articles of** ~ статьи ввоза; **conditional duty-free** ~ условно беспошлинный ввоз; **duty-free** ~ беспошлинный ввоз; **to ban** ~ запрещать ввоз; **total** ~ общий ввоз
importer импортёр
importune домогаться
importunity домогательство
impose взимать, накладывать, налагать, облагать;

to ~ restrictions накладывать ограничения
imposition введение, обложение, наложение; ~ **of a duty** введение пошлины; ~ **of duties** взыскание пошлин; ~ **of fees** взимание сборов; ~ **of a fine** взыскание пени, наложение штрафа; ~ **of import duties** введение импортной пошлины; ~ **of import quotas** контингентирование ввоза; ~ **of quotas** введение квот; ~ **of sentencing** исполнение приговора; ~ **of a tax** введение налога
impossibility невозможность, невыполнимость
impossible невозможный, невыполнимый
imposting взимание; ~ **of duties** взимание пошлин
impracticable невыполнимый, неподходящий
impress 1. отпечаток, оттиск, штемпель; 2. производить (хорошее) впечатление; штемпелевать; ~ **of a seal** (*of a company*) оттиск печати; **we were very impressed by...** на нас произвел большое впечатление...
impression впечатление
impression 1. впечатление; 2. тираж (*печатного произведения*)
imprint отпечаток
imprison заключать
imprisonment заключение; **false** ~ незаконное заключение, необоснованное заточение, посягательство на свободу; **life** ~ пожизненное заключение
improper несоответствующий, неправильный, неподходящий
improve рационализировать, улучшать; **to tend to** ~ иметь тенденцию к улучшению
improvement оздоровление, повышение, подъём, улучшение, усовершенствование; **design** ~ улучшение конструкции; **numerous** ~s многочисленные усовершенствования; **patent on an** ~ патент на усовершенствование; **patentable** ~ патентоспособное усовершенствование; **patented** ~ запатентованное усовершенствование; **potential** ~ возможное усовершенствование, потенциальное улучшение; **quality** ~ улучшение качества; **rapid** ~s быстрые улучшения; **technical** ~ техническое усовершенствование; **technological** ~ технологическое усовершенствование; **to bring about an** ~ приводить к улучшению; **to demonstrate an** ~ показывать усовершенствование; **to develop an** ~ разработать усовершенствование; **to incorporate** ~s внедрять усовершенствование; **to make an** ~ сделать усовершенствование; **to seek** ~s добиваться улучшения; ~ **of business conditions** улучшение деловой конъюнктуры; ~ **of business** улучшение деловой активности; ~ **of containerization** усовершенствования контейнерной службы; ~ **of schedule** улучшение графика; ~ **of working conditions** улучшение условий труда
impudence наглость
impudent наглый
impure нечистый
imputed interest вмененный процент - такой вид расходов, который не влечет за собой выплаты денег
inability неспособность
inability невозможность
inaccessible недоступный
inactive неактивный
inadequacy недостаточность, отклонение
inadequate недостаточный, неудовлетворительный; ~ **demand** недостаточность спроса; ~ **maintenance and repair** недостаточность обслуживания и ремонта
inadmissible неприемлемый
inalienable неотъемлемый
inapplicable неподходящий
incalculable неисчислимый
incapable неспособный
incapacitated нетрудоспособный
incapacity неспособность
incarcerate заключать в тюрьму
incarceration тюремное заключение; **civil** ~ гражданский плен; ~ **in prison** заключение в тюрьме
incendiary поджигатель
incentive заинтересованность, побудительный фактор, стимул; **additional** ~ стимулирующая надбавка
incidence сфера действия; **the** ~ **of the costs** вопрос о том, на кого падают издержки
incident инцидент, происшествие; **diplomatic** ~ дипломатический инцидент;

frontier ~ пограничный инцидент
incidental случайный
incline склонять(ся); **to be ~d** быть склонным
include включать
income доход; выручка от основной деятельности предприятия; **accrued** ~ начисленный доход; **accumulated** ~ накопленный доход; **actual** ~ фактический доход; **after tax** ~ доход, остающийся после уплаты налогов; **annual** ~ годовой доход; **average** ~ средний доход; **average annual** ~ среднегодовой доход; **cash** ~ денежный доход; **concealment of** ~ сокрытие доходов; **corporate** ~ **tax** налог с доходов акционерных компаний); **current** ~ текущий доход **deferred** ~ доход будущих лет; **distribution of** ~ распределение доходов; **earned** ~ трудовой доход; **expected** ~ ожидаемый доход; **fixed** ~ постоянный доход, твёрдый доход; ~ **from operations** прибыль от основной деятельности; **gross** ~ валовой доход, общий размер доходов; **gross national** ~ валовой национальный доход; **growth of** ~ рост дохода; **increment of national** ~ прирост национального дохода; **interest** ~ процентный доход; **invisible (trade)** ~ доход от невидимых статей экспорта и импорта; **large** ~ высокий доход **level of** ~ размер дохода; **marginal** ~ маржинальный доход; **national** ~ национальный доход; **net** ~ чистый доход; **operating** ~ доход от операций; **per capita** ~ доход на душу населения; **primary** ~ первичный доход; **regular** ~ регулярный доход; **rental** ~ рентный доход; **sources of** ~ источники дохода; ~ **Statement (I/S)** отчет о прибылях и убытках; отчет о финансовых результатах; **supplementary** ~ дополнительный доход; ~ **tax (IT)** подоходный налог на доходы физических лиц; **taxable** ~ облагаемый налогами доход; ~ **tax expenses** расходы по уплате налога на прибыль; ~ **tax payable** кредиторская задолженность по налогу на прибыль; ~ **and Expenditure Account** отчет о доходах и расходах; ~ **Summary** итоговая прибыль; **to derive an** ~ извлекать доход; **to ensure an** ~ обеспечивать доход; **to guarantee an** ~ гарантировать доход; **total** ~ общая сумма дохода; **trade** ~ торговый доход; **trading** ~ доход от коммерческой деятельности; **understatement of** ~ занижение доходов; **unearned** ~ непроизводственный доход, нетрудовой доход; ~ **adjustment** регулирование доходов; ~ **deduction** вычет из облагаемого дохода; ~ **level** уровень дохода; ~ **of an enterprise** доход предприятия

incoming поступающий; ~ **orders** поступление заказов
incompetent невменяемый
incomplete незавершённый, некомплектный, неполный
incompletely неполностью
incompleteness неполнота
inconvenience неудобство, беспокойство
inconvenient неудобный
inconvertibility необратимость
inconvertible неконвертируемый, необратимый
incorporate 1. включать; включать в состав, объединяться; 2. зарегистрировать как корпорацию;
incorporated (в конце названий американских корпораций) зарегистрированный как корпорация
increase I наращивание, повышение, приплод, приращение, прирост, рост, увеличение; **artificial** ~ искусственное повышение; **artificial** ~ **in the exchange rate** искусственное повышение курса; **inflationary** ~ инфляционное повышение; **limited** ~ ограниченное увеличение; **one-time** ~ разовое увеличение; **overall** ~ общее увеличение; **overall percentage** ~ общее увеличение в процентном выражении; **pension** ~ повышение размера пенсии; **permitted** ~ допустимое увеличение; **price** ~ повышение цен; **price ~s** вздорожание; **probable** ~ вероятное увеличение;

rate ~ повышение ставки; **sharp** ~ резкое увеличение; **significant** ~ значительное увеличение; **to** ~ набавлять, наращивать, повышать, увеличивать; **to** ~ **in price** вздорожать, дорожать; **to absorb a price** ~ покрыть увеличение цены; **to project an** ~ планировать увеличение; **to speculate on price** ~**s** играть на повышение; **wage** ~ рост заработной платы; ~ **in the bank rate** повышение ставки банковского учёта; ~ **in buying power** повышение покупательной силы; ~ **in capital investments** увеличение капиталовложений; ~ **in consumer demand** рост потребительского спроса; ~ **in convertible currency receipts** увеличение поступлений валюты; ~ **in customs duty** повышение таможенных пошлин; ~ **in deliveries** увеличение поставок; ~ **in demand** повышение спроса, рост спроса; ~ **in duties** повышение пошлин; ~ **in equipment productivity** увеличение производительности оборудования; ~ **in imports** увеличение импорта; ~ **in income** увеличение доходов; ~ **in incomes** повышение доходов; ~ **in labor productivity** рост производительности труда, увеличение производительности труда; ~ **in manpower** увеличение численного состава; ~ **in production** рост производства; ~ **in production capacity** наращивание производственных мощностей; ~ **in productivity** повышение производительности, рост производительности, увеличение производительности; ~ **in profitability** повышение рентабельности; ~ **in purchasing power** рост покупательной способности; ~ **in the rate of production** наращивание темпа производства; ~ **in risk** повышение риска; ~ **in sales** увеличение сбыта; ~ **in share of inheritance** приращение наследственной доли; ~ **in tariff** повышение тарифа; ~ **in taxes** увеличение налогов; ~ **in the technical level of production** улучшение технического уровня продукции; ~ **in trade volume** увеличение объёма торговли; ~ **in turnover** рост суммы оборота; ~ **of deposits** увеличение вкладов; ~ **of prices over cost** подъём цен выше стоимости; ~ **to ...** увеличение до ...

increase II увеличивать(ся)
increased возросший; ~ **bid** увеличение надбавки к цене
increment приращение
incur (incurred) 1. носить, нести; **to** ~ **expenses** производить расходы; 2. навлечь на себя; происходить; **damage** ~**ed during the transport** порча, происшедшая во время перевозки

incured expenses понесенные расходы
indebted обязанный, признательный; **to be** ~ **to somebody for an address** быть признательным кому-л. за сообщение адреса
indebtedness задолженность; **current** ~ текущая задолженность; **loan** ~ ссудная задолженность; **long-term** ~ долгосрочная задолженность
indeed действительно, в самом деле
indelible несмываемый
indelible несмываемый, химический; ~ **ink** несмываемые чернила
indemnification возмещение
indemnify возмещать, гарантировать от убытков, застраховать, компенсировать
indemnity возмещение, компенсация; гарантия от убытков, индемнитет; **accrued** ~ наросшая компенсация; **insurance** ~ страховое возмещение, страховая компенсация; ~ **limit** предел возмещения
independence независимость, самостоятельность; **economic** ~ хозяйственная самостоятельность; **legal** ~ юридическая самостоятельность; **legislative** ~ законодательная самостоятельность
independent независимый, самостоятельный
index индекс, показатель, указатель; **alphabetical** ~ алфавитный указатель; **average annual** ~ средний

годовой показатель; **business** ~ индекс бизнеса; **classified** ~ систематический указатель; **consolidated** ~ сводный указатель; **industrial** ~ производственный показатель; **industrial production** ~ индекс промышленного производства; **money market** ~ индекс денежного рынка; **overall** ~ общий индекс; **patent** ~ патентный указатель; **price** ~ индекс цен, указатель цен; **production** ~ индекс продукции; **productivity** ~ индекс производительности; **quality** ~ качественный показатель, показатель качества; **quantitative** ~ количественный показатель; **reliability** ~ коэффициент надёжности; **retail price** ~ индекс розничных цен; **revised** ~ пересмотренный показатель; **to** ~ заносить в указатель; **to compile an** ~ снабжать указателем; **value** ~ индекс стоимости; **wage** ~ индекс зарплаты; **weighted average** ~ средневзвешенный показатель; **wholesale price** ~ индекс оптовых цен; **base point** основной показатель; ~ **of applicants** указатель заявителей; ~ **of applications** указатель заявок; ~ **of a book** предметный указатель; ~ **of gross production** показатель валовой продукции; ~ **of licenses** указатель лицензий; ~ **of per capita income** индекс доходов населения; ~ **of population density** показатель плотности населения; ~ **of profitability** показатель рентабельности; ~ **of trademarks** указатель товарных знаков

indicate указывать

indicated указанный; **as** ~ **hereinbelow** как указано ниже

indication показание, указание; **time** ~ указание срока; **with the** ~ с указанием; ~ **of origin** указание происхождения; ~ **of quantity** указание количества; ~ **of requirements** указание потребностей; ~ **of the value** указание стоимости

indicator показатель; **economic** ~ экономический показатель; **final** ~ окончательный показатель; **financial** ~ финансовый показатель; **industrial** ~ производственный показатель; **misleading** ~ ложный показатель; **momentary** ~ моментный показатель; **preliminary** ~ предварительный показатель; ~ **of efficiency** показатель эффективности; ~ **of industrial activity** показатель промышленной деятельности

indictment обвинительный акт

indirect косвенный; ~ **costs** косвенные расходы; ~ **materials** косвенные материальные затраты; ~ **labour costs** косвенные расходы на оплату труда; ~ **manufacturing costs** косвенные производственные расходы

individual индивидуальный; личность; ~ **good** единица товара

individuality индивидуальность

indivisible единый, неделимый

indorse см. **endorse**

indorsement надпись см. **endorsement**; **general** ~ бланковая надпись; **to make a general** ~ делать бланковую надпись

indorser см. **endorser**

indulgence снисходительность

industrialist промышленник

industrialization индустриализация

industrialize индустриализировать

industry индустрия, промышленность, хозяйство; **agricultural machinery** ~ сельскохозяйственное машиностроение; **aircraft** ~ авиационная промышленность; **atomic** ~ атомная промышленность; **automobile** ~ автомобильная промышленность; **chemical** ~ химическая промышленность; **construction** ~ строительная индустрия, строительная промышленность; **cooperative** ~ кооперативная промышленность; **cottage** ~ кустарное производство, кустарный промысел, кустарная промышленность; **dairy** ~ молочная промышленность; **defense** ~ оборонная промышленность; **electronic** ~ электронная промышленность; **export** ~ экспортная промышленность; **extractive** ~ добывающая промышленность; **fish** ~ рыбное хозяйство; **food processing** ~ пищевая промышленность; **footwear** ~ обувная промышленность; **gold mining** ~ золото-добывающая промышленность; **heavy** ~ тяжелая индустрия, тяжелая промышленность; **light** ~ легкая промышленность; **local** ~ местная промышленность; **machine building** ~ машиностроительная промышленность; **major** ~ крупная промышленность; **metal processing** ~ металлообрабатывающая промышленность; **metallurgical** ~ металлургическая промышленность; **mining** ~ горная промышленность; **mining extraction** ~ горнодобывающая промышленность; **motion picture** ~ кинематографическая промышленность; **munitions** ~ военная промышленность; **nationalized** ~ национализированная промышленность; **natural gas** ~ газовая промышленность; **nuclear energy** ~ ядерная промышленность; **petrochemical** ~ петрохимическая промышленность; **petroleum** ~ нефтяной промысел, нефтяная промышленность; **pharmaceutical** ~ фармацевтическая промышленность; **plastic** ~ пластмассовая промышленность; **power** ~ энергетическая промышленность; **private** ~ частная промышленность; **processing** ~ обрабатывающая промышленность; **road-transport (trucking)** ~ автохозяйство; **shipbuilding** ~ судостроительная промышленность; **state-owned** ~ государственная промышленность; **textile** ~ текстильная промышленность; **timber** ~ лесная промышленность; **tourism** ~ туристическая индустрия; **wood products** ~ деревообрабатывающая промышленность

ineffective неэффективный
inefficiency неэффективность; **economic** ~ неэкономичность
inequality неравенство, различие
inequitable неравноправный
inexpensive дешевый, недорогой
inexperienced малоопытный
infant ребенок
infeasible невыполнимый
infectious инфекционный
inference довод, заключение; **unfounded** ~ необоснованное заключение
inferior неполноценный; худший, хуже; ~ **to something** хуже чего-л (или чем что-л.); ~ **quality** низкокачественный
inflammable воспламеняющийся; **highly** ~ легковоспламеняющийся
inflate взвинчивать; **to** ~ **prices** взвинчивать цены; **to** ~ **rates of shares** взвинчивать курсы акций
inflation инфляция; ~ **accounting** инфляционный учет - система ведения бух.учета, при которой учитывается инфляция при расчете стоимости активов; **budgetary** ~ бюджетная инфляция; **credit** ~ кредитная инфляция; **illegal price** ~ незаконное повышение цен; **monetary** ~ денежная инфляция; **uncontrolled** ~ неконтролируемая инфляция
inflict налагать, наносить
inflicting нанесение
inflow наплыв, поступление, приток; **capital** ~ приток капиталов; ~ **of applications** поступление заявок; ~ **of capital** прилив капитала; ~ **of orders** наплыв заказов
infomercial рекламное шоу
inform информировать, оповещать, осведомлять, сообщать, сообщить, уведомлять, извещать
information информация, сведение, сведения, сообщение, справка; **additional** ~ дополнительная информация; **patent** ~ патентная информация; **reliable** ~ надежные сведения; **secret** ~ секретная информация; **service** ~ служебная справка
informational справочный
informed осведомленный; **to be** ~ **from first-hand sources** осведомляться по первоисточникам
infringe нарушать, посягать
infringement нарушение, посягательство, правонарушение; **cause of** ~ причина нарушения; **copyright**

~ нарушение авторского права; **criminal** ~ преступное посягательство; **gross** ~ грубое нарушение; **international** ~ международное правонарушение; **to discontinue** ~ прекратить нарушение; **to settle an** ~ урегулировать нарушение; ~ **of liberty** посягательство на свободу; ~ **of a patent** нарушение патента; ~ **of property** посягательство на собственность; ~ **of a right** нарушение права; ~ **of a trade mark** нарушение товарного знака
infringer нарушитель; **patent** ~ нарушитель патентов; **to prosecute the** ~ преследовать нарушителя
ingot слиток; чушка; **gold** ~ золота в слитках
inherent присущий; ~ **risk** присущий данной компании риск, отражающий особенности компании и среды, в которой она работает
inherit наследовать; **to** ~ **jointly** сонаследовать
inheritance наследство
initial начальный, первый; **to** ~ парафировать (e.g. agreement, treaty)
initialing парафирование; ~ **of an agreement** парафирование договора
initially в начальной стадии
initiate возбуждать; **to** ~ **proceedings** возбуждать дело
initiative инициатива, почин; **budget** ~ бюджетная инициатива; **grass roots** ~ народная инициатива; **legislative** ~ законодательная инициатива; **on one's own** ~ по своей инициативе, по своему почину; **parliamentary** ~ инициатива парламента
initiator основоположник
injunction предписание, приказание, судебный запрет
injure повреждать, поранить, ранить
injury повреждение, подрыв, ранение; **physical** ~ физическое повреждение
inland сухопутный; ~ **waters** внутренние воды; ~ **Revenue** Налоговое управление (Великобритания), аналогичное в США ~ **Revenue Service (IRS)**
in-law свояк (relation by marriage)
innocence невинность; **outraged** ~ оскорбленная невинность
innovation новшество; **exportable** ~**s** экспортные новинки; **technological** ~**s** технологические новинки; **product** ~ новинка; **technical** ~ техническое новшество; **to patent an** ~ запатентовать новинку
innumerable неисчислимый
inquest судебное следствие; **board of** ~ орган дознания; **oral** ~ устное следствие
inquire см. **enquire**
inquire запрашивать, запросить
inquiry запрос, расследование, розыск; **official** ~ официальный запрос; **preliminary** ~ предварительное расследование; **preliminary substantive** ~ предварительное расследование по существу; **to hold an** ~ произвести расследование, расследовать
inquiry см. **enquiry**
inquisition инквизиционный процесс
insane сумасшедший
insanity сумасшествие; **temporary** ~ аффект
inscription надпись; ~ **on a bag** маркировка мешка
insecure ненадежный
insecurity ненадежность
inseparable неотделимый
insert вкладыш; **mailing** ~ вкладыш в конверте
insert вставлять, вносить; вкладывать
insertion вставка в текст
insist настаивать (на ~ **on**)
insolence наглость; **insolent** наглый
insolvency неплатежеспособность, несостоятельность; ~ **of a debtor** несостоятельность должника
insolvent некредитоспособный, неплатежеспособный, несостоятельный; **to become** ~ стать несостоятельным; ~ **party** банкрот
inspect досматривать, осматривать
inspection досмотр, инспекция, надзор, осмотр, проверка; **building** ~ строительный надзор; **certificate of** ~ акт контроля, акт о проверке; **customs** ~ таможенный досмотр, таможенный осмотр; **field** ~ эксплуатационный контроль; **final** ~ окончательная проверка; **health** ~ санитарный осмотр; **sanitary** ~ санитарный надзор; **technical** ~ техничес-

кий надзор; **to be exempt from** ~ освобождать от досмотра; **to carry out an** ~ проводить досмотр; **to pass through customs** ~ проводить таможенный досмотр; ~ **method** метод контроля; ~ **of baggage** досмотр багажа; ~ **of cargo** досмотр грузов; ~ **of goods** осмотр товаров; ~ **of property** досмотр имущества; **the State Inspection for Quality** Государственная инспекция по качеству; **the State Grain Inspection** Государственная хлебная инспекция

inspector инспектор; **chief** ~ генеральный инспектор; **customs** ~ досмотрщик, таможенный инспектор, таможенный контролер; **insurance claims** ~ страховой инспектор; **tax** ~ налоговый инспектор

instability нестабильность, неустойчивость; **economic** ~ экономическая нестабильность; **price** ~ неустойчивость цен; ~ **of the monetary system** неустойчивость валютной системы

install монтировать; ввести в должность, вводить; устраивать, помещать; устанавливать

installation монтаж, общие условия монтажа, установка; **cost of** ~ стоимость монтажа; **defense** ~ сооружение; **delay in** ~ задержка монтажа; **during** ~ во время монтажа; **equipment** ~ монтаж оборудования; **factory** ~s цеховое оборудование; **fixed** ~s стационарное оборудование; **floating** ~s плавучее портовое оборудование; **plant** ~ монтаж завода; **prior to** ~ до начала монтажа; **shore** ~s береговое портовое оборудование

installer монтажник

installment взнос, часть; частичный взнос; **advance** ~ авансовый взнос; **annual** ~ ежегодный взнос; **by equal** ~s равными взносами; **by monthly** ~s ежемесячными взносами; **by weekly** ~s еженедельными взносами; **delivery in** ~s сдача по частям; **equal** ~s равные взносы; **exemption from** ~ **payments** освобождение от уплаты взносов; **initial** ~ первоначальный взнос; **last** ~ последний взнос; **minimum** ~ минимальный взнос; **monthly** ~ ежемесячный взнос; **next** ~ очередной взнос; **overdue** ~ просроченный взнос; **payment by** ~s платеж частями; **payment in** (*или* **by**) ~s платеж частичными взносами (*или* частями, в рассрочку); **quarterly** ~ квартальный взнос; **semiannual** ~ полугодовой взнос; **subsequent** ~ последующий взнос; **to be payable in annual** ~s подлежать оплате ежегодными взносами; **to pay by** ~ выплачивать взносами, платить в рассрочку; **weekly** ~ еженедельный взнос; ~ **against debt** взнос в счет погашения долга; ~ **of ... (amount)** взнос в размере ...; ~ **plan** рассрочка; ~ **premium** очередной страховой взнос

instance I инстанция; **court of first** ~ суд первой инстанции; **first** ~ первая инстанция

instance II пример, отдельный случай; **for** ~ например; **in the first** ~ во-первых или сначала

instant текущего месяца; **a letter of the 15th** ~ письмо от 15 числа текущего месяца

instigate подстрекать

instigation подстрекательство; ~ **to war** подстрекательство к войне

instigator подстрекатель, провокатор

institute институт; **financial** ~ финансовый институт; **international** ~ международный институт; **International** ~ **for the Unification of Private Law** международный институт по унификации частного права; **International Patent** ~ международный патентный институт; **legal** ~ правовой институт; **scientific research** ~ научно-исследовательский институт; **Scientific Research** ~ **for the Study of Criminal Behavior** научно-исследовательский институт криминалистики; ~ **of Comparative Law** институт сравнительного права; ~ **of Financial Law** финансово-правовой институт; ~ **of International Law**

I

институт международного права

institution институт, организация, учреждение; **banking** ~ банковский институт; **credit** ~ кредитная организация; **credit and financial** ~ кредитно-финансовое учреждение; **financial** ~ финансовое объединение, финансовое учреждение; **government** ~ государственное учреждение; **issuing** ~ эмиссионный институт; **legal** ~s правовые учреждения; **lending** ~ кредитное учреждение; **permanent arbitral** ~ перманентный арбитраж; **scientific** ~ научное учреждение; **standing arbitral** ~ постоянно действующий арбитраж

instruct инструктировать, давать инструкции (*или* указания), поручать; **to** ~ **the bank** давать указания банку

instruction обучение, поручение, распоряжение; ~s инструкция, указание; **applicant's** ~s указания заявителя; **as per** ~s согласно указанию; **assembly** ~s указания о порядке сборки; **banker's** ~s банковское поручение; **contrary** ~s противоположные указания; **detailed** ~s подробные указания; **diplomatic** ~s дипломатическое поручение; **free** ~ бесплатное обучение; **further** ~s дополнительные указания; **general** ~s общие указания; **governmental** ~ правительственное распоряжение; **in accordance with** ~s в соответствии с указаниями; **marking** ~s указания относительно маркировки; **normative** ~ нормативное предписание; **non-observance of** ~s несоблюдение указаний; **notwithstanding** ~s независимо от указаний; **operating** ~s указания по эксплуатации; **oral** ~s устные указания; **packed and marked as per** ~s в упаковке и с маркировкой согласно указаниям; **pending further** ~s в ожидании дальнейших указаний; **shipping** ~s инструкции по отгрузке **technical** ~s технические указания; **to await further** ~s ожидать указаний; **to comply with** ~s выполнять указания; **to follow** ~s следовать директивам, следовать указаниям; **to give** ~s давать указания; **to give written** ~s давать письменные указания; **to perform per** ~s делать по указанию; **to transmit** ~s передавать указания; **under the** ~s **of** ... на основании указаний; **work** ~s указания по выполнению работы; **written** ~s письменное указание; ~ **for carrying out the work** указания по выполнению работ; ~ **from a ministry** инструкция министерства; ~ **to advise** распоряжение об авизовании; ~ **to deliver** распоряжение о доставке

instrument акт, инструмент, орудие, прибор; **contractual** ~ договорный акт; **credit** ~ кредитный документ, кредитное орудие; **international** ~ международный акт; **mortgage** ~ акт об установлении ипотеки; **order** ~ ордерный документ; ~ **of payment** орудие платежа

insufficient недостаточный

insulation изоляция

insult оскорбление; **to** ~ оскорблять

insulted оскорбленный

insulting оскорбительный

insurable страхуемый

insurance страхование; **aviation** ~ воздушное страхование; **cargo** ~ страхование грузов; **casualty** ~ страхование от аварий; **exchange risk** ~ страхование валютных рисков; **group** ~ групповое страхование; **joint** ~ совместное страхование; **life** ~ пожизненное страхование; **mandatory** ~ обязательное страхование; **maritime** ~ морское страхование; **mutual** ~ взаимное страхование; **personal** ~ личное страхование; ~ **policy** страховой полис; **private** ~ частное страхование; **property** ~ имущественное страхование; **state** ~ государственное страхование; **supplementary** ~ дополнительное страхование; ~ **claim** заявление о выплате страхового возмещения; ~ **coverage** страховка

insure страховать, застра-

ховать (от, против ~ **against**; у, в ~ **with**)
insured застрахованное лицо
insured 1. (*с артиклем* **the**) страхователь (*лицо, отдающее на страхование имущество*); 2. p. p. от **insure**
insurer страховщик
insurgent повстанец, повстанческий
intact неповрежденный, целый
intaken взятый; погруженный; **in-taken weight** *см.* **weight**
intanglible assets нематериальные активы
integral неотъемлемый
integral составной, неразделный, неотъемлемый, существенный, полный, целый; ~ **part** неотъемлемая (*или* неотделимая) часть
integration интеграция; **economic** ~ экономическая интеграция; **European** ~ европейская интеграция; **political** ~ политическая интеграция
integrity целостность
intellectual интеллигент, интеллектуальный; **export and import of ~ property** экспорт и импорт результатов творческой деятельности
intelligence интеллект, разведка; ~ **officer** разведчик
intend 1. намереваться; 2. предназначать; предполагать
intense напряженный
intensity напряженность
intent намерение, предположение; **legislative** ~ законодательное предположение; **letter of** ~ меморандум о намерении, соглашение о намерениях; **protocol of** ~ протокол о намерениях
intention намерение, предположение
interact взаимодействовать
interaction взаимодействие; **investment** ~ инвестиционное взаимодействие; ~ **of supply and demand** взаимодействие спроса и предложения
interbank межбанковский
intercede просить
interchange обмен
interchangeability взаимозаменяемость, сменяемость
interchangeable взаимозаменяемый, сменяемый
inter-city междугородный
inter-corporation межфирменный
intercourse общение, сношение; **sexual** ~ половое сношение
interdepartmental межцеховой
interdependence взаимная зависимость
interest I 1. заинтересованность, интерес, 2. объект; 3. процент, проценты; **accumulating** ~ наросшие проценты; ~ **at the rate of 5 per cent.** процентная ставка (*или* проценты) в размере 5%; **bank** ~ банковский процент; ~ **bearing note** процентный вексель; ~ **charges** причитающиеся (*или* начисленные) проценты; **collective** ~s коллективные интересы; **common** ~ общие интересы; **community of** ~s общность интересов; **compound** ~ анатоцизм, сложные проценты; **consignor's** ~s интересы грузоотправителя; **contractual** ~ договорные проценты; **contrary to public** ~ противоречащий публичному интересу; **current** ~ текущие проценты; **double** ~ анатоцизм; **financial** ~ финансовый интерес; **future** ~ **(estate)** будущее имущество; ~ **income** прибыль по процентам по предоставленным кредитам; **legal** ~ законный интерес; **legal** ~ законные проценты; **monopoly** ~s монополистические круги; **mortgage** ~ ипотечные проценты; **permissible** ~ узаконенные проценты; **personal** ~ личная заинтересованность; **private** ~ частный интерес; **property** ~s имущественные интересы; **public** ~ общественный интерес, публичный интерес; **short-term** ~ доход от краткосрочных вложений; **simple** ~ простые проценты; **to defend one's** ~ защищать интерес; **usurious** ~ ростовщические проценты; **vital** ~ жизненные интересы; ~ **payment on a loan** уплата процентов по займу; ~ **rate increase** увеличение процентов; **to be of** ~ **to somebody** представлять интерес для кого-л., заинтересовать кого-л.; **to prove of** ~ **to somebody** оказаться интересным для кого-л.

interest II интересовать; **to be ~ed in** интересоваться чем-л.
interested заинтересованный
interfere мешать, препятствовать
inter-firm межфирменный
intergovernmental межправительственный
interim временный, промежуточный, промежуток; **~ dividends** промежуточные дивиденды; **~ financial statements** промежуточные финансовые отчеты
interior внутренний
intermediary посредник; **financial ~** финансовый посредник
intermediate промежуточный
intern стажер; **to ~** интернировать
international международный
internationalism интернационализм
internationalist интернациональный
internationalization интернационализация
internationalize интернационализировать
internee интернированный; **civilian ~** гражданский интернированный; **political ~** политический интернированный
internship стажировка
internuncio интернунций; **Papal ~** папский интернунций
interpellant интерпеллянт
interpellation интерпелляция **(question in Parliament)**
interpret истолковывать
interpretation интерпретация, истолкование, разъяснение; **limited ~** ограничительное истолкование; **~ of the Supreme Court** разъяснение верховного суда
interrogate опрашивать
interrogation опрос, опросный
interrogatory опросный лист
interruption перерыв; **~ in prescription period** перерыв течения давности; **~ in the period of the running of the statute of limitations** перерыв течения давности; **~ of work** перерыв в работе
intersection пересечение; **~ of borders** пересечение границы
intersectoral межотраслевой
interstate межгосударственный
interval интервал, промежуток, промежуток времени; **~ in the proceedings** перерыв прений; **at regular ~s** через равные промежутки времени
intervene интервенировать
intervention вмешательство, интервенция; **act of ~** акт вмешательства; **collective ~** коллективная интервенция; **currency ~** валютная интервенция; **diplomatic ~** дипломатическая интервенция; **economic ~** экономическая интервенция; **joint ~** совместная интервенция; **legal ~** юридическая интервенция; **military ~** военная интервенция
interventionist интервент, интервенционистский
interview беседа, встреча
intimate 1. указывать, намекать; 2. ставить в известность
intoxicating одурманивающий
intoxication опьянение; **public ~** появление в пьяном виде
intra-factory внутризаводской
intrasectoral внутриотраслевой
intrigues интрига, махинация, происки
introduce; вводить, вносить, внедрять
introduction внедрение, вступительный раздел, **product;** **~** внедрение продукции; **~ market ~** выпуск товара на рынок; **~ of equipment** внедрение машин; **~ of new product types** внедрение новых видов продукции; **~ of new technology** внедрение новой техники и технологии; **~ of progressive industrial processes** внедрение прогрессивных технологий; **~ of standards** внедрение нормативов; **~ of technology** внедрение технологии; **~ of testimony** получение показания; **~ phase** этап внедрения
introductory вступительный
invader захватчик, оккупант
invalid недействительный, не имеющий силы, инвалид
invalidate делать недействительным, лишать силы; **to be ~d** становиться недействительным, терять силу
invalidity недействительность;

~ of a certificate of authorship недействительность авторского свидетельства; **~ of a patent** недействительность патента; **~ of a trade mark** недействительность товарного знака

invent изобрести

invention изобретение; **additional ~** дополнительное изобретение; **foreign ~** иностранное изобретение; **in-house ~** изобретение, сделанное на предприятии; **industrial ~** промышленное изобретение; **joint ~** совместное изобретение; **patentable ~** патентоспособное изобретение; **patented ~** запатентованное изобретение

inventiveness изобретательство

inventor автор изобретения, изобретатель; **first and genuine ~** действительный и первый изобретатель

inventory опись, перепись, роспись; **agricultural ~** сельскохозяйственная перепись; **industrial ~** промышленная перепись; **partial ~** частичная перепись; **statistical ~** статистическая перепись; **taking ~** инвентаризация; **to ~** описать, составить опись; **to take ~** инвентаризировать, производить перепись

invest вкладывать, инвестировать

investigate изучать, исследовать, обследовать, расследовать

investigation изыскание, обследование, разбирательство, следствие; **budget ~** бюджетное обследование; **criminal ~** уголовный розыск; **preliminary ~** предварительное следствие; **to call off an ~** прекратить следствие; **to carry out an ~** производить следствие; **under ~** подследственный; **~ act** акт обследования

investigator следователь; **judicial ~** судебный следователь

investing инвестирование

investment вложение; **~s** инвестиции; **capital ~s** капитальные вложения; **domestic ~s** внутренние капиталовложения; **foreign ~s** заграничные капиталовложения, иностранные инвестиции; **gross ~s** валовые капиталовложения; **joint capital ~s** совместные капиталовложения; **low-yield ~s** малоприбыльные капиталовложения; **major ~s** крупные капиталовложения; **monetary ~** взнос денежных средств; **net ~s** чистые инвестиции; **original ~s** первоначальные капиталовложения; **planned ~s** плановые капиталовложения; **portfolio ~s** портфельные инвестиции; **profitability of ~s** рентабельность вложений; **public ~s** государственные капиталовложения; **secure ~s** надежные капиталовложения; **to curtail ~s** сокращать капиталовложения; **to increase capital ~s** увеличивать капиталовложения; **~ abroad** инвестиции за границей; **~ incentives** стимулы для капиталовложений; **~ of capital** вклад капитала; **~ opportunities** возможности для капиталовложений; **~ plan** план капиталовложений

investor инвеститор; **foreign ~** иностранный вкладчик; **major ~** крупный вкладчик

invisible невидимый

invitation пригласительный билет, приглашение

invoice I счет-фактура, счет, фактура; **certified ~** заверенный счет-фактура; **commercial ~** коммерческий счет-фактура; **consular ~** консульский счет-фактура; **final ~** окончательный счет-фактура; **original of the ~** оригинал счета-фактуры; **preliminary ~** предварительный счет-фактура; **pro forma ~** ориентировочный счет-фактура; **pro forma ~** образец фактуры или предварительная фактура; **provisional ~** предварительная фактура; **shipper's ~** счет грузоотправителя; **specimen ~** примерный счет-фактура; **to append a copy of an ~** прилагать копию счета-фактуры; **to fraudulently alter an ~** переделывать счет-фактуру; **to include in an ~** включать в счет-фактуру; **to issue an ~** выписывать счет-фактуру; **to reduce the ~ amount** уменьшать сумму счета-

фактуры; **amount** сумма счета-фактуры; **copy** копия счета-фактуры; **date** дата счета-фактуры; **~ for ...** счет-фактура на; **~ specification** фактура-спецификация; **~-license** фактура-лицензия
invoice II отфактуровать, послать согласно счету-фактуре
invoiced фактурный
invoicing выписка счета, фактурирование
involuntary непроизвольный
involve связывать, связать
inward внутренний
irregular нерегулярный
irremovable неустранимый
irrespective of независимо от
irresponsible неответственный; **legally ~** невменяемый
irrevocable безотзывный; **~ letter of credit** *см.* **letter of credit**
isolation изоляция, обособленность; **economic ~** хозяйственная изоляция
isolationism изоляционизм
isolationist изоляционист, изоляционистский
issuance выдача, оформление; **contest the ~ of a patent** оспаривать выдачу патента; **date of ~** дата выдачи; **month of ~** месяц выдачи; **patent ~ fee** пошлина за выдачу патента; **patent ~ rules** правила выдачи патентов; **place of ~** место выдачи; **to delay ~** задерживать выдачу; **~ of a bill** выдача векселя; **~ of a credit** выдача кредита; **~ of a document** выдача документа; **~ of a draft (note)** выписка тратты; **~ of a guarantee** выдача гарантии; **~ of a letter of credit** выдача аккредитива; **~ of a patent** выдача патента; **~ of a visa** выдача визы; **~ of a waybill** выдача транспортной накладной; **~ of shares** выпуск акций; **~ of stock** выдача акций
issue I вопрос, выпуск, выдача; номер **(periodical)**, приплод **(livestock)**, предмет обсуждения, спора; проблема, эмиссия **(bonds, etc.); consideration of an ~** рассмотрение вопроса; **controversial ~** спорный пункт; **date of ~** дата выпуска; **internal ~** внутренний выпуск; **legal ~** правовая проблема; **place of ~** место выпуска; **rate of ~** курс выпуска; **to consider an ~** рассматривать вопрос; **to plan a special ~** планировать специальный выпуск; **to ~ a receipt** выдать расписку; **unresolved ~** неразрешенный вопрос; **~ date of an invoice** дата выписки счета; **~ of an author's certificate** выдача авторского свидетельства; **~ of bank notes** эмиссия банкнот **~ of certification** выдача свидетельства; **~ of debentures** выпуск облигаций; **~ of a loan** выпуск займа; **~ of a receipt** выдача расписки; **~ of securities** эмиссия ценных бумаг; **~d stock** выпущенные акции; **~ under consideration** рассматриваемый; **a question at ~** спорный вопрос
issue II выдавать; выпускать
issuing эмиссионный; **~ an invoice** выдача накладной
italicize выделять, выделить курсивом
item предмет, пункт, пункт договора, статья, позиция, штука; **balance sheet ~** статья баланса; **contraband ~** контрабандный предмет; **exhibited ~** экспонируемый предмет; **fragile ~** хрупкий предмет; **luxury ~** предмет роскоши; **requisitioned ~** реквизированный предмет; **~s of consumption** предметы потребления; **~ of contraband** предмет контрабанды; **~ of export** статья экспорта; **~ of income** доходная статья
itemization перечень, список
itemize перечислять по пунктам; **to ~ the price** выделить цену каждого предмета (*или каждой позиции*)
itinerary маршрут
ivory слоновая кость; клавиши
ivy плющ

J

jacket обертка *(of book, etc.)*
jam 1. давка; 2. остановка; 3. неловкое положение; **to get into a ~** влипнуть; **traffic ~** затор, пробка

jamming заедание *(остановка)*; глушение *(радио)*
jar банка; **sealed** ~ запечатанная банка; **to preserve in a** ~ упаковывать в банку
jenny 1. подъемные; 2. подвижная лебедка
jettison I выбрасывание, выбрасывание за борт; ~ **of cargo** выбрасывание груза за борт
jettison II выбрасывать за борт
jetty пристань, мол
jewellery ювелирные изделия, драгоценности
jiffy миг; **wait a** ~ ! подождите минутку! **In a** ~ одним мигом; **I'll come in a** ~ я мигом
job задание, рабочее место, работа; **additional** ~ дополнительная работа; **rush** ~ срочная работа; **slipshod** ~ халтура; **temporary** ~ временная работа; ~ **order** заказ на производство продукции; ~ **order cost card** калькуляционная карта, в которой отражаются все затраты по выполнению заказа; ~ **time card** карточка табельного учета времени, затраченного работником на выполнение заказа
jobber биржевой спекулянт, комиссионер, спекулянт
jobbing спекуляция; **stock** ~ биржевая спекуляция, игра на бирже
joggle покачиваться
join вступать, вступать в члены, присоединять, присоединяться
joinder присоединение; ~ **a suit** присоединение к иску
joining соединение
joint единый, совместный, смешанный; ~ **liability** солидарность
jointly солидарно
jotter (pad) блокнот
jottings записи
journal ведомость, журнал, регистр; **cash** ~ кассовый журнал; ~ **entry** запись в журнале; **medical** ~ медицинский журнал; **purchase** ~ журнал учёта закупок; **sanitary** ~ санитарный журнал; **technical** ~ технический журнал
journalize записывать в журнал учёта; регистрация хозяйственных операций
journey поездка, проезд, путешествие
joust турнир
judge судья; **competent** ~ компетентный судья; **federal** ~ федеральный судья; **local** ~ местный судья; **to** ~ судить
judgement (*или* **judgment**) присуждение, суждение; приговор, решение суда; **to pronounce** (*или* **to enter**) ~ вынести решение; ~ **money** присуждение к уплате денежной суммы; **to be subject to a** ~ подлежать взысканию; ~ **by default** заочный приговор; ~ **for the plaintiff** удовлетворение иска; ~ **of the court** судебный приговор
judicial судебный
junction стык; **railway** ~ узловая станция
juncture конъюнктура
juridical юридический; ~ **person** юридическое лицо; ~ **address** юридический адрес
juridically юридически
jurisdiction компетенция (*subject matter*), подсудность, правило о подсудности, юрисдикция; **advisory** ~ консультативная юрисдикция; **alternative** ~ альтернативная подсудность; **civil** ~ гражданская подсудность, гражданская юрисдикция; **consular** ~ консульская юрисдикция; **criminal** ~ уголовная подсудность; **exclusive** ~ исключительная подсудность, исключительная юрисдикция; **foreign** ~ иностранная юрисдикция; **general** ~ общая подсудность, общая юрисдикция; **mandatory** ~ обязательная подсудность; **national** ~ национальная юрисдикция; **state** ~ государственная юрисдикция; **subject matter** ~ предметная подсудность; **territorial** ~ территориальная подсудность; **to come under the** ~ **of** входить в компетенцию; **to fall within the** ~ подпадать под юрисдикцию; **within the** ~ подведомственный; **within the** ~ **of** подсудный; ~ **over a case** подсудность дела; ~ **over subject matter** подсудность по предмету
jurisprudence юридические науки, юриспруденция
jurist правовед
juror присяжный заседатель

juryman присяжный заседатель

just правомерный, справедливый

justice правосудие, верховный судья *(person)*, справедливость, юстиция; **administration of criminal ~** правосудие по уголовным делам; **criminal ~** уголовное правосудие; **international ~** международное правосудие; **rough ~** расправа; **social ~** социальная справедливость; **Ministry of ~** министерство юстиции; **~ of the peace** мировой судья

just-in-time (JIT) inventory control управление движением материальных запасов по принципу "точно вовремя", когда производство осуществляется в точном соответствии со спросом

justification обоснование, обоснованность; **economic ~** экономическое обоснование; **in ~ of** в обоснование; **technical ~** техническое обоснование

justification обоснованность

justified обоснованный

justify обосновывать, оправдывать; **to be justified** иметь основание

juxtapose сопоставить *(кого с кем или что с чем)*

juxtaposition соседство, близость; сопоставление

K

keel киль; **false ~** фальшкиль; **on an even ~** не качаясь; устойчивый, стабильный; **~ over** опрокидываться; **~ haul** протаскивать под килем

keep (kept) хранить, держать; содерживать, сохранять, сохранить; **~ books/records** вести бухгалтерские книги/учет; **to ~ in stock** держать на складе; **to ~ somebody informed** (*или* **advised**) **of something** держать кого-л. в курсе чего-л.

kept *past, p. p.* от **keep**

key ключ, ключевой; **~ position** ключевая позиция; **~ to a code** ключ к шифру

kidnap похищать

kidnapping похищение; **~ of a child** похищение ребёнка

kick удар, пинок; отдача

kilo (*мн.ч.* **kilos**) килограмм

kind вид, род, сорт **compensation; in ~** возмещение в натуре; **in ~** в вещественном виде, в натуральном выражении, в натуральном виде; **payment in ~** оплата натурой; **remuneration in ~** вознаграждение натурой; **tax in ~** продналог

kindling разжигание

kindly пожалуйста, будьте добры

kindness любезное отношение, любезность

kinship родство; **illegitimate ~** внебрачное родство

kit комплект, набор; **tool ~** комплект инструментов, набор инструментов

know: to be in the ~ быть в курсе дела

knowable познаваемый

knowing умный, осведомленный, проницательный, понимающий; **a ~ look** многозначительный взгляд

know-how ноу-хау, опыт; производственный опыт и знания/секреты; **disclosed ~** разглашённое ноу-хау; **exchange of ~** обмен ноу-хау; **general ~** общее ноу-хау; **licensed ~** ноу-хау по лицензии; **licensor's ~** ноу-хау лицензиара; **manufacturing ~** ноу-хау на изготовление; **operational ~** производственный опыт; **owner of ~** владелец ноу-хау; **patented ~** патентованное ноу-хау; **protection of ~** охрана ноу-хау; **technical ~** техническое ноу-хау; **to furnish ~** выдавать ноу-хау; **to supply ~** предоставлять ноу-хау; **to surrender ~** отказываться от ноу-хау; **to use ~** использовать ноу-хау; **transfer of ~** передача ноу-хау; **undisclosed ~** неразглашённое ноу-хау; **unpatented ~** незапатентованное ноу-хау; **~ package** комплекс ноу-хау; **~ transfer agreement** договор на передачу ноу-хау

knowledge знание, сведения; **public ~** общеизвестность; **with (without) the ~** с (без) ведома

knowlegeable хорошо осведомленный

known известный; **well ~** общеизвестный

KO (knock out) нокаут; нокаутировать

L

label бирка, этикетка, ярлык; **back** ~ этикетка на задней части упаковки; **brand** ~ клеймо; **cargo** ~ этикетка груза; **coded** ~ этикетка с артикулом; **descriptive** ~ описательная этикетка; **detailed** ~ подробная этикетка; **enclosed** ~ прилагаемая этикетка; **package** ~ этикетка места; **paper** ~ бумажная наклейка, бумажная этикетка; **private** ~ марка торгового посредника (*distributor's brand*); **recipe** ~ этикетка, содержащая рецепт для приготовления продуктов; "**red**" ~ этикетка "красная" (*denotes dangerous cargo*); **to affix a** ~ прикреплять наклейку; **to apply a** ~ прикреплять этикетку; **to attach a** ~ прикреплять бирку, наклеивать этикетку; **with** ~**s** с этикетками; **without** ~**s** без этикеток

labeling маркировка

laboratory лаборатория, лабораторный; **joint** ~ совместная лаборатория; **research** ~ исследовательская лаборатория; **specially equipped** ~ специально оборудованная лаборатория

laborious труднодоступный

Labour труд; рабочая сила; **division of** ~ разделение труда; **efficient** ~ производительный труд; **highly skilled** ~ высококвалифицированный труд; **individual** ~ индивидуальная трудовая деятельность; **in-factory division of** ~ внутризаводское разделение труда; **manual** ~ ручной труд; **non-productive** ~ непроизводительный труд; **productive** ~ продуктивный труд; **productivity of** ~ производительность труда; **remuneration of** ~ оплата труда; **setting of quotas** нормирование труда; **skilled** ~ квалифицированный труд; ~ **content** трудоёмкость; ~ **intensive** трудоёмкий; ~ **time cards** карты учета рабочего времени

labourer рабочий; **auxiliary** ~ вспомогательный рабочий; **casual** ~ временный рабочий; **day** ~ подённый рабочий; **hired** ~ наёмный рабочий; **seasonal** ~ сезонный рабочий; **unskilled** ~ неквалифицированный рабочий

lack голод, недостаток, недостача, неимение, нехватка, отсутствие; недоставать; **for** ~ **of ...** за недостатком ...; **to** ~ **for** испытывать недостаток; ~ **of agreement** отсутствие согласия; ~ **of authority** отсутствие правомочий; ~ **of evidence** отсутствие доказательства; ~ **of (foreign) exchange** нехватка валюты; ~ **of jobs** недостаток вакансий; ~ **of previous convictions** отсутствие судимости; ~ **of quorum** отсутствие кворума; ~ **of raw materials** нехватка сырья

lacking отсутствующий; **to be** ~ отсутствовать

laid *past, p. p. от* **lay**

lain *p. p. от* **lie**

land земля, земельный, поземельный; **arable** ~ пахотная земля; **border** ~ пограничная земля; **cultivated** ~ возделанная земля; **fallow** ~ залежная земля; **individual** ~ **tenure** единоличное землепользование; **leased** ~ арендованная земля; **occupied** ~ занятая земля; **state** ~**s** казённая земля; **urban** ~ городская земля; ~ **owner** землевладелец; ~ **ownership** землевладение ~ **tax** поземельный налог ~ **surveyor** землемер; ~ **tenure** землепользование; ~ **tenure regulation** землеустройство

landed на берег; ~ **price** цена с выгрузкой на берег; ~ **terms** на условиях с выгрузкой на берег

landing посадка; **forced** ~ вынужденная посадка; **to pay** ~ **charges** платить расходы по выгрузке; **unforeseen** ~ непредвиденная посадка; ~ **charges** лэндинг

language язык, языковой; ~ **barrier** языковой барьер

lapse прекращение, истечение (времени); ~ **of a patent** прекращение патента; ~ **of term** истечение срока

larceny кража

large большой, крупный

large-format крупноформатный

L

large-scale крупномасштабный

lash, to ~ крепить верёвками, обвязывать; **to ~ together** связывать верёвкой

lashing верёвка; **cargo** ~ верёвка для крепления груза; **to secure the ~s** крепить верёвкой

last прошлый, последний; **a letter of the 15th May** ~ письмо от 15 мая текущего года *(из письма, написанного в июне — декабре того же года)*; **~named** последний из названных

late поздний; поздно; ~ **October loading** погрузка в конце октября; **~r on** позже *или* позднее; в будущем; в дальнейшем; **at (the) ~st** самое позднее *или* как самый поздний срок

latent скрытый

lateral горизонтальный

latitude льгота

latter последний (из двух названных)

launching выпуск; ~ **of a new product** выпуск нового продукта

lavish, to ~ расточать; **to ~ praise upon** расточать похвалы

law закон, правило, право; **administrative** ~ административное право; **admiralty** ~ морское право; **applicable** ~ применимое право; **banking** ~ банковский закон; **canon** ~ каноническое право; **civil** ~ гражданское право; **codified** ~ кодифицированное

law

право; **commercial** ~ коммерческое право; **common** ~ общее право; **comparative** ~ сравнительное право; **constitutional** ~ конституционный закон, конституционное право; **criminal** ~ уголовное право; **customary** ~ обычный закон, обычное право; **customs** ~ таможенный закон; **discriminatory** ~ дискриминационный закон; **dry** ~ сухой закон; **ecclesiastical** ~ церковное право; **economic** ~ экономический закон; **emergency** ~ чрезвычайный закон; **English** ~ английское право; **existing** ~ существующий закон; **family** ~ семейное право; **federal** ~ федеральный закон; **fiscal** ~ фискальный закон; **formal** ~ формальный закон, формальное право; **Grisham's** ~ закон Грешема; **intergovernmental** ~ внутригосударственное право; **intergovernmental ~ and order** внутригосударственный правопорядок; **intragovernmental** ~ внутригосударственный закон; **international** ~ международное право; **international ~ and order** международный правопорядок; **international administrative** ~ международное административное право; **international admiralty** ~ международное морское право; **international civil** ~ международное гражданское право; **international criminal** ~ международное уголовное право; **international customary** ~ международное обычное право; **international ~ of outer space** международное космическое право; **international positive** ~ международное позитивное право; **international private** ~ международное частное право; **international public** ~ международное публичное право; **international trade** ~ международное торговое право; **iron** ~ железный закон; **Islamic** ~ мусульманское право; **labor** ~ трудовой закон, трудовое право; **local** ~ местное право; **military** ~ военное право; **military criminal** ~ военное уголовное право; **model** ~ типовой закон; **municipal** ~ муниципальный закон; **Murphy's** ~ закон подлости; **national** ~ национальный закон, национальное право; **natural** ~ естественное право; **organic** ~ органический закон; **patent** ~ патентный закон; **penal** ~ карательное право; **positive** ~ позитивное право; **private** ~ частное право; **private admiralty** ~ частное морское право; **procedural** ~ процессуальное право; **proposed** ~ законопредложение; **public** ~ государственное право, публичное право; **race** ~ расовый закон; **Roman** ~ римское право; **science of** ~ правоведение; **societal** ~ общественный закон; **spe-**

cial ~ специальный закон; **study of comparative** ~ сравнительное правоведение; **supranational** ~ наднациональное право; **tariff** ~ тарифный закон; **tax** ~ налоговый закон, налоговое право; **temporary** ~ временный закон; "**thieves in the** ~" воры в законе; **to administer the** ~ отправлять правосудие; **to evade a** ~ обойти закон; **trade** ~ торговое право; **unwritten** ~ неписаное право; **written** ~ письменный закон, писаное право; ~ **and order** правопорядок; ~ **department (law school)** юридический факультет, юрфак; ~ **of arbitration** арбитражное право; ~ **of bills of exchange** вексельное право; ~ **of civil procedure** гражданское процессуальное право; ~ **of contracts** договорное право; ~ **of estates** вещное право; ~ **of evidence** доказательственное право; ~ **of general application** общий закон; ~ **of guardianship** опекунское право; ~ **in force** действующее право; ~ **of obligations** обязательственное право; ~ **of outer space** космическое право; ~ **of property** имущественное право; ~ **of real property** недвижимое имущественное право; ~ **of subterranean resources** горное право; ~-**abiding person** законник
law-court суд; **general law-court** общий суд
lawful правовой
lawlessness незаконность
lawsuit исковая претензия
lawyer адвокат, законник, юрист
lay класть
lay I (**laid**) класть, положить; **to** ~ **a claim to** притязать; **to** ~ **down** устанавливать
lay II *past от* **lie**
lay time стояночное (или сталийное) время
layday контрсталийный, контрсталия; ~**s** сталийное время, стояночное время
laydays *мн.ч.* (*или* **lay days**) сталийные дни
layout макет; **floor plan** ~ макет экспозиции
laytime время стоянки; **allowed** ~ разрешённое время стоянки судна
L/C аккредитив
lead свинец
lead (**led**) вести, привести
leader руководитель; **brigade** ~ бригадир
leadership руководство
leading руководящий
leaflet листовка, проспект (*на одном листе*); **distribution of** ~**s** распространение листовок; **to distribute** ~**s** распространять листовки
league лига, союз
leakage утечка
leaky имеющий течь, с течью
learn (**learned, learnt**) узнавать, получать сведения; **we regret to** ~ мы с сожалением узнали
learnt *past, p. p. от* **learn**
lease аренда, наем; ~ **accounting** учета аренды; **agricultural** ~ сельскохозяйственная аренда **for** ~ внаем, внаймы **gratuitous** ~ бесплатная аренда; **ground** ~ земельная рента; ~**hold** право (долгосрочной) аренды; **income** ~ рентная аренда (**income property**); **international** ~ международная аренда; **kiosk** ~ аренда киоска; **land** ~ аренда земли; **long-term** ~ долгосрочная аренда; **perpetual** ~ бессрочная аренда; **short-term** ~ краткосрочная аренда; **to** ~ брать внаём, внаймы, взять в аренду (*as lessee*); **to** ~ арендовать, отдать в аренду, сдать в аренду, сдавать внаём, внаймы (*as lessor*); **to** ~ **a vessel under a charter party** сдавать внаём, внаймы судно по чартеру (*as lessor*); **to give up for** ~ уступить в аренду; **to offer for** ~ предоставить в аренду; **unlimited term** ~ неограниченная сроком аренда; ~ **conditions** условия найма в аренду; ~ **of agricultural land** аренда сельскохозяйственных земель; ~ **of space** аренда площади
leaseholding владение на основе аренды
leasing лизинг, лизинговый, сдача
least: **at least** по меньшей (*или* по крайней) мере
leave отпуск; **additional** ~ дополнительный отпуск; **annual** ~ ежегодный отпуск; **maternity** ~ отпуск по беременности, отпуск по беременности и родам; **post-maternity** ~ послеродовой отпуск; **pre-**

maternity ~ дородовой отпуск; **sick ~** отпуск по болезни; **to ~** расстаться; **worker on ~** отпускник
leave (left) оставлять (у ~ **with**); **to ~ behind** забыть *(в смысле не взять с собой, не послать)*
ledger бухгалтерская книга; **general ~** главная книга *(бух.)*; **subsidiary ~** вспомогательный регистр *(бух.)*; **~ account form** форма счета в главной книге или в ином регистре синтетического и аналитического учета
left *past, p. p. от* **leave**
legal законный, легальный, правовой, судебный, юридический; **by ~ means** правовым средством; **~ capital** уставной капитал/фонд; **from a ~ standpoint** с юридической точки зрения; **~ advice** консультация юриста; **~ advisor** юрисконсульт; **~ clinic** юридическая консультация; **~ relations** правоотношения; **~ sciences** юридические науки
legality законность; **international ~** международная законность; **socialist ~** социалистическая законность
legalization легализация, правовое оформление
legalize, to ~ оформлять; легализовать
legalized легализованный
legally законно, юридически
legation миссия
legislate, to ~ законодательствовать

legislation законодательство; **agrarian ~** аграрное законодательство; **anti-dumping ~** законодательство против демпинга; **anti-trust ~** антимонопольное законодательство; **arbitration ~** арбитражное законодательство; **banking ~** банковское законодательство; **budgetary ~** бюджетное законодательство; **civil ~** гражданское законодательство; **civil aviation ~** воздушное законодательство; **civil procedure ~** гражданское процессуальное законодательство; **collective farm ~** колхозное законодательство; **colonial ~** колониальное законодательство; **commercial ~** торговое законодательство; **constitutional ~** конституционное законодательство; **credit ~** кредитное законодательство; **currency exchange ~** валютное законодательство; **customs ~** таможенное законодательство; **domestic ~** отечественное законодательство; **economic ~** экономическое законодательство; **emergency ~** чрезвычайное законодательство; **family ~** семейное законодательство; **federal ~** федеральное законодательство; **financial ~** финансовое законодательство; **fiscal ~** фискальное законодательство; **foreign ~** иностранное законодательство; **health ~** санитарное законодательство; **housing ~** жилищное законодательство; **immigration ~** иммиграционное законодательство; **~ in force** действующее законодательство; **insurance ~** страховое законодательство; **internal ~** внутреннее законодательство; **international ~** международное законодательство; **labor ~** трудовое законодательство; **land ~** земельное законодательство; **local ~** местное законодательство; **marital ~** брачное законодательство; **maritime ~** морское законодательство; **military ~** военное законодательство; **mining ~** горное законодательство; **national ~** национальное законодательство; **parallel ~** параллельное законодательство; **patent ~** патентное законодательство; **penal ~** уголовное законодательство; **postal ~** почтовое законодательство; **procedural ~** процессуальное законодательство; **racist ~** расистское законодательство; **rent-control ~** законодательство о квартирной плате; **riparian ~** водное законодательство; **rural ~** сельское законодательство; **tax ~** налоговое законодательство; **timber ~** лесное законодательство
legislative законодательный
legislator законодатель
legitimate законный, обоснованный; **~ child** законнорождённый

leisure досуг, отдых; **at your ~** на досуге

lend, to ~ давать в долг, давать взаймы, давать в кредит, одалживать, ссужать, ссудить

lender заимодавец, заимодатель, кредитор; **private ~** частный кредитор

lending кредит, кредитование, ссудный; **foreign exchange ~** валютное кредитование; **targeted ~** целевое кредитование

length длина *(dimension)*, продолжительность *(duration)*; **overall ~** габаритная длина

lentils *мн.ч.* чечевица

less минус, за вычетом

lessee арендатор, съёмщик **primary ~** основной съёмщик

lessor арендодатель

let, to ~ сдавать в наём

let: to ~ somebody know something сообщить кому-л. что-л. *(или о чем-л)*; **~ us know** сообщите нам

letter письмо **anonymous ~** анонимное письмо; **cash ~** кассовое письмо **cover; ~ or covering ~** сопроводительное письмо; **dunning ~** письмо с требованием уплаты долга; **letter of guarantee** *см.* **guarantee** I; **express ~** срочное письмо; **official ~** служебное письмо; **registered ~** заказное письмо; **registered ~ with declared value** ценное письмо; **registered ~ with return notification** заказное письмо с обратной распиской; **threatening ~** угрожающее письмо; **~-head** бланк для письма со штампом фирмы; **~ of consular credentials** письмо о назначении консула; **~s of exchange** обменные письма; **~ of hypothecation** залоговое свидетельство

letter of credit аккредитив *(письмо одного банка в другой с разрешением платежей в определенном размере)*, аккредитивное письмо; **back-to-back ~** компенсационный аккредитив; **bank ~** банковский аккредитив; **blank ~** бланковый аккредитив; **circular ~** циркулярный аккредитив; **clean ~** чистый аккредитив; **commercial ~** товарный аккредитив; **confirmed ~** подтверждённый аккредитив; **divisible ~** делимый аккредитив; **documentary ~** документарный аккредитив, товарный аккредитив; **export ~** экспортный аккредитив; **installment ~** аккредитив с платежом в рассрочку; **irrevocable ~** безотзывный аккредитив; **long term ~** долгосрочный аккредитив; **non-transferable ~** непереводный аккредитив; **registered ~** именной аккредитив; **revolving ~** автоматически возобновляемый аккредитив, револьверный аккредитив; **traveler's ~** путевой аккредитив; **unconfirmed ~** неподтверждённый аккредитив; **~ payable in freely convertible currency** аккредитив с платежом в свободно конвертируемой валюте; **~ valid for ...** аккредитив сроком действия на ...

letter of engagement письмо о договоренности *(письмо бухгалтерской фирмы клиенту, в котором формулируются условия соглашения)*

letter of representation письмо о предоставлении информации - письмо директоров компании в адрес аудиторов

letting отдача, сдача в наём; **~ for rent** отдача в наём

level ступень, уровень; **at a high ~** на высоком уровне; **at any ~** на любом уровне; **at the ~ of world standards** на уровне мировых стандартов; **at the ministerial ~** на уровне министров; **at the required ~** на должном уровне; **at the same ~** на одном уровне; **average ~** средний уровень; **first-class ~** первоклассный уровень; **funding ~** размер ассигнований; **growth in wage ~s** рост уровня заработной платы; **high ~ negotiations** переговоры на высшем уровне; **income ~** уровень дохода; **minimum ~** минимальный уровень; **peak ~** высший уровень; **preferential ~** льготный уровень; **professional ~** профессиональный уровень; **sales ~** уровень запродаж; **scientific and technological ~** научно-технический уровень; **stable ~** устойчивый уро-

L

вень; **to be at the ~ of ...** стоять на уровне; **to be on the ~ of world standards** быть на уровне мировых стандартов; **to guarantee a high ~ of service** гарантировать высокий уровень обслуживания; **wage ~** уровень зарплаты; **~ of achievements** уровень достижений; **~ of best world standards** уровень лучших мировых образцов; **~ of business activity** уровень деловой активности; **~ of economic activity** уровень экономической активности; **~ of economic development** уровень экономического развития; **~ of education and experience** уровень образования и опыта; **~ of engineering** технический уровень; **~ of income** размер дохода; **~ of prices** уровень цен; **~ of production** уровень производства; **~ of profitability** уровень рентабельности; **~ of rates** уровень ставок; **~ of rental payment** уровень арендной платы; **~ of sales** уровень сбыта

leveling off выравнивание; **~ of conditions** уравнивание условий

lever рычаг; **control ~** рычаг управления; **~ of economic control** экономический рычаг

leverage платежеспособность

levy взимание, обложение; **tax ~** налоговый сбор; **to ~** взимать, облагать; **~ of taxes** взимание налогов

liabilit/y долг, задолженность, обязанность, обязательство, ответственность, ответственность за ущерб, пассив; **~ies** привлеченные средства, кредиторская задолженность; **~ accounts** счета кредиторской задолженности; **accrued ~ies** срочные обязательства; **civil ~** гражданская ответственность; **collective ~** коллективная ответственность; **contingent ~** условный долг, условное обязательство, условная ответственность; **contractual ~** договорная ответственность; **criminal ~** уголовная ответственность; **deferred ~ies** отсроченные обязательства; **deposit ~** обязательство по депозиту; **future ~** будущее обязательство; **gross ~ies** общая сумма пассива; **increased ~** повышенная ответственность; **joint ~** взаимная ответственность, совместное обязательство, солидарная ответственность; **judicial ~** судебная ответственность; **limitation of ~** ограничение ответственности; **limited ~** ограниченная ответственность; **material ~** материальная ответственность; **maximum ~** максимальная ответственность; **non-contractual ~** внедоговорная ответственность; **outstanding ~ies** непокрытые обязательства; **primary ~** основная ответственность; **sight ~** бессрочное обязательство; **solo ~** индивидуальная ответственность; **tax ~** налоговое обязательство, налоговая ответственность; **to be subject to judicial ~** подлежать судебной ответственности; **to exclude ~** исключить ответственность; **to incur ~** нести ответственность; **tort ~** деликтная ответственность; **uncovered ~ies** открытые обязательства; **unlimited ~** неограниченная ответственность; **~ for breach** ответственность за нарушение; **~ for debts** долговая ответственность; **~ for infringement** ответственность за нарушение; **~ on balance sheet** статья пассива; **~ under warranty** гарантийная ответственность

liable подверженный; ответственный

liaison атташе; **press ~** пресс-атташе

liberal либеральный

liberalization либерализация; **economic ~** либерализация экономики; **import ~** либерализация импорта; **trade ~** либерализация торговли; **~ of trade** либерализация внешнеэкономических связей

liberation освобождение

liberty свобода; привилегия, льгота, право; **at ~** поднадзорная свобода; **to take the ~ of doing something** позволить (или разрешить) себе сделать что-л.; **personal ~** личная свобода; **to set at ~** освобождать на волю

LIBOR (London InterBank Offering Rate) либор (Лондонская межбанковская ставка)

license (*или* **license**) лицензионный, лицензия, разрешение; **active** ~ активная лицензия, продаваемая лицензия; **annulment of a** ~ аннулирование лицензии; **application for a** ~ заявка на лицензию; **assignable** ~ лицензия с правом передачи; **blanket** ~ общая лицензия; **compulsory** ~ обязательная лицензия; **concession of a** предоставление лицензии; **contractual** ~ договорная лицензия; **copy of a** ~ дубликат лицензии; **cross** ~ перекрестная лицензия; **customs** ~ таможенная лицензия; **denial of a** ~ отказ в предоставлении лицензии; **driver's** ~ права водителя; **equipment** ~ лицензия на оборудование; **exclusive** ~ исключительная лицензия, полная лицензия; **export** ~ лицензия на вывоз, экспортная лицензия; **export of ~s** экспорт лицензий; **feedback** ~ обратная лицензия; **free** ~ свободная лицензия; **general** ~ генеральная лицензия; **geographically limited** ~ лицензия действующая на определённой территории; **global** ~ глобальная лицензия; **grant of a** ~ выдача лицензии; **hunting** ~ разрешение на право охоты; **import** ~ импортная лицензия, лицензия на ввоз; **indivisible** ~ неделимая лицензия; **industrial process** ~ лицензия на право использования технологического процесса; **know-how** ~ лицензия на ноу-хау; **label** ~ лицензия на этикетку; **legal** ~ юридическое лицензия; **limited** ~ ограниченная лицензия; **manufacture under** ~ изготовление по лицензии; **manufacturing** ~ лицензия на право производства; **non-exclusive** ~ неисключительная лицензия; **non-patent** ~ беспатентная лицензия; **non-transferrable** ~ не подлежащая передаче лицензия; **open general** ~ открытая общая лицензия; **operating** ~ лицензия на использование, лицензия на эксплуатацию; **owner of a** ~ владелец лицензии; **package** ~ комплексная лицензия; **passive** ~ пассивная лицензия; **process** ~ лицензия на процесс; **production under** ~ выпуск продукции по лицензии; **purchase of a** ~ закупка лицензии; **recipient of a** ~ получатель лицензии; **reciprocal** ~ взаимная лицензия; **registration of a** ~ регистрация лицензии; **retroactive** ~ ретроактивная лицензия; **revocation of a** ~ аннулирование лицензии; **royalty-bearing** ~ предусматривающая уплату роялти лицензия; **royalty-free** ~ лицензия без уплаты роялти; **sales** ~ лицензия на сбыт; **scope of a** ~ объем лицензии; **simple** ~ простая лицензия; **special import** ~ импортная, специальная лицензия; **subject matter of a** ~ предмет лицензии; **subsidized** ~ субсидируемое лицензия; **tenure of a** ~ срок владения лицензией; **term of ~ validity** срок действия лицензии; **termination of a** ~ прекращение действия лицензии; **to** ~ лицензировать; **to ~ a production process** предоставлять лицензию на производство; **to ~ technology** предоставлять лицензию на технологию; **to annul a** ~ аннулировать лицензию; **to extend a** ~ продлевать лицензию; **to grant a** ~ выдавать лицензию, предоставлять лицензию; **to have a** ~ иметь лицензию; **to hold a ~ invalid** признавать лицензию недействительной; **to obtain a** ~ приобретать лицензию; **to produce under** ~ производить по лицензии; **to receive a** ~ получать лицензию; **to revoke a** ~ отзывать лицензию; **to sell a** ~ продавать лицензию; **trade in ~s** торговля лицензиями; **trade-mark** ~ лицензия на товарный знак; **transshipment** ~ лицензия на перегрузку товара; **transferrable** ~ лицензия с правом переуступки; **unconditional** ~ безусловная лицензия; **under** ~ по ли-

L

цензии; **valid** ~ действительная лицензия; **validity of a** ~ действительность лицензии; **voluntary** ~ добровольная лицензия; ~ **department** отдел лицензий; ~ **fee** плата за лицензию; ~ **for foreign patent filing** лицензия на зарубежное патентование; ~ **for a patent** лицензия на патент; ~ **for the use of an invention** лицензия на использование изобретения; ~ **holder** держатель лицензии; ~ **of fishing rights** аренда рыбной ловли; ~ **on a foreign invention** лицензия на изобретение; ~ **project** проект лицензирования; ~ **under patent** патентная лицензия; ~ **without right of transfer** лицензия без права передачи

licensed лицензированный; ~ **dealer** дилер с лицензией; ~ **personnel** персонал лицензиата; ~ **product** продукция по лицензии

licensee владелец лицензии, лицензиат; **exclusive** ~ лицензиат исключительной лицензии; **non-exclusive** ~ лицензиат неисключительной лицензии; **prospective** ~ будущий лицензиат; ~'s **obligations** обязательства лицензиата; ~'s **operations** деятельность лицензиата

licensing лицензирование; **compulsory** ~ принудительное лицензирование; **compulsory** ~ **legislation** законодательство о принудительном лицензирова-

нии; **contractual** ~ договорное лицензирование; **cross** ~ перекрестное лицензирование; **date of** ~ дата предоставления лицензии; **domestic** ~ отечественное лицензирование; **effectiveness of** ~ эффективность лицензирования; **mutual** ~ взаимное лицензирование; **overseas** ~ зарубежное лицензирование; **package** ~ пакетное лицензирование; **scope of** ~ объем лицензирования; **to suspend** ~ приостанавливать лицензирование; ~ **arrangements** меры по лицензированию; ~ **fee** лицензионное вознаграждение; ~ **of an industrial design** лицензирование промышленного образца; ~ **of a patent** лицензирование патента; ~ **of a trademark** лицензирование товарного знака; ~ **of game (hunting) rights** аренда охоты; ~ **of know-how** лицензирование ноу-хау; ~ **of products** выдача лицензии на товар; ~ **program** программа лицензирования; ~ **of technological information** лицензирование технологической информации

licensor лицензиар ~'s **amenability** ответственность лицензиара; **(to suit)** ~'s **ownership right** право собственности лицензиара

licentiousness самоволие

lid крышка; **plastic** ~ пластмассовая крышка

lid крышка

lie (lay, lain, lying) лежать, находиться

lien задержание, залоговое право, право удержания (имущества); ~ **upon the cargo for freight** право удержания груза в обеспечение фрахта

life долговечность, жизнь; **rafed** ~ номинальная долговечность; **shelf** ~ длительность хранения, долговечность при хранении; **working** ~ длительность эксплуатации; ~ **imprisonment** пожизненное заключение

lifestyle образ жизни; **settled** ~ оседлость

lifetime пожизненный; ~ **annuity** пожизненная рента

lift забирать, грузить; поднимать; подъем

lifting грузоподъемный; подъемные; снятие; ~ **of immunity** снятие иммунитета

light легкий (of weight), легковесный (of weight), светлый; ~ **duty** малая нагрузка

lighter лихтер, лихтерный; **in a** ~ на лихтере; **to** ~ выгружать на лихтер; **to deliver by** ~ доставлять на лихтере; **to place a** ~ подавать лихтер

lighterage лихтерный сбор (fee), лихтеровка, плата за пользование лихтером, расходы по лихтеровке; **to pay** ~ оплачивать лихтер

lighterman владелец лихтера

lighting освещение

lightly легко

lightning молния

limit лимит, лимитный; предел, предельная норма, предельный; **credit ~** предел кредита; **lower ~** минимальный размер, нижний предел; **maximum ~** максимальный предел; **minimal ~** минимальный предел; **price ~** лимитная (*или* предельная) цена; **speed ~** ограничение скорости; **territorial ~** предел территории, территориальный предел; **to ~** лимитировать, ограничивать; **to exceed the ~** превышать лимит; **to fix a ~** устанавливать лимит; **upper ~** максимальный размер; **weight ~** предел веса; **~ of competence** предел правомочий; **~ of liability** предел ответственности; **~ of territorial waters** предел территориальных вод

limitation ограничение, рестрикция; **abbreviated statute of ~s** сокращённый срок давности; **arms ~** ограничение вооружений; **statute of ~s** закон об исковой давности; **term of ~** срок давности; **territorial ~** территориальное ограничение; **~ of jurisdiction** ограничение юрисдикции; **~ of legal claims** исковая давность; **~ of sovereignty** ограничение суверенитета

limited лимитируемый, ограниченный; (*окончание названий акционерных обществ*) с ограниченной ответственностью; **~ access** ограниченный доступ (*ценностям*); **~ liability company** компания с ограниченной ответственностью; **~ life** ограниченный срок деятельности; **~ partner** командитный партнер, совладелец; **~ partnership** товарищество с ограниченной ответственностью

limiting ограничивающий, ограничительный; **~ factor** лимитирующий фактор

linchpin рычаг

line лимит, линейный, линия, поток; **assembly ~** линия сборки; **bus ~** автобусная линия; **conference ~** конференциальная линия; **container ~** контейнерная линия; **experimental ~** опытная линия, экспериментальная линия; **express ~** линия скорых перевозок; **joint ~** смешанная линия; **principal ~** магистральная линия; **production ~** поточная линия; **railway ~** железнодорожная линия; **rapidly readjustable production ~** быстропереналаживаемая поточная линия; **shipping ~** линия между портами, судоходная линия, пароходная линия или пароходство; **shipping ~ on the lines** в духе или в направлении; **steamship ~** пароходная линия; **telephone ~** телефонная линия; **world-wide container ~** кругосветная контейнерная линия

linear линейный

liner лайнер; **passenger ~** пассажирское судно

lining прокладка

link звено, связь; **causal ~** казуальная связь

linkage общение, связь; **economic ~** экономическое общение

liquid жидкость; быстрореализуемый, жидкий, ликвидный (*fiscal*); **international ~ assets** международные ликвиды; **~ foreign exchange assets** валютные ликвиды; **~ ratio** коэффициент строгой ликвидности

liquidate, to ~ ликвидировать, погашать

liquidated ликвидированный; **to deduct ~ damages** вычитать неустойку; **~ damages clause** оговорка о возмещении

liquidation ликвидационный, ликвидация; **actual ~** фактическая ликвидация; **company in the course of ~** общество в ходе ликвидации; **complete ~** полная ликвидация; **compulsory ~** принудительная ликвидация; **(court-ordered) forced ~** вынужденная ликвидация; **inventory ~** ликвидация запасов; **partial ~** частичная ликвидация; **~ value** ликвидационная стоимость; **voluntary ~** добровольная ликвидация; **~ of a debt** выплата долга; **~ of a joint venture** ликвидация совместного предприятия; **~ of a loan** выплата займа

liquidity ликвидность, обеспеченность платёжными

L

средствами; **degree of** ~ степень ликвидности; **excess** ~ избыточная ликвидность; **international** ~ международная ликвидность; **limited** ~ ограниченная ликвидность; **official** ~ официальная ликвидность; **on a net** ~ **basis** на базе ликвидности; **overall** ~ общая ликвидность; ~ **of assets** ликвидность активов; ~ **ratio** коэффициент ликвидности

list I ведомость, лист, опись, перечень, реестр, роспись, список; **banned-book** ~ индекс запрещённых книг; **black** ~ чёрный список; **delivery** ~ комплектовочная ведомость; **duplicate packing** ~ упаковочный в двух экземплярах; **export** ~ экспортный список; **inventory** ~ инвентарная опись; **jury** ~ список присяжных заседателей; **mailing** ~ рассылочная ведомость, список адресатов; **optional parts** ~ ведомость запасных частей за отдельную плату; **packing** ~ комплектация, упаковочный лист; **parts** ~ ведомость запасных частей; **personnel** ~ персональный список; ~ **price** прейскурантная цена; **priority** ~ порядок очерёдности; **reference** ~ справочный список; **stock exchange rate** ~ курсовая таблица; **tally** ~ список товаров; **to draw up a** ~ составлять ведомость; **transmission** ~ передаточная ведомость; **verification** ~ проверочная ведомость; **waiting** ~ список населения; ~ **of attendees** список присутствующих; ~ **of demands** список требований; ~ **of questions** перечень вопросов

list II составлять список; вносить в список, перечислять

literacy грамотность

litigation судебный процесс, тяжба **to be in** ~ **with** судиться

live живой **to** ~ проживать

livestock живой инвентарь, скот

load I. грузить; **to load on a steamer** грузить на пароход

load II. нагрузка; **additional** ~ добавочная нагрузка; **average** ~ средняя нагрузка; **deck** ~ палубный груз; **design** ~ расчётная нагрузка; **fixed** ~ постоянная нагрузка; **full** ~ полная нагрузка; **maximum** ~ наибольшая нагрузка; **minimum** ~ минимальная нагрузка; **over** ~ чрезмерная нагрузка; **permissible** ~ допускаемая нагрузка; **permissible** *(safe)* ~ безопасная нагрузка; **prescribed** ~ нормативная нагрузка; **rated** ~ номинальная нагрузка; **service** ~ полезная нагрузка, полезный вес; **shipment** ~ **volume** объём груза; **temporary** ~ временная нагрузка; **test** ~ пробная нагрузка; **to** ~ грузить, нагружать, погружать; **to endure a** ~ выдерживать нагрузку; **trial** ~ испытательная нагрузка; **under** ~ под нагрузкой; **work** ~ рабочая нагрузка

load III. лоуд - мера объема для лесоматериалов

loading загрузка; **to complete** ~ **of cargo** догружать

load-lifter грузоподъёмник

loan заём, ссуда, ссудный; **agricultural** ~ сельскохозяйственная ссуда; **as a** ~ взаймы **bad** ~ просроченная ссуда; **bank** ~ банковский заём, банковская ссуда; **cash** ~ денежный заём; **commercial** ~ коммерческая ссуда; **consolidated** ~ консолидированный заём; **consumer** ~ потребительская ссуда; **demand** ~ возвратная ссуда; **easy** ~ льготная ссуда; **fixed date** ~ срочная ссуда; **forced** ~ принудительный заём; **funded** ~ облигационный заём; **guaranteed** ~ гарантированный заём; **industrial** ~ промышленная ссуда; **interest-bearing** ~ процентный заём; **interest-free** ~ беспроцентная ссуда; **international** ~ международный заём; **long-term** ~ долгосрочный заём, долгосрочная ссуда; **low-interest** ~ льготный заём; **money** ~ денежная ссуда; **mortgage** ~ ипотечный заём; **past-due** ~ просроченный заём; **private** ~ частный заём; **profitable** ~ рентный заём; **public** ~ государственный заём; **re-**

deemable ~ выкупная ссуда; **short-term** ~ краткосрочный заём, краткосрочная ссуда; **to cover a** ~ покрыть заём; **to guarantee a** ~ гарантировать заём; **to negotiate a** ~ заключить заём; **to remit a** ~ переводить долг; ~ **against commodities** ссуда под залог товаров; ~ **against a pledge** заём под залог; ~ **against securities** ссуда под залог ценных бумаг; ~ **against security** ссуда под залог; ~ **charge** плата за кредит; ~ **of money** ссуда денег; ~ **on easy terms** льготная ссуда; ~ **secured by mortgage** заём обеспеченный ипотекой

lobster краб

local локальный, местный

location местонахождение, местоположение, помещение, расположение; **entry** ~ место ввоза (*cargo*); **pick-up** ~ место вывоза; ~ **of a stand** местоположение стенда

lock-out локаут; **to declare a** ~ объявить локаут

loco локо; ~ **price** цена локо

lodge I. ложа, сторожка

lodge II. 1. предъявлять (*требование, претензию*); **to** ~ **a complaint** обращаться с жалобой; **to** ~ **a claim with somebody** заявить претензию кому-л.; 2. давать на хранение, депонировать, помещать; 3. открывать (*аккредитив*)

log (book) судовой журнал; **ship's** ~ **(book)** судовой журнал; **entries in the ship's** ~ выписки из судового журнала **operation** ~ данные о работе; **operations** ~ журнал учёта работ; **to** ~ заносить в журнал; **to keep a** ~ вести журнал; ~ **sheet** монтажный журнал

logo знак, лого; **state** ~ казначейский знак

long: ~-**standing** долголетний, давнишний; ~-**standing business relations** долголетние деловые отношения; ~ **ton** большая (*или* английская, длинная) тонна (= 2240 англофунтам *или* 1016 кг);

longevity долговечность; **design** ~ расчётная долговечность; **guaranteed** ~ гарантированная долговечность; **operating** ~ эксплуатационная долговечность

long-term долгосрочный; ~ **assets** долгосрочные (*внеоборотные*) активы; ~ **bonds** долгосрочные облигации; ~ **lease** долгосрочная аренда; ~ **liabilities** долгосрочная кредиторская задолженность; ~ **mortage** долгосрочная закладная; ~ **nonmonetary assets** долгосрочные неденежные активы; ~ **solvency ratios** коэффициенты платежеспособности

look: to ~ **forward to** (*с последующим существительным или герундием*) ожидать чего-л. (*интересного, приятного*); **to** ~ **into something** изучать (*или* исследовать) что-л.

loose навалом; ~ **cargo** незатаренный груз; ~ **freight** навалочный фрахт

loro лоро; ~ **account** счёт лоро

lose, to ~ проиграть, терять, потерять

loser казанская сирота

loss гибель, потеря, проигрыш, убыль, убыток, ущерб; **absolute total** ~ абсолютная гибель; **accidental** ~ случайный убыток; **actual** ~ фактическая гибель; **actual** ~**es** реальные убытки, фактические убытки; **actual total** ~ действительная полная гибель; **anticipated** ~ предполагаемый убыток; **average** ~**es** аварийные убытки; **breakage** ~ убыток, причинённый поломкой; **by way of** ~**es** в порядке возмещения убытков; **casualty** ~**es** потеря причиненная стихийными бедствиями; **compensated** ~ возмещённый убыток; **consolidated profit and** ~**statement** сводный счёт прибылей и убытков; **constructive total** ~ конструктивная полная гибель; **estimated** ~**es** оценённые убытки; **eventual** ~**es** возможные убытки; **excessive** ~**es** чрезмерные убытки; **financial** ~ финансовый убыток; **general average** ~**es** убытки от общей аварии; **guarantee against** ~**es** гарантия от убытков; **heavy** ~**es** большие убытки; **indemnified** ~ страховой убыток; **insignificant** ~ незначительный

L

ущерб; **insignificant ~es** незначительные потери; **interest on ~es** проценты по погашению убытков; **major ~es** крупные убытки; **minimal ~** минимальный ущерб; **monetary ~** денежный убыток, денежный ущерб; **natural ~** естественная убыль; **net ~** чистый убыток; **operating ~es** убытки при эксплуатации; **partial ~** частичная гибель, частичный убыток; **particular average ~es** убытки от частной аварии; **production ~ value** стоимость убытков, возникших в производстве; **profit and ~ statement** счёт прибылей и убытков; **property ~** материальный убыток; **recoverable ~es** возместимые потери; **salvage ~** убыток при реализации спасённого имущества; **significant ~** значительный ущерб; **significant ~es** значительные убытки; **single ~es** единичные убытки; **total ~** полная гибель; **to adjust ~es** уточнять убытки; **to adjust general average ~es** оценивать убытки по общей аварии; **to avert ~es** предотвращать убытки; **to avoid ~es** избежать убытков; **to compensate for ~es** возмещать убытки; **to cover ~es** покрывать убытки; **to demand compensation for ~es** требовать возмещения убытков; **to entail ~es** повлечь убытки; **to include ~ or damage** включать убытки или ущерб; **to incur ~es** нести убытки; **to incur significant ~es** нести значительные убытки; **to inflict a ~** наносить ущерб; **to minimize ~** сокращать убытки до минимума; **to operate at a ~** работать с убытком; **to sell at a ~** продавать с убытком; **to show ~es** показывать убытки; **to suffer ~** понести ущерб; **to sustain ~es** приносить убытки, терпеть убытки; **total ~** полная гибель; **total ~es** общая сумма убытков; **~ analysis** анализ убытков; **~ by reason of jettison** ущерб от выбрасывания груза за борт; **~ due to non-fulfillment of obligations** ущерб вследствие неисполнения обязательств; **~ during discharge** убыток при разгрузке; **~ of cargo** гибель груза; **~ of citizenship** потеря гражданства; **~ of goods** (*spoilage or theft*) гибель товара; **~ of profit** ущерб в виде упущенной выгоды; **~ of property** гибель имущества; **~ of right** потеря права; **~ of sovereignty** потеря суверенитета; **~ of weight during ocean shipment** убыль веса во время морской перевозки; **~ on loans** убытки по займам; **~es suffered in connection with ...** убытки, понесённые в связи с ...; **~ to be compensated** возмещаемый убыток

lost потерянный, упущенный; **~ opportunity** упущенная выгода
lost: to be lost погибать
lot парк, партия, часть; лот (*при продаже пушнины с аукциона*); **in ~s** лотами или партиями; **automobile ~** автомобильный парк; **delivery in ~s** поставка по частям; **taxi ~** автопарк; **to be drawn as ~s** выйти в тираж
lottery лотерея
low низкий; **~ grade** низкосортный
lower нижний; **to ~** понижать; **~ limit** нижний уровень прибыли
lowering понижение; **~ of customs barriers** снижение таможенных барьеров; **~ of duties** понижение пошлин
lubrication смазка
luggage багаж; **~ tag** этикетка багажа
lumpsum единовременный; **~ charter** лумпсум-чартер; **~ freight** лумпсум-фрахт
lust похоть, вожделение; **~ for, after somebody** испытывать вожделение, желать кого-н.; **~ for power** жажда власти
lusty здоровый, здоровенный, бодрый
luxury роскошь; **~ goods** предметы роскоши
lying *pr. p. от* **lie**
lynch, to ~ линчевать
lynching самосуд; **~ party** самосуд
lynx рысь; **~ eyed** с острым зрением

M

machiavellian макиавеллиевский

machination интрига, махинация; ~s происки

machine I 1. машина машинный; 2. станок (*вместо* machine-tool); **advantages of a** ~ преимущества машины; **boring** ~ расточный станок; **cylindrical grinding** ~ круглошлифовальный станок; **damaged** ~ повреждённая машина; **design of a** ~ конструкция машины; **drilling** ~ сверлильный станок; **grinding machine** шлифовальный станок; **honing machine** доводочный (*или* полировально-шлифовальный) станок; **jig boring** ~ координатно-расточный станок; **idle** ~ бездействующая машина; **idle time of a** ~ простой машины; **introduction of a** ~ пуск машины; **milling** ~ фрезерный станок; **modern** ~ современная машина; **operating conditions of a** ~ рабочий режим машины; **operation of a** ~ работа машины; **outdated** ~ устаревшая машина; **packing** ~ машина для расфасовки и упаковки; **per unit metal content of a** ~ металлоёмкость машины; **precision boring** ~ алмазно-расточный станок; **productivity of a** ~ производительность машины; **reliability of a** ~ надёжность работы машины; **rental** ~s арендуемые машины; **service life of a** ~ длительность эксплуатации машины, срок службы машины; **simple** ~ простая машина; **sound** ~ исправная машина; **standard capacity** норма выработки машины; **tabulating** ~ счётно-аналитическая машина; **to observe a** ~ **in operation** наблюдать за работой машины; **to operate a** ~ управлять машиной; **to quote a price on a** ~ назначить цену за машину; **to redesign a** ~ переделывать конструкцию машины; **to service a** ~ обслуживать машину; **working** ~ действующая машина; **workmanship of a** ~ отделка машины; ~ **building** машиностроительный; ~ **certificate** паспорт машины; ~ **components** детали машин машина; ~ **maintenance** обслуживание машин

machine II подвергать механической обработке, обрабатывать на станке

machinery техника машины, машинное оборудование; **range of** ~ ассортимент машин; **textile** ~ текстильное оборудование; ~ **of state** государственный аппарат

machine-tool станок

machining обработка

made-to-order products продукция, сделанная по заказу

magazine журнал; **business** ~ коммерческий журнал; **illustrated** ~ иллюстрированный журнал; **informational** ~ информационный журнал; **trade** ~ журнал по торговле

maggot личинка; **maggot-eaten** изъеденный личинками

maggoty изъеденный личинками, червивый;

magistrate судья; **canton** ~ кантональный судья; **police** ~ полицейский судья;

magnitude масштаб; ~ **of inflation** масштаб инфляции

maid прислуга

mail I почта; почтовый (*амер.*); **by return (of) mail** с обратной почтой, срочно; **registered** ~ заказная корреспонденция, заказное отправление, заказная почта; **surface** ~ обычная почта; **to** ~ отправить по почте; **unregistered** ~ простая почта

mail II посылать по почте

mailer рассылка; **advertising** ~ рассылка рекламных материалов; **one-time advertising** ~ разовая рассылка рекламных материалов

mailing отправление, почтовое отправление

maintain утверждать; **to maintain the delivery time** выдерживать срок поставки

mainframe accounting system система обработки учетных данных на ЭВМ

mainstream corporation tax (MCT) основной налог на прибыль компаний в Великобритании

maintain, to ~ содержать

maintenance 1. график текущего ремонта; 2. иждивение, обеспечение; 3. поддержание, уход, содержание; эксплуатация; **factory** ~ эксплуатация завода; ~ **of the machine** уход за машиной; **regular** ~ текущий ремонт; **routine** ~ профилактика; ~ **of equipment** техническое содержание; ~ **of order** поддержание порядка; ~ **of peace** поддержание мира; ~ **of price levels** поддержание цен; ~ **of public order** поддержание публичного порядка

maize кукуруза

major крупный; ~ **category method** метод основных товарных групп *(при оценке материальных запасов)*

majority большая часть, большинство, возмужалость, зрелость, совершеннолетие; **certification of** ~ аттестат зрелости; **general civil** ~ общегражданское совершеннолетие; **legal** ~ юридическое совершеннолетие; **marital** ~ брачное совершеннолетие

make I марка товара, модель; **various** ~**s and models** различные модели

make II, to ~ делать, сделать, производить; **to** ~ **out** выписывать; (**draft, check** - документ); **to** ~ **out a document to somebody** выписывать документ на чьё-л. имя; **to** ~ **part of** включать в состав; **to** ~ **up** образовать, составлять *(из частей)*

maker производитель, изготовитель *(изделий)*, фабрикант; ~ **of a bill** трассант; ~ **of the note** векселедержатель

makeup состав

making out выписка; ~ **a receipt** выписка квитанции

malfeasance преступление по службе

malfunction неисправность

malice умысел

malicious злостный

malingerer симулянт

malingering симуляция

manage, to ~ распорядиться, руководить

management администрация, управление, директорский, дирекция, правление, регулирование, руководство, управленческий; **central** ~ центральное правление; **company** ~ руководство фирмы; **competent** ~ квалифицированное руководство; **economic** ~ хозяйствование; **methods of economic** ~ методы хозяйствования; **middle** ~ средний руководящий персонал; **plant** ~ руководство завода; **technical** ~ техническая дирекция; **top** ~ высшее руководство

manager администратор, директор (конторы, отделения), заведующий, менеджер, распорядитель, руководитель, управляющий; **advertising department** ~ заведующий отделом рекламы; **assistant** ~ заместитель заведующего, помощник управляющего; **association** ~ администратор товарищества; **branch** ~ заведующий отделением; **credit** ~ распорядитель кредитов, управляющий отделом кредитования; **dock** ~ заведующий доком; **employment** ~ заведующий отделом найма; **export** ~ заведующий отделом экспорта, управляющий по экспорту; **general** ~ главный управляющий; **general sales** ~ генеральный директор по сбыту; **group** ~ управляющий группой; **import** ~ управляющий по импорту; **pavilion** ~ директор павильона; **personnel** ~ управляющий по кадрам; **plant** ~ директор завода, управляющий заводом; **production** ~ управляющий производством; **property** ~ управляющий недвижимостью; **sales** ~ заведующий отделом сбыта, коммерческий директор; **statistics** ~ заведующий отделом статистической информации; **subcontracts department** ~ заведующий отделом субподрядов; **supply** ~ директор по снабжению; **traffic** ~ заведующий транспортным отделом; ~ **of business development** управляющий отделом развития торговли; ~ **of sales department** управляющий отделом сбыта; **export** ~ заведующий экспортным отделом;

managing руководящий; ~ **director** управляющий

man-day человекодень

manganese марганец; **ore** марганцевая руда; **peroxide of** ~ перекись марганца; **peroxide of** ~ **ore** руда перекиси марганца; **washed** ~ **ore** мытая марганцевая руда

man-hour человеко-час

manifest манифест; **cargo** ~ грузовой манифест, декларация; **certified** ~ заверенный консулом манифест; **passenger** ~ список пассажиров; **ship's** ~ декларация судового груза, судовой манифест

man-month человеко-месяц

manner способ; **in the established** ~ в установленном порядке; ~ **of payment** способ платежа

manning комплектование рабочей силой

manpower кадры; ~ **shortage** нехватка кадров

manual I инструкция; **classification** ~ указатель классов; ~ **of methods** указатель методов

manual II руководство, справочник

manual III ручной; ~ **data processing** ручная обработка данных

manufacture I 1. производство (изделий); изделие; 2. (*мн. ч.*) manufactures изделия

manufacture II, to ~ выпускать, производить, изготовлять (изделия)

manufacturer изготовитель, производитель (изделий), фирма-изготовитель, фабрикант

manufacturing производство; **commercial** ~ выпуск продукции на рынок; ~ **overhead costs** производственные накладные расходы

man-week человеко-неделя

marble мрамор

march поход

margin 1. разница, остаток; маржа, наценка, предел, разница, (торговая) скидка; 2. гарантийный взнос; дополнительная сумма; коэффициент доходности; 3. поле (страницы); **bank** ~ банковская маржа; **budget** ~ бюджетная наценка; **credit** ~ маржа по кредиту; **insurance** ~ страховая наценка; **profit** ~ размер прибыли; **thin** ~ недостаточная маржа; **trade** ~ торговая наценка; **usual** ~ обычная маржа; **wide** ~ большая маржа; ~ **business** сделки с маржей; ~ **credit** кредит по операциям с маржей; ~ **requirement** предписываемая законом маржа

marginal cost добавочная себестоимость

marginal costing калькуляция себестоимости по переменным затратам

marginal revenue добавочный доход

marijuana марихуана

marine морской, пехотинец; ~s пехота;, морская пехота; ~ **insurance** морское страхование; ~ **risk** морской риск

marital брачный

maritime морской; **the Maritime Arbitration Commission** Морская арбитражная комиссия

mark I 1. знак; заметка, знак, отметка, примета; 2. (*мн. ч.*) **marks** маркировка; **distinguishing** ~ отличительный знак; **honorable** ~ **of distinction** почетный знак отличия; **identification** ~ опознавательный знак, опознавательное клеймо; **leading** ~s основная маркировка; ~ **up** торговая наценка/надбавка к себестоимости; **prohibited** ~ запрещенный знак; **shipping** ~ отметка грузоотправителя; **shipping** ~s грузовая маркировка, отгрузочная маркировка; **signature** ~ знак-подпись (*e.g. x mark by illiterate*) ~ **of distinction** отличительная марка

mark II to ~ маркировать, наносить марку, обозначать, отмечать, отметить, отмечать, помечать; ставить маркировку, ставить метку; **to** ~ **by paint** наносить маркировку краской; **to** ~ **in indelible paint** наносить маркировку несмываемой краской; **to** ~ **in weatherproof paint** наносить маркировку погодоустойчивой краской; **to** ~ **in water insoluble paint** наносить маркировку водостойкой краской

marked марочный, обозначенный; **as** ~ **on the blueprint** как обозначено на чертеже; **not** ~ без маркировки; **to be** ~ иметь маркировку

marker знак, маркировщик, метка; **border** ~ пограничный знак

M

market базар, биржа, рынок, рыночный; **acceptance** ~ акцептный рынок; **agricultural** ~ сельскохозяйственный рынок; **arms** ~ рынок вооружений; **bill note** ~ вексельный рынок; **black** ~ черный рынок; **broad** ~ оживленный рынок; **buyer's** ~ конъюнктура рынка, выгодная для покупателя; **capital** ~ рынок капитала; **capital lending** ~ рынок ссудных капиталов; **capitalist** ~ капиталистический рынок; **closed** ~ замкнутый рынок; **closing** ~ **prices** цены при закрытии биржи; **commodities** ~ товарный рынок; **common** ~ общий рынок; **competitive** ~ конкурирующий рынок; **controlled** ~ контролируемый рынок; **currency** ~ валютный рынок; **discount** ~ учетный рынок; **domestic** ~ внутренний рынок; **export** ~ экспортный рынок; **external** ~ внешний рынок; **foreign** ~ заграничный рынок, иностранный рынок; **free** ~ свободный рынок; **free currency** ~ свободный валютный рынок; **global** ~ мировой рынок; **glutted** ~ пересыщенный рынок; **grain** ~ зерновая биржа; **gray** ~ полулегальный рынок; **import** ~ импортный рынок; ~ **interest rate** рыночная процентная ставка; **integrated** ~ интегрированный рынок; **international** ~ международный рынок; **international currency** ~ международный валютный рынок; **labor** ~ рынок рабочей силы; **license** ~ рынок лицензий; **local** ~ местный рынок; **money** ~ денежный рынок; **national** ~ национальный рынок; **official** ~ официальный рынок; **open** ~ открытый рынок; **opening** ~ **prices** цены при открытии биржи; **organized** ~ организованный рынок; **overseas** ~ зарубежный рынок; **preferential** ~ преференциальный рынок; **produce** ~ биржа сельскохозяйственных товаров; **protected** ~ защищенный рынок; **regional** ~ региональный рынок; **regulated** ~ регулируемый рынок; ~ **risk** рыночный риск; **securities** ~ рынок ценных бумаг; **seller's** ~ конъюнктура рынка, выгодная для продавца; **stagnant** ~ вялый рынок; **stock** ~ биржевой рынок, фондовая биржа; **street**-~ неофициальная биржа; **to** ~ сбыть; **to be in the** ~ выступать на рынке; **to be in the** ~ **for something** намереваться купить что-л; **to glut the** ~ переполнить рынок; **to introduce into the** ~ выпустить на рынок; **to play the** ~ играть на бирже; **to put on the** ~ выпускать на рынок; **tonnage** ~ фрахтовый рынок; **traditional** ~ традиционный рынок; **unofficial** ~ неофициальный рынок; ~ **share price** биржевой курс; ~ **test ratios** коэффициенты для инвесторов; ~ **value** рыночная цена

marketable легкореализуемый; ~ **securities** легкореализуемые ценные бумаги

marketeer делец; **black** ~ делец черного рынка

marketing маркетинг, продажа, торговля; **trade and** ~ торгово-сбытовая деятельность; ~ **campaign** кампания по продвижению товара на рынок

marking маркировка, нанесение маркировки; **clear** ~ четкая маркировка; **container** ~ маркировка контейнера; **distinct** ~ отчетливая маркировка; **duplicate** ~ двойная маркировка; **export** ~ экспортная маркировка; **exterior** ~ внешняя маркировка; **faded** ~ выцветшая маркировка; **incorrect** ~ неправильная маркировка; **indistinct** ~ неясная маркировка; **insufficient** ~ недостаточная маркировка; **packaging** ~ маркировка тары; **price** ~маркировка цен; **proper** ~ правильная маркировка; **special** ~ специальная маркировка; **stained** ~ запачканная маркировка; **sufficiency of** ~ достаточность маркировки; **to emboss** ~ **on a metal plate** выбивать маркировку на металлической пластине; **transport** ~ транспортная маркировка; **visible** ~ видимая маркировка; ~ **in ...** маркировка делается на ... языке; ~ **of cases** маркировка ящиков; ~ **of goods** маркировка товара; ~ **of packages** маркировка товарных мест; ~ **of packing container** маркировка упаковки

mark-up надбавка к цене, наценка, повышение; **price plus** ~ цена с надбавкой; **retail** ~ розничная наценка

marriage брак, женитьба, замужество, свадьба, супружество; **annulment of** ~ аннулирование брака

martial военный; ~ **law** военное положение

mass масса, массовый; **bulk** ~ общая масса; **gross** ~ масса брутто; **net** ~ масса нетто; **package** ~ масса грузового места; **standard** ~ стандартная масса**unit of** ~ единица массы; ~ **of profit** масса прибыли

massacre кровавая расправа

master капитан, хозяин; ~'**s** капитанский; ~ **of Arts** Магистр исскуств; ~'**s declaration** декларация капитана

mastery освоение;

match ровня; ~**ing rule** правило соответствия

mate помощник капитана, супруг, супруга; **first** ~ старший помощник капитана; **second** ~ второй помощник капитана

material материал, материальный; **advertising** ~ рекламный материал; **amount of required** ~ затрата материала; **analogous** ~ аналогичный материал; **application** ~**s** заявочные материалы; **artificial** ~**s** искусственные материалы; **auxiliary** ~**s** вспомогательные материалы; **available** ~**s** наличные материалы; **basic** ~ основной материал; **bulky** ~ массивный материал; **cheaper** ~ более дешевый материал; **classified** ~ классифицированный материал; **commercial** ~ коммерческий материал; **competitive** ~ конкурентный материал; **consumable** ~**s** потребляемые материалы, расходуемые материалы; **construction** ~**s** конструкционные материалы, строительный материал; **consumption of** ~ расход материала; **copyrighted** ~ охраняемый авторским правом; **cost of** ~**s** стоимость материалов; **defective** ~ дефектный материал; **demonstration** ~ демонстрационный материал; **description of** ~ описание материала; **descriptive** ~ наглядный материал; **display** ~**s** художественно-оформительские материалы; **documentary** ~ документальный материал; **educational** ~ учебный материал; **enclosed** ~ прилагаемый материал; ~ **errors** существенные ошибки; **exhibition** ~ выставочный материал; **expendable** ~ расходный материал; **finishing** ~ отделочный материал; **first-class** ~ первоклассный материал; **high quality** ~ высококачественный материал; **illustrated** ~ иллюстрированный материал; **informational** ~ информационный материал; **kind of packing** ~ вид упаковочного материала; **lack of** ~**s** недостаток материалов; **list of** ~**s** перечень материалов; **lower grade** ~ низкосортный материал; **market for raw** ~**s** рынок сырьевых товаров; **missing** ~ недостающий материал; **necessary** ~ необходимый материал; **non-standard** ~ нестандартный материал; **operational** ~**s** эксплуатационные материалы; **printed** ~ печатный материал; **printing of** ~**s** печатание материалов; **poor quality** ~ недоброкачественный материал; **protective** ~ защитный материал; **purchased** ~**s** закупленные материалы; **raw** ~**s** сырьевые материалы, сырьевой товар; **raw** ~ **intensive** материалоемкий; **reduction in** ~ **input ratio** снижать материалоемкость поризводства; **reduction of** ~ **inputs** снижение материалоемкости; **scarce** ~ дефицитный материал; **schedule of** ~**s** ведомость материалов; **sealing** ~ прокладочный материал; **selection of** ~ подбор материала; **source** ~ исходный материал; **standard** ~ стандартный материал; **strategic** ~ стратегический материал; **stur-**

dy ~ прочный материал; **submitted** ~ представленный материал; **substandard** ~ некондиционный материал; **suitable** ~ подходящий материал; **supplementary** ~ дополнительный материал; **tare** ~s тарный материал; **testing of** ~s испытание материалов; **textual** ~ текстовой материал; **to forward** ~ направлять материал; **to process** ~ обрабатывать материал; **to procure** ~ приобретать материалы; **to reject** ~ браковать материалы; **to select** ~ подбирать материал; **unfit** ~ непригодный материал; **unused** ~ неиспользованный материал; **used** ~ использованный материал; **waterproof** ~ водонепроницаемый материал; **working** ~ рабочий материал; **wrapping** ~ оберточный материал; **written** ~ письменный материал; ~ **and technical** материально-технический; ~ **input** материалоемкость; ~ **usage** употребление материала

materially существенно

materiality существенность; значимость

matriculation посещаемость; ~ **at university level** посещаемость учебных заведений

matter 1. вещество; 2. вопрос, дело; **as a** ~ **of fact** фактически, на самом деле; **business** ~ деловой вопрос; **decision on a** ~ решение по вопросу; **delicate** ~ щекотливое дело; **disputed** ~ конфликтное дело; **grey** ~ серое вещество; **outside** ~s посторонние дела; **to clarify the** ~ внести ясность в вопрос; **to decide in a disputed** ~ принимать решение по делу; **to investigate a** ~ рассматривать дело; **to make a decision on a** ~ решать вопрос; **on the matter** по данному вопросу; **the** ~ **is having our careful attention** мы уделяем этому вопросу большое внимание; **to put** ~s **to rights** урегулировать дело; **to take a** ~ **to court** передавать дело в суд; **to take up the** ~ **with somebody** возбудить вопрос перед кем-л. **urgent** ~ срочное дело; ~ **of common knowledge** общеизвестный факт; ~ **of great significance** дело большой важности; ~ **of mutual interest** представляющий взаимный интерес вопрос; ~ **of principle** принципиальный вопрос

mature готовый, зрелый, взрослый; **to** ~ выдерживать, наступать;

maturity 1. срок платежа; срок погашения; 2. возмужалость, готовность, зрелость, срок; **at** ~ при наступлении срока платежа (*или* погашения) ~ **of bill** срок векселя; ~ **date** дата погашения векселя; ~ **value** сумма погашения

maximum максимальный

mean означать

means способ, средство; **by** ~ **of** путем, посредством чего-л.; **by legal** ~ в судебном порядке; **conventional** ~ обычные средства; **diplomatic** ~ дипломатический путь, дипломатические средства; **modern** ~ современные средства; **peaceful** ~ мирные средства; ~ **of defense** средство защиты; ~ **of payment** способ оплаты; ~ **of payment in kind** способ оплаты натурой; ~ **of production** средство производства; ~ **of transport** вид транспорта

meantime (*или* **in the meantime**) тем временем

measure 1. мера, мерка, измерение, обмер; 2. мероприятие, мера; **anti-inflationary** ~s антиинфляционные меры; **appropriate** ~s соответствующее мероприятие, соответствующие меры; **cargo salvage** ~s мероприятия по спасению груза; **compulsory** ~s принудительные меры; **corrective** ~s корректировочные; **counter-** ~s контрмеры, ответные меры; **devaluation** ~s мероприятия по девальвации; **discriminatory trade and economic** ~s дискриминационные торгово-экономические меры; **dry** ~s меры сыпучих тел; **economic policy** ~s мероприятия экономической политики; **effective** ~s действенные меры, эффективные меры; **emergency** ~s экстренные меры; **extraordinary** ~s чрезвычайные меры; **extreme** ~s крайние меры; **follow-up** ~s последующие мероприятия; **further** ~s дополнительные меры; **immediate** ~s немедленные меры; **ineffective** ~s неэффективные меры; **legislative** ~s законодательные меры; **metric** ~s метрические меры; **mutually acceptable** ~s взаимоприемлемые меры; **nominal** ~ номинальный обмер (*обмер пиломатериалов до их строжки*); **package of** ~s комплекс мероприятий, пакет мероприятий; **practical** ~s практические меры; **precautionary** ~s предохранительные меры; **preliminary** ~s предварительные меры; **preparatory** ~s подготовительные меры **preventative** ~s предупредительные меры; **prompt** ~s срочные меры; **proper** ~s надлежащие меры; **protectionist** ~s протекционистские меры; **restorative** ~s меры по исправлению; **restrictive** ~s ограничительные меры; **(rationing) security** ~s меры безопасности; **similar** ~s подобные меры; **sufficient** ~s достаточные меры; **temporary** ~s временные меры; **timely** ~s своевременные меры меры; **to** ~ мерить; **to put** ~s **into effect** осуществлять мероприятия; **to take** ~s принимать меры; **to use as a** ~ использовать в качестве меры; **unit of** ~ единицы меры; **urgent** ~s безотлагательные меры; **useful** ~ полезное мероприятие; ~ **for export restraint** меры по сдерживанию экспорта; ~ **for import restraint** меры по сдерживанию импорта; ~ **for labor protection** меры по охране труда; ~ **of area** меры площади; ~ **of capacity** меры веса; ~ **of efficiency** меры эффективности; ~ **of length** меры длины; ~ **of liquid** меры жидкости; ~ **of precision** меры точности; ~ **of reliability** меры надежности; ~ **of value** мера стоимости; ~ **of volume** меры емкости, меры объема

measurement 1. измерение, замер, обмер; размер; 2. (*мн.ч.*) **measurements** размеры; ~s измерительные нормативы; **cubic** ~ кубатура; **test** ~s контрольное измерение; **total** ~s общий размер

measuring мерительный

mechanic механик, техник; **maintenance** ~ механик по оборудованию

mechanical механический

mechanism механизм; **competitive** ~ механизм конкуренции; **credit** ~ механизм выдачи кредита; **currency** ~ денежно-валютный механизм; **currency allocation** ~ механизм валютных отчислений; **economic** ~ хозяйственный механизм; **exchange rate** ~ механизм валютных курсов; **market** ~ рыночный механизм; **money transfer** ~ механизм перечисления денежных средств; **organizational** ~ организационный механизм; **price** ~ механизм цен; **unloading** ~ разгрузочный механизм

mechanization механизация; **comprehensive** ~ комплексная механизация; **full** ~ полная механизация; **rational** ~ рациональная механизация; ~ **of agriculture** механизация сельского хозяйства; ~ **of labor-intensive processes** механизация трудоемких процессов; ~ **of production** механизация производства

mechanized механизированный

mediate, to ~ посредничать

mediation посредничество, посредство

medium средство

meet, to ~ 1. заседать, встречать(ся); 2. удовлетворять; **to** ~ **a request** удовлетворить просьбу; **to** ~ **the requirements** удовлетворять требованиям; удовлетворять потребности (*или* требования); **to** ~ **the specification** удовлетворять требованиям спецификации; **to** ~ **one's obligations** выполнить свои обязательства

meeting встреча, заседание, собрание; совещание; **closed** ~ закрытое совещание; **emergency** ~ чрезвычайное заседание, чрезвычайное собрание; **emer-**

gency general ~ чрезвычайное общее собрание; **extraordinary** ~ внеочередное собрание; **founder's** ~ учредительное собрание; **general** ~ общее собрание; **official** ~ официальное заседание; **shareholders'** ~ собрание акционеров; ~ **a deficit** покрытие дефицита; ~ **demand** удовлетворение спроса; ~ **of mutual trade commitments** выполнение обязательств по взаимным поставкам

melt плавить(ся); ~**ing point** точка плавления

member член, членский; **board** ~ член правления; **collegium** ~ член коллегии; **crew** ~ член экипажа; **full-fledged** ~ полноправный член; **non-voting** ~ член без права голоса; **permanent** ~ постоянный член; ~ **of congress** член конгресса; ~ **of parliament** член парламента

membership членство, членский;

memorandum меморандум, памятная записка; **deal** ~ деловая записка; **insurance** ~ меморандум страховой; ~ **of association** учредительный договор о создании акционерной компании; ~ **of understanding** меморандум о соглашении

mention I упоминание
mention II упоминать, называть
mercantile торговый
mercenary продажная душа, продажный

merchandise товар; ~ **accounting** учет в торговле
merchandising распространение
merchant коммерсант, купец, торговец; **export** ~**s** экспортная фирма; **import** ~**s** импортная фирма; **wholesale** ~**s** оптовая фирма
merchantable пригодный для торговли
mercy пощада
merely только, лишь
merge, to ~ сливаться
merger новация, слияние; ~ **of enterprises** слияние предприятий; ~ **of separate uses in land** слияние отдельных землепользователей
merit качество
message послание, сообщение, извещение; **advertising** ~ рекламное обращение; **encoded** ~ шифрованное сообщение
messenger нарочный, посланец, связной
metallurgical металлургический
metallurgy металлургия; **ferrous** ~ черная металлургия; **non-ferrous** ~ цветная металлургия
meteorological метеорологический
method метод, порядок, способ, форма; **accounting** ~**s** методы бухгалтерского учета; **approved** ~ одобренный метод; **batch** ~ **of production** метод изготовления продукции партиями; **cost** ~ метод оценки**cost-saving** ~ метод снижение расходов;

costing ~ метод калькуляции; **design** ~ метод расчета, метод проектирования; **direct export** ~ метод прямого экспорта; **direct import** ~ метод прямого импорта; **economical** ~ экономичный метод; **effective** ~ эффективный метод; **forecasting** ~**s** методы прогнозирования; **general** ~ общий метод; **generalized** ~ обобщенный метод; **genetic engineering** ~**s** методы генной инженерии; **indirect export** ~ метод косвенного экспорта; **indirect import** ~ метод косвенного импорта; **industrial** ~ индустриальный метод; **inspection** ~**s** методы проверки; **mass distribution** ~**s** методы массового сбыта; **modern distribution** ~**s** современные методы сбыта, **normative** ~**s** нормативные методы; **operating** ~ метод работы, метод эксплуатации; **patented** ~ запатентованный способ; **practical** ~**s** практические методы; **pricing** ~ метод калькуляции цен; **printing** ~ метод печати; **production** ~**s** метод производства; **quality assessment** ~ метод определения качества; **quality control** ~ метод контроля качества продукции; **rapid** ~ скоростной метод; **reliable** ~ надежный метод; **sampling** ~ метод отбора проб; **satisfactory** ~ удовлетворительный метод;

scientific ~ научный метод; **special ~** особый метод; **standard ~** стандартный метод; **straight flow ~** поточный метод; **to employ a ~** использовать метод; **to follow a ~** придерживаться метода; **traditional ~** традиционный метод; **training ~s** методы обучения; **usual ~** обычный метод, обычный способ; **~ of accounting for long-term investments** методы учета долгосрочных финансовых вложений; **~ of calculation** метод подсчета; **~ of collaboration** метод сотрудничества; **~ of comparison** метод сравнения; **~ of delivery** метод поставки; **~ of distribution** метод распределения; **~s of management** методы управления; **~ of payment** метод платежа, форма платежа, форма расчета; **~ of planning** метод планирования; **~ of processing** способ обработки; **~ of production** метод изготовления

metric метрический; **~ area** метраж

MFN нация наибольшего благоприятствования; **to grant ~ treatment** предоставлять режим наибольшего благоприятствования

middle середина

middleman комиссионер, посредник

midwife акушерка

migrant переселенец

militia ополчение, орган милиции;

mill мельница; завод; **cotton spinning ~** хлопкопрядильная фабрика; **dressing ~** обогатительная фабрика; **ex ~ contract provision** с завода; **ex ~** франко завод; **ex seller's ~** франко завод продавца; **ex seller's ~ contract provision** с завода продавца; **iron and steel ~** металлургический завод; **paper ~** бумажная фабрика; **silk ~** шелкопрядильная фабрика; **spinning ~** прядильная фабрика; **textile ~** текстильная фабрика; **weaving ~** ткацкая фабрика

miller мельник; владелец мельничного предприятия

millhand фабричный рабочий

mind разум, ум; **to ~** прислушиваться; **with this possibility in ~ ...** с учетом этой возможности

mine 1. шахта; 2. мина; **~ working** разработка

miner шахтер

mineral ископаемое

minimal минимальный

minimize доводить до минимума, уменьшать

minimum минимальный

mining горный промысел, горная разработка

minister министр; **assistant to a ~** помощник министра; **deputy ~** заместитель министра; **prime ~** премьер-министр

ministry министерство; **sectoral ~** отраслевое министерство; **~ of finance** министерство финансов; **~ of foreign affairs** министерство иностранных дел; **~ of health** министерство здравоохранения; **~ of inland water transport** министерство речного флота; **~ of justice** министерство юстиции; **~ of the merchant marine** министерство морского флота

minor незначительный, второстепенный; **to be of ~ importance** иметь второстепенное значение

minority меньшинство; **~ interest** доля меньшинства

mint 1. монетный двор; 2. мята;

minting of coins изготовление монеты

minus минус, за вычетом

minute минута; **~s** протокол *(of a meeting, etc.)*; **~ of a meeting** протокол собрания; **~ of proceedings** протокол заседания

misadventure несчастный случай; **homicide by ~** случайное убийство

misappropriate, to ~ присваивать, присвоить, расхищать

misappropriation незаконное присвоение, расхищение

miscegenation кровосмешение; **product of ~** происхождение от кровосмешения

miscellaneous charges and credits прочие расходы и кредиты

misconstrue, to ~ извратить

misdemeanor проступок; **antisocial ~** антиобщественный проступок

miserly скупой

mishandling дурное обращение

misinterpretation извращение;
misprint опечатка;
misrepresent давать неправильные сведения
misrepresentation неправильные сведения;
missing отсутствующий, недостающий; **to be ~** недоставать; пропасть без вести
mission миссия; **trade ~** торговая миссия
misstatement искажение; ложное заявление
mistake ошибка
mistaken ошибочный
mistress сожительница; хозяйка
misunderstand неправильно понимать
misunderstanding недоразумение
misuse неправильная эксплуатация; **~ of credit** злоупотребление кредита; **~ of force** злоупотребление силой
mitigating смягчающий
mitigation смягчение
mix, to ~ смешивать, смешать;
mixed смешанный
mixture смешение; смесь
mob сборище; **~ justice** самосуд
mobile передвижной
mobilization мобилизация; **industrial ~** мобилизация промышленности; **~ of cash** мобилизация наличности; **~ of financial resources** мобилизация финансовых средств; **~ of resources** мобилизация ресурсов
mock-up макет; **engineering ~** технологический макет

mode способ; **~ of application** способ применения; **~ of conveyance** вид транспортировки, способ перевозки; **~ of reimbursement** метод возмещения; **~ of transport** вид транспорта
model макет, марка товара, модель, образец, типовой; **approved ~** одобренная марка; **competing ~** конкурирующая модель; **cut-away ~** модель в разрезе; **economic growth ~** модель экономического роста; **financial ~** финансовая модель; **industrial ~** промышленный образец; **life-size ~** макет в натуральную величину; **new ~** новая модель; **obsolete ~** устаревшая модель; **previous ~** предыдущая модель; **production ~** серийная модель; **recent ~** современная модель; **reduced ~** упрощенная модель; **reduced scale ~** модель в уменьшенном размере; **registered ~** зарегистрированная модель; **selected ~** отобранная модель; **to test a ~** испытывать модель; **various makes and ~s** различные модели; **working ~** действующий макет, действующая модель, рабочая модель; **~ name** название модели; **~ of a freighter** марка грузового судна
moderate умеренный
modern современный
modernization модернизация, обновление; **funda-**

mental ~ коренная модернизация; **technical ~** техническое обновление; **~ of the economy** модернизация экономики
modernize, to ~ модернизировать, обновлять
modernized обновленный
modification модификация, изменение, поправка; **patentable ~** запатентованная модификация
modified модифицированный
modify, to ~ изменить, изменять; модифицировать
moist влажный
moisture влага, влажность; **excess ~** повышенная влажность; **timber ~ content** влажность древесины; **to damage by excess ~** повреждать повышенной влажностью; **~ allowance** скидка за влажность; **~ certificate** сертификат о влажности; **~ clause** оговорка о влажности
moment момент; **at the ~** в данный момент; **at the earliest possible ~** как можно скорее; **crucial ~** критический момент
monetary валютный, валютно-финансовый, денежный, монетарный, монетный; **~ assets** денежные средства (активы); **~ items** денежные ценности/средства
money деньги, денежный, денежный знак; **balance of ~** остаток денег; **changing ~** размен денег; **cheap ~** дешевые деньги; **circulation of ~** обращение денег; **circulation of**

paper ~ обращение бумажных денег; **counterfeit** ~ фальшивые деньги; **debt** ~ кредитные деньги; **depreciation of** ~ обесценение денег; **emission of paper** ~ выпуск бумажных денег; **expenditure of** ~ расходование денег; **expensive** ~ дорогие деньги; "**hot**" ~ "горячие" деньги; **inconvertibility of paper** ~ необратимость бумажных денег; **irredeemable** ~ неразменные деньги; **lot** ~ вознаграждение аукционисту; ~ **measure(ment)** денежное измерение; **prize** ~ призовые деньги; **purchase** ~ деньги на покупку; **purchasing power of** ~ покупательная сила денег; **real** ~ реальные деньги; **release of holdback** ~ разблокирование удержанных денег; **remittance of** ~ перевод денег; **smart** ~ отступные деньги (**buy-out money**); **to allocate** ~ ассигновать деньги; **to be short of** ~ испытывать недостаток в деньгах; **to borrow** ~ занимать деньги; **to borrow** ~ **against an insurance policy** занимать деньги под страховой полис; **to borrow** ~ **at zero interest** занимать деньги без процентов; **to borrow** ~ **under mortgage** занимать деньги под закладную; **to borrow** ~ **up to a specified amount** занимать деньги до определённой суммы; **to change** ~ менять деньги; **to deposit** ~ **at a specified interest rate** вкладывать деньги из определенного процента; **to deposit** ~ **in a bank** вкладывать деньги в банк, класть деньги в банк; **to draw** ~ **from a bank** получать деньги в банке; **to earn** ~ зарабатывать деньги; **to expend** ~ расходовать деньги; **to hoard** ~ копить деньги; **to issue** ~ выпускать деньги; **to keep** ~ **in a bank** держать деньги в банке, хранить деньги в банке; **to lend** ~ **at interest** ссужать деньги под проценты; **to pay in** ~ вносить деньги; **to place** ~ **in a bank** вносить деньги в банк; **to place** ~ **in escrow** вносить деньги на условный счет; **to place** ~ **on account** вносить деньги на счёт; **to place** ~ **on deposit** вносить деньги в депозит; **to provide with** ~ предоставлять деньги; **to raise** ~ доставать деньги; **to receive** ~ **on deposit** принимать деньги на вклад; **to refund** ~ возмещать деньги; **to reimburse** ~ возмещать израсходованные деньги; **to remit** ~ переводить деньги; **to remove** ~ **from circulation** изымать деньги из обращения; **to repay borrowed** ~ возвращать деньги, взятые взаймы; **to reserve** ~ резервировать деньги; **to save** ~ экономить деньги; **to send** ~ **by postal money order** переводить деньги по почте; **to spend** ~ тратить деньги; **to transfer** ~ пересылать деньги; **to wire** ~ переводить деньги по телеграфу; **to withdraw** ~ **from an account** снимать деньги со счета; **token** ~ символические деньги; **transfer of** ~ **in check form** пересылка денег в форме чека; **unexpended** ~ неизрасходованные деньги; **universal** ~ всемирные деньги; **waste of** ~ непроизводительная трата денег; **withdrawal of** ~ **from circulation** изъятие денег из обращения; **world** ~ мировые деньги; ~ **damages** денежное возмещение; ~**-grubber** стяжатель; ~ **in circulation** деньги в обращение; ~ **loan** заем денег; ~ **substitute** заменитель денег; ~ **supply** запас денег

monitor слухач, староста, экран; **to** ~ контролировать

monitored контролируемый

monitoring контроль, контролирование, контролирующий; **detailed** ~ подробный контроль; **process** ~ контролирование процесса

monometalism монометаллизм

monometallic монометаллический

monopolization монополизация

monopolize, to ~ монополизировать

monopoly монополистическое объединение, монополия, монопольный; **ac-**

cidental ~ случайная монополия; **all-encompassing** ~ всеобъемлющая монополия; **bank** ~ банковская монополия; **bilateral** ~ двухсторонняя монополия; **commercial** ~ торговая монополия; **complete** ~ полная монополия; **export** ~ экспортная монополия; **financial** ~ финансовая монополия; **fiscal** ~ фискальная монополия; **foreign exchange** ~ валютная монополия; **group** ~ групповая монополия; **industrial** ~ промышленная монополия; **international** ~ международная монополия; **merger of** ~s слияние монополий; **multinational** ~ транснациональная монополия; **patent** ~ патентная монополия; **private** ~ частная монополия; **state** ~ государственная монополия; **temporary** ~ временная монополия; ~ **power** власть монополий
monthly ежемесячный, месячный, ежемесячно
monument памятник; **historical** ~ исторический памятник; ~ **of Antiquity** памятник старины
moonlight, to ~ халтурить
moonlighting халтура
moonshine самогон
moonshiner самогонщик
moor, to ~ стоять, швартоваться
moorage место причала, стоянка в порту
mooring стоянка, швартовка; ~ **prohibited** стоянка запрещена

moratorium мораторий; **extension of a** ~ продление моратория; **imposition of a** ~ установление моратория; **to declare a** ~ объявить мораторий; **to impose a** ~ вводить мораторий на
moreover кроме того
mortality смертность; **death and** ~ **of animals** падеж животных; **infant** ~ детская смертность;
mortgage залог, залоговый, закладная, ипотека, ипотечный, обременение ипотекой, ипотечный кредит; **encumbered with a** ~ обремененный ипотекой, ипотека; **first** ~ первая ипотека; **higher in priority** ипотека выше по рангу; **lower in priority** ипотека ниже по рангу; **maritime** ~ ипотека морского судна, морская ипотека; **privileged** ~ привилегированная ипотека; **release of real property from a** ~ очистка недвижимости от ипотеки; **security by** _~ обеспечение с помощью закладной; **to** ~ закладывать, заложить, установить ипотеку; ~ **of an air vessel** ипотека воздушного судна; ~ **of land** ипотека земельного участка; ~ **of real property** залог недвижимого имущества; ~-**deed** залоговое свидетельство
mortgagee залогодержатель, закладодержатель
mortgaging отдача под опеку

mortgagor должник по закладной, закладчик, залогодатель
most наибольший; **at** ~ максимально
mother-in-law свекровь;
motion Picture кинофильм; ~ **equipment** кинооборудование
motive побуждение, мотив
motor двигатель, мотор; ~ **vessel** теплоход; **electric** ~ электрический мотор
motorboat моторное судно
motor-cycle мотоцикл
mount устанавливать, монтировать
mount, to ~ монтировать
mounter монтажник
mounting монтаж
move передвигать(ся), переезжать
move, to ~ перемещать
movement движение; оборот; **free** ~ свободное передвижение; **labor** ~ профсоюзное движение; **monetary** ~ движение денег; ~ **of funds** движение фондов; **capital** ~s передвижение капиталов, оборот капиталов; **credit** ~s передвижение кредита; **money** ~ оборот денег; **price** ~s движение цен; **troop** ~s передвижение войск
movie кинофильм; ~ **equipment** киноаппаратура; ~ **film** кинолента; ~ **projector** киноустановка; ~ **theater** кинозал
moving перемещение
multicurrency мультивалютный
multilateral многосторонний
multilinear многоколонный

multinational многонациональный; ~ **corporations** транснациональные корпорации
multiple множественный, сложный
multi-step form многоступенчатая форма (отчета)
multitude множество
munitions военные припасы
mutilate искажать
mutual взаимный, обоюдный; ~ **advantage** взаимная выгода; ~ **agency** общность представительства (членов товарищества); ~ **interest** взаимная заинтересованность;
mutuality обоюдность
mutually взаимно

N

nail гвоздь; **to** ~ крепить гвоздями
name имя; название, наименование; **brand** ~ название марки; **conditional** ~ условное наименование; **first** ~ имя; **in the** ~ **of** на имя кого-л.; **last** ~ фамилия; **manufacturer's** ~ наименование завода-изготовителя; **ship's** ~ название судна, наименование судна; **to** ~ именовать, называть; **to change the** ~ изменить название; **trade** ~ торговое наименование, торговое название товара; ~ **of a beneficiary** наименование бенефициара; ~ **of a firm** фирменное наименование; ~ **of an invention** название изобретения

national государственный, национальный, подданный; **foreign** ~ иностранный подданный
nationality национальная принадлежность, подданство; **mark of** ~ обозначение страны
nationalization национализация, огосударствление; **act of** ~ акт о национализации
nationalize, to ~ национализировать, огосударствлять
nationwide общегосударственный
native абориген; родной
natural 1. естественный, натуральный; 2. натурный; ~ **resources** природные ресурсы; ~ **weight** натурный вес (зерна)
naturalization принятие в гражданство; **act of** ~ акт натурализации; **decree of** ~ акт о натурализации
nature природа; род; ~ **of goods** вид, род товара
naval флотский
navigable судоходный
navigating навигационный
navigation навигация, мореплавание, плавание, судоходство; **air** ~ воздушная навигация; **closed to** ~ закрытый для навигации; **coastal** ~ каботажное плавание; **inland** ~ внутреннее плавание; **marine** ~ морская навигация; **open for** ~ открытый для навигации; **safety of** ~ безопасность мореплавания; ~ **officer** штурман
necessary необходимый, нужный

necessit/y необходимость, нужда; **basic** ~/**ies** предметы первой необходимости; **paramount** ~ крайняя необходимость; **pressing** ~ настоятельная необходимость
need I надобность, нужда; потребность; **future** ~**s** будущие потребности; **to be in (urgent)** ~ **of something** (срочно) нуждаться в чем-л.
need II 1. нуждаться; **to** ~ **something** нуждаться в чем-л; 2. быть должным, обязанным; **I needn't tell you** мне не нужно (или нет нужды) говорить вам
neglect I небрежность
neglect II пренебрегать, упускать, не делать
negligence небрежность, пренебрежение; ~ **clause** оговорка о возмещении убытков, причинённых небрежностью
negligence небрежность
negligent небрежный; ~ **behavior** пренебрежение
negotiable который может быть переуступлен, оборотный; ~ **document** оборотный документ; **not** ~ не подлежит передаче
negotiate, to ~ договариваться, негоциировать; вести переговоры (о ~ **for**)
negotiation 1. (часто мн.ч. **negotiations**) переговоры (**o** ~ **for**); 2. продажа, передача; выплата; 3. дисконтирование, негоциация; ~**s** переговоры; **bilateral** ~**s** двухсторонние переговоры; **to begin** (или **to start**) ~**s** начинать пе-

реговоры; **to carry** (*или* **to conduct**) ~s вести переговоры; **to be in negotiation** вести переговоры; ~ **of a letter of credit** выплата по аккредитиву; **collective** ~s коллективные переговоры; **commercial** ~s коммерческие переговоры; **diplomatic** ~s дипломатические переговоры; **direct** ~s непосредственные переговоры; **financial** ~s финансовые переговоры; **initiation of** ~s открытие переговоров; **intergovernmental** ~s межправительственные переговоры; **multilateral** ~s многосторонние переговоры; **preliminary peace** ~s предварительные переговоры о мире; **to conduct** ~s вести переговоры; **to effect a** ~ производить негоциацию; **trade** ~s торговые переговоры; ~ **against documents** негоциация против документов; ~s **for peace** переговоры о мире; ~ **of a bill** выплата по векселю; ~ **of a check** выплата по чеку; ~ **of drafts** негоциация тратт; ~ **of a check** передача чека
negotiator негоциант
neither ни тот ни другой; **neither party** ни та, ни другая сторона
nephew племянник
net (*или* **nett**) нетто, чистый; без вычетов, без скидки; **actual** ~ **weight** реальный вес нетто; ~ **assets** нетто-активы; ~ **capital gain** нетто-прирост стоимости капитала; ~ **earings per common share** чистая прибыль за акцию; **gross for** ~ брутто за нетто; ~ **income** чистая прибыль; **legal** ~ **weight** легальный вес нетто; ~ **loss** чистый убыток; **on a** ~ **basis** на основе нетто; **to** ~ выручать; ~ **amount** сумма нетто; ~ **exporter of a commodity** нетто-экспортер товара; ~ **mass** масса нетто; ~ **of depreciation** за вычетом амортизации; ~ **or taxes** после взимания налогов; ~ **price** цена нетто; ~ **proceeds** выручка нетто; ~ **profit** чистая прибыль; ~ **registered ton** нетто-регистровая тонна; ~ **weight** вес нетто; **per pound** ~ за фунт чистого веса; ~ **price** цена без скидки; **(by)** ~ **cash** наличными без скидки
network сеть; **commercial** ~ торговая сеть; **communications** ~ сеть, связи; **dealership** ~ дилерская сеть; **distribution** ~ распределительная сеть; **railway** ~ железнодорожная сеть; ~ **of trade relations** сеть торговли
neutral нейтральный
neutrality нейтральность
nevertheless тем не менее, все же, однако
news новости; **flash** ~ экстренное сообщение
newsletter бюллетень; **monthly** ~ ежемесячный бюллетень
newsprint газетная бумага
next следующий, ближайший; текущего года, следующего года (*в зависимости от контекста*); **on the 2nd July** ~ июля текущего года; **on the 2nd January** ~ 2 января следующего (нового) года
nickname прозвище
niece племянница
nomenclature номенклатура; **equipment** ~ номенклатура оборудования; **expansion of the** ~ **of goods** расширение номенклатуры товаров; **uniform** ~ единая номенклатура
nominal именной, нарицательный, номинальный; ~ **roll** именной список; ~ **value** номинальная стоимость
nominate, to ~ назначать; **to** ~ **an arbitrator** производить назначение арбитра
nomination назначение; **refusal to accept** ~ самоотвод
nominee назначенное лицо
non-acceptance неакцепт, непринятие; **risk of** ~ риск непринятия; ~ **of goods** непринятие товара
non-assembled в разобранном виде
non-cartelized некартелированный
non-cash безналичный; ~ **investing and financing transactions** неденежные операции инвестиционного и финансового характера
non-commercial неторговый
non-competition неконкурентность; ~ **clause** оговорка о неконкурентности
non-competitive безконкурентный, неконкурентный

non-competitiveness неконкурентность
non-complete незаконченный, незавершенный
non-compliance несоблюдение
non-compulsory необязательный
non-conference некартельный
non-conforming бракованный
non-conformity несоответствие (чему-л. ~ **with, to**)
non-cumulative некумулятивный
non-delivery непоставка, недоставка, несдача
non-discriminatory недискриминационный
non-durable недлительный
non-dutiable не подлежащий обложению
non-essentials второстепенные товары
non-exclusive неисключительный
non-frost resistant неморозостойкий
non-fulfillment невыполнение, неисполнение; ~ **of an order** невыполнение заказа
non-interest bearing note беспроцентный вексель
non-liquid неликвидный
non-liquidity отсутствие наличности
non-monetary physical things/items материальные ценности
non-monetary assets неденежные средства/активы
non-negotiable без права передачи, непередаваемый
non-observance несоблюдение; ~ **of a schedule** несоблюдение графика; ~ **of formalities** несоблюдение формальностей; ~ **of the terms of agreement** несоблюдение условий договора; ~ **of the terms of a contract** несоблюдение условий контракта
non-payment неоплата; **advice of** ~ авизо о неплатеже
nonpayment неуплата; **as a result of** ~ в результате неуплаты; **due to** ~ ввиду неуплаты; ~ **of taxes** неуплата налогов
non-performance неисполнение, невыполнение; **penalty for** ~ **of a contract** штраф за невыполнение договора; **sanctions for** ~ санкции за неисполнение; ~ **of a contract** невыполнение контракта, невыполнение договора
non-perishable непортящийся
non-physical rights нематериальные права
non-productive непроизводительный
nonprofit бесприбыльный, некоммерческий
non-sectoral неотраслевой
non-sufficient funds (cheque) необеспеченный чек
non-tariff нетарифный
non-taxable не подлежащий обложению, необлагаемый
non-transferrable без права передачи
non-urgent несрочный
non-waterproof водопроницаемый
non-working нерабочий
nor также не
norm норма, норматив; **economic** ~**s** экономические нормативы; **introduction of** ~**s** введение норм; **legal** ~**s** правовые нормы; **new** ~**s** новые нормы; **present** ~**s** действующие нормы; **stability of** ~**s** стабильность нормативов; **to apply** ~**s** применять нормы; **to prescribe** ~**s** указывать нормы; **to revise** ~**s** пересматривать нормы; **to set** ~**s** нормировать
normal нормальный; ~ **balance** нормальное сальдо; ~ **capacity** нормальный/средний уровень мощности; ~ **operating cycle** нормальный производственный цикл; ~ **trading** основная деятельность
normalization нормализация, оздоровление; ~ **of international relations** нормализация международных отношений
normalized нормированный
normally обычно
normative нормативный
nostro ностро; ~ **account** счет ностро; ~ **overdraft** овердрафт ностро
notarial нотариальный
notarially нотариально
notarization нотариальный акт
notarize, to ~ засвидетельствовать нотариально
notary нотариус ~ **public** нотариус **to submit a complaint to the** ~**'s office** заявить протест нотариусу
notation обозначение, отметка; **system of** ~ система обозначений
note I билет, записка, нота; примечание; свидетель-

ство; **accompanying** ~ сопроводительная накладная; **advice** ~ извещение; **air consignment** ~ грузовая воздушная квитанция; **backing of bank** ~s обеспечение банкнот; **bank** ~ банковский билет; **bearer** ~ на предъявителя; **consignment** ~ грузовая квитанция, накладная на груз **(way-bill)**, товаросопроводительная накладная; **contract** ~ договорная запись; **debit** ~ дебетнота или дебетовое авизо; **demand** ~ предъявительский вексель; **export** ~ бланк учета экспортных операций; **extended** ~ пролонгированный вексель; **gold** ~ погашенный золотом вексель; **interest bearing** ~ процентный вексель; **joint** ~ простой вексель, с двумя или более подписями; **maturity term of a** ~ срок векселя; **non-interest bearing** ~ беспроцентный вексель; **one pound** ~ банкнота в 1 фунт стерлингов; **packing** ~ упаковочный лист; **promissory** ~ долговое обязательство, простой вексель; **release** ~ **for shipment** разрешение на отгрузку; **single-name** ~ соло-вексель; **short-term** ~ простой, краткосрочный вексель; **sight** ~ срочный по предъявлении вексель; **term** ~ вексель на срок; **to collect a** ~ получать деньги по векселю; **to draw a** ~ **for** выписывать вексель сроком на; **to pay by** ~s платить векселями; **transfer** ~ переводной вексель; **treasury** ~s казначейские билеты; ~ **payable** вексель к оплате; ~s **receivable** векселя к получению

note II to ~ отмечать, отметить; принимать к сведению

not-for-profit organisations бюджетные (неприбыльные) организации

notice авизо, заметка, заявление, извещение, нотис *(мор.)*, объявление, предупреждение; уведомление; **advance** ~ заблаговременное уведомление, предварительное заявление; **at short** ~ в короткий срок *(после извещения, предупреждения)*; **auction** ~ уведомление об аукционе; **by written** ~ посредством письменного уведомления; **cancellation** ~ уведомление об отмене; **captain's** ~ нотис капитана; **death** ~ извещение о смерти, объявление смерти; **due** ~ надлежащее уведомление; **immediate** ~ срочное уведомление; **official** ~ официальное заявление; ~ **of protest** протест; **one week's** ~ уведомление за одну неделю; **patent** ~ патентная маркировка; **preliminary** ~ предварительное извещение, предварительный нотис, предварительное уведомление; **statutory** ~ предписанное законом уведомление; **subject to timely** ~ при условии немедленного уведомления; **timely** ~ своевременное уведомление; **to accept a** ~ принять нотис; **to file a** ~ регистрировать уведомление; **to forward a** ~ послать нотис; **to give** ~ подать нотис; **to give formal** ~ официально уведомлять; **to give prior** ~ предварительно уведомлять; **to receive** ~ получать уведомление; **written** ~ письменное извещение; ~ **by cable** уведомление по телеграфу; ~ **by mail** уведомление по почте; ~ **by telex** уведомление по телексу; ~ **of appropriation** извещение о выделении товара для исполнения договора; ~ **of arrival** уведомление о прибытии; ~ **of claim** заявление о возмещении убытка, уведомление о предъявлении претензии; ~ **of claim against insurance** заявления о выплате страхового озмещения; ~ **of expiration** уведомление об истечении срока; ~ **of legal action** уведомление об иске; ~ **of opening of a letter of credit** авизо об открытии ккредитива; ~ **of receipt** извещение о получении; ~ **of readiness** извещение *(или* нотис) о готовности судна *(к погрузке или выгрузке)*

notice II, to ~ замечать

notification извещение, нотификация, оповещение, осведомление, повестка, уведомление *(письмен-*

ное); **act of** ~ акт уведомления; **bank** ~ банковское уведомление; **consider this letter to be official** ~ считайте это письмо официальным уведомлением; **loading** ~ уведомление о погрузке; **official** ~ официальное уведомление; **telephonic** ~ уведомление по телефону; **to provide written** ~ представлять письменное уведомление; **to send** ~ посылать уведомление; **upon** ~ по уведомлении; **within a reasonable period from** ~ с заблаговременным уведомлением; **written** ~ письменное заявление, письменное уведомление; ~ **of a letter of credit** уведомление об аккредитиве

notify, to ~ оповещать, уведомлять, извещать (*письменно*)

notorious пресловутый
notwithstanding несмотря на
novation новация; ~ **of an agreement** новация договора
novelt/y новизна, новинка; **demonstrating** ~**ies** экспонирование новинок; **exhibition of** ~**ies** выставка новинок; **patented** ~ патентоспособная новизна
null недействительный; ~ **and void** потерявший силу или не имеющий силы; **to declare** ~ **and void** признать недействительным
nullification канцеллинг, признание недействительности; ~ **of registration** признание недействительности регистрации
nullify, to ~ признавать недействительным
nullity недействительность; ~ **of a contract** недействительность договора; ~ **of a treaty** недействительность договора
number I 1. число, количество; 2. номер, цифра; **actual** ~ фактическая численность; **a large (small)** ~ большое (малое) число; **approximate** ~ приблизительная цифра; **a** ~ **of** ряд, несколько; **batch** ~ серийный номер; **code** ~ кодовой номер; **consecutive** ~ номер по порядку; **contract** ~ номер контракта; **even** ~ четное число; **final** ~ конечная цифра; **fixed** ~ постоянное число; **flight** ~ номер рейса; **fractional** ~ дробное число; **inventory** ~ инвентарный номер; **item** ~ **in a catalog** код товара в каталоге; **key** ~ номер по телеграфному коду; **letter of credit** ~ номер аккредитива; **lot** ~ номер партии; **maximum** ~ максимальное число; **minimal** ~ минимальное число; **odd** ~ нечетное число, нечет; **order** ~ номер заказа; **ordinal** ~ порядковый номер, порядковое число; **patent** ~ номер патента; **record** ~ рекордное число; **reference** ~ номер для ссылок; **registration** ~ регистрационный номер; **sequence of** ~**s** последовательность номеров; **serial** ~ заводской номер; **stock** ~ номенклатурный номер; **the** ~ **of** число или количество; **telephone** ~ номер телефона; **to** ~ нумеровать; **to delete a** ~ вычеркнуть цифру; **total** ~ общая численность; **voyage** ~ номер рейса; ~ **of cases** число мест; **(freight)** ~ **of units/parcels** количество мест груза

number II, to ~ насчитывать; нумеровать
numbering нумерация; **consecutive** ~ последовательная нумерация; **comparable** ~ сравнительные цифры; **round** ~ круглые цифры; **target** ~ контрольные цифры
numeral цифра
numerator числитель
numerical цифровой
numerous многократный, многочисленный
nuptial брачный

O

oath присяга; **judicial** ~ судебная присяга; **to administer an** ~ привести к присяге; **to take an** ~ принести присягу, присягать; **under** ~ под присягой; ~ **of loyalty** присяга на верность
oats (*мн.ч.*) овес
object I 1. предмет; 2. цель; **our** ~ **in writing to you** цель настоящего письма
object II возражать (против - **to**)

objection возражение, протест; ~ **by the prosecution** протест прокурора
objective объективный
objectivity объективность
obligation обязанность, обязательство, повинность; **bearer** ~ обязательство на предъявителя; **charter** ~**s** уставная обязанность; **contractual** ~ договорное обязательство; **direct** ~ прямое обязательство; **financial** ~ финансовое обязательство; **international** ~**s** международные обязательства; **international legal** ~**s** международное правовое обязательство; **legal** ~ правовое обязательство, юридическая обязанность; **long-term** ~ долгосрочное обязательство; **maintenance** ~ алиментное обязательство, алиментная обязанность (*e.g. alimony*); **monetary** ~ денежная повинность; **mortgage** ~ ипотечное обязательство; **multilateral** ~ многостороннее обязательство; **mutual** ~**s** взаимные обязательства; **pecuniary** ~ денежное обязательство; **personal** ~ личная повинность; **short-term** ~ краткосрочное обязательство; **statutory** ~ законное обязательство; **supplementary** ~ придаточное обязательство; **to release from an** ~ освободить от обязательства; **to undertake an** ~ принять обязанность на себя; **warranty** ~ гарантийное обязательство; ~ **to compensate loss** обязательство возмещения убытка; ~ **under warranty** обязательство по гарантии; **without** ~ без обязательства
obligatory обязательный
oblige, to ~ обязывать; **to be** ~**d** быть обязанным или быть должным; быть благодарным *или* быть признательным (кому-л.-**to**)
observance соблюдение; **to insist on the** ~ **of conditions** настаивать на выполнении условий; ~ **of a right** соблюдение права; ~ **of formalities** соблюдение формальностей
observation замечание, наблюдение, высказывание
observe, to ~ 1. замечать, видеть; 2. соблюдать
obsolescence устаревание; моральный износ; **planned** ~ моральный износ
obstacle помеха, препятствие; **forbidding** ~ запретительное препятствие
obstruction препятствие, обструкция; ~ **in parliament** обструкция в парламенте
obtain, to ~ приобретать, получать, доставать
obtainable который может быть получен
obtained достигнутый
obverse лицевой
obviously очевидно
occasion вызывать, причинять
occupation занятие, оккупация; **paid** ~ оплачиваемое занятие; **primary** ~ главное занятие
occupy, to - занимать, занять, оккупировать (*воен.*)
occur, to ~ происходить, случаться
occurrence происхождение, явление
oceanliner лайнер
odd нечетный, странный
off вне, дальний, незанятый; **to take** ~ вылетать (*by air*)
offend, to ~ оскорблять, оскорбить
offended оскорбленный
offender нарушитель, оскорбитель, правонарушитель; **juvenile** ~ несовершеннолетний правонарушитель; **mentally incompetent** ~ невменяемый правонарушитель
offense оскорбление, правонарушение, провинность; **civil** ~ гражданское правонарушение; **continuing** ~ продолжаемое преступление; **criminal** ~ уголовное преступление; **electoral** ~ преступление против избирательной системы; **felony** ~ преступление; **first** ~ первое преступление; **material** ~ материальное преступление; **repeated** ~ повторное преступление; **serious** ~ тяжкое оскорбление, тяжкое преступление; **sexual** ~ половое преступление; **to commit an** ~ совершить правонарушение; ~ **against minors** правонарушение против несовершеннолетних; ~ **against public morals** преступление против общественной нравственности; ~ **characterized by the use of violence** преступление ха-

рактеризующееся применением насилия; ~ **committed in a state of intoxication** преступление совершенное в состоянии опьянения
offensive наступление, противный; **to go on the** ~ перейти в наступление
offer оферта, предложение;
offer I 1. предложение, оферта (на ~ **for, of**); **aggregate** ~ совокупное предложение; **conditional** ~ условное предложение; ~ **of credit** предложение кредита; ~ **of employment** приглашение на работу; ~ **to contract** предложение вступить в договор; **to make an** ~ **for something** сделать (*или* дать) предложение на что-л.; **to reject an** ~ отклонить предложение;
offer II, to ~ выдавать, предлагать
offeree офертант
offerer оферент
office канцелярия, контора, конторский, отделение, учреждение; **administrative** ~ административное учреждение; **audit** ~ ревизионная контора; **corporate registry** ~ бюро регистрации акционерных компаний; **customs** ~ таможенное ведомство; **design** ~ проектная контора; **exchange** ~ разменная контора; **executive** ~ аппарат управления; **export** ~ экспортная контора; **freight** ~ грузовая контора, фрахтовая контора; **governmental** ~ правительственные учреждения; **head** ~ главная контора; **import** ~ импортная контора; **insurance** ~ страховая контора; **notary** ~ нотариальная контора; **passport and visa** ~ бюро по выдаче паспортов и виз; **patent** ~ патентное бюро; **post** ~ почтовое отделение; **press-release** ~ бюро объявлений; **prosecutor's** ~ прокурорский аппарат, прокурорский орган; **registered** ~ зарегистрированная контора; **registration** ~ регистрационное бюро; **rental** ~ бюро проката; **sales** ~ торговое отделение, учреждение по продаже; **social insurance** ~ страховая касса; **technical inspection** ~ бюро технического надзора; **ticket** ~ билетная касса; **to assume** ~ вступить в должность; **to nominate to an** ~ выдвигать на должность; **to open an** ~ открыть контору; **trade fair** ~ дирекция ярмарки; ~ **hours** служебные часы *или* часы работы учреждения; ~ **manager** директор конторы
officer офицер; **police** ~ офицер полиции
official официальный, служебный; должностное лицо
officially официально
offloading выгрузка, разгрузка; **to** ~ разгружать; **to arrange for** ~ организовывать выгрузку; **to delay** ~ задерживать выгрузку; ~ **standards** нормы выгрузки
offset зачет; **as an** ~ **against** в виде вознаграждения; **contractual** ~ договорный зачет; **judicial** ~ судебный зачет
off-the-floor sale продажа экспонатов со стенда
often неоднократно
oil нефть; масло; **bunker** ~ бункерное топливо; ~ **cargo** нефтегруз; ~ **carrier** нефтевоз; **fuel** ~ топливная нефть, мазут; **to lay an** ~ **pipeline** прокладывать нефтепровод; **lubricating** ~ смазочное масло; **machine** ~ машинное масло; ~ **pipeline** нефтепровод; ~ **reservoir** нефтехранилище; **spindle** ~ веретенное масло
oligarchy олигархия
omen примета; **bad** ~ дурная примета; **good** ~ хорошая примета
omission пропуск; **errors and omissions excepted** исключая ошибки и пропуски
omit, to ~ пропускать, опускать; упускать; **to** ~ **to do** (*или* **doing**) не сделать
on-call онкольный
one-of-a-kind product единичный образец
on-line processing обработка данных в режиме "онлайн" (*когда информация с удаленных терминалов прямо поступает на центральный процессор*)
only единственный
onset наступление
onstream в строй; **to go** ~ вступать в строй
open открытый, явный; **to** ~ вскрывать; "~ **for sign-**

O

ing" "открыто для подписания" (of a convention, etc.); **to remain** ~ оставаться открытым (о предложении)

opening открытие; ~ **of an account** открытие счёта; ~ **of a conference** открытие конференции; ~ **of a letter of credit** открытие аккредитива; ~ **of a line of credit** открытие кредита; ~ **of a market** открытие рынка; ~ **of a store** открытие магазина; ~ **stocks** начальные запасы

openly открыто, публично

operate, to ~ работать, эксплуатировать

operating действующий; ~ **activities** основная деятельность; ~ **conditions** условия эксплуатации; **under** ~ **conditions** в условиях эксплуатации; ~ **expenses** операционные расходы; ~ **lease** оперативная аренда; ~ **manual** руководство по эксплуатации; ~ **period** время эксплуатации; ~ **process** процесс эксплуатации; ~ **profit/loss** прибыль/убыток от основной деятельности; ~ **right** право на эксплуатацию; ~ **techniques** техника эксплуатации

operation операция, работа, действие; эксплуатация; **commercial** ~ коммерческая операция, промышленная эксплуатация; **company** ~ деятельность компаний; **designed for** ~ предназначенный для эксплуатации; **export/import** ~ экспортно-импортная операция; **forward** ~ операция на срок; **guaranteed** ~ гарантийная эксплуатация; **hedging** ~ операция хеджирования; **insurance** ~ страховая операция; **international** ~ эксплуатация международной линии; **lending** ~ кредитная операция; **licensee's** ~s деятельность лицензиата; **licensor's** ~s деятельность лицензиара; **loan** ~ ссудная операция; **method of** ~ метод эксплуатации; **military** ~s военные операции; **normal** ~ нормальная эксплуатация; **period of** ~ период эксплуатации; **purchasing** ~ операция по закупке; **to put into** ~ вводить в действие (или в эксплуатацию); **putting into** ~ ввод в эксплуатацию; **reliable** ~ надёжный в эксплуатации; **retirement from** ~ вывод из эксплуатации; **routine** ~ обычная работа; **salvage** ~s спасательные работы; **to bring into** ~ вводить в эксплуатацию; **to come into** ~ вступать в строй; **to go into** ~ вступать в эксплуатацию; **to put into** ~ сдать в эксплуатацию; **trade** ~ торговая операция; **trouble-free** ~ бесперебойная эксплуатация; **turn-key** ~ операция "под ключ"; **unfit for further** ~ непригодный к дальнейшей эксплуатации; **unreliable** ~ ненадёжный в эксплуатации; ~ **report** отчёт об эксплуатации

operative делец

operator делец, механик; **exchange** ~ биржевой делец; **groupage** ~ экспедитор по сборным отправкам

opinion мнение, суждение; **in my (his, your etc.)** ~ по моему (его, вашему и т. д.) мнению; **in the** ~ **of somebody** по мнению кого-л.

opponent оппонент, противник; ~ **in a dispute** противник в споре

opportunism оппортунизм

opportunist оппортунист

opportunistic оппортунистический

opportunity благоприятный случай, удобный случай, возможность, случай; **to have the** ~ **of doing something** иметь возможность сделать что-л.; **to take the** ~ воспользоваться случаем

oppose, to ~ сопротивляться, оспаривать

opposition оппозиция, оппозиционный, противодействие

oppress, to ~ притеснять

opt, to ~ **for** оптировать

option усмотрение, выбор, опцион (право выбора); оптация (e.g. of dual citizenship); **at** (или **in**) **our (your)** ~ по нашему (вашему) усмотрению; **at the** ~ **of ...** по выбору; **available at** ~ поставляемый по выбору заказчика; **at** (или **in**) **buyers' (sellers')** ~ по усмотрению покупателей (про-

давцов); **right of** ~ право выбора; **future** ~ будущий выбор; **seller's** ~ выбор продавца; **to have an** ~ иметь право выбора; **to have an** ~ **on goods** иметь право выбора товара; **to provide** ~**s** предоставлять право выбора
optional факультативный
oral словесный
orator оратор
order I 1. заказ, истребование, поручение, наряд; 2. порядок, строй; 3. орден *(award, group)*; 4. ордер, предписание, приказ, распорядок, регламент; 5. спокойствие; **additional** ~**s** дополнительный регламент; **against** (*или* **on**) ~ **No.** по заказу №; **against** (*или* **on**) **our** (**your**) ~ по нашему (вашему) заказу; **agrarian** ~ аграрный строй; **alphabetical** ~ алфавитный порядок; **a bill of lading made out to** ~ коносамент, выписанный по приказу (кого-л); **by** ~ **of ...** по приказу *или* по требованию, по указанию; **cancellation of an** ~ аннулирование заказа; **cash** ~ кассовый ордер; **cash with** ~ наличными при выдаче заказа; **consular** ~**s** консульский регламент; **court** ~ предписание суда; **direct** ~ прямое предписание; **economic** ~ экономический порядок, экономический строй; **for** ~'**s sake** ради порядка; **executive** ~ исполнительный акт, исполнительный приказ, исполнительный регламент; **heavy** ~ большой заказ; **in good** ~ **and proper form** в полном порядке и должной форме; **law and** ~ правопорядок; **legal** ~ правовой порядок, юридический порядок; **legislative** ~ законодательный порядок; **loading** ~ погрузочный ордер; **money** ~ денежное поручение; **new international economic** ~ новый международный экономический порядок; **on his** ~ по его приказу; **out of** ~ неисправный, в неисправности; **payment** ~ обменный ордер, платежное поручение; **postal** ~ почтовое поручение; **postal money** ~ денежный почтовый перевод; **public** ~ общественное спокойствие, публичный порядок; **religious** ~ религиозный орден; **repeat** ~ повторный заказ; **reverse** ~ обратный порядок; **social** ~ строй, общественный порядок; **standing** ~**s** регламент; **standing** ~ **to the bank** постоянное распоряжение банку; **state** ~ госзаказ, государственный заказ; **strict** ~ строгий порядок; **to** ~ по приказу; **to our** (**your**) ~ по нашему (вашему) приказу; **to fill an** ~ выполнить заказ; **to issue an** ~ **to confiscate** издать приказ о конфискации; **to call to** ~ призвать к порядку; **transfer** ~ переводное поручение; **trial** ~ пробный заказ; **violating public** ~ противоречащий публичному порядку; **warehouseman's** ~ разрешение таможни на выдачу груза со склада; **work** ~ наряд на работу; **working** ~ судоходное состояние; **written** ~ письменный приказ; ~ **of appeal** порядок обжалования; ~ **of distribution** порядок распределения; ~ **of Jesus** (**Jesuits**) иезуитский орден; ~ **of Malta** мальтийский орден; ~ **of payment** порядок уплаты; ~ **of preference** порядок предпочтения; ~ **of priority** порядок приоритета; ~ **of seniority** порядок старшинства; ~ **of the court** приказ суда; ~ **of the day** распорядок дня, приказ по войскам
order II, to ~ заказывать, заказать (у - **from**), предписывать, приказывать, распоряжаться
orderly ординарец; закономерный
ordinal порядковый
ordnance орудие
ordinary обыкновенный; ~ **repairs** текущий ремонт; ~ **shareholders** владельцы обыуновенных акций; ~ **shares** обыкновенные акции
ore руда
organ орган (*of government, etc.*); **autonomous** ~ автономный орган; **bureaucratic** ~**s** аппарат; **executive** ~ исполнительный аппарат; **purchasing** ~ закупочный орган
organism организм

organization организация; **administrative** ~ административная организация; **arbitral** ~ арбитражная организация; **autonomous** ~ автономная организация; **charitable** ~ благотворительное общество; **consumer** ~ потребительское общество; **cooperative** ~ кооперативная организация; ~ **costs** организационные расходы; **criminal** ~ преступная организация; **economic** ~ хозяйственная организация, экономическая организация; **financial** ~ финансовая организация; **Food and Agricultural** ~ **of the United Nations (FAO)** Продовольственная и сельскохозяйственная организация объединенных наций (ФАО); **foreign trade** ~ внешнеторговая организация; **industrial** ~ промышленная организация; **inspection** ~ инспекционная организация; **International Civil Aviation** ~ Организация международной гражданской авиации; **judicial** ~ судебная организация; **labor** ~ профсоюзная организация; **legal** ~ правовая организация; **mass** ~ массовая организация; **North Atlantic Treaty** ~ **(NATO)** Организация северо-атлантического договора (НАТО); **nonprofit** ~ некоммерческая организация; **official** ~ официальная организация; **party** ~ партийная организация; **permanent** ~ постоянная организация; **professional** ~ профессиональная организация; **regional** ~ региональная организация; **Southeast Asian Treaty** ~ **(SEATO)** Организация договора юго-восточной Азии (СЕАТО); **self-financing** ~ хозрасчетная организация; **subversive** ~ подрывная организация; **trade** ~ торговая организация; **United Nations** ~ **(UN)** Организация объединенных наций (ООН); **voluntary** ~ добровольное общество; **World Health** ~ **(WHO)** ~ **of American States (OAS)** Организация Американских Государств (ОАГ); ~ **of Economic Cooperation and Development (OECD)** Организация экономического сотрудничества и развития

organize, to ~ налаживать
organizer устроитель
orient восток; **to** ~ ориентировать
orientation ориентация
origin происхождение, род; **airport of** ~ аэродром отправления; **certificate of** ~ свидетельство о происхождении; **place of** ~ место происхождения; ~ **of a product** происхождение изделия; **of USA** ~ происхождением из США
original 1. оригинал, оригинальный; 2. первоначальный; подлиник (of a document); ~ **bill of lading** оригинальный коносамент или оригинал коносамента; ~ **copy of a decision** подлиник решения; ~ **cost** первоначальная стоимость; ~ **deed** первоначальная запись; ~ **delivery estimate** первоначально намеченный срок поставки
originally первоначально
originate, to ~ создавать
orphan сирота
orphanhood сиротство
other другой; ~ **assets** прочие активы; ~ **operating income** прочая реализация; ~ **revenues and expenses** прочие доходы и расходы; ~ **withholdings** прочие удержания
otherwise иначе, в противном случае; **unless** ~ **agreed** если иное не согласовано
ourselves = **us**
outcome последствие, результат; **legal** ~ законное последствие
outer внешний
outfit снаряжение
outfitting оснащение
outlay затрата, расход; ~s издержки; **additional** ~ дополнительные издержки; **net** ~ чистые издержки; **production** ~ издержки производства; **total** ~ общие расходы
outlet отделение; **sales** ~s торговая сеть
outlook перспектива; **economic** ~ будущая экономическая конъюнктура; **economic development** ~ перспектива развития экономики; **market** ~ перспектива рынка
outnumber, to ~ превосходить числом

out-of-season несезонный
outpace, to ~ обгонять
outpost аванпост; **~s** сторожевое охранение
output 1. выпуск, мощность, продукция; 2. производительность; **agricultural** ~ сельскохозяйственная продукция; **annual** ~ годовая мощность; **daily** ~ суточный выпуск; **decline in** ~ снижение мощностей; **export** ~ экспортная продукция; **gross** ~ валовая продукция; **industrial** ~ промышленная продукция; **net** ~ чистая продукция; **nominal** ~ номинальная мощность; **recorded** ~ учитываемый выпуск продукции; **to decrease** ~ сокращать выпуск; **to guarantee the** ~ гарантировать выпуск продукции; **to increase** ~ увеличивать выпуск; **to limit** ~ ограничивать выпуск продукции; **~ of by-products** выпуск побочной продукции; **~ of commodities** товарная продукция; **~ of production exceeding the target** сверхплановой выпуск продукции; **~ program** план выпуска продукции;
outside I. вне, за пределами; 2. наружная сторона; **~ France** за пределами Франции; **~ the seller's control** не зависящий от продавца; **on the** ~ с наружной стороны, снаружи
outstanding невзысканный, невыполненный, нереализованный; неуплаченный; не отраженный в учете; **~ interest** процент к уплате
outturn выгруженное количество
over над, слишком; **~ height cargo** негабарит по высоте; **~ width cargo** не габарит по ширине
over and above сверх, свыше
overall общий; полный, предельный; габаритный
overboard за бортом; **to jettison** ~ выбрасывать за борт
overcharge завышенная цена; **to** ~ завышать цену, назначать завышенную цену
overcome, to ~ обгонять
overdraft овердрафт; перерасход остатка денег; **account** ~ задолженность банку; **credit** ~ превышение кредитного лимита; **~ of bank credit** превышение банковского кредита
overdraw, to ~ **an account** выписывать чек сверх остатка на текущем счету, допускать овердрафт
overestimate, to ~ переоценивать
overfulfill, to ~ перевыполнять, перевыполнить
overfulfillment перевыполнение
overhaul восстановительный ремонт; **complete** ~ коренное обновление
overhead накладные расходы; **allocation of** ~ распределение накладных расходов; **plant** ~ общезаводские накладные расходы; **production** ~ производственные накладные расходы; ~ **expenses** накладные расходы
overheating перенапряжение; **~ of the market** перенапряжение конъюнктуры
overinvoicing по завышенным ценам
overland сухопутный
overload, to ~ нагружать чрезмерно, перегружать
overloading перегрузка
overpay, to ~ переплатить; переплата
overpopulation перенаселение; **agrarian** ~ аграрное перенаселение
overproduction перепроизводство; **~ of commodities** перепроизводство товара
overrun перерасход; **budget** ~ перевыполнение бюджета; **cost** ~ перерасход; **term** ~ просрочка
overseas заморский; **~ transport** морская перевозка
over-shipment погрузка большего количества
overside бортовой, через борт
oversight I надзор; **administrative** ~ административный надзор
oversight II недосмотр; **through an** ~ **no** недосмотру
oversize негабаритный; **~ cargo** не габарит
oversized крупногабаритный
overstated завышенный
overstatement завышение
overstock затоваривание
overt явный
overthrow свержение; **to** ~ свергнуть; **~ of the government** свержение правительства; **~ of the regime** свержение режима

overtime 1. сверхурочный; 2. сверхурочное время; сверхурочные; сверхурочная работа; ~ **payments** доплата за сверхурочную работу; ~ **rate** размер выплаты за сверхурочную работу; ~ **work** переработка

overturn, to ~ отвергать; ~ **of a sentence** отмена приговора

overvaluation завышенная оценка, переоценка

overvalue, to ~ переоценивать

overweight перевес

owe быть должным (*или* обязанным, признательным); **we** ~ **your address to Messrs. ...** мы признательны за сообщение вашего адреса фирме...

owing задолженный; **to be** ~ причитаться

owing to из-за, по причине, вследствие

own I собственный

own II, to ~ владеть

owner 1. владелец, собственник, хозяин, хозяйка; 2. (*мн.ч.*) **owners** владельцы; судовладельцы (*вместо* **shipowners**); **at** ~'**s risk** на риск владельца; **cargo** ~ владелец груза; **co-**~ совместный владелец; **commodity** ~ владелец товара; **copyright** ~ владелец авторского права; ~**s' equity** собственный капитал; **exhibition** ~ владелец стенда; **factory** ~ владелец завода; ~'**s investments** вложения капитала собственником; **patent** ~'**s charge** поручение владельца патента; **private** ~ частный владелец; **property** ~ владелец собственности; **ship** ~ владелец судна, судовладельческая фирма; **tug** ~ владелец судна, буксира; ~ **of know-how** владелец ноу-хау; ~ **of real estate** владелец недвижимости; ~'**s right** право владельца; ~'**s withdrawals** изъятия капитала собственником

ownership 1. собственность; 2. право собственности (на - **in**); **commercial** ~ коммерческая собственность; **common** ~ общественная собственность; **communal** ~ **of chattels** общность движимых имуществ; **communal** ~ **of property** общность имущества; **community of** ~ общность владения; **exclusive** ~ исключительная собственность; **individual** ~ индивидуальная собственность; **joint** ~ совместная собственность; **legal title of** ~ право на имущество; **mutual** ~ нейтральная собственность; **state** ~ государственная собственность; ~ **right** право владения; **to pass into** ~ переходить в собственность

oyster устрица

P

p. 1. **patent** патент; 2. **perishable** скоропортящийся; 3. **port** порт; 4. **power** сила, мощность, энергия

p. page страница

p.a. *или* **P.A. P/A,** 1. **particular average** частная авария; 2. **per annum** в год, ежегодно; 3. **power of attorney** доверенность

pace темп, шаг; **at a rapid** ~ в ускоренном темпе; **to pick up the** ~ ускорять темп; **to slow the** ~ замедлять темп; ~ **of development** темп развития; ~ **of growth** темп роста; ~ **of work** темп работы

pacification усмирение

pacifism пацифизм

pack, to ~ осуществлять упаковку, упаковывать; **to** ~ **in the proper manner** упаковывать должным образом; **to** ~ **securely** упаковывать прочно; **to hand** ~ упаковывать вручную; **to machine** ~ упаковывать машинным способом; **unit** ~ индивидуальная тара

package комплекс, место, пакет, пачка; **contents of a** ~ содержание места; **equipment** ~ комплекс оборудования; **insert in a** ~ вкладыш в упаковку; **know-how** ~ комплекс ноу-хау; **licensing** ~ пакет услуг, предоставляемых по лицензии; **lost** ~ потерянное место; **number of** ~**s** количество мест, число мест груза; **oversized** ~ место большого размера; **single** ~ отдельное место; **unwieldy** ~ громоздкая посылка; ~ **dimensions** размеры места, размеры упаковки; ~ **number** номер места; ~ **of services** ком-

плекс услуг; **unit weight** вес грузового места
packaged в упаковке; **in final form** в окончательной упаковке
packaging упаковка; **airfreight** ~ упаковка, предназначенная для воздушной транспортировки; **airtight** ~ воздухонепроницаемая упаковка; **appropriate** ~ соответствующая упаковка; **bad** ~ плохая упаковка; **damaged** ~ поврежденная упаковка; **effective** ~ эффективная упаковка; **export** ~ экспортная упаковка; **external** ~ наружная упаковка; **factory** ~ заводская упаковка, фабричная упаковка; **feasible** ~ целесообразная упаковка; **frame** ~ упаковка в обрешётке; **in the process of** ~ в процессе упаковки; **inappropriate** ~ несоответствующая упаковка; **intact** ~ целая упаковка; **ordinary** ~ обыкновенная упаковка; **price includes** ~ цена, включая упаковку; **proper** ~ надлежащая упаковка; **protective** ~ защитная упаковка; **returnable** ~ многоразовая упаковка; **satisfactory** ~ удовлетворительная упаковка; **seaworthy** ~ упаковка, пригодная для морской перевозки; **special** ~ специальная упаковка; **standard** ~ стандартная упаковка; **strength of** ~ прочность упаковки; **sturdy** ~ жесткая упаковка; **supplier's** ~ упаковка поставщика; **timely** ~ своевременная упаковка; **to commence** ~ начинать упаковку; **to examine** ~ проверять упаковку; **to secure the necessary** ~ обеспечивать должную упаковку; **total** ~ общая упаковка; **uncrated** ~ упаковка без ящиков; **undamaged** ~ упаковка без повреждений; **waterproof** ~ водонепроницаемая упаковка; ~ **department** отдел фасовки и упаковки; ~ **for tropical conditions** тропическая упаковка; ~ **in cartons** упаковка в коробки; ~ **method** способ упаковки; ~ **recommendations** рекомендации по упаковке; ~ **requirements** требования к упаковке; ~ **technique** метод упаковки; ~ **with instructions included** упаковка с инструкциями; ~ **with rope handles** упаковка с верёвочными ручками
packed упакованный; **vacuum** ~ вакуумная упаковка; ~ **measurements** размеры в упаковке
packet пакет
packing затаривание груза, прокладка, упаковочный; **adequacy of** ~ правильность упаковки; **adequate** ~ достаточная упаковка; **canvas** ~ парусиновая упаковка; **container** ~ контейнерная упаковка; **cost of** ~ стоимость упаковки; **defective** ~ дефектная упаковка; **during** ~ во время упаковки; **export charge** плата за экспортную упаковку; **export services** услуги по упаковке товара на экспорт; **freight** ~ транспортная упаковка; **good quality** ~ доброкачественная упаковка; **hermetically sealed** ~ герметичная упаковка; **import** ~ импортная упаковка; **insufficient** ~ недостаточная упаковка; **kind of** ~ вид упаковки; **maritime** ~ морская упаковка; **negligent** ~ небрежная упаковка; **new type of** ~ новый вид упаковки; **non-standard** ~ нестандартная упаковка; **nonreturnable** ~ безвозвратная упаковка; **oversized** ~ громоздкая упаковка, негабаритная упаковка; **poor quality** ~ недоброкачественная упаковка; **removal of** ~ вывоз упаковки; **sample** ~ образец упаковки; **soft** ~ мягкая упаковка; **standard export** ~ обычная экспортная упаковка; **strong** ~ прочная упаковка; **suitable** ~ годная упаковка, подходящая упаковка; **tight** ~ плотная упаковка; **to complete** ~ завершать упаковку; **to determine the sufficiency of** ~ определять достаточность упаковки; **to handle** ~ производить упаковку; **to include** ~ включать упаковку; **to pay for** ~ платить за упаковку; **to proceed with** ~ приступать к упаковке; **to secure timely** ~ обеспечивать своевременную упаковку; **to send**

P

in ~ посылать в упаковке; **to ship ~ goods** отгружать товар в упаковке; **torn** ~ разорванная упаковка; **undamaged** ~ неповрежденная упаковка; **unfit** ~ непригодная упаковка; **unnecessary** ~ ненужная упаковка; **unsatisfactory** ~ неудовлетворительная упаковка; **unsuitable** ~ неподходящая упаковка; **wooden** ~ деревянная упаковка; **wrapping** оберточный; ~ **contract** контракт на упаковку товара; ~ **equipment** оборудование для упаковки; ~ **expenses** расходы по упаковке; ~ **extra** упаковка за счет покупателя; ~ **extra at cost** упаковка по себестоимости за счет покупателя; ~ **facilities** средства упаковки; ~ **in bags** упаковка в мешки; ~ **instructions** правила упаковки; ~ **not included** цена без упаковки (in cost); ~ **per contract** упаковка по контракту; ~ **services** услуги по упаковке; ~ **standards** стандарты упаковки; ~ **suitable for ...** упаковка, пригодная для; ~ **tape** лента, используемая при упаковке; "~**wet**" "подмоченная упаковка" (marking on cargo) ~ **will be charged extra** за упаковку будет начислена отдельная плата

pact пакт; **aggressive** ~ агрессивный пакт; **Balkan** ~ балканский пакт; **federal** ~ федеральный пакт; **international** ~ международный пакт; **military** ~ военный пакт; **mutual aid** ~ пакт о взаимной помощи; **mutual assistance** ~ договор о взаимопомощи; **mutual defense** ~ пакт о совместной обороне; **neutrality** ~ пакт о нейтралитете; **North Atlantic** ~ Северо-атлантический пакт; **organizational** ~ организационный пакт; **Peace** ~ пакт мира; **Quadrilateral** ~ четырехсторонний пакт; **Rhine** ~ Рейнский пакт; **security** ~ пакт о безопасности; **Trilateral** ~ трехсторонний пакт; ~ **of League of Nations** Пакт лиги наций

page лист, страница; **supplementary** ~ вкладной лист; **title** ~ заглавный лист, титульный лист

paid оплаченный; ~-**in-capital** эмиссионный доход; ~-**up (share) capital** оплаченный акционерный капитал

paint краска; **indelible** ~ несмываемая краска; **quick-drying** ~ быстровысыхающая краска; **rust-proof** ~ антикоррозионная краска; **waterproof** ~ водостойкая краска

pale бледный; ~ **of Settlement** черта оседлости

pallet лоток, ящик-лоток

palletization укладка на паллеты; ~ **of cargo** укладка груза на паллеты

pamphlet буклет; **illustrated** ~ иллюстрированный буклет

panamerican панамериканский

panamericanism панамериканизм

panderer альфонс, сводник

pandering сводничество

panel коллегия; **arbitration** ~ арбитражная комиссия

panhandle, to ~ попрошайничать

panhandling попрошайничество

paper бумага, вексель, документ, лист, тратта; **acceptance of commercial** ~ акцепт коммерческих документов; **commercial** ~ торговая тратта; **commodity** ~ подтоварный вексель; **fine bank** ~ первоклассный банковский вексель; **first class** ~ первоклассный вексель; **piece of** ~ лист; **purchased** ~ купленный вексель; **ship's** ~**s** судовые документы; **stamped** ~ гербовая бумага; **three month's** ~ трехмесячный вексель; **trade** ~ торговый вексель; **two name** ~ вексель с двумя подписями; **watermark** ~ гербовая бумага; **waterproof** ~ водонепроницаемая бумага; ~ **currency** бумажный денежный знак

paperclip скрепка

par номинал; **above** ~ выше номинала; **at** ~ альпари, по номиналу, по номинальному курсу, по паритету, по нарицательной цене; **below** ~ ниже номинала; **no** ~ **value** без нарицательной цены; **to buy at below** ~ покупать по цене ниже нарицательной; **to sell above** ~

продавать по цене выше номинала; **to sell below** ~ продавать ниже номинальной цены; **to sell over** ~ продавать выше номинальной цены

paragraph или **para(h)** абзац, параграф, статья, пункт, раздел

parameter показатель; **cost** ~ стоимостный показатель; **overall cost** ~ общий стоимостный показатель; ~ **of cost** показатель стоимости

paramilitary полувоенный

paras или **paragraphs** параграфы, пункты, разделы

parcel единица груза, пакет, пачка, посылка; **airmail** ~ авиапочтовая посылка; **contents of a** ~ содержание груза; **express** ~ срочная посылка; **fragile** ~ хрупкая посылка; **postal** ~ почтовая посылка; **postal** ~ **with declared value** почтовая посылка с объявленной ценностью

pardon извинение, прощение, помилование; **appeal for a** ~ просьба о помиловании; **legal** ~ закономерное прощение; **to** ~ помиловать

parent родитель; **adoptive** ~s приемные родители; **birth** ~s кровные родители; ~ **company** материнская компания, которая владеет пакетом акций другой компании

parentage происхождение

parity паритет, паритетный; равенство, соотношение; **dollar** ~ паритет с долларом; **Exchange rate** ~ валютный паритет; **gold** ~ золотой паритет; **mint** ~ монетный паритет; **official** ~ официальный паритет; **on a basis of** ~ на паритетных началах; ~ **of currencies** соотношение валют; ~ **of prices** соотношение цен

park заповедник, парк

parking space стоянка

parliament парламент; **European** ~ европейская парламентская ассамблея, европейский парламент; **to dissolve** ~ распустить парламент

parliamentarian парламентарий

parliamentarianism парламентаризм

parliamentary парламентский

parricide отцеубийство (**crime**); отцеубийца (**person**)

part деталь, часть; **auxiliary** ~ вспомогательная деталь; **central** ~ суть; **damaged** ~ поврежденная деталь; **defective** ~s дефектные части; **essential** ~ суть; **expendable** ~s расходуемые детали; **important** ~ важная деталь, важная часть; **individual** ~ отдельная деталь; **in** ~s по частям; **integral** ~ неотъемлемая часть; **interchangeable** ~s взаимозаменяемые детали; **machine** ~s детали к машине; **missing** ~ недостающая деталь; **non-essential** ~s второстепенные детали; **principal** ~ основная часть; **rapidly wearing** ~ быстроизнашивающаяся деталь, быстроизнашивающиеся части; **rejected** ~ бракованная деталь; **repair** ~ ремонтная деталь; **replacement** ~ сменная деталь, сменная часть; **spare** ~ запчасть, запасная деталь; **spare** ~s запасные части; **standard** ~ стандартная деталь; **substantial** ~ значительная часть; **the greater** ~ большая часть; **the lesser** ~ меньшая часть; **to** ~ расстаться; **to replace** ~s заменять детали; **to stock** ~s иметь деталь на складе; **updated** ~ улучшенная деталь; ~ **load consignment** частично отгруженная партия товара; ~ **number** номер детали; ~ **to a machine** деталь машины; ~**-time** неполный день; ~**-time employees** частично занятые служащие

partial пристрастный; частичный

partiality пристрастие

partially частично; **to** ~ **modify** изменять частично; **to** ~ **perform obligations** выполнять обязательства частично; **to** ~ **satisfy** удовлетворять частично; ~ **owned by** частично принадлежащий; ~ **paid shares** частично оплаченные акции

participant соучастник, участник; **listed** ~s список участников; **major** ~ основной участник; **potential** ~ потенциальный участник; **prospective** ~s предполагаемые участники; **registration of** ~s регистрация участников; **to ~** принимать участие; **to actively ~** принимать активное участие

participating участвующий; **~ bond** облигации на участие в прибылях компании; **~ interest** доля участия

participation долевой; соучастие, участие; **alternating ~** поочередное участие; **application for ~** заявка на участие; **collective ~** коллективное участие; **direct ~** непосредственное участие; **financial ~** финансовое участие; **joint ~** совместное участие; **large-scale ~** крупное участие; **official governmental ~** официальное участие на правительственном уровне; **scale of ~** масштаб участия; **to apply for ~** давать заявку на участие; **to confirm ~** подтверждать участие; **to designate people to ~** назначать людей для участия; **to justify ~** обосновать участие; **total ~** общее число участников; **with the ~ of foreign firms** с участием иностранных фирм; **~ expenses** расходы по участию

particularism партикуляризм
partisan партизан
partition разъединение; **uncontested ~** раздел в бесспорном порядке; **writ of ~** акт раздела; **~ in kind** натуральный раздел; **~ of property** раздел имущества

partitioning разъединение; **~ of properties** разъединение имуществ

partner партнер, компаньон, совладелец, участник; **foreign ~** иностранный компаньон; **junior ~** младший компаньон; **managing ~** главный компаньон; **senior ~** старший компаньон; **silent ~** компаньон, не принимающий активного участия в ведении дела; **~s** партнеры/совладельцы предприятия; **~' equity** капитал партнеров/совладельцев

partnership общество, товарищество; **general ~** полное товарищество; **Limited** *(liability)* **~** товарищество с ограниченной ответственностью; **to enter into a ~** вступать в товарищество; **to withdraw from a ~** выходить из товарищества; **~ arrangement** договоренность об участии; **~ en commandite** коммандитное товарищество *(civil law form of limited partnership)*

part/y лицо, партия, сторона, участник; **absent ~** отсутствующая сторона; **adverse ~** противная сторона; **appropriate ~** соответствующее лицо; **authorized ~** уполномоченное лица; **Bolshevik ~** большевистская партия; **Christian Democrat ~** христианско-демократическая партия; **Coalition ~** коалиционная партия; **Communist ~** коммунистическая партия; **Conservative ~** консервативная партия; **contracting ~** участник договора; **Democratic ~** демократическая партия; **disputing ~** спорящая сторона; **equal ~ies** равноправные участники; **guilty ~** виновная сторона; **injured ~** потерпевшая сторона; **innocent ~** невиновная сторона; **interested ~** заинтересованное лицо, заинтересованная сторона; **Labor ~** лейбористская партия; **liable ~** ответственное лицо, ответственная сторона; **Liberal ~** либеральная партия; **Liberal-Democratic ~** либерально-демократическая партия; **negotiating ~** участник переговоров; **opposing ~** возражающая сторона; **opposition ~** оппозиционная партия; **People's ~** народная партия; **Peasant ~** крестьянская партия; **political ~** политическая партия; **progressive ~** прогрессивная партия; **Radical ~** радикальная партия; **Radical Democratic ~** радикально-демократическая партия; **responsible ~** виновник; **Revolutionary ~** революционная партия; **ruling ~** правящая партия; **Social Democratic ~** социал-демократическая партия; **Socialist ~** социалистическая партия; **third ~** третье лицо, третья сторона; **to exclude from the ~** исключить из пар-

тии; **unified** ~ единая партия; **Unified Socialist** ~ объединенная социалистическая партия; **via third** ~ через третье лицо; **Worker's** ~ рабочая партия; **working** ~ рабочая комиссия; ~ **boosterism** партийность; ~ **conference** партконференция; ~ **congress** партсъезд; ~ **organization** парторганизация; ~ **to a joint venture** участник в совместных предприятиях; ~ **to an agreement** участник договора; ~**ies to an agreement** участники соглашения; ~ **to the proceedings** сторона в суде
par value номинальная стоимость
pass пропуск, путевка, талон; **boarding** ~ посадочный талон; **permanent** ~ постоянный пропуск; **to obtain a** ~ абонировать; **train** ~ проездной абонемент; ~**-holder** абонент
passage отрывок, проезд, проход; **peaceful** ~ мирный проход
passbook, bank ~ расчетная банковская книжка
passenger пассажир; ~ **turnover** пассажирооборот
passion страсть; **fit of** ~ аффект
passport паспорт; **diplomatic** ~ дипломатический паспорт; **foreign** ~ иностранный паспорт; **foreign travel** ~ заграничный паспорт; **Nansen** ~ нансеновский паспорт; **to issue a** ~ выдать паспорт; **valid** ~ действительный паспорт

password пароль
past-due accounts просроченная задолженность
pasture пастбище; **common** ~ общее пастбище
Pat. Off. (Patent Office) Бюро патентов
patent патент, патентный; явный; **additional** ~ дополнительный патент; **artisan's** ~ патент на право самостоятельно заниматься ремеслом; **consular** ~ консульский патент; **domestic** ~ отечественный патент; **exclusive** ~ исключительный патент; **foreign** ~ иностранный патент; **industrial** ~ промышленный патент; **international** ~ международный патент; **invalidated** ~ патент признанный недействительным; **inventor's** ~ патентное право на изобретение; **issued** ~ выданный патент; **reinstated** ~ возобновляемый патент; **revocation of a** ~ аннулирование патента; **ship** ~ судовой патент; **to** ~ запатентовать, патентовать; **to assign a** ~ отчудить патент; **to invalidate a** ~ признать патент недействительным; ~ **agent** патентный поверенный; ~ **holder** патентовладелец, патентообладатель
patentability патентоспособность
patentable патентоспособный
patented запатентованный, патентованный
patenting патентование; **foreign** ~ заграничное патентование

paternity отцовство; **contest of** ~ оспаривание отцовства; **illegitimate** ~ незаконное отцовство; **legitimate** ~ законное отцовство; ~ **out of wedlock** внебрачное отцовство
path тропинка, путь; **constitutional** ~ конституционный путь; **the shortest** ~ кратчайший маршрут
patriotic отечественный
patron покровитель
patronize, to ~ покровительствовать
pattern модель, образец, образчик; **sample** ~ образец модели
pause перерыв
p/av. (particular average) частная авария
pawn пешка; **to** ~ закладывать, заложить; ~ **shop** ломбард
pawning заклад
pay заработок, оклад, плата; **actual** ~ фактический оклад; ~ **as you earn (PAYE)** уплата налогов при начислении заработной платы; **average hourly** ~ средний часовой заработок; **average** ~ средняя плата; **back** ~ задержанная зарплата; **base** ~ базовая плата; **basic** ~ основной заработок, основной оклад; **equal** ~ равная оплата труда; **guaranteed** ~ гарантированная оплата; **high** ~ высокая оплата; **hourly** ~ почасовая плата, часовой заработок; **incentive** ~ поощрительная оплата; **piece-work** ~ сдельная оплата; **take-home** ~ реаль-

P

ная зарплата; **to ~** заплатить, оплачивать, платить; **to ~ cash** заплатить наличными; **to ~ down** погашать; **to ~ in full** выплачивать сполна (полностью); **to ~ in cash** платить наличными; **to ~ on a piece-work basis** платить по сдельно; **to ~ out on a monthly basis** выплачивать ежемесячно; **weekly ~** недельный заработок

payable оплачиваемый; **accounts ~** кредиторская задолженность; **to be ~** подлежать выплате

payback period (PP) период окупаемости капитала (бух.)

payee лицо, получающее платеж; **~ of a check** предъявитель чека, получатель чека

payer плательщик; **slow ~** неаккуратный плательщик

payload коммерческая нагрузка

paymaster кассир

pay(m)t или **paym't** платеж, уплата

payment выплата, оплата, отдача, плата, платеж, уплата; **additional ~** дополнительная выплата, дополнительная оплата, дополнительный платеж; **advance ~** авансовый платёж; **annual ~** годовой платёж; **annuity ~** уплачиваемый периодически взнос; **average ~** аварийный, страховой взнос; **bonus ~** премиальная оплата; **cash ~** денежная выплата, денежная оплата; **cash ~s in advance** выплата авансовых плате-

жей наличными; **certificate of ~** денежный аттестат; **check in ~** чек в уплату; **collecting ~ by proxy** выплата по доверенности; **commission ~** выплата комиссионного вознаграждения; **compensatory ~** компенсационная выплата; **deferred ~** отсроченный платеж; **demand for ~** требование уплаты; **direct ~** прямой взнос; **financial ~** финансовый расчет; **freight ~** уплата фрахта; **guaranteed ~** гарантийная выплата; **have a right to ~ of interest** иметь право на выплату процентов; **immediate ~** немедленная уплата; **incentive ~** премиальная выплата; **incoming ~s** поступления денег; **interest ~** выплата процентов, уплата процентов; **lapsed ~** рассроченный платеж; **lumpsum ~** аккордная плата, единовременная выплата, единовременный платеж, паушальный взнос; **maintenance ~s** алименты; **minimal ~** минимальная плата; **money ~** денежный платеж; **monthly ~** ежемесячная оплата, ежемесячный платеж, ежемесячная уплата; **nominal ~** номинальная плата; **non-commercial ~** неторговый платеж; **notice of ~** авизо о платеже; **on-time ~** досрочный платеж; **overtime ~** выплата за сверхурочную работу; **partial ~** частичный взнос, частичный платеж, частичная

pay

уплата; **past-due ~** просроченный платеж; **patent licensing ~s** выплаты по патентной лицензии; **payroll ~s** выплата жалования; **periodic ~** периодический платеж; **preliminary ~** предварительный платеж; **prompt ~** немедленная оплата, своевременная уплата; **quarterly ~** квартальный платеж; **rental ~** арендная плата, арендный платеж; **same day ~ arrangement** договоренность о выплате денег в день предъявления счета; **security for ~** обеспечение уплаты; **subsidy ~** выплата субсидии; **support ~** алиментный платеж; **support ~s** алименты на содержание; **timely ~** срочный платеж; **to advance money in ~** авансировать деньги на уплату; **to affect ~** совершить платеж; **to approve ~** разрешать выплату, утверждать выплату; **to defer ~** отсрочить платеж; **to effect ~** производить выплату; **to exempt from ~** освобождать от уплаты; **to insist on immediate ~** настаивать на немедленной уплате; **to refuse ~** отказываться от уплаты; **to stop ~** приостановить платеж; **~ against statement** платеж против выписки счета; **~ ahead of schedule** досрочная оплата; **~ by check** платеж чеком; **~ by installments** выплата частями; **~ by letter of credit** выплата с аккредитива; ~ **exceeding the amount of the debt** платеж превышающий действительную сумму долга; ~s **for credits** выплаты по кредитам; ~ **for screening** платеж за прокат фильмов; ~ **in advance** выплата авансом; ~ **in anticipation** уплата раньше сроков; ~ **in cash** платеж за наличный расчет, уплата наличными; ~ **in dollars** выплата в долларах; ~ **in foreign exchange** платеж в инвалюте; ~ **in full** полная уплата; ~ **in gold** уплата золотом; ~ **in kind** плата натурой, натуральная оплата, уплата натурой; ~ **in installments** выплата в рассрочку; ~ **into the budget** платеж в бюджет; ~ **of an advance** выдача аванса; ~ **of an amount** уплата суммы, выплата суммы; ~ **of the arbitration fee** уплата арбитражного сбора; ~ **of a commission** уплата комиссии; ~ **of compensation** выплата возмещения, уплата вознаграждения; ~ **of debt** уплата долга; ~ **of a deposit** выплата по депозиту; ~ **of dividends** выплата дивидендов; ~ **of duty** уплата пошлины; ~ **of a fee** уплата сбора; ~ **of full freight** полная уплата фрахта; ~ **of initial deposit** уплата первоначального взноса; ~ **of the initial fee** уплата первоначального взноса; ~ **of insurance indemnity** выплата страхового возмещения;

~ **of an insurance premium** выплата страховой премии; ~ **of insurance premiums** уплата страховых взносов; ~ **of interest on deposit** уплата процентов по вкладу; ~ **of monetary damages** уплата денежного возмещения; ~ **of profits** выплата прибыли; ~ **of principal and interest** уплата капитала и процентов; ~ **of remuneration** уплата вознаграждения; ~ **of retention money** выплата гарантийной суммы; ~ **of royalty** выплата роялти; ~ **of seniority benefits** выплата вознаграждения за выслугу лет; ~ **of a service commission** уплата комиссии за услуги; ~ **of social security benefits** выплаты по социальному обеспечению; ~ **of taxes** уплата налогов; ~ **on account** предварительный взнос; ~ **on delivery** уплата при поставке; ~ **under subrogation** платеж с суброгацией; ~ **time** время выплаты
payoff результат, отдача, вознаграждение
payout выплата; ~ **order** приказ о выплате денег; ~ **period** период выплаты
payroll платежная ведомость, расчетный лист; **to meet** ~ оплачивать платежную ведомость; **to put on the** ~ включать в платежную ведомость; ~ **liabilities** кредиторская задолженность по заработной плате; ~ **register** расчетно-платежная ведомость
paysheet расчетная ведомость
p/c или **P/c prices current** существующие цены; курсы дня
p.c. 1. **per cent** процент(ы); 2. **post card** почтовая карточка
pcs. (*packages*) места (*груза*)
peace мир
peaceful мирный; **for** ~ **purposes** в мирных целях
peak пик
peasant крестьянин; ~ **of modest earnings** середняк
pecuniary денежный; ~ **reward** денежное вознаграждение
peddler коробейник, разносчик
peg, to ~ **the market** поддерживать курс искусственно, поддерживать цены на одном уровне
pel. (*parcel*) пакет, посылка; тюк; партия (*товара*)
penal штрафной
penalize, to ~ оштрафовать, штрафовать
penalized оштрафованный
penalty взыскание, неустойка обложение штрафом, пеня, штраф; **alternative** ~ альтернативная неустойка; **amount of** ~ сумма штрафа; **contractual** ~ договорная неустойка, договорный штраф; **conventional** ~ обычный штраф; **customs** ~ таможенный штраф; **demurrage** ~ штраф за простой; **exclusive** ~ исключительная неустойка; **heavy** ~ большая неустойка; **imposition**

of a ~ наложение взыскания, наложение штрафа; **size of** ~ размер штрафа; **subject to** ~ подлежащий штрафу; **tax** ~ налоговая санкция; **to apply the** ~ **clause** применять пункт о штрафах; **to calculate a** ~ начислять штраф; **to calculate a** ~ **on the cost of ...** исчислять штраф со стоимости; **to enforce a** ~ взыскивать штраф; **to impose a** ~ наложить взыскание, налагать штраф; **to incur a** ~ подвергнуть взысканию; **to recover or exact a** ~ производить взыскание; **to renounce a** ~ отказываться от оплаты штрафа; **clause** пункт о штрафах; ~ **for delay** штраф за задержку; ~ **for late delivery** штраф за задержку поставки; ~ **for late payment** штраф за просрочку платежа; ~ **in kind** пеня натурой; ~ **relief** освобождение от уплаты штрафа

penetration проникновение; **economic** ~ экономическое проникновение; ~ **of new markets** открытие новых рынков

penitentiary пенитенциарный

pension пенсия; **civil** ~ гражданская пенсия; **disabled worker** ~ пенсия по нетрудоспособности; ~ **fund** пенсионный фонд; **lifetime** ~ пожизненная пенсия; **lifetime** ~ **for disability** пожизненная пенсия по инвалидности; **military** ~ военная пенсия; ~ **plan** пенсионное соглашение; **retirement** ~ пенсия при выходе в отставку; **service** ~ пенсия за выслугу лет; **state** ~ государственная пенсия; **to issue a** ~ выдать пенсию; **to retire on** ~ уйти на пенсию; **widow's** ~ пенсия вдовам

pensioner пенсионер; **disabled** ~ пенсионер по инвалидности; **disabled veteran** ~ пенсионер-инвалид войны; **old age** ~ пенсионер по старости

per an. или **per ann.**, **Per an. (per annum)** в год, ежегодно

percentage процент; ~ **of net sales method** метод процента от нетто-реализации

perestroika перестройка

perfection усовершенствование

perform выполнять; **failure to** ~ **an agreement** невыполнение договора; **to** ~ **a duty** исполнить обязанность

performance выполнение, исполнение; **compulsory** ~ принудительное исполнение; **during** ~ **of a contract** по ходу выполнения контракта; **faithful** ~ честное выполнение; **high quality** ~ высококачественное выполнение; **operating** ~ оперативная деятельность; **part** ~ частичное выполнение; **partial** ~ частичное исполнение; **preliminary** ~ предварительное исполнение; **sound** ~ доброкачественное выполнение; **timely** ~ своевременное выполнение обязательств (*of a contract*); **to delay** ~ приостановить исполнение; **to guarantee** ~ гарантировать выполнение; **voluntary** ~ исполнение добровольное исполнение; ~ **in kind** исполнение в натуре; ~ **of a contract** завершение контракта; ~ **of work** выполнение работ; ~ **up to standards** выполнение норм выработки

peril риск

period время, период, срок; **berthing** ~ время стоянки у причала; **budget** ~ бюджетный период; **calendar** ~ календарный период; **contingent** ~ условленный срок; **contractual** ~ договорный срок; ~ **costs/expenses** расходы отчетного периода; **credit** ~ кредитный срок; **demurrage** ~ контрсталийное время; **depreciation** ~ срок амортизации; **established** ~ установленный срок; **exhibition** ~ время проведения выставки; **grace** ~ льготный период, льготный срок; **legal** ~ юридический срок; **licensing** ~ время действия лицензии; **operating** ~ время эксплуатации; **permissible unloading** ~ дни на разгрузку; **probationary** ~ испытательный стаж; **reasonable** ~ **of time** справедливый срок; **reporting** ~ отчетный период; **test** ~ испытательный срок; **transition** ~ переходный период; **transport** ~ время

транспортировки; **warranty** ~ гарантируемый срок; ~ **of effect** срок действия; ~ **of validity** срок действия
periodic регулярный
periodical журнал, периодический журнал; **monthly** ~ **basis** помесячная периодичность; **specialized** ~ специализированный журнал; ~ **basis of deliveries** периодичность поставок
periodicity периодичность
perishable портящийся; **highly** ~ легкопортящийся
perjury ложная присяга
permanent постоянный; ~ **accounts** постоянные счета
permissible дозволенный
permission разрешение; **overflight** ~ разрешение на полет над; **preliminary** ~ предварительное разрешение; **standing** ~ постоянное разрешение; **visiting** ~ разрешение на свидание с заключенным; **written** ~ письменное разрешение
permissiveness попустительство
permit пропуск; **export** ~ экспортное разрешение; **foreign exchange** ~ валютное разрешение; **prospecting** ~ разрешение на разведку месторождений; **residence** ~ прописка; **single entry** ~ разовое разрешение; **to** ~ допускать, пропустить, разрешать; **temporary** ~ временное разрешение; **to** ~ **for transport** допускать к перевозке; **work** ~ разрешение на право работы
perpetrate, to ~ совершать
perpetration совершение; ~ **of a crime** совершение преступления
perpetual inventory method метод текущей инвентаризации
perpetuity бессрочное владение
per pro. (per procurationem) по доверенности
person лицо; **authorized** ~ лицо, наделенное правами; **average** ~ середняк; **juridical** ~ юридическое лицо; **natural** ~ физическое лицо; **private** ~ частное лицо; **stateless** ~ апатрид
persona non grata персона нон грата
personal лицевой, личный, собственный; ~ **allowance** скидка с суммы, облагаемой подоходным налогом
personality личность
personnel кадры, личный состав, персонал, штат; **administrative** ~ административный персонал, административный состав; **ancillary** ~ подсобный персонал; **auxiliary court** ~ вспомогательный судебный персонал; **civil service** ~ гражданский персонал; **consular** ~ консульский персонал; **diplomatic** ~ дипломатический персонал, дипломатический состав; **executive** ~ исполнительный персонал; **highly qualified** ~ высококвалифицированные кадры; **management** ~ руководящие кадры, управленческий персонал; **managerial** ~ руководящий состав; **military** ~ военный персонал; **paramilitary** ~ полувоенный персонал; **production** ~ производственный персонал, производственный штат; **professional** ~ профессиональные кадры; **qualified** ~ квалифицированные кадры; **scientific** ~ научные кадры; **scientific and technical** ~ научно-технические кадры; **support** ~ вспомогательный персонал; **technical** ~ штат технических сотрудников; **to provide** ~ обеспечивать кадрами; **to reduce** ~ сокращать штат; **to retain** ~ сохранять кадры; **to select** ~ подбирать кадры; **to staff up with qualified** ~ укреплять квалифицированными кадрами; ~ **department** отдел кадров; ~ **director** управляющий по кадрам; ~ **records** учет кадров; ~ **recruitment** набор кадров
perspective перспектива
petty cash *(бух.)* небольшие (подотчетные) суммы; ~ **book** кассовая книга; ~ **fund** фонд подотчетных сумм
perversion извращение, искажение
pervert совратитель; **to** ~ искажать, совратить
petition петиция, ходатайство; **to** ~ обращаться с ходатайством; **to grant a** ~ удовлетворять ходатайство; **to make a** ~ подавать ходатайство; **to ob-**

tain by formal ~ исходатайствовать; **to receive a** ~ принимать ходатайство; ~ **for postponement** ходатайство об отсрочке; ~ **for review** ходатайство о пересмотре решения

petitioner петиционер, проситель

petrodollars нефтедоллары

petroleum нефть; ~ **refining** нефтепереработка

phase полоса, ступень, стадия; **preliminary investigation** ~ стадия предварительного следствия; **procedural** ~ процессуальная стадия; **production** ~ стадия производства; ~ **of development** ступень развития; ~ **of a plan** этап выполнения плана

phenomenon явление

physical физический; ~ **deterioration** физический износ, порча; ~ **flow of inventory** перемещение товаров; ~ **inventory** наличие товарно-материальных ценностей

pick-up and delivery вывоз и доставка грузов; **cargo** ~ **services** услуги по вывозу груза; **pier** ~ вывоз с пирса; **rates include** ~ цена включает вывоз; ~ **location** место вывоза

piece штука, штучный; ~-**meal basis** сдельная основа начисления заработной платы; ~-**work** сдельщина; ~-**worker** сдельщик

piff. (plaintiff) истец

pile кипа

pilferage хищение; **to insure goods against** ~ страховать товар против хищения

pillage разграбление

pilot лоцман, лоцманский прибрежный лоцман; **marine** ~ морской лоцман; **river** ~ речной лоцман; **senior** ~ старший лоцман; **to apply to the** ~ вызывать лоцмана; **to assign a** ~ направлять лоцмана; **to** ~ пилотировать; **to sail without a** ~ плавать без лоцмана; **to take on a** ~ принимать лоцмана

pilotage вознаграждение за проводку судка, лоцманское дело, лоцманский сбор; пилотаж, проводка; ~ **outward** вывод судна лоцманов; ~ **service** обслуживание лоцманом

pimp альфонс, сводник

pimping сводничество

pin значок

pipeline трубопровод; **gas** ~ газопровод; **to lay a gas** ~ прокладывать газопровод

piracy морской разбой, пиратство; **act of** ~ акт пиратства

pirate пират, разбойник; **copyright** ~ нарушитель авторского права

piratical разбойничий

pkg. (package) место (груза)

placard афиша, место, плакат; **appropriate** ~ подходящее место; **berthing** ~ место швартовки; **dry** ~ сухое место; **first** ~ первенство; **inconvenient** ~ неудобное место; **in the indicated** ~ в указанном месте; **in one** ~ в одном месте; **siting** ~ место стоянки; **to** ~ размещать; ~ **of acceptance** место приемки; ~ **of concluding contract** место заключения контракта; ~ **of delivery** место поставки; ~ **of fabrication** место изготовления; ~ **of origin** место происхождения; ~ **of payment** место платежа; ~ **of performance** место деятельности; ~ **of presentation** место предъявления; ~ **of protest** место опротестования; ~ **of registration** место регистрации; ~ **of residence** место жительства, место пребывания

placement вложение; ~ **of forces** расстановка сил; ~ **of government debt** размещение государственного долга; ~ **of orders** размещение заказов; ~ **of shares** размещение акции

plagiarism плагиат

plagiarist плагиатор

plagiarizer нарушитель авторского права

plaintiff истец; **civil** ~ гражданский истец; **original** ~ первоначальный истец; **primary** ~ основной истец

plan план, проект, схема; **advertising** ~ план рекламных мероприятий; **budget** ~ бюджетное планирование; **budgeted** ~ бюджетный план; **centralized** ~ централизованное планирование; **counter** ~ встречный план; **economic** ~ экономический план, экономическое планирование; **financial** ~ финансовый план, финансовый проект; **five-year** ~ пятилетка, пятилетний план; **forward** ~ перспективный план; **industrial**

and financial ~ промфинплан; **investment** ~ план капиталовложений; **land survey** ~ план кадастра; **long-term** ~ долгосрочный план; **master** ~ генеральный план; **original** ~ первоначальный проект; **procurement** ~ план закупок; **production** ~ производственный план; **seven-year** ~ семилетний план; **to** ~ замышлять; **to propose a payment** ~ предлагать график платежей; ~ **of industrialization** план индустриализации; ~ **of modernization** план модернизации

planned планируемый, плановый

planning планирование

plant завод, оборудование, производственные помещения; фабрика, фабричный; ~ **and machinery** сооружения и оборудование; **chemical** ~ химический завод; **copper smelting** ~ медеплавильный завод; **dairy processing** ~ молочный завод; **engineering** ~ машиностроительный завод; **individual** ~s отдельные заводы; **licensee's** ~ завод лицензиата; **machine tool** ~ станкостроительный завод; **major** ~ крупный завод; **manufacturer's** ~ завод изготовителя; **mechanical** ~ механический завод; **operation of a** ~ эксплуатация завода; **petrochemical** ~ нефтехимический завод; **petroleum processing** ~ нефтеперерабатывающий завод; **pilot** ~ опытная фабрика; ~ **register** регистр производственных средств; **subcontractor's** ~ субподрядчика завод; **the** ~ **goes on stream** завод начинает выпуск продукции; **the** ~ **is operating** завод работает; **the** ~ **is operating at full capacity** завод работает на полную мощность; **to close down a** ~ закрывать завод; **to commission a** ~ вводить завод в строй; **to commit to a** ~ поручать выполнение плана; ~ **capacity** мощность завода, производственные мощности завода; ~ **layout** планировка завода; ~ **manager** директор завода, директор фабрики; ~ **safety rules** заводские правила техники безопасности; ~ **site** местонахождения завода, площадка завода

plastic пластмассовый; ~ **money** пластмассовые деньги; ~ **card (credit cards)** общее название всевозможных пластиковых карточек

plate лист, полоса, тарелка; **tin** ~ металлический ярлык

platform платформа; **campaign** ~ избирательная платформа

play, to ~ играть

plea судебное заявление; **to hold a** ~ разбирать дело; ~ **of not guilty** судебное заявление о невинности

plead, to ~ признавать; **to** ~ **guilty** сознаваться; **to** ~ **nolo contendere** признать иск; **to** ~ **not guilty** отрицать виновность, признавать себя не виновным

pleadings судебные прения, судоговорение

plebiscite плебисцит

pledge заклад, закладная, залог, залоговый; заложенный объект, ипотека, ипотечный; **junior** ~ ипотека ниже по рангу; **senior** ~ ипотека выше по рангу; **secured** ~ обеспеченный залог; **to** ~ отдать в залог; **to give money against a** ~ дать деньги под залог; **to put up a** ~ внести залог; **unredeemed** ~ невыкупленный залог; ~ **of chattels** залог движимости; ~ **of semi-finished goods** залог товаров в переработке

pledgee залогодержатель

pledging отдача в залог

plenary неограниченный, пленарный; ~ **session** пленум; ~ **session of all chambers** пленум всех палат; ~ **session of the Supreme Court** пленум Верховного суда

plenipotentiary полномочный; ~ **ambassador** полномочный представитель

plentitude полнота

plenum пленум

plot сговор

plunder разграбление, хищение; **to** ~ расхищать

plunderer расхититель

plundering расхищение

plural множественный; ~ **vote** плюральный вотум

pluralism плюрализм; ~ **of officership** совместитель-

P

ство *(e.g. holding multiple offices)*
pm. (premium) премия
p.m. (post meridiem) ... часов дня (после полудня)
P.O. 1. postal order денежный перевод по почте; 2. **post office** почтовое отделение
poaching незаконная охота
P.O. B. post-office box почтовый ящик *(какого-л. учреждения или предприятия)*
P.O.C. port of call порт захода
P.O.D. pay on delivery наложенный платеж, наложенным платежом
pogrom погром; **organizer of a** ~ погромщик
point пункт; **air transfer** ~ аэродром пересадки; **command** ~ командный пункт; **discharge** ~ место выгрузки; **discharging** ~ место разгрузки; **lashing** ~ место крепления веревкой; **lifting** ~ место крепления стропов; **shipping** ~ место отгрузки; **transhipment** ~ место перевалки груза; **turning** ~ перелом; ~ **of arrival** место прибытия; ~ **of contention** предмет разногласия; ~ **of delivery** место доставки, место сдачи; ~ **of entry** входной пункт, пункт ввоза; ~ **of exit** выходной пункт; ~ **of shipment** место отправления
poison отрава, яд; **to** ~ отравлять
poisoning отравление
pole столб
polemicist полемист

polemicize, to ~ полемизировать
polemics полемика
police орган милиции, полиция, полицейский; **government** ~ государственная полиция; **local** ~ местная полиция; **maritime** ~ морская полиция; **metropolitan** ~ городская полиция; **military** ~ военная полиция; **railroad** ~ железнодорожная полиция
policy полис, политика; **agrarian** ~ аграрная политика; **anti-cyclical** ~ противоциклическая политика; **cancellation of an insurance** ~ расторжение договора страхования; **credit** ~ кредитная политика; **customs** ~ таможенная политика; **customs/tariff** ~ таможенно-тарифная политика; **deflationary** ~ дефляционная политика; **demographic** ~ демографическая политика; **discount** ~ дисконтная политика; **discriminatory** ~ дискриминационная политика; **domestic** ~ внутренняя политика; **economic** ~ экономический курс, экономическая политика; **employment** ~ политика в области занятости; **energy** ~ политика в области энергетики; **expansionist** ~ экспансионистская политика; **financial** ~ финансовая политика; **foreign** ~ внешняя политика; **foreign exchange** ~ девизная политика; **general** ~ общая политика; **good neighbor** ~ политика добрососедских отношений; **government** ~ правительственная политика; **group** ~ групповой полис; **immigration** ~ иммиграционная политика; **insurance** ~ страховой полис; **international monetary** ~ валютная политика; **investment** ~ инвестиционная политика; **land** ~ земельная политика; **monetary** ~ денежная политика; **non-alignment** ~ политика неприсоединения к блокам; **non-interference** ~ политика невмешательства; **nuclear** ~ ядерная; **open cover** ~ открытый полис; **protectionist** ~ протекционистская политика; **racist** ~ расистская политика; **social** ~ социальная политика; **tariff** ~ тарифная политика; **tax** ~ налоговая политика; **tight credit** ~ политика сокращения кредита; **tough** ~ жесткий курс; **trade** ~ внешнеторговая политика, торговая политика; **unified agricultural** ~ единая сельскохозяйственная политика; **wage** ~ политика заработной платы; **worldwide** ~ мировая политика; ~ **from position of strength** политика с позиции силы; ~ **of annexation** политика аннексий; ~ **of capital investments** политика капитальных вложений; ~ **of discrimination** политика дискриминации; ~ **of full employment** политика пол-

ной занятости; **of intervention** политика интервенции; **~ of neutrality** нейтралистская политика; **~ of racism** политика расизма; **~ on bearer** полис на предъявителя

Political политический; **~ economy** политэкономия; **~ emigrant** политэмигрант

politician политик

politics политика

poll голосование; **to ~** собирать, собрать

pollution загрязнение; **~ of the environment** загрязнение окружающей среды

polygamy полигамия

Ponzi Понзи *(известный итальянский мошенник)*; **~ investment** пирамида

pool объединенный фонд; **to ~** объединять; **dollar ~** объединенный долларовый фонд

poor бедный; **~ selling** труднореализуемый

popular народный, популярный; **~ favorite** народа избранник

pornographic порнографический; **~ matter** порнографическое издание

port порт; **blockaded ~** блокированный порт; **commercial ~** коммерческий порт; **customs ~** таможенный порт; **final ~** порт окончательного назначения; **fishing ~** рыбный порт; **FOB ~** франко гавань; **free ~** вольная гавань, порто-франко, свободный порт; **home ~** порт приписки; **intermediate ~** попутный порт; **loading ~** порт погрузки; **naval ~** военный порт; **neutral ~** нейтральный порт; **open ~** открытый порт; **original ~ of destination** порт первоначального назначения; **river ~** речной порт; **trading ~** торговый порт; **~ of arrival** порт прибытия; **~ of call** порт захода; **~ of departure** порт отправления; **~ of destination** порт назначения; **~ of discharge** порт выгрузки; **~ of refuge** порт-убежище; **~ of registry** порт приписки, порт регистрации

portable передвижной; **~ movie projector** передвижная киноустановка

portfolio портфель; **bank ~** банковский портфель; **business ~** деловой портфель; **insurance ~** страховой портфель; **ministerial ~** министерский портфель; **~ of bills** вексельный портфель; **~ of securities** портфель ценных бумаг; **~ of stock** портфель акций

portion доля, часть

portofranco порто-франко

position довод, должность; местоположение, позиция, рабочее место; состояние; **competitive ~** конкурентная позиция; **dominating ~** доминирующее положение; **exceptional ~** исключительное положение; **foreign exchange ~** валютное положение; **leading ~** руководящий пост; **market ~** позиция на рынке; **monetary ~** денежное положение; **monopoly ~** монопольная позиция; **preferential ~** предпочтительное местоположение; **privileged ~** привилегированная позиция; **temporary ~** временная должность; **to take somebody on in a ~** зачислять кого-л. на должность; **~ of an order** ход выполнения заказа

possess, to ~ владеть, обладать; **to ~ jointly** владеть совместно

possession собственность; **foreign ~s** иностранные владения; **taking ~** вступление во владение; **to assume ~** вступать во владение; **to be in ~** находиться во владении; **to give ~ over to** передавать во владение; **to obtain ~** получать во владение; **to pass into ~** переходить во владение

possessor обладатель

post 1. должность; пост; 2. почта; 3. столб; **book-rate ~** бандероль, почтовая бандероль; **border ~** пограничный пост, пограничный пункт, пограничный столб; **by ~** почтой, по почте; **consular ~** консульский пост; **customs ~** таможенный пост, таможенный пункт; **diplomatic ~** дипломатический пост; **director's ~** директорский пост; **government ~** государственный пост; **international ~** международное почтовое отправление; **non-registered parcel ~** простая бандероль; **parcel ~** бандероль;

registered parcel ~ заказная бандероль; **to occupy a** ~ занимать должность; **to send by book-rate** ~ посылать бандеролью; **vacant** ~ вакантный пост; ~ **office** почта; ~-**dated** помеченный более поздним числом; **to** ~ составлять проводки, относить на бухгалтерские счета

postage почтовый сбор, почтовые расходы; ~ **stamp** почтовая марка

postal почтовый; ~ **order** денежный почтовый перевод; ~ **payment** почтовый расчет; ~ **tuition** заочное обучение

postcard почтовая карточка

post-date датировать передним числом

poste restante до востребования

poster афиша, плакат; **wall** ~ настенное объявление

posterity потомство; **go down** ~ войти в века

postmark дата почтового штемпеля, почтовый знак, почтовый штемпель; ~ **date** дата почтового штемпеля

postpone, to ~ откладывать; отложить, отсрочивать, переносить

postponed отсроченный

postponement отсрочка, перенос

potential потенциал; **economic** ~ экономический потенциал; **industrial** ~ промышленный потенциал; **military** ~ военный потенциал

potentiality потенция; **economic** ~ экономическая потенция

pouch внутренняя почта, мешок; **diplomatic** ~ дипломатическая почта

pound фунт; **account denominated in** ~**s sterling** счет в фунтах стерлингов; **credit denominated in** ~**s sterling** кредит в фунтах стерлингов; **demand for** ~**s sterling** спрос на фунты стерлингов; **devaluation of the** ~ **sterling** девальвация фунта стерлингов; **in** ~**s sterling** в фунтах стерлингов; **loan denominated in** ~**s sterling** заем в фунтах стерлингов; **parity of the** ~ **sterling** паритет фунта стерлингов; **payment in** ~**s sterling** платеж в фунтах стерлингов; **to change a** ~ **note** разменять фунты; **to exchange** ~**s for dollars** обменивать фунты на доллары; ~ **sterling** фунт стерлингов

pour, to ~ наливать

POW (prisoner of war) военнопленный

powder порошок, пудра; порох; **keep your** ~ **dry** держите порох сухим; **it's not worth** ~ **and shot** овчинка выделки не стоит

powdery порошкообразный; рассыпчатый

power власть, мощность, сила; **absolute** ~ полнота власти; **active** ~ активная мощность; **actual** ~ фактическая мощность; **actual purchasing** ~ реальная покупательная способность; **arbitrary exercise of** ~ произвольный акт власти; **centralized** ~ централизованная власть; **economic** ~ экономическая; **effective** ~ эффективная мощность; **emergency** ~**s** чрезвычайные полномочия; **engine** ~ двигателя мощность; **executive** ~ исполнительная сила; **general** ~ **of attorney** общая доверенность; **high** ~ большая мощность; **legislative** ~ законодательная власть; **low** ~ малая мощность; **monopoly** ~ монопольная власть; **operating** ~ рабочая мощность; **purchasing** ~ покупательная сила, покупательная способность; **service** ~ эксплуатационная мощность; **starting** ~ пусковая мощность; **to annul a** ~ **of attorney** аннулировать доверенность; **to be within one's** ~ быть в своей власти; **to exercise** ~ осуществлять власть; **to exercise monopoly** ~ **in the market** осуществлять монопольную власть на рынке; **to grant a** ~ **of attorney** выдавать доверенность; **to have a** ~ **of attorney** иметь доверенность; **to have** ~ **over** иметь власть над; **to present a** ~ **of attorney** предъявлять доверенность; **to revoke a** ~ **of attorney** отменять доверенность; **to transfer** ~ **of attorney** передоверять, передоверить; **useful** ~ полезная мощность; **within the lim-**

its of discretionary ~ в пределах предоставленной власти; ~ of attorney доверенность; ~ of attorney valid for ... days доверенность действительна на ...дней; special ~s особые полномочия
powerful мощный
pp. (pages) страницы
P.P. (per procurationem) по доверенности
ppd. (prepaid) оплаченный заранее
p. pro = p.p.
practice практика, привычка; **administrative** ~ административная практика; **arbitration** ~ арбитражная практика; **banking** ~ банковская практика; **commercial** ~ коммерческая практика; **consular** ~ консульская практика; **diplomatic** ~ дипломатическая практика; **discriminatory** ~ дискриминационная практика; **in** ~ на деле; **international** ~ международная практика; **international legal** ~ международная судебная практика; **jurisprudential** ~ юридическая практика; **legislative** ~ законодательная практика; **notarial** ~ нотариальная практика; **prohibited** ~ запрещенная практика; **regular** ~ обычный порядок; **trade** ~ торговая практика; ~ **of law** адвокатская практика, практика адвокатуры
prank проделка
pre-condition предварительное условие

pre-date, to ~ антидатировать
pre-pack, to ~ фасовать
pre-packing фасовка
prepaid заранее уплачено; "**freight** ~" **stamp** отметка об уплате фрахта
pre-registration предварительная регистрация
pre-tax до удержания налогов
preamble преамбула
precaution предостережение; ~s защитные меры; **safety** ~s меры предосторожности; **to** ~ **against** предостерегать
precedence первоочередность; ~ **of delivery** первоочередность поставки
precedent прецедент; **legal** ~ (*case*) ~ судебный прецедент
precisely точно, в точности; **to determine** ~ точно определять; **to identify** ~ точно идентифицировать
precision точность; **absolute** ~ абсолютная точность; **estimate of** ~ оценка точности; **high** ~ **equipment** особо точная техника; ~ **analysis** анализ точности
predecessor предшественник; ~ **in title** предшественник по праву
predetermine, to ~ предопределять, предрешать
predilection пристрастие
predominance преобладание
predominant преобладающий
prefect префект
prefecture префектура
prefer, to ~ предпочитать
preferable предпочтительный

preference преимущество, предпочтение; **customs** ~s таможенные преференции; **imperial** ~s имперские преференции; **legal** ~ правовое преимущество; **mutual** ~s взаимные преференции; ~ **shares** привелегированные акции; **unilateral** ~ односторонняя преференция
preferential льготный, преференциальный; ~ **customs treatment** таможенные льготы; ~ **tariffs** тарифные льготы; ~ **treatment** преференция
prejudice нанесение ущерба, повреждение, предрассудок; **to** ~ **the rights** наносить ущерб правам; **without** ~ без ущерба; **without** ~ **to the contract** без ущерба для контракта; **without** ~ **to the purchaser's rights** без ущерба прав покупателя; **without** ~ **to the insurance policy** без ущерба для договора страхования
prejudicial наносящий ущерб
preliminary предварительный
premeditated преднамеренный
premeditation преднамеренность
premises здание; **industrial** ~ промышленное здание; **office** ~ здание учреждения
premium денежная надбавка, лаж, надбавка, премиальное вознаграждение, премиальная надбавка, премия; **additional** ~ дополнительный взнос;

P

average ~ средний страховой взнос; **call** ~ предварительная премия; **fixed** ~ страховой взнос в постоянном размере взнос; **foreign exchange** ~ валютная скидка; **incentive** ~ поощрительная надбавка; **insurance** ~ страховой взнос, страховой платеж; **minimum** ~ минимальная премия; **overload** ~ надбавка за тяжеловесный груз; **receipt for** ~ квитанция за уплату премии; **reinsurance** ~ перестраховочный платеж; **risk** ~ надбавка за риск, премия за риск; **share** ~ эмиссионная премия; **single** ~ единовременный страховой взнос; **to pay an insurance** ~ платить страховой взнос; **to sell at a** ~ продавать с надбавкой; **on gold** лаж на золото; **paid** уплаченный страховой взнос

prepackaged в упаковке, в фасовке; ~ **goods** товар, продающийся в упаковке

prepaid expenses расходы, оплаченные авансом (*расходы будущих периодов*)

preparation изготовление, подготовка; **budget** ~ подготовка бюджета; ~ **of drawings** оформление чертежей

prepare, to ~ собирать; собрать

prepayment авансовый платеж, досрочная оплата; ~ **of a debt** досрочное погашение долга

prerequisite предпосылка; **juridical** ~ юридическая предпосылка

prerogative прерогатива

prescribe, to ~ прописать

prescription приобретательная давность

presence присутствие; ~ **of a latent defect** наличие скрытого дефекта

present наличный, подношение; **to** ~ представлять; ~ **value** текущая стоимость

presentation представление, предъявление; **payable upon** ~ оплачиваемый по представлению; ~ **for acceptance** предъявление для акцепта; ~ **for payment** предъявление на инкассо; ~ **of a check** предъявление чека; ~ **of notices** вручение нотисов

presented представленный

presenter докладчик; ~ **of supplementary report** содокладчик

presentment подача

preservation сохранение; ~ **of cultural treasures** защита культурных ценностей; ~ **of health** охрана здоровья, санитарная защита

preserve заповедник; **to** ~ сохранять; сохранить

presidency председательство

president президент; **honorable** ~ почетный президент; ~ **of the government** президент правительства; ~ **of the republic** президент республики

presidium президиум; **honorable** ~ почетный президиум

pre

press печать, пресса; **national** ~ национальная печать; **official** ~ официальная печать; **state-owned** ~ государственная печать; **the** ~ печать, пресса; ~ **agency** агентство печати; ~ **center** пресс-центр; ~ **conference** пресс-конференция

pressing неотложный

pressure давление, напряжение; **high** ~ высокое напряжение; **inflationary** ~ инфляционное давление; **inventory** ~ давление товарных запасов; **market** ~ напряженность рынка, сжатие рынка; **price** ~ давление цен; **to be subjected to** ~ испытывать давление; **to exert** ~ **upon** оказывать давление на; **to increase the** ~ усиливать давление; **to withstand** ~ выдерживать давление; **under** ~ под давлением; **work** ~ занятость; ~ **of competition** давление конкуренции

presume, to ~ презюмировать; **presumption** предположение, презумпция; **absolute legal** ~ абсолютное законное предположение; **evidentiary** ~ доказательственная презумпция; **irrefutable** ~ неопровержимая презумпция; **legal** ~ законное предположение, законная презумпция; **legal** ~ **of guilt** законное предположение вины; **rebuttable** ~ опровержимая презумпция; **to**

establish a ~ установить презумпцию
pretense притворство; **false ~** мнимое основание
prevail выигрывать; **to ~ in a dispute** выигрывать конфликтное дело
prevent, to ~ предотвратить
preventative предупредительный
prevention защита, предотвращение; **~ of accidents** предотвращение несчастных случаев; **~ of conflicts** предотвращение конфликтов; **~ of crime** предотвращение преступлений; **~ of surprise attack** предотвращение внезапного нападения
preventive превентивный, профилактический
price цена; **above-mentioned ~** вышеуказанная цена; **acceptable ~s** приемлемые цены; **actual ~** фактическая цена; **actual transaction ~** цена фактической сделки; **addition to the ~** накидка на цену; **additional ~** дополнительная цена; **affordable ~s** общедоступные цены; **aggregate ~** итоговая цена; **agreed ~** согласованная цена; **agreement on a ~** договорённость о цене; **anticipated ~s** ожидаемые цены; **approximate ~** приблизительная цена; **approximated ~** ориентировочная цена; **asking ~** запрашиваемая цена; **at the ~ of** по цене; **at the agreed ~** по согласованной цене; **at any ~** по любой цене; **at a concrete ~** по конкретной цене; **at an increased ~** по возросшей цене; **at the indicated ~** по указанной цене; **at the market ~** по рыночной цене; **at a maximum ~** по максимальной цене; **at a minimum ~** по минимальной цене; **at a reduced ~** по сниженной цене; **attractive ~** привлекательная цена; **average ~** средняя цена; **average market ~** средняя рыночная цена; **base ~** базисная цена; **base ~ schedule** прейскурант базисных цен; **best ~** лучшая цена; **best possible ~** наилучшая возможная цена; **better ~** наилучшая цена; **blanket ~** цена со всеми надбавками; **breakdown ~s** цена с разбивкой по позициям; **buyer's ~** цена покупателя, цена, выгодная для покупателей; **cash ~** цена за наличные, цена при уплате наличными; **CIF ~ list** прейскурант с ценами СИФ; **closing ~** цена при закрытии биржи; **commodity ~** цена товара, цена на товар; **comparable ~s** сопоставимые цены; **comparison of ~s** сопоставление цен; **competitive ~** конкурирующая цена; **concrete (solid) ~** конкретная цена; **conditional ~** условная цена; **confirmation of a ~** подтверждение цены; **confirmed ~s** подтверждённые цены; **constant ~** неизменная цена; **consumer ~s** цены на потребительские товары; **cost-related ~s** переменные цены; **contract ~** договорная цена, контрактная цена, цена по контракту; **conventional ~** обычная цена; **correct ~** правильная цена; **corrected ~** скорректированная цена; **corresponding ~** соответствующая цена; **cost ~** цена производства; **cost plus ~** цена с приплатой; **current ~** текущая цена; **dealer ~** дилерская цена; **deduction from ~** вычет из цены, удержание из цены; **delivered ~** цена, включающая расходы по доставке, цена с доставкой; **demand ~** цена спроса; **desired ~** желаемая цена; **detailed ~s** подробная цена; **determination of a ~** определение цены; **deviation of ~s from value** отклонения цен от стоимости; **difference in ~s** разница в ценах; **discount ~** цена со скидкой; **domestic market ~** цена внутреннего рынка; **drop in securities ~s** падение курса ценных бумаг; **dual ~** двойная цена; **dumping ~** бросовая цена, демпинговая цена; **duty-paid ~** цена, включающая пошлину; **~earings (P/E) ratio** отношение рыночной стоимости акции к прибыли на акцию; **end-user ~** цена, предоставляемая конечному потребителю; **equilibrium ~** сба-

лансированная цена, конъюнктурная цена; **equivalent** ~ эквивалентная цена; **error in a** ~ ошибка в цене; **escalating** ~**s** растущие цены; **escalation of** ~**s** эскалация цен; **established** ~ установленная цена; **establishment of** ~**s** установление цен; **estimated total** ~ предварительная итоговая цена; **exact** ~ точная цена; **exchange** ~ биржевая цена; **export** ~ экспортная цена; **external** ~**s** внешнеторговые цены; **extra** ~ особая цена; **factory** ~ фабричная цена; **fair** ~ подходящая цена, сходная цена; **falling** ~**s** снижающиеся цены; "**fancy**" ~ дутая цена; **final** ~ окончательная цена; **firm** ~ твердая цена; **fixed** ~ постоянная цена, фиксированная цена; **flexible** ~ гибкая цена; **fluctuating** ~ колеблющаяся цена; **FOB** ~**s list** прейскурант с ценами ФОБ; **free market** ~ цена свободного рынка; **full** ~ полная цена; **global** ~ глобальная цена; **government** ~**s et** ~**s** государственные цены; **gross** ~ валовая цена; **growth of** ~**s** рост цен; **guaranteed** ~ гарантированная цена; **guideline** ~ ведущая цена; **high** ~ высокая цена; **highest** ~ высшая цена, самая высокая цена; **identical** ~ одинаковая цена; **import** ~ импортная цена, цена на импортные товары; **in bond** ~ цена без включения пошлины; **increased** ~**s** возросшие цены; **indicated** ~ указанная цена; **individual** ~ отдельная цена; **inflated** ~**s** вздутые цены; **inflexible** ~ негибкая цена; **instability of** ~**s** неустойчивость цен; **international** ~ международная цена; **invoice** ~ фактурная цена; **invoice unit** ~ фактурная цена за единицу товара; **issue** ~ выпускная цена; **itemized** ~ позиционная цена; **landed** ~ цена с выгрузкой на берег; **limit** ~ предельная цена; **list** ~ цена по прейскуранту; **local** ~ местная цена; **local market** ~ цена местного рынка; **loco** ~ цена локо; **low** ~ низкая цена; **lowest** ~ самая низкая цена; **lump-sum** ~ паушальная цена; **maladjustment of** ~**s** несоответствие в ценах; **manufacturer's** ~ цена завода-изготовителя; **manufacturer's suggested** ~ цена, предлагаемая изготовителем; **marked** ~ обозначенная цена; **market** ~ рыночная цена; **market trend** тенденция рыночных цен; **maximum** ~ максимальная цена; **method of calculation of** ~**s** метод калькуляции цен; **minimum** ~ минимальная цена; **moderate** ~ доступная цена, невысокая цена, умеренная цена; **monopoly** ~ монопольная цена; **net** ~ цена нетто; **new** ~**s** новые цены; **nominal** ~ нарицательная цена, номинальная цена; **normal** ~ нормальная цена; **offering** ~ предлагаемая цена; **official** ~ официальная цена; **officially posted** ~ официально объявленная цена; **opening** ~ цена при открытии биржи; **original** ~**s** первоначальные цены; **outside** ~ крайняя цена; **packing** ~ цена тары; **parity** ~ паритетная цена; **parity of** ~**s** соотношение цен; **payment of mutually agreed** ~**s** платёж по согласованным ценам; **piece** ~ штучная цена; **posted** ~ справочная цена; **pre-increase** ~ цена до повышения; **preferential** ~ льготная цена; **preliminary** ~ предварительная цена; **premium** ~ цена выше номинала; **present-day** ~ цена дня; **prevailing** ~ преобладающая цена, существующие цены; **produce** ~**s** цена на сельскохозяйственные продукты; **producer's** ~ цена производителя; **profitable** ~ выгодная цена; **prohibitive** ~**s** недоступные цены; **published** ~ публикуемая цена; **purchase** ~ закупочная цена, покупная цена; **quarterly** ~ **review** ежеквартальный пересмотр цен; **quoted** ~ котировальная цена; **raw material** ~**s** цена на сырьевые товары; **real** ~ действительная цена; **realizable** ~ реализационная цена; **reasonable** ~ обоснованная цена, разумная цена; **received** ~ полученная цена; **recommended** ~s рекомендуемые цены; **redemption** ~ выкупная цена; **reduced** ~ сниженная цена; **regulated** ~s регулируемые цены; **relative** ~ относительная цена; **resale** ~ цена при перепродаже; **reserve** ~ отправная цена, резервируемая цена; **restriction of** ~s ограничение цен; **retail** ~ розничная цена; **rounding off of** ~s округление цен; **satisfactory** ~s удовлетворительные цены; **sales** ~ продажная цена; **salvage** ~ цена спасательных работ; **seasonal** ~s сезонные цены; **seller's asking** ~ цена, требуемая продавцом; **sellers'** ~ цена, выгодная для продавцов; **selling** ~ запродажная цена; **set** ~ назначенная цена; **settlement** ~ расчётная цена; **share** ~ курс акций; **sliding~s cale** ~s скользящие цены; **spot** ~ цена при условии немедленной оплаты наличными, цена по кассовым сделкам; **spot market** ~ цена с немедленной сдачей; **stability of** ~s стабильность цен; **stable** ~ стабильная цена; **standard of** ~s масштаб цен; **standard** ~ стандартная цена; **standard list** ~ прейскурантная цена; **starting** ~ начальная цена; **steady** ~ устойчивая цена; **stipulated** ~ обусловленная цена, условленная цена; **subscription** ~ подписная цена; **supply** ~ цена поставки; **target** ~ плановая цена; **tariff** ~ тарифная цена, цена по тарифу; **tender** ~ цена, предложенная на торгах, цена при продаже с торгов; **terminal** ~s цена по срочным сделкам; **to accept a** ~ принимать цену; **to agree on** ~s согласовать цены; **to agree to a** ~ согласиться на цену; **to apply** ~s **to ...** применять цену к; **to ask a** ~ просить цену; **to base a** ~ **on ...** основывать цену на; **to bid up a** ~ набавлять цену (at auction); **to break down a** ~ разбивать цену; **to buy at the** ~ **of ...** покупать по цене; **to buy at less than asking** ~ купить по цене, ниже предложенной; **to calculate a** ~ калькулировать цену; **to calculate** ~s рассчитывать цены; **to charge a** ~ взимать цену; **to charge an extra** ~ посчитать отдельную цену; **to come to an agreement on a** ~ договориться о цене; **to compare** ~s сравнивать цены; **to confirm a** ~ подтверждать цену; **to correct** ~s корректировать цены; **to cover a** ~ **increase** покрывать увеличение цены; **to deduct from a** ~ вычитать из цены, удерживать из цены; **to depend on a** ~ зависеть от цены; **to determine a** ~ определять цену; **to dictate** ~s диктовать цены; **to double the** ~ увеличивать цену в 2 раза; **to economize on** ~s экономить на ценах; **to effect** ~ **competition** создать конкуренцию по ценам; **to effect payment at a** ~ **of** производить расчёт по цене; **to establish a** ~ устанавливать цену; **to exceed a** ~ превышать цену; **to exert influence on** ~s оказывать влияние на цены; **to finalize a** ~ окончательно договориться о цене; **to fix a** ~ фиксировать цену; **to freeze** ~s замораживать цены; **to get a** ~ получать цену; **to give a firm** ~ назначать твёрдую цену; **to grant a special** ~ предоставлять особую цену; **to include in a** ~ включать в цену товара; **to increase the** ~ повышать цену; **to increase** ~s увеличивать цены; **to increase the** ~ **by ... %** увеличивать цену на ... %; **to indicate a** ~ указывать цену; **to itemize** ~s показывать цену каждой позиции в отдельности; **to justify a** ~ обосновывать цены; **to lower a** ~ занижать цену; **to lower** ~s снижать цены; **to maintain** ~s сохранять цены; **to negotiate a** ~ договариваться о цене; **to obtain a lower** ~ добиться более высокой цены; **to pay the** ~ платить цену; **to prevent a decline in** ~s препятствовать падению цен; **to publish** ~s опубликовывать цены; **to quote a** ~ котировать цену; **to** raise the ~ поднимать цену; **to rationalize** ~s упорядочить цены; **to realize a** ~ выручать цену, реализовать цену; **to recalculate** ~s пересчитывать цены; **to recover a** ~ возмещать цену; **to reduce a** ~ уменьшать цену; **to regulate** ~s регулировать цены; **to review** ~s пересматривать цены; **to revise** ~s **downwards** пересматривать цены в сторону понижения; **to revise** ~s **upwards** пересматривать цены в сторону повышения; **to sell at a** ~ **of** ... продавать по цене; **to set a low** ~ назначать низкую цену; **to set a** ~ назначать цену; **to set a lower** ~ назначать более низкую цену; **to settle a** ~ урегулировать цену; **to sink in** ~ падать в цене; **to sink sharply in** ~ падать резко в цене; **to specify a** ~ уточнять цену; **to stabilize** ~s стабилизировать цены; **to supply goods at** ... ~s поставлять товар по ценам; **to support** ~s поддерживать цены; **to sustain a** ~ удерживать цену; **to triple the** ~ увеличивать цену в 3 раза; **to undercut** ~s сбивать цены; **to verify** ~s проверять цены; **today's** ~ сегодняшняя цена; **total** ~ общая цена; **trade** ~ торговая цена; **transfer** ~s внутрифирменные цены; **typical** ~ типичная цена; **uncontrollable** ~s неконтролируемые цены; **undercharged** ~ заниженная цена; **uniform** ~ единая цена; **unit** ~ единичная расценка; **unrealistic** ~s нереальные цены; **unstable** ~s неустойчивые цены; **wholesale** ~ оптовая цена, цена для оптовых покупателей; **world gross** ~ валовая цена на мировом рынке; **world market** ~ цена мирового рынка; **zone** ~ зональная цена; ~s **adjusted for shipping rates** цена с поправкой на фрахтовые ставки; ~ **adjustment** изменение цены, поправка в цене; ~s **apply to** ... цены применимы к; ~s **are falling** цены падают; ~s **are subject to change at any time** цены подлежат изменению в любое время; ~s **are subject to change without warning** цены подлежат изменению без предупреждения; ~s **are up** ... **%** цены повысились на ... %; ~s **are up** цены повысились; ~ **at the current exchange rate** цена по валютному курсу; ~ **behavior** движение цен; ~ **C&F** цена СИФ; ~ **calculation** калькуляция цен; ~ **category** категория цен; ~ **ceiling** лимит цен; ~ **chargeable to the buyer** цена, относимая за счет покупателя; ~ **competition** конкуренция по ценам; ~ **computation** расчет цен; ~ **control** контроль над ценами; ~ **differentiation** дифференциация цен; ~ **discrepancy** ножницы цен (*price scissors*); ~ **divergence** расхождения цен; ~ **does not include VAT** цены не включают НДС; ~ **escalation** скольжение цен; ~ **evaluation** оценка цены; ~ **ex-barge** цена с баржи, цена франко-баржа; ~ **ex-factory** цена франко-завод; ~ **ex-quay** цена франко-пристань; ~ **ex-ship** цена с судна, цена франко-судно; ~ **ex-warehouse** цена со склада, цена франко-склад; ~ **excluding packing** цена без упаковки; ~ **FAS** цена ФАС, цена франко вдоль борта; ~ **FAS port of shipment designated by seller** цена ФАС порт отгрузки, указанный продавцом; ~ **fixing** фиксация цен; ~ **fluctuations** колебания цен; ~ **FOB** цена ФОБ; ~ **FOB factory unboxed** цена ФОБ без фабричной упаковки; ~ **FOB stowed** цена ФОБ со штивкой; ~ **FOR** цена ФОР, цена франко-вагон; ~ **formula** формула цены; ~ **FOT** цена ФОТ; ~ **free at border** цена франко граница; ~ **freeze** замораживание цена; ~s **have dropped** цены понизились; ~ **in convertible currency** цена в валюте; ~ **including freight and duty** цена, включающая фрахт и пошлину; ~ **including VAT** цены включают НДС; ~ **index** индекс цен, указатель цен; ~ **indicated in the invoice** цена, указанная в счете-фактуре; ~ **information** информация о ценах; ~ **is subject to change** цена подлежит изменению; ~ **less discount** цена за вычетом скидки; ~ **level** уровень цен; ~ **level adjustment** поправка на изменение цены; ~ **list** прейскурант, ценник; ~ **marking** маркировка цен; " ~**s may be annulled or changed without warning**" "цены могут быть аннулированы или изменены без предупреждения"; ~ **mechanism** механизм цен; ~ **negotiations** переговоры по ценам; ~ **norms** нормативы цен; ~ **of an offer** цена предложения; ~ **of freight** цена фрахта; ~ **of the previous transaction** цена предыдущей сделки; ~ **on day of shipment** цена на день отгрузки; ~ **on the world market** цена на мировом рынке; ~ **per item** поштучная цена; ~ **per metric ton** цена за метрическую тонну; ~ **per piece** цена за штуку; ~ **per pound** цена за фунт; ~ **per set** цена за комплект; ~ **per unit** цена за единицу товара; ~ **per weight unit** цена за весовую единицу; ~ **plus mark-up** цена с надбавкой; ~ **quoted in an offer** цена, указанная в предложении; ~ **regulation** регулирование цен; ~**s remain stable** цены остаются устойчивыми; ~**s remain unchanged** цены остаются без изменений; ~**s remain unsettled** цены остаются неустойчивыми; ~ **renegotiation** пересмотр цен, совместный пересмотр цен; ~ **review** обзор цен; ~ **revision formula** формула пересмотра цен; ~ **roll back** возврат к прежним ценам; ~ **savings** экономия на ценах; ~ **spiral** спираль цен; ~ **stability** устойчивость цен; ~ **stabilization** стабилизация цен; ~ **structure** структура цен; ~**s subject to confirmation** цены подлежат подтверждению; ~ **supports** поддержание цен; ~ **tag** этикетка с ценой; ~ **trend** тенденция цен; ~**s under consideration** обсуждаемые цены; ~ **valid until ...** цена действительна до; ~ **variation clause** пункт об изменении цен; ~ **war** война цен; ~ **without obligation** цена без обязательства

pricing расценка, ценообразование; **acceptable** ~ приемлемая расценка; **competitive** ~ конкурентное ценообразование; **cost plus** ~ назначение цен с надбавкой; **net** ~ назначение цен нетто; **progressive** ~ прогрессивная расценка; **ramp** ~ непомерная цена; **zonal** ~ зональное установление цен; ~ **data** данные о ценах; ~ **practice** практика ценообразования

primacy примат; ~ **of domestic law** примат внутреннего права; ~ **of international law** примат международного права

primage вознаграждение капитану с фрахта, прибавка к фрахту

prime первоклассный, первый; ~ **banker's acceptance** первоклассный вексель, акцептованный банком; ~ **manufacturing cost** фабрично-заводская себестоимость; ~ **cost** себестоимость

principal комитент, доверитель; принцип; ~**s** принципиальные положения; **basic** ~ основной принцип; **constitutional** ~ конституционный принцип; **general** ~**s of law** общие принципы права; **generally recognized** ~**s** общепризнанные принцип; **national-territorial** ~ национально-территориальный принцип; **territorial** ~ территориальный принцип; ~ **of mutuality** принцип взаимности

print копия, оттиск; **to** ~ печатать; ~ **of a drawing** копия чертежа

printed напечатанный; ~ **matter** печатное издание

printing печать

priority первоочередность, порядок срочности, привилегия, приоритет; **convention** ~ конвенционный приоритет; **first** ~ первая очередь; **governmental** ~ государственный приоритет; **high** ~ высокий приоритет; **partial** ~ частичный приоритет; **preferential** ~ льготный приоритет; **to claim** ~ претендовать на приоритет; ~ **of an invention** приоритет на

изобретение; **of authorship** авторский приоритет; **of filing** приоритет подачи заявки
prisoner заключенный; **captivity of ~s of war** военный плен; **political ~** политический заключенный; **to take ~** взять в плен
privacy тайна
private закрытый, личный, частный
privately-owned частновладельческий
privilege льгота, преимущество, привилегия; **consular ~** консульская привилегия; **diplomatic ~** дипломатическая привилегия; **royal ~** королевская привилегия; **stop-off ~** льгота на остановку в пути следования; **transit ~** транзитная льгота; **to grant ~s** предоставлять льготы; **to secure ~s** добиваться льгот
prize приз
pro rata пропорционально; **~ freight** пропорциональная часть фрахта
probationer стажер
problem проблема, трудность; **money ~s** денежные затруднения; **payment ~s** платежные трудности; **serious ~s** серьезные трудности; **to cause ~s** вызывать трудности; **to create ~s** создавать трудности
procedural процессуальный
procedure метод, методика, порядок, процедура; **administrative ~** административный порядок; **appellate ~** процедура обжалования; **arbitral ~** арбитражный порядок; **arbitration ~** порядок арбитража; **attestation ~** порядок аттестации; **clear-cut ~** определенный метод; **constitutional ~** конституционный порядок, конституционная процедура; **conventional ~** обычная методика; **correct ~** правильная методика; **criminal ~** уголовный порядок; **design ~** методика проектирования; **diplomatic ~** дипломатический порядок; **dispute resolution ~** порядок разрешения споров; **election ~** порядок выборов; **electoral ~** процедура выборов; **established ~** установленный порядок; **estimation ~** оценка методики; **extrajudicial ~** внесудебный порядок; **in accordance with the ~** в соответствии с порядком; **in accordance with the established ~** в установленном порядке; **international legal ~** международный юридический порядок; **judicial ~** судебная процедура; **legal ~** законный порядок; **normative ~** нормативный порядок; **notarial ~** нотариальный порядок; **operating ~** методика работы, порядок эксплуатации; **parliamentary ~** парламентская процедура; **patent issuance ~** порядок выдачи патентов; **payment ~** порядок платежей; **preliminary ~** предварительная процедура; **proper ~** надлежащая методика; **quality control ~** методика контроля качества; **ratification ~** порядок ратификации; **recommended ~** рекомендуемая методика; **reconciliation ~** порядок примирения; **revised ~** пересмотренная методика; **rule of court ~** судебное правило; **simplified ~** упрощенный порядок; **special ~** особая методика, специальный порядок, специальная процедура; **standard ~** стандартная методика; **survey ~** методика обследования; **testing ~** методика испытаний; **to adhere to a ~** придерживаться методики; **to adopt a ~** принять методику; **to review a ~** пересмотреть метод; **voting ~** порядок голосования; **~ for making a claim** порядок предъявления претензии
proceeding преследование, прения, производство, процесс; **administrative ~** административное преследование, административное производство, административное судопроизводство; **adversarial ~s** спорное производство; **appellate ~s** апелляционное производство; **arbitral ~s** арбитражный процесс, арбитражное разбирательство; **arbitration ~s** арбитражное производство; **civil ~s** гражданское производство, гражданский процесс, гражданское судопроизводство; **closed court ~s** закрытое

судебное разбирательство; **court martial** ~s военное производство; **criminal** ~s уголовное судопроизводство, уголовный процесс; **disciplinary** ~ дисциплинарное преследование; **divorce** ~s бракоразводный процесс; **international** ~s международный процесс; **investigatory** ~s следственное производство; **judicial** ~ судебное производство; **legal** ~s судебное разбирательство, судебный процесс, судопроизводство; **legislative** ~s законодательный процесс; **non-adversarial** ~s бесспорное производство; **oral** ~s устное производство, устное судопроизводство; **public** ~s открытое разбирательство; **summary** ~s суммарное производство; **to institute** ~s начать производство по делу; **to institute criminal** ~s привлекать к уголовной ответственности; ~s **behind closed doors** процесс при закрытых дверях

proceeds выручка, вырученная сумма, приход; **estimated** ~s предполагаемая выручка; **export** ~s выручка от экспорта; **gross** ~s валовая выручка; **net** ~s чистая выручка; **remittance of sale** ~s перевод выручки от продажи; **to expend the** ~s расходовать выручку; **to receive the** ~s **of a sale** получать выручку от продажи; **to surrender export** ~s сдавать выручку от экспорта товаров; ~s **from contract work** выручка по договорным работам; ~s **of sales** выручка от продажи (от реализации)

process процесс; **budget** ~ бюджетный процесс; **construction** ~ методы строительства; **manufacturing** ~ производственный процесс; **patented** ~ запатентованный процесс; **technological** ~ технологический метод

processing обработка, переработка; обработка данных; **secondary** ~ вторичная обработка

proclaim, to ~ объявлять, объявить; оглашать, огласить; провозглашать

proclamation провозглашение; ~ **of a blockade** объявление блокады

procrastinate, to ~ промедлить

procrastination отлагательство

procure, to ~ приобретать

procurement приобретение; **state** ~ заготовительный; заготовка; **state** ~s государственные закупки; ~ **officer** заготовитель

procurer поставщик, сводник

procuring поставка, сводничество (**pimping**)

produce продукты; **requisitioning of** ~ продразверстка; **to** ~ выпускать, производить

produced представленный

producer производитель, фирма-производитель; **agricultural** ~ сельскохозяйственный производитель

product изделие, продукт, товар; **advertised** ~s рекламируемый товар; **agricultural** ~ сельскохозяйственный продукт; ~ **brand** марка товара; **chemical** ~s химические товары; **competing** ~ конкурирующий продукт; ~ **costs** себестоимость продукции; ~ **costing** калькуляция себестоимости готовой продукции и оказанных услуг; **cotton** ~s хлопчатобумажные товары; **development of new export** ~s освоение новых товаров для экспорта; **fashionable** ~s модные товары; **final** ~ конечный продукт; **finished** ~ готовый продукт; **fodder** ~s кормовые продукты; **foreign-made** ~s заграничные товары; **fur** ~s пушной товар; **gross** ~ валовой продукт; **gross domestic** ~ валовой внутренний продукт; **gross national** ~ валовой национальный продукт; **grouping of** ~s группировка товаров; **high-quality** ~ высококачественный продукт, доброкачественное изделие; ~ **image** имидж товара; **imported** ~ импортный продукт; **industrial** ~ промышленный продукт; **industrial** ~s промышленные товары; **invoice cost of a** ~ фактурная стоимость товара; **manufactured** ~ промышленное изделие; **new** ~s новые товары; **patented** ~

патентованное изделие; **pharmaceutical** ~s фармацевтические товары; **prepackaging of food** ~s расфасовка пищевых товаров; **promising** ~ перспективный товар; **to advertise** ~s рекламировать товар; **to launch a** ~ начать выпуск продукции; **trade** паше; **of a** ~ торговое название товара; **unbreakable** ~s небьющиеся товары; ~ **unit cost** себестоимость единицы продукции; ~ **warranty liability** кредиторская задолженность по гарантийным обязательствам на продукцию

production выпуск продукции, продукция, произведение, производство; **aerospace** ~ авиапромышленность; **agricultural** ~ сельскохозяйственное производство; **assembly line** ~ поточное производство; **automobile** ~ автомобилестроение; **batch** ~ серийный выпуск, серийное производство; **commodity** ~ товарное производство; **curtailed** ~ сокращенное производство; **deficit** ~ дефицитная продукция; **domestic** ~ внутреннее производство; **finished** ~ готовая продукция; **imported** ~ импортная продукция; **industrial** ~ промышленное производство; **local** ~ местная продукция; **mass** ~ массовое производство; ~ **method** производственный метод начисления износа; **national** ~ национальное производство; **potential** ~ потенциал производства; **renovation of** ~ обновление производства; **seasonal** ~ сезонное производство; **to coordinate annual** ~ согласовывать годовой выпуск продукции; **to increase manufacturing** ~ наращивать выпуск продукции; **to organize** ~ осваивать выпуск продукции; **to speed up** ~ ускорять выпуск; **unfinished** ~ незавершенное производство; **world** ~ мировое производство; ~ **of documents** представление документов; ~ **of high quality goods** выпуск высококачественных товаров; ~ **of high quality products** выпуск высококачественной продукции; ~ **of proof** представление доказательств

productive производительный

productivity продуктивность, производительность; **agricultural** ~ продуктивность сельского хозяйства; **higher** ~ высшая производительность; **industrial** ~ промышленная производительность; ~ **of labor** производительность труда

profession профессия; **by** ~ по профессии; **legal** ~ адвокатура; ~ **association** сословие

profit выгода, прибыль; **actual** ~ фактическая прибыль; **anticipated** ~ вероятная прибыль; **balance sheet** ~ балансовая прибыль; **distributable** ~ распределяемая прибыль; **distributed** ~ распределенная прибыль; **entrepreneurial** ~ предпринимательская прибыль; **false** ~ фиктивная прибыль; **for the sake of** ~ ради выгоды; **gross** ~ валовая прибыль; **loss of** ~ **insurance** страхование упущенной выгоды; ~ **margin** рентабельность; **monopoly** ~ монопольная прибыль; **net** ~ чистая прибыль; **net** ~ **ratio** коэффициент рентабельности; ~ **on ordinary activities** прибыль от основной деятельности; ~ **oriented business** предпринимательские организации; **realized** ~ реализованная прибыль; **repatriation of** ~s репатриация доходов; **speculative** ~ спекулятивная прибыль; **taxable** ~ облагаемая прибыль; **to realize** ~ реализовать прибыль; **to repatriate** ~s репатриировать доходы; ~ **sharing ratio** коэффициент участия в прибылях; **trade** ~ торговая прибыль; **undistributed** ~ нераспределенная прибыль; **unexpected** ~ непредвидимая прибыль; **usurious** ~ ростовщическая прибыль; **windfall** ~ случайная прибыль

profitability доходность, прибыльность, рентабельность; **determination of** ~ определение экономичности; ~ **ratios** коэффициенты рентабельности

profitable прибыльный, рентабельный; **insufficiently ~** малорентабельный; **marginally ~** малодоходный, малоприбыльный; **to turn out to be ~** оказаться выгодным

profitably с выгодой

pro forma проформа

progeny потомок

program программа; **advertising ~** рекламное шоу; **capital investment ~** программа капиталовложений; **economic ~** экономическая программа; **expansion ~** программа экспансии; **feasible ~** выполнимая программа; **government ~** правительственная программа; **investment ~** программа инвестиций; **manufacturing ~** производственная программа; **~ of duties to be carried out pursuant to the contract** программа выполнения работ по контракту; **price support ~** гарантирование цен; **promotion ~** план мероприятий по стимулированию сбыта; **to continue with a ~** продолжать выполнение программы; **to launch a ~** приступать к выполнению программы; **to start work in accordance with the ~** начинать работы по выполнению программы

progress прогресс, продвижение; **social ~** социальный прогресс; **~ of the construction site** ход выполнения работ на строительной площадке; **~ of implementation** ход выполнения; **~ of the implementation of an agreement** ход выполнения соглашения; **~ of implementation of a contract** ход выполнения контракта; **~ of a project** ход выполнения проекта; **~ under a program** ход выполнения программы

progressive прогрессивный; **~ taxation** прогрессия обложения

prohibit, to ~ запрещать

prohibition запрещение, запретительное постановление; **export ~** запрещение вывоза; **import ~** запрещение ввоза

project объект, проект, строительство; **major ~** крупномасштабный проект; **model ~** типовой проект

projected планируемый

projection прогноз на ближайшее будущее, проект

proletariat пролетариат; **industrial ~** промышленный пролетариат; **rural ~** сельский пролетариат

prolong, to ~ продлевать, удлинять

prolongation продление

prolonged длительный

promise обещание, обязательство; **unconditional ~** безусловное обязательство; *(e.g in contract)*

promising многообещающий

promissory долговой; **~ note** долговое обязательство, долговая расписка; простой вексель

promote, to ~ выдвигать, продвигать; **to ~ sales** содействовать увеличению запродаж

promoter устроитель, лицо, содействующее какому-либо мероприятию; **fair ~** устроитель ярмарки; **foreign ~** иностранный устроитель

promotion поощрение, продвижение, продвижение по службе, реклама, рекламная деятельность; **export ~** поощрение экспорта; **sales ~** продвижение товара на рынок, кампания по организации и стимулированию сбыта; **sales ~ agency** учреждение, содействующее продаже товара; **~ expenses** расходы по учреждению акционерного общества; **~ in rank** повышение ранга

prompt немедленный, своевременный, срочный

promptness срочность

promulgation опубликование; **~ of a law** опубликование закона; **~ of a regulation** принятие регламента

pronouncement объявление; **~ of sentence** объявление приговора

proof доказательство; **~ of damages** доказательство ущерба; **~ of interest** доказательство заинтересованности; **~ of novelty** доказательство новизны; **~ of quality** доказательство качества

propaganda пропаганда; **~ center** пропагандистский центр

propagandist пропагандист

proper надлежащий, правильный

properly надлежащим образом, правильно

property владение, имущественные средства, имущество, недвижимость; собственность; **acquired** ~ приобретённое имущество; **agricultural** ~ сельскохозяйственное имущество; **church** ~ церковные имущества; **collectivized** ~ обобществленное имущество; **common** ~ общая собственность; **communal** ~ имущество общин; **community** ~ общее имущество, общая собственность супругов, общность имуществ супругов, супружеская собственность; **cooperative** ~ кооперативная собственность; **cooperative landed** ~ кооперативная земельная собственность; **copyright** ~ авторская собственность; **divided** ~ раздельное имущество; **domestic** ~ домашнее имущество; **encumbered** ~ обременённое имущество; **exclusive** ~ исключительная собственность; **family** ~ семейное имущество; **inalienable** ~ неотчуждаемое имущество; **industrial** ~ промышленная собственность; **inherited** ~ наследственное имущество; **insured** ~ застрахованное имущество; **intellectual** ~ интеллектуальная собственность; **intestate** ~ имущество без наследника; **landed** ~ земельная собственность; **leased** ~ арендованное имущество; **leasehold** ~ арендованная земельная собственность; **literary** ~ литературная собственность; **literary and artistic** ~ литературная и художественная собственность; **mortgaged** ~ заложенное имущество; **movable** ~ движимое имущество; **nationalized** ~ национализированное имущество; **partnership** ~ имущество товарищества; **personal** ~ личное имущество, личная собственность, собственное имущество; **pledged** ~ заложенное имущество; **poorly managed** ~ бесхозяйственно содержимое имущество; **private** ~ частное имущество, частная собственность; **public** ~ народная собственность, публичное имущество; **real** ~ недвижимая собственность; **sequestered** ~ секвестрированное имущество; **state** ~ государственное имущество; **state-owned** ~ государственная собственность; **tangible** ~ реальная собственность; **to acquire** ~ приобрести в собственность; **undivided** ~ безраздельная собственность; **vesting of a** ~ **interest** введение во владение; ~ **encumbered by a mortgage** имущество, обременённое ипотекой; ~ **of a commune** имущество общин; ~ **of an individual** имущество отдельного лица; ~ **of a legal entity** имущество юридического лица

proportion доля, часть; **sizable** ~ значительная доля; **small** ~ **of profits** небольшая часть прибыли

proposal предложение; **compromise** ~ компромиссное предложение; **concrete** ~ конкретное предложение; **package** ~ комплексное предложение

propose, to ~ предлагать

proposition предложение; **practical** ~ реальное

proprietor владелец, собственник, хозяин; **sole** ~ единоличный владелец; ~ **of an enterprise** владелец предприятия

proprietorship владение, предпринимательство; ~ **interest** доля собственника/владельца; **sole** ~ единоличное владение, единоличное предприятие

propriety правильность

prosecute, to ~ преследовать; **to** ~ преследовать в судебном порядке

prosecution преследование, судебное преследование; **criminal** ~ уголовное преследование

prosecutor прокурор; **general** ~ (attorney general) генеральный прокурор; **office of the** ~ прокуратура; **office of the municipal** ~ городская прокуратура; **public** ~ прокурор

prospect перспектива; **economic** ~s экономические перспективы; **market** ~s рыночные перспективы; **to** ~ разведывать, разведать

prospecting разведка
prospective перспективный
prospectus проспект
prostitute проститутка; **registered** ~ зарегистрированная проститутка
prostitution проституция
protect, to ~ защищать, защитить; покровительствовать, сберегать;
protection защита, ограждение, охрана; **consular** ~ консульская защита; **copyright** ~ охрана авторского права; **diplomatic** ~ дипломатическая защита; **double** ~ двойная охрана; **international** ~ международная защита; **international legal** ~ международно-правовая защита; **judicial** ~ судебная защита; **legal** ~ законная защита, правовая защита, правовая охрана; **patent** ~ охрана патента, патентная защита, патентная охрана; **special** ~ специальная защита; **temporary** ~ временная защита; ~ **of the border** охрана границы; ~ **of children** охрана детей; ~ **of industrial drawings and models** охрана промышленных рисунков и моделей; ~ **of industrial property** охрана промышленной собственности; ~ **of interests** защита интересов; ~ **of an invention** защита изобретения; ~ **of minorities** защита меньшинств; ~ **of property** защита имущества; ~ **of rights** защита прав, сохранение прав, охрана прав; ~ **of rights to an invention** охрана прав на изобретения; ~ **of the rights of minors** охрана прав несовершеннолетних; ~ **of trademarks** охрана товарных знаков и торговых марок
protectionism протекционизм
protectionist протекционист
protectorate протекторат; **colonial** ~ колониальный протекторат; **international** ~ международный протекторат
protégé ставленник
pro. tem. (pro tempore) временный, временно
protest опротестование, протест; **collective** ~ коллективный протест; **ship's** ~ морской протест об авариях; **to** ~ опротестовать; ~ **of a bill** опротестование векселя; **to** ~ **a note** опротестовывать вексель; ~ **fee** плата за опротестование
protestation опротестование
protocol протокол, протокольный; **final** ~ итоговый протокол; **ship's** ~ морской протокол; **supplementary** ~ дополнительный протокол; **temporary** ~ временный протокол; **to** ~ протоколировать; ~ **of agreement** протокол соглашения; ~ **of change order** протокол о внесении изменений
prototype прототип
provenance происхождение
provide, to ~ обеспечивать; **to** ~ **at no cost** безвозмездно предоставлять
provided that ... при условии, что (если)
providing предоставление; ~ **a credit** предоставление кредита; ~ **a credit under pledge** предоставление кредита под залог; ~ **a credit under pledge of securities** предоставление кредита под залог ценных бумаг; ~ **overdraft facilities** предоставление овердрафта
province провинция
provision обеспечение, оказание, положение, резерв, снабжение; ~**s** провиант; резервы; **additional** ~ дополнительное положение; **basic** ~ **of the law** основное положение права; **constitutional** ~ конституционное положение; **contract** ~ договорное положение; **conversion** ~ оговорка об обмене акций; **fundamental** ~**s of a contract** основные условия договора; **in accordance with the** ~**s** в соответствии с условиями; **legislative** ~ законодательное положение; **material** ~ существенная оговорка; **overall** ~**s** общие положения; **policy** ~**s** условия полиса; **printed** ~**s** напечатанные условия; **probable** ~**s** вероятные условия; **special** ~ специальная оговорка; **standard** ~**s** стандартные условия; **to deviate from contractual** ~**s** отступать от условий контракта; **to enjoy warranty** ~**s** пользоваться условиями гарантии; **to offer warranty** ~**s** предостав-

лять условия гарантии; **to waive ~s** отказываться от условий; **under the ~s of clauses** по условиям статей; **uninterrupted ~** бесперебойное снабжение; **warranty ~s** условие гарантии; **written ~** письменная оговорка; **written ~s** записанные условия; **~ of a contract** положение контракта, пункт договора; **~s of a contract** условия контракта; **~ of credit arrangements** кредитные вложения; **~ of goods** обеспечение товарами; **~ of housing** предоставление жилой площади; **~ of know-how** выдача ноу-хау, предоставление ноу-хау; **~ of services** оказание услуг, предоставление услуг; **~s on a vessel** провиант на судне
provisional временный
proviso оговорка, оговорка к договору, условие
provocateur, agent ~ провокатор
provocation провокация; **military ~** военная провокация
provoke, to ~ вызывать; спровоцировать
prox. (proximo) следующего месяца
proxy доверенное лицо, доверенность, передача голоса, полномочие; **by ~** по доверенности; **to sign by ~** подписывать по доверенности
prs. (pairs) пары
prudence заниженность оценки

P.S. 1. (postscript) постскриптум, приписка; **2. (private secretary)** личный секретарь
ps. (pieces) штуки
pseudonym псевдоним
pt. 1. *(part)* часть; **2.** *(payment)* платеж; уплата; **3.** *(point)* пункт; **4.** *(port)* порт
p.t. (pro tempore) временный, временно
p.t.o. (please turn over) смотрите на обороте
public государственный; общественность, общественный; публичный; **~ intoxication** появление в пьяном виде; **~ law** публичное право
publication выпуск, издание, оглашение, опубликование, публикация; **daily ~** дневной выпуск; **not for ~** не подлежит оглашению; **official ~** официальное опубликование, официальное издание; **periodical ~** периодическое издание; **trade ~** отраслевая публикация; **weekly ~** еженедельный выпуск; **~ of a court decision** оглашение решения суда; **~ of a decision** опубликование решения; **~ release** выпуск из печати
publicist публицист
publicity огласка, публичность
publicly публично
publish, to ~ 1.издать, публиковать, опубликовать, выпустить; 2. оглашать, огласить; 3.официально объявить; **to be ~ed** выходить из печати

publisher издатель
puce красновато-коричневый
punctilious щепетильный
punctuality точность
punishment расправа; **most lenient ~** низший предел наказания; **most severe ~** высший предел наказания
punitive карательный; **~ measure** репрессия
purchase купля, покупка, покупной; **additional ~** дополнительная покупка; **advantageous ~** преимущественная покупка; **~ ledger** журнал учета расходов по покупкам; **~ order** заказ на покупку *(поставщику)*; **~ price** цена покупки; **~ requisition/request** требование на покупку, которое инициирует процесс покупки материалов и комплектующих у поставщика; **~s day book** текущий журнал учета покупок; **~s discounts** скидки с закупок; **speculative ~** спекулятивная покупка; **to ~** купить; **~ and sale** купля-продажа; **~ for cash** покупка за наличный расчет; **~ on credit** покупка в кредит; **~ on the exchange** покупка на бирже
purchased купленный
purchaser покупатель; **bulk ~** крупный потребитель; **direct ~** непосредственный покупатель
purchasing закупка; **~ agent** закупщик; **~ broker** брокер по покупкам; **~ power gains and losses** прибыли и убытки от изме-

нений покупательной силы денежной единицы в период инфляции/дефляции
pure чистый; ~ **interest** нетто-процент
purge очистка; **to carry out a** ~ произвести очистку
purpose намерение
purposeful целевой
pursue, to ~ провожать
pursuit занятие, погоня; **remunerative** ~ доходное занятие; **temporary** ~ временное занятие
put опцион
putsch путч
puzzle загадка, головоломка; **to** ~ озадачивать, приводить в недоумение
puzzlement замешательство
PVC ПХВ (полихлорвинил)
pyramid пирамида; ~ **scheme** пирамида
pyrites сернистые металлы
pyrrhic: a ~ **victory** пиррова победа

Q

Q.C. (quality control) контроль качества; ~ **inspector** браковщик
QC (Queen's Counsel) адвокат высшего ранга
QED (quod erat demonstrandum) что и требовалось доказать
qua как, в качестве + g.
quake землетрясение
qualification квалификация, ценз; **age** ~ возрастной ценз; **educational** ~ образовательный ценз; **necessary** ~ необходимая квалификация; **property** ~ имущественный ценз; **tax** ~ налоговый ценз
qualification оговорка; (мн.ч.) ~**s** оговорки, ограничения (бух.)
qualified квалифицированный, ограниченный; **highly-~ expert** специалист высокой квалификации;
qualify квалифицировать
qualifying квалификационный
qualitative качественный; ~ **characteristics** качественные характеристики
quality качественный, качество; **acceptable** ~ приемлемое качество; **appropriate** ~ надлежащее качество; **average** ~ среднее качество; **base** ~ базисное качество; **best** ~ лучшее качество; **business** ~**ies** деловые качества; **change in** ~ изменение качества; **cheap** ~ дешевое качество; **commercial** ~ коммерческое качество; **excellent** ~ отличное качество; **expert's** ~ **report** экспертиза по качеству; **export** ~ экспортное качество; **first** ~ первый сорт; **first-class** ~ первоклассное качество; **guaranteed** ~ гарантированное качество; **high** ~ высокое качество, доброкачественность, доброкачественный; **higher** ~ высшее качество; **inferior** ~ недоброкачественность, ненадлежащее качество; **low** ~ низкое качество; **operational** ~ эксплуатационные качества; **optimal** ~ оптимальное качество; **overall** ~ общее качество; **poor** ~ недоброкачественный; **product analysis** анализ качества продукции; **sample for** ~ **analysis** образец продукта для оценки качества; **standard** ~ нормативное качество; **standard of** ~ норма качества; **stipulated** ~ качество, обусловленное договором; **technical** ~ техническое качество; **to accept goods on the basis of** ~ принимать товар по качеству; **to change the** ~ изменять качество; **to engage in** ~ **control** контролировать качество; **to evaluate** ~ оценивать качество; **to guarantee high** ~ гарантировать высокое качество; **to provide** ~ обеспечивать качество; **to stipulate** ~ обусловить качество; **tolerance** ~ допустимое качество; **unimpeachable** ~ безупречное качество; **unsatisfactory** ~ неудовлетворительное качество; **very best** ~ самое лучшее качество; **violation of** ~ **standards** нарушение стандарта качества; ~ **analysis** оценка качества; ~ **certificate** свидетельство о качестве; ~ **check** проверка качества; ~ **clearance** аттестат качества; ~ **control** контроль качества; ~ **control inspection** инспекция по качеству; ~ **control table** таблица контроля качества; ~ **guarantee** гарантия качества; ~ **indicator** показатель качества; ~ **inspection** браке-

раж; **~ specification** спецификация качества
quantitative количественный
quantity количество, численность, число; **annual ~** ежегодное количество; **appreciable ~** ощутимое количество; **available ~** наличное количество; **contracted ~** контрактное количество; **in limited ~** в ограниченном количестве; **initial ~** начальное количество; **innumerable ~** бесчисленное количество; **insignificant ~** незначительное количество; **insufficient ~** недостаточное количество; **large ~** большое количество; **limited ~** ограниченное количество; **maximum possible ~** максимальное возможное количество; **mean ~** средняя величина; **ordered ~** заказное количество; **overall ~** общее количество; **record ~** рекордное количество; **required ~** необходимое количество; **significant ~** значительное количество; **small ~** малое количество; **stipulated ~** обусловленное количество; **supplementary ~** добавочное количество; **tolerance ~** допустимое количество; **total ~** общее число; **unspecified ~** неуточненное количество; **~ delivered** выгруженное количество; **~ discount** скидка за количество
quarantine карантин, карантинный; **lifting of ~** снятие карантина; **to introduce a ~** вводить карантин; **to release from ~** выпустить из карантина; **to subject to ~** подвергнуть карантину; **under ~** в карантине; **~ certificate** свидетельство о снятии карантина
quarter 1. четверть; 2. квартер (мера веса = 1\80 тонны; мера объема для зерна = 8 бушелям); 3. квартал, монета 25 сентов (США); **~s** круги; **current accounting ~** текущий квартал; **to be several ~s past due** задолжать за несколько кварталов
quartering постой
quarterly ежеквартальный, квартальный
quasi-state полу государственный
quash отменять, аннулировать
quay набережная, пристань, причал; **discharging ~** разгрузочная набережная; **free alongside ~ (FAQ)** франко набережная; **~ terms** условия погрузки и выгрузки у стенки
quest поиски; **to ~** искать, разыскивать
question вопрос, проблема, дело; **in ~** о котором идет речь; **on the ~** по вопросу; **to raise a ~** поднимать вопрос
queue очередь
quick ratio коэффициент строгой ликвидности
quid pro quo услуга за услугу
quintessential наиболее существенный, коренной
quip острота, красное словцо; **to ~** острить
quit-rent оброк
quiz опрос; викторина; **to ~** выспрашивать, выспросить
quizzical насмешливый, иронический
quota квота, контингент, норма; **abolition of a ~** отмена квоты, отмена контингента; **differential ~** дифференцированная норма; **established ~** установленная квота; **export ~** экспортная квота, экспортные контингенты; **foreign exchange ~** валютный лимит; **global ~** общая квота; **immigration ~** иммиграционная квота; **import ~** импортная квота, ввозные контингенты, импортные контингенты; **International Monetary Fund ~ (IMF)** квота в Международном Валютном Фонде; **introduction of ~s** введение квот; **maximum ~** максимальная квота; **minimum ~** минимальная квота; **sea freight ~** квота морского фрахта; **tariff ~** тарифная квота; **tax ~** налоговая квота; **to fulfill the ~** выполнять норму; **to impose a system of ~s** применять систему квот; **to overfulfill the ~** перевыполнять норму; **quantitative ~** количественная квота; **~ allocation** квотирование; **~ allocation of foreign exchange** квотирование иностранной валюты
quotation котировка, назначение, предложение, расчет; цена, курс, расценка; предложение, оферта;

additional ~ дополнительная котировка; **closing** ~ котировка при закрытии биржи; **detailed** ~ подробная котировка; **enclosed** ~ приложенная котировка; **exchange** ~ биржевая котировка; **exchange rate** ~ котировка курсов; **final** ~ окончательная котировка; **firm** ~ твердая котировка; **foreign exchange** ~ валютная котировка; **itemized** ~ позиционная котировка; **market** ~ рыночная котировка; **nominal** ~ номинальная котировка; **official** ~ официальная котировка; **opening** ~ котировка при открытии биржи; **previous** ~ предыдущая котировка; **pro forma** ~ примерная котировка; **revised** ~ пересмотренная котировка; **specimen** ~ ориентировочная котировка; **spot market** ~ котировка на товары с немедленной сдачей; **starting** ~ начальная котировка; **stock** ~ котировка акций; **to consider a** ~ рассмотреть котировку; ~ **of prices** котировка цен, назначение цен; ~ **for goods** котировка товара *или* цена на товар; предложение на товар

quote назначать *(цену, условия)*; назначать цену; предложение; сделать предложение; **to** ~ котировать **(price, rate); to** ~ **a price (terms of payment)** назначить цену (условия платежа); **to** ~ **a price for something** назначить цену на что-л.; **to** ~ **for something** назначить цену на что-л.; сделать предложение на что-л.

quoted котировочный; **to be** ~ котироваться *(on exchange, etc.)*

quotient частное; **intelligence** ~ коэффициент врожденных умственных способностей

quoting котирование; ~ **of prices** котирование цен

q.v. (quod vide) см., (смотри) *(там-то)*

R

r.: 1. railway железная дорога, железнодорожный; 2. **rouble(s)** рубль, рубли; 3. **rupee(s)** рупия (рупии)

r.: 1. receipt расписка, квитанция; 2. **received** получено

racism расизм

racist расист, расистский

racketeer бандит-вымогатель, рэкетир

racketeering вымогательство, рэкетирство

radical радикал, радикальный;

radicalism радикализм

radio радио; ~ **advertising** радиореклама

raft сплавной плот; **to** ~ переплавить

rail железнодорожный, рельс, ограждение; **to install guard** ~**s** поставить ограждение

railroad железная дорога, железнодорожный

raion район

raise повышение, увеличение зарплаты; **annual** ~ ежегодная надбавка; **to** ~ повышать; ~ **in pay** прибавка к заработной плате; ~ **in wages** повышение заработной платы

rally оживление, слет

range ассортимент, выбор, номенклатура; **broad** ~ **of goods** широкий ассортимент; **commercial** ~ **of goods** товарный ассортимент; **expanded** ~ укрупненная номенклатура; **expanding** ~ растущая номенклатура; **fixed** ~ закрепленная номенклатура; **to determine the** ~ **of goods** определять номенклатуру товаров; **wide** ~ широкая номенклатура; ~ **of goods** выбор товара; ~ **of products** сортамент

rank звание, разряд, ранг; **civil service** ~ служебный ранг; **class** ~ ранг; **military** ~ военное звание; **to demote in** ~ лишить военного звания

rape изнасилование; **to** ~ изнасиловать

rapprochement сближение

rate коэффициент, курс, норма, ставка, тариф, темп; **acceptable** ~ **of natural loss** нормы естественной убыли; **advertising** ~ рекламный тариф; **allowable** ~ **of depreciation** норма амортизации; **at the** ~ **of ...** по курсу ...; **at the established** ~ по установленной норме; **average** ~ средняя норма, средняя ставка; **average annual** ~ средняя годовая

R

ставка; **baggage** ~ багажный тариф; **base** ~ базисный тариф; **basing** ~ начальный тариф; **birth** ~ статистика рождаемости; **black market** ~ курс черного рынка; **bridge** ~ промежуточный тариф; **capacity** ~ коэффициент мощности; **central bank of exchange** центральный курс; **change in exchange** ~ изменение курса; **class** ~ классный тариф; **closing** ~ заключительный курс; **combined** ~ комбинированный тариф; **commission** ~ комиссионная ставка; **compulsory exchange** ~ обязательный курс; **conditional** ~ условный курс; **conversion** ~ обменный курс; **cross** ~s перекрещивающиеся курсы; **currency exchange** ~ валютный курс; **current** ~ действующий тариф; **daily** ~ дневная норма; **discount** ~ ставка по учету тратты, учетная ставка, учетный курс; **domestic** ~ внутренний курс; **dual** ~ двойная ставка; **estimated** ~s подсчитанные нормы; **exchange** ~ **as of the day of actual payment** курс дня фактического платежа; **exchange ~ mechanism** механизм валютных курсов; **exchange ~ of the day** курс дня; **exchange ~ of the dollar** курс доллара; **fall in the exchange** ~ падение курса; **favorable ~ of exchange** благоприятный курс; **first** ~ первого разряда; **fixed** ~ твердая ставка, фиксированный курс; **flat** ~ аккордная ставка; **floating** ~ плавающая ставка; **fluctuating exchange** ~ колеблющийся курс; **fluctuation in the currency exchange** ~ колебание курса валюты; **fluctuation in the exchange ~ against the ruble** колебание курсов валют к рублю; **free exchange** ~ свободный курс; **freight** ~ грузовой тариф, фрахтовая ставка; **full value** ~ полноценный курс; **going** ~ действующая ставка, существующий курс; **government-fixed** ~ такса; **group** ~ групповой тариф; **growth of the exchange** ~ рост курса; **high** ~ высокий курс; **hourly** ~ норма почасовая; **increased** ~ повышенная ставка; **interest** ~ процентная ставка; **international** ~ международный тариф; **liner** ~s линейный тариф; **mail transfer** ~ курс почтовых переводов; **marginal** ~ предельная ставка; **marine transport** ~ морской тариф; **market** ~ рыночный курс; **market interest** ~ уровень процента на денежном рынке; ~ **maximum** ~ максимальный курс; **mean ~ of exchange** средний курс; **minimum** ~ минимальная ставка, минимальный курс; **monetary exchange** ~ денежный курс; **mortality** ~ статистика смертности; **net** ~ **(tariff)** тарифная ставка с учетом скидок; **nominal exchange** ~ номинальный курс; **official exchange** ~ официальный курс; **onetime** ~ одноразовый тариф; **open** ~ открытая ставка; **pegged** ~ привязанный курс; **per diem** ~ дневная ставка; **piece** ~ сдельная расценка; **postal** ~ почтовая ставка; **posted** ~ справочный курс; **preferential** ~ льготная ставка, преференциальная ставка; **preferential discount** ~ размер преференциальных скидок; **premium** ~ премиальная ставка; **prime** ~ базисная ставка; **profit** ~ норма прибыли; **profitability** ~s нормативы рентабельности; **progressive** ~ прогрессивная ставка; **proportional** ~ пропорциональный тариф; **quotation of exchange** ~s котировка курсов; **reciprocal** ~ взаимный курс; **regressive** ~ регрессивная ставка; **regulation of the currency exchange** ~ урегулирование валютного курса; **second** ~ второго разряда; **securities** ~ курс ценных бумаг; **settlement** ~ расчетный курс; **slowing the ~s of growth** замедление темпов роста; **slowing the ~s of development** замедление темпов развития; **spot** ~ курс по сделкам; "спот" **stabilization of exchange** ~s стабилизация курса валюты; **stable exchange** ~ устойчивый курс;

standard ~ основной тариф, стандартный курс; supplementary ~ дополнительный курс; tax ~ налоговая ставка; the ~ of inflation темп инфляции; third ~ третьего разряда; through ~ сквозной тариф; to ~ тарифицировать; to artificially support the exchange ~ поддерживать курс искусственно; to exchange at the official ~ обменивать по официальному курсу; total ~ общий коэффициент; trade at the going ~ обмен по курсу; traffic ~ транспортный тариф; two tier exchange ~ двойной курс; uniform ~ единая ставка; unitary ~ единый курс; varying ~ меняющийся курс; wage ~ расценка; ~ change изменение ставки; ~ of conversion перерасчетный курс; ~ of freight размер фрахта; ~ of issue курс выпуска, эмиссионный курс; ~ of markdown величина скидки; ~ of option размер премии; ~ of premium размер премии; ~ of turnover скорость оборота; ~ schedule прейскурант тарифов
ratification ратификация; **certificate of** ~ акт ратификации; **subject to** ~ подлежит ратификации
ratified ратифицированный
ratify, to ~ ратифицировать
rating классификация; **credit** ~ оценка кредитоспособности; **vessel** ~ **system** классификация судов
ratio коэффициент, соотношение; ~ **analysis** анализ с использованием финансовых коэффициентов; **design** ~ расчетный коэффициент; **earnings** ~ коэффициент доходности; **gross profit** ~ коэффициент валовой прибыли; **liquidity** ~ коэффициент ликвидности; **net profit** ~ коэффициент рентабельности; **reserve** ~ резервная норма; **return** ~ коэффициент окупаемости; **utilization** ~ коэффициент использования; ~ **of supply and demand** соотношение спроса и предложения
ration паек, рацион; **food** ~ продовольственная разверстка; ~**s** продовольствие
rational рациональный
rationalization рационализация; **economic** ~ **of inventories** экономия в результате сокращения объема запасов; ~ **of labor** рационализация методов работы, рационализация труда
rationalize, to ~ рационализировать
raw необработанный; ~ **material** сырье
rc(v)d: received получено
r.d.: running days последовательные дни
re или **re., Re., Re:** 1. **regarding** касательно, относительно; 2. **in re.** по делу
re-arm, to ~ перевооружить
re-discount редисконт
re-equip, to ~ обновить оборудование; **to** ~ **a department** обновить оборудование цеха
re-export реэкспорт; **restriction of** ~ ограничение реэкспорта
re-import реимпорт; **to** ~ вновь импортировать
reaction реакция
reactionary реакционер, реакционный;
readily легко, с готовностью; **to** ~ **find a market** легко находить сбыт; **to sell** ~ легко продаваться
readiness готовность; **certificate of** ~ сертификат о готовности; **notice of** ~ извещение о готовности; **notice of** ~ **of vessel for unloading** извещение о готовности судна к выгрузке; ~ **for acceptance** готовность к приемке; ~ **of goods** готовность товара к отгрузке
readjustment перестройка
ready готов, наличный; ~ **money** наличные
real постоянный, действительный; ~ **accounts** постоянные/реальные счета
real estate недвижимость; **owner of** ~ владелец недвижимости; ~ **market** рынок недвижимости; ~ **mortgage** закладная под недвижимость; ~ **tax** налог на недвижимость
reality действительность, реальность; **objective** ~ объективная действительность
realization осуществление
realize, to ~ обращать, осуществлять, осуществить;
realized реализованный; ~ **profit** фактическая прибыль

R

realm сфера
rearrangement перестановка
reason основание, причина, разум
reasonable разумный, сходный, умеренный; ~ **expectations** разумное предположение
reasonably достаточно, разумно, умеренно; ~ **beneficial** достаточно выгодный
reballotting перебаллотировка
rebate возврат, уступка; ~ **of amount overpaid** возврат переплаты; ~ **of interest** вычет процентов
rebellion бунт, поворот, революция; **agrarian** ~ аграрная революция
rebuff отпор
rebuild, to ~ восстанавливать
rebuilding восстановление
recalculation перерасчет, пересчет; ~ **into gold** пересчет в золоте; ~ **of foreign exchange** пересчет валют
recall отзыв; **to** ~ отзывать, отозвать; ~ **of diplomatic personnel** отзыв дипломатического персонала
recantation отречение; ~ **of testimony** снятие показаний
receipt акт сдачи, квитанция, получение, прием, приемо-сдаточный акт, расписка; ~s выручка, приход; **airmail** ~ квитанция авиапочтового отправления; **annual** ~s годовая выручка; **bailee** ~ сохранная расписка; **budget** ~s бюджетные доходы, бюджетные поступления; **cash** ~s кассовые поступления; **contract** ~s выручка за работы, выполненные по контракту; **daily** ~s дневная выручка, суточная выручка; **deposit** ~ вкладное свидетельство, депозитная квитанция; **dock** ~ расписка о принятии груза для отправки; **filing** ~ квитанция о принятии заявки; **foreign exchange** ~s приход иностранной валюты; **insurance premium** ~ квитанция об уплате страхового взноса; **interim** ~ временная квитанция; **net** ~s выручка нетто; **non-cash** ~s безденежные поступления; ~ **of a note** получение векселя; **official** ~ официальная расписка; **operating** ~s текущие поступления; **parcel post** ~ квитанция на почтовую посылку; **postal** ~ почтовая квитанция; **railway** ~ железнодорожная квитанция; **safe deposit** ~ сохранная квитанция; **standardized** ~ бланк квитанции; **subscription** ~ квитанция о подписке; **to convert** ~s **to rubles** пересчитывать выручку в рубли; **to issue a** ~ выдавать квитанцию; **to submit a** ~ представлять квитанцию; **total** ~s общая выручка; **trade** ~s торговая выручка; **warehouse** ~ складская квитанция; ~s **from trade** выручка от торговли; ~ **of a complaint** поступление жалобы; ~ **of a letter** получение письма

receivable 1. получаемый; 2. ~s оборот по счетам, поступления, причитающиеся суммы, дебиторская задолженность; **accounts** ~ дебиторская задолженность; **incoming** ~s денежные поступления
receive, to ~ получать; ~d **in full** сполна получил
receiving получение; ~ **country** страна назначения; ~ **of stolen goods** сокрытие краденого; ~ **report** приемный акт, акт о приемке
reception прием
recession застой, спад
recidivist рецидивист
recipient получатель; **grant** ~ субсидируемое лицо
reciprocal взаимный, обоюдный; ~ **agreement** соглашение на основе взаимности; ~ **trade** торговля на основе взаимности; ~ **treaty** договор на основе взаимности
reciprocally взаимно
reciprocity взаимность, обоюдность
reckon, to ~ зачитывать, зачесть
recognition 1. признание; 2. определение момента совершения сделки; **collective** ~ коллективное признание; **de facto** ~ признание де-факто; **de jure** ~ признание де-юре; **diplomatic** ~ дипломатическое признание; ~ **issue** проблема идентификации; **international** ~ международное признание; **international legal** ~ международное правовое при-

знание; **legal** ~ правовое признание; **official** ~ акт признания; ~ **point** точка идентификации; **preliminary** ~ предварительное признание; **revocation of consular** ~ аннулирование экзекватуры; **unilateral** ~ одностороннее признание; ~ **by the court** судебное признание; ~ **of authorship** признание на авторство; ~ **of border** признание границы; ~ **of independence** признание независимости; ~ **of lawful rights** признание законных прав; ~ **of legal precedents** признание судебных решений; ~ **of sovereignty** признание суверенитета

recognizance обязательство, данное в суде; **to release on one's own** ~ освободить под честное слово

recognize, to ~ признавать; ~**d** признан, явный; ~**d benefit** явная выгода; ~ **Qualifying Bodies** Признаваемые квалификационные органы (Великобритания)

recommendation отзыв, рекомендация; **to give a good** ~ дать хороший отзыв

recompense возмещение ущерба, компенсация; **in** ~ **for** в возмещение

reconcilable примиримый

reconcile to ~ примирять

reconciliation 1. примирение; 2. выверка, сверка

reconditioning восстановление, ремонт; ~ **of parts** восстановление деталей

reconnaissance разведка

reconnoitre, to ~ разведывать, разведать;

reconsideration пересмотр; ~ **of a decision** пересмотр решения; ~ **of a sentence** пересмотр приговора

reconstruct, to ~ восстанавливать

reconstruction восстановление, перестройка, реконструкция; ~ **of industry** восстановление промышленности

reconversion реконверсия

record запись, протокол; ~**s** учетно-регистрационная документация; **administrative** ~ административный протокол; **accounts and** ~**s** расчетные документы; **demand** ~**s** учёт спроса; **examination** ~ протокол допроса; **performance** ~ производственный учет; **personnel** ~**s** учет кадров; **public** ~ публичный реестр; **repair** ~ ремонтная ведомость, данные о ремонте; **service** ~ послужной список; **to** ~ протоколировать; **to keep** ~**s** вести учет; **to note in the** ~ приобщать к делу; **to put on** ~ зафиксировать; **work** ~**s** учет работы; ~ **of a judicial hearing** протокол судебного заседания

record-keeping ведение учёта

recorder регистратор

recoup to ~ вычитать

recourse оборот, обращение, регресс, регрессное требование; ~ **against the endorser** регресс к индоссанту *(бух.)*; **final** ~ последняя инстанция; **legal** ~ судебная инстанция; **right of** ~ право оборота, право регресса; **with** ~ с оборотом, с регрессом; **without** ~ без оборота; **without** ~ **to drawer** без оборота на трассанта; ~ **to force** обращение к силе; ~ **to the court** обращение в суд; ~ **to war** обращение к войне

recover, to ~ возмещать по суду, выручать затраченное

recovery возмещение, оживление, оздоровление, подъём, исцеление; **amount of** ~ размер взыскания; **business** ~ восстановление торговли, подъем конъюнктуры; **cost** ~ взыскание издержек; **cyclical** ~ циклический подъем; **economic** ~ оздоровление экономии, экономическое восстановление, экономическое оживление; **full** ~ полное возмещение; **industrial** ~ промышленный подъем; **liable for** ~ подлежащий возмещению; **partial** ~ частичное возмещение; **sum of** ~ сумма взыскания; **to proceed against for** ~ подать к взысканию на; ~ **for breakage** возмещение за поломку; ~ **for losses** возмещение потерь; ~ **for vessel detention** возмещение за задержку судна сверх срока; ~ **in kind** возмещение в натуре; ~ **of a sum** взыскание суммы; ~ **of bad debts** вос-

R

становление; получение списанного безнадежного долга; ~ **of damages** взыскание неустойки; ~ **of (legal) damages** взыскание убытков; ~ **of money** взыскание денег; ~ **of money invested** возврат инвестированных денег; ~ **of the business cycle** оживление конъюнктуры;
recpt.: receipt квитанция, расписка
recruit, to ~ привлекать, рекрутировать
recruiting привлечение; ~ **office** явочный участок
recruitment набор штата
red-handed: to catch ~ поймать с поличным
redeem, to ~ выкупать
redeemability возможность выкупа
redeemable обмениваемый; ~ **shares** погашаемые акции
redelivery возврат зафрахтованного судна
redemption возврат, выкуп, погашение (акций, долга); **prior** ~ досрочный выкуп; **right of** ~ право выкупа; ~ **notice** объявление о выкупе; ~ **of documents** выкуп документов; ~ **of mortgage** выкуп закладной; ~ **of shares** выкуп акций; ~ **period** срок возврата денег; ~ **of a bond** погашение облигации; ~ **of a loan** уплата займа
redesign изменение в конструкции
rediscount переучет; ~ **of a bill** переучет векселя
redistribution передел, перераспределение; ~ **of income** перераспределение доходов; ~ **of territory** перераспределение территории
redraft встречная тратта
reduce, to ~ сокращать, уменьшать; **to** ~ **by ... times** уменьшать в; ... раз; **to** ~ **by a quarter** уменьшать вчетверо
reduction снижение, сокращение, уменьшение; **arms** ~ сокращение вооружений; **freight** ~ фрахтовая льгота; ~ **in cost** снижение стоимости; ~ **in expenses** уменьшение расходов; ~ **in outlays** снижение затрат; ~ **in rank** (воен.) снижение в воинском звании; ~ **in revenue** сокращение доходов; ~ **of a deficit** сокращение дефицита; ~ **of allocations** сокращение ассигнований; ~ **of customs barriers** сокращение таможенных барьеров; ~ **of customs tariff** сокращение таможенного тарифа; ~ **of duties** снижение пошлин; ~ **of share capital** уменьшение акционерного капитала; ~ **of tariff** снижение тарифа; ~ **of taxes** снижение налогов
redundancy избыточность, излишек; ~ **in manpower** избыток рабочей силы;
reed.: received получено
reeducation перевоспитание
reelect, to ~ переизбирать
reelection перевыборы, переизбрание
reencumbrance перезаклад
reexamination пересмотр
reexchange ~ **amount** сумма обратного переводного векселя
reexport реэкспорт; **to** ~ реэкспортировать;
ref.: 1. refer смотрите, обратитесь; 2 **reference** ссылка, справка;
refer, to ~ **to** отсылать к
referee судья; ~s **(sports)** судейский аппарат; **arbitral** ~ третейский судья
reference отзыв, справка, справка с места работы; ~ **book** справочник
referendum референдум; **mandatory** ~ обязательный референдум; **optional** ~ факультативный референдум
refinery очистительный завод; **oil** ~ нефтеочистительный завод
reflagging перевод судна под другой флаг
reform преобразование, реформа; **administrative** ~ административная реформа; **agrarian** ~ аграрное преобразование, аграрная реформа; **bank** ~ банковская реформа; **credit** ~ кредитная реформа; **currency** ~ валютная реформа; **economic** ~ экономическое преобразование; **electoral** ~ избирательная реформа; **financial** ~ финансовая реформа; **judicial** ~ судебная реформа; **land** ~ земельное преобразование, земельная реформа; **parliamentary** ~ парламентская реформа; **social** ~ социальная реформа; **tax** ~

налоговая реформа; **to ~** преобразовывать
reformer преобразователь, реформистский;
reformism реформизм
reformist реформист, реформистский;
reforwarding переотправка; (freight)
refresher дополнительный; **~ course** переподготовка
refund возврат, **cash ~** денежная компенсация; **delay in ~** задержка в возврате; **demand for ~** требование о возврате; **premium ~** возвращённый страховой взнос; **subject to ~** подлежащий возврату; **tax ~** возврат налога; **~ of a deposit** возврат из депозита; **~ of customs duties** возврат пошлины; **~ of purchase price** возврат уплаченной цены
refundable подлежащий возврату; **to be ~** подлежать возврату; **~ deposit** возмещаемый взнос
refusal отказ; **direct ~** прямой отказ; **~ to give evidence** отказ от дачи показаний; **~ to pay** отказ платить; **~ to perform** отказ от выполнения
refuse, to ~ отказать, отклонять
refutation опровержение
refute, to ~ опровергать, опровергнуть; **~d** опровержимый;
regd.: registered зарегистрированный, заказной (*о почтовых отправлениях*)
regency регентство
regent регент

regime рижим, строй; **currency control ~** валютный режим; **customs ~** таможенный режим; **discriminatory (trade) ~** дискриминационный режим; **fascist ~** фашистский режим; **governmental ~** государственный строй; **legal ~** правовой режим; **licensing ~** лицензионный режим; **political ~** политический режим; **tax ~** налоговый режим; **totalitarian ~** тоталитарный режим; **transitional ~** переходный режим
region район; **autonomous ~** автономный район
regional зональный; **~ executive committee** райисполком;
register ведомость, регистр, реестр; **business names ~** реестр наименований фирм; **cash ~** касса; **check ~** расходная книга; **civil ~** гражданский регистр; **copyright ~** реестр авторских прав; **patent ~** патентный реестр; **principle ~** основной реестр; **to ~** взять на учет, записывать, записать, зарегистрировать, оформлять, прописать, регистрировать; **to keep a ~** вести журнал; **trade ~** торговый реестр; **transaction ~** регистр оборотов; **with enclosed ~** с приложением ведомости; **~ of companies** регистр акционерных компаний; **~ of construction projects** ведомость монтажных работ

registered именной; **to be ~** становиться на учет
registrar регистратор, регистрационное бюро; **~ of companies** бюро регистрации акционерных компаний
registration оформление, прикрепление, регистрация, учет, учетный; **compulsory ~** обязательная регистрация; **international ~** международная регистрация; **land ~** земельная регистрация; **legal ~** правовое оформление; **legal ~ of a vessel** правовая регистрация судна; **notarial ~** нотариальная регистрация; **official ~** официальная регистрация; **to nullify ~** признать регистрацию недействительной; **trade ~** торговая регистрация; **~ of birth** запись о рождении; **~ of criminal offenders** уголовная регистрация; **~ of mortgage** запись ипотеки; **~ of privilege** запись привилегии; **~ of renewal of mortgage** запись возобновления ипотеки; **~ of vital statistics** метрическая запись
registry регистратура; **state ~ of civil aircraft** государственный реестр гражданских воздушных судов; **~ of death certificate** запись акта о смерти
regroup to ~ перегруппировать
regrouping перегруппировка
regular закономерный, нормальный, правильный, регулярный

regularity закономерность, правильность
regularly правильно, регулярно
regulate, to ~ регламентировать, регулировать
regulated регулируемый; ~ **monopoly** регулируемая монополия
regulation подзаконный акт, правило, распоряжение, регламентация, регламентный, регулирование; ~**s** инструкция, регламент; **administrative** ~ административное распоряжение; **administrative** ~**s** административный регламент; **air force** ~ военно-воздушное постановление; **air traffic** ~**s** правила передвижения в воздухе; **basic** ~ основное постановление; **civil law** ~ гражданско-правовое регулирование; **commercial** ~ коммерческое регулирование; **compulsory** ~ обязательное постановление; **control** ~**s** правила контроля; **customs** ~ таможенное постановление; **economic** ~ экономическое, экономическое регулирование; **employment** ~**s** положение в отношении занятости; **financial** ~ финансовое постановление, финансовое правило; **fiscal** ~ налоговое регулирование; **fishing** ~**s** правила рыбной ловли; **foreign exchange** ~ валютное правило; **health** ~**s** санитарный регламент; **hunting** ~**s** правила охоты; **immigration** ~ иммиграционные правила; **internal** ~**s** правила внутреннего распорядка; **international flight** ~**s** правила международных полетов; **international postal** ~ международное почтовое правило; **jurisprudential** ~ юридическое регулирование; **legal** ~ правовое регулирование; **market** ~ регулирование рынка; **market** ~**s** рыночные правила; **marking** ~**s** правила маркировки; **military** ~ военное постановление; **naval** ~ военно-морское постановление; **official** ~**s** служебный регламент; **operating** ~ правило эксплуатации; **port authority** ~**s** портовые правила; **postal** ~**s** почтовые правила; **preliminary** ~ предварительное распоряжение; **procedural** ~ процедурное постановление; **public** ~ государственное регулирование; **quarantine** ~ карантинное правило; **safety** ~**s** правила безопасности; **safety equipment** ~ правило техники безопасности; **service** ~**s** служебная инструкция; **shipping** ~**s** правила судоходства; **tariff** ~ тарифное постановление; **traffic** ~ регулирование автодвижения; **voting** ~**s** правила голосования; ~**s for resident foreigners** правила проживания иностранцев; ~ **of elections** положение о выборах; ~ **of finances** правило о финансах; ~ **of personnel** правило о личном составе; ~ **of priority** правило о приоритете; ~ **of the air waves (radio)** регулирование радиосношения; ~ **of transportation** правило перевозки
regulatory нормативный
rehabilitate, to ~ реабилитировать
rehabilitation реабилитация
reimburse, to ~ возмещать, компенсировать, предоставлять возмещение
reimbursement возмещение, отдача, рамбурс; **direct** ~ **of expenses** прямое возмещение затрат; **method of** ~ способ возмещения; **warranty** ~ возврат гарантийной суммы; ~ **for outlays** возмещение расходов; ~ **of charges** возврат сборов; ~ **of expenditures** возмещение ассигнований; ~ **of expenses** возмещение затрат
reimport реимпорт; **to** ~ реимпортировать
reinsurance перестрахование; **marine** ~ морское перестрахование; **personal** ~ личное перестрахование; **voluntary** ~ добровольное перестрахование
reinsure, to ~ перестраховать
reinsurer перестраховщик
reinvestment реинвестиция
reject I брак; **production** ~ производственный брак; ~ **rate** процент брака
reject II, to ~ браковать, выбраковывать, отвергать, отводить, отвести; отклонять, провалить

rejection браковка, выбрасывание, отвод; **implicit ~** молчаливый отказ; **public ~** публичный отказ; **total ~** общий отказ; **~ criterion** критерий браковка; **~ of a patent application** отказ в выдаче патента; **~ of a petition** отклонение ходатайства; **~ of an offer** отклонение предложения; **~ of application** отклонение заявки

rejoinder реплика

rejuvenation омоложение; **demographic ~** демографическое омоложение; **~ of the population** омоложение населения

relation отношение, связь; **~s** общение, сношение; **border ~s** пограничные сношения; **business ~s** деловые отношения; **consular ~s** консульские отношения; **contractual ~** договорное отношение; **contractual ~s** договорные взаимоотношения; **currency ~s** валютные отношения; **diplomatic ~s** дипломатические отношения, дипломатические сношения; **economic ~s** экономические отношение; **family ~s** родственные отношения; **financial ~s** финансовые отношения; **foreign trade ~s** внешнеторговые отношения; **foreign ~s** внешние сношения; **good neighborly ~s** добрососедские отношения; **intergovernmental ~s** межгосударственное общение; **international ~s** международное общение, международные отношения, международные сношения; **interstate ~s** межгосударственные взаимоотношения; **legal ~** правовое отношение; **legal ~s** юридические взаимоотношения; **long-term ~s** длительные отношения; **marital ~** брачная связь; **member ~s** членские отношения; **mutual ~s** взаимоотношения; **peaceful ~s** мирные отношения; **postal ~s** почтовые сношения; **productive ~s** полезные взаимоотношения; **property ~s** имущественный отношение; **self-supporting ~s** хозрасчётные отношения; **trade ~s** торговые взаимоотношения, торговые сношения; **~s between the parties** взаимоотношения сторон

relationship отношение, родство; **blood ~** кровное родство; **in-law ~** свойство; **legal ~** законное родство, правовая связь; **working ~** сотрудничество

relative родственник, относительный, соответствующий; **blood ~** кровный родственник

relativity относительность

release I освобождение; **early ~** досрочное освобождение; **freight ~** разрешение на выдачу груза; **press ~** разрешённая публикация; **to obtain customs ~** получать разрешение на ввоз; **to ~ a blocked account** разблокировать; **warehouse ~** разрешение на выдачу товара со склада; **~ for sale** выпуск в продажу; **~ for shipment** разрешение на вывоз; **~ of blocked account** разблокирование; **~ of defendant on bail** передача подсудимого на поруки

release II, to ~ освобождать, освободить, отпускать, отпустить; **to ~ from an obligation** освобождать от обязанности; **to ~ from confinement** отпускать на волю

relevance уместность

relevant относящийся к делу;

reliability надёжность; **assurance of ~** обеспечение надёжности; **design ~** расчётная надёжность; **measures of ~** меры надёжности; **operating ~** эксплуатационная надёжность; **variations in ~** изменение надёжности; **~ analysis** анализ надёжности

reliable надёжный

relief пособие

religion религия; **state ~** государственная религия

reload, to ~ перегружать;

rem.: remittance денежный перевод;

rem предмет (*латинское слово*); **action in ~ against vessel and cargo** наложение запрещения на судно и груз; *буквально:* "иск на предмет против судно и груз"

remainder остаток; **~ of stock** остаток запасов; **~ of sum** остаток суммы

remark замечание; замечать, заметить

R

remedial исправляющий; ~ **work** работа по возмещению убытков, работа по возмещению ущерба
remilitarization ремилитаризация
reminder напоминание; **numerous** ~ многократные напоминания; **official** ~ официальное напоминание; **second** ~ повторное напоминание; ~ **of payment due** напоминание о платеже
remit, to ~ отослать, перечислять
remittance перечисление, пересылка, ремитирование; **certificate of** ~ акт сдачи; **foreign** ~ перевод за границу; **international** ~ международный платёж
remitter ремитент
removal вывод, вывоз, смещение, снятие; **judicial** ~ **of an injunction** судебное снятие запрета; ~ **expenses** расходы по вывозу; ~ **from service** вывод из эксплуатации; ~ **from jurisdiction** изъятие из юрисдикции; ~ **of a blockade** снятие блокады; ~ **of empties** вывоз тары; ~ **of exhibits** вывоз экспонатов; ~ **of a mortgage** снятие записи ипотеки; ~ **of packing** вывоз упаковки; ~ **time** срок вывоза
remove, to ~ выводить, вывозить, смещать, сместить, снимать, снять; **to** ~ **from the ship's hold** выгружать из трюма
remuneration оплата, плата; вознаграждение, оплата за оказанные услуги; **amount of** ~ размер вознаграждения; **appropriate** ~ соответствующее вознаграждение; **expected** ~ ожидаемое вознаграждение; **gross** ~ вознаграждение брутто; **lumpsum** ~ единовременное вознаграждение; **material** ~ материальное вознаграждение; **maximum** ~ максимальное вознаграждение; **monthly rate of** ~ месячное вознаграждение; **right to receive** ~ право на (получение) вознаграждени/е,я; **to have the right to** ~ иметь право на вознаграждение; **to pay** ~ выплачивать вознаграждение; **to reduce** ~ сокращать вознаграждение; **to refuse** ~ отказывать в вознаграждении; **to specify** ~ уточнять вознаграждение
remy: referring to my ссылаясь на мое (письмо, телеграмму); ~ в тексте телеграмм
renaming переименование
rendering оказание; ~ **of services**
rendezvous явка; встреча
renew, to ~ возобновлять, продлевать; **option to** ~ право на возобновление; **to fully** ~ возобновлять полностью
renewal возобновление, продление; ~ **of an agreement** возобновление соглашения, возобновление договора; ~ **of application** восстановление заявки; ~ **of a contract** возобновление контракта, перезаключение договора; ~ **of documents** обмен документов; ~ **of a lease** возобновление аренды; ~ **of a letter of credit** возобновление аккредитива; ~ **of an insurance policy** возобновление страхового полиса; ~ **period** период, на который возобновляется соглашение
renounce, to ~ отказать, отрекаться, отречься
renovate, to ~ восстанавливать, обновлять
renovated обновлённый
renovation обновление; **plant** ~ модернизация завода
rent аренда, доход с недвижимости, прокат, рента; **absolute** ~ абсолютная рента; **apartment** ~ квартирная плата; **capitalized** ~ капитализированная рента; **differential** ~ дифференциальная рента; ~ **expenses** расходы по арендной плате; **for** ~ напрокат; **money** ~ денежная рента; **monopoly** ~ монопольная рента; ~ **payable** кредиторская задолженность по арендным платежам; **pure** ~ чистая рента; ~ **receivable** дебиторская задолженность по арендным платежам; **supplemental** ~ добавочная рента; **to** ~ нанимать; **to** ~ **an apartment** брать квартиру внаем; ~ **in kind** натуральная рента
rentable могущий быть сданным внаем
rental наемный, прокатный; **video** ~ платёж за прокат фильмов; ~ **fee** взимание аренды

rentier рантье; **life ~** пожизненный рантье

renunciation отказ, отречение; **~ of a given right** отречение от данного права

reorganization перестройка, преобразование, реорганизация; **~ of the government** реорганизация правительства; **~ of society** преобразование общества

reorganize, to ~ преобразовывать, реорганизовать

rep.: representative представитель

repackaging перетарка

repair ремонт; **minor ~** мелкий ремонт

repairman монтер

reparation репарация

repartition передел

repatriate репатриант; **to ~** репатриировать

repatriation репатриация; **~ of capital** репатриация капитала

repay, to ~ выкупать, выплачивать; **to ~ in rubles** выплачивать в рублях

repayment возмещение, погашение, уплата; **debt ~** погашение задолженности; **debt ~ schedule** график возмещения долгов; **final ~ of a debt** окончательная уплата долга; **loan ~** возврат займа; **timeliness of ~ of a credit** своевременность возмещения кредита; **~ of an amount** возмещение суммы; **~ of a credit** возмещение кредита, возврат кредита; **~ of a debt** возмещение долга, возврат долга; **~ of a loan** погашение ссуды; **~ of obligations** погашение обязательств; **~ of principle on a loan** выплата основной суммы займа; **~ of a sum** возврат суммы; **~ on credit** погашение кредита

repeal отмена; **~ of a law** отмена закона; **~ of a mandate** отмена мандата

repeated многократный; **~ offense** рецидив; **~ sampling** повторный выбор

repeatedly неоднократно

repentance раскаяние; **heartfelt ~** чистосердечное раскаяние

repetition повторение

replace, to ~ заменять, заменить, сменять, сменить; **~ cost** стоимость замещения материальных запасов;

replaceable заменимый

replacement замена, смена; **~s** замененные товары; **warranty ~** замена по гарантии; **~ of arbitrator** замена арбитра; **~ of capital** возмещение капитала; **~ of value** возмещение стоимости

replenishment возобновление, восстановление; **~ of inventories** восстановление уровня запасов; **~ of stocks** возобновление запасов

reply ответ; **to ~** отвечать

report бюллетень, протокол; **accident ~** акт об аварии; **annual ~** ежегодный бюллетень; **~ing currency** валюта отчета; **court-ordered medical ~** судебно-медицинский акт; **customs inspector's ~** акт таможенного досмотра; **damage ~** дефектная ведомость; **economic ~** экономический бюллетень; **exchange-rate ~** бюллетень курса валюты; **expense ~** расходный документ; **final ~** итоговая ведомость; **financial performance ~** отчетный баланс; **inquest ~** акт обследования; **inspection test and repair ~** ведомость осмотра проверок и ремонта; **medical ~** медицинский акт; **official ~** официальное сообщение; **outturn ~** ведомость выгруженного товара; **patent ~** патентный бюллетень; **personnel ~** характеристика; **preliminary investigation ~** акт расследования; **securities exchange ~** бюллетень курса ценных бумаг на бирже; **stock status ~** ведомость наличия на складе; **stock-market ~** биржевой бюллетень; **surveyor's ~** акт сюрвейера; **to ~** сообщать, сообщить, явиться; **to ~ for duty** явиться на службу; **to draw up a ~** составить протокол; **trade ~** торговый бюллетень

repossession восстановление во владении

representation представительство; **consular ~** консульское представительство; **contractual ~** договорное представительство; **diplomatic ~** дипломатическое представительство; **exclusive ~** исключительное представитель-

ство; **foreign** ~ заграничное представительство; **international** ~ международное представительство; **legal** ~ законное представительство; **permanent** ~ постоянное представительство; **permanent diplomatic** ~ постоянное дипломатическое представительство; **proportional** ~ пропорциональное представительство; **temporary** ~ временное представительство
representational faithfulness репрезентативная достоверность
representative представитель, представительный
repression
requirement accredited ~ аккредитованный представитель; **consular** ~ консульский представитель; **contractual** ~ договорный представитель; **diplomatic** ~ дипломатический представитель; **exclusive** ~ исключительный представитель; **juridical** ~ юридический представитель; **legal** ~ законный представитель; **official** ~ официальное лицо; **people's** ~ народный представитель; **permanent** ~ постоянный представитель; **special** ~ специальный представитель; **trade** ~ торговый атташе, торговый представитель; ~ **office** представительство
repression подавление
reprimand замечание, порицание
reprint перепечатка

reprisal репрессалии; **act of** ~ акт репрессалии
reprivatization реприватизация
reprivatize, to ~ проводить денационализацию, реприватизировать
republic республика; **autonomous** ~ автономная республика; **Federal** ~ **of Germany (FRG)** Федеративная Республика Германии (ФРГ); **federal** ~ федеративная республика; **people's** ~ народная; **presidential** ~ президентская республика; **unitary** ~ унитарная республика; **United Arab** ~ Объединённая арабская республика
republican республиканский, республиканец (member of a republican party)
repudiate, to ~ отказать
repudiation денонсация; **unilateral** ~ односторонняя денонсация; ~ **of an agreement** денонсация договора; ~ **of debts** отказ от долгов; ~ **of inheritance** отказ от наследства
repulse отпор; **to** ~ дать отпор
reputation репутация
requalification переквалификация
request запрос, просьба, требование, ходатайство; **informal** ~ неформальная просьба; **official** ~ почтительная просьба; **payment** ~ платёжное требование; **preliminary** ~ предварительная просьба; **to** ~ затребовать; **to grant a** ~ удовлетворить просьбу; **urgent** ~ настоятельное требование; **written** ~ письменная просьба; ~ **for examination** ходатайство о проведении экспертизы
require, to ~ затребовать, требовать
requirement потребность, требование; ~**s** запрос; **common** ~ обычное требование; **end** ~ окончательное требование; **exact** ~**s** точные требования; **fulfillment of** ~**s** выполнение требований; **general** ~**s** общие требования; **general operating** ~**s** общие эксплуатационные требования
requisites mandatory ~ обязательное требование; **market** ~**s** потребности рынка; **one-time** ~ разовая потребность; **operating** ~**s** эксплуатационные требования; **quantitative** ~**s** количественные требования; **space** ~**s** потребности в площади; **specific** ~ специальное требование; **strict** ~ строгое требование; **technical** ~**s** технические требования; **to design to the** ~**s of ...** проектировать с учётом требований; ...; **to have specific** ~**s** иметь особые требования; **violation of** ~**s** нарушение требований
requisites реквизиты
requisition бланк заявки, постановление реквизиции, реквизиция; **to** ~ реквизировать; ~ **of supplies** требование на материалы
resale перепродажа

rescaling изменение масштаба

rescind, to ~ аннулировать договор (**agreement, act, or treaty**); кассировать, расторгать, расторгнуть; **to ~ a contract** расторгать договор

rescission расторжение; **~ of a contract** расторжение договора

research изыскание, изучение; **market ~** изучение рынка; **~ and development costs (R&D)** расходы на научные исследования и разработки

resell to ~ перепродавать

reseller перепродавец

reservation бронирование, заказ, оговорка, отметка

resettlement general ~ общая оговорка; **with ~** с оговоркой; **without ~** без оговорок; **~ in bill of lading** отметка в коносаменте; **~ upon ratification** оговорка при ратификации **(convention)**

reserve I запас, условность, фонд; **~s** резерв; **allocations to the monetary ~** отчисления в валютный фонд; **cash ~** кассовый резерв; **currency ~s** валютные резервы, фонд валютных отчислений; **current ~s** текущие резервы; **financial ~** финансовый резерв; **~ for bad debts** резерв по безнадежным долгам; **free ~** свободный резерв; **general ~** общий резерв; **gold ~s** золотой запас, золотые резервы; **hidden ~s** скрытые резервы; **material ~** материальные резервы; **monetary ~** валютный фонд, денежный запас, денежные резервы; **productive ~** производственные запасы, производственные резервы; **strategic metal ~** металлический запас; **world ~** мировые запасы

reserve II, to ~ 1. бронировать, заказывать, заказать; 2. оставлять, оставить; **to ~ the right** оставлять за собой право

reservoir хранилище

resettle, to ~ переселяться

resettlement переселение, поселение в новое помещение; **compulsory ~** принудительное переселение; **internal ~** внутреннее переселение

reside, to ~ проживать

residence пребывание, резиденция; **consular ~** консульское помещение; **permanent ~** постоянное пребывание; **temporary ~** временная резиденция

resident резидент

residual остаток; **~ equity** остаточный капитал, состоящий из обыкновенных акций; **~ income** остаточная прибыль; **~ value** ликвидационная стоимость оборудования

resign, to ~ выйти в отставку

resignation отставка; **to submit one's ~** подать в отставку; **~ of a post** отречение от должности

resist, to ~ сопротивляться

resistance сопротивление; **passive ~** пассивное сопротивление

resolution заключение, постановление, резолюция; **charter ~** уставное постановление; **confirming ~** подтвердительная резолюция; **constitutional ~** конституционное постановление; **dispute ~** урегулирование спора; **final ~** окончательная резолюция; **general ~** общее постановление; **joint ~** совместная резолюция; **legislative ~** законодательное постановление; **motivated ~** мотивированное постановление; **political ~** политическое постановление; **special ~** специальное постановление; **~ of confidence** резолюция доверия; **~ of no confidence** резолюция недоверия

resolve, to ~ постановить, решать, решить;

resources ресурсы; **available ~** свободные денежные средства; **cash ~** наличные средства; **credit ~** кредитные ресурсы, кредитные фонды; **economic ~** экономические ресурсы; **exhaustible ~** истощимые ресурсы; **financial ~** финансовые ресурсы, финансовые средства; **liquid ~** ликвидные средства; **material ~** материальные ресурсы; **monetary ~** денежные ресурсы, денежные средства; **natural ~** природные ресурсы; **private monetary ~** частные денежные средства; **pro-**

ductive ~ производственные ресурсы
resp.: 1. respecting относительно; **2. respective, respectively** соответственный, соответственно
respective соответствующий
respondent ответчик
responsibility ответственность; **additional** ~ дополнительная ответственность; **administrative** ~ административная ответственность; **civic** ~ гражданское обязательство; **direct** ~ непосредственная ответственность; **full** ~ полная ответственность; **individual** ~ индивидуальная ответственность; **joint** ~ совместная ответственность; **moral** ~ моральная ответственность; **official** ~ служебная ответственность; **personal** ~ личная ответственность, персональная ответственность; **primary** ~ основная обязанность; **professional** ~ профессиональная обязанность, профессиональная ответственность
responsible ответственный
restatement переложение; перевод учетных данных из одной валюты в другую
restitution реституция; ~ **in kind** реституция в натуре
restocking восстановление уровня запасов
restoration восстановление, реставрация; ~ **of a lapsed patent** восстановление патента, срок действия которого истек; ~ **of rights** восстановление в правах
restore, to ~ реставрировать
restraint замораживание; **import** ~ ограничение импорта; **moral** ~ нравственное обуздание; ~ **of exports** ограничение экспорта; ~ **of liberty** ограничение свободы; ~ **of personal liberty** ограничение личной свободы; ~ **of property** замораживание собственности
restrict to ~ ограничивать
restricted ограниченный
restriction ограничение, рестрикция; **customs** ~ таможенное ограничение; **license** ~ ограничение лицензии; **monetary exchange** ~s ограничение обмена денег; **qualitative** ~ качественное ограничение; **quantitative** ~ количественное ограничение; **quantitative** ~s контингентирование; **(trade) traffic** ~ ограничение движения
restrictive guidelines ограничения
result результат, эффект; **end** ~ конечный результат; **test** ~s данные испытаний; ~s **of elections** результаты выборов
resume, to ~ возобновлять
resume резюме; **firm** ~ фирменный буклет
resumption возобновление; ~ **of activity** возобновление деятельности; ~ **of cooperation** возобновление сотрудничества; ~ **of deliveries** возобновление поставок; ~ **of legal action** возобновление иска; ~ **of negotiations** возобновление переговоров; ~ **of operations** возобновление деятельности;
ret.: == г. 1
retail розница, розничный; **at** ~ в розницу; **members only** ~ **establishment** закрытый распределитель; ~ **method** метод розничных цен; ~ **price index (RPI)** индекс розничных цен; **to sell at** ~ продать в розницу
retain, to ~ удерживать; ~**ed earnings** реинвестированная прибыль; ~**ed income** нераспределенная прибыль
retainment of bond/debt погашение облигации/долга
retaliate, to ~ применять репрессалии
retaliation репрессалии
retaliatory карательный;
retel: referring to telegram ссылаясь на телеграмму (в тексте телеграмм)
retinue свита
retire, to ~ выйти в отставку
retired отставной
retirement выкуп, отставка; ~ **of bonds** выкуп облигаций; ~ **of equipment** ликвидация оборудования
retool, to ~ перевооружить
retort отпор, реплика
retortion реторсия
rets: receipts поступления, доход
return возврат, возвращение, доход; ~s возврат приобретенных ценностей и прав; **field warranty** ~ рекламационный возврат используемого изделия; **gross** ~s валовые поступления; ~s **inwards**

покупательский возврат *(товары, которые были сначала проданы, а затем возвращены покупателями)*; **marginal** ~ предельный доход; ~ **on assets ratio** фондоотдача; ~ **on investment** отдача на инвестиции; ~ **on shareholders' capital** отдача акционерного капитала; ~**s outwards** возврат поставщику *(товары, которые были вначале куплены, а затем возвращены поставщику)*; **partial** ~ частичный возврат; **poor** ~ низкий доход; **right of** ~ право возврата; **sale or** ~ продажа или возврат; **subsequent** ~ последующий возврат; **tax** ~ налоговая декларация; **to** ~ возвращать, отсылать; **to arrange for a** ~ организовывать возврат; **to demand the** ~ **of a sum** требовать возврата суммы; **to increase** ~**s on capital** увеличивать фондоотдачу; ~**s in rubles** выручка в рублях; ~ **of an advance** возврат аванса; ~ **of cargo** возврат груза; ~ **of a commission** возврат выплаченного вознаграждения; ~ **of a delivery** возврат поставки; ~ **of documents** возврат документов; ~ **of goods** возврат товара, рекламация *(e.g damaged)*; ~ **of an insurance premium** возврат страхового взноса; ~ **of overpaid amount** возврат суммы, ошибочно переплаченной; ~ **of a pledge** возврат обеспечения; ~ **of rejected goods** возврат бракованного товара; ~ **of unduly collected taxes** возврат налогов, взысканных по ошибке; ~ **on investment** доход от капиталовложений

returnable возвратный

reulet: referring to your letter ссылаясь на ваше письмо *(в тексте телеграмм)*

reur: referring to your ссылаясь на ваше *(письмо, вашу телеграмму - в тексте телеграмм)*

reurlet: = **reulet**

reurtel: referring to your telegram ссылаясь на вашу телеграмму

revalorization ревалоризация; ~ **of currency** ревалоризация валюты

revaluation переоценка, ревальвация; ~ **reserve** фонд переоценки

reveal, to ~ вскрывать

revenue доход, поступление, выручка *(от реализации товаров/услуг)*; ~ **account** счет доходов; **annual** ~ ежегодный доход; ~ **expenditure** текущие расходы; **freight** ~**s** доход от фрахта; ~**s from sales** выручка от реализации; **public** ~**s** государственные доходы; ~ **recognition** признание дохода *(право требования оплаты отпущенных покупателю товаров и/или предоставляемых ему услуг)*; **sales** ~ доход от запродаж; **tax** ~ доход от налогов; **to receive** ~ получать доход

reversal кассация, отмена, поворот; ~ **of a judgment** кассация судебного решения; ~ **of a sentence** отмена решения

reverse I оборотный, реверс *(монеты)*; **on the** ~ на обороте; "**please see** ~" "смотри на обороте"; **to endorse on the** ~ **of a document** расписываться на обороте документа

reverse II, to ~ кассировать; **to** ~ **a judgment** кассировать решение суда

review обзор, пересмотр, рецензия; **budget** ~ бюджетный обзор; **economic** ~ экономический обзор; **foreign market** ~ обзор иностранных рынков; **official** ~ акт по пересмотру; **periodical** ~ периодический обзор; **price** ~ обзор цен; **to** ~ делать обзор

reviewer рецензент, референт

revision изменение, переработка, ревизия; ~ **of a constitution** пересмотр конституции; ~ **of a contract** пересмотр договора

revisionism ревизионизм

revisionist ревизионист, ревизионистский;

revivor возобновление дела

revocable отзывной

revocation отмена; ~ **of export privileges** лишение экспортных привилегий; ~ **of a gift** отмена дарения; ~ **of immunity** отмена иммунитета; ~ **of power of attorney** отмена доверенности; ~ **of a will** отмена завещания

revoke, to ~ лишать, отменять, отменить; **empowered to** ~ аннулирующий

revolt переворот; **palace** ~ дворцовый переворот

revolution переворот, революция; **bourgeois** ~ буржуазная революция; **demographic** ~ демографическая революция; **industrial** ~ промышленная переворот, промышленный революция; **October** ~ октябрьская революция; **political** ~ политический переворот

revolutionary революционер, революционный;

revs per min.: ... revolutions per minute ... оборотов в минуту

reweigh, to ~ вторично взвешивать

r.h.p.: rated horse-power расчетная мощность в лошадиных силах;

rial *(Middle Eastern currency)* риал *(валюта Среднего Востока)*

ribbon лента; **paper** ~ бумажная лента

rifleman стрелок

rigging оснащение; ~ **of a vessel** оснащение судна

right 1. правая *(сторона)*; 2.право *(entitlement)*; **absolute** ~ абсолютное право; **acquired** ~ благоприобретенное право, приобретенное право; **affirmative** ~ положительное право; **anchorage** ~ право стоянки на якоре; ~**s and obligations** права и обязательства; **autonomous** ~ автономное право; **basic** ~**s and obligations of citizens** основные права и обязанности граждан; **by** ~**s** по праву; **charter** ~ уставное право; **civil** ~**s** гражданские права; **civil and political** ~**s** гражданские и политические права; **collective** ~ коллективное право; **conditional** ~ условное право; **confirmation of** ~ акт подтверждающий право; **conjugal** ~ брачное право; **contradictory** ~ противоречащее право; **cultural** ~**s** культурные права; **diplomatic** ~ дипломатическое право; **divine** ~ божественное право; **eternal** ~ вечное право; **exclusive** ~ исключительное право; **exclusive** ~**s** исключительные права; **exclusive** ~ **to sell** исключительное право продажи; **exclusive** ~ **to manufacture** исключительное право производства; **exclusive** ~ **to operate** исключительное право на эксплуатацию; **exclusive publication** ~ исключительное право на издание; **extreme** ~ крайняя правая; **fishing** ~ рыболовное право; **flagging** ~ право на вывешивание флага; **fundamental** ~ основное право; **grazing** ~ право выпаса скота; **having a** ~ имеющий право; **having full** ~**s** полноправный; **human** ~**s** человеческие права; **inalienable** ~ неотчуждаемое право, неотъемлемое право; **incorporeal** ~ бестелесное право; **intergovernmental** ~ межгосударственное право; **inventor's** ~ изобретательское право; **juridical** ~**s** юридические права; **legal** ~ законное право; **legal** ~**s** законные права; **material** ~ материальное право; **monopoly** ~ монопольное право; **monopoly** ~ **to issue** монопольное эмиссионное право; **parental** ~**s** родительские права; **pasturage** ~ право пастбища; **patent** ~ патентное право; **patent** ~**s** права из патента; **political** ~**s** политические права; **preferential** ~ преимущественное право; **prescriptive** ~ право денонсации; **property** ~ имущественное право; **property** ~**s** имущественные права; **qualified voting** ~ цензовое избирательное право; **receiving citizenship** ~**s** получивший права гражданства; **restriction of** ~**s** ограничение права; **territorial** ~ территориальное право; **to affect sovereign** ~**s** осуществлять суверенные права; **to encroach on a** ~ ущемить право; **to have a** ~ иметь право; **to have the** ~ обладать правом; **to insist on one's** ~**s** отстаивать свои права; **to waive one's** ~**s** отказаться от своих право; **unlimited** ~ бессрочное право; **veto** ~ право на вето; ~**s and interests** права и интересы; ~ **of access** право доступа; ~ **of appeal** право кассационного опротестования; ~ **of citizenship**

право гражданства; **~ of entry** право на въезд; **~ of first refusal** право первого выбора; **~s of man** права человека; **~ of rescission** право расторжения; **~ of rescission of contract** право на расторжение договора; **~ of self-defense** право на самооборону; **~ of self-determination** право на самоопределение; **~ of seniority** право старшинства; **~ on schedule** точно по графику; **~s passing by inheritance** права перешедшие по наследству; **~ to an attorney** право на судебную защиту; **~ to be elected** право быть избранным; **~ to be heard in court** право быть выслушанным в суде; **~ to compensation of harm** право на возмещение вреда; **~ to compensation of losses** право на возмещение убытков; **~ to compensation** право на возмещение; **~ to devise by will** право завещать; **~ to dividend** право на дивиденд; **~ to object** право на возражение; **~ to restitution** право на реституцию; **~ to strike** право на забастовку; **~ to vote** право голоса
right-of-way право на проход
rightful законный
rigid жесткий
rigidity жесткость
rise рост; **~ in export prices** удорожание экспорта; **~ in price** удорожание

risk риск, страх; рисковый; **accepted ~** принятый риск; **assigned ~** установленный уровень риска; **at one's own ~** на свой страх и риск; **commercial ~** коммерческий риск; **conditional ~** условный риск; **currency ~** валютный риск; **insurance ~** страховой риск; **insured ~** застрахованный риск; **maritime ~** морской риск; **professional ~** профессиональный риск; **special ~** особый риск; **uninsurable ~** нестрахуемый риск; **~ of loss** риск потери; **~ of war** военный риск
risky рисковый
rite обрядность
rival соперник
rivalry соперничество
riverboat речное судно
rly Stn: railway station ж.-д. станция
R.M.: registered mail заказная почта
road путь, дорожный
road-building дорожно-строительный
rob; to ~ ограбить
robber разбойник, разбойничий
robbery грабеж, ограбление, разбой; **act of ~** акт грабежа
roll реестр, список лиц; **electoral ~** список избирателей; **party membership ~** партийный список
roll-back отмена *(закона, и.т.д.)* **~ of a tax** отмена налога
roll over откладывание/отнесение платежей на последующие периоды

room комната; **reception ~** приёмочная контора
rope веревка, канат, пеньковая веревка, трос; **load ~** грузовой канат; **wire ~** проволочный канат, проволочный трос
rostrum кафедра
rotation последовательность
roundtable круглый стол
route маршрут, трасса, маршрутный; **air ~** воздушная трасса; **by the cheapest ~** по самому дешевому маршруту; **by the fastest ~** по самому быстрому маршруту; **by the usual ~** обычным маршрутом; **deviation from the ~** отклонение от маршрута; **direct ~** прямой маршрут; **extended ~** протяженный маршрут; **land ~** наземный путь; **optimal ~** оптимальный маршрут; **overland ~** судоходный путь; **regular ~** регулярный маршрут; **river ~** речной маршрут; **scheduled air ~** линия воздушного транспорта; **sea ~** морской путь; **the arterial ~** магистральный маршрут; **through ~** сквозной маршрут; **to ~** направлять, устанавливать маршрут; **trade ~** торговый маршрут; **transit ~** транзитная линия
routine плановый, распорядок *(дня)*; регламентный, текущий, шаблонный; **implemented ~** заведенный порядок; **internal ~** внутренний распорядок
royal charter королевская грамота о создании компании/организации

S

royalty авторское вознаграждение, гонорар, роялти; **author's ~** авторское вознаграждение; **graduated scale ~** ступенчатое роялти; **non-recurring ~** лицензионное, разовое вознаграждение; **running ~** лицензионное, текущее вознаграждение; **~ obligations** обязательства по выплате роялти

R.P.: reply paid ответ оплачен

r/p: return of post обратная почта

r.p.m.: ... revolutions per minute ... оборотов в минуту

rs.: rupees рупии

R.T.: rye terms условия для ржи

ruble рубль, рублевый

ruin разруха

rule норма, правило; **administrative ~** административное правило; **conflict ~** коллизионная норма; **customs ~** таможенное правило; **domestic ~s** внутренние правила; **fire safety ~s** противопожарные правила; **firm ~** жесткое правило; **fiscal ~s** фискальные правила; **ground ~** основное правило; **house ~s** правила внутреннего распорядка; **internal ~s** внутренний регламент; **jurisdiction ~** правило о подведомственности; **navigational ~s** навигационные правила; **payment ~** правило оплаты; **plant ~s** заводской регламент; **procedural ~** процессуальное правило; **special ~** специальное правило; **substantive ~** правило относящееся к существу; **to violate the ~s of international law** нарушать нормы международного права норма; **work ~s** правила о работе; **~ of cognizance** правило о подсудности; **~s of competition** правила конкуренции; **~s of international law** нормы международного права; **~ of public order** правило публичного порядка

ruling постановление; **court ~** судебное постановление; **customs ~** таможенное постановление; **tariff ~** тарифное постановление; **tax ~s** налоговые правила

run пробег, тираж; **empty ~** порожний пробег; **press ~** тираж печатных изданий; **to ~** эксплуатировать; **to ~ in** обкатывать; **trial ~** проба, пробное обследование

rung ступень

running обкатка, пробег, эксплуатация; **~ aground** посадка на мель

running-in обкатка; **non-load ~** обкатка без нагрузки; **~ of units** обкатка агрегатов; **~ period** период обкатки

rupee рупия *(currency of certain Asian nations)*

rupture разрыв

rush спешка; **~ hour** час пик

rw.: railway железная дорога

S

sabotage диверсия, саботаж; **to ~** саботировать

saboteur саботажник

sack куль, мешок; **sad ~** казанская сирота; **to fill ~s** расфасовывать в мешки

sacrafice жертва; **to ~** жертвовать

sad грустный; **~ sack** казанская сирота

saddle обременять; **to ~ somebody with the responsibility** возложить на кого-л. ответственность

safe безопасный; сейф

safeguard охранять, ограждать; **~ of assets** сохранность средств

safeguarding охранение

safely безопасно

safety безопасность, сохранность; **fire ~** пожарная безопасность; **navigational ~** безопасность мореплавания; **personnel ~** безопасность персонала; **plant ~** технологическая безопасность; **to insure ~** обеспечивать безопасность; **to observe ~ rules** соблюдать правила техники безопасности; **violation of ~ regulations** нарушение правил техники безопасности; **~ instructions** инструкции по технике безопасности; **~ regulations** техника безопасности; **~ rules** техника безопасности; **~ standards** нормы техники безопасности

said: the said (выше)упомянутый, (выше)указанный

sake: for order's sake ради (*или* для) порядка
sail, to ~ плавать, плыть, отплывать, уходить в море, отправляться в море
sailing отправление, отход, отплытие; парусный спорт
sailor матрос
salary должностной оклад (*помесячный или годовой*), зарплата; **average** ~ средняя зарплата; **monthly** ~ месячный оклад
sale продажа, распродажа, реализация, сбыт; ~s сбытовой; ~s реализация; ~ **budget** план (бюджет, смета) по реализации; **bulk** ~ массовая продажа, массовый сбыт; **co-op** ~ кооперативная продажа; **conditional** ~ условная продажа; **credit** ~ продажа в кредит; **delayed** ~ отложенная продажа; **direct** ~ прямой сбыт, публичная продажа; ~s **discounts** скидки с продажной цены; **discount** ~ дисконтная продажа; **and excise taxes payable** кредиторская задолженность по налогу с продаж и акцизному сбору; **exclusive** ~ исключительная продажа; **fire** ~ срочная распродажа; **first** ~ **of the day** почин; **for** ~ продажный; ~s **for cash** продажа за наличный расчет; **forced** ~ принудительная продажа с публичных торгов; **foreclosure** ~ реализация заложенного имущества; **intermediate** ~ посредническая продажа; ~s **on account** продажа товаров в кредит; **panic** ~ срочная распродажа; ~s **proceeds** доход от реализации; **retail** ~ розничная продажа; ~s **returns book** журнал учета покупательского возврата; **secret** ~ тайная продажа; **sham** ~ фиктивная продажа; **speculative** ~ спекулятивная продажа; **street** ~ уличная продажа; **to go on** ~ вступить в продажу; ~ **at auction** аукционная продажа; ~ **at discount prices** распродажа по пониженным ценам; ~ **by commission** комиссионная продажа; ~ **of chattels** продажа движимых имуществ; ~ **of contraband** контрабандный сбыт; ~ **of goods** реализация товара; ~ **of a license** продажа лицензии; ~ **of plots of land** распродажа земельных участков
saleable ходкий; ~ **products** ходкая продукция
salesman продавец; **traveling** ~ разъездной агент, разъездной торговец
salvage спасение (*судна или груза на море*); **maritime** ~ спасение на море; ~ **money** вознаграждение за спасение; ~ **on cargo** вознаграждение за спасение груза; ~ **on ship** вознаграждение за спасение судна; ~ **value** ликвидационная стоимость
same тот же самый; таковой
sample выборочный; образец (*торговый*), проба, экспонат; **equal to** ~ полностью соответствующий образцу, одинаковый с образцом; **free** ~ бесплатный образец; **selection of** ~s подбор экспонатов; **to remove a** ~ отбирать экспонат; **to show** ~s демонстрировать экспонаты; ~ **of goods** образец товаров, образчик товаров
sampling выборочный; отбор проб, отбор образцов
sanction санкция; ~s репрессалии; **administrative** ~ административная санкция; **civil** ~ гражданская санкция; **collective** ~ коллективная санкция; **contractual** ~ договорная санкция; **credit** ~ кредитная санкция; **criminal** ~ уголовная санкция; **diplomatic** ~ дипломатическая санкция; **economic** ~ экономическая санкция; **financial** ~ финансовая санкция; **fiscal** ~ фискальная санкция; **military** ~ военная санкция; **moral** ~ моральная санкция; **oppressive** ~ репрессивная санкция; **parliamentary** ~ парламентская санкция; **penalty** ~ штрафная санкция; **to** ~ санкционировать; **to apply a** ~ применить санкцию; **trade** ~ торговая санкция; ~ **of the law** санкция закона; ~ **quality** разрешенное к выпуску количество
sanctuary убежище
satisfaction удовлетворение; **in** ~ в удовлетворение; **in full and final** ~ в полное и

окончательное удовлетворение; **to complete** ~ к полному удовлетворению; **to give** ~ дать удовлетворение; **to meet with** ~ находить удовлетворение; **to mutual** ~ к взаимному удовлетворению; **to perform to someone's** ~ делать к чьему-либо удовлетворению; **to the** ~ **of all concerned** к удовлетворении всех сторон; ~ **of a claim** удовлетворение претензии; ~ **of a creditor** удовлетворение кредитора; ~ **of demands** удовлетворение требований; ~ **of a request** удовлетворение просьбы; ~ **of requirements** удовлетворение потребностей
satisfactory удовлетворительный
satisfied удовлетворенный; **to be fully** ~ получить полное удовлетворение
satisf/y (satisfied) удовлетворять; **to be ~ied with something** быть удовлетворенным чем-л.
saturation насыщение; **demand** ~ насыщение спроса; **market** ~ насыщение рынка
save, to ~ сберегать, сэкономить
saving сбережение, экономия; ~**s** сберегательный; **annual** ~**s** годовая экономия; **cost** ~**s** экономия на издержках; **foreign exchange** ~**s** валютная экономия; **gross** ~**s** валовое сбережение; **maximum** ~ максимальная экономия; **money** ~ денежное сбережение; **net** ~**s** чистые сбережения; **personal** ~**s** личные сбережения; **price** ~**s** экономия на ценах; **significant** ~ значительная экономия; **space** ~**s** экономия места; **time** ~**s** экономия времени; **to achieve** ~**s** добиться экономии средств; **to achieve** ~**s on** ... получить экономию на; ~**s account pass book** сберегательная книжка, сберкнижка; ~**s bank** сберкасса; ~**s deposit** вклад в сберегательную кассу; ~ **of financial resources** экономия финансовых ресурсов; ~**s on sales costs** экономия на торговых издержках
sawmill лесопильный завод
sawn goods пиломатериалы
say == **let us say** скажем (вводное слово)
scale масштаб, сетка, шкала; ~**s** весы; **automatic** ~**s** весы-автомат; **bagging** ~**s** весы для автоматической упаковки в мешки; **commission** ~ шкала комиссионного вознаграждения; **deadweight** ~ грузовая шкала; **discharge** ~ шкала выгрузки; **displacement** ~ шкала водоизмещения; **economically justified** ~ экономически эффективный масштаб; **electronic** ~**s** электронные весы; **global** ~ глобальный масштаб; **hopper** ~**s** бункерные весы; **increased** ~ увеличенный масштаб; **internal** ~ внутренняя шкала; **large** ~ большой масштаб, масштабный; **major** ~ крупный масштаб; **metric** ~ масштаб в метрах; **official** ~ официальная шкала; **on a broad** ~ в широком масштабе; **on an enlarged** ~ в увеличенном масштабе; **on an industrial** ~ в промышленных масштабах; **on an international** ~ в международном масштабе; **on a large** ~ в большом масштабе; **on a limited** ~ в ограниченных масштабах; **on a market-wide** в масштабах всего рынка; **on a reduced** ~ в уменьшенном масштабе; **on a significant** ~ в значительном масштабе; **on a smaller** ~ в меньшем масштабе; **on a world** ~ в мировом масштабе; **pay** ~ шкала оплаты; **precision** ~**s** точные весы; **production** ~ **operation** операция производственного масштаба; **rate** ~ тарифное расписание; **reduced** ~ уменьшенный масштаб; **reduced** ~ **model** модель в уменьшенном масштабе; **salary** ~ оклад; **sliding** ~ скользящая шкала; **small-** ~ мелкомасштабный; **standard** ~ нормальный масштаб; **tariff** ~ тарифная сетка; **testing** ~**s** испытательные весы; **time** ~ масштаб времени; **tonnage** ~ шкала вместимости; **wage** ~ шкала заработной платы; **wage rate** ~ тарифная сетка заработной платы; ~ **of charges** шкала расходов; ~ **of dis-**

counts шкала скидок; ~ **of fees** шкала сборов; ~ **of operations** масштаб операций; ~**s pan** чашка весов; ~**s test** проверка весов
scam жульничество, обман
scarcity нехватка, недостаточное количество
schadenfreude злорадство
schedule график, опись, программа, расписание, табель, таблица; **adjustment of** ~ корректировка графика; **advertising** ~ план рекламной кампании; **budget** ~ бюджетная роспись; **busy** ~ плотный график; **comprehensive** ~ сводный график; **conformance with the** ~ соответствие графику; **construction** ~ график строительных работ, график монтажа; **daily work** ~ график рабочего дня; **debt repayment** ~ график возмещения долгов; **delivery** ~ график поставок; **detailed** ~ детальный график; **disruption of** ~ нарушение графика; **exhibition** ~ график выставок; **feasible** ~ осуществимый график; **final** ~ окончательный график; **firm** ~ твердый график; **income** ~ доходное расписание; **linear** ~ линейный график; **master** ~ контрольный график, основной график; **meeting** ~ выполнение графика; **non-observance of** ~ несоблюдение графика; **off** ~ в соответствии с графиком; **operating** ~ график работ; **payment** ~ график платежей; **person-nel** ~ штатное расписание; **preliminary** ~ предварительный график; **price** ~ тарифная сетка цен; **production** ~ производственный график; **project** ~ график проектных работ; **revised** ~ пересмотренный график; **right on** ~ точно по графику; **shipment** ~ график отгрузок; **supporting** ~ вспомогательная ведомость, дополнительная ведомость; **tariff** ~ таможенная справка; **tight** ~ напряженный график; **to adhere to** ~ придерживать графика; **to approve a** ~ утверждать график; **to be ahead of** ~ опережать график; **to be behind** ~ отставать от графика; **to break** ~ нарушать график; **to coordinate the** ~ согласовывать график; **to draw up a** ~ составлять график; **to finalize the** ~ согласовать график; **to meet the delivery** ~ выполнять график поставок; **to operate on the** ~ выдерживать график; **to revise the delivery** ~ пересматривать график поставок; ~ **of deliveries** программа поставки; ~ **of earnings** роспись доходов; ~ **of expenses** роспись расходов; ~ **of services** график услуг
schematic схематичный
scheme замысел, порядок, проект; **government** ~ правительственный проект
scene арена, место действия, сцена
schism раскол
schismatic раскольник, раскольнический
scientific научный
scope масштаб, объём; ~ **of expenditures** объем расходов; ~ **of participation** масштаб участия; ~ **of a project** масштаб проекта; ~ **of work** масштаб работ
scoundrel злодей
scrap value стоимость лома
screw винт; **to** ~ крепить винтами
scrivener стряпчий
scrupulous щепетильный
scrutinize, to ~ тщательно рассматривать
scrutiny рассмотрение; ~ **of the budget** рассмотрение бюджета
scuffle свалка
sea море; **access to the** ~ выход в море; **at** ~ в море; **closed** ~ закрытое море; **free** ~ свободное море; **heavy** ~ бурное море; **inland** ~ внутреннее море; **open** ~ открытое море; **shallow** ~ мелководное море; **to have no access to the** ~ не иметь выхода в море; ~ **damage** повреждение на море; ~ **passage** переход морем; ~ **voyage** путешествие по морю
sea-borne перевозимый морем
seagoing мореходный
seal печать, пломба, штемпель; **broken** ~ сорванная пломба; **customs** ~ таможенное запломбирование, таможенная пломба; **official** ~ пломба; **translator's** ~ штемпель переводчика; ~ **of the con-**

signor пломба отправителя

seal, to ~ запечатывать, запечатать, запломбировать, поставить печать, проставлять штемпель; **to ~ up** опечатывать, опечатать

sealed упакованный

sealing запломбирование

seaman матрос

seaport морской порт

search обыск, поиск, розыск; **computer ~** автоматизированный поиск; **personal ~** личный обыск; **to ~** обыскивать; **to conduct a ~** производить обыск; **~ of a house** обыск на дому; **~ of personal effects** обыск личных вещей

season сезон; **off ~** мертвый сезон

seat место; **to reserve ~s** бронирование места

seaworthiness мореходность, мореходное состояние, пригодность к мореплаванию; **absolute ~** абсолютная мореходность; **certificate of ~** сертификат о мореходности; **~ of a vessel** мореходность судна

seaworthy мореходный, пригодный к мореплаванию

secondary второстепенный; **to be of ~ importance** иметь второстепенное значение

seconding поддержка

secret засекреченный; секрет, тайна; **commercial ~** коммерческая тайна; **professional ~** профессиональный секрет; **trade ~** промышленный секрет; **~ police** тайная полиция

secretariat секретариат; **general ~** генеральный секретариат

secretary секретарь, составитель протокола, административный секретарь; **executive ~** исполнительный секретарь; **first ~** первый секретарь; **general ~** генеральный секретарь; **parliamentary ~** парламентский секретарь; **permanent ~** постоянный секретарь; **senior ~** старший секретарь; **state ~** государственный секретарь; **~ of the Treasury** секретарь казначейства; **~ of the World Court** секретарь мирового судьи

section круг, отдел, раздел, секция; **administrative ~** административная секция; **broad ~s** широкие круги; **consular ~** консульский отдел; **financial ~** финансовый раздел; **legal ~** юридическая секция

sector отрасль, сектор; **agricultural ~** сельскохозяйственный сектор; **economic ~** экономический сектор; **industrial ~** промышленный сектор; **key ~** ключевой сектор; **nationalized ~** национализированный сектор; **private ~** частный сектор экономики; **productive ~** производственный сектор; **state ~** государственный сектор; **state-owned ~** государственный сектор экономики

secularization секуляризация

secularize, to ~ секуляризировать

secure безопасный

secure, to ~ 1. обеспечивать; 2. помчать, доставать; 3. закреплять, закрепить, обвязывать

secured обеспеченный; **~ bonds** обеспеченные облигации

securely надежно

securit/y безопасность, залог, имущественное поручительство, обеспечение, обеспеченность; **~ies** валютные ценности, ценные бумаги; **against ~** под обеспечение; **call on ~** требование обеспечения; **cash ~** денежное обеспечение; **collateral ~** имущественное обеспечение; **currency ~** валютное обеспечение; **financial ~** финансовое обеспечение; **foreign ~ies** иностранные ценные бумаги; **high-grade ~** первоклассное обеспечение; **job ~** обеспеченность работой; **material ~** материальная обеспеченность; **perfected interest** ипотека занесенная в реестр; **personal ~** личная гарантия, личное поручительство; **pledged ~** залоговое обеспечение; **property ~** вещественное обеспечение; **readily marketable ~ies** легкореализуемые ценные бумаги; **registered ~ies** именные ценные бумаги; **return of ~** возврат обеспечения; **sufficient ~** достаточное обеспечение; **tangible ~**

материальное обеспечение; **to deposit as** ~ депонировать в качестве обеспечения; **to lend against** ~ одолжить под залог; **to provide** ~ предоставить обеспечение; **to put up** ~ внести залог; **to stand** ~ ручаться; **to stand as** ~ **for ...** поручиться за; **... to take as** ~ взять в залог; ~ **for a claim** обеспечение иска; ~ **in the form of a bank guarantee** обеспечение в форме банковской гарантии; ~ **measures** меры для обеспечения безопасности; ~ **of payment** гарантия платежа; ~**ies and Exchange Comission (SEC)** Комиссия по ценным бумагам и биржевым операциям (США)
seduce, to ~ соблазнить
seducer соблазнитель
see, to видеть; **to** ~ **to** распорядиться; **to** ~ **one's way to do** (*или* **to doing**) **something** находить возможность сделать что-л.
seek, to ~ искать
segregation разделение; ~ **of duties** разделение/выделение обязанностей
seize, to ~ отбирать, отобрать, совершить захват
seized конфискованный
seizure арест, захват, изъятие; **maritime** ~ арест судна; **tax** ~ налоговое изъятие; ~ **note** акт о конфискации груза таможней; ~ **of goods** наложение ареста на товары; ~ **of power** захват власти; ~ **of property** наложение ареста на имущество; ~ **of a vessel** захват судна
select, to ~ отбирать
selection ассортимент, выбор; **design** ~ выбор проектного решения; **varied** ~ разнообразный выбор; **wide** ~ широкий выбор; ~ **from a range of goods** выбор по ассортименту; ~ **of a trademark** выбор знака
self-defense самооборона; самозащита; **martial arts legal** ~ законная самооборона
self-determination самоопределение
self-explanatory говорящий сам за себя
self-financing самофинансирование
self-government самоуправление
self-help самовольный захват; самопомощь
self-management самоуправление; **workers'** ~ рабочее самоуправление
self-sufficiency хозрасчет; **to transition to complete** ~ переходить на полный хозрасчет; **transition of enterprise to** ~ переход предприятия на хозрасчет
self-sustaining хозрасчетный
sell, to ~ запродать; **(wholesale)** реализовывать, сбыть
sell-out распродажа
selling продажа; **distress** ~ вынужденная продажа; ~ **expenses** расходы по реализации товаров; ~ **price** продажная цена; **secondary** ~ вторичная продажа
selves (*мн.ч. от* **self**): **with your good selves** = **with you** с вами
semi-colonial полуколониальный
semi-finishing operations неокончательная обработка
semi-official официозный, полуофициальный; ~ **organ** официоз
semi-processed полуфабричный; ~ **goods** полуфабрикаты
semi-variable costs условно-переменные затраты
semi-wholesale полуоптовая продажа
senate сенат, сенатский
senator сенатор
send, to ~ пересылать, послать; **to** ~ **back** послать обратно
senior староста; старший; ~ **representative** старшина
seniority старшинство; ~ по старшинству
sentence осуждение, приговор; **criminal** ~ уголовный приговор; **death** ~ присуждение к смерти, смертный приговор; **suspended** ~ условное осуждение, условный приговор; **to** ~ осуждать, приговорить; **to carry out a** ~ приводить приговор в исполнение; **to confirm a** ~ оставлять приговор; **to pass** ~ вынести приговор; **to reverse a** ~ отменять приговор; **to reverse a** ~ **on appeal** отменять приговор в апелляционной инстанции
sentencing постановление приговора

S

separate отдельный, раздельный; ~ **entry** самостоятельная единица; хозяйствующий орган
separate, to ~ разъединить
separately отдельно, в отдельности
separation 1. разлука; 2. разъединение; отделение; сепарирование *(отделение одной партии груза от другой)*; ~ **of duties** разделение обязанностей; **trial** ~ пробная разлука; ~ **of powers** разделение властей
separatism сепаратизм
separatist сепаратист, сепаратистский
sequence очередность
sequestrate, to ~ наложить секвестр
sequestration наложение ареста на имущество, передача в секвестр, секвестр; **judicial** ~ судебный секвестр
serial порядковый
serious серьезный
servant 1. прислуга, слуга; 2. служащий; **civil** ~ государственный служащий
serve, to ~ служить
service 1. служба; услуга; 2. обслуживание, работа; эксплуатация; 3. линия *(транспортная)*; **additional** ~s дополнительные услуги; **agency** ~s услуги агентства; **agent's** ~s услуги агента; **airmail** ~ авиапочтовая служба; **at your** ~ к Вашим услугам; **auditing** ~s аудиторские услуги; **automated** ~ автоматическая линия; **auxiliary** ~s вспомогательная служба; **banking** ~s банковские услуги; **chartering** ~s услуги по фрахтованию; **civil** ~ государственная служба; **cleaning** ~s услуги по уборке; **coastline** ~ береговая линия; **commercial** ~s коммерческие услуги; **commission for** ~ комиссия за услуги; **communal** ~s коммунальные службы; **competitive** ~ конкурентные услуги; **comprehensive** ~ комплексные услуги; **construction engineering** ~s инженерно-строительные услуги; **consulting** ~s консультационные услуги; **cost of** ~s стоимость услуг; **design** ~s конструкторские услуги; **domestic** ~ внутренняя служба; **engineering** ~s инжиниринговые услуги; **expert** ~s экспертные услуги; **export of** ~s экспорт услуг; **financial** ~s финансовые услуги; **fit for military** ~ годный к военной службе; **foreign trade** ~s внешнеторговые услуги; **free** ~s бесплатные услуги; **friendly** ~ дружеская услуга; **harbor** ~s портовые услуги; **health** ~s обслуживание здравоохранения, медицинская служба; **inmigration** ~ иммиграционная служба; **import of** ~s импорт услуг; **industrial** ~s производственно-технические услуги; **insurance** ~s услуги по страхованию; **insurance and loading** ~ *(shipping)* агентирование; **intelligence** ~ разведывательная служба; **intermediary** ~s посреднические услуги; **"invisible"** ~s "невидимые" услуги; **judicial** ~ судебная служба; **legal** ~ юридическая служба; **length of** ~ стаж; **low density transport** ~ малозагруженная транспортная линия; ~ **and maintenance** эксплуатация и уход; **management** ~s управленческие услуги; **market for** ~s рынок услуг; **marketing** ~s маркетинговые услуги; **maximum volume of** ~s максимальный объем услуг; **military** ~ военная служба, военный стаж; **nature of** ~s характер услуг; **overseas** ~ внешняя служба; **package of** ~s комплекс услуг, пакет услуг; **paid** ~s платные услуги; **payment for** ~s оплата услуг; **personnel** ~s услуги персонала; **pilotage** ~ лоцманская служба; **polite** ~ вежливое обслуживание; **pre-sales** ~s услуги по организации продажи; **private transport** ~ частная транспортная линия; **professional** ~s профессиональные услуги; **public** ~ публичная служба; **public** ~s публичные службы; **railway** ~ железнодорожное сообщение; **range of** ~s ассортимент услуг; **reciprocal** ~s взаимные услуги; **record of** ~ стаж работы; **regular** ~ регулярная линия; **regular air** ~ регулярная линия воздушного транспорта; **ren-**

dering of ~s оказание услуг; **sanitary ~s** санитарная служба; **scope of ~s** объем услуг; **secret ~** агентура; **shuttle ~** транспортная линия с челночным движением; **social ~** социальная служба; **support ~s** услуги по поддержанию; **technical ~** техническое обслуживание; **technical ~s** технические услуги; **technological ~s** технологические услуги; **thoroughness of ~s** полнота услуг; **to ~ equipment** обслуживать оборудование; **to be in ~** находиться в эксплуатации; **to bid a ~ package** предлагать пакет услуг; **to employ the ~s of ...** воспользоваться услугами...; **to give excellent ~** очень хорошо работать; **to maintain regular ~** поддерживать регулярное движение; **to put into ~** вводить в строй; **to require ~s** прибегать к услугам; **to take out of ~** выводить из эксплуатации; **to utilize ~s** пользоваться услугами; **tourist ~s** туристические услуги; **trade of ~s** торговля услугами; **training ~s** услуги по обучению; **transport ~** транспортная линия; **transportation ~s** транспортные услуги, услуги по перевозке; **unfit for military ~** не пригодный к военной службе; **unscheduled ~** нерегулярная транспортная линия; **use of ~s** потребление услуг; **voluntary ~** добровольная служба; **~ abroad** заграничная служба; **~s agreement** договор о предоставлении услуг; **~ center** бюро услуг; **~ experience** опыт эксплуатации; **~ life** период действия; **~ record** стаж; **~ regulations** правила эксплуатации; **~s sector** сфера услуг

serviceable годный к эксплуатации

servitude сервитут; **continuity of a ~** преемственность сервитута

session заседание, сессия; **budgetary ~** бюджетная сессия; **closed ~** закрытое заседание; **closed ~ of court** закрытое заседание суда; **closing ~** заключительное заседание; **emergency ~** чрезвычайная сессия; **extraordinary ~** внеочередная сессия; **joint ~** совместное заседание; **plenary ~** пленарное заседание; **public ~** открытое заседание; **regular ~** очередное заседание, очередная сессия; **~ of criminal court** уголовное судебное заседание; **~ of parliament** сессия парламента

set I 1. комплект, набор; 2. остановка; **complete ~** полный комплект, полный набор; **complete ~ of bills of lading** полный комплект коносаментов; **duplicate ~** двойной комплект; **individual ~** индивидуальный комплект; **price per ~** цена за комплект; **standby ~** резервный комплект; **to ~ off against** противопоставить; **to make a ~** комплектовать; **to provide a complete ~** предоставлять полный комплект; **to provide as a ~** поставлять в комплекте; **~ of documents** комплект документов; **~ of equipment** комплект оборудования; **~ of instruments** комплект приборов; **~ of packing lists** комплект упаковочных листов; **~ of samples** комплект образцов; **~ of spare parts** комплект запчастей

set II : to set forth излагать

set-up установка

setting off against противопоставление

settle, to ~ 1. решать, решить, разрешать, разрешить, улаживать, урегулировать; 2. уплачивать, оплачивать; **to ~ accounts** расплачиваться; **to ~ by means of negotiation** урегулировать путем переговоров; **to refuse to ~** отказываться от удовлетворения; **to ~ the matter** урегулировать (*или* уладить) вопрос; **to ~ the business** договориться о сделке (*или* заключить сделку)

settled урегулированный

settlement заселение, оседлость, платеж, поселение, разрешение, расчет (*денежный*), уплата; безналичный расчёт, решение, селение, урегулирование; **amicable ~** дружественное урегулирование,

S

мирное решение; **amicable ~ of a claim** мирное урегулирование претензии; **clearinghouse ~** клиринговый расчет; **compromise ~** компромиссное решение, компромиссное урегулирование; **currency ~** валютный расчёт; **early ~** досрочная уплата; **equitable ~** равномерное погашение; **final ~** окончательный расчёт, окончательное урегулирование; **general ~** общее решение; **insufficient ~** недостаточное погашение; **interbank ~** межбанковский расчет; **international ~** международный расчёт; **judicial ~** судебное разрешение, судебное урегулирование; **motivated ~** мотивированное решение; **national arbitral ~** национальное арбитражное решение; **partial ~** частичное удовлетворение, частичное урегулирование; **to achieve an amicable ~** достигать мирного урегулирования; **to motivate a ~** мотивировать решение; **to negotiate a ~** вести переговоры об урегулировании; **urban ~** городское поселение; **~ negotiations** переговоры по урегулированию; **~ of a claim** урегулирование претензии; **~ of debts** ликвидация долгов, урегулирование долгов; **~ of a dispute** разрешение спора; **~ of losses** ликвидация убытков; **~ on an exchange** ликвидация сделок

settler переселенец; **convict ~** ссыльнопоселенец
settling погашение
settlor доверитель
setup наладка; **manual ~** ручная наладка; **supervision of ~** руководство наладкой; **to ~** налаживать; **to provide ~** проводить наладку
sever, to разорвать; **to ~ diplomatic relations** разорвать дипломатические сношения
severance разрыв; **~ of diplomatic relations** разрыв дипломатических сношений; **~ of economic ties** разрыв экономических связей
severely очень, очень сильно
sewage сточные воды
sewing machine швейная машина
shadowing слежка
shaft вал, ось
sham мнимый
share акция, долевой, доля, доля участия, пай, фондовый; **a ~ of ... %** на долю приходится ... %; **agreed ~** оговоренная доля; **bearer ~** акция на предъявителя; **bearer ~s** предъявительские акции; **~ capital** акционерный капитал; **competition for market ~** борьба за рынки; **cooperative ~** кооперативный пай; **deposited ~s** депонированные акции; **equal ~** равная доля; **founder's ~s** учредительские акции; **founding ~** учредительный пай; **gratuity ~** бесплатная акция; **in equal ~s** равными до-

лями; **individual ~** долевое участие; **investment ~** инвестиционная акция; **market ~** часть рынка; **maximum ~** максимальная доля; **minimum ~** минимальная доля; **multiple voting ~** многоголосная акция; **nominal ~** именная акция; **plural voting ~** плюральная акция; **pro rata ~** пропорциональная доля; **respective ~** соответствующая доля; **small ~** малая доля; **subscription ~** подписанная акция; **sufficient ~** достаточная доля; **to establish ~** определять долю; **to go by ~s** входить в долю; **to offer a ~ in** предлагать участие; **"vincular" ~** "винкулированная акция; **~ in capital** доля в капитале; **~ in the form of commodities** вклад в товарной форме; **~ of capital contribution** доля участия в акционерном капитале; **~ of charter fund** доля в уставном фонде; **~ of commission** комиссионная доля; **~ of common stock** обыкновенная акция; **~ of a company** доля в акционерной компании; **~ of deliveries** доля в поставках; **~ of general average contribution** (*for lost cargo*) доля, причитающаяся по общей аварии; **~ of a joint stock company** пай акционерного общества; **~ of a partnership** пай товарищества; **~ of preferred stock** привилегированная акция; **premium** эмиссинный доход; ~ **of profits** доля прибыли, часть прибыли; ~ **of services** доля услуг; ~ **of stock** акция; ~ **of the world market** доля мирового рынка; ~ **paid in full** акция покрытая деньгами; ~ **"vinculum juris"** винкулированная акция

sharecropper издольщик
sharecropping издольщина, половничество
shareholder акционер, владелец акций, держатель акций; **common** ~ владелец акций, обыкновенных; **registered** ~ владелец именных акций
shareholdings владение акциями
sharing разделение; **cost** ~ распределение затрат; **profit** ~ распределение выгод; ~ **of currency risks** распределение валютных рисков; ~ **of experience** обмен опытом; ~ **of losses** распределение убытков; ~ **of risks** распределение рисков
sheet лист, список; **balance** ~ отчётная ведомость; **cargo** ~ грузовая ведомость; **cost** ~ ведомость издержек, калькуляционная ведомость, калькуляционный лист; **fact** ~ фактические данные; **inventory** ~ инвентарная ведомость; **tally** ~ тальманский лист; **time** ~ ведомость учета времени, затраченного на погрузку и выгрузку судна; табель учёта отработанных часов; **work** ~ рабочий лист; **wrapper** ~ обёрточный лист
sheeting чехол; **polyethylene** ~ полиэтиленовый чехол
shelly в оболочке, не очищенный от оболочки
shield щит
shift бригада, смена; **day** ~ дневная смена; **night** ~ ночная смена; **to** ~ переменять, передвигать
shifting перестановка; перетяжка *(судна на другой причал)*; ~ **of risk** переход риска; ~ **of the burden of proof** переложение бремени доказания
ship I корабль, судно; **dry cargo** ~ сухогрузное судно; **mail** ~ почтовый пароход; **sister** ~ однотипное судно; ~ **owner** судовладелец; ~ **with ... tons burden** судно грузоподъемностью в ... тонн
ship II (shipped, shipping), to ~ отгружать, отправлять *(на морском или речном судне; в США - также по железной дороге или другим видом транспорта)*; транспортировать; **to** ~ **by rail** перевозить железнодорожным транспортом; **to** ~ **by a steamer** отгрузить пароходом или отправить на пароходе; **to** ~ **by water** перевозить по воде
shipbroker судовой брокер
shipbuilding судостроение, судостроительный
shipload корабельный груз
shipment 1.отгрузка, отправка, *(морем; в США - также по железной дороге или другим видом транспорта)*; перевозка, погрузка, поставка; 2. груз, партия *(отправленного товара)*; **conventional** ~ конвенциональный груз; **for** (или **with**) **immediate** ~ с немедленной отгрузкой; **part** ~ частичная отгрузка; **priority** ~ срочный груз; **rail** ~ железнодорожный груз; **short** ~ часть груза, не принятая на судно; **single** ~ разовая поставка; **water-borne** ~ водная перевозка
shipper грузоотправитель, отправитель, товароотправитель
shipping 1. мореплавание, плавание, судоходство; 2. отгрузка; отправка *(морем; в США - также по железной дороге или другим видом транспорта)*; погрузка; экспедиция; ~ **agent(s)** экспедитор(ы), экспедиторская фирма; **coastal** ~ каботажное судоходство; ~ **company** пароходная компания; **container** ~ контейнерная транспортировка; **for** (или **with**) **immediate shipment** с немедленной отгрузкой, **part shipment** частичная отгрузка; **inland** ~ речное судоходство; **internal** ~ внутреннее судоходство; **international** ~ международное судоходство, международное торговое мореплавание; ~ **line** см. **line**; **merchant** ~ торговое судоходство; **ocean** ~ морское судоходство, океанское плавание; **to provide** ~ обеспечивать транспортировкой; **seagoing** ~ морская транспортировка;

tramp ~ трамповое судоходство; **~ rates** ставки фрахта
shiproom тоннаж
shipwreck гибель корабля, крушение судна
shipyard судоверфь, судостроительный завод
shop лавка, магазин, мастерская; **specialty ~** специализированный магазин; **to keep ~** держать магазин
shopkeeper владелец магазина
shore берег
short короткий; недостающий; непродолжительный; **~ delivered** недопоставленный, недостающий при сдаче; **~ payment** недоплата; **~ received** недополученный; **~-shipped** оставшийся непогруженным; **~ shipment** недогруз; **~ shrift** короткая расправа; **~-term assets** легкореализуемые оборотные средства; **~-term liquid assets** ликвидные активы; **~-term liabilities** краткосрочная кредиторская задолженность; **~-term investments** краткосрочные инвестиции; **~ weight** недовес, недостаток в весе
shortage голод, дефицит, недостаток, недостача, недочет, нехватка; **actual ~** фактическая недостача; **acute ~** острый голод, острая нехватка; **claim for ~ of goods** претензия по недостаче товара; **currency ~** валютный голод; **declared ~** заявленная недостача; **labor ~** дефицит рабочей силы; **major ~** крупная недостача; **manpower ~** нехватка рабочей силы; **personnel ~** нехватка кадров; **supply ~** недостаточность снабжения; **temporary ~** временная нехватка; **to compensate for ~** возместить недостачу; **to cover a ~** покрывать недостачу; **~ in weight** недостача в весе; **~ of goods** дефицит товаров; **~ report** акт о недостаче
shot стрелок
shout окрик
show выставка; **goods on ~** демонстрируемые на выставке товары
showroom (*или* **show-room**) выставочный зал, демонстрационный зал; **to open a ~** открывать демонстрационный зал
shrinkage обесценение
shut, to ~ закрывать, закрыть
shut-down закрытие
sick больной; **~ pay** пособие по болезни
side сторона и сторона монеты; **front ~** передняя сторона; **left (right) hand ~** левая (правая) сторона; **obverse ~** лицевая сторона; **reverse ~** оборотная сторона
siege осада
sight предъявление; **at ~** по предъявлении; **payable on ~** оплачиваемый по предъявлению
sign знак, метка, признак, примета; **border ~** граничный знак; **official ~** официальный знак; **official ~ of guarantee** официальный знак гарантии; **to ~** подписывать; **to ~ a receipt** расписаться в получении; **to ~ for** расписаться; **to ~ for a registered letter** расписаться в получении заказного письма
signal сигнал; **distress ~** сигнал бедствия
signatory подписавшее лицо, подписавшаяся сторона; **authorized ~** лицо, имеющее право подписи
signature подпись; **attested ~** заверенная подпись; **~ card** карточка с подписью вкладчика; **for ~** на подпись *или* для подписи; **one's own ~** собственноручная подпись; **personal ~** личная подпись; **second ~** вторая подпись; **to authenticate a ~** удостоверять подпись
significance значительность; **real ~** сущность
significant значительный; **~ influence** существенное влияние
signing подписание; **~ of a contract** подписание договора
silver серебро; **~ in a coin** серебро в монете
similar подобный, аналогичный (чему-л. - **to**)
simple простой
simulation симуляция
simultaneously одновременно
sincerely искренне; **yours (very) ~** искренне ваш(и) (*заключительная форму-*

ла вежливости в письмах)
single однократный; единственный; ~ **copies of a catalogue, brochure etc.** по одному экземпляру каталога, брошюры и т.п.
sinking понижение
sister сестра; **illegitimate** ~ внебрачная сестра
sister-in-law золовка; свояченица
sit, to ~ заседать
site место, местонахождение; **advertising** ~ место для установки рекламного щита или панели; **at installation** ~ на месте монтажа; **building** ~ место для строительства, постройка, строительный объект; **installation** ~ место монтажа, место установки; **job** ~ место работы; **on** ~ на месте; **on-workers** рабочие на местах; **outdoor advertising** ~ местонахождение средства наружной рекламы; **permanent exhibition** ~ место постоянной выставки; **plant** ~ местонахождение завода; **test** ~ место испытаний; **warehousing** ~ место складирования; ~ **adjustment** регулировка на месте
situation обстановка, ситуация; **actual** ~ фактическое положение; **awkward** ~ неловкое положение; **deterioration of the economic** ~ ухудшение конъюнктуры; **economic** ~ хозяйственная обстановка, экономическое положение; **general economic** ~ общее экономическое положение; **improvement of the economic** ~ улучшение конъюнктуры; **international** ~ международная обстановка; **material** ~ имущественное положение; **peaceful** ~ мирное положение; **personal** ~ личное положение; **unavoidable** ~ непреодолимый случай; **unforeseen** ~ непредвиденный случай; ~ **of force majeure** непреодолимый случай
size величина, размер; **actual** ~ натуральная величина; **case** ~ габарит ящика; **container** ~ габарит тары; **increased** ~ повышенный размер; **maximum** ~ максимальный размер; **middle** ~ средней величины; **minimum** ~ минимальный размер; **nominal** ~ номинальный размер; **to** ~ сортировать; **to** ~ **up** определять величину; ~ **of depreciation** размер амортизации; ~ **of the market** объем рынка; ~ **of penalty** размер штрафа; ~ **of pension** размер пенсии; ~ **of staff** размер персонала
sizing сортировка
skids салазки; **on** ~ на салазках
skill квалификация, мастерство; **great professional** ~ высокое профессиональное; **high professional** ~ высокая профессиональная квалификация; **operating** ~s рабочее мастерство; **professional** ~ производственная квалификация; **technical** ~ техническое мастерство; **to improve** ~s повышать квалификацию; **to acquire professional** ~ получать производственную квалификацию
skilled квалифицированный
skirmish стычка
skyscraper небоскреб
slander клевета, оговор; **to** ~ клеветать
slate сланец; список; ~ **of candidates** список кандидатов
slave раб
slaveholder рабовладелец, рабовладельческий
slaveholding рабовладельческий
slavery рабство
sliding скользящий; **~-scale** скользящий; ~ **price** см. **price**
slight незначительный
slightly незначительно
sling веревка для подъема груза, стропа (веревка)
slip билет, бланк; **deposit** ~ бланк для взноса депозита, бланк для вклада, вкладной билет; **duplicate deposit** ~ дубликат бланка о взносе депозита; **tonnage** ~ мерительное свидетельство
slipring контактное кольцо; ~ **electric motor** электрический мотор с контактными кольцами
slipshod халатный
sluggishness вялость
slump спад конъюнктуры
small business service консультационные услуги мелкому бизнесу
smell запах; **foreign** ~ посторонний запах

smuggled контрабандный; ~ **food stocks** контрабандные съестные припасы
smuggling контрабанда; **to be engaged in** ~ заниматься контрабандой
soaked замочить водой; **to become** ~ мокнуть
sobriquet прозвище
social общественный; ~ **insurance benefits** выплаты по социальному страхованию
socialism социализм; **state** ~ государственный социализм
socialist социалист; социалистический
socialization социализация
society общество; **classless** ~ бесклассовое общество; **comparative law** ~ общество сравнительного права; **cooperative** ~ кооперативное объединение, кооперативное общество, кооперативное товарищество; **mutual aid** ~ общество взаимопомощи; **secret** ~ тайное общество
soft мягкий, необратимый
software программное обеспечение
soil земля, почва
soiling загрязнение
sol соль *(валюта Перу)*
sold реализованный; **to be** ~ **out** разойтись
sole единственный; единоличный; ~ **arbitrator** единоличный арбитр; ~ **proprietorship** индивидуальная предпринимательская деятельность без образования компании
solely исключительно, только
solicit, to ~ домогаться

solicitation домогательство
solicitor адвокат; поверенный
solidarity солидарность
solidary солидарный
solution разрешение, решение; **possible** ~ возможное решение
solvency бонитет, кредитоспособность, платежеспособность; **guarantee of** ~ гарантия кредитоспособности; ~ **of a consignee** платежеспособность грузополучателя
solvent кредитоспособный, платежеспособный
son сын; **adopted** ~ приемный сын
son-in-law зять
soonest possible *(в телеграммах)* = **as soon as possible** как можно скорее
sophisticated сложный; ~ **equipment** сложная техника
sort вид, качество, класс, разряд, сорт
sorting бракераж
sound звук, пролив; устойчивый;
soundness обоснованность, устойчивость
source источник; ~ **documents** первичные документы; **independent** ~ **of income** самостоятельный источник дохода; **jurisprudential** ~**s** юридические источники; **raw input** ~ сырьевая база; **reliable** ~ верный источник; ~ **of accumulation** источник накопления; ~ **of credit** источник кредита; ~ **of energy** источник энергии; ~ **of evidence** источник доказательства; ~ **of financing** источник финансирования; ~ **of income** источник дохода; ~ **of working capital** источник собственных оборотных средств
sovereign суверен
sovereignty полновластие, суверенитет; **domestic** ~ внутренний суверенитет; **full** ~ полный суверенитет; **legal** ~ правовой суверенитет; **limited** ~ ограниченный суверенитет; **military** ~ военный суверенитет; **territorial** ~ территориальный суверенитет; ~ **in foreign affairs** внешний суверенитет
soviet совет; **Supreme** ~ Верховный совет
sow, to ~ засевать, засеять
soya beans соевые бобы
space 1. космос; 2. место, площадь, пространство; 3. тоннаж; **advertising** ~ место для публикации рекламы; **air** ~ воздушное пространство; **blank** ~ свободное место; **cargo** ~ грузовое место, место для погрузки; **cost of** ~ стоимость места; **designated** ~ указанное место; **exhibit** ~ место для экспонатов; **exhibition** ~ место на выставке; **forbidden air** ~ запретное воздушное пространство; **freight** ~ грузовместимость судна; **narrow** ~ узкое место; **purchase of advertising** ~ покупка рекламного места; **rental** ~ арендованная зона; **sales floor** ~ торговая площадь; **savings of** ~ экономия места; **storage** ~ место для хра-

нения; **to arrange shipping ~** обеспечить место; **to receive cargo ~** получить место на судне; **to rent ~** арендовать место (**as lessee**); сдавать место в аренду (**as lessor**); **to save ~** экономить место; **warehouse ~** складское помещение; **working ~** рабочая площадь; **~ on vessel** место на судне

spare I запасной; **~ parts** запасные части

spare II, to ~ щадить; **to ~ no effort** не щадить сил

spares = spare parts запасные части

special специальный, особый

specialist специалист, эксперт; **to consult a ~** консультироваться с экспертом

specialization специализация; **~ of product line** специализация производства

specific специальный, определенный; специфический, особый; **~ price level** уровень цен тесно связанных между собой видов товаров и/или услуг; **~ weight** удельный вес

specification норматив, спецификация; **contract ~s** технические условия договора, технические условия контракта; **job ~s** квалификационные требования; **order ~s** условия заказа; **performance ~s** рабочие технические условия; **process ~s** технические условия производственного процесса; **safety ~s** технические условия для обеспечения безопасности; **temporary ~s** временные технические условия; **to be contrary to ~s** противоречить условиям спецификации; **to examine technical ~s** изучать технические условия; **~ of taxes and fees** перечень налогов и сборов

specified указанный; **packed and marked as ~** в упаковке и с маркировкой согласно указаниям; **unless otherwise ~** при отсутствии иных указаний

specify, to ~ указывать, обозначать; перечислять

specimen образчик, экземпляр; **~ letters** образцы (или примеры) писем

speculate, to ~ спекулировать; **to ~ on a downturn** спекулировать на понижение; **to ~ on an upturn** спекулировать на повышение

speculation спекуляция; **commodity ~** товарная спекуляция; **currency ~** валютная спекуляция; **monetary ~** денежная спекуляция; **successful ~** удачная спекуляция; **unsuccessful ~** неудачная спекуляция; **~ on the margin** игра на разнице

speculative спекулятивный
speculator спекулянт
speech прения, речь; **free ~** свобода слова; **royal ~** тронная речь
speed I скорость, темп; **air ~** скорость полета; **loaded ~** грузовая скорость; **slow ~** малая скорость

speed II (sped), to ~ ускорять (часто **to speed up**)

speedy быстрый, скорый

spell (spelt, spelled), to ~ диктовать, произносить или писать (слово) по буквам; **how do you ~ this word?** как пишется это слово?

spelt past, p. p. от **spell**
spend, to ~ тратить
spending трата
spendthrift расточитель, расточительный

sphere область, сфера; **~ of activity** область деятельности, отрасль деятельности; **~ of application** область применения; **~ of cooperation** область сотрудничества; **~ of industry** отрасль промышленности; **~ of influence** сфера влияния; **~ of interests** сфера интересов; **~ of production** отрасль производства

spite: in spite of несмотря на

split I раздел, раскол
split II (split), to ~ раздроблять, разбивать (часто **to ~ up**)

spoil, to ~ портить, распустить

spoilage брак, гниль, порча; **~ rate** допуск брака

sponsor гарант, финансирующее лицо; **joint ~** совместный гарант

sponsorship гарантирование
spontaneous самопроизвольный; **~ combustion** самовозгорание

spot место; **on the ~** на месте; немедленно; **~ cash** немедленная уплата наличными; **~ market transaction** сделка на наличный товар
spouse супруг; супруга; **divorced ~** разведенный супруг; разведенная супруга
spout желоб
spread I разница; **exchange rate ~** разница в валютах; **~ sheet** разработочная таблица
spread II, to ~ распространять
squander, to ~ разбазарить, расточать, растратить
squandering разбазаривание, расточительство, растрата
square квадрат, квадратный; площадь
squeeze рестрикция; **credit ~** кредитная рестрикция
stability стабильность, устойчивость; **exchange rate ~** устойчивость курса валюты; **market ~** стабильность рынка; **price ~** стабильность цен, устойчивость цен; **~ of employment** стабильность занятости; **~ of exchange rate** стабильность курса; **~ of personnel** стабильность кадров
stabilization стабилизация; **economic ~** экономическая стабилизация; **~ of exchange rates** стабилизация валютных курсов; **~ of prices** стабилизация цен
stabilize, to ~ стабилизировать

stabilized стабилизированный
stabilizing стабилизирующий; **~ influence** стабилизирующее влияние
stack кипа, штабель; **to ~** укладывать, штабелировать; **to ~ up** укладывать в штабеля
stacking укладка, укладка пиломатериалов на прокладки; **upside down ~** укладка вверх дном
staff кадры, персонал, состав, штат, штатный; **basic ~** основной штат; **clerical ~** канцелярский персонал; **domestic ~** обслуживающий домашний персонал; **experienced ~** опытные кадры; **highly qualified ~** высококвалифицированный штат; **judicial ~** судейский аппарат; **key ~** основной состав; **office ~** служебный персонал; **permanent ~** постоянный штат; **regular ~** штатный персонал; **special ~** специальный персонал; **to add to the ~** зачислять в штат; **to be on the ~** быть в штате; **~ overage** раздутый штат
staffing комплектование рабочей силой; **regular ~** штатная численность
stage стадия, уровень, этап, шаг; **final ~** конечная стадия; **~ of prefabrication** уровень комплектности
stagnation вялость, застойная конъюнктура, спад; **market ~** вялость рынка; **~ of trade** застой торговли
stale лежалый

stamp марка; **~ duty** гербовый сбор; штамп, печать, штемпель
stamp I 1. марка; гербовая марка; 2. оттиск, печать, штамп, штемпель; **acceptance ~** приемочное клеймо; **bank ~** штемпель банка; **brand ~** клеймо; **business ~** штемпель фирмы; **control ~** контрольный штемпель; **customs ~** печать таможни; **date ~ by border station** дата штемпеля пограничной станции; **guarantee ~** гарантийная марка, гарантийный штамп; **mill ~** фабричное клеймо; **official ~** гербовая печать; **personal ~** личное клеймо; **revenue ~** гербовая марка; **to affix a ~** наклеить марку, ставить штамп; **to certify by ~** заверять штампом; **weight ~** штемпель о весе
stamp II, to ~ 1. штемпелевать; 2. наклеить почтовую (*или* гербовую) марку; **to ~** клеймить, поставить печать, проставлять штемпель, ставить клеймо, штамповать; **to ~ with a seal** скреплять печатью
stamped гербовый
stand стенд; **display ~** выставочная витрина; **to ~** стоять
standard 1.норма, норматив, проба, стандарт, типовой; уровень; 2. стандарт (*мера объема для лесоматериалов*); **above ~** выше нормы; **below ~** ниже нормы; **departure from**

accepted ~s отклонение от нормы; design ~ уровень проектирования; engineering ~s технические нормы; ~ form of contract типовой контракт; Government ~ государственный стандарт; generally accepted ~ общепринятая норма; gold ~ золотая база, золотой стандарт; gold bullion ~ золото-слитковый стандарт; gold coin ~ золото-монетный стандарт; growth in the ~ of living рост уровня жизни; in conformance with ~ в соответствии с нормой; increase in ~ of living повышение уровня жизни; industry ~s отраслевые нормы; international ~s международные аналоги; international sanitary ~s международные санитарные правила; low ~ низкая норма; minimum ~s минимальные нормы; monetary ~ монетный стандарт; paper ~ бумажный стандарт; plant ~s заводские нормы; present ~s действующие нормы; productivity ~s нормы производительности; progressive ~s прогрессивные нормативы; sanitary ~s сантехническая норма, санитарные правила; sanitary hygiene ~s санитарно-гигиенические требования; state ~ государственный стандарт; tight ~s жесткие нормы; time ~ норма времени; to apply ~s применять нормы; to conform with ~s соответствовать нормам; to establish ~s нормировать, устанавливать нормы; to fall within the ~s совпадать с нормами; to review ~s пересматривать нормы; to revise ~s пересматривать нормативы; top world ~ наивысший мировой уровень; ~s for duty-free import норма на беспошлинный ввоз; ~ of design уровень оформления; ~ of examination уровень экспертизы; ~ of living уровень жизни; ~ of patentability уровень патентоспособности; ~ of quality стандарт качества

standardization нормирование, стандартизация; ~ **department** отдел нормирования

standardize, to ~ стандартизировать

standing правоспособность, репутация; **administrative** ~ административная правоспособность; **commercial** ~ коммерческая репутация; **contractual** ~ договорная правоспособность; **legal** ~ правовое положение; **legal** ~ **of foreigners** правовое положение иностранцев; ~ **to prosecute and defend** правоспособность искать и отвечать на суде; ~ **to sue** правоспособность искать на суде

standpoint точка зрения

standstill остановка, бездействие; **to bring to a** ~ вывести из строя; **to be brought to a** ~ выбыть из строя

starting ~ пусковой; ~ **equipment** пусковое устройство; ~ **rheostat** пусковой реостат

staple основной продукт; ~s товары первой необходимости

start-up пуск в эксплуатацию; **factory** ~ пуск завода в эксплуатацию; **to meet** ~ **date** пускать в эксплуатацию назначенный срок; ~ **date** дата пуска в эксплуатацию; ~ **program** программа ввода в эксплуатацию

state государственный; государство, состояние, штат (USA); **intact** ~ сохранность; ~ **of emergency** чрезвычайное положение; ~ **of the market** конъюнктура; ~**d value** объявленная стоимость

statement 1. заявление; 2. акт, ведомость, протокол, смета; расчет, спецификация; **annual** ~ годовая смета; **annual budgetary** ~ годовая бюджетная смета; **bank financial** ~ банковский баланс; **budgetary financial** ~ бюджетный баланс; **capital and credit** ~ баланс движения капиталов и кредитов; **condensed financial** ~ сжатый баланс; **consolidated** ~ сводная ведомость; **detailed financial** ~ подробный баланс; **diplomatic** ~ дипломатическое заявление; **financial** ~ бухгалтерский баланс; **formal** ~ формальное заявление; **general** ~ генеральный акт; **general average** ~ аварийный акт; **joint ~** совместное заявление; **liquidation financial ~** ликвидационный баланс; **oral ~** устное заявление; **preliminary ~** предварительное заявление; **pursuant to the enclosed ~** согласно прилагаемой ведомости; **reconciliation ~** бланк для сверки депозитного счета (**bank statement**); **salvage ~** распределение вознаграждения за спасение; **to make a ~** сделать заявление; **to produce a financial ~** предоставлять баланс; **to verify a ~** уточнять ведомость; **~ of account** выписка из счета; **~ of accounts** документы финансовый отчетности; **~ of deposit** выписка о состоянии депозитов; **~ of changes in financial position** отчет об изменении в финансовом положении фирмы

station станция; **air loading ~** аэродром погрузки; **air transshipment ~** аэродром перегрузки; **border ~** пограничная станция; **central ~** центральная станция; **customs ~** таможенная станция; **gas ~** автозаправочная станция; **railway ~** железнодорожная станция; **repair ~** ремонтная мастерская; **sanitary-health ~** санитарная станция; **service ~** станция техобслуживания; **way ~** промежуточная станция

statistic статистика; **~s** статистика, статистики; **agricultural ~s** сельскохозяйственная статистика; **crime ~s** статистика преступности; **customs ~s** таможенная статистика; **demographic ~s** демографическая статистика; **foreign trade turnover ~s** статистика внешнеторгового оборота; **judicial ~s** судебная статистика; **transportation ~s** транспортная статистика

status положение, состояние, статус; **civil ~** гражданское состояние; **colonial ~** колониальный статус; **consultative ~** консультативный статус; **cultural ~** культурный статус; **diplomatic ~** дипломатический статус; **financial ~** финансовое положение; **international ~** международный статус; **legal ~** правовое состояние, правовой статус, юридическое положение; **marital ~** семейное положение; **political ~** политический статус; **privileged ~** преимущественное положение, привилегированный статус; **social ~** социальный статус

statutory установленный законоположением

status quo статус-кво; **territorial ~** территориальный статус-кво

statute акт, закон, законоположение, положение закона; **antitrust ~** антимонопольный закон; **applicable ~** применимый закон; **arbitration ~** арбитражный закон; **civil ~** гражданский закон; **colonial ~** колониальный закон; **domestic ~** внутренний закон, отечественный закон; **draft ~** законопроект; **electoral ~** избирательный закон; **fundamental ~** основной закон; **government ~** государственный закон; **immigration ~** иммиграционный закон; **land ~** земельный закон; **local ~** местный закон; **minimum wage ~** закон заработной платы; **mining ~** горный закон; **penal ~** уголовный закон; **permitted by ~** дозволенный законом; **procedural ~** процессуальный закон; **prescriptive ~** запретительный закон; **racist ~** расистский закон; **repealed ~** отменяемый закон; **territorial ~** территориальный закон; **to adopt a ~** принять закон; **to apply a ~** применить закон; **to publish a ~** издать закон; **to repeal a ~** отменить закон; **to violate a ~** нарушить закон; **~ in force** действующий закон; **~ on social welfare** положение о социальном обеспечении

stay пребывание; **length of ~** продолжительность визита; **to ~** стоять

steal, to ~ похищать

stem (stemmed), to ~ обусловить день начала погрузки; подать (*судно*) для погрузки

steamer пароход; **cargo ~** грузовой пароход

steamship пароход; **passenger** ~ пассажирский пароход; **propaganda** ~ агитпароход; ~ **line** пароходство

stencil трафарет; **to** ~ наносить маркировку по трафарету

step мероприятие, шаг, мера; **to take** ~**s** принять меры

stepchild пасынок

stepfather отчим

sterling фунт стерлинг, стерлинги; ~ **draft bill** тратта с платежом в фунтах стерлингов; ~ **rate** курс в фунтах стерлингов; 5,000 **pounds** ~ 5000 фунтов стерлингов; **in pounds** ~ в фунтах стерлингов

stevedore стивидор, грузчик

stevedoring 1. погрузка и выгрузка; 2. стивидорные работы; ~ **operations** операция по укладке, работы по погрузке и выгрузке

stick, to ~ наклеивать

stick-on наклейка **(label)**

stimulus стимул

stipend стипендия; **government** ~ государственная стипендия

stipulate, to ~ оговорить, обусловливать, ставить условием

stipulation обусловленность, оговорка, условие; **mutual** ~**s** взаимная обусловленность

stock акция, запас, инвентарь, резерв, склад; состав, фондовый; ~**s** фонд; ~**s** товарно-материальные запасы; **basic** ~ базовый; **buffer** ~ буферный запас; ~ **certificate** акционерный сертификат; **dead** ~ затоваривание; **in** ~ на складе; ~ **dividend** дивиденды, выплаченные акциями; ~**holder** акционер; ~**holders' equity** акционерный капитал; ~ **option plan** опцион (право сотрудников на льготное приобретение акций своей компании); **rolling** ~ подвижной; ~ **sheet** инвентаризационный ярлык; ~ **subscription** распределение акций по подписке; ~**taking** ~ инвентаризация; ~ **turnover** коэффициент оборачиваемости материальных запасов; **to take** ~ **of** проводить учет; ~ **turnover** оборот акций

stock-in-trade запасы товаров, товарная наличность, торговый инвентарь

stock-jobbing ажиотаж

stockbroker брокер фондовой биржи

stockholder пайщик

stockpile запас; **national** ~ государственный запас; **to** ~ делать запас, накапливать

stockpiling заготовка, накопление (товарных запасов)

stop прекращение, стоп; (в телеграммах) точка; **to** ~ прекратить; ~ **payment order** прекращение выдачи наличных денег

stoppage задержка, остановка, прекращение, приостановка, срыв; **work** ~ приостановка работы, срыв работы

storage 1. складирование, хранение; 2. складское помещение, хранилище; **adequate** ~ соответствующее хранение; **bulk** ~ хранение навалом; **carry-over** ~ хранение с переходящим остатком; **cold** ~ хранение в холодильнике; **cost of** ~ стоимость хранения; **document** ~ хранение дел; **improper** ~ неправильное хранение; **inadequate** ~ несоответствующее хранение; **indoor** ~ закрытое хранение; **limited** ~ ограниченное хранение; **long-term** ~ длительное (долгосрочное) хранение; **mode of** ~ способ хранения; **negligent** ~ небрежное хранение; **normal** ~ нормальное хранение; **outside** ~ открытое хранение (под открытым небом); **pending-repair** ~ хранение ремонтного фонда; **period of** ~ срок хранения; **shelf** ~ хранение готовой продукции; **short-term** ~ кратковременное хранение; **small-lot** ~ хранение продукции малыми партиями; **standby** ~ резервное хранение; **temporary** ~ временное хранение; **terminal** ~ хранение у терминала; **to accept for** ~ принимать на хранение; **to provide** ~ обеспечивать хранение; **to turn in for** ~ сдавать на хранение; ~ **agreement** договор хранения; ~ **at a customs warehouse** хранение на таможенном складе; ~ **conditions** условия хранения; ~

expenses расходы по хранению; ~ **facilities** складское хозяйство; ~ **in bags** хранение в мешках; ~ **inspection** проверка хранения; ~ **of cargo** хранение груза; ~ **of goods** хранение продукции; ~ **of spare parts** хранение запчастей; ~ **operations** операция хранения; ~ **quality** качество хранения; ~ **regulations** правила хранения; ~ **space** место для хранения; ~ **system** система хранения; ~ **temperature** температура хранения
store I магазин; ~s припасы; **chain** ~ фирменный магазин; **customs** ~ таможенный склад; **department** ~ универсальный магазин; **retail** ~ розничный магазин; **self-service** ~ магазин самообслуживания; ~ **hours** часы торговли магазинов; ~ **locations** размещение магазинов; ~ **owner** владелец магазин
store II, to ~ складировать, хранить на складе
stored складированный
storehouse склад
storing хранение
storm буря, шторм; **severe** (или **bad**) ~ сильная буря; **strong** ~ сильный шторм
story история, рассказ, сказка
stow I укладка, штивка; **bottom** ~ укладка внизу; **loose** ~ свободная укладка; **tight** ~ плотная укладка; **top** ~ укладка сверху
stow II, to ~ складывать, укладывать, обеспечивать укладку, производить штивку, размещать
stowage расходы по укладке; складочное место, штивка (укладка); **improper** ~ неправильная штивка; **negligent** ~ небрежная укладка, небрежная штивка; **price FOB with** ~ цена ФОБ со штивкой; **refrigerated** ~ укладка в рефрижераторном помещении; **special** ~ специальная штивка; ~ **certificate** свидетельство о штивке; ~ **cost** стоимость штивки; ~ **in crates** укладка в ящики; ~ **plan** каргоплан; ~ **requirements** требования по укладке
stowed со штивкой; **FOB** ~ ФОБ включая штивку; **free in and** ~ фри ин со штивкой
stowing укладка; **multi-level** ~ многоярусная укладка ящиков; **to complete** ~ завершить укладку
straight away немедленно
strain напряжение
strait пролив
stranding посадка на мель
strap лямка; **to** ~ крепить лямкой
strapping крепление лямкой
straw солома; ~ **man** подставное лицо
stream поток; **to come on** ~ вступать в действие
streetwalker продажная женщина
strength сила; **on the** ~ в силу
stress напряжение; **to withstand** ~ выдержать напряжение
strewing раструска
strict жесткий, строгий
strictly строго; ~ **net** строго без скидки
strictness жесткость
strike забастовка, стачка; **economic** ~ экономическая забастовка; **general** ~ всеобщая забастовка; **longshoremen's** ~ забастовка портовых рабочих; **nationwide** ~ общенациональная забастовка; **political** ~ политическая стачка; **protracted** ~ длительная забастовка; **short-term** ~ кратковременная забастовка; **to call a** ~ объявлять забастовку; **to call off a** ~ прекращать забастовку; **wildcat** ~ дикая стачка; ~ **clause** оговорка о забастовке; ~ **insurance** страхование от забастовок
striker стачечник
striking исключение; ~ **from the register** исключение из реестра
string веревка; **to pull** ~s **for** протежировать
stroke росчерк, удар, штрих; **with a single** ~ **of the** **реп** одним росчерком пера
strongbox прочный ящик
structure сооружение, строение, структура; **business** ~ хозяйственное строение; **commercial** ~ коммерческая структура; **economic** ~ экономическая структура; **financial** ~ финансовая структура; **legal** ~ правовая структура; ~ **of the legal system** юридическая структура
struggle борьба; **competitive** ~ конкурентная борьба

student студент; **graduate** ~ аспирант; **graduate ~s** аспирантура

study изучение; **feasibility** ~ изучение возможностей выполнения, технико-экономическое обоснование, экспертиза на осуществимость; **post-graduate** ~ аспирантура

stuff продукт

stupefying одурманивающий

style мода; **to go out of** ~ выйти из моды

subcharter договор субфрахтования

subcommittee подкомитет

subcontract договор с субподрядчиком, субподряд

sub-contractor субпоставщик

subcontracting выдача субподряда

subcontractor субподрядная фирма, субподрядчик

subdivide (или **sub-divide**), **to**~ раздроблять, разбивать

subdivision подотдел, подразделение; **territorial** ~ территориальное подразделение

subgroup подгруппа

subject I (или **subject matter**) предмет, содержание, существо, субъект; **civil law** ~ субъект гражданского права; **contractual** ~ договорный объект, договорный субъект; **hypothecated** ~ **matter** предмет ипотеки; **legal** ~ законный предмет; **patented** ~ запатентованный предмет; **to buy** ~ **to inspection and approval** покупать с условием предварительного осмотра и одобрения; **to be** ~ **to arrest** подвергаться аресту; ~ **of international agreement** объект международного договора; ~ **of a patent** предмет патента; ~ **of taxation** объект обложения; ~ **to** в зависимости от, подлежащий; ~ **to alterations** при условии изменений; ~ **to approval** при условии одобрения; ~ **to availability** при условии наличия; ~ **to the jurisdiction** подчинение юрисдикции; ~ **to prompt notice** при условии немедленного уведомления; ~ **to proper delivery** при условии правильной поставки; ~ **to termination** при условии окончания

subject II, to ~ подвергать

subject to 1. (как часть составного сказуемого после to be) подлежащий, который может подлежать; подчиняющийся чему-л.; имеющий силу или действительный лишь в случае чего-л.; 2. (в обстоятельственных оборотах, выражающих обязательное условие) при условии (если); при соблюдении, при условии соблюдения; на тот случай если, в том случае если

subjection привлечение; ~ **to civil liability** привлечение к гражданской ответственности; ~ **to disciplinary action** привлечение к дисциплинарной ответственности; ~ **to liability** привлечение к ответственности

subject matter предмет; ~ **of a contract** предмет договора; ~ **of a dispute** предмет спора

subjugate, to ~ покорять

subjugation покорение

sublease субаренда

sublet, to ~ сдавать в поднаем

subletting сдача в поднаем

sublicense сублицензия

submerge, to ~ погружать

submission подача, представление, предъявление; передача на рассмотрение; ~ **of a cassation** подача кассационной жалобы; ~ **of a demand** предъявление требования; ~ **of a matter to a court** передача дела в суд; ~ **note** соглашение сторон о передаче спора на решение арбитража; ~ **to arbitration** передача на арбитраж

submit, to ~ представлять (документы)

submitted представленный

subordinate подчиненный; **to** ~ подчинять; **to be** ~ **to** подчиниться

subordination подчиненность, подчинение; **legal** ~ юридическое подчинение

subpoena вызов в суд, повестка о вызове в суд, привод; **to** ~ вызвать в суд

subrogate передавать право требования

subrogation суброгация; ~ **clause** оговорка суброгации

subscribe, to ~ абонировать

subscriber абонент, подписчик; **bond** ~ подписчик

на облигации; ~ **to shares** подписчик на акции
subscription абонемент, подписка; **direct ~ from the publisher** непосредственная подписка у издателя; **mail ~** подписка по почте; **public ~** публичная подписка; **to cover a ~** покрывать подпиской; **~ for securities** подписка на ценные бумаги; **~ for shares** подписка на акции
subsequent последующий
subsequently позже, потом, впоследствии
subsidiary дочерний; дочерняя компания
subsidize, to ~ давать дотацию, субсидировать
subsidizing субсидирование
subsidy дотация, субсидия; **budgetary ~** бюджетная дотация; **direct ~** прямая субсидия; **economic ~** экономическая субсидия; **export ~** субвенция при вывозе; **federal ~** федеральная субсидия; **indirect ~** косвенная субсидия; **military ~** военная субсидия; **state ~** государственная субсидия, субвенция от государства; **to provide a ~** предоставить субсидию
subsisting существующий
substance вещество, существо; **foreign ~** постороннее вещество
substandard некачественный, нестандартный
substantial крупный
substantiate, to ~ обосновывать
substantiated обоснованный
substantiation обоснование; **scientific ~** научное обоснование
substantive существенный; **~ review** пересмотр по существу
substitute I 1.заменитель, суррогат; 2. замена; судно, назначенное вместо другого судна; **monetary ~** денежный суррогат; **to ~** заменять, заменить, замещать, заместить
substitute II, to ~ подставлять, заменять, замещать; **to ~ tanker B for tanker A** заменить танкер А танкером Б *или* назначить танкер Б вместо танкера А
substitution замена, замещение, субститут; **~ of collateral** замена обеспечения; **in ~** взамен
sub-tenant субарендатор
suburb пригород
subvention субвенция; **export ~** субвенция при вывозе; **state ~** субвенция от государства
subversion диверсия
success успех
successful успешный; **the ~ party** сторона, в пользу которой вынесено решение
successively постепенно; последовательно
succession очередность, последовательность, преемственность, преемство
successive последовательный
successor преемник; **legal ~** законный преемник; **~ in a matter** правопреемник в деле

sue, to ~ искать в суд, предъявить претензию
suffer страдать; **to ~ losses** терпеть (*или* нести) убытки
sufficiency достаточность, полнота; **~ of documents** полнота документов; **~ of marking** достаточность маркировки; **~ of packing** достаточность упаковки
sufficient достаточный
suffrage избирательное право; **direct ~** прямое избирательное право; **limitation of ~** ограничение прав в выборах; **universal ~** всеобщее избирательное право; **women's ~** избирательное право женщин
suggest, to ~ предлагать (советовать, рекомендовать)
suggestion предложение (совет, рекомендация); **at the ~ of** по предложению кого-л.
suicide самоубийство, самоубийца (*person committing ~*); **to commit ~** покончить жизнь самоубийством
suit I иск; **civil ~** гражданский иск; **counter-~** встречный иск; **notice of ~** исковое заявление; **original ~** основной иск; **paternity ~** иск об оспаривании отцовства; **to file ~** возбудить иск, предъявить иск, предъявить претензию; **to drop a ~** изъять из суда; **~ for compensation of damages** претензия на возмещение убытков; **~ for divorce** иск о разво-

де; ~ **for infringement of a patent** иск о нарушении патента
suit II, to ~ подходить; **to ~ somebody** подойти кому-л.; **to ~ somebody's purpose** подходить для чьей-л. цели; **to ~ the requirements** удовлетворять (или отвечать) требованиям
suitability пригодность к работе
suitable применимый, соответствующий, подходящий, годный, пригодный
sum сумма; **advance** ~ авансовая сумма; **aggregate** ~ общая сумма; **amortized** ~ амортизационная сумма; **claimed** ~ исковая сумма; **gross** ~ валовая сумма; **guaranteed** ~ гарантийная сумма; **insured** ~ страховая сумма; **large** ~ большая сумма; **licensing** ~ лицензионная сумма; **maximum** ~ максимальная сумма; **minimum** ~ минимальная сумма; **monetary** ~ денежная сумма; **net** ~ чистая сумма; **nominal** ~ номинальная сумма; **pledged** ~ залоговая сумма; **principal** ~ капитальная сумма долга; **redemption** ~ выкупная сумма; **share** ~ паевая сумма; **substantial** ~ крупная сумма; **trivial** ~ ничтожная сумма; ~ **in controversy** спорная сумма; ~ **of indemnity** отступная сумма
summarize, to ~ суммировать, обобщать, подытоживать
summary сводка

summon, to ~ вызывать; **to** ~ вызвать в суд
summons (мн.ч. **summonses**) вызов в суд, судебная повестка; ~ **of the electors** созыв избирателей
superannuation давность
superficial поверхностный
superior высший, лучший, выше, лучше (чем - **to**)
superscribe, to ~ надписывать
superstition суеверие
supervise, to ~ 1. наблюдать, надзирать; 2. осуществлять надзор, руководить; **to ~ a construction contract** осуществлять шефмонтаж
supervised контролируемый
supervision контроль, наблюдение, надзор; **competent contract** ~ компетентный шефмонтаж; **complete contract** ~ полный шефмонтаж; **constant** ~ постоянный контроль; **contract** ~ шефмонтаж; **performance of contract** ~ проведение шефмонтажа; **state** ~ государственный надзор; **to provide contract** ~ обеспечивать шефмонтаж
supervisor руководитель; **construction** ~ шефмонтер; **senior construction** ~ старший шефмонтер; **to employ the services of a** ~ пользоваться услугами шефмонтера
supervisory контролирующий; **appropriate** ~ **personnel** соответствующий шефперсонал; **seller's** ~ **personnel** шефперсонал

продавца; ~ **personnel** шефперсонал
supplement добавление, приложение, дополнение, дополнительный акт; **to publish a** ~ издавать дополнение
supplemental добавочный
supplementary дополнительный
supplier компания-поставщик, поставщик, предприятие-поставщик, фирма-поставщик; **principal** ~ главный поставщик; **wholesale** ~ оптовый поставщик
supply I запас, поставка, снабжение, **~ies** припасы; **money** ~ денежная масса; ~ **of goods** предложение товаров; ~ **of labor** предложение труда; ~ **on the market** предложение на рынке, снабжение рынка
supply II, to ~ снабжать, снабдить (кого-л. чем-л. - **somebody with something** или **something to somebody**), поставлять
support I гарантирование, поддержка; подтверждение; **in** ~ в подтверждение **diplomatic** ~ дипломатическая поддержка; **financial** ~ финансовая поддержка
support II, to ~ поддерживать
supporter сторонник
suppose, to ~ предполагать, думать
supranational сверхнациональный
surcharge дополнительная надбавка, дополнительный сбор, надбавка, штраф; **imposition of a** ~

наложение штрафа; **it includes a ~ of ... %** включать надбавку в размере ...%; **seasonal ~** сезонная надбавка; **to add a ~ to the price** делать надбавку к цене; **to pay a ~** платить надбавку

sure уверенный; **to make ~** удостовериться, убедиться

surety аваль, гарант, поручитель, поручительство, ручательство; **as ~ for** в качестве гарантии, в качестве поручителя; **joint ~** совместная гарантия, совместный гарант, совместный поручитель, совместное поручительство; **one who makes a ~** авалист; **to provide a ~** дать аваль; **~ for a bill of exchange** аваль векселя, вексельное поручительство; **~ on a bill** вексельный поручитель

surplus 1. избыток, избыточный; 2. излишек, перевес, превышение; 3. превышение доходов над расходами; **agricultural ~es** сельскохозяйственные излишки; **capital ~** избыток капитала; **economic ~** перевес экономический; **export ~es** экспортные излишки; **import ~es** импортные излишки

surprise I удивление; **to learn with ~** узнать с удивлением

surprise II, to ~ удивлять; **to be ~d** быть удивленным

surrender капитуляция, отдача, представление; **to ~** сдавать, сдать

surveillance надзор; **under ~** под опекой, поднадзорная свобода, поднадзорный

survey обзор, осмотр; **business ~** обзор хозяйственной деятельности; **exhaustive ~** исчерпывающий обзор; **land ~** кадастр; **scope of ~** рамки обзора; **statistical ~** статистический обзор

surveyor инспектор, сюрвейер (инспектор); **insurance ~** аварийный комиссар; **plant ~** фабричный инспектор; **~ of the port** портовой инспектор

survivor потерпевший

suspect арестованный

suspect, to ~ заподозрить, подозревать

suspend, to ~ откладывать, отложить, приостановить; **to ~ a sentence** приостановить исполнение приговора

suspense account балансирующий счет

suspension временное прекращение, приостановка; **~ of military activities** приостановка военных действий; **~ of payments** приостановка платежей

suspicion подозрение; **inciting ~** возбуждающий подозрение

sustain, to ~ выдерживать, испытывать, терпеть, понести; **to ~ losses** понести потери

suzerainty сюзеренитет

swear, to ~ присягать

sweating отпотевание

swindle жульничество, мошенническая проделка; **to ~** жульничать

swindler жулик, обманщик

swing колебание; **sharp ~** резкое колебание

switch железнодорожная стрелка

switching подмен; **~ children (at the hospital)** подмен ребенка

sworn присяжный; **~ testimony** показание под присягой

symbol знак, индекс, обозначение; **notational ~** обозначение на схеме; **well-known ~** общеизвестный знак

syndicalism синдикализм

syndicalist синдикалист, синдикалистский

syndicate консорциум, синдикат; **banking ~** консорциум банков; **industrial ~** промышленный синдикат; **international ~** международный консорциум; **labor ~** рабочий синдикат; **to ~** синдицировать

synthetic синтетический

system система, строй; **~s analyst** специалист по системам, системный аналитик; **banking ~** банковская система; **bicameral ~** двухпалатная система; **budget ~** бюджетная система; **constitutional ~** конституционная система; **court ~** аппарат суда; **credit ~** кредитная система; **currency ~** валютная система; **~ design** проектирование системы; **economic ~** экономическая система; **electoral** ~ избирательная система; **financial** ~ финансовая система; ~ **implementation** внедрение системы; ~ **installation** установка системы; ~ **investigation** обследование системы; **judicial** ~ судебная система; **legal** ~ правовая система; **metric** ~ метрическая система; **monetary** ~ денежная система; **multilateral** ~ **of payments** многосторонняя система платежей; **parliamentary** ~ парламентарная система; **passport** ~ паспортная система; **penal** ~ пенитенциарная система; **political** ~ политический строй; **preferential** ~ преференциальная система; **proportional** ~ **of voting** пропорциональная система выборов; **proportional electoral** ~ пропорциональная избирательная система; **tax** ~ налоговая система; **two-party** ~ двухпартийная; **unicameral** ~ однопалатная система

T

table реестр, стол, табель, таблица; **abridged** ~ сокращенная таблица; **comparative** ~ сравнительная таблица; **computational** ~ расчетная таблица; **individual** ~ детализированная таблица; **reference** ~ справочная таблица; **single tabulation** ~ однотипная таблица; **summary** ~ сводная таблица; **tariff rate** ~ таблица тарифных ставок; **tax** ~ налоговая таблица; **time** ~ расписание; **to compile a** ~ составлять таблицу

tabulate, to ~ представлять цифры в виде таблицы, вносить в таблицу

tabulation табулирование, составление таблиц

tackle принадлежности, оборудование

tacky липкий, клейкий

tag бирка, метка, этикетка, ярлык; **goods tear-away** ~ товарный ярлык; **inventory** ~ инвентарный ярлык; **luggage** ~ багажная бирка; **metal** ~ металлическая бирка; **paper** ~ бумажная бирка, бумажный ярлык; **plastic** ~ пластмассовый ярлык; **price** ~ бирка с указанием цены, этикетка с ценой, ярлык с указанием цены; **special** ~ специальная бирка; **tear-away** ~ отрывной ярлык; **to attach a** ~ наклеивать ярлык

take, to ~ снимать, снять; **to** ~ **an oath** принимать присягу; **to** ~ **something on trial** опробовать; **to** ~ **up documents** выкупить документы, оплатить документы

taking снятие; ~ **of an oath** получение присяги; ~ **inventory** проведение инвентаризации

talented одаренный

talks переговоры; **armistice** ~ переговоры о перемирии; **economic** ~ экономические переговоры; **peace** ~ мирные переговоры; **secret** ~ секретные переговоры

tally отметка, сверка, тальманский; **ship's outturn** ~ счет выгруженного веса; **to** ~ учитывать; ~ **of cargo** подсчет количества мест груза; ~ **sheet** перечень товаров

tallyman отметчик при погрузке и выгрузке, тальман

tang острый, терпкий привкус/запах; **the** ~ **of the sea air** запах моря

tanglible assets материальные активы

tank бак, емкость, танк; резервуар; цистерна **ex-**~ франко-цистерна; **in** ~**s** наливом, в цистернах; **to pour into a** ~ наливать в бак; **to store in a** ~ хранить в баке, хранить в цистерне; **to transport by** ~ **cars** перевозить в цистернах; ~ **capacity** емкость цистерны; ~ **car** железнодорожная цистерна; **shore** ~ береговой резервуар

tankage наполнение резервуара

tanker танкер; **bunkering** ~ танкер-бункеровщик; **major** ~ крупнотоннажный танкер; **motorized** ~ наливной теплоход; **oil** ~ нефтеналивное судно, нефтяной танкер; **refueling** ~ танкер-заправщик; **to load a** ~ загружать танкер

tape лента; **adhesive** ~ клейкая лента; **magnetic** ~

магнитная лента; **packing** ~ упаковочная лента
tardiness опоздание
tare вес тары, тара; **actual** ~ действительный вес тары; **actual** ~ **weight** действительный вес тары; **average** ~ средний вес тары; **customary** ~ вес тары установленный обычаем, обычный вес тары; **damaged** ~ поврежденная тара; **defects in** ~ дефекты тары; **empty** ~ порожний вес; **estimated** ~ предполагаемый вес тары; **invoice** ~ фактурный вес тары; **invoice** ~ **weight** вес упаковки, указанный в счете; **reusable** ~ многооборотная тара; **sack** ~ мешкотара; **super** ~ вес тары превышающий нормальный; **to** ~ делать скидку на тару; **warehousing of** ~ хранение тары на складе; ~ **allowance** скидка с веса на тару; ~ **weight** вес тары, вес упаковки
target норма; мишень, цель; **above** ~ выше нормы; **financial** ~ плановая цифра; **high** ~ высокая норма; **initial** ~**s** плановые данные; **introduction of** ~**s** введение норм; **plan** ~ плановое задание; **production** ~ производственное задание
tariff тариф, тарифный; **agency** ~ агентский тариф; **autonomous** ~ автономный тариф; **basic** ~ жесткий тариф; **blanket** ~ единый тариф; **conference** ~ конференциальный тариф; **convention** ~ конвенционный тариф; **conventional** ~ договорные пошлины; **discrepancy between** ~ **rates** расхождение между тарифами; **discriminatory** ~ дискриминационный тариф; **export** ~ экспортный тариф; **flat rate** ~ тариф аккордных ставок; **flexible rate** гибкий тариф; **general** ~ общий тариф; **government** ~ государственный тариф; **high** ~ высокий тариф; **import** ~ импортный тариф; **in accordance with railway** ~ в соответствии с железнодорожным тарифом; **increase in** ~**s** повышение тарифов; **load** ~ низкий тариф; **local** ~ местный тариф; **maximum** ~ максимальный тариф; **minimum** ~ минимальный тариф; **multilinear** ~ сложный тариф; **multiple** ~ **system** система множественных тарифов; **postal** ~ почтовый тариф; **preferential** ~ льготный тариф; **prohibitive** ~ запретительный тариф; **protectionist** ~ протекционистский тариф; **protective** ~ покровительственный тариф; **railway** ~ железнодорожный тариф; **reduction in** ~**s** снижение тарифов; **retaliatory** ~ карательный тариф; **sliding scale** ~ дифференциальный тариф; **special** ~ особый тариф; **straight line** ~ простой тариф; **to adjust a** ~ изменять тариф; **to apply a** ~ применять тариф к; **to increase a** ~ поднимать тариф; **to set a** ~ **upon** тарифицировать; **transit** ~ транзитный тариф; **unified** ~ унифицированный тариф; **zone** ~ зональный тариф; ~ **for tare carriage** тарный тариф; ~ **rates** ставки тарифов; ~ **rating** тарификация
taring определения веса тары; ~ **regulations** правила определения веса тары
tarp(aulin) брезентовый чехол, брезент; **to cover with a** ~ покрывать брезентом
tartness кислота, кислый вкус; колкость, ехидство
task задание
taste вкус; **to** ~ дегустировать
tasting дегустация; **free sample** ~ бесплатная дегустация
tax налог, налоговый; **ad valorem** ~ адвалорный налог; **after** ~ за вычетом налога; **before** ~ до вычета налога; **capital** ~ налог на капитал; **collection of** ~**es** сбор налогов; **corporate income** ~ налог с доходов акционерных компаний; ~ **credit** налоговый кредит, скидка; **delinquent** ~ неуплаченный налог; **direct** ~ прямой налог; **discriminatory** ~ дискриминационный налог; **equalization** ~ уравнительный налог; **estate** ~ пошлина на наследственное имущество; **ex-**

tax empt from ~es свободный от уплаты налогов; **federal** ~ федеральный налог; **government** ~ государственный налог; **heavy** ~ большой налог; **high** ~ высокий налог; **import** ~ ввозной сбор, налог на импорт; **imposition of a** ~ введение налога; **income** ~ подоходный налог; **indirect** ~ косвенный налог; **inheritance** ~ наследственный сбор, пошлина на наследование; **inheritance transfer** ~ сбор с перехода имуществ по наследству; **land** ~ земельный налог; **land** ~ поземельный сбор; **local** ~ местный налог; **lumpsum** ~ аккордный налог; **nonpayment of** a ~ неуплата налога; **one-sided** ~ односторонний налог; **onerous** ~ непомерный налог; **proceeds from** ~es поступления от налогов; **progressive** ~ прогрессивный налог; **property** ~ поимущественный налог; **proportional** ~ пропорциональный налог; **reduction in** ~es сокращение налогов; **reserve for income** ~ резерв по уплате подоходного налога; ~ **return** расчет налога, налоговая декларация; **royalty** ~ налог с роялти; ~ **services** консультационные услуги по налогообложению; **single stage** ~ одноступенчатый налог; **specific** ~ специфический налог; **stamp** ~ гербовая пошлина; **to** ~ облагать; **to be** exempt from the payment of ~es быть освобожденным от уплаты налогов; **to collect** ~ собирать налоги; **to evade** ~es уклоняться от уплаты налогов; **to exempt from** ~es освобождать от налогов; **to increase** ~es повышать налоги; **to levy a** ~ взимать налог; **to pay** ~es выплачивать налоги, платить налоги; **to subject to a** ~ облагать налогом; **to withhold** ~es удерживать налоги; **trade licensing** ~ промысловый налог; **turnover** ~ налог на оборот, налог с оборота; **unitary** ~ единый налог; ~ **abatement** скидка с налога; ~ **deferment** отсрочка налога; ~ **exemption** освобождение от налогов; ~ **in kind** натуральный налог; ~ **on personal property** налог на личное имущество; ~ **on real property** налог на недвижимость; ~ **on wages** налог на зарплату; ~ **preferences** льготы на налог; ~ **rate** ставка налога; ~ **refund** возврат налога; ~ **revenue** доход от налогов; ~ **revenues** налоговые поступления; ~ **schedule** шкала налогов; ~ **surcharge** дополнительный налог; ~ **withholding** удержание налогов
taxable облагаемый, подлежащий обложению; ~ **income** налогооблагаемый доход
tax Reform Act of 1986 Закон о реформе системы налогообложения 1986 г. (США)
taxation налогообложение, обложение, обложение налогом; **double** ~ двойное налогообложение; **heavy** ~ тяжелое налогообложение; **preferential** ~ льготное налогообложение; **progressive** ~ прогрессивное обложение налогом, прогрессивное налогообложение; **proportional** ~ пропорциональное налогообложение; **system of** ~ система налогов, система налогообложения; **to be subject to** ~ подлежать обложению налогом
taxi такси; ~ **stand** стоянка такси
taxpayer налогоплательщик
team бригада, команда; **management** ~ управленческая команда; **negotiating** ~ прибывшая для проведения переговоров делегация; **repair** ~ ремонтная бригада
teamster водитель грузовика
tear разрыв, убыль; **normal wear and** ~ нормальная убыль и нормальный износ; **to** ~ **apart** разорвать
technical технический; ~ **conditions** технические условия; ~ **and economic** технико-экономический; ~ **excellence** превосходство в технике; ~ **maintenance station** база техобслуживания; ~ **maintenance** техобслуживание
technically технически; ~ **acceptable** технически приемлемый; ~ **correct** технически правильный; ~

feasible технически возможный; ~ **optimal solution** технически оптимальное решение
technician техник
technique метод выполнения работ; **production** ~ способ изготовления; **testing** ~ метод испытаний, метод проведения испытаний; **to master a** ~ осваивать метод
technological технологический; ~ **achievements** достижения техники
technology техника, технология; **advanced** ~ передовая техника, передовая технология; **application of** ~ применение технологии; **basic** ~ базовая технология; **capital intensive** ~ капиталоемкая технология; **communications** ~ техника связи; **energy-saving** ~ энергосберегающая технология; **export of** ~ экспорт технологии; **field of** ~ область техники; **general** ~ общая технология; **high** ~ наукоемкая технология, наукоемкий; **introduction of new** ~ внедрение новой технологии; **labor-intensive** ~ трудоемкая технология; **labor-saving** ~ трудосберегающая технология; **leak of** ~ утечка технологии; **low waste** ~ безотходная технология; **monopoly on** ~ монополия на технологию; **new** ~ новая технология; **next generation** ~ техника новых поколений; **package** ~ комплексная технология; **perform-ance of** ~ характеристика технологии; **recently developed** ~ недавно разработанная технология; **resource-conserving** ~ ресурсосберегающая технология; **suitable** ~ подходящая технология; **superior** ~ превосходная технология; **to apply modern** ~ привлекать современную технологию; **to approve** ~ одобрять технологию; **to develop** ~ развивать технологию; **to evaluate** ~ оценивать технологию; **to make** ~ **accessible** делать технологию доступной; **to master** ~ владеть технологией; **to obtain** ~ приобретать технологию; **to update** ~ обновлять технологию; ~ **assessment** оценка техники; ~ **transfer** передача технологии
teeth *мн.ч. от* **tooth**
telecommunications связь; ~ **worker** связист
telegram телеграмма; **encoded** ~ шифрованная телеграмма; **express** ~ телеграмма-молния; **ordinary** ~ обычная телеграмма; **to notify by** ~ уведомлять телеграммой; **to send a** ~ высылать телеграмму; ~ **form** бланк телеграммы; ~ **reading (running) as follows** телеграмма следующего содержания
telegraph телеграф; **to** ~ телеграфировать
telegraphic телеграфный; ~ **address** адрес для телеграмм; ~ **transfer** телеграфный перевод
telephone телефон, телефонный; **by** ~ по телефону; **notice by** ~ уведомление по телефону; ~ **inquiry** запрос по телефону; ~ **message** телефонограмма; ~ **number** номер телефона; ~ **conversation** или **conversation by** ~ (*или* **on the** ~) телефонный разговор *или* разговор по телефону; ~ **conversation of this morning (of yesterday, etc.)** телефонный разговор, состоявшийся сегодня утром (вчера и т. д.)
teletype телетайп, телетайпный; **by** ~ по телетайпу
telex I телекс *(телеграмма, посланная по телетайпу)*; телексный; **by** ~ по телетайпу; **official** ~ служебный телекс; **reply to a** ~ ответ на телекс; **to confirm a** ~ подтверждать телекс; **to send a** ~ направлять телекс; **urgent** ~ срочный телекс
telex II телеграфировать по телетайпу, передавать по телетайпу
teller счетчик; **bank** ~ счетчик в банке
telpher тельфер; ~ **train** поезд подвесной железной дороги
temerity смелость, безрассудство
temp работающий временно
temper состав, закалка
template трафарет, шаблон
tempo темп
temporal светский
temporary временный
tempting соблазнительный, выгодный

tenancy владение на основе аренды, владение, недвижимость; **joint ~** совместное владение; **~ in common** долевое владение

tenant владелец недвижимости, съемщик

tendenc/y тенденция; **basic ~** основная тенденция; **prevailing ~** преобладающая тенденция; **protectionist ~/ies** протекционистские тенденции; **to exhibit a ~** проявлять тенденцию

tender заявка, предложение *(письменное)*; полный тендер, тендер *(заявка на торгах)*; условия, предложения; **~s** торги; **international ~s** международные тендеры, международные торги; **invitation of ~s** объявление торгов; **isolated ~s** изолированные тендеры; **legal ~** законный тендер; **notice of ~s** извещение о торгах; **to forward a ~** направлять тендер; **to win ~s** выигрывать торги; **~ conditions** условия тендера; **~ for competitive bids** предложение конкуренции; **~ number** номер тендера

tenor содержание

tension напряжение, напряженность; **relaxation of ~** ослабление напряженности; **to reduce ~** ослабить напряжение

tenuous тонкий; **~ atmosphere** разреженная атмосфера; **a ~ excuse** неубедительная отговорка; **~ argument** слабый аргумент

tenure владение, недвижимость, срок владения имуществом; пребывание в должности; срок полномочий; условия; **~ of office** заместительство

term сессия, срок, термин, условие; период; **acceptable ~s** приемлемые условия; **advantageous ~s** преимущественные условия; **agreed ~s and conditions** согласованные условия; **alternative ~s of payment** иные условия платежа; **annual ~** годовая сессия; **attractive ~s** привлекательные условия; **barter ~s** условия мены; **basic ~s of delivery** базисные условия поставки; **berth ~s** линейные условия, причальные условия; **~ bonds** фиксированные облигации *(погашаемые одновременно в один платеж)*; **charter-party ~s** условия чартера; **collection ~s** условия инкассо; **commercial ~s** коммерческие условия; **contemplated ~s and conditions** предусмотренные условия; **credit ~s** методы финансирования, условия кредита; **deferred ~s of payment** отсроченные условия платежа; **definite ~** определенный срок; **delivery ~s** условия поставки; **designated ~** назначенный срок; **draft ~s** условия о производстве платежа векселем (траттой); **equal ~s** равные условия; **favorable ~s** благоприятные условия; **general ~s and conditions** общие правила; **import payment ~s** условия платежа за импорт товара; **in ~s of value** в стоимостном выражении; **in real ~s** в реальном выражении; **indefinite ~** неопределенный срок; **inequitable ~s** неравноправные условия; **initial ~** начальный срок; **lease ~s** условия аренды; **mutually profitable ~s** взаимовыгодные условия; **non-observance of ~s** несоблюдение условий; **on credit ~s** на условиях кредита; **on equal ~s** на равных началах; **on general contract ~s** на условиях генерального подряда; **~ of office** должностной срок, срок полномочий, мандат; **on other similar ~** в на прочих равных условиях; **on preferential ~s** на льготных условиях; **on profitable ~s** на выгодных условиях; **on usual ~s** на обычных условиях; **original ~s of a contract** первоначальные условия контракта; **payment ~s** условия платежа; **preferential ~s** льготные условия; **profitable ~s** выгодные условия; **proposed ~s** предложенные условия; **purchase ~s** условия покупки; **sales ~s** условия продажи; **scientific ~s** научные термины; **settlement ~s** условия расчета; **shipment ~s** условия отгрузки; **short ~** краткосрочный; **similar ~s** аналогичные условия; **special ~s of payment** специальные условия платежа; **subject to the ~s and conditions** в зависимости от условий, на всех условиях; **to act in accordance with the ~s and conditions contract** действовать в соответствии с условиями контракта; **to agree to acceptable ~s** договориться о приемлемых условиях; **to comply with ~s and conditions** соблюдать условия; **to define ~s** определять условия; **to discuss ~s and conditions** обсуждать условия; **to entail amendment of the ~s and conditions** вызывать изменения условий соглашения; **to fall outside the ~s of the contract** выходить за пределы условий контракта; **to fulfill the ~s and conditions of a contract** выполнять условия контракта; **to grant ~s and conditions** предоставлять условия; **to honor the ~s of credit** выполнять условия кредита; **to honor the payment ~s** выполнять условия платежа; **to incorporate ~s in the letter of credit** включать в условия аккредитива; **to maintain ~s** придерживаться условий; **to meet the ~s** выполнять условия; **to negotiate ~s** договариваться об условиях; **to offer the most favorable ~s** предоставлять самые благоприятные условия; **to outline ~s and conditions** намечать условия; **to pay on credit ~s** платить на условиях кредита; **to phrase the ~s and conditions of a contract** формулировать условия контракта; **to quote ~в** назначать условия; **to reject the ~a and conditions of a contract** отвергать условия контракта; **to review ~s and conditions** рассматривать условия; **to revise ~s and conditions** пересматривать условия; **to set out ~s and conditions** выдвигать условия; **to stipulate ~s and conditions** предусматривать условия; **to study the ~s** изучать условия; **to violate ~s** нарушать условия; **to violate the ~s of a contract** нарушать условия контракта; **unacceptable ~s** неприемлемые условия; **under similar ~s** с аналогичными условиями; **under the ~s stipulated in the contract** на условиях, предусмотренных в контракте; **under the ~s and conditions of a contract** по условиям контракта; **under the mutually agreed ~s** на взаимосогласованных условиях; **uniform ~s** единые условия; **unless otherwise provided by the ~s of the letter of credit** если условия аккредитива не предписывают иного; **usual ~s** обычные условия; **usual ~s of payment** обычные условия платежа; **~s and conditions of an auction** условия аукциона; **~s and conditions of a bid** условия предложения; **~s and conditions of a buy-sell contract** условия купли — продажи; **~s and conditions of consignment** условия консигнации; **~s and conditions of a contract** условия договора; **~s and conditions of a financing package** условия предоставления финансовых услуг; **~s and conditions of a licensing agreement** условия лицензионного договора; **~s and conditions of a treaty** условия договора; **~ has expired** срок действия истек; **~s of acceptance** условия приемки; **~ of amortization** срок амортизации; **~s of annulment** условия аннулирования; **~s of art** торговые термины; **~s of an average bond** условия аварийного бонда; **~s of a bill of lading** условия коносамента; **~s of a commercial transaction** условия коммерческой сделки; **~ of contract** срок договора; **~s of conveyance** условия транспортировки; **~s of cooperation** условия сотрудничества; **~s of a deal** условия сделки; **~s of debenture** условия долгового обязательства; **~s of financing** условия финансирования; **~s of freight** условия фрахта; **~ of lease** срок аренды; **~s of a letter of credit** условия аккредитива; **~ of prescription** срок давности; **~s of trade** условия торговли

terminal терминал; **container ~** контейнерный терминал; **freight liner ~** терминал для грузовых судов; **marine ~** морской терминал; **~ value** окончательная сумма

termination завершение, окончание, прекращение; **~ of an act** прекращение действия договора; **~ of a commission** прекращение поручения; **~ of a contract** прекращение договора; **~ of a force majeur situation** окончание форс-мажорной ситуации; **~ of a license** прекращение действия лицензии; **~ of a patent grant** прекращение действия патента; **~ of a power of attorney** прекращение доверенности

terminology терминология; **legal ~** юридическая терминология; **scientific ~** научная терминология

territorial территориальный

territory зона, территория; **agreed ~** согласованная территория; **customs ~** таможенная территория; **disputed ~** спорная зона; **eastern ~** восточная зона; **exclusive ~** исключительная территория; **licensed ~** лицензированная территория; **neutral ~** нейтральная зона; **occupied ~** оккупированная зона; **quarantined ~** карантинизированная зона; **sales ~** сбытовая территория; **~ under jurisdiction** зона юрисдикции

test измерение, испытание, контроль, проверка, тест, экзамен; **load ~** испытание под нагрузкой; **to ~** пробовать, проводить тест; **to carry out a ~ run of units** производить контрольную обкатку агрегатов; **to put to the ~** и **to ~** подвергать тесту; **to stand the ~** выдерживать тест; **~ certification** акт испытаний; **~ certificate** свидетельство об испытании; **~ report** протокол испытания; **running ~** рабочее испытание; **service ~** эксплуатационное испытание

tested проверенный; **to be laboratory ~** пройти испытания в лабораторных условиях

testify, to ~ свидетельствовать

testimonial аттестат

testimony показание, свидетельство; **preliminary ~** предварительное свидетельство; **~ of the defendant** показание обвиняемого; **~ of witnesses** показание свидетелей

testing измерение, испытание; **completion of ~** окончание испытаний

text текст; **agreed ~** согласованный текст; **alteration of a ~** исправление текста; **altered ~** исправленный текст; **authentic ~** подлинный текст; **full ~** полный текст; **original ~** первоначальный текст; **supplement to a ~** дополнение к тексту; **to approve a ~** одобрять текст;

to print a ~ печатать текст; **~ of a contract** текст контракта; **~ of a telex** текст телекса

textiles текстильные товары, ткани

thanks (*мн.ч.*) благодарность; **(very) many ~** или **~ very much** большое спасибо *или* очень благодарен (*или* благодарны); **~ to** благодаря; **with ~** с благодарностью

theft кража, похищение; **~ of government property** похищение государственного имущества

thei/f вор, разбойник; **~ves** воры, разбойники; **den of ~ves** воровской притон, разбойничий притон

thereabouts около этого, приблизительно

thereafter = after that (time) с этого времени

thereby = by it, by that means, in that connection этим, при помощи этого, из-за этого, в связи с этим

therefor = for it, for this, for that вместо этого, вместо него

therefrom = from it, from them от него, от них

therein = in it, in them в нем, в них

thereof = of it, of them его, их

thereto = to it на это; **consent thereto** согласие на это

thereupon немедленно после этого

thicken утолщать; утолщаться, уплотняться, усложняться

thicket чаща; заросли

thickness толщина, густота; слой
thief (*мн.ч.* **thieves**) вор
thievery кража, воровство
thing вещь
third третий; ~ **bill of exchange** терция
thorough тщательный
thoroughfare проезд
thoroughly тщательно; **to ~ investigate** тщательно исследовать
threw past от **throw**
thrifty экономный
throughout на всем протяжении; ~ **the charter** в продолжение всего времени действия чартера
throw (**threw, thrown**) бросать, кидать; **to ~ out** отклонять (*об иске*)
thrown p. p. от **throw**
throne престол; **Heavenly ~** престол святейший; **heir to the ~** престолонаследник; **succession to the ~** престолонаследие; **to abdicate the ~** отречься от престола; **to mount the ~** вступить на престол
through транзитный
thus таким образом
ticket билет; **airline ~** билет на самолет; **baggage claim ~** багажная квитанция; **broker's ~** (**auction**) аукционный меморандум; **pawn ~** закладочное свидетельство, залоговая квитанция, ломбардная расписка; **railway ~** железнодорожный билет; **return ~** обратный билет
tie галстук; связь
tight напряженный; ~ **credit** нехватка кредита; ~ **money** нехватка денег

till касса; ~ **balance** кассовая наличность
tilt, to ~ кантовать
timber лесоматериал; **floating ~** сплав
time время, срок; **at the appointed ~** в назначенное время; **changeover ~** время перехода к выпуску новой продукции (**production**); **construction ~** график хода строительства; **detention ~** сверхпростойное; (сверхсталийное) время, сверхурочное время; ~ **of** (*или* **for**) **delivery** срок поставки; **in four months' ~** через четыре месяца; **effective ~** фактическое время; **estimated ~** расчетное время; **expected ~ of arrival (ETA)** предполагаемая дата прибытия; **in ~** вовремя; **in due ~** своевременно; **in good ~** в надлежащее время; **loading ~** время погрузочное; **local ~** местное время; **onloading ~** время продолжительности погрузки; **at the present ~** в настоящее время; **processing ~** длительность обработки; **running ~** длительность работы; **serving ~** отбывание (*e.g. in prison*); **set up ~** установочное время; **standard base ~** норма времени; **to lose ~** терять время; **to save ~** экономить время; **to take up ~** занимать время; **turnaround ~** (*maritime*) время оборота судна в порту; ~ **bill** дата-вексель; ~ **note**

дата-вексель; ~ **of arrival** время прибытия; ~ **of delivery** время доставке; ~ **of departure** время отправления; ~ **of execution** время выполнения; ~ **savings** экономия времени; ~ **of shipment** срок отгрузки; ~ **value of money (TVM)** стоимость денег с учетом доходов будущих периодов (*бух.*)
time-charter тайм-чартер
time-charterer фрахтователь по тайм-чартеру; ~**'s liability** ответственность фрахтователя по тайм-чартеру
time-line линейный график
timeliness своевременность (*представления информации*)
timely своевременный
timesheet (*или* **time-sheet**) табель; таймшит (*ведомость учета времени, затраченного на погрузку и/или выгрузку судна*); **daily ~** ежедневная ведомость; **monthly ~** ежемесячная ведомость, текущий табель (*for factory workers*); **to fill out daily ~s** выписывать ведомость ежедневного учета времени, составлять ежедневные временные графики
timetable график, расписание; **ship ~** расписание движения судов; **to establish a production ~** устанавливать график работ; **train ~** расписание движения поездов
tip, to ~ кантовать; "**do not ~**" "не кантовать"

tin 1. олово; 2. жестяная банка

title звание, название, титул; право на имущество, право собственности; титульный; **abstract of** ~ справка о титуле, выписка из реестра; **conveyance of legal** ~ передача правового титула; **document of** ~ (*shipped goods*) товарораспорядительный документ; **good** ~ законный титул; **honorary** ~ почётное звание; **legal** ~ правовой титул, юридическое звание; **to show good** ~ показать законный титул; **voidable** ~ оспоримый титул; ~ **of an invention** наименование изобретения; ~ **to chattels** титул на движимое имущество; ~ **to real property** титул на недвижимое имущество

token знак, примета; **as a** ~ **of goodwill** в знак доброжелательности

tolerable допустимый

tolerance допуск; снисходительность; **to adhere to specified** ~**s** выдерживать допуски; **wear** ~ допуск на износ; **zero-defect** ~ бездефектность

toll дорожный налог, пошлина; **railway** ~ железнодорожный сбор; **road** ~ дорожная пошлина, дорожный сбор

ton тонна; ~ **burden** тонна вместимости; **long** (*или* **English**) ~ *см.* **long**; **register** ~, **net register** ~**s**, ~**s net register** *см.* **register**; **short** ~ малая (*или* короткая) тонна

tonnage тоннаж; **cargo** ~ грузовой тоннаж; **chartered** ~ зафрахтованный тоннаж; **compensated** ~ компенсированный тоннаж; **gross** ~ валовая вместимость, валовой тоннаж; **idle** ~ бездействующий тоннаж; **inland** ~ речной тоннаж; **liner** ~ линейный тоннаж; **low** ~ малотоннажный; **maritime** ~ морской тоннаж; **maximum** ~ максимальный тоннаж; **registered** ~ регистровая вместимость; **significant** ~ значительный тоннаж; **stipulated** ~ обусловленный тоннаж; **tanker** ~ наливной тоннаж; **to book** ~ буксировать тоннаж; **to register** ~ регистрировать вместимость; **total** ~ общий тоннаж; **tramp** ~ трамповый тоннаж; ~ **demand** спрос на тоннаж; ~ **of a ship** грузоподъемность судна; ~ **scale** шкала вместимости

tool инструмент, орудие, прибор; ~ **kit** комплект инструментов

toolmaker машиностроитель

tooth (*мн.ч.* **teeth**) зуб

top верх, верхняя часть

topic тема; **delicate** ~ щекотливая тема

torpedo (*мн.ч.* **torpedoes**) торпеда

tort деликт

torture истязание; **interrogation under** ~ допрос с пристрастием; **to** ~ истязать

total итог (*sum*),; общее количество, итого, всего; общий; ~ **assets** общая стоимость активов; **grand** ~ общий итог; ~ **income (TI)** итоговая прибыль; ~ **inventory method** метод общего уровня запасов; ~ **manufacturing costs** общая сумма производственных расходов; **to** ~ насчитывать; ~ **operating hours** учёт количества отработанных часов

totality совокупность

touch соприкосновение, общение; **to get in** ~ **with** связываться *или* сноситься с кем-л.

toughness вязкость

tourism туризм; **development of** ~ развитие туризма; **foreign** ~ иностранный туризм; **international** ~ международный туризм

tourist туристический

tow, to ~ буксировать

towage буксировка

towing буксирный; буксировка, обслуживание буксирами; **marine** ~ морская буксировка

track путь

tractor-trailer грузовик с прицепом

trade 1. торговать; 2. совершать рейсы, плавать; 3. промысел; 4. ремесленный; товарный; торговля, торговый; **annual** ~ годовая торговля; **barter** ~ бартерная торговля; **bilateral** ~ двусторонняя торговля, двухсторонний торговый обмен; **brisk** ~ оживленная торговля; **cash** ~ торговля за налич-

ные; **coasting** ~ каботажная торговля; **counter** ~ встречная торговля; ~ **redit** коммерческий кредит, предоставляемый покупателю продавцом; ~ **creditors** кредиторская задолженность продавцам, поставщики-кредиторы; ~ **debtors** дебиторская задолженность покупателей, покупатели-дебиторы; ~ **discount** скидка с прескурантной/продажной цены; **diplomatic** ~ дипломатическая торговля; **direct transit** ~ прямая транзитная торговля; **diversification of** ~ диверсификация торговли; **domestic** ~ внутренняя торговля; **duty-free** ~ беспошлинная торговля; **expansion of** ~ развертывание торговли; **export** ~ экспортная торговля; **field of** ~ отрасль торговли; **foreign** ~ внешняя торговля; **free** ~ свободная торговля; ~**-in value** обменная стоимость старого оборудования при покупке нового; **illicit** ~ контрабандная торговля; **indirect transit** ~ косвенная транзитная торговля; **intermediary** ~ посредническая торговля; **interregional** ~ межрегиональная торговля; **interstate** ~ межгосударственная торговля; "**invisible** ~" "невидимая" торговля; **lawful** ~ законная торговля; **licensed** ~ лицензионная торговля; **multilateral** ~ многосторонняя торговля; **national** ~ национальная торговля; **preferential** ~ преференциальная торговля; **private** ~ частная торговля; **receipts from** ~ выручка от торговли; **regional** ~ региональная торговля; **retail** ~ розничная торговля; **seasonal** ~ сезонная торговля; **significant** ~ значительная торговля; **slow** ~ вялый бизнес; **stagnant** ~ вялая торговля; **stagnation in** ~ застой в торговле; **to** ~ вести торговлю, торговать; **to encourage** ~ поощрять торговлю; **to impede the development of** ~ препятствовать развитию торговли; **unlawful** ~ незаконная торговля; "**visible** ~" видимая торговля; **volume of** ~ объем торговли; **wholesale** ~ оптовая продажа, оптовая торговля; **world** ~ мировая торговля; ~ **acceptance** акцептованный торговый вексель; ~ **days** дни работы ярмарки, отведенные для бизнесменов; ~ **expansion policy** политика расширения торговли; ~ **imbalance** дисбаланс торговли; ~ **liberalization** либерализация торговли; ~ **mission** торгпредство; ~ **prospects** перспективы торговли; ~ **recovery** оживление торговли; ~ **representative** торгпред; ~ **restriction** ограничение торговли; ~ **show** ярмарка-выставка
trademark товарный знак, товарная марка; **annulment of** a ~ аннулирование знака; **manufacturer's** ~ заводская марка, заводское клеймо, фабричная марка; **registered** ~ зарегистрированный товарный знак, официально зарегистрированная марка; **to bear a** ~ носить фабричную марку; ~ **designations** условные обозначения марок
trader купец; **currency** ~ камбист; **independent** ~ индивидуальный торговец; **market** ~ рыночный торговец; **small** ~ мелкий торговец; **wholesale** ~ оптовый торговец
tradesman торговец; **retail** ~ розничный торговец
trading коммерция; торговый; ~ **relations** торговые отношения; **commodities** ~ товарный арбитраж; **currency** ~ валютный арбитраж; **exchange** ~ биржевая торговля; **metals** ~ торговля металлами; **state** ~ государственная торговля; ~ **obstacles** помехи в торговле
tradition традиция
traffic движение, сообщение, торговля, транзит; **air** ~ воздушное движение, воздушное сообщение; **freight** ~ грузоперевозка, грузовое движение; **goods** ~ товарное движение; **overland** ~ сухопутное сообщение; **overseas** ~ морское сообщение; **passenger** ~ пассажирское движение; **river** ~ речное сообщение; **shipping** ~ пароходное сообщение; **short-haul** ~

местное сообщение; **to stop** ~ прекратить движение; ~ **conditions** условия движения; ~ **in transit** транзитное движение

trailer кинореклама; трейлер; **cargo-**~ карго-трейлер; **piggy-back** ~ контрейлер, контрейлерный

train поезд; **hospital** ~ санитарный поезд

training обучение, подготовка, стажировка; **in-plant** ~ обучать специалистов в заводских условиях; **management** ~ обучение руководящих кадров, подготовка кадров; **military** ~ военное обучение; **on the job** ~ обучение на заводе, обучение по месту работы; **personnel** ~ подготовка кадров

traitor изменник, предатель

tramp трамповый; ~ **steamer** трамп

tranquility спокойствие

trans-Atlantic трансатлантический

transaction дело, операция, сделка, трансакция; хозяйственная операция; **bad faith** ~ недобросовестная сделка; **bank** ~ банковская сделка, банковская операция, банковская трансакция; **barter-exchange** ~ меновая сделка; **bilateral** ~ двухсторонняя сделка; **business** ~ деловая операция; **buy-back** ~ компенсационная сделка; **buy-sell** ~ сделка купли; ~ продажи; **cash** ~ кассовая сделка; **clearinghouse** ~ клиринговая операция; **commodity swapping** ~ товарообменная сделка; **consignment** ~ комиссионная операция; **credit** ~ кредитная сделка; **currency exchange** ~ валютная трансакция; **discount** ~ учетная операция, учетная сделка; **discount lending** ~ учетно-ссудная операция; **exchange** ~ биржевая операция, валютная операция; *(currency)* **fictitious** ~ фиктивная сделка; **financial** ~ финансовая операция, финансовая сделка, финансовая трансакция; **foreign trade** ~ внешнеторговая сделка; **forward** ~ биржевая сделка на срок; **forward currency** ~ срочная сделка с иностранными валютами; **futures** ~ операция на срок, срочная сделка; **hedge** ~ хеджевая сделка; **interbank** ~ межбанковская операция; **international buy-sell** ~ международная сделка купли-продажи; **issuing** ~ эмиссионная операция; **middleman** ~ посредническая сделка; **monetary** ~s денежные операции; **money-losing** ~ убыточная сделка; **non-cash** ~ безналичный расчет; **payment** ~ расчет; **profitable** ~ прибыльная сделка, рентабельная операция; **single** ~ разовая сделка; **speculative** ~ спекулятивная операция, спекулятивная сделка; **spot market** ~ кассовая сделка

transcontinental трансконтинентальный

transfer I. акт перенесения, перевалка, перевод, передача, пересылка, трансферт, трансфертный; **assignment** ~ **(work)** перевод на другую работу; **bank** ~ банковский перевод, банковский трансферт; **bank** ~ **of sums from one account to another** банковское перечисление сумм со счета на счет; **certificate of** ~ передаточный акт; **compulsory** ~ передача по принуждению, принудительный перевод; **credit** ~ кредитный трансферт; **deed of** ~ трансферт; **inter-vivos** ~ передача между живыми, переход между живыми; **international** ~ международный перевод; **mail** ~ почтовый перевод; **money** ~ денежный перевод; **postal** ~ почтовое перечисление; **savings** ~ сберегательный перевод; **telegraphic** ~ (*или* **cable** ~) телеграфный перевод; **testamentary** ~ передача путем завещания; **wire** ~ телеграфный перевод; ~ **by inheritance** переход по наследству; ~ **of capital** перевод капитала; ~ **of capital abroad** перевод капиталов за границу; ~ **of foreign exchange** перевод иностранной валюты; ~ **of funds** перевод фондов; ~ **of an invention** передача изобретения; ~ **of a license** передача лицензии; ~ **of a portfolio** передача портфеля; ~ **of property** передача имуществ, переход имущества; ~ **of property by inheritance** переход имущества по наследству; ~ **of rights** переход прав; ~ **of sovereignty** передача суверенитета, переход суверенитета; ~ **of sums** перечисление сумм; ~ **of territory** передача территории; ~ **through a bank** перевод через банк; ~ **to an account** перечисление на счет

transfer II. (**transferred**) 1. передавать; переносить; 2. переводить (деньги); записывать, перечислять; **to** ~ **a case** перепоручить дело; **to** ~ **to an account** перечислить на счет

transferee лицо, в чью пользу произведен трансферт; переводополучатель, получатель по трансферту

transferor индоссант, переводоотправитель

transit транзит, транзитный; **in** ~ транзитом; ~ **visa** виза для транзита

transition переход

transit провоз; транзит; **during** (*или* **in**) ~ во время перевозки *или* во время нахождения в пути

translate, to ~ переводить;

translation перевод; **English** ~ перевод на английский язык; **written** ~ письменный перевод

translator переводчик; **court** ~ судебный переводчик

transport перемещение, транспорт, транспортировка; **air** ~ авиационный транспорт, воздушная перевозка, воздушный транспорт; **air** ~ **of freight** воздушная перевозка груза; **air** ~ **of passengers** воздушная перевозка пассажиров; **airmail** ~ воздушная перевозка почты; **automobile** ~ автотранспорт, автомобильный транспорт; **civil** ~ гражданский транспорт; **coasting-trade** ~ каботажная перевозка; **commercial** ~ коммерческая перевозка; **direct** ~ прямая перевозка; **freight** ~ грузовой транспорт; **highway** ~ шоссейная перевозка; **inland** ~ внутренний транспорт; **inland water** ~ внутренний водный транспорт; **international** ~ международная перевозка; **international air** ~ международная воздушная перевозка; **mail** ~ почтовая перевозка; **marine** ~ морская перевозка, морской транспорт; **military** ~ военная перевозка; **mixed** ~ смешанная перевозка; **mode of** ~ вид транспорта; **passenger** ~ пассажирская перевозка, пассажирский транспорт, перевозка пассажиров; **public** ~ общественный транспорт; **rail** ~ железнодорожная перевозка, железнодорожный транспорт, речная перевозка, речной провоз, речной транспорт; **road** ~ автоперевозки, дорожный транспорт; **to** ~ перевозить, перемещать, транспортировать; **urban** ~ городской транспорт; **water** ~ водный транспорт; ~ **by barge** перевозка на барже; ~ **by trucks** перевозка на грузовиках; ~ **of P.O.W.s** перевозка военнопленных; ~ **on deck** перевозка на палубе

transportation перевозка; провоз, транспортное сообщение, транспортный; **convenient** ~ удобное сообщение; **free** ~ безвозмездная перевозка; ~ **in** транспортные расходы по завозу товаров; ~ **out** транспортные расходы по отгрузке товаров; ~ **in direct railroad-truck link** перевозка в прямом железнодорожно-, дорожно-автомобильном сообщении; **sea** ~ морская перевозка; ~ **system** система транспорта

transporting транспортирование

transshipment перегрузка

transshipping перевалка

travel путешествие; **business** ~ командирование; **field** ~ **by experts** командирование специалистов; **international** ~ международное путешествие

traveling передвижной; разъездной; ~ **expenses** командировочные, разъездные деньги

treachery предательство

treason измена; **high** ~ государственная измена

treasure сокровище

treasurer казначей, кассир; **assistant** ~ помощник казначея; **deputy** ~ заместитель казначея; **~/book-keeper** казначей-бухгалтер; **~ of a corporation** казначей корпорации

treasury казна, казначейство

treatment обработка; обращение, режим; **favorable ~** благоприятный режим; **most favored nation ~** режим наиболее благоприятствуемой нации; **national ~** национальный режим; **preferential ~** благоприятствование, льготный режим; **tax ~** налоговый режим; **to put to a ~** подвергнуть обработке

treaty договор; **bilateral ~** двусторонний договор; **denunciation of a ~** денонсация договора; **economic ~** хозяйственный договор; **equitable ~** равноправный договор; **multilateral ~** многосторонний договор; **patent cooperation ~** договор о патентном сотрудничестве; **to accede to a ~** присоединяться к договору; **to denounce a ~** денонсировать договор; **to renounce a ~** отказываться от договора; **to withdraw from a ~** выходить из договора; **~ of unlimited duration** бессрочный договор; **~ on commerce** договор о торговле; **~ on cooperation** договор о сотрудничестве

trend тенденция; **definitive ~** определенная тенденция; **downward ~** понижательная тенденция; **economic ~** развитие конъюнктуры; **general ~** общая тенденция; **long term ~** долговременная тенденция; **market ~** рыночная тенденция; **market ~ analysis** анализ тенденций рынка; **price ~** направление движения цен, тенденция цен; **short-term ~** кратковременная тенденция; **upward ~** движение вверх, повышательная тенденция; **~ analysis** анализ тенденций

trial пробный; процесс, суд; **jury ~** суд присяжных; **speedy ~** быстрый суд; **to bring to ~** привлекать к суду; **~ by combat** суд Божий

tribunal трибунал; суд; **arbitration ~** арбитраж, третейский суд; **consular ~** консульский суд

tribute дань; подношение

trick проделка; **to ~** обмануть

trim, to ~ размещать

trimming тримминг (*надлежащее размещение груза на судне*), укладка (*груза*)

trip поездка, рейс; **business ~** командировка, служебная поездка; **business ~ abroad** зарубежная командировка; **extended business ~** длительная командировка; **official business ~** служебная командировка; **one-way ~** рейс в один конец; **return ~** обратный провоз; **round ~** круговой рейс; **short-term business ~** краткосрочная командировка; **to send on a business ~** командировать

triplicate третий экземпляр; тройной; **in ~** в трех экземплярах; **to enclose documents in ~** приложить документы в трех экземплярах; **to issue a bill in ~** выставлять трату в трех экземплярах

tropical тропический

trouble беспокойство, хлопоты; трудность; **to bear ~** выносить трудности; **to withstand ~** выдерживать трудности

troubleshooter аварийный монтер

troubleshooting нахождение неисправностей

trousseau приданое

truancy прогул

truck грузовой автомобиль, грузовая машина, грузовик; вагон; платформа; **closed ~** крытый грузовик; **FOB ~** франко грузовик; **heavy-duty ~** тяжелый грузовик; **light-duty ~** грузовик малой грузоподъемности; **shipment by ~ pre-paid** за перевозку на грузовике уплачено; **to load onto a ~** грузить на грузовик; **to ship by ~s** перевозить на грузовиках; **to transfer to ~** перегружать на грузовик; **to unload a ~** разгружать грузовик

truly: yours truly (*или* **truly yours**) с уважением (*в конце писем*)

trunk ящик; **overseas ~** ящик для морской перевозки

trust доверие, трест; **breach of ~** злоупотребление до-

U

верием; **to lose** ~ потерять доверие
trustee опекун, попечитель; **statutory** ~ законный опекун
trusteeship опека, попечительство; **administrative** ~ административная опека; **international** ~ международная опека; **statutory** ~ законная опека; **to be under** ~ находиться под опекой
truth истина, правда
try (tried), to ~ пробовать, пытаться; судить; **to behind closed doors** судить при закрытых дверях
tsar царь
tsarism царизм
tug, to ~ буксировать
tug-boat буксир, буксирное судно; **port** ~ портовый буксир; ~ **contract** договор морской буксировки; ~ **service** обслуживание буксирами
tuggage буксирный; буксировка; **marine** ~ морская буксировка
turbine турбина; **steam** ~ паровая турбина
turbo-alternator турбоальтернатор
turn I очередь; **in** ~ по очереди
turn II переворачивать; **do not** ~ **over** не кантовать (надпись на ящиках); **to** ~ **to** обращать; **to** ~ **oneself in (to the authorities)** явиться с повинной; **to** ~ **over** перегружать; перепоручить
turn-key "под ключ"; ~ **contract** контракт "под ключ"; ~ **project** проект "под ключ"
turnover оборачиваемость, оборот; **annual** ~ годовой оборот; **capital** ~ оборачиваемость капитала, оборот капитала; **cash** ~ оборот наличных денег; **daily** ~ дневной оборот; **domestic** ~ оборот внутри страны; **export** ~ оборот по экспорту; **fluctuations in** ~ колебание оборота; **freight** ~ грузооборот, оборот грузов; **import** ~ оборот по импорту; **merchandise** ~ товарный оборот; **minimum** ~ минимальный оборот; **money** ~ денежный оборот; **overall** ~ общий оборот; **plant** ~ оборачиваемость основного капитала; **rate of** ~ скорость оборота; **rate of stock** ~ **(goods)** скорость оборота товарных запасов; **sales** ~ оборот по продажам; **volume of** ~ размер оборота; **wholesale** ~ оптовый оборот; **work-in-process** ~ оборачиваемость незавершенного производства; ~ **of deposits** оборачиваемость депозитов; ~ **of finished goods** оборачиваемость готовой продукции; ~ **of stock** оборачиваемость товарных запасов; ~ **of working capital** оборачиваемость оборотных средств
tutelage попечительство, опека
tutelary опекунский, опекающий
tweendecker двухпалубное судно
twine шпагат; **binder** ~ увязочный шпагат
two-fold двойной
type род, сорт, тип

U

u: u-turn разворот; резкое изменение политики
UFO (unidentified flying object) НЛО (неопознанный летающий объект)
ugly некрасивый, уродливый, безобразный, противный, скверный
ulterior скрытый, невыраженный
ultimate конечный
ultimo прошлого месяца; **a letter of the 15th** ~ письмо от 15 числа прошлого месяца
umpire суперарбитр (третейский судья); **third party** ~ третий арбитр
unable неспособный; **to be** ~ не быть в состоянии
unabbreviated несокращенный, полный
unabridged несокращенный, полный
unacceptable неприемлемый
unaccepted неакцептованный, непринятии
unaccomplished незавершенный
unacknowledged неподтвержденный
unaddressed неадресованный
unanimity единодушие
unanimous единодушный
unappropriated profits нераспределенная прибыль
unauthenticated неудостоверенный
unauthorized неразрешенный, посторонний

unavailable не имеющийся в наличии
unavailing бесполезный, напрасный, тщетный
unavoidable неизбежный, неминуемый, неотвратимый
unbecoming неподходящий, неподобающий, неприличный (для кого-л.), неприличествующий (кому-л.)
unbiassed непредвзятый, непредубежденный
unbreakable небьющийся
uncalled невостребованный
uncertainty сомнение, неопределенность
uncertified незаверенный
unclean нечистый
uncollectible accounts безнадежные долги
uncompensated без обязательства возмещения ущерба, безвозмездный, некомпенсированный
unconditional безоговорочный, безусловный
unconfirmed неподтвержденный
uncontemplated непредусмотренный
uncontrolled неконтролируемый
uncover, to ~ обнаруживать
uncovered без упаковки, непокрытый; **to ship** ~ перевозить без упаковки
undamaged неповрежденный
undeclared незадекларированный, необъявленный
undelivered недоставленный
underabsorbed overhead не полностью распределенные накладные расходы - дебетовое сальдо

underdeveloped слаборазвитый; ~ **nation** слаборазвитая страна
undergo (underwent, undergone) подвергаться, проходить
undergone p. p. от undergo
underestimate недооценка; **to** ~ недооценивать
undergraduate абитуриент
underground подполье, подпольный
underload недогрузка; **to** ~ недогружать
underloading недогруз, недогрузка, погрузка меньшего количества; ~ **of a vessel** недогруз судна
undermining подрыв; ~ **the credit system** подрыв кредитной системы; ~ **the economy** подрыв экономики; ~ **of discipline** подрыв дисциплины
underpay, to ~ недоплачивать
under-shipment погрузка меньшего количества
understandability понятность
understanding договоренность, взаимопонимание, понятие, соглашение; **mutual** ~ взаимная договоренность; **on the** ~ **that** при условии что; при условии если; **private** ~ частная договоренность, частное соглашение; **pursuant to our** ~ согласно нашей договоренности; **to come to an** ~ достичь договоренности; **to reach an** ~ **in writing** оформить договорённость письменно
understated заниженный
understatement занижение

undertaken p. p. от undertake
undertaking обязательство
undertook past от undertake
undervaluation недооценка
undervalue, to ~ недооценивать
underwriter страховщик; **marine** ~ морской страховщик
undischarged неразгруженный
undistributable reserves нераспределяемые резервы (бух.)
undocumented недокументированный
unearned revenues незаработанные доходы; доходы будущих периодов
uneconomical неэкономичный
unemployed безработный
unemployment безработица
unendorsed неиндоссированный
unequal неравноправный, неравный
UNESCO ЮНЕСКО (организация по вопросам образования и культуры)
unexecuted невыполненный, неисполненный, неоформленный
unexpected непредвиденный
unexpired costs непонесенные расходы (расходы, которые еще не оплачены) (бух.)
unfinished незаконченный
unfit негодный, неподходящий, непригодный; ~ **for intended use** негодный к употреблению
unfitness негодность, непригодность
unforeseen непредвиденный

unfortunately к сожалению; к несчастью
unfreeze, to ~ размораживать *(e.g. assets)*
unfulfilled неисполненный, невыполненный
ungraded несортированный
unguaranteed негарантированный
unification унификация; ~ **of documents** унификация документов
unilateral односторонний
unincorporated некорпоративный
uninsured незастрахованный
uninterrupted непрерывный
union объединение, союз; **administrative** ~ административный союз; **atlantic** ~ атлантический союз; **currency** ~ валютный союз; **customs** ~ таможенный союз; **interparliamentary** ~ межпарламентский союз; **labor** ~ профсоюзный орган, профессиональный союз (профсоюз), профсоюзный; **marital** ~ брачный союз; **monetary** ~ монетный союз; **privileged** ~ привилегированный союзник; ~ **of industrialists** союз предпринимателей
unique уникальный
unit 1. единица, штука; 2. установка; ~ **cost** себестоимость изделия; **basic monetary** ~ основная денежная единица; **contract** ~ **of measurement** контрактная единица измерения; **conventional** ~ условная единица; **currency** ~ валютная единица; **European Currency** ~

(ECU) европейская валютная единица; **international** ~s международные единицы; **metric** ~s метрические единицы; **monetary** ~ денежная единица; **payment** ~ расчетная единица; **per** ~ на единицу; **per** ~ **of metallic marganese per ton** за каждый процент металлического марганца в тонне; **separate** ~ отдельная единица; **transport** ~ транспортная единица; ~ **cost** себестоимость единицы продукции; ~ **of equipment** единица оборудования; ~ **of measurement** единица измерения; ~ **of production** единица продукции; ~ **of production costs** единица издержек производства; ~ **of time** единица времени; ~ **of value** единица стоимости; ~ **of weight** единица веса; ~ **price goods** цена за единицу товара
unite, to ~ объединяться
united соединенный; ~ **Kingdom** Соединенное Королевство; ~ **States of America** Соединенные Штаты Америки
unity сплочённость
universal универсальный
unjustified неоправданный
unlawful незаконный
unlicensed безлицензионный, нелицензированный
unlikely маловероятный
unlimited бессрочный; нелимитируемый; ~ **liability** солидарная/неограниченная ответственность
unload, to ~ выгружать

unloading выгрузка; **queue for** ~ очередь на выгрузку
unmarketable неходкий; ~ **products** неликвиды
unmerchantable непригодный, непригодный для торговли
unnavigable несудоходный
unnumbered ненумерованный
unobtainable недоступный
unofficial неофициальный
unorganized неорганизованный
unoriginal шаблонный
unoriginality шаблонность
unpacked не запакованный, неупакованный
unpaid неоплаченный, непогашенный, неуплаченный; ~ **capital** недоплаченная часть акционерного капитала
unpatentable непатентоспособный
unpatented беспатентный, незапатентованный
unpre-packed нерасфасованный
unpresented cheque непредъявленный чек
unprofitability нерентабельность
unprofitable бесприбыльный, невыгодный, неприбыльный, нерентабельный
unprotested неопротестованный *(bill or note)*
unprovided for непредусмотренный
unquoted некотирующийся
unrated нетаксированный
unrealised profit нереализованная прибыль/убыток *(прибыль/убыток, которые еще не превращены в денежные средства)*

unrecorded expenses начисленные расходы
unrecorded revenue начисленные доходы
unredeemed невыкупленный
unreliability ненадежность
unreliable ненадежный
unremunerative неприбыльный, нерентабельный
unrestricted неограниченный
unripe незрелый
unsaleable непродаваемый, неходкий
unsatisfactory неудовлетворительный
unseal, to ~ вскрывать
unsealed незапечатанный
unseasonable несезонный
unseaworthiness непригодность для плавания, немореходность
unsecured без обеспечения, необеспеченный, непокрытый; ~ **bonds** необеспеченные облигации
unsettled непогашенный, неурегулированный
unshipped неотправленный
unsold непроданный
unsolicited незапрошенный; ~ **offer** оферта, посланная по инициативе продавца *(без предварительного запроса покупателя)*
unsorted несортированный
unspent неизрасходованный
unstable нестабильный, неустойчивый
unsuitable негодный, непригодный, неподходящий
unused неиспользованный
unvalued неоцененный, нетаксированный
unwashable несмываемый
up выше; **up to:** 1. *(указывает на временный предел):* ~ **to the present moment** до настоящего времени; 2. *(вместо to для подчеркивания предела увеличения),* **to increase the cargo** ~ **to 6,500 tons** увеличить груз до 6 500 тонн; 3. *(указывает на соответствие):* **to be** ~ **to something** быть на уровне или быть в соответствии; **to be** ~ **to sample** соответствовать образцу
upkeep ремонт, содержание
upper верхний; ~ **limit (UL)** верхний уровень прибыли
upside down вверх дном; ~ **stacking** укладка вверх дном
upsurge подъем, рост; ~ **in prices** рост цен
upswing подъем; **economic** ~ экономический подъем; ~ **in production** подъем производства; ~ **in productivity** подъем производительности
urgency безотлагательность, срочность
urgent безотлагательный, неотложный, срочный, экстренный
urgently срочно
usage обыкновение, узанс, обычай; **banking** ~ банковский обычай; **commercial** ~ торговое обыкновение, торговый обычай; **constitutional** ~ конституционный обычай; **diplomatic** ~ дипломатический обычай; **international** ~ международный обычай; **international law** ~ международно-правовой обычай; **maritime** ~ морской обычай
use полезность, польза, пользование, потребление, использование, применение; **end** ~ конечное применение; **illegal** ~ противоправное применение; **illegal** ~ **of trademark** незаконное применение товарного знака; **marginal** ~ предельная полезность; **of little** ~ малопригодный; **ready for** ~ готовый к эксплуатации; **to make** ~ **of something** использовать что-л.; **to** ~ пользоваться, потреблять; ~ **of force** применение силы
used *past от* **use**; *(в сочетании с инфинитивом выражает повторяющееся действие)* **we** ~ **to get large orders** мы бывало *(или* обычно*)* получали большие заказы
useful полезный (для кого-л.- **to**); ~ **life (economic)** срок эксплуатации (активов)
useless бесполезный
user потребитель; **end** ~ конечный потребитель
usual обычный; **as usual** как обычно
usually обычно
utilit/y полезность, практичность, выгодность, выгода, польза; **public** ~**ies** коммунальные услуги
utilizable пригодный к употреблению
utilize использовать, утилизировать
utilization использование
utmost 1. предельный; крайний; 2. **the utmost** самое большое; все возможное;

to do one's ~ сделать все возможное
utter полный, абсолютный, совершенный; **to ~** пускать в обращение
uttermost предел возможного

V

vacation аннулирование, отпуск; **paid ~** оплачиваемый отпуск; **~ of a decision** аннулирование решения; **~ pay liability** кредиторская задолженность по оплате отпусков
vacuum-packed упаковка вакуумная
vade-mecum *(карманный)* справочник
vague неопределенный, смутный, неясный; **a ~ resemblance** неуловимое сходство; **~ rumours** смутные слухи; **I haven't the ~st idea** не имею ни малейшего представления/понятия
vain тщетный, напрасный; **a ~ attempt** тщетная попытка; **~ hopes** напрасные надежды
valid годный, действующий, действительный; **legally ~** юридически действительный; **~ for...** годный для
validate, to ~ признавать действительным, ратифицировать
validity действие, действительность, срок действия, обоснованность, сила; **statistical ~** статистическое обоснование; **to acknowledge the ~ of a license** признавать действительность лицензии; **to acknowledge the ~ of a patent** признавать действительность патента; **to acknowledge the ~ of rights** признавать действительность прав; **to contest the ~** оспаривать действительность; **to verify the ~ of a patent** проверять действительность патента; **~ of a document** действительность документа; **~ of a letter of credit** действие аккредитива; **~ of a license** действительность лицензии; **~ of an offer** действительность предложения; **~ of a patent** действительность патента, действие патента; **~ of rights** действительность прав; **~ of a trademark** действительность товарного знака
valorization валоризация
valuable ценный; **~s** ценности; **mortgaged ~s** заложенные ценности; **to deposit ~s in a bank** депонировать ценности в банке
valuation оценка, расценка
value стоимость, ценность; **actual ~** реальная стоимость; **aggregate ~** общая стоимость; **assessed ~** оценочная стоимость; **at ~** по цене дня; **barter ~** меновая стоимость; **capitalized ~** капитализированная стоимость; **cash ~** денежная стоимость; **commercial ~** коммерческая стоимость; **contract ~ of the goods** стоимость товаров по контракту; **insurance ~** застрахованная стоимость груза; **declared ~** заявленная стоимость, объявленная стоимость; **domestic ~** внутренняя стоимость; **exchange ~** меновая стоимость; **gross ~** валовая стоимость; **higher ~** наемная стоимость; **liquidation ~** ликвидационная стоимость; **market ~** курсовая стоимость, рыночная стоимость; **material ~** материальная ценность; **nominal ~** нарицательная стоимость; **objective ~** объективная стоимость; **of little ~** малоценный; **purchase ~** покупная стоимость; **real ~** реальная ценность; **reappraisal of ~** переоценка ценностей; **rental ~** арендная стоимость; **sale ~** запродажная стоимость; **subjective ~** субъективная стоимость; **surplus ~** прибавочная стоимость; **to the ~ of** стоимостью в; **to have great ~** иметь большую ценность; **to have little ~** иметь малую ценность; **to have no ~** не иметь никакой ценности, не представлять никакой ценности; **unit ~** единичная стоимость; **unit of ~** единица ценности; **use ~** потребительная стоимость; **valued at** стоимостью в; **to ~** оценивать
valued 1. ценный; 2. *p. p. от* **value**
valueless не имеющий ценности
van автофургон

vandalism вандализм; **act of ~** акт вандализма
vanguard передовой отряд
variability неустойчивость
variable колеблющийся, неустойчивый; **~ costing** калькуляция себестоимости по переменным затратам
variance отклонение *(бух.)*
variation изменение, перемена, колебание; **cost ~** изменение стоимости; **minor ~s** небольшие колебания; **~ in prices** колебание цен
variety ассортимент, разновидность
verifiability проверяемость *(финансовой отчетности)*
various различный
varnish лоск, лакировать
vary колебаться, изменяться
varying меняющийся
VAT (value added tax) налог на добавленную стоимость (НДС)
vat бак, бочка; **to pour into a ~** наливать в бак; **to store in a ~** хранить в баке
vault подвал, погреб; хранилище *(в банке)*
VCR (video cassette recorder) видеомагнитофон
vector вектор
venal продажный
venality коррупция, продажность
vendor продавец, торговец
venture предприятие; **joint ~** совместное предприятие
venue место дела, юрисдикция; **arbitration ~** место арбитража
verbal словесный
verdict приговор; **public ~** общественный приговор;

unjust ~ неправосудный приговор
verification контроль, проверка; **total ~** сплошной контроль
verify, to ~ проверять
version вариант; **production ~** серийный вариант
versus против
vessel судно; **cargo ~** грузовое судно; **cargo tramp ~** трамповое судно; **Coast Guard ~** таможенное судно; **coasting ~** каботажное судно; **container ~** контейнерное судно; **government ~** государственное судно; **harbor ~** портовое судно; **hospital ~** госпитальное судно; **incoming ~** прибывающее судно; **merchant ~** торговое судно; **motorized ~** теплоход; **naval ~** военно-морское судно; **pirate ~** пиратское судно; **registered ~** зарегистрированное судно; **salvage ~** спасательное судно; **seagoing ~** морское судно; **sound ~** неповрежденное судно; **timber-hauling ~** лесовоз; **to arrest a ~** арестовать судно
vest, to ~ вводить во владение; **to ~ someone with authority** облекать кого-то полномочиями
vesting введение во владение
veterinary ветеринарный
veto вето; **right of ~** право вето; **to ~** налагать вето
viability осуществимость; **economic ~** доходность
vice вице; порок; **~-consul** вице-консул; **~-president** заместитель председателя

vicious порочный; **~ circle** порочный круг
victim пострадавший, потерпевший; **~ of harm** пострадавший *(от ущерба)*
victory победа; **election ~** победа на выборах
victuals провиант
video клип
view 1. вид; 2. взгляд, мнение; 3. намерение, цель; **general ~ drawing** чертеж общего вида; **in ~ of** ввиду; **with the ~ of** *или* **with a ~ to** *(с последующим герундием)* с целью
vigilant недремлющий; "**the law favors the ~**" "Право благоприятствует недремлющим"
villain злодей
violate, to ~ нарушать
violation нарушение, несоблюдение; **currency ~s** валютные нарушения; **fine for ~** штраф за нарушение; **gross ~** грубое нарушение; **investigation of a ~** рассмотрение дела о нарушении; **sanctions for ~** санкции за нарушение; **to avoid ~s** избегать нарушений; **to impose a penalty for a ~** наложить штраф за нарушение; **~ of conditions** нарушение условий; **~ of exclusivity** нарушение исключительности; **~ of a law** нарушение закона; **~ of safety regulations** нарушение правил по технике безопасности
violator нарушитель
violence насилие; **act of ~** акт насилия
VIP важное лицо

V

visa виза; **business ~** виза для деловой поездки, деловая виза; **confirmation of a ~** подтверждение визы; **consular ~** консульская виза; **date of a ~** дата визы; **entry ~** въездная виза; **exempt ~** привилегированная виза; **exit ~** выездная виза; **export ~** вывозная виза; **extension of a ~** продление визы; **import ~** ввозная виза; **issuance of a ~** выдача визы; **multiple entry ~** многократная виза; **ordinary ~** обыкновенная виза; **permanent ~** постоянная виза; **receipt of a ~** получение визы; **refusal of a ~** отказ в визе; **to apply for a ~** запрашивать визу, обращаться визой; **to extend a ~** продлевать визу; **to issue a ~** визировать, выдавать визу; **to receive a ~** получать визу; **to refuse to grant a ~** отказать в выдаче визы; **to support a ~ application** поддерживать просьбу о предоставлении визы, поддерживать визу; **tourist ~** туристическая виза; **transit ~** транзитная виза; **valid term of a ~** срок действия визы; **~ application** заявление на выдачу визы, обращение за визой; **~ department** отдел виз; **~-invitation** виза-приглашение

viscosity вязкость

vise, to ~ проставлять визу в паспорте; **to have one's passport ~d** получать визу на паспорт

visit визит, посещение; **aim of a ~** цель визита; **an annual ~** ежегодной визит; **a ~ to Moscow** посещение Москвы; **business ~** деловой визит; **conclusion of a ~** завершение визита; **construction site ~** визит на место строительства; **extended ~** длительной визит; **follow-up ~** последующий визит; **friendly ~** дружеский визит; **itinerary for a ~** программа визита; **official ~** официальный визит; **opportunity for a ~** возможность визита; **outcome of a ~** результаты визита; **period of a ~** срок визита; **planned ~** запланированный визит; **postponement of a ~** отсрочка визита; **private ~** частный визит; **proposed ~** планируемый визит, предложенный визит; **regular ~** очередной визит; **regular ~s** регулярные визиты; **return ~** ответный визит; **short ~** короткий визит; **time of a ~** время визита; **to ~** посещать; **to arrange a ~** договориться о визите; **to arrive on a ~** прибывать с визитом; **to cancel a ~** отменять визит; **to coordinate ~s** координировать визиты; **to expedite a ~** ускорять визит; **to plan a ~** запланировать визит; **to prepare an itinerary for a ~** подготовить программу визита; **to pay a ~** нанести визит; **to put off a ~** откладывать визит; **to return a ~** наносить ответный визит; **unsuccessful ~** неудачный визит; **until the next ~** до следующего визита; **upcoming ~** предстоящий визит; **~ for purposes of inspection** инспекционный визит; **~ to establish contacts** визит для установления контактов

vocation призвание

void не имеющий силы, недействительный; **null and ~** недействительный; **to become void** терять силу; **to declare null and ~** признать недействительным

voltage напряжение тока

volume емкость, объем; **foreign trade ~** объем внешней торговли; **market ~** емкость рынка; **trade ~** торговый оборот; **~ of demand** объем потребления; **~ of expenses** размер расходов; **~ of exports** объем экспорта; **~ of gross output** объем валовой продукции; **~ of investment** объем капитальных вложений; **~ of production** объем производства; **~ of turnover** объем оборота; **~ on the exchange** объем рынка; **~ production** производство большого масштаба

voluntary добровольный, общественный

vote голос; **to ~** проголосовать; **by a majority ~** большинством голосов

voter избиратель

voteless лишенный избирательных прав
voting голосование; баллотировка; ~ **qualification** избирательный ценз; ~ **paper** избирательный бюллетень; ~ **stock** акции с правом голоса
vacancy отсутствие, путевка *(in resort, tourist group)*
voucher ордер, ваучер; денежный оправдательный документ; контрольный талон; расписка; ~ **check** чек-расписка; **expenditure** ~ расходный ордер; ~ **register** регистр/опись ваучеров; ~ **system** система ваучеров
vowel гласный
voyage плавание, путешествие *(по воде)*, рейс *(морской)*; полет *(самолетом)*; **on the** ~ **home** на обратном пути
vulcanite вулканизированная резина; эбонит

W

wad пачка *(бумаг, банкнот)*
wage заработная плата; ~s зарплата *(как правило почасовая или сдельная)*; **average** ~s средняя зарплата; **average hourly** ~ средняя почасовая плата; **day** ~s поденная оплата труда; **fair** ~ справедливая; **fixed** ~ твердая зарплата; **guaranteed annual** ~ гарантированная годовая зарплата; **guaranteed minimum** ~ гарантированный минимальный размер заработной платы; **hourly** ~ почасовой оклад, почасовая оплата; **minimum** ~ минимальный размер заработной платы; **monthly** ~s ежемесячная зарплата; **nominal** ~s номинальная зарплата; **time** ~s повременная оплата труда; **weekly** ~s понедельная оплата; ~ **freeze** замораживание заработной платы
wager заклад; **to** ~ держать пари
waive отказываться от *(своего права, своей претензии и т. п)*; **to** ~ **the inspection of the goods** или **to** ~ **the right to inspect the goods** отказаться от права осмотра товара; **to** ~ **obligations** отказываться от выполнения обязательства
waiver отказ; ~ **of rights** отказ от прав; ~ **of right to appeal** отказ от права обжалования
wall стена; **border** ~ разграничивающая стена; **common** ~ общая стена
want недостаток, неимение, нужда; **for** ~ **of ...** за неимением ...; **to** ~ хотеть
wanton порочный
war война; **brewing of a** ~ разжигание войны; **credit** ~ кредитная война; **currency** ~ валютная война; **economic** ~ экономическая война; **monetary and financial** ~ валютно-финансовая война; **price** ~ война цен; **tariff** ~ таможенная (тарифная) война; **to drag into** ~ втянуть в войну; **to start a** ~ начать в войну; **to wage** ~ вести войну; **trade** ~ торговая война
ward опекаемый, питомец; ~ **of the state** питомец нации
wardship опека, попечительство; **under** ~ подопечный
warehouse амбар, склад; **bonded** ~ бондовый склад; **consignee's** ~ склад грузополучателя; **customs** ~ таможенная база; **private** ~ частный склад; **station** ~ товарный склад; **wholesale** ~ складская база
warehouseman владелец склада, управляющий складом
warehousing складирование, складское хранение; ~ **of tare** хранение тары на складе
wares товар; **to profitably demonstrate** ~ выгодно демонстрировать товар
warlike военный
warn, to ~ предупреждать; **to** ~ **against** предостерегать
warning предупреждение; **to be let off with a** ~ получить выговор с предупреждением; **to provide advance** ~ посылать уведомление заблаговременно
warrant варрант, доверенность, купон, наряд, ордер, полномочие, расписка; **customs** ~ таможенный варрант; **dock** ~ доковый варрант; **expiration of** ~ истечение срока гарантии; **freight** ~ товаросопроводительная квитанция; **interest** ~ про-

центный купон; **search ~** ордер на обыск, ордер на право обыска; **special ~** специальное полномочие; **term of a ~** срок действия доверенность; **to ~** гарантировать, оправдать, ручаться; **to draw up a ~** оформлять доверенность; **to pay ~ credit** оплачивать варрант; **to redeem a ~** получать деньги по купону; **warehouse ~** складской варрант; **wharfingers ~** складской варрант, выданный товарной пристанью; **~ for receipt** доверенность на получение; **~ in the name of ...** доверенность на имя ...

warrantor поручитель

warranty гарантийный; гарантия, поручительство, ручательство; **basic ~** основная гарантия; **breach of ~** нарушение гарантии; **covered by ~** гарантируемый; **expiration of ~** окончание срока гарантии; **implied ~** подразумеваемая гарантия; **liability under the ~** ответственность по гарантии; **oral ~** устная гарантия; **short-term ~** краткосрочная гарантия; **standard ~** гарантия стандартная; **to be covered by ~** покрываться гарантией; давать; по; **to make a ~** гарантию; **under the ~** гарантии; **upon expiration of the ~** по истечении срока гарантии; **vendor's maintenance ~** гарантия продавца о техническом обслуживании;

~ clause пункт договора о гарантиях; **~ of fitness** гарантия годности товара; **~ of merchantability** гарантия пригодности для торговли; **~ provisions** условия гарантии

wash: washing overboard смытие за борт

waste потеря, расточительство, убыток; **to ~** расточать, растратить, тратить напрасно

wasteful расточительный; **~ spending** растрата

watchman сторож; **night ~** ночной сторож

water вода; **boundary ~s** пограничные воды; **coastal ~s** прибрежные воды; **deep ~** полная вода; **exposure to ~** подмочка водой; **impermeable to ~** непроницаемый для воды; **industrial waste ~** сточные, промышленные воды; **ingress of sea ~** проникновение морской воды; **.. neutral ~s** нейтральные воды; **open ~** открытая вода; **port ~s** портовые воды; **sea ~** морская вода; **territorial ~s** территориальные вода; **via ~** по воде; **~ repellent** водоотталкивающий; **~ resistant** влагостойкий, водостойкий; **~ supply** запас воды, снабжение водой

water-cooled охлаждаемый водой

water-damage повреждение водой

water-logged пропитавшийся водой

watermark водяной знак

watermarked гербовый

waterproof водонепроницаемый, несмываемый

watertight водоупорный

wax воск; **paraffin ~** парафин (твердый)

way 1. проход, путь; 2. метод, способ; 3. отношение; **in any way** каким-л. образом; **in every ~** во всех отношениях; **only ~** единственный способ; **on the ~** в пути

way Bill (*или* **waybill**) накладная, транспортная накладная; **against a ~** по накладной; **air ~** авиагрузовая накладная; **counterfoil ~** корешок накладной; **drawing up of a ~** оформление накладной; **railroad ~** железнодорожная накладная; **road ~** автонакладная; **to present a ~** представить накладную; **to submit a ~** предъявлять накладную; **~ copy** копия накладной; **~ duplicate** дубликат транспортной накладной

weapons оружие; **banned ~** запрещенное оружие

wear I. износ; **normal ~ and tear** нормальная убыль и нормальный износ

wear II. (*или* **wear out**) изнашивать (ся); **rapidly ~ing out parts** быстро изнашивающиеся части

weather погода; **~ day** погожий день; **~ working day** погожий рабочий день

wedding свадьба

weevilly изъеденный жучками

weigh, to ~ (*или* **to ~ up**) взвешивать, определять вес, производить взвешивание; **to ~ again** заново взвешивать; **to ~ empty** в пустом виде взвешивать; **to test ~** производить контрольное взвешивание

weighage плата за взвешивание

weighbridge мостовые весы; **~ charges** плата за взвешивание на мостовых весах

weigher весовщик; **official ~** официальный весовщик; **sworn ~** присяжный весовщик

weighing взвешивание, завес, определение веса; **control ~** контрольный завес; **net ~** определение веса нетто; **test ~** контрольное взвешивание; **~ device** прибор для взвешивания; **~ equipment** оборудование для взвешивания

weight вес, весовой; **actual ~** фактический вес; **actual gross ~** фактический вес брутто; **actual net ~** реальный вес нетто; **allowable ~** допустимый вес; **approximate ~** ориентировочный вес, приблизительный вес; **average ~** средний вес; **baggage ~** вес багажа; **bill of lading ~** коносаментный вес; **bulk ~** насыпной вес; **calculated ~** расчетный вес; **cargo ~** вес груза; **case ~** вес ящика; **certificate of ~** сертификат веса; **chargeable ~** вес, подлежащий оплате; **check ~** контрольный вес; **dead ~** убойный вес; **decrease in ~** уменьшение в весе; **delivered ~** выданный (или выгруженный) вес; **discrepancy in ~** несоответствие по весу; **dry ~** вес в сухом состоянии, сухой вес; **estimated ~** оценочный вес; **excess ~** избыточный вес, излишек веса, превышение веса; **gross ~** вес брутто, общий вес; **gross ~ for net** вес брутто за нетто; **increase in ~** увеличение веса; **indication of ~** отметка о весе; **intake ~** принятый груз; **intaken ~** погруженный вес; **invoice ~** фактурный вес; **landed ~** вес при выгрузке, доставленный вес; **legal net ~** легальный вес нетто; **live ~** живой вес; **marketable ~** продажный вес; **maximum ~** максимальный вес; **maximum limit ~** предельный вес; **net ~** вес нетто, чистый вес; **non-standard ~** нестандартный вес (**short weighted**); **on a dry ~ basis** на основе сухого веса; **on a purchased ~ basis** на основе купленного веса; **package ~** вес грузового места; **packed ~** вес с упаковкой; **pre-shipment ~** вес до отгрузки; **sale by ~** продажа на; **shipped ~** вес при погрузке, отгруженный вес; **shipping ~** вес при погрузке или погруженный вес; **short ~** недостача в весе, потеря веса; **sole ~** собственный вес; **specific ~** удельный вес; **specified ~** заданный вес; **standard ~** нормальный вес, стандартный вес; **starting ~** первоначальный вес; **tariff ~** тарифный вес; **to adjust the ~** корректировать вес; **to check the ~** проверять вес; **to declare the ~** заявлять вес; **to distribute the ~** распределять вес; **to purchase by ~** покупать по весу; **to sell by ~** продавать на вес; **under ~** недостающий вес; **unit ~** вес единицы одного изделия; **unit of ~** единица веса; **volume ~** объемный вес; **wet ~** вес во влажном состоянии; **~ allowance** допуск по весу; **~ checking** проверка веса; **~ in running order** эксплуатационный вес; **~ limit** ограничение веса, предел веса; **~ note** справка о взвешивании; **~ of goods** вес товара; **~ of packing** вес упаковки; **~ sheet** весовая ведомость; **~ stamp** штемпель о весе; **~ to be shipped** отгрузочный вес

weighted average cost (WAVCO) средневзвешенная себестоимость (бух.)

welfare благосостояние, обеспечение; **social ~** социальное обеспечение

well-founded основанный на фактах

wet мокрый

wetting подмочка

wharf пристань, причал

wharfage хранение грузов на пристани

wharfinger владелец товарной пристани

whatsoever какой бы то ни было
wheat пшеница; **winter** ~ озимая пшеница; **spring** ~ яровая пшеница
wheel колесо
whereas в то время как
whereat = **at which** по которому, по которым
whereby = **by what, by which** которым, при помощи которого; ~ **it is agreed as follows** которым *(договором)* стороны пришли к следующему соглашению
whereof = **of what, of which** которого, которых; из которого, из которых
whereupon = **after which** после чего
whichever какой бы ни, который бы ни; в зависимости от того, который; смотря по тому, который
while в то время как
whirlwind вихрь
whole целый; **in** ~ в целом; **the** ~ все количество
wholesale оптовый; **by** ~ оптом
wholesaler оптовик; оптовый торговец; **we are ~s of cotton fabrics** мы ведем оптовую торговлю хлопчатобумажными тканями
wholesaling оптовый сбыт
wide широкий; ~ **experience** большой опыт
width ширина
will воля; **free** ~ автономия воли
willful злостный
willing согласный, склонный
win победа; **to** ~ выигрывать
winch грузоподъемные машины, лебедка

winchman лебедчик
winding up добровольная ликвидация; ~ **of a company** ликвидация компании
window витрина, окно; ~ **display** экспозиция витрины; ~ **dressing** оформление витрины; **shop** ~ витрина; **to set up a shop** ~ оформлять витрину
wire I. проволока, провод; телеграмма
wire II. 1. устанавливать провода; 2. телеграфировать; **to** ~ **for** вызывать телеграммой
wiring 1. установка *(или* прокладка) проводов; **electrical** ~ установка электрических проводов; 2. *рг. р. от* **wire II**
wish желать, хотеть
withdraw (withdrew, withdrawn) отзывать, изымать, изъять, отказаться от участия, снимать, снять; **to** ~ **from an account** брать деньги со счета; **to** ~ **from a project** выйти из участия в работе над проектом
withdrawal изъятие, отзыв, списание; снятие денег со счета; выход из товарищества; **to make a** ~ **from the bank** брать деньги из банка; ~ **from an account** списание со счета; ~ **of credit** лишение кредита, отзыв кредита; ~ **of a deposit** изъятие вклада; ~ **of an exhibitor** отказ экспонента от участия; ~ **of money from circulation** изъятие денег из обращения

withdrawn *p. p. от* **withdraw**
withdrew *past от* **withdraw**
withholding вычет, удержание; **tax** ~ удержание налогов; ~ **from payments** удержание из платежей; ~ **from wages** вычет из зарплаты; ~ **of rent** прекращение аренды
without без; ~ **losses** безубыточный
within в пределах; в течение; ~ **six weeks** в течение шести недель; ~ **the USA** на территории США
withstand (withstood) выдерживать, противостоять
withstood *past от* **withstand**
witness 1. свидетель; 2. доказательство, свидетельство; **accused** ~ обвиняемый свидетель; **eye-**~ свидетель-очевидец; **in whereof** в удостоверение чего; **official** ~ понятой; ~ **for the defense** свидетель защиты; ~ **for the prosecution** свидетель обвинения
woodcutting порубка; **illegal** ~ незаконная порубка; **unlicensed** ~ безбилетная порубка
woodgoods (*или* **wood goods**) лесные материалы
word слово; **on one's** ~ честное слово; **to give one's** ~ дать свое слово; ~ **in conclusion** заключительное слово; ~ **of honor** слово чести
wore *past от* **wear II**
work произведение, работа; ~**s** промысел; **anonymous** ~ анонимное произведение; **anonymously released** ~ произведение выпущен-

ное анонимно; **assembly line** ~ поточная работа; **clerical** ~ канцелярская работа; **completed** ~ завершенная работа; **creative** ~ произведение; **labor-intensive** ~ трудоемкая работа; **literary and artistic** ~s литературные и художественные произведения; **night** ~ ночная работа; **original** ~ оригинальное произведение; **overtime** ~ сверхурочная работа; **piece** ~ аккордная работа, сдельная работа; **plagiarized** ~ подделанное произведение; **posthumous** ~ посмертное произведение; **preparatory** ~ подготовительная работа; **regular** ~ постоянная работа; **seasonal** ~ отхожий промысел, сезонная работа; **shift** ~ сменная работа; **testing** ~ проверочная работа; **to** ~ работать, разрабатывать; работать по найму; **to** ~ **for wages** работать по найму; **to** ~ **in a slipshod manner** халтурить; **to get to** ~ приступать к делу; **unpublished** ~ неизданное произведение; ~ **capacity** трудоспособность; ~ **released under pseudonym** произведение выпущенное под псевдонимом; ~ **supervision** надзор за выполнением
work: to work out разрабатывать, вырабатывать, составлять *(документ)*; составлять *(в результате подсчета, калькуляции);* **the price** ~s **out at $5** цена составляет 5 долларов

worker рабочий, сотрудник; **agricultural** ~ сельскохозяйственный рабочий; **bench** ~ рабочий от станка; **clerical** ~ канцелярский служащий; **domestic** ~ домашний работник; **exemplary production** ~ передовик производства; **factory** ~ заводской рабочий; **industrial** ~ промышленный рабочий; **municipal** ~ муниципальный служащий; **office** ~ работник; **postal** ~ почтовый служащий; **salaried** ~ окладчик; **skilled** ~ квалифицированный рабочий, компетентный работник; **temporary** ~ временный работник; ~ **safety** охрана труда
worker's рабочий
working рабочий; **end of** ~ **life** окончание трудовой жизни; **maximum daily** ~ **hours** максимальная продолжительность рабочего времени; ~ **conditions** условия труда; ~ **off** отработка *(a debt)*
workmanship 1. ремесленничество; 2. качество изготовления, отделка; **sound** ~ хорошее качество изготовления или хорошая
works *(со значением как ед.ч., так и мн.ч.)* завод(ы); **manufacturing** ~ завод-изготовитель; **printing** ~ типографская отделка
worksheet рабочая ведомость
workshop мастерская

world мир, мировой; **business** ~ деловой мир; **trading** ~ торговый мир
worldly светский
worldwide мировой
worm червь
worn *p. p. от* **wear II**
worry беда, забота, тревога; **to** ~ переживать
wound рана; **to** ~ поранить, ранить
wrap, to ~ (**wrapped**) обертывать, завертывать, упаковывать; **to** ~ **up** обертывать
wrapped упакованный
wrapping покрытие, упаковка; **bright** ~ яркая обертка; **gift** ~ подарочная упаковка; **inner** ~ внутренняя упаковка; **polyethylene** ~ упаковка в полиэтиленовую пленку
wreck крушение, кораблекрушение
wrecked затонувший, **to be** ~ потерпеть крушение
writ акт, запрет, ордер, повестка о вызове в суд, судебный документ, судебный приказ; ~ **of arrest** распоряжение о наложении ареста; ~ **of execution** исполнительный лист; ~ **of seizure of cargo** акт о конфискации груза
writer пишущий это письмо, нижеподписавшийся
writing писание; **in** ~ в письменном виде
write-off безнадежная задолженность; **to** ~ снимать с учета
writing off списание; ~ **an account** списание со счета; ~
wrong неправильный, неисправный

X

X икс; **an X film** фильм категории X (только для взрослых)
x-ray рентгеновские лучи; рентгенограмма
xerox ксерокс
xenophobe ксенофоб
xenophobia ксенофобия
xenophobic отличающийся ксенофобией

Y

y игрек; **~shaped** вилкообразный, у-образный
yacht 1.яхта; 2.ходить/плавать/кататься на яхте
yack болтать
yahoo хам
yank, yankee янки; северянин (в США)
yard двор; **lumber ~** биржа лесоматериалов; **timber ~** лесной склад
year год; **accounting ~** отчетный год; **base ~** базисный год; **budget ~** бюджетный год; **calendar ~** календарный год; **completion of operational ~** окончание операционного года; **contract ~** договорный год; **current ~** текущий год; **financial ~** финансовый год; **fiscal ~** балансовый год, финансовый год; **many ~s** многолетний; **production ~** производственный год, хозяйственный год; **~ made** год изготовления; **~ published** год издания
yearly ежегодный, годичный, годовой; **~ income** годовой доход; **~ report** годовой отчет
yell крик, вопль
yellowing пожелтение
yester-year прошлый год
yew тис; древесина тисового дерева; тисовый
yield добыча, доход, урожай; **annual ~** годовой доход; **average ~** средний урожай; **capital investment ~** фондоотдача; **dividend ~** доход на акцию; **effective ~** реальный доход; **gross ~** валовой урожай; **to ~** приносить доход; **to ~ a good return** приносить хороший доход; **to ~ interest** приносить процентный доход; **to ~ poorly** приносить малый доход
York-Antwerp Rules Йорк-Антверпенские правила
yourlet (в телеграммах) = **your letter**

Z

zealot фанатик, ревнитель, энтузиаст
zealous усердный, рьяный, ревностный; **a ~ supporter** горячий сторонник
zemstvo земство
zero нуль, ноль, нулевая точка; **~ coupon bonds** облигации с нулевым купоном, т.е. без периодической выплаты процентов; **~ option** нулевой вариант; **~-rated goods** товары с нулевой ставкой НДС **to ~ an instrument** устанавливать прибор на ноль; **to ~ in a target** пристреливаться
zest пыл, энтузиазм; **to add ~ to** придавать пикантность, интерес, остроту; **~ for life** жизнерадостность, жизнелюбие
zloty злотый (валюта Польши)
zip застежка-молния; свист пули; треск; пыл, энергия; **~-code** почтовый индекс
zonal поясной
zone зона, зональный, полоса, пояс; **air defense ~** воздушная оборонительная опознавательная зона; **blockaded ~** запретная зона; **border ~** пограничный район; **closed fisheries ~** закрытая рыболовная зона; **coastal ~** прибрежная зона; **coastal maritime ~** прибрежная морская зона; **currency ~** валютная зона, валютный район; **customs ~** таможенный район, таможенная зона; **defense ~** оборонительная зона; **demilitarized ~** демилитаризованная зона; **dollar ~** долларовая зона; **duty-free ~** беспошлинная зона; **fishery ~** рыболовная зона, рыболовный район; **forbidden ~** запретная полоса, запретный район; **forbidden border ~** запретная пограничная полоса; **forbidden frontier ~** запретная пограничная зона ; **free ~** свободная зона; **free economic ~** сво-

бодная экономическая зона; **free trade** ~ зона свободной торговли; **frontier** ~ пограничная зона; **frontier customs** ~ пограничная таможенная зона; **immigration** ~ иммиграционная зона; **maritime** ~ морская зона, морской пояс; **neutralized** ~ нейтрализованная зона; **security** ~ зона безопасности; **special maritime** ~ специальная морская зона; **sterling** ~ стерлинговая зона ; **tax** ~ налоговая зона; ~ **of neutrality** зона нейтралитета

zoom (zoom lens) объектив с переменным фокусным расстоянием

РУССКО-АНГЛИЙСКИЙ СЛОВАРЬ

А

абзац paragraph
абордаж boarding (a ship) **взять на ~** to take on board
аббревиатура abbreviation; acronym; **инициальная ~** initialism
абрис contour(s); outline
абсорбировать to absorb
абсорбция absorption
абстракция abstraction
аванпост *(воен.)* outpost; forward position *(также перен.)*
аванс advance; **авансом** by way of ~ *или* as an advance, in advance; **выдать ~** *или* **уплатить ~ кому-л.** to make *(или* to pay) an advance to somebody; **возместимый ~** reimbursable ~; **денежный ~** cash ~; **перечислить ~** to transfer an ~; **предоставить ~** to grant an ~; **в счет платежей ~** against payments; **~ подлежащий возврату** subject to refund; **~ поставщикам** payment to suppliers; **~ на расходы** on expenses ~; **~ фрахта** ~ of freight *или* freight ~
авансирование advances on account; **ежемесячное ~** monthly ~; **денежное ~** advance of funds on account
авансировать to advance, to make an advance, to pay an advance
авансовый: авансовый платеж advance payment
авансодержатель advancee
авантюра adventure, gamble, shady business, escapade; **пуститься в ~ы** to embark on adventures

аварийность accident rate
аварийный (в морском страховании): ~ гарантия average bond; **~ диспаша** average statement; **~ издержки** average disbursements; **~комиссар** average *(или* marine insurance) surveyor
авария 1. accident; breakdown; **~ машины** breakdown of machinery; damage; wreck, crash; breakdown; 2. **(в морском страховании)** average; **общая ~** total damage; general average; **свободно от всякой ~** free of all average; **частная ~** particular average; partial damage; **свободно от частной ~** free from particular average; **включая частную ~** with average
аверс heads (of coin), face (of medal, plaque)
авиа (abbr. of авиапочтой) '(by) air mail'
авиагруппа air group
авиадепеша air depot; **транзитная ~** transit air depot
авиакомпания aviation company
авиалиния airline
авиамешок airmail pouch
авианакладная air-waybill
авиаперевозка air transport
авиапосылка air-parcel; **срочная ~** rush air-parcel
авиапочта air-mail; **авиапочтой** by air-mail; **посылать авиапочтой** to send by air-mail *или* to airmail
авиапредприятие aerospace enterprise
авиапромышленность aerospace production
авиапуть airway

авиафрахт airfreight
авиация aviation; **гражданская ~** civil ~; **коммерческая ~** commercial ~
авизо aviso, notice, advice note; **дебетовое авизо** debit note; **кредитовое авизо** credit note; **инкассовое ~** notice of incoming funds; **~ об акцепте** notice of acceptance; **~ об открытии аккредитива** notice of opening of a letter of credit; **~ о платеже** notice of payment
автолимитация international doctrine of autolimitation
автоматически automatically
автоматический automatic
автомобилестроение automobile production
автомобиль *(амер.)* automobile; *(легковой)* car, motorcar; **грузовой ~** lorry, truck
автонакладная road way bill
автономия autonomy; **административная ~** administrative ~; **внутренняя ~** internal ~; **территориальная ~** territorial ~; **~ воли** free will
автономный autonomous
автопарк automobile lot, taxi lot
автоперевозки road carriage, road transport
автопоезд truck convoy
автор author; **~ изобретения** inventor; **~ открытия** discoverer
автореферат abstract (of document)
авторизация authorization
авторизованный authorized
авторизовать authorize
авторитет authority; **высший**

~ highest ~; **суда** ~ of the court

авторитетность authoritativeness, trustworthiness

авторитетный authoritative; trustworthy; **источник** an ~ source (of information)

авторский ~ **лист** (*полигр.*) unit of 40,000 ens (used in calculating author's royalties); ~**ое право** copyright; *pl.* as n. ~**ие** royalties

авторство authorship; **совместное** ~ joint ~; ~ **на изобретение** ~ of an invention

автострада motorway, highway; trunk-road; **скоростная** ~ expressway; freeway

автотранспорт automobile transport

автофургон van

автохозяйство road-transport {trucking} industry

авуары pl. assets, holdings; **банковские** ~ bank holdings; **блокированные** ~ frozen assets; **валютные** ~ foreign exchange assets; **иностранные** ~ foreign assets; **ликвидные** ~ liquid assets; ~ **за границей** assets held abroad

агент agent; **административный** ~ administrative ~; **аккредитованный** ~ accredited ~; **генеральный** ~ general ~; **государственный** ~ government ~; **дипломатический** ~ diplomatic ~; **единственный** ~ sole ~; **импортный** ~ import ~; **исключительный** ~ exclusive ~; **консигнационный** ~ consignment ~; **консульский** ~ consular ~; **монопольный** ~ exclusive ~; **морской** ~ marine ~; **почтовый** ~ postal ~; **присяжный** ~ sworn ~; **разъездной** ~ travelling salesman ~; **тайный** ~ secret ~; **торговый** ~ commercial agent, dealer; **экспортный** ~ export ~; ~ **для связи** communications ~; ~ **пароходных компаний** shipping ~; ~ **по закупкам** purchasing ~; **рекламный** ~ advertising ~, adman; ~ **фрахтователя** charterer's ~; **назначить кого-л. агентом** to appoint somebody as an agent

агентство agency; **брачное** ~ marriage bureau; **информационное** ~ press ~; **консульское** ~ consular ~; **международное** ~ international ~; **монопольное** ~ sole ~; **морское** ~ marine shipping agency service; **рекламное** ~ advertising ~; **торговое** ~ commercial ~; **Российское торговое** ~ Russian Trade ~; ~ **печати** press ~ or news ~; ~ **по продаже** sales ~; ~ **с исключительными правами** exclusive ~; ~ **с полным циклом услуг** full service ~

агентура agents {collect }, secret service

агреман approval; **дать** ~ to approve

агрессия aggression; **военная** ~ military ~; **вооруженная** ~ armed ~; **идеологическая** ~ ideological ~; **косвенная** ~ indirect ~; **явная** ~ flagrant ~

агрессор aggressor

адаптация adaptation (e .g . screenplay from novel)

адвокат advocate, attorney, barrister, solicitor; **генеральный** ~ attorney general

адвокатура 1. the profession of barrister 2. legal profession, the Bar

адекватный identical, coincident; adequate

аддендум addendum

административн/ый administrative; ~ **надзор** administrative oversight; ~ **процесс** administrative hearing; **в** ~**ом порядке** by administrative means; administratively

администратор administrator, manager; ~ **имущества** property administrator; ~ **товарищества** association manager

администрация administration; **налоговая** ~ tax-collection ~; **военная** ~ military ~; **временная** ~ ~ pro tempore; **гражданская** ~ civil ~; **тюремная** ~ penal ~;

администрирование bureaucratic administration

администрировать to administer

адрес address; **домашний** ~ home ~; **почтовый** ~ postal ~; **по адресу** at the address; (*через кого-л. для передачи адресату*) in care of (*сокр.* C/o)

адресант addresser, consignor

адресат addressee; **адресат груза** consignee

адресовать to address; **адресовать груз** to consign a cargo

ажиотаж agiotage {speculation}, stock-jobbing; (*перен.*) stir, hullabaloo

азарт heat, excitement; fervour; **войти в ~** to grow heated, excited
академия международного права Academy of International Law
аккредитация accreditation
аккредитив letter of credit (*сокр.* L/C); **автоматически возобновляемый ~** revolving ~; **банковский ~** bank ~; **безотзывный ~** irrevocable ~; **делимый ~** divisible ~; **документарный ~** documentary ~; **долгосрочный ~** long term ~; **дорожный ~** bill lading ~; **именной ~** register ~; **компенсационный ~** back-to-back ~; **непереводной ~** non-transferable ~; **неподтвержденный ~** unconfirmed ~; **отзывный ~** revocable ~; **подтвержденный ~** confirmed ~; **товарный ~** commercial, documentary ~; **~ с платежом в рассрочку** installment ~; **~ с платежом в свободно конвертируемой валюте** payable ~ in freely convertible currency; **~ сроком действия на ... ~** valid for ...; **открыть аккредитив в банке** to open (*или* to establish) a letter of credit with a bank
аккредитование accreditation
аккредитованный accredited
аккредитовать to accredit
акр acre
акт act, certificate, deed, document, instrument, statement, statute, writ; **аварийный ~** general average statement; **агрессивный ~** act of aggression; **административный ~** administrative decree; **арбитражный ~** arbitral act; **внесудебный ~** extra-judicial act; **внутригосударственный ~** internal government act; **враждебный ~** hostile act; **генеральный ~** general statement; **государственный ~** act of state; **дипломатический ~** diplomatic act; **договорный ~** contract, contractual instrument; **доказательственный ~** evidentiary act; **дополнительный ~** supplement, supplementary act; **заключительный ~** conclusive act; **законодательный ~** legislative act; **исполнительный ~** executive order; **конститутивный ~** deed of incorporation, charter document; **конституционный ~** constitutional act; **консульский ~** consular act; **концессионный ~** consent decree; **медицинский ~** medical report; **международный ~** international instrument; **многосторонний ~** multilateral act; **недружелюбный ~** unfriendly act; **незаконный ~** illegal act; **нормативный ~** normative act, legislation; **нотариальный ~** certificate of notary, notarization; **обвинительный ~** indictment; **обязательный ~** obligatory act; **односторонний ~** unilateral act; **официальный ~** official act, official document; **официальный декларативный ~** official declaration; **парламентский ~** act of parliament; **передаточный ~** certificate of transfer, conveyance; **подзаконный ~** regulation, normative act; **правительственный ~** governmental decree; **правовой ~** legal act; **приемо-сдаточный ~** receipt, certificate of delivery; **процессуальный ~** procedural act; **публичный ~** public action; **рекламационный ~** certificate of damage claim; **руководящий ~** directive; **служебный ~** official act, act in the line of duty; **совместный ~** jointly-authored document, declaration; **составить ~** to draft a document; **страховой ~** insurance claim, claim against insurance; **судебный ~** court decree; **судебно-медицинский ~** court-ordered medical report; **удостоверенный ~** authenticated document; **учредительный ~** founding document; **факультативный ~** optional act; **частный ~** private act; **формальный ~** formal act; **юридический ~** judicial act; **~ об аварии** accident report; **~ агрессии** act of aggression; **~ об амнистии** grant of amnesty; **~ аннексии** annexation; **~ об арбитраже** arbitral act; **~ вандализма** act of vandalism; **~ вмешательства** act of intervention; **~ возражение** answer (in litigation); **~ о гибели** death certifi-

cate; ~ **грабежа** act of robbery; ~ **гражданского состояния** act of a civil nature; ~ **о денонсации** denunciation ~; ~ **испытаний** test certification; ~ **о конфискации груза** writ of seizure of cargo ~; ~ **насилия** act of violence, use of force; ~ **натурализации** act of naturalization; ~ **о натурализации** decree of naturalization; ~ **незаконного присвоения** conversion {misappropriation}; ~ **о расследовании** investigation, inquest report; ~ **об одобрении** certificate of approval; ~ **осмотра на месте** inspection certificate; ~ **особого благоприятствования** most favored nation clause; ~ **отвода** decree of assignation; ~ **парламента** act of parliament; ~ **о передаче правового титула** deed of conveyance; ~ **по пересмотру** official review; ~ **пиратства** act of piracy; ~ **подтверждающий право** confirmation of right; ~ **о подтверждении** confirmation; ~ **о помиловании** grant of clemency; ~ **правительства** act of state; ~ **признания** act of admission, official recognition; ~ **о принятии** act of acceptance; ~ **о присоединении** instrument of accession, instrument of adhesion; ~ **о проверке** certificate of inspection; ~ **продажи** deed of sale; ~ **о протесте** deed of protest; ~ **раздела** writ of partition; ~ **расследования** preliminary investigation report; ~ **ратификации** certificate of ratification; ~ **регистрации брака** marriage certificate; ~ **рождения** birth certificate; ~ **свидетельствования** attest, certification {of signature, etc}; ~ **сдачи** certificate of remittance, receipt; ~ **смерти** death certificate; ~ **содержащий признание** written confession; ~ **о создании** act of formation; ~ **таможенного досмотра** customs inspector's report; ~ **уведомления** act of notification; ~ **об установлении права** enabling act; ~ **об уступке** deed of cession; ~ **экспертизы** certificate of expert's examination

актив asset; **банковские** ~ы bank ~s; **валютные** ~ы hard currency ~s; **замороженные** ~ы frozen ~s; **ликвидные** ~ы liquid ~s; **неликвидные** ~ы fixed ~s; **резервные** ~ы reserve ~s; **труднореализуемые** ~ы slow ~s; *чистый* ~ net ~; ~ **баланса** book ~; ~ы **за границей** ~s held abroad; ~ **товарищества** company ~

акцепт acceptance {instrument at a bank, etc.}, acceptance of an offer {contract formation}; **банковский** ~ bank acceptance; **безусловный** ~ unconditional acceptance; **бланковый** ~ acceptance in blank; **ограниченный** ~ qualified acceptance; **положительный** ~ positive acceptance; **последующий** ~ subsequent acceptance; **предварительный** ~ preliminary acceptance; "**предъявить для** ~**а**" "present for acceptance"; **условный** ~ conditional acceptance; **частичный** ~ partial acceptance; ~ **векселя** acceptance of a bill of exchange, promissory note; ~ **коммерческих документов** acceptance of commercial documents; ~ **против документов** acceptance against documents; ~ **счета** acceptance of a bill; ~ **тратты** acceptance of a draft; ~ **чека** negotiation of a check

акцептант acceptor

акцептование см. акцепт

акцептовать to accept; **акцептовать тратту** to accept a draft (*или* a bill of exchange, a bill); **акцептованная тратта** acceptance (*или* accepted draft)

акцептовый кредит acceptance credit

акцессия accession

акция share (*бирж.*); **банковская** ~ bank ~; bank stock; **бесплатная** ~ gratuity ~; **винкулированная** ~ "vincular" ~, *или* ~ "vinculum juris"; **депонированные** ~и deposited ~s; **именная** ~ registered ~; **инвестиционная** ~ investment ~; **многоголосная** ~ multiple voting ~; **обыкновенная** ~ common ~; **плюральная** ~ plural voting ~; **пользовательная** ~ "action de jouissance", profit-sharing certificate; ~ **на предъявителя** bearer ~; **привилегированная** ~ ~ of preferred stock or preference share; **подписанная ~** subscription ~; **учредительские ~и** founder's ~s; **~ покрытая деньгами ~** paid in full; **его ~и сильно поднимаются** his stock is rising rapidly

акциз excise, excise duty; **обложить ~ом** to excise or to levy an ~ duty; **универсальный ~** universal ~

акционер shareholder

акционерное shareholder; **~ общество** joint-stock company, corporation

алиби alibi; **установить ~** to establish an alibi

алименты *мн. ч.* maintenance payments; **~ на содержание** support payments, alimony

альянс alliance

амнистировать to grant amnesty

амнистия amnesty; **общая ~** general amnesty

амортизация amortization, depreciation; **ежегодная ~** annual depreciation; **постепенная ~** gradual depreciation; **ускоренная ~** stepped-up depreciation

амортизировать to amortize, to depreciate

анализ analysis (*мн. ч.* analyses); **~ баланса** audit of the books; **~ доходов и расходов** income-expenditure analysis; **~ конъюнктуры** wholesale market analysis; **~ рынка сбыта** retail market analysis; **~ спроса** demand analysis; **~ финансового состояния** financial analysis; **~ эконо**мической эффективности cost effectiveness analysis

анатоцизм compound interest, double interest, usury

анкета application form; questionnaire; blank; **~ установленного образца** standard application form; **заполнить анкету** to fill in a form

анклав enclave

аннексировать to annex

аннексия annexation; **~ территории** territorial annexation

аннотация annotation

аннотировать to annotate

аннулирование annulment; **~ брака** annulment of marriage; **~ заказа** cancellation of an order; **~ знака** annulment of a trademark; **~ контракта** termination of a contract; **~ лицензии** revocation of a license; **~ патента** revocation of a patent; **~ решения** vacation of a {judicial, administrative} decision; **~ экзекватуры** revocation of consular recognition

аннулирование cancellation

аннулировать to annul

аннулирующий having the power to annul or revoke

антиинфляционн/ый antiinflationary; **~ые меры** anti-inflationary measures

антиконституционный anti-constitutional

антимонопольный antitrust

антиномия antinomy *(conflict of legal authorities/propositions)*

антисемитский anti-Semitic

апатрид stateless person

апеллировать to appeal

апелляция appeal; **подать ~ю** to file an appeal

апелляционный суд Court of Appeals

аппарат (*мн. ч.* apparatus, apparatuses) bureaucratic apparatus, organs; **административный ~** administrative apparatus; **государственный ~** machinery of state; **исполнительный ~** executive organ; **летательный ~** aircraft; **налоговый ~** taxation apparatus; **правительственный ~** government apparatus; **прокурорский ~** prosecutor's {district attorney's} office; **следственный ~** investigative apparatus; **судебный ~** judicial apparatus; **судейский ~** judicial staff, referees {sports}; **управленческий ~** directorate; **~ суда** court system; **~ управления** executive office

апробация practical approval

арбитр arbitrator; **единоличный арбитр** sole (*или* single) arbitrator; **решение арбитра** (*или* **арбитров**) arbitration award; **исполнять обязанности арбитра** to arbitrate; **назначить арбитра** to appoint (*или* to nominate) an arbitrator; **передать спор на решение арбитров** to refer (*или* to submit) the dispute to arbitrators

арбитраж 1. (третейское разбирательство) arbitration; **арбитраж по вопросу о качестве** arbitration on quality; **посредством арбитража или арбитражем** by arbitration; **стоимость** (*или* **издержки**) **арбитража**

arbitration fee(s), costs of arbitration; **условие или пункт (договора) об арбитраже** arbitration clause; **передать спор на арбитраж** to refer (*или* to submit) the dispute for arbitration; **решать спор посредством арбитража** to settle the dispute by arbitration; 2. (*орган третейского разбирательства*) arbitration commission, arbitration tribunal; court of arbitration, board of arbitrators; **решение арбитража** arbitration award; **Внешнеторговый арбитраж** the Foreign Trade Arbitration Commission; **Морской арбитраж** the Maritime Arbitration Commission

арбитражный arbitration; **арбитражная оговорка** arbitration clause; **арбитражное решение** arbitration award; **арбитражный суд** (**третейское разбирательство**) arbitration; (**орган третейского разбирательства**) *см.* арбитраж 2; **арбитражным судом** by arbitration

арбитрирование action in arbitrage

аргумент argument; **правовой ~** legal argument

аргументировать to make an argument

арена arena, field, scene

аренда lease, rent; **бесплатная ~** gratuitous lease; **бессрочная ~** perpetual lease; **взять в ~у** to lease; **долгосрочная ~** long term lease; **краткосрочная ~** short-term lease; **неограниченная сроком ~** unlimited term lease; **отдать в ~у** to lease; **предоставить в ~у** to offer for lease; **сдать в ~у** to lease; **сельскохозяйственная ~** agricultural lease; **уступить в ~у** to give up for lease; **эмфитевтическая ~** lease in emphyteusis (*civil law leasehold estate*)

арендатор lessee

арендовать to lease (*as lessor*)

арендодатель lessor

арест arrest, seizure; **дисциплинарный ~** disciplinary arrest; **домашний ~** house arrest; **наложить ~** to place under arrest; **незаконный ~** false arrest; **подлежать ~у** to subject to arrest; **предварительный ~** preliminary arrest; **строгий ~** strict arrest; **~ движимого имущества** attachment of movable property; **~ на груз** confiscation of cargo; **~ недвижимого имущества** attachment of real property; **~ судна** maritime seizure

арестованный detainee, suspect

арестовать to arrest; to sequestrate

архив, (*мн. ч.*) **~ы**, archives; **консульские ~** consular archives; **сдать в ~** to shelve, to throw out, to leave out of account

аспирантура post graduate study, graduate students (*собир.*)

ассамблея assembly; **европейская парламентская ~** European Parliament; **Генеральная ~ Объединенных Наций** General Assembly of the United Nations; **консультативная ~** consultative assembly; **федеральная ~** federal assembly

ассигнование, ~ия *мн. ч.* 1. allocations; 2. appropriation(s); **бюджетные ~** budgetary appropriations; **валютные ~** convertible currency allocations; **дополнительное ~** supplementary allocation; **~ из бюджета** appropriation from the budget; **~ на капиталовложения** appropriations for capital expenditures; **~ на просвещение** appropriations for public education; **~ на рекламу** advertising appropriations

ассигновать to assign, to allocate, to appropriate

ассимилировать to assimilate

ассимиляция assimilation

ассортимент assortment, variety, selection; range (*of goods*); **в ассортименте** in assortment; **товарный ~** commercial range of goods; **широкий ~** broad range of goods; **~ товаров** assortment of goods

ассоциация association; **банковская ~** bankers' ~ **европейская ~ свободной торговли** European Free Trade Association ("EFTA"); **международная ~ адвокатов** International Bar Association; **международная ~ по охране прав промышленной собственности** International Association for the Protection of

Industrial Property Rights; **региональная** ~ regional ~; **тайная** ~ secret ~; **торговая** ~ trade ~; ~ **производителей** producers' ~
атташат diplomatic corps
атташе attache *(дипл.)*; **военный** ~ military ~; **коммерческий** ~ commercial ~; **морской** ~ maritime ~; **торговый** ~ trade representative; ~ **по вопросам культуры** ~ for cultural affairs; ~ **по вопросам финансов** ~ for financial affairs; ~ **по печати** press liaison ~
аттестат testimonial, certificate; pedigree; **денежный** ~ certificate of payment ~; **зрелости** school-leaving certificate, certification of majority *(age)*
аттестация 1. assessment; **государственная** ~ state ~; ~ **продукции** product ~ 2. testimonial
аудиенция audience (meeting); **публичная** ~ public ~
аудиовизуальный audiovisual
аудиоречевой audiolingual
аудитор auditor, certified public accountant; **генеральный** ~ general auditor
аудитория 1. auditorium, lecture-hall. 2. *(собир.)* audience; **зрительская** ~ viewers; **слушательская** ~ listeners
аукцион auction; **купить на** ~**е** to buy at ~; **лесной** ~ timber ~; **международный** ~ international ~; **продать с** ~**а** to sell at ~; **пушной** ~ fur (pelt) ~; **товарный** ~ of goods
аукционный зал auction room

аукционист auctioneer
аутентичность authenticity
аутентичный authentic
аутодафе auto-da-fe'
аутопсия autopsy, post-mortem
аутсайдер "outsider" *(on Board of Directors, etc.)*
афидевит *(свидетельство, подтверждение)* affidavit
афиша placard, poster, billboard
аффект fit of passion, temporary insanity
аэровокзал air terminal
аэропорт airport; **военный** ~ military ~; **гражданский** ~ civilian ~; **санитарный** ~ medical air station; **таможенный** ~ customs air station, clearing point; ~ **выгрузки** ~ of disembarkation; ~ **назначения** ~ of destination; ~ **отправления** ~ of origin; ~ **перегрузки** air transshipment station; ~ **пересадки** air transfer point; ~ **погрузки** air loading station
а/я *(аббр.* **абонентный ящик)** P.O. *(abbr. of* Post Office) Box

Б

б. *(аббр.* **бывший)** former, ex-, one-time
база base, basis, depot; centre; **военная** ~ military base; ~ **данных** database; **диверсификация экспортной** ~**ы** diversification of the export base; **золотая** ~ gold standard; **контейнерная** ~ container depot; **материальная** ~ material base; **на** ~**е контракта** on a contractual basis; **на** ~**е твердой цены** on a fixed price basis; **перевалочная** ~ transshipment terminal; **плавучая** ~ depot ship; **проектно-конструкторская** ~ design facility; **производственная** ~ production facility; **развитие экспортной** ~**ы** development of the export base; **ремонтная** ~ repair facility; **сбытовая** ~ sales depot; **складская** ~ wholesale warehouse; **создавать** ~**у** to establish a base; **сырьевая** ~ raw input (materials) source; **таможенная** ~ customs warehouse; **торговая** ~ supply depot; **укреплять производственную** ~**у** to expand production facilities; **финансовая** ~ financial base; **экспортная** ~ export base; ~ **для исчисления тарифа** tariff rate base; ~ **для оказания услуг** service center; ~ **технического обслуживания и текущего ремонта** maintenance depot
базар bazaar/ market
базир/овать to base; **базироваться** to be based; **цена** ~**уется на** the price is based on; ~ **цену** to base the price
базис basis; **экономический** ~ economic ~; ~ **цены** price ~
базисная цена см. цена
бак cistern; tank, vat; **наливать в** ~ to pour into a ~; **хранить в** ~**е** store in a ~
бакалавр bachelor

баланс 1. account balance; 2. financial statement, balance; sheet; **актив(ы) ~a** ~ sheet assets; **активный ~** positive ~; **активный платежный ~** favorable ~ of payments; **банковский ~** bank financial statement; **бухгалтерский ~** financial statement; **бюджетный ~** budgetary financial statement; **внешнеторговый ~** ~ of (international) trade; **годовой ~** annual ~; **дефицит платежного ~a** balance of payments deficit; **дефицит торгового ~a** trade deficit; **заключительный ~** summary account ~; **исправление ~a** adjustment of the ~ sheet; **итоговый ~** total ~; **кредитовый ~** credit ~; **ликвидационный ~** liquidation financial statement; **межотраслевой ~** inter-sectoral ~; **отрицательный ~** negative ~; **отчетный ~** financial performance report; **пассивная часть ~/a ~** sheet liabilities; **пассивный ~** unfavorable ~; **пассивный платежный ~** unfavorable ~ of payments; **подробный ~** detailed financial statement; **подводить ~** to balance accounts, books, etc; **после сведения ~a** fig "on balance"; **предоставлять ~** to produce a financial statement; **расчетный ~ ~** of payables and receivables; **ревизия ~a** audit of accounts; **ревизовать ~** to audit accounts; **сводный ~** consolidated ~ sheet; **сводить ~** to offset an item on a ~ sheet; **сжатый ~** condensed financial statement; **статья ~a** item on a sheet; **сумма ~a** total listed assets; **торговый ~** trade balance; **~ движения капиталов и кредитов** capital and credit statement ~; **~ народного хозяйства** national balance of accounts; **~ национального дохода** accounting of national income; **~ текущих расчетов** current account balance; **~ товарной торговли** merchandise trade balance; **~ услуг и некоммерческих платежей** invisible balance

балансирование balancing (счетов и т.п.)
балансировать to balance (счета и т.п.)
балансовый balance
баллотировать to ballot to (for), ~ vote (for)
баллотироваться 1.to stand (for), to be a candidat (for) 2. to be put to the vote
бандероль parcel post, book-rate post; **заказная ~** registered parcel post; **почтовая ~** book rate post; **простая ~** non registered parcel post; **посылать ~ью** to send by book rate post
бандит bandit, gangster; **~-вымогатель** extortionist, racketeer
бандитизм banditry, extortion, racketeering
банк bank; **авизующий ~** advising, notifying ~; **акцептный ~** acceptance ~, merchant ~; **акционерный ~** incorporated ~; **ассоциированные ~и** associated ~s; **банкротство ~a ~** failure; **ведущий ~** leading ~; **взять вклад из ~a** to make a withdrawal from a ~; **вклад в ~ ~** deposit; **внешнеторговый ~** foreign trade ~; **банк для внешней торговли** the Bank for Foreign Trade; **вносить деньги в ~** to deposit money in a ~; **государственный ~** national ~; **гарантия ~a ~** guarantee; **государственный банк** the State Bank; **давать указания ~у** to instruct the ~; **депозитный ~ ~** of deposit; **задолженность ~у ~** debt, account overdraft; **закладывать товар в ~** to pledge collateral with a ~; **иметь счет в ~е** to have an account with a ~; **инвестиционный ~** investment ~, securities dealer; **иностранный ~** foreign, overseas ~; **ипотечный ~** mortgage ~; **клиринговый ~** clearing house, clearing ~; **клиенты ~a ~** customers; **комиссионные ~у ~** charges; **коммерческий ~** commercial ~; **консорциум ~ов** ~ing syndicate; **кооперативный ~** cooperative, "co op" ~; **крупный ~** major ~; **межгосударственный ~** interstate ~; **местный ~** local ~; **национальный ~** national ~; **одобренный ~** approved ~; **основной ~** primary ~; **отделение ~a** branch of a ~; **перевести на счет в ~е** to transfer to the account in the ~;

пересылка через ~ remittance via ~; получать документы из ~a to clear documents through the ~; помещать сумму в ~ to deposit a sum in the ~; помещать ценные бумаги в ~ to deposit securities in the ~; представитель ~a ~ representative; проверка отчетности ~a ~ examination; промышленный ~ industrial ~; разменный ~ exchange ~; резервный ~ reserve ~; сберегательный ~ savings ~; служащий ~a ~ clerk, ~ employee; совет ~a ~ Board of Governors; счет в ~е ~ account; ссудный ~ lending ~; торговый ~ merchant ~; уполномоченный ~ ~ authorized; управляющий ~ом ~ manager; управлять ~ом to manage a ~; услуги ~a ~ing facilities; учетный ~ discount ~; филиал ~a affiliate, branch ~; центральный ~ central ~; частный ~ private ~; экспортно-импортный ~ export-import ~; эмиссионный ~ issuing ~; ~, выпускающий кредитные карточки issuing credit cards ~; ~ импортера importer's ~; ~ международных расчетов Bank for International Settlements; ~ по обмену валюты foreign exchange ~; ~, подтверждающий аккредитив confirming ~ (L/c); ~ пользующийся солидной репутацией ~ in good standing; ~ производящий прием и оплату документов negotiating ~; ~ третьей страны third-country ~; ~ экспортера exporter's ~

банк-акцептант merchant banker, acceptance bank

банк-инкассатор collecting bank

банк-корреспондент (bank korrespondent) correspondent bank

банк-кредитор creditor bank

банк-плательщик payer's bank

банк-ремитент remitting bank

банка can, jar; вздувшаяся ~ swollen can; герметичная ~ hermetically-sealed can; запечатанная ~ sealed jar; упаковывать в ~у to can, to preserve in a jar

банкир banker; рекомендация ~ ~'s references

банкнот/а banknote, bill; выпуск ~ issue of banknotes; выпускать ~ы в обращение to issue banknotes into circulation; изъятие ~ withdrawal of banknotes; резервная ~ reserve banknote; фальшивая ~ counterfeit bill; эмиссия банкнот ~ issuance of banknotes; ~ы paper money; ~ы в обращении bills in circulation; ~ в 1 доллар one-dollar bill; ~ в 1 фунт стерлингов one pound note; ~ достоинством bill in the denomination of; ~ы по купюрам banknotes by denomination

банковский: банковский учетный процент см. процент 4; банковский чек см. чек, банковская тратта см. тратта

банкрот bankrupt, insolvent; объявлять ~ом to declare oneself bankrupt; стать ~ом to go bankrupt

банкротиться, обанкротиться to become bankrupt (или insolvent); to fail

банкротство bankruptcy; insolvency, failure; доводить до ~a to drive into ~; объявлять ~ to declare ~; ~ банка bank failure

банк-учредитель founding bank

банк-эмитент issuing bank

барать (вульг.) to screw, to hump

баратрия barratry (man time); виновный в ~и barrator (man time)

баржа barge; глубоководная ~ deep sea ~; грузовая ~ cargo ~; наливная ~ tanker; несамоходная ~ non propelling, "dumb" ~; обеспечивать поставку ~и to provide for ~ shipping; океанская ~ ocean-going ~; разгружать (через борт) на ~у to unload (over side) to ~; речная ~ river ~; саморазгружающаяся ~ dump; самоходная ~ self propelled ~; цена с ~и price ex ~; франко ~ FOB ~

бартерный barter

барствовать to live in idleness and plenty

барыга (сленг.) spiv

барьер barrier; дискриминационные ~ы discriminatory (trade) ~s; нетарифный ~ non-tariff (trade) ~; обходить таможенные ~ы to avoid customs ~s; **протекционистские ~ы** protectionist ~s; **создавать ~ы** to erect ~s; **таможенный ~** customs ~; **тарифный ~** tariff ~; **торговый ~** trade ~; **устранять ~ы** to eliminate ~s

беженец refugee
беженский refugee
беженство 1. flight, exodus, refugee-seeking. 2. (*собир.*) refugees
безаварийный accident-free; trouble free
безалаберность disorder; lack of system
безалаберщина (*собир.*) muddle; slovenliness
безапелляционный peremptory, categorical
безбожно (*собир.*) shamelessly, scandalously; **здесь ~ дерут** they fleece you shamelessly here
безбожный 1. irreligious, anti-religious 2. (*собир.*) shameless, scandalous; **~ые цены** outrageous prices
безвестность obscurity
безвестный unknown; obscure; **~ное отсутствие** absence in place unknown
безвозмездно free, gratis; **передавать ~** to transfer gratis
безвозмездный free, uncompensated
безграничный infinite, limitless, boundless; (*фиг.*) extreme, extraordinary
бездействие inactivity, inertia, idleness; (*крим.*) negligence
безденежный 1. impecunious 2. (*экон.*) non-monetary

безденежье lack of money, impecuniousness
бездефектность zero-defect, tolerance
бездефектный fault free
бездефицитный entailing no deficit; self-supporting
безконкурентный non competitive, without competition
безлицензионный unlicensed
безнаказанно with impunity; **это ему не пройдет ~** he won't get away with this
безналичный non cash (transaction), clearing
безналоговый tax-free
безоговорочный unconditional, unqualified
безопасность safety, security; **инструкции по технике ~и** safety instructions; **меры для обеспечения ~и** security measures; **нарушение правил техники ~и** violation of safety regulation; **нормы техники ~и** safety standards; **обеспечивать ~** to insure safety; **пожарная ~** fire safety; **технологическая ~** plant safety; **техника ~и** safety regulations; **~ мореплавания** navigational safety; **~ персонала** personnel safety
безопасный safe, secure
безосновательный groundless
безответственный irresponsible
безоговорочный unquestioning, implicit
безотзывный irrevocable; **безотзывный аккредитив см. аккредитив**
безотлагательность urgency
безотлагательный urgent
безотносительный absolute, valid absolutly

безотчетный 1. not liable to account, not subject to control. 2. unaccountable, inexplicable; unreasoning, instinctive
безошибочный correct; faultless, infallible; **~ое предсказание** unerring prediction
безработница unemployment
безработный unemployed
безубыточный without losses; break-even
безукоризненный irreproachable; impeccable
беупречный irreproachable
безусловный unconditional
бенефициар beneficiary; **наименование ~а** designation of a ~
беседа conversation, talk, interview
беспатентный unpatented; unlicensed
бесперебойный uninterrupted; regular
беспересадочный direct; **~ поезд** through train
бесплатно free of charge, gratis; **поставлять ~** to supply free of charge
бесплатный free, gratuitous; **~ билет** free ticket, complimentary ticket
бесповоротн/ый irrevocable, final; **~ое решение** final decision
беспокойство trouble, inconvenience; **просим извинения за причиненное вам беспокойство** we apologize for the trouble (*или* for the incovenience) you have been caused; **простите за беспокойство** (*разг.*) (I'm) sorry to trouble you; **ника-**

кого беспокойства! no trouble at all!
бесполезный useless
беспошлинный duty free
бесприбыльный unprofitable, non profit
беспроцентный interest free
бесспорный indisputable, incontrovertible
бессрочный unlimited *(period of time)*, without time-limit
бесцеремонный unceremonious; familiar; cavalier
бесчестный dishonorable; disgraceful
бизнес business; **большой ~** big ~; **вялый ~** slow trade, slack ~; **малый ~** small ~; **прибыльный ~** profitable ~; **рекламный ~** advertising
билет ticket, note; **банковский ~** bank note; **вкладной ~** deposit slip, certificate of deposit; **железнодорожный ~** railway ticket; **казначейские ~ы** treasury notes, currency; **обратный ~** return ticket; **пригласительный ~** invitation ~; **~ на самолет** airline ticket
биотехнология biotechnology
биржа exchange, market; **валютная ~** currency exchange; **зерновая ~** grain market; **играть на ~е** to play the market; **котирующийся на ~е** quoted on the exchange; **международная товарная ~** international commodities exchange; **на ~е** on the exchange; **неофициальная ~** street market, informal exchange; **официальная ~** recognized exchange; **специализированная ~** specialized exchange; **товарная ~** commodity exchange; **фондовая ~** stock market; **фрахтовая ~** shipping exchange; **хлебная ~** grain exchange; **хлопковая ~** cotton exchange; **цены при закрытии ~и** closing prices; **цены при открытии ~и** opening prices; **~ лесоматериалов** lumber yard; **~ металлов** metals exchange; **~ по шерсти** wool exchange; **~ сельскохозяйственных товаров** produce market; **~ ценных бумаг** securities exchange
биржевик exchange dealer
биржевой exchange
бирка tag, label; **багажная ~** luggage tag; **бумажная ~** paper tag; **металлическая ~** metal tag; **прикреплять ~у** to attach a label; **~ с указанием цены** price tag; **специальная ~** special tag
благодарить to thank; **благодарим вас за (ваше) письмо** we thank you for your letter
благодарный grateful; **быть благодарным** to be grateful, to be obliged; **мы благодарны за ваше письмо** we are obliged for your letter *или* we thank you for your letter
благоприятно favourably
благоприятный favourable
благоприятствование preferential treatment; **оговорка о наибольшем ~и** most favored nation clause; **режим наибольшего ~я** most favored nation (MFN) status; **тариф на основе наибольшего ~я** most favored nation (MFN) tariff treatment; **предоставлять режим наибольшего ~я** to grant MFN treatment
благоприятствовать to favor, to be favorable
бланк blank, form; **банковский ~** bank form; **вексельный ~** draft form; **дубликат ~а о взносе депозита** duplicate deposit slip; **заполнять ~** to complete a form; **образец ~а** sample form; **отчетный ~** report card; **печатный ~** printed order form; **телеграфный ~** cable blank; **типографский ~** printed form; **фирменный ~** company form; **чистый ~** blank (clean) form; **~ декларации** declaration form; **~ для вклада** deposit slip; **~ для письма со штампом фирмы** letter-head; **~ для регистрации покупки** product registration form; **~ для сверки депозитного счета** reconciliation statement (bank statement); **~ документа** form (standard) document; **~ заказа** order form; **~ заявки** requisition; **~ заявления** application ~; **~ инкассового поручения по документарной тратте** documentary bill lodgement blank; **~ квитанции** standardized receipt; **~ контракта** form (standard) contract; **~ письма** form letter; **~ предварительной регистрации** pre-registration form; **~ телеграммы** cable form; **~ чека** check form;

бланковый blank; **делать ~ую надпись** to make a general indorsement, **~ая надпись** general indorsement

бланковый индоссамент см. **индоссамент**

ближайший (следующий непосредственно) next; **ближайший пароход** the next steamer available; **в ближайшем будущем** in the near future; **при ближайшем рассмотрении** on closer examination

блок bloc; **валютный ~** currency ~; **военный ~** military ~; **закрытый экономический ~** exclusive economic ~

блокада ban, blockade, embargo; **ввести ~у** to impose a blockade; **кредитная ~** credit block; **морская ~** naval blockade; **прорыв ~ы** breach of a blockade, embargo; **таможенная ~** customs blockade; **технологическая ~** technological embargo; **торговая ~** trade embargo; **экономическая ~** embargo

блокированный blocked, frozen

блокировать to blockade, to freeze assets, etc.

бодмерея bottomry

бой breakage; **~ при перевалке** during handling; **~ при транспортировке** in transit

бойкот boycott; **финансовый ~** financial ~; **объявить ~** to impose a ~; **отменить ~** to lift a boycott; **политика ~а** policy; **экономичес-**

кий **~** economic **~**, embargo

бойкотировать to boycott

большегрузный extra-capacity *(vessel, etc.)*

бона фиде bona fide

бонд bond; **аварийный ~** general ~

бондовой bonded (in customs, etc.)

бонитет bondibility, solvency

бонификаци/я bonus allowance; **обратная ~** reimbursable ~; **экспортная ~** export ~; **размер ~и** amount of ~

бонус cash bonus

борт board, ship's deck; **вдоль ~а** alongside (ship); **выбрасывать за ~** to jettison over board; **за -ом** overboard; **на ~у** on board; **от ~а** from alongside ~; **погрузить на ~** to load on board; **принимать на ~** to accept cargo on board; **у ~а** alongside; **через ~** overside; **свободно на ~у** free on board, FOB; **Франко ~** free on board, FOB; **Франко ~ грузового автомобиля** FOB truck; **Франко вдоль ~а судна** FOB alongside; **Франко ~ самолета** FOB air-freight, FOB airplane

бортовой deck, overside

бортовой коносамент см. **коносамент**

борьба battle, campaign druggie; **~ за высокое качество** quality drive; **~ за максимальные прибыли** profit maximization drive; **~ за рынки** competition for market share

бот small craft; *(мор.)* **лоцманский ~** pilot craft

бочк/а barrel, cask; **деревянная ~** wooden barrel; **железная ~** steel drum; **укладывать в ~у** to barrel (fill); **~и пустые** "barrels empty"; **~и текут** "barrels leaking"

брак 1. defects, rejects, spoilage; **производственный ~** production reject; **допуск ~а** breakage rate, spoilage rate; **процент ~а** reject rate; **обнаруживать ~** to detect quality flaws 2. marriage

бракераж quality inspection, sorting

бракование (непринятие) rejection

бракованный defective, non-conforming (goods)

браковать, забраковать to reject

браковка rejection; **критерий ~** rejection criterion

браковщик Q.C. (quality control) inspector

брать (посчитать, назначить цену) to charge

брачный conjugal, nuptial

брезент canvas cover, tarp[aulin]; **покрывать ~ом** to cover with a tarp

бригада crew, gang, shift, team; **аварийная ~** emergency crew; **ремонтная ~** emergency crew, repair team; **~ грузчиков** stevedore crew; **~ технического обслуживания** maintenance crew

бригадир brigade leader

брокер broker; **биржевой ~** stock broker, exchange dealer; **вексельный ~** securities ~, bill dealer; **страховой ~** insurance ~; **судо-**

вой ~ shipbroker; **фрахтовый** ~ freight broker; ~ **делькредере** "del credere" broker; ~ **по покупкам** commercial buyer, purchasing broker; ~ **по покупкам и продаже зерна** grain broker, broker in grain; ~ **по фрахтованию** charter broker; ~ **судовладельца** shipowner's broker; ~ **фондовой биржи** stockbroker ~; ~ **фрахтователя** charterer's broker
брокераж brokerage, broker's commission
брокерский brokerage
бронирование booking, reservation
бронировать to book, to reserve
брошюра brochure, booklet; **рекламная** ~ promotional brochure
брутто gross; **вес** ~ ~ weight; **масса** ~ ~ mass; **фактический вес** ~ actual ~ weight; ~ **баланс** rough balance; ~ **за нетто** ~ for net; ~ **регистровый тоннаж** ~ register tonnage; ~ **тонна** gross ton; ~ **тоннаж** ~ tonnage; ~ **фрахт** ~ freight
брутто-ставка gross premium
будущее future; **в будущем** in the future; later on, **на будущее** for the future
букировать to book (freight)
букировк/а booking; **плата за ~у** booking commission; ~ **груза** cargo booking
буклет booklet, pamphlet; **иллюстрированный** ~ illustrated pamphlet; **фирменный** ~ firm resume
буксир tug boat; **на буксире** in tow; **портовый** ~ port tug boat; **обслуживание ~ами** towing, tug service
буксирный towing, tuggage
буксировать to have in tow, to tug, to tow
буксировк/а marine haulage, towing, tuggage; **морская** ~ marine towing, tugging; **договор морской ~и** tug contract
бум (эконом.) boom; **биржевой** ~ stock market ~; **инфляционный** ~ inflationary ~; **спекулятивный** ~ speculative ~; ~ **капиталовложений** investment ~
бумаг/а paper; **аннулированные ~и** called bonds; **водонепроницаемая** ~ waterproof ~; **газетная** ~ newsprint ~; **гербовая** ~ watermark ~, stamped ~; **именные ценные ~и** registered securities; **иностранные ценные ~и** foreign securities; **коммерческие ~и** commercial ~; **легкореализуемые ценные ~и** readily marketable securities
бутыль bottle, flask; **большая, оплетенная** ~ demijohn; **упаковывать в ~и** to bottle
бухгалтер accountant, bookkeeper; **главный** ~ chief accountant; **старший** ~ senior bookkeeper
бухгалтер-аналитик controller
бухгалтер-кассир cost accountant
бухгалтер-ревизор auditor
бухгалтерия accounts department
бухгалтерский accounting, bookkeeping
бухт/а bay; **выходить из ~ы** to clear a bay
быстрореализуемый fast selling, liquid
быстр/ый speedy, prompt, rapid, fast; **~ая поставка** prompt (или speedy) delivery; ~ **износ** rapid wear
бьющийся fragile
бэрбоут bare boat, unmanned craft; ~ **чартер** bare boat charter
бюджет budget; **взносы в** ~ contributions; **годовой** ~ annual ~; **государственный** ~ state ~; **дополнительный** ~ supplementary; **доходный** ~ revenue; **жесткий** ~ fixed revenue; **исполнение ~а** ~ implementation; **местный** ~ local ~; ~ **капиталовложений** capital ~; **национальный** ~ national ~; **небольшой** ~ low ~; **несбалансированный** ~ unbalanced ~; **перечислять сумму в** ~ to transfer a figure into the ~; **подготовка ~а** ~ preparation; **представлять** ~ **на рассмотрение** to submit a ~ for deliberation; **предусматривать в ~е** to budget; **проект** ~а draft ~; **размер** ~а ~ size; **расходный** ~ ~ expenditures; ~ **рекламы** advertising ~; **сбалансированный** ~ balanced ~; **сводный** ~ consolidated ~; **сокращение ~а** ~ cuts; **сокращать** ~ to cut the ~; **составление** ~а ~ process; **одобрить** ~ to approve a ~; **текущий** ~ current, operating ~; **уве-**

личивать ~ to increase the ~; утверждать ~ to pass the ~
бюджетный budgetary
бюллетень bulletin, newsletter, report; **биржевой** ~ stockmarket report; **ежегодный** ~ annual report; **ежемесячный** ~ monthly newsletter; **издавать** ~ to publish a bulletin, newsletter; **информационный** ~ informational bulletin; **коммерческий** ~ trade bulletin; ~ **курса валюты** exchange-rate report; **курса ценных бумаг на бирже** securities exchange report; **патентный** ~ patent ~; **прейскурантный** ~ price bulletin; **торговый** ~ trade report; **экономический** ~ economic report
бюро bureau, department, desk; ~ **диспашеров** claims adjusters' division; **информационное** ~ information bureau; **конструкторское** ~ design department; ~ **обслуживания** service department; ~ **объявлений** press-release office; **патентное** ~ patent office; ~ **по выдаче паспортов и виз** passport and visa office; ~ **проката** rental office; ~ **по связям с общественностью** public-relations department; ~ **путешествий** travel agency; **регистрационное** ~ registration office, registrar; ~ **регистрации акционерных компаний** registrar of companies, corporate registry office; **рекламное** ~ advertising agency, department; **справочное** ~ information desk; **техническое** ~ technical department; ~ **технического надзора** technical inspection office; **туристическое** ~ travel agency; ~ **услуг** service center
бюрократия bureaucracy

В

В (*аббр. от* **восток**) E, East
в. (*аббр. от* **век**) C, century
ва-банк; играть, идти ~ to stake everything; (*фиг.*) to stake one's all
вага (*тех.*) 1. weighting-machine 2. splinter-bar; swingle-tree 3. lever
вагон 1. carriage, coach; (railroad) car; **автономный** ~ self propelled car; **багажный** ~ baggage van, luggage van; **балластный** ~ ballast car; **большегрузный** ~ high capacity car; **вентилируемый крытый** ~ ventilated box car; **грузовой** ~ box car; **товарный** ~ goods wagon, goods truck; **железнодорожный** ~ railroad car; **жесткий** ~ "hard" carriage, hard-seated carriage; **закрытый** ~ closed ~; **загружать** ~ to load a ~; **крытый** ~ box ~; **купированный** ~ compartment car, soft-seated carriage; **моторный** ~ automobile ~; **недогруженный** ~ underloaded ~; **облегченный** ~ light ~; **пассажирский** ~ passenger car; **поставка в** ~**е** delivery by ~; **порожний** ~ empty ~; **почтовый** ~ postal ~; **прицепной** ~ trailer ~; **прямой сборный** ~ consolidated ~; **рефрижераторный** ~ refrigerated ~; **саморазгружающийся** ~ tipping ~; **сборный** ~ merchandise ~; **служебный** ~ guard's van; **спальный** ~ sleeper, sleeping car; **трамвайный** ~ tram-car; **цена франко** ~ free on rail price; **франко** ~ free on rail; ~ **прямого сообщения** through ~; ~ **с боковой разгрузкой** side dump ~; ~ **смешанного класса** composite ~; 2. wagon-load; (*фиг., собир.*) loads, lots; ~**ами** by the load; **у нас** ~ **времени** we have masses of time
вагон-весы scale car
вагон-лесовоз timber car
вагон-мастерская repair car
вагон-платформа flatbed car
вагон-ресторан dining-car, restaurant car
вагон-холодильник refrigerator car
вагон-цистерна tanker car, tank truck
вагонетка truck, trolley
вагонн/ый of ~; ~**ая ось** carriage axle; ~ **парк** rolling-stock
вагоностроение carriage-building
вагоностроительный carriage-building; ~ **завод** carriage (-building) works
вагончик (*собир.*) site hut
важность 1. importance; significance; **дело большой** ~**и** a matter of great importance, of great moment; 2. pomposity, pretentiousness
важн/ый 1. important; weighty, consequential; **самое** ~**ое...** the important thing

is ...; **в своей стране он довольно ~ человек** in his own country he is a man of some consequence; **~ная шишка** (*собир.*) bigwig, big knob 2. pompous, pretentious

ваканси/я vacancy; **будут две ~и в штате в будущем году** there will be two vacancies on the staff next year

вал I. billow, roller; **девятый ~** 'ninth wave'

вал II. bank, earthen wall; (*воен.*) rampart; (*геол.*) swell

вал III. (*тех.*) shaft

вал IV (*экон.*) gross output

валов/ой gross; **~ая вместимость судна** gross tonnage; **валовая стоимость** см. **стоимость**

валоризация valorization

валентность (*хим.*) valency

валик 1. (*тех.*) roller, cylinder, spindle, shaft 2. bolster

валют/а (*фин., экон.*) 1. (*внутренние или иностранные деньги*) currency; **~ договора** (*или* **сделки**) currency of the contract; **~ цены (платежа)** currency of the price (of payment); 2. (*векселя, переводы, и другие платежные поручения, подлежащие оплате в иностранной валюте*) exchange, foreign exchange; **валюта** currency; **блокированная ~** blocked ~; **бумажная ~** paper ~; **вычисление курса ~ы** calculation of the exchange rate; **девальвированная ~** devalued ~; **девальвация ~ы** devaluation of ~; **дефицит ~ы** foreign exchange deficit; **дефицитная ~** scarce ~; **единая ~** common ~; **единица ~ы** unit of ~; **завышенная оценка ~ы** over-valuation of ~; **запасы ~ы ~** reserves; **запрещение вывоза иностранной ~ы** ban on foreign exchange export; **зачислять ~у на счет** to transfer ~ into an account; **золотое содержание ~ы** gold content of ~; **иностранная ~** foreign ~; **излишки ~ы** surplus of ~; **клиринговая ~** clearing ~; **ключевая ~** key ~; **колеблющаяся ~** fluctuating ~; **колебание курса ~ы ~** fluctuation; **конвертируемость ~ы** convertibility of ~; **конвертировать в ~у** to convert ~; **~ "корзина"** basket of ~s; **котировка иностранной ~ы** foreign exchange (rate); **крах ~ы** collapse of ~; **конвертируемая ~** convertible ~; **курс иностранной ~ы** exchange rate; **национальная ~** national ~; **неконвертируемая ~** inconvertible ~; **неустойчивая ~** unstable ~; **неустойчивость ~ы** instability of ~; **обесцененная ~** depreciated ~; **обеспечивать ~у** to back ~; **обесценивать ~у** to depreciate ~; **обмен ~ы ~** exchange; **обмен ~ами ~** swap; **обменивать ~у** to exchange ~; **обратимая ~** convertible ~; **обратимость ~ы** convertibility of ~; **ограничения в переводе ~ы ~** exchange restrictions; **операции в ~е ~** exchange transactions; **операции с ~ой** exchange business (*на бирже*) (i.e. on an exchange); **отечественная ~** domestic ~; **паритет ~ы** parity of exchange; **падающая ~** depreciating ~; **переводить в другую ~у** to convert into another ~; **переводить ~у на счет** to transfer ~ into an account; **пересчет ~ы по курсу** conversion of ~ at the going rate; **пересчет ~ы по паритету** conversion of ~ at par value (parity); **платеж в ~е клиринга** settlement in clearing ~; **платеж в национальной ~е** settlement in national ~; **по сравнению с другими ~ами** against other ~s; **повышать курс ~ы** to appreciate ~; **поддельная ~** counterfeit ~; **полноценная ~ ~** at full value; **покупательная способность ~ы** purchasing power of ~; **понижение курса ~ы** devalorization of ~; **поступления ~ы** foreign exchange earnings; **потери на разнице курсов ~** exchange losses; **распределение ~ы** allocation of foreign exchange; **расчет в иностранной ~е** settlement in foreign ~; **реализовать на ~у** to sell for (hard) ~; **ревальвированная ~** revalued ~; **ревальвировать** {**ревалоризировать**} **~у** to revalue ~; **регулируемая ~** controlled ~; **регулировать ~у** to control ~; **резервная**

reserve ~; **свободная ~ frei ~**; **свободно конвертируемая ~** freely convertible ~; **свободно плавающая ~** agreed ~; **стабильная ~** stable ~; **твердая ~** hard ~; **устойчивая ~** stable ~; **устойчивость ~ы** stability of ~; **обратимая в золото** gold-convertible ~; **~ привязанная к ~е другой страны** pegged ~; **~ привязанная к доллару ~** pegged to the dollar

валютно-финансовый monetary

валютно-финансовая биржа foreign exchange market

валютный: валютный курс rate of exchange; **валютные ограничения** exchange restrictions

валютчик (*собир.*) speculator in foreign currency

вариант reading, variant; version; option; scenario; model; **нулевой ~** (*полит.*) zero option; **серийный ~** production version; **рассказ был распространен во многих ~ах** many versions of the story were circulated

вариационн/ый variant; **~ое исчисление** (*матем.*) calculus of variations

вариация variation; **тема с ~ми** theme and variations

варрант (складской) warrant, warehouse warrant; custom-house license; **доковый ~** dock ~; **складской ~** warehouse ~; **складской ~, выданный товарной пристанью** wharfinger's ~; **таможенный ~**

customs ~; **оплачивать ~** to pay ~ credit

ватерлиния water-line; **грузовая ~** load ~

ватерпас (*тех.*) water-level, spirit-level

ваучер voucher

вбить to drive in, to hammer in; **~ в голову** to knock into s.o.'s head; **~ себе в голову** to get into one's head

вблизи (от) close by; not far (from); **рассматривать ~** to examine closely

введение 1. leading in(to); **~ в заблуждение** leading into temptation; **~ (во Храм)** Feast of the Presentation of the Blessed Virgin; 2. introduction; preamble; **~ в языкознание** introduction to philology; 3. implementation, imposition; **~ во владение ~** vesting; **~ в эксплуатацию** commissioning; **~ закона в силу** bringing a law into effect; **~ импортной пошлины** imposition of import duties; **~ квот** imposition of quotas; **~ налога** imposition of a tax; **~ поправки ~** application of amendments; **~ пошлины** imposition of a duty

ввезти, ввозить to import

вверстать to insert

вверху above, overhead; **~ страницы** at the top of the page

ввиду owing to, because of, in view of; **~ тумана полет не состоится** in view of the fog the flight will not take place; **~ того, что** as;

~ того, что вы приехали as you have come

ввод 1. bringing in; **~ во владение** putting in possesion; 2. lead-in; 3. input **~ данных** data input; 4. importation, import; **беспошлинный ~** duty-free ~; **~ и вывоз** imports and exports; **дополнительный ~** additional ~; 5. commissioning; **досрочный ~ ~** ahead of schedule; **срок ~а в действие ~** period ~ **в строй** to put into service;

вводить, ввести to effect, to introduce, to bring in; **~ в действие** to bring into effect, to put into operation

ввоз import; **запрещать ~** to ban ~; **контингентирование ~а** imposition of import quotas; **облегчение ~а** easing of import quotas; **оформлять ~ товара в порт** to obtain import clearance; **получать разрешение на ~** to obtain customs release; **порт беспошлинного ~а и вывоза** duty free port; **превышение ~а над вывозом** import surplus; **предметы ~а** import items; **разрешение на ~ в порт** import permit into port; **разрешать беспошлинный ~** to admit goods duty-free; **свободно для ~а** free for import; **статьи ~а** articles of ~; **стоимость ~а** valuation of imports; **таможенное свидетельство о временном беспошлинном ~е** temporary customs certificate; **условно беспошлинный ~** conditional duty-free ~

ввоз см. **ввод** 4; **запрет на ~** import embargo
ввозить, ввезти to import
ввозн/ый, ввозн/ой imported; import; **~ые контингенты** quota of imports; **~ая пошлина** import duty
ввязаться to meddle (in); to get involved (in); mixed up (in); **~ в неприятную историю** to get mixed up in a nasty business; **~ в бой** to become engaged
вдаваться to jut out (into); **~ в подробности** to go into details; **~ в тонкости** to split hairs
вдвойне twice, double; douby (также фиг.); **платить ~** to pay double; **он ~ виноват** he is doubly to blame
вдобавок in addition; moreover; into the bargain
вдогонку after, in persuit of; **броситься ~** to rush (after)
вдруг 1. suddenly, all of a sudden; 2. what if, suppose
ведать 1. to know 2. to manage, be in charge of
ве́дение authority; **быть в ~и** to be under the jurisdiction (of); **это вне моего ~** this is outside my province
веде́ние conducting, conduct; **~ дела** conduct of an affair, transaction
ведома: без ~, с ~; без моего ~ unknown to me; **с моего ~** with my knowledge, with my consent
ведомость bill, journal, list, register, statement; **весовая ~** weightsheet; **вспомогательная ~** supporting schedule; **включать в платёжную ~** to put on the payroll; **выписывать ~**

ежедневного учета времени to make out daily timesheets; **грузовая ~** cargo sheet; **дефектная ~** damage report; **дополнительная ~** supporting schedule; **ежедневная ~** daily timesheet; **ежемесячная ~** monthly timesheet; **инвентарная ~** inventory sheet; **итоговая ~** final report; **калькуляционная ~** cost sheet; **комплектовочная ~** delivery list; **отчётная ~** balance sheet; **оплачивать платёжную ~** to meet pay-roll; **передаточная ~** transmission list; **платёжная ~** pay-roll; **проверочная ~** verification list; **рабочая ~** worksheet; **рассылочная ~** mailing list; **расходная ~** expence sheet; **расценочная ~** price breakdown; **расчётная ~** paysheet, statement, calculation; **ремонтная ~** repair record; **сводная ~** consolidated statement; **составлять ~** to draw up a list; **согласно прилагаемой ~и** pursuant to the enclosed statement; **уточнять ~** to verify a statement; **~ бухгалтерского учёта** account bill; **~ выгруженного товара** outturn report; **~ запасных частей** parts list; **~ запасных частей за отдельную плату** optional part list; **~ издержек** cost sheet; **~ материалов** bill of materials; **~ монтажных работ** register of constructioil projects; **~ наличия на складе** stock status report; **~ осмотра**

проверок и ремонта inspection test and repair report; **~ работ** bill of work; **~ учёта времени, затраченного на погрузку и выгрузку судна** time sheet (shipping)
ведомственный departmental
ведомств/о administration, department; **авиационное ~** aviation administration; **железнодорожное ~** railway administration; **налоговое ~** tax administration; **отраслевые ~а** branch departments; **патентное ~** patent administration; **таможенное ~** customs office
ведущий 1. (прич. от вести) leading; (тех.) **~ее колесо** driving-weel 2. presenter; compere; anchorman; 3. disk jockey, DJ; 4. leader
вексел/ь bill of exchange, note; **авансовый ~** advance ~; **авалист по ~ю** guarantor of a ~; **аваль ~я** bank guarantee of a ~; **авизовать ~** to advise a ~; **акцепт ~я** acceptance of a ~; **акцептованный ~** acceptance ~; **акцептованный банком ~** bankers acceptance; **акцептованный торговый ~** trade acceptance ~; **акцептовать ~** to accept a ~; **аннулировать ~** to cancel a ~; **банковский ~** bank bill; **безденежный ~** accommodation bill; **беспроцентный ~** non-interest bearing note; **бланковый ~** bill of exhange in blank; **взыскание денег по ~ю** collection of a bill; **внешнеторговый ~** usance bill of exchange;

возвращать ~ неоплаченным to return a bill unpaid; возвращать ~ с протестом to return a bill under protest; возобновлять ~ to renew a bill; временный ~ interim bill; встречный ~ counter bill; выдавать ~ to draw a bill; выкупать ~ to meet a bill; выписывать ~ to issue a bill; выплата по ~ю negotiation of a bill; выставлять ~ to draw out a bill of exchange; гарантированный ~ guaranteed bill of exchange; гарант по ~ю guarantor of a bill; гарантировать оплату ~я (давать поручительство по ~ю) to back a bill; гербовый сбор по ~ю duty stamp on a bill; дата выпуска ~я date of issue of a bill; дебетовый ~ in-clearing bill; делать на ~е бланковую переданную надпись endorse a bill in blank; депонированный ~ collateral bill; держатель ~я holder of a bill; дисконт (дисконтирование) ~я discounting of a bill; документированный ~ documentary bill; документ об опротестовании ~я protest certificate; долгосрочный ~ long-term bill; должник по ~ю bill debtor; домицилировать ~ to domicile a bill; дубликат ~я duplicate of an exchange bill; домицилированный ~ domiciled bill; дружеский ~ accommodation bill; заграничный ~ foreign bill; заложенный ~ pledged bill of exchange; издержки по опротестованию ~я expenses for protesting a bill; именной ~ inscribed registered bill; индоссированный ~ endorsed bill; индоссировать ~ to endorse a bill; индоссировать ~ в пользу to endorse a bill to ...; индоссант по ~ю backer of a bill; инкассирование ~я collection of a bill; инкассировать ~ to collect a bill; иностранный ~ outland bill; иск по ~ю legal action arising from a bill; казначейские ~я treasury bills; книга ~ей bill book; коммерческий ~ commercial bill; копия ~я copy of a bill; краткосрочный ~ short term bill; краткосрочный курс ~я short term bill exchange rate; кредитор по ~ю bill creditor; купленный ~ purchased paper; курс ~я bill exchange rate; курс ~я, указанный на обороте exchange ~ as per endorsement; лицо, выписывающее ~ drawer of a bill; льготные дни для уплаты по ~ю grace period (days) on a bill; местный ~ local bill; могущий быть учтенным в банке ~ discountable bill; надпись на ~е endorsement on a bill; направлять ~ для акцепта submit a bill for acceptance; негоциировать ~ to negotiate a bill; недокументированный ~ clean bill of exchange; не могущий быть переданным ~ non negotiable bill; не оплачивать ~ to dishonor a bill; необеспеченный ~ unsecured bill; неоплаченный ~ outstanding bill; неоплата ~я failure to honor a bill; обеспеченный ~ secured bill; оборотный ~ negotiable bill; обратный ~ bill with recourse; обратный переводной ~ return draft; обращение ~ей circulation of bills; обязательства по ~ям liabilities on bills; оплачивать ~ honor a bill; оплачивать ~ в срок to meet due date on bill; операции с ~ями bill transactions; оплата ~я settlement of a bill; оплаченный ~ paid bill; оплачиваемый в местной валюте ~ inland bill; опротестованный ~ protested bill; опротестовывать ~ to protest a bill; ордерный ~ order bill; отзывать ~ to withdraw a bill; отказ от акцепта ~я refusal of acceptance of a bill; отказ от протеста ~я waiver of demand on a bill; отказываться, акцептовать ~ to dishonor a bill by non-acceptance; первоклассный ~ first class paper; первоклассный ~, акцептованный банком prime banker's acceptance ~; переводной ~ transfer note, (также см. тратта); передаваемый ~ negotiable bill; переуступать ~ to negotiate a bill; передавать ~ надписью to endorse a bill; передавать ~ на инкассо to remit a bill for collection; **передача ~я** transfer of a bill; **переучтенный** rediscounted bill; **переучет ~я** rediscount of a bill; **переучитывать ~** to rediscount a bill; **платить ~ями** to pay by notes; **погашать ~** to retire a bill; **погашенный ~** retired bill; **подделывать ~** to forge a bill; **поддельный ~** counterfeit bill; **подложный ~** forged bill; **подпись на ~е** signature on a bill; **покрытый ~** honored bill; **получать деньги по ~ю** to collect on a bill; **получение денег по ~ю** collection on a bill; **портфель ~ей** portfolio of bills; **поручитель по ~ю** surety on a bill; **поручительство по ~ю** aval, backing for a bill; **подтоварный ~** commodity paper; **право выписки ~ей** drawing authorization; **предварительный ~** provisional bill; **предъявительский ~** demand note; **предъявитель ~я** bearer of a bill; **предъявление ~я** presentation of a bill; **предъявлять ~ для оплаты** to present a bill for payment; **предъявлять для протеста** to present a bill for protest; **предъявлять ~ к учету** to present a bill for discount; **приемлемый для переучета ~** discountable bill; **принимать ~ к учету** to discount a bill; **продавать ~** to sell a bill; **продлевать ~** to extend a bill; **производить акцепт ~я** to effect acceptance of a bill; **производить учет ~я** to take a bill on discount; **пролонгированный ~** extended note; **пролонгация ~я** prolongation of a bill; **пролонгировать ~** to prolong a bill; **просроченный ~** past due bill; **просрочивать ~** to have a bill expired; **протестовать по поводу неоплаты ~я** to protest a bill for dishonor; **простой ~** promissory note; **простой, краткосрочный ~** short-term note; **простой ~, с двумя или более подписями** joint note; **пускать ~ в обращение** to negotiate a bill; **пускать ~ в обращение с оборотом** to negotiate a bill with recourse; **процентный ~** interest bearing note; **расходы по обратному переводу ~я** redraft charges; **сдавать ~ на учет** to present a bill for discount; **срок ~я** maturity term of a note; **срок ~я, установленный обычаем** usance of a bill; **срок платежа по ~ю** due date of a bill; **срочный по предъявлении ~** sight note; **срочный ~, через …дней после предъявления** bill at … day's sight; **сумма ~я** amount of a bill; **сумма ~я, обратного переводного** reexchange amount; **счет ~ей** bills account; **торговый ~** trade paper; **торговля ~ями** note brokerage; **~ трассированный банком на другой банк ~** bank draft; **трехмесячный ~** three month's paper; **уплатить по ~ю** to meet a bill; **учитывать ~ в банке** to negotiate a bank bill; **учтенный ~** discounted bill; **учет ~я** discounting of a bill; **учет ~ в банке** bank discounting; **фиктивный ~** fictitious bill; **финансовый ~** finance bill; **форма ~я** form of bill; **экземпляр ~я** copy of a bill; **экземпляр ~я, второй** second bill of exchange; **экземпляр ~я, первый** first bill of exchange; **~, акцептованный без покрытия** uncovered acceptance ~; **~, выписанный в инвалюте** currency bill; **~, выписанный в комплекте** bill drawn in a set; **~, выписанный до отправления груза** advance bill; **~, выставленный на первоклассный банк** bill drawn on a major bank; **~ для инкассирования** bill for collection; **~ для сальдирования** balance bill; **~ к оплате** note payable; **~я к получению** notes receivable; **~ на инкассо** bill for collection; **~ на предъявителя** bearer note; **~ на срок** term note; **~ на срок, установленный торговым обычаем** bill at usance; **~я, подлежащие взысканию** bills receivable; **~ с двумя подписями** two name paper; **~ с нотариальной отметкой об отказе трассата от его акцептования** noted bill; **~ по собственному приказу** bill to order (to oneself); **~ с оплатой по предъявлении** sight bill; **~ с оплатой после предъявления** after sight bill; **~ с передаточной надписью**

bill endorsed over; ~ **по чужому приказу** bill to the order of a third party; ~ **просрочен** the bill is overdue

векселедатель drawer (of a bill)

векселедержатель payee, holder (of a bill)

векселеобязанный bill debtor

векселеполучатель drawee (of a bill)

векселепредъявитель bearer (of a bill)

вексельный bill

вектор vector

величин/а 1. size; **намеченная** ~ target figure; **натуральная** ~ actual ~; **средняя** ~ mean quantity; **средней** ~ы middle ~; **определять** ~у to ~ up; ~ **скидки** rate of markdown; **дом средней** ~ы a house of average size; ~**ою с человеческую руку** about the size of a man's hand; 2. quantity, magnitude; value; ~ **подъема** up gradient; ~ **уклона** down gradient; **постоянная** ~ constant; 3. great figure

вербальн/ый verbal; ~**ая нота** (*дипл.*) note verbal

вербовка recruiting

вердикт verdict

веревк/а cord, rope; string; (*фиг.*) noose; ~ **для белья** clothes-line; **пеньковая** ~ hemp, rope; **шнуровочная** ~ packing cord; **крепить** ~**ой** to secure the lashings; **связывать** ~**ой** to lash, to rope, to cord; ~ **для крепления груза** cargo lashing; ~ **для подвески** pendant cord; ~ **для подъема груза** sling

верительная грамота letters of credence, credentials

вернее rather; **писатель или,** ~**, писака** a writer or, rather, a hack

вернисаж 1. private viewing; 2. opening-day (of an exibition)

верность 1. faithfulness, loyalty; 2. truth, correctness

вернуть (*см. также* **возвращать**) 1. to give back, return; 2. to get back, recover, retrieve; 3. to make come back

вероломный treacherous, perfidious

вероятност/ь probability; **по всей** ~**и** in all probability; **теория** ~**и** the theory of probability

вероятный probable, likely; **это вполне** ~**о** it is highly probable; ~ **наследник** heir presumptive

версия version

верстать (с~) to impose, make up into pages

верстка 1. imposing, imposition 2. forme; made-up matter

верфь dockyard; yard; **судостроительная верфь** shipyard

верх 1. top, summit (*также фиг.*), "this end up"; **совещание в** ~**ах** summit conference; ~ **глупости** the height of folly; **положить на** ~ to put on the top; 2. upper part, upper side; bonnet, hood (of vehicle); "**верх!**" (*знак*) "this side up"; 3. outside, top; right side (of material); **хватать** ~**и**, **нахвататься** ~**ов** to get a smattering (of), acquire a superficial knowledge (of); **скользить по** ~**ам** to touch lightly on the surface

верхний upper, ~**ящик** top drawer

верховный supreme; ~**ое командование** high command; В. Суд Supreme Court

вес weight; **выгруженный** ~ landed (*или* outturn) ~; **действительный** ~ **тары** actual tare; **допустимый** ~ allowable ~; **допуск по** ~**у** ~ allowance; **доставленный** ~ landed ~; **единица** ~**а** unit of ~; **живой** ~ live ~; **заданный** ~ specified ~; **заявлять** ~ to declare the ~; **избыточный** ~ excess ~; **излишек** ~**а** excess ~; **коносаментный** ~ bill of lading ~; **контрольный** ~ check ~; **корректировать** ~ to adjust the ~; **легальный** ~ **нетто** legal net ~; **максимальный** ~ maximum ~; **на основе купленного** ~**а** on a purchased ~ basis; **на основе сухого** ~ on a dry ~ basis; **насыпной** ~ bulk ~; **недостающий** ~ under ~; **недостача в** ~**е** short ~; **несоответствие по** ~**у** discrepancy in ~; **нестандартный** ~ non-standard ~, (short weighted); **нормальный** ~ standard ~; **общий** ~ gross ~; **объемный** ~ volume ~; **ограничение** ~**а** ~ limit; **определять** ~ to weigh; **ориентировочный** ~ approximate ~; **отгруженный** ~ shipped ~; **отгрузочный** ~ to be shipped ~; **отметка о** ~**е** indication of

~; **оценочный** ~ estimated ~; **первоначальный** ~ starting ~; **полезный** ~ service load; **порожний** ~ empty tare ~; **потеря** ~a short ~; **правила определения** ~a **тары** taring regulations; **превышение** ~a excess ~; **превосходить в** ~e to overbalance; **предельный** ~ maximum ~ limit; **приблизительный** ~ approximate ~; **проверка** ~a checking ~; **проверять** ~ to check the ~; **продажный** ~ marketable ~; **расчетный** ~ calculated ~; **распределять** ~ to distribute the ~; **сертификат** ~a a certificate of ~; **скидка с** ~a **на тару** tare allowance; **собственный** ~ sole ~; **средний** ~ average ~; **стандартный** ~ standard ~; **сухой** ~ dry ~; **счет выгруженного** ~a ship's outturn tally; **тарифный** ~ tariff ~; **убойный** ~ dead ~; **убыль в** ~e short delivery; **увеличение** ~a increase in ~; **удельный** ~ specific ~; **уменьшение в** ~e decrease in ~; **фактический** ~ actual ~; **фактический** ~ **брутто** actual gross ~; **фактурный** ~ invoice ~; **фактурный** ~ **тары** invoice tare; **чистый** ~ net ~; **штемпель о** ~e ~ stamp; **эксплуатационный** ~ ~ in running order; ~ **багажа** baggage ~; ~ **брутто** gross ~; ~ **брутто за нетто** gross ~ for net ~; ~ **груза** cargo ~; ~ **до отгрузки** pre shipment ~; ~ **единицы одного изделия** unit ~; **нетто** ~ net ~; ~, **подлежащий оплате** chargeable ~; ~ **при выгрузке** landed ~; ~ **при погрузке** shipped ~; ~ **с упаковкой** packed ~; ~ **тары** tare; ~ **тары превышающий нормальный** super tare ~; ~ **тары установленный обычаем** customary tare ~; ~ **товара** ~ of goods; **удельный** ~ specific gravity; ~ **упаковки** ~ of packing; ~ **ящика** case ~

весовой 1. of weight 2. sold by weght

весомость ponderability

весомый ponderable; weighty; heavy

весовщик weigher; **официальный** ~ official ~; **присяжный** ~ sworn ~

весы scales, balance; **бункерные** ~ hopper; **десятичные** ~ decimal balance; **испытательные** ~ testing ~; **мостовые** ~ weigh-bridge; **пружинные** ~ spring balance; **точные** ~ precision ~; **электронные** ~ electronic ~; **чашка** ~ов ~ pan; ~ **для автоматической упаковки в мешки** bagging ~

весы-автомат automatic scales

ветвь branch, bough

вет/ер 1. wind; **крепкий** ~ half a gale; **очень крепкий** ~ fresh gale; **тихий** ~ light air; **по** ~ру before the wind, down wind; **держать нос по** ~ру to trim one's sails to the wind; **под** ~ром leeward; **против** ~ра close to the wind, in the teeth of the wind; ~ **с берега** off-shore wind; **бросать слова на** ~ to talk idly; **мне до** ~ру **надо** I need to spend a penny 2. ~ры wind, flatulence

ветеринарный veterinary

ветка branch; twig; **железнодорожная** ~ branch-line

вето veto; **право** ~ right of ~; **налагать** ~ to ~

ветхий old, ancient; dilapidated, tumbledown; decrepit; **Ветхий Завет** the Old Testament

вечно for ever, eternally; always

вечность eternity

вечн/ый 1. eternal, everlasting; ~**ая мерзлота** permafrost; 2. endless; perpetual; ~**ое владение** posession in perpetuity

вещественн/ый substantial, material; ~**ые доказательства** material evidence

вещество matter, subbstance; **взрывчатое** ~ explosive; **канцерогенное** ~ carcinogen ~; **отравляющее** ~ poison-gas; **питательное** ~ nutrient; **серое** ~ grey matter

вещь thing

веяние 1. winnowing 2. breathing, blowing (of wind) 3. current (of opinion), tendency, trend; ~ **времени** spirit of the times

взаимно mutually, reciprocally; **решать** ~ to decide mutually

взаимность reciprocity; **договор на основе** ~и reciprocal treaty; **соглашение на основе** ~и reciprocal agreement; **торговля на основе** ~и reciprocal trade

взаимный mutual; reciprocal; **~ая выгода** mutual benefit; **~ая помощь** mutual aid
взаимовыгодный mutually beneficial
взаимодействие cooperation, coordination, interaction; **инвестиционное ~** investment interaction; **тесное ~** close cooperation; **хозяйственное ~** economic cooperation; **~ между странами** cooperation between nations; **~ спроса и предложения** interaction of supply and demand
взаимодействовать to cooperate, to interact
взаимозаменяемость interchangeability
взаимозаменяемый interchangeable
взаимоотношение, ~я interrelation; mutual relations; **договорные ~** contractual relations; **межгосударственные ~** interstate relations; **полезные ~** productive relations; **торговые ~** trade relations; **юридические ~** legal relations; **~ сторон** relations between the parties
взаимопомощь mutual aid; **касса ~и** mutual benefit; **договор о ~и** mutual assistance pact
взаимопоставляемый mutually provided
взаимоприемлемый mutually acceptable; **на ~ой основе** on a mutually acceptable basis
взаимосогласованный mutually agreed
взаймы as a loan; **брать ~** to borrow; **давать ~** to lend, loan
взвешивание weighing; **контрольное ~** test ~; **оборудование для ~я** equipment; **плата за ~** weighage; **плата за ~ на мостовых весах** weighbridge charges; **прибор для ~я ~** device; **справка о ~и** weight note; **производить ~** to weigh; **производить контрольное ~** to test weigh
взвешивать to weigh; **в пустом виде ~** to ~ empty; **вторично ~** to reweigh; **заново ~** ~ again
взвинчивать to inflate; **~ курсы акций** ~ rates of shares; **~ цены** ~ prices
вздорожание rise in price, price increases
вздорожать to increase in price
вздутие цен inflation of prices
взимание collection, levy, charge; **~ аренды** rental fee ~; **~ налогов** levying of taxes; **~ платы** collection; **~ пошлин** imposting of duties; **~ процентов** collection of interest; **~ роялти** charging of royalties; **~ сборов** imposition of fees
взимать to levy, to impose, to collect, to raise (taxes)
взлом breaking open, breaking in
взломать to break open, force; to smash; **~ замок** to force a lock
взломщик burglar, housebreaker; **компьютерный ~** hacker
взнос contribution, deposit, (при уплате по частям) instalment; payment, fee, dues, subscription; **авансовый ~** advance installment; **аварийный, страховой ~** average payment; **арбитражный ~** arbitration fee; **возвращенный страховой ~** premium refund; **возмещаемый ~** refundable deposit; **вступительный ~** admission fee, entrance fee; **выплачивать ~ами** to pay by installment; **годовой ~** annual fee; **делать ~** to make a contribution; **денежные и материальные ~ы** monetary and material contributions; **денежные ~** cash deposits; **добровольный ~** voluntary contribution; **долевой ~ (в страховании)** contribution; **долевой ~ по общей аварии** general average contribution; **дополнительный ~** additional premium; **единовременный ~** lumpsum contribution; **единовременный страховой ~** single premium; **ежегодный ~** annuity, annual installment; **ежегодный патентный ~** patent annuity; **ежемесячный ~** monthly installment; **ежемесячными ~ами** by monthly installments; **еженедельный ~** weekly installment; **еженедельными ~ами** by weekly installments; **квартальный ~** quarterly installment; **минимальный ~** minimum installment; **обязательный ~** mandatory contribution; **очередной ~** next installment; **очередной страхо-**

вой, installment premium; **освобождение от уплаты ~ов** exemption from installment payments; **паевой ~** share of contribution; **параллельный ~** counterpart contribution; **паушальный ~** lumpsum payment; **первоначальный ~** initial installment, deposit; **подлежать оплате ежегодными ~ами** to be payable in annual installments; **полугодовой ~** semi-annual installment; **последний ~** last installment; **последующий ~** subsequent installment; **предварительный ~** payment on account; **производить ~** to make a contribution; **пропорциональный ~** proportional contribution; **просроченный ~** overdue installment; **прямой ~** direct payment; **равные ~ы** equal installments; **равными ~ами** by equal installments, in equal installments; **регистрационный ~** registration fee; **страховой ~** insurance premium; **страховой ~ в постоянном размере** fixed premium; **средний страховой ~** average premium; **требование гарантийного ~а** margin call; **уплаченный страховой ~** premium paid; **уплачиваемый периодически ~** annuity payment; **частичный ~** partial payment; **членский ~** membership fee; **~ы в бюджет** budget contributions; **~ в %** deposit of %; **~ в счет погашения долга** installment against debt; **~ в уставный фонд** contribution to the charter fund, founding contribution; **~ наличными деньгами** cash deposit; **~ по общей аварии** general average deposit; **членский взнос** membership fee

взыскани/е collection, penalty, punishment; **наложение ~я** imposition of a fine, penalty; **наложить ~** to impose a fine, penalty; **принудительное ~** enforced recovery; **подвергнуть ~ю** to incur a penalty; **подлежать ~ю** to be subject to a judgment; **производить ~** to recover or exact a penalty; **подлежащий ~ю** callable; **размер ~я** measure of recovery; **обращать ~ на** to make a claim to; **обращать ~ на обеспечение** to enforce a security interest; **~ демерреджа** demurrage ~; **~ денег по векселю** collection of a bill; **~ долгов** debt collection; **~ издержек** cost recovery; **~ на имущество** claim to property; **~ налогов** tax collection; **~ неустойки** recovery of damages; **~ пени** imposition of a fine; **~ пошлин** imposition of duties; **принудительное ~** recovery by enforcement; **~ суммы** recovery of a sum; **~ убытков (денежных сумм)** recovery of (legal) damages; **~ штрафа** collection of a fine

взыскивать, 1. to exact, **взыскать (денежные суммы)** to recover; **взыскивать принудительным путем** to enforce или to recover by enforcement; **~ долг** to recover debt (from) 2. to call to account, make answer (for)

взятка bribe, backhander; **брать ~у** to take a bribe; **давать ~у** to bribe; **осудить за ~у** to convict for bribery; **предлагать ~у** to offer a bribe

взяточничество bribery, bribe-taking, corruption

вид I. kind, sort; shape, form; condition; **в ~е аванса** by way of an advance; **в вещественном ~е** in kind; **в ~е гарантии** as a guarantee against; **в ~е компенсации** as an offset against; **в любом ~е** in any shape or form; **в натуральном ~е** in kind; **ни под каким ~ом** on no account; **в нетоварном ~е** in an un-marketable condition; **в письменном ~е** in writing; **в разобранном ~е** non-assembled; **в товарном ~е** in marketable condition; **товарный ~** marketable condition; **~ товара** nature of goods; **~ транспорта** mode, means of transport; **~ транспортировки** mode of conveyance; **в хорошем ~** in good condition, in good shape

вид II 1. species; **исчезающий ~** endangedred or threatened species 2. kind, sort 3. aspect; **совешенный, несовершенный ~** perfective, imperfective aspect

вид III: **вид на жительство**

вид

residence permit; identity card

видимо-невидимо in immense quantity; **народу было ~** there was an immense crowd

видимость 1. visibility 2. outward appearance; **для ~и** for show, for appearance 3. **по (всей) ~и** to all appearance

видимый 1. visible 2. apparent, evident **без ~ой причины** with no apparent cause 3. apparent, seeming

видно 1. obviously, evidently; it is obvious, it is evident, it is apparent; **как ~ из сказанного** as is clear from the statement 2. visible; in sight; **конца еще не видно** the end is not yet in sight

видный 1. visible; conspicuous 2. distinguished, prominent 3. portly, stately

видоизменение 1. modification, alteration 2. modification, variety

виз/а 1. official stamp 2. visa; **ввозная ~** import ~; **вывозная ~** export ~; **выдача ~ы** issuance of a ~; **выдавать ~у** to issue a ~; **въездная ~** entry ~; **выездная ~** exit ~; **деловая ~** business ~; **заявление на выдачу ~ы (обращение за ~ой) ~** application; **консульская ~** consular ~; **многократная ~** multiple entry ~; **обыкновенная ~** ordinary ~; **отдел ~ ~** department; **отказ в ~е** refusal of a ~; **отказать в выдаче ~ы** to refuse to grant a ~; **постоянная ~** permanent ~; **подтверждение ~ы** confirmation of a ~; **поддерживать просьбу о предоставлении ~ы** to support ~ application; **поддерживать ~у** to support a ~; **получать ~у на паспорт** to have one's passport vised; **посылать паспорт на ~у** to submit a passport for ~ stamp; **продлевать ~у** to extend a ~; **проставлять ~у в паспорте** to vise; **привилегированная ~** exempt ~; **продление ~ы** extension of a ~; **срок действия ~ы** term of a visa; **транзитная ~** transit ~; **туристическая ~** tourist ~; **~ для деловой поездки** business ~

виза-приглашение visa-invitation

визировать to issue a visa

визит visit; **деловой ~** business ~; **длительный ~** extended ~; **договориться о ~е** to arrange a ~; **дружеский ~** a friendly ~; **ежегодный ~** an annual ~; **запланировать ~** to plan a ~; **завершение ~а** conclusion of a ~; **короткий ~** short ~; **наносить ~** to pay a call, to pay a visit; **наносить ответный ~** to return a ~; **неудачный ~** unsuccessful ~; **ознакомительный ~** fact-finding mission; **ответный ~** return ~; **отсрочка ~а** postponement of a ~; **откладывать ~** to put off a ~; **отменять ~** to cancel a ~; **официальный ~** official ~; **очередной ~** regular ~; **последующий ~** followup ~; **подготовить**

B

программу ~а to prepare an itinerary for a ~; **предложенный ~** proposed ~; **предстоящий ~** upcoming ~; **программа ~а** itinerary for a ~; **регулярные ~ы** regular ~s; **результаты ~а** the outcome of a ~; **ускорять ~** to expedite a ~; **частный ~** private ~; **цель ~а** the aim of a ~; **~ вежливости** courtesy call; **~ на место строительства** construction site ~

визави 1. opposite; **они сидели ~** they sat opposite one another 2. *(the person)* opposite, facing; **мы с моим ~ завязали разговор** I struck up a conversation with the person facing me

визитка business card

вин/а fault; **по нашей (вашей) ~е** through our (your) fault; **не по нашей ~е** through no fault of ours; **по ~е машинистки** through a typing error

виноват/ый, виновн/ый guilty (of); **объявлять ~ым** to bring in a verdict of guilty; **признать себя ~ым** to plead guilty

виновник responsible party

винт 1. screw; **подъемный ~** jack-screw; **упорный ~** stop screw; **установочный ~** adjusting set screw 2. propeller, screw 3. spiral

винт/овой spiral; **~овая лестница** spiral staircase; **~овая нарезка** thread (of screw); **~ пароход** steamer; **~овая передача** helical gear

витрина shop window; **выставочная ~** display stand; **оформление ~ы** window dressing; **экспозиция ~ы** window display; **оформлять ~у** to set up a shop window

вице-консул vice-consul

вклад (в банке) contribution, deposit; **владелец ~а** depositor; **банковский ~** bank deposit; **беспроцентный ~** non-interest bearing deposit; **бессрочный ~** demand deposit; **благотворительный ~** charitable contribution; **важный ~** important contribution; **вносить ~** to make a deposit; **возвратный ~** refundable deposit; **денежный ~** cash deposit; **делать ~** to make a contribution; **добровольный ~** voluntary contribution; **долгосрочный ~** long term deposit; **долларовые ~ы** dollar denominated deposits; **дополнительный ~** additional contribution; **значительный ~** significant contribution; **изъятие ~а** withdrawal of a deposit; **иметь на ~е** to have on deposit; **квитанция банка о принятии ~а** bank deposit receipt; **краткосрочный ~** short-term deposit; **крупный ~** major contribution; **натурально-вещественный ~** material contribution; **остаток на ~е** balance on deposit; **отзывать ~** to recall a contribution; **оценка ~ов** valuation of contributions; **первоначальный ~** initial deposit; **приём ~ов** acceptance of deposits; **принимать ~** to accept a deposit; **процентный ~** interest bearing deposit; **проценты по ~ам** interest on deposits; **проценты по бессрочному ~у** service charge on a demand deposit account; **размер процента по ~ам** interest rate on deposits; **сберегательный ~** savings deposit; **специальный ~** specific deposit; **срочный ~** fixed period deposit; **ставка процента по ~ам** interest rate on deposit; **тайна ~ов** privacy of deposits; **увеличение ~ов** increase of deposits; **~ в уставный фонд** contribution to the charter fund; **~ до востребования** demand deposit; **~ капитала** investment of capital; **~ на срок** fixed term deposit; **~ на текущий счёт** on call deposit; **~ с длительным уведомлением** deposit at long notice; **~ с краткосрочным уведомлением** deposit at short notice; **~ с уведомлением** deposit at short notice

вкладной 1. deposit 2. supplementary, inserted; **~ лист** loose leaf

вкладчик depositor, investor; **иностранный ~** foreign investor; **крупный ~** major investor

вкладывать to enclose, to invest

вкладывать, вложить to insert

вкладыш bush, bearing brass

вклейка 1. sticking in 2. inset (in a book)

включа/ть to include, to insert (in); ~ (*или* **внести**) **в договор** to insert in the contract; **~ в себя** to include, comprise, take in; **~ в повестку дня** to enter on the agenda; **~ в список** to enter on a list; **~ в цену** to include in the price; **~ая** including; **включая частную аварию** *см.* **авария 2**

включительно inclusive; **до 15 января ~** to 15th January inclusive

вкра/сться to steal in, creep in; **в текст ~лось много ошибок** many mistakes have crept into text; **~ в доверие к кому-н.** to worm o.s., insinuate o.s. into s.o.'s confidence

влага, влажность moisture, liquid

влагонепроницаемый waterproof

влагостойкий water resistant

владел/ец holder, owner, proprietor; **быть ~ьцем чартер-партии** to hold a charter party; **добросовестный ~** holder in good faith; **единоличный ~** sole proprietor; **законный ~** holder in due course; **на риск ~ьца** at owner's risk; **последующий ~** subsequent holder; **поручение ~ьца патента** patent owner's charge; **право ~ьца** owner's right; **совместный ~** co-owner; **частный ~** private owner; **~ авторского права** copyright owner; **~ аккредитива** holder of a letter of credit; **~ акций** shareholder; **~ банковского счёта** account holder; **~ буксирного судна** tug owner; **~ вклада** depositor; **~ груза** cargo owner; **~ долго-**

вого обязательства debenture holder; ~ завода factory owner; ~ именных акций registered shareholder; ~ лицензии licensee, holder of a license; ~ недвижимости owner of real estate, tenant; ~ ноу-хау owner of know-how (licensor); ~ обыкновенных акций common shareholder; ~ патента patent holder; ~ патентов, продающий лицензии на них patent holder and licensor; ~ предприятия proprietor of an enterprise; ~ регистрации товарного знака registered trademark holder; ~ склада warehouseman; ~ собственности property owner; ~ стенда exhibition owner; ~ судна ship owner; ~ товара commodity owner; ~ товарного знака trademark holder; ~ товарной пристани wharfinger; ~ фондовых ценностей fund holder; ~ ценных бумаг holder of securities; **владелец** owner

владени/е 1. ownership, possession; 2. property, possession; domain, estate; **вступить во ~ имуществом** to take possession of property; **бессрочное ~** perpetual fee ownership; **введение во ~** vesting of a property interest; **вводить во ~** to vest (an interest); **вступление во ~** taking possession; **вступать во ~** to assume possession; **долевое ~** tenancy in common; **единоличное ~** sole proprietorship; **иностранные ~я** foreign possessions; **колониальные ~я** colonial possessions, ownership, proprietorship; **находиться во ~и** to be in possession; **право ~я** ownership right; **передавать во ~** to give possession over to; **переходить во ~** to pass into possession; **совместное ~** joint tenancy; **срок ~я** tenure; **~ акциями** shareholdings; **~ на основе аренды** leaseholding, tenancy; **~ недвижимостью** tenancy, tenure of real property

владеть to own, possess; **~ совместно** to possess jointly

влажност/ь humidity, moisture; **контроль за ~ю** humidity control; **оговорка о ~и** moisture clause; **относительная ~** relative humidity; **повышенная ~** excess moisture; **сертификат о ~и** moisture certificate; **скидка за ~** moisture allowance; **повреждать повышенной ~ю** to damage by excess moisture; **предохранять от ~и** to preserve against moisture; **~ воздуха** humidity (weather); **~ древесины** timber moisture content

влажный humid, moist

власт/ь authority, power; **быть в своей ~и** to be within one's power; **быть вне ~и** to be ultra vires; **военные ~и** military authorities; **государственная ~** public authorities; **гражданская ~** civil authority; **законная ~** lawful authority; **законодательная ~** legislative power; **злоупотребление ~ю** abuse of authority; **исполнительная ~** executive authority; **иметь ~ над** to have power over; **компетентные ~и** competent authorities; **местные ~и** local authorities; **монопольная ~** monopoly power; **муниципальные ~и** municipal authorities; **органы ~и** authorities; **органы государственной ~и** governmental authorities; **законные органы ~и** statutory authorities; **местные органы ~и** local authorities; **осуществлять ~** to exercise power; **осуществлять монопольную ~ на рынке** to exercise monopoly power in the market; **в пределах предоставленной ~и** within the limits of discretionary power; **официальные ~и** official authorities; **портовые ~и** port authority; **передача ~и** delegation of authority; **распоряжения портовых ~ей** port authority regulations; **соответствующие ~и** appropriate authorities; **судебная ~** judicial authority; **таможенные ~и** customs authorities; **централизованная ~** centralized power; **экономическая ~** economic power;

влияние influence; effect

влиять на что-л. to influence (*или* to affect) something

вложение investment, placement; **капитальные ~я** capital investments; **кре-**

дитные ~я provision of credits; **рентабельность ~й** profitability of investments

вместимост/ь capacity; tonnage; **валовая ~** gross tonnage; **грузовая ~** cargo ~; **объемная ~** cubic ~; **регистровая ~** registered tonnage; **чистая ~** net ~; **шкала ~и** tonnage scale; **~ бункера** bunker ~; **~ вагона ~** of a railway car; **~ складских помещений** warehousing ~; **~ судна** ship ~; **~ трюма ~** of a ship's hold

вместительный capacious

внаем, внаймы for lease; **брать ~** to rent, to hire, to lease (as lessee); **брать ~ квартиру ~** to rent an apartment; **брать ~ судно по чартеру** to charter a vessel; **сдавать ~** to let; to lease (as lessor), to hire out; **сдавать ~ судно по чартеру** to lease (as lessor) a vessel under a charter party

внакладе: остаться ~ to be the loser, come off loser; **не остаться ~** to be none the worse off (for)

вначале at first, in the beginning

вне beyond; outside; out of; **~ закона** without the law; **объявить ~ закона** to outlaw; **~ власти** (*или* **не во власти**) **продавцов (покупателей)** beyond the control of the sellers (of the buyers); **~ конкурса** hors concours; **~ очереди** out of turn; **~ плана** over and above the plan; **~ себя** beside o.s.; **~ всяких сомнений** beyond any doubt

внедоговорный extracontractual

внедрение introduction; inculcation; indocrination; implementation; **промышленное ~** commercial implementation; **период ~я** period for implementation; **усилия по ~ю** implementation efforts; **этап ~я** introduction phase; **~ изобретения** application of an invention; **~ машин** introduction of equipment; **~ новых видов продукции** introduction of new product types; **~ новой техники и технологии** introduction of new technology; **~ нормативов** introduction of standards; **~ прогрессивных технологий** introduction of progressive industrial processes; **~ продукции** product introduction; **~ технологии** introduction of technology

внедрять to introduce; **~ новые методы ~** new methods

внеплановый not provided for by the plan; extraordinary

внесение 1. paying in, deposit (*of money*); 2. entry, insertion (*into an agreement*) 3. moving, submission (*of a resolution*)

внеслужебный leisure-time

внести, вносить 1. to introduce, put in; **~ ясность в дело** to clarify a matter; **~ свой вклад в дело** to do one's bit 2. to pay in, to deposit 3. to bring in, to move, to table; **~ законопроект** to bring in a bill; **~ предложение** to move, to table a resolution 4. to insert, to enter; **~ поправки** to emend the text of a speech; **~ в список** to enter on a list; 5. to bring about, to cause; **~ раздоры** to cause bad feelings

внешнеторговый foreign trade

внешнеэкономический foreign economic

внешний external, common, foreign, outside, outer

внешэкономбанк Vneshekonom Bank (Foreign Trade Bank of the Russian Federation)

внимани/е attention; **~ю г-на А. Б. Брауна** (надпись на письме *или* конверте) (for the) attention of Mr. A. B. Brown; **обращать ~ на что-л.** *или* **уделять ~ чему-л.** (заинтересоваться чем-л.) to pay (*или* to give) attention *или* to attend to something; **просим обратить особое ~ на упаковку товара** we request you to pay particular attention to the packing of the goods; **обращать чье-л. ~ на что-л.** (указывать кому-л. на что-л) to draw (*или* to call) somebody's attention to something; **обращаем ваше ~ на то, что** we wish to draw your attention to the fact that; **мы уделяем этому делу большое ~** the matter is having our careful attention; **мы немедленно обратим на это ~** we shall attend to the matter immediately;

принимать во ~ to take into consideration (*или* into account); не принимать во ~, *или* оставлять без ~ not to take into consideration, *или* to disregard
вносить, внести 1. (вводить) to insert, to introduce; 2. (платить) to pay
внутренний domestic, interior
внутренний internal, inside, inner
внутризаводской intra-factory
внутриотраслевой intra-sectoral
вод/а water; быть поврежденным морской ~ой to be damaged by sea ~; внутренние ~ы inland waters; высокая ~ high tide; запас ~ы water supply; держаться на ~е to keep afloat, to float; морская ~ sea ~; нейтральные ~ы neutral ~s; непроницаемый для ~ы impermeable to ~; открытая ~ open ~; охлаждаемый ~ой ~ cooled; по ~е via ~; повреждение ~ой ~ damage; пограничные ~ы boundary ~s; подмочка ~ой exposure to ~; полная ~ deep ~; портовые ~ы port ~s; прибрежные ~ы coastal ~s; проникновение морской ~ы ingress of sea ~; пропитавшийся ~ой ~ logged; снабжение ~ой ~ supply; сточные ~ы sewage; сточные промышленные ~ы industrial waste; ~ территориальные ~ territorial ~s
водоизмещени/е displacement (of a vessel); весовое ~ tonnage ~; стандартное ~ standard ~; судно ~ем в ...тонн vessel of ... tons ~; шкала ~я ~ scale; ~ при полном грузе full load ~; ~ судна ~ tonnage
водонепроницаемый waterproof
водоотталкивающий water repellent
водопроницаемый non-waterproof
водостойкий water resistant
водоупорный watertight
возбуждать 1. to stir up (against); to incite (against); to instigate (against) 2. to institute, to initiate; ~ дело против кого-л. to initiate proceedings (against), to bring an action (against); ~ иск (против) to bring a suit (against), to prosecute a claim; ~ ходатайство to submit a petition (for)
возврат call back, redemption, reimbursement; *(чего-л. взятого)* return; подлежащий возврату returnable; *(денежных сумм)* refund, repayment; *(таможенных пошлин)* drawback, customs drawback; организовывать ~ to arrange for a return; подлежать ~у to be refundable; подлежать ~у по первому требованию to be subject to (cash) call; подлежащий ~у subject to refund, refundable; право ~а right of return; рекламационный ~ используемого изделия field warranty return; срок ~а денег redemption period; требование о ~е demand for refund; требовать ~а займа to call in a loan; частичный ~ partial return; ~ аванса return of advance; ~ бракованного товара return of rejected goods; ~ выплаченного вознаграждения return of a commission; ~ гарантийной суммы warranty reimbursement; ~ документов return of documents; ~ долга repayment of debt; ~ займа loan repayme; ~ зафрахтованного судна redelivery; ~ из депозита refund of a deposit; ~ инвестированных денег recovery of money invested; ~ к прежним ценам price roll back; ~ кредита repayment of a credit; ~ налога tax refund; ~ налогов, взысканных по ошибке return of unduly collected taxes; ~ обеспечения return of a pledge; ~ переплаты rebate of amount overpaid; ~ пошлины refund of customs duties; ~ сборов reimbursement of charges; ~ страхового взноса return of an insurance premium; ~ уплаченной цены refund of purchase price
возвратный returnable
возвращать, возвратить to return; *(денежные суммы)* to reimburse, to refund; возвращаться *(к переписке, разговору, теме)* to revert
возвращение return
воздерживаться to abstain *(from voting)*; to withhold acceptance (of)

воздухонепроницаемый airtight

возмещать to compensate, to reimburse

возмещать, возместить *см.* **компенсировать**

возмещени/е compensation, recovery; indemnity; *(об истраченных суммах)* refund, repayment; reimbursement; **без обязательства ~я ущерба** uncompensated; **в ~** in recompense for; **в порядке ~я расходов по общей аварии** in contribution to the general average; **в порядке ~я убытков** in compensation of damages; **выплата ~я** payment of compensation; **выплата страхового ~я** payment of insurance indemnity; **график ~я долгов** debt repayment schedule; **гарантировать ~** to guarantee repayment; **гарантировать ~ убытков** to guarantee against loss; **денежное ~** money damages; **заявления о выплате страхового ~я** notice of claim against insurance; **заявление о ~и** notice of claim; **иск о ~и** action for damages; **настаивать на ~и** to insist on compensation; **оговорка о ~и** compensation clause, liquidated damages clause; **однократное ~** nonrecurring compensation; **определение страхового ~я** insurance loss assessment, claim adjustment; **определять сумму денежного ~я** to assess money damages; **отказ от ~** abandonment of indemnity, refusal to compensate; **отказ от права на ~** waiver of damages; **полное ~** full recovery; **получать ~ за убытки** to recover damages; **получать ~ расходов** to receive compensation for expenditures; **подлежащий ~ю** liable for recovery; **право на ~** right to compensation; **право на ~ убытков по общей аварии** right to compensation for general average losses; **прямое ~ затрат** direct reimbursement of expenses; **предел ~я** indemnity limit; **предлагать ~** to offer compensation; **предоставлять ~** to reimburse; **работа по ~ю убытков** remedial work; **размер ~я убытков** measure of damages; **решение суда о ~и убытков** award of damages; **своевременность ~я кредита** timeliness of repayment of a credit; **способ ~я** method of reimbursement; **страховое ~** insurance indemnity; **иск о возмещении ущерба** (или **убытков**) a claim for damages; **требование о ~и убытков грузоотправителя** freight claim; **требовать выплаты страхового ~я** to make an insurance claim; **частичное ~** partial recovery; **~ ассигнований** reimbursement of expenditures; **~ в натуре** recovery in kind; **~ долга** repayment of a debt; **~ за задержку судна сверх срока** recovery for vessel detention; **~ за поломку** recovery for breakage; **~ затрат** reimbursement of expenses; **~ капитала** replacement of capital; **~ кредита** repayment of a credit; **~ недостачи** compensation for shortage; **~ расходов** reimbursement for outlays; **~ стоимости** replacement of value; **~ убытков** compensation for damages; **~ ущерба** recompense

возможно 1. *(безлично)* it is possible; **2.** *(со сравнительной степенью)* as ... as possible; **~ скорее** as soon as possible; **~ раньше** as early as possible; **~ больше (меньше)** *(с неисчисл. сущ.)* as much (little) ... as possible; **как можно больше (меньше) пшеницы** as much (little) wheat as possible; *(с исчисл. сущ.)* as many (few) ... as possible; **как можно больше (меньше) ящиков** as many (few) cases as possible; **3.** *(может быть)* possibly, maybe; **пароход, возможно, прибудет завтра** the steamer will possibly arrive tomorrow

возможност/ь possibility; *(удобный случай)* opportunity, chance; **~ повышения цен** possibility of a rise in prices; **нет ~и** it is impossible; **по (мере) ~и** as far as possible; **по ~и больше (меньше)** = **больше (меньше)** *см.* **возможно 2**; **при первой ~и** at the first opportunity; **если представится ~** should an opportunity arise; **иметь ~ сделать что-л.** to have an opportunity of doing (*или* to do) something; **воспользоваться ~ью сделать что-л.** to take the opportunity of doing (*или* to do) something; **дать ~ кому-л. сделать что-л.** to enable somebody to do something

возможный possible; **сделать все ~ое** to do all one (possibly) can *или* to do one's best; **мы сделали все ~ое, чтобы зафрахтовать судно** we did all we could (*или* we did our best) to charter a vessel

возмужалость majority (age), maturity

возмутительный 1. disgraceful, scandalous 2. seditious, subversive

вознаграждени/е bonus, commission, consideration; royalty; **авторское ~** author's royalty; **агентское ~** agent's commission; **в виде ~я** as an offset against; **выплачивать ~** to pay remuneration; **брокерское ~** broker's commission; **денежное ~** pecuniary reward; **дополнительное ~** bonus; **единовременное ~** lumpsum remuneration; **иметь право на ~** to have the right to remuneration; **исчислять ~** calculate commission, fee or royalty; **комиссионное ~** commission; **лицензионное** licensing fee; **лицензионное, разовое ~** not recurring royalty; **лицензионное, текущее ~** running royalty; **максимальное ~** maximum commission, maximum remuneration; **материальное ~** material remuneration; **месячное ~** monthly rate of remuneration; **минимальное ~** minimum commission; **на базе комиссионного ~я** on a commission basis; **неизменное ~** fixed fee; **ожидаемое ~** expected remuneration; **поощрительное ~** incentivel fee; **право на (получение) ~я** to receive remuneration; **премиальное ~** premium ~; **размер ~я** amount of commission, remuneration; **распределение ~я за спасение** salvage statement; **с номинальным ~ем** at a nominal fee; **соответствующее ~** appropriate remuneration; **способ ~я** means of compensation; **ставка ~я** commission rate; **чистое ~** net commission; **шкала комиссионного ~я** commission scale; **~ аукционисту** lot money (auction); **~ брутто** gross remuneration; **~ диспашеру** average adjuster fee; **~ за выдачу лицензии** consideration for licensing; **~ за делькредере** del credere commission; **~ за досрочное завершение работы** bonus for completing work ahead of schedule; **~ за инкассо** collection charge; **~ за консультационные услуги** consultant's fees; **~ за проводку судна** pilotage; **~ за сверхурочную работу** overtime pay; **~ за спасение** salvage money; **~ за спасение груза** salvage on cargo; **~ за спасение судна** salvage on ship; **~ капитану с фрахта** primage; **~ натурой** compensation in kind; **~ подрядчику** contractor's fee

возникать, возникнуть to arise; **если возникнет необходимость** if need should arise *или* should need arise

возобновление renewal, resumption; **право на ~** option to renew; **~ аккредитива** renewal of a letter of credit; **~ аренды** renewal of a lease; **~ деятельности** resumption of activity, resumption of operations; **~ договора** renewal of an agreement; **~ запасов** replenishment of stocks; **~ иска** resumption of legal action; **~ контракта** renewal of a contract; **~ переговоров** resumption of negotiations; **~ поставок** resumption of deliveries; **~ соглашения** renewal of an agreement; **~ сотрудничества** resumption of cooperation; **~ страхового полиса** renewal of an insurance policy

возобновлят/ь to renew, to resume; **период, на который ~ется соглашение** renewal period; **~ полностью** to fully renew

возражать, возразить to object (**против -** to), to raise an objection (to); to take exception (to); to retort; **против этого нечего ~** nothing can be said against it

возражение objection (**против -** to); retort

возрастание growth, increase; increment
возросший increased
война war; warfare; **валютная ~** currency ~; **вести ~у** to wage ~; **втянуть в ~у** to drag into ~; **кредитная ~** credit ~; **таможенная (тарифная) ~** tariff ~; **торговая ~** trade ~; **~ цен** price ~
волновод wave-guide
волнолом, волнорез breakwater
волнообразный undulatory; wavy, undulating
волокита red tape; rigmarole, palaver
вольт volt
воплощать to embody, to implement
воплощаться to be embodied
воплощение embodiment
вопрос matter, question; **внести ясность в ~** to clarify the matter; **деловой ~** business matter; **неразрешённый ~** unresolved issue; **поднимать ~** to raise a question; **~, поставить под ~** to call in question; **представляющий взаимный интерес** matter of mutual interest; **рассматриваемый ~** issue under consideration; **рассмотрение ~а** consideration of an issue; **решение по ~у** decision on a matter; **спорный ~** moot point
вор thief; **~ы в законе** "thieves in the law" (organized criminal groups)
воспламеняющийся inflammable
воспользоваться чем-л. to use something *или* to make use of something
восстанавливать to rebuild, reconstruct, renovate
восстановление rebuilding, reconstruction, restoration; **экономическое ~** economic recovery; **~ во владении** repossession; **~ в правах** restoration of rights, rehabilitation; **~ деталей** reconditioning of parts; **~ в должности** reinstatement; **~ заявки** renewal of application; **~ патента, срок действия которого истёк** restoration of a lapsed patent; **~ промышленности** reconstruction of industry; **~ торговли** business recovery; **~ уровня запасов** replenishment of inventories
восстановительный restorative; **~ период** period of reconstruction; **~ работы** restoration work
восток east, the East, the Orient; **Ближний ~** the Middle East; **Дальний ~** the Far East
восточный east, eastern; oriental
востребование call, claim, demand; **до востребования** (*в адресе на конверте*) to be called for, poste-restante, on demand; **~ груза** claim of cargo
вотум vote; **~ (не)доверия** vote of (no)confidence (in)
впечатление impression; **произвести ~** to make (*или* to produce) an impression *или* to impress
впоследствии subsequently; afterwards
вращательный rotary
вредить to damage
врем/я period, time; **время от времени** from time to time; **в данное ~** at present, at the present moment; **в настоящее ~** at the present time *или* at present; **до настоящего ~ени** up to the present time; **в мирное ~** in peace-time; **в назначенное ~** at the appointed time; **занимать ~** to take up time; **контрсталийное ~** demurrage period; **местное ~** local time; **норма ~ени** time standard allowance; **~, затрачиваемое на обработку детали на станке** production time; **в первое ~** at first; **промежуток ~ени** interval; **рабочее ~** office hours, hours of operation; **расчётное ~** estimated time; **сверхурочное ~** overtime; **сталийное ~** laydays; **в то ~ как** while, whereas; **в то же ~** at the same time; **стояночное ~** lay time; **в требуемое ~** at the time required; **тем ~енем** in the meantime; **терять ~** to lose time; **установочное ~** set up time; **экономия ~ени** time savings; **экономить ~** to save time; **фактическое ~** effective time; **~ вступления в силу** effective date; **~ выполнения** time of execution; **~ действия лицензии** licensing period; **~ доставки** time delivery; **~ норма ~ени** standard base time; **~ оборота судна в**

порту turnaround time (maritime); ~ **отправления** time of departure; ~ **перехода к выпуску новой продукции** changeover time (production); **погрузочное** ~ loading time; ~ **прибытия** time of arrival; ~ **продолжительности погрузки** onloading time; ~ **простоя** downtime, demurrage; ~ **стоянки судна, разрешённое** allowed laytime, laydays; ~ **стоянки у причала** berthing period; ~ **транспортировки** transport period; ~ **эксплуатации** operating period

временный provisional, temporary

вручать, вручить to hand, to hand in, to hand over; to deliver

вручение delivery, handing in; handing over; ~ **документов** delivery of documents; ~ **нотисов** presentation of notices

всего 1. (**итого - перед количеством**) total (quantity); (**итого - перед суммой**) total (sum); 2. (**лишь**) only

вскрывать to open, to reveal, to unseal

вследствие owing to, because of

вспомогательный ancillary, auxiliary

вставить to put in, to insert

вставка 1. fixing, insertion; framing, mounting 2. insert 3. interpolation

встреча meeting, interview

встречный counter

вступать to enter (into), to join (in); ~ **в действие** to come into force; ~ **в свои права** to come into one's own; ~ **в силу** to take effect; ~ **в соглашение** to enter into an agreement; ~ **в строй** to come into operation, to go on stream

вступительный entrance, introductory

вторичн/ый 1. second ~ **ое предупреждение** second warning; 2. secondary

второстепенн/ый secondary, minor; **иметь ~ое значение** to be of secondary importance, to be of minor importance

входить в действие (в силу) to come into effect

въезд entrance, entry; **право ~а** right of entry; **разрешение на** ~ entry permit; **запрещать** ~ to ban entry; **разрешать** ~ to permit entry

въездной entrance

выбирать, выбрать to choose; (**отбирать**) to select; (**избирать голосованием**) to elect

выбор assortment, choice; (**опцион, усмотрение**) option; **бедный** ~ poor choice; **большой** ~, wide assortment; **будущий** ~ future option; **делать** ~ to make a choice; **делать предварительный** ~ to make a preliminary choice; **иметь право ~а** to have an option; **иметь право ~а товара** to have an option on goods; **на** ~ at choice, by choice; **по нашему (вашему)** ~**у** at (или in) our (your) option; **не иметь ~а** to not have a choice; **оптимальный** ~ optimal choice; **отсутствие ~а** absence of choice; **ошибочный** ~ wrong choice; **по ~у** at the option of; **повторный** ~ repeated sampling; **потребительский** ~ consumer choice; **поставляемый по ~у заказчика** available at option; **право ~а** right of option; **право первого ~а** right of first refusal; **принцип ~а** principle of choice; **предварительный** ~ preliminary choice; **предоставлять** ~ to leave it to ... choice; **предоставлять право ~а** to provide options; **разнообразный** ~ varied selection; **свободный** ~ free choice; **случайный** ~ random choice; **широкий** ~ wide selection; ~ **агента** choice of an agent; ~ **активов** choice of assets; ~ **альтернативы** choosing an alternative; ~ **знака** selection of a trademark; ~ **образцов** drawing of samples, choice of samples; ~ **по ассортименту** selection from a range of goods; ~ **покупателя** buyer's choice; ~ **по образцам** choice from among samples; ~ **поставщика** supplier's choice; ~ **продавца** seller's option; ~ **проектного решения** design selection; ~ **решения** decision; ~ **товара** range of goods

выборочный sample, sampling

выбраковывать to reject

выбрасывание discard, rejection; ~ **груза за борт** jettison of cargo

выбрасывать to discard, to jettison

выбывать из строя to fail, to break

вывод conclusion, removal; **делать ~** to come to a conclusion; **ложный ~** false conclusion; **необоснованный ~** baseless conclusion; **неправильный ~** incorrect conclusion; **обоснованный ~** well-founded conclusion; **окончательный ~** final conclusion; **организационный ~** practical conclusion; **поспешный ~** hasty conclusion; **поспешить с ~ом** to jump to a conclusion; **прийти к ~у** to arrive at a conclusion; **удовлетворительный ~** satisfactory conclusion; **~ из эксплуатации** removal from service; **~ы комиссии** findings; **~ судна лоцманом** pilotage outward

выводить to conclud, to remove

вывоз exportation, export, removal; **беспошлинный ~** duty-free export; **бросовый ~** dumping (rejected goods); **временный ~** temporary export; **ввоз и ~** imports and exports; **груз готов к ~у** cargo available for export; **запрет ~а инвалюты** ban on export of foreign exchange; **запрет на ~** ban; **запрещать ~** ban exports; **затруднение ~а** export barriers; **место ~а** pick-up location; **объём ~а** volume of exports; **ограничение ~а** export restrictions; **оформлять ~** arrange for export permit; **офор-** **млять ~ с таможни** arrange for customs clearance; **план ~а** export plan; **плата за ~** pick-up fees; **получать разрешение на ~** to obtain an export license; **превышение ~а над ввозом** increase in export surplus; **предметы ~а** export articles; **пункт ~а** point of exit; **разрешение на ~** release for shipment (export); **разрешение на ~ со склада** dock pass (for export); **разрешение на ~ с таможенного склада** bond note (customs); **расходы по ~у** removal expenses; **сокращать ~** to reduce exports; **срок ~а** removal time; **увеличивать ~** to increase exports; **услуги по ~у груза** cargo pick-up services; **цена включает ~** rates include pick-; **~ золота** export of gold; **~ и доставка грузов** pick-up and delivery ~; **капитала ~** export of capital; **~ продовольствия** food exports; **~ продукции сельского хозяйства** agricultural exports; **~ с пирса** pier pick-up; **~ тары** removal of empties; **~ товаров** exportation of goods; **~ товаров по бросовым ценам** dumping (trade); **~ упаковки** removal of packing; **~ экспонатов** removal of exhibits

вывозить to export, to remove

выгадывать to economize, to gain

выгод/а advantage, benefit, profit; **взаимная ~** mutual advantage; **для ~ы** to the benefit; **для взаимной ~ы** for mutual benefit;; **с выгодой для всех участвующих сторон** to the benefit of all concerned; **извлекать ~у** to derive benefit; **извлекать наибольшую ~у** to derive maximum benefit; **использовать с ~ой** to take advantage of; **к взаимной ~е** to a mutual advantage; **личная ~** self-advantage, personal advantage; **на основе взаимной ~ы** on the basis of mutual advantage; **общая ~** general advantage; **общественная ~** social benefit; **побочная ~** incidental benefit; **получать ~у** to benefit; **потенциальная ~** potential benefit; **принцип равной ~ы** principle of equal advantage; **признавать ~у** to recognize the advantage; **приносить ~у** to be advantageous; **представлять взаимную ~у** to be of mutual advantage; **равная ~** equal advantage; **ради ~ы** for the sake of profit; **с ~ой** profitably; **страхование упущенной ~ы** loss of profit insurance; **суммарная ~** benefits; **упущенная ~** lost opportunity; **финансовая ~** financial advantage; **хозяйственная ~** economic gain; **явная ~** recognized benefit; **~ы связанные с массовым производством** gains from economy of scale (production)

выгодны/й advantageous; **быть ~м** to be advantageous; **достаточно** ~ reasonably beneficial; **оказаться** ~м to turn out to be advantageous, profitable; **экономически** ~ economically sound

выгружать to unload, to discharge; ~ **из трюма** to remove from the ship's hold

выгрузк/а discharging, offloading, unloading; ~ **на берег** landing; **бесплатная** ~ free discharge; **вынужденная** ~ forced discharge; **грейферная** ~ grab discharge; **задерживать** ~у to delay offloading; **место** ~и point of discharge; **заканчивать** ~у to complete discharge; **на условиях с** ~**ой на берег** landed terms; **нормы** ~и offloading standards; **окончание** ~и completion of discharge; **опцион** ~и optional discharge; **организовывать** ~у to arrange for offloading; **отметчик при погрузке и** ~е tallyman; **очередь на** ~у queue for unloading; **платить расходы по** ~е to pay landin charges; **порядок** ~и discharge procedure (shipping); **производить** ~у to effect discharge; **работы по погрузке и** ~е stevedoring and handling operations; **свободно от расходов по** ~е free discharge; **тарифные ставки по** ~е scale of discharge; **условия погрузки и** ~и quay terms; **цена с** ~**ой на берег** landed price; ~ **фрахтователя** free in and out; ~ **из трюма за счёт фрахтователя** free out; ~

на склад warehouse discharge; ~ **с судна в ж.-д. вагон** discharge of ship freight to rail

выдавать, выдать to give, to grant, to offer; to issue; ~ **заказ кому-л.** to give somebody an order *или* to place an order with somebody

выдач/а delivery, grant, issuance, issue; **дата** ~и date of issuance; **задерживать** ~у to delay issuance; **заявка на** ~у application for a grant; **место** ~и place issuance; **месяц** ~и month issuance; **ордер на** ~у **товара** delivery order; **оспаривать** ~у **патента** contest the issuance of a patent; **отказ в** ~е **патента** rejection of a patent application; **отказывать в** ~е **визы** to refuse a visa application; **отказывать в** ~е **кредита** to refuse credit; **порядок** ~и **экспортных лицензий** export licensing procedures; **пошлина за** ~у **патента** patent issuance fee; **правила** ~и **патентов** patent issuance rules; **прекращение** ~и **наличных денег** stop payment order; **препятствие к** ~е **патента** bar to patentability; **при** ~е **заказе** with order, when placing the order; **разрешение на** ~у **груза** freight release; **разрешение на** ~у **товара со склада** warehouse release; **ходатайство о** ~е **патента** application for grant of patent; ~ **аванса** payment of an advance; ~ **авторского сви-**

детельства issue of an author's certificate; ~ **аккредитива** issuance of a letter of credit; ~ **акций** issuance of stock; ~ **векселя** issuance of a bill; ~ **визы** issuance of a visa; ~ **гарантии** issuance of a guarantee; ~ **груза** delivery of cargo; ~ **груза у борта судна** delivered free alongside ship; ~ **денег наличными** cash payment; ~ **документа** issuance of a document; ~ **документа о регистрации товарного знака** grant of trademark registration; ~ **документов против акцепта** documents against acceptance; ~ **заказа** contract award; **мы согласны уплатить 10% при** ~е **заказа** we agree to pay 10 per cent. with order; ~ **кредита** issuance of a credit; ~ **лицензии на товар** licensing of products; ~ **накладной** issuing an invoice; ~ **ноу-хау** provision of know-how; ~ **патента** issuance of a patent; ~ **против акцепта** delivery against acceptance; ~ **против обязательственного письма** delivery against a letter of commitment; ~ **против платежа** delivery of documents against payment; ~ **против сохранной расписки** delivery against trust receipt; ~ **расписки** issue of a receipt; ~ **свидетельства** issue of certification; ~ **ссуды** granting of a loan; ~ **субподряда** subcontracting; ~ **товара** delivery of cargo; ~ **тран-**

спортной накладной issuance of a waybill
выдвигать to advance, to promote
выделени/е allotment, assignment; **извещение о ~и товара для исполнения договора** notice of appropriation; **~ ассигнований** allocation of funds; **~ денежных средств** appropriation of funds; **~ дополнительных средств** additional finance; **~ площади** allocation of space
выдержанный (*о товаре*) seasoned
выдерживать, выдержать: to sustain, to mature; **~ срок поставки** to maintain the delivery time (*или* the delivery date)
выдержка holding back, holding in (*as of goods from the market in a period of glut*)
выезд departure; **дата ~а** date of departure; **день ~а** day of departure; **разрешение на ~** exit permit
выездной exit
вызванный caused, brought about (**чем** (by), due (**чем** (to)
вызов 1. (*по телефону*) call, telephone call; **~ по междугороднему телефону** trunk call; 2. (*в суд*) summons
вызывать, вызвать 1. to call for, to send for 2. to call forth, to provoke 3. (**причинять**) to cause, to bring about 4. (**звонить по телефону**) to call up on the telephone; to ring up; **~ меня по телефону** call me up on the telephone *или*

ring me up; 5. (**в суд**) to summon, subpoena
выигрывать to gain, to win; **~ конфликтное дело** to prevail in a dispute
выкладка display; **открытая ~** open display; **~ товара** display of goods; **~ в магазине** instore display
выкуп amortization, redemption, retirement; **возможность ~а** redeemability; **досрочный ~** prior redemption; **лишение права ~а закладной** foreclosure; **объявление о ~е** redemption notice; **~ акций** redemption of shares; **~ документов** redemption of documents; **~ закладной** redemption of mortgage; **~ облигаций** retirement of bonds
выкупать to buy out; to redeem, to repay
вылет departure (by air); take off; commencement of flight; sortie; **зал ~а** departure lounge; **запланированный ~** scheduled departure; **фактический ~** actual departure
вылететь, вылетать to take off (by air); (*fig.*) to rush out, to dash out; **~ из головы** to escape one; **~ со службы** to be given the sack
вынуждать, вынудить to compel, to force
выписк/а abstract, drawing up, extract, excerpt, making out; **заверенная ~** certified account; **дата ~и счёта** issue date of an invoice; **платёж против ~и счёта** payment against

statement; **право ~и векселей** drawing authorization; **делать ~у из счёта** to make up a statement of account; **представлять ~у из счёта** to render a statement; **приготовить ~у счёта** to draw up a statement of account; **~ из контракта** extract from a contract; **~ из протокола** extract from a protocol; **~ из реестра** abstract from the registry; **~ из решения** extract from a decision; **~ из счёта** extract from a statement of account; **~ квитанции** making out a receipt; **~ о состоянии депозитов** statement of deposit; **~ счёта** invoicing; **~ счёта, представляемая банком вкладчика** bank statement; **~ тратты** a draft (note)
выписывать to draw, to make out (draft, check); **~ коносамент (счет-фактуру)** to make out a bill of lading (an invoice); **~ тратту (чек)** to draw a bill of exchange (a cheque); **~ газету (журнал)** to subscribe to a newspaper (to a magazine)
выплат/а disbursement, payment; **гарантийная ~** guaranteed payment; **время ~ы** pay-off time; **договорённость о ~е денег в день предъявления счёта** same day payment arrangement; **денежная ~** cash payment; **дополнительная ~** additional payment; **дополнительная ~ наличными** cash bonus allowance; **до-**

вып

полнительные ~ы fringe benefits; **единовременная** ~ lumpsum payment; **заявление о ~е страхового возмещения** insurance claim; **иметь право на ~у процентов** have a right to payment of interest; **квартальная** ~ quarterly disbursement; **компенсационная** ~ compensatory payment; **обязательства по ~е роялти** royalty obligations; **период ~ы** payout period; **приказ о ~е денег** payout order; **подлежать ~е** to mature, to be payable; **премиальная** ~ incentive payment; **производить ~у** to effect payment; **размер ~ы за сверхурочную работу** overtime rate; **разрешать ~у** to approve payment; **требовать ~ы страхового возмещения** to make a claim for insurance indemnity; **утверждать ~у** to approve payment; ~ **вознаграждения за выслугу лет** payment of seniority benefits; ~ **в рассрочку** payment in installments; ~ **гарантийной суммы** payment of retention money; ~ **дивидендов** payment of dividends; ~ **долга** liquidation of a debt; ~ **жалования** payroll payments; ~ **займа** liquidation of a loan; ~ **за сверхурочную работу** overtime payment; ~ **комиссионного вознаграждения** commission payment; ~ **основной суммы займа** repayment of principle on a loan; ~ **по векселю** negotiation of a bill; ~ **по депозиту** payment of a deposit; ~ **по доверенности** collecting payment by proxy (power of attorney); **~ы по контракту** contract payments; **~ы по кредитам** payments for credits; **~ы по патентной лицензии** patent licensing payments; **~ы по социальному обеспечению** payment of social security benefits; **~ы по социальному страхованию** social insurance benefits; ~ **по чеку** negotiation of a check; ~ **прибыли** payment of profits; ~ **процентов** interest payment; ~ **процентов по долговым обязательствам** debt service on bonds; ~ **роялти** payment of royalty; ~ **с аккредитива** payment by letter of credit; ~ **страхового возмещения** payment of insurance indemnity; ~ **страховой премии** payment of an insurance premium; ~ **субсидии** subsidy payment; ~ **суммы** payment of an amount; ~ **частями** payment by installments

выплачивать, выплатить to pay, to pay off; to repay; ~ **в рассрочку** to pay by instalments; ~ **в рублях** to repay in rubles; ~ **ежемесячно** to pay out on a monthly basis; ~ **сполна (полностью)** to pay in full

выполнени/е fulfilment, carrying out; execution, performance; ~ **контракта** fulfilment (или performance) of the contract; ~ **заказа** execution of the order; ~ **обязательств** carrying out of obligations; **время ~я** time of execution; **во время ~я работ** during the execution of the work; **высококачественное** ~ high quality performance; **гарантировать** ~ to guarantee performance; **гарантировать** ~ **монтажных работ** to guarantee the erection work; **держать кого-л. в курсе хода ~я чего-л.** to keep somebody up to date on something; **добиваться ~я требований** enforce demands; **доброкачественное** ~ sound performance; **должное** ~ proper execution; **досрочное ~ плана** fulfillment of a plan ahead of schedule; **завершать** ~ **контракта** to fulfill contractual obligation; **задержка в ~и** delay an execution; **задержаться в ~и** to be delayed in an execution; **задерживать** ~ to delay fulfillment; **метод ~я работ** technique; **мешать ~ю программы** to interfere with the fulfillment of a program; **надзор за ~ем** work supervision; **ненадлежащее** ~ **обязанностей** dereliction of duty; **настаивать на ~и условий** to insist on the observance of conditions; **начинать работу по ~ю программы** to start work in accordance with the program; **обеспечивать** ~ to ensure performance; **отказываться от ~я обязательства** to waive obligations; **по ходу ~я контракта** during the course of a contract; **порядок ~я** procedure; **поручать ~ плана** to commit to a plan; **принимать к ~ю** to take on for fulfillment; **приступать к ~ю заказа** to proceed with an execution of an order; **приступать к ~ю программы** launch a program; **продолжать ~ программы** continue with a program; **программа ~я работ по контракту** program of duties to be carried out pursuant to the contract; **регистрировать ход ~я** record progress; **своевременное ~** timely execution; **своевременное ~ обязательств** timely performance (of a contract); **сотрудничать в ~и плана** to cooperate in the fulfillment of a plan; **срок ~я** period of execution; **техническое ~** technical execution; **тщательное ~** painstaking execution; **успешное ~** successful execution; **указания по ~ю работ** instructions for carrying out the work; **ход ~я** progress of implementation; **ход ~я заказа** position of an order; **ход ~я контракта** progress of implementation of a contract; **ход ~я** progress under a program; **ход ~я проекта** progress of a project; **ход ~я работ на строительной площадке** progress of the construction site; **ход ~я соглашения** progress of the implementation of an agreement; **этап ~я плана** phase of a plan; **частичное ~ part performance**; **честное ~** faithful performance; **эффективное ~** efficient implementation; **~ договора** execution of a contract; **~ договорных обязательств** fulfillment of contractual obligations; **~ заказа** fulfillment of an order; **~ инструкций** execution of instructions; **~ контракта** implementation of a contract; **~ норм выработки** performance up to standards; **~ обязанностей** discharge of duties; **~ обязательств** discharge of duties; **~ обязательств по взаимным поставкам** meeting of mutual trade commitments; **~ плана** implementation of a plan; **~ по особому заказу** execution of a special order; **~ поручения** execution of an order; **~ работ** performance of work; **~ соглашения** implementation of an agreement; **~ таможенных формальностей** attendance to customs formalities; **~ указаний** execution of instructions; **~ формальностей** execution of formalities

выполненный executed, fulfilled; **~ должным образом** duly executed

выполнять, выполнить to fulfil, to carry out, to execute, to implement, to perform; **~ контракт** to fulfil (*или* to carry out, to perform) the contract; **~ заказ** to execute the order; **~ свои обязательства** to carry out one's obligations

выпуск emission, issue, publication; **(производительность)** output, production; **внутренний ~** internal issue; **высококачественный ~ продукции** production of high quality products; **гарантировать ~ продукции** to guarantee the output; **дата ~а** date of issue; **дневной ~** daily output, daily publication; **еженедельный ~** weekly publication; **курс ~а** rate of issue; **место ~а** place of issue; **наращивать ~ продукции** to increase manufacturing production; **начать ~ продукции** to launch a product; **ограничивать ~ продукции** to limit output; **осваивать ~ продукции** to organize production; **план ~а продукции** output program; **планирование ~а и сбыта продукции** business planning; **планировать специальный ~** to plan a special issue; **повторный ~** reissue; **серийный ~** batch production; **согласовывать годовой ~ продукции** to coordinate annual production; **сокращать ~** to decrease output; **суточный ~** daily output; **увеличивать ~** to increase output; **ускорять ~** to speed up production; **разрешенное к ~у количество** sanction quality; **~ акций** issuance of shares; **~ банкнот** emission of bank notes; **~ в продажу** release (for sale); **~ высококачественных товаров** production of high quality goods; **~ денег в обраще-**

ние emission of currency into circulation; ~ займа issue of a loan; ~ из печати publication release; ~ нового продукта launching of a new product; ~ облигаций bond issue; ~ продукции production; ~ продукции на рынок commercial manufacturing; ~ побочной продукции output of by-products; ~ сверхплановой продукции output of production exceeding the target; учитываемый ~ продукции recorded output; ~ товара на рынок market introduction

выпускать to emit, to manufacture, to produce

выравнивание leveling off

выражени/е expression; в натуральном ~и in kind; в реальном ~и in real terms; в стоимостном ~и in terms of value; в цифровом ~и in figures

выручать to clear, to gain, to net; ~ затраченное to recover one's expenses

выручк/а gain, proceeds, receipts; валовая ~ gross earnings, gross proceeds; валовая ~ от продажи gross operating income; валютная ~ foreign exchange earnings; годовая ~ annual receipts; денежная ~ receipts; дневная ~ daily receipts; долларовая ~ dollar denominated earnings; задания по валютной ~е currency earning targets; норма ~и earning rate; общая ~ total receipts; предполагаемая ~ estimated proceeds; перевод ~и от продажи remittance of sale proceeds; пересчитывать ~у в рубли to convert receipts to rubles; получать ~у от продажи to receive the proceeds of a sale; расходовать ~у to expend the proceeds; сдавать ~у от экспорта товаров to surrender export proceeds; суточная ~ daily receipts; торговая ~ trade receipts; чистая ~ net proceeds; экспортная ~ export earnings; ~ в рублях returns in rubles; ~ за работы, выполненные по контракту contract receipts; ~ нетто net receipts; ~ от продажи (от реализации) proceeds of sales; ~ от торговли receipts from trade; ~ от учтенного векселя net avails; ~ от экспорта export proceeds; ~ по договорным работам proceeds from contract work

высокодоходный highly remunerative

высококачественный high quality

высококвалифицированный highly qualified

высокомерный haughty, arrogant

высокорентабельный highly profitable

высокосортный high-grade

высокоспециализированный highly specialized

высокопоставленный high-ranking

высокопробный sterling, standard, of high quality

высокосортный high-grade

высокотехнологический high technology

высот/а height, altitude; быть на ~е положения to rise to the occasion

выставить to bring out, to bring forward; to display, exibit; ~ на продажу to display for sale; ~ в плохом свете to present in an unfavorable light; ~ в смешном виде to make a laughing-stock (of); ~ доводы to adduce arguments; ~ свою кандидатуру to come forward as a candidate

выставк/а exhibition, show, fair, display; администрация ~и ~ administration; аренда помещения для ~и rent of ~ site; арендовать место на ~е to lease space at an exhibition; всемирная ~ World's Fair; возможность участия в ~е opportunity to participate in an ~; время проведения ~и ~ period; выделять место на ~е to allocate a site at an ~; выставлять экспонаты на ~е to put exhibits on display; давать оценку ~е to assess an exhibition; демонтаж ~и dismantling of an ~; демонстрировать на ~е to demonstrate at an ~; директор ~и ~ manager; для ~и for ~ purposes; ежегодная ~ annual ~; заграничная ~ foreign ~; закрытая ~ private ~; закрывать ~у to close an ~; заявка на место на ~е application for exhibit space; заявка на участие в ~е application to participate in an ~; крупная ~ major ~; место на ~е ~ space; место проведения ~и ~ site; монтаж ~и installation of an ~; международная ~ international ~; местная ~ local ~; на время работы ~и for the duration of an ~; национальная ~ national ~; обмен ~ами exchange of ~s; организатор ~и sponsor of an ~; организовывать ~у to sponsor an ~; осматривать ~у to tour an ~; осмотр ~и tour of an ~; отбор экспонатов для ~и selection of exhibits for an ~; откладывать открытие ~и to postpone the opening of an ~; открывать ~у open an ~; отраслевая ~ specialized trade ~; оформление ~и design of an ~; оформлять ~у to dress an ~; передвижная ~ traveling ~; планировать ~у to plan an ~; площадь ~и ~ grounds; помещение ~и premises of an ~; посетитель ~и ~ visitor; постоянная permanent ~; предстоящая ~ upcoming ~; проводить ~у hold an ~; программа ~и ~ program; сельскохозяйственная ~ agricultural ~; совместная ~ joint ~; составлять график работы ~и to draw up an ~ schedule; специализированная ~ specialized ~; срок проведения ~и ~ period; стенд на ~е ~ booth; страна-участник ~и participating nation at an ~; территория ~и ~ grounds; территория ~и под открытым небом outdoor ~ grounds; техническая ~ technical ~; товарная ~ goods ~; торгово-промышленная ~ trade and industrial ~; торжественное открытие ~и ceremonial opening of an ~; универсальная ~ universal ~; устроитель ~и ~ organizer; участник ~и ~ participant; финансировать ~у to finance an ~; Франко-~а delivery free to ~; церемония открытия ~и opening ceremony of an ~; часы работы ~и ~ operating hours; экспонат на ~е exhibit; экспонировать на ~е to exhibit at a display; юбилейная ~ jubilee ~; в витрине window display; ~ достижений науки и техники ~ of achievements of science and technology; ~ на многосторонней основе multilateral ~; ~ на открытом воздухе open air ~; ~ на полках shelf display; новинок экспорта display of new export items; ~ образцов sample display; ~ технических средств и оборудования hardware ~~; товаров широкого потребления consumer goods ~

выставка-продажа sales exhibit

выставка-ярмарка trade fair

выставлять 1. (на выставке) to exhibit, to display; 2. (выписывать — *о векселе, документе*) to draw up; **выставить тратту** to draw a bill of exchange

выставочный exhibition; ~ комитет exhibition commettee

выступать, выступить (действовать) to act; ~ в качестве агента to act as an agent; ~ на рынке to be in the market

высшее качество *см.* качество

выторговать to gain, to get a reduction (of)

выход 1. going out, departure, leaving 2. way out, exit; outlet; знать все ходы и выходы to know all ins and outs; 3. appearance (*of a publication*) 4. (экон.) output; yeld

выходные данные imprint

вычеркивать, вычеркнуть to delete, to strike out, to cross out; to expunge, to erase

вычет deduction; автоматический ~ automatic deduction; возможность ~а deductibility; до ~а налога before tax; единый ~ block deduction; за ~ом allowing for, deducting ...; за ~ом амортизации net of depreciation; налоговый ~ tax deduction; неразрешённый ~ unauthorized deduction; принудительный ~ compulsory deduction; платёж без ~ов payment without deductions; подлежащий ~у deductible; прибыль за ~ом налога after tax profit; производить ~ to deduct; цена за ~ом скидки price less discount; ~ из зарплаты withholding (from wages); ~ процентов rebate of

interest; ~ расходов deduction of expenses
вычет deduction; **за вычетом** less *или* minus
вычисление calculation, computation
вычислять, вычислить to calculate, to compute
вычитать, вычитывать, вычесть to deduct from, to recoup
выше higher; above; **как указано ~** as stated above; **указанная ~ цена** the price stated above *или* the above price; **упомянутый ~** above-mentioned *или* mentioned before, *или* foregoing; **изложенное ~** *или* **~изложенное** the foregoing
выяснять, выяснить to find out, to ascertain
выделять to allocate, to single out
вязкость 1. viscosity, stickness; bogginess; 2. (*тех.*) ductility, malleability; toughness
вялость sluggishness, interia; slackness; **~ рынка** market stagnation; **~ хозяйственной деятельности** depressed economic activity
вялый sluggish, inert, slack; **~ рынок** slack market

Г

г (*аббр. от* **грамм**) g, gr, gram(me)(s)
га (*аббр. от* **гектар**) ha, hectare(s)
гаагские правила Hague Rules
габарит 1. clearance 2. size, dimension(s); **нестандартный ~** over-sized; **общий ~** overall ~; **соответствующий ~** corresponding ~; **стандартный ~** standard ~; **~ груза** total cargo; **~ы оборудования** equipment ~; **~ погрузки** equipment gauge; **~ тары** container size; **~ ящика** case size
габарит(ы) overall dimensions, overall measurements; overall size
габаритный overall; **~ые ворота** clearance gauge; **~ая высота** overall height; verhead clearance;
габаритные размеры *см.* **габарит(ы)**
гавань harbor, haven, port; **вольная ~** free port; **входить в ~** to put in at a harbor; **налоговая ~** tax haven; **франко ~** FOB port
газированный aerated
газобаллон gas cylinder
газойль gas oil (*или* gasoil)
газолин gasoline
газонепроницаемый gas-proof, gas-tight
газопровод gas pipeline, gas-main; **прокладывать ~** to lay a gas pipeline
газохранилище gas-holder; gasometer
галлон gallon; **американский галлон** American gallon
гарант guarantor, sponsor, surety; **совместный ~** joint surety; **~ займа** (debt) guarantor; **~ по векселю** guarantor of a bill
гаранти/я guarantee, warranty; **аварийная ~** general average bond; **аннулировать ~ю** to annul a guarantee; **банковская ~** bank guarantee; **без ущерба своих прав по ~и** without prejudice to rights under warranty; **безотзывная ~** irrevocable guarantee; **безусловная ~** unconditional guarantee; **в качестве ~и** as surety for, as guarantor; **входить в ~ю** to be covered by guarantee; **вывозная ~** export guarantee; **выдача ~и** issuance of a guarantee; **давать ~ю** to guarantee, to make a warranty; **дата окончания срока ~и** guarantee expiration date; **~ действительная до...** guarantee valid until...; **добавочная ~** additional guarantee; **договорные ~и** contractual guarantees; **договор ~и от убытков** indemnity agreement; **долгосрочная ~** long-term guarantee; **имущественная ~** property guarantee; **иметь ~ю** to have a guarantee; **истечение срока ~и** expiration of warranty; **краткосрочная ~** short-term warranty; **личная ~** personal security; **лицо, дающее ~ю** guarantor; **надёжная ~** reliable guarantee; **нарушение ~и** breach of warranty; **общая ~** general guarantee; **основная ~** basic warranty; **отзывная ~** revocable guarantee; **ответственность по ~и** liability under the warranty; **оформлять ~ю** to issue a guarantee; **письменная ~** written guarantee; **по ~и** under the warranty; **по истечении срока ~и** upon expiration of the

warranty; **подразумеваемая** ~ implied warranty; **подтверждение ~и** guarantee, confirmation; **покрываться ~ей** to be covered by warranty; **получать ~ю** to obtain a guarantee; **правовые ~и** legal guarantees; **предоставление ~и** granting of a guarantee; **производственная ~** production guarantee; **продление срока ~и** extension of the term of the guarantee; **продлевать срок ~и** to extend the term of the guarantee; **пункт договора о ~ях** guarantee clause, warranty clause; **совместная ~** joint surety; **соответствовать условиям ~и** to conform with the guarantee provisions; **специальная ~** specific guarantee **срок ~и** guarantee period; **ссуда под ~ю** loan against a guarantee; **страховая ~** insurance guarantee; **условная ~** conditional guarantee; **условия ~и** guarantee terms, warranty provisions; **устная ~** oral warranty, guarantee; **~ возврата платы за товар** money-back guarantee; **~ годности товара** warranty of fitness; **~ качества** quality guarantee; **~ кредита** credit guarantee; **~ кредитоспособности** guarantee of creditworthiness; **~ оплаты** payment guarantee; **~ основных показателей** performance guarantee; **~ от убытков** indemnity, guarantee against losses; **~ платежа** security of payment; **~ пригодности для торговли** warranty of merchantability; **~ продавца** vendor's guarantee; **~ продавца о техническом обслуживании** vendor's maintenance warranty; **~, распространяющая на** guarantee applied to; **~ стандартная** standard warranty; **~ страховщика** underwriter's guarantee; **~ экспортных кредитов** export credit guarantee; **~ экспортного риска** export risk guarantee

гарантийный guaranteed, warranty

гарантирование sponsorship, support; **~ цен** price support program

гарантированный guaranteed

гарантировать to guarantee; to warrant; **~ от убытков** to guarantee against (*или* from) loss

гарантируемый guaranteed, covered by warranty

генеральный general

генеральный груз *см.* **груз 1**

генератор generator

гербовый stamped, watermarked; **~ая бумага** stamped paper; **~ая марка** stamp; **~ сбор** stamp duty; **~ сбор по векселю** stamp duty on the bill of exchange

герметический, герметичный hermetically sealed

гибель loss, wreck; downfall; **абсолютная ~** absolute, total ~; **действительная полная ~** actual total ~; **конструктивная полная ~** constructive total ~; **полная ~** total ~; **фактическая ~** actual ~; **частичная ~** partial ~; **~ груза** ~ of cargo; **~ имущества** ~ of property; **~ корабля** shipwreck; **~ товара** ~ of goods (*spoilage or theft*)

гибкий flexible

гибкость flexibility

гинея guinea

главный chief, principal; main; **главный бухгалтер** *см.* **бухгалтер**

глобальная "blanket", global

глубоководный deep-water

гниль decay, spoilage

год year; **базисный ~** base ~; **балансовый ~** fiscal ~; **бюджетный ~** budget ~; **договорный ~** contract ~; **календарный ~** calendar ~; **отчетный ~** accounting ~; **производственный ~** production ~; **текущий ~** current ~; **финансовый ~** fiscal, financial ~; **хозяйственный ~** production ~; **~ изготовления** ~ made; **~ издания** ~ published

годиться to suit

годны/й fit, valid; **считать ~м** deem fit; **~ для** fit for..., valid for...; **~ для перевозки зерна** fit for grain transport

годный *см.* **пригодный**

годовой yearly, annual; **годовые** (*о процентах*) per annum (*сокр.* p. a.)

голод famine, lack, shortage; **валютный ~** currency shortage; **денежный ~** tight money (*monetary policy*); **острый ~** acute shortage

головокружительн/ый dizzy, giddy; vertiginous; **~ая высота** dizzy height; **~ые**

перспективы breathtaking prospects
головоломка puzzle, conundrum
головоломный puzzling; baffling; ~ **вопрос** puzzler
головомойка reprimand, dressing down
голословно without adducing any proof
голословный unsubstantiated, unfounded; unsupported by evidence
голубой blue, light blue
голый (fig.coll.) bare, pure, unadorned; ~**ые цифры** bare figures
гонорар fee, honorar, royalty; ~ **агента** agent's fee; **договариваться об оплате** ~**а** to negotiate payment of fees; ~ **арбитра** arbitrator's fee; ~ **ревизора** auditor's fee
горизонтальный horizontal, lateral
горючий flammable
госзаказ state order
господство command, dominance, supremacy
гостеприимство hospitality
государственный governmental, national, public state
государство country, government, state
готовить to prepare
готовность readiness; **извещение о** ~**и** notice of ~; **извещение о** ~**и судна к выгрузке** notice of ~ of vessel for unloading; **сертификат о** ~**и** certificate of ~; ~ **к приемке** ~ for acceptance; ~ **товара к отгрузке** ~ of goods
готовый ready, prepared
грамота certificate, official document; **верительные** ~**ы** credentials
грамотность literacy; competence
границ/а border, frontier; **заграницей, за границу** abroad; **из-за границы** from abroad; **государственная** ~ national border; **доставка груза до** ~**ы, доставка товара до** ~**ы** delivery of shipment to the border; **перевалка груза на** ~**е** transhipment at the border; **пересекать** ~**у** to cross the border; **с поставкой на** ~**е** with delivery at the border; **цена франко** ~ price FOB border; ~ **страны покупателя** buyer's border; ~ **страны продавца** seller's border
график schedule; **в соответствии с** ~**ом** in accordance with the ~; **вне** ~**а** off ~; **выдерживать** ~ to operate on the ~; **выполнение** ~**а** meeting ~; **выполнять** ~ **поставок** to meet the delivery ~; **детальный** ~ detailed ~; **контрольный** ~ master ~; **корректировка** ~**а** adjustment of ~; **линейный** ~; linear ~, time-line; **напряженный** ~; tight ~; **нарушение** ~**а** disruption of ~; **нарушать** ~ to break ~; **несоблюдение** ~**а** non-observance of ~; **окончательный** ~ final ~; **опережать** ~ to be ahead of ~; **основной** ~ master ~; **осуществимый** ~ feasible ~; **отставать от** ~**а** to be behind ~; **пересмотренный** ~ revised ~; **пересматривать** ~ **поставок** to revise the delivery ~; **плотный** ~ busy ~, packed or heavy ~; **предварительный** ~ preliminary ~; **предлагать** ~ **платежей** to propose a payment plan; **придерживать** ~**а** to adhere to ~; **производственный** ~ production ~; ~ **проектных работ** project ~; **скользящий** ~ flexible working hours; ~ **строительных работ** construction ~; **сводный** ~ comprehensive ~; **согласовать** ~ to finalize the ~; **согласовывать** ~ to coordinate the ~; **соответствие** ~**у** conformance with the ~; **составлять** ~ to draw up a ~; **составлять ежедневные временные** ~**и** to fill out daily timesheets; **твердый** ~ firm ~; **точно по** ~**у** right on ~, according to ~; **устанавливать** ~ **работ** to establish a production timetable; **утверждать** ~ to approve a ~; ~ **возмещения долгов** debt repayment ~; ~ **выполнения работ** progress chart ~; ~ **выставок** exhibition ~; ~ **отгрузок** shipment ~; ~ **платежей** payment ~; ~ **поставок** delivery ~; ~ **проектных работ** project ~; ~ **работ** operating ~; ~ **рабочего дня** daily work ~; ~ **строительных работ** construction ~; ~ **текущего ремонта** maintenance ~; ~ **услуг** ~ of services; ~ **хода строительства** construction timetable

грационные дни см. **день**

грош "grosh", farthing, ha'penny;

грошовый 1. dirt-cheap; cheap, shoddy 2. insignificant, trifling

грубый gross, flagrant; ~ **обман** gross deception; rough (=approximate); **в ~ых чертах** in rough outline

гружёный loaded, laden

груз weight, load; freight, *(совокупность товаров, перевозимых на одном судне)* cargo; *(товары на судне)* goods *(мн. ч)*; **адресованный** ~ direct ~; **автотранспортный** ~ truck freight; **арест на** ~ seizure of ~; **бездокументный** ~ undocumented ~; **бестарный** ~ goods in bulk; **бочковый** ~ goods in barrels; **брать** ~ to take in ~; **букировка** ~a booking of ~; **бьющийся** ~ fragile ~; **без** ~a empty (said of transporter); **взвешивать** ~ to weigh ~; **взрывчатый** ~ explosive ~; **вес** ~a weight of ~; **весь** ~ total ~; **владелец** ~a owner of the ~; **возврат** ~a return of ~; **возвращать** ~ to return ~; **воздушный** ~ air freight; **востребовать** ~ to claim goods; **выброшенный за борт** ~ jettisoned ~; **выброшенный на берег** ~ stranded ~; **выбрасывать** ~ jettison ~; **вывоз** ~a ~ pick up; **вывозить** ~ to pick up ~; **выгрузка** ~a unloading of ~; **выгружать** ~ to unload ~; **выдача** ~a delivery of ~; **выдавать** ~ to delivery ~; **выдавать** ~ **со склада** to release ~ from the warehouse; **габаритный** ~ ~ within size range; **габарит** ~a overall dimensions of ~; **генеральный** ~ general ~; **гибель** ~a loss of ~; **годный к транспортировке** ~ transportable ~; **готовый к вывозу** ~ ~ available for pick-up; **готовность** ~a readiness of ~; **громоздкий** ~ bulky ~; **дезинфекция** ~a disinfection of ~; **декларация судового** ~a ships ~ manifest; **добавочный** ~ additional ~; **дозволенный** ~ legal ~; **досмотр** ~a inspection of ~; **доставленный** ~ delivered ~; **доставка** ~a delivery of ~; **доставлять** ~ to deliver ~; **доставлять** ~ **к судну** to deliver ~ to ship; **единица** ~a parcel; **железнодорожный** ~ rail shipment; **жидкий** ~ liquid ~; **задержание** ~a detention of ~; **задерживать** ~ to detail ~; **закрепление** ~a battening of ~; **закрючивание** ~a hooking of ~; **замена** ~a replacement of ~; **занумеровывать** ~ to number goods; **запрос о местонахождении** ~a tracer; **засланный** ~ misdirected ~; **застрахованный** ~ insured ~; **засылать** ~ to misdirect ~; **затаривание** ~a packing; **зацеплять** ~ **стропом** to sling ~; **защищать** ~ to safeguard ~; **зерновой** ~ grain cargo *или* cargo of grain; **импортный** ~ **импортный груз** import cargo or imported goods; **испорченный** ~ spoiled ~; **количество мест** ~a number of units/parcels; **коммерческий** ~ commercial ~; **конвенциональный** ~ conventional shipment; **контейнеризованный** ~ containerized ~; **контрактный** ~ contract freight; **конфискация** ~a confiscation of ~; **корабельный** ~ shipload ~; **крепление** ~a securing of ~; **крепить** ~ to secure ~; **легкий** ~ light-weight ~; **легковоспламеняющийся** ~ highly-inflammable ~; **массовый** (*или* **навалочный, сыпучий**) ~ *или* ~ **насыпью** (*или* **навалом**) bulk cargo *или* cargo in bulk; **маркировка** ~a marking of ~; **мешковый** ~ in sacks; **морской** ~ marine ~; **навалочный** ~ bulk ~; ~ **на который наложен арест** seized goods; **накладная на** ~ consignment note (way-bill); **накопление** ~ов **в порту** ~ stockpiling; **наносить ущерб** ~у to cause damage to ~; **направлять** ~ы to route ~; **невостребованный** ~ unclaimed ~; **невыгруженный** ~ short-landed ~; **негабаритный** ~ oversized ~; **недостающий** ~ missing ~; **недоставка** ~a non-delivery of ~; **недостача** ~a short delivery of ~; **незакреплённый** ~ loose ~; **незапечатанный** ~ unsealed ~; **незастрахованный** ~ uninsured ~; **незатаренный** ~ unsecured ~; **незаявлен-**

ный ~ undeclared ~; необъявленный ~ ~ undeclared to customs; неправильная сдача ~a misdelivery of ~; непредъявление ~а к перевозке failure to deliver goods for shipment; обратный ~ return ~ homeward ~; обесценение ~a depreciation of ~; оборот ~ов ~ turnover; обработка ~а ~ stevedoring; обращение с ~ом ~ handling; объёмный ~ voluminous ~; объём ~a shipment load volume; обычный ~ conventional ~; огнеопасный ~ flammable goods; однородный ~ uniform ~; опасный ~ dangerous ~; опционный ~ optional ~; осматривать ~ to inspect ~; осуществлять перевалку ~a transship ~; очистить ~ы через таможню to clear goods through customs; пакетированный ~ palletized ~; палубный ~ deck load ~; первоначальный ~ original ~; перевозить ~ы на поддонах to palletize goods; передача права на ~ transfer to ownership of ~; передавать ~ to transfer ~; перекладывать ~ы to "rummage" goods; перемещать ~ to transfer ~; перечень забукированных ~ов ~ booking list; перечень ~ов, указанных в коносаменте summary of bills of lading; плавающий ~ flotsam ~; повагонный ~ carload ~; повреждённый ~ damaged ~; погибший ~ lost ~; погруженный навалом ~ goods loaded in bulk; погрузка ~a loading of ~; подвозка ~a delivery of ~; подмоченный ~ wet (water-damaged) ~; подсчёт мест ~a tally of ~; подъём ~a hoisting of ~; полный ~ complete ~; полный и законченный ~ full and complete ~; с полным ~ом fully loaded; полученный ~ received ~; получатель ~a ~ consignee; получение ~а из таможни clearance of ~ through customs; получать ~ to receive ~; попутный ~ way freight ~; порча ~a damage to ~; поставленный ~ delivered ~; почтовый ~ ~ by post; право на ~ right to ~; залоговое право на ~ lien on ~; предъявление ~а к перевозке delivery of ~ for shipment; предохранять ~ to safeguard ~; прибывший на судне ~ ~, arrived by ship; прибытие ~a arrival of ~; приём ~a acceptance of ~; принимать ~ к перевозке to accept ~ for shipping; принимать ~ на строп судна to take ~ on ship's tackle; принимать поставку ~a to take delivery of ~; принятый ~ intake weight; проводить сепарацию ~a to separate ~; производить транспортную обработку ~a to handle ~; просроченный ~ delayed ~; разгрузка ~a unloading of ~; размер ~a ~ measurements; размещение ~a stowage of ~; размещение ~a в трюме trimming of the hold ~; разнородный ~ mixed cargo; разрешение таможни на выдачу ~a со склада warehouseman's order; разгружать ~ to discharge ~; размещать ~ в трюме to trim to hold ~; размещать ~ на складе to warehouse ~; размещать ~ на судне to stow ~ on board ship; расписка о принятии ~а для отправки dock receipt; расположение ~a disposition of ~; рассортировывать ~ы to sort out ~; раструска ~a strewing of ~; рефрижераторный ~ refrigerated goods; родственные ~ы analogous goods; самовозгорание ~a spontaneous combustion of ~; с большим ~ом heavily-loaded ~; с полным ~ом fully-loaded ~; сборный ~ general ~; свидетельство о происхождении ~a certificate of origin of ~; свойства ~a ~ properties; сдавать ~ в порту to deliver ~ at port; сданный на хранение ~ ~ placed in storage; сдача ~а на склад transfer of ~ to warehouse; сепарация ~a separation of ~; складской ~ warehoused ~; скопление ~ов congestion of ~; скоропортящийся ~ perishable ~; смешанный ~ general (или mixed) ~; снять ~ с судна to land ~ from a ship; содержание ~a contents of a parcel; состояние ~a condition of ~; **сохранение** ~а preservation of ~; **сохранность** ~а safety of ~; **спасать** ~ to salvage ~; **спасение** ~а salvage of ~; **спасённый** ~ salvaged ~; **срочный** ~ priority shipment ~; **сухой** ~ dry ~; **сыпучий** ~ bulk-break ~; **тарный** ~ packaged ~; **торговый** ~ commercial freight; **транзитный** ~ transit ~; **транспортировка** ~ов transport of freight; **трюмный** ~ ~ held below-deck; **тяжеловесный** ~ heavyweight ~; **укладка** ~а stowage {stevedoring} of ~; **укладка** ~а на паллеты palletization of ~; **укладывать** ~ to stow ~; **укладчик** ~а stower of ~; **упакованный** ~ packaged ~; **упаковка** ~а packing of ~; **усушка** ~а dryig (shrinkage) of ~; **утечка** ~а leakage of ~; **упаковывать** to pack ~; **утрата** ~а loss of ~; **утруска** ~а dissipation of ~; **характер** ~а nature of ~; **хранение** ~а storage of ~; **хранить** ~ to store ~; **часть** ~а portio of ~; **часть** ~а, не принятая на судно short shipment; **ценный** ~ valuable ~; **штабелированный** ~ stacked ~; **штабелировать** ~ to stack ~; **штучный** ~ ~ in parcels; **экспортный** ~ outbound ~; **экспедирование** ~ов freight forwarding; **экспедитор** ~а freight forwarder; **эксперт по перевозке** ~ов freight traffic expert; **ящичный** ~ boxed ~; ~ **без порта назначения** optional ~; ~ **без упаковки** bulk ~; ~ **в кипах** baled ~; ~ **в коробках** ~ in boxes; ~ **в мешках** bagged ~; ~ **в обрешётке** crated ~; ~ **в пакетах** packeted ~; ~ **в упаковке** packaged ~; ~ **затонул** the ~ has sunk; ~ **на паллетах** palletized ~; ~ **на плаву** afloat ~; ~ **не облагаемый пошлиной** duty-free ~; ~ **неправильно указанный в таможенной декларации** wrongfully declared ~; **опасные** ~ы dangerous goods; ~ **перевозимый автотранспортом** truck freight ~; ~ы **перевозимые на дальние расстояния** long-distance freight ~; ~ **поименованный в коносаменте** indicated in the bill of lading ~; ~ **принятый в хорошем состоянии** ~ accepted in apparent good order and condition; ~, **принятый для отправки на судно** ~ received for shipment; **принятый на склад** ~ ~ received at warehouse; ~ **россыпью** loose ~; ~ **судна, терпящего бедствие** distress ~; ~, **частично недопоставленный по сравнению с коносаментом** ~ short against bill of lading; **список** ~ов cargo sheet; **экспортный** ~ export (*или* outward) cargo;

грузить to load (with weight)
грузовик truck; **грузить на** ~ to load onto a ~; **за перевозку на** ~е **уплачено** shipment by ~ pre-paid; **крытый** ~ closed ~; **перевозить на** ~ах to ship by trucks; **перегружать на** ~ to transfer to ~; **разгружать** ~ to unload a ~; **тяжелый** ~ duty ~; **франко** ~ FOB truck; ~ **малой грузоподъёмности** light-duty ~; ~ **с прицепом** tractor-trailer
грузовладелец cargo-owner
грузовместимость freight capacity; **гарантированная** ~ guaranteed ~; **киповая** ~ bale capacity; **максимальная** ~ maximum ~; **полная** ~ full ~; **чистая** ~ net ~; ~ **судна** freight space; ~ **судна для насыпного груза** grain ~
грузовой freight
грузовой манифест *см.* манифест
грузооборот freight turnover
грузоотправител/ь consignor, shipper; **декларация** ~я shipper's declaration; **интересы** ~я consignor's interests; **отметка** ~я shipping mark; **счёт** ~я shipper's invoice
грузоперевозка freight traffic
грузоподъёмник load-lifter
грузоподъёмность (*судна*) carrying capacity, capacity; load-lift capacity; **гарантированная** ~ guaranteed deadweight capacity; **полезная** ~ payload capacity; **полная грузоподъемность** deadweight capacity *или* deadweight; **полная грузовместимость и** ~ full reach and burden; **полная** ~ **судна** deadweight capacity; **судно** ~ю **в ... тонн** ship with ... tons burden; ~

в ...тонн ~ ...-ton capacity; ~ крана crane ~; ~ подъемного механизма hoisting capacity; ~ судна tonnage of a ship

грузоподъемный hoisting, lifting

грузополучател/ь consignee; платежеспособность ~я solvency of a ~; склад ~я ~'s warehouse

грузчик stevedore; longshoreman

грузовой трюм см. трюм

Д

давать, дать to give; ~ взаймы: to lend; ~ показания to testify, to depose; ~ начало to give rise (to); ~ слово ~ one's word; ~ ход to set in motion, get going; ~ понять to give to understand

давальческ/ий "give and take"; на ~ой основе on a give and take basis

давать право см. право I

давление pressure; под ~м under pressure (of); through stress (of); выдерживать ~ to withstand ~; инфляционное ~ inflationary ~; испытывать ~ to be subjected to ~; оказывать ~ на to exert ~ upon; усиливать ~ to increase the ~; под ~м under ~; ~ конкуренции ~ of competition; ~ товарных запасов inventory ~; ~ цен price ~

давний см. долголетний

давност/ь superannuation; закон об исковой ~и statute of limitations; исковая ~ limitation of legal claims; приобретательная ~ prescription, adverse possession; срок ~и term of limitation

далее (затем, после) further

дальнейш/ий further; в ~ем (позже) later on (или in future); в ~ем (ниже) below; в ~ем именуемый (во вступительной части контракта) hereinafter referred to as; ~ие подробности further particulars

данны/е facts, information; data; анализ ~х ~ analysis; анкетные ~ biographical ~; бухгалтерские ~ bookkeeping ~; включать ~ to include ~; выборочные ~ sample ~; выдавать ~ to furnish ~; дополнительные ~ additional ~; изучать технические ~ to examine of technical ~; исходные ~ basic ~; исчерпывающие ~ comprehensive ~; итоговые ~ summarized ~; малодостоверные ~ ill-founded ~; недостающие ~ missing ~; необработанные ~ raw ~; необходимые ~ necessary ~; неопровержимые ~ irrefutable ~; неполные ~ incomplete ~; неправильные ~ incorrect ~; обновлять ~ to update ~; обрабатывать ~ to process ~; оценка технических ~х evaluate of technical ~; общие ~ overall figures; основные ~ principle ~; официальные ~ official ~; ~ первоначальные original ~; плановые ~ initial targets; по неполным ~м according to incomplete ~; по официальным ~м according to official ~; по предварительным ~м according to preliminary ~; полные ~ complete ~; полученные ~ findings; правильные ~ correct ~; предварительные ~ preliminary ~; представление ~х submission of ~; приоритетные ~ priority ~; прогнозируемые ~ predicted ~; проверять ~ to verify ~; проектные ~ design ~; рабочие ~ operational ~; расположение ~х в виде таблицы tabulation of ~; расчетные ~ rating ~; сводные ~ cumulative ~; системазированные ~ systemized ~; сметные ~ estimated ~; собирать ~ to collect ~; справочные ~ reference ~; сравнительные ~ comparative ~; статистические ~ statistical ~; стоимостные ~ value declaration; технические ~ technical ~; фактические ~ fact sheet; цифровые ~ numerical ~; экономический ~ economic ~; эксплуатационные ~ operating ~; ~ изготовления manufacturing ~; ~ испытаний test results; ~ о работе operation log; ~ о ремонте repair record; ~ о ценах pricing ~; ~ приемно-сдаточных испытаний acceptance test ~

данн/ый given; present; в

~ое время at the present time *или* at present
дань tribute *(payment to conqueror)*; обложить ~ю to lay under tribute; gift (of); отдать ~ to appreciate, to recognize
дарение donation
даритель donor
даровитый gifted, talented
даровой free (of charge), gratuitous
даром free (of charge), gratis
дат/а date; авизованная ~ аккредитива advice ~ of a letter of credit; изменять ~у отгрузки to modify a dispatch ~; начальная ~ initial ~; ~ обозначенная штемпелем stamped ~; определять ~у to fix a ~; определять последнюю ~у отгрузки to stipulate the latest shipment ~; помечать ~ой to notate ~; последняя ~ latest ~; предполагаемая ~ expected ~; предполагаемая ~ прибытия expected time of arrival (ETA); предлагать другую ~у to propose an alternative ~; приблизительная ~ approximate ~; приоритетная ~ priority ~; проставлять ~у to date; удобная ~ convenient ~; указывать ~ы отгрузки to show shipping ~ s; установленная ~ designated ~; ~ акцепта acceptance ~; ~ аннулирования annulled ~; ~ вступления в силу effective ~; ~ вступления в силу соглашения effective ~ of an agreement; ~ выдачи ~ of issuance; ~ выдачи патента ~ of grant of patent; ~ выдачи полиса effective ~ of an insurance policy; ~ выезда ~ of departure; ~ выписки векселя ~ of issue of a bill; ~ выписки счета invoice ~; ~ выпуска release ~; ~ выхода судна в море sailing ~; готовности к отгрузке ~ ~ of ship readiness; ~ заявки application ~; изготовления ~ of manufacture; ~ испытания test ~; ~ монтажных работ ~ of erection {construction}; ~ наступления срока maturity ~; ~ начала гарантийного периода initial ~ of warranty period; ~ начала работы ~ of commencement of work; ~ окончания срока expiration ~; ~ опубликования publication ~; ~, от которой исчисляется срок ~, from which the period tolls; ~ отгрузки ~ of shipment; ~ отправки dispatch ~; ~ отправки корреспонденции mailing ~; ~ перехода границы ~ of border crossing; ~ письма the ~ of the letter ~ платежа payment ~; ~ погрузки loading ~; ~ подачи заявки filing (of application) ~; ~ подписания контракта act ~; ~ подписания протокола protocol ~; ~ поставки deliver ~; ~ поступления ~ of receipt; ~ почтового штемпеля the ~ of the postmark, postmark ~; ~ предложения offer ~; ~ представления лицензии licensing ~; ~ предъявления иска ~ of filing an action; ~ прекращения действия контракта termination ~ of an act; ~ претензии ~ of a claim; ~ прибытия arrival ~; ~ приемки acceptance ~; ~ публикации publication ~; ~ пуска в эксплуатацию start-up ~; ~ расторжения cancellation ~; ~ой отгрузки должна считаться ~ коносамента the ~ of the bill of lading is to be considered the ~ of shipment
дата-вексель time note, time bill
датированный dated; ~ более поздним числом post-dated; ~ задним числом ante-dated
датировать to date; письмо, датированное 25 января a letter dated the 25th of January; письмо, датированное сегодняшним (вчерашним) числом a letter of today's date (of yesterday's date); письмо, датированное тем же числом a letter of the same date
датировка dating *(of document, etc.)*
двигатель engine; дизельный двигатель diesel engine
движени/е traffic; воздушное ~ air ~; грузовое ~ freight ~; железнодорожное ~ rail ~; интенсивное ~ heavy ~; направление ~я цен price trend; пассажирское ~ passenger ~; поддерживать регулярное ~ to maintain regular service; прекратить ~ to stop ~; профсоюзное ~ labor movement; распи-

сание ~я поездов train timetable; расписание ~я судов ship timetable; товарное ~ goods ~; транзитное ~ ~ in transit; условия ~я ~ conditions; ~ вверх upward trend; ~ денег monetary movement; ~ фондов movement of funds; ~ цен price movements

двойной two-fold, double

двутавров/ый : ~ая балка I-beam

двухатомный diatomic

двухгодичный of two years' duration

двухдюймовый two-inch

двухкрасочный two-tone

двухлетник biennial

двухмачтовый two-masted

двухместн/ый (номер) double room; ~ая каюта two-berth cabin

двухпалатный bicameral; two-chamber

двухпалубный having two decks; double decker

двухрядный double-row

двухсотлетие bicentenary

двухсторонний bilateral;

двухцелевой dual-purpose

дебентура customs debenture

дебет debit; занесение в ~ debit entry; записать в ~ to charge a debit; записать сумму в ~ счета to debit an amount to an account; ~ и кредит debit and credit; ~ счета debit of an account

дебет-нот/а debit note; отзывать ~у to recall a ~; подробная ~ detailed ~; ~ за услуги ~ for services rendered; ~ на ... ~ for ...

дебетование счета debit entry

дебетовать to debit (as an account, etc.)

дебетовое авизо см. авизо

дебитор debtor

девальваци/я devaluation; предстоящая ~ impending ~; проводить ~ю to devalue; размер ~и extent of ~; ~ валюты currency ~

девальвированный devalued

девальвировать to devalue

девиза bill of exchange (cheque, etc.) payable in foreign currency

девятерной ninefold

дегустация tasting; бесплатная ~ free sample tasting

дегустировать to taste; carry out a tasting (of)

дедвейт (dedveit) deadweight

дедвейт deadweight (или dead-weight)

дежурить to be on duty

дежурств/о duty; расписание ~а rota, roster; смениться с ~а to come off duty, be relieved

дееспособность legal capacity; общая ~ general ~; ограниченная ~ limited ~; ~ сторон ~ of the parties

дееспособный competent; energetic, active; capable

действи/е act, action, activity, (влияние) effect; operation, (действительность) validity; вводить в ~ to bring into effect, to bring into operation, to bring into force; вводить в ~ закон to carry a law into effect; вводить в ~ соглашение to bring an agreement into effect; возбуждать ~ против to bring an action against ...; вредное ~ ill effect; время ~я лицензии licensing period; вступать в ~ to come on stream, to take effect; до начала ~й prior to action; многократные ~я repeated actions; незаконное ~ illegal act; не оказывать никакого ~я to have no effect; одностороннее ~ unilateral act; оказывать ~ to have effect; оспоримое ~ disputed act; официальное ~ official action; под ~ем under the influence; период ~я service life; подверженный ~ю exposed to ...; правомерное ~ lawful act; предварительные ~я preliminary acts; предельный срок ~я expiration period; предпринимать ~я to take action; предупреждать ~я to prevent action; прекращение ~я termination; прекращение ~я договора termination of an act; прекращение ~я лицензии termination of a license; прекращение ~я патента termination of a patent grant; приводить в ~ to give effect to; принудительные ~я obligator actions, enforcement actions; продление срока ~я extension; продлевать ~ to extend ~; продлевать ~ патента to extend a patent; противоправные ~я illegal acts; руководить ~ями to direct activities; санкционированное ~ authorized action; совместные ~я joint activities; срок ~я validity, effective period; **срок ~я истек** term has expired; **срочное ~** urgent action; **суммарное ~** summary action; **требовать ~й** to require actions; **юридическое ~** juridical act; **~ аккредитива** validity of a letter of credit; **~, наносящее ущерб** prejudicial action; **~ обстоятельств** effective circumstances; **~ патента** validity of a patent, *(о документе)* validity;

действительност/ь reality; validity; **в ~и** as a matter of fact, in reality или in fact; **объективная ~** objective reality; **оспаривать ~** to contest the ~; **признавать ~ лицензии** to acknowledge the validity of a license; **признавать ~ патента** to acknowledge the validity of a patent; **признавать ~ прав** to acknowledge validity of rights; **проверять ~ патента** to verify the validity of a patent; **соответствовать ~и** to correspond to the facts; **~ документа** ~ of a document; **~ лицензии** ~ of a license; **~ патента** ~ of a patent; **~ прав** ~ of rights; **~ предложения** ~ of an offer; **~ товарного знака** ~ of a trademark

действительный real, actual; *(о документе)* valid; **юридически ~** legally valid

действовать to act, to work, to function, to operate, to effect, to have an effect (upon)

действующ/ий active, operating, valid; **(существующий, преобладающий)** ruling; **~ие цены (ставки)** ruling prices (rates); active participant

декада ten day period
декалькировать to transfer
декан dean *(of university)*
декатировать *(text.)* to sponge
деквалификация loss of professional skill
декларативность tendency to make pronouncements for effect; pretentious
декларативный 1. declaratory; solemn 2. made for effect, pretentious
деклараци/я declaration; **бланк ~и** ~ form; **валютная ~** currency ~; **заполнять ~ю** to fill out a ~; **налоговая ~** tax return; **таможенная ~** customs ~; **тарифная ~** tariff; **экспортная ~** export ~; **~ грузоотправителя** consignor's ~; **~ капитана** master's ~; **~ о грузах, не облагаемых пошлиной** ~ of duty free goods; **~ о грузах, подлежащих хранению в приписных складах** warehousing ~; **~ о закупке** purchase ~; **~ о привезенном грузе** bill of entry; **~ судового груза** ship's manifest
декларировать to declare
декрет decree
делегат delegate; **избирать ~ом** to elect a ~; **посылать в качестве ~а** to send in the capacity of a ~; **~ конференции** ~ to a conference
делегация delegation; **большая ~** large ~; **возглавлять ~ю** to head up a ~; **иностранная ~** foreign ~; **представительная ~** representative ~; **правительственная ~** governmental ~; **~ прибывшая для проведения переговоров** negotiating team; **принимать ~ю** to receive a ~; **руководитель ~и** head of a ~; **торговая ~** trade ~; **~ руководящих деятелей** high-level ~

делец operative; smart operator; person on the make; **биржевой ~** exchange operator; **~ черного рынка** black marketeer
деливери-ордер delivery order *(customs)*
делимое dividend
делимость divisibility
делимый divisible; **делимый аккредитив** см. **аккредитив**
делить to divide; **делиться** to share (with)
делитель divisor
дел/о action, affair, *(вопрос)* matter, question; *(торговое)* business; *(сделка)* business; transaction; *(судебное)* case; **арбитражное ~** arbitration case; **банковское ~** banking business; **брокерское ~** brokerage; **вести ~** to plead a case; **вести ~а** to conduct business; **вести ~а через банк** to transact business through a bank; **внутренние ~а** domestic affairs; **возобновление ~а** revivor; **возбуждать ~** to bring an action; **выгодное ~** profitable business; **выигрывать ~** to win an action, case; **делать ~** to do business; **заниматься**

рассмотрением ~ to look into the affair; застой в ~ах business stagnation; издательское ~ publishing business; иметь ~ с to have business with, to deal with; исход ~а outcome of a case; конфликтное ~ disputed matter; ликвидировать ~ to wind up a business; лоцманское ~ pilotage; маклерское ~ brokerage business; на ~е in practice; направлять ~ в арбитраж to refer a case to arbitration; начать ~ to start up a business; начать ~ против to initiate an action against; неотложное ~ urgent business; опыт в ~ах business experience; опытный в ~ах experienced in business; относящийся к ~у relevant (to the matter at hand); по ~у on business (for purposes of business); по ~у (*в надписи над письмом юридического характера*) Re: *или* re: *или* in re:; по ~у Смита против Брауна Re: Smith versus Brown; положение дел ~ state of affairs; посторонние ~а outside matters; правопреемник в ~е successor (*in a company, etc.*); прекращение ~а dismissal of legal action; прекращать ~ в суде to drop a case; преуспевать в ~ах to succeed in business; приводить ~а в порядок to put affairs in order; прибыльное ~ profitable business; принимать ~ для решения в порядке арбитража to accept a dispute for arbitration; принимать решение по ~у to decide in a (disputed) matter; приобщать к ~у to note in the record; приступать к ~у to get to work; проиграть ~ to lose a case; разбирать ~ to hold a plea; рассматривать ~ to investigate a matter; рассмотрение ~а о нарушении investigation of a violation; расширять ~ to expand a business; расходы по ~у costs (*in a legal action*); сборы по ~у fee in a case; слушание ~а hearing; слушать ~ to hear case; создавать ~ to establish a business; спорное ~ dispute; срочное ~ urgent matter; текущие ~а current affairs; торговые ~ business dealings; транспортное ~ transportation business; улаживать ~ to settle an affair; урегулировать ~ to put matters to rights; учреждать ~ to found a business; финансировать ~ to finance a business; финансовые ~ financial affairs; ход ~а course of business; экспедиторское ~ freight forwarding business; ~ большой важности a matter of great significance; ~ о явном нарушении a case of blatant violation

деловой business

делопроизводство office work, clerical work; record keeping

дельный 1. business-like, efficient 2. sensible, practical; ~ое предложение sensible suggestion

делькредере del credere; комиссионер, берущий на себя ~ ~ agent; комиссия за ~ ~ commission; принять на себя ~ to stand ~

демередж (*простой судна*) demurrage; калькуляция ~а calculation of ~; оплата ~а ~ payment; претензия в связи с ~ем ~ claim; расчет ~а ~ calculation; ставка ~а ~ rate; взимать ~ to charge ~

демонстрация demonstration; основная ~ basic display; практическая ~ practical ~; программа ~и program of ~s; публичная ~ public ~; устраивать ~ю to arrange a ~; ~ изобретения ~ of an invention; ~ образцов sample display; ~ полета flight ~

демонстрационный demonstration

демонстрационный зал showroom

демонтаж dismantling; сроки ~а ~ period; ~ выставки ~ of an exhibition; ~ оборудования ~ of equipment; ~ стендов ~ stands (of exhibition); ~ установки ~ of an installation

демонтировать to dismantle

демпинг dumping (*trade violation*); валютный ~ currency ~; законы по борьбе с ~ом anti-dumping legislation

демпинговый dumping (*trade*)

денационализация denationalization; проводить ~ю to reprivatize

денационализировать to denationalize

деноминация denomination

денонсация denouncement, denunciation; **односторонняя ~** unilateral repudiation; **~ договора** repudiation of an agreement
денонсировать to denounce
день day; *(после полудня)* afternoon; **в 3 часа дня** at three o'clock in the afternoon или at three o'clock p.m.; **через несколько дней** in a few days; **грационные (или льготные) дни** days of grace; **в ~** per diem; **в конце дня** at the end of a day; **выходной ~** day off; **календарный ~** calendar day; **контрсталийные дни** demurrage days; **короткий ~** short (work) day; **кумулятивные дни** cumulative days; **курс дня** today's rate of exchange; **льготные дни** grace period (days); **на ~ предложения** upon date of tender; **назначать ~** to fix a day; **неполный ~** part-time; **нерабочий ~** non-working day; **оплата за ~** payment per diem; **опоздание на ...дней** delay of ... days; **по цене дня** at value; **погожий рабочий ~** weather workihg day; **полный ~** full day **последовательные дни** consecutive days; **праздничный ~** holiday; **приемный ~** date of acceptance; **приходиться на ~** to fall on a day; **рабочий ~** work day; **распорядок дня** order of the day, routine; **реверсивный ~** reversible day; **сбереженные дни** days saved; **со дня выдачи** from the day of issue; **сплошные дни** running days; **сталийные дни** lay days; **сэкономленные дни** days saved; **через ... дней после акцептования** ... days following acceptance; **через... дней после предъявления ~ ...** days upon sight; **устанавливать дни отдыха** to establish days off; **дни демереджа** days on demurrage; **дни диспача** dispatch days; **дни на разгрузку** permissible unloading period; **~ неплатежа** day of non-payment; **~ открытия** opening day; **~ отправления** departure date; **~ отхода судна** sailing day; **~ платежа** day of payment; **дни погрузки и разгрузки судов** lay days; **~ прибытия** date of arrival; **~ приемки** date of acceptance; **~ расчета** settlement day
деньги money; currency; **наличные ~** cash или ready cash или ready money; **ассигновать ~** to allocate ~; **без наличных денег** out of cash; **брать ~ из банка** to make a withdrawal from the bank; **брать ~ со счета** to withdraw from an account; **бумажные ~** paper ~; **взнос наличными деньгами** cash deposit; **взыскание ~ег по векселю** collection of a bill (note); **вкладывать ~ в банк** to deposit ~ in a bank; **вкладывать ~ из определенного процента** to deposit ~ at a specified interest rate; **вносить ~** to pay in; **вносить ~ в банк** to place ~ in a bank; **вносить ~ в депозит** to place ~ on deposit; **вносить ~ на счет** to place ~ on account; **вносить ~ на условный счет** to place ~ in escrow; **возвращать ~ взятые взаймы** to repay borrowed ~; **возмещать ~** to refund ~; **возмещать израсходованные ~** to reimburse ~; **всемирные ~** universal ~; **выдача ~ег наличными** cash payment; **выпуск бумажных денег** emission of paper ~; **выпускать ~** to issue ~; **высвобождать ~** to release funds; **"горячие" ~** "hot" money; **движение денег** monetary movement; **держать ~ в банке** to keep ~ in a bank; **дешевые ~** cheap ~; **дорогие ~** expensive ~; **доставать ~** to raise ~; **за неимением денег** on account of lack of funds; **заем денег ~** loan; **заменитель денег ~** substitute; **занимать ~** to borrow ~; **занимать ~ без процентов** to borrow ~ at zero interest; **занимать ~ до определенной суммы** to borrow ~ up to a specified amount; **занимать ~ под закладную** to borrow ~ under mortgage; **занимать ~ под страховкой** to borrow ~ against an insurance policy; **запас денег ~** supply; **зарабатывать ~** to earn ~; **изымать ~ из обращения** to remove ~ from circulation; **изъятие денег из обращения** withdrawal of ~ from circulation; **испытывать недоста-**

ток в деньгах to be short of ~; класть ~ в банк to deposit ~ in a bank; контрсталийные ~ demurrage (payment); копить ~ to hoard ~; кредитные ~ debt ~; мелкие ~ small change; местные ~ local currency; менять ~ to change ~; металлические ~ coins; мировые ~ world ~; наличные ~ cash; наличие денег cash availability; недостаток денег cash shortage; неизрасходованные ~ unexpended ~; необратимость бумажных денег inconvertibility of paper ~; непроизводительная трата денег waste of ~; неразменные ~ irredeemable ~; обесценение денег depreciation of ~; оборот наличных денег cash turnover; обращение денег circulation of ~; обращение бумажных денег circulation of paper ~; остаток денег balance of ~; отступные ~ smart ~ (buy-out ~); перевод денег remittance of ~; переводить ~ to remit ~; переводить ~ по почте to send ~ by postal money order; переводить ~ по телеграфу to wire ~; пересылать ~ to transfer ~; пластмассовые ~ plastic money (credit cards); пересылка денег в форме чека transfer of ~ in the form of a check; подъемные ~ traveling expenses; получать ~ в банке to draw ~ from a bank; получать ~ в погашение to collect debts; получать ~ по векселю to collect a bill, note; получать ~ по чеку to cash a check; покупательная сила денег purchasing power of ~; поступления денег incoming payments; призовые ~ prize ~; предоставлять ~ to provide with ~; принимать ~ на вклад to receive - on deposit; разблокирование удержанных денег release of holdback ~; размен денег ~ changing; расходование -ег expenditure of ~; расходовать ~ to expend ~; реальные ~ real ~; резервировать ~ to reserve ~; сверхконтрсталийные ~ detention (of vessel beyond laydays); символические ~ token ~; снятие денег со счета cash withdrawal from an account; снимать ~ со счета to withdraw ~ from an account; ссужать ~ под проценты to lend ~ at interest; суточные ~ daily allowance (per diem); трата денег expense; тратить ~ to spend ~; требование наличных денег cash call; цена за наличные ~ cash price; фальшивые ~ counterfeit ~; хранить ~ в банке to keep ~ in a bank; экономить ~ to save ~; эмиссия денег issue of currency; ~ в обращени ~ in circulation; ~ на покупку purchase ~
денежный money, monetary
депо depot
депозит deposit; банковский ~ bank ~; бланк для взноса ~а ~ slip; бессрочный ~ demand ~; выплачивать деньги по ~у to pay a ~; гарантийный ~ guaranteed ~; денежный ~ cash ~; долларовый ~ dollar-denominated ~; застрахованный ~ secured ~; изъятие ~ов withdrawal of ~s; иметь ~ в банке to have a ~ at the bank; перевод денег на ~ transfer of money on ~; переводить деньги на ~ to transfer money on ~; перечислять деньги с ~а to transfer money from ~; разблокировать ~ to unblock a ~; краткосрочный ~ short-term ~; неиспользуемый ~ idle ~; обычный ~ general ~; первичный ~ primary ~; правительственный ~ government ~; резервный ~ reserve ~; свободно переводимые ~ы freely transferrable ~s; снять ~ to close out a ~; ставка по ~ам ~ rate; специальный ~ special ~; срочный ~ term ~; срочный ~ с фиксированным сроком fixed term ~; условный ~ escrow ~; удерживать ~ to retain a ~; ~ до востребования call ~
депозитарий depositary
депозитный deposit
депонент depositor
депонировать to deposit
депортант deportee
депортация deportation
депортировать to deport
депрессивный, депрессия, ~ период depression, slump; депрессия depression
держатель holder; добросовестный ~ bona fide ~; законный ~ ~ in due course; последующий ~ subsequent

~; **предыдущий** ~ previous ~; ~ **аккредитива** ~ of a letter of credit; ~ **акций** shareholder; ~ **векселя** ~ of a bill (note); ~ **документов** ~ of documents; ~ **залога** ~ of a pledge; ~ **коносамента** ~ of a bill of lading; ~ **лицензии** ~ of a license; ~ **облигаций** bond holder; ~ **страхового полиса** policy ~; ~ **счета** account ~; ~ **тратты** ~ of a draft (bill of exchange)

держать to hold, to keep; **мы ~им оферту открытой для вашего акцепта** hold the offer open for your acceptance; ~ **в курсе** to keep informed (*или* advised); ~ **на складе** to keep in stock

дестабилизация destabilization; ~ **экономики** destabilization of the economy

десятилетие decade

детал/ь 1. (*подробность*) detail; **2.** (*часть механизма, машины*) part, component; **бракованная** ~ rejected part; **быстроизнашивающаяся** ~ rapidly wearing part; **важная** ~ important part; **взаимозаменяемые** ~**и** interchangeable parts; **вспомогательная** ~ auxiliary part; **второстепенные** ~**и** non-essential parts; **готовая** ~ finished component; **заменять** ~**и** to replace parts; **запасная** ~ spare part; **иметь** ~ **на складе** to stock parts; **комплектующие** ~**и** accessory components; **недостающая** ~ missing part; **номер** ~**и** part number; **основная** ~ principle component; **отдельная** ~ individual part; **поврежденная** ~ damaged part; **представлять** ~**и** to provide details; **расходуемые** ~**и** expendable parts; **ремонтная** ~ repair part; **сменная** ~ replacement part; **стандартная** ~ standard part; **технические** ~**и** technical details; **улучшенная** ~ updated part; **характерные** ~**и** specific details; ~**и к машине** machine parts; ~ **машины** part to a machine; ~ **и расценки** pricing details

детализированный detailed

детально in detail; **разрабатывать** ~ to elaborate

детальный detailed

детеншен detention (*of a vessel*)

дефект defect; **быть ответственным за** ~ to be liable for a ~; **внешний** ~ visual ~; **внутренний** ~ inherent ~; **второстепенный** ~ minor ~; **естественный** ~ natural ~; **заявленный** ~ stated ~; **значительный** ~ serious ~; **исправление** ~**а** correction of a ~; **иметь** ~**ы** to have ~s; **исправлять** ~ to correct a ~; **мелкий** ~ slight ~; **не иметь** ~**ов** to be free of ~s; **незначительный** ~ insignificant ~; **необнаруженный** ~ undiscovered ~; **несущественный** ~ non-existent ~; **обнаруживать** ~ to discover a ~; **опасный** ~ dangerous ~; **основной** ~ basic ~; **описание** ~**ов** description of ~s; **первоначальный** ~ initial ~; **поверхностный** ~ surface ~; **предполагаемый** ~ alleged ~; **причина** ~**а** reason for a ~; **серьезный** ~ serious ~; **скрытый** ~ latent ~; **скрывать** ~ to conceal a ~; **случайный** ~ incidental ~; **характер** ~**а** nature of a ~; **устранять** ~ to eliminate a ~; **устранять** ~ **без ущемления прав другой стороны** to eliminate a ~ without prejudice to the other side; **устранять** ~ **за счет...** to eliminate a ~ at ... expense; **устранять** ~ **по соглашению сторон** to eliminate a ~ by agreement of the parties; **явный** ~ obvious ~; ~ **в конструкции** design ~; ~ **завода-изготовителя** manufacturing ~; ~ **производства** production ~; ~ **товара** ~ in goods; ~ **упаковки** packing ~

дефектный defective, faulty; **оказаться** ~**ным** to prove (to be) defective

дефектоскопия defect detection

дефицит deficit, deficiency, shortage; **бюджетный** ~ budget deficit; **внешнеторговый** ~ foreign trade deficit; **внешний** ~ external deficit; **вызывать** ~ to cause a deficit; **долларовый** ~ dollar deficit; **иметь** ~ to have a deficit; **исчислять** ~ to calculate a deficit; **кассовый** ~ cash deficit; **компенсировать** ~ to offset a deficit; **краткосрочный** ~ short-term deficit; **незначительный** ~ insignificant deficit; **непокрытый** ~ outstanding deficit; **покрывать** ~ to compensate for a deficit; **размер** ~а size of a deficit; **рост** ~а growth of a deficit; **сальдировать** ~ to balance a deficit; **сбалансирование** ~а balancing of a deficit; **сократить** ~ to reduce a deficit; **существующий** ~ existing deficit; **текущий** ~ current deficit; ~ **торгового баланса** trade gap; ~ **в топливе** fuel shortage; **финансовый** ~ financial deficit; **хронический** ~ chronic deficit; ~ **валюты** foreign exchange deficit; ~ **платежного баланса** balance of payments deficit; ~ **рабочей силы** labor shortage; ~ **текущего счета** current account deficit; ~ **товаров** shortage of goods; ~ **торгового баланса** trade deficit

дефицитный deficit, showing a loss; in short supply; scarce

дефляционный deflationary

дефляция deflation

деформаци/я distortion; **избегать** ~и to avoid distortion

дешеветь to fall in price, become ceaper

дешевизна ceapness; low price

дешевить to underprice

дешевый cheap, inexpensive

деятельност/ь activity; **активная** ~ vigorous ~; **активизировать** ~ to increase ~; **внешнеторговая** ~ foreign trade ~; **внешнеэкономическая** ~ external economic ~; **возобновление** ~и resumption of ~; **возобновлять** ~ to resume ~; **деловая** ~ business; **диверсификация** ~и diversification of ~; **закупочная** ~ procurement ~; **индивидуальная трудовая** ~ individual labor; **коммерческая** ~ commercial ~; **координировать** ~ to coordinate ~; **купировать** ~ to supervise ~; **лицензионная** ~ licensed ~; **место** ~и site of ~; **многообразная** ~ diversified ~s; **нарушение торговой** ~и business disturbance; **обзор хозяйственной** ~и business survey; **обсуждать** ~ to discuss ~; **оперативная** ~ operating performance; **основная** ~ primary ~; **относящаяся** ~ related ~; **отчет о** ~и **агента** agent's report; **общественная** ~ public work; **практическая** ~ practical ~; **приостанавливать** ~ to suspend ~; **производственная** ~ production; **пропагандистская** ~ propaganda efforts; **прошлая** ~ past ~; **расширять** ~ to expand ~; **рационализаторская** ~ rationalization efforts; **рекламная** ~ advertising ~, promotion; **род** ~и line of business; **совместная** ~ joint ~; **творческая** ~ creative ~; **торговая** ~ trade ~ **торгово-промышленная** ~ business ~; **торгово-сбытовая** ~ trade and marketing ~; **трудовая** ~ labor ~ **финансовая** ~ financial ~; **финансово-хозяйственная** ~ financial and economic ~; **характер** ~и nature of ~; **хозрасчетная** ~ cost accounting; **хозяйственная** ~ economic ~; **экономическая** ~ economic ~; **экспорт и импорт результатов творческой** ~и export and import of intellectual property; ~ **агента** agent's ~s; ~ **компании** company operations; ~ **лицензиара** licensor's operations; ~ **лицензиата** licensee's operations

диагностический diagnostic

диаграмма diagram; **временная** ~ time chart; **функциональная** ~ block ~

диалог dialogue

диалоговый interactive

диапазон range; ~ **волн** wave range; ~ **скоростей** air speed bracket

диверсификация diversification; **взаимная** ~ **товарооборота** ~ of mutual trade; **план** ~и ~ plan; **программа** ~и ~ program; ~ **деятельности** ~ of activity; ~ **продукта** ~ of a product; ~ **промышленного производства** ~ of industrial production; ~ **торговли** ~ of trade; ~ **экономики** ~ of the economy; ~ **экспорта** ~ of exports; ~ **экспортных возможностей** ~ of export capabilities

диверсия sabotage, subversion, diversion

дивиденд dividend; **выплата** ~ов (по ~ам) payment of ~s; **выплачивать** ~ to pay out a ~; **годовой** ~ annual ~; **денежный** ~ cash ~;

квартальный ~ quarterly ~; накопленные ~ы crude ~s; невостребованный ~ unclaimed ~; объявленный ~ declared ~; объявлять о выплате ~ов to declare ~s; оплата ~а ~ payment; отсроченные ~ы deferred ~s; предварительный ~ ~ on account; размер ~а amount of a ~; ~, выплаченный акциями stock ~; ~, выплаченный наличными cash ~; ~ к оплате ~ payable; ~ы на вложенный капитал ~s on investment; ~ по акциям ~ on shares (share earnings)

диетолог nutritionist
дизажио disagio
дизайн design; **запатентованный** ~ patented design; **консультант по** ~у design consultant; **улучшение** ~а design improvement; ~ **рекламного объявления** advertising design
дизайнер designer
дилер dealer; **биржевой** ~ exchange ~; **скидка** ~ам ~ discount; ~ **по операциям с ценными бумагами** securities ~; ~ **по продаже подержанного имущества** second-hand ~; ~ **с лицензией** licensed ~
дилетант dilettante, dabbler
димайз-чартер demise charter
дипломат diplomat; **западный** ~ western ~; **иностранный** ~ foreign ~; **профессиональный** ~ career ~
директив/а directive, instruction; guidelines; **административная** ~ administrative guidelines; **внешнеторговые** ~ы trade policy guidelines; **следовать** ~ам to follow instructions; **устанавливать** ~ы to issue directives
директор director, manager; **генеральный** ~ general director; **генеральный** ~ **по сбыту** general sales manager; **заместитель** ~а deputy director; **заместитель генерального** ~а deputy general director; **исполнительный** ~ executive director; **коммерческий** ~ sales manager; ~ **конторы** manager of the department; **совет** ~ов board of directors; **технический** ~ technical director; **финансовый** ~ director of finance; ~ **выставки** exhibit director; ~ **завода** plant manager; ~ **павильона** pavilion manager; ~ **по снабжению** supply manager; ~ **предприятия** director of an enterprise
директор-администратор managing director
директорат directorate (*management*)
директор-распорядитель executive director
директорский management
дирекция management; board (*of directors*); **генеральная** ~ general directorate; **техническая** ~ technical management; ~ **ярмарки** trade fair office
дисбаланс imbalance; ~ **во внешней торговле** foreign trade imbalance
дискета diskette; **пустая** ~ blank ~
дисковод disk driver
дисконт discount (*фин.*); **банковский** ~ bank ~; **процент** ~а percentage of a ~; **размер** ~а amount of a ~; **ставка** ~а ~ rate; ~ **векселей** discounting of bills (notes)
дисконтер discount house
дисконтирование discounting, negotiation; ~ **векселя** discounting of a bill (note)
дисконтировать to discount
дисконтный discount
дискредитировать to discredit
дискриминационный discriminatory
дискриминация discrimination; ~ **женщин** sexism; **кредитная** ~ credit ~; **ликвидировать** ~ю to eliminate ~; ~ **по возрасту** ageism; **торговая** ~ trade ~; **ценовая** ~ price ~; **экономическая** ~ economic ~
диспач dispatch (*или* despatch), dispatch money; dispatch (shipping premium); **выплата** ~а payment of ~; **получение** ~а receipt of ~; **размер** ~а amount of ~; **свободен от** ~а free of ~; **ставка** ~а ~ rate; ~ **только за досрочную погрузку** ~ loading only
диспаша average adjustment; average statement; **аварийная** ~ average statement; **подготовка** ~ preparation of average statement; **проект** ~и draft of average statement; **реестр** ~и register of general average statements; **составление** ~и adjustment of average statement; **оспаривать** ~у

to contest the average statement; **отменять ~у** to annul a general average statement; **регистрировать ~у** to register an average statement; **составлять ~у** to draw up an average statement; **~ по общей аварии** general average adjustment

диспашер average adjuster, average stater; **бюро ~ов** bureau of ~s; **иностранный ~** foreign ~; **старший ~** senior ~

диспетчер controller

дисплей display; **~ ЭВМ** computer ~; VDU (*visual display unit*)

дистрибьютер distributor

дифференциальный differential

дифференциация differentiation; **~ заработной платы** wage ~; **~ цен** price ~

дифференцировать to differentiate

длин/а length; **габаритная ~** overall ~; **в ~у** longwise, lengthwise; **во всю ~у** at full length; **меры ~ы** long measures

длительность duration; **~ обработки** processing time; **~ работы** running time; **~ хранения** shelf life; **~ эксплуатации** working life

длительный prolonged; long, protracted, long-drawn-out

дно bottom; **вверх дном** upside down; **укладка вверх дном** upside down stacking; **золотое ~** gold-mine

до востребования *см.* востребование

добавление addition; (*к документу*) addendum (*мн. ч.* addenda); **в добавление** in addition

добавлять, добавить to add

добавочный additional, extra, supplemental, supplementary; (*о номере телефона*) extension; **~ комплект** an extra set; **~ 21** (*номер телефона*) extension 21

доброжелательность goodwill

доброжелательный benevolent

доброкачественность high quality; of good quality; benign

добыча extraction, yield

доверенност/ь power of attorney, proxy, warrant; procuration; **аннулировать ~** to annul a power of attorney; **выдавать ~** to grant a power of attorney; **иметь ~** to have a power of attorney; **общая ~** general power of attorney; **отменять ~** to revoke a power of attorney; **оформлять ~** to draw up a warrant; **подписывать по ~и** to sign by proxy; **получать деньги по ~и** to obtain money by proxy; **предъявлять ~** to present a power of attorney; **по ~и** by proxy; **по ~и** (*в подписях*) per procurationem (*латинское выражение, пишущееся сокращенно* per pro *или* p. p.); **срок действия ~** term of a warrant; **~ на имя** warrant in the name of ...; **~ на получение** warrant for receipt; **~ действительна на ...дней** power of attorney valid for . . . days

довери/е confidence, trust; **взаимное ~** mutual confidence; **входить в ~** to gain confidence; **завоевывать ~** to win confidence; **злоупотребление ~ем** abuse of confidence, breach of trust; **нарушение оказанного ~я** breach of confidence; **оправдывать ~** to justify confidence; **полное ~** complete confidence; **подрывать ~ к** to shake faith in; **поколебать ~** to impair credibility; **пользоваться ~ем** to enjoy confidence; **потерять ~** to lose trust; **утрата ~я** loss of confidence

доверитель principal, (*часто во мн. ч.* - principals); settlor

довод argument, position; **веский ~** strong argument; **выдвигать ~ы** to set forth arguments; **малоубедительный ~** poor argument; **неопровержимый ~** irrefutable argument; **неубедительный ~** unconvincing argument; **опровергающие ~ы** rebuttal arguments (*in litigation*); **убедительный ~** convincing argument

доводка operational development, finishing; lapping; **~ опытного образца** engineering development

договариваться, договориться 1. (*вести переговоры*) to negotiate (**о** - for, about); 2. (*прийти к соглашению*) to come to an agreement (*или* to an understanding) (**о** - about), to agree (**о** - on); **мы договорились о цене** we have come to an agree-

ment (*или* understanding) about the price *или* we have agreed on the price **договаривающийся** acting *(parties etc.)*;
договор *(коммерческий)* contract, agreement; *(соглашение между государствами)* treaty, agreement, act; **агентский** ~ broker's act; **аннулирование** ~а annulment, rescission of an agreement, act, or treaty; **аннулировать** ~ to annul, to rescind (agreement, act, or treaty); **бессрочный** ~ treaty of unlimited duration; **бодмерейный** ~ bottomry bond; **быть связанным** ~ом to be bound by act; **внешнеэкономический** ~ foreign economic agreement; **возобновление** ~а о **страховании** renewal of insurance agreement; **возобновлять** ~ to renew an (agreement, act or treaty); **вступать в** ~ to enter into an agreement; **выгодный только для одной стороны** ~ "Dutch bargain" *(one-sided deal)*; **выполнение** ~а performance of a agreement; **выполнять** ~ to perform under an agreement; **выходить из** ~а to withdraw from a treaty; **денонсировать** ~ to denounce a treaty; **гражданско-правовой** ~ civil law act; **двусторонний** ~ bilatteral treaty; **долгосрочный** ~ long-term agreement; **денонсация** ~а denunciation of a treaty; **заключенный** ~ concluded agreement; **заключать** ~ to conclude an agreement; **иск из** ~а action in act; **коллективный** ~ collective agreement; **лицензионный** ~ licensing agreement; **меморандум о** ~е memorandum of agreement; **многосторонний** ~ multilateral treaty; **монопольный** ~ monopoly act; **нарушение** ~а breach of act; **нарушать** ~ to breach an act; **недействительный** ~ invalid agreement; **невыполнение** ~а failure to perform (agreement); **незавершенный** ~ uncompleted executory act; **незаконный** ~ illegal act; **обязательства по** ~у obligations under act; **обусловливать** ~ом to stipulate by agreement; **односторонний** ~ unilateral agreement; **оспоримый** ~ voidable act; **отказываться от** ~а to renounce a treaty; **оформлять** ~ to draw up an act; **парафировать** ~ to initial *(agreement, treaty)*; **патентный** ~ patent agreement; **по** ~у by act, under act; **подписывать** ~ to sign an agreement, act; **предмет** ~а object of an agreement; **прекращать действие** ~а to terminate an agreement; **присоединяться к** ~у to accede to a treaty; **продление срока действия** ~а extension of the term (of agreement, act, treaty); **продлевать** ~ to extend a act; **проект** ~а draft *(agreement, etc.)*; **пункт** ~а clause (of an agreement, etc.); **пункт** ~а **о гарантиях** guarantee clause; **пункт** ~а **о монопольном праве** monopoly rights clause; **работа по трудовому** ~у work on contract basis; **равноправный** ~ equitable treaty; **разовый** ~ one-time agreement; **расторжение** ~а termination of an agreement; **расторжение** ~а **страхования** cancellation of an insurance policy; **расторгать** ~ to terminate an agreement, etc.; **ратифицировать** ~ to ratify an agreement; **реализация** ~ performance of an agreement; **соблюдать** ~ to observe an agreement; **согласно** ~у as per act; **статья** ~а article of an agreement, etc.; **сторона в** ~е party to an agreement, etc.; **сумма** ~а amount of an act; **требования** ~а actural requirements; **трудовой** ~ labor agreement; **условия** ~а terms and conditions of an agreement; **устный** ~ oral agreement; **хозяйственный** ~ economic treaty; **штраф за невыполнение** ~а penalty for non-performance of an act; ~ **гарантии от убытков** indemnity act; ~ **консигнации** consignment act; ~ **купли-продажи** buy-sell act; ~ **мены** barter ~; ~ **морского страхования** marine insurance act; ~ **морской буксировки** marine tug act; ~ **морской перевозки** act of affreightment; ~ **на инжиниринг** engineering agreement; ~ **найма** employment agreement; ~ **на основе взаимности**

reciprocity agreement; ~ **на передачу ноу-хау** know-how agreement; ~ **на реальный товар** spot act; ~ **на эксплуатацию** operating agreement; ~ **об аренде** rental agreement; ~ **об аренде помещения** act of tenancy; ~ **об исключительном праве на продажу** exclusive sales act; ~ **обязывающий** binding act; ~ **о взаимопомощи** mutual assistance pact; ~ **односторонний** unilateral agreement; ~ **о долгосрочной аренде** long-term lease; ~ **о найме** act of employment; ~ **о патентах** patent agreement; ~ **о патентном сотрудничестве** patent cooperation treaty; ~ **о передаче** transfer agreement; ~ **о переуступке прав** assignment agreement, quitclaim agreement; ~ **о покупке** purchase agreement; ~ **о поручительстве** act of guarantee; ~ **о продаже в кредит** installment trade agreement; ~ **о сдаче в аренду** leasing agreement; ~ **о сотрудничестве** treaty on cooperation; ~ **о спасении** salvage agreement; ~ **о строительстве объекта** construction act; ~ **о товарных знаках** trademark agreement; ~ **о торговле** treaty on commerce; ~ **о фрахтовании судна** freight act; ~ **о фрахтовании судна без экипажа** bare-boat charter; ~ **о фрахтовании судна, генеральный** general freight act; ~ **перестрахования** reinsurance act; ~ **подряда** turn-key act; ~ **поручения** agency agreement; ~ **продажи** sales act; ~ **с правом продления** agreement with an option to extend; ~ **с субподрядчиком** subact; ~ **субфрахтования** subcharter; ~ **о торговле и мореплавании** treaty of commerce and navigation; **по ~у** under the treat
договоренност/ь arrangement, understanding; **взаимная ~** mutual understanding; **достичь ~и** to come to an understanding; **окончательная ~** final arrangement; **оформить ~ письменно** to reach an understanding in writing; **по ~и** by agreement; **полная ~** complete agreement; **предварительная ~** tentative agreement; **согласно нашей ~и** pursuant to our understanding; **устная ~** verbal arrangement; **финансовая ~** financial arrangement; **частная ~** private understanding; **~ по контракту** actual arrangement
договориться come to an agreement; **~ окончательно** to finalize an agreement
договорн/ый actual; agreed, contractual; fixed by treaty; **~ая цена** agreed price
догружать, догрузить to complete loading (of cargo); to finish loading
догрузка supplementary cargo
доделка finishing touch
дозволенный permissible
док dock; **аренда ~a ~** rent; **вводить судно в ~** to ~ a vessel; **вводить в ~** to enter a ~; **выходить из ~a** to depart a ~; **доставлять в ~** to deliver to ~; **коммерческий ~** commercial ~; **крытый ~** ~ shed; **мокрый ~** wet ~; **плавучий ~** floating ~; **плата за стоянку в ~е** dockage fees; **портовые ~и** harbor ~s; **ремонтный ~** graving ~; **ставить судно в ~** to place a vessel in ~; **стоянка в ~е** dockage; **стоять в ~е** to lie in ~; **сухой ~** dry-dock; **франко ~** free-~
доказательств/о evidence, proof (мн. ч. proofs); **вещественное ~** material evidence; **документальное ~** documentary evidence; **неоспоримое ~** irrefutable evidence; **письменное ~** written evidence; **проверка ~a** verification of evidence; **представлять ~a** to present evidence; **убедительное ~** convincing evidence; **~ заинтересованности** proof of interest; **~ качества** proof of quality; **~ новизны** proof of novelty; **окончательное ~ качества** final proof of quality; **~ ущерба** proof of damages
доказывать, доказать to argue; to prove; **что и требовалось ~** quod erat demonstrandum (abbr. Q.E.D.)
докер docker
доклад report; lecture; paper; talk, address
доковать to dry-dock
доковые сборы dock dues
доковый dock
документ paper; document; **акцепт коммерческих ~ов** acceptance of commercial

paper; **банковский** ~ bank ~; **бессрочный** ~ undated ~; **визировать** ~ to initial a ~; **вносить в** ~ to enter in a ~; **возврат** ~ов return of ~s; **вручение** ~ов delivery of ~s; **выдача** ~a release of ~s; **выдавать** ~ы to issue ~s; **давать** ~ы **против расписки** to deliver ~s against a trust receipt; **выдавать ссуду под залог** ~ов to lend against ~s; **выкуп** ~ов redemption of ~s; **выписка из** ~a excerpt; **грузовые** ~ы shipping ~s; **данный** ~ present ~; **директивные** ~ы directives; **договорно-правовые** ~ы treaty and legal ~s; **достаточность** ~a sufficiency of a ~; **заверять** ~ to attest a ~; **залоговый** ~ documentary pledge; **засвидетельствовать** ~ to witness a ~; **заявочный** ~ application ~; **итоговый** ~ concluding ~; **комплект** ~ов set of ~s; **копия** ~a copy of a ~; **кредитный** ~ credit instrument; **межведомственные** ~ы inter-departmental ~s; **на** ~е **проставлен штемпель** "the document bears the stamp"; **направлять** ~ы to forward ~s; **недостающий** ~ missing ~; **нормативно-правовые** ~ы legal ~s; **нормативно-технические** ~ы standard technical documentation; **нормативный** ~ normative ~; **обмен** ~ов exchange of ~s; **оборотный** ~ negotiable ~; **обусловленный** ~ stipulated ~; **оплата** ~ов payment for ~s; **оплачивать** ~ы to honor ~s; **оправдательный** ~ source ~; **ордерный** ~ order instrument; **оригиналы** ~ов original ~s; **основной** ~ primary; **отгрузочные** ~ы shipping ~s; **оформлять** ~ы to draw up ~s; **оценочный** ~ appraisal; **патентный** ~ patent; **первичный** ~ basic source ~; **перевозочные** ~ы ~s of carriage; **передаваемый, денежный** ~ negotiable ~; **передавать** ~ы **по индоссаменту** to release ~s by endorsement; **передавать** ~ы **против акцепта** to release ~s against acceptance; **передавать** ~ы **против платежа** to release ~s against payment; **пересылать** ~ы to forward ~s; **перечень** ~ов list of ~s; **перечислять** ~ы to list ~s; **платеж против** ~ов payment against ~s; **платеж против представления** ~ов payment against delivery of ~s; **подготавливать** ~ to prepare a ~; **подделка** ~ов forgery of ~s; **поддельный** ~ forged ~; **подлинный** ~ authentic ~; **подлинность** ~ов authenticity of ~s; **подложный** ~ forged ~; **подписанный** ~ signed ~; **подписывать** ~ to sign a ~; **подтверждающий** ~ supporting ~; **полнота** ~ов sufficiency of ~s; **получение** ~ов **на инкассо** receipt of ~s for collection; **посылать** ~ to forward a ~; **правовой** ~ legal ~; **предоставлять** ~ы to furnish ~s; **предъявлять** ~ы to submit ~s; **препровождать** ~ы to deliver ~s; **прилагать** ~ы **к**... to append ~s to ...; **принимать** ~ы to accept presentation of ~s; **прилагаемые** ~ы appended ~s; **принятие** ~ов **на инкассо** acceptance of ~s for collection; **приоритетный** ~ priority ~; **проверка** ~ов verification of ~s; **проверять** ~ы to verify ~s; **проект** ~a draft of ~s; **против** ~ов against ~s; **против представления** ~ов against presentation of ~s; **противоречить** ~ам to be inconsistent with ~s; **рабочий** ~ working ~; **разработка заявочного** ~a elaboration of an application; **размножать** ~ to duplicate a ~; **расписываться на обороте** ~a to endorse a ~; **распоряжаться** ~ами to dispose of ~ s; **распространение** ~ов distribution of ~s; **рассматривать** ~ to examine a ~; **расходный** ~ expense report; **расчетные** ~ы accounting ~s, accounts and records; **регистрация** ~ов registration of ~s; **регистрировать** ~ to register ~s; **руководящие** ~ы guidelines; **складской** ~ warehouse ~; **содержание** ~a contents of a ~; **соответствие** ~ов conformity of ~s; **соответствующий** ~ relevant ~; **сопровождающие** ~ы accompanying ~s; **составлять** ~ to draft a ~; **ссуда под платежные** ~ы loan against payment ~s; **судебный** ~ writ; **судовые**

~ы ships papers; **таможенные ~ы** customs ~s; **технические ~ы** technical ~s; **товарный ~** trade ~; **товарораспорядительные ~ы** ~s of title to goods; **товаросопроводительные ~ы** shipping ~s; **толковать ~** to interpret a ~; **транспортный ~** transport ~; **требовать ~** to require a ~; **требуемый ~** required ~; **удостоверяющий ~** certifying ~; **удостоверять ~ы** to attest ~s; **узаконивать ~** to legalize a ~; **указанный ~** indicated ~; **уставные ~ы** organizational ~s; **учредительные ~ы** constituent ~s; **финансовый ~** financial ~; **форма ~ов** form of ~s; **чистые погрузочные ~ы** clean shipping ~s; **экземпляр ~a** copy of a ~; **экспортные ~ы** export documentation; **юридический ~** legal ~; **~ы для оплаты** ~s for payment; **~ы за наличный расчет** ~s against payment (a/p); **~ы на инкассо** ~s for collection; **~ы на отгрузку** ~s for shipment; **~ на отправленный товар** ~ s covering goods; **~ подтверждающий право собственности** title deed; **~ на предъявителя** bearer ~; **~ы против акцепта** ~s against acceptance (d/a); **~ы финансовой отчетности** statement of accounts
документальный documentary
документарный documentary
документация documentation; **входная и выходная ~** in and out documents; **комплектность технической ~и** completeness of technical ~; **комплектовать ~ю** to complete ~; **обмен ~ей** exchange of ~; **объем ~и** scope of ~; **окончательная ~** final ~; **оформлять ~ю** to compile ~; **патентная ~** patent ~; **передача технической ~и** transfer of technical ~; **перепроверять ~ю** to rechech the ~; **письменная ~** textual ~; **платежная ~** payment ~; **полная ~** complete ~; **поступающая ~** incoming documents; **правильная ~** correct ~; **предоставлять ~ю** to furnish ~; **проектная ~** design ~; **проектно-сметная ~** design estimates ~; **проектно-техническая ~** technical ~; **разработка проектной ~и** elaboration of design ~; **сметная ~** estimate ~; **страховая ~** insurance ~; **таможенная ~** customs ~; **тендерная ~** tender documents; **техническая ~** technical ~; **технологическая ~** technological know-how; **товарораспорядительная ~** ~ of title **товаросопроводительная ~** shipping ~; **транспортная ~** transport ~; **учетно-регистрационная ~** records
документированный documentary
документировать to document
долг 1. duty; **по ~у службы** in the performance of one's duty 2. debt; **в ~у** to be indebted to somebody
долгов/ой: ~ое обязательство promissory note
долгосрочный long-term; of long duration
должн/ый due, fitting, proper; **~ым образом** properly
долг arrears, debt, liability; **аннулировать ~** to write off a debt; **безвозвратный ~** unrecoverable debt; **безнадежный ~** bad debt; **большой ~** heavy debt; **брать в ~** to borrow; **быть в ~у** to be in debt; **взыскание ~ов** debt collection; **взыскивать ~и** to collect debts; **влезать в ~и** to incur debts; **внешний ~** foreign debt; **возврат ~а** repayment of debt; **возмещать ~** to repay debt; **выплата ~а** settlement of a debt; **выплачивать ~** to settle a debt; **государственный ~** national debt; **график возмещения ~ов** debt repayment schedule; **давать в ~** to lend; **денежный ~** money debt; **долгосрочный ~** long-term debt; **замороженный ~** frozen debt; **зачитывать в уплату ~a** to account as payment of a debt; **иметь ~и** to have debts; **инкассировать ~и** to collect debts; **консолидированный ~** consolidated debt; **краткосрочный ~** short-term debt; **ликвидация ~ов** liquidation of debts; **накопленный ~** accrued debt; **находиться в ~у** to find oneself in debt; **неконсо-**

лидированный ~ unconsolidated debt; **непогашенный** ~ undischarged debt; **неуплаченный** ~ unpaid debt; **обеспеченный** ~ secured debt; **общий** ~ overall debt; **оплата** ~а settlement of a debt; **оплачивать** ~ to settle a debt; **освобождение от уплаты** ~а remission of a debt; **остаток** ~а remainder of a debt; **отказ от уплаты** ~а repudiation of a debt; **отказываться от уплаты** ~а to repudiate a debt; **отсроченный** ~ overdue debt; **переводить** ~ to remit a loan; **погашенный** ~ discharged debt; **погашать** ~ to discharge a debt; **подтверждение** ~а acknowledgement of a debt; **покрытие** ~а debt service; **покрывать** ~ to service a debt; **признавать** ~ to acknowledge a debt; **присужденный** ~ judgment debt; **продлевать срок выплаты** ~ов to extend the repayment period of debts; **просроченный** ~ past due debt; **прощать** ~ to forgive a debt; **прямой** ~ straight debt; **расплачиваться с** ~ами to pay off debts; **сомнительный** ~ doubtful debt; **списывать** ~ to write off a debt; **старый** ~ old debt; **сумма** ~а amount of a debt; **текущий** ~ current debt; **требовать уплаты** ~а to demand payment of a debt; **удерживать** ~ to deduct a debt; **удовлетворять** ~ to satisfy a debt; **уплаченный** ~ а paid debt; **уплата** ~а payment of a debt; **уплачивать** ~ to pay off a debt; **урегулирование** ~ов settlement of debts; **условный** ~ contingent liability; **фундированный** ~ bonded debt; ~и по займам debt on loans

долговечность longevity; **гарантированная** ~ guaranteed ~; **номинальная** ~ rated life; **расчетная** ~ design ~; **эксплуатационная** ~ operating~; ~ при хранении shelf life

долголетн/ий (давний) longstanding; ~ие деловые отношения long-standing business relations

долгосрочный long-term; ~ кредит long-term credit

долев/ой participation; share ~ое участие individual share; ~ое отчисление royalty

долевой взнос см. взнос

должник debtor; **главный** ~ principal ~; **некредитоспособный** ~ non-creditworthy ~; **основной** ~ primary ~; **несостоятельность** ~а insolvency of a ~; ~, **нарушивший обязательство** defaulting ~; ~ по векселю bill (note) ~; ~ по закладной mortgagor ~; ~ по иску judgment ~

должностн/ой official; ~ое лицо official, functionary, public servant; ~ое преступление malfeasance in office

должност/ь position (job), post; appointment, office; duties; **временная** ~ temporary position; **вступить в** ~ to assume office; **выдвигать на** ~ to nominate to an office; **занимать** ~ to occupy a post; **зачислять кого-л. на** ~ to take somebody on in a position; **понижать в** ~и to demote; **штатная** ~ regular appointment

должн/ый due; в ~ое время in due time (*или* course)

доллар dollar; **банкнота в 1** ~ one ~ bill; **заем в** ~ах ~-denominated loan; **конвертировать** ~ы в другую валюту to convert ~s into another currency; **курс** ~а ~ exchange rate; **нехватка** ~ов ~-shortage; **обменивать** ~ы на золото to exchange ~s for gold; **пересчет** ~ов в валюту платежа recalculation of ~s into currency of payment; **платеж в** ~ах payment in ~s; **платить в** ~ах to pay in ~s; **поступления** ~ов ~ earnings; **продажа на** ~ы sale for ~s; **размен** ~ов на золото conversion of ~s into gold; **сумма в** ~ах ~ amount; **утечка** ~ов ~-flow (*from a country*); **эквивалент в** ~ах ~ equivalent

доля allotment, contribution, part, portion, share, quota; **вносить** ~ю to contribute to; **входить в** ~ю to go by shares; **достаточная** ~ sufficient share; **значительная** ~ sizable proportion; **комиссионная** ~ share of commission; **максимальная** ~ maximum share; **малая** ~ small share; **минимальная** ~ minimum share;

на ~ю приходится ...% a share of ... %; **оговоренная** ~ agreed share; **определять** ~ю to establish share; **пропорциональная** pro rata share; **равная** ~ equal share; **равными** ~ями in equal shares; **соответствующая** ~ respective share; ~ **в акционерной компании** share of a company; ~ **в капитале** share in capital; ~ **в поставках** share of deliveries; ~ **в уставном фонде** share of charter fund; ~ **мирового рынка** share of the world market; ~ **прибыли** share of profits; ~, **причитающаяся по общей аварии** share of general average contribution (for lost cargo, etc.); ~ **услуг** share of services; ~ **участия** contribution

дом, торговый trading house
доминанта leitmotif, dominant
доминирование domination
доминировать to dominate, to prevail, to command
доминирующий dominant
домицилий domicile; **торговый** ~ commercial ~
домицилированный domiciled
домицилировать to domicile
домогательство 1. importunity, solicitation 2. demand, bid; ~ **господства** bid for power
домогаться to seek after; to importune, to solicit; covet
домысел conjecture
донос denunciation, information, delation
допинг: ~контроль dope test; dope testing

доплата additional payment; **без дополнительной** ~ы without extra charge; **за особую** ~у at extra cost; **письмо с** ~**ой** collect letter; ~ **за сверхурочную работу** overtime payments
дополнение addendum, addition, amendment; **в виде** ~я in the form of addendum; **в** ~ **к письму** further to the letter; **издавать** ~ to publish a supplement; **подача** ~й filing of amendments; **подписывать** ~ to sign an addendum; **предлагаемое** ~ proposed amendment; ~ **к контракту** amendment to an act; ~ **к протоколу** amendment to a protocol
дополнительно additionally; in addition, extra; **стоимость упаковки 75 долларов** ~ the cost of packing is $75 extra
дополнительн/ый additional, extra, supplementary; ~**ое время** extra time; ~**ые данные** additional (или supplementary) data; ~**ый оклад** extra pay
допоставка delivery of the balance of goods
допоставлять to deliver the balance of the goods
допуск access, (доступ) admittance, allowance; (допускаемое отклонение) tolerance; **выдерживать** ~**и** to adhere to specified tolerances; **иметь** ~ **к** to have access to; **получить** ~ **к** to gain access to; ~ **к регистрации на бирже** ~ admission to "on the exchange"; ~ **на изготовление** manufacturing tolerance; ~ **на износ** wear tolerance; ~ **продукции на рынок** product access to the market

допускать to permit; to admit to; to allow permit, to tolerate; to grant, to assume; to commit; ~ **к перевозке** to permit for transport; ~ **овердрафт** to overdraw an account; ~ **ошибку** to make an error
допустимый admissible, allowable, tolerable
доработка finalization, field change orders
дорого dear, dearly, expensively; **обходиться** ~ to turn out to be expensive; **платить** ~ to pay dearly
дороговизн/а high prices; dearness, expensiveness; **надбавка на** ~у high price allowance
дорогой dear, expensive
дорогостоящий high-priced
дорожать to increase in price
дорожно-строительный road building
дородно-транспортный: ~**ое происшествие** road or traffic accident
дорожный road, travel; ~**ые расходы** travelling expenses
дословно verbatim, word for word
дословный literal, verbatim; ~ **перевод** literal translation
досматривать to inspect
досмотр examination, inspection; **освобождать от** ~а to be exempt from inspection; **проводить** ~ to carry out an inspection; **проводить таможенный** ~ to

pass through customs inspection; **санитарно-карантинный** ~ quarantine and sanitary examination; **таможенный** ~ customs inspection; ~ **багажа** inspection of baggage; ~ **грузов** inspection of cargo; ~ **имущества** inspection of property; ~ **судна** examination of a ship

досмотровый customs

досмотрщик customs inspector

досрочно ahead of schedule

досрочный in advance

доставить, доставлять to deliver, to convey; to supply, to firnish

доставк/а conveyance, delivery; **быстрая** ~ express delivery; **досрочная** ~ advance delivery; **запоздавшая** ~ late delivery; **задержка в ~е** delay in delivery; **задерживать ~у** to delay delivery; **издержки по ~е** delivery costs; **место ~и** point of delivery; **не включая стоимость ~и** on an ex-plant basis; **немедленная** ~ immediate delivery; **оплата при ~е** collect on delivery (C.O.D.); **оплаченная** ~ paid delivery; **осуществлять ~у** to effect delivery; **отсрочивать ~у** to postpone delivery; **плата за ~у** delivery charge; **платить при ~е** to pay on delivery; **подлежащий ~е** deliverable; **приостанавливать ~у** to suspend delivery; **производить ~у** to make delivery; **с уплатой при ~е** payable on delivery; **сохранная** ~ safe delivery; **средства ~и** means of delivery; **срок ~и** delivery period; **срочная** ~ special delivery; **со срочной** ~ (надпись на конверте) express delivery; **стоимость ~и** cost of delivery; **цена с ~ой** delivered price; ~ **груза на условиях "от двери до двери"** door to door cargo delivery; ~ **порожняка** back-haul ~; **франко** ~ free delivered

доставляемый delivered, furnished

достаточность sufficiency; ~ **маркировки** sufficiency of marking; ~ **упаковки** sufficiency of packing

достаточн/ый adequate, sufficient; prosperous, well-to-do; **вполне ~ая компенсация** fair compensation

достигать to achieve, to attain

достигнутый achieved, obtained

достижени/е achievement; **новейшие ~я** latest achievements; **отражать ~я** to reflect ~s; **технические ~я** technical ~s; **уровень ~й** level of ~s; **экономические ~я** economic ~s; **~я науки и технологии** scientific and technological ~s

достоинство denomination (monetary unit)

доступ access; **беспрепятственный** ~ unobstructed ~; **иметь** ~ to have ~; **полный** ~ complete ~; **свободный** ~ free ~; ~ **в павилион** ~ to the pavilion; ~ **к источникам сырья** ~ to natural resources; ~ **к рынкам** market ~

доступн/ый accessible, easy of access; (of prices) moderate, reasonale; **~ые цены** affordable prices

досуг leisure time; **на ~е** at leisure, in one's spare time

досье file; **заявочное** ~ application ~; **открытое** ~ open ~; **составлять** ~ to open a ~

дотаци/я subsidy; **бюджетная** ~ budgetary ~; **давать ~ю** to subsidize

доход earnings, income, revenue, yield; **бюджетные ~ы** budget receipts; **валовой** ~ gross income; **валовой национальный** ~ gross national income; **вмененный** ~ imputed earnings; **высокий** ~ large income; **вычет из облагаемого ~а** income deduction; **гарантировать** ~ to guarantee an income; **годовой** ~ annual income, yield; **государственные ~ы** public revenues; **денежный** ~ cash income; **дополнительный** ~ supplementary income; **ежегодный** ~ annual revenue; **занижение ~ов** understatement of income; **извлекать** ~ to derive an income; **источники ~а** sources of income; **маржинальный** ~ marginal income; **налог с ~ов акционерных компаний** corporate income tax; **накопленный** ~ accumulated income; **национальный** ~ national income; **начисленный** ~ accrued income; **непроизводственный** ~

unearned income; **нетрудовой** ~ unearned income; **низкий** ~ poor return; **обеспечивать** ~ to ensure an income; **облагаемый налогами** ~ taxable income; **общий** ~ total gain; **общая сумма** ~a total income; **ожидаемый** ~ expected income; **первичный** ~ primary income; **получать** ~ to receive revenue; **постоянный** ~ fixed income; **предельный** ~ marginal return; **приносить** ~ to yield; **приносить малый** ~ to yield poorly; **приносить процентный** ~ to yield interest; **приносить хороший** ~ to yield a good return; **прирост национального** ~a increment of national income; **приток** ~ов inflow of earnings; **процентный** ~ interest income; **размер** ~а level of income; **распределение** ~ов distribution of income; **реальный** ~ effective yield; **регулярный** ~ regular income; **регулирование** ~ов income adjustment; **репатриация** ~ов repatriation of profits; **репатриировать** ~ы to repatriate profits; **рентный** ~ rental income; **рост** ~а growth of income; **сокрытие** ~ов concealment of income; **среднегодовой** ~ average annual income; **средний** ~ average income; **счет** ~ов revenue account; **твердый** ~ fixed income; **текущий** ~ current income; **торговый** ~ trade income; **трудовой** ~ earned income; **уровень** ~а income level; **фактический** ~ actual income; **чистый** ~ net income; **экспортный** ~ export earnings; ~ **будущих лет** deferred income; ~ **на акцию** dividend yield; ~ **на душу населения** per capita income; ~ **остающийся после уплаты налогов** ~ after tax income; ~ **от внешней торговли** foreign trade earnings; ~ **от продажи** sales revenue; ~ **от капиталовложений** return on investment; ~ **от коммерческой деятельности** trading income; ~ **от краткосрочных вложений** short-term interest; ~ **от налогов** tax revenues; ~ **от невидимых статей экспорта и импорта** invisible {trade} income; ~ **от операций** operating income; ~ **от предпринимательства** business earnings; ~ **от роялти** royalty earnings; ~ **от фрахта** freight revenues; ~ **от экспорта** export earnings; ~ **предприятия** income of an enterprise
доходность economic viability, profitability
дочерний affiliated, branch, subsidiary
дружеск/ий, дружелюбный, дружественный friendly, amicable; ~**им путем** amicably *или* in a friendly way; ~**ое разрешение спора** amicable settlement of a dispute; ~**ое урегулирование претензии** amicable settlement of a claim
дубликат duplicate (copy)
дыр/а hole; gaps, shortcomings; **заткнуть** ~**у** to stop a gap
дюжина dozen; **чертова** ~ baker's dozen
дюйм inch (*обозначается сокр. in. или знаком " над числом*); **5 дюймов** 5 inches, *или* 5 in., *или* 5"

Е

ЕАСТ (*аббр.* **Европейская ассоциация свободной торговли**) EFTA (European Free Trade Association)
евровалюта Eurocurrency
евровалютный Eurocurrency
евродоллары Eurodollars
еврокредит Eurocredit
еврорынок Euromarket
еврочеки Eurocheques
единиц/а unit; **валютная** ~ currency ~; **денежная** ~ monetary ~; **денежная, основная** ~ basic monetary ~; **Европейская валютная** ~ European Currency ~ (ECU); **международные** ~ы international -s; **метрические** ~ы metric ~s; **на** ~**у** per ~; **отдельная** ~ separate ~; **расчетная** ~ payment ~; **себестоимость** ~ы **продукции** ~ cost; **транспортная** ~ transport ~; **условная** ~ conventional ~; **цена за** ~**у товара** ~ price (goods); ~ **веса** ~ of weight; ~ **времени** ~ of time; ~ **издержек производства** ~ of production costs; ~ **измерения** ~ of measurement; ~ **измерения, контрактная** ~ con-

tract ~ of measurement; ~ **оборудования** ~ of equipment; ~ **продукции** ~ of production; ~ **стоимости** ~ of value; ~ **товара** unit, individual good
единичность singleness; single occurence
единичн/ый single, unitary; ~ **случай** solitary instance; **~ые случаи** isolated cases
единовременн/ый all at once, lumpsum; extraordinary, unique; **~ое пособие** extraordinary grant
единодушие unanimity
единодушный unanimous
единоличный sole, single; ~ **арбитр** single (*или* sole) arbitrator
единообразие uniformity
единообразный uniform
единственный sole, only; ~ **экспортер (импортер)** the sole exporter (importer); ~ **в своем роде** unique
единый common, indivisible, joint
ежегодно annually, every year, yearly
ежегодный annual, yearly
ежедневный daily
ежеквартальный quarterly
ежемесячно, ежемесячный monthly
еженедельно, еженедельный weekly
емкост/ь capacity, tank, volume; **контейнер ~ью в ...куб.м.** container capacity is ... cu.m.; **меры ~и** measures of capacity; **складская ~** store capacity; **транспортная ~** transport capacity; ~ **для перевоза жидких грузов на корабле** ship's tank; ~ **для хранения** storage capacity; ~ **рынка** market volume; ~ **цистерны** tank capacity
если не, если только не unless
еще 1. (*все еще, до сих пор*) still; **товары ~ находятся на складе** the goods are still in the warehouse; 2. (*с отрицанием не*) not yet, not ... as yet; **пароход ~ не прибыл** the steamer has not arrived (as) yet; 3. (*вдобавок, дополнительно - перед числительными в сочетании с названием меры*) another, more; **вчера мы погрузили ~ 500 тонн** yesterday we loaded another 500 tons (*или* 500 more tons); 4. (*для указания на наличие достаточного времени, достаточных условий для совершения чего-л.*) still, yet; **можем ли мы ~ разработать новое предложение?** can we still work out a new offer? can we work out a new offer yet? 5. (**уже**) already; **мы ~ вчера телеграфировали им** we already cabled them yesterday; 6. (*так давно как*) as long ago as, as far back as; **этот пароход был построен ~ в 1950 г.** this steamer was built as long ago as 1950; 7. (*после вопросительных наречий и местоимений*) else; **что ~ вы можете нам предложить?** what else can you offer us? 8. (*со словами какой, какие*) what other; **какие ~ товары вы можете нам предложить?** what other goods can you offer us? 9. ~ **раз** again; **мы ~ раз телеграфировали этой фирме** we cabled this firm again
ЕЭС (*аббр.* **Европейское экономическое сообщество**) EEC (Eropean Economic Community)

Ж

жалеть *см.* **сожалеть**
жалоб/а appeal; complaint (**на что-л.-** about); **иметь ~у на кого-л.** to have a complaint against somebody; **иметь ~у на что-л.** to have a complaint about something; **многочисленные ~ы** numerous complaints; **неразрешенная ~** outstanding complaint; **несущественная ~** immaterial complaint; **обоснованность ~ы** grounds for an appeal; **обращаться с ~ой** to lodge a complaint; **основание для ~ы** cause for complaint; **отдел жалоб ~** appeals department; **письменная ~** written complaint; **подавать ~у** to make, to lodge a complaint (about); **получать ~ы** to receive complaints; **рассматривать ~у заявителя** to examine an applicant's complaint; **суть ~ы** the nature of the appeal, complaint; ~ **заявителя на** applicant's appeal against

Ж

жалобщик person lodging complaint; plaintiff
жалованье salary; reward, donation ~ **служащего** official's fee; **выплачивать** ~ pay a salary; **повышать** ~ raise a salary; **получать** ~ get (earn) a salary
жаловаться to complain (**на что-л.** - of, about); to make complaints; ~ **на плохое качество товара** to complain of the bad (*или* inferior) quality of the goods
ж.д. (*аббр.* **железная дорога**) railway
железная дорога railway, (*амер.*) railroad; **окружная** ~ circuit railway; **скоростная** ~ express railway
ждать *см.* **ожидать**
желание desire, wish; **согласно вашему** ~**ю** as desired by you *или* according to your desire
желательно it is desirable; ~, **чтобы товар был отправлен в сентябре** it is desirable that the goods should be despatched in September
желать to desire, to wish
железнодорожный railroad, rail
женитьба marriage (*said of a man*); **выйти замуж** to marry somebody (*of woman*)
жеребьевка ballot, sortition, drawing lots, casting lots; ~ **участников займа** ballot
жертва sacrifice, victim; ~ **войны** victim of war; ~ **наводнения** victim of food; ~ **несчастного случая** victim of an accident; **при-**носить в ~у интересы to sacrifice interests
жесткий (*на ощупь*) hard, harsh; (*строгий, суровый*) rigid, strict; tight, tough
жесткость rigidity, strictness
жестокий cruel, brutal; severe, sharp
жестокость cruelty, brutality; ~ **конкуренции** harshness of competition
жетон token; counter
жидкий fluid, liquid
жидкий liquid
жидкость liquid
жизнедеятельный active; lively; energetic
жизнеспособность viability; vitality
жилищно-строительный: ~**ое общество** building society
жилой residential, dwelling; (*пригодный для жилья*) habitable
жилье dwelling, house, housing; (*временное*) lodging, rooms; **элитное** ~ dwelling houses; **обеспечивать** ~**м** provide housing; **снимать** ~ to rent a house, lodge
жир fat; grease; **животный** ~ animal fat; **растительный** ~ vegetable oil; ~**ы и масла** fats and oils
жирант endorser
жират endorsee
жирировать endorse
жиро endorsement
житница granary
жулик cheat, swindler
жульничать to cheat, to swindle
жульничество scam, swindle
журнал day book, journal, log book, magazine, periodical; **вахтенный** ~ log book; **выписки из судового** ~**а** entries in the ship's log; **вести** ~ to keep a log, register; **заносить в** ~ to log; **записывать в** ~ **учета** to journalize; **иллюстрированный** ~ illustrated magazine; **информационный** ~ ,. informational magazine; **кассовый** ~ cash journal; **коммерческий** ~ business magazine; **машинный** ~ machine performance log book; **медицинский** ~ medical journal; **монтажный** ~ log sheet; **периодический** ~ periodical; **санитарный** ~ sanitary journal; **специализированный** ~ specialized periodical; **судовой** ~ ship's log; **технический** ~ technical journal; ~ **по торговле** trade magazine; ~ **регистрации приема** груза tally book; ~ **учета закупок** purchase journal; ~ **учета работ** operations log ~ **учета отпуска и расходования материалов** stores requisition journal; ~ **учета покупок** purchase journal; ~ **учета продаж** sales journal; **экспортный** ~ export journal
жюри jury; ~ **международного конкурса** international contest ~; **представительное** ~ representative ~

З

З (*аббр.* **запад**) W, West
за и от имени *см.* **имя**
забастов/ка strike; **всеобщая** ~ general ~; **длительная** ~ protracted ~; **итальянская**

З

~ sit down ~; **кратковременная** ~ short-term ~; **неофициальная** ~ wildcat ~; **общенациональная** ~ nationwide ~; **оговорка о ~ке** ~ clause; **страхование от ~ок** ~ insurance; **объявлять ~ку** to call a ~; **прекращать ~ку** to call off a ~; **экономическая** ~ economic ~; ~ **портовых рабочих** longshoremen's ~
заблаговременно in advance
заблаговременный in advance
забота care, trouble; anxiety
заботиться to take care (**о** of)
забракованный defective
забраковать см. **браковать**
заваривать to weld
заведующ/ий manager; **заместитель ~его** assistant ~; ~ **доком** dock ~; ~ **канцелярией** head clerk; ~ **отделением** branch ~; ~ **отделом найма** employment ~; ~ **отделом рекламы** advertising department ~; ~ **отделом сбыта** sales ~; ~ **отделом статистической информации** statistics ~; ~ **отделом субподрядов** sub-contracts department ~; ~ **отделом, транспортным** traffic ~; ~ **экспортным отделом** export manager или manager of (the) export department
заведывать to manage, to be in charge of
заверение assurance
завертывать to wrap
завертывать, завернуть to wrap

завершать, завершить to complete, to finalize
завершение completion; end; **в** ~ in conclusion; ~ **выполнения заказа** ~ of an order; ~ **закупок** ~ of purchases; ~ **контракта** performance of a contract; ~ **курса** ~ of a course (of study); ~ **монтажа** ~ of construction; ~ **переговоров** ~ of negotiations; ~ **плана** fulfillment of a plan; ~ **поставки** ~ of delivery; ~ **работ** ~ of work; ~ **работ в установленные сроки** ~ of work within the contract period; ~ **рейса** ~ of a voyage; **удовлетворительное** ~ satisfactory ~; **успешное** ~ successful ~; ~ **шефмонтажа** ~ of construction supervision
заверять, заверить; 1. (*уверять*) to assure; **2.** (*засвидетельствовать*) to certify; **заверенная копия** certified copy
завес weighing; **контрольный** ~ control ~
зависеть to depend (**от** - on); ~ **от кого-л. в отношении чего-л.** to depend on somebody for something
зависимост/ь dependence; **в ~и от** subject to; **взаимная** ~ interdependence; **личная** ~ personal ~; **находиться в ~и от** to be dependent upon; **полная** ~ complete ~; **растущая** ~ increasing ~; **сокращать** ~ to reduce ~; **финансовая** ~ financial ~; **частичная** ~ partial ~; **экономическая** ~ economic dependence
зависимый dependent
завод plant, works, factory; mill; **авиационный** ~ aircraft factory; **автомобильный** ~ automobile factory; **владелец ~а** factory owner; **вводить** ~ **в строй** to commission a plant; **директор ~а** plant manager; **действующий** ~ operating factory; **закрывать** ~ to close down a plant; **инженер ~а** factory engineer; **консервный** ~ cannery; **крупный** ~ major plant; **лесопильный** ~ sawmill; **литейный** ~ foundry; **машиностроительный** ~ engineering plant; **медеплавильный** ~ copper smelting plant; **местонахождение ~а** plant site; **металлургический** ~ iron and steel mill; **механический** ~ mechanical plant; **молочный** ~ dairy processing plant; **монтаж ~а** factory installation; **мощность ~а** plant capacity; **нефтеочистительный** ~ oil refinery; **нефтеперерабатывающий** ~ petroleum processing plant; **нефтехимический** ~ petrochemical plant; **обучение на ~е** on the job training; **опытный** ~ pilot production facility; **отдельные ~ы** individual plants; **планировка ~а** plant layout; **площадка ~а** plant site; **посещение ~а** factory inspection; **посещать** ~ to visit a factory; **производственные мощности ~а** plant capacity; **пуск**

~a factory start-up; **расширять** ~ to expand a factory; **реконструировать** to reconstruct a factory; **ремонтный** ~ overhaul factory; **руководить** ~ом to manage a factory; **с** ~a ex-mill (contract-provision); **с** ~a **продавца** ex-seller's mill (contract-provision); **смонтированный на** ~e mounted at the factory; **современный** ~ modern factory; **сооружать** ~ to outfit a factory; **станкостроительный** ~ machine tool plant; **строительство** ~a construction of a factory; ~ **субподрядчика** subcontractor's plant; **судостроительный** ~ shipyard; **типовой** ~ representative factory; **химический** ~ chemical plant; **центральный** ~ central factory; **франко** ~ ex-mill; **франко** ~ **продавца** ex-seller's mill; **экспериментальный** ~ experimental factory; **эксплуатация** ~a operation of a plant; ~ **грузовых машин** truck factory; ~ **для производства чего-л.** factory for the production of smth.; ~ **изготовителя** manufacturer's plant; ~ **лицензиата** licensee's plant; ~ **начинает выпуск продукции** the plant goes onstream; ~ **работает** the plant is operating; ~ **работает на полную мощность** the plant is operating at full capacity; ~ **с автоматическим управлением** automated factory; ~ **тяжелого машиностроения** heavy equipment factory

завоевание conquest; **территориальное** ~ territorial ~; ~ **Англии Норманнами** the Norman ~ *(ист.)*
завоеватель conqueror
завоевать to conquer
завоз carriage, delivery
заголовок heading; title
заготовитель procurement officer
заготовительный state procurement
заготовка state procurement, stockpiling
заграничный foreign
загруженность: ~ *(срочной)* **работой** pressure of work; ~ *(срочными)* **заказами** pressure of orders
загруженный: быть полностью загруженным заказами to be fully engaged with orders
загрузка capacity, loading; **полная** ~ full capacity
загрязнение pollution, soiling; ~ **окружающей среды** pollution of the environment
задание job, task; **плановое** ~ plan target; **производственное** ~ production target
задаток deposit, earnest money
задержани/е arrest, detention, lien; **временное** ~ temporary detention; **законное** ~ legal detention; **подлежать** ~ю to be subject to arrest, detention; **подлежащий** ~ю subject to arrest, detention; ~ **в административном порядке** administrative detention; ~ **имущества** arrest of property; ~ **судна** arrest of a vessel; ~ **товаров** detention of goods
задерживать, задержать *(о поставке, отгрузке, уплате, ответе)* to delay; *(о задержке судна сверх срока)* to detain
задержка delay; **большая** ~ protracted delay; **неоправданная** ~ unjustified delay; ~ **в исполнении** delay in performance; ~ **в поставке** delay in delivery; ~ **в ответе на письмо (телеграмму)** delay in answering a letter (a telegram); ~ **судна** detention of a vessel
задолженность arrears, debts, indebtedness, liability; **безнадежная** ~ bad debt, write-off; **внешняя** ~ foreign debt; **государственная** ~ public debt; **дебеторская** ~ accounts receivable; **долгосрочная** ~ long-term indebtedness; **ипотечная** ~ hypothecated debt, mortgage debt; **ликвидная** ~ liquid debt; **краткосрочная** ~ short-term debt; **кредиторская** ~ accounts payable; **международная** ~ international debt; **необеспеченная** ~ unsecured debt; **погасить** ~ to extinguish debt; **ссудная** ~ loan indebtedness; **текущая** ~ current indebtedness
заем borrowing, loan; **банковский** ~ bank loan; **беспроцентный** ~ interest-free loan; **внешний** ~ foreign borrowing; **внутренний** ~ domestic borrowing; **гарантированный** ~ guaranteed loan; **гарантиро-**

вать ~ to guarantee a loan; **государственный** ~ public loan; **денежный** ~ cash loan; **долгосрочный** ~ long-term loan; **заключить** ~ to negotiate a loan; **ипотечный** ~ mortgage loan; **консолидированный** ~ consolidated loan; **краткосрочный** ~ short-term loan; **льготный** ~ low-interest loan; **международный** ~ international loan; **облигационный** ~ funded loan; **покрыть** ~ to cover a loan; **принудительный** ~ forced loan; **просроченный** ~ past-due loan; **процентный** ~ interest-bearing loan; **рентный** ~ profitable loan; **частный** ~ private loan; ~ **обеспеченный ипотекой** loan secured by mortgage; ~ **под залог** loan against a pledge
заемщик borrower, debtor
заимодатель creditor, lender
заимствование borrowing
заинтересованность incentive, interest; **взаимная** ~ mutual interest; **личная** ~ personal interest
заинтересованн/ый interested; *(имеющий отношение)* concerned; ~**ая сторона** the interested party *или* the party concerned
закабалить to enslave
заказ order, reservation; **большой** ~ heavy order; **выполнение** ~**а** execution of the order; **выдать** ~**ы кому-л.** *или* **поместить** (*или* **разместить**) ~**ы у кого-л.** to place an order (orders) with somebody *или* to give somebody an order (orders); **выполнить** ~ to fill an order, to execute the order; **государственный** ~ state order; **по** ~**у** against the order; **повторный** ~ repeat order; **пробный** ~ trial order
заказать *см.* **заказывать**
заказное письмо *см.* **письмо**
заказчик buyer, customer
заказывать to order (*у кого-л.* - from), to reserve
заканчивать, закончить to finish, to complete
заклад bet, pawning, pledge, wager
закладная bill of sale, mortgage deed, mortgage, bond, pledge
закладодержатель mortgagee
закладчик mortgagor
закладывать, заложить to mortgage, to pawn, to pledge; ~ **товар в банке** to pledge goods with a bank
заключать, заключить to conclude, to execute (e.g. contract), to imprison; ~ **в тюрьму** to incarcerate, to imprison; ~ **под стражу** to take into custody; ~ **договор** to conclude a contract *или* to enter into a contract
заключение (вывод, завершение) conclusion, confinement, resolution; **благоприятное** ~ beneficial conclusion; ~ **контракта** conclusion of a contract **неблагоприятное** ~ unfavorable conclusion; **незаконное** ~ false imprisonment; **необоснованное** ~ unfounded inference; **одиночное** ~ solitary confinement; **пожизненное** ~ life imprisonment; **предварительное** ~ preliminary conclusion; **прийти к** ~**ю** to come to the conclusion; **тюремное** ~ incarceration; ~ **брака** consummation of a marriage; ~ **в тюрьме** incarceration in prison; ~ **договора** conclusion of a treaty, contract; ~ **контракта** conclusion of a contract; ~ **мирного договора** conclusion of a peace treaty; ~ **сделки** conclusion of a deal; ~ **соглашения** conclusion of an agreement; ~ **под стражу** taking into custody; ~ **эксперта** conclusion of an expert
заключённый convict, prisoner; **политический** ~ political prisoner
заключительный курс *см.* **курс 1**
закон act, law, statute; **антимонопольный** ~ antitrust statute; **арбитражный** ~ arbitration statute; **банковский** ~ banking law; **внутренний** ~ domestic statute; **внутригосударственный** ~ intragovernmental law; **временный** ~ temporary law; **горный** ~ mining statute; **государственный** ~ government statute; **гражданский** ~ civil statute; **Грешема** ~ Grisham's Law; **действующий** ~ statute in force; **дискриминационный** ~ discriminatory law; **до-**

зволенный ~ом permitted by statute; **железный** ~ iron law; **запретительный** ~ proscriptive statute; **земельный** ~ land statute; **избирательный** ~ electoral statute; **издать** ~ to publish a statute; **иммиграционный** ~ immigration statute; **колониальный** ~ colonial statute; **конституционный** ~ constitutional law; **местный** ~ local statute; **муниципальный** ~ municipal law; **налоговый** ~ tax law; **нарушить** ~ to violate a statute; **национальный** ~ national law; **обойти** ~ to evade a ~; **общественный** ~ societal law; **общий** ~ law of general application; **обычный** ~ customary law; **органический** ~ organic law; **основной** ~ fundamental statute; **отдельный** ~ separate act; **отечественный** ~ domestic statute; **отменить** ~ to repeal a statute; **отменяемый** ~ repealed statute; **патентный** ~ patent law; **письменный** ~ written law; **применимый** ~ applicable statute; **применить** ~ to apply a statute; **принять** ~ to adopt a statute; **процессуальный** ~ procedural statute; **расистский** ~ racist statute; **расовый** ~ race law; **специальный** ~ special law; **сухой** ~ dry law; **существующий** ~ existing law; **таможенный** ~ customs law; **тарифный** ~ tariff law; **территориальный** ~ territorial statute; **типовой** ~ model law; **трудовой** ~ labor law; **уголовный** ~ penal statute; **федеральный** ~ federal law; **фискальный** ~ fiscal law; **формальный** ~ formal law; **чрезвычайный** ~ emergency law; **экономический** ~ economic law; ~ **заработной платы** minimum wage statute; ~ **подлости** "Murphy's Law" *(whatever can go wrong, will go wrong)*

зак

законник law-abiding person, lawyer *(colloquial)*

законно legally

законнорождённый legitimate *(child)*

законность legality; **международная** ~ international legality

законный legal, lawful, rightful; **законный владелец** rightful owner

законодатель legislator

законодательный . legislative

законодательство legislation; **аграрное** ~ agrarian ~; **антимонопольное** ~ anti-trust ~; **арбитражное** ~ arbitration ~; **банковское** ~ banking ~; **брачное** ~ marital ~; **бюджетное** ~ budgetary ~; **валютное** ~ currency exchange ~; **внутреннее** ~ internal ~; **водное** ~ riparian ~; **военное** ~ military ~; **воздушное** ~ civil aviation ~; **горное** ~ mining ~; **гражданское** ~ civil ~; **гражданское процессуальное** ~ civil procedure ~; **действующее** ~ in force ~; **жилищное** ~ housing ~; **земельное** ~ land ~; **иммиграционное** ~ immigration ~; **иностранное** ~ foreign ~; **колониальное** ~ colonial ~; **конституционное** ~ constitutional ~; **лесное** ~ timber ~; **кредитное** ~ credit ~; **международное** ~ international ~; **местное** ~ local ~; **морское** ~ maritime ~; **налоговое** ~ tax ~; **национальное** ~ national ~; **отечественное** ~ domestic ~; **параллельное** ~ parallel ~; **патентное** ~ patent ~; **почтовое** ~ postal ~; **процессуальное** ~ procedural ~; **расистское** ~ racist ~; **санитарное** ~ health ~; **сельское** ~ rural ~; **семейное** ~ family ~; **страховое** ~ insurance ~; **таможенное** ~ customs ~; **торговое** ~ commercial ~; **трудовое** ~ labor ~; **уголовное** ~ penal ~; **федеральное** ~ federal ~; **финансовое** ~ financial ~; **фискальное** ~ fiscal ~; **чрезвычайное** ~ emergency ~; **экономическое** ~ economic ~; ~ **о квартирной плате** rent-control ~; ~ **против демпинга** anti-dumping ~

законодательствовать to legislate

закономерность legal conformity, regularity

закономерный orderly, regular

законоположение statute

законопредложение proposed law

законопроект draft statute

законосовещательный bill (proposed law)
закрепить *см.* **закреплять**
закрепление fastening, fixture
закреплять to consolidate, to secure
закрывать to close, to shut down
закрытие closing, closure
закрытый closed, private
закрыть *см.* **закрывать**
закупать, закупить to purchase, to buy (**у кого-л.** - from), to buy up
закупк/а buying, purchasing; **государственные ~и** state procurements; **спекулятивная ~** speculative buying
закупщик purchasing agent
зал hall; **выставочный ~** exhibition hall; **демонстрационный ~** show-room; **~ суда** courtroom
залив bay, gulf
залог deposit, hypothecation, mortgage, pledge, security; **взять в ~** to take as security; **внести ~** to put up a pledge, to put up security; **дать деньги под ~** to give money against a pledge; **невыкупленный ~** unredeemed; **обеспеченный ~** secured pledge; **одолжить под ~** to lend against security; **отдать в ~** to pledge; **~ движимости** pledge of chattels; **~ недвижимого имущества** mortgage of real property; **~ товаров в переработке** pledge of semi-finished goods
залогов/ый mortgage, pledge; **~ое свидетельство** mortgage-deed

залогодатель depositor, mortgagor
залогодержатель depositee, mortgagee, pledgee
заложить, закладывать to mortgage, to pawn
заложник hostage
заложничество hostage taking
замедление deceleration, delay
замедлить: мы не замедлим сообщить (телеграфировать, послать и т. д.) we shall not fail to inform (to cable, to send, etc.)
замена change, replacement, substitution; **~ арбитра** replacement of arbitrator; **~ обеспечения** substitution of collateral; **~ по гарантии** warranty replacement
заменимый replaceable
заменитель substitute
заменять, заменить to replace (**чем-л.** - by), to substitute
замер measurement
заместитель deputy; *(в названиях должностей)* deputy, vice-; **~ директора** director; **~ министра** minister; **~ председателя** vice-president *или* vice-chairman *или* deputy chairman
заместительство tenure of office
заместить *см.* **замещать**
заметка mark, notice
замечание observation, remark, reprimand
замечать, замет/ить 1. *(принимать к сведению, обращать внимание, видеть)* to notice, to note, to observe; to take note, to take notice; **из вашего письма мы видим, что товар еще не отгружен** we note (*или* we observe, we notice) from your letter that the goods have not been shipped yet; **2.** *(в сочетании со словом* **себе**) to note, to note down; **мы ~тили себе ваш адрес** we have noted (down) your address; **мы ~тили себе, что вы являетесь производителями насосов** we note that you are manufacturers of pumps; **3.** *(вставлять замечание в разговоре)* to remark, to observe
замещать deputize, to substitute
замещение appointment, substitution
заминка glitch
замораживание freeze, restraint; **~ заработной платы** wage freeze; **~ собственности** restraint of property; **~ цен** price freeze
замужество marriage (*said of a woman*)
замышлять, замыслить to contemplate, to plan
занесение entering; **~ на счет** charging to an account
занимать to borrow, to hold, to occupy
заниматься to be engaged (**чем-л.** - in); **~ экспортом (импортом, продажей) товаров** to be engaged in the export (the import, the sale) of goods
занимающийся engaged
занятие occupation, pursuit; **временное ~** temporary pursuit; **главное ~** primary occupation; **доходное ~**

remunerative pursuit; **оплачиваемое** ~ paid occupation

занятость employment, work pressure; **полная** ~ full employment; **постоянная** ~ permanent employment

занять см. **занимать**

заочно in one's absence, by correspondence, by default

заочный by correspondence, by default; ~ **приговор** judgment by default

запас reserve, stock, *(запасы на складах)* stocks; store; supply; **базовый** ~ basic stock; **буферный** ~ buffer stock; **государственный** ~ national stockpile; **делать** ~ to stockpile; **денежный** ~ monetary reserve; **золотой** ~ gold reserves; **металлический** ~ strategic metal reserves; **мировые** ~ы world reserves; **производственные** ~ы productive reserves; ~ы **товаров** stock-in-trade

запасн/ый spare; ~ые **части** spare parts; *(разг.)* spares

запатентованный patented

запатентовать to patent

запечатывать, запечатать to seal *(with official seal)*

записать см. **записывать**

записка note; **деловая** ~ deal memorandum; **памятная** ~ memorandum

записывать to devise, to register, to transfer *(e.g. property)*

запись deed, entry, record; **бухгалтерская** ~ book-keeping entry; **дарственная** ~ gift deed; **дебетовая** ~ debit entry; **договорная** ~ contract note; **кредитовая** ~ credit entry; **метрическая** ~ registration of vital statistics; **первоначальная** ~ original deed; **произвести** ~ to record an entry; **раздельная** ~ partition deed; **третейская** ~ entry of arbitral judgment; ~ **акта о смерти** registry of death certificate; ~ **возобновления ипотеки** registration of renewal of mortgage; ~ **ипотеки** registration of mortgage; ~ **привилегии** registration of privilege; ~ **о рождении** registration of birth

заплатить to pay; ~ **наличными** ~ cash

запломбирование sealing; **таможенное** ~ customs seal

запломбировать to seal

заповедник park, preserve

заподозрить to suspect of

заполнять, заполнить to fill in *(или* up); **заполнить анкету** to fill in a form

запрашивать to inquire

запрашивать, запросить (послать запрос) to enquire *(или* inquire), to send an enquiry *(или* inquiry)

запрет ban, writ; **судебный** ~ injunction

запрет см. **запрещение**

запретительная цена prohibitive price

запретительный prohibitive; **запретительная пошлина** prohibitive duty;

запрещать, запретить to ban, to prohibit

запрещение ban, prohibition; ~ **атомного оружия** atomic weapons ban; ~ **ввоза** import prohibition; ~ **вывоза** export prohibition; **судебное запрещение** injunction

запродажа preliminary *(wholesale)* sale

запродажный sale, selling *(wholesale)*

запродать to enter a wholesale agreement

запрос enquiry {*или* inquiry); request, requirements; **официальный** ~ official inquiry; ~ **на руду** enquiry for ore

запросить см. **запрашивать**

запчасть spare part

зарабатывать to earn *(e.g. wages)*

заработать см. **зарабатывать**

заработок earnings, pay; **денежный** ~ monetary earnings; **минимальный** ~ minimum earnings; **недельный** ~ weekly pay; **основной** ~ basic pay; **сдельный** ~ piece work earnings; **случайный** ~ casual earnings; **средний** ~ average earnings; **средний часовой** ~ average hourly pay; **фактический** ~ actual earnings; **часовой** ~ hourly pay

заранее beforehand, in advance; *(заблаговременно)* in good time; **уплатить** ~ to pay in advance; **зафрахтовать судно** ~ to charter a vessel in good time

зарегистрировать to register

зарплата earnings, salary, wages; **гарантированная годовая** ~ guaranteed annual wage; **ежемесячная** ~ monthly wages; **задержанная** ~ back pay; **номи-**

нальная ~ nominal wages; **реальная** ~ take-home pay; **средняя** ~ average salary, average wages; **твердая** ~ fixed wage
зарубежный foreign
засада ambush
засвидетельствовать (**удостоверять, заверять**) to certify; to attest, to notarize
засвидетельствованная копия certified copy
засевать to sow
заседание conference, meeting, session; **гражданское судебное** ~ civil hearing; **заключительное** ~ closing session; **закрытое** ~ closed session; **закрытое** ~ **суда** closed session of court; **закрытое судебное** ~ closed judicial hearing; **открытое** ~ public session; **открытое судебное** ~ public hearing; **официальное** ~ official meeting; **очередное** ~ regular session; **пленарное** ~ plenary session; **публичное** ~ public hearing; **совместное** ~ joint session; **судебное** ~ hearing; **уголовное судебное** ~ session of criminal court; **чрезвычайное** ~ emergency meeting
заседатель assessor; **народный** ~ public assessor; **присяжный** ~ juror, juryman
заседать to meet, to sit
засекреченный hush-hush, secret
заселение colonization, settlement
засеять *см.* **засевать**
застава barrier, town gates; **пограничная** ~ border barrier
застой depression, recession; **хозяйственный** ~ economic depression; ~ **торговли** stagnation of trade
застрахованный insure
застраховать to indemnify, to insure
застраховать *см.* **страховать**
застройка building
застройщик home builder (*one's own house*)
затоваривание dead stock, overstock
заточение confinement; **необоснованное** ~ false imprisonment
заточить to confine
затрат/а cost, expense, outlay; (*издержки*) disbursement; ~ **капитала** capital expenditure; **дополнительные** ~ы additional expenses; **капитальные** ~ы capital costs; **конкретные** ~ы concrete expenditures; **косвенные** ~ы indirect expenses; **материальные** ~ы material expenditures; **непроизводительные** ~ы non-productive expenditures; **неосязаемые** ~ы intangible expenses; **начальные** ~ы initial costs; **постоянные** ~ы fixed costs; **производственные** ~ы productive costs; **прямые** ~ы direct costs; **сезонные** ~ы seasonal costs; **текущие** ~ы current expenses; **трудовые** ~ы labor expenses; **фактические** ~ы actual costs; **эксплуатационные** ~ы operating costs; ~ы **брутто** gross expenditures; ~ы **нетто** net expenditures
затрачивать to spend
затребовать to request, to require
затруднени/е difficulty; **бюджетное** ~ budgetary ~; **валютные** ~я foreign exchange difficulties; **денежные** ~я money problems; **финансовые** ~я financial difficulties
затруднительный difficult, embarrassing
зафиксировать to put on record
зафрахтовать to charter freight
захват seizure, capture, usurpation; (*тех.*) claw; **самовольный** ~ self-help (*repossession*); **совершить** ~ to capture, to seize; ~ **власти** seizure of power; ~ **корабля** capture of a ship; ~ **рынка** capture of a market; ~ **судна** seizure of a vessel
захватчик aggressor, invader
заход call (*of a vessel at port*); **вынужденный** ~ distress call (*of a vessel at port*)
заходить to call; **пароход зайдет в Гамбург** the steamer will call at Hamburg
зачесть *см.* **зачитывать**
зачёт offset; **договорный** ~; **судебный** ~ judicial ~
зачисление enrolment
зачислить 1. to inclide, ~ **в счет** to enter in an account 2. to enrol, to enlist; ~ **в штат** to take on the staff, on the strength

зачитывать to account, to reckon
зашифровать to encipher, to put into code
заштатный supernumerary, extra
заштемпелевать to stamp, to postmark
защелка click, latch (*of lock*); catch, pawl
защита defense, prevention, protection; **временная ~** temporary protection; **дипломатическая ~** diplomatic protection; **законная ~** legal protection; **консульская ~** consular protection; **личная ~** personal defense; **международная ~** international protection; **международно-правовая ~** international legal protection; **патентная ~** patent protection; **политическая ~** political defense; **правовая ~** legal protection; **санитарная ~** preservation of health; **совместная ~** joint defense; **специальная ~** special protection; **судебная ~** judicial protection; **~ детей** defense of children; **~ диссертации** defense of a dissertation; **~ изобретения** protection of an invention; **~ имущества** protection of property; **~ интересов** protection of interests; **~ культурных ценностей** preservation of cultural treasures; **~ меньшинств** protection of minorities; **~ патентного права** defense of patent right; **~ прав** protection of rights; **~ в суде** defense in court;
~ территории defense of territory
защитить *см.* **защищать**
защитник counsel for the defense, defense attorney; **общественный ~** public defender
защищать to defend, to mount a defense, to protect
заявитель declarant, deponent; **первоначальный ~** original declarant
заявка announcement, application, declaration, tender; **действительная ~** valid application; **импортная ~** import application; **кредитная ~** credit application; **отдельная ~** separate application; **патентная ~** patent claim; **первичная ~** parent application; **первоначальная ~** original application; **письменная ~** written application; **совместная ~** joint application
заявление (декларация) statement, declaration, notice; announcement; (**просьба, ходатайство**) application; **встречное исковое ~** notice of countersuit; **дипломатическое ~** diplomatic statement; **исковое ~** notice of suit *или* statement (*или* points) of claim *или* plaint; **ложное ~** false declaration, perjured deposition; **официальное ~** official notice; **письменное ~** written notification; **подать ~** to put in an application; **предварительное ~** advance notice, preliminary statement; **сделать ~** to make a statement; **совместное ~** joint statement; **судебное ~ о невинности** plea of not guilty; **~ о претензии** notice of claim; **устное ~** oral statement; **формальное ~** formal statement
заявлять, заявить to announce, to claim, to declare
звани/е rank, title; **военное ~** military rank; **лишить военного ~я** to demote in rank; **почётное ~** honorary title; **юридическое ~** legal title
звено link (*of a chain, также перен.*)
здание building, premises; **административное ~** administrative building; **жилое ~** residential building; **промышленное ~** industrial premises
земельный land
землевладелец land owner
землевладение land ownership
земледелие farming
землемер land-surveyor
землепользование land tenure; **единоличное ~** individual land tenure
землепользователь ground tenant
землеустройство land tenure regulation
земля earth, land, soil; **арендованная ~** leased land; **возделанная ~** cultivated land; **городская ~** urban land; **залежная ~** fallow land; **занятая ~** occupied land; **казённая ~** state lands; **пахотная ~** arable land; **пограничная ~** border land
злодей scoundrel, villain
злостный malicious, willful

злотый Zloty *(Polish currency)*

злоупотребление abuse; ~ **властью** abusive authority; ~ **доверием** breach of confidence, breach of trust; ~ **изобретением** ~ of an invention; ~ **кредитом** misuse of credit; ~ **правом** ~ of a right; ~ **привилегиями** ~ of privileges; ~ **силой** misuse of force; ~ **служебным положением** ~ of office; ~ **товарным знаком** ~ of trademark

знак *(изображение)* mark, sign, symbol, *(свидетельство, символ)* token; **бумажный денежный** ~ paper currency; **в** ~ **доброжелательности** as a token of goodwill; **водяной** ~ watermark; **пограничный** ~ border sign; **денежный** ~ money; **зарегистрированный товарный** ~ registered trademark; **запрещённый** ~ prohibited mark; **казначейский** ~ state logo; **обозначить (или пометить)** ~**ом** to mark; **общеизвестный** ~ well-known symbol; **опознавательный** ~ identification mark; **отличительный** ~ distinguishing mark; **официальный** ~ official sign; **официальный** ~ **гарантии** official sign of guarantee; **пограничный** ~ border marker; **поддельный денежный** ~ counterfeit currency; **почётный** ~ **отличия** honorable mark of distinction; **почтовый** ~ postmark; **товарный, торговый** ~ trademark

знак-подпись signature mark *(e.g. x mark by illiterate)*

значительно considerably

значительный considerable, significant

значок badge, pin

золовка sister-in-law *(sister of wife's husband)*

золото gold; **высокопробное** ~ fine ~; **монетарное** ~ monetary ~; **низкопробное** ~ low-grade ~; ~ **в монетах** ~ in coins; ~ **в самородках** ~ in nuggets; ~ **в слитках** ~ in ingots

зона area, territory, zone; **арендованная** ~ rental space; **беспошлинная** ~ duty-free zone; **валютная** ~ currency zone; **воздушная оборонительная опознавательная** ~ air defense zone; **восточная** ~ eastern territory; **демилитаризованная** ~ demilitarized zone; **долларовая** ~ dollar zone; **закрытая рыболовная** ~ closed fisheries zone; **запретная** ~ blockaded zone; **запретная пограничная** ~ forbidden frontier zone; **иммиграционная** ~ immigration zone; **карантинизированная** ~ quarantined territory; **морская** ~ maritime zone; **налоговая** ~ tax zone; **нейтрализованная** ~ neutralized zone; **нейтральная** ~ neutral territory; **оборонительная** ~ defense zone; **оккупированная** ~ occupied territory; **пограничная** ~ frontier zone; **пограничная таможенная** ~ frontier custom zone; **портовая** ~ port area; **прибрежная** ~ coastal zone; **прибрежная морская** ~ coastal maritime zone; **рыболовная** ~ fishery zone; **свободная** ~ free zone; **свободная экономическая** ~ free economic zone; **специальная морская** ~ special maritime zone; **спорная** ~ disputed territory; **стерлинговая** ~ sterling zone; **таможенная** ~ customs zone; ~ **безопасности** security zone; ~ **надзора** supervised area; ~ **нейтралитета** zone of neutrality; ~ **назначения** designated area; ~ **свободной торговли** free trade zone; ~ **территориальных вод** area of territorial waters; ~ **юрисдикции** territory under jurisdiction

зональный regional, zone

ЗУПВ *(аббр.* **запоминающее устройство с произвольной выборкой)** RAM *(random-access memory)*

зять brother-in-law, son-in-law

И

иврит Hebrew
игла needle; thorn
игловидный, игольчатый needle-shaped
игнорировать to ignore, to disregard
игра gamble, game; **азартная** ~ ~ of chance; ~ **на бирже** stock jobbing; ~ **на разнице** speculating on the margin
играть to play, to gamble; ~ **кому-н. на руку** to play into somebody's hand

игрок gambler
идеальн/ый ideal, perfect; **~ое состояние** perfect or mint condition
идентификация identification; **судебная ~** legal ~
идентичность identity
идентичный *см.* **тождественный**
идея idea, notion, concept; **подать ~ю** to suggest, make a suggestion; **навязчивая ~** obsession, idee fixe
идиома idiom
иена yen *(Japanese currency)*
иерархия hierarchy; **установить ~ю** to establish a ~
иждивенец dependent *(family law)*
иждивение maintenance; **на чьем-л. ~и** at somebody's expense
иждивенчество dependence
избавление deliverance
избегать to run about, to run all over
избегнуть, избежать to shun; to escape, evade; **~ встречаться с кем-л.** to avoid meeting somebody
избежание: во избежание in order to avoid
избиение assault and battery
избиратель elector, voter
избирательный electoral
избирать (выбирать голосованием) to elect
избрание election; **муниципальное ~** municipal ~
избранник favorite; **народа ~** popularly favored
избранный selected; select, elite
избрать to elect
избыт/ок excess, surplus; abundance, plenty; **в ~ке** in plenty; **~ влаги** excess moisture; **~ капитала** capital surplus; **~ рабочей силы** redundancy in manpower
избыточный excess, surplus
извести/е 1. news (of), information; **последние ~я** the latest news; 2. proceedings, transactions; **~я Академии наук** Proceedings of the Academy of Science
известить *см.* **извещать**
известность fame, reputation; repute; notoriety
известн/ый well-known; certain; **~ым образом** in a certain way; **в ~ых случаях** in certain cases; **до ~ой степени, в ~ой мере** to a certain extend
извещать, известить *см.* **сообщать**
извещение (письменное) advice notice, notification (o - of, about); **~ (брокера) о продаже** advice of sale; **~ о готовности товара к отгрузке** advice of the readiness of the goods for shipment; **~ о готовности судна к погрузке (к разгрузке) - нотис** notice of readiness of the vessel for loading (for discharging); **письменное ~** written notice; **платежное ~** payment advice; **почтовое ~** advice by mail; **предварительное ~** preliminary notice; **~ об инкассо** collection advice; **~ о получении** notice of receipt; **~ о смерти** death notice
извинени/е apology, excuse, pardon; **приносить ~я** to offer one's apologies; **примите, пожалуйста, наши ~я** please accept our apologies; **просить ~я у кого-л.** to apologize to somebody; **публичное ~** public apology
извинять, извинить to excuse: **извините** excuse me, (I am) sorry, I beg your pardon
извиняться to apologize; **извиниться перед кем-л. за что-л.** to apologize to somebody for something
извлечение excerpt; **~ данных** data excerpts
извлечь to derive, to extract
извратить to distort, to misconstrue
извращение distortion, misinterpretation, perversion
изгнание banishment, exile; **пожизненное ~** life exile
изгнанник exile *(person)*
изгнать to banish, to expel; to exile
изгородь boundary, fence
изготавливать, изготовить to manufacture, to make, to produce; **~ заказ** to execute an order
изготовитель manufacturer, maker, producer; **завод-изготовитель** *см.* **завод**
изготовлени/е preparation; **~ монеты** minting of coins; **~ поддельных денег** counterfeiting; **качество ~я** workmanship
издание 1. *(печатное произведение)* publication; **официальное ~** official ~; **периодическое ~** periodical ~; **печатное ~** printed matter; **порнографическое ~** pornographic matter; 2. *(выпуск в свет)* edition; 3. *(тираж)* impression, printing; 4. promulgation *(of law)*

издатель publisher
издательство publishing house
издать to publish
изделие article, manufactured article; *мн. ч.* изделия manufactures good, product; готовое ~ finished good; доброкачественное ~ high-quality product; запатентованное ~ patented article; патентованное ~ patented product; промышленное ~ manufactured product
издержки disbursements, expenditures, outlays ; военные ~ military expenditures; возместить ~ to recoup costs; дополнительные ~ additional outlays; комиссионные ~ commission fees; необходимые ~ necessary expenses; общие ~ total costs; обычные ~ usual expenses; переменные ~ variable expenses; постоянные ~ fixed costs; ~ производства costs of production; путевые ~ traveling expenses; судебные ~ legal expenses; текущие ~ current costs; транспортные ~ carriage costs; чистые ~ net outlays; ~ ведения судебного дела court costs; ~ использования user fees; ~ обращения distribution costs; ~ производства production outlays; ~ по хранению storage expenses
из-за owing to, because of
излишек excess, surplus; ~ веса excess weight; импортные ~ки import surpluses; сельскохозяйственные ~ки agricultural surpluses; экспортные ~ки export surpluses; ~ в весе excess weight; ~ денег в обращении excess money supply (in circulation); ~ доходов excess earnings
излишне excessively; unnecessarily, superfluously
изложить, излагать to expound, to state; to set forth; to word, to draft; ~ на бумаге to commit to paper
изменени/е change, alteration; (*исправление*) amendment; ~ заказа alteration of (*или* to) order; внести ~я в конструкцию машины to make alterations in the design of the machine
изложение account of events, description; ~ мотивов motives (*of a crime*)
измена betrayal; treachery; treason; государственная ~ high treason; ~ родине betrayal of the homeland
изменение alteration, amendment, revision; конституционное ~ constitutional amendment; территориальное ~ territorial alteration; ~ адреса change of address; ~ гражданства change of citizenship; ~ границы alteration of border; ~ договора amendment to an agreement; ~ закона amendment to a law; ~ законодательства legislative amendment; ~ запасов change in inventories; ~ иска amendment to a suit (*by plaintiff*); ~ к худшему a change for the worse; ~ курса change in exchange rate; ~ приговора change in amendment to sentencing; ~ решения amendment to a decision; ~ ставки rate change; ~ статуса change in status; ~ стоимости cost variation; ~ судебной практики alteration of judicial practice; ~ устава amendment to articles, amendment to charter; ~ цены a change in price
изменить to alter, to amend, to modify
изменник traitor
изменять(-ся), изменить(-ся) to change; (*частично*) to alter; ~ к лучшему to improve *или* to amend
измерение measurement, testing; контрольное ~ test measurement
измерение measurement
измышление fabrication; клеветническое ~ libelous ~
изнасилование rape, assault, voilation
изнасиловать to rape, to assault, to violate
изнашивать(-ся), износить(-ся) to wear out; быстро изнашивающиеся части rapidly wearing out parts
износ deterioration, wear and tear; естественный износ natural wear; моральный ~ planned obsolescence; основных фондов ~ depreciation of fixed assets
износостойкий hard-wearing, wear-resistant
износить(-ся) *см.* изнашивать(-ся)
изобилие abundance
изобиловать to abound (in), be rich (in)
изображение representation,

изо

portrayal; image; imprint; effigy
изобрести to invent
изобретатель inventor; **действительный и первый ~** first and genuine ~
изобретательство inventiveness
изобретение discovery, invention; **дополнительное ~** additional invention; **запатентованное ~** patented invention; **иностранное ~** foreign invention; **патентоспособное ~** patentable invention; **промышленное ~** industrial invention; **совместное ~** joint discovery, invention; **~, сделанное на предприятии** in-house invention
изолированный 1. isolated; separate; 2. (*тех.*) insulated
изоляционизм isolationism
изоляционист isolationist
изоляционистский isolationist
изоляция isolation (*полит.*), insulation (*тех.*); **хозяйственная ~** economic isolation
израсходовать to consume, to expend, to spend
изуродованный maimed, mutilated; disfigured
изучение research, study; **~ возможностей выполнения** feasibility study; **~ рынка** market research
изъян defect, flaw, fault; **с ~ом** *или* **с ~ами** faulty *или* defective
изъятие confiscation, seizure, withdrawal; **налоговое ~** tax seizure; **~ вклада** withdrawal of a deposit; **~ денег из обращения** withdrawal of money from circulation; **~ из запасов** draw-down of inventory; **~ имуществ** confiscation of property; **~ паспорта** confiscation of passport; **~ из юрисдикции** removal from jurisdiction
изъять to withdraw, to remove; **~ из обращения** to withdraw from circulation; to immobilize (currency); **~ в пользу государства** to confiscate
изымать to withdraw
изюмин/ка pep, go, spirit; **с ~кой** spirited; **в ней нет ~ки** she has no go in her
изыскание investigation, research
иллюстрация illustration; picture
иллюстрированный illustrated
иллюстрировать to illustrate
именно: а именно namely, viz. (*сокр. слова* videlicet; *читается*: namely)
именной nominal, registered
именовать to name
имидж image; **~ товара** product ~
иммигрант immigrant
иммиграция immigration; **~ капитала** capital flight
иммигрировать to immigrate
иммунитет immunity; **абсолютный ~** absolute ~; **дипломатический ~** diplomatic ~; **личный ~** personal ~; **консульский ~** consular ~; **налоговый ~** tax ~; **парламентский ~** parliamentary ~; **судебный ~** legal ~; **финансовый ~** financial ~; **фискальный ~** fiscal ~; **функциональный ~** functional ~; **юрисдикционный ~** jurisdictional ~; **~ от ареста ~** from arrest; **~ от исков ~** from suits, actions; **~ от конфискаций ~** from confiscation; **~ от наложения ареста ~** from arrest; **~ от обыска ~** from search; **~ от реквизиций ~** from requisitioning; **~ суверена** sovereign ~
императивный imperative
император emperor
империализм imperialism
империалист imperialist
империалистический imperialist
империя empire; **колониальная ~** colonial ~; **экономическая ~** economic ~
импорт importation, import; (*когда речь идет о количестве или стоимости ввезенных товаров*) imports; **косвенный ~** indirect ~; **невидимый ~** invisible ~
импортер importer; **исключительный ~** exclusive ~
импортированные товары imported goods; imports
импортировать to import; **вновь ~** to re-import
импортная пошлина *см.* **пошлина**
имущество asset, property; **арендованное ~** leased property; **бесхозяйственно содержимое ~** poorly managed property; **блокированное ~** blocked assets; **будущее ~** future interest (*estate*); **государственное ~** state property; **движимое ~** movable property (*chattels*);

домашнее ~ domestic property; **заложенное** ~ mortgaged property, pledged property; **застрахованное** ~ insured property; **коммунальное** ~ communal assets; **личное** ~ personal property; **наличное** ~ liquid assets; **наследственное** ~ inherited property; **национализированное** ~ nationalized property; **недвижимое** ~ real estate; **неотчуждаемое** ~ inalienable property; **обобществленное** ~ collectivized property; **обремененное** ~ encumbered property; **общее** ~ community property; **право на** ~ legal title of ownership; **приобретенное** ~ acquired property; **публичное** ~ public property; **раздельное** ~ divided property; **секвестрированное** ~ sequestered property; **сельскохозяйственное** ~ agricultural property; **семейное** ~ family property; **собственное** ~ personal property; **церковное** ~ church property; **частное** ~ private property; **~ без наследника** intestate property; **~, обремененное ипотекой** property encumbered by a mortgage; **~ общин** property of a commune, communal property; **~ отдельного лица** property of an individual; **товарищества** partnership property; **~ юридического лица** property of a legal entity

имя name; **от имени кого-л.** on behalf of; **за и от имени кого-л.** for and on behalf of; **на имя кого-л.** in the name (или in favour) of

иначе (в противном случае) otherwise

инвалид disabled person, invalid; **военный** ~ disabled veteran; **~ труда** disabled worker

инвалидность disability; **длительная** ~ long term ~; **полная** ~ full ~; **постоянная** ~ permanent ~; **частичная** ~ partial ~

инвалюта foreign exchange (currency)

инвентаризация inventory, stock taking

инвентаризировать to take inventory

инвентарь stock; **живой** ~ livestock; **сельскохозяйственный** ~ agricultural implements; **торговый** ~ stock-in trade

инвестирование investing

инвестировать to invest

инвеститор investor

инвестиции investments; **валовые** ~ gross ~; **иностранные** ~ foreign ~; **портфельные** ~ portfolio ~; **чистые** ~ net ~; **~ за границей** ~ abroad

индекс code, index, symbol; **общий** ~ overall index; **~ бизнеса** business index; **~ денежного рынка** money market index; **~ зарплаты** wage index; **~ запрещенных книг** banned book list; **~ доходов населения** index of per capita income; **~ оптовых цен** wholesale price index; **~ продукции** production index; **~ производительности** productivity index; **~ промышленного производства** industrial production index; **~ розничных цен** retail price index; **~ стоимости** value index; **~ цен** price index

индемнитет indemnity

индивидуальность individuality

индикт indiction (period of 15 years)

индоссамент endorsement (или indorsement); **бланковый** ~ blank ~; **вексельный** ~ ~ of a bill (note); **с бланковым ~ом** endorsed in blank; **именной** ~ special ~; **инкассовый** ~ ~ for collection ; **ограниченный** ~ restrictive ~; **частичный** ~ partial ~; **чековый** ~ ~ of a check; **~ на предъявителя** ~ by bearer

индоссант endorser, transferor

индоссат endorsee

индоссировать to endorse (или indorse)

индульгенция indulgence

индустрия industry; **строительная** ~ construction ~; **туристическая** ~ tourism ~; **тяжелая** ~ heavy ~

инженер engineer; **главный инженер** chief engineer

инициалы initials

инициатив/а initiative; **бюджетная** ~ budget ~; **законодательная** ~ legislative ~; **народная** ~ grass roots ; **по своей ~е** on one's own ~; **~ парламента** parliamentary ~

инкассатор collector; **налогов** ~ tax collector

инкассация collection; encashment, receipt *(of money or bills)*
инкассировать to cash *(as a check)*, to collect, to recover
инкассо cashing, collection; **документарное** ~ documentary ~; **посылать документы на** ~ to send documents for collection
инкриминировать to charge (with)
иносказательный allegorical
иностранец foreigner
иностранная валюта *см.* **валюта**
иностранный foreign
иностранный переводный вексель foreign bill of exchange
инспектировать to inspect
инспектор inspector, *(в морском транспорте и страховании)* surveyor; **генеральный** ~ chief inspectorр; **налоговый** ~ tax inspector; **портовый** ~ surveyor of the port; **страховой** ~ insurance claims inspector; **таможенный** ~ customs inspector; **фабричный** ~ plant surveyor
инспекция inspection; **Государственная инспекция по качеству** the State Inspection for Quality
инстанция instance, level of authority; **арбитражная** ~ arbitral authority; **военная** ~ military authorities; **вышестоящая** ~ recourse to superior authorities; **первая** ~ first instance; **последняя** ~ final recourse; **суд первой** ~ court of first instance; **судебная** ~ legal recourse
институт institute, institution; **банковский** ~ banking institution; **международный** ~ international institute; **международный патентный** ~ International Patent Institute; **международный** ~ **по унификации частного права** International Institute for the Unification of Private Law; **научно-исследовательский** ~ Scientific Research Institute; **научно-исследовательский** ~ **криминалистики** Scientific Research Institute for the Study of Criminal Behavior; **правовой** ~ Legal Institute; **финансово-правовой** ~ Institute of Financial Law; **финансовый** ~ Financial Institute; **эмиссионный** ~ issuing institution; ~ **международного права** Institute of International Law; ~ **сравнительного права** Institute of Comparative Law
инструктаж briefing *(in military sense)*
инструктировать to instruct
инструкция directions, instructions, manual, regulations; **служебная** ~ service regulations; ~ **министерства** instructions from a ministry; ~ **по отгрузке товара** shipping instructions for the goods; ~ **по уходу и эксплуатации** maintenance and operation instructions; **постоянные** ~ standing instructions *или* standing orders
инструмент tool
интеграция integration; **европейская** ~ European integration; **политическая** ~ political integration; **экономическая** ~ economic integration
интервал interval
интервенировать to intervene
интервент interventionist
интервенционистский interventionist
интервенция intervention; **валютная** ~ currency ~; **военная** ~ military ~; **дипломатическая** ~ diplomatic ~; **коллективная** ~ collective ~; **совместная** ~ joint ~; **экономическая** ~ economic ~; **юридическая** ~ legal ~
интерес interest, interests; **имущественные** ~ы property interests; **жизненные** ~ы vital interests; **законный** ~ legal interest; **защищать** ~ to defend one's interest; **коллективные** ~ы collective interests; **общественный** ~ public interest; **общие** ~ы common interests; **представлять** ~ **для кого-л.** to be of interest to somebody; **противоречащий публичному** ~у contrary to public interest; **публичный** ~ public interest; **финансовый** ~ financial interest; **частный** ~ private interest
интересный interesting; **оказаться** ~ым **для кого-л.** to prove interesting to somebody
интересовать to interest; **интересоваться** to be interested (**чем-л.** - in)
интернированный internee;

гражданский ~ civilian ~;
политический ~ political ~
интернировать to intern *(as in a camp)*
интернунций internuncio; **папский** ~ papal ~
интерпеллянт interpellant
интерпелляция interpellation *(question in Parliament)*
интерпретация interpretation
интрига intrigue, machinations
инфекционный infectious
инфляци/я inflation; **бюджетная** ~ budgetary ~; **денежная** ~ monetary ~; **кредитная** ~ credit ~; **неконтролируемая** ~ uncontrolled ~
информаци/я information; **патентная** ~ patent ~; **секретная** ~ secret ~; **согласно полученной ~и** according to the information received, **мы получили ~ю** we have received information
информировать to inform
инцидент incident; **дипломатический** ~ diplomatic ~; **пограничный** ~ frontier ~
ипотек/а mortgage, pledge; **договорная** ~ mortgage agreement; **морская** ~ maritime mortgage; **первая** ~ first mortgage; **привилегированная** ~ privileged mortgage; **обремененный ипотекой** ~ encumbered with a mortgage; **свободный от ипотек** ~ free from encumbrances; **установить ~у** to mortgage; ~ **воздушного судна** mortgage of an air vessel; ~ **выше по рангу** pledge, higher in priority; ~ **занесенная в реестр** perfected security interest; ~ **земельного участка** mortgage of land; ~ **морского судна** maritime mortgage; ~ **ниже по рангу** pledge, lower in priority
ипотечный mortgage, pledge
иск action, claim, suit; **вещный** ~ action in rem; **возбудить** ~ to bring an action, to file suit; **встречный** ~ counter-suit *или* counter-claim; ~ **о разводе** ~ suit for divorce; **вчинить** ~ to bring an action; **гражданский** ~ civil suit; **имущественный** ~ claim of ownership; **ипотечный** ~ foreclosure upon a mortgage; **исполнительный** ~ action for an injunction; **личный** ~ personal action; **непрямой** ~ indirect claim; **основной** ~ original suit; **отказать в ~е** to dismiss a claim; **отказаться от ~а** to withdraw an action, to abandon a claim; **отклонить** ~ to reject a claim; **поссессорный** ~ possessory action; **предъявить** ~ **к кому-л.** to bring (in) an action (*или* to institute proceedings) against sorflebody, to file suit; **предъявить** ~ **о разводе** to file suit for divorce; **признать** ~ to acknowledge a claim, to plead nolo contendere; **прямой** ~ direct claim; **публичный** ~ public action; **регрессный** ~ recourse action; **судебный** ~ action at law, legal action; ~ **к истребованию неосновательного обогащения** claim of unjust enrichment; ~ **на ипотеку** claim against a mortgage; ~ **об оспаривании отцовства** paternity suit; ~ **об уплате заработной платы** claim for back wages; ~ **о взыскании алиментов** claim for maintenance payments; ~ **о возмещении убытков** action for damages; ~ **о гарантии** warranty action; ~ **о движимом имуществе** action for personalty; ~ **о деликтной ответственности** tort action; ~ **о нарушении патента** suit for infringement of a patent; ~ **о наследстве** probate action; ~ **о недвижимости** real property action; ~ **о недобросовестной конкуренции** unfair competition action; ~ **о приведении в исполнение решения** action to enforce judgment; ~ **о разводе** action for divorce; ~ **о разделе** action for partition; ~ **о размежевании** action to settle a boundary dispute; ~ **о реституции** claim for restitution; ~ **в силу суброгации** subrogated claim; ~ **об убытках** claim (*или* action) for damages; **отказать в иске** to reject (*или* to dismiss) the case *или* to pronounce judgement against the plaintiff; **удовлетворить иск** to pronounce judgement for the plaintiff
искажать, исказить to distort, to pervert; *(о телеграмме)* to mutilate; to misrepresent, to twist; ~ **чьи-л. слова** to twist somebody's words; ~ **факты** to misrepresent the facts

искажение distortion, perversion
искать to seek
исключать, исключить to exclude; to except; **исключая** excluding *или* exclusive of, *или* except
исключение exclusion, exception; **за ~ем** except *или* with the exception of; **с ~ем** to the exclusion of; **~ из реестра** striking from the register *(company, etc.)*
исключительно exclusively
исключительность exclusivity; **~ решения и приговора** ~ of verdict and sentencing
исключительный exclusive; exceptional
исковое заявление *см.* **заявление**
исконный immemorial
ископаемое mineral
искренне: искренне ваш(и) *(формула вежливости перед подписью в письмах)* yours sincerely
искривить to bend; to distort
искупить to atone
искупление atonement
искушать to tempt; to seduce
исполком (исполнительный комитет) executive committee
исполнение fulfillment, performance; **встречное ~** consideration; **добровольное ~** voluntary ~; **предварительное ~** preliminary performance; **принудительное ~** compulsory performance; **приостановить ~** to delay performance; **частичное ~** partial performance; **~ в натуре** performance in kind; **~ приговора** imposition of sentencing
исполненный full (of)
исполнительный executive; **~ лист** writ, court order;
исполнять, исполнить *см.* **выполнять**
использование 1. use, utilization; 2. *(осуществление)* exercise; **~ права** exercise of a right ~
использовать 1. *(воспользоваться)* to use, to make use of, to utilize; **мы не можем воспользоваться вашим предложением** we cannot use *(или* make use of*)* your offer; 2. *(осуществлять)* to exercise; **~ право** to exercise the right; **~ право удержания товара** to exercise a lien on the goods
исправление correction; *(изменение, улучшение)* amendment; **~ дефектов** eliminatio11 of defects
исправлять, исправить to correct; *(изменять, улучшать)* to amend; **~ дефекты** to remedy *(или* to eliminate*)* the defects
испытани/е test, testing; **~ судна** trials; **заводское ~** works test; **свидетельство** *(или* **сертификат)** **о заводском ~и** certificate of works test *или* works test certificate; **окончательное ~** final test; **рабочее ~** running test, **эксплуатационное ~** service test; **протокол ~я** *см.* **протокол; производить ~** to make *(или* to perform*)* a test; **проходить ~** to undergo a test
испытывать, испытать 1. *(проверять)* to test; to try; 2. *(изведать, ощущать)* to experience; **~ затруднения** *(или* **трудности)** to experience difficulties
истекать, истечь *(о сроке)* to expire; **срок поставки истек** the time for delivery has expired; **срок платежа истек** payment is overdue
истец claimant, complainant, plaintiff; **гражданский ~** civil plaintiff; **основной ~** primary plaintiff; **первоначальный ~** original claimant
истечение *(о сроке)* expiration; **~ давности** expiration of statute of limitations; **~ давности уголовного преследования** ~ of statute of limitations on criminal prosecution; **~ срока ~** of term; **~ срока договора найма ~** of lease; **~ срока концессии ~** of concession
истечь to expire
истина truth
истолкование commentary, interpretation; **ограничительное ~** limited interpretation
истолковывать, истолковать to expound, to interpret
история history, story
источник source; **верный ~** reliable ~; **самостоятельный ~ дохода** independent ~ of income; **юридические ~и** jurisprudential ~s; **~ доказательства ~** of evidence; **~ дохода ~** of income; **~ кредита ~** of credit; **~ накопления ~** of accumulation; **~ финансирования ~** of financing; **~ энергии ~** of energy

истребитель destroyer (ship), fighter (jet)
истребить, истреблять to destroy, to exterminate
истребление destruction
истребование demand, order
истребовать to demand; ~ **обратно уплаченное** to demand one's money back
истязание torture
истязать to torture
исход end, outcome, resolution; ~ **судебного дела** outcome of a judicial proceeding, result of a trial
исходатайствовать to obtain by formal petition
исцеление recovery
исчезать, исчезнуть to disappear
исчезновение disappearance
исчерпание depletion, running out; ~ **товарных запасов** inventory depletion
исчерпывающий exhaustive
исчисление calculation; ~ **дохода** ~ of income; ~ **налога** ~ of tax; ~ **процентов** ~ of interest; ~ **сроков** ~ of term (time)
исчислять to calculate, to compute; to estimate
итерация iteration
итог 1. total (sum); **общий** ~ grand total; 2. (*фиг.*) result; **подвести** ~ to sum up; **в ~е** as a result, in the upshot; **в конечном ~е** in the end
итого (*перед количеством, суммой*) total quantity; total sum; total
итоговый concluding, final, total
итожить to sum up, to add up

К

кабель cable
каботаж coasting trade
каботажный coastal, coasting
кавычк/и inverted commas, quotation marks; **открывать** ~ to quote; **закрывать** ~ to unquote; **в ~ках** in inverted commas, in quotes; (*фиг.*) so-called, would-be
кадастр land survey
кадастровый cadastral
кадр/ы manpower, personnel, staff; **высококвалифицированные** ~ highly qualified personnel; **квалифицированные** ~ qualified personnel; **набор ~ов** personnel recruitment; **научно-технические** ~ scientific and technical personnel; **научные** ~ scientific personnel; **нехватка ~ов** manpower shortage; **обеспечивать ~ами** to provide personnel; **обучение руководящих ~ов** management training; **опытные** ~ experienced staff; **отдел ~ов** personnel department; **подбирать** ~ to select personnel; **профессиональные** ~ professional personnel; **руководящие** ~ management (*personnel*); **сохранять** ~ to retain personnel; **укреплять квалифицированными ~ами** to replenish qualified personnel; **управляющий по ~ам** personnel director; **учёт ~ов** personnel records
казарма barracks
казенн/ый 1. fiscal; of State, of Treasury; **~ое имущество** State property; **на ~ счет** at public cost; free, gratis 2. bureaucratic, formal; **~ язык** language of officialdom, official jargon
казна Treasury, Exchequer; public purse, public coffers; the State
казначей treasurer; **заместитель ~я** deputy treasurer; **помощник ~я** assistant treasurer; ~ **корпорации** treasurer of a corporation
казначей-бухгалтер treasurer-bookkeeper
казначейство Treasury, Exchequer
казус exceptional case, special case; isolated case; extraordinary occurence
казусный involved
как ..., так и both ... and; **как покупатели, так и продавцы** both the buyers and the sellers
какао-бобы cocoa beans
каламбур pun
календарь calendar
калькулировать to calculate
калькулятор calculator
калькуляци/я calculation, estimation; **окончательная** ~ final calculation; ~ **демерреджа** demurrage calculation; ~ **расходов** calculation of expenses; ~ **себестоимости** calculation of prime cost; ~ **цен** calculation of prices
камбист currency: trader
камвольный worsted
камера chamber; **рефрижераторная** ~ cold storage ~; **холодильная** ~ cooling ~; ~ **хранения багажа** cloakroom
кампани/я campaign, drive; **вести ~ю** to conduct a

campaign; **закончить ~ю** to conclude a campaign; **план рекламной ~и** add schedule; **поддерживать ~ю** to support a campaign; **рекламная ~** advertising campaign; **совместная ~** joint campaign; **сорвать ~ю** to wreck a campaign; **текущая ~** ongoing campaign; **телевизионная ~** television campaign; **торговая ~ в печати** trade press campaign; **цель ~и** campaign goal; **широкая ~** broad campaign; **~ по организации и стимулированию сбыта** sales promotion; **~ по увеличению экспорта** export campaign

канал canal, channel; **банковские ~ы** banking channels; **неофициальные ~ы** unofficial channels; **определять ~ы сбыта** to determine channels of distribution; **проходить ~** to pass through a canal; **сбор за проход через ~** canal toll; **судоходный ~** ship channel; **торговые ~ы** trade channels

канализация 1. sewerage 2. sewer (system)

канат cable, rope; **гибкий ~** flexible cable; **грузовой ~** load rope; **грузоподъёмный ~** hoisting cable; **проволочный ~** wire rope; **стальной ~** steel cable

канатная железная дорога funicular railway

каникулы holidays, vacation

канистра canister

кантовать to turn over; to tilt; **"не кантовать!"** (*надпись на ящиках*) "do not tip", "do not turn over!"

кануть to drop, to sink; **~ в вечность, ~ в Лету** to sink into oblivion; **как в воду канул** to disappear without a trace, vanish into thin air

канцелинг canceling, cancelling date, nullification; **право ~а** right to canceling

канцеляри/я office; **заведующий ~ей** head clerk

канцелярск/ий clerical; **~ие принадлежности** stationery; **~ая ошибка** *см.* **ошибка**

капитал capital (assets, money, etc.); **авансированный ~** advanced ~; **акционерный ~** share capital, shareholder equity (*in joint stock company*); **банковский ~** bank ~; **блокированный ~** blocked ~; **бегство ~ов ~** flight; **вложение ~а ~** investment; **вкладывать ~ в ...** to invest ~ in ...; **вывоз ~а** export of ~; **высвобождение ~а** release of ~; **валовой оборотный ~** gross working ~; **государственный ~** state ~; **движение ~а ~** movement; **действительный ~** actual ~; **денежный ~** disposable ~; **долгосрочный ~** long-term ~; **доля в ~е** share in ~; **добывать ~** to raise ~; **замораживание ~а** freezing of ~; **затраты ~а** expenditures; **заёмный ~** loan ~; **запасный ~** reserve ~; **зарегистрированный ~** registered ~; **избыточный ~** surplus ~; **изымать ~** to withdraw ~; **инвестированный ~** invested ~; **иностранный ~** foreign ~; **используемый ~** employed ~; **краткосрочный ~** short-term ~; **крупный ~** big business ~; **ликвидный ~** liquid ~; **международный ~** international ~; **мертвый ~** idle ~; **монополистический ~** monopoly ~; **накопленный ~** accumulated ~; **наличный ~** cash funds; **налог на ~** tax on ~; **непроизводительный ~** unproductive ~; **нехватка ~а** ~ shortage; **обесценение ~а** depreciation of ~; **оборотный ~** working ~; **объявленный ~** stated ~; **основной ~** fixed ~; **отток ~а ~** outflow; **первоначальный ~** initial ~; **перевод ~а за границу** transfer of ~ abroad; **переменный ~** variable ~; **постоянный ~** constant ~; **привлеченный ~** debt ~; **приток ~а** inflow of ~; **предоставлять ~** to provide ~; **привлекать ~** to attract ~; **производительный ~** productive ~; **промышленный ~** industrial ~; **разблокирование ~а** unblocking of ~; **размещение ~а** allocation of ~; **реальный ~** real ~; **резервный ~** reserve fund; **рынок ~а ~** market; **свободный ~** available ~; **совокупный ~** aggregate ~; **спрос на ~** demand for ~; **ссудный ~** borrowed ~; **товарный ~** commodity ~; **торговый ~** commercial ~; **уставный ~** charter ~; **фактический ~** actual ~; **частный ~** private ~

капиталец a tidy sum

капитализированный capitalized
капиталистический capitalist
капиталовложени/е capital investment; **ассигнования на ~**; capital appropriations; **бюджет ~й** capital budget; **валовые ~я** gross investments; **внутренние ~я** domestic investments; **возможности для ~й** opportunities for investment; **государственные ~я** public investments; **заграничные ~я** foreign investments; **крупные ~я** major investments; **малоприбыльные ~я** low-yield investments; **надежные ~я** secure investments; **первоначальные ~я** original investments; **план ~й** investment plan; **плановые ~я** planned investments; **совместные ~я** joint capital investments; **сокращать ~я** to curtail investments; **стимулы для ~й** investment incentives; **увеличивать ~я** to increase capital investments
капитан captain, master; **вознаграждение ~у с фрахта** primage; **декларация ~а** master's declaration; **нотис ~а** captain's notice; **помощник ~а** mate; **второй помощник ~а** second mate; **старший помощник ~а** first mate
капитанский captains, masters
капкан trap; **попасться в ~** to fall into a trap
карантин quarantine; **в ~е** under quarantine; **вводить ~** to introduce a quarantine; **выпустить из ~а** to release from quarantine; **подвергнуть ~у** to subject to quarantine; **снятие ~а** lifting of quarantine; **свидетельство о снятии ~а** quarantine certificate
карантинный quarantine
карательный punitive, retaliatory
карго cargo
каргоплан stowage plan
карго-трайлер cargo-trailer
карт/а 1. (геогр.) map 2. card; **иметь хорошие ~ы** to have a good hand; **его ~ бита** his game is up; **поставить на ~у** to stake, to risk; **раскрыть свои ~ы** to show one's hand
картелизация cartelization
картелировать to cartelize
картель cartel; **сбытовой ~** sales cartel; **экспортный ~** export cartel
картельный cartel
картотек/а index card file; **справиться по ~е** to consult one's files
карточка card; **адресная ~** address ~; **визитная ~** calling ~; **идентификационная ~** identification ~; **кредитная ~** credit ~; **почтовая ~** postcard; **регистрационная ~** registration ~
касс/а cashier's desk, cash register; **билетная ~** ticket office; **вклад в сберегательную ~у** savings deposit; **деньги в ~е** cash on hand; **ликвидационная ~** clearinghouse; **остаток ~ы** cash balance; **проводить ревизию ~ы** to make a cash audit; **счет ~ы** cash account; **сберегательная ~** savings bank; **страховая ~** social insurance office
касательно concerning, regarding
касательство connection (к - with); anything to do (к - with); **мы не имеем никакого ~а к этому делу** we have no connection (или we have nothing to do) with the matter или we are not concerned in the matter
каса/ться 1. (упоминать, затрагивать) to touch (on, upon); **в своем письме агент ~ется вопроса о ценах** in his letter the agent touches upon the question of prices; 2. (иметь отношение) to concern; **это дело нас не ~ется** the matter does not concern us или we are not concerned in the matter; **что ~ется** as regards или as to, или as for, **поскольку это ~ется чего-л.** so far as something is concerned
кассаци/я cassation; **подать ~ю** to appeal; **~ в арбитраж** appeal to arbitration; **~ в кассационный суд** appeal to the court of cassation; **~ судебного решения** reversal of a Judgment
кассацион/ный: ~ная жалоба appeal; **~ суд** Court of Appeal, Court of Cassation
кассир cashier, paymaster, treasurer
кассировать to annul, to quash; to rescind, to reverse; **~ решение суда** to reverse a judgment
кассовый cash, cashier
каталог catalogue; (в США и Канаде) catalog; **~ аукци-**

она auction bill; **вносить в ~** to include in a; **~ выпускать ~** to issue a ~; **выставочный ~** exhibition ~; **детальный ~** comprehensive ~; **издатель ~a** publisher of a ~; **иллюстрированный ~** illustrated ~; **~ машин** ~ of machines; **общий ~** general ~; **полный ~** complete ~; **последний ~** latest ~; **предоставить ~и** to provide ~s; **раздавать ~и** to distribute ~s; **составлять ~** to compile a ~; **типичный ~** typical ~; **типовой ~** standard ~; **фирменный ~** company ~; **~ запчастей** parts ~

катастрофа catastrophe, disaster; accident

категория category

кафедра faculty, rostrum

качеств/о grade, merit, quality, sort; **анализ ~a продукции** product quality analysis; **аттестат ~a** quality clearance; **базисное ~** base quality; **безупречное ~** unimpeachable quality; **в ~e** in the capacity of; **высокое ~** high (или superior) quality; **высшее ~** higher quality; **гарантированное ~** guaranteed quality; **гарантировать высокое ~** to guarantee high quality; **гарантия ~a** quality guarantee; **деловые ~a** business qualities; **дешевое ~** cheap quality; **допустимое ~** tolerance quality; **изменение ~a** change in quality; **изменять ~** to change the quality; **инспекция по ~y** quality control inspection; **коммерческое ~** commercial quality; **контролировать ~** to engage in quality control; **контроль ~a** quality control; **лучшее ~** best quality; **надлежащее ~** appropriate quality; **нарушение стандарта ~a** violation of quality standards; **ненадлежащее ~** inferior quality; **неудовлетворительное ~** unsatisfactory quality; **низкое ~** low (или inferior) quality; **норма ~a** standard of quality; **нормативное ~** standard quality; **обеспечивать ~** to provide quality; **образец продукта для оценки ~a** sample product for quality analysis; **обусловить ~** to stipulate quality; **общее ~** overall quality; **оптимальное ~** optimal quality; **отличное ~** excellent quality; **оценка ~a** quality analysis; **оценивать ~** to evaluate quality; **первоклассное ~** first class quality; **показатель ~a** quality indicator; **приемлемое ~** acceptable quality; **принимать товар по ~y** to accept goods on the basis of quality; **проверка ~a** quality check; **самое лучшее ~** very best quality; **свидетельство о ~e** assay certificate, quality certificate; **спецификация ~a** quality specification; **среднее ~** average quality; **таблица контроля ~a** quality control table; **техническое ~** technical quality; **экспертиза по ~y** expert's quality report; **эксплуатационные ~a** operational quality; **экспортное ~** export quality; **~, обусловленное договором** stipulated quality

качественный qualitative, quality

квадрат square; **возвести в ~** to square; **в ~e** squared; **дурак в ~e** doubly a fool

квадратн/ый square; **~ корень** square root; **~ое уравнение** quadratic equation

квалификаци/я efficiency, qualification, skill; **высокая профессиональная ~** high professional skill; **необходимая ~** necessary qualification; **производственная ~** professional skill; **специалист высокой ~и** highly-qualified expert; **повышать ~ю** to improve skills; **получать производственную ~ю** to acquire professional skill

квалификационный qualifying

квалифицированный qualified, skilled

квалифицировать to qualify

квартал block (of a city), quarter; **жилые ~ы** residential districts; **задолжать за несколько ~ов** to be several quarters past due; **текущий ~** current accounting quarter

квартальный quarterly

квартирная плата rent

квартиронаниматель tenant

квартирохозяин landlord

квитанция receipt; **багажная ~** baggage claim ticket; **временная ~** interim ~; **выдавать ~ю** to issue a ~; **грузовая ~** consignment note; **грузовая воздушная ~** air consignment note; **депо-

зитная ~ deposit ~; **железнодорожная** ~ railway ~; **залоговая** ~ pawn ticket; **лоцманская** ~ pilot's bill; **почтовая** ~ postal ~; **представлять ~ю** to submit a ~; **складская** ~ warehouse ~; **сохранная** ~ safe deposit ~; **товаросопроводительная** ~ freight warrant; **форма ~и** form; ~ **авиапочтового отправления** airmail ~; ~ **на почтовую посылку** parcel post ~; **об уплате страхового взноса** insurance premium ~; ~ **о подписке** subscription ~; ~ **о принятии заявки** filing ~
квот/а quota; **введение ~ы** introduction of ~s; **иммиграционная** ~ immigration ~; **импортная** ~ import ~; **количественная** ~ quantitative ~; **максимальная** ~ maximum ~; **минимальная** ~ minimum ~; **налоговая** ~ tax ~; **общая** ~ global ~; **отмена ~ы** abolition of a ~; **применять систему** ~ to impose a system of ~s; **тарифная** ~ tariff ~; **установленная** ~ established ~; **экспортная** ~ export ~; ~ **в Международном Валютном Фонде** International Monetary Fund ~ (IMF quota); ~ **морского фрахта** sea freight ~
квотирование quota allocation; ~ **иностранной валюты** ~ of foreign exchange
кегль point
килограмм kilogram (*сокр.* kg, *мн. ч.* kgs)
киноаппаратура movie equipment

кинозал movie theater
кинолента movie film
киноматериалы film clips
кинооборудование motion picture equipment
кинореклама trailer {motion picture}
киноустановка movie projector; **передвижная** ~ portable ~
кинофильм film, movie; **рекламный** ~ advertising film
кипа bale, pile, stack; **быть упакованным в ~ах** to be packed in bales; **лишняя** ~ odd bale; **обтягивать ~у** to strap a bale; **половина ~ы** half a bale; ~ **хлопка** bale of cotton; ~ **целлюлозы** bale of paper pulp; ~ **шерсти** bale of wool
клапан valve; **предохранительный** ~ safety valve; **сердечный** ~ mitral valve; (**на одежде**) flap
кларировать to clear a vessel {through customs}
класс class, sort; category, group; **второй** ~ second class; **относить к ~у** to class; **быть отнесенным к ~у** to be classed **первый** ~ first class; ~ **судна** class of a vessel; ~ **товара** class of goods
классификация classification, rating; **временная** ~ temporary classification; **официальная** ~ official classification; **таможенная** ~ customs classification; ~ **грузов** freight classification; ~ **судов** vessel rating system; ~ **услуг** service classification
классифицированный classed
классифицировать to classify

классный class
клаузула clause, proviso, stipulation
клевета calumny, slander
клеветать to slander
клей gleu
клейка gleuing
клейкий sticky
клеймёный branded
клеймить to brand, to stamp; to stigmatize; ~ **позором** to hold up to shame
клеймо brand label, brand stamp; **заводское** ~ manufacturer's trademark; **личное** ~ personal stamp; **опознавательное** ~ identification mark; **приемочное** ~ acceptance stamp; **ставить** ~ to brand, to stamp; **фабричное** ~ mill stamp
клен maple
клеть crate; **деревянная** wooden ~
клиент client, customer; **возможные ~ы** potential clients; **крупный** ~ major client; **неисправный** ~ defaulting customer; **основные ~ы** primary clients; **солидный** ~ solid client; ~ **банка** bank customer
клиентура clientele
климат climate; **деловой** ~ business ~; **жаркий** ~ hot ~; **международный** ~ international ~; **суровый** ~ severe ~
клип clip, video (*advertisement, music*)
клиринг clearing; **банковский** ~ bank ~; **валютный** ~ currency ~; **двухсторонний** ~ bilateral ~; **задолженность по ~у** ~ debt; **многосторонний** ~ multilateral ~; **односторонний** ~ unilateral ~; **платеж по ~у** ~

payment; **принудительный** ~ compulsory ~; **расчеты по ~у** clearings; **сальдо ~а** ~ balance; **система ~а** currency clearing system; **соглашение о ~е** ~ agreement; **счет по ~у** ~ account

клиринг банк clearing bank
клиринговый clearing
ключ key; **контракт "под ~"** turn key contract; **проект "под ~"** turn key project; **~ к шифру** to a code
кляп gag
кляуза slander, scandal; tale-bearing; barratry
книг/а book; **адресная ~** address ~; **банковская ~** bank ~; **бухгалтерская ~** account ~, ledger; **вести бухгалтерские ~и** to keep the account ~s; **вносить в ~у** to enter into the account ~; **выход ~и** publication of a ~; **грузовая ~** cargo ~; **запись в ~е** ~ entry; **кассовая ~** till ~; **обложка ~и** jacket of a ~; **перенос в бухгалтерскую ~у** carry-over in the account ~; **подписываться на ~у** to subscribe for a ~ (*e.g. multi volume*); **приходная ~** receipt ~; **приходно-расходная ~** cash receipts and payments; **~ проверять бухгалтерские ~и** to audit the ~s; **расходная ~** check register; **справочная ~** reference ~; **счетоводная ~ ~** of accounts; **телефонная ~** telephone ~ (*white pages*); **товарная ~** stock ~; **торговая ~** business ~
книжк/а booklet; **расчетная**

банковская ~ bank passbook; **чековая ~** checkbook
кнопк/а 1. drawing-pin; **прикрепить ~кой** to pin 2. press-button 3. button; knob
к. Co., Company
коверноr cover note, cover policy; **выписывать ~** to issue a cover note
код code; **международный ~** international ~; **персональный ~** personal identification number, PIN; **почтовый ~** postal ~, zip ~; **шифрованный ~** enciphered ~; **~ подрядчика** vendor ~; **~ проекта** project ~; **телеграфный ~** cable code; **по ~у** in code; **~ товара в каталоге** item number in a catalogue
кодекс code (codification); **антидемпинговый ~** anti-dumping ~; **гражданский ~** civil ~; **~ международного права** ~ of international law; **уголовный ~** criminal ~
кодировать to code, to codify
кожа 1. skin; hide; (*анат.*) cutis 2. leather; **свиная ~** pig-skin; **телячья ~** calf
кожзаменитель imitation leather, leatherette
колебани/е 1. (*частое изменение, неустойчивость*) fluctuation; variation; 2. (*нерешительность*) hesitation; **большие ~я** major fluctuations; **валютные ~я** currency fluctuations; **временные ~я** temporary fluctuations; **конъюнктурные ~я** market fluctuations;

кратковременные ~я short term fluctuations; **местные ~я** local fluctuations; **небольшие ~я** minor variations; **нерегулярные ~я** irregular fluctuations; **периодические ~я** periodical fluctuations; **постоянные ~я** constant fluctuations; **размах ~й валютного курса** exchange rate fluctuation band; **резкое ~** sharp swing; **с поправкой на сезонные ~я** adjusted for seasonal fluctuations; **сезонные ~я** seasonal fluctuations; **устойчивые ~я** sustained fluctuations; **циклические ~я** cyclical fluctuations; **чрезмерные ~я** excessive fluctuations; **~я спроса и предложения** fluctuations in supply and demand; **~я стоимости** fluctuations in costs; **~ цен** variation in prices
колебаться 1. (*меняться, быть неустойчивым*) to fluctuate; to vary; 2. (*быть нерешительным*) to hesitate
колеблющийся variable, fluctuating
количество 1. (*с исчисляемыми сущ.*) number, quantity; 2. (*с неисчисляемыми сущ.*) quantity; 3. (*сумма*) amount; **бесчисленное ~** innumerable quantity; **большое ~** large quantity; **в ограниченном ~е** in limited quantity; **выгруженное ~** quantity delivered; **добавочное ~** supplementary quantity; **допустимое ~** tolerance quantity; **доставка неполного**

~ a short delivery; **ежегодное** ~ annual quantity; **заказное** ~ ordered quantity; **значительное** ~ significant quantity; **контрактное** ~ contracted quantity; **максимально возможное** ~ maximum possible quantity; **малое** ~ small quantity; **наличное** ~ available quantity; **начальное** ~ initial quantity; **недостаточное** ~ insufficient quantity; **незначительное** ~ insignificant quantity; **необходимое** ~ required quantity; **неуточненное** ~ unspecified quantity; **обусловленное** ~ stipulated quantity; **общее** ~ total amount, overall quantity; **ограниченное** ~ limited quantity; **ощутимое** ~ appreciable quantity; **рекордное** ~ record quantity; **скидка за** ~ quantity discount
количественн/ый quantitative; ~ое **числительное** cardinal number
коллега colleague
коллеги/я board, collegium, panel; **апелляционная** ~ board of appeals; **арбитражная** ~ arbitration board; **судебная** ~ judicial board; **член** ~и member of the collegium
коллектив collective; **производственный** ~ production ~; **трудовой** ~ labor ~
коллективный collective
коллекция collection; ~ **образцов** ~ of samples
коловорот (*тех.*) brace
коловратность mutability, inconstancy
коловратный 1. rotary 2. nconstant, chageable
коловращение ratation
колонка column
колонтитул running title
колонцифра page number
колоссальный colossal; terrific, great
команд/а crew, team; **аварийная** ~ emergency crew; **судовая** ~ ship's crew; **управленческая** ~ management team; **обучение** ~ы training of a crew
командирование business travel; ~ **специалистов** field travel by experts
командировать to send on a business trip
командировк/а business trip; **быть в** ~е to be away on business; **длительная** ~ extended ~; **зарубежная** ~ ~; **краткосрочная** ~ short-term ~; **служебная** ~ official ~
командировочные traveling expenses
комбайн combine-harvester
комбинат combine (*amalgamated industrial concern*); **производственные** ~ы production ~s; **промышленный** ~ industrial ~; **учебный** ~ training center
комбинация combination; (*экон.*) merger 2. (*фиг.*) scheme, system; **возможная** ~ possible combination
комбинированный combined
комиссионер commission agent, broker, jobber, middleman; **берущий на себя делькредере** del credere agent
комиссион/ные 1. (*вознаграждение*) commission (fees); 2. (*временный или постоянный орган*) commission, committee; **взимать** ... % ~ных to charge ... % ~; **вычесть банковские** ~ **из денежного перевода** to deduct bank fees from money transfer; **перестраховочные** ~ re-insurance ~; **платить** ~ to pay ~; **получать** ~ to receive a ~; **процент** ~ных percentage rate of ~; **размер** ~ных measure of a ~; ~ **за продажу** sales ~; ~ная **фирма** commission house; ~ное **вознаграждение,** ~ные commission; ~ная **продажа** sale on commission или commission sale
комисси/я commission, committee; **акцептная** ~ acceptance commission; **арбитражная** ~ arbitration panel; **аттестационная** ~ certifying committee; **банковская** ~ banking committee; **брать товар на** ~ю to take goods on commission; **брокерская** ~ brokerage fee; **бюджетная** ~ budget committee; **временная** ~ interim committee; **государственная** ~ state committee; **закупочная** ~ purchasing committee; **консультативная** ~ consultative committee; **контрольная** ~ oversight committee; **координационная** ~ coordinating committee; **ликвидационная** ~ liquidation committee; **Морская Арбитражная** ~ Maritime Arbitration Commission; **объединённая** ~ unified committee; **операционная** ~ operating committee; **от-**

раслевая ~ sectoral committee; **оценочная** ~ evaluating committee; **плановая** ~ planning committee; **постоянная** ~ standing committee; **правительственная** ~ government commission; **процентная** ~ percentage commission; **рабочая** ~ working party; **ревизионная** ~ audit committee; **смешанная** ~ joint committee; **создавать** ~ю to form a committee; **ставка** ~и rate of commission; **твёрдая** ~ fixed commission; **торговая** ~ trade committee; **трёхсторонняя** ~ trilateral committee; **фрахтовая** ~ freight brokerage; **член** ~и member of a committee; **экономическая** ~ economic commission; **экспертная** ~ expert commission; ~ **за авизо** commission on advice; ~ **за аккредитив** commission for letter of credit; ~ **за акцепт** commission for acceptance

комитент client, customer, principal (*обычно во мн. ч. - principals*); client(s)

комитет committee; **биржевой** ~ stock exchange ~; **временный** ~ interim ~; **исполнительный** ~ executive ~; **консультативный** ~ advisory ~; **координационный** ~ coordinating ~; **межправительственный** ~ intergovernmental ~; **организационный** ~ organizing ~; **подготовительный** preparatory ~; **постоянный** ~ standing ~; **рабочий** ~ working ~; **редакционный** ~ drafting ~; **руководящий** ~ steering ~; **тендерный** ~ tender ~; **управленческий** ~ management ~; **финансовый** ~ financial ~

коммерсант businessman, merchant

коммерци/я commerce, trading; **заниматься** ~ей to conduct business

коммерциализация commercialization

коммерческий commercial

коммюнике communique; **совместное** ~ joint ~; **опубликовать** ~ to issue a ~

компани/я company; **авиационная** ~ airline ~; **акционерная** ~ joint stock ~; **ведущая** ~ leading ~; **государственная** ~ state ~; **государственная** ~ **с ограниченной ответственностью** state ~ with limited liability; **дочерняя** ~ subsidiary ~; **железнодорожная** ~ railway ~; **заокеанская** ~ overseas ~; **инвестиционная** ~ investment ~; **иностранная** ~ foreign ~; **конкурентная** ~ competitive ~; **контролирующая** ~ holding ~; **крупная** ~ major ~; **крупнейшие** ~и principal ~s; **лизинговая** ~ leasing ~; **ликвидация** ~и liquidation of a ~; **ликвидировать** ~ю to liquidate a ~; **материнская** ~ parent ~; **международная** ~ international ~; **монополистическая** monopolistic ~; **налог с доходов акционерных** ~й corporate income tax; **национализированная** ~ nationalized ~; **нефтяная** ~ oil ~; **объединённая** ~ incorporated ~; **отдельная** ~ separate ~; **посылочная** ~ mail order ~; **промышленная** ~ industrial ~; **распределительная** ~ distribution ~; **слияние** ~й merger of ~s; **смешанная** ~ mixed ~; **создавать** ~ю to form a ~; **специализированная** ~ specialized ~; **стивидорная** ~ stevedoring ~; **страховая** ~ insurance ~; **строительная** ~ construction ~; **судоходная** ~ shipping ~; **торговая** ~ trading ~; **филиал** ~и affiliate of a ~; **фиктивная** ~ bogus ~; **финансовая** ~ finance ~; **холдинговая** ~ holding ~; **частная** ~ private ~; **с неограниченной ответственностью** unlimited liability ~; ~ **с ограниченной ответственностью** limited liability ~; **компания-держатель** holding ~; **компания-поставщик** supplier (company); **компания-проектировщик** designing ~

компаньон partner; **главный** ~ managing ~; **иностранный** ~ foreign ~; **младший** ~ junior ~; **старший** ~ senior ~; ~, **не принимающий активного участия в ведении дела** silent ~

компенсаци/я compensation, recompense; **в** ~ю in compensation of; **в качестве** ~и as compensation; **давать** ~ю to give compensation; **денежная** ~ cash refund, monetary compensation; **достаточная** ~ adequate compensation; **законная** ~ statutory compensation; **наросшая** ~ accrued indemnity; **недостаточная** ~ inadequate compensation; **платить ~ю** to pay compensation; **полная** ~ full compensation; **причитающаяся** ~ compensation due; **размер ~и** measure of compensation; **страховая** ~ insurance indemnity

компенсационный buy-back, compensatory

компенсировать to compensate, to indemnify, to reimburse; to recompense; *(об истраченных суммах)* to refund

компетентный competent *(in various senses)*

компетенци/я competence *(или* competency), jurisdiction; **в пределах ~и** within the competence of; **входить в ~ю** to come under the jurisdiction of; **выходить за пределы ~и** to be outside the competence of

комплекс complex; **агропромышленный** ~ agro-industrial ~; **внешнеэкономический** ~ foreign economic ~; **выставочный** ~ exhibition ~; **гостиничный** ~ hotel ~; **нефтехимический** ~ petro-chemical ~; **паромный** ~ ferry ~; **портовый** ~ port ~; **производственный** ~ manufacturing ~; **промышленный** ~ industrial ~; **ноу-хау** know-how package; ~ **оборудования** equipment package; ~ **услуг** package of services

комплексный comprehensive, complex

комплект set; **в ~е ...** complete with ...; **двойной** ~ duplicate ~; **индивидуальный** ~ individual ~; **полный** ~ complete ~; **полный** ~ **коносаментов** complete (full) ~ of bills of lading; **поставлять в ~е** to provide as a ~; **предоставлять полный** ~ to provide a complete ~; **резервный** ~ stand-by ~; **цена за** ~ price per stand; ~ **документов** ~ of documents; ~ **запчастей** ~ of spare parts; ~ **инструментов** tool kit; ~ **материалов заявки** application file; ~ **оборудования** ~ of equipment; ~ **образцов** ~ of samples; ~ **приборов** ~ of instruments; ~ **упаковочных листов** ~ of packing lists

комплектация packing list

комплектно complete; ~ **со всеми принадлежностями** complete with all accessories

комплектность completeness

комплектный complete; ~ **завод** complete plant, **~ная фабрика** complete factory

комплектование completion; ~ **оборудования** ~ of equipment; ~ **рабочей силой** manning, staffing

комплектовать to complete, to make a set

комплектовочная ведомость delivery list

компонент component; **высококачественные ~ы** high quality ~s; **отдельные ~ы** separate ~s; **специфические ~ы** specific ~s

компрессор compressor; **воздушный** ~ air compressor

компромисс compromise; **достигать ~а** to reach a ~; **пойти на** ~ to make a ~

компромиссный compromise

компьютер computer; **IBM-совместимый** ~ IBM-compatible ~

конвенция convention; **заключать ~ю** to conclude a ~; **консульская** ~ consular ~; **международная** ~ international ~; **подписывать ~ю** to sign a ~; **ратифицировать ~ю** to ratify a ~; **таможенная** ~ customs ~

конвенционный convention, conventional

конверси/я conversion; ~ **займа** ~ of a loan

конверт cover, envelope; **в отдельном** ~ under separate cover; **в том же ~е** under the same cover; **вкладыш в ~е** mailing insert; **водонепроницаемый** ~ waterproof cover, envelope; **вскрывать** ~ to open an envelope; **запечатанный** ~ sealed envelope; **запечатывать** ~ to seal an envelope; **надписывать** ~ to address an envelope; ~ **с маркой** stamped envelope

конвертировать to convert; *см.* **переводить 2**

конвертируемость convertibility; ~ **валюты** ~ of currency

конвертируемый convertible; **свободно** ~ freely ~

конгломерат conglomeration; conglomerate

конгресс congress; **всемирный** ~ world ~; **международный** ~ international ~;

научный ~ scientific ~; проводить ~ to hold a ~
конечный final, ultimate
конкурент competitor; rival; важнейшие ~ы major ~s; воспрепятствовать проникновению ~ов to forestall the market entry of ~s; иностранные ~ы foreign ~s; местные ~ы local ~s; основной ~ main ~; потенциальный ~ potential ~
конкурентный competitive
конкурентоспособност/ь competitiveness, competitive position; показатель ~и indicator of competitiveness; повышать ~ to increase competitiveness
конкурентоспособный competitive (goods, services)
конкуренци/я competition; активная ~ active ~; внутриотраслевая ~ intrasectoral ~; выдерживать ~ю to withstand ~; глобальная ~ global ~; давление ~и competitive pressure; жестокая ~ stiff ~; косвенная ~ indirect ~; ликвидировать существующую ~ю to eliminate existing ~; межотраслевая ~ intersectoral ~; механизм ~и competitive mechanism; недобросовестная ~ unfair ~; неограниченная ~ unlimited ~; обострение ~и increase in ~; ожесточенная ~ cutthroat ~; оживленная ~ spirited ~; острая ~ keen ~; прямая ~ direct ~; разрушительная ~ ruinous ~; рыночная ~ market ~; свободная ~ free ~; скрытая ~ latent ~; хищническая ~ predatory ~; ценовая ~ price ~; честная ~ fair ~; чистая ~ pure ~
конкурировать to compete
конкурирующий competing
конкурс competition, contest; международный ~ international contest; участвовать в ~е to participate in a contest
коносамент bill of lading (*мн. ч.* bills of lading); бортовой ~ on board ~; внешний ~ outward ~; в соответствии с ~ом under a ~; внутренний ~ inland ~; вручать ~ to hand over a ~; групповой ~ groupage ~; дата ~а date of a ~; дата подписания ~а signature date of a ~; датированный более поздним числом ~ post dated ~; держатель ~а holder of a ~; заполненный ~ completed ~; именной ~ straight ~ short form ~; линейный ~ liner ~; локальный ~ local ~; морской ~ steamer ~; необоротный ~ non negotiable ~; нечистый ~ unclean ~; номер ~а ~ number; ордерный ~ order ~; оригинал ~а original ~; оригинальный ~ original ~; отметка в ~е reservation in a ~; по ~у against a ~; подписывать ~ to sign a ~; предъявитель ~а bearer of a ~; проформа ~а pro forma ~; прямой ~ direct ~; речной ~ river ~; сборный ~ groupage ~; сквозной ~ through ~; складской ~ warehouse ~; служебный ~ service ~; транспортный ~ delivery note; условия ~а ~ terms; форма ~а ~ form; чистый ~ clean ~; экземпляр ~а copy of a ~; ~, выданный на определенное лицо straight ~; ~, выписанный приказу какого-л. лица a bill of lading made out to order of somebody; ~ на груз, принятый для погрузки (*или* перевозки) "received for shipment" bill of lading; полный комплект чистых бортовых ~ов, выписанных приказу какого-л. лица full set of clean "on board" bills of lading made out to order of somebody; выписать ~ to make out a ~; товар по ~у № 1 (по всем ~ам) goods on ~ No. 1 (on all bills of lading)
консервативный conservative
консервы tinned goods; (*амер.*) canned goods; рыбные ~ tinned" (*или* canned) fish; фруктовые ~ tinned (*или* canned) fruit
консигнант consignor
консигнатор consignee
консигнаци/я consignment; безвозвратная ~ non returnable ~; возвратная ~ returnable; ~ договор ~и contract of ~; срок ~и term of ~; условия ~и terms of ~; находиться на ~и to be on ~; отправлять на ~ю to forward on ~; послать товар на ~ю to send goods on consignment
консигнационный consignment
консолидация consolidation

консолидировать to consolidate

консорциум consortium, syndicate; **банковский ~** consortium of banks; **вступать в ~** to join a consortium; **выходить из ~а** to withdraw from a consortium; **международный ~** international syndicate

константа constant

констатация ascertaining; verification, establishment

констатировать to ascertain; to verify, to establish; **~ факт** to establish a fact; **~ смерть** to certify death

констелляция constellation

конституировать to constitute, to set up

конструирование designing, engineering

конструировать to design, to engineer (*сооружать*) to construct; (*проектировать*) to design

конструктивный constructed

конструктор designer, engineer; **ведущий ~** design project leader; **главный ~** chief designer

конструкторский design

конструкция 1. (*сооружение*) construction; 2. (*проект, структура*) design; **анализ ~и** design analysis; **выбор варианта ~и** design selection; **дефект в ~и** engineering defect; **изменение в ~и** redesign; **надежная ~** reliable design; **нарушение ~и** infringement of design; **ненадежная ~** unreliable design; **неправильная ~** faulty design; **новейшей ~и** of the latest design; **одобрение ~и** design approval; **опорная ~** supporting framework; **оптимальная ~** optimum design; **особая ~** custom design; **пересмотр ~и** design review; **применять ~ю** to apply a design; **проверять ~ю** to check a design; **современная ~** modern design; **типовая ~** standard design; **уникальная ~** unique design

консул consul; **генеральный ~** Consul-General

консульство consulate

консультант consultant, adviser; **главный ~** chief ~; **научный ~** scientific ~; **платный ~** paid ~; **технический ~** technical ~

консультативный advisory, consultative

консультация advice, consultation; **техническая ~** technical consultation; **юридическая ~** legal clinic, legal consultation bureau; **~ юриста** legal advice

консультационный consultant

консультироваться to consult

контакт communication, contact; **быть в ~е** to be in contact; **быть в постоянном ~е** to be in constant contact; **внешние ~ы** external communications; **внутренние ~ы** internal communications; **вступить в ~** to make contact; **дальнейшие ~ы** further contacts; **деловые ~ы** business contacts; **наладить личные ~ы** to develop personal contacts; **косвенные ~ы** indirect contacts; **личные ~ы** personal contacts; **начальные ~ы** initial contacts; **неофициальные ~ы** unofficial contacts; **непосредственные ~ы** direct contacts; **поддерживать ~** to maintain contact; **тесный ~** close contact; **торговые ~ы** trade contacts

контанго contango (*futures exchange*)

контейнеризация containerization

контейнеровоз containerized vessel

контейнер container; **большегрузный ~** high capacity ~; **влагонепроницаемый ~** moisture proof ~; **вывозить ~** to pick up a ~; **заполнять ~** to load a ~; **грузовой ~** cargo ~; **железнодорожный ~** railway ~; **крупнотоннажный ~** heavy tonnage ~; **неохлаждаемый ~** unrefrigerated ~; **обработка ~ов** handling of ~s; **опечатанный ~** sealed ~; **охлаждаемый ~** refrigerated ~; **полногрузный ~** fully loaded ~; **прокат ~ов ~** leasing; **простой ~а** demurrage of a ~; **пустой ~** empty ~; **разгружать ~** to unload a ~; **распаковать ~** to unpack a ~; **рефрижераторный ~** refrigerated ~; **x-футовый ~** x-foot ~ (*где x означает тоннаж, напр. 20, 40 т.*); **транзитный ~** transit ~; **универсальный ~** universal ~; **усиленный ~** reinforced ~; **эластичный ~** flexitainer

контейнеризованный containerized

контейнерный container
контейнер-прицеп container trailer
контейнер-холодильник refrigerated container
контейнер-цистерна tank container
контингент contingent, quota; **ввозные ~ы** import quotas; **импортные ~ы** import quotas; **индивидуальные ~ы** individual contingents; **отмена ~а** abolition of a quota; **экспортные ~ы** export quotas
контингентирование quantitative restrictions
континентальный continental
контокоррент current account *(in account books)*
контокоррентный current account
контор/а office, bureau; *(отдел объединения)* department; **банкирская ~** bank; **главная ~** head office; **грузовая ~** freight ~; **директор ~ы** ~ manager; **зарегистрированная ~** registered ~; **импортная ~** import ~; **нотариальная ~** notary ~; **открыть ~у** to open an ~; **приемочная ~** reception room; **проектная ~** design ~; **разменная ~** exchange ~; **ревизионная ~** audit ~; **страховая ~** insurance ~; **фрахтовая ~** freight ~; **экспортная ~** export ~
конторский office
конторщик clerk
контрабанд/а contraband, smuggling; **изъятие ~ы** seizure of contraband; **заниматься ~ой** to be engaged in smuggling
контрабандный contraband

контрагент counterpart *(party in contract)*
контракт contract, agreement (**на** for); **аккордный ~** package deal; **аннулирование ~а** annulment of a ~; **аннулировать ~** to annul a ~; **большой ~** large ~; **будущие ~ы** future ~s; **в исполнение ~а** in performance of a ~; **в пределах ~а** within contractual limits; **в соответствии с ~ом** in accordance with a ~; **валюта ~а** ~ currency; **вводить ~ в силу** to bring a ~ into effect; **взаимовыгодный ~** mutually profitable ~; **вносить изменения в ~** to make modification to a ~; **вносить поправки в ~** to make corrections to a ~; **возобновлять ~** to renew a ~; **выгодный ~** profitable ~; **выполнение ~а** performance of a ~; **выполнять ~** to perform under a ~; **гербовой сбор с ~а** stamp tax on a ~; **глобальный ~** global ~; **дата вступления ~а в силу** effective date of a ~; **дата подписания ~а** signature date of a ~; **действительный ~** valid ~; **действующий ~** operating ~; **детали ~а** details of a ~; **договоренность по ~у** contractual understanding; **долгосрочный ~** long-term ~; **дополнение к ~у** appendix to a ~; **ежегодные ~ы** annual ~s; **заключать ~** to conclude a ~; **заключенный ~** executed ~; **засекреченный ~** classified ~;

изменение к ~у modification to a ~; **исключительный ~** exclusive ~; **исполнение ~а** performance of a ~; **кассировать ~** to rescind a ~; **краткосрочный ~** short term ~; **на базе ~а** on a contractual basis; **на условиях, предусмотренных в ~е** under the conditions contemplated in a ~; **нарушать ~** to breach a ~; **нарушение ~а** breach of a ~; **недействительный ~** void ~; **невыполненный ~** outstanding ~; **образец ~а** form of a ~; **обсуждать ~** to negotiate a ~; **общая стоимость ~а** total ~ value; **общие условия ~а** general conditions of a ~; **обязательства по ~у** ~ obligations; **обязанный по ~у** bound by ~; **оговорка в ~е** clause in a ~; **оригинал ~а** original of a ~; **основной ~** prime ~; **оспоримый ~** voidable ~; **отвечать условиям ~а** to conform to the terms of a ~; **открытый ~** open ended ~; **официальный ~** official ~; **оформленный ~** formal ~; **оформлять ~** to execute a ~; **параграф ~а** paragraph of a ~; **парафировать ~** to initial a ~; **первоначальный ~** original ~; **переписка по ~у ~** correspondence; **пересматривать ~** to revise a ~; **по контракту** (*или* **по договору**), **согласно контракту, на основании контракта** under the contract, **по ~у покупатели обязаны открыть**

аккредитив under the ~ the buyers are obliged to open a letter of credit; **по условиям ~а** under the conditions of a ~; **подготовить ~** to prepare a ~; **подписание ~а** signing of a ~; **подписывать ~** to sign a ~; **подтверждать ~** to confirm a ~; **получать ~** to be awarded a ~; **поощрительный ~** incentive ~; **поправка к ~у** amendment to a ~; **поставка по ~у** contractual delivery; **поставлять по ~** to deliver under a ~; **правительственный ~** government ~; **пределы ~а** bounds of a ~; **предлагаемый ~** proposed ~; **предмет ~а** subject of a ~; **представлять ~ на рассмотрение** to submit a ~ for consideration; **предшествующий ~** previous ~; **прекращать действие ~а** to suspend a ~; **претензия по ~у** claim under a ~; **приемлемый ~** acceptable ~; **приложение к ~у** annex to a ~; **принимать ~** to accept a ~; **проект ~а** draft ~; **противоречить ~у** to be in conflict with a ~; **пункт ~а** item of a ~; **рассматривать ~** to consider a ~; **расторгать ~** to repudiate a ~; **расторгать ~ полностью** to repudiate a ~ in toto; **расторжение ~а** repudiation of a ~; **словесный ~** verbal ~; **соблюдать условия а** to observe the terms of a ~; **согласно ~у** as per the ~; **соглашаться на ~** to agree upon a ~; **солидный ~** solid (substantial) ~; **соответствующий ~** appropriate ~; **составлять ~** to draw up a ~; **спор по ~у ~** dispute; **срочный ~** fixed term ~; **статья ~а** article of a ~; **сущность ~а** essence of a ~; **типовой ~ form ~**, standardized ~; **текст ~а** text of a ~; **толкование ~а ~** interpretation; **торговый ~** commercial ~; **условия ~а** conditions of a ~; **финансировать ~** to finance a ~; **форма ~а** form of a ~; **фрахтовый ~** freight ~; **фьючерсный ~** futures ~ (commodities exchange); **цена по ~у ~** price; **~ купли продажи** buy-sell ~; **~ на обслуживание** service ~; **~ на продажу** sales ~; **~ на реальный товар** spot ~ (commodities exchange); **~ на строительство "под ключ"** turn key construction ~; **~ на техническое обслуживание** technical services ~; **~ на товар** commodity ~; **~ на фрахтование судна** charter party ~; **~ "полу под ключ"** semi turn key ~; **"продакшн шеринг" ~** production sharing ~; **цена по ~у** the contract price; **в счет ~а, в частичное или полное погашение ~а** against the contract; **мы отгрузили 3000 тонн руды по ~у № 100** we have shipped 3,000 tons of ore against Contract No. 100

контрактный contract
контрактовать to contract
контрактующий contracting (party)
контрассигнант countersignatory
контрассигнация countersignature
контрассигновать to countersign
контрейлер piggy back trailer
контрейлерный piggy back (trailer)
контрмера counter measure
контрол/ь check, control, monitoring, supervision, verification; **автоматический ~** automatic check; **административный ~** administrative control; **акт ~я** certificate of inspection; **бухгалтерский ~** accounting control; **валютный ~** foreign exchange control; **внешний ~** outside control; **внутренний ~** internal control; **восстанавливать ~** to reestablish control; **выборочный ~** random control; **государственный ~** state control; **единообразный ~** uniform control; **жесткий ~** strict control; **кредитный ~** credit control; **личный ~** personal control; **метод ~я** inspection method; **метод ~я качества** quality control method; **народный ~** popular control; **непосредственный ~** direct control; **непрерывный ~** uninterrupted control; **нормальный ~** standard control; **обеспечить ~** to assure control; **осуществлять ~** to exercise control; **общественный ~** social control; **оперативный ~** operational

control; **орган ~я** control authority; **отменять ~** to remove control; **отсутствие ~я** lack of control; **паспортный ~** passport control; **периодический ~** periodic control; **передавать под ~** to place under control; **пограничный ~** border control; **подробный ~** detailed monitoring; **полный ~** full control; **последовательный** sequential control; **постоянный ~** constant supervision; **правила ~я** control regulations; **прямой ~** direct control; **рабочий ~** workers' control; **разумный ~** reasonable control; **регулярный ~** regular control; **сохранять ~** to maintain control, to retain control; **специальный ~** special control; **сплошной ~** total verification; **ставить под ~** to place under control; **строгий ~** strict control; **счетный ~** counting control; **таблица ~я качества** quality control schedule; **таможенный ~** customs control; **текущий ~** current control; **технический ~** technical control; **финансовый ~** financial control; **эксплуатационный ~** field inspection; **экспортный ~** export control; **усиливать ~** to strengthen control; **устанавливать ~** to establish control; **~ качества продукции** quality control; **~ над банковской деятельностью** banking control; **~ над загрязнением окружающей среды** environmental control; **~ над потребительским кредитом** consumer credit control; **~ над ценами и заработной платой** wage and price control; **~ цен** price control

контролер comptroller; **генеральный ~** general; **заводской ~** plant ~; **таможенный ~** customs inspector; **~ отчетности** auditor

контролирование monitoring; **~ процесса** process ~

контролировать to check, to monitor

контролируемый monitored, supervised

контролирующий monitoring, supervisory

контрольный control

контроферта counter offer

контрпредложение counter proposal, counter offer

контрпретензия counterclaim

контрстали/я demurrage, lay day; **оплачивать ~ю** to pay demurrage

контрсталийный demurrage, lay day

контртребование counter claim; **выдвигать ~** to advance a ~; **оспаривать ~** to contest a ~; **отвергать ~** to reject a ~; **предъявлять ~** to file a ~

контрудар counter-blow

конус cone

конусообразный conical

конфедеративный confederative

конференц зал conference hall

конференциальный conference

конференция conference; **бюллетень ~и** journal of a ~; **предварительная ~** preliminary ~

конфиденциальност/ь confidentiality; **обеспечение ~и** guarantee of ~; **соблюдать ~** to keep ~

конфиденциальн/ый confidential; **считать ~м** to consider ~

конфискаци/я forfeiture, confiscation; **акт о ~и груза таможней** seizure note; **подлежать ~и** to be subject to forfeiture

конфискованный forfeited, seized

конфисковать to confiscate

конфликт clash; conflict, dispute; **избегать ~ов** to avoid conflicts; **разрешение ~а** settlement of a dispute; **трудовой ~** labor dispute; **~ интересов** conflict of interests

конфликтный disputed

конфликтовать to clash (with), to come up (against)

конфликтующий conflicting

конфронтация confrontation, showdown

концентрация concentration; **допустимая ~** permitted ~; **рыночная ~** market ~; **~ капитала** ~ of capital; **~ материальных ресурсов ~** of material resources

концентрировать to concentrate

концепция concept; **доказанная ~** proven ~; **~, принадлежащая фирме** proprietary ~ of a firm

концерн concern; **банковский ~** banking ~; **крупный ~** major ~; **международный ~** international ~;

многонациональный ~ multinational ~; промышленный ~ industrial ~
концессия concession; возобновлять ~ю to renew a ~; иностранная ~ foreign ~; получать ~ю to receive a ~; предоставлять ~ю to grant a ~
концессионер concessionaire
концессионный concessionaire
конъюнктура juncture, state of affairs, state of the market; благоприятная ~ favorable conditions; будущая экономическая ~ economic outlook; высокая ~ boom, peak in the business cycle; вялая ~ stagnation in the business cycle; деловая ~ business conditions; застойная ~ stagnation; инфляционная ~ inflationary conditions; колебание ~ы market fluctuations; общехозяйственная ~ macroeconomic conditions; перенапряжение ~ы over heating of the market; подъем ~ы business recovery; понижение ~ы downturn; прогноз ~ы business cycle forecast; развитие ~ы economic trend; спад ~ы slump; товарная ~ commodity market conditions; улучшение ~ы improvement of the economic situation; ухудшение ~ы deterioration of the economic situation; ~ региональных рынков conditions of regional markets; ~ рынка condition of the market, market equilibrium; ~ рынка, выгодная для покупателя buyer's market; ~ рынка, выгодная для продавца seller's market

кооперант participant in a cooperative
кооператив cooperative; потребительский ~ consumer's cooperative; производственный ~ production cooperative
кооперативный cooperative
кооперация collaboration, cooperation крупномасштабная ~ full scale cooperation; международная ~ international cooperation; межфирменная ~ inter firm collaboration; плодотворная ~ fruitful collaboration; потребительская ~ consumer cooperative society; экономическая ~ economic cooperation
кооперированный cooperative
кооперировать to cooperate
координатор coordinator; проектный ~ project ~
координаци/я coordination; общая ~ overall ~; отсутствие ~и lack of ~; ~ продаж за рубеж export sales ~
координационный coordination
координировать to coordinate
копи/я copy, counterpart, duplicate; верная ~ true copy; выдавать ~и to issue a duplicate; делать ~ю to make a copy; заверить ~ю to certify a copy; заверенная ~ attested copy; засвидетельствованная ~ attested copy; засвидетельствование ~и attestation of a copy; ксероксная ~ xerox copy; легализованная ~ legalized copy; многочисленные ~и multiple copies; новая ~ fresh copy; отмеченная ~ red lined copy; официальная ~ official copy; печатная ~ printed copy; полностью оформленные ~и fully executed copies; представить светописные ~и чертежей to submit blueprints; прилагаемая ~ enclosed copy; приложить ~ю to append a copy; резервная ~ backup; светописная ~ blueprint ~; снимать ~ю to take a copy; снятие ~и duplication; согласно прилагаемой ~и as per enclosed copy; точная ~ exact copy; фотостатическая ~ photostatic copy; чистовая ~ fair copy; экземпляр ~и copy; ~ векселя copy of a bill, note; ~ документа copy of a document; ~ заявки duplicate of an application; ~ квитанции duplicate of a receipt; ~ коносамента duplicate of a bill of lading; ~ контракта counterpart of a contract; ~ патента copy of a patent; ~ письма copy of a letter; ~ протокола собрания copy of minutes of a meeting; ~ счета-фактуры copy of an invoice; ~ через копирку carbon copy; ~ чертежа print of a drawing; он точная ~ своего

отца he is the very image of his father
копна shock, stook; ~ **волос** shock of hair; ~ **сена** haycock
корзинка basket; **плетенная** ~ wicker ~; **упаковочная** ~ crate ~; ~ **валют** ~ of currencies; ~ **СДР** SDR ~ *(currencies constituting Special Drawing Rights)*
корм fodder
кормовой fodder
кормовые продукты feeding stuffs
коробейник peddler
коробк/а box, carton, case; **деревянная** ~ wooden case; **жестяная** ~ tin box; **за** ~**у** per carton; **картонная** ~ cardboard box; **подарочная** ~ gift box; **прочная** ~ heavy duty box; **складная** ~ collapsible carton; **стандартная** ~ standard carton
король king; baron; **газетный** ~ press baron; **нефтяной** ~ oil king
корпоративный corporate
корпораци/я corporate body, corporation; **акционерская** ~ stock corporation; **государственная** ~ public corporation; **дирекция** ~**и** board of directors of a corporation; **единоличная** ~ sole corporation; **иностранная** ~ foreign corporation; **многонациональная** ~ multinational corporation; **налог на** ~**ю** corporate tax; **налог с доходов** ~**и** corporate income tax; **печать** ~**и** corporate seal; **промышленная** ~ industrial corporation; **секретарь** ~**и** corporate secretary; **транснациональная** ~ transnational corporation; **устав** ~**и** charter of a corporation (articles); **частная** ~ privately held corporation
коррективы corrective, amendments
корректировать to adjust; ~ **цены** ~ prices
корректировка adjustment, correction; **статическая** ~ statistical adjustment; ~ **на сезонные колебания** seasonal adjustment
корректировочный adjustment
корректирующий correcting
корреляционный correlative
корреспондент correspondent; **иностранный** ~ foreign ~; ~ **газеты** newspaper ~
корреспондентский correspondent
корреспонденци/я correspondence; **входящая** ~ incoming ~; **заказная** ~ registered mail; **исходящая** ~ outgoing ~; **коммерческая** ~ commercial ~; **обмен** ~**ей** exchange of ~; **почтовая** ~ postal ~; **предварительная** ~ preliminary ~
коррозия corrosion
коррупция corruption, venality
котирование quoting; ~ **цен** ~ of prices
котировать to quote (price, rate)~ **цену** to quote a price, to quote (**на** - for)
котироваться to be quoted *(on exchange, etc.)*
котировка quotation; **биржевая** ~ exchange ~; **валютная** ~ foreign exchange ~; **дополнительная** ~ additional ~; **начальная** ~ starting ~; **номинальная** ~ nominal ~; **окончательная** ~ final ~; **ориентировочная** ~ specimen ~; **официальная** ~ official ~; **пересмотренная** ~ revised ~; **подробная** ~ detailed ~; **позиционная** ~ itemized ~; **предыдущая** ~ previous ~; **приложенная** ~ enclosed ~; **примерная** ~ pro forma ~; **рассмотреть** ~**у** to consider a ~; **рыночная** ~ market ~; **твёрдая** ~ firm ~; ~ **акций** stock ~; ~ **курсов** exchange rate ~; ~ **на товары с немедленной сдачей** spot market ~; ~ **при закрытии биржи** closing ~; ~ **при открытии биржи** opening ~; ~ **цен** ~ of prices
котировочный quoted
коэффициент coefficient, factor, ratio; **весовой** ~ weight coefficient; **общий** ~ total rate; **расчётный** ~ design ratio; ~ **валовой прибыли** gross profit ratio; ~ **выработки** output factor; ~ **доходности** earnings ratio; ~ **загрузки** coefficient of loading; ~ **затрат** input coefficient; ~ **использования** utilization ratio; ~ **ликвидности** liquidity ratio; ~ **мощности** capacity rate; ~ **надёжности** reliability index; ~ **окупаемости** return ratio; ~ **отдачи** output factor; ~ **полезного действия** efficiency, coefficient of performance; ~ **потерь** loss factor; ~ **продуктивности** coefficient of productivity;

~ рентабельности net profit ratio

краб crab; **крабовые консервы** tinned crab meat

кража larceny, theft; **~ со взломом** burglary {breaking and entering}

крайне extremely, very (very) much; **мы будем вам ~ обязаны** we shall be (very) much obliged to you; **товар ~ нужен нашим комитентам** the goods are urgently needed by our clients

крайний 1. (*чрезвычайный, исключительный*) extreme; **2.** (*последний, окончательный*) last, final; **крайний срок поставки** final date of delivery; **ваше предложение должно быть получено нами к 25 мая, как крайний срок;** your offer must be received by us by the 25th May at the latest; **3.** (*самый низкий*) lowest; **крайняя цена** lowest price; **по крайней (или меньшей) мере** at least; **в крайнем случае** in the last resort

кран crane; **аварийный -** wrecking **~ береговой ~** shore **грузоподъёмный -** lifting **~ доковый ~** dock **~ контейнерный ~** container **~ монтажный ~** construction **~ палубный ~** deck-mounted **~ передвижной ~** mobile **-плавучий ~** floating **~ подъёмный ~** hoisting **~ портальный ~** gantry **~**

кран crane; **плата за пользование краном** cranage

красить to paint

краска dye, paint; **антикоррозионная ~** rust-proof paint; **быстровысыхающая ~** quick-drying paint; **водостойкая ~** waterproof paint; **несмываемая ~** indelible paint

краткий short, brief, concise; **вкратце** briefly *или* in short *или* in a few words

краткосрочный short-term; **~ кредит** short-term credit; **~ вексель** short-dated bill *или* bill at short date

крах bankruptcy, collapse; **финансовый ~** financial collapse; **~ валюты** collapse of currency; **~ кредитной системы** collapse of credit system; **~ фирмы** bankruptcy of a firm; **~ фондовой биржи** stock market crash

кредит credit, lending, lending facility; **автоматически возобновляемый ~** revolving credit; **акцептно-рамбурсный ~** reimbursement credit; **акцептный ~** acceptance credit; **беспроцентный ~** interest-free credit; **бессрочный ~** unlimited {term} credit; **блокированный ~** blocked credit; **блокировать ~ы** to block credit; **в ~** on credit; **в счёт ~а** against credit; **валюта ~а** currency of credit; **валютный ~** foreign exchange credit; **вексельный ~** paper credit; **взаимный ~** reciprocal credit facilities; **внешнеторговый ~** foreign trade credit; **возмещение ~а** repayment of credit; **возобновлять ~** to renew credit; **выдача ~а** issuance of credit; **гарантийный ~** guarantee credit; **гарантировать ~** to guarantee credit; **гарантия ~а** guarantee of credit; **государственный ~** government credit; **давать в ~** to lend; **денежный ~** monetary credit; **дешевый ~** cheap credit (low interest rate); **дисконтный ~** discount credit; **длительный ~** extended credit; **долгосрочный (краткосрочный) ~** long-term (short-term) credit; **за счет ~а** on account of credit; **закрывать ~** to withdraw credit; **замороженный ~** frozen credit; **заявка на ~** credit application; **злоупотребление ~ом** abuse of credit; **значительный ~** significant credit; **инвестиционный ~** investment credit; **иностранный ~** foreign credit; **ипотечный ~** credit on mortgage; **используемый в случае необходимости** stand by credit; **источник ~а** source of credit; **исчерпанный ~** exhausted credit; **коммерческий ~** commercial credit; **компенсационный ~** back to back credit; **контокоррентный ~** current account credit; **краткосрочный ~** short term credit; **лишение ~а** withdrawal of credit; **ломбардный ~** collateral credit; **льготный ~** preferential credit; **максимальный ~** maximum credit; **маржа по ~у** margin of credit; **межгосударственный ~** interstate credit;

международный ~ international credit; наличный ~ cash credit; начальный ~ initial credit; недостаток ~а lack of credit; необеспеченный ~ unsecured credit; неограниченный ~ unlimited (amount) credit; обеспеченный ~ secured credit; общество взаимного ~а credit union; объем ~а volume of credit; ограничение ~а credit restriction; онкольный ~ on call credit; остаток ~а credit balance; отказаться от ~а to refuse credit; открытый ~ open credit; отнести (или записать) в ~ вашего (нашего) счета у нас (у вас) to place to the credit of your (our) account with us (vuth you); плата за ~ loan charge; платежи по ~у credit payments; погашать ~ to repay credit; погашение ~а repayment of credit; поддерживать ~ом to support with credit; подтоварный ~ commodity credit; покупать в ~ to buy on credit; покупка в ~ credit purchase; потребительский ~ consumer credit; превышать ~ to exceed credit, to overdraw an account; предельный ~ marginal credit; предлагать ~ to offer credit; предоставить ~ to grant a credit; пролонгировать ~ to prolong credit; просроченный ~ overdue credit; процентные ставки по ~ам interest rates for credit; прямой ~ direct credit; размер ~а extent of credit; разовый ~ non installment credit; рамбурсный ~ reimbursement credit; распределение банковских ~ов allocation of bank credits; распределять ~ы to allocate credits; расширение ~а expansion of credit; резервный ~ reserve credit; риск при продаже в ~ risk attendant to credit sales; рынок ~а credit market; самоликвидирующийся ~ self liquidating credit; свинговый ~ swing credit; связанный ~ tide credit; смешанный ~ mixed credit; сокращение ~а credit reduction; спрос на ~ credit demand; среднесрочный ~ intermediate term credit; срок ~а credit term; срочный ~ term credit; стеснение ~ов credit squeeze; стоимость ~а cost of credit; страхование ~а credit insurance; сумма ~а amount of credit; товарный ~ commodity credit; торговый ~ mercantile credit; условия ~а credit terms; фирменный ~ company credit; экспортный ~ export credit

кредит авизо credit advice

кредитно-денежный credit and monetary; ~ая политика credit and monetary policy

кредитный credit

кредитование crediting, lending; банковское ~ bank advance; валютное ~ foreign exchange lending; взаимное ~ reciprocal credit arrangement; целевое ~ targeted lending

кредитовать to credit; to extend credit; ~ счет to credit an account или to place to the credit of the account; просим ~ наш счет этой суммой please place this sum to the credit of our account

кредитов/ый credit (бух.); ~ое авизо credit note или credit advice; ~ое сальдо credit balance

кредитор creditor; главный ~ principal ~; генеральный ~ general ~; необеспеченный ~ unsecured ~; обычный ~ ordinary ~; привилегированный ~ preferred ~; рассчитываться с ~ами to settle with ~s; совокупный ~ joint ~; частный ~ private lender; ~ по закладной mortgage ~

кредитоспособност/ь credit worthiness, solvency; гарантия ~и guarantee of solvency; обследование ~и credit investigation; оценка ~и credit rating

кредитоспособный credit worthy, solvent

крепить to bind, to brace, to fasten, to strap; ~ болтами to bolt; ~ веревками to lash; ~ винтами to screw; ~ гвоздями to nail; ~ проволокой to bind with wire; ~ тросом to bind with cable

крепление binding, bracing, fastening, strapping

кривая curve (graphic); ~ предложения supply ~; ~ спроса demand ~

кризис crisis, depression; валютно-финансовый ~ monetary and financial crisis; **валютный** ~ monetary crisis; **вызывать** ~ to make crisis; **денежно-кредитный** ~ monetary and credit crisis; **денежный** ~ monetary crisis; **затяжной** ~ protracted crisis; **международный** ~ international crisis; **мировой** ~ world crisis; **острый** ~ acute depression; **предотвращать** ~ to avert a crisis; **промышленный** ~ industrial crisis; **циклический** ~ cyclical depression; **экономический** ~ economic crisis; ~ **платежного баланса** balance of payments crisis

крик cry, shout; clamour, outcry; **последний** ~ **моды** the last word in fation

критерий criterion; **единственный** ~ sole ~; **общий** ~ general ~; **основные** ~**и** basic criteria; **оценочный** ~ estimation ~; **соответствующие** ~**и** applicable criteria; **экономический** ~ economic ~; ~ **браковки** rejection ~; ~**и качества** quality criteria; ~**и надежности** reliability criteria; ~ **патентоспособности** criteria of patentability

критический critical; ~ **момент** crucial moment

кроссированный чек см. **чек**

круги circles, quarters; **деловые** ~ business circles; **коммерческие** ~ commercial circles; **монополистические** ~ monopoly interests; **официальные** ~ official circles; **финансовые** ~ financial circles; **широкие** ~ broad sections

крупногабаритный over-sized

крупномасштабный large scale

крупноформатный large format

крупный large, major, principle, substantial

крутизна 1. steepness 2. steep slope

крушение crash, wreck; ~ **судна** shipwreckcover, lid; **потерпеть** ~ wrecked

крышка cover, lid; **металлическая** ~ metal cover; **пластмассовая** ~ plastic lid; ~ **люка** hatch cover; ~ **трюма** hatch cover of the hold (*ship*)

крэк crack (drug)

крюк hook; **грузовой** ~ load ~

ксерокс xerox

кубатура cubic capacity; **общая** ~ total cubic volume

кубический cubic; **кубический метр (фут)** cubic metre (foot)

кукуруза maize; (*амер.*) corn

куль sack

кумулятивный cumulative

кумуляция accumulation

купец merchant, trader

купить to buy, to purchase

купл/я-продаж/а purchase and sale; **договор** ~**и** ~**и** buy-sell agreement

купленный purchased

купля purchase

купон coupon, warrant; **отрывать** ~ to detach a coupon; **получать деньги по** ~**у** to redeem a warrant; **процентный** ~ interest warrant

купчая bill of sale, conveyance

купюра denomination; ~ **банкноты** ~ of a bank note

курс course, (*валютный*) rate (of exchange); (*на товарной или фондовой бирже*) quotation; **биржевой** ~ market share price; **благоприятный** ~ favorable rate of exchange; **бюллетень** ~**а ценных бумаг на бирже** stock exchange list; **валютный** ~ currency exchange rate; **взаимный** ~ reciprocal rate; **внутренний** ~ domestic rate (of exchange on two tier system); **выкупной** ~ redemption price; **высокий** ~ high rate; **двойной** ~ two tier exchange rate; **денежный** ~ monetary exchange rate; **дополнительный** ~ supplementary rate; **единый** ~ unitary rate; **жесткий** ~ tough policy; **завершение** ~**а** completion of a course (*training, university*); **заканчивать** ~ to complete a course; **заключительный** ~ closing (*или* close) rate; **изменение** ~**а** change in exchange rate; **колебание** ~**а валюты** fluctuation in the currency exchange rate; **колебание** ~**ов валют к рублю** fluctuation in the exchange rate against the ruble; **колеблющийся** ~ fluctuating exchange rate; **котировка** ~**ов** quotation of exchange rates; **максимальный** ~ maximum rate; **меняющийся** ~ varying rate; **механизм валютных** ~**ов** exchange rate mechanism; **минимальный** ~ minimum rate; **номинальный**

~ nominal exchange rate; обмен по ~у trade at the going rate; обменный ~ conversion rate; обменивать по официальному ~у to exchange at the official rate; обязательный ~ compulsory exchange rate, required course; отклонение судна от ~а deviation of a vessel from course; отклоняться от ~а to deviate from course; официальный ~ official exchange rate; падение ~а fall in the exchange rate; падение ~а ценных бумаг drop in securities prices; паритетный ~ exchange at par; перекрещивающиеся ~ы cross rates; перерасчетный ~ rate of conversion; по ~у at the rate of; по номинальному ~у at par; поддерживать ~ искусственно to artifically support the exchange rate, to peg the market; полноценный ~ full value rate; последовательный ~ consistent course; привязанный ~ pegged rate; расчетный ~ settlement rate; рост ~а growth of the exchange rate; рыночный ~ market rate; свободный free exchange; сокращенный ~ short course *(of study)*; спец ~ special course *(of study)*; справочный ~ posted rate; средний ~ average (*или* mean) rate; стабилизация ~а валюты stabilization of exchange rates; стандартный ~ standard rate; существующий ~ going rate; урегулирование валютного ~а regulation of the currency exchange rate; условный ~ conditional rate; устойчивый ~ stable exchange rate; учетный ~ discount rate; фиксированный ~ fixed rate; центральный ~ central bank rate of exchange; экономический ~ economic policy; эмиссионный ~ rate of issue; ~ акции share price; ~ выпуска rate of issue; ~ дня exchange rate of the day; ~ дня фактического платежа exchange rate as of the day of actual payment; ~ доллара exchange rate of the dollar; ~ корабля ship's course; ~ по сделкам "спот" spot rate; ~ почтовых переводов mail transfer rate; ~ ценных бумаг securities rate; ~ черного рынка black market rate

курс 1. course; новый ~ new policy; "новый курс" *(ист.)* New Deal; базовый ~ foundation course; ускоренный ~ crash or intensive course; держать ~ (на) to head (for); быть в ~е дела to be au courant, to be in the know 2. rate (of exchange)

курсив italic type, italics; ~ом in italics

курсор cursor

куртаж courtage *(brokerage fee)*

курьер courier; дипломатический ~ diplomatic

кустарн/ый cottage, handicraft; amateurish, primitive; ~ая промышленность cottage industry; ~ые изделия hand-made goods

кутёж drinking-bout; riot, binge

кювет 1. cuvette, cunette 2. ditch *(у дороги)*

Л

лабиринт labyrinth, maze

лаборатория laboratory; исследовательская ~ research ~; совместная ~ joint ~; специально оборудованная ~ specially equipped ~

лабораторный laboratory

лавина avalanche

лавка shop, street stand market

лавировать to tack, to manoeuvre, to avoid taking sides

лавр 1. laurel; bay-(tree); пожинать ~ы to win laurels; почить на ~ах to rest on one's laurels

лавровый: ~ венок laurel wreath; ~ лист bay leaf

лагер/ь camp; действовать на два ~я to have a foot in both camps

лаж premium; ~ на золото ~ on gold

лажа crap, garbage; пороть ~у to talk crap

лазейка hole, gap; loophole; оставить себе ~у to leave oneself a loophole

лайнер airliner, oceanliner

лак varnish, lacquer

лакирован/ный varnished, lacquered; ~ная кожа patent leather

лакировать 1. varnishing, lacquering 2. to varnish 3. to gloss, to polish

лакмус limus
ламбрекен pelmet
лебедка winch
лебедчик winchman
легализация certification, legalization; консульская ~ consular certification
легализованный legalized
легальный legal
легированный alloy(ed)
легкий light *(of weight)*
легко easily, lightly; ~ находить сбыт to readily find a market; ~ продаваться to sell readily
легковерие credulity; gullibility
легковесный light *(of weight)*; superficial
легковоспламеняющийся highly inflammable
легкоповреждаемый highly fragile
легкопортящийся highly perishable
легкоплавкий fusible, easy melted
легкореализуемый marketable
ледерин leathercloth, leatherine
ледник ice-house, ice-box; вагон-~ refrigerator van
лежалый stale
лексика vacabulary; lexis
лент/а band, belt, ribbon; бумажная ~ paper ribbon; клейкая ~ adhesive tape; крепить металлической ~ой to fasten with a metal band; магнитная ~ magnetic tape; металлическая ~ metal band; нейлоновая ~ nylon band; упаковочная ~ packing tape
лепт/а mite; внести свою ~у to contribute one's mite
лес (лесоматериалы) timber, wood goods; (в США) lumber
лесовоз timber hauling vessel; timber carrier
лесоматериалы *см.* лес
лесопильный завод saw-mill
лесосплав timber rafting
либерализация liberalization; ~ внешнеэкономических связей ~ of trade ties; ~ импорта import ~; ~ торговли trade ~; ~ экономики economic ~
либор LIBOR (London Inter Bank Offering Rate)
лизинг leasing
лизинговый leasing
ликвидация liquidation; вынужденная ~ forced ~; добровольная ~ voluntary ~, winding up; полная ~ complete ~; принудительная ~ compulsory ~ *(court ordered)*; фактическая ~ actual ~; частичная ~ partial ~; ~ агентства dissolution of an agency; ~ долгов settlement of debts; ~ запасов inventory ~; ~ компании winding up of a company; ~ оборудования retirement of equipment; ~ сделок settlement on an exchange; ~ совместного предприятия ~ of a joint venture; ~ товарищества dissolution of a partnership; ~ убытков settlement of losses; ~ фирмы dissolution of a firm
ликвидационный liquidation
ликвидированный liquidated
ликвидировать to liquidate
ликвидност/ь liquidity; избыточная ~ excess ~; коэффициент ~и ~ ratio; международная ~ international ~; на базе ~и on a net ~ basis; общая ~ overall ~; ограниченная ~ limited ~; официальная ~ official ~; степень ~и degree of ~; ~ активов ~ of assets
ликвидный liquid *(financial, not physical)*
ликвиды liquid assets; валютные ~ liquid foreign exchange; международные ~ international liquid assets
лимит limit, line; валютный ~ foreign exchange quota; кредитный ~ line of credit; превышение кредитного ~а credit overdraft; превышать ~ to exceed the limit; устанавливать ~ to fix a limit
лимитировать to limit; to establish a quota *(of maximum)* in respect of
лимитроф border state *(приграничные государства)*
лимитируемый limited
лимитный limit
лимитный: лимитная цена limit price
лингвострановедение linguistic and regional studies
линза lens
линейный line, linear
линия line, service; автобусная ~ bus line; автоматическая ~ automated service; береговая ~ coastline; быстропереналаживаемая поточная ~ rapidly readjustable production line; воздушная ~ airline; воздушная, внутренняя ~ domestic airline; грузовая ~ freightline; грузовая судоходная ~ overland freightline; железнодорожная ~

railway line; **контейнерная** ~ container line; **конференциальная** ~ conference line; **кругосветная контейнерная** ~ world wide container line; **магистральная** ~ principal line; **малозагруженная транспортная** ~ low density transport service; **междугородная автобусная** ~ inter city busline; **нерегулярная транспортная** ~ unscheduled service; **опытная** ~ experimental line; **пароходная** ~ steamship line; **поточная** ~ production line; **причальная** ~ berthage; **регулярная** ~ regular service; **регулярная** ~ **воздушного транспорта** regular air service; **смешанная** ~ joint line; **судоходная** ~ shipping line; **телефонная** ~ telephone line; **транзитная** ~ transit route; **транспортная** ~ transport service; **транспортная** ~ **с челночным движением** shuttle service; **частная транспортная** ~ private transport service; **экспериментальная** experimental line; ~ **воздушного транспорта** scheduled air route; ~ **воздушного транспорта общего пользования** common air carrier; ~ **между портами** shipping line; ~ **сборки** assembly line; ~ **скорых перевозок** express line

лист list, piece of paper, sheet; **вкладной** ~ supplementary page; **заглавный** ~ title page; **закладной** ~ mortgage deed; **исполнительный** ~ writ of execution; **калькуляционный** ~ cost sheet; **проверочный лист** check sheet; **оберточный** ~ wrapper sheet; **рабочий** ~ work sheet; **расчетный** ~ payroll; **тальманский** ~ tally sheet; **титульный** ~ title page; **упаковочный** ~ packing list; **упаковочный в двух экземплярах** duplicate packing list

листовк/а handbill, leaflet; ~**ки, раздаваемые на улице** handbills given out on the street; **распространение** ~**ок** distribution of leaflets; **распространять** ~**ки** to distribute leaflets

лихтер lighter *(stevedore barge)*; **выгружать на** ~ to lighter; **доставлять на** ~**е** to deliver by ~; **оплачивать** ~ to pay lighterage; **подавать** ~ to place a lighter; **плата за пользование** ~**ом** lighterage *(fee)*; **на** ~**е** in a ~; **франко** ~ ex ~

лихтерный lighter

лихтеровк/а lighterage; **расходы по** ~**е** ~ fees

лихтеровоз lighter carrier

лиц/о party, person; **важное** ~ VIP *(person)*; **доверенное** ~ agent, fiduciary, proxy; **должностное** ~ official *(person)*; **заинтересованное** ~ interested party; **застрахованное** ~ insured *(person)*; **назначенное** ~ nominee; **ответственное** ~ liable party; **официальное** ~ official representative; **подписавшее** ~ signatory; **подставное** ~ straw man; **соответствующее** ~ appropriate party; **список** ~ roll *(list of persons)*; **стоять перед** ~**ом** to face; **субсидируемое** ~ grant recipient; **третье** ~ third party; **уполномоченное** ~**a** authorized party; **физическое** ~ natural person *(individual)*; **финансирующее** ~ sponsor; **частное** ~ private person; **через третье** ~ via third party; **юридическое** ~ juridical person *(legal entity)*; ~, **в чью пользу открыт аккредитив** letter of credit beneficiary; ~, **в чью пользу произведен трансферт** transferee, endorsee *(on bill, note)*; ~, **выставившее инкассо** drawer *(on account)*; ~, **гарантирующее оплату векселя** backer *(of a bill, note)*; ~, **имеющее право подписи** authorized signatory; ~, **имеющее сертификат** certificate holder; ~, **наделенное правами** authorized person; ~, **передающее право на имущество** grantor *(of property)*; ~, **переуступающее право** assignor; ~, bidder; ~, **предоставляющее кредит** creditor; ~, **производящее продажи на аукционе** auctioneer; ~, **содействующее какому-либо мероприятию** promoter

лицевая сторона *см.* **сторона 1**

лицевой obverse *(of a coin, etc)*, personal

лицензи/я license; **активная** ~ active ~; **аннулирование** ~**и** annulment of a ~; **аннулировать** ~**ю** to annul a ~; **безусловная** ~ unconditional ~; **беспатентная** ~

non patent ~; **взаимная ~** reciprocal ~; **владелец ~** owner of a ~; **выдавать ~ю** to grant a ~; **выдача ~и** grant of a ~; **выпуск продукции по ~и** production under ~; **генеральная ~** general ~; **глобальная ~** global ~; **дата предоставления ~и** date of licensing; **действительная ~** valid ~; **действительность ~и** validity of a ~; **действующая на определенной территории ~** geographically limited ~; **держатель ~и ~** holder; **дилер с ~ей** licensed dealer; **добровольная ~** voluntary ~; **договорная ~** contractual ~; **дубликат ~и** copy of a ~; **закупка ~и** purchase of a ~; **заявка на ~ю** application for a ~; **изготовление по ~и** manufacture under ~; **иметь ~ю** to have a ~; **импортная ~** import ~; **исключительная ~** exclusive ~; **комплексная ~** package ~; **неделимая ~** indivisible ~; **неисключительная ~** non exclusive ~; **не подлежащая передаче** non transferrable ~; **обратная ~** feedback ~; **общая ~** blanket ~; **объем ~и** scope of a ~; **ограниченная ~** limited ~; **отзывать ~ю** to revoke a ~; **отдел ~й ~** department; **отказ в предоставлении ~и** denial of a ~; **открытая общая ~** open general ~; **пассивная ~** passive ~; **патентная ~** under patent ~; **перекрестная ~** cross ~; **плата за ~ю ~** fee; **по ~и**

under ~; **полная ~** exclusive ~; **получатель ~и** recipient of a ~; **получать ю** to receive a ~; **предмет ~и** subject of a ~; **предоставление ~и** concession of a ~; **предоставлять ~ю** to grant a ~; **предоставлять ~ю на производство** to license a production process; **предоставлять ~ю на технологию** to license technology; **~ предусматривающая уплату роялти ~** royalty bearing ~; **прекращение действия ~и** termination of a ~; **признавать ~ю недействительной** to hold a ~ invalid; **принудительная ~** compulsory ~; **приобретать ~ю** to obtain a ~; **продаваемая ~** active ~; **продавать ~ю** to sell a ~; **продлевать ~ю** to extend a ~; **продукция по ~и** licensed product; **производить по ~и** to produce under ~; **простая ~** simple ~; **регистрация ~и** registration of a ~; **ретроактивная** retroactive ~; **рыно~й ~** market; **свободная** free ~; **соглашение об обмене ~ями** cross licensing agreement; **срок владения ~ей** tenure of a ~; **срок действия ~и ~** term of validity; **субсидируемая ~** subsidized ~; **таможенная ~** customs ~; **торговля ~ями** trade in ~s; **экспорт ~й** export of ~s; **экспортная ~** export ~; **юридическая ~** legal ~; **без права передачи ~** without right of transfer; **~ без уплаты роялти** roy-

alty-free ~; **~ на ввоз** import ~; **~ на вывоз** export ~; **~ на зарубежное патентование ~** for foreign patent filing; **~ на изобретение ~** for invention; **~ на использование** operating ~; **~ на использование изобретения ~** for the use of an invention; **~ на ноу хау** know how ~; **~ на оборудование** equipment ~; **~ на патент ~** for a patent; **~ на перегрузку товара** transshipment ~; **~ на право использования технологического процесса** industrial process ~; **~ на право производства** manufacturing ~; **~ на процесс** process ~; **~ на сбыт** sales ~; **~ на товарный знак** trademark ~; **~ на эксплуатацию** operating ~; **~ на этикетку** label ~; **~ с правом передачи** assignable ~; **~ с правом переуступки** transferrable ~

лицензиар licensor; **ответственность ~а ~'s** liability; **право собственности ~а ~'s** ownership right

лицензиат licensee; **будущий ~** prospective ~; **деятельность ~а ~'s** operations; **обязательства ~а ~'s** obligations; **персонал ~а** licensed personnel; **~ исключительной лицензии** exclusive ~; **~ неисключительной лицензии** non exclusive ~

лицензионный license

лицензировани/е licensing; **взаимное ~** mutual ~; **договорное ~** contractual ~;

законодательство о принудительном ~и compulsory ~ legislation; зарубежное ~ overseas ~; меры по ~ю ~ arrangements; объем ~я scope of ~; отечественное ~ domestic ~; пакетное ~ package ~; перекрестное ~ cross ~; принудительное ~ compulsory ~; программа ~я ~ program; проект ~я license project; эффективность ~я effectiveness of ~; приостанавливать to suspend of ~; ~ ноу хау know how ~; ~ патента ~ of a patent; ~ промышленного образца ~ of an industrial design; ~ технологической информации ~ of technological information; ~ товарного знака ~ of a trademark
лицензированный licensed
лицензировать to license
лицензи/я licence (*или* license); **получить ~ю** to obtain a licence; **предоставить** (*или* **выдать**) **~ю** to grant (*или* to issue) a licence
личност/ь 1. personality; 2. person, individual; **темная ~** shady character; **удостоверение ~и** personal credentials, identity card; **установить чью-л. ~** to establish somebody's identity 3. personal remarks, personalities; **переходить на ~и** to become personal
личный personal, private, individual
лишать to deprive, (чего-л.- of) to revoke
лишение deprivation; **~ кредита** withdrawal of credit; **~ собственности** dispossession (*of property*); **~ экспортных привилегии** revocation of export privileges
лобби lobby
ловкач dodger
ловушк/а snare, trap; **поймать в ~у** to ensnare, to entrape
локальный local
локаут lock out; **объявить ~** to declare a lock out
локо loco; **цена ~ ~** price
ломкий brittle, fragile; "**Ломкое**" "handle with care"
лоро loro; **счет ~ ~** account
лот lot
лотерея lottery
лоток pallet
лоция sailing directions
лоцман pilot (*of a vessel*); **вызывать ~а** to apply to the ~; **морской ~** marine ~; **направлять ~а** to assign a ~; **обслуживание ~ом** pilotage service; **плавать без ~а** to sail without a ~; **прибрежный ~** coasting ~; **принимать ~а** to take on a ~; **речной ~** river ~; **старший ~** senior ~
лоцманский pilot
лоцманский сбор pilotage fees, pilotage
лошадиная сила horse power (*сокр*. h.p., H P.); **тормозная лошадиная сила** brake horse power (*сокр*. b.h.p)
лумпсум фрахт lumpsum freight
лумпсум чартер lumpsum charter
льгот/а benefit, exemption, immunity, privilege; **добиваться ~** to secure privileges; **дополнительные ~ы** fringe benefits; **многочисленные ~ы** numerous concessions; **налоговые ~ы** tax exemptions; **предоставление льгот по кредиту ~** easing of credit; **предоставлять ~ы** to grant privileges; **преференциальные ~ы** preferential advantages; **таможенные ~ы** preferential customs treatment; **тарифные ~ы** preferential tariffs; **транзитная ~** transit privilege; **устанавливать дополнительные ~ы** to establish additional benefits; **финансовая ~** cost benefit; **фрахтовая ~** fright reduction; **~ на остановку в пути следования** stop-off privilege
льгота privilege
льготные дни *см*. день
льготная пошлина *см*. пошлина
льготный favorable, privileged; preferential
льстец flatterer
лэндинг landing charges
любезность kindness
люгер lugger
люк hatch (*in a vessel*); hatchway; **главный ~** main ~; **грузовой ~** cargo ~; **задраивать ~** to batten the ~; **крышка ~а ~** cover; **открывать ~ перед разгрузкой** to open the ~ for loading; **рабочий люк** workable hatch; **разгружать ~** to unload a ~; **угольный люк** bunker hatch
люковый hatch
люнет 1. lunette 2. (*тех*.) rest, support, collar plate

М

лязг clank, clang; clack (of teeth)
лямка strap

М

магазин shop, store; **владелец ~** store owner, shopkeeper; **держать ~** to keep shop; **размещение ~ов** store locations; **розничный ~** retail store; **специализированный** specialty shop; **универсальный ~** department store; **фирменный ~** chain store; **часы торговли ~ов** store hours; **~ самообслуживания** self-service store
магистраль main; main line; **газовая ~** gas main; **дорожная ~** arterial road; **железнодорожная ~** main line
магистрат city, town council
мазут fuel oil
макет mock-up, model; **действующий ~** working model; **технологический ~** engineering mock-up; **~ в натуральную величину** life-size model; **~ экспозиции** floor plan layout
маклер broker; **биржевой ~** stock ~; **вознаграждение ~у** brokerage fees; **занимающийся учетными операциями ~** discount ~; **корабельный ~** ship ~; **официальный биржевой ~ ~** with a seat on the exchange; **посредничество ~а** agency of a ~; **страховой ~** insurance ~; **~ по фрахтованию судов** shipping ~

маклерский broker
маклерство brokerage
максимально at most
максимальн/ый maximum; **~ная цена** maximum price; **~ное количество** maximum quantity
максимум maximum; **как максимум** as a maximum
малейший least; slightest; **ни в малейшей степени** not in the slightest degree
малоблагоприятный unfavorable
маловероятный unlikely
маловыгодный unprofitable, unrewarding
малодоказательный not persuasive, unconvincing
малодостоверный improbable; not wellfounded
малодоходный marginally profitable, unprofitable
малоемкий low capacity
малоимущий need, indigent
малолитражный of small capacity
маломощн/ый lacking power; **~ое предприятие** small concern
малонаселенный thinly, sparsely populated
малоопытный inexperienced
малоприбыльный marginally profitable, of little profit
малопригодный of little use
малорентабельной insufficiently profitable
малотиражный small-circulation; **~ое издание** limited edition
малотоннажный of small tonnage
малоубедительный unconvincing
малоценный of little value
манифест manifest; **грузовой ~** cargo ~, ~ of cargo; **заверенный консулом ~** certified ~; **судовой ~** ship's ~ (bills of lading)
манифестант demonstrator
мар/ка brand, model, stamp (postage); **выбор ~ки товара** brand selection; **высшая ~** best brand name; **высшей ~ки** of the best brands; **гарантийная ~** guarantee stamp; **гербовая ~** revenue stamp; **групповая ~** family of name brands; **заводская ~** manufacturer's trademark; **конверт с ~кой** stamped envelope; **название ~ки** brand name; **наиболее ходкая ~** top selling brand, make; **наклеить ~ку** to affix a stamp; **наносить ~ку** to mark; **носить фабричную ~ку** to bear a trademark; **одобренная ~** approved model; **отличительная ~** mark of distinction; **официально зарегистрированная ~** registered trademark; **снабжение товара торговой ~кой** brand labeling; **ставить ~ку** to mark; **товар высшей ~ки** top quality goods; **товарная ~** trademark; **условные обозначения ~ок** trademark designations; **фабричная ~** manufacturer's trademark; **~ грузового судна** model of a freighter; **~ изделия** product brand name; **~ производителя** manufacturer's brand name; **~ товара** brand, make, model; **~ торгового посредника** private label (distributor's brand)
марганцевая руда manganese ore

марж/а margin; **банковская ~** bank ~; **большая ~** wide ~; **кредит по операциям с ~ей ~** credit; **недостаточная ~** thin ~; **обычная ~** usual ~; **оговорка о ~е ~** clause; **предписываемая законом ~ ~** requirement; **сделки с ~ей ~** business; **~ по кредиту** credit ~
марихуана marijuana
марка 1. (*почтовая*) stamp, postage stamp; **2.** (*гербовая*) stamp; **3.** (*отличительный знак, клеймо*) mark; sign; brand; **фабричная ~** trade-mark; **4.** (*сорт, качество*) grade, sort, brand; **5.** (*модель*) model; **новая ~** (*машины*) new model
маркетинг marketing
маркировать to mark
маркировк/а labeling, marking, marks; **без ~и** not marked; **видимая ~** visible marking; **внешняя ~** exterior marking; **выбивать ~у на металлической пластине** to emboss marking on a metal plate; **выцветшая ~** faded marking; **грузовая ~** shipping marks; **двойная ~** duplicate marking; **достаточность ~и** sufficiency of marking; **запачканная ~** stained marking; **иметь ~у** to be marked; **нанесение ~и** marking; **наносить ~у** to mark; **наносить ~у водостойкой краской** to mark in water insoluble paint; **наносить ~у выжиганием** to brand; **наносить ~у краской** to mark by paint; **наносить ~у несмываемой краской** to mark in indelible paint; **наносить ~у погодоустойчивой краской** to mark in weatherproof paint; **наносить ~у по трафарету** to stencil; **недостаточная ~** insufficient marking; **неправильная ~** incorrect marking; **неясная ~** indistinct marking; **основная ~** leading marks; **отгрузочная ~** shipping marks; **отчетливая ~** distinct marking; **патентная ~** patent notice; **правила ~и** marking regulations; **правильная ~** proper marking; **специальная ~** special marking; **транспортная ~** transport marking; **четкая ~** clear marking; **экспортная ~** export marking; **~ делается на языке...** marking in... (language); **~ контейнера** container marking; **~ мешка** inscription on a bag; **~ тары** packaging marking; **~ товара** marking of goods; **~ товарных мест** marking of packages; **~ упаковки** marking of packing container; **~ цен** price marking; **~ ящиков** marking of cases
маркировщик marker (*person*)
мародер marauder, pillager
марочный branded, marked
мартен (*тех.*) 1. open-hearth furnace 2. open-hearth steel
маршрут itinerary, route; **кратчайший ~** the shortest path; **магистральный ~** the arterial route; **обходной ~** detour; **оптимальный ~** optimal route; **по самому быстрому ~у** by the fastest route; **по самому дешевому ~у** by the cheapest route; **протяженный ~** extended route; **прямой ~** direct route; **обычным ~ом** by the usual route; **отклонение от ~а** deviation from the route; **регулярный ~** regular route; **речной ~** river route; **сквозной ~** through route; **торговый ~** trade route; **устанавливать ~** to route
маршрутный route
маскировка masking, disguise; camouflage
масс/а bulk, gross, mass; **в ~е** in bulk; **денежная ~** money supply; **единица ~ы** unit of mass; **общая ~** bulk mass; **стандартная ~** standard mass; **товарная ~** bulk commodities; **~ брутто** gross mass; **~ грузового места** package mass; **~ нетто** net mass; **~ прибыли** mass of profit
масличный oil-yielding
масло 1. (*животное*) butter; **2.** (*растительное или минеральное*) oil; **смазочное ~** lubricating oil; **веретенное ~** spindle oil; **машинное ~** machine oil; **цилиндровое ~** cylinder oil
массированный massed, concentrated
массовый bulk, mass; popular
мастер expert, foreman, craftsman; **сменный ~** shift foreman; **старший ~** senior foreman; **~ по текущему ремонту** maintenance foreman

мастерская noun workshop; **ремонтная** ~ repair station
мастерство craftsmanship, experience, skill; **высокое профессиональное** ~ great professional skill; **рабочее** ~ operating skills; **техническое** ~ technical skill
мастодонт mastodon
масштаб scale, scope; **большой** ~ large scale; **в ~ах всего рынка** market-wide; **в большом ~е** on a large scale; **в значительном ~е** on a significant scale; **в международном ~е** on an international scale; **в меньшем ~е** on a smaller scale; **в мировом ~е** on a world scale; **в ограниченных ~ах** on a limited scale; **в промышленных ~ах** on an industrial scale; **в увеличенном ~е** on an enlarged scale; **в уменьшенном ~е** on a reduced scale; **в широком ~е** on a broad scale; **глобальный** ~ **a** global scale; **изменение ~а** rescaling; **крупный** ~ major scale; **модель в уменьшенном ~е** reduced scale model; **нормальный** ~ standard scale; **операция производственного ~а** production scale operation; **производство большого ~а** volume production; **расширение ~а производственной деятельности** expansion of production operations; **увеличенный** ~ increased scale; **уменьшенный** ~ reduced scale; **экономически эффективный** ~ economically justified scale; ~ **в метрах** metric scale; ~ **времени** time scale; ~ **инфляции** magnitude of inflation; ~ **операции** scale of operations; ~ **проекта** scope of a project; ~ **работ** scope of work; ~ **участия** scope of participation
масштабный large scale
материал material; **аналогичный** ~ analogous ~; **более дешевый** ~ cheaper ~; **браковать ~ы** to reject ~; **ведомость ~ов** schedule of ~s; **вид упаковочного ~а** kind of packing ~; **водонепроницаемый** ~ waterproof ~; **вспомогательные ~ы** auxiliary ~s; **высококачественный** ~ high quality ~; **выставочный** ~ exhibition ~; **горючие ~ы** combustibles; **демонстрационный** ~ demonstration ~; **дефектный** ~ defective ~; **дефицитный** ~ scarce ~; **документальный** ~ documentary ~; **дополнительный** ~ supplementary ~; **закупленные ~ы** purchased ~s; **затрата ~а** amount of required ~; **защитный** ~ protective ~; **заявочные ~ы** application ~s; **иллюстрированный** ~ illustrated ~; **информационный** ~ informational ~; **искусственные ~ы** artificial ~s; **использованный** ~ used ~; **испытание ~ов** testing of ~s; **исходный** ~ source ~; **классифицированный** ~ classified ~; **коммерческий** ~ commercial ~; **конкурентный** ~ competitive ~; **конструкционные ~ы** construction ~s; **массивный** ~ bulky ~; **наглядный** ~ descriptive ~; **наличные ~ы** available ~s; **направлять** ~ to forward ~; **недоброкачественный** ~ poor quality ~; **недостаток ~ов** lack of ~s; **недостающий** ~ missing ~; **неиспользованный** ~ unused ~; **некондиционный** ~ substandard ~; **необходимый** ~ necessary ~; **непригодный** ~ unfit ~; **нестандартный** ~ nonstandard ~; **низкосортный** ~ lower grade ~; **оберточный** ~ wrapping ~; **обрабатывать** ~ to process ~; **описание ~а** description of ~; **основной** ~ basic ~; **отделочный** ~ finishing ~; **охраняемый авторским правом** ~ copyrighted ~; **первоклассный** ~ first-class ~; **перечень ~ов** list of ~s; **печатание ~ов** printing of ~s; **печатный** ~ printed ~; **письменный** ~ written ~; **подбирать** ~ to select ~; **подбор ~а** selection of ~; **подстилочный** ~ dunnage ~; **подходящий** ~ suitable ~; **потребляемые ~ы** consumable ~s; **представленный** ~ submitted ~; **прилагаемый** ~ enclosed ~; **приобретать ~ы** to procure ~; **прокладочный** ~ sealing ~; **прочный** ~ sturdy ~; **рабочий** ~ working ~; **рассылка рекламных ~ов** advertising mailer; **рассылка рекламных ~ов, разовая** one-time advertising mailer; **расход ~а** consumption of ~; **расходный** ~ expendable ~; **расходуемые ~ы** consum-

able ~s; **рекламный** ~ advertising matter, advertising ~; **стандартный** ~ standard ~; **стоимость** ~**ов** cost of ~s; **стратегический** ~ strategic ~; **строительный** ~ construction ~; **сырой** ~ raw material; **сырьевые** ~**ы** raw ~s; **тарный** ~ tare ~; **текстовой** ~ textual ~; **требование на** ~**ы** requisition of supplies; **употребление** ~**а** ~ usage; **учебный** ~ educational ~; **художественно-оформительские** ~**ы** display ~s; **эксплуатационные** ~**ы** operational ~s

материалоемкий raw material intensive

материалоемкост/ь material input; **снижать** ~ **производства** reduction in material input ratio; **снижение** ~**и** reduction of material inputs

материально-технический material and technical

материальный material

матрица 1. (*полигр.*) matrix 2. (*тех.*) die, mould

матрос sailor, seaman

макиавеллиевский machiavellian

махинация machination, intrigue

машин/а 1. machine; (*мн. ч.*) **машины** machines; machinery (*машинное оборудование*); **части машины** parts; 2. (*двигатель, мотор*) engine, motor; 3. (*автомобиль*) car, motor car; lorry, truck; **аналоговая вычислительная** ~ analog computer; **арендуемые** ~**ы** rental machines; **ассортимент** ~ range of machinery; **бездействующая** ~ idle machine; **вычислительная** ~ computer; **грузовая** ~ lorry *или* truck automobile; **грузоподъемные** ~**ы** winch; **действующая** ~ working machine; **детали** ~ machine components; **длительность эксплуатации** ~**ы** service life of a machine; **исправная** ~ sound machine; **конструкция** ~**ы** design of a machine; **легковая** ~ (motor) car; **металлоемкость** ~**ы** per unit metal content of a machine; **наблюдать за работой** ~**ы** to observe a machine in operation; **назначить цену за** ~**у** to quote a price on a machine; **надежность работы** ~**ы** reliability of a machine; **норма выработки** ~**ы** standard machine capacity; **обслуживание** ~ machine maintenance; **обслуживать** ~**у** to service a machine; **отделка** ~**ы** workmanship of a machine; **паровая** ~ steam engine; **паспорт** ~**ы** machine certificate; **переделывать конструкцию** ~**ы** to redesign a machine; **поврежденная** ~ damaged machine; **преимущества** ~**ы** advantages of a machine; **производительность** ~**ы** productivity of a machine; **простая** ~ simple machine; **простои** ~**ы** idle time of a machine; **пуск** ~**ы** introduction of a machine; **работа** ~**ы** operation of a machine; **рабочий режим** ~**ы** operating conditions of a machine; **современная** ~ modern machine; **срок службы** ~**ы** service life of a machine; **счетная** ~ calculator; **счетно-аналитическая** ~ tabulating machine; **управлять** ~**ой** to operate a machine; **устаревшая** ~ outdated machine; **цифровая вычислительная** ~ digital computer; ~ **для расфасовки и упаковки** packing machine

машинный machine

машинописный typewritten; ~ **текст** typescript

машиностроение mechanical engineering; **завод тяжелого** ~**я** heavy engineering plant; **продукция** ~**я** engineering products; **сельскохозяйственное** ~ agricultural machinery industry; **точное** ~ precision engineering; **транспортное** ~ transportation engineering; **тяжелое** ~ heavy engineering; **химическое** ~ chemical engineering; **энергическое** ~ power plant engineering

машиностроитель toolmaker

машиностроительный machine building

маяк lighthouse; beacon

маятник pendulum

МБР (*аббр. от* **межконтинентальная баллистическая ракета**) ICBM (intercontinental ballistic missile)

МВФ (**Международный валютный фонд**) IMF (International Monetary Fund)

медь copper; **желтая** ~ brass

межбанковский inter bank

межгосударственный interstate

междугородный inter city
международн/ый international; **~ая торговля** international trade; **~ое право** international law
межотраслевой inter sectoral
межправительственный inter governmental
междусобойчик get-together, do
междустрочный interlinear; **~ пробел** leading
межфирменный inter-corporation, inter firm
межцеховой inter departmental
мелиорировать to reclaim
мелкомасштабный small scale
мелкотоварный small-scale
мелкоштучник pilferer
меломан music-lover
меморандум memorandum; **аукционный ~** broker's ticket; **~ о договоре** memorandum of agreement; **~ о намерении** letter of intent; **~ о соглашении** memorandum of understanding; **~ страховой** insurance memorandum
мен/а exchange, barter; **договор ~ы ~ ~** agreement
менеджер manager
менее less; **более или менее** more or less; **тем не менее** nevertheless или none the less
меньшинство minority
менять to alter, to change, to exchange
менять(ся) см. **изменяться**
меняющийся fluctuating, varying
мер/а measure; **антиинфляционные ~ы** anti inflationary ~s; **безотлагательные ~ы** urgent ~s; **взаимоприемлемые ~ы** mutually acceptable ~s; **в значительной ~е** in a large measure или to a considerable extent; **в ~у** excessively, immoderately; **временные ~ы** temporary ~s; **действенные ~ы** effective ~s; **дискриминационные торгово-экономические ~** discriminatory trade and economic ~s; **дополнительные ~ы** further ~s; **достаточные ~ы** sufficient ~s; **единицы ~ы** unit of ~; **законодательные ~ы** legislative ~s; **защитные ~ы** precautions; **использовать в качестве ~ы** to use as a ~; **корректировочные ~ы** corrective ~s; **крайние ~ы** extreme ~s; **метрические ~ы** metric ~s; **надлежащие ~ы** proper ~s; **немедленные ~ы** immediate ~s; **неэффективные ~ы** ineffective ~s; **~ы объема** ~s of volume; **ограничительные ~ы** restrictive ~s (rationing); **ответные ~ы** counter-~s; **подготовительные ~ы** preparatory ~s; **подобные ~ы** similar s; **практические ~ы** practical ~s; **предварительные ~ы** preliminary ~s; **предохранительные ~ы** precautionary ~s; **предупредительные ~ы** preventative ~s; **принимать ~ы** to take ~s (или steps); **принудительные ~ы** compulsory ~s; **протекционистские ~ы** protectionist ~s; **своевременные ~ы** timely ~s; **соответствующие ~ы** appropriate ~s; **срочные ~ы** prompt ~s; **чрезвычайные ~ы** extraordinary ~s; **экстренные ~ы** emergency ~s; **эффективнее ~ы** effective ~s; **~ы безопасности** security ~s; **~ы веса** ~s of capacity; **~ы длицы** ~s of length; **~ы ёмкости** ~s of volume; **~ы жидкости** ~s of liquid; **по крайней (или меньшей) ~е** at least; **по ~е того как** as; **~ы надёжности** ~s of reliability; **по ~е возможности** as far as possible; **~ы переходного характера** transitional arrangements; **~ы площади** ~s of area; **~ы по исправлению** restorative ~s; **~ы по охране труда** ~s for labor protection; **~ы по сдерживанию импорта** ~s for import restraint; **~ы по сдерживанию экспорта** ~s for export restraint; **~ы предосторожности** safety precautions; **~ стоимости ~** of value; **~ы сыпучих тел** dry ~s; **~ы точности** ~s of precision; **~ы эффективности** ~s of efficiency
мерительный measuring
мерить to measure
мерка measure (size)
мероприяти/е action, event, measure, step; **важное ~** important event; **временное ~** temporary arrangement; **ежегодное ~** annual event; **календарь ~й** calendar of events; **комплекс ~й** package of measures; **осуществлять ~я** to put measures into effect; **пакет ~й** package of measures; **план ~й** plan of action; **план ~й по стимулирова-**

мер

нию сбыта promotion program; план рекламных ~й advertising plan; полезное ~ useful measure; последовательность ~й sequence of events; последующие ~я follow-up measures; соответствующее ~ appropriate measure; ~я по девальвации devaluation measures; ~я по контракту contract arrangements; ~я по спасению груза cargo salvage measures; ~я стимулирования сбыта promotional activity; ~я экономической политики economic policy measures

мертв/ый dead; ~ инвентарь dead stock; ~ капитал dead stock, unemployed capital; ~ое пространство dead ground; ~ая хватка mortal grip

мест/о case, (*отдельная вещь груза, багажа*) package, place, seat, site, space; (*должность*) post; арендовать ~ to rent space; бронирование ~а to reserve seats; в другом ~е elsewhere; в одном ~е in one place; в указанном ~е in the indicated place; вес грузового ~а package unit; грузовое ~ cargo space; количество ~ number of packages; конечное ~ назначения final destination; "Место Подъёма Тележкой" (*надпись*) "lift here with forklift" (*marking on crate*); на ~е on site; неудобное ~ inconvenient place; номер ~а package number; обеспечить ~ to arrange shipping space; обеспечить надёжное ~ у причала to assure safe berth; обслуживание на ~е ~ - field service; обучение по ~у работы on the job training; отдельное ~ single package; повреждённое ~ damaged case; подсчёт количества ~ груза tally of cargo; подходящее ~ appropriate place; покупка рекламного ~а purchase of advertising space; получить ~ на судне to receive cargo space; потеря ~а груза loss of cargo; потерянное ~ lost package; применение на ~е работы on the job application; рабочее ~ job, position; рабочие на ~ах on-site workers; размеры ~а package dimensions; ревизия на ~е field audit; регулировка на ~е site adjustment; свободное ~ blank space; сдавать ~ в аренду to rent space (as lessor); складское ~ stowage; содержание ~а contents of a package; стоимость ~а cost of space; сухое ~ dry place; требуемое ~ назначения required destination; узкое ~ narrow space; указанное ~ designated space (in document); "Хранить в сухом месте" (*надпись*) "keep dry" (*cargo marking*); число ~ груза number of packages; экономия ~а savings of space; экономить ~ to save space; ~ арбитража arbitration venue; ~ большого размера oversized package; ~ ввоза entry location (cargo); ~ вывоза pick-up location; ~ выгрузки discharge point; ~ выдачи place of issuance (documents); ~ выпуска place of issue; ~ постоянной выставки permanent exhibition site; ~ деятельности place of performance; ~ для выгрузки у причала discharging berth; ~ для погрузки cargo space; ~ для публикации рекламы advertising space; ~ для сборки и накладки оборудования fitting and assembly bay; ~ для строительства building site; ~ для установки рекламного щита или панели advertising site; ~ для хранения storage space; ~ для экспонатов exhibit space; ~ доставки point of delivery; ~ жительства place of residence; ~ заключения контракта place of concluding contract; ~ изготовления place of fabrication; ~ испытаний test site; ~ крепления верёвкой lashing point; ~ крепления стропов lifting point; ~ монтажа installation site; ~ на выставке exhibition space; ~ назначения inland destination; ~ назначения экспортного груза export destination; ~ на судне space on vessel; ~ нахождения business address; ~ опротестования place of protest; ~ отгрузки shipping point; ~ отправления port of shipment; ~ перевалки груза transhipment point; ~

М

платежа place of payment; **~ погрузки** loading berth; **~ поставки** place of delivery; **~ пребывания** place of residence; **~ предъявления** place of presentation; **~ прибытия** point of arrival; **~ приёмки** place of acceptance; **~ причала** moorage; **~ причала для разгрузочных работ** discharging berth; **~ происхождения** place of origin; **~ работы** job site; **~ разгрузки** discharging point; **~ регистрации** place of registration; **~ сдачи** point of delivery; **~ складирования** warehousing site; **~ стоянки** siting place; **~ установки** installation site
местный local; **местные условия** local conditions
местный -seated, -seater
местожительств/о place of residence, residence; **без определенного ~а** of no fix abode
местонахождение location, site; **~ завода** plant site; **~ средства наружной рекламы** outdoor advertising site; **~ фирмы** business address of a firm
местоположение location, position; **предпочтительное ~** preferential position; **~ стенда** location of a stand
месторождение deposit (*minerals, etc.*); **богатое ~** rich deposit; **~ газа** gas field; **~ нефти** oil field; **~ полезных ископаемых** mineral deposit; **~ руды** ore deposit; **~ угля** coal field
месячный monthly
металл metal; **презренный ~** filthy lucre

металлоёмкость metal consumption; **удельная ~** specific metal content
металлургический metallургический
металлургия metallurgy; **чёрная ~** ferrous ~; **цветная ~** non-ferrous ~
метеорологический meteorological
метка marker, sign, tag; **контрольная ~** checkmark; **ставить ~у** to mark
метод method, procedure; **индустриальный ~** industrial method; **использовать ~** to employ a method; **надёжный ~** reliable method; **научный ~** scientific method; **нормативные ~ы** normative methods; **обобщённый ~** generalized method; **общий ~** general method; **обычный ~** usual method; **одобренный ~** approved method; **определённый ~** clear-cut procedure; **осваивать ~** to master a technique; **особый ~** special method; **пересмотреть ~** to review a procedure; **печатать слепым ~ом** to touch-type; **поточный ~** straight flow method; **практические ~ы** practical methods; **придерживаться ~а** to follow a method; **рационализация ~ов работы** rationalization of labor; **скоростной ~** rapid method; **современные ~ы сбыта** modern distribution methods; **стандартный ~** standard method; **технологический ~** technological process; **традиционный ~** traditional method; **удовлетвори-**

мет

тельный ~ satisfactory method; **экономичный ~** economical method; **эффективный ~** effective method; **~ы бухгалтерского учёта** accounting methods; **~ возмещения** mode of reimbursement; **~ы генной инженерии** genetic engineering methods; **~ изготовления** method of production; **~ изготовления продукции партиями** batch method of production; **~ испытаний** testing technique; **~ калькуляции** costing method; **~ калькуляции цен** pricing method; **~ контроля качества продукции** quality control method; **~ косвенного импорта** indirect import method; **~ косвенного экспорта** indirect export method; **~ы массового сбыта** mass distribution methods; **~ы обучения** training methods; **~ определения качества** quality assessment method; **~ отбора проб** sampling method; **~ оценки** cost method; **~ печати** printing method; **~ планирования** method of planning; **~ платежа** method of payment; **~ подсчёта** method of calculation; **~ поставки** method of delivery; **~ проведения испытаний** testing technique; **~ы проверки** inspection methods; **~ы прогнозирования** forecasting methods; **~ы проектирования** design methods; **~ производства** production methods; **~ прямого импорта** direct import method; ~ **прямого экспорта** direct export method; ~ **работы** operating method; ~ **распределения** method of distribution; ~ **расчета** design method; ~ **снижение расходов** cost-saving method; ~ **сотрудничества** method of collaboration; ~ **сравнения** method of comparison; ~**ы строительства** construction process; ~**ы управления** methods of management; ~**ы финансирования** credit terms; ~ **эксплуатации** operating method

методик/а method(s), system; principles; procedure; **надлежащая** ~ proper ~; **обычная** ~ conventional ~; **особая** ~ special ~; **оценка** ~**и** estimation ~; **пересмотренная** ~ revised ~; **правильная** ~ correct ~; **придерживаться** ~**и** to adhere to a ~; **принять** ~**у** to adopt a ~; **рекомендуемая** ~ recommended ~; **стандартная** ~ standard ~; ~ **испытаний** testing ~; ~ **контроля качества** quality control ~; ~ **обследования** survey ~; ~ **проектирования** design ~; ~ **работы** operating ~

метр metre

метраж metric area, length in metres

метрический metric; **метрическая тонна** metric ton

метчик punch, stamp; marker

механизация mechanization; **комплексная** ~ comprehensive ~; **полная** ~ full ~; **рациональная** ~ rational ~; ~ **производства** ~ of production; ~ **сельского хозяйства** ~ of agriculture; ~ **трудоемких процессов** ~ of labor-intensive-processes

механизированный mechanized

механизм device, mechanism; **денежно-валютный** ~ currency mechanism; **организационный** ~ organizational mechahism; **погрузочно-разгрузочные** ~**ы** material handling equipment; **подъемный** ~ hoist; **рабочий** ~ working arrangements; **разгрузочный** ~ unloading mechanism; **рыночный** ~ market mechanism; **хозяйственный** ~ economic mechanism; ~ **валютных курсов** exchange rate mechanism; ~ **валютных отчислений** currency allocation mechanism; ~ **выдачи кредита** credit mechanism; ~ **конкуренции** competitive mechanism; ~ **перечисления денежных средств** money transfer mechanism; ~ **цен** price mechanism

механик mechanic, operator; **главный** ~ chief mechanical engineer; ~ **по оборудованию** maintenance mechanic

механический mechanical; power-driven; ~ **момент** momentum; ~ **пресс** power press; ~ **цех** machine shop

меценат Maecenas, patron

меценатство patronage of (art etc.)

мечен/ый marked; ~**ые атомы** labelled, tagged atoms

мешать, помешать (препятствовать) to hinder, to prevent, to stop; **бурная погода, мешающая погрузке** stormy weather preventing loading; **отсутствие ваших инструкций помешало нам отгрузить товар** the absence of your instructions prevented us from shipping the goods

мешковина burlap

мешкотара sack tare

мешок bag, sack; **груз в** ~**ках** cargo in bags; **застропленные** ~**ки** pre-slung bags; **поврежденные** ~**ки** damaged bags; **расфасовывать в** ~**ки** to fill sacks; **складной** ~ collapsible bag

мздоимство bribery

миксер blender, liquidizer

миллиард (*тысяча миллионов*) milliard; (в США) billion

миллиметр millimetre (*сокр. mm*)

мимоходом passing; **упомянуть** ~ to mention in passing

мина mine; booby trap

минёр mine-layer

минерал mineral

минимальн/ый minimal, minimum; ~**ое количество** minimum quantity

минимум minimum; **как минимум** as a minimum

министерство ministry; **отраслевое** ~ sectoral ~; ~ **здравоохранения** ~ of health; ~ **иностранных дел** ministry of foreign affairs; ~ **морского флота** ~ of the merchant marine; ~ **речного флота** ~ of inland water transport; ~ **финансов** ~ of finance; ~ **юстиции** ~ of Justice

министр minister; **заместитель ~a** deputy ~; **помощник ~a** assistant to a ~; **~ финансов** (*амер.*) Secretary of the Theasury
минус minus, less
минога lamprey
миноискатель mine-detector; sapper
мир peace, world; **деловой ~** business world; **торговый ~** trading world
мирн/ый peaceful; **в ~х целях** for ~ purposes; **~м путем** amicably
мировой world, worldwide
миссия legation, mission; **торговая ~** trade mission
мнени/е opinion; **по моему (нашему, вашему и т. д.) ~ю** in my (our, your etc.) opinion; **особое ~** dissenting opinion
мним/ый feigned, sham, pretended; **~ая величина** imaginary quantity
многозначительный significant
многоколонный multilinear
многократный numerous, repeated
многолетний of many years; perennial
многолюдный populous; crowded
многообещающий promising
многоотраслевой diversified (many sectors)
многословный verbose; prolix
многосторонний multilateral
многоступенчатый multi-stage
многочисленный frequent, numerous
множественный multiple, plural
множественность plurality
множество multitude, a great number, a great quantity, a great amount; a great deal; **это дело причинило нам ~ хлопот** the matter has caused us a great deal of trouble
множимое multiplicand
множитель multiplier, factor
множить 1. to multiply 2. to increase, augment
мобилизация mobilization; **~ наличности** ~ of cash; **~ промышленности** industrial ~; **~ ресурсов** ~ of resources; **~ финансовых средств** ~ of financial resources
мод/а fashion, style; **быть в ~е** to be in fashion; **ввести в ~у** to set the fashion; **входить в ~у** to become fashionable; **выйти из ~ы** to go out of style; **по последней ~е** in the latest fashion
модель model, type make, pattern; **действующая ~** working model; **зарегистрированная ~** registered model; **защита ~ей** protection of registered designs; **испытывать ~** to test a model; **конкурирующая ~** competing model; **название ~и** model name; **новая ~** new model; **образец ~и** sample pattern; **отобранная ~** selected model; **предыдущая** previous model; **рабочая ~** working model; **различные ~и** various makes and models; **серийная ~** production model; **современная ~** recent model; **упрощенная ~** reduced model; **устаревшая ~** obsolete model; **финансовая ~** financial model; **~ в разрезе** cut away model; **~ в уменьшенном размере** reduced scale model; **~ экономического роста** economic growth model
модернизация modernization; **коренная ~** fundamental modernization; **~ завода** plant renovation; **~ экономики** ~ of the economy
модернизировать to modernize; to update
модификация modification; **запатентованная ~** patentable ~
модифицированный modified
модифицировать to modify
модный fashionable, high end, stylish
мокнуть to become soaked
мокрый wet, damp; soggy
момент aspect, factor, moment, instant; **важный ~** important factor; **критический ~** critical factor, crucial moment; **~ вступления в силу** effective date; **в данный момент** at the moment
монет/а coin; **золотые ~ы** gold ~s; **размен ~** changing of ~s; **разменные ~ы** loose change; **серебряная ~** silver ~; **~ы крупного достоинства** ~s of large denominations; **~ы мелкого достоинства** ~s of small denominations; **~ы разного достоинства** ~s of various denominations
монетарный monetary
монетный monetary; **~ двор** mint
монометаллизм monometalism (gold, silver standard)
монометаллический monometallic
монополия monopoly; **бан-**

ковская ~ bank ~; **валютная** ~ foreign exchange ~; **власть** ~**и** ~ power; **временная** ~ temporary ~; **всеобъемлющая** ~ all encompassing ~; **государственная** ~ state ~; **групповая** ~ group ~; **двухсторонняя** ~ bilateral ~; **международная** ~ international ~; **патентная** ~ patent ~; **полная** ~ complete ~; **промышленная** ~ industrial ~; **регулируемая** ~ regulated ~; **слияние** ~**и** merger of ~s; **случайная** ~ accidental ~; **торговая** ~ commercial ~; **транснациональная** ~ multinational ~; **финансовая** ~ financial ~; **фискальная** ~ fiscal ~; **частная** ~ private ~; **экспортная** ~ export ~
монополизация monopolization
монополизировать to monopolize
монопольный monopoly
монтаж assembly, erection, installation, mounting; **быстрый** ~ rapid erection; **во время** ~**а** during installation; **в процессе** ~**а** in the course of erection; **график** ~**а** construction schedule; **дата** ~**а** date of assembly, erection; **до начала** ~**а** prior to installation; **завершение** ~**а** completion of erection work; **задержка** ~**а** delay in installation; **инструкция по** ~**у** instructions for assembly; **исключая** ~ exclusive of erection; **консультант по** ~**у** construction advisor; **место** ~**а** installation site; **на месте** ~**а** at installation site; **начало** ~**а** commencement of erection; **общие условия** ~**а** general conditions of erection, installation; **окончание** ~**а** completion of erection; **персонал, занимающийся** ~**ом** erection personnel; **полный** ~ overall erection; **правильный** ~ proper erection; **работы по** ~**у** erection work; **расходы по** ~**у** expenditures on erection; **своевременный** ~ timely erection; **специалист по** ~**у** erection specialist; **стоимость** ~**а** cost of assembly, erection, installation; ~ **завода** plant installation; ~ **оборудования** equipment installation; ~ **стенда** stand construction; ~ **и эксплуатация** assembly and operation
монтажник assembler, installer, mounter
монтажный assembly, erection
монтер adjuster, repairman; **аварийный** ~ troubleshooter
монтировать to assemble, to erect, to install, to mount, to fit
моратор/ий moratorium; **вводить** ~ **на** to impose a ~; **объявить** ~ to declare a ~; **продление** ~**я** extension of a ~; **установление** ~**я** imposition of a ~
мор/е sea; **бурное** ~ heavy ~; **в** ~ **at** ~; **внутреннее** ~ inland ~; **выход в** ~ access to the ~; **закрытое** ~ closed ~; **мелководное** ~ shallow ~; **не иметь выхода в** ~ to have no access to the ~; **открытое** ~ open ~; **перевозимый** ~**ем** ~ borne; **переход** ~**ем** ~ passage; **повреждение на** ~ ~ damage; **путешествие по** ~**ю** ~ voyage; **свободное** ~ free ~
мореплавани/е navigation, shipping; **безопасность** ~**я** safety of navigation; **международное торговое** ~ international shipping; **пригодность к** ~**ю** seaworthiness; **пригодный к** ~**ю** seaworthy; **торговое** ~ merchant shipping
мореходность seaworthiness; **абсолютная** absolute ~; **сертификат о** ~**и** certificate of ~; ~ **судна** ~ of a vessel
мореходный seagoing, seaworthy
морилка mordant
морозостойкий frost resistant
морозоустойчивый =**морозостойкий**
морск/ой sea; marine; maritime; ~**ая вода** sea water; ~**ая перевозка** sea transportation, oversea(s) transportation; ~**ие опасности** perils of the sea; ~**ие риски** marine risks; ~**ой порт** seaport; ~**ое право** maritime law; ~**ое страхование** marine insurance; ~**ой страховой полис** marine insurance policy
морфема morpheme
мотальный winding
мотать to wind, reel
мотаться to rush about; ~ **по свету** to knock about the world
мотив reason; **привести** ~**ы в пользу предложения** to

adduce reasons in support of an assertion

мотивировать to give reasons (for), justify

мотивировка reason(s), justification

мотовство wastefulness, extravagance, prodigality

мотор engine, motor

мошенник rogue, scoundrel; swindler

мошенничать to play the swindler

мошеннический rascally, swindling

мощност/ь capacity, output, power; **активная** ~ active power; **большая** ~ heavy duty, high power; **ввод в действие новых** ~**ей** commissioning of new capacities; **вводить** ~**и в действие** to commission capacities; **гарантированная** ~ guaranteed capacity; **годовая** ~ annual capacity, annual output; ~ **двигателя** engine power; **действующие и** operational capacities; **длительная** ~ continuous capacity; **достигать проектной** ~**и** to reach projected capacity; **загрузочная** load capacity; **запасная** ~ spare capacity; **избыточная** ~ surplus capacity; **коэффициент** ~**и** capacity rate; **максимальная** ~ maximum capacity; **малая** ~ low power; **неиспользованная** ~ idle capacity; **новая** ~ fresh capacity; **номинальная** ~ nominal output; **общая** ~ total capacity; **полезная** ~ useful power; **полная** ~ full capacity; **потребляемая** ~ power consumption; **потребная** ~ required capacity; **проектная** ~ design capacity; **производственная** ~ manufacturing capacity; **пусковая** starting power; **работа на полную** ~ operation at full capacity; **рабочая** ~ operating power; **расчетная** ~ rated capacity; **резервная** ~ reserve capacity; **резерв установленной** ~**и** margin of reserve capacity; **средняя** ~ average capacity; **суммарная** ~ aggregate capacity; **снижение** ~**ей** reduction in capacity, decline in output; **удельная** ~ specific capacity; **установленная** ~ installed capacity; **фактическая** ~ actual power; **эксплуатационная** ~ service power; **эффективная** ~ effective power; ~ **на единицу веса** horsepower per unit of weight; ~ **на производственную единицу** capacity per unit; **двигатель мощностью (в) 500 лошадиных сил** an engine of 500 H P.

мощный heavy-duty, high capacity, powerful

моющий detergent; ~**ие средства** detergents

моющийся washable; ~**иеся обои** washable wallpaper

мрамор marble

мука meal; flour

мукомольный flour-grinding

мультивалютный multicurrency

муниципалитет municipality; town council

мучное farinaceous foods

мягко softly; mildly, gently; ~ выражаясь to put it mildly, to say the least

motor

мошенник rogue, scoundrel; swindler

мошенничать to play the swindler

мошеннический rascally, swindling

мощность capacity, output, power; **активная** ~ active power; **большая** ~ heavy duty, high power; **ввод в действие новых** ~**ей** commissioning of new capacities; **вводить** ~**и в действие** to commission capacities; **гарантированная** ~ guaranteed capacity; **годовая** ~ annual capacity, annual output; ~ **двигателя** engine power; **действующие** ~**и** operational capacities; **длительная** ~ continuous capacity; **достигать проектной** ~**и** to reach projected capacity; **загрузочная** ~ load capacity; **запасная** ~ spare capacity; **избыточная** ~ surplus capacity; **коэффициент** ~**и** capacity rate; **максимальная** ~ maximum capacity; **малая** ~ low power; **неиспользованная** ~ idle capacity; **новая** ~ fresh capacity; **номинальная** ~ nominal output; **общая** ~ total capacity; **полезная** ~ useful power; **полная** ~ full capacity; **потребляемая** ~ power consumption; **потребная** ~ required capacity; **проектная** ~ design capacity; **производственная** ~ manufacturing capacity; **пусковая** starting power;

мощ

работа на полную ~ operation at full capacity; **рабочая** ~ operating power; **расчетная** ~ rated capacity; **резервная** ~ reserve capacity; **резерв установленной** ~и margin of reserve capacity; **средняя** ~ average capacity; **суммарная** ~ aggregate capacity; **снижение** ~ей reduction in capacity, decline in output; **удельная** ~ specific capacity; **установленная** ~ installed capacity; **фактическая** ~ actual power; **эксплуатационная** ~ service power; **эффективная** ~ effective power; ~ **на единицу веса** horsepower per unit of weight; ~ **на производственную единицу** capacity per unit; **двигатель мощностью(в) 500 лошадиных сил** an engine of 500 H P.
мощный heavy-duty, high capacity, powerful
моющ/ий detergent; ~ие средства detergents
моющ/ийся washable; ~ иеся обои washable wallpaper
мрамор marble
мука meal; flour
мукомольный flour-grinding
мультивалютный multicurrency
муниципалитет municipality; town council
мучное farinaceous foods
мягко softly; mildly, gently; ~ выражаясь to put it mildly, to say the least

Н

набавлять to add (to), to increase
набежать to ruck up, to accumulate
набело clean, without corrections and erasures; **переписать** ~ to make a fair copy of
набережная embankment, quay; **разгрузочная** ~ discharging quay; **франко** ~ free alongside quay (FAQ)
набирать (*буквы или цифры на телефонном аппарате*) to dial
наблюдать (**надзирать, контролировать**) to supervise; ~ за чем-л. to supervise something
наблюдение observation, supervision
набор assortment, collection, set; **полный** ~ complete set; ~ **инструментов** tool kit; ~ **слов** mere verbiage
набросать 1. to sketch, to outline, to adumbrate; ~ **план** to outline a plan 2. to jot down
набросок (*проект*) draft, sketch
навалиться 1. to fall upon 2. to lean (on, upon); to bring all one's weight to bear (on)
навалом in bulk, loose, piled up
навалочный bulk, loose (of cargo, freight)
наверняка 1. for sure, certainly 2. safely, without taking risks; **бить** ~ to take no chances
навесн/ой: ~ая дверь door on hinges; ~ая петля hinge

Н

навигаци/я navigation; **воздушная** ~ air ~; **закрытый для** ~и closed to ~; **морская** ~ marine ~; **открытый для** ~и open for ~
навигационный navigating
навинтить to screw on
наводнить to flood (with), inundate (with), deluge (with); ~ **рынок дешевыми товарами** to flood the market with cheap goods
навынос take-away
наглость impudence, insolence
наглухо tightly, hermetically
наглый impudent, insolent
наглядно clearly, graphically; by visual demonstration
наглядн/ый 1. clear; graphic, obvious; ~ое доказательство ocular demonstration 2. visual; ~ые пособия visual aids
нагнетать to compress, to force; (*тех.*) supercharge
нагнетательн/ый: ~клапан pressure valve; ~ая труба force pipe
наготове in readiness; ready to hand; **быть** ~ to hold oneself in readiness, be on call
награда 1. reward, recompence 2. award; decoration; prize
наградить 1. to reward (with) 2. to decorate (with); to award, confer; to endow (with)
нагрев heat, heating; **поверхность** ~а heating surface
нагреватель heater
нагружать to load; ~ чрезмерно to overload
ннгрузк/а load; **безопасная** ~ permissible (safe); ~ **вре-**

менная ~ temporary ~; выдерживать ~у to endure a ~; добавочная ~ additional ~; допускаемая ~ permissible ~; испытание под ~ой ~ test; испытательная ~ trial ~; коммерческая ~ payload; малая ~ light duty; минимальная ~ minimum ~; наибольшая ~ maximum ~; неполная ~ under ~; номинальная rated ~; нормативная ~ prescribed ~; под ~ой under ~; полезная ~ service ~; полная ~ full ~; постоянная ~ fixed ~; пробная ~ test ~; рабочая ~ work ~; расчетная ~ design ~; средняя ~ average ~; чрезмерная ~ over~

надбавк/а mark up, premium, surcharge; **аккордная ~** piece work bonus; **включать ~ку в размере ... %** includes a surcharge of ...%; **делать ~ку к цене** to add a surcharge to the price; **денежная ~** premium; **дополнительная ~** surcharge; **ежегодная ~** annual raise; **платить ~ку** to pay a surcharge; **поощрительная ~** incentive premium; **премиальная ~** premium; **продавать с ~кой** to sell at a premium; **сезонная ~** seasonal surcharge; **стимулирующая ~** additional incentive; **цена с ~кой** price plus mark up; **шкала ~ок и скидок** escalation; **~ за выслугу лет** seniority bonus; **~ за повышенное качество** quality bonus; **~ за риск** risk premium; **~ за** тяжеловесный груз overload premium

наддув supercharge

надежност/ь dependability, reliability; **анализ ~и** reliability analysis; **изменение ~и** variations in reliability; **меры ~и** measures of reliability; **обеспечение ~и** assurance of reliability; **расчетная ~** design reliability; **эксплуатационная ~** operating reliability

надежн/ый dependable, reliable; **~ая работа машины** reliable service of the machine; **~ое сообщение** reliable information

наделить to invest (with), to provide (with); to endow (with)

надергать to pull, pluck (a quantity of)

надземный overground

надзирать (наблюдать, контролировать) см. **наблюдать**

надзор inspection, supervision surveillance; **государственный ~** state supervision; **осуществлять ~** to supervise; **санитарный ~** sanitary inspection; **строительный ~** building inspection; **технический ~** technical inspection

надлежащи/й appropriate, fitting, proper; **~м образом** duly properly

надлежит it is necessary, it is required; **вам ~ явиться в 8 часов** you are required to present yourself at 8 o'clock

надлом crack, crack-up

надобность need, requirement

надпис/ь endorsement; inscription; **безоборотная ~** endorsement without recourse; **бланковая ~** blank endorsement; **делать ~** to endorse; **именная ~** endorsement in full; **передаточная ~** endorsement; **последовательные ~и** successive endorsements; **передаточная надпись** см. **индоссамент**

надписывать to superscribe, to inscribe, to address

надуманный far-fetched, forced

надумать 1. to decide (to) 2. to think up, to make up

наедине privately, in private; alone (with)

наем employment, hire, lease, renting; **агент по найму** employment agent; **договор найма** employment contract; **перевозки по найму** hired transportation; **работа по найму** work for hire; **сдача в ~** hiring out; **условия найма в аренду** lease conditions; **~ персонала** hiring of personnel; **~ рабочей силы** hiring of work force

нажать to press, to press on, to press ahead

нажим pressure; clamp

нажимн/ой pressure; **~ винт** stop screw; **~ое приспособление** pressure mechanism

нажиться to become rich, make a fortune

название name, title; **изменить ~** to change the name; **торговое ~ товара** trade name; **~ изобретения** name of an invention; **~**

марки brand name; **~ судна** ship's name
назначать, назначить to allocate, to appropriate, to assign, to commission, to nominate; ~ **(кого-л.)** to appoint, to nominate; ~ **арбитра** to appoint (*или* to nominate) an arbitrator; ~ **агента** to appoint an agent; ~ **кого-л. арбитром (агентом)** to appoint somebody as an arbitrator (as an agent); ~ **(встречу, срок)** to fix; ~ **день** to fix the day; ~ **встречу** to make (*или* to fix) an appointment (**на** - for); (*о цене, условиях сделки*) to quote; ~ **цену** (*условия*) to quote a price (terms); (*о судне*) to nominate, to place; ~ **судно для выполнения контракта** to place a vessel against a contract
назначени/е allocation, appropriation, assignment, nomination, quotation; (*цель*) purpose; **место ~я** final destination; **отвечать своему ~ю** to answer the purpose; **порт ~я** port of entry; **порт окончательного ~я** final port; **порт первоначального ~я** original port of destination; **станция ~я** station of destination; **страна ~я** receiving country; **получить ~** to receive an appointment; **производить ~ арбитра** to nominate an arbitrator; ~ **документов** disposition of documents; ~ **на пост** appointment to a post; ~ **цен** quotation of prices; ~ **на должность, работу и т.п.** appointment; nomination
назначенный appointed; **вновь ~** newly ~
назубок: знать ~ to know by heart
называть to entitle, to name
наименование name; **торговое ~** trade ~; **условное ~** conditional ~; **фирменное ~** ~ of a firm; **~ бенефициара** ~ of a beneficiary; **~ груза** description of cargo; **~ завода изготовителя** manufacturer's ~; **~ заявителя** denomination of an applicant; **~ изделия** description of an article; **~ изобретения** title of an invention; **~ судна** ship's ~; ~ **товара** description of goods
наименьший (the) least
наискось =наискосок obliquely, slantwise
наихудший (the) worst
накал 1. incandescence 2. heating
накапливать to accumulate, to stockpile; **~ся** to accrue
накапливающийся cumulative
накачать to pump up, to pump full
накладка 1. bracket 2. false hair, hair-piece 3. blunder, clanger
накладн/ая bill of lading, consignment note; way bill; **авиагрузовая ~** air way bill; **автодорожная ~** truck bill of lading; **грузовая ~** consignment note; **дубликат транспортной ~ой** way bill duplicate; **железнодорожная ~** railroad way bill; **копия ~ой** way bill copy; **корешок ~ой** counterfoil way bill; **международная ~** international consignment note; **оформление ~ой** drawing up of a way bill; **представить ~ую** to present a way bill; **предъявлять ~ую** to submit a way bill; **по ~ой** against a way bill; **речная ~** river bill of lading; **сквозная ~** transshipment bill of lading; **сопроводительная ~** accompanying note; **товаросопроводительная ~** consignment note; **транспортная ~** way bill
накладные (расходы) overhead expenses; **общезаводские ~** plant overhead; **производственные ~** production overhead; **распределение ~х (расходов)** allocation of overhead
накладывать to apply, to impose; ~ **ограничения** to impose restrictions; ~ **печать** to affix a stamp; ~ **пломбу** to affix a seal; ~ **штраф** to apply a penalty
наклеивать to affix, to stick (*with adhesive*)
наклейка stick-on label; **бумажная ~** paper label; **прикреплять ~у** to affix a label
накопившийся accrued
накопитель (*computer*) storage; **~ на дисках** disk drive
накоплени/е accrual, accumulation, stockpiling; **непроизводственное ~** non-productive accumulation; **производственное ~** productive accumulation; **существенные ~я** substantial accumulation; **ускоренное ~** accelerated accumulation; **чрезмерное ~** hoarding ~; **~ денежных средств** accu-

mulation of funds; ~ капитала capital accumulation; ~ процентов accrual of interest; ~ товарных запасов stockpiling

накрутить *(a quantity of)* to twist; to do, to say

налагать to impose, to inflict; ~ вето to veto

наладк/а adjustment, setup; инструкции по ~е adjustment instructions; период ~и adjustment period; проводить ~у to provide setup; руководство ~ой supervision of setup; ручная ~ manual setup

налаживать to adjust, to organize, to setup

наливать to fill, to pour

наливом in bulk, in tanks

налипнуть, налипать to stick (to)

наличествовать to be present, be on hand

наличи/е presence, availability; быть *(или* иметься, оказаться*)* в ~и to be available; иметь что-л. в ~и to have something available; при условии ~я subject to availabiity; ~ денег availability of cash; ~ документации availability of documentation; ~ полномочий authority; ~ скрытого дефекта presence of a latent defect; ~ товаров availability of stock; этих товаров нет в ~и в настоящее время these goods are not available at present;

наличность cash, cash-in-hand; денежная ~ cash, cash-in-hand, cash on hand, amount on hand; долларовая ~ dollar holdings; инвалютная ~ foreign exchange holdings; кассовая ~ cash balance, till; cash on hand; мобилизация ~и cash mobilization; отсутствие ~и non-liquidity; проверять кассовую ~ to check the cash balance; резервная ~ reserve cash; свободная ~ spare cash; товарная ~ stock-in-trade; быть в наличности на складе to be in stock

наличны/е cash, ready money; аванс ~ми cash advance; за ~ for cash; переводить в ~ to convert into cash; платёж ~ми cash terms; платёж ~ми без скидки net cash terms; платить ~ми to pay cash; платить ~ми без скидки to pay net cash; подлежащий оплате ~ми payable in cash

наличн/ый available, present, ready, on hand; ~ запас (товаров) stock; наличный расчет cash payment *или* payment in cash; ~ые (деньги) cash; ~ыми in *(или* by) cash; *(платеж)* ~ыми против документов (payment) in *(или* by) cash against documents; *(платеж)* ~ыми без скидки (payment) net cash; *(платеж)* ~ыми при выдаче заказа *(payment)* cash with order; немедленный платеж ~ыми payment spot cash

налог tax; адвалорный ~ ad valorem ~; аккордный ~ lumpsum ~; большой ~ heavy ~; быть освобождённым от уплаты ~ов to be exempt from the payment of ~es; введение ~а imposition of a ~; взимать ~ to levy a ~; возврат ~а refund; выплачивать ~и to pay ~es; высокий ~ high ~; государственный ~ government ~; дискриминационный ~ discriminatory ~; до вычета ~а before ~ *(e.g. income)*; ~ на добавленную стоимость value added tax, VAT; дополнительный ~ ~ surcharge; дорожный ~ toll; доход от ~ов ~ revenue; единый ~ unitary ~; за вычетом ~а after ~; земельный ~ land ~; косвенный ~ indirect ~; льготы на ~ ~ preferences; местный ~ local ~; натуральный ~ ~ in kind; необлагаемый ~ом tax-deductible; непомерный ~ onerous ~; неуплата ~а non-payment of a ~; неуплаченный ~ delinquent ~; облагать ~ом to subject to a ~; обложение ~ом taxation; односторонний ~ one-sided ~; одноступенчатый ~ single stage ~; освобождать от ~ов to exempt from ~es; освобождение от ~ов ~ exemption; отсрочка ~а ~ deferment; платить ~и to pay ~es; повышать ~и to increase ~es; подлежать обложению ~ом to be subject to taxation; подоходный ~ income ~; поимущественный ~ property ~; поступления от ~ов proceeds from ~es; прогрессивный ~ progressive ~; промысловый ~ trade licensing ~; пропорциональный ~ proportional ~; прямой ~ direct ~; **сбор** ~**ов** collection of ~es; **свободный от уплаты** ~**ов** exempt from ~es; **система** ~**ов** system of taxation; **скидка с** ~**а** ~ abatement; **собирать** ~**и** to collect ~es; **сокращение** ~**ов** reduction in ~ es; **специфический** ~ specific ~; **ставка** ~**а** ~ rate; **удержание** ~**ов** ~ withholding; **удерживать** ~**и** to withhold ~es; **уклоняться от уплаты** ~**ов** to evade ~es; **уравнительный** ~ equalization ~; **федеральный** ~ federal ~; **шкала** ~**ов** ~ schedule; ~ **на личное имущество** ~ on personal property; ~ **на зарплату** ~ on wages; ~ **на импорт** import ~; ~ **на капитал** capital ~; ~ **на недвижимость** ~ on real property; ~ **на оборот** turnover ~; ~ **с доходов акционерных компаний** corporate income ~; ~ **с роялти** royalty ~

налоговый tax
налогообложение taxation; **двойное** ~ double ~; **льготное** ~ preferential ~; **прогрессивное** ~ progressive ~; **пропорциональное** ~ proportional ~; **тяжёлое** ~ heavy ~; **система** ~**я** system of ~
налогоплательщик taxpayer
наложение imposition; ~ **ареста на имущество** seizure of property, sequestration; ~ **ареста на товары** seizure of goods; ~ **запрещения на судно и груз** action in rem against vessel and cargo; ~ **штрафа** ~ of a fine
наложенный: ~**ным платежом** cash on delivery (*abbr.* C.O.D.)
намереваться to intend
намерени/е intention, purpose; **протокол о** ~**ях** protocol of intent; **соглашение о** ~**ях** letter of intent
нанесение inflicting; ~ **маркировки** marking ~; ~ **ущерба** prejudice
наниматель tenant; employer; ~ **судна** charterer
нанимать to charter, to employ, to hire, to rent
наносить to cause, to inflict, to mark
наносить ущерб *см.* **ущерб**
наносить: нанести визит *см.* **визит;**
нанять to rent, to hire; ~ **на работу** to engage, to take on
наоборот on the contrary
наобум at random
напечатанный printed, typewritten
наперекор in defiance (of), counter (to)
написание spelling
наплыв inflow; ~ **заказов** ~ of orders
напоказ for show
наполнять to fill
напоминание reminding, reminder; **многократные** ~**я** numerous reminders; **официальное** ~ official ~; **письмо с** ~**ем** dunning letter; **повторное** ~ second ~; **о платеже** ~ of payment due
напоминать, напомнить to remind; ~ **кому-л. о чем-л.** to remind somebody of something
напортить to spoil

напоследок in the end, finally, after all
направленный forwarded
направить, направлять to direct
направлять to address, to forward, to route
направляться to proceed
направляющийся (*о судне*) bound for; **судно,** ~**щееся в Калининград** a vessel bound for Kaliningrad; ~ **в порт приписки** homeward bound
например for example, for instance, e.g.
напрокат for hire, for rent; **брать** ~ to hire; **сдавать** ~ to hire out
напротив (наоборот) on the contrary
напряжение pressure, strain, tension; **выдержать** ~ to withstand stress; **высокое** ~ high pressure; ~ **тока** voltage; **ослабить** ~ to reduce tension
напряжённост/ь intensity, tension; **ослабление** ~**и** relaxation of tension; ~ **рынка** market pressure
напряжённый intense, tight
напрямик stright, stright out, bluntly
напутать to make a mess (of), to make a hash (of), to confuse, to get wrong
нарастать to accrue, to accumulate
наращивание accumulation, build-up, increase; ~ **производственных мощностей** increase in production capacity; ~ **темпа производства** increase in the rate of production
наращивать to build-up, to increase

Н   нач

нарез 1. (*тех.*) thread; groove 2. Lot, plot (*of land*)
нарицательный nominal
наркоман drug addict
наркомания drug addiction
наркотик narcotic
наросший accrued, accumulated
нарочный courier, messenger
нарушать to breach, to infringe, to violate; ~ **закон** to break the law
нарушить, нарушать to infringe, to violate; to break; ~ **условия договора** to infringe the terms of the contract
нарушени/е breach, infringement, violation; **валютные ~я** currency violations; **в ~е инструкций** contrary to instructions; **грубое ~** gross infringement, gross violation; **избегать ~й** to avoid violations; **иск о ~и договора** breach of contract action; **наложить штраф за ~** to impose a penalty for a violation; **ответственность за ~** liability for breach, for infringement; **прекратить ~** to discontinue infringement; **причина ~я** cause of infringement; **санкции за ~** sanctions for violation; **урегулировать ~** to settle an infringement; **штраф за ~** fine for violation; ~ **авторского права** copyright infringement; ~ **гарантии** breach of warranty; ~ **графика** breach of a schedule; ~ **доверия** breach of confidence; ~ **договора** breach of contract; ~ **закона** violation of a law; ~ **исклю-чительности** violation of exclusivity; ~ **контракта** breach of contract; ~ **обязательства** breach of an obligation; ~ **патента** infringement of a patent; ~ **положений договора** breach of contract provisions; ~ **права** infringement of a right; ~ **правил** breaking of rules; ~ **правил по технике безопасности** violation of safety regulations; ~ **равновесия** imbalance ~; ~ **соглашения** breach of an agreement; ~ **товарного знака** infringement of a trade mark; ~ **условий** violation of conditions; ~ **формальностей** disregard of formalities
нарушител/ь infringer, violator; **преследовать ~я** to prosecute the infringer; ~ **авторского права** plagiarizer, copyright pirate; ~ **закона** law breaker; ~ **патентов** patent infringer
наряд order, warrant; **рабочий ~** work card; ~ **на работу** work order
насос pump
наспех hastily; carelessly
настаивать to insist (**на** - on)
настилка laying, spreading
настольный table, desk, desktop; reference
настоящий 1. (*о времени*) present; **в настоящее время, до настоящего времени** см. **время**; 2. (*подлинный*) genuine, real; 3. **настоящим** (*данным письмом*) hereby
наступать to mature (*of a bill, draft*)
наступление approach, onset
насчитывать to count, to total, to number
насыпать to fill; ~ **в мешки** ~in bags
насыпка filling
насыпной bulk
насыпью in bulk; **перевозка груза** ~ bulk shipment; **хранение** ~ bulk storage
насыщение saturation; ~ **рынка** market ~; ~ **спроса** demand ~
натура in kind; **возмещение в ~е** compensation ~; **вознаграждение ~ой** remuneration ~; **оплата ~ой** payment ~
натуральный in kind, natural
натуральный вес natural weight
наугад, наудачу at random, by guess-work
наукоёмкий high technology
научный scientific
находиться (*иметься, пребывать*) to be; **товар находится в Осло** the goods are (*или* are lying) in Oslo
наценка margin, mark-up; **бюджетная ~** budget margin; **розничная ~** retail mark-up; **страховая ~** insurance margin; **торговая ~** trade margin
национализация nationalization
национализировать to nationalize
начал/о beginning; **на договорных ~ах** on a contractual basis; **на комиссионных ~ах** on a commission basis; **на паритетных ~ах** on a basis of parity; **на равных ~ах** on equal terms; **в ~е марта** at the begin-

ning of March; early in March
начальный beginning, initial
начинание undertaking
начислени/е calculation, charge, computation; **амортизационные ~я** depreciation charges; **общепринятые ~я** generally accepted charges; **формула ~я процентов** interest accrual formula; **~ процентов** calculation of interest
начислять, начислить to calculate, to charge, to compute; **~ - записать в дебет** to debit an account, to charge; **~ - записать в кредит** to credit an account
неадресованный unaddressed
неактивный inactive
неакцепт non-acceptance
неакцептованный unaccepted
небоскрёб skyscraper
небрежность negligence
небрежный careless, negligent
небьющийся unbreakable
не взысканный outstanding
невидимый invisible
невиновный not guilty
невменяемый legally irresponsible *(insanity, minority, etc.)*
невозможность impossibility, inability
невостребованный uncalled *(pursuant to a cash call, etc.)*, unclaimed
невыгодность disadvantage
невыгодный disadvantageous, unprofitable
невыкупленный unredeemed
невыполнение non-performance, non-execution; failure to perform, failure to execute, failure to carry out

невыполненный 1 outstanding, unexecuted, unfulfilled
невыполненный 2 *см.* **неисполненный**
невыполнимость impossibility *(of performance)*
невыполнимый impracticable, impossible, infeasible
невыполнени/е non-fulfillment, non-performance; **в случае ~я обязательств** in the event of a default; **частичное ~** partial default; **штраф за ~ договора** penalty for ~ of a contract; **~ договора** ~ of a contract; **~ заказа** ~ of an order; **~ контракта** ~ of a contract; **~ плана** ~ of a plan
невысказанный unexpressed, unsaid
негабарит oversize cargo; **~ по высоте** over height cargo; **~ по ширине** over width cargo
негабаритный oversize
негарантированный unguaranteed
негласный secret
негодность unfitness
негодный unfit, unsuitable; **~ к употреблению** unfit for intended use
негоциант negotiator
негоциаци/я negotiation; **производить ~ю** to effect a ~; **~ против документов** ~ against documents; **~ тратт** ~ of drafts
негоциировать to negotiate
недавний recent
недальновидность lack of foresight, shortsightedness
недальновидный sortsighted
недвижимост/ь real estate; **владелец ~и** owner of ~; **доход с ~и** rent; **заклад-**

ная под ~ ~ mortgage; налог на ~ ~ tax; рынок ~и ~ market
недвижимый immoveable
недействительность invalidity, nullity; **объявление о ~и** notice of legal extinction; **~ авторского свидетельства** invalidity of a certificate of authorship; **~ договора** nullity of a contract, treaty; **~ патента** invalidity of a patent; **~ товарного знака** invalidity of a trade mark
недействительный invalid, void, null and void; **делать ~ным** to invalidate; **признать ~м** to declare ~; **становиться ~ным** to become void
неделимый indivisible
недискриминационный non-discriminatory
недлительный non-durable
недоброкачественность inferior quality
недоброкачественный poor quality
недобросовестность bad faith
недобросовестный in bad faith
недовес short weight
недогружать to underload
недогруз short shipment; **~ судна** underloading of a vessel
недогрузка underloading, short shipment, under-shipment
недоимк/а arrears; **сумма ~и** amount in ~; **взыскивать ~у** to dun for ~
недоконченный unfinished, incomplete
недокументированный undocumented

недомолвка innuedo; reservation, omission
недооценивать to underestimate, to undervalue
недооценка underestimate, undervaluation
недоплата short payment
недоплачивать to underpay
недополученный short-received
недопоставленный short delivered
недоразумение misunderstanding
недорогой inexpensive
недосмотр oversight; **по ~у** through an oversight
недоставка non-delivery
недоставленный undelivered
недостат/ок 1. *(дефект)* defect; 2. *(нехватка)* deficiency, lack, shortage; **за ~ком ...** for lack of ...; **исправлять ~ки** to remedy defects; **испытывать ~** to lack for; **крупные ~ки** serious defects; **мелкие ~ки** minor defects; **производственные ~ки** manufacturing defects; **скрытые ~ки** latent defects; **существенные ~ки** material defects; **~ вакансий** lack of jobs
недостаточность deficiency, inadequacy, insufficiency; **~ снабжения** supply shortage; **~ спроса** inadequate demand; **~ обслуживания и ремонта** inadequate maintenance and repair
недостаточный inadequate, insufficient
недостач/а deficiency, lack, shortage; **акт о ~е** shortage report; **возместить ~у** to compensate for shortage; **денежная ~** monetary deficit; **заявленная ~** declared shortage; **крупная ~** major shortage; **ответственность за ~у** liability for deficiency; **покрывать ~у** to cover a shortage; **претензия по ~е товара** claim for shortage of goods; **фактическая ~** actual shortage; **~ в весе** shortage in weight
недостающий deficient, missing, short
недоступный inaccessible, unobtainable
недочёт deficit, shortage
недремлющий vigilant; "**Право благоприятствует ~им**" "the law favors the vigilant"
нежелательный undesirable, unwanted; contrary to the wishes (of)
незаверенный uncertified
незавершённый incomplete, unaccomplished
незавершенный, незаконченный non-complete
незадекларированный undeclared
незаконность illegality, lawlessness
незаконный illegal, unlawful
незаконченный unfinished
незамерзающий ice-free
незапакованный unpacked
незапатентованный unpatented
незапечатанный unsealed
незаполненный not completed *(line in an application)*
незастрахованный uninsured
незатаренный loose *(of cargo)*
незашифрованный not in cipher, not in code; en clair
незначительный 1. *(небольшой)* slight; 2. *(второстепенный)* minor

неизрасходованный unspent
неимение absence, lack; **за ~м** for want of ...
неиндоссированный unendorsed
неисключительный non-exclusive
неисполнение non-fulfillment, non-performance; **санкции за ~** sanctions for non-performance
неисполнение *см.* **невыполнение**
неисполненный unexecuted, unfulfilled, unexecuted; **~ая часть заказа** unexecuted part of the order
неисполнимый impracticable; unrelizable
неиспользованный idle, unused
неиспользуемый idle
неисправност/ь defect, fault, malfunction; **в ~и** out of order; **избегать ~и** to avoid damage; **нахождение ~ей** troubleshooting; **отыскивать ~** to locate a fault
неисправный faulty, defective, out of order
неистекший unexpired
неисчислимый innumerable, incalculable
нейтральный neutral
некартелированный non-cartelized
некартельный non-cartel
некачественный substandard
некоммерческий nonprofit
некомпенсированный uncompensated
некомпетентный not competent; unqualified
некомплектный incomplete; not up to strength
неконвертируемый inconvertible
неконкурентност/ь non-com-

petiveness; **оговорка о ~и** non-competition clause
неконкурентный non-competitive
неконтролируемый uncontrolled
некорпоративный unincorporated
некорректный discourteous, impolite
некотирующийся unquoted
некредитоспособный insolvent
некрупный medium-sized, not large
некумулятивный non-cumulative
нелегальный illegal
нелепый absurd, ridiculous
неликвидный non-liquid
неликвиды unmarketable products
нелимитируемый unlimited
нелицензированный unlicensed
немедленно immediately, at once; (*разг.*) straight away
немедленный immediate, prompt
немногословный laconic, brief, terse
немнущийся non-creasing, crease-resistant
неморозостойкий non-frost resistant
ненадёжность insecurity, unreliability
ненадёжный insecure, unreliable
ненамеренный unintentional, accidentally
ненумерованный unnumbered
неотраслевой non-sectoral
необеспеченный unsecured
необлагаемый non-taxable
необоснованный unreasonable, unjustified

необработанный course, crude, raw
необратимость inconvertibility
необратимый inconvertible, soft
необходимост/ь necessity, want, need; **жестокая ~** dire necessity, utter need; **крайняя ~** utter necessity, paramount necessity; **настоятельная ~** pressing (urgent) need (necessity); **насущная ~** bare necessity; **острая ~** exigency **товары первой ~и** staple commodities
необходимост/ь necessity
необходимый essential, necessary
необъявленный undeclared (*at customs*)
необязательный non-compulsory
неограниченный unrestricted
неоднократно often, repeatedly
неожиданный unexpected
неоплата non-payment; **~ векселя** failure to honor a bill
неоплаченный unpaid
неоправданный unjustified
неопротестованный unprotested (*of bill or note*)
неорганизованный unorganized
неответственный irresponsible
неотделимый inseparable
неотложный pressing, urgent
неотправленный unshipped
неотъемлем/ый inalienable, integral; **~ая часть договора** integral part of the contract
неофициальный unofficial
неоформленный unexecuted

неоценённый unvalued
непатентоспособный unpatentable
непередаваемый non-negotiable
неплатёж default of payment; **авизо о ~е** advice of non-payment; **в случае ~а** in case of default of payment
неплатёжеспособност/ь insolvency; **объявление о ~и** declaration of bankruptcy; **~ банка** bank failure
неплатёжеспособны/й bankrupt, insolvent; **объявлять ~м** to declare bankruptcy
неплательщик defaulter
неповреждённый intact, undamaged
непогашенный unpaid, unsettled
неподвижный motionless, immobile, immovable; fixed, stationary
неподтверждённый unacknowledged, unconfirmed
неподходящий impracticable, inapplicable, unfit, unsuitable, unsuited
непокрытый uncovered, unsecured
неполностью incompletely
неполнота incompleteness, imperfection
неполноценный defective, inferior
неполный deficient, incomplete
непортящийся non-perishable
непоследовательность inconsistency; inconsequence
непосредственно direct
непоставка *см.* **несдача**
непостоянный inconstant, changeable
непотопляемый unsinkable

непредвиденный contingent, unforeseen
непредвиден/ный unforeseen; ~ное обстоятельство *см.* обстоятельство
непредусмотренный uncontemplated, unprovided for
непреодолимая сила force-majeur
непрерывн/ый uninterrupted, unbroken; continuous; ~ лист through plate; ~ая палуба flush deck; ~ сварной шов line welding, continuous weld
неприбыльный unprofitable, unremunerative
непригодность unfitness
непригодный unmerchantable, unsuitable, unfit (для - to, for); ~ для торговли unmerchantable
неприемлемый inadmissible, unacceptable (для кого-л.- to)
неприменимый inapplicable
непринятие non-acceptance, rejection, failure to accept; риск ~я risk of ~; ~ мер failure to take measures; ~ товара ~ of goods
непринятый unaccepted, unacceptable
непроводник non-conductor, dielectric
непродаваемый unsaleable
непроданный unsold
непродолжительный short *(period of time)*
непрозрачный opaque
непроизводительный non-productive
непроизвольный involuntary
непромокаемый waterproof
непроницаемый impenetrable, impermeable; (для) impervious (to); ~ для звука sound-proof

непрочный fragile
нерабочий non-working
неравенство inequality
неравноправный inequitable, unequal
неравный unequal
неразборчивый *(о почерке, подписи)* illegible
неразгруженный undischarged *(freight)*
нерасфасованный in bulk, unpre-packed
нереализованный outstanding *(unsold)*
нерегулярный irregular
нерентабельность unprofitability
нерентабельный unprofitable, unremunerative
несбалансированность imbalance
несбалансированный imbalanced
несгибаемый unbending, inflexible
несдача non-delivery; failure to deliver; ~ товара ~ goods
несезонный out of season, unseasonable
несерийный custom-built
несжимаемый incompressible
несмотря на in spite of, despite, notwithstanding
несмываемый indelible
несоблюдение non-compliance, violation; ~ графика non-observance of a schedule; ~ порядка failure to follow procedure; ~ правил disregard of rules; ~ срока failure to meet the term date; ~ указаний disregard of instructions; ~ условий договора non-observance of the terms of agreement; ~ условий контракта non-observance of the terms of a contract; ~

формальностей non-observance of formalities
несомненно undoubtedly, (there is) no doubt
несоответствие discrepancy, disparity, non-conformity
несоответствующий inadequate
несоразмерный disproportionate
несортированный ungraded, unsorted
несостоятельность bankruptcy, groundlessness, insolvency; ~ должника insolvency of a debtor
несостоятельны/й bankrupt, groundless, insolvent; стать ~м to become insolvent
неспособность inability, incapacity
несрочный non-urgent
нестабильность instability; экономическая ~ economic ~
нестабильный unstable
нестандартный substandard
нести (носить) to bear, to incur *(expenses, losses)*
несудоходный unnavigable
нетаксированный unrated, unvalued
нетарифный non-tariff
неторговый non-commercial
нетрудоспособность disability, disablement for work; временная ~ temporary disability; полная ~ total disability; частичная ~ partial disability
нетрудоспособный disabled, incapacitated
нетто net (*или* nett); брутто за ~ gross for ~; вес ~ ~ weight; выручка ~ ~ proceeds; легальный вес ~ legal ~ weight; масса ~ ~ mass; на основе ~ on a ~

basis; **реальный вес** ~ actual ~ weight; **сумма** ~ ~ amount; **цена** ~ ~ price
нетто-баланс balanced trade
нетто-процент pure interest
нетто-регистровая тонна net registered ton
нетто-экспортёр товара net exporter of a commodity
неубедительный unconvincing
неудобный inconvenient
неудобство inconvenience
неудовлетворенный dissatisfied (чем-л. - with)
неудовлетворительный inadequate, unsatisfactory
неупакованный unpacked
неуплата nonpayment; failure to pay; **ввиду** ~ы due to ~; **в результате** ~ы as a result of ~; **в случае** ~ы in case of default of payment; ~ **задолженности по кредиту** default of credit; ~ **налогов** ~ of taxes
неуплаченный outstanding, unpaid
неурегулированный unsettled
неурядица 1. disorder, mess 2. squabbling
неустойка penalty; **альтернативная** ~ alternative ~; **большая** ~ heavy ~; **вычитать** ~у to deduct liquidated damages; **договорная** ~ contractual ~; **исключительная** ~ exclusive ~
неустойчивость instability, variability; ~ **валютной системы** instability of the monetary system; ~ **курса валюты** fluctuation of the exchange rate; ~ **рынков** market fluctuations; ~ **цен** price instability
неустойчивы/й changeable, unstable, variable; **быть** ~м to fluctuate
неустранимый irremovable
нефтевоз oil carrier
нефтегруз oil cargo
нефтедоллары petrodollars
нефтепереработка petroleum refining
нефтепровод oil pipeline; **прокладывать** ~ to lay an ~
нефтехранилище oil reservoir
нехватка deficiency, lack, scarcity, shortage; **временная** ~ temporary shortage; **острая** ~ acute shortage; ~ **валюты** lack of {foreign} exchange; ~ **денег** tight money; ~ **кадров** personnel shortage; ~ **кредита** tight credit; ~ **рабочей силы** manpower shortage; ~ **сырья** lack of raw materials
неходкий unmarketable, unsaleable
нечестный dishonest
нечет odd number
нечётный odd (*numerically*)
нечистый impure, unclean
неэкономичность economic inefficiency
неэкономичный uneconomical
неэффективный ineffective
неявк/а failure to appear; ~ **в суд** default of appearance (*at hearing, trial*); ~ **на работу** absenteeism (*from work*)
неявка default; **судебное решение в пользу истца ввиду** ~и **ответчика** judgement by default against the defendant
неявный implicit
ниже below
низ/кий low; ~**кое качество** poor (*или* inferior) quality; ~**шее качество** inferior quality
низкокачественный inferior quality
низкопробный base, low-grade
низкосортный low grade; of inferior quality
нищета destitution
новация merger (*of interests*), novation; ~ **договора** novation of an agreement
новизна novelty; **патентоспособная** ~ patented ~
новин/ка novelty, product; innovation; **выставка** ~ок exhibition of novelties; **запатентовать** ~ку to patent an innovation; **технологические** ~ки technological innovations; **экспонирование** ~ок demonstrating novelties; **экспортные** ~ки exportable innovations
новшество innovation; **техническое** ~ technical ~
нож knife; ~**евые товары** cutlery
ноздреватый porous, spongy
номенклатур/а assortment, classification, nomenclature, range; **единая** ~ uniform nomenclature; **закреплённая** ~ fixed range; **международная товарная** ~ international commodity classification; **определять** ~у **товаров** to determine the range of goods; **расширение** ~ы **товаров** expansion of the nomenclature of goods; **растущая** ~ expanding range; **товарная** ~ classification of commodities; **укрупнённая** ~ expanded range; **широкая** ~

wide range; ~ **станков** range of machine-tools

номер (**порядковый или условный**) number; copy, issue; **заводской** ~ serial number; **инвентарный** ~ inventory number; **кодовой** ~ code number; **номенклатурный** ~ stock number; **порядковый** ~ ordinal number; **последовательность** ~**ов** sequence of numbers; **регистрационный** ~ registration number; **серийный** ~ batch number; ~ **аккредитива** letter of credit number; ~ **для ссылок** reference number; ~ **заказа** order number; ~ **контракта** contract number; ~ **партии** lot number; ~ **патента** patent number; ~ **по порядку** consecutive number; ~ **по телеграфному коду** key number; ~ **рейса** flight number, voyage number; ~ **телефона** telephone number; ~ **ссылки** reference number; **ошибиться** ~**ом** to get the wrong number

номинал face value, par; **выше** ~**а** above par; **ниже** ~**а** below par; **по** ~**у** at par; **продавать по цене выше** ~**а** to sell above par

номинальный nominal

норм/а allowance, norm, quota, standard, target; **в соответствии с** ~**ой** in conformance with standard; **введение** ~ introduction of norms, targets; **выполнять** ~**у** to fulfill the quota; **высокая** ~ high target; **выше** ~**ы** above standard, above target; **действующие** ~**ы** present norms, present standards; **дифференцированная** ~ differential quota; **дневная** ~ daily rate; **жёсткие** ~**ы** tight standards; **заводские** ~**ы** plant standards; **коллизионная** ~ conflict rule; **минимальные** ~**ы** minimum standards; **нарушать** ~**ы международного права** ~ to violate the rules of international law; **низкая** ~ low standard; **ниже** ~**ы** below standard; **новые** ~**ы** new norms; **общепринятая** ~ generally accepted standard; **отраслевые** ~**ы** industry standards; **отклонение от** ~**ы** departure from accepted standards; **перевыполнять** ~**у** to overfulfill the quota; **пересматривать** ~**ы** to revise norms, standards; **применять** ~**ы** to apply norms, standards; **по установленной** ~**е** at the established rate; **подсчитанные** ~**ы** estimated rates; **правовые** ~**ы** legal norms; **предельная** ~ limit; **резервная** ~ reserve ratio; **сантехническая** ~ sanitary standards; **совпадать с** ~**ами** to fall within the standards; **соответствовать** ~**ам** to conform with standards; **средняя** ~ rate average; **строительные** ~**ы** building code; **технические** ~**ы** engineering standards; **указывать** ~**ы** to prescribe norms; **устанавливать** ~**ы** to establish standards; ~ **амортизации** allowable rate of depreciation; ~ **времени** time standard; ~**ы естественной убыли** acceptable rate of natural loss; ~**ы международного права** rules of international law; ~ **на беспошлинный ввоз** standards for duty-free import; ~ **почасовая** hourly rate; ~ **прибыли** profit rate; ~**ы производительности** productivity standards; ~ **погрузки (разгрузки)** rate of loading (of discharge)

нормализация normalization; ~ **международных отношений** ~ of international relations

нормальный conventional, normal, regular

норматив norm, specification, standard; **измерительные** ~**ы** measurements; **пересматривать** ~**ы** to revise standards; **прогрессивные** ~**ы** progressive standards; **стабильность** ~**ов** stability of norms; **экономические** ~**ы** economic norms; ~**ы рентабельности** profitability rates

нормативный normative, regulatory

нормировани/е standardization; **отдел** ~**я** ~ department

нормированный normalized

нормировать to establish standards, to set norms

носитель bearer; repository

носкость durability

ностро nostro (international finance); **овердрафт** ~ ~ overdraft; **счёт** ~ ~ account

нота note

нотариально notarially; **засвидетельствовать** ~ to notarize

нотариальный notarial
нотариус notary, public; **заявить протест ~у** to submit a complaint to the notary's office
нотис notice; **подать ~** to give ~; **послать ~** to forward a ~; **предварительный ~** preliminary ~; **принять ~** to accept ~; **~ капитана** captain's ~
нотификация notification
нотифицировать to notify, inform officially
ноу-хау know-how; **владелец ~** owner of ~; **выдавать ~** to furnish ~; **договор на передачу ~** transfer agreement; **использовать ~** to use ~; **комплекс ~** package; **незапатентованное ~** unpatented ~; **неразглашённое ~** undisclosed ~; **обмен ~** exchange of ~; **общее ~** general ~; **отказываться от ~** to surrender ~; **охрана ~** protection of ~; **патентованное ~** patented ~; **передача ~** transfer of ~; **предоставлять ~** to supply ~; **разглашённое ~** disclosed ~; **техническое ~** technical ~; **~ лицензиара** licensor's ~; **~ на изготовление** manufacturing ~; **~ по лицензии** licensed ~
нужда need, requirement
нуждаться to need, to require; **~ в чем-л.** to need (или to require) something
нулевой zero; **~ вариант** zero option
нумерация numbering; **последовательная ~** consecutive ~
нумеровать to number
нутромер internal calipers
нюанс nuance, shade

О

ОАЕ (Организация африканского единства) OAU (Organization of African Unity)
обанкротившийся bankrupt
обанкротиться to go bankrupt, to broke, to (be) out of business, to go into liquidation
обанкротиться см. **банкротиться**
обвал collapse; **~ инвестиций** ~ of investments; **~ цен** ~ of prices; **~ экономики** economic collapse
обвалиться (о ценах) collapce
обвинени/е 1. charge, accusation; **пункты ~я** counts of an indictment; **по ~ю** on a charge (of); 2. the prosecution
обвинитель accuser; prosecutor; **государственный ~** public prosecutor
обвинительный accusatory; **акт** (bill of) indictment; **~ приговор** verdict of "guilty"; **~ая речь** speech for the prosecution, indictment
обвинить to accuse (of), to charge (with); to prosecute, to indict
обвиняемый the accused; defendant
обвязывать to bind, to fasten, to lash, to secure; **~ вдоль** to bind lengthwise; **~ вертикально** fasten vertically; **~ горизонтально** to fasten horizontally; **~ поперёк** to bind crosswise
обгонять to outpace, to exceed
обезвоженный dehydrate
обезжиренный fatless; skimmed
обеззараживающий disinfectant
обезличенный impersonal, multiple
обёртка wrapper, cover, envelope, (книги) jacket, papercover; **красочная ~** colorful cover; **яркая ~** bright wrapper
обёрточн/ый packing, wrapping; **~ая бумага** wrapping paper
обёртывать to wrap up
обеспечени/е collateral, guarantee, maintenance, provision; **без ~я** unsecured; **бесперебойное ~** uninterrupted provision; **в качестве ~я** as collateral; **валютное ~** currency security; **вещественное ~** property security; **возврат ~я** return of security; **двойное ~** collatera; **денежное ~** cash security; **депонировать в качестве ~я** to deposit as security; **дополнительное ~** additional collateral; **достаточное ~** sufficient security; **залоговое ~** pledged security; **замена ~я** substitution of collateral; **имущественное ~** collateral security; **коммерческое ~** commercial collateral; **материальное ~** tangible security; **патентное ~** patent cover; **первоклассное**

~ high-grade security; **под ~ against** security; **под двойное ~** on collateral; **предоставить ~** to provide security; **служить ~м** to serve as collateral; **социальное ~** social welfare; **степень ~я** degree of cover; **страховое ~** insurance coverage; **требование ~я** call on security; **финансовое ~** financial security; **~ банкнот** backing of bank notes; **~ валюты** backing of currency; **~ в форме банковской гарантии** security in the form of a bank guarantee; **~ долга** collateral for a debt; **~ жильём** provision of housing; **~ займа** collateral for a loan; **~ иска** security for a claim; **~ конфиденциальности** guarantee of confidentiality; **~ надёжности** assurance of reliability; **~ с помощью закладной** security by mortgage; **~ товарами** provision of goods

обеспеченность security; **материальная ~** material ~; **~ платёжными средствами** liquidity; **~ работой** job ~

обеспеченный secured

обеспечивать, обеспечить to back, to cover, to guaranty, to provide, to secure; **~ потребности** to cover the requirements

обесцени/е devaluation, shrinkage; **степень ~я** rate of devaluation; **~ бумажных денег** devaluation of paper money; **~ валюты** devaluation of currency; **~ валюты по отношению к основным валютам** depreciation of currency against major currencies; **~ доллара** depreciation of the dollar; **~ золота** depreciation of gold prices; **~ капитала** depreciation of capital

обесцененный depreciated

обесценивать to depreciate, to devalue (*said of govt.action*); **~ся** to depreciate, to devalue (*said of currency, etc.*); to cheapen

обещать to promise

обжаловани/е appeal; **порядок ~я** order of ~; **право ~я** right of ~; **предупреждение об ~и** notice of ~; **подлежащий ~ю** subject to ~; **~ю не подлежит** without ~; **~ решения** appeal against (*или* from) a decision

обжаловать to appeal, to lodge a complaint; **~ решение** to appeal against (*или* from) a decision

обжулить to cheat, to swindle

обзор review, survey, round-up; **беглый ~** overview; **бюджетный ~** budget review; **делать ~** to review; **исчерпывающий ~** exhaustive survey; **конъюнктурный ~** market letter; **~ конъюнктуры рынков** survey of foreign markets; **периодический ~** periodical review; **рамки ~а** scope of survey; **статистический ~** statistical survey; **экономический ~** economic review; **~ иностранных рынков** foreign market review; **~ хозяйственной деятельности** business survey; **~ цен** price review

обиход 1. custom, use, practice; **предметы домашнего ~а** household articles; **пустить в ~** to bring into general use; **выйти из ~а** to be no longe in use, fall into disuse 2. ordinary; rules of church singing

обкатк/а running-in; **период ~и** running-in period; **производить контрольную ~у агрегатов** to carry out a test run of units; **~ агрегатов** running-in of units; **~ без нагрузки** non-load running-in

обкатывать to run in

облагаемый dutiable, taxable

облагать, обложить (*пошлиной, сбором*) to assess, to impose, to levy, to tax

обладатель holder, possessor; **~ авторского права** copyright holder

обладать to hold, to possess

область field, sphere; **~ деятельности** sphere of activity; **~ знаний** field of knowledge; **~ применения** sphere of application; **~ сотрудничества** sphere of cooperation

обледенелый ice-covered

облезлый shabby, bare

облезть to come out, to come off (*о мехе и т.п.*), to peel off (*о краске*)

облекать to invest with, to vest in; **~ кого-то полномочиями** to vest someone with authority

облигаци/я bond, (*акционерной компании*) debenture; **базисная ~** benchmark bond; **беспроцентная ~** passive bond; **бескупонная ~** zero coupon bond; **внутренняя**

~ internal bond; **выкуп ~й** retirement of bonds; **выкупать ~и** to retire bonds; **выпуск ~й** issue of bonds, debentures; **выпускать ~и** to issue bonds, debentures; **государственная ~** government bond, savings bond; **держатель ~и** bond holder, debenture holder; **дисконтная ~** discount bond; **долгосрочная ~** long-term bond, long-term debenture; **заграничная ~** foreign bond; **именная ~** registered bond, debenture; **казначейская ~** treasury bond; **казначейская ~** treasury bond; **краткосрочная ~** short-term bond, debenture; **мелкая ~** baby bond; **невыкупленные ~и** unredeemed bonds; **недействительная ~** disabled ~; **отзывная ~** callable bond; **первоклассная ~** high-grade bond; **привилегированная ~** preference bond; **погашать ~и** to redeem bonds, debentures; **процентные ~и** interest-bearing bonds; **размещение ~й** flotation of a bond issue; **рынок ~й** bond market; **срочная ~** term bond; **срочная к оплате ~** payable bond; **~ с фиксированным сроком погашения** dated bond; **трансферт ~й** transfer of debentures; **~ выигрышного займа** premium bond; **~, выходящая в тираж** maturing bond; **~ на предъявителя** bearer bond; **~, не имеющая специального обеспечения** deben-ture bond; **~, не погашенная в срок** overdue bond; **~, не подлежащая погашению до наступления срока** irredeemable bond; **~и, подлежащие погашению** maturing bonds; **~, предъявленная к погашению** called bond; **~ с правом досрочного погашения** optionally redeemable bond; **~ с правом на участие в прибылях компании** participation bond; **~ со специальным обеспечением** secured bond; **~ с отсроченным платежом** deferred bond

облигационный bonded

обложени/е assessment, imposition, levy, rating, *(налогом, пошлиной)* taxation; **не подлежащий ~ю** non-dutiable, non-taxable; **подакцизное ~** excise taxation; **подлежащий ~ю** dutiable, taxable; **прогрессивное ~ налогом** progressive taxation; **таможенное ~** imposition of customs duties; **~ налогом** taxation; **~ пошлиной** imposition of a duty; **~ штрафом** penalty, imposition of a fine

обман deception, fraud

обманны/й deceptive, fraudulent; **~м путём** by fraud

обманщик cheat, con-man, fraud

обманывать to cheat, to deceive, to swindle

обмен conversion, exchange, interchange; **банк по ~у валюты** exchange bank; **бартерный ~** barter; **безвалютный ~** currency-free exchange; **в ~ на** in exchange for, in exchange *или* in return (**на что-либо - for**); **в порядке ~а** by way of exchange; **взаимный ~** reciprocal exchange; **внешнеторговый ~** foreign trade exchange; **возмездный ~** commercial exchange; **годный для ~а** exchangeable; **двухсторонний ~** bilateral exchange; **двухсторонний торговый ~** bilateral trade; **договор об ~е** agreement of exchange; **натуральный ~** barter, exchange in kind; **неэквивалентный ~** non-equivalent exchange; **непосредственный ~** direct barter exchange; **непосредственный ~ товарами** direct commodity barter; **~ письмами (телеграммами)** exchange of letters (of telegrams); **поощрять ~** to promote exchange; **производить ~** to carry out an exchange; **расширение ~а** expansion of exchange; **система ~а** exchange system; **сдавать для ~а** to surrender for exchange; **соответствующий ~** applicable conversion; **средство ~а** medium of exchange; **технологический ~** technological exchange; **торговый ~** trade exchange; **управление ~ом** exchange control; **условия ~а** terms of exchange; **эквивалентный ~** equivalent exchange; **~ акций** exchange of shares (stock); **~ валюты** conversion of currency; **~ делегациями** exchange of delegations; **~ документов** renewal of do-

cuments; ~ **знаниями** exchange of knowledge; ~ **золота** gold conversion; ~ **информацией** exchange of information; ~ **мнениями** exchange of opinions; ~ **на основе взаимных расчётов** clearinghouse exchange; ~ **ноу-хау** exchange of know-how; ~ **опытом** sharing of experience; ~ **патентами** exchange of patents; ~ **по курсу** ... exchange at the rate of ..; ~ **по курсу, указанному на обороте векселя** exchange as per endorsement (on bill, note); ~ **по паритету** exchange at par; ~ **специалистами** exchange of experts; ~ **торговыми данными** exchange of trade data; ~ **услугами** exchange of services
обмениваемый convertible, redeemable
обменивать to barter, to convert, to exchange
обмениваться to exchange; **копии писем, которыми мы обменялись** copies of letters exchanged by us with
обменный exchange
обмер measurement
обмозговать to think over, to turn over
обмолвиться to make a slip in speaking; to say, to utter
обмолвка slip in tongue
обмотать to wind (round)
обмотаться to wrap oneself
обнадежить to give hope, reassure
обналичивание conversion into cach, cashing in; ~ **чека** cashing of a cheque
обнародовать to publish, to promulgate
обнаруживать to discover, to find, to detect, to uncover; **не** ~ to fail to detect
обновление modernization, renovation, renewal, updating; **коренное** ~ complete renovation; **техническое** ~ technical modernization; ~ **основных производственных фондов** renewal of fixed assets; ~ **производства** renovation of production; ~ **производственных мощностей** renovation of productive capacities; **техническое** ~ technical modernisation
обновлённый modernized, renovated
обновлять to modernize, to renovate
обобщать, обобщить to summarize
обогатитель concentrator, enriching agent
обогатительный concentrating; ~ **аппарат** ore separator
обогатить to enrich, to concentrate; ~ **руду** to concentrate ore, to dress ore
ободрать 1. to strip; to skin, to flay; to peel; 2. to fleece
обознач/ать, обозначить to designate, *(помечать)* to mark; **как ~ено на чертеже** as marked on the blueprint; ~ **буквой** *(или* **знаком)** "V" to mark with V
обозначени/е *(знак, метка)* designation, marking, denotation, *(символ)* symbol; **буквенное** ~ letter designation; ~ **массы** weight name; **система ~й** system of notation; ~ **страны** mark of nationality; ~ **на схеме** notational symbol
обозначенный marked
оборачиваемость turnover; ~ **готовой продукции** ~ of finished goods; ~ **депозитов** ~ of deposits; ~ **капитала** capital ~; ~ **незавершённого производства** work-in-process ~; ~ **оборотных средств** ~ of working capital; ~ **основного капитала** plant ~; ~ **товарных запасов** ~ of stock (goods)
оборот (обращение) circulation, *(регресс)* recourse, turnover, *(в порту)* handling, capacity, turnaround; **без ~а** without recourse; **без ~а на трассанта** without recourse to drawer; **годовой** ~ annual turnover; **денежный** ~ money turnover; **дневной** ~ daily turnover; **изымать из ~а** to withdraw from circulation; **колебание ~а** fluctuations in turnover; **минимальный** ~ minimum turnover; **на ~е** on the reverse *(side of document, etc.)*; **налог с ~а** turnover tax; ~ *(круг)* **при вращении** revolution; **~ная сторона** reverse side; **~ы в минуту** revolutions per minute *(сокр.* r.p.m.*)*; ~ *(размер)* **операций** volume of business; **общий** ~ overall turnover; **оптовый** ~ wholesale turnover; **платёжный** ~ payment transactions; **право ~а** right of recourse; **пускать в** ~ to release into circulation; ~ **по продажам** sales turnover; **размер ~а** volume of

turnover; **расписываться на ~е документа** to endorse on the reverse of a document; **регистр ~ов** transaction register; **с ~ом** with recourse; **скорость ~а** rate of turnover; **скорость ~а товарных запасов** rate of stock (goods) turnover; **смотри на ~е** "please see reverse"; **товарный ~** merchandise turnover; **торговый ~** trade volume; **~ акций** stock (shares) turnover; **~ внутри страны** domestic turnover; **~ грузов** freight turnover; **~ капитала** capital turnover; **~ наличных денег** cash turnover; **~ по импорту** import turnover; **~ по продажам** sales turnover; **~ по счетам** receivables; **~ по экспорту** export turnover

оборотн/ый 1. *(находящийся на обороте)* reverse, circulating; **~ая сторона** reverse side; **2.** *(который может быть переуступлен - о документе)* negotiable; **~ый документ** *см.* **документ**

оборудовани/е equipment, facilities, plant; **аварийное ~** emergency equipment; **автоматическое ~** automatic equipment; **амортизация ~я** depreciation of equipment; **аренда ~я** equipment rental; **бездействующее ~** idle equipment; **береговое портовое ~** shore installations; **бывшее в эксплуатации** used equipment; **быстроизнашивающееся ~** rapidly-wearing equipment; **ввод ~я в эксплуатацию** introduction of equipment (into plant, etc.); **ввоз ~я** import of equipment; **возврат ~я** return of equipment; **вспомогательное ~** accessory equipment; **встроенное ~** service facilities; **вывоз ~я** exportation of equipment; **выпуск ~я** production of equipment; **высококачественное ~** high-quality equipment; **высокопроизводительное** highly productive equipment; **габариты ~я** dimensions of equipment; **гаражно-ремонтное ~** auto repair equipment; **горношахтное ~** mining equipment; **действующее ~** working equipment; **демонтаж ~я** dismantling of equipment; **дефектное ~** defective equipment; **дорожно-строительное** road building equipment; **доставка ~я** delivery of equipment; **единица ~я** unit of equipment; **заводское ~** plant equipment; **задержанное ~** delayed equipment; **заказ на ~** order for equipment; **заказанное ~** ordered equipment; **замена ~я** replacement of equipment; **заменяемое ~** replaceable equipment; **запас ~я** stock of equipment; **запасное ~** spare equipment; **износ ~я** wear and tear of equipment; **изношенное ~** worn out equipment; **импортное ~** imported equipment; **испытательное ~** test equipment; **капитальное ~** durable equipment; **качество ~я** quality of equipment; **коммерчески эксплуатируемое ~** revenue equipment; **коммерческое ~** commercial equipment; **комплекс ~я** outfit of equipment; **комплектное ~** complete outfit of equipment; **комплектующее ~** ancilliary equipment; **конкурентоспособное ~** competitive equipment; **консервация ~я** preservation of equipment; **контейнерное ~** container equipment; **конторское ~** office equipment; **крупногабаритное ~** oversized equipment; **крупное ~ специального назначения** large-scale specialized equipment; **машинное ~** machining equipment; **металлургическое ~** metallurgical equipment; **модифицированное ~** modified equipment; **монтаж ~я** installation of equipment; **монтажное ~** erection equipment; **монтировать ~** install equipment; **наладка ~я** adjustment of equipment; **наличие ~я** availability of equipment; **негабаритное ~** oversized equipment; **недопоставленное ~** short-shipped equipment, missing equipment; **недостающее ~** missing equipment; **некомплектное ~** incomplete set of equipment; **нестандартное ~** non-standard equipment; **номенклатура ~я** equipment nomenclature; **обеспечивать ~** to secure equipment; **обновить ~ цеха** to re-equip a department; **обслуживание ~я** service of equipment; **об-**

служивать ~ to service equipment; осмотр ~я inspection of equipment; основное ~ primary equipment; отдельное ~ individual units of equipment; отказаться от дефектного ~я to reject defective equipment; патентованное ~ patented equipment; первоклассное ~ first-class equipment; перечень ~я equipment list; плавучее портовое ~ floating installations; повреждённое ~ damaged equipment; погрузочно-разгрузочное ~ cargo handling equipment; подержанное ~ secondary equipment; подсобное ~ servicing equipment; подъёмное ~ hoisting gear; подъёмно-транспортное ~ hoisting and conveying gear; показ ~я demonstration of equipment; поломка ~я breakdown of equipment; полуавтоматическое ~ semi-automatic equipment; пользователь ~я user of equipment; портовое ~ port facilities; поставляемое ~ delivered equipment; поставщик ~я supplier of equipment; потребитель ~я consumer of equipment; предъявлять ~ для осмотра to submit equipment for inspection; приёмка ~я acceptance of delivery of equipment; приобретать ~ to obtain equipment; проверять ~ to check equipment; программное ~ software; проектировать ~ to design equipment; производительность ~я productivity of equipment; производить ~ to manufacture equipment; производственное ~ manufacturing equipment; промышленное ~ industrial equipment; простой ~я equipment downtime; противопожарное ~ fire fighting equipment; разборка ~я disassembly of equipment; размеры ~я dimensions of equipment; разобранное ~ disassembled equipment; разработка нового ~я development of new equipment; разрозненное ~ miscellaneous equipment; реализация ~я sale of equipment; резервное ~ reserve equipment; ремонт ~я repair of equipment; ремонтное ~ maintenance facility; реновация ~я renovation of equipment; реэкспорт ~я re-export of equipment; сборка ~я assembly of equipment; сдаваемое в аренду ~ rental equipment; сдавать в аренду ~ to rent equipment *(as lessor)*; сельскохозяйственное ~ agricultural equipment; серийное ~ serial equipment; складирование ~я storage of equipment; сложное ~ complex equipment; современное ~ modern equipment; соответствующее ~ applicable equipment, suitable equipment; специализированное ~ specialized equipment; спецификация на specifications of equipment; спрос на ~ demand for equipment; стандартное ~ standard equipment; стационарное ~ fixed installations; строительное ~ construction equipment; текстильное ~ textile machinery; техническая характеристика ~ technical characteristics of equipment; тип ~я type of equipment; торговое ~ shop equipment; тяжеловесное ~ heavy equipment *(weight)*; узлы ~я units of equipment; улучшать ~ to improve equipment; уникальное ~ unique equipment; упаковочное ~ packing equipment; устанавливать ~ to install equipment; установленное ~ installed equipment; устаревшее ~ obsolete equipment; уход за ~ем maintenance of equipment; холодильное ~ refrigeration facilities; хранение ~я storage of equipment; цеховое ~ factory installations; шахтное ~ mining equipment; эксплуатация ~я operation of equipment; экспонируемое ~ display equipment; электронное ~ самолёта avionics; электротехническое ~ electrical equipment; энергетическое ~ power plant equipment; ~ американского производства American-made equipment; ~ аэропорта airport facilities; ~ в действии working equipment; ~ длительного пользования durable equipment; ~ для взвешивания weighing equipment; ~ для выкладки и экспонирования товара display equipment; **~ для обработки пищевых продуктов** food processing equipment; **~ для управления производственными процессами** process control equipment; **~ на линии сборки** assembly line equipment; **~ наукоёмкое** high-tech equipment; **~ новых поколений** next generation equipment; **~ отечественного производства** domestically produced equipment; **~ по контракту** contract equipment; **~ серийного производства** serial production equipment; **~ стоимостью ... долларов ...** dollars worth of equipment; **~ терминала** terminal facilities

оборудовать to equip

обоснование grounds, justification, substantiation; в ~ in justification of; **документальное** ~ documentation; **научное** ~ scientific substantiation **представлять технико-экономическое** ~ to submit a feasibility report; **расчёт технико-экономического ~я** feasibility study of a project; **статистическое** ~ statistical validity; **технико-экономическое** ~ feasibility study; **техническое** ~ technical justification; **экономическое** ~ economic justification; **юридическое** ~ legal grounds; **~ претензии** substantiation of a claim; **~ проекта** expediency of a project; **~ решения** grounds for a decision

обоснованность (оправдание) justification, soundness, **(правильность)** validity; **~ взыскания неустойки** justification of a claim for damages; **~ выдачи ссуды** soundness of a loan; **~ жалобы** validity of a complaint; **~ изменения цены** justification of a price change; **~ иска** justification for a claim; **~ отклонения** grounds (basis) for rejection; **~ претензии** validity of a claim; **проверять ~ жалобы** verify a complaint

обоснованный justified, reasonable, well-grounded, valid, *(подтвержденный доказательствами)* substantiated; **экономически** ~ economically justified

обоснованный *(разумный)* reasonable; *(подкрепленный доказательствами)* substantiated

обосновывать to justify, to substantiate

обособленность isolation

обострение aggravation, exacerbation

обоюдность mutuality, reciprocity

обоюдный mutual, reciprocal

обрабатывать, обработать 1. *(о сырье, с.-х. продуктах)* to process; **2.** *(на станке)* to machine

обработка finishing, *(на станке)* machining, *(о сырье, с.-х. продуктах)* processing; *(воздействие)* treatment; *(документов, информации)* processing, handling; **вторичная** ~ secondary processing; **~ грузов в трюме** stevedoring operations; **~ грузов на причале** quay operations; **~ данных** data processing; **автономная ~ данных** off-line data processing; **оперативная ~ данных** on-line data processing; **~ контейнеров** handling of containers; **~ отходов** treatment of waste; **первичная** ~ pretreatment; **совместная ~ земли** joint cultivation of the land; **~ земли** cultivation of the land; **~ счетов** processing of invoices

образ/ец exhibit, model, *(узора, рисунка)* pattern, *(торговый)* sample; *(пример)* specimen; **бесплатный ~** free sample; **промышленный ~** industrial model; **~ товаров** sample of goods; **отбор ~цов** sampling; **~ подписи** specimen of signature; **~ контракта** form of contract; **~ пшеницы** sample of wheat; **арбитражный ~** arbitration sample

образование education, formation; **всеобщее ~** general education; **всеобщее обязательное ~** compulsory general education; **народное ~** public education; **светское ~** liberal education; **~ государства** formation of a government *(in parliamentary system)*; **~ запасов** formation of stocks; **~ капитала** formation of capital

образовать to form, to make up

образоваться to form; to arise

образчик pattern, specimen; **~ товаров** sample of goods

образцовый model; exemplary

обратимость convertibility, exchangeability; **ограниченная** ~ limited convertibility; **свободная** ~ free convertibility; **частичная** ~ partial convertibility; ~ **валют** convertibility of currency

обратимый convertible, exchangeable; **ограниченно** ~ of limited convertibility; **свободно** ~ freely convertible

обратная почта *см.* **почта**

обратный (оборотный): обратная сторона *см.* **оборотный 1**

обращать to pay attention to, to realize, to turn to

обращать внимание *см.* **внимание**

обращаться, обратиться 1. *(адресоваться к кому-л.)* to apply to somebody, to address oneself to somebody; ~ **к кому-л. с просьбой** to request somebody; ~ **с письмом к кому-л.** to address a letter to somebody; **2.** *(уделить внимание переписке, газетной и журнальной статье и т. п.)* to refer; **если вы обратитесь к к нашему письму** if you will refer to our letter; **3.** *(обходиться с чем-л.)* to handle; ~ **с осторожностью!** handle with care!

обращени/е (к кому-л.) address, appeal, approach; *(оборот)* circulation, *(обхождение, пользование)* handling, *(в суд за помощью)* recourse, treatment; ~ **в арбитраж** application to arbitration; **банкнотное** ~ circulation of bank notes; **без ~я в общие судебные учреждения** without recourse to general courts of law; **бумажно-денежное** ~ circulation of paper money; **вексельное** ~ circulation of bills; **внутреннее** ~ internal circulation; **выпустить в** ~ to issue into circulation; **грубое** ~ rough handling; **денежное** ~ monetary circulation; **дурное** ~ mishandling; **изъять из ~я** to withdraw from circulation; **находиться в ~и** to be in circulation; ~ **с машиной** handling of the machine; **параллельное** ~ parallel circulation; **приветственное** ~ welcoming address; **рекламное** ~ advertising message; **товарное** ~ circulation of commodities; ~ **к войне** recourse to war; ~ **к силе** recourse to force; ~ **в суд** recourse to the court; ~ **товаров** circulation of goods

обременение encumbrance; **свободный от ~я** free from ~s; ~ **ипотекой** mortgage

обременительный encumbered

обременять to encumber

оброк quit-rent

обручение betrothal

обрыв 1. precipice **2.** break, rupture

обрядность ceremony, rite

обследование investigation; **бюджетное** ~ budget ~; **пробное** ~ trial run

обследовать to investigate

обслуживание *(сервис)* service; attendance; *(техобслуживание)* servicing, maintenance; ~ **без приоритетов** nonpreferential service; **быстрое** ~ prompt service; **бытовое** ~ consumer service; **вежливое** ~ polite service; ~ **здравоохранения** health services; ~ **ипотечного кредита** mortgage servicing; ~ **кредитных карт** credit card servicing; **лизинговое** ~ leasing; **медицинское** ~ medical care; **расчетно-кассовое** ~ settlement and cash service; **страховое** ~ actuarial services; **техническое** ~ technical service; **фидуциарное** ~ fiduciary service

обстановка conditions, environment, situation; **международная** ~ international situation; **фактическая** ~ actual conditions; **хозяйственная** ~ economic situation

обстоятельный 1. circumstantial, detailed; **2.** thorough, reliable

обстоятельственный adverbial

обстоятельство *(случай)* case, circumstance; *мн.ч. (условия, положение дел)* circumstances, conditions; **в зависимости от** ~ according to the circumstances *или* as the case may be; **непредвиденное** ~ unforeseen ~ *или* contingency; **ни при каких ~ах** in (*или* under) no circumstances; **смягчающее** ~ extenuating ~; **оправдывающее** ~ mitigating ~; **отягчающие** ~а aggravating circumstances; **при данных ~ах** in (*или* under) the circumstances;

по не зависящим от нас обстоятельствам for reasons not depending on us; **случайное ~** random ~; **фактическое ~** factual ~; **форсмажорное ~** conditions of force majeure; **~а дела** state of affairs

обструкция в парламенте obstruction in parliament

обсуждать, обсудить to discuss; *(рассматривать)* to consider

обсуждение consideration, discussion; **предварительное ~** preliminary discussion; **~ законопроекта** consideration of a bill *(in parliament, etc.)*; **~ на общем собрании** consideration in general assembly; **~ пленарном собрании** consideration in plenary assembly

обтяжка cover, skin

обугливание carbonization

обуздание, нравственное moral restraint

обусловленность stipulation; **взаимная ~** mutual ~s

обусловливать, обусловить to stipulate

обух butt, back

обучение instruction, training; **~ без отрыва от производства** in-service education; **бесплатное ~** free instruction; **военное ~** military training; **всеобщее ~** universal education; **всеобщее обязательное ~** universal compulsory education; **заочное ~** correspondence training, postal tuition; **обязательное ~** compulsory education; **предварительное ~** pre-job training

обход circumvention, evasion; **~ закона** evasion of the law; **~ налоговых законов** tax evasion

обшивка 1. edging, bodering; 2. trimming, facing; 3. boarding, panelling; **~ фанерой** veneering; sheating; planking; **стальная ~** plating; **наружная ~** skin-plating

обшить 1. to edge, to border; 2. to trim, to face 3. to sew round *(a package)*; 4. to plank; to revet; to sheathe

общегосударственный nationwide

общежитие dormitory

общеизвестность public knowledge

общеизвестный well known; notorious

общение contact, intercourse, relations; **межгосударственное ~** intergovernmental relations; **международное ~** international relations; **экономическое ~** economic linkage

общепринятый generally accepted, common, conventional

общественность the community, the public

общественный public, social, voluntary

общество association, company, partnership, society; **акционерное ~** joint stock company; **акционерное ~ с неограниченной ответственностью** unlimited liability company; **акционерное ~ с ограниченной ответственностью** limited liability company; **акционерное командитное ~** civil law limited company (e.g. French Societe Anonyme en Commandite); **бесклассовое ~** classless society; **благотворительное ~** charitable organization; **добровольное ~** voluntary organization; **дочернее ~** subsidiary company; **контролирующее ~** controlling company; **кооперативное ~** cooperative society; **спасательное ~** salvage company; **охотничье ~** hunting club; **пароходное ~** steamship company; **потребительское ~** consumer organization; **смешанное ~** mixed joint stock company; **страховое ~** insurance company; **тайное ~** secret society; **торговое ~** trading company; **финансовое ~** finance company; **~ взаимопомощи** mutual aid society; **~ сравнительного права** comparative law society; **~ в ходе ликвидации** company in the course of liquidation

общ/ий aggregate, common, *(относящийся ко всем)* general, overall, *(суммарный, итоговый)* total; **~ая авария** *см.* авария; **~ каталог** general catalogue; **~ие условия** general conditions; **~ее число** total quantity *(или* number); **~ая цена** total price

община commune, community; **городская ~** urban community; **крестьянская ~** peasant commune; **религиозная ~** religious commune

общность community; за-

конная ~ legal community; **международная** ~ international community; **супружеская** ~ marital community; ~ **владения** community of ownership; ~ **движимых имуществ** communal ownership of chattels; ~ **имущества** communal ownership of property; ~ **имуществ супругов** community property (marital); ~ **интересов** community of interests

объединение amalgamation, association, corporation, union; **административное** ~ administrative association; **внешнеторговое** ~ foreign trade; **картельное** ~ association of cartels; **законодательное** ~ legislative association; **кооперативное** ~ cooperative society; **монополистическое** ~ monopoly; **международное** ~ international association; **межотраслевое** ~ intersectoral amalgamation; **наднациональное** ~ national association; **промышленное** ~ industrial association; **профессиональное** professional association; **профсоюзное** ~ trade union association; **паевое** ~ joint stock association; **сельскохозяйственное** ~ agricultural association; **синдикатное** ~ syndicated association; **совместное** ~ joint association; **специализированное** ~ specialized association; **таможенное** ~ customs association; **торговое** ~ trading association; **хозрасчётное** ~ self-financing enterprise; **финансовое** ~ financial institution; **экспортное** ~ export association

объединённый amalgamated, consolidated

объединять to amalgamate, to pool

объединяться to incorporate, to unite

объект (*предмет*) object, (*строящийся*) project, (*учреждение*) establishment; installation; **договорный** ~ contractual subject; **заложенный** ~ pledge; **строительный** ~ building site; ~ **доказательства** evidentiary exhibit; ~ **заявки** object of application; ~ **международного договора** ~ subject of international agreement; ~ **обложения** subject of taxation; ~ **преступления** corpus delicti

объективный fair, impartial, objective

объём (*величина*) extent, scope, volume; (*вместимость*) capacity, content; (*выработка*) output; ~ **валовой продукции** volume of gross output; ~ **внешней торговли** foreign trade volume; ~ **закупок** volume of purchases, buying quantity; ~ **запасов** volume of stocks, stock size; ~ **капитальных вложений** volume of investment; ~ **оборота** volume of turnover; **полезный** ~ net volume; ~ **потребления** volume of demand; ~ **правомочий** scope of authority; ~ **привлекаемых средств** volume of borrowed finances; ~ **продаж** sales volume; ~ **производства** volume of production; ~ **прокачки газа** volume of gas pumping; ~ **расходов** scope of expenditures; ~ **резервов** size of reserves; ~ **рынка** size of the market, volume on the exchange; ~ **товарооборота** commodity turnover volume; ~ **экспорта** volume of exports

объемистый voluminous, bulky

объемн/ый by volume, volumetric; ~ **вес** weight by volume; ~ **заряд** space charge; ~**ое отношение** volume ratio

объявить *см.* **объявлять**

объявление announcement, declaration, notice, (*реклама*) advertisement; **газетное** ~ newspaper ad; **настенное** ~ wall poster; **предварительное** ~ preliminary announcement; ~ **блокады** proclamation of a blockade; ~ **войны** declaration of war; ~ **выговора права** declaration of reservation of right; ~ **недееспособности в судебном порядке** declaration of incapacity in a legal proceeding; ~ **недействительности** declaration of annulment; ~ **независимости** declaration of independence; ~ **нейтралитета** declaration of neutrality; ~ **несостоятельности** declaration of insolvency; ~ **патента ничтожным** annulment of a patent; ~ **приговора** pronouncement of sentence; ~ **смерти** death notice

объявлять to declare, to proclaim

объяснение declaration, explanation

обыкновение habit, usage; **местное** ~ local custom; **торговое** ~ commercial usage

обыкновение (обычай, узанс) usage; **торговое обыкновение** usage of the trade

обыск search; **личный** ~ personal search; **ордер на право** ~**а** search warrant; **производить** ~ to conduct a search; ~ **на дому** search of a house; ~ **личных вещей** search of personal effects

обыскивать to search

обычай custom, usage; **банковский** ~ banking usage; **дипломатический** ~ diplomatic usage; **конституционный** ~ constitutional usage; **международно-правовой** ~ international law usage; **международный** ~ international usage; **местный** ~ local custom; **морской** ~ maritime usage; **портовый** ~ custom of the port; **правовой** ~ legal custom; **торговый** ~ commercial usage, custom of trade;

обычно usually; normally; **как обычно** as usual

обычный 1. *(обыкновенный)* usual; **2.** *(согласно обычаю)* customary

обязанност/ь duty, liability, obligation; **абсолютная** ~ absolute duty; **алиментная** ~ maintenance obligation *(e. g. alimony)*; **военная** ~ military duty; **исполнить** ~ to fulfill, to perform a duty; **исполняющий** ~**и заведующего** acting manager; **основная** ~ primary responsibility; **повседневные** ~**и** every-day duties; **правовая** ~ legal duty; **принять** ~ **на себя** to undertake an obligation; **профессиональная** ~ professional responsibility; **служебная** ~ official duty; **уставная** ~ charter obligations; **юридическая** ~ legal obligation; ~ **брать лоцмана** duty to take on pilotage

обязанный 1. *(благодарный, признательный)* obliged, grateful; **мы будем обязаны, если вы сообщите нам** we shall be obliged if you will inform us; **2.** *(связанный обязательством)* obliged, bound; **вы обязаны по контракту** you are obliged (*или* bound) under the contract

обязательный binding, compulsory, obligatory

обязательный obligatory; binding (для - upon); ~ **для обеих сторон** binding upon both parties

обязательств/о obligation, engagement, liability, undertaking; commitment; **без** ~**а** without obligation *или* without engagement; **выполнить свои** ~**а** to meet one's obligations; **алиментное** ~ maintenance obligation *(e. g. alimony)*; **безусловное** ~ unconditional promise *(e.g. in contract)*; **бессрочное** ~ sight liability; **будущее** ~ future liability; **взаимные** ~**а** mutual obligations; **встречные** ~**а** consideration *(in contract)*; **гарантийное** ~ warranty obligation; **гражданское** ~ civic responsibility; **денежное** ~ pecuniary obligation; **денежные** ~**а** monetary commitments; **договорное** ~ contractual obligation; **долговое** ~ promissory note; **долгосрочное** ~ long term obligation; **заемное** ~ acknowledgement of debt; **законное** ~ statutory obligation; **ипотечное** ~ mortgage obligation; **казначейские** ~**а** treasury bonds; **краткосрочное** ~ short term obligation; **международное правовое** ~ international legal obligations; **международные** ~**а** international obligations; **многостороннее** ~ multilateral obligation; **моральное** ~ moral duty; **налоговое** ~ tax liability; **непокрытые** ~**а** outstanding liabilities; ~**а по долгам** liabilities for debts; **открытые** ~**а** uncovered liabilities; **отсроченные** ~**а** deferred liabilities; **освободить от** ~**а** to release from an obligation; **первоочередное** ~ prior commitment; **первоначальное** ~ original commitment; **правовое** ~ legal obligation; **придаточное** ~ supplementary obligation; **прямое** ~ direct obligation; **срочные** ~**а** accrued liabilities; **совместное** ~ joint liability; **финансовое** ~ financial obligation; **условное** ~ contingent liability; ~ **возмещения убытка** obligation to compensate loss; ~ **по гарантии** obligation under warranty; ~ **по депозиту** deposit liability; ~ **казначейства** treasury bond; ~ **не конкурировать** covenant not to compete; ~ **на предъявителя** bearer obligation (bearer paper)

обязывать to bind, to commit, to oblige

обязываться to undertake; to bind oneself; to be bound; ~ **договором** to be contractually bound

овердрафт overdraft

ОВИР (*аббр.* **отдел виз и регистраций**) viza and registration department

овладения domination; ~ **рынка** market ~

оглавление table of contents

огласить *см.* **оглашать**

огласк/а publicity; **избегать** ~**и** to shun publicity; **получать** ~**у** to be made known, to receive publicity; **предать** ~**е** to make public, to make known

оглашать to announce, to divulge, to proclaim

оглашени/е publication; **не подлежит** ~**ю** not for publication; ~ **о предстоящем браке** marriage announcement; ~ **решения суда** publication of a court decision

огнетушитель fire-extinguisher

оговор slander

оговор/ка 1. (*условие*) provision, reservation, stipulation **2.** (*ограничение*) qualification, clause, proviso; **с** ~**кой** with reservation; **без** ~**ок** without reservation; **арбитражная** ~ arbitration clause; **валютная** ~ exchange clause; **золотая** ~ gold clause; **дополнительная** ~ superimposed clause; **курсовая** ~ exchange rate clause; **монопольная** ~ monopoly clause; **общая** ~ ~ general reservation; **письменная** ~ written provision; **специальная** ~ special provision; **существенная** ~ material provision (*of a contract*); **территориальная** ~ territory clause; **транзитная** ~ transit clause; **факультативная** ~ optional clause; ~ **о взаимности** reciprocity clause; ~ **к договору** proviso; ~ **о компетенции** sanity clause; ~ **о наибольшем благоприятствовании** most favored nation clause; ~ **об обязательном арбитраже** compulsory arbitration clause; ~ **об обмене акций** conversion provision; ~ **при ратификации** reservation upon ratification (*e.g. convention*); ~ **о праве удержания** lien clause; ~ **о пролонгации** continuation clause; ~ **о форс-мажоре** force majeure clause; ~ **язона** Jacob's clause

оговорить to stipulate

огородить to enclose, to fence

огосударствление nationalization (*e.g. of foreign property*)

ограбить to rob

ограбление burglary, robbery

ограждение barrier, protection; ~ **прав** protection of rights; **поставить** ~ to install guard rails

ограничение limitation, restriction; constraint; (*кредита*) sqeeze; (*в правах*) discrimination; (*сдерживание*) restraint; **качественное** ~ qualitative restriction; **количественное** ~ quantitative restriction; **таможенное** ~ customs restriction; **территориальное** ~ territorial limitation; ~ **вооружений** arms limitation; ~ **движения** traffic restriction; ~ **дееспособности** restriction of legal capacity; ~ **импорта** import restraint; ~ **конкуренции** restraint of competition; ~ **лицензии** license restriction; ~ **личной свободы** restraint of personal liberty; ~ **обмена денег** monetary exchange restrictions; ~ **ответственности** limitation of liability; ~ **по эмиграции** restrictions on emigration; ~ **прав в выборах** limitation of suffrage; ~ **права** restriction of rights; ~ **реэкспорта** restriction of re-export; ~ **свободы** restraint of liberty; ~ **скорости** speed limit; ~ **суверенитета** limitation of sovereignty; ~ **экспорта** restraint of exports; ~ **юрисдикции** limitation of jurisdiction

ограниченный limited, qualified, restricted

ограниченный индоссамент *см.* **индоссамент**

ограничивать, ограничить to restrict, to limit

ограничивающий limiting (*tending to limit*)

ограничитель: ~ **хода** catch, stop, stop piece, arresting device

ограничительный limiting *(tending to limit)*

огульно without grounds; ~ **обвинять** to make a grounless accusation

одалживать, одолжить to lend

одарённый gifted, talented

одаряемый donated, given as a gift

одеревенелый numb

одинаковый identical (**с** - with); the same as; ~ **с образцом** equal to sample

однако however

одновременный simultaneous; synchronous

однократный single *(one time only)*

одномоторный single-engine

одноосный uniaxial, monoaxial

однородный 1. homogeneous, uniform; 2. similar

односторонний unilateral

однотомник single-volume edition

одобрение approval; **единодушное** ~ unanimous ~; **молчаливое** ~ tacit ~; **полное** ~ complete ~; **предварительное** ~ preliminary ~; **закона** ~ of a law, statute; ~ **правительства** ~ of a government; ~ **протокола** ~ of a letter of intent, ~ of minutes of a meeting; ~ **сметы** ~ of an estimate; **при условии** ~**я** subject to approval

одобрять, одобрить to approve

одолжать, одолжить to lend

одолжение *(любезность)* kindness, favour

одурманивающий intoxicating, stupefying *(as of a narcotic)*

оживление rally *(e.g. stock market)*, recovery *(e.g. economic)*; **экономическое** ~ economic recovery; ~ **конъюнктуры** recovery of the business cycle

оживленный active, busy; *(о спросе)* brisk

оживляться *(восстанавливаться)* to recover; *(о спросе)* to rally

ожидани/е waiting (for); expectation (of); **в** ~**и вашего ответа** awaiting *(или* waiting for) your answer; **в** ~**и** (**или в предвидении**) **чего-л.** in expectation of; **в** ~**и решения суда** pending the decision of the court; **превзойти все** ~**я** to exceed all expectations; **обмануть чьи-л.** ~**я** to disappoint somebody *или* to come short of one's expectations

ожида/ть 1. *(находиться в ожидании)* to wait (**чего-л.** - for something); to await (**чего-л.** - something); ~**я вашего ответа** awaiting *(или* waiting for) your answer; 2. *(ждать чего-л. интересного, приятного)* to look forward (**чего-л.** - to something); ~**ем с удовольствием встречи с вашими представителями** we look forward with pleasure to meeting your representatives; ~**ем с интересом вашего ответа** we look forward with interest to your reply; 3. *(предполагать, думать, предвидеть)* to expect; **мы** ~**ем падения цены** we expect a fall in the price; **мы** ~**ем, что пароход прибудет 15 мая** we expect the steamer to arrive on the 15th May

озабоченность preoccupation; anxiety

оздоровление improvement, normalization, recovery; ~ **экономии** economic recovery

озимые winter crops

ознакомить(ся) to acquaint (oneself)

ознакомление *(прочтение)* perusal; ~ **с документом** inspection of a document; ~ **со списком** inspection of the list, famaliarization with the list; **посылаем вам для** ~**я** we are sending for your perusal

оказание provision, rendering; ~ **услуг** provision of services; ~ **помощи при стихийных бедствиях** disaster relief

оказывать to render, to afford, to give; ~ **помощь кому-л.** to give somebody help *(или* assistance); ~ **содействие кому-л.** to render *(или* to afford) somebody assistance; ~ **услугу кому-л.** to render somebody a service; ~ **влияние на что-л.** to affect *(или* to influence) something; ~ **гостеприимство кому-л.** to show somebody hospitality; ~ **честь кому-л.** to do somebody an honour

оказыва/ться to turn out, to prove, to be found to be; **части оказались дефектными** the parts proved (to be) *(или* turned out (to be), there found (to be) defective; ~ется, что it appears that; оказалось, что it turned out that *или* it appeared that; не оказаться или отсутствовать to be missing; среди документов не оказалось спецификации the specification was missing from the documents

окислиться to oxidize

оккупант invader, occupying force

оккупация occupation *(military)*

оккупировать to occupy *(militarily)*

оклад salary scale, tax assessment; должностной ~ salary; месячный ~ monthly salary; основной ~ basic pay; почасовой ~ hourly wage; фактический ~ actual pay

окладчик salaried worker

окончание *(завершение)* completion, conclusion, termination; *(учебного заведения)* graduation; *(о сроке)* expiry, expiration; ~ испытаний completion of testing; ~ операционного года completion of operational year; ~ срока гарантии expiration of warranty; ~ трудовой жизни end of working life *(e.g. equipment)*; ~ форс-мажорной ситуации termination of a force majeure situation

окончательн/ый final; ~ая фактура final invoice

окрашивать to paint

окрик hail, shout

округ district; административный ~ administrative district; военный ~ military command district; избирательный ~ electoral district; судебный ~ judicial district; ~ апелляционной палаты appellate district

окружной district; ~ суд circuit court

олигархия oligarchy

омбудсман *(неофициальный орган для урегулирования споров между банками и клиентами)* ombudsman

омоложение rejuvenation; демографическое ~; ~ населения ~ of the population

онколь call account, demand account

онкольный on-call *(e.g. accounts)*

опасност/ь danger; *(риск)* hazard, peril; морские ~и perils of the sea; общественная ~ social ~; ~ в предприятиях ~ in the workplace

опек/а guardianship, trusteeship; административная ~ administrative trusteeship; законная ~ statutory trusteeship; международная ~ International Trusteeship; находиться под ~ой to be under trusteeship; под ~ой under surveillance

опекаемый ward *(person under guardianship)*

опекун guardian, trustee; законный ~ statutory trustee; ~ назначенный в завещании executor of a will

опекунство guardianship, tutelage; custodianship; *(над имуществом)* trustee

операци/я operation, transaction; арбитражная ~ arbitrage; банковская banking transaction; биржевая ~ exchange transaction *(e.g. stock exchange)*; валютная ~ exchange transaction; военные ~и military operations; деловая ~ business transaction; денежные ~и monetary transactions; инкассовая ~ collection of a payment; кассовая ~ cash payment; клиринговая ~ clearinghouse transaction; комиссионная ~ consignment transaction; коммерческая ~ commercial operation; кредитная ~ lending operation; межбанковская ~ inter-bank transaction; рентабельная ~ profitable transaction; спекулятивная ~ speculative transaction; ссудная ~ loan operation; страховая ~ insurance operation; торговая ~ trade operation; учётная ~ discount transaction; учётно-ссудная ~ discount lending transaction; финансовая ~ financial transaction; экспортно-импортная ~ export-import operation; эмиссионная ~ issuing transaction; ~ на срок forward operation, future transaction; ~ на чёрном рынке transaction on the black market; ~ "под ключ" turnkey operation; ~ по закупке purchasing operation; ~ хеджирования hedging operation

опечатать to seal up

опечатка erratum, misprint *(e.g. book, inventory list)*

опечатывать, опечатать to seal

описание account, descrip-

tion; **патентное** ~ patent description; ~ **дефектов** description of defects; ~ **изобретения** description of invention; ~ **имуществ** description of chattels; ~ **недвижимых имуществ** description of real property; ~ **предмета найма** description of the subject of a lease; ~ **растрат** description of expenditures
описание description
описательный descriptive
описать, описывать to describe, to inventory; ~ **имущество** distrain property
опись distraint, inventory, list, schedule; **инвентарная** ~ inventory list; **составить** ~ to inventory; ~ **движимых имуществ** distraint of chattels; ~ **недвижимого имущества** distraint of real property; ~ **наследства** distraint of inheritance
оплата payment, payment for; remuneration; **аккредитивная** ~ payment by letter of credit; **высокая** ~ high pay; **гарантированная** ~ guaranteed pay; **денежная** ~ cash payment; **дополнительная** ~ additional payment; **досрочная** ~ prepayment, payment ahead of schedule; **ежемесячная** ~ monthly payment; **натуральная** ~ payment in kind; **немедленная** ~ prompt payment; ~ **документов** payment (или paying) for the documents; **повременная** ~ **труда** time wages; **подённая** ~ **труда** day wages; **понедельная** ~ weekly wages; **поощрительная** incentive pay; **почасовая** ~ hourly wages; **премиальная** ~ bonus payment; **равная** ~ **труда** equal pay; **сдельная** ~ piece-work pay
оплаченный paid
оплачиваемый payable
оплачивать, оплатить (*платить за что-л.*) to pay for; to defray, to pay, to settle; ~ **документы** (*товар*) to pay for the documents (for the goods)
опломбирование fixing of a (*company*) seal
опломбировать to affix a seal
оповещать to inform, to notify
оповещение notification
опоздание delay, tardiness; **неоправданное** ~ unexcused delay
опознание identification; **ложное** ~ false identification
опознать to identify
ополчение militia; **народное** ~ national guard
оппозиционный opposition
оппозиция opposition
оппонент opponent
оправдание acquittal, excuse
оправдать to acquit, to excuse, to warrant
опрашивать to cross-examine, to interrogate
определение decision, definition, determination; **временное** ~ interim decision; ~ **затрат** assessment of costs, cost finding; **кассационное** ~ decision of the court of cassation (*in Civil Law countries*); ~ **коэффициента полезного действия** efficiency test, output test; ~ **нормы процента** determination of the interest rate; ~ **пригодности** determination of applicability; ~ **размера пошлины** duty assessment; ~ **страхового возмещения** loss assessment; ~ **страховой ответственности** description of risk; **судебное** ~ judicial decision; ~ **границы** determination of a border; ~ **компетенции** determination of legal competency; ~ **правонарушения** determination of violation; ~ **цены в результате переговоров** negotiated pricing
определенно definitely
определённ/ый definite, fixed; **на** ~ **срок** for a definite period; **через** ~**ые промежутки времени** at definite intervals; ~**ая цель** specific purpose
определять определить to appoint, to determine, to fix, (*устанавливать*) to ascertain
опробовать to take something on trial
опровергать, опровергнуть to disprove, to refute
опровержение denial, refutation
опровержимый refuted
опрос examination (*cross or direct*), interrogation
опросный examination, interrogation; ~ **лист** interrogatory
опротестование protest, protestation; **кассационное** ~ appeal to the Court of Cassation; ~ **векселя** protest of a bill
опротестовать to appeal, to dishonor, to protest
оптация option (*e.g. of dual citizenship*)

оптировать to opt for (*e.g. citizenship*)
оптовик wholesaler
оптов/ый wholesale; **~ая торговля** wholesale trade; **~ые цены** wholesale prices; **вести ~ую торговлю чем-л.** to be engaged in wholesale trade in *или* to be wholesalers
оптом in gross, by wholesale
опубликование promulgation, publication; **официальное ~** official publication; **~ закона** promulgation of a law; **~ решения** publication of a decision
опцион (*право выбора*) call, option, put; **~ без денег** out-of-money option; **грузовой ~** cargo option
опцион *см.* **усмотрение 1**
опыт (*эксперимент*) experiment, (*практика*) experience, know-how; **богатый ~** wide experience; **производственный ~** operational know-how
опытный 1. (*имеющий опыт*) experienced; **~ые рабочие** experienced workers; **2.** (*предназначенный для опытов*) experimental
оратор orator
орган agency, authority, organ (*of government, etc.*); **автономный ~** autonomous organ; **административный ~** administrative authority, administrative body; **верховный ~** supreme authority; **вспомогательный ~** auxiliary body; **высший ~** higher authority; **вышестоящий ~** superior authority; **государственный ~** government agency; **директивный ~** policy-making authority; **жилищный ~** housing authority; **законодательный ~** legislative body; **закупочный ~** purchasing organ; **исполнительный ~** executive agency; **коллективный ~** collective body; **компетентный ~** competent authority; **конституционный ~** constitutional authority; **консультативный ~** consultative body; **контрольный ~** oversight agency; **международный ~** international agency; **межпарламентский ~** inter-parliamentary body; **межправительственный ~** inter-governmental body; **налоговый ~** tax authority; **нотариальный ~** notarial authority (*civil law*); **ответственный ~** responsible authority; **официальный ~ печати** official press agency; **парламентский ~** parliamentary body; **плановый ~** planning authority; **правоохранительный ~** law enforcement agency; **постоянный ~** permanent arbitral body; **правительственный ~** government agency; **представительный ~** representative body; **прокурорский ~** prosecutorial authority, prosecutor's office; **профсоюзный ~** labor union; **распорядительный ~** efficient agency; **руководящий ~** supervisory authority; **совещательный ~** deliberative body; **соответствующий ~** appropriate authority; **судебно-следственный ~** judicial investigative body; **судебный ~** judicial body; **таможенный ~** customs authority; **третейский ~** arbitral authority; **финансовый ~** fiscal authority; **ценорегулирующий ~** price regulating authority; **~ валютного контроля** currency control authority; **~ дознания** board of inquest; **~ контроля над ценами** price control board; **~ милиции** militia (*police*); **~ расследования** investigative agency; **~ санитарного надзора** sanitary oversight agency; **~ социального обеспечения** social welfare authority; **~ управления** managerial body
организатор organizer; sponsor; **~ выставки** sponsor of an exhibition, exhibition contractor; **~ кампании** sponsor of a campain; **~ программы** sponsor
организация organization; **автономная ~** autonomous; **административная ~** administrative ~; **арбитражная ~** arbitral ~; **внешнеторговая ~** foreign trade ~; **Всемирная ~ Здравоохранения (ВОЗ)** World Health Organization (WHO); **инспекционная ~** inspection ~; **кооперативная ~** cooperative ~; **корпоративная ~** corporate body; **кредитная ~** credit institution; **массовая ~** mass ~; **некоммерческая ~** nonprofit ~; **официальная ~** official ~; **подрывная ~** subversive ~; **подрядная ~** contractors; **постоянная ~** permanent

~; **правовая** ~ legal ~; **преступная** ~ criminal ~; **продовольственная и сельскохозяйственная ~ объединённых наций (ФАО)** Food and Agricultural Organization of the United Nations (FAO); **промышленная** ~ industrial ~; **профессиональная** ~ professional ~; **профсоюзная** ~ labor ~; **региональная** ~ regional ~; **страховая** ~ insurance agency; **судебная** ~ judicial ~; **торговая** ~ trade ~; **финансовая** ~ financial ~; **хозрасчётная** ~ self-financing ~; **хозяйственная** ~ economic ~; **частная** ~ private agency; **экономическая** ~ economic ~; ~ **Американских Государств (ОАГ)** Organization of American States (OAS); ~ **Африканского Единства** Organization of African Unity (OAU); ~ **по вопросам образования и культуры (ЮНЕСКО)** UNESCO; ~ **договора юго-восточной Азии (СЕАТО)** Southeast Asian Treaty Organization (SEATO); ~ **международной гражданской авиации** International Civil Aviation Organization; ~ **объединённых наций (ООН)** United Nations Organization (UN); ~ **северо-атлантического договора** North Atlantic Treaty Organization (NATO); ~ **экономического сотрудничества и развития** Organization of Economic Cooperation and Development (OECD)

организм human body, organism
орда Horde; **Золотая** ~ Golden Horde
орден order *(award, group)*; **Иезуитский** ~ Order of Jesus *(Jesuits)*; **Мальтийский** ~ Order of Malta; **религиозный** ~ religious order
ордер order, warrant, writ; **кассовый** ~ cash order; ~ **на покупку** purchase voucher, coupon; ~ **на предъявителя** bearer warrant; **обменный** ~ payment order; **приходный** ~ receipt voucher; **расходный** ~ expenditure voucher; ~ **на обыск** search warrant; ~ **на расквартирование** order of eviction; **выдавать** ~ issue an order
ордерный чек *см.* **чек**
ординарец batman, orderly
оригинал original; ~ **коносамента** original bill of lading
ориентация orientation
ориентир guide, guideline; mark; *(контрольная цифра)* guidepost, target; **плановый** ~ target; **финансовый** ~ financial guideline; **ценовой** ~ pegged price; **служить** ~**ом** serve as an ordering point, serve as a mark, serve as a guide
ориентировать to orient
орудие instrument, ordnance, tool; **кредитное** ~ credit instrument; ~ **платежа** instrument of payment
оружие arms, weapons; **запрещённое** ~ banned weaponry
осада siege
осадк/а draught, draft; **судно имеет** ~**у 20 футов** the vessel draws 20 feet
осваивать *(овладевать)* to master; *(об опыте)* to assimilate; *(разрабатывать)* to develop; *(о земле)* to reclaim
осведомление notification
осведомлённость awareness; knowledge
осведомлять to inform; ~**ся по первоисточникам** to be informed from first-hand sources
освещение illumination, lighting
освидетельствовать *см.* **осматривать**
освобождать, освободить to emancipate, to exempt, to free, to release; ~ **на волю** to set at liberty; ~ **от обязанности** to release from an obligation
освобождение discharge, dismissal, emancipation, exemption, liberation, release; **досрочное** ~ early release; **полное** ~ **от наказания** complete immunity from punishment; **частичное** ~ **от наказания** partial immunity from punishment; **частичное** ~ **от уплаты налога** partial exemption from payment of taxp; ~ **от пошлин** exemption from duties
освобождённый exempt; ~ **от военной службы** ~ from military service; ~ **полностью** totally ~
освоение mastery *(of a process, etc.)*
оседлост/ь settlement, settled lifestyle; **черта** ~**и** Pale of Settlement *(ист.)*
осквернение defilement

оскорбитель offender
оскорбительный abusive, insulting
оскорбить *см.* **оскорблять**
оскорбление assault, insult, offense; **тяжкое ~** serious offense; **~ действием** assault and battery; **~ словом** contumely
оскорблённ/ый insulted, offended; **~ая невинность** outraged innocence
оскорблять to insult, to offend
ослабление weakening; *(уменьшение)* relaxation; decrease; taper, tapering; *(смягчение)* easing, abatement; *(интереса, энтузиазма)* flagging; **~ влияния** ebbing of influence; **~ инфляции** easing of inflation; **~ инфляционных ожиданий** easing of inflationary expectations; **~ контроля** weakening of control; **~ кредитных ограничений** relaxation of credit restrictions; **~ спроса** decreasing *(weaker)* demand; **~ усилий** abatement of the energies
осложнение *(затруднение)* complication; *(ухудшение)* aggravation; **непредвиденное ~** unforeseen complication; **серьезное ~** grave complication; **вызывать ~** cause complication
осматривать, осмотреть to examine, to inspect; *(о грузе, судне)* to survey
осмотр check, examination, inspection; **санитарный ~** health inspection; **судебный ~** judicial examination; **таможенный ~** customs inspection; **~ вещественных доказательств** examination of substantive evidence; **~ места происшествия, ~ на месте** examination in situ; **~ товаров** inspection of goods
осмотреть *см.* **осматривать**
оснащение equipping, outfitting; **~ судна** rigging of a vessel
основа base, bases, basis, foundation; **взаимовыгодная ~** a mutually profitable basis; **компенсационная ~** compensatory basis; **правовая ~** legal foundation
основани/е foundation, grounds, reason; *(опираясь на что-л., исходя из чего-л)* on the basis; **без всяких ~й** without any grounds; **законное ~** statutory ground; **мнимое ~** false pretense; **на ~и** *(по причине)* on the grounds *или* for the reason; **образец, на ~и которого был заключен контракт** the sample on the basis of which the contract was concluded; **иметь ~е** to be justified; **прочное ~** solid basis; **юридическое ~** legal grounds; **на ~и кредита** under credit; **с полным ~ем** with good reason
основатель founder; **~ компании** company promoter
основоположник initiator
основывать 1. *(учреждать)* to establish, to found; **2.** *(базировать)* to base; **основываться** to be based
особенность: в особенности in particular *или* particularly
особый special; particular; **особое мнение** *см.* **мнение**
оспаривание contention, contest; **~ отцовства** contest of paternity; **~ права** contest of right
оспаривать to contest, to dispute
оставаться to remain; **остающаяся сумма** *(остающееся количество)* the remaining amount (the remaining quantity) *или* the balance
оставить *см.* **оставлять**
оставление abandonment; **злостное ~ ребёнка** malicious abandonment of child; **злостное ~ семьи** malicious abandonment of family; **~ за собой узуфрукта** abandonment of usufruct; **~ обременённого ипотекой имущества** abandonment of encumbered property; **~ одного из супругов другим** abandonment by one spouse of the other; **~ погибающего корабля** abandonment of ship; **~ решения в силе** leaving a decision in force
оставлять to reserve; **~ за собой право** to reserve the right
остальн/ой 1. *(другой)* other; **все ~ые условия** all (the) other terms; **2.** *(остающийся, оставшийся)* remaining; **~ые 2000 тонн** the remaining 2,000 tons *или* the balance of 2,000 tons; **~ое количество будет отгружено в октябре** the remaining quantity (*или* the balance, the rest) will be shipped in October
остановка в порту call at port

остаток balance, rest, remainder, residual; **компенсационный** ~ compensatory balance; **кредитовый** ~ credit balance; **наличный** ~ in-house balance; ~ **долга** balance of a debt; ~ **запасов** remainder of stock; ~ **суммы** remainder of a sum; ~ **счёта** account balance

осторожно carefully, with care

осторожный careful

осуждать to condemn, to convict, to sentence

осуждение conviction, sentence; **заочное** ~ conviction by defaulty; **условное** ~ suspended sentence; ~ **уголовным судом** conviction by the criminal court

осуждённый convict, convicted

осуществить см. **осуществлять**

осуществление accomplishment, implementation, realization; **немедленное** ~ prompt implementation; **промышленное** ~ **изобретения** industrial application of an invention

осуществлять, осуществить to accomplish, to implement, to realize, to bring about; ~ **право** to exercise the right

отбирать, отобрать to collect, to seize, to take away; to select

отбор selection, choice; ~ **проб** (*или* **образцов**) sampling

отборный choice, select, selected

отбывание serving time (*e.g. a prison sentence*); ~ **ссылки** state of exile

отбрасывать (*отказываться*) to give up; (*отвергать*) to dismiss, to discard; (*браковать*) to reject

отбросы waste

отвал dump; ~**ы предприятий угольной промышленности** colliery waste, coal mining dumps

отвергать, отвергнуть to overturn, to reject, to decline; ~ **предложение** to reject an offer; ~ **товар** to reject the goods

отвести to challenge, to reject (*e.g. a juror*)

отвесы weight accounts, weight note(s)

ответ answer, reply, response (**на** - to); **в** ~ **на** in answer to *или* in reply to *или* in response to

ответственность liability, responsibility; **административная** ~ administrative responsibility; **взаимная** ~ joint liability; **внедоговорная** ~ non-contractual liability; **гарантийная** ~ liability under warranty; **гражданская** ~ civil liability; **деликтная** ~ tort liability; **договорная** ~ contractual liability; **долговая** ~ liability for debts; **дополнительная** ~ additional responsibility; **имущественная** ~ property accountability; **индивидуальная** ~ individual responsibility, solo liability; **исключить** ~ to exclude liability; **коллективная** ~ collective liability; **личная** ~ personal responsibility; **максимальная** ~ maximum liability; **материальная** ~ material liability; **моральная** ~ moral responsibility; **налоговая** ~ tax liability; **нести** ~ to incur liability; **неограниченная** ~ unlimited liability; **непосредственная** ~ direct responsibility; **ограниченная** ~ limited liability; **основная** ~ primary liability; **персональная** ~ personal responsibility; **повышенная** ~ increased liability; **подлежать судебной** ~**и** to be subject to judicial liability; **полная** ~ full responsibility; **принять на себя** ~ to accept responsibility *или* to hold (*или* to consider) oneself responsible; **профессиональная** ~ professional responsibility; **служебная** ~ official responsibility; **совместная** ~ joint responsibility; **солидарная** ~ joint liability; **судебная** ~ judicial liability; **уголовная** ~ criminal liability; **условная** ~ contingent liability

ответственн/ый responsible, liable; **считать себя** ~**ым** to hold (*или* to consider) oneself responsible *или* to accept responsibility; **считать кого-л.** ~**ым** to hold (*или* to consider) somebody responsible

ответчик respondent (in judicial proceeding), defendant

отвечать, ответить to answer, to reply (**на** - to); ~ **требованиям** to meet (*или* to answer) the requirements

отвод challenge, rejection; ~

арбитра to challenge an arbitrator

отводить to challenge, to reject (*e.g. arbitrator*)

отговорка excuse, subterfuge; (*предлог*) pretext; **неубедительная** ~ lame (*poor*) excuse; **сомнительная** ~ invalid excuse

отгружать, отгрузить (*морем*) to ship, to lade; (*отправлять*) to dispatch

отгрузк/а shipment; **инструкция по ~е товара** shipping instructions for the goods

отдача letting, payment, reimbursement; ~ **в залог** pledging; ~ **в наём** letting for rent; ~ **под опеку** mortgaging

отдел department, division, section; **жилищный** ~ housing department; **консульский** ~ consular section; **финансовый** ~ financial department; **Виз и Регистрации (ОВИР)** Department of Visas and Registration

отделение branch, office, outlet; **местное** ~ local branch; **почтовое** ~ post office; **торговое** ~ sales office

отделка workmanship

отдельный separate

отец father; **приёмный** ~ adoptive ~; **родной** ~ birth ~

отечественный domestic, patriotic

отечество fatherland, homeland

отзыв recall (*of diplomatic personnel*), criticism, reference, withdrawal; **дать хороший** ~ to give a good recommendation; ~ **на заочное решение** entering of a default judgment; ~ **кредита** withdrawal of credit

отзывать, отозвать to revoke, to take aside, to recall (*a representative*); to withdraw; ~ **предложение** to revoke (*или* to withdraw) an offer

отзывной revocable; **отзывный аккредитив** *см.* **аккредитив**

отказ abandonment, denial, (*нежелание*) refusal, renunciation; (*добровольное неиспользование своего права*) waiver; **молчаливый** ~ implicit rejection; **общий** ~ total rejection; **прямой** ~ direct refusal; **публичный** ~ public rejection; ~ **в выдаче патента** rejection of a patent application; ~ **в иске** dismissal of action, suit; ~ **от выполнения** refusal to perform; ~ **от дачи показаний** refusal of giving evidence; ~ **от долгов** repudiation of debts; ~ **от имущества** abandonment of property; ~ **от иска** abandonment of action, suit; ~ **от наследства** repudiation of inheritance; ~ **от прав** waiver of rights; ~ **от права обжалования** waiver of right to appeal; ~ **платить** или ~ **от уплаты** refusal to pay; ~ **принять** или ~ **от принятия** refusal to accept; ~ **от товара** rejection of the goods;

отказать to decline, to refuse, to renounce, to repudiate; ~ **в иске** to abandon an action, suit

отказываться, отказаться 1. (*не пожелать*) to refuse; ~ **принять** (*или* **от принятия**) to refuse to accept; ~ **уплатить** (*или* **от уплаты**) to refuse to pay; **2.** (*отвергать, не принимать*) to reject; to refuse; ~ **от товара** to reject the goods; **3.** (*не использовать свое право*) to waive; ~ **от права осмотреть товар** to waive the right to examine (*или* to inspect) the goods *или* to waive the examination (*или* the inspection) of the goods; ~ **от претензии** *см.* **претензия**

откладывать, отложить 1. (*в сторону*) to lay aside; **2.** (*отсрочивать*) to postpone, to put off, to delay, to defer, to suspend

отклонение denial, deviation, discrepancy, inadequacy; ~ **в качестве** defect in quality; ~ **заявки** rejection of application; ~ **от паритета** deviation from parity; ~ **предложения** rejection of an offer; ~ **ходатайства** rejection of a petition; ~ **цен** deviation of prices

отклонение (отказ) declining, refusal; ~ **предложения** declining an offer *или* refusal to accept an offer *или* refusal of an offer

отклонять, отклонить to decline, to deny, to refuse, to reject; ~ **предложение** to decline (*или* to refuse to accept) an offer; ~**ся в пути** (*о судне*) to deviate

открывать, открыть to open; ~ **аккредитив** *см.* **аккредитив**

открытие discovery, opening;

~ аккредитива opening of a letter of credit; **~ конференции** opening of a conference; **~ кредита** opening of a line of credit; **~ магазина** opening of a store; **~ новых рынков** penetration of new markets; **~ переговоров** initiation of negotiations; **~ рынка** opening of a market; **~ счёта** opening of an account

открыто openly

открыт/ый open; **оставаться ~ым** to remain open; **мы держим оферту ~ой для вашего акцепта** *см.* **держать**

отлагательство delay, procrastination

отличать, отличить to distinguish

отличаться to differ

отличие distinction, difference

отличительный distinctive, characteristic

отличный 1. *(превосходный)* excellent; perfect; **2.** *(отличающийся, другой, иной)* different

отложение дела continuance of a case

отложить *см.* **откладывать**

отлучка absence; **самовольная ~** absence without leave (AWOL)

отмена abolition, abrogation, cancellation, repeal; **~ дарения** revocation of a gift; **~ доверенности** revocation of power of attorney; **~ завещания** revocation of a will; **~ закона** repeal of a law; **~ иммунитета** revocation of immunity; **~ мандата** repeal of a mandate; **~ налога** roll-back of a tax; **~ приговора** overturn of a sentence; **~ решения** reversal of a sentence

отменять to disaffirm

отметить *см.* **отмечать**

отметка clause, mark, notation, reservation, tally; **контрольная ~** checkmark; **~ в коносаменте** reservation in bill of lading

отмечать to mark, to note

относительно about, concerning, regarding

относительность relativity

относительный relative

относиться 1. *(касаться, иметь отношение)* to relate; **документы, относящиеся к грузу** documents relating to the cargo *или* documents covering the cargo; **2.** *(применяться, распространяться)* to apply; **новые правила не относятся к этому заказу** the new regulations do not apply to this order

отношени/е attitude, relation, relationship; *(причастность, касательство)* concern; **договорное ~** contractual relation; **правовое ~** legal relation; **валютные ~я** currency relations; **внешнеторговые ~я** foreign trade relations; **в ~и чего-л.** *или* **по ~ю к чему-л.** in respect of (*или* to); **в одном (этом) ~и** in one (this) respect; **во многих (всех) ~ях** in many (all) respects **деловые ~я** business relations; **длительные ~я** long-term relations; **дипломатические ~я** diplomatic relations; **добрососедские ~я** good neighborly relations; **иметь ~е к чему-л.** to be concerned in something; **имущественные ~я** property relations; **консульские ~я** consular relations; **международные ~я** international relations; **мирные ~я** peaceful relations; **родственные ~я** family relations; **торговые (деловые) ~я** trading (business) relations; **финансовые ~я** financial relations; **хозрасчётные ~я** self-supporting relations; **членские ~я** member relations; **экономические ~** economic relations

отобрать *см.* **отбирать**

отождествлять to identify

отозвать *см.* **отзывать**

отомстить to avenge

отослать to dispatch, to remit

отпечаток impress, imprint; **~ пальца** fingerprint

отплывать to sail

отпор rebuff, repulse; **дать ~** to repulse

отправитель consignor, forwarder, sender; **~ груза** shipper

отправить *см.* **отправлять**

отправка dispatch, despatching (*или* dispatching); forwarding, (*отправка морем*) shipment

отправление departure, mailing, sailing; **заказное ~** registered mail; **международное почтовое ~** international post; **почтовое ~** mailing

отправлять, отправить to send, to forward, to despatch (*или* to dispatch); **~ морем** to ship

отпуск distribution, furlough, leave; **дополнительный ~** additional leave; **дородовой ~** pre-maternity leave; **ежегодный ~** annual leave; **оплачиваемый ~** paid vacation; **послеродовой ~** post-maternity leave; **~ по беременности и родам** maternity leave; **~ по болезни** sick leave

отпускать to release; **~ на волю** to release from confinement

отпускник worker on leave, soldier on furlough

отпустить см. отпускать

отработка working off (e.g. of a debt)

отравление poisoning

отравлять to poison

отражать, отразить to reflect

отрасль branch, sector; **производственная ~** branch of industry; **~ деятельности** sphere of activity; **~ права** field of law; **~ предприятия** branch of an enterprise; **~ производства** sphere of production; **~ промышленности** sphere of industry; **~ сельского хозяйства** branch of agriculture

отрекаться to abdicate, to renounce; **~ от престола** to abdicate the throne

отречение abdication, renunciation; **~ от должности** resignation of a post; **~ от данного права** renunciation of a given right; **~ от престола** abdication of the throne

отречься см. отрекаться

отрицание denial

отрицать to deny, to disclaim; **~ виновность** to plead not guilty

отрыв disengagement

отрывок excerpt, passage

отряд detachment; **передовой ~** vanguard

отсроченный deferred, postponed

отсрочивать, отсрочить to defer, to postpone, to put off

отсрочка delay, extension, postponement

отставка discharge, dismissal, resignation; **выйти в ~у** to resign, to retire; **подать в ~у** to submit one's resignation; **уволить в ~у** to dismiss

отставной retired

отсталость backwardness

отстранение discharge, dismissal; **~ от должности** dismissal from a post; **~ от работы** discharge from work

отстранять to discharge, to dismiss

отступать to depart from, to deviate from

отступление departure, deviation; **~ от правил** deviation from the rules

отступные "smart-money" (compensation for recision of contract)

отсутствие absence, (недостаток) lack; **в ~ кого-л.** in the absence of; **в мое ~** in my absence; **за ~м чего-л.** for lack of; **за ~м времени** for lack of time; **быть в отсутствии** см. отсутствовать; **преднамеренное ~** premeditated absence; **~ вины** absence of guilt; **~ кворума** lack of quorum; **~ ответственности** absence of liability; **~ доказательства** lack of evidence; **~ правомочий** lack of authority; **~ согласия** lack of agreement; **~ судимости** lack of previous convictions

отсутствовать 1. to be lacking; (быть в отъезде, не быть в помещении) to be absent, to be away (**на, в ~** from); **~ в Москве** to be absent from Moscow; 2. (не быть на месте, не иметься в наличии) not to be available

отсутствующий missing

отсылать to refer to to return

оттиск impress, print, stamp; **~ печати** impress of a seal (of a company)

отход departure, sailing

отцеубийство parricide (crime)

отцеубийца parricide (person)

отцовство paternity; **внебрачное ~** paternity out of wedlock; **законное ~** legitimate paternity; **незаконное ~** illegitimate paternity

отчёт account

отчим stepfather

отчисление allocation, deduction, fee; **амортизационное ~** amortized deduction, amortization; **~ в бюджет** budget allocation; **~ от прибыли** deduction from profits

отчитываться to give an account of

отчуждаемый alienable

отчуждать to alienate

отчуждение alienation; **безвозмездное ~** uncompensated alienation; **возмезд-**

ное ~ compensated alienation; **недобросовестное** bad faith alienation; **принудительное** ~ condemnation

отягчать to aggravate

отягчающий aggravating; **~ие обстоятельства** aggravating circumstances

оферент offerer, tenderer

оферт/а offer; **~а на товар** offer of (*или* for) goods; **отклонить ~у** *см.* **отклонять**; **принять** (*или* **акцептовать**) **~у** to accept an offer; **отозвать ~у** *см.* **отзывать**; **отклонение ~ы** *см.* **отклонение**; **принятие** (*или* **акцепт**) **~ы** acceptance of an offer

офертант offeree

офицер officer; ~ **полиции** police ~

официально officially

официальный official

официоз semi-official organ (*of the press*)

официозный semi- official

оформление execution, issuance, legalization, registration; **правильное** ~ **договора** proper drafting of an agreement; **правовое** ~ legalization, legal registration; ~ **договора** drafting of an agreement; ~ **заказа** drawing up of an order; ~ **патента** execution of a patent; ~ **чертежей** preparation of drawings

оформленный executed, formal

оформлять to legalize, to register, to draft (*e.g. a document*)

охота hunting; **незаконная** ~ poaching

охрана guarding, protection; **береговая** ~ coast guard; **двойная** ~ double protection; **пограничная** ~ border guard; **патентная** ~ patent protection; **правовая** ~ legal protection; ~ **авторского права** copyright protection; ~ **границы** protection of the border; ~ **детей** protection of children; ~ **здоровья** preservation of health; ~ **патента** patent protection; ~ **прав** protection of rights; ~ **прав на изобретения** protection of rights to an invention; ~ **прав несовершеннолетних** protection of the rights of minors; ~ **промышленных рисунков и моделей** protection of industrial drawings and models; ~ **промышленной собственности** protection of industrial property; ~ **товарных знаков и торговых марок** protection of trademarks

охранение safeguarding; **сторожевое** ~ outposts

оценивать to appraise, (*исчислять*) to estimate (**в** - at); to evaluate, (*определять стоимость*) to value (**в** - at)

оценка appraisal, (*определение стоимости*) valuation; (*наметка*) estimate, evaluation; **выборочная** ~ sample estimate; **годовая** ~ annual estimate; **завышенная** ~ overvaluation; **заниженная** ~ low estimate; **инвентарная** ~ inventory evaluation; **приблизительная** ~ approximate estimate; **совместная** ~ joint assessment; **статистическая** ~ statistical estimate; **судебная** judicial assessment; **таможенная** ~ customs evaluation; ~ **данных** data assessment; ~ **кредитоспособности** credit rating; ~ **доказательств** evaluation of evidence; ~ **налога** tax assessment; ~ **риска** estimation of risk

оценщик appraiser

очаг center, hearth; **домашний** ~ hearth and home

очевидец eye witness

очевидно evidently, obviously

очевидный evident, obvious

очередность sequence, succession

очеред/ь queue, turn; **первая** ~ first priority; **пройти без ~и** jump the queue; **становиться в** ~ queue, line up; **стоять на ~и** to be on the waiting list; **без ~и** free of turn, without an appointment

очистк/а purge; **произвести ~у** to carry out a ~; ~ **недвижимости от ипотеки** release of real property from mortgage

ошибк/а error, mistake; **допустимая** ~ permissible (*tolerated*) error; **допущенная** ~ introduced error; **канцелярская** ~ clerical error; **навигационная** ~ navigational error; **непоправимая** ~ irretrievable mistake; **правовая** ~ legal error; ~ **программы** programme error; **судебная** ~ judicial error; **фактическая** ~ factual error; **юридическая** ~ jurisprudential error; **по ~ке** by mistake; **из-за канцеляр-**

ской ~ки through a clerical error; из-за ~ки машинистки through a typing error; исключая ~ки и пропуски *(приписка в конце счета)* errors and omissions excepted (*сокр*. E. & O. E.)
ошибочный mistaken, faulty; incorrect, improper
оштрафованный fined, penalized
оштрафовать to fine, to penalize, to impose a penalty

П

падение decline, drop, fall; recession; relapse; subsidence; *(цен)* sag, sinking; *(небольшое)* dip; *(резкое)* slump, tumble; ~ до рекордно низкого уровня fall to a record law; ~ курса валюты drop in the exchange rate of currency; ~ занятости decline in employment; ~ покупательной силы decline in spending power; ~ производства decrease in production; ~ рождаемости decline in birth rate; ~ спроса decline in demand; ~ уровня жизни fall in the living standard; ~ цен drop in prices; ~ экспорта decline in export
паёк ration
пай share; **кооперативный** ~ cooperative ~; **учредительный** ~ founding ~; ~ **акционерного общества** ~ of a joint stock company; ~ товарищества ~ of a partnership
пайщик stockholder
пакет *(акций)* block, *(сверток)* parcel, packet; *(акций, ценных бумаг)* block; *(комплекс товаров, услуг)* packge; ~ акций block of shares; ~ акций, купленных подставным лицом nominee shareholding; контрольный ~ controlling block; в отдельном ~е under separate cover; ~ предложений package of proposals, package offer; ~ услуг package of services; ~ ценных бумаг round lot
паковать to pack
пакт pact; **агрессивный** ~ aggressive ~; **балканский** ~ Balkan ~; **военный** ~ military ~; **международный** ~ international ~; **организационный** ~ organizational ~; **рейнский** ~ Rhine ~; **северо-атлантический** ~ North Atlantic ~; **трёхсторонний** ~ Trilateral ~; **федеральный** ~ federal ~; **четырёхсторонний** ~ Quadrilateral ~; ~ о безопасности security ~; ~ о взаимной помощи mutual aid ~; ~ лиги наций ~ of League of Nations; ~ мира Peace ~; ~ о нейтралитете neutrality ~; ~ о совместной обороне mutual defense ~
палата chamber, house; **апелляционная** ~ Court of Appeals; **арбитражная** ~ Arbitration Court; **верхняя** ~ upper chamber; **законодательная** ~ legislative chamber; **конституционная** ~ constitutional chamber; **международная торговая** ~ International Chamber of Commerce; **нижняя** ~ lower chamber; **постоянная** ~ **международного правосудия** Permanent Court of International Justice; **промышленная и торговая** ~ Chamber of Commerce and Industry; **профсоюзная** ~ union hall; **расчётная** ~ clearing house; **судебная** ~ judicial chamber; **торговая** ~ Chamber of Commerce; **торгово-промышленная** ~ Chamber of Commerce and Industry; ~ по гражданским делам civil court; ~ депутатов House of Deputies; ~ лордов House of Lords; ~ по судебным делам judicial court
палач hangman
палуба deck; **верхняя** ~ upper deck, main deck; **грузить на палубу** to load on deck; **нижняя** ~ lower deck
палубный груз deck cargo
памятник monument; **исторический** ~ historical ~; ~ **старины** ~ of Antiquity
панамериканский panamerican
параметр parameter, rating, variable; **желаемые** ~ы desired parameters; **оцениваемые** ~ы estimated parameters; **эксплуатационные** ~ы operating parameters
парафин paraffin (*или* paraffine) wax
парафирование initialing; ~ **договора** ~ of an agreement
парафировать to initial; ~

пари par

паритет parity, par, par value; **валютный** ~ exchange rate; **золотой** ~ gold ~; **монетный** ~ mint ~; **официальный** ~ official ~; по ~у at par; ~ **с долларом** dollar ~; **перекрестный** ~ cross ~; **процентный** ~ interest ~; **фрахтовый** ~ parity of rates; **нарушать** ~ to upset parity; по ~у at parity

паритетный parity

парк park; **автомобильный** ~ automobile lot

парламент Parliament; **европейский** ~ European ~; **распустить** ~ to dissolve ~

парламентаризм parliamentarianism

парламентарий parliamentarian

парламентёр peace envoy

парламентский parliamentary

пароль countersign, password

паром ferry, ferryboat

пароход steamship; **грузовой** ~ cargo steamer; **пассажирский** ~ passenger ~; **почтовый** ~ mail ship

пароход steamer, steamship (*сокр.* S. S., SS, s. s.. ss)

пароходство steamship line

парти/я lot, parcel, consignment, (*отправленного товара*) shipment; (*единица торговли*) trading unit; **бракованная** ~ rejected lot; **вновь поступившая** ~ fresh consignment; **выборочная** ~ sample lot; ~ **изделий, крупная** large run; ~ **изделий, небольшая** short run; ~ **изделий, опытная** pilot

договор to initial a contract

run; ~ **нестандартных изделий** odd lot; ~ **стандартная** regular lot; **большими** ~**ями** by the (in) gross; **грузить** ~**ями** ship in by lots; **покупать** ~**ями** buy in lots; **отдельными** ~**ями** by parcels

партнёр associate, partner (*см.* компаньон)

парцель (*часть груза*) parcel

паспорт passport; **выдать** ~ to issue a ~; ~ **государственный** ~ government ~; **действительный** ~ valid ~; **дипломатический** ~ diplomatic ~; **заграничный** ~ foreign travel ~; **иностранный** ~ foreign ~; **нансеновский** ~ Nansen ~

пассажир passenger

пассажирооборот passenger turnover

пассив liabilities; **общая сумма** ~**а** gross liabilities; **статья** ~**а** liability (*entry in accounts*)

пастбище pasture; **общее** ~ common ~

патент patent; warrant; **возобновляемый** ~ reinstated ~; **выданный** ~ issued ~; **дополнительный** ~ additional ~; **иностранный** ~ foreign ~; **исключительный** ~ exclusive ~; **консульский** ~ consular ~; **международный** ~ international ~; **отечественный** ~ domestic ~; **отчудить** ~ to assign a ~; **признать** ~ **недействительным** to invalidate a ~; **промышленный** ~ industrial ~; **судовой** ~ ship ~; ~ **на изобретение** ~ for invention; ~ **на право самостоятельно заниматься ремеслом** artisan's ~; ~ **признанный недействительным** invalidated ~

патентование patenting; **заграничное** ~ foreign ~; **многократное** ~ multiple ~; **совместное** ~ joint ~

патентованный patented

патентовать to patent

патентовладелец patent holder

патентообладатель patent holder

патентоспособность patentability

патентоспособный patentable

патронаж home health care

пачка package, (*связка*) parcel; (*писем, бумаг*) batch; (*денег, бумаг*) sheaf

пейджер pager; **тональный** ~ beeper; **буквенно-цифровой** ~ letter-and-figure ~

пени penalty, fine

пенитенциарный penitentiary

пенси/я pension; **военная** ~ military **выдать** ~**ю** to issue a ~; **государственная** ~ state ~; **гражданская** ~ civil ~; **пожизненная** ~ lifetime ~; **пожизненная** ~ **по инвалидности** lifetime ~ for disability; **уйти на** ~**ю** to retire on ~; ~ **вдовам** widow's ~; ~ **за выслугу лет** service ~; ~ **по нетрудоспособности** disabled worker ~; ~ **при выходе в отставку** retirement ~

пенсионер pensioner; ~ - **инвалид войны** disabled veteran pensioner; ~ **по инвалидности** disabled pensioner; ~ **по старости** old age pensioner

П

пеня penalty; ~ **натурой** ~ in kind
первенство first place
первоклассный first-class; first-rate
первоначально originally
первоначальн/ый original; ~**ое предложение** original offer
первоочередность precedence, priority; ~ **поставки** precedence of delivery
первостепенн/ый major; ~**ое значение** to be of major importance
первый (*из двух названных*) the former
переаттестация certification
перебазирование relocation
перебаллотировка reballotting
перебежчик deserter
перевалка transfer, transshipping
перевес overweight, surplus; ~ **экономический** economic ~; ~ **сил** excessive force
перевести to transfer, to translate
перевод 1. (*о денежных суммах*) remittance, transfer; 2. (*пересчет*) conversion; 3. (*с одного языка на другой*) translation; **банковский** ~ bank transfer; **денежный** ~ money transfer; ~ **долларов в фунты стерлингов** conversion of dollars into pounds sterling; **денежный почтовый** ~ postal money order; **международный** ~ international transfer; ~ **на русский (на английский) язык** translation into Russian (into English), Russian (English) translation; ~ **с русского на английский** translation from Russian into English; ~ **с русского (с английского)** translation from the Russian (from the English)
письменный ~ written translation; **почтовый** ~ mail transfer; **телеграфный принудительный** ~ compulsory transfer; **сберегательный** ~ savings transfer; **телеграфный** ~ ~ telegraphic (*или* cable) transfer, wire transfer; ~ **за границу** foreign remittance; ~ **на другую работу** assignment transfer (work); ~ **иностранной валюты** transfer of foreign exchange; ~ **капитала** transfer of capital; ~ **капиталов за границу** transfer of capital abroad; ~ **на низшую должность** demotion; ~ **полиса** assignment of policy (*insurance*); ~ **судна под другой флаг** reflagging of a vessel; ~ **фондов** transfer of funds; ~ **через банк** transfer through a bank
переводить 1. (*о денежных суммах*) to remit, to transfer; 2. (*пересчитывать*) to convert; ~ **доллары в фунты стерлингов** to convert dollars into pounds sterling; 3. (*с одного языка на другой*) to translate, ~ **с русского на английский** to translate from Russian into English
переводный вексель *см.* **тратта**
переводоотправитель transferor
переводополучатель transferee
переводчик translator; **судебный** ~ court ~
перевозка
переговоры negotiations (о - for); discussions (о - about); **вести** ~ to negotiate *или* to carry on negotiations
перегружать to tranship
перегрузка transhipment
перевозить to haul, to transport; ~ **железнодорожным транспортом** to ship by rail; ~ **по воде** to ship by water
перевозк/а carriage, shipment; transportation, transport; conveyance; **автомобильная** ~ carriage by truck; **безвозмездная** ~ free transportation; **во время** ~**и** during transportation; in transit; **водная** ~ water borne shipment; **военная** ~ military transport; **воздушная** ~ air transport; **воздушная** ~ **груза** air conveyance, air transport of freight; **воздушная** ~ **пассажиров** air transport of passengers; **воздушная** ~ **почты** airmail transport; **грузовая** ~ freight hauling; **железнодорожная** ~ rail transport; **каботажная** ~ coasting trade transport; **коммерческая** ~ commercial transport; **международная** ~ international transport; **международная воздушная** ~ international air transport; **морская** ~ marine transport; sea (*или* oversea(s), marine) transportation; **сухопутная** ~ overland transportation; **пассажирская** ~ passenger transport; **почтовая** ~ mail transport; **прямая** ~ direct

transport; **речная** ~ river transport; **смешанная** ~ mixed transport; **шоссейная** ~ highway transport; ~ **военнопленных** transport of P O W s; ~ **на барже** transport by barge; ~ **на грузовиках** transport by trucks; ~ **на палубе** transport on deck; ~ **пассажиров** passenger transport; ~ **в прямом железнодорожно-дорожно-автомобильном сообщении** transportation in direct railroad truck link

перевозчик carrier; **генеральный** ~ common carrier

перевооружить to rearm, to retool

переворот revolution; **государственный** ~ coup d'etat; **дворцовый** ~ palace revolt; **политический** ~ political revolution; **промышленный** ~ industrial revolution

перевоспитание reeducation

перевыборы reelection

перевыполнение over fulfillment; ~ **бюджета** budget overrun

перевыполнять to over fulfill

переговоры discussions, negotiations, talks; **вести** ~ to conduct negotiations; **двухсторонние** ~ bilateral negotiations; **дипломатические** ~ diplomatic negotiations; **дружественные** ~ amicable discussions; **коллективные** ~ collective negotiations; **коммерческие** ~ commercial negotiations; **межправительственные** ~ intergovernmental negotiations; **многосторонние** ~ multilateral negotiations; **непосредственные** ~ direct negotiations; **мирные** ~ peace talks; **плодотворные** ~ fruitful discussions; **предварительные** ~ preliminary discussions; **предварительные** ~ **о мире** preliminary negotiations for peace; **секретные** ~ secret talks; **торговые** ~ trade negotiations; **финансовые** ~ financial negotiations; **экономические** ~ economic talks; ~ **о мире** negotiations for peace; ~ **о перемирии** armistice talks

перегружать to reload, to turn over *(cargo)*, to overload

перегруженность congestion

перегрузка overloading, transshipment

перегруппировать to regroup

перегруппировка regrouping

передава/ть, передать 1. *(отдавать)* to give; ~ **заказ кому-л.** to give somebody an order *или* to place an order with somebody; 2. *(переслать полученное откуда-л. кому-л. другому)* to pass, to pass on; to transfer; **мы ~ли ваш запрос** we have passed (on) your enquiry to; 3. *(вручать)* to hand, to hand over; 4. *(послать для рассмотрения)* to refer; ~ **спор в арбитраж** to refer the dispute to arbitration; ~ **дело в суд** to take a matter to court

передаточная надпись *см.* **индоссамент**

передач/а assignation, assignment, broadcast, conveyance, transfer; **безвозмездная** ~ gratuitous assignment; **безоговорочная** ~ unconditional assignment; **без права** ~**и** non negotiable, non transferrable; **возмездная** ~ compensated assignment; ~ **авторских прав** assignment of copyright; ~ **на арбитраж** submission to arbitration; ~ **в аренду** assignment of lease; ~ **голоса** proxy *(vote)*; ~ **дела** assignment of a case; ~ **дела на новое судебное рассмотрение** assignment of a matter for judicial reconsideration; ~ **дела в суд** submission of a matter to a court; ~ **договора** assignment of a contract; ~ **лого** (~ logo) assignment of a logo; ~ **изобретения** transfer of an invention; ~ **имуществ** transfer of property; ~ **лицензии** transfer of a license; ~ **между живыми** inter-vivos transfer; ~ **по наследству** conveyance by inheritance; ~ **патента** assignment of a patent; ~ **подсудимого на поруки** release of defendant on bail; ~ **полиса** assignment of a policy; ~ **полномочий** delegation of authority; ~ **портфеля** transfer of a portfolio; ~ **поставок** assignment of deliveries; ~ **прав** assignment of rights; ~ **прав на торговое предприятие** transfer of right in a trading enterprise; ~ **по принуждению** compulsory transfer; ~ **путем завещания** testamentary transfer; ~ **в секвестр** sequestration; ~ **собственности** assignment of property; ~ **суве-**

ренитета transfer of sovereignty; ~ **территории** transfer of territory; ~ **чека** negotiation of a check; ~ **юрисдикции** change of venue

передвигать to shift

передвижение conveyance; **воздушное** ~ air conveyance; **свободное** ~ free movement; ~ **войск** troop movements; ~ **капиталов** capital movements; ~ **кредита** credit movements

передвижной mobile, traveling

передел redistribution, repartition

переделка alteration

передоверить, передоверять to transfer power of attorney

переезд 1. *(перемещение)* removal 2. *(рейс)* passage 3. *(переправа)* crossing; highway crossing; ~ **границы** crossing the border

перезаклад reencumbrance

переживать to endure, to worry

перезаключение договора renewal of a contract

переизбирать to reelect

переизбрание reelection

переименование renaming

перейти в наступление to go on the offensive

переквалификация requalification

перекись peroxide; ~ **марганца** peroxide of manganese

перекредитовать loan up

переносный portable

перелет flight

перелом crisis, turning point

переложение бремени доказательства shifting of the burden of proof

перемена change; ~ **адреса** change of address; ~ **гражданства** change of citizenship; ~ **занятия** change of occupation; ~ **места жительства** change of residence; ~ **подданства** change of nationality; ~ **режима** change of regime; ~ **суверенитета** change of sovereignty

переменять to change, to shift

перемещать to handle, to move, to transport

перемещение handling, moving, transport

перемирие armistice; **короткое** ~ short armistice; **местное** ~ local armistice; **общее** ~ general armistice

перенаселение overpopulation; **аграрное** ~ agrarian ~

перенасыщение glut; overstocking; **долларовое** ~ dollar glut; ~ **рынка** market overstocking, glut in the market, glut of supply; ~ **рынка нефти** oil glut

переносить to carry forward, to postpone, to transfer

перенос carryover, postponement; **сальдо с** ~**а** balance brought forward; ~ **убытка на будущее** carry forward

переотправка reforwarding (freight)

переоценивать to overestimate, to overvalue

переоценка overvaluation, revaluation

перепечатка reprint

переписк/а correspondence; **ведущий** ~**у** corresponding (party); **коммерческая** ~; **официальная** ~ official ~

перепись census, inventory; **всеобщая** ~ general census; **выборочная** ~ partial (sample) census; **производить** ~ to take inventory; **промышленная** ~ industrial inventory; **сельскохозяйственная** ~ agricultural inventory; **специальная** ~ special census; **статистическая** statistical inventory; **частичная** ~ partial inventory; **принудительная** ~ compulsory ~

перепродавать, перепродать to resell

перепродажа resale

перерабатыва/ть, переработать 1. *(о конструкции)* to re-design; **эта модель** ~**ется** this model is under re-designing

пересечение границы intersection of the border

пересылать to forward, to send; 2. *(о сырье, с.-х. продуктах)* to process

переработк/а 1. *(о конструкции)* redesigning; **эта модель находится в стадии** ~**и** this model is under redesigning; 2. *(о сырье, с.-х. продуктах)* processing

переселяться to resettle

пересматривать, пересмотреть 1. *(рассмотреть заново)* to reconsider, to review; 2. *(рассмотреть, обсудить с целью изменения)* to revise

пересмотр 1. *(рассмотрение заново)* review; reexamination 2. *(рассмотрение, обсуждение с целью изменения)* revision; ~ **договора** revision of a contract; ~ **приговора** reconsideration of a sentence; ~ **конститу-**

ции revision of a constitution; **~ решения** reconsideration of a decision; **~ по существу** substantive review

перестановка rearrangement, shifting

перестрахование reinsurance; **добровольное ~** voluntary ~; **личное ~** personal ~; **морское ~** marine ~; **~ по квотному договору** quota share reinsurance; **~ судна** vessel reinsurance

перестраховать to reinsure

перестраховщик reinsurer

перестрелка exchange of gunfire

перестройка readjustment, reconstruction, reorganization, "perestroika"

пересчет 1. (*заново*) recalculation, counting again; 2. (*перевод в другие единицы*) conversion; **~ валют ~** of foreign exchange; **~ в золоте ~** into gold; **в ~е на рубли (фунты, доллары)** converted into roubles (pounds, dollars) *или* in terms of roubles (pounds, dollars)

пересчитывать, пересчитать 1. (*считать заново*) to count again; 2. (*переводить, конвертировать*) *см.* **переводить** 2.

пересылка remittance, transfer; **бесплатная ~** free dispatch; **обратная ~** return dispatch;

перетарка repackaging

переуступать to assign, to cede

переуступка assignment, cession; **~ прав** cession of rights

переучет rediscount; **~ векселя** rediscount of a bill

переход crossing, transition; **незаконный ~ границы** illegal border crossing; **~ границы** border crossing; **~ имущества** transfer of property; **~ имущества по наследству** transfer of property by inheritance; **~ между живыми** inter vivos transfer; **~ наследства к государству** escheatment; **~ по наследству** transfer by inheritance; **~ прав** transfer of rights; **~ риска** shifting of risk; **~ на сторону врага** defection to the enemy; **~ суверенитета** transfer of sovereignty

переходный transitional

перечень enumeration; catalog, enumeration, (*список*) list; **~ грузовых мест** tally sheet; **~ депозитов** list of deposited securities; **исчерпывающий ~** exhaustive list; **контрольный ~** checklist; **~ вопросов** list of questions; **~ заявленных претензий** enumeration of claims; **~ налогов и сборов** specification of taxes and fees; **сводный ~** consolidated inventory; **~ товаров на складе** warehouse book

перечисление (*перечень*) enumeration, (*перевод денег*) remittance; **банковское ~**; **~ сумм со счета на счет** bank transfer of sums from one account to another; **почтовое ~** postal transfer; **~ сумм** transfer of sums; **~ на счет** transfer to an account

перечислять, перечислить 1. (*в перечне, списке*) to enumerate; to specify; 2. (*переводить деньги*) to remit, to transfer

переуступать, переуступить to assign

переуступка assignment

перила (*отделяющие судей от публики*) courtroom bannister

период period (*time*); **бюджетный ~** budget ~; **календарный ~** calendar ~; **льготный ~** grace ~; **отчетный ~** reporting ~; **переходный ~** transition ~

периодичность periodical basis; **помесячная ~** monthly ~; **~ поставок ~** of deliveries

перлюстировать to review correspondence

персона нон грата persona non grata

персонал personnel, staff; **административный ~** administrative personnel; **военный ~** military personnel; **вспомогательный ~** support personnel; **вспомогательный ~** auxiliary ~; **судебный ~** court personnel; **гражданский ~** civil service (personnel); **дипломатический ~** diplomatic personnel; **обслуживающий домашний ~** domestic staff; **исполнительный ~** executive personnel; **канцелярский ~** clerical staff; **консульский ~** consular personnel; **подсобный ~** ancillary personnel; **полувоенный ~** paramilitary personnel; **производственный ~** production personnel;

служебный ~ office staff; **специальный** ~ special staff; **средний руководящий** ~ middle management; **управленческий** ~ management personnel; **штатный** ~ regular staff

перспектив/а outlook, perspective, prospect; **рыночные ~ы** market prospects; **экономические ~ы** economic prospects; ~ **развития экономики** outlook for economic development; ~ **рынка** market outlook

перспективный prospective
петиционер petitioner
петиция petition
пехота marines *(military force)*
пехотинец marine *(soldier in the marines)*
печат/ь printing, the press, seal, stamp; **агентство ~и** press agency; **гербовая** ~ official stamp; **государственная** ~ state-owned press; **национальная** ~ national press; **официальная** ~ official press; **поставить** ~ to affix a seal to, to stamp; **скреплять ~ью** to stamp with a seal; ~ **таможни** customs stamp

печатать *(в типографии)* to print; 2. *(на пишущей машинке)* to type
печататься 1. to be printed *или* to be in the press;
печать *(организации)* seal
пик peak; **час** ~ rush hour
пилот pilot
пилотаж pilotage
пилотировать to pilot
пирамида ponzi investment, pyramid, pyramid scheme
пират pirate

пиратство piracy
письм/о letter; **аккредитивное** ~ ~ of credit; **анонимное** ~ anonymous ~; **гарантийное** ~ guarantee bond, letter of guarantee;; ~ **о договоренности** ~ of engagement; **кассовое** ~ cash ~; **заказное** ~ registered ~; **заказное** ~ **с обратной распиской** registered ~ with return notification; **обменные ~а** ~s of exchange; **рекламационное** ~ letter of complaint *или* claim; **рекомендательное** ~ letter of introduction; **служебное** ~ official ~; **сопроводительное** ~ cover ~ *или* covering ~; **срочное** ~ express ~; **угрожающее** ~ threatening ~; **ценное** ~ registered ~ with declared value; **циркулярное** ~ **министра** ministry circular ~; ~ **о назначении консула** ~ of consular credentials; ~ **с требованием уплаты долга** dunning ~; **письмо от 20 сентября** letter of (the) 20th September;

письменный: в письменном виде in writing
питомец foster-child, pupil, ward; ~ **нации** ward of the state
плав: (всегда) на плаву (always) afloat
плавание navigation, shipping, voyage; **первое** ~ maiden voyage; **внутреннее** ~ inland navigation; **каботажное** ~ coastal navigation; **океанское** ~ ocean shipping
плавать to float, to sail

плагиат plagiarism
плагиатор plagiarist
плакат placard, poster
план plan, programme; ~ **аренды** lease plan; **бюджетный** ~ budgeted ~; **встречный** ~ counter ~; ~ **выпуска продукции** output programme; **генеральный** ~ master ~; **грузовой** ~ *(на судне)* cargo-plan; **долгосрочный** ~ long-term ~; **перспективный** ~ forward ~; ~ **закупок** procurement ~; ~ **индустриализации** ~ of industrialization; ~ **кадастра** land survey ~; ~ **капиталовложений** investment ~; ~ **модернизации** ~ of modernization; ~ **отгрузки** shipping programme; **производственный** ~ production ~; **пятилетний** ~ five-year ~; **семилетний** ~ seven year ~; **финансовый** ~ financial ~; **экономический** ~ economic ~

планирование planning; **бюджетное** ~ budget ~; **календарное** ~ scheduling; **общее** ~ overall ~; **централизованное** ~ centralized ~; **экономическое** ~ economic ~

планируемый planned, projected
плановый planned, routine
план-смета budget
плата pay, payment, remuneration; **аккордная** ~ lumpsum payment; **арендная** ~ rental payment; **базовая** ~ base pay; **денежная** ~ cash payment; **дополнительная** ~ additional charge; **заработная** ~ wage; **квартирная** ~ **apartment**

rent; **минимальная** ~ minimal payment; **номинальная** ~ nominal payment; **почасовая** ~ hourly pay; **реальная** ~ take home pay; **справедливая** ~ fair wage; **средняя** ~ average pay; **средняя почасовая** ~ average hourly wage; ~ **натурой** payment in kind
платеж payment, settlement; **авансовый** ~ advance payment; **алиментный** ~ support payment; **арендный** ~ rental payment; **годовой** ~ annual payment; **денежный** ~ money payment; **дополнительный** ~ additional payment; **досрочный** ~ on time payment; **единовременный** ~ lumpsum payment; **ежемесячный** ~ monthly payment; **квартальный** ~ quarterly payment; **международный** ~ international remittance; **наложенный** ~ cash on delivery, COD; **неторговый** ~ non commercial payment; **отсроченный** ~ deferred payment; **отсрочить** ~ to defer payment; **перестраховочный** ~ reinsurance premium; **периодический** ~ periodic payment; ~ **частями** (или в **рассрочку**) payment in (или by) instalments; **предварительный** ~ preliminary payment; **просроченный** ~ past-due payment; **рассроченный** ~ lapsed payment; **совершить** ~ to affect payment; **срочный** ~ timely payment; **страховой** ~ insurance premium; **частичный** ~ partial payment; ~ **в бюджет** payment into the budget; ~ **в инвалюте** payment in foreign exchange; ~ **за наличный расчет** payment in cash; ~ **за прокат фильмов** video rental, payment for screening; ~ **превышающий действительную сумму долга** payment exceeding the amount of the debt; **просроченный** ~ overdue payment; ~ **с суброгацией** payment under subrogation; ~ **чеком** payment by check
платежеспособност/ь solvency, leverage; **коэффициенты** ~и long-term solvency ratios
платежеспособный solvent
плательщик payer; **неаккуратный** ~ slow payer
платить to pay; ~ **наличными** ~ in cash; ~ **посдельно** ~ on a piece work basis
платить, заплатить, уплатить to pay
платформа platform; **избирательная** ~ campaign ~
плебисцит plebiscite
племянник nephew
племянница niece
плен captivity; **взять в** ~ to take prisoner; **военный** ~ captivity of prisoners of war; **гражданский** ~ civil incarceration
пленный captive
пленум plenary session, plenum; ~ **верховного суда** plenary session of the Supreme Court; ~ **всех палат** plenary session of all chambers
плод fruit, usufruct; **запретный** ~ forbidden fruit
плодоносный fruitful

пломба official seal; **сорванная** ~ broken seal; **таможенная** ~ customs seal; ~ **отправителя** seal of the consignor
плотность density; (*твердость*) solidity; ~ **заселения** degree of crowding; ~ **информации** packing density; ~ **населения** population density
площадь (*пространство*) area, space, place; (*в городе*) square, place; **арендуемая** ~ rented area, rented space; **жилая** ~ residential floor space; **застроенная** ~ built up area; **рабочая** ~ working space; **торговая** ~ sales floor space
плюральный вотум plural vote
плюс plus
побег escape
победа victory; ~ **на выборах** election victory
поборы extortion
побочный collateral
побуждение motive
поведение conduct; **недостойное** ~ unbecoming ~; **хорошее** ~ good ~
повелеть to command
поверенный (*посредник*) agent, (*юр.*) attorney, solicitor; (*дипл.*) charge d'affaires; **временный** ~ **в делах** charge d'affaires pro tempore; **патентный** ~ patent agent; **судебный** ~ attorney at law; ~ **в делах** charge d'affaires; ~ **торговой фирмы** commercial agent, business representative
повестка notification; **судеб-**

ная ~ summons; **предварительная ~ дня** preliminary agenda; **~ о вызове в суд** subpoena, writ; **~ дня** agenda
повешение hanging
повешенный hanged *(person hanged)*
по-видимому apparently
повинност/ь duty, obligation; **военно-квартирная ~** billeting; **воинская ~** military conscription; **денежная ~** monetary obligation; **личная ~** personal obligation; **натуральная ~** natural duty; **освобожденный от ~и** exempted from duty
повинный guilty
повод cause, grounds; **без ~а** without cause; **решающий ~ к разводу** grounds for divorce; **~ к воине** causus belli
повреждать to harm, to injure
повреждение breakage, damage, prejudice; **исправлять ~** repair, correct defects; **незначительное ~** insignificant damage; **~ судна (товара)** damage to the ship *(to the goods)*; **получить ~** to suffer (*или* to sustain) damage; **телесное ~** bodily harm; **тяжкое телесное ~** serious bodily harm; **физическое ~** physical injury; **частичное ~** partial damage; **~ водой** water damage; **~ имущества** property damage; **~ личного имущества** damage to personal property; **~ от пожара** damage from fire; **~ сельскохозяйственных культур** damage to crops

повстанец insurgent
повстанческий insurgent
повторение repetition
повышать, повысить (*о ценах*) to raise, to increase, to advance (**на** - by)
повышаться, повыситься (*о ценах*) to rise, to increase, to advance (**на** - by)
повышение advance; boost, improvement, increase, mark up, raise; **играть на ~** to speculate on price increases; **инфляционное ~** inflationary increase; **искуственное ~** artificial increase; **искуственное ~ курса** artificial increase in the exchange rate; **незаконное ~ цен** illegal price inflation; **~ доходов** increase in incomes; **~ заработной платы** raise in wages; **~ курса** increase in the exchange rate; **~ покупательной силы** increase in buying power; **~ пошлин** increase in duties; **~ производительности** increase in productivity; **~ размера пенсии** pension increase; **~ ранга** promotion in rank; **~ рентабельности** increase in profitability; **~ риска** increase in risk; **~ спроса** increase in demand; **~ ставки** rate increase; **~ таможенных пошлин** increase in customs duty; **~ тарифа** increase in tariff; **~ цен** price increase; **~ в цене** rise (*или* advance) in the price *или* increase in (*или* of) the price
погашать to liquidate, to pay down

погашаемый repayable, be redeemable
погашение discharge, redemption, repayment, settling; **досрочное ~ долга** prepayment of a debt; **недостаточное ~** insufficient settlement; **равномерное ~** equitable settlement; **~ задолженности** debt repayment; **~ записи** extinguishment of a deed; **~ кредита** repayment on credit; **~ облигации** redemption of a bond; **~ обязательств** repayment of obligations; **~ ссуды** repayment of a loan
поглощать 1. (*приобретать*) to absorb, to take up; **2.** (*захватывать*) to gobble up; **3.** (*покрывать расходы*) to absorb
поголовье скота a head of livestock *(number)*
погоня pursuit
пограничник border guard
пограничный border
погребать to bury
погружать, погрузить to load, to submerge
погрузка shipment, lading, loading, embarkation
погрузочный наряд loading order
подавление repression
подарок gift
податель bearer, filer; **~ декларации** declarant; **~ жалобы** complainant
податель bearer
подать assessment
подача filing, presentment, submission; **~ жалобы** filing of a complaint; **~ заявки** filing of an application; **~ заявки на патент** filing of a patent application; **~ искового заявления** filing

of an action; **кассационной жалобы** submission of a cassation
подбор selection; assortment
подведомственный within the Jurisdiction
подвергать to subject
подвергаться аресту to be subject to arrest
подверженный liable, subject to; ~ **ржавчине** liable to rust; ~ **быстрому износу** subject to rapid wear
подготовка preparation, training; ~ **бюджета** budget preparation; ~ **кадров** management training, personnel training
подгруппа subgroup
подданный national; **иностранный** ~ foreign national
подданство nationality; **приобретать** ~ to obtain citizenship
подделка counterfeit, forgery; ~ **денежных знаков** counterfeiting of currency; ~ **документов** forging of documents; ~ **избирательного документа** electoral fraud; ~ **монеты** counterfeiting of coins; ~ **товарного знака** forgery of a trademark
подделыватель counterfeiter, forger
подделывать to counterfeit, to forge
поддельный forged
поддержание maintenance; *(оказание содействия)* support; ~ **мира** ~ of peace; ~ **порядка** ~ of order; ~ **публичного порядка** maintenance of public order; ~ **цен** ~ of price levels
поддержка *(сохранение)* maintenance; *(помощь)* support; *(поощрение)* promotion; *(покровительство)* push; **денежная** ~ cash support; **дипломатическая** ~ diplomatic support; **финансовая** ~ financial support
поддон pallet, flat
поджигатель arsonist, incendiary
поджигать to commit arson
поджог *(юр.)* arson
подзащитный client (of a lawyer)
подкидывание ребенка abandonment of a child
подклейка counterstock
под ключ: строить ~ built on a turn-key basis
подкомитет subcommittee
подкуп graft; ~ **должностного лица** bribery of an official
подкупать to bribe
подлежащий subject to
подлиник original (of a document); ~ **решения** original copy of a decision
подлинный authentic
подлиность authenticity; **установить** ~ to establish ~
подлог forgery
подмастерье apprentice
поднадзорный under surveillance
подношение present, tribute
поднятие флага flagging, raising of the flag
подобн/ый similar (**чему-л.** - to); ~ **по качеству** similar in quality; **~ым образом** in a similar manner
подобрать, подбирать to select; to assort
подозревать to suspect
подозрение suspicion; **возбуждающий** ~ inciting suspicion
подопечный under wardship
подотдел subdivision
подотчетность accountability
подотчетный accountable
подписани/е signing; "**открыто для подписания**" "open for signing" *(of a convention, etc)*; ~ **договора** signing of a contract; **после ~я контракта** after (*или* upon) signing the contract; **послать документ для ~я** to send a document for signature
подписк/а *(долговая)* bond, *(на акции, периодику)* subscription; **покрывать ~ой** to cover a subscription; **непосредственная** ~ **у издателя** direct subscription from the publisher; **публичная** ~ public subscription; ~ **на акции** subscription for shares; ~ **по почте** mail subscription; ~ **на ценные бумаги** subscription for securities
подписчик subscriber; ~ **на акции** subscriber to shares; ~ **на облигации** bond subscriber
подписывать, подписать to sign; **подписанный надлежащим образом** duly signed
подпис/ь signature; *(юр.)* sign; **вторая** ~ second ~; **заверенная** ~ attested ~; **личная** ~ personal ~; **удостоверять** ~ to authenticate a ~; **собственноручная** ~ one's own; **послать на** ~ to send for signature; **за надлежащими ~ями** duly signed; **образец ~и** speci-

men of signature; **скреплять ~ью** to countersign
подполье underground
подпольный underground
подражание imitation
подразделение division, subdivision; **территориальное ~** territorial subdivision
подразумеваем/ый implied; **~ое условие** implied condition
подразумевать to imply
подробно in detail
подробность detail, particular
подробный detailed
подрыв injury, undermining; **~ дисциплины** undermining of discipline; **~ кредитной системы** undermining the credit system; **~ экономики** undermining the economy
подрядить to hire for contracting work
подрядчик contractor
подследственный under investigation
подсобный ancillary
подстрекатель instigator
подстрекательство instigation; **~ к войне** instigation to war; **~ к порочной деятельности** entrapment; **~ к преступлению** criminal entrapment
подстрекать to instigate
подсудимый accused
подсудность jurisdiction; **альтернативная ~** alternative ~; **гражданская ~** civil ~; **исключительная ~** exclusive ~; **общая ~** general ~; **обязательная ~** mandatory ~; **предметная ~** subject matter ~; **территориальная ~** territorial ~; **уголовная ~** criminal ~; **~ дела ~** over a case; **~ по предмету ~** over subject matter
подсудный within the jurisdiction of
подсчет calculation, count; **неправильный ~ голосов** improper vote count; **~ голосов** vote count
подтвердите, пожалуйста, получение please acknowledge receipt
подтверждать to affirm, to acknowledge, to attest, to authenticate
подтверждать, подтвердить 1. *(сообщать о получении)* to acknowledge; **подтверждаем получение вашего письма** we acknowledge the receipt of your letter; 2. *(оставлять в силе; удостоверять, свидетельствовать; соглашаться, считать правильным, санкционировать, гарантировать оплату - об аккредитиве)* to confirm; **подтверждаем нашу телеграмму (наше письмо, наш телефонный разговор)** we confirm our telegram (our letter, our telephone conversation); **подтверждаем, что мы продали вам** we confirm having sold you; **подтверждаем вашу цену** we confirm your price
подтверждени/е 1. *(сообщение о получении)* acknowledg(e)ment; **мы не получили от вас ~я получения нашего чека** we have not received from you an acknowledg(e)ment of our cheque; 2. *(сообщение об оставлении в силе, о согласии, о правильности, о санкционировании, о гарантии оплаты - об аккредитиве)* affirmation, confirmation; **в ~ нашей телеграммы (нашего письма, нашего телефонного разговора)** in confirmation of our telegram (our letter, our telephone conversation); **~ цены** confirmation of the price; **аккредитивное ~** confirmation of a letter of credit; **подразумеваемое ~** implied acknowledgement; **прямое ~** direct acknowledgement; **~ заказа** confirmation of an order; **~ подлинности** attestation of authenticity; 3. *(доказательство)* proof; support; **в ~ иска** in support of the claim; **окончательное ~ качества** final proof of quality
подтвержденный аккредитив см. **аккредитив**
подходить, подойти *(быть в соответствии)* to suit; **качество не подходит нашим требованиям** the quality does not suit our requirements; **подходить для чьей-л. цели** to suit somebody's purpose
подходящий suitable (для - to, for)
подчинение subordination; **юридическое ~** legal subordination; **~ юрисдикции** subject to the jurisdiction
подчиненный subordinate
подчиниться to be subordinate to
подчинять to subordinate
подшипник bearing
подъем improvement, lift, recovery, upswing; **промышленный ~** industrial recov-

ery; **циклический** ~ cyclical recovery; **экономический** ~ economic upswing; ~ **конъюнктуры** economic boom; ~ **производительности** upswing in productivity; ~ **производства** upswing in production; ~ **цен выше стоимости** increase of prices over cost

подъемные derrick, jenny, lifting

поезд tram; **санитарный** ~ hospital tram

поездка journey, trip; **служебная** ~ business trip

пожертвование donation; **собирать** ~ to collect ~s

пожизненн/ый lifetime; **~ая рента** lifetime annuity; **~ое заключение** life imprisonment

позволять, позволить to allow, to permit; ~ **себе сделать что-л.** to take the liberty of doing something

поздн/ий late; **как самый ~ срок или самое ~ее** at (the) latest

поземельный land; ~ **налог** land tax

позиция 1. *(в спецификации, перечне)* item; 2. *(время, в течение которого судно может прибыть под погрузку)* position; **ключевая** ~ key ~; **конкурентная** ~ competitive ~; **монопольная** ~ monopoly ~; **привилегированная** ~ privileged ~; **на рынке** market ~

поиск search; **автоматизированный** ~ computer ~

показание evidence, indication, testimony; **дать** ~ to give evidence; **ложное** ~ false evidence, misleading indicator; **медицинское** ~ medical evidence; **письменное** ~ written evidence; **свидетельское** ~ **по судебным делам** evidence of witnesses; **устное** ~ oral evidence; ~ **обвиняемого** testimony of the defendant; ~ **свидетелей** testimony of witnesses

показатель indicator; **производственный** ~ industrial indicator; **качественный** ~ quality index; **количественный** ~ quantitative index; **моментный** ~ momentary indicator; **общий стоимостной** ~ overall cost parameter; **окончательный** ~ final indicator; **основной** ~ index base point; **пересмотренный** ~ revised index; **предварительный** ~ preliminary indicator; **производственный** ~ industrial index; **средневзвешенный** ~ weighted average index; **средний годовой** ~ average annual index; **стоимостный** ~ cost parameter; **финансовый** ~ financial indicator; **экономический** ~ economic indicator; ~ **валовой продукции** index of gross production; ~ **качества** quality index; ~ **плотности населения** index of population density; ~ **производительности** productivity figures; ~ **производительности труда** labor productivity figures; ~ **промышленной деятельности** indicator of industrial activity; ~ **рентабельности** index of profitability; ~ **стоимости** parameter of cost; ~ **эффективности** indicator of efficiency

покидать to abandon, to forsake

покончить жизнь самоубийством to commit suicide

покорение subjugation

покорять to subjugate

покровитель in patron

покровительствовать to patronize, to protect

покрывать to cover

покрытие covering, defrayment, wrapping; ~ **дефицита** meeting a deficit; ~ **затрат** covering of expenditures; ~ **издержек** covering of expenses; ~ **расходов** defrayal of expenses; ~ **рисков** coverage of risks; ~ **убытков** compensation for losses

покупатель buyer, purchaser; customer; **непосредственный** ~ direct purchaser

покупать to buy, to purchase (**у кого-л.**- from)

покупка purchase; **дополнительная** ~ additional ~; **преимущественная** ~ advantageous ~; **спекулятивная** ~ speculative ~; ~ **на бирже** purchase on the exchange; ~ **в кредит** purchase on credit; ~ **за наличный расчет** purchase for cash

покупной purchase

покушаться to encroach; ~ **на права** ~ upon rights

покушение attempt *(to commit crime)*; ~ **на жизнь** ~ on a life, attempted murder; ~ **на побег** attempted escape; ~ **на преступление** attempted crime

полагать to think, to believe, to suppose

полезность use, utility; **предельная** ~ marginal use

полезный useful (для кого-л.- to somebody)

полемизировать to polemicize

полемика polemics

полет flight; **беспосадочный** ~ nonstop ~; **международный** ~ international ~; **транзитный** ~ transit ~

полис policy; **групповой** ~ group ~; **открытый** ~ open cover ~; **страховой** ~ insurance ~; ~ **на предъявителя** ~ on bearer

политик politician

политика policy, politics; **аграрная** ~ agrarian policy; **валютная** ~ international monetary policy; **внешнеторговая** ~ trade policy; **внешняя** ~ foreign policy; **внутренняя** ~ domestic policy; **девизная** ~ foreign exchange policy; **демографическая** ~ demographic policy; **денежная** ~ monetary policy; **дефляционная** ~ deflationary policy; **дисконтная** ~ discount policy; **дискриминационная** ~ discriminatory policy; **единая сельскохозяйственная** ~ unified agricultural policy; **земельная** ~ land policy; **иммиграционная** ~ immigration policy; **инвестиционная** ~ investment policy; **кредитная** ~ credit policy; **мировая** ~ worldwide policy; **налоговая** ~ tax policy; **нейтралистская** ~ policy of neutrality; **общая** ~ general policy; **правительственная** ~ government policy; **протекционистская** ~ protectionist policy; **противоциклическая** ~ anticyclical policy; **расистская** ~ racist policy; **социальная** ~ social policy; **таможенная** ~ customs policy; **таможенно-тарифная** ~ customstariff policy; **тарифная** ~ tariff policy; **торговая** ~ trade policy; **финансовая** ~ financial policy; **экономическая** ~ economic policy; **экспансионистская** ~ expansionist policy; **ядерная** ~ nuclear policy; ~ **аннексии** policy of annexation; ~ **дискриминации** policy of discrimination; ~ **добрососедских отношений** policy of good neighborly relations; ~ **заработной платы** wage policy; ~ **интервенции** policy of intervention; ~ **капитальных вложений** policy of capital investments; ~ **невмешательства** non interference policy; ~ **неприсоединения к блокам** non alignment policy; ~ **в области занятости** employment policy; ~ **в области энергетики** energy policy; ~ **с позиции силы** policy from position of strength; ~ **полной занятости** policy of full employment; ~ **расизма** policy of racism; ~ **сокращения кредита** tight credit policy

политический political

полиция police; **военная** ~ military ~; **городская** ~ metropolitan ~; **государственная** ~ government ~; **железнодорожная** ~ railroad ~; **криминальная** ~ criminal investigation unit; **местная** ~ local ~; **морская** ~ maritime ~; **сыскная** ~ criminal investigation department; **тайная** ~ secret ~

поличн/ое red handed (in expression); **поймать с ~ым** to catch red handed

полновластие sovereignty

полномочи/е authority, commission, proxy, warrant; **взаимное** ~ mutual authority; **делегированное** ~ delegated authority; **дискреционное** ~ discretionary authority; **законодательное** ~ legislative authority; **исполнительное** ~ executive authority; **конституционное** ~ constitutional authority; **облекать кого-то с ~ями** to vest someone with authority; **письменное** ~ written authority; **письменное** ~ **на представительство** written authority for representation; **подразумеваемое** ~ implicit authority; **президентское** ~ presidential authority; **специальное** ~ special warrant; **федеральное** ~ federal authority; **особые ~я** special powers; **чрезвычайные ~я** emergency powers

полномочный plenipotentiary; ~ **представитель** ~ ambassador

полноправный competent, having full rights

полностью fully, in full; completely

полнота fullness, plentitude; ~ **власти** absolute power; ~

документов sufficiency of documents
половничество sharecropping
положени/е 1. *(местонахождение)* position; 2. *(состояние)* condition, state; position, status; **валютное ~** foreign exchange position; **военное ~** martial law; **денежное ~** monetary position; **договорное ~** contract provision; **доминирующее ~** dominating position; **дополнительное ~** additional provision; **законодательное ~** legislative provision; **имущественное ~** material situation; **исключительное ~** exceptional position; **конституционное ~** constitutional provision; **личное ~** personal situation; **мирное ~** peaceful situation; **нелегальное ~** illegal condition; **неловкое ~** awkward situation; **общее экономическое ~** general economic situation; **общие ~я** overall provisions; **основное ~ права** basic provision of the law; **правовое ~** legal standing; **правовое ~ иностранцев** legal standing of foreigners; **преимущественное ~** privileged status; **принципиальные ~я** principles; **семейное ~** marital status; **фактическое ~** actual situation; **финансовое ~** financial position *или* (financial) standing, status; **чрезвычайное ~** state of emergency; **экономическое ~** economic situation; **юридическое ~** legal status; **~ о выборах** regulation of elections; **~ закона** statute;

~ контракта provision of a contract; **~ в отношении занятости** employment regulations; **~ на рынке** condition of the market; **~ о социальном обеспечении** statute on social welfare
поломка breakage; *(машины)* breakdown
полоса band, belt, phase, zone; **запретная ~** forbidden zone; **запретная пограничная ~** forbidden border zone; **морская ~** maritime zone
полпред plenipotentiary ambassador *(сокр. от полномочный представитель)*
полу государственный quasi state
полувоенный paramilitary
полуколониальный semi colonial
полуофициальный semi official
полуфабрикаты semi-processed goods
получатель consignee, recipient, receiver; **~ чека** payee on a check; **~ груза** receiver of the cargo *или* consignee; **~ платежа** payee
получать, получить 1. *(принимать, брать)* to acquire, to receive, to get; **~ письмо (телеграмму, запрос, заказ и т. д.)** to receive a letter (a telegram, an enquiry, an order etc.); 2. *(добывать, доставлять)* to obtain; **~ лицензию** to obtain a licence
получени/е acquisition, collection, receipt; **расписаться в ~и** to sign a receipt; **~ взятки** acceptance of a

bribe; **~ груза** acceptance of cargo; **~ письма** receipt of a letter; **~ показания** introduction of testimony; **~ присяги** taking of an oath; **подтверждаем ~ вашего письма** we acknowledge (the) receipt of your letter;
польза benefit, use; **общественная ~** social benefit; **в нашу (вашу) пользу** *(об аккредитиве, сумме)* in our (your) favour
пользование enjoyment, use
пользоваться to enjoy, to use; **~ чем-л.** to use something
полюбовно amicably
помеха hindrance, obstacle
помешать см. мешать
помещать, поместить to place, to accommodate, to lodge, to invest; **~ заказ у кого-л.** to place an order with somebody
помещение accommodation, location; **вспомогательное жилое ~** ancillary housing; **жилое ~** housing; **консульское ~** consular residence; **меблированное ~** furnished housing; **основное жилое ~** basic housing; **складское ~** warehouse space; **частное ~** private housing; **~ без мебели** unfurnished housing
помиловани/е pardon; **просьба о ~и** appeal for a pardon
помиловать to pardon
помолвка betrothal
помощник assistant; **~ бухгалтера ~** to the book-keeper; **~ генерального секретаря ~** to the general

secretary; ~ **государственного секретаря** ~ to the state secretary; ~ **мэра** ~ to the mayor; ~ **прокурора** ~ to the prosecutor; ~ **капитана** mate

помощь aid, help; **административная** ~ administrative assistance; **безвозмездная** ~ gratuitous help; **бесплатная медицинская** ~ free medical care; **бесплатная правовая** ~ free legal aid; **взаимная** ~ mutual assistance; **внешняя** ~ foreign aid; **военная** ~ military assistance; **государственная** ~ government aid; **дополнительная** ~ additional assistance; **медицинская** ~ medical care; **общественная** ~ social assistance; **правовая** ~ legal aid; **правовая ~ по семейным делам** family legal aid; **продовольственная** ~ food assistance; **скорая** ~ first aid; **техническая** ~ technical assistance; **условная** ~ conditional aid; **финансовая** ~ financial aid; **экономическая** ~ economic aid; **юридическая** ~ legal assistance; ~ **по безработице** unemployment assistance; ~ **престарелым** assistance to the aged; ~ **слаборазвитым странам** aid to underdeveloped countries; ~ **старикам** aid to the elderly

помощь assistance, help; **оказывать помощь** *см.* **оказывать**

понижать to decrease, to lower

понижать, понизить *см.* **снижать**

понижение decline, fall, lowering, sinking; **играть на** ~ to speculate on a decrease; ~ **в должности** demotion; ~ **зарплаты** pay cut; ~ **курса** fall in the exche rate; ~ **пошлин** lowering of duties; ~ **спроса** fall in demand; ~ **ссудного процента** fall in the interest rate on a loan

понижение *см.* **снижение**

понятие understanding; **юридическое** ~ legal concept

понятой official witness

поощрение encouragement, promotion; ~ **экспорта** export promotion

попечение о детях custody of children

попечитель guardian, trustee; ~ **над наследством** executor of an inheritance

попечительство guardianship, trusteeship

поправка amendment, correction, modification; **законодательная** ~ legislative amendment; ~ **к закону** amendment to a law; ~ **в конституцию** amendment to a constitution; ~ **к уставу** amendment to a charter

попрошайничать to panhandle

попрошайничество panhandling

попустительство connivance, permissiveness

попытка attempt; ~ **побега** attempted escape; ~ **правонарушения** attempted violation

поработить to enslave, to enthrall

порабощение enslavement, enthrallment

поражение defeat, disenfranchisement; ~ **гражданских прав** disenfranchisement of civil rights; ~ **в правах** disenfranchisement

поранить to injure, to wound

порицание censure, reprimand; **общественное** ~ public censure

порицать to censure

порок defect, flaw, vice

порочный vicious, wanton; ~ **круг** vicious circle

порт port; **блокированный** ~ blockaded port; **военный** ~ naval port; **воздушный** ~ airport; **порт захода** port of call; **коммерческий** ~ commercial port; **морской** ~ seaport; **нейтральный** ~ neutral port; **открытый** ~ open port; **попутный** ~ intermediate port; **речной** ~ river port; **рыбный** ~ fishing port; **свободный** ~ free port'; **таможенный** ~ customs port; **торговый** ~ trading port; ~ **выгрузки** port of discharge; ~ **захода** port of call; ~ **назначения** port of destination; ~ **отправления** port of departure; ~ **погрузки** loading port *или* port of shipment; ~ **прибытия** port of arrival; ~ **приписки** port of registry, home port; ~ **разгрузки** port of discharge; ~ **регистрации** port of registry; ~ **убежище** port of refuge; **войти в** ~ to enter port; **выйти из** ~а to leave port

портить to damage, to spoil

портовые сборы *см.* **сбор**

портфель portfolio; **банков-**

ский ~ bank ~; **вексельный ~** bills ~; **деловой ~** business ~; **министерский ~** ministerial ~; **страховой ~** insurance ~; **акций ~** of stock; **~ ценных бумаг ~** of securities

порубк/а woodcutting; **безбилетная ~** unlicensed ~; **незаконная ~** illegal ~

порук/а bail, guarantee; **брать на ~и** to put up bail for; **отпустить на ~и** to release on bail; **круговая ~** collective guarantee

поручать to charge, to commission, to entrust, to instruct

поручение commission, errand, instruction, order; **банковское ~** banker's instructions; **импортное ~** import assignment; **денежное ~** money order; **дипломатическое ~** diplomatic instructions; **комиссионное ~** commission ~; **переводное ~** transfer order; **платежное ~** payment order; **почтовое ~** postal order; **специальное ~** special assignment

поручител/ь guarantor, surety, warrantor; **в качестве ~я** as surety; **вексельный ~** surety on a bill; **главный ~** primary guarantor; **совместный ~** joint surety; **~ по долгам** guarantor for debts

поручительство guarantee, surety, warranty; **вексельное ~** surety for a bill; **имущественное ~** security ~; **кредитное ~** credit guaranty; **личное ~** personal security; **совместное ~** joint surety

поручиться за to stand as security for

порча damage, spoiling, wear and tear; **~ имущества** destruction of property; **~ товара** damage to goods

поряд/ок arrangement, method, order, procedure; **административный ~** administrative procedure; **алфавитный ~** alphabetical order; **арбитражный ~** arbitral procedure; **в обязательном ~ке** without fail; **в полном ~ке и должной форме** in good order and proper form; **в соответствии с ~ком** in accordance with the procedure; **в судебном ~ке** by legal means; **в установленном ~ке** in the established manner, in accordance with the established procedure; **внесудебный ~** extra]udicial procedure; **дипломатический ~** diplomatic procedure, diplomacy; **заведенный ~** routine; **законный ~** legal procedure; **законодательный ~** order legislative; **конституционный ~** constitutional procedure; **международный юридический ~** international legal procedure; **новый международный экономический ~** new international economic order; **нормативный ~** normative procedure; **нотариальный ~** notarial procedure; **обратный ~** reverse order; **общественный ~** social order; **обычный ~** regular practice; **правовой ~** legal order; **преследовать в судебном ~ке** to prosecute; **призвать к ~ку** to call to order; **принудительным ~ком** compulsorily; **противоречащий публичному ~ку** violating public order; **публичный ~** public order; **специальный ~** special procedure; **строгий ~** strict order; **уголовный ~** criminal procedure; **упрощенный ~** simplified procedure; **установленный ~** established procedure; **экономический ~** economic order; **явочным ~ком** without prior arrangement; **юридический ~** legal order; **~ арбитража** arbitration procedure; **~ аттестации** attestation procedure; **~ выборов** election procedure; **~ выдачи патентов** patent issuance procedure; **~ голосования** voting procedure; **~ дня** agenda; **~ обжалования** order of appeal; **~ очередности** priority list; **~ платежей** payment procedure; **~ предпочтения** order of preference; **~ предъявления претензии** procedure for making a claim; **~ примирения** reconciliation procedure; **~ приоритета** order of priority; **~ разрешения споров** dispute resolution procedure; **~ распределения** order of distribution; **~ ратификации** ratification procedure; **~ старшинства** order of seniority; **~ уплаты** order of payment; **~ эксплуатации** operating procedure

порядков/ый ordinal, serial;

~ое число ordinal number; ~ номер serial number
посадка embarkation, landing; **вынужденная** ~ forced landing; **непредвиденная** ~ unforeseen landing; ~ **на мель** running aground
поселение deportation, settlement; **городское** ~ urban settlement; ~ **в новое помещение** resettlement
поселок housing estate
посещаемость attendance; ~ **учебных заведений** matriculation at university level
посещать to attend, to visit
посланец messenger
послание epistle, message; ~ **папы** Papal Encyclical
посланник envoy; **дипломатический** ~ diplomatic ~; **чрезвычайный** ~ special ~; **чрезвычайный и полномочный** ~ extraordinary and minister plenipotentiary
послать to send; ~ **обратно** to send back
последн/ий 1. *(предыдущий, предшествующий)* last; **наш ~ заказ** our last order; 2. *(самый новый, позднейший)* latest; ~ **каталог** the latest catalogue; 3. *(второй из двух названных)* the latter; **за ~ие несколько лет** for some years past; **за ~ее время** lately или for some time past
последовательность rotation, succession
последовательн/ый consecutive, gradual, successive; subsequent; *(логичный)* consistent; **~ые дни** running days

последстви/е consequence, outcome; **законное** ~ legal outcome; **правовые ~я** legal implications
пособие assistance, benefit, relief; **временное** ~ temporary assistance; **денежное** ~ monetary assistance; **единовременное** ~ one time assistance; **пожизненное** ~ lifetime assistance; **предварительное** ~ preliminary assistance; **семейное** ~ family assistance; ~ **по безработице** unemployment benefit; ~ **по болезни** sick pay; ~ **по временной нетрудоспособности** temporary disability benefit; ~ **по беременности и родам** maternity benefit; ~ **многодетным матерям** large family allowance; ~ **по нетрудоспособности** disability benefit; ~ **одиноким матерям** aid to single mothers; ~ **при переезде** relocation assistance; ~ **по переквалификации** retraining benefit
пособник abettor
пособничество aiding and abetting
посол ambassador; **полномочный** ~ plenipotentiary ~; **постоянный** ~ permanent ~; **чрезвычайный** ~ extraordinary ~; **чрезвычайный и полномочный** ~ extraordinary and plenipotentiary ~
посольство embassy
посредник agent, dealer, middleman; **вексельный** ~ bill broker; **уполномоченный** ~ authorized dealer; **финансовый** ~ financial intermediary

посредничать to act as an agent, to mediate
посредничество agency, mediation
пост post; **вакантный** ~ vacant ~; **государственный** ~ government ~; **дипломатический** diplomatic ~; **директорский** ~ director's ~; **консульский** ~ consular ~; **пограничный** ~ border ~; **руководящий** ~ leading position; **таможенный** ~ customs ~
постав/ка *(сдача)* delivery, shipment, *(снабжение)* supply; **бесплатная** ~ delivery free of charge; **быстрая** ~ speedy delivery; **внутренняя** ~ internal delivery; **договорные ~ки** contracted deliveries; **ленд-лизовская** ~ lend lease delivery; **комплектная** ~ complete delivery, package delivery; **неполная** ~ short delivery; **новые ~ки** fresh deliveries; **принимать ~ку** to accept (или to take) delivery; **пробная** ~ trial delivery; **разовая** ~ single shipment; **удовлетворительная** ~ satisfactory delivery; **ускоренная** ~ expedited delivery; ~ **по частичным партиям** delivery in partial consignments; ~ **на экспорт** delivery for export
поставлять, поставить *(сдавать)* to deliver (**кому-л.** to); *(снабжать)* to supply
поставщик supplier; vendor, provider; *(продовольствия)* purveyor; **главный** ~ principal ~; **оптовый** ~ wholesale ~; ~ **сырья** producer of materials; ~ **товаров**

supplier of goods; **~ энергоресурсов** power supplier
постановление decision, decree, enactment, resolution; **административное ~** administrative decree; **военное ~** military regulation; **военно-воздушное ~** air force regulation; **военно-морское ~** naval regulation; **законодательное ~** legislative resolution; **законное ~** legal enactment; **запретительное ~** prohibition; **исполнительное ~** executive decree; **конституционное ~** constitutional resolution; **мотивированное ~** motivated resolution; **общее ~** general resolution; **обязательное ~** compulsory regulation; **основное ~** basic regulation; **политическое ~** political resolution; **процедурное ~** procedural regulation; **специальное ~** special resolution; **судебное ~** court ruling; **таможенное ~** customs regulation, ruling; **тарифное ~** tariff regulation, ruling; **уставное ~** charter resolution; **финансовое ~** financial regulation; **экономическое ~** economic regulation; **~ об амнистии** decree of amnesty; **~ правительства** government act; **~ приговора** sentencing; **~ реквизиции** requisition; **~ суда** decision of the court
постановлять to decree, to enact, to resolve
постой billeting, quartering; **военный ~** military billeting

пострадавший victim (of crime, etc)
постройка *(строение)* building, *(строительная площадка)* building site, *(действие)* construction
поступать, поступить 1. *(действовать)* to act; to do; 2. *(прибывать)* to reach; **ваше предложение должно поступить к нам** your offer should reach us
поступлени/е arrival, earnings, inflow, revenue; **безденежные ~я** non cash receipts; **бюджетные ~я** budget receipts; **валовые ~я** gross returns; **валютные ~я** foreign exchange earnings; **денежные ~я** incoming receivables; **кассовые ~я** cash receipts; **лицензионные ~я** licensing earnings; **наличные ~я** encashment; **налоговые ~я** tax revenues; **текущие ~я** operating receipts; **~ жалобы** receipt of a complaint; **~ заказов** incoming orders; **~ заявок** inflow of applications; **~ иностранной валюты** earnings of foreign currency
посчитать *(назначить цену, поставить в счет, брать, взимать)* to charge
посылка consignment, dispatch, *(посылаемая запакованная вещь)* parcel, package; **авиапочтовая ~** airmail parcel; **безвозмездная ~** forwarding free of charge; **громоздкая ~** unwieldy package; **почтовая ~** postal parcel; **почтовая ~ с объявленной ценностью** postal parcel with declared value; **срочная ~** express parcel; **ценная ~** consignment of valuables; **хрупкая ~** fragile parcel
посягательство encroachment, infringement; **преступное ~** criminal infringement; **~ на жизнь** an attempt on the life of; **~ на моральное развитие малолетних** corruption of minors; **~ на права** encroachment upon rights; **~ на свободу** false imprisonment, infringement of liberty; **~ на собственность** infringement of property; **~ на суверенитет** encroachment on sovereignty
посягать to encroach, to infringe
потенциал potential; *(возможности)* possibilities, capacity; **военный ~** military potential; **~ производства** potential production **промышленный ~** industrial potential; **совокупный ~** total capabilities; **экономический ~** economic potential; **экспортный ~** export capacity
потенциальный potential
потенция potentiality; **экономическая ~** economic ~
потер/я loss, waste; **возместимые ~и** recoverable losses; **незначительные ~и ~** insignificant losses; **~ гражданства** loss of citizenship **~ права** loss of right; **~ причиненная стихийными бедствиями** casualty losses; **~ суверенитета** loss of sovereignty; **~ трудоспособности** disability
потерпевший survivor, victim

потеря loss
потерять to lose
поток flow, line, stream; **денежные ~и** monetary flows; **кредитные ~и** credit flows; **~ наличности** cash flow
потомок descendant, progeny
потомственный hereditary
потомство descendants, posterity
поточн/ый *(о производстве)* straight-line; **~ая линия** production line
потребитель consumer, user; **внутренний ~** domestic consumer; **конечный ~** end user; **крупный ~** bulk purchaser; **мелкий ~** small customer; **оптовый ~** wholesale consumer; **предельный ~** marginal user; **розничный ~** retail consumer
потребительские товары consumer goods
потребление consumption, demand, use; **внутреннее ~** domestic consumption; **государственное ~** government consumption; **домашнее ~** household consumption; **конечное ~** final consumption; **индивидуальное ~** individual consumption; **личное ~** personal consumption; **массовое ~** mass consumption; **общее ~** total consumption; **производственное ~** productive consumption; **среднее ~** average consumption; **частное ~** private consumption; **~ на душу населения** per capita consumption
потреблять to consume, to use
потребност/ь demand, need, requirement; **будущие ~и** future needs; **внутренние ~и** domestic demand; **разовая ~** one time requirement; **~и в площади** space requirements; **~и рынка** market requirements; **удовлетворять ~и** to satisfy (*или* to meet) the requirements (*или* the needs)
похищать to abduct, to hijack, to kidnap, to steal
похищение abduction, hijacking, kidnapping, theft; **~ государственного имущества** theft of government property; **~ ребенка** kidnapping
поход cruise, march
почва soil
почетный honorary, honorable
почин initiative, first sale of the day; **по своему почину** on one's own initiative
почт/а mail, post office, post; **воздушная ~** airmail ~; **дипломатическая ~** diplomatic pouch; **заказная ~** registered mail; **обычная ~** surface mail; **отправить по ~е** to mail; **простая ~** unregistered mail; **с обратной ~ой** by return (of) post *или* by return (of) mail *или* by return
почтовый mail, postal
пошлин/а duty, toll; **адвалорная ~** advalorem duty; **акцизная ~** excise; **антидемпинговая ~** anti-dumping duty; **валютная ~** currency defense duty; **ввозная ~** import duty; **ввозная таможенная ~** import customs duty; **взимаемая ~** levied duty; **внешнеторговая ~** foreign trade duty; **внутренняя таможенная ~** internal customs duty; **возобновительная ~** renewal fee; **временная ~** temporary duty; **вывозная ~** customs export duty; **вывозная таможенная ~** export customs duty; **гербовая ~** stamp tax; **дифференциальная ~** differential duty; **договорные ~ы** conventional tariff; **дополнительная ~** additional duty; **дорожная ~** road toll; **ежегодная ~** annual duty; **запретительная ~** prohibitive duty; **импортная ~** import duty; **импортная таможенная ~** import customs duty; **ипотечная ~** hypothecation duty; **компенсационная ~** compensatory duty; **льготная ~** preferential duty; **облагаемый ~ой** dutiable *или* liable to duty; **таможенная ~** custom duty *или* customs **максимальная ~** maximum duty; **минимальная ~** minimum duty; **муниципальная ~** municipal duty; **патентная ~** patent fee; **покровительственная ~** protective duty; **прогрессивная ~** progressive duty; **протекционистская ~** protectionist duty; **регистрационная ~** registration fee; **смешанная ~** compound duty; **специфическая ~** specific duty; **судебные ~ы** legal costs and expenses; **таможенная ~** customs duty; **транзитная ~** transit duty; **транзитная таможенная ~** transit customs duty; **фискальная ~** revenue duty; **штрафная ~**

fine, penalty duty; **экспортная ~** export duty; **экспортная таможенная ~** export customs duty; **~ на наследование** inheritance tax; **~ на наследственное имущество** estate tax; **~ на переход имущества** conveyance fees; **~ на право охоты** hunting license fee; **~ на удостоверение акта** certification fee

пощада mercy

появление appearance; **~ в пьяном виде** public intoxication

пояс band, belt, zone; **морской ~** maritime zone

пояснительный explanatory

поясной zonal

прав/о law, right; **абсолютное ~** absolute right; **автономное ~** autonomous right; **авторское ~** copyright; **административное ~** administrative law; **арбитражное ~** law of arbitration; **бессрочное ~** unlimited right; **бестелесное ~** incorporeal right; **благоприобретенное ~** acquired right; **божественное ~** divine right; **брачное ~** conjugal right; **вексельное ~** law of bills of exchange; **вечное ~** eternal right; **вещное ~** law of estates; **внутригосударственное ~** intergovernmental law; **военное ~** military law; **военное уголовное ~** military criminal law; **всеобщее избирательное ~** universal suffrage; **горное ~** law of subterranean resources; **государственное ~** public law; **гражданские ~а** civil rights; **гражданские и политические ~а** civil and political rights; **гражданское ~** civil law; **гражданское процессуальное ~** law of civil procedure; **действующее ~** law in force; **дипломатическое ~** diplomatic right; **договорное ~** law of contracts; **доказательственное ~** law of evidence; **естественное ~** natural law; **законное ~** legal right; **законные ~а** legal rights; **залоговое ~** lien ~; **избирательное ~** suffrage; **избирательное ~ женщин** women's suffrage; **изобретательское ~** inventor's right; **имеющий ~** having a rig; **иметь ~** to have a right; **имущественное ~** property right, law of property; **имущественные ~а** property rights; **имущественные авторские ~а** proprietary copyrights; **исключительное ~** exclusive right; **исключительное ~ на издание** exclusive publication right; **исключительное ~ продажи** exclusive right to sell; **исключительное ~ производства** exclusive right to manufacture; **исключительное ~ на эксплуатацию** exclusive right to operate; **исключительные ~а** exclusive rights; **каноническое ~** Canon law; **карательное ~** penal law; **кодифицированное ~** codified law; **коллективное ~** collective right; **коммерческое ~** commercial law; **конституционное** constitutional law; **культурные ~а ~ cultural** rights; **материальное ~** material right; **межгосударственное ~** intergovernmental right; **международное ~** international law; **космическое ~** the law of outer space; **международное административное ~** international administrative law; **международное гражданское ~** international civil law; **международное космическое ~** international law of outer space; **международное морское ~** international admiralty law; **международное обычное ~** international customary law; **международное позитивное ~** international positive law; **международное публичное ~** international public law; **международное торговое ~** international trade law; **международное уголовное ~** international criminal law; **международное частное ~** international private law; **местное ~** local law; **монопольное ~** monopoly right; **монопольное эмиссионное ~** monopoly right to issue; **морское ~** admiralty law; **мусульманское ~** Islamic law; **наднациональное ~** supranational law; **налоговое ~** tax law; **национальное ~** national law; **недвижимое имущественное ~** law of real property; **неотъемлемое ~** inalienable right; **неотчуждаемое ~** inalienable right; **неписаное ~** unwritten law; **обладать ~ом** to have the right; **общее ~** common law; **обыч-

ное ~ customary law; **обязательственное** ~ law of obligations; **опекунское** ~ law of guardianship; **основное** ~ fundamental right; **основные ~а и обязанности граждан** basic rights and obligations of citizens; **осуществлять суверенные ~а** to affect sovereign rights; **отказаться от своих** ~ to waive one's rights; **отстаивать свои ~а** to insist on one's rights; **патентное** ~ patent right; **патентное ~ на изобретение** inventor's patent; **писанное** ~ written law; **по ~у** by rights; **позитивное** ~ positive law; **политические ~а** politial rights; **положительное** ~ affirmative right; **получивший ~а гражданства** receiving citizenship rights; **преимущественное** ~ preferential right; **применимое** ~ applicable law; **приобретенное** ~ acquired right; **противоречащее** ~ contradictory right; **процессуальное** ~ procedural law; **прямое избирательное** ~ direct suffrage; **публичное** ~ public law; **римское** ~ Roman law; **родительские ~а** parental rights; **рыболовное** ~ fishing right; **семейное** ~ family law; **сравнительное** ~ comparative law; **территориальное** ~ territorial right; **торговое** ~ trade law; **трудовое** ~ labor law; **уголовное** ~ criminal law; **условное** ~ conditional right; **уставное** ~ charter right; **ущемить** ~ to encroach on a right; **формальное** ~ formal law; **цензовое избирательное** ~ qualified voting right; **церковное** ~ ecclesiastical law; **частное** ~ private law; **частное морское** ~ private admiralty law; **человеческие ~а** human rights; **юридические ~а** juridical rights; **~ быть выслушанным в суде** right to be heard in court; **~ быть избранным** right to be elected; **~ водителя** driver's license; **~ выкупа** right of redemption; **~ выпаса скота** grazing right; **~ голоса** right to vote; **~ гражданства** right of citizenship; **~ денонсации** prescriptive right; **~ доступа** right of access; **~ завещать** right to devise by will; **~а и интересы** rights and interests; **~а из патента** patent rights; **~ кассационного опротестования** right of appeal; **~ на вето** veto right; **~ на возмещение** right to compensation; **~ на возмещение вреда** right to compensation of harm; **~ на возмещение убытков** right to compensation of losses; **~ на возражение** right to object; **~ на вывешивание флага** flagging right; **~ на въезд** right of entry; **~ на дивиденд** right to dividend; **~ на забастовку** right to strike; **~ на расторжение договора** right of rescission of contract; **~ на реституцию** right to restitution; **~ на самооборону** right of self defense; **~ на самоопределение** right of self determination; **~ на судебную защиту** right to an attorney; **~ пастбища** pasturage right; **~а перешедшие по наследству** rights passing by inheritance; **~ расторжения** right of rescission; **~ старшинства** right of seniority; **~ стоянки на якоре** anchorage right; **~а человека** rights of man

правая right; **крайняя** ~ extreme right

правил/о custom, law, regulation, rule; **административное** ~ administrative rule; **валютное** ~ foreign exchange regulation; **внутренние ~а** domestic rules; **жёсткое** ~ firm rule **иммиграционные ~а** immigration regulation; **карантинное** ~ quarantine regulation; **международное почтовое** ~ international postal regulation; **международные ~а** international customs; **международные санитарные ~а** international sanitary standards; **навигационные ~а** navigational rules; **налоговые ~а** tax rulings; **общие ~а** general terms and conditions; **основное** ~ ground rule; **портовые ~а** port authority regulations; **почтовые ~а** postal regulations; **противопожарные ~а** fire safety rules; **процессуальное** ~ procedural rule; **рыночные ~а** market regulations; **санитарные ~а** sanitary standards; **специальное** ~

special rule; **судебное** ~ rule of court procedure; **таможенное** ~ customs rule; **финансовое** ~ financial regulation; **фискальные** ~**а** fiscal rules; ~**а безопасности** safety regulations; ~**а внутреннего распорядка** house rules, internal regulations; ~**а голосования** voting regulations; ~**а конкуренции** rules of competition; ~**а международных полётов** international flight regulations; ~ **о личном составе** regulation of personnel; ~ **о подведомственности** jurisdiction rule; ~ **о подсудности** rule of cognizance, jurisdiction; ~ **о приоритете** regulation of priority; ~**а о работе** work rules; ~ **о финансах** regulation of finances; ~ **оплаты** payment rule; ~ **относящееся к существу** substantive rule; ~**а охоты** hunting regulations; ~ **перевозки** regulation of transportation; ~**а передвижения в воздухе** air traffic regulations; ~**а проживания иностранцев** regulations for resident foreigners; ~ **публичного порядка** rule of public order; ~**а рыбной ловли** fishing regulations; ~**а судоходства** shipping regulations; **техники безопасности** safety equipment regulation; ~ **эксплуатации** operating regulation; ~, **установленное законом** rule of law; **с соблюдением ~, установленных законом** subject to the rules of law; ~**а производства дел** (в арбитраже) rules of (или for) procedure; ~**а транспортного страхования** (Ингосстраха) Transport Insurance Rules

правильно correctly, properly, regularly

правильность accuracy, correctness, propriety, regularity

правильный accurate, correct, proper, regular

правительственный governmental

правительство administration, government; **враждебное** ~ hostile government; **временное** ~ interim government; **демократическое** ~ democratic government; **диктаторское** ~ dictatorial government; **законное** ~ legal government; **коалиционное** ~ coalition government; **конституционное** ~ constitutional government; **лейбористское** ~ labor government; **либеральное** ~ liberal government; **марионеточное** ~ puppet government; **неподписавшееся** ~ nonsignatory government; **парламентское** ~ parliamentary government; **переходное** ~ transitional government; **подписавшееся** ~ signatory government; **провинциальное** ~ provincial government; **революционное** ~ revolutionary government; **свергнуть** ~ to overthrow the government; **составить** ~ to constitute a government; **стабильное** ~ stable government; **тоталитарное** ~ totalitarian government; **сформировать** ~ to form a government; **фактическое** ~ actual government; **федеральное** ~ federal government; ~ **депозитарий** depositary government (to a convention); ~ **де факто** de facto government; ~ **де юре** de Jure government; ~ **в изгнании** government in exile; ~ **национального единства** government of national unity; ~ **общественного спасения** government of social salvation

правление directorate, management; **центральное** ~ central management

право 1. right; ~ **собственности** right of ownership; ~ **собственности на товар** title to the goods; ~ **удержания (имущества)** lien; ~ **удержания груза в обеспечение получения платежа за фрахт** a lien on the goods (или on the cargo) for freight; **давать** ~ to give the right или to entitle; **иметь** ~ to have the right или to be entitled; **отказаться от** ~**а** to waive the right; **осуществлять** ~ to exercise the right; 2. (совокупность правовых норм) law; **международное** ~ international law; **морское** ~ maritime law; **торговое** ~ mercantile law

правовед jurist

правоведение science of law; **сравнительное** ~ study of comparative law

правовой lawful, legal

правовым средством by legal means
правомерный fair, just
правомочие competence
правомочный competent
правонарушение infringement, offense; **гражданское** ~ civil offense; **международное** ~ international infringement; **совершить** ~ to commit an offense; ~ **против несовершеннолетних** offense against minors
правонарушитель offender; **невменяемый** ~ mentally incompetent offender; **несовершеннолетний** ~ juvenile offender
правоотношения legal relations
правопорядок in law and order; **внутригосударственный** ~ intergovernmental ~; **международный** ~ international ~
правопреемник assignee
правопреемство assignment; **общее** ~ general ~
правопритязание legal claim
правоспособность legal capacity; **административная** ~ administrative standing; **договорная** ~ contractual standing; ~ **иностранцев** ~ of foreigners; ~ **искать и отвечать на суде** standing to prosecute and defend in court; ~ **искать на суде** standing to sue
правосудие justice; **международное** ~ international ~; **отправлять** ~ to administer the law; **уголовное** ~ criminal ~; ~ **по уголовным делам** administration of criminal justice
практика practice; **адвокатская** ~ ~ of law; **административная** ~ administrative ~; **арбитражная** ~ arbitration ~; **банковская** ~ banking ~; **дипломатическая** ~ diplomatic ~; **дискриминационная** ~ discriminatory ~; **законодательная** ~ legislative ~; **запрещенная** ~ prohibited ~; **коммерческая** ~ commercial ~; **консульская** ~ consular ~; **международная** ~ international ~; **международная судебная** ~ international legal ~; **нотариальная** ~ notarial ~; **торговая** ~ trade ~; **юридическая** ~ jurisprudencial ~; ~ **адвокатуры** ~ of law
преамбула preamble
пребывание residence, stay; **постоянное** ~ permanent residence
превентивный preventive
превосходный см. **прекрасный**
превышать to exceed
превышение exceeding, excess; ~ **банковского кредита** overdraft ~ of bank credit; ~ **бюджета** exceeding the budget; ~ **веса** excess weight; ~ **власти** exceeding one's authority; ~ **платежного баланса** exceeding the balance of payments; ~ **полномочий** exceeding one's commission; ~ **пределов необходимой обороны** exceeding limits of necessary defense; ~ **пределов самозащиты** exceeding the limits of self defense; ~ **предложения** exceeding the offer; ~ **спроса** exceeding demand
пред/ок ancestor; ~**ки** ancestors, forefathers
предание суду bringing to court
предатель traitor
предательство betrayal, treachery
предварительно beforehand; in advance
предварительн/ый 1. (*предшествующий чему-л.*) preliminary; ~**ые переговоры** preliminary negotiations; **2.** (*который может быть изменен, неокончательный*) provisional; ~**ая фактура** provisional invoice; ~**ое заявление** (*или* **извещение**) **о претензии** provisional notice of claim
предвидеть to foresee, to anticipate
предвосхищение anticipation
предел limit, margin; **высший** ~ **наказания** most severe punishment; **максимальный** ~ maximum limit; **минимальный** ~ minimal limit; **нижний** ~ lower limit; **низший** ~ **наказания** most lenient punishment; **территориальный** ~ territorial limit; ~ **веса** weight limit; ~ **кредита** credit limit; ~ **ответственности** limit of liability; ~ **правомочия** limit of competence; ~ **территориальных вод** limit of territorial waters; ~ **территории** territorial limit
предельный limit
предлагать, предложить 1. (*заявлять о готовности продать что-л., помочь, услужить*) to offer; ~ **товар** to offer goods *или* to

quote for goods; ~ **судно** to offer a vessel; ~ **помощь** (*свои услуги*) to offer help (one's services); ~ **цену** (*условия*) to offer a price (terms); 2. (*сообщать для рассмотрения, обсуждения*) to propose, to suggest; ~ **план** to propose a plan; **мы предлагаем, чтобы вы снеслись с поставщиками** we suggest (*или* propose) that you should contact the suppliers

предложение bid, offer, proposal, quote, suggestion; **комплексное** ~ package proposal; **компромиссное** ~ compromise proposal; **конкретное** ~ concrete proposal; **отклонить** ~ to reject an offer; **реальное** ~ practical proposition; **самое выгодное** ~ highest bid; **совокупное** ~ aggregate offer; **условное** ~ conditional offer; ~ **вступить в договор** offer to contract; ~ **конкуренции** tender for competitive bids; ~ **кредита** offer of credit; ~ **на рынке** supply on the market; ~ **товаров** supply of goods; ~ **труда** supply of labor; ~ **(оферта) на товар** offer of (*или* for) goods *или* quotation for goods; *см. тж.* **оферта**; ~ **цены** (*исходящее от продавца*) quotation, offer of a price; (*исходящее от покупателя*) bid; ~ **помощи (услуг)** offer of help (of services)

предложить *см.* **предлагать**

предмет article, commodity, item, subject matter; **законный** ~ legal subject; **за-патентованный** ~ patented subject; **контрабандный** ~ contraband item **реквизированный** ~ requisitioned item; **хрупкий** ~ fragile item; **экспонируемый** ~ exhibited item; ~ **договора** subject matter of a contract; ~ **ипотеки** hypothecated subject matter; ~ **иска** cause of action; ~ **контрабанды** item of contraband; ~ы **обычной домашней обстановки и обихода** housewares; ~ **патента** subject of a patent; ~ы **первой необходимости** basic necessities; ~ы **потребления** items of consumption; ~ **разногласия** point of contention; ~ **роскоши** luxury item; ~ **спора** subject matter of a dispute; ~ **экспорта** article of export

предмет: предмет договора subject (*или* subject-matter) of the contract

предназначать to designate, to earmark

предназначать, предназначить to intend

предназначение earmarking

преднамеренно deliberately

преднамеренность premeditation

преднамеренный premeditated

предопределять to predetermine

предоставление allocation, granting; ~ **гражданства** granting of citizenship; ~ **жилой площади** provision of housing; ~ **займа** granting a loan; ~ **концессии** granting a concession; ~ **кредита** providing a credit; ~ **кредита под залог** providing a credit under pledge; ~ **кредита под залог ценных бумаг** providing a credit under pledge of securities; ~ **лицензии** granting a license; ~ **независимости** granting independence; ~ **ноу хау** providing know how; ~ **овердрафта** providing overdraft facilities; ~ **приоритета** granting priority; ~ **скидки** granting a discount; ~ **убежища** granting of asylum; ~ **услуг** provision of services

предоставлять, предоставить to alloy, to grant, to give; **безвозмездно** ~ to provide at no cost; ~ **кредит** to grant a credit; ~ **скидку** to allow (*или* to give, to grant) a discount; ~ **право** to give the right *или* to entitle; ~ **что-л. в чье-л. распоряжение** to place something at somebody's disposal

предостерегать to precaution against, to warn against

предостережение precaution

предосторожность precaution; **мера предосторожности** precaution *или* precautionary measure; **принимать меры предосторожности** to take precautions

предотвратить to avert, to prevent

предотвращение prevention; ~ **внезапного нападения** prevention of surprise attack; ~ **конфликтов** prevention of conflicts; ~ **несчастных случаев** prevention of accidents; ~ **преступлений** prevention of crime

предписание injunction, order; **нормативное** ~ normative instruction; **прямое** ~ direct order; ~ **суда** court order

предписывать to enjoin, to order, to prescribe

предполагать 1. *(думать)* to suppose; 2. *(намереваться)* to intend, to contemplate, *(с инфинитивом или герундием)* **мы предполагаем отгрузить 100 тонн** we intend to ship *(или shipping)* 100 tons

предположение intention, presumption; **абсолютное законное** ~ absolute legal presumption; **законодательное** ~ legislative intent; **законное** ~ legal presumption; **законное** ~ **вины** legal presumption of guilt

предпосылка prerequisite; **юридическая** ~ juridical prerequisite

предпочитать to prefer

предпочтение preference

предпочтительный preferable

предприниматель entrepreneur; **сельскохозяйственный** ~ agricultural ~; **частный** ~ private ~

предпринимательство business enterprise; **свободное** ~ free enterprise; **частное** ~ private enterprise

предприятие enterprise; **воздушно-транспортное** ~ air transport ~; **горное** ~ mining ~; **государственное** ~ state ~; **дочернее** ~ branch; **единоличное** ~ sole proprietorship; **коммерческое** ~ commercial ~; **конкурирующее** ~ competing ~; **концессионное** ~ concessionaire ~; **кооперативное** ~ cooperative ~; **кустарническое** ~ cottage ~; **национализированное** ~ nationalized ~; **национальное** ~ national ~; **нерентабельное** ~ unprofitable ~; **оптовое** ~ wholesaler; **подсобное** ~ subsidiary ~; **промышленное** ~ industrial ~; **розничное** ~ retail ~; **сельскохозяйственное** ~ agricultural ~; **смешанное** ~ mixed ~; **совместное** ~ joint venture; **среднее** ~ medium sized ~; **строительное** ~ construction ~; **судоходное** ~ shipping ~; **торговое** ~ trading ~; **торгово-промышленное** ~ trading and manufacturing ~; **транспортное** ~ transport ~; **убыточное** ~ unprofitable ~; **хозрасчетное** ~ self-supporting ~; **частное** ~ private ~; ~ **покупатель** buyer ~; ~ **-поставщик** supplier

предрешать to predetermine

председатель chairman, chairperson; **временный** ~ ~ pro tem; **постоянный** ~ permanent ~; **почетный** ~ honorable ~

председатель chairman, president

председательство chairmanship, presidency

председательствовать to chair

представитель representative, **(агент)** agent; **аккредитованный** ~ accredited ~; **генеральный** ~ general agent, general representative; **дипломатический** ~ diplomatic ~; **договорный** contractual ~; **единственный** ~ sole representative *или* sole agent; **законный** ~ legal ~; **исключительный** ~ exclusive ~; **консульский** ~ consular ~; **народный** people's ~; **полномочный** ~ ambassador plenipotentiary; **постоянный** ~ permanent ~; **специальный** ~ special ~; **торговый** ~ trade ~; **юридический** ~ juridical ~

представительный representative

представительство representation, representative office; **(агентство)** agency; **временное** ~ temporary representation; **дипломатическое** ~ diplomatic representation; **договорное** ~ contractual representation; **заграничное** ~ foreign representation; **законное** ~ legal representation; **исключительное** ~ exclusive representation; **консульское** ~ consular representation; **международное** ~ international representation; **постоянное** ~ permanent representation; **постоянное дипломатическое** ~ permanent diplomatic representation; **пропорциональное** ~ proportional representation

представление 1. presentation, submission, surrender; **оплачиваемый по ~ю** payable upon presentation; ~ **доказательств** production of proof; ~ **документов** production of documents; 2. *(понимание)* idea; **об-**

щее представление general idea; **представление о цене** idea of the price
представленный presented, produced, submitted
представлять, представить 1. *(действовать от чьего-л. имени, по чьему-л. поручению)* to represent; 2. *(представлять на рассмотрение, предъявлять, показывать)* to submit *(кому-л.-* to); ~ **документы** to submit documents; ~ **доказательства** to sum bit proofs; 3. *(знакомить, рекомендовать)* to introduce; 4. *(быть, являться)* to be; ~ **интерес** to be of interest
предстоящий forthcoming
предупредительный preventative
предупреждать, предупредить 1. *(не допускать, предотвращать)* to prevent, to caution; 2. *(предостерегать)* to warn; 3. *(официально уведомлять)* to give notice,' to notify
предупреждени/е 1. *(предотвращение)* prevention; 2. *(предостережение)* warning; **получить выговор с ~ем** to be let off with a warning 3. *(официальное уведомление)* notice
предусматрива/ть lo provide for something; **договор ~ет платеж наличными** the contract provides for payment in cash
предшествовать to precede
предшественник predecessor; ~ **по праву** predecessor in title
предшествующий previous; preceding
предъявител/ь bearer; **на ~я** to bearer; ~ **векселя** bearer of a bill; ~ **чека** payee of a check
предъявлени/е presentation, submission, sight; **оплачиваемый по ~ю** payable on sight; ~ **встречного иска** filing of a counter suit; ~ **для акцепта** presentation for acceptance; ~ **на инкассо** presentation for payment; ~ **иска** filing of a suit; ~ **обвинения** bringing of an indictment; **после ~я требования** submission of a demand; ~ **чека** presentation of a check
предъявлять, предъявить to present, to produce; ~ **документы к платежу** to present documents for payment; ~ **иск к кому-л.** to institute proceedings *или* to bring an action against somebody *или* to sue somebody; ~ **претензию к кому-л.** to make a claim on (*или* against) somebody *или* to claim on somebody
предыдущий previous; preceding
преемник successor; **законный** ~ legal ~
преемственность succession; ~ **сервитута** continuity of a servitude
преемство succession
преждевременный premature; *(несвоевременный)* untimely
презентаци/я presentation; **организовать ~ю** to arrange (handle) ~
президент president; **почетный** ~ honorable ~; ~ **правительства** ~ of the government; ~ **республики** ~ of the republic
президиум presidium; **почетный** ~ honorable ~
презумпция presumption; **доказательственная** ~ evidentiary ~; **законная** ~ legal ~; ~ **невиновности** ~ of innocence; **неопровержимая** ~ irrefutable ~; **опровержимая** ~ rebuttable ~; **установить ~ю** to establish a ~
презюмировать to presume
преимущество *(превосходство)* advantage, *(предпочтение)* preference, *(привилегия)* privilege, *(преимущественное право)* priority; **правовое** ~ legal preference
прейскурант price-list; **цена по прейскуранту** list price
прекрасн/ый *(превосходный - о качестве)* excellent; **в ~ом состоянии** in excellent condition
прекращать, прекратить to discontinue, to stop
прекращение cessation, stoppage, termination, *(отмена)* cancellation; **временное** ~ suspension; ~ **аренды** withholding of rent; ~ **давности** extinguishment of a prescriptive easement; ~ **действия** discontinuance of activity; ~ **дела** dismissal of a case; ~ **доверенности** termination of a power of attorney; ~ **договора** termination of a contract; ~ **патента** lapse of a patent; ~ **поручения** termination of a commission
прекращение cessation, termination

прелюбодейный adulterous
прелюбодеяние adultery
премиальные bonus
премия bonus, bounty, premium; **вывозная** ~ export bounty; **единовременная** ~ lumpsum bonus; **ежегодная** ~ annual bonus; **импортная** ~ import bonus; **минимальная** ~ minimum premium; **новогодняя** ~ New Year's bonus; **поощрительная** ~ incentive bonus; **предварительная** ~ call premium; **чистая** ~ net bonus; **эмиссионная** ~ share premium; ~ **за качество** bonus for quality; ~ **за риск** risk premium
премьер-министр prime-minister
пренебрежение negligence, negligent behavior; ~ **своими обязанностями** dereliction of duty
пренебрегать neglect, disregard
прения debate, discussion, proceedings, speech; **парламентские** ~ parliamentary debate; **судебные** ~ pleadings
преобладание predominance
преобладать to prevail
преобладающий predominant
преобразование reform, reorganization; **аграрное** ~ agrarian reform; **земельное** ~ land reform; **экономическое** ~ economic reform; ~ **общества** reorganization of society
преобразователь reformer
преобразовывать to reform, to reorganize
препровождать to dispatch
препятствие hindrance, impediment, obstacle; **запретительное** ~ forbidding obstacle
препятствовать to hinder, to impede, (*блокировать*) to interfere, to block; (*противодействовать*) counteract
препятствовать *см.* **мешать**
прерогатива prerogative
прерывать (*переговоры*) to break off; (*заседание*) to adjourn, to suspend; (*испытания, полет*) abort; (*разговор*) to interrupt
преследование proceeding, prosecution; **административное** ~ administrative proceeding; **возбудить уголовное** ~ to file criminal charges; **дисциплинарное** ~ disciplinary proceeding; **судебное** ~ prosecution; **уголовное** ~ criminal prosecution
преследовать to prosecute (*в судебном порядке*)
пресловутый notorious
пресная вода fresh water
пресс press; **гидравлический пресс** hydraulic press
пресс-атташе press attache
пресса the press (media)
пресс-конференция press conference
престиж prestige; image; **поднять** ~ to raise ~; **подрывать** ~ to undermine ~; **сохранить** ~ save one's face; **укрепить** ~ to reinforce ~
престол throne; **вступить на** ~ to mount the throne; **отречься от** ~а to abdicate the throne; **свергнуть с** ~а to dethrone
престол святейший heavenly throne
престолонаследие succession to the throne
престолонаследник heir to the throne
преступлени/е crime, felony offense; **военное** ~ war crime; **государственное** ~ treason; **малозначительное** ~ insignificant crime; **материальное** ~ material offense; **первое** ~ first offense; **повторное** ~ repeated offense; **половое** ~ sexual offense; **продолжаемое** ~ continuing offense; **состав** ~я corpus delicti; **тяжкое** ~ serious offense; **уголовное** ~ criminal offense; ~ **небрежности** crime of negligence; ~ **против избирательной системы** electoral offense; ~ **против имущества** crime against property; ~ **против личной свободы** crime against personal freedom; ~ **против личной собственности** crime against personal property; ~ **против общественной нравственности** offense against public morals; ~ **по службе** malfeasance; ~ **совершенное в состоянии опьянения** offense committed in a state of intoxication; **характеризующееся применением насилия** offense characterized by the use of violence
преступник criminal; **военный** ~ war ~; **профессиональный** ~ career ~; **уголовный** ~ felon
преступность criminality; **детская** ~ juvenile delinquency; **профессиональная** ~ career criminality
преступный criminal

пресыщенность рынка glut of the market
претендент claimant, claimer, pretender, applicant, aspirant; ~ **на должность** applicant for the position
претензи/я claim; **встречная** ~ counter claim; **денежная** ~ monetary claim; **исковая** ~ lawsuit; **предъявить** ~**ю** to sue, to file suit; **финансовая** ~ financial claim; ~ **на возмещение убытков** suit for compensation of damages; ~ **о возмещении убытков (о скидке)** claim for damages (for a reduction in the price); **предъявить** ~**ю к кому-л. о чем-л.** to make a claim on (*или* against) somebody for something *или* to claim something from somebody; **лишиться прав на** ~**ю** to forfeit a claim; **отказаться от** ~**и** to abandon (*или* to withdraw) a claim; **отклонить** ~**ю** to decline a claim; **признать** ~**ю** to admit a claim; **рассмотреть претензию** to consider a claim; **удовлетворить** ~**ю** to satisfy a claim
преувеличивать to exaggerate
префект prefect
префектура prefecture
преференци/я preferential, treatment; **взаимные** ~**и** mutual preferences; **имперские** ~**и** imperial preferences; **односторонняя** ~ unilateral preference; **таможенные** ~**и** customs preferences
преференциальный preferential
прецедент precedent; **судебный** ~ legal (case) precedent
прибавка к заработной плате raise in pay
прибавление addition
прибавлять to add
приблизительно approximately, about
приблизительный approximate
прибывать, прибыть to arrive
прибыль profit; **балансовая** ~ balance sheet profit; **валовая** ~ gross profit; **вероятная** ~ anticipated ~; **монопольная** ~ monopoly ~; **непредвиденная** ~ unexpected ~; **нераспределенная** ~ undistributed ~; **облагаемая** ~ taxable ~; **предпринимательская** ~ entrepreneurial ~; **распределенная** ~ distributed ~; **распределяемая** ~ distributable ~; **реализованная** ~ realized ~; **реализовать** ~ to realize ~; **ростовщическая** ~ usurious ~; **случайная** ~ windfall ~; **спекулятивная** ~ speculative ~; **торговая** ~ trade ~; **фактическая** ~ actual ~; **фиктивная** ~ false ~; **чистая** ~ net
прибыльность profitability
прибыльный profitable
прибыти/е arrival; ~ **судна** arrival of Ihe vessel; **по** ~**и** on arrival
привилегия benefit, priority, privilege; **дипломатическая** ~ diplomatic privilege; **консульская** ~ consular privilege; **королевская** ~ royal privilege
привлекать to attact to draw, to recruit; ~ **к судебной ответственности** to make (legally) answerable; ~ **к суду** to bring to trial; ~ **к участию в деле** to call to account; ~ **к уголовной ответственности** to institute criminal proceedings
привлечение application, attraction, utilization; ~ **к гражданской ответственности** subjection to civil liability; ~ **к дисциплинарной ответственности** subjection to disciplinary action; ~ **к ответственности** subjection to liability; ~ **покупателей** attraction of buyers; **сбережении** attraction of savings; ~ **средств** attraction of resources
привод subpoena, taking into custody
привычка custom, practice; **правовая** ~ legal custom
приглашать, пригласить to invite
приглашение invitation, offer; ~ **на работу** offer of employment
приговор sentence, verdict; **вынести** ~ to pass sentence; **заочный** ~ judgment by default; **неправосудный** ~ unjust verdict; **общественный** ~ public verdict; **оправдательный** ~ acquittal; **оставлять** ~ to confirm a sentence; **отменять** ~ to reverse a sentence; **отменять** ~ **в апелляционной инстанции** to reverse a sentence on appeal; **приводить** ~ **в исполнение** to carry out a sentence; **смертный** ~ death sentence; **судебный** ~ judgment of the

court; **уголовный** ~ criminal sentence; **условный** ~ suspended sentence

приговорить to condemn, to sentence

пригодность к работе applicability, fitness suitability

пригодный suitable, fit (**для** ~ **to, for**); ~ **для торговли** merchantable; **качество, -ое для торговли** merchantable quality

пригород suburb

приготовить to prepare

придание imparting; **для ~я законной силы** for the enforcement of

приданое dowry, trousseau

придаток adjunct, appendage

прием employment, receipt, reception; ~ **в гражданство** granting of citizenship; ~ **в ООН** acceptance into the UN; ~ **в члены** admittance to membership; ~ **на работу** hiring (*individual to a job*); ~ **на хранение** acceptance for safe deposit

приемка acceptance

приемлемость acceptability, admissibility

приемлемый acceptable (**для кого-л.- to**), admissible

приемщик inspector (*of goods, etc.*)

приемыш adopted child

приз prize

призвание calling, vocation; ~ **к порядку** calling to order

признавать, признать to acknowledge, to admit, to plead, to recognize; **не ~ виновным** to find not guilty; ~ **действительным** to validate; ~ **недействительным** to nullify; ~ **себя невиновным** to plead not guilty

признак feature, identification, sign; **идентификационный** ~ identifying feature

признание acknowledgment, admission, recognition; **взаимное** ~ mutual acknowledgment; **внесудебное** ~ extralegal admission; **дипломатическое** ~ diplomatic recognition; **добровольное** ~ voluntary admission; **квалификационное** ~ qualified admission; **коллективное** ~ collective recognition; **международное** ~ international recognition; **международное правовое** ~ international legal recognition; **одностороннее** ~ unilateral recognition; **посмертное** ~ death bed acknowledgment; **правовое** ~ legal recognition; **предварительное** ~ preliminary recognition; **судебное** ~ recognition by the court; ~ **аннексии** acknowledgment of annexation; ~ **брака недействительным** annulment of a marriage; ~ **виновности** admission of guilt; ~ **внебрачного ребенка** acknowledgment of illegitimate child; ~ **границы** recognition of border; ~ **де факто** de facto recognition; ~ **де юре** de jure recognition; ~ **долга** acknowledgment of a debt; ~ **законных прав** recognition of lawful rights; ~ **материнства** acknowledgment of maternity; ~ **на авторство** recognition of authorship; ~ **недействительности** nullification; ~ **недействительности регистрации** nullification of registration; ~ **независимости** acknowledgment of independence, recognition of independence; ~ **ответственности** admission of liability; ~ **отцовства** acknowledgment of paternity; ~ **подписи** acknowledgment of signature; ~ **суверенитета** recognition of sovereignty; ~ **судебных решений** recognition of legal precedents; ~ **с оговоркой** acknowledgment with reserve

признательный grateful, obliged (**кому-л.-to**); **мы признательны фирме "Смит и Ко." за сообщение вашего адреса** we are indebted to Messrs. Smith & Co. for your address *или* we owe your address to Messrs. Smith & Co.

призыв appeal, call, conscription; ~ **в армию** conscription into the army

приказ order; **по его приказу** on his ~; **издать** ~ **о конфискации** to issue an ~ to confiscate; **исполнительный** ~ executive ~; **письменный** ~ written ~; **судебный** ~ writ; ~ **по войскам** ~ of the day; ~ **суда** ~ of the court; ~**у какого-л. лица** to the order of somebody; ~ **о выдаче товара** delivery-order

приказание command, injunction

приказчик bailiff

приказывать to command, to enjoin, to order

прикрепление attachment, registration

прилагать, приложить 1. *(вкладывать в тот же конверт)* to enclose (**к** - with, in); 2. *(прикреплять скрепкой, булавкой и т. п.)* to attach (**к** - to); 3. *(применять)* to apply; ~ **все старания** to do one's best; 4. ~ **печать** to affix the seal

прилив капитала inflow of capital

приложение annex, *(к договору)* appendix (мн. ч. appendices), *(к письму, документу)* enclosure; ~ **визы** annex to a visa; ~ **к договору** annex to a contract; ~ **печати** affixing of a seal; ~ **к протоколу** annex of minutes of a meeting; **письмо с ~м грузовых документов** a letter with shipping documents enclosed *или* a letter enclosing shipping documents

примат primacy; ~ **внутреннего права** primacy of domestic law; ~ **международного права** primacy of international law

применение application, employment, use; **законное** ~ legal application; **коммерческое** ~ commercial application; **конечное** ~ end use; **незаконное** ~ **товарного знака** illegal use of trademark; **противоправное** ~ illegal use; **территориальное** ~ territorial application; ~ **законодательства** application of legislation; ~ **изобретения** application of an invention; ~ **рабочей силы** employment of the work force; ~ **санкции** application of sanctions; ~ **силы** use of force; ~ **смертной казни** employment of the death penalty; ~ **товарного знака** employment of trademark

применимость applicability; ~ **исковой давности** applicability of the statute of limitation

применимый applicable, suitable

применять(ся) to apply, to employ

примета mark, sign, token; **дурная** ~ bad omen; **хорошая** ~ good omen

примечание note

примиренец compromiser

примирение reconciliation

примиримый reconcilable

примирительный conciliatory

примирять to reconcile

принадлежности accessories

принадлежность accessory, belonging; **национальная** ~ nationality

принимать to accept, to adopt; ~ **присягу** to take an oath

принимать, принять to accept; *(гостей, посетителей)* to receive; *(метод, стандарт, технические условия)* to adopt; ~ **предложение** to accept an offer; ~ **(оплатить) грузовые документы** to take up the shipping documents; ~ **поставку (или сдачу); товара** to take delivery of the goods; ~ **к сведению** to note

приносить to bear, to bring, to yield

принудительн/ый coercive, compulsory; **~ое взыскание, взыскивать ~ым путем** *см.* **взыскание, взыскивать**

принуждать to coerce, to compel

принуждени/е coercion, compulsion; **административное** ~ administrative compulsion; **государственное** ~ governmental compulsion; **индивидуальное** ~ individual coercion; **коллективное** ~ collective coercion; **моральное** ~ moral coercion; **по ~ю** under duress; **прямое** ~ direct coercion; **психическое** ~ psychological coercion; **физическое** ~ physical coercion; **экономическое** ~ economic coercion

принцип principle; **конституционный** ~ constitutional ~; **национально-территориальный** ~ national-territorial ~; **общепризнанные ~ы** generally recognized ~s; **общие ~ы права** general ~s of law; **основной** ~ basic ~; **территориальный** ~ territorial ~; ~ **взаимности** ~ of mutuality

принятие acceptance, adoption; **безоговорочное** ~ unconditional acceptance; ~ **векселя** acceptance of a bill; ~ **в гражданство** naturalization; ~ **закона** adoption of a law; ~ **регламента** promulgation of a regulation; ~ **риска** acceptance of risk; ~ **под условием** acceptance under condition; ~ **на хранение товарным складом** warehouse acceptance; ~ **чека** acceptance of a check; ~ **предложения** acceptance of an offer

при сем 1. (*после глаголов* to send, to enclose) herewith; **2.** (*после глагола* to attach) hereto

приобретать to acquire, to obtain, to procure

приобретение acquisition, procurement; **безвозмездное** ~ unpaid acquisition; **возмездное** ~ paid acquisition; **добросовестное** ~ good faith acquisition; **мнимое** ~ sham acquisition; **первоначальное** ~ original acquisition; **преимущественное** ~ advantageous acquisition; **совместное** ~ joint acquisition; **территориальное** ~ territorial acquisition; ~ **гражданства** acquisition of citizenship; ~ **гражданства по браку** acquisition of citizenship by marriage; ~ **гражданства по усыновлению** acquisition of citizenship by parentage; ~ **по давности** acquisition by prescription; ~ **имущества** acquisition of property; ~ **права** acquisition of right; ~ **права собственности** acquisition of right of property; ~ **супружеской общности** acquisition of community property (*by marriage*)

приоритет priority; **авторский** ~ ~ of authorship; **высокий** ~ high ~; **государственный** ~ governmental ~; **конвенционный** ~ convention ~; **льготный** ~ preferential ~; **претендовать на** ~ to claim ~; **частичный** ~ partial ~; ~ **на изобретение** ~ of an invention; ~ **подачи заявки** ~ of filing

приостановить to halt, to suspend; ~ **исполнение приговора** to suspend a sentence

приостановка halt, suspension; ~ **военных действий** suspension of military activities; ~ **платежей** suspension of payments; ~ **работы** work stoppage

припасы stores, supplies; **военные** ~ munitions; **контрабандные съестные** ~ smuggled food stocks

приплод increase, issue (*livestock*)

приравнивать to equate

приращение increase, increment; ~ **наследственной доли** increase in share of inheritance

природа character, nature; **нормативная** ~ normative character; **правовая** ~ legal character; **юридическая** ~ jurisprudential character

прирост gain, growth, increase

присваивать to appropriate, to award, to confer, to misappropriate

присвоение appropriation, awarding; **незаконное** ~ misappropriation; ~ **авторства** conferment of authorship; ~ **найденного имущества** appropriation of found property; ~ **патента** awarding of a patent; ~ **чужих денежных средств** embezzlement

присвоить *см.* **присваивать**

прислуга crew, maid, servant

присоединени/е addition, adhesion, annexation; **обязательное** ~ adhesion, compulsory annexation; **открыто для ~я** open for association; ~ **к иску** joinder to a suit; ~ **конвенции** accession to a convention; ~ **территории** annexation of territory

присоединять to add, to annex, to join

присоединяться to associate with, to join

приспособление accommodation, adaptation, contrivance; fixture; **экономическое** ~ economic adaptation; ~ **цен** price accommodation

пристав police-officer; **судебный** ~ bailiff

пристань berth, quay, wharf

пристань quay, landing stage, landing place, pier

пристрасти/е partiality, predilection; **допрос с ~ем** interrogation under torture

пристрастный biased, partial

пристройка annex, extension

приступать, приступить to begin, to proceed; ~ **к исполнению заказа** to proceed to the execution of the order

присуждать to award a judgment

присуждение award, judgment; ~ **к возмещению** award of damages; ~ **к смерти** death sentence; ~ **к уплате денежной суммы** money judgment

присущий inherent

присяг/а oath; **ложная** ~ perjury; **под ~ой** under oath; **показание под ~ой** sworn

testimony; **привести к ~е** to administer an oath; **принести ~у** to take an oath; **судебная ~** judicial oath; **~ на верность** oath of loyalty
присягать to take an oath, to swear
присяжный sworn; **~ заседатель** juror, juryman; **~ поверенный** barrister
притеснять to oppress
приток flow, inflow; **~ капиталов** capital inflow
притон den, haunt; **воровской ~** den of thieves; **игорный ~** gambling den
притязание ambition, claim; **дополнительное ~** supplementary claim; **законное ~** statutory claim; **территориальное ~** territorial ambitions; **~ собственности** claim of ownership
притязать to lay a claim to
прифронтовой front line
приход advent, proceeds, receipts; **~ к власти** ascension to power; **~ иностранной валюты** foreign exchange receipts
причал berth, quay, wharf; **контейнерный ~** container berth; **независимо от того, имеется свободный ~ или нет** berth or no berth; **независимо от того, находится судно у ~а или нет** whether in berth or not
причин/а cause, reason; **уважительная ~** good cause; **по ~е чего-л.** owing to или because of или by reason of или for the reason; **по следующей ~е** for the following reason; **по вышеуказанной ~е** for the reason stated above; **по многим ~ам** for many reasons; **по той или иной ~е** for some reason or other
причинность causality
причинять, причинить to cause; **просим извинить нас за причиненное вам беспокойство (неудобство)** we apologize for the trouble (the inconvenience) caused you
причитаться to be due (**от-** from, **кому -** to), to be owing; **причитающийся** due
проба sample, standard, trial run; **отбор проб** sampling
пробег run; **порожний ~** empty run
проблема issue, problem, question; **правовая ~** legal issue
пробный experimental, trial
пробовать to attempt, to test, to try
провалить to fail, to reject
проведение conducting, execution; **~ анализа** carrying out an analysis; **~ следствия** carrying out investigation
проверка checkup, examination, verification; **административная ~** administrative examination; **выездная ~** field examination; **окончательная ~** final inspection; **плановая ~** routine checkup
проверять, проверить to check to audit, to examine, to verify
провиант provisions, victuals; **~ на судне** provisions on a vessel
провиниться to commit an offense
провинность fault, offense
провинция province
проводка entry, pilotage; **дебетовая ~** debit entry (bookkeeping); **кредитовая ~** credit entry (bookkeeping); **лоцманская ~** pilotage (service, not fee)
провожать to carry out, to conduct, to pursue
провоз carriage, conveyance, transportation; **бесплатный ~** free carriage; **обратный ~** return trip; **речной ~** river transport
провозглашать to advance, to proclaim
провозглашение declaration, proclamation; **~ брака** marriage announcement; **~ независимости** declaration of independence; **~ состояния войны** declaration of war; **~ суверенитета** declaration of sovereignty
провозоспособность carrying capacity (railroad)
провокатор agent provocateur, instigator
провокация provocation; **военная ~** military provocation
прогноз на ближайшее будущее forecast, projection
проголосовать to vote
программа program, schedule; **выполнимая ~** feasible program; **правительственная ~** government program; **производственная ~** manufacturing program; **экономическая ~** economic program; **~ инвестиций** investment program; **~ капиталовложений** capital investment program; **~ поставки** schedule of deliveries; **~ экспансии** expansion program

прогресс progress; **социальный** ~ social progress
прогрессивный progressive
прогрессия обложения progressive taxation
прогул absenteeism, truancy
продавать to sell; ~ **в кредит** to sell on credit; ~ **за наличные** to sell for cash; ~ **с аукциона** to sell by public auction
продавец salesman, vendor
продаж/а distribution, marketing, sales, selling; **аукционная** ~ sale at auction; ~ **с аукциона** sale by public auction, public sale; **вступить в** ~y to go on sale; **вторичная** ~ secondary selling; **вынужденная** ~ distress selling; **дисконтная** ~ discount sale; **исключительная** ~ exclusive sale; **комиссионная** ~ sale by commission; **кооперативная** ~ co-op sale; **массовая** ~ bulk sale; **оптовая** ~ wholesale trade; **отложенная** ~ delayed sale; **полуоптовая** ~ semi-wholesale; **посредническая** ~ intermediate sale; **принудительная** ~ **с публичных торгов** forced sale; ~ **по образцу (по описанию)** sale by sample (by description); **пригодный для** ~и merchantable; **непригодный для** ~и unmerchantable; **иметься в продаже** to be available for sale; **публичная** ~ direct sale; **розничная** ~ retail sale; **спекулятивная** ~ speculative sale; **тайная** ~ secret sale; **условная** ~ conditional sale; **фиктивная** ~ sham sale; **уличная** ~ street sale; ~ **движимых имуществ** sale of chattels; ~ **в кредит** credit sale; ~ **лицензии** sale of a license
продажн/ый mercenary, for sale, venal; ~**ая душа** mercenary; ~**ая женщина** streetwalker
продажность venality
продвигать to advance, to promote
продвижение progress, promotion; ~ **по службе** promotion *(in employment)*
проделка prank, trick; **мошенническая** ~ fraud, swindle
продлевать, продлить to extend, to prolong, to renew; ~ **аккредитив** to extend a letter of credit; ~ **вексель** to renew a bill of exchange
продление extension, prolongation, renewal; **автоматическое** ~ automatic extension; **молчаливое** ~ tacit extension; ~ **срока** extension of time limit; ~ **срока давности** extension of the statute of limitations; ~ **срока действия** extension of validity; ~ **аккредитива** extension of a letter of credit; ~ **векселя** renewal of a bill
продлить *см.* **продлевать**
продовольствие foodstuffs, rations
продолжать, продолжить to continue;
продолжаться to continue, to last
продолжение continuation
продолжительность duration, length; **максимальная** ~ **рабочего времени** maximum daily working hours; ~ **гарантийного срока** continuation of the warranty period
продукт commodity, product; stuff; **аграрный** ~ agrarian commodity; **валовой** ~ gross product; **валовой национальный** ~ gross national product; **валовой внутренний** ~ gross domestic product; **высококачественный** high quality product; **готовый** ~ finished product; **импортный** ~ imported product; **конечный** ~ final product; **конкурирующий** ~ competing product; **кормовые** ~ы feeding stuffs, fodder products; **основной** ~ staple; **побочный** ~ by product; **промышленный** ~ industrial product; **сельскохозяйственный** ~ agricultural product
продуктивность efficiency, productivity; ~ **сельского хозяйства** agricultural productivity
продукция output, production; **валовая** ~ gross output; **готовая** ~ finished production; **дефицитная** ~ deficit production; **импортная** ~ imported production; **местная** ~ local production; **промышленная** ~ industrial output; **сельскохозяйственная** ~ agricultural output; **товарная** ~ output of commodities; **чистая** ~ net output; **экспортная** ~ export output
проезд journey, passage, thoroughfare
проект plan, project, projec-

tion; scheme; *(машины)* design; *(договора)* draft; **крупномасштабный** ~ major project; **первоначальный** ~ original plan; **правительственный** ~ government scheme; **предварительный** ~ preliminary design; **типовой** ~ model project; **финансовый** ~ financial plan; ~ **бюджета** draft budget; ~ **договора** draft treaty; ~ **закона** draft of a law; ~ **резолюции** draft resolution

проектирование designing, engineering

проектировать to design

проживать to live, to reside

прозвище nickname, sobriquet

проиграть to lose

проигрыш loss (judgment, debt)

произведени/е production, (creative) work; **анонимное** ~ anonymous work; **неизданное** ~ unpublished work; **оригинальное** ~ original work; **подделанное** ~ plagiarized work; **посмертное** ~ posthumous work; ~ **выпущенное анонимно** anonymously released work; ~ **выпущенное под псевдонимом** work released under pseudonym; **литературные и художественные** ~я literary and artistic works

производитель 1. *(сырья, с.-х. продуктов)* producer; ~ **руды (пшеницы)** producer of ore (wheat); 2. *(изделий)* manufacturer, producer, maker; ~ **турбин** manufacturer of turbines; **завод-**~ manufacturing plant *или* manufacturing works; **сельскохозяйственный** ~ agricultural producer

производительность capacity, outturn; operating efficiency, productivity; **высшая** ~ higher productivity; **промышленная** ~ industrial productivity; ~ **труда** productivity of labor; **расчетная** ~ estimated production

производительный efficient, productive

производить 1. *(делать, совершать)* to make, to effect; ~ **платеж** to make *(или* to effect) payment; ~ **поставку** to make *(или* to effect) delivery; ~ **страхование** to make *(или* to effect) insurance; 2. *(добывать, выращивать, вырабатывать - о сырье, с.-х. продуктах)* to produce; ~ **руду (пшеницу)** to produce ore (wheat); 3. *(изготовлять)* to manufacture, to produce; ~ **машины** to manufacture *(или.* to produce) machinery; ~ **впечатление** *см.* **впечатление**; ~ **расходы** *см.* **расход**

производств/о proceedings, *(изделий)* manufacturing, *(сырья)* production; *(судебное, арбитражное)* procedure, proceedings; **административное** ~ administrative proceedings; **апелляционное** ~ appellate proceedings; **арбитражное** ~ arbitration proceedings; **бесспорное** ~ non adversarial proceedings; **военное** ~ court martial proceedings; **внутреннее** ~ domestic production; **гражданское** ~ civil proceedings; **издержки** ~а costs of production **кустарное** ~ cottage industry production; **массовое** ~ mass production; **мировое** ~ world production; **национальное** ~ national production; **начать** ~ **по делу** to institute proceedings; **незавершенное** ~ semi-finished goods, unfinished production; **правила о** ~е **дел** rules of *(или* for) procedure; **поточное** ~ assembly line production; **промышленное** ~ industrial production; **сезонное** ~ seasonal production; **сельскохозяйственное** ~ agricultural production; **серийное** ~ batch production; **следственное** ~ investigatory proceedings; **сокращенное** ~ curtailed production; **спорное** ~ adversarial proceedings; **судебное** ~ judicial proceeding; **суммарное** ~ summary proceedings; **товарное** ~ commodity production; **устное** ~ oral proceedings

произвол arbitrariness; **административный** ~ administrative caprice

произвольней arbitrary

произвольно arbitrarily

происки intrigues, machinations

происходить to go on, to occur

происходить *см.* **случаться**

происхождение descent, extraction, origin, parentage, provenance; **место** ~я place of origin; **свидетельство о** ~и certificate of origin; **семейное** ~ family back-

ground; ~ **изделия** origin of a product; ~ **от кровосмешения** product of miscegenation
происшествие accident, event, incident; **аварийное** ~ accident, casualty
прокат hire, rent
прокатный hired, rented
прокладка lining, packing
прокуратура office of the prosecutor (*e.g. as district attorney*); **городская** ~ office of the municipal prosecutor
прокурор prosecutor, public prosecutor; **генеральный** ~ general prosecutor (attorney general)
пролив sound, strait (*geographical feature*)
пролонгация extension (*of contract, etc.*)
пролонгировать to extend (contract, etc.)
промедление delay
промедлить to delay, to procrastinate
промежут/ок interim, interval (*of time*); **через равные (определенные) ~ки времени** at regular (definite) intervals (of time)
промежуточн/ый intermediate, interim; **~ые дивиденды** interim dividends; **~ аудит** interim audit; **~ые финансовые отчеты** interim financial statements
промптовое судно prompt vessel
промфинплан industrial and financial plan
промысел business, trade, works; **горный** ~ mining ~; **кустарный** ~ cottage industry; **нефтяной** ~ petroleum industry; **отхожий** ~ seasonal work; **прибрежный рыбный** ~ coastal fisheries
промышленник industrialist
промышленность industry; **авиационная** ~ aircraft ~; **автомобильная** ~ automobile ~; **атомная** ~ atomic ~; **военная** ~ munitions; **газовая** ~ gas ~; **горная** ~ mining ~; **горнодобывающая** ~ mining extraction ~; **государственная** ~ state-owned ~; **деревообрабатывающая** ~ wood products ~; **добывающая** ~ extractive ~; **золото-добывающая** ~ gold mining ~; **кинематографическая** ~ motion picture ~; **кооперативная** ~ cooperative ~; **крупная** ~ major ~; **кустарная** ~ cottage ~; **легкая** ~ light ~; **лесная** ~ timber ~; **машиностроительная** ~ machine building ~; **местная** ~ local ~; **металлообрабатывающая** ~ metal processing ~; **металлургическая** ~ metallurgical ~; **молочная** ~ dairy ~; **национализированная** ~ nationalized ~; **нефтяная** ~ petroleum ~; **оборонная** ~ defense ~; **обрабатывающая** ~ processing ~; **обувная** ~ footwear ~; **петрохимическая** ~ petro-chemical ~; **пищевая** ~ food processing; **пластмассовая** ~ plastic ~; **строительная** ~ construction ~; **судостроительная** ~ shipbuilding ~; **текстильная** ~ textile ~; **тяжёлая** ~ heavy ~; **фармацевтическая** ~ pharmaceutical ~; **химическая** ~ chemical ~; **частная** ~ private ~; **экспортная** ~ export ~; **электронная** ~ electronic ~; **энергетическая** ~ power ~; **ядерная** ~ nuclear energy ~
проникновение penetration; **экономическое** ~ economic ~
пропаганда propaganda
пропагандист propagandist
прописать to prescribe, to register
прописка propiska (*residence permit*)
пропорционально proportionately, in proportion, pro rata
пропорциональный proportional, proportionate
пропуск blank, pass, permit; **беспошлинный** ~ duty-free entry; **постоянный** ~ permanent pass
пропустить to admit, to permit
просвещение education, enlightenment; **народное** ~ public education
проситель applicant, petitioner
просить to apply, to ask, to intercede, to request; ~ **извинения** to apologize
проспект prospectus (*мн. ч.* prospectuses); (*на одном листе*) prospectus, leaflet
просроченный overdue
просрочка arrears, delay, term overrun
проститутка prostitute; **зарегистрированная** ~ registered ~
проституция prostitution
простой (*прил.*) simple
простой (*сущ.*) deadtime, (*судна*) demurrage; ~ **on** demurrage

простой вексель *см.* вексель
пространство expanse, space; **воздушное ~** air space; **запретное воздушное ~** forbidden air space
проступок misdemeanor; **антиобщественный ~** anti-social misdemeanor; **~ против общественного порядка** disturbing the peace; misdemeanor against social order
просьба request; **неформальная ~** informal ~; **письменная ~** written ~; **почтительная ~** official ~; **предварительная ~** preliminary; **удовлетворить ~у** to grant a ~; **согласно вашей ~е** according to your request *или* in accordance with your request *или* as requested (by you)
протежировать to do official favors, to pull strings for
протекторат protectorate; **колониальный ~** colonial protectorate; **международный ~** international protectorate
протекционизм protectionism
протекционист protectionist
протест notice of dishonor, objection, protest; **коллективный ~** collective protest; **морской ~ об авариях** ship's protest; **~ векселя** notice of dishonor of a bill, note; **~ прокурора** objection by the prosecution
противник adversary, opponent; **~ в споре** opponent in a dispute
противовес counter-balance
противодействие counteraction, opposition
противозаконность illegality

противозаконный illegal
противоположный contrary; **в противоположном смысле** to the contrary
противопоставить to set off against
противопоставление setting off against
противоправный illegal
противоречиво contradictorily
противоречивость contradiction
противоречивый conflicting, contradictory, discrepant
противоречие contradiction; **~ в законах** statutory ~
противоречить to contradict
протокол 1. *(дипломатический или торгово-дипломатический документ)* protocol; **2.** *(запись решения собрания, заседания)* minute *(обычно во мн. ч.-* minutes); **3.** *(акт)* report; statement; **административный ~** administrative record; **временный ~** temporary protocol; **дополнительный ~** supplementary protocol; **итоговый ~** final protocol; **морской ~** ship's protocol; **составить ~** to draw up a report; **~ о внесении изменений** protocol of change order; **~ допроса** examination record; **~ заседания** minutes of proceedings; **~ испытания** report on the test *или* test report; **~ собрания** minutes of a meeting; **~ соглашения** protocol of agreement; **~ судебного заседания** record of a judicial hearing
протоколировать to protocol, to record
протокольный protocol

прототип prototype
профбилет union card
професси/я profession; **по ~и** by profession
профилактика routine maintenance
профилактический preventative
профилакторий dispensary
проформа proforma
профсоюз labor union
профсоюзный labor union
проход passage, way; **мирный ~** peaceful passage; **право на ~** right-of-way
проходить 1. *(подвергаться)* to undergo; **2.** *(переходить)* to pass; **~ границу** to pass the border
процедура procedure; **административная ~** formality; **конституционная ~** constitutional procedure; **парламентская ~** parliamentary procedure; **предварительная ~** preliminary procedure; **специальная ~** special procedure; **судебная ~** judicial procedure; **~ выборов** electoral procedure; **~ обжалования** appellate procedure
процент 1. *(сотая доля, обозначаемая знаком % - с предшествующим числом)* per cent *(или* per cent, percent); **5 процентов** 5 per cent; **12 процента** a half of one per cent *или* half per cent; **2.** *(часть, доля в процентах, процентное отношение, процентное содержание - без предшествующего числа; употребляется часто с прилагательными большой, малый, высокий, низкий)* percentage; **большой ~ раз-**

битых ящиков a large percentage of broken cases; ~ разбитых ящиков большой the percentage of broken cases is large; 3. (мн. ч.) проценты (плата за пользование деньгами) interest (только в ед. ч.); проценты в размере 5% годовых interest at the rate of 5 per cent. per annum; причитающиеся (или начисленные) ~ы interest charges; 4. учётный процент rate of discount, discount rate; банковский ~ bank interest; комиссионный ~ commission; договорные ~ы contractual interest; ипотечные ~ы mortgage interest; наросшие ~ы accumulating interest; простые ~ы simple interest; ростовщические ~ы usurious interest; сложные ~ы compound interest; текущие ~ы current interest; узаконенные ~ы permissible interest

процесс 1. process; 2. (судебное дело) action, legal action, action at law, proceedings; hearing, trial; возбудить ~ против кого-л. to bring (или to institute) an action (или proceedings) against somebody; арбитражный ~ arbitral proceedings; бракоразводный ~ divorce proceedings; бюджетный ~ budget process; гражданский ~ civil proceedings; законодательный ~ legislative proceedings; запатентованный ~ patented process; инквизиционный ~ inquisition; международный ~ international proceedings; открытый ~ open hearing; производственный ~ manufacturing process; судебный ~ legal proceedings; уголовный ~ criminal proceedings; ~ при закрытых дверях proceedings behind closed doors

процессуальный procedural

прошение application

прощение forgiveness, pardon; закономерное ~ legal pardon; ~ долга forgiveness of a debt

псевдоним pseudonym

публикация publication; отраслевая ~ trade publication; разрешенная ~ press release

публиковать to publish

публицист commentator, publicist

публичн/ый public; ~ дом brothel; ~ое право public law

публично openly, publicly

публичность publicity

пул pool, pool center; грузовой ~ cargo ~; денежный ~ money ~; страховой ~ insurance ~; Чёрный ~ (Европейское объединение угля и стали) Black Pool; объединять в ~ to pool

пункт (документа) article, (контракта) clause, item, (место) point, (назначения) destination, (обвинения) count; входной ~ point of entry; выходной ~ point of exit; командный ~ command point; конечный ~ морского пути final destination; пограничный ~ border post; спорный ~ controversial issue; таможенный ~ customs post; ~ договора item, provision of a contract, treaty; ~ иска count (of a complaint, indictment); ~ назначения destination; ~ о цене price clause; ~ об условиях платежа payment clause

пуск launch, start-up; (ввод в эксплуатацию) comissioning

пускать 1. (приводить в движение) to start, to set in motion; 2. (в обращение деньги, акции) to put in circulation, to float, to issue; 3. (в производство) to put in production

путёвка authorization, pass, vacancy (in resort, tourist group); льготная ~ preferential authorization

путеводитель guide(book)

путём by means of

путешествие journey, travel, voyage; международное ~ international travel

путч putsch

пут/ь course, path, road, track, way; внутренний водный ~ inland water course; водный ~ water course; запасной ~ siding, sidetrack; дипломатический ~ diplomatic means; конституционный ~ constitutional path; кратчайший ~ shortest route; морской ~ sea route; морским ~ём by sea; наземный ~ land route; обратный ~ return trip; ~ оптимальной стоимости least coast path; судоходный ~ overland route; сухопутным ~ём by land; искать ~и to seek ways;

стоять на правильном ~и to be on the right tack
пучок bunch, bundle
пшеница wheat; **озимая** ~ winter wheat; **яровая** ~ spring wheat
пытать to torture
пытаться to try (for), to attempt, to endeavour
пытка torture, torment
пьянка drinking-bout, binge, booze-up
пятигранник pentahedron
пятиугольник pentagon
пятнистый spotted, dappled

Р

раб Slave
рабат (скидка) rebate
рабовладелец slaveholder
рабовладельческий slaveholder, slaveholding
работ/а 1. (труд) work, labour, job, service; 2. (деятельность) activity, work, proceedings; 3. (функционирование) operation, service, working, functioning, use; 4.(задание) job; 5.(занятие, служба) work, (по найму) employment, (дело) business; 6. (изготовление) make; 7. (о машине) run, performance, running, (режим) duty; 8. (продукт труда) work, paper; **аккордная** ~ piece work; **временная** ~ temporary job; **дополнительная** ~ additional job; **завершённая** ~ completed work; **канцелярская** ~ clerical work; **ночная** ~ night work; **обычная** ~ routine operation; **подготовительная** ~ preparatory work; **постоянная** ~ regular work; **поточная** ~ assembly line work; **проверочная** ~ testing work; **сверхурочная** ~ overtime work; **сдельная** ~ piece work; **сезонная** ~ seasonal work; **сменная** ~ shift work; **спасательные** ~ы salvage operations; **срочная** ~ rush job; **трудоёмкая** ~ labor-intensive work
работать to operate, to work; ~ **по найму** to work for hire, for wages
работник employee, office worker; **временный** ~ temporary worker; **домашний** ~ domestic worker; **компетентный** ~ skilled worker
работодатель employer
работоспособный able-bodied
рабочая сила labour
рабочий worker, worker's; employee, operator; **временный** ~ casual laborer; **вспомогательный** ~ auxiliary laborer; **заводской** ~ factory worker; **квалифицированный** ~ skilled worker, workman; **наёмный** ~ hired laborer; **неквалифицированный** ~ unskilled laborer; **подённый** ~ day laborer; **промышленный** ~ industrial worker; **сезонный** ~ seasonal laborer; **сельскохозяйственный** agricultural worker, farmhand; **фабричный** ~ factory hand; ~ **от станка** bench worker
рабство slavery
равенство equality, parity; ~ **перед законом** equality before the law; ~ **прав** equal rights
равновесие balance, equilibrium; **демографическое** ~ demographic equilibrium; **денежное** ~ monetary equilibrium; ~ **бюджета** balanced budget
равномерный 1. (однородный) uniform; 2. (повторяющийся через одинаковые промежутки времени) regular
равноправие equal rights, equality; ~ **в экономических отношениях** equality in economic relations
равноценный equivalent, of equal value
равный equal
равный equal; **равный по качеству** equal in quality; **равный образцу** equal to sample
радикал radical
радикализм radicalism
радикальный radical
радиограмма radiogram
радиомост space bridge
радиореклама radio advertising; commercial; **произвольная** ~ run-of-schedule
радуга (облигации, базирующиеся на корзине валют) Rainbow bonds
разбавление dilution; ~ **капитала** dilution of capital
разбазаривание squandering
разбазарить to squander, to waste
разбивка breakdown (of figures, etc.)
разбирать, разобрать 1. to examine, to investigate; 2. to hear, to try; ~ **дело в суде или в арбитраже** to hear (или to try) a case; 3. (демонстрировать) to dis-

mantle; ~ **машину** to dismantle a machine
разбирательство examination, investigation; **арбитражное** ~ arbitral proceedings; **закрытое судебное** ~ closed court proceedings; **открытое** ~ public proceedings; **судебное** ~ legal proceedings; **третейское** ~ arbitration examination
разблокирование release; ~ **счета** release of a blocked account; ~ **капитала** release of a capital (of funds); **ускорять** ~ **фондов** expedite the release of funds
разблокировать *(счет, деньги)* to release
разбой brigandage, robbery; **морской** ~ piracy
разбойник pirate, robber
разбойничий robber, piratical; ~ **притон** den of thieves
разбор дела hearing *(в суде)*
разбрасывать scatter (about), strew (about); ~ **деньги на ветер** squander *(waste, dissipate)* money
разброс variation, spread, range, scatter; ~ **значений** spread in values; ~ **цен** range of prices
разбухание *(штатов)* overmanning
развал breakdown, disintegration
разведать *см.* **разведывать**
разведка intelligence, prospecting, reconnaissance
разведчик intelligence officer
разведывать to ascertain, to prospect, to reconnoiter
развёрстка allotment, apportionment; **продовольственная** ~ food ration

развестись *см.* **разводиться**
развивать, развить to develop; **развивать деловые отношения** to develop business relations
развитие development; **бурное** ~ rapid ~; **естественное** ~ natural ~; **коммерческое** ~ commercial ~; **мирное** ~ peaceful ~; **экономическое** ~ economic ~
развод divorce; ~ **по взаимному согласию** ~ by mutual consent
разводиться to get divorced
разводнение *(капитала)* watering; ~ **акций** stock watering; ~ **капитала** *(путем выпуска новых акций)* dilution of capital
разглашать, разгласить to divulge
разглашение unauthorized disclosure, divulging; ~ **информации** disclosure of information; ~ **секретов производства** disclosure of the know-how
разговор conversation
разграбление pillage and plunder
разграбление pillage, plunder
разграничение demarcation **правовое** ~ legal differentiation **территориальное** - territorial demarcation
разграничивать to demarcate, to distinguish
разгром defeat, devastation
разгромить to devastate, to destroy
разгружать to discharge, to offload
разгружать, разгрузить to discharge, to unload
разгрузка discharging, discharge, offloading, unloading; **порт разгрузки** *см.* **порт**
раздел division, section; **вступительный** ~ introduction; **добровольный** ~ volunteer division; **натуральный** ~ partition in kind; **судебный** ~ judicial division; **финансовый** ~ financial section; ~ **в бесспорном порядке** uncontested partition; ~ **имущества** partition of property
разделение division, sharing; ~ **властей** separation of powers; ~ **труда** division of labor
разделимый divisible
раздельный separate
разжигание kindling; ~ **войны** brewing of a war
различать to discern, to distinguish
различи/е difference, distinction, inequality; **основные** ~я fundamental differences; ~ **мнений** difference of opinions
различный different, various
разложение 1. *(распад, загнивание)* decomposition, decay; 2. *(распад, разрушение)* break-up, desintegration; 3. *(деморализация)* corruption
разлука separation; **пробная** ~ trial separation
размах *(диапазон)* range, spread; *(охват)* area; *(деятельности)* scope, scale; ~ **выборки** sampling range; ~ **колебаний валютного курса** fluctuation band; ~ **колебаний цен** range of prices, price range; ~ **рекламы** scale of advertise-

ment; ~ **строительства** scope of construction

размежевание demarcation; **национально-государственное** ~ demarcation of national boundaries

размежевать to delimit, to demarcate

размен exchange; ~ **денег** exchange of money

разменивать *см.* **разменять**

разменн/ый change; ~**ая монета** small change

разменять to exchange

размер amount, (*величина в каком-л. измерении*) dimension, measurement, extent, (*номер, формат, калибр, общая величина*) size; (*количество, норма*) rate; **внутренние** ~**ы** internal dimensions; **в** ~**е** at the rate of; **габаритные** ~**ы** *см.* **габаритный**; **доска** ~**ом в 3 метра** a board measuring 3 metres; **гарантированный минимальный** ~ **заработной платы** guaranteed minimum wage; **громадный** ~ vast extent; **максимальный** ~ maximum size, upper limit; **максимальный** ~ **страховой суммы**; maximum amount insurable; **минимальный** ~ minimum size, lower limit; **минимальный** ~ **заработной платы** minimum wage; **номинальный** ~ nominal size; **общий** ~ total measurements; **общий** ~ gross income; **повышенный** ~ increased size; **проценты в** ~**е 5% годовых** interest at the rate of 5% per annum; ~ **страховой премии** rate of insurance *или* insurance rate **ростовщический** ~ usurious amount; **стандартный** ~ standard dimensions; **физические** ~**ы** physical dimensions; ~ **амортизации** amount of depreciation, size of depreciation; ~ **ассигнований** funding level; ~ **взноса** amount of deposit; ~ **дохода** level of income; ~ extent of a claim; ~ **кредита** extent of credit; ~ **обеспечения** extent of security for a claim; ~ **операции** extent of operations; ~ **пенсии** size of pension; ~ **персонала** size of staff; ~ **премии** rate of option, rate of premium; ~ **преференциальных скидок** preferential discount rate; ~ **прибыли** profit margin; ~ **затрат** volume of expenses; ~ **страховки** extent of insurance coverage; ~ **фрахта** rate of freight; ~ **ущерба** extent of loss; ~ **штрафа** size of penalty; ~**ы ящика** dimensions (*или* measurements) of the case;

размещать, разместить to allocate, to arrange, to float, to place, to stow, to trim

размещать: размещать заказ *см.* **заказ**

размещение arrangement, disposition, deployment, floating; ~ **акции** placing of shares; ~ **государственного долга** placing of government debt; ~ **займа** floating of a loan ~ **заказов** placing of orders

размораживать to unfreeze

разнарядка distribution list

разница difference, discrepancy, gap, margin, spread; ~ **в валютах** exchange rate spread; ~ **в курсах** difference in rates; ~ **в ценах** price differential

разница difference

разнобой disagreement, lack of coordination

разновидность variety, diversity

разногласие difference, disagreement, discrepancy

разногласие difference, disagreement

разнос delivery, distribution

разносчик peddler

разойтись to divorce, to be sold out

разойтись *см.* **расходиться**

разорвать to break off, to tear apart; ~ **дипломатические сношения** to sever diplomatic relations

разоружать to dismantle

разоружение disarmament

разрабатывать, разработать 1. (*подготавливать*) to work out; to prepare; 2. (*проектировать*) to develop; to design; 3. (*составить документ*) to draft, to draw up, to plan; (*тщательно*) to elaborate, 4. (*месторождение*) to work; 5. (*эксплуатировать*) to operate; 6.(*с.х.*) to cultivate; ~ **новую модель** to develop a new model; ~ **проект договора** to work out a draft of a contract;

разработать *см.* **разрабатывать**

разработка 1. (*подготовка*) working out, preparation; 2. (*проектирование*) development; designing; 3. (*документа*) drafting, drawing-up, working out; 4. (*месторождений*) mine working; горная ~ mining; 4. (**с.х.**) cultivation

разрешать, разрешить 1. (*позволять*) to permit, to allow; 2. (*решать, урегулировать*) to settle; ~ спор to settle the dispute; 3. (*одобрять*) to approve, to authorize

разрешение 1. (*санкция, лицензия*) authorization, license; 2. (*позволение*) permission; 3. (*официальное письменное*) permit; 4. (*решение, урегулирование*) settlement, solution; валютное ~ foreign exchange permit; временное ~ temporary permit; дружественное ~ споров amicable (*или* friendly) settlement of disputes; исключительное ~ exclusive authorization; карантинное ~ quarantine certificate; письменное ~ written permission; постоянное ~ standing permission; предварительное ~ preliminary permission; ~ на отгрузку release (note) for shipment; разовое ~ single entry permit; судебное ~ judicial settlement; чрезвычайное ~ extraordinary authorization; экспортное ~ export permit; ~ на ввоз import approval; ~ на полет над overflight permission; ~ на право охоты hunting license; ~ на право работы work permit; ~ на разведку месторождений prospecting permit; ~ на свидание с заключенным visiting permission; ~ спора settlement of a dispute

разрешить *см.* разрешать

разруха ruin; экономическая ~ economic collapse

разрыв break, gap, rupture, severance; инфляционный ~ inflationary gap; ~ дипломатических отношений severance of diplomatic relations; ~ переговоров breaking off of negotiations; ~ экономических отношений severance of economic ties; ликвидировать ~ to bridge the gap

разряд bracket, category, rank, sort; второго ~а second rate; первого a first rate; тарифный ~ wage category; третьего ~а third rate

разукрупнять to devolve into smaller units

разумный reasonable; в ~ срок within a reasonable time

разъединение breaking, partition, separation; ~ имуществ partitioning of properties

разъединить to break, to separate

разъездн/ой traveling; ~ые деньги traveling expenses

разъяснение explanation, interpretation; ~ верховного суда interpretation of the Supreme Court

район area, region; автономный ~ autonomous region; валютный ~ currency zone; городской ~ urban district; запретный ~ forbidden zone; консульский ~ consular district; пограничный ~ border zone; промышленный ~ industrial district; рыболовный ~ fishing zone; таможенный ~ custom zone

рамбурс reimbursement

рамки framework; (*границы*) limits

рана wound

ранг class; rank; служебный ~ civil service rank

ранение injury

ранить to injure, to wound

рантье rentier, investor

расизм racism

расист racist

расистский racist

раскаяние repentance; чистосердечное ~ heartfelt ~

расквартировать to billet

расквартирование blleting

раскодировать to decode; в раскодированном виде decoded

раскольник disseriter, schismatic

раскольнический dissenting, schismatic

раскрепостить to emancipate

распад collapse, disintegration; ~ государства fall of a government

расписание schedule; time table; доходное ~ income schedule; тарифное ~ rate scale; штатное ~ personnel schedule

расписаться to sign for; ~ в получении заказного письма to sign for a registered letter

расписк/а receipt, warrant; выдать ~у to issue a receipt; долговая ~ promissory note; ломбардная ~ pawn ticket; официальная ~ official receipt; сохран-

ная ~ bailee receipt, trust receipt; **штурманская расписка** (*расписка помощника капитана в приемке груза*) mate's receipt

расплачиваться, расплатиться to settle accounts

расположение arrangement, disposition, location

распорядитель manager, master of ceremonies; ~ **кредитов** credit manager

распорядительный capable, efficient

распорядиться *см.* **распоряжаться**

распорядок order, routine; **внутренний** ~ routine; ~ **дня** order of the day

распоряжаться, распорядиться 1. (*дать указание*) to order, to command, to dispose of, to give instructions; 2. (*позаботиться об устройстве, использовании, продаже чего-л*) to dispose (**чем-л.** of something); 3. (*управлять, хозяйничать*) to manage, to be in charge; **свободно** ~ to freely dispose of

распоряжени/е (*указание, приказание*) order, instructions; direction, disposition, decree, instruction, regulation; (*ведение, управление*) disposal; **административное** ~ administrative regulation; **в нашем (вашем)** ~**и** at our (your) disposal; **завещательное** ~ testamentary disposition; **законное** ~ legal enactment; **передать что-л. в чье-л.** ~ to place something at somebody's disposal; **постоянное** ~ **банку** standing order to the bank; **прави-** **тельственное** governmental instruction; **предварительное** ~ preliminary regulation; ~ **об авизовании** instruction to advise; ~ **о доставке** instruction to deliver; ~ **о наложении ареста** writ of arrest

расправа punishment, rough justice; **короткая** ~ short shrift; **кровавая** ~ massacre

распределение (*назначение*) allocation, apportionment, (*размещение*) distribution; **оптовое** ~ wholesale distributorship; **пропорциональное** ~ proportional allotment; ~ **акции** allotment of shares; ~ **валютных рисков** sharing of currency risks; ~ **выгод** profit sharing; ~ **дивидендов** apportionment of dividends; ~ **доходов** distribution of income; ~ **запасов** distribution of inventory; ~ **затрат** cost sharing; ~ **капиталовложений** breakdown of capital investment; ~ **общей аварии** general average adjustment; ~ **наследства** distribution of inheritance; ~ **расходов** allocation of expenses; ~ **рисков** sharing of risks; ~ **тоннажа** allocation of tonnage; ~ **труда** division of labor; ~ **убытков** sharing of losses

распределитель distributor; **закрытый** ~ members only retail establishment

распределять, распределить 1. (*размещать*) to distribute; 2. (*назначать*) to allocate; ~ **по паям** to allocate by shares; ~ **тоннаж** to allocate tonnage

распродажа sale, sell out; **срочная** ~ fire sale, panic sale; ~ **земельных участков** sale of plots of land; ~ **по пониженным ценам** sale at discount prices

распространение distribution, merchandising; **территориальное** ~ territorial distribution

распространять to circulate, to distribute, to spread

распространяться to apply, to extend

распустить to disband, to dismiss, to spoil; ~ **парламент** to dissolve parliament

расследование inquiry; **предварительное** ~ preliminary inquiry; **предварительное** ~ **по существу** preliminary substantive inquiry; **произвести** ~ to hold an inquiry; ~ **доказательства** evidentiary hearing

расследовать to hold an inquiry, to investigate

рассматривать, рассмотреть 1. (*обсуждать, изучать*) to examine, to consider; 2. (*с последующим как*) to consider, to regard ... as; 3. (*разбирать в суде*) to try, to hear

рассмотрение 1. (*обсуждение, изучение*) consideration, examination; 2. (*разбирательство в суде*) hearing, trial; 3.(*бюджета*) scrutiny; **предварительное** ~ preliminary examination; **судебное** ~ judicial consideration; ~ **бюджета** scrutiny of the budget; ~ **дела** consideration of a case; ~ **дела по** substantive consideration of a case; ~ **жалобы** to consider a complaint; ~ **заявки** consideration of an application

рассмотрение consideration, examination;

рассмотреть *см.* **рассматривать**

рассрочка installment plan; **платить в рассрочку** to pay by installment; ~ **исполнения** extension of deadline

рассрочка: в рассрочку by (*или* in) instalments

расстановка сил placement of forces

расстаться to exit, to leave, to part

расстрел execution (by firing squad)

расстрелять to execute by firing squad, to fire at close range, to exhaust ammunition

рассчитывать 1. (*подсчитывать*) to calculate; 2. (*предполагать*) to expect; to believe; 3. (*намереваться*) to intend, to expect; 4. (*полагаться*) to rely (**на** - on)

рассылка delivery, distribution

рассыльный delivery, delivery boy

расторгать, расторгнуть to abrogate, annul, rescind; ~ **контракт** to rescind a contract

расторжение abrogation, annulment, cancellation, dissolution; ~ **брака** annulment of a marriage; ~ **договора** rescission of a contract; ~ **договора** cancellation of a lease; ~ **по суду** judicial dissolution

расточать to squander, to waste; ~ **похвалы** to lavish praise upon

расточитель spendthrift

расточительный spendthrift

расточительство squandering, waste

растрата wasteful spending, squandering; ~ **казенных денег** official embezzlement

растратить to embezzle, to squander, to waste

растратчик embezzler

расформирование break up, disbandment

расхититель plunderer

расхищать, расхитить to misappropriate, to plunder

расхищение misappropriation, plundering

расход expense, expenditure, outlay; charge; **адвокатские** ~ы attorney fees; **административные** ~ы administrative expenses; **амортизационные** ~ы amortized expenditures, depreciated expenditures; **банковские** ~ы bank charges; **бюджетные** ~ы budgeted expenditures; **внебюджетные** ~ы extra budgetary expenditures; **военные** ~ы military expenditures; **государственные** ~ы public expenditures; **дисбурсментские** ~ы disbursements; **добавочные** ~ы supplementary costs; **долларовые** ~ы dollar denominated expenditures; **дорожные** ~ы traveling expenses; **канцелярские** ~ы clerical expenses, office expenses; **косвенные** ~ы indirect expenses; **материальные** ~ы material expenditures; **накладные** ~ы overhead, overhead charges (*или* expenses); **неизменные** ~ы fixed expenses; **необходимый** ~ necessary expense; **непредвиденные** ~ы unforeseen expenditures; **непроизводственные** ~ы non-productive expenditures; **общие** ~ы total outlays; **обыкновенные** ~ы ordinary expenses; **обязательный** ~ obligatory expense; **побочный** ~ incidental expense; **покрыть** ~ы to cover expenses; **портовые** ~ы court costs; **постоянные** ~ы fixed charges; **почтовые** ~ы postage costs; **представительские** ~ы representation costs; **производить** ~ы to incur expenses; **разовый** ~ non recurrent expenditure; ~ы **по спасанию** (**на море**) salvage charges, **складские** ~ы storage costs; **социальные** ~ы social expenditures; **страховые** ~ы insurance charges; **судебные** ~ы court costs; **таможенные** ~ы customs charges; **текущие** ~ы current expenditures; **транспортные** ~ы transportation costs; **фактические** ~ы actual expenditures; **частные** ~ы private expenditures; **чрезвычайные** ~ы extraordinary expenditures; **экспедиторские** ~ы freight forwarding costs; **эксплуатационные** ~ы operating costs; **экспортные** ~ы export costs; ~ **иностранной валюты** foreign exchange expenditure

расходиться, разойтись 1. (*о письмах, телеграммах*)

to cross; **наше письмо разошлось с вашим** our letter crossed yours; 2. (*различаться, не совпадать*) to differ, ~ **во мнениях** to have a different opinion *или* to dissent; 3. (*о печатном издании*) to be out of print; **каталог разошелся** the catalogue is out of print

расходование expenditure; ~ **капиталовложения** capital expenditure

расходовать to consume, to expend

расхождение (*различие, несовпадение*) difference, divergence; ~ **в законодательстве** statutory divergence; ~ **во мнениях** difference of opinions

расцвечивание флагами dressing of vessels

расценка valuation, wage rate; **единичная** unit price; **прогрессивная** ~ progressive pricing; **приемлемая** ~ acceptable pricing; **сдельная** ~ piece rate

расчет 1. (*подсчет*) calculation; (*приблизительный подсчет*) estimate; quotation, 2. (*уплата*) settlement, payment; payment transaction, settlement; 3. (*соображение*) consideration; **безналичный** ~ non cash transaction, clearing account; **валютный** ~ currency settlement; **за наличный** ~ payment for cash (payment) *или* for payment in (*или* by) cash; by cash; ~ **инкассо** payment for collection; **из ~а** at the rate of; **клиринговый** ~ clearinghouse settlement; **межбанковский** ~ interbank settlement; **международный** ~ international settlement; **наличный** ~ cash payment; **окончательный** ~ final payment, final settlement; **почтовый** ~ postal payment; **приблизительный** ~ approximate calculation; **принимать в** ~ to take into consideration (*или* into account); **проценты из ~а 5% годовых** interest at (the rate of) 5 per cent per annum; **сводный** ~ summary calculation; **сводный годовой** ~ annual summary calculation; **финансовый** ~ financial payment; **хозяйственный** ~ cost counting, profit and loss

расчленение deployment (*воен.*), dismemberment

расчленять to deploy (military), to dismember

расширение (*распространение*) expansion, extension; (*увеличение*) enlargement, stepping up; (*развитие, рост*) development; **быстрое** ~ rapid expansion; ~ **кредита** expansion of credit; ~ **масштабов производства** expansion of operations; ~ **прав** expansion of rights; ~ **предприятия** expansion of an enterprise; ~ **производства** expansion of production; ~ **рынка** market development; ~ **спроса** expansion of demand; ~ **экспорта** expansion of exports

расширять to broaden, to expand, to extend

расшифровка deciphering, decoding

ратификаци/я ratification; **подлежит ~и** subject to ~

ратифицированный ratified

ратифицировать to ratify, to validate

ратуша town hall

раунд round; ~ **переговоров** round of negotiations (of talks)

рацион ration; **кормовой** ~ feed ~; **сбалансированный** ~ balance ration, sensible diet

рационализация rationalization; ~ **труда** rationalization of labor

рационализировать to improve, to rationalize

рациональный efficient, rational

реабилитация rehabilitation

реабилитировать to rehabilitate

реакционер reactionary

реакционный reactionary

реакция reaction, entrenched faction

реализация (*осуществление*) implementation, fulfillment; (*продажа*) sale; ~ **заложенного имущества** fore closure sale; ~ **социальных программ** implementation of social programmes; ~ **товара** sale of goods; ~ **форвардных контрактов** forward contracting; ~ **ценных бумаг** conversion of securities

реализованный realized, sold

реализовывать to implement, to sell

ребенок child, infant; **внебрачный** ~ child born out of wedlock; **законный** ~ legitimate child; **кровный**

~ birth child (*as opposed to adopted child*); **покинутый** ~ abandoned child; **незаконный** ~ illegitimate child; **приемный** ~ adopted child; **признанный** ~ acknowledged child; **признанный незаконный** ~ acknowledged illegitimate child; **родной** ~ one's own child (*birth child*); **узаконенный** ~ legitimized child; **узаконить внебрачного ребенка** to legitimize a child born out of wedlock
ревалоризация revalorization; ~ **валюты** revalorization of currency
ревальвация revaluation, valorization
реверс reverse (*напр. монеты*)
реверсия (*возврат имущества первоначальному владельцу*) reversion
ревизионизм revisionism
ревизионист revisionist
ревизионистский revisionist
ревизия audit, revision; ~ **банковской отчетности** bank audit; **бухгалтерская** ~ audit of the books; **бухгалтерских записей** examination of the books; **выездная** ~ field audit; **налоговая** ~ inland revenue inspection; **финансовая** ~ financial audit
ревизор auditor, comptroller
революция revolution; **аграрная** ~ agrarian rebellion; **буржуазная** ~ bourgeouise revolution; **демографическая** ~ demographic revolution; **научно-техническая** ~ technological revolution; **октябрьская** ~ October revolution; **промышленная** ~ Industrial revolution
регент regent
регентство regency
регистр account book, journal, register; **гражданский** ~ civil register; **учетный** ~ account book; ~ **акционерных компаний** register of companies
регистратор recorder, registrar
регистратура registry
регистрация registration; **земельная** ~ land ~; **международная** ~ international ~; **нотариальная** ~ notarial ~; **обязательная** ~ compulsory ~; **официальная** ~ official ~; **правовая** ~ **судна** legal ~ of a vessel; **предварительная** ~ pre ~; **признать ~ю недействительной** to nullify ~; **торговая** ~ trade ~; **уголовная** ~ ~ of criminal offenders
регистрировать to register, to record, to enroll; (*документы*) to file; (*ценные бумаги на бирже*) to list; (*в гостинице*) to book
регистрироваться to register, to check in
регистровая тонна *см.* **тонна**
регламент 1. (*свод правил*) regulations; (*правила процедуры*) standing orders; (*порядок обслуживания*) schedule; (*на заседании*) time-limit; **административный** ~ administrative regulations; **внутренний** ~ internal rules; **дополнительный** ~ additional orders; **заводской** ~ plant rules; **исполнительный** ~ executive orders; **консульский** ~ consular orders; **санитарный** ~ health regulations; **служебный** ~ official regulations
регламентация regulation
регламентировать to regulate
регламентный regulation, routine
регресс 1. (*спад*) setback, retrogression; 2. (*право оборота*) recourse; **право** ~a right of recourse; **с** ~**ом** with recourse
регрессант person entitled to recourse
регрессат person liable to recourse
регрессия regression
регрессный recourse
регулирование adjustment, control, management, regulation; **бюджетное** ~ budget control; **валютное** ~ currency exchange control; **государственное** ~ public regulation; **гражданско-правовое** ~ civil law regulation; **денежное** ~ monetary control; **коммерческое** ~ commercial regulation; **кредитное** ~ credit control; **налоговое** ~ fiscal regulation; **правовое** ~ legal regulation; **экономическое** ~ economic regulation; **юридическое** ~ jurisprudencial regulation; ~ **автодвижения** traffic regulation; ~ **валюты** control of exchange; ~ **квартирной платы** rent control; ~ **нормы процента** interest rate adjustments; ~ **радиосношения** regulation of the air waves (radio); ~ **рыболовства** commercial fishing control; ~ **рынка** market regulation; **фина-**

нсоое ~ financial leverage; ~ **цен** price controls
регулировать to control, to regulate; to adjust; to govern
регулярно regularly
регулярный periodic, regular
регулярный regular
редактировать to edit
редактор editor; **главный** ~ editor in chief
редакция editing, editorial staff
редакция см. формулировка
редисконт rediscount
реестр list, register, role, table; register book; **государственный** ~ **гражданских воздушных судов** state registry of civil aircraft; **основной** ~ principle register; **патентный** ~ patent register; **публичный** ~ public record; **торговый** ~ trade register; ~ **арестов и запрещений** police blotter; ~ **авторских прав** copyright register; ~ **наименований фирм** business names register
режим conditions, regime, treatment; **благоприятный** ~ favorable treatment; **валютный** ~ currency control regime; **дискриминационный** ~ discriminatory (trade) regime; **иммиграционный** ~ immigration control; **лицензионный** ~ licensing regime; **льготный** ~ preferential treatment; **национальный** ~ national treatment; **налоговый** ~ tax regime, tax treatment; **переходный** ~ transitional regime; **пограничный** ~ border control; **политический** ~ political regime; **правовой** ~ legal regime; **санитарный** ~ health controls; **таможенный** ~ customs regime; **тоталитарный** ~ totalitarian regime; **фашистский** ~ fascist regime; **фискальный** ~ fiscal control; ~ **наиболее благоприятствуемой нации** most favored nation treatment; **предоставлять** ~ **наибольшего благоприятствования** accord (grant, extend) most favoured nation treatment; **проводить торговлю в** ~**е реального времени (на бирже)** trade in real time mode; **работать в автономном** ~**е** operate off-time
резерв fund, provision, reserves, stock, store; **кассовый** ~ cash reserve; **ликвидный** ~ liquid funds; **валютные** ~**ы** currency reserves; **денежные** ~**ы** monetary reserves; **золотые** ~**ы** gold reserves; **материальные** ~**ы** material reserves; **минимальный обязательный** ~ legal minimum reserve; **общий** ~ general reserve; **производственные** ~**ы** productive reserves; **свободный** ~ free reserve; **скрытые** ~**ы** hidden reserves; **текущие** ~**ы** current reserves; **финансовый** ~ financial reserve; ~ **на погашение** sinking fund
резервировать to reserve
резидент resident
резиденци/я residence; **временная** ~ temporary residence
резолюци/я resolution; **общая** ~ omnibus resolution; **обязательная** ~ compulsory resolution; **окончательная** ~ final resolution; **подтвердительная** ~ confirming resolution; **совместная** ~ joint resolution; ~ **доверия** resolution of confidence; ~ **недоверия** resolution of no confidence; **предлагать** ~**ю** propose (put forward, submit, table) a resolution; **принимать** ~**ю** pass (adopt, approve, carry) a resolution; **провалить** ~**ю** defeat a resolution; **протаскивать** ~**ю** push through (амер. railroad) a resolution; **составлять** ~**ю** work out a resolution
результат effect, outcome, result; **желательный** desired effect; **конечный** ~ end result; ~**ы выборов** results of elections; **в** ~**е** as a result; **явиться** ~**ом чего-л.** to result from или to be the result of; **привести в** ~**е к** to result in
реимпорт reimport
реимпортировать to reimport
реинвестиция reinvestment
рейс trip, voyage; **круговой** ~ round trip; **очередной** ~ regular voyage; ~ **в один конец** one way trip
рейдер (на бирже) raider
рейлинг ship's rail; **доставлять товар до** ~**ов судна** deliver goods to ship's rail; **пересекать** ~ pass the ship's rail
рейндж (порты определенного района) range
рейс sailing, cruise, passage, voyage, flight, run, trip
рейсовый scheduled

рейтинг rating
реквизировать to requisition
реквизиты requisites
реквизиция requisition
реклам/а 1. *(рекламирование)* advertising, promotion; 2. *(объявление)* advertisement, *(сокр.* ad); *(в афишах)* billing; 3. *(мероприятие)* publicity; **бесплатная ~** free publicity; **блочная ~** block advertising; **коммерческая ~** commercials; **настойчивая ~** hard selling; **поместить ~у в газету** to put an advertisement in a newspaper
рекламация 1. *(жалоба)* complaint (**на** - about); *(претензия, требование)* claim *см.* **претензия**; 2. return of goods
рекламировать 1. *(объявлять, пользуясь рекламой)* to advertise; **~ товары** to advertise goods; 2. *(предъявлять рекламацию)* to claim
рекомендация 1. *(совет)* recommendation, advice; 2. *(рекомендательный отзыв)* reference
рекомендовать *см.* **советовать**
реконверсия reconversion
реконструкция reconstruction
рекрутировать to recruit
рекуперация бирж. 1. *(повышение цен после временного падения)* recovery; 2. *(повторный сеанс чтения курсов акций)* second reading
религия religion; **государственная ~** state ~
ремесленник artisan, craftsman
ремесленничество craftsmanship, workmanship
ремесленный craft, trade
ремидиум *(допустимое отклонение пробы и веса монеты от стандарта)* remedy allowance
ремилитаризация remilitarization
ремисса *(денежный перевод, платеж)* remittance
ремиссия 1. *(освобождение от налога)* 2. отказ от права remission
ремитент remittee, payee
ремитер remiter
ремитирование remittance
ремонт repair(s), *(уход, обслуживание)* upkeep; **восстановительный ~** renewal; **капитальный ~** overhaul; **мелкий ~** minor repair; **текущий ~** regular maintenance
ремонтировать to repair
рент/а rent; **абсолютная ~** absolute rent; **временная ~** temporary annuity; **выплачивать ~у** to pay an annuity; **государственная ~** government annuity; **денежная ~** money rent; **дифференциальная ~** differential rent; **добавочная ~** supplemental rent; **земельная ~** ground lease; **капитализированная ~** capitalized rent; **монопольная ~** monopoly rent; **натуральная ~** rent in kind; **пожизненная ~** lifetime annuity; **срочная ~** terminable annuity; **чистая ~** pure rent
рентабельност/ь profitability; **коэффициент ~и** net profit ratio
рентабельный profitable
реорганизация reorganization; **~ правительства ~** of the government
реорганизовать to reorganize
репарация reparation
репатриант repatriate
репатриация repatriation; **~ капитала** repatriation of capital
репатриировать to repatriate
реплика rejoinder, retort
репорт carry over, contango
репрессалии retaliation, reprisals, sanctions; **применять ~** to retaliate
репрессия punitive measure; **дисциплинарная ~** disciplinary measure
реприватизация reprivatization
реприватизировать to reprivatize
репутация reputation, *(о фирме)* standing, image; **коммерческая ~** commercial standing
республика republic; **автономная ~** autonomous republic; **народная ~** People's Republic; **объединенная арабская ~** United Arab Republic; **президентская ~** Presidential Republic; **унитарная ~** Unitary Republic; **федеративная ~** Federal Republic; **Федеративная ~ Германии (ФРГ)** Federal Republic of Germany (FRG)
республиканец republican
республиканский republican
реставрация restoration
реставрировать to restore
реституция restitution; **~ в натуре** restitution in kind
рестрикция limitation, restriction; **кредитная ~** credit squeeze

ресурсы resources; **денежные ~** monetary ~; **истощимые ~** exhaustible ~; **кредитные ~** credit ~; **материальные ~** material ~; **природные ~** natural ~; **производственные ~** productive ~; **финансовые ~** financial ~; **экономические ~** economic ~
реторсия retorsion
ретрагент repurchase agent
ретратта redraft, return draft; **выставлять ~у** to redraw
ретроцедент *(страх.)* retrocedent
ретроцессионер *(страх.)* retrocessor
ретроцессия *(страх.)* *(передача части принятого риска другому перестраховщику)* retrocession
рефакция *(скидка на повреждение товара)* loss allowance, volume discount
референдум referendum; **обязательный ~** mandatory referendum; **факультативный ~** optional referendum
референт advisor, expert, reviewer
реформа reform; **аграрная ~** agrarian ~; **административная ~** administrative ~; **банковская ~** bank ~; **валютная ~** currency ~; **земельная ~** land ~; **избирательная ~** electoral ~; **кредитная ~** credit ~; **налоговая ~** tax ~; **парламентская ~** parliamentary ~; **социальная ~** social ~; **судебная ~** judicial ~; **финансовая ~** financial ~
реформизм reformism
реформист reformist
реформистский reformer, reformist

рецензент reviewer
рецензия review
рецидив repeated offense
рецидивист recidivist
речь speech; **защитительная ~** argument for the defense; **тронная ~** royal speech; **~ прокурора** argument by the prosecution
решать, решить to decide, to resolve, to settle
решение decision, settlement, solution; *(суда)* judgement; *(суда, арбитров)* award; **административное ~** administrative decision; **аннулировать ~** to annul a decision; **арбитражное ~** arbitral award; **возможное ~** possible solution; **вынести ~** to carry out a decision, to pronounce judgement; **гражданско-правовое ~** civil law decision; **декларативное ~** declaratory decision; **единогласное ~** unanimous decision; **заочное ~** decision by default; **иностранное ~** foreign decision; **иностранное арбитражное ~** foreign arbitral decision; **компромиссное ~** compromise settlement; **мирное ~** amicable settlement; **мотивированное ~** motivated settlement; **мотивировать ~** to motivate a settlement; **национальное арбитражное ~** national arbitral settlement; **неотменяемое ~** irrevocable decision; **обоснованное ~** justified decision; **общее ~** general settlement; **обязательное ~** compulsory decision; **окончательное ~** final decision; **окончательное судебное ~**

final judicial decision; **оставить ~ в силе** to leave a decision in force; **отменить судебное ~** to overturn a judicial decision; **первоначальное ~** original decision; **подтвердить ~** to affirm a decision; **предварительное ~** preliminary decision; **предварительное судебное ~** preliminary judicial decision; **принципиальное ~** principal decision; **противоречивое ~** contradictory decision; **сенатское ~** senate decision; **судебное ~** judicial decision; **третейское ~** decision by arbitration; **уголовное ~** criminal conviction; **~ апелляционного суда** appellate decision; **~ вынесенное судом последней инстанции** decision by a court of final instance
решительно decidedly
решить *см.* решать
реэкспорт reexport
реэкспортировать to reexport
ржавчина rust
риал Rial *(валюта)*
риск risk, *(опасность)* hazard, peril; **валютный ~** currency risk; **военный ~** risk of war; **застрахованный ~** insured risk; **коммерческий ~** commercial risk; **морской ~** maritime risk; **нестрахуемый ~** uninsurable risk; **особый ~** special risk; **принятый ~** accepted risk; **профессиональный ~** professional risk; **страховой ~** insurance risk; **условный ~** conditional risk; **~ потери** risk of loss; **~ от утечки** risk of

leakage; **на ~е покупателя (продавца)** at the risk of the buyer (of the seller), **военный ~** war risk
рисковый risk, risky
рисун/ок drawing (picture); **промышленные ~ки** industrial drawings
ровня equal, match
род family, genre, kind, origin, type; nature; **~ товара** nature of the goods
родина homeland
родитель parent **кровные ~и** birth parents **приемные ~и** adoptive parents
родной native
родственник relative; **кровный ~** blood ~
родство kinship, relationship; **внебрачное ~** illegitimate kinship; **законное ~** legal relationship; **кровное ~** blood relationship
рождаемость birth rate, fertility
рождени/е birth; **внебрачное ~** birth out of wedlock; **законное ~** legitimate birth; **незаконное ~** illegitimate birth; **год ~я** year of birth; **место ~я** place of birth
розница retail; **продать в ~у** to sell at retail; **в ~у** at retail, by retail
розничн/ый retail; **~ая торговля** retail trade; **~ая цена** retail price; **~ торговец** retailer
рознь difference, dissension
розыск inquiry, search; **уголовный ~** criminal investigation
роспись inventory, list; **бюджетная ~** budget schedule; **~ доходов** schedule of earnings; **~ расходов** schedule of expenses
роспуск dismissal, dissolution; **~ парламента** dissolution of parliament; **~ собрания** breakup of a meeting
рост increase, gain, spread; *(развитие)* growth, development, expansion, enlargement; *(подъем)* take-off; *(цен, курсов)* rise, advance, hike; *(быстрый)* skyrocketing; **бурный ~ численности населения** explosive population growth; **значительный ~** significant growth; **~ занятости** growth in employment; **~ заработной платы** wage increase; **~ населения** population growth; **~ покупательной способности** increase in purchasing power; **~ потребительского спроса** increase in consumer demand; **~ производительности** increase in productivity; **~ производительности труда** increase in labor productivity; **~ производства** increase in production; **~ спроса** increase in demand; **~ суммы оборота** increase in turnover; **~ цен** upsurge in prices
ростовщик usurer
ростовщический usurious
ростовщичество usury
росчерк flourish; **одним ~ом пера** with a single stroke of the pen
роялти royalty; **ступенчатое ~** graduated scale ~
рублевый ruble
рубль rouble
руда ore; **железная руда** iron ore; **марганцевая руда** manganese ore; **руда перекиси марганца** peroxide of manganese ore; **хромовая руда** chrome ore
рук/а hand; **рабочие ~и** hands (workers)
руководитель chief, manager, leader; **~ предприятия** chief of an enterprise
руководить to be in charge, to manage, to supervise
руководство guidance, leadership, management; manual; **высшее ~** top management; **квалифицированное ~** competent management; **~ завода** plant management; **~ фирмы** company management
руководящий administrative, leading, managing
рупия Rupee *(валюта)*
русло channel, course
ручательство guaranty (*или* guarantee), surety, warranty; *(письменное)* voucher; **~ за доброкачественность** guaranty of quality
ручаться to guarantee, to stand security, to stand del credere, to warrant
рыболовство fishing, fishing industry; **береговое ~** coastal fishing trade
рын/ок market; **акцептный ~** acceptance ~; **биржевой ~** stock ~; **валютный ~** currency ~; **вексельный ~** bill (note) ~; **внешний ~** external ~; **внутренний ~** domestic ~; **выпустить на ~** to introduce into the ~; **вялый ~** stagnant ~; **денежный ~** money ~; **заграничный ~** foreign ~; **замкну-**

тый ~ closed ~; **зарубежный** ~ overseas ~; **защищенный** ~ protected ~; **импортный** ~ import ~; **иностранный** ~ foreign ~; **интегрированный** ~ integrated ~; **капиталистический** ~ capitalist ~; **конкурирующий** ~ competitive ~; **контролируемый** ~ controlled ~; **котируемый на ~ке** listed on the exchange; **международный** ~ international ~; **международный валютный** ~ international currency ~; **местный** ~ local ~; **мировой** ~ global ~; **национальный** ~ national ~; **неофициальный** ~ unofficial ~; **общий** ~ common ~; **оживленный** ~ broad ~; **организованный** ~ organized ~; **открытый** ~ open ~; **официальный** ~ official ~; **переполнить** ~ to glut the ~; **полулегальный** ~ gray ~; **пересыщенный** ~ glutted ~; **преференциальный** ~ preferential ~; **региональный** ~ regional ~; **регулируемый** ~ regulated ~; **свободный** ~ free ~; **свободный валютный** ~ free currency ~; **сельскохозяйственный** ~ agricultural ~; **товарный** ~ commodities ~; **традиционный** ~ traditional ~; **учетный** ~ discount ~; **фрахтовый** ~ freight (tonnage) ~; **черный** ~ black ~; **экспортный** ~ export ~; ~ **вооружений** arms ~; ~ **капитала** capital ~; ~ **рабочей силы** labor ~; ~ **ссудных капиталов** capital lending ~; ~ **ценных бумаг** securities ~; **выпустить на** ~ to put on the market; **выступать на ~ке** to be in the market; **состояние ~ка** the state of the market; **ряд (число, количество)** a number

рыночный market

рычаг lever, leverage, key factor; **экономический** ~ lever of economic control; ~ **управления** control lever

рэкет racket

рэкетир racketeer

рэлли *(оживление спроса)* rally

ряд 1. row; line; 2. *(серия)* range, series; tier; **случайный** ~ random series; **статистический** ~ ststistical series; ~ **фирм** a number of firms; **стоять в одном ~у** rank with

С

саботаж sabotage
саботажник saboteur
саботировать to sabotage
салазки skids
салон salon; *(самолета)* cabin; *(демонстрационный)* shawroom
сальдировать balance, strike the balance; settle
сальдо balance; **дебетовое** ~ balance due, debit balance; **кредитовое** ~ credit balance; **нулевое** ~ zero balance; **отрицательное** ~ negative balance; **положительное** ~ positive balance; ~ **счета** balance of an account; ~ **текущего счета** current account balance; ~ **в нашу (вашу) пользу** balance in our (your) favour

самоволие licentiousness
самогон moonshine (illegal spirits)
самогонщик moonshiner *(maker of illegal spirits)*
самодержавие autocracy
самодержавно autocratically
самодержавный autocratic
самодержец autocrat
самозащита self defense
самолет aircraft, airplane; **гражданский** ~ civil aircraft
самолетостроение aircraft construction
самонадеянность arrogance, conceit; **преступная** ~ criminal conceit
самооборона self defense *(as defense to charge of assault, murder)*; **законная** ~ legal self defense
самоопределение self determination
самоотвод withdrawal of candidacy, refusal to accept nomination; **заявить о ~е** to declare withdrawal from candidacy
самопомощь mutual aid, self help
самостоятельность independence; **законодательная** ~ legislative independence; **хозяйственная** ~ economic independence; **юридическая** ~ legal independence
самостоятельный independent
самосуд mob Justice, lynching party
самоубийство suicide
самоубийца suicide *(person committing)*
самоуправление self-government, self-management;

С

рабочее ~ workers' self-management
самоуправный arbitrary
самофинансирование self-financing
санитарная служба health services, sanitary services
санитарный совет sanitary council, board of sanitation
санкци/я sanction; **административная ~** administrative ~; **военная ~** military ~; **гражданская ~** civil ~; **дипломатическая ~** diplomatic ~; **договорная ~** contractual ~; **коллективная ~** collective ~; **кредитная ~** credit ~; **моральная ~** moral ~; **налоговая ~** tax penalty; **парламентская ~** parliamentary ~; **применить ~ю** to apply a ~; **репрессивная ~** repressive ~; **торговая ~** trade ~; **уголовная ~** criminal ~; **финансовая ~** financial ~; **фискальная ~** fiscal ~; **штрафная ~** penalty ~; **экономическая ~** economic ~; **~ закона ~** of the law
санкционировать to sanction
сановник dignitary
сбалансировать to balance
сберегательн/ый savings; **~ая книжка** savings account pass book
сберегать to protect, to save
сбережени/е economizing, savings; **валовое ~** gross savings; **вынужденное ~** forced economies; **денежное ~** money saving; **личные ~я** personal savings; **чистые ~я** net savings
сберкасса savings bank

сберкнижка savings account pass book
сближение rapprochement, drawing closer; **~ позиций** rapprochement of the positions
сбой malfunction, failure
сбор assembly, collection, (денежный) dues (мн. ч), duty, fee; **акцизный ~** excise duty; **арбитражный ~** arbitration fee; **балластный ~** ballast dues; **ввозной ~** import tax; **весовой ~** weighing fee; **гербовый ~** stamp duty; **гербовый ~ по векселю** stamp duty on the bill of exchange; **годовой ~** annual fee; **грузовой ~** cargo dues; **дополнительный ~** surcharge; **дорожный ~** road toll; **импортный ~** import dues; **инспекционный ~** inspection fee; **ипотечный ~** mortgage fee; **железнодорожный ~** railway toll; **комиссионный ~** commission; **консульский ~** consular fee; **корабельный ~** ship's dues; **лихтерный ~** lighterage; **лицензионный ~** license fee; **лоцманский ~** pilotage (dues); **маячный ~** lighthouse dues; **местный ~** local charge; **минимальный ~** minimal fee; **навигационный ~** navigation dues; **налоговый ~** tax levy; **наследственный ~** inheritance tax; **патентный ~** patent fee; **поземельный ~** land tax; **портовые ~ы** harbor (port) dues; **почтовый ~** postal charge; **пошлинный ~** duty; **при-**

станьский ~ berthage; **профессиональный ~** professional fee; **разовый ~** one time fee; **регистрационный ~** registration fee
сборище assemblage gang, mob
сборка assembling; assembly; erection; mounting
сборник collection (в письм. виде)
сборщик collector; **~ налогов** tax collector; **~ пошлин** collector of duties
сбыт sale; **контрабандный ~** sale of contraband; **массовый ~** bulk sales; **оптовый ~** wholesaling; **прямой ~** direct sales
сбытовой marketing, sales
сбыть to market, to sell
свадьба wedding
свалка dust up, scuffle
сведени/я information (ед. ч.); knowledge; **дополнительные ~** additional information; **надежные ~** reliable information; **получить ~** to receive information или to be informed; **доводить до ~** to inform или to advise, или to notify (о - of); **принимать к ~ю что-л.** to note something
свекор father-in-law (father of husband)
свекровь mother-in-law (mother of husband)
свергнуть to dethrone, to overthrow
свержение dethronement, overthrow; **~ правительства** overthrow of the government; **~ режима** overthrow of the regime; **~ с престола** dethronement
сверка tally

сверхнациональный supranational
сверхприбыль excess profit
сверхсрочный additional service
сверхурочный overtime
светокопия photostatic copy; **светокопия чертежа** photostatic copy of a drawing *или* blue-print
светский temporal, worldly
свидание appointment, interview, meeting; **назначить ~ на 5 часов** to make (*или* to fix) an appointment for 5 o'clock
свидетель witness; **обвиняемый ~** accused witness; **~ защиты** witness for the defense; **~ обвинения** witness for the prosecution; **~ - очевидец** eye witness
свидетельство (*документ*) certificate, evidence, testimony; **авторское ~** certificate of authorship; **брачное ~** marriage certificate; **вкладное ~** deposit receipt; **врачебное ~ о смерти** medical death certificate; **долговое ~** certificate of indebtedness; **закладочное ~** pawn ticket; **залоговое ~** letter of hypothecation, mortgage certificate; **карантинное ~** quarantine certificate; **лоцманское ~** certificate of pilotage; **медицинское ~** medical certificate; **мерительное ~** tonnage slip (of a vessel); **метрическое ~** birth certificate; **нотариальное ~** notarial certificate; **предварительное ~** preliminary testimony; **~ о происхождении** certificate of origin;

~ о заводском испытании certificate of works test
свидетельствовать to give evidence, to testify
свинг (*предел взаимного кредитования сторонами клиринговых расчетов*) swing
свита retinue
свитч (*1. ликвидация фьючерсной позиции и немедленное открытие аналогичной позиции по тому же финансовому инструменту; 2. продажа одних активов и покупка других*) switch
свифт (*межбанковская электронная система передачи информации и осуществления платежей*) SWIFT (Society for Worldwide Interbank Financial Telecommunications)
свобода freedom, liberty; **личная ~** personal liberty; **основная ~** basic freedom; **поднадзорная ~** at liberty, under surveillance; **профсоюзная ~** trade union freedom; **религиозная ~** religious freedom; **~ движения** freedom of movement; **~ движения капиталов** freedom of capital movement; **~ движения рабочей силы** freedom of movement of labor; **~ действия** freedom of action; **~ религии** freedom of religion; **~ слова** freedom of speech; **~ собрании** freedom of assembly; **~ совести** freedom of conscience; **~ судоходства** freedom of navigation
свободно-конвертируемый freely convertible

свободные денежные средства available resources
свободный free; **свободно на борту или франко борт** free on board; **свободно от частной аварии** free from (*или* of) particular average; **~ доступ** free access
свод code, collection; **~ законов** code of laws; **~ правил** set of rules
сводка summary
сводник panderer, pimp, procurer
сводничество pandering, pimping, procuring
сводный счет closing account
своевременно in due course
своевременно in (good) time, in due time; duly
своевременный prompt, timely
свойственник in law (*relation by marriage*)
свойство affinity, in law relationship
своп (*обмен активами или обязательствами*) swap; **долговой ~** debt-equity swap; **обратный ~** reverse swap; **товарный ~** commodity swap
сворачивание curtailing, (*постепенное*) phasedown, phase-out
свояк brother in-law (*husband of wife's sister*)
свояченица sister-in law (*wife's sister*)
связать *см.* **связывать**
связист telecommunications worker
связной noun messenger
связывать, связать (*договоры*) to bind, to be bound, (*соединять*) to be connected, tie; (*вовлекать*) to

involve; *(скреплять)* to fasten;

связывающ/ий binding; **~ее предложение** binding offer; **~ обе стороны** binding upon both parties

связ/ь communication, connection (*или* connexion);, link, relation, tie; **брачная ~** marital relation; **в ~и с** in connection with; **в этой ~и** in this connection; **казуальная ~** causal link; **правовая ~** legal relationship

священнослужитель clergyman

сговор deal, plot; **карательный ~** cartel arrangement

сдавать 1. *(передавать)* to hand over, to surrender, to submit; 2. *(в аренду)* to lease; 3. *(в банк на хранение)* to lodge; 4. *(судно внаем по чартеру)* to charter

сдавать, сдать to deliver, to give, to surrender; **~ в наем** to let; **~ поднаем** to sublet

сдач/а delivery, hiring out, leasing; **будущая ~** forward delivery; **запоздалая ~** late delivery; **место ~и** place of delivery; **неполная ~** short delivery; **~ в наем** letting; **~ в поднаем** subletting; **~ приемка** acceptance of goods; **срок ~и** time of delivery; **условия ~и** terms of delivery; **частичная ~** partial delivery, part delivery; **~ на хранение** delivery for storage; **юридическая ~** legal delivery;

сдел/ка bargain, deal, transaction; business (*мн. ч.* business); **банковская ~** bank transaction; **бартерная ~** barter deal; **биржевая ~** (stock) exchange transaction; **биржевая ~ на срок** forward transaction (on the exchange); **внешнеторговая ~** foreign trade transaction; **выгодная ~** good bargain; **двухсторонняя ~** bilateral transaction; **заключить ~ку** to conclude a deal, to conclude a transaction; **кассовая ~** cash transaction, spot market transaction; **коммерческая ~** business deal; **компенсационная ~** buy back transaction; **комплексная ~** package deal; **кредитная ~** credit transaction; **международная ~ купли продажи** international buy sell transaction; **меновая ~** barter exchange transaction; **наличная ~** cash deal; **недобросовестная ~** bad faith transaction; **оптовая ~** wholesale deal; **посредническая ~** middleman transaction; **прибыльная ~** profitable transaction; **разовая ~** single transaction; **реэкспортная ~** reexport deal; **срочная ~** futures transaction; **срочная ~ с иностранными валютами** forward currency transaction; **товарообменная ~** commodity swapping transaction; **торговая ~** trade deal; **тайная ~** secret deal; **убыточная ~** money losing transaction; **учетная ~** discount transaction; **фиктивная ~** fictitious transaction, sham deal; **финансовая ~** financial transaction; **хеджевая ~** hedge transaction; **честная ~** fair deal; **~ купли продажи** buy sell transaction

сдельщик piece worker

сдельщина piece work

себестоимост/ь base cost, prime cost, cost price, cost; **выше (ниже) ~ и** above (below) cost; **по ~и** at cost; **фабрично-заводская ~** manufacturing prime cost

сегмент segment; **~ рынка** market segment; **небольшой ~ рынка** market niche; **завоевывать ~** capture a market segment

сезон season; **мертвый ~** off season

сейф safe; **банковский ~** bank safe, bank vault; **~ в банке для хранения ценностей** safe deposit box; **депозитный ~** depositary; **~ для хранения кассы** money vault; **стальной ~** steel vault

секвестр *(сокращение бюджетных статей в ходе исполнения бюджета)* sequestration; *(наложение ареста на имущество)* sequester, sequestration; **наложить ~** to embargo, to sequestrate

секрет secret; **промышленный ~** trade ~; **профессиональный ~** professional ~

секретариат secretariat; **генеральный ~** general ~

секретарь secretary; **административный ~** administrative ~; **генеральный ~** general ~; **государственный ~** state ~; **исполнительный**

executive ~; **парламентский** ~ parliamentary ~; **первый** ~ first ~; **постоянный** ~ permanent ~

секретн/ый secret; *(о документах)* confidential, classified; **~ое соглашение** secret agreement

сектор sector; **государственный** ~ state ~; **ключевой** ~ key ~; **национализированный** ~ nationalized ~; **производственный** ~ productive ~; **промышленный** ~ industrial ~

секуляризация secularization

секуляризировать to secularize

секунда *(второй экземпляр векселя)* second bill, second of exchange

секция section; **административная** ~ administrative ~; **юридическая** ~ legal ~

селение settlement

селинг *(торговля опционами)* selling, writing

сельскохозяйственный agricultural, farm

семейство family

семья family; **законная** ~ legal ~; **многодетная** ~ large ~ *(many children)*; **приемная** ~ adopted ~; **родная** ~ birth ~

семейный family; ~ **совет** family council

сенат senate

сенатор senator

сенатский senate

сепаратизм separatism

сепаратист separatist

сепаратистский separatist

сервер *(обслуживающее устройство)* server; ~ **доступа** access ~; **сетевой** ~ network ~

сервитут *(право пользования чужим имуществом в определенных пределах)* servitude, easement

серебро silver; ~ **в монете** silver in a coin

середин/а middle: **в ~е мая** in the middle of May

середняк average person, peasant of modest earnings

сертификат certificate; **валютный** ~ currency ~; **вкладной** ~ ~ of deposit; **залоговый** ~ ~ of pledge, mortgage ~; **медицинский** ~ medical ~; **платежный** ~ ~ of payment; **экспортный** ~ export ~; ~ **о мореходности** ~ of seaworthiness; ~ **о происхождении** ~ of origin

сертификат см. **свидетельство**

серьезный serious

сессия session, term; **бюджетная** ~ budgetary session; **внеочередная** ~ extraordinary session; **годовая** ~ annual term; **очередная** ~ regular session; **чрезвычайная** ~ emergency session; ~ **парламента** session of parliament

сестра sister; **внебрачная** ~ illegitimate ~; **двоюродная** ~ cousin (female)

сетка scale; **тарифная** ~ tariff ~; **тарифная** ~ **заработной платы** wage rate ~; **тарифная** ~ **цен** price schedule

сеть network; **дилерская** ~ dealership ~; **железнодорожная** ~ railway ~; **распределительная** ~ distribution ~; **торговая** ~ commercial ~, sales outlets; ~ **связи** communications ~; ~ **торговли** ~ of trade relations

сжатие рынка market pressure

сжигать to compress

сигнал бедствия distress signal

сил/а force, power, strength, validity; **войти в ~у** to come into force; **вооруженные ~ы** armed forces; ~ **закона** force of law; **законная** ~ legal force; **исполнительная** ~ executive power; **квалифицированная рабочая** ~ qualified work force; **международные ~ы** international force; **непреодолимая** ~ force majeure, contingency; **обратная** ~ retroactive effect; **с обратной ~ой** with retroactive effect; **обязательная** ~ compulsory force; **оккупационные ~ы** occupying forces; **оставаться в ~е** to remain in force; **относительная** ~ relative force; **покупательная** ~ purchasing power; **полицейские ~ы** police force(s); **полная** ~ full capacity; **производительные ~ы** productive forces; **рабочая** ~ labor force; **сельскохозяйственная рабочая** ~ agricultural labor force; ~ **судебного решения** force of a judicial decision; **вступать в ~у** to come into force, to come into effect; **оставаться в ~е** to remain in force; **терять ~ы** to become invalid *или* to become void; **в ~у чего-л.** on the strength of...

С

симулянт malingerer
симуляция malingering, simulation
синдикализм syndicalism
синдикалист syndicalist
синдикалистский syndicalist
синдикат syndicate; **промышленный ~** industrial ~; **рабочий ~** labor ~; **~ предпринимателей** ~ of entrepreneurs
синдицировать to syndicate
синька (*светокопия чертежа*) *см.* **светокопия**
сирота orphan; **~ казанская** loser, sad sack (*colloquial*)
сиротство orphanhood
система system; **банковская ~** banking ~; **бюджетная ~** budget ~; **валютная ~** currency ~; **двухпалатная ~** bicameral ~; **двухпартийная** two party ~; **денежная ~** monetary ~; **избирательная ~** electoral ~; **конституционная ~** constitutional ~; **кредитная ~** credit ~; **метрическая ~** metric ~; **многосторонняя ~ платежей** multilateral ~ of payments; **налоговая ~** tax ~; **~ обязательной регистрации** compulsory registration; **однопалатная ~** unicameral ~; **~ оплаты труда** wage ~; **сдельная ~ оплаты труда** piece-rate plan; **справочная ~** reference ~; **парламентарная ~** parliamentary ~; **паспортная ~** passport ~; **пенитенциарная ~** penal ~; **~ пенсионного обеспечения** pension fund scheme; **правовая ~** legal ~; **~ предпочтений** preference pattern; **преференциальная ~** preferential ~; **пропорциональная ~ выборов** proportional ~ of voting; **пропорциональная избирательная ~** proportional electoral ~; **рыночная ~** market ~; **~ учета издержек** cost ~
систематизитрованный classified
ситуация situation
сиф cost, insurance, freight (*обычно сокр.* c. i. f.); **сиф Ливерпуль** c.i.f. Liverpool; **на условиях сиф** on c.i.f. terms
скамья подсудимых (*суд.*) the dock
скидк/а discount, allowance, reduction; **валютная ~** foreign exchange premium (*trade gain through foreign exchange*); **дилерская ~** dealer ~; **коммерческая ~** commercial ~; **максимальная ~** maximum ~; **обычная ~** customary ~; **~ с цены** a discount from the price *или* a reduction in the price; **~ в размере 10%** 10 per cent. discount *или* a discount of 10 per cent; **~ для торговцев** resale discount; **без ~и** without discount *или* net; **цена строго без ~и** strictly net price; **наличными без ~и** net cash; **предоставить ~у** to allow (*или* to give, to grant) a discount
склад 1. (*товарный*) warehouse; store, depot, storehouse; **2.** (*запас*) stock; **бондовый ~** bonded warehouse; **лесной ~** timber yard; **таможенный ~** customs store; **товарный ~** station warehouse; **частный ~** private warehouse; **со ~а** (*франко склад*) ex warehouse; **со ~а** (*из запаса*) from stock; **на ~е** (*в запасе*) in stock
складирование storage; warehousing; **расходы по складированию** storage expenses *или* storage
складированный stored
складировать to warehouse, to store
склонный inclined
скользящий sliding, sliding scale
скоропортящийся perishable; **скоропортящийся товар** perishable goods
скорость speed; **грузовая ~** loaded ~; **малая ~** slow ~; **~ оборота** rate of turnover; **~ полета** air speed
скор/ый speedy; rapid; fast; (*близкий по времени*) near; **в ~ом времени** soon *или* at an early date; **в ~ом будущем** in the near future; **~ее чем** rather than
скот livestock
скрепа counter signature
скрепить подписью to authenticate, to countersign
скрепка paperclip
скрепление authentication, countersigning
скреплять; скреплять подписью to countersign
скрип (*временный сертификат на акции*) scrip
скрывать to conceal, to hide, to disguise
скрытие concealment
скрытый concealed, latent
скупать to buy up, to buy all of; (*акции для спекуляции*) to corner
скупка buying up, cornering the market

скупой cheap, miserly
скупщик one who corners the market; ~ **краденого** fence
слаборазвит/ый underdeveloped; **~ая нация** ~ nation
слабоумный feebleminded
следователь investigator
следовать to comply, to follow
следствие consequence, investigation; **предварительное** ~ preliminary investigation; **прекратить** ~ to call off an investigation; **производить** ~ to carry out an investigation
следующ/ий 1. *(ближайший по времени, первый из последующих)* next; **в ~ее воскресенье** next Sunday; **на ~ей неделе** next week; **в ~ем месяце (году)** next month (next year); **в ~ раз** next time; **~ая партия будет отгружена в мае** the next lot will be shipped in May; **2.** *(тот, который следует далее)* following, **~им образом** in the following way; **мы получили телеграмму ~его содержания** we have received a telegram reading as follows *или* we have received the following telegram; **мы отгрузили ~ие товары** we have shipped the following goods
слежка shadowing
слет gathering, rally
сливать to amalgamate
сливаться to merge
слит/ок ingot; **золото в ~ках** gold ~s
слияние amalgamation, merger; ~ **капитала** amalgamation of capital; ~ **отдельных землепользований** merger of separate uses in land; ~ **предприятий** merger of enterprises
словесный oral, verbal
слово word; **дать свое** ~ to give one's ~; **заключительное** ~ a ~ in conclusion; **освободить под честное** ~ to release on one's own recognizance; **честное** ~ on one's; ~ **чести** ~ of honor
сложение composition, *(physical)* constitution
сложный complex, complicated, multiple
слуга servant
служащий clerk, employee; **банковский** ~ bank employee; **государственный** ~ civil servant; **канцелярский** ~ clerical worker; **квалифицированный** ~ qualified employee; **муниципальный** ~ municipal worker; **почтовый** ~ postal worker; **торговый** ~ sales clerk
служб/а department, service; **авиапочтовая** ~ airmail service; **внешняя** ~ overseas service; **внутренняя** ~ domestic service; **военная** ~ military service; **годный к военной ~е** fit for military service; **не пригодный к военной** ~ unfit for military service; **вспомогательная** ~ auxiliary services; **государственная** ~ civil service; **дипломатическая** ~ diplomatic corps; **добровольная** ~ voluntary service; **заграничная** ~ service abroad; **иммиграционная** ~ immigration service; **коммунальные ~ы** communal services; **консульская** ~ consular corps; **лоцманская** ~ pilotage service; **публичная** ~ public service; **публичные ~ы** public services; ~ **разведки** intelligence service
служебный business, official
служить to serve
слухач monitor
случа/й 1. *(обстоятельство, событие)* accident, case; **2.** *(возможность)* opportunity, chance; *(происшествие)* event, incident; **благоприятный** ~ opportunity; **в ~е чего-л.** in case *или* in the event) of something; **в ~е неуплаты (непоставки)** in case of non-payment (non-delivery); **в ~е необходимости** in case of need; **в таком ~е** in that case; **во всяком ~е** in any case *или* at any rate; **ни в коем ~е** on no account; chance; **при первом удобном ~е** at the first opportunity; **мы пользуемся ~ем, чтобы напомнить вам** we take this opportunity to remind you; **непредвиденный** ~ unforeseen situation; **непреодолимый** ~ unavoidable situation, situation of force majeure; **несчастный** ~ accident
случайн/ый accidental, casual, fortuitous, incidental; **~ое убийство** homicide by misadventure
случаться to happen, to occur
слушание hearing; ~ **дела** hearing on a case
смазка 1. *(действие)* lubrication, lubricating; *(жид-*

ким веществом) oiling; *(густым веществом)* greasing; 2. *(смазочное вещество)* lubricant; *(густое смазочное вещество)* grease; *(жидкое смазочное вещество)* liquid lubricant, lubricating oil

смазывать to lubricate; *(густым веществом)* to grease; *(жидким веществом)* to oil

смарт-карт *(банковская карточка со встроенным микропроцессором)* smart-card

смежный adjacent, contiguous

смена changing, replacement, shift; **дневная ~** day shift; **ночная ~** night shift; **~ владельца** change of owner; **~ кабинета** change of cabinet; **~ правительства** change of government; **~ режима** change of regime

сменить *см.* **сменять**

сменяемость interchangeability

сменяемый interchangeable

сменять to change, to replace

смертность mortality; **детская ~** infant ~

смерть death

сместить *см.* **смещать**

смесь mixture

смет/а estimate; *(финансовая)* budget; *(калькуляция)* calculation, statement; **бюджетная ~** budgetary estimate; **годовая ~** annual statement; **годовая бюджетная ~** annual budgetary statement; **дополнительная бюджетная ~** additional budgetary estimate; **одобрить ~у** to approve an estimate; **предварительная ~** preliminary estimate; **приблизительная ~** approximate estimate; **расходная ~** estimate of expenditures; **~ доходов** estimate of income; **~ затрат** estimate of outlays; **~ расходов** estimate of expenses

сметный: сметная стоимость estimated cost

смешанный joint, mixed

смешать *см.* **смешивать**

смешение confusion, mixture

смешивать to blend, to confuse, to mix

смещать to displace, to remove

смещение dismissal, displacement, removal; **~ на низшую должность** demotion to a lower position

смягчающий mitigating

смягчение mitigation

смятение commotion, confusion, disarray

снабдить *см.* **снабжать**

снабжать, снабдить to furnish, to supply, to provide

снабжение provision, supply, supplies; **~ рынка** supply on the market

снаряжение equipment, outfit

снижать, снизить to reduce, to decrease; **~ся** to decline; to decrease; **цены снизились** the prices have declined *(иги* have decreased*)*

снижение cut, decline, decrease, reduction; **~ в воинском звании** reduction in rank; **~ зарплаты** cut in wages;; **~ затрат** reduction in outlays; **~ курса** drop in exchange rate; **~ налогов** reduction of taxes; **~ пошлин** reduction of duties; **~ себестоимости** decline in the prime cost; **~ стоимости** decline in cost; **~ таможенных барьеров** lowering of customs barriers; **~ тарифа** reduction of tariff; **~ цен** decline in prices; **~ цены** reduction in the price

снимать to gather, to harvest, to remove, to take, to withdraw

снисходительность condescension, indulgence, tolerance

сноситься с кем-л. to contact somebody, to communicate with somebody, to get in touch with somebody

сноха daughter-in-law

сношени/е dealings, intercourse, relations, sexual intercourse; **внешние ~я** foreign relations; **дипломатические ~я** diplomatic relations; **международные ~я** international relations; **пограничные ~я** border relations; **почтовые ~я** postal relations; **торговые ~я** trade relations

снятие gathering, lifting, removal, taking

снять *см.* **снимать**

соавтор co-author

соавторство co-authorship

собирать to convene, to gather, to poll, to prepare

соблазнитель seducer

соблазнить to seduce

соблюдать to observe, to comply with

соблюдение conformity, compliance, observance; **~ права** observance of a right; **~ условия** conformity with a condition; **~ формально-**

соб   **С**

стей ~ observance of formalities

собрание assembly, collection, gathering, meeting; **внеочередное** ~ extraordinary assembly, extraordinary meeting; **ежегодное** ~ annual assembly; **законодательное** ~ legislative assembly; **избирательное** ~ electoral assembly; **народное** ~ people's assembly; **национальное** ~ national assembly; **общее** ~ general meeting; **общественное** ~ public assembly; **обыкновенное** ~ customary gathering; **очередное** ~ regular assembly; **пленарное** ~ plenary assembly; **представительное** ~ representative assembly

собрать *см.* **собирать**

собственник owner, proprietor

собственность ownership (**на** - in), possession, property; **авторская** ~ copyright property; **арендованная земельная** ~ leasehold property; **безраздельная** ~ undivided property; **государственная** ~ state ownership, state owned property; **движимая** ~ chattels; **земельная** ~ landed property; **индивидуальная** ~ individual ownership; **интеллектуальная** intellectual property; **исключительная** ~ exclusive ownership, exclusive property; **коммерческая** ~ commercial ownership; **кооперативная** ~ cooperative property; **кооперативная земельная** ~ cooperative landed property; **литературная** ~ literary property; **литературная и художественная** ~ literary and artistic property; **личная** ~ personal property; **народная** ~ public property; **недвижимая** ~ real property; **нейтральная** ~ mutual ownership; **общая** ~ common property; **общая супругов** community property; **общественная** ~ common ownership; **приобрести в** ~ to acquire property; **промышленная** ~ industrial property; **реальная** ~ tangible property; ~ **на товар** property in the goods; **право собственности** *см.* **право 1**

собственный own, personal

совершать to accomplish, to carry out, to commit, to perpetrate

совершение accomplishment, fulfillment, perpetration; ~ **преступления** perpetration of a crime; ~ **сделки** accomplishment of a deal

совершеннолетие majority *(age of adulthood)*; **брачное** ~ marital majority; **общегражданское** ~ general civil majority; **юридическое** ~ legal majority

совершеннолетний adult *(of majority age)*

совершенствовать to perfect

совет advice, board, council; **административный** ~ administrative council; **большой** ~ grand council; **верховный** ~ Supreme Soviet (historical); **военный** ~ military council; **городской** ~ city council; **государственный** ~ state council; **европейский** ~ European council; **исполнительный** ~ executive council; **консультативный** ~ consultative council; **муниципальный** ~ municipal council; **наблюдательный** ~ supervisory council; **национальный** ~ national council; **опекунский** ~ board of guardians; **парламентский** ~ parliamentary council; **постоянный** permanent council; **рабочий** workers council; **революционный** revolutionary council; **регентский** council of regents; **санитарный** ~ sanitary council, board of sanitation; **семейный** ~ family council; **социальный** ~ social council; **федеральный** ~ federal board; ~ **безопасности** ~ security council; ~ **министров** council of ministers; ~ **министров иностранных дел** council of ministers of foreign affairs; ~ **обороны** defense council

советник advisor, *(в составе посольства)* counsellor; **военный** ~ military advisor; **генеральный** ~ general advisor; **городской** ~ city councilor; **государственный** ~ state councilor; **муниципальный** ~ municipal councillor; **технический** ~ technical advisor; **торговый** ~ trade advisor, commercial counsellor; **финансовый** ~ financial advisor; **экономический** ~ economic advisor; **юридический** ~ legal advisor

советовать to advise, to recommend

совещание conference, council, meeting; **предварительное** ~ preliminary conference; **предвыборное** pre election conference; **закрытое** ~ closed meeting; **инструктивное** ~ briefing; ~ **глав государств** conference of heads of state; ~ **глав правительств Семерки** conference of the G 7; ~ **министров** ministerial conference; **учредительное** ~ constituent assembly; **учредительское** ~ founder's meeting; **федеральное** ~ federal assembly; **чрезвычайное** ~ emergency meeting; **чрезвычайное общее** ~ emergency general meeting

совещательный consultative, deliberative

совещаться to consult, to deliberate

совладелец co-owner, partner

совладение co-ownership

совместимость compatibility

совместимый compatible

совместительство pluralism of officership

совместить см. **совмещать**

совместная ~ Joint ownership

совместно jointly

совместн/ый combined, joint; ~**ое предприятие** joint venture; ~**ое действие** joint action

совмещать to combine

совокупность aggregate, totality

совоюющий co-belligerent

совратитель corrupter, perverter

совратить to corrupt, to pervert

согласие agreement, consent (на - to); **взаимное** ~ mutual consent; **добровольное** ~ voluntary consent; **молчаливое** ~ tacit consent; **обоюдное** ~ reciprocal consent; **общее** ~ common consent; **предварительное** ~ preliminary agreement; **письменное** ~ written consent; **прямое** ~ direct consent

согласиться см. **соглашаться**

согласно according to; as per; ~ **вашим инструкциям** according to your instructions; ~ **приложенной спецификации** according to the specification enclosed или as per specification enclosed

согласный agreeable; willing; **быть согласным** см. **соглашаться**

согласование agreements, concordance; **предварительное** ~ preliminary coordination; ~ **текста договора** concordance of the text of an agreement

согласовывать, согласовать to agree, to come to an agreement; ~ **вопрос** to agree on a question (или on a matter) или to come to an agreement on a question (или on a matter)

согласованный agreed; **согласованные и заранее оцененные убытки** см. **убыток**

соглашатель appeaser

соглашательский appeasement, appeasing

соглашаться, согласиться to agree to, to consent to; ~ **на что-л. (или с чем-л.)** to agree to something; ~ **с кем-л.** (с чьим-л. мнением, с чьей-л. точкой зрения) to agree with somebody (with somebody's opinion, with somebody's point of view); **не** ~ to disagree

соглашени/е agreement, arrangement, contract, understanding; **административное** ~ administrative agreement; **арбитражное** ~ arbitration agreement; **бартерное** ~ barter agreement; **валютное** ~ monetary agreement; **взаимное** ~ reciprocal arrangement; **военное** ~ military agreement; **вспомогательное** ~ auxiliary agreement; **генеральное** ~ general agreement; **двухстороннее** ~ bilateral agreement; **джентльменское** ~ gentlemen's agreement; **договорное** ~ contractual agreement; **долгосрочное** ~ long-term agreement; **долгосрочное торговое** ~ long term trade agreement; **дополнительное** ~ supplementary agreement; **исполнительное** ~ executive agreement; **картельное** ~ cartel agreement; **клиринговое** ~ clearing arrangement; **комплексное** ~ package agreement; **концессионное** ~ concessionary agreement; **кредитное** ~ credit agreement; **лицензионное** ~ licensing agreement; **межбанковское** ~ interbank agreement; **межгосударственное** intergovernmental agreement; **межведомствен-**

ное interdepartmental agreement; **международное** ~ international agreement; **местное** ~ local agreement; **мировое** ~ global agreement; **многостороннее** ~ multilateral agreement; **молчаливое** ~ tacit agreement; **налоговое** ~ tax agreement; **общее** ~ general agreement; **основное** ~ basic agreement; **патентное** ~ patent agreement; **платежное** ~ payment agreement; **подразумеваемое** ~ implicit agreement; **предварительное** ~ provisional agreement; **преференциальное** ~ preferential agreement; **промышленное** ~ industrial agreement; **прямое** ~ direct agreement; **рабочее** ~ working agreement; **региональное** ~ regional agreement; **секретное** ~ secret agreement; **словесное** ~ verbal agreement; **соответствующее** ~ appropriate agreement; **специальное** ~ special agreement; **судебное** ~ juridical agreement; **таможенное** ~ customs convention; **типовое** ~ standard agreement; **торговое** ~ trade agreement; **торговое** ~ trade agreement; **устное** ~ oral agreement; **финансовое** ~ financial agreement; **формальное** ~ formal agreement; **частичное** ~ partial agreement; **частное** ~ private agreement; **экономическое** ~ economic agreement; ~ **об аренде** rental agreement; ~ **об атомном сотрудничестве** agreement on atomic cooperation; **прийти к** ~**ю** to come to an agreement

согражданин fellow citizen

содействие assistance, cooperation, help; (*содействие развитию*) promotion; **взаимное** ~ mutual assistance; **техническое** ~ technical assistance; **финансовое** ~ financial aid; ~ **в развитии** development assistance; **оказывать** ~ **кому-л.** to render somebody assistance; ~ **развитию внешней торговли** promotion of foreign trade

содействовать to assist, to contribute to, to help; ~ **чему-л.** to promote something *или* to contribute to something; **мы надеемся, что этот визит будет** ~ **развитию дружественных отношений между нашими организациями** we hope that this visit will contribute to the development of friendly relations between our organizations

содержани/е allowance, contents (*мн. ч*), maintenance, upkeep; **золотое** ~ gold content; **металлическое** ~ **монеты** metal content of a coin; **техническое** ~ maintenance (of equipment); ~ **влаги** moisture content; ~ **примесей** content of impurities (precious metals, etc); ~ **вашего письма нас удивило** the contents of your letter have surprised us; **телеграмма** (*факс*) **следующего** ~**я** a telegram (a fax) running (*или* reading) as follows

содержать to contain; **содержаться** to be contained

содержать (*поддерживать, сохранять*) to keep, to maintain, to support

содержимое *см.* **содержание**

содокладчик presenter of supplementary report

содружество commonwealth; **британское** ~ **наций** the British Commonwealth of Nations; ~ **Независимых Государств (СНГ)** Commonwealth of Independent States (CIS)

соединение conjunction, joining

соединенн/ый united; ~**ое Королевство** United Kingdom; ~**ые Штаты Америки** United States of America

сожалени/е regret; **к** ~**ю**, **к нашему (моему)** ~**ю** to our (my) regret; unfortunately; **к** ~**ю, мы не можем** we regret that we cannot; **с** ~**ем сообщаем вам** we regret (*или* we are sorry) to inform you

сожалеть to regret, to be sorry

сожительница mistress

сожительство coexistence, cohabitation; **внебрачное** ~ extramarital cohabitation; **мирное** ~ peaceful coexistence

сожительствовать to cohabit, to coexist

созвать *см.* **созывать**

создавать, создать to create, to found, to originate

создание creation, development; ~ **запасов** accumulation of stocks; ~ **резервов** creation of reserves

создатель creator

сознаваться *см.* **сознаться** to plead guilty

созыв convocation; ~ **избирателей** summoning of the electors; ~ **собрания** calling of a meeting

созывать to convene, to convoke, to call

соискание competition

сокращать *см.* **сократить** to abbreviate, to curtail, to reduce

сокращение contraction, cut, decline, reduction; ~ **ассигнований** reduction of allocations; ~ **бумажных денег в обращении** contraction of paper money in circulation; ~ **вооружений** arms reduction; ~ **дефицита** reduction of a deficit; ~ **доходов** reduction in revenue; ~ **импорта** decline in imports; ~ **кредита** contraction of credit; ~ **налога** tax cut; ~ **пошлины** cut in duties; ~ **производства** decrease in production; ~ **расходов** cut in expenses; ~ **спроса** drop in demand; ~ **таможенных барьеров** reduction of customs barriers; ~ **таможенного тарифа** reduction of customs tariff; ~ **штатов** contraction of staff

сокровище treasure

сокрытие concealment; ~ **краденого** receiving of stolen goods; ~ **прибыли** concealment of profits

солидарно collectively, jointly

солидарность joint liability, solidarity, Solidarity *(Polish political movement)*

солидарный solidary

соло вексель single name note

соль Sol *(Peruvian currency)*

сомнение doubt, uncertainty

сомнительный doubtful, dubious

сонаследник co-heir

сонаследовать to inherit jointly

сообвиняемый co-defendant *(in criminal proceedings)*

сообщать to inform,

сообщать, сообщить to inform, to advise; to announce, to communicate, to report; ~ **кому-л. что-л.** *(или* **о чем-л.)** to inform *(или* to advise) somebody of something; **просим ~ нам ваши цены** we request you to inform *(или* to advise) us of your prices

сообщение 1. *(как письменное, так и устное)* information; 2. *(письменное)* advice, notification; 3. *(связь)* communication; service; 4. *(известие)* message, report; 5. *(по радио)* announcement; 6. *(в газете)* (news) item; flash; 7. *(трансп.)* traffic; service; **воздушное ~** air traffic; **железнодорожное ~** railway service; **железнодорожное (телеграфное, телефонное) сообщение** railway (telegraphic, telephonic) communication **местное ~** short haul traffic; **морское ~** overseas traffic; **официальное ~** official report; **пароходное ~** shipping traffic; **речное ~** weather traffic; **телеграфное ~** telegraphic *или* cable advice;

сообщество community; **атлантическое ~** Atlantic ~; **Европейское Экономическое ~** European Economic ~; **международное ~** international ~

соопекун co-guardian,

сооружение building, defense installation, structure

сооснователь co-founder

соответственно 1. *(соответствующим образом)* accordingly; **мы отгрузили товар и ~ известили покупателей** we have shipped the goods and informed the buyers accordingly; 2. *(в соответствии с, согласно чему-л.)* according to, in accordance with; ~ **вашим инструкциям** according to *(или* in accordance with) your instructions; 3. *(по отношению к каждому в отдельности из указанных лиц или предметов в том же порядке)* respectively; **цены сорта А и сорта Б составляют ~ 15 и 12 долларов за тонну** the prices for Grade A and Grade B are $ 15 and $ 12 respectively

соответственный, соответствующ/ий 1. *(пригодный, подходящий)* suitable, equal, adequate; ~ **требованиям** suitable *(или* equal) to the requirements; 2. *(относящийся к каждому в отдельности из указанных лиц или предметов в том же порядке)* respective; ~**ие цены за сорт А и сорт Б составляют 5 и 6 долларов за тонну** the respective prices for Grade A and Grade B are $5 and $6 per ton; 3. *(имеющий отношение к данному де-*

лу) concerned; **мы снесемся с ~ими организациями** we will communicate with the organizations concerned

соответстви/е accordance, conformity, correspondence; **в ~и с Вашей просьбой** in accordance with your request *или* in compliance with your request; **в соответствии с** in accordance with, in conformity with, *или* in compliance with; **в ~и с законодательством** in accordance with legislation; **полное ~** full conformance

соответствовать to accord, to correspond (**чему-л.**- to, with), to conform (**чему-л.**- to), to be in conformity with, to be in accordance with; **товар не соответствует спецификации** the goods do not conform (*или* do not correspond) to the specification

соответствующий appropriate, relative, respective, suitable

соответствующий *см.* **соответственный**

соотечественник compatriot

соотношение correlation, parity, ratio; **~ валют** parity of currencies; **~ спроса и предложения** ratio of supply and demand; **~ цен** parity of prices

соперник rival

соперничество rivalry

сопоставимость comparability

сопоставимый comparable

сопоставление comparison; **~ цен** comparison of prices

сопровождать to accompany; **сопровождаться кем-л. (чем-л.)** to be accompanied by somebody (by something)

сопротивление confrontation, resistance **пассивное ~** passive resistance

сопротивляться to oppose, to resist

сопряженный attended by, entailing

соревнование competition; **предвыборное ~** electoral campaign competition

сорт sort, style; *(качество)* grade; quality; *(марка)* brand, make; *(разряд, класс)* class, rate, kind; *(средний)* run; *(пива, вина)* tap

сортамент assortment, range of products

сортировать to assort, to classify, to grade, *(по величине)* to size; *(отсеивать)* to separate; to pick

сортировка assorting, classifying, grading, sizing; picking

сортность grade, quality, rating

сортовой high-quality

сослать to banish, to exile

сослаться *см.* **ссылаться**

сословие estate, professional association; **высшее ~** upper class; **дворянское ~** noble estate, the nobility; **духовное ~** the clergy; **среднее ~** middle class

сособственность co-ownership

сосредоточение concentration; **~ сил** concentration of forces

состав composition, constitution, corpus, makeup, staff; **административный ~** administrative personnel; **включать в ~** to incorporate, to make part of; **дипломатический ~** diplomatic personnel; **личный ~** personnel; **общий ~** total composition; **основной ~** key staff; **подвижной ~** rolling stock; **руководящий ~** managerial personnel; **узкий ~ комитета** narrow composition of a committee; **узкий ~ совета** narrow composition of a council; **~ населения** composition of population; **~ правления** composition of management; **~ преступления** corpus delicti

составитель author, compiler; **~ протокола** secretary of a meeting *(compiler of minutes)*

составление drafting *(of a document)*, working out; **~ акта** drafting of a deed, document; **~ баланса** drawing up of a balance sheet; **~ бюджета** drafting of a budget; **~ завещания** drafting of a will; **~ описи** drafting of a distraint

состав/лять, составить 1. *(о количестве, сумме)* to amount to; to be; **2.** *(о документе)* to draw up; **3.** *(представлять собой)* to form, to constitute; **расходы ~ляют 500 рублей** the expenses amount to 500 roubles; **вес ~ляет 2 тонны** the weight is 2 tons; **цена ~ляет 200 долларов** the price is $200; **~ договор** to draw up a contract; **общие условия ~ляют часть контракта** the gen-

eral conditions form a part of the contract
составн/ой component; *(неотъемлемый)* integral; **~ая часть договора** integral part of the contract
состояни/е *(о товаре)* condition, position, state, status; **гражданское** ~ civil status; **мореходное** ~ seaworthiness; **правовое** ~ legal status; **быть в ~и** to be able *или* to be in a position; **не быть в ~и** to be unable *или* not to be in a position; **хорошее (плохое) ~ товара** good (bad) condition of the goods
сосуществование coexistence; **мирное** ~ peaceful coexistence
сотрудник employee; worker
сотрудничество collaboration, cooperation, working relationship; **валютное** ~ exchange rate coordination; **внешнеэкономическое** ~ foreign economic cooperation; **комплексное** ~ integrated cooperation; **международное** ~ international cooperation; **правовое** ~ legal cooperation; **финансовое** ~ financial cooperation; **экономическое** ~ economic cooperation; **~ в судебной области** cooperation in the judicial sphere
соучастие complicity, participation
соучастник accomplice, participant; **~ преступления** accessory to a crime
сохранение conservation, custody, preservation
сохранить *см.* **сохранять**
сохранность intact state, safety
сохранять, сохранить 1. *(сберегать)* to keep, to keep in custody, to preserve; 2. *(резервировать)* to reserve; **сохранять право** to reserve the right; 3. *(удерживать)* to keep, to retain
социализация socialization
социализм socialism; **государственный** ~ state socialism
социалист socialist *(person)*
социалистический socialist
сочетание combination
союз union; **административный** ~ administrative ~; **атлантический** Atlantic ~; **брачный** ~ marital ~; **валютный** ~ currency ~; **межпарламентский** ~ interparliamentary ~; **монетный** ~ monetary ~; **профессиональный** ~ (**профсоюз**) labor ~
союзник ally; **привилегированный** privileged
спад decline, downturn, recession, stagnation; **~ конъюнктуры** decline in the business cycle
спасение *(судна или груза)* salvage; **~ на море** maritime salvage
спекулировать to gamble, to speculate; **~ на повышение** to speculate on an upturn; **~ на понижение** to speculate on a downturn
спекулянт Jobber, speculato; **биржевой** ~ Jobber
спекулятивн/ый speculative; **~ая акция** speculative transaction
спекуляция speculation; **биржевая** ~ stock Jobbing; **валютная** ~ currency speculation; **денежная** ~ monetary speculation; **неудачная** ~ unsuccessful speculation; **товарная** ~ commodity speculation; **удачная** ~ successful speculation
специализация specialization; **~ производства** specialization of product line
специалист expert, specialist
специальность speciality, profession
специальный special, specific
спецификация specification
списание withdrawal, writing off; **~ долгов** writing off of debts; **~ со счета** writing off an account, withdrawal from an account
список bill, list, sheet; **~ адресатов** mailing list; **~ избирателей** electoral roll; **именной** ~ nominal roll; **~ кандидатов** slate of candidates; **контрольный** ~ checklist; **~ населения** waiting list; **партийный** ~ party membership roll; **~ пассажиров** passenger manifest; **персональный** ~ personnel list; **~ присутствующих** ~ list of attendees; **~ присяжных заседателей** Jury list; **послужной** ~ service record; **~ товаров** tally list; **~ требований** list of demands; **справочный** ~ reference list; **черный** ~ black list; **экспортный** ~ export list; **составить ~ товаров** to make a list of the goods *или* to list the goods
сплав floating timber, alloy
сплоченность cohesion, unity

спокойствие calm, order, tranquility; **общественное ~** public order

сполна in full, fully; **~ оплаченный** fully paid

спор argument, controversy, dispute; **административный ~** administrative dispute; **валютный ~** monetary dispute; **гражданско-правовой ~** civil law dispute; **жилищный ~** housing dispute; **земельный ~** land dispute; **имущественный ~** property dispute; **коммерческий ~** commercial dispute; **конституционный ~** constitutional controversy; **межгосударственный ~** interstate dispute; **международный ~** international dispute; **пограничный ~** border dispute; **правовой ~** legal controversy; **разрешить ~** to resolve a dispute; **таможенный ~** customs dispute; **территориальный ~** territorial dispute; **торговый ~** trade dispute; **трудовой ~** labor dispute; **~ по вопросу о качестве** dispute on the quality

спорн/ый controversial, disputed, disputable; **~ая сумма** a sum in dispute; **~ое дело** a case in dispute; **~ вопрос или предмет спора** a question at issue

способ manner, means, method, mode, way; **единственный ~** only way; **запатентованный ~** patented method; **обычный ~** usual method; **~ изготовления** production technique; **~ обработки** method of processing; **~ оплаты** means of payment; **~ оплаты натурой** means of payment in kind; **~ перевозки** mode of conveyance; **~ платежа** manner of payment; **~ применения** mode of application

способность ability, capability, capacity; **конкурентная ~** competitive ability; **платежеспособность** payment ability; **покупательная ~** purchasing power; **потребительская ~** traffic capacity; **реальная покупательная ~** actual purchasing power; **юридическая ~** legal capacity; **~ вступать в договор** capacity to enter into an agreement; **~ дать показание** capacity to testify; **~ завещать** capacity to devise (property by will); **~ к труду** capacity for labor

способный able, capable, gifted

справедливость equity, fairness, justice

справедливый equitable, fair, just

справка certificate, information, reference

справочник guidebook, reference book, directory, handbook

справочный guide, informational, reference; **~ номер** reference number

спровоцировать to provoke

спрос demand (**но** - for); **внешний ~** external ~; **внутренний ~** domestic ~; **вялый ~** sluggish ~; **жесткий ~** inelastic ~; **живой ~** brisk ~; **общий ~** overall ~; **оживленный ~** active ~; **платежеспособный ~** solvent ~; **постоянный ~** persistent ~; **потребительский ~** consumer ~; **растущий ~** increasing ~; **~ и предложение** supply and ~, (literally: ~ and supply); **пользоваться ~ом** to be in demand; **~ на займы** loan ~; **~ на кредит** ~ for credit; **срочный ~** immediate ~; **хороший (плохой) ~** good (poor) demand; **эластичный ~** elastic ~; **эффективный ~** effective ~

сравнени/е comparison; **по ~ю с** (as) compared with или in comparison with

сравнивать to compare

сравнительно (*относительно*) comparatively; **~ с** in comparison with или (as) compared with

средн/ий 1. (*находящийся посередине, промежуточный*) middle, medium 2. (*о величине*) average, mean 3. **среднее, средняя** (*средняя величина*) average; **в ~ем** on an average; **выше (ниже) ~его** above (below) the average

средств/о asset, facility, means, medium; **блокированные ~а** blocked assets; **бюджетные ~а** budgetary funds; **валютные ~а** foreign exchange funds; **государственные ~а** public funds; **денежные ~а** monetary resources; **дипломатические ~а** diplomatic means; **заемные ~а** borrowed funds; **замороженные ~а** frozen funds; **имущественные ~а** property;

С

мирные ~а peaceful means; наличные ~а cash resources; ликвидные ~а liquid resources; оборотные ~а working capital; основные ~а fixed assets; обычные ~а conventional means; перевалочные ~а handling facilities (cargo); плавучее портовое ~ harbor craft; резервные ~а standby funds

срок date, duration, maturity, term, time, period; возможный ~ possible date; гарантируемый ~ warranty period; договорный ~ contractual period; испытательный ~ test period; конечный ~ expiration date; крайний ~ deadline; кредитный ~ credit period; льготный ~ grace period; назначенный ~ designated term; начальный ~ initial term; неопределенный ~ indefinite term; определенный ~ definite term; сокращенный ~ давности abbreviated statute of limitations; справедливый ~ reasonable period of time; условленный ~ contingent period; установленный ~ established period; юридический ~ legal period; ~ амортизации term of amortization, depreciation period; ~ аренды term of lease; ~ векселя maturity of bill; ~ давности term of prescription; ~ действия period of effect, period of validity; ~ действия договора term of contract; ~ доставки date of delivery; ~ подачи заявления date of application; ~ исполнения date of performance; ~ поставки (или сдачи) time of (или for) delivery; ~ платежа time of payment; ~ платежа по векселю due date of the bill of exchange или maturity; ~ отгрузки time of shipment или shipping date; ~ гарантии period of guarantee; ~ действия validity; в ~ in time; в какой ~ how soon

срочно (немедленно) promptly, immediately; (неотложно) urgently; товар ~ требуется the goods are urgently needed (или required, wanted)

срочност/ь promptness, urgency; порядок ~и priority (of payment, etc)

срочный due, immediate, prompt, urgent

срочный (немедленный) propmt, immediate; (неотложный) urgent; (о сроке платежа по векселю) due (for payment); вексель срочный 10 мая a bill due 10th May; срочная поставка prompt delivery; срочное уведомление prompt notice; срочная телеграмма urgent telegram

срыв disruption; ~ переговоров breakdown of negotiations; ~ работы work stoppage

ссуд/а accommodation, advance, loan; банковская ~ bank loan; беспроцентная ~ interest free loan; возвратная ~ demand loan; выкупная ~ redeemable loan; денежная ~ money loan; долгосрочная ~ long-term loan; коммерческая ~ commercial loan; краткосрочная ~ short term loan; льготная ~ easy loan, loan on easy terms; потребительская ~ consumer loan; промышленная ~ industrial loan; просроченная ~ bad loan; срочная ~ fixed date loan; выплачивать ~у to repay (pay off) a loan; ~ денег loan of money; обращаться за ~ой apply for a loan; ~ под залог loan against security, loan against commodities; ~ под залог ценных бумаг loan against securities

ссудить *см.* **ссужать**

ссудный lending, loan

ссужать to advance, to lend

ссылать to banish, to exile

ссылаться, сослаться to refer (на - to); ссылаясь на наше (ваше) письмо with reference (или referring) to our (your) letter; снова ссылаясь на наше (ваше) письмо with further reference to our (your) letter

ссылка banishment, exile, reference; административная ~ administrative exile

ссыльнопоселенец convict settler

ссыльный exile; политический ~ political exile

стабилизация stabilization; экономическая ~ economic ~; ~ валютных курсов ~ of exchange rates; ~ цен ~ of prices

стабилизированный stabilized

стабилизировать to stabilize

стабилизирующ/ий stabilizing;

~ее влияние stabilizing influence

стабильность stability; **~ занятости** ~ of employment; **~ кадров** ~ of personnel; **~ курса** ~ of exchange rate; **~ рынка** market ~; **~ цен** price ~

ставка rate; **аккордная** ~ flat ~; **базисная** ~ prime ~; **двойная** ~ dual ~; **действующая** ~ going ~; **дневная** ~ per diem ~; **единая** ~ uniform ~; **комиссионная** ~ commission ~; **льготная** ~ preferential ~; **минимальная** ~ minimum ~; **налоговая** ~ tax ~; **открытая** ~ open ~; **очная** ~ confrontation *(of witness, etc.)*; **плавающая** ~ floating ~; **повышенная** ~ increased ~; **почтовая** ~ postal ~; **предельная** ~ marginal ~; **премиальная** ~ premium ~; **преференциальная** ~ preferential ~; **~ прогрессивная** ~ progressive ~; **процентная** ~ interest ~; **регрессивная** ~ regressive ~; **средняя годовая** ~ average ~; **~ страховой премии** ~ of insurance premium *или* insurance ~; **твердая** ~ fixed ~; **учетная** ~ discount ~; **фрахтовая** ~ freight ~, rate of freight

ставленник protégé

стадия phase, stage; **в начальной ~и** initially; **конечная** ~ final stage; **процессуальная** ~ procedural phase; **~ предварительного следствия** preliminary investigation phase; **~ производства** production phase

стаж length of service, service record; **военный** ~ military service; **испытательный** ~ probationary period; **~ работы** record of service

стажер intern, probationer

стажировка internship, training

сталийные дни lay days

сталкиваться to collide; to be in collision

стандарт *(типовой образец)* government *(или* state) standard; **бумажный** ~ paper ~; **государственный** ~ state ~; **золотой** ~ gold ~; **золотомонетный** ~ gold coin ~; **золотослитковый** ~ gold bullion ~; **монетный** ~ monetary~; **~ качества** ~ of quality; **Петербургский стандарт** *(мера для лесоматериалов)* St. Petersburg standard

стандартизация standardization

стандартизировать to standardize

станок machine-tool, machine; **расточный** ~ boring machine; **алмазно-расточный** ~ precision boring machine; **сверлильный** ~ drilling (*или* boring) machine; **токарный** ~ lathe; **фрезерный** ~ milling machine; **шлифовальный** ~ grinding machine; **круглошлифовальный** ~ cylindrical grinding machine

станция station; **автозаправочная** ~ gas ~; **железнодорожная** ~ railway ~; **пограничная** ~ border ~; **промежуточная** ~ way ~; **узловая** ~ railway junction

старание endeavour; **приложить все старания** to make every endeavour *или* to do one's best

стараться to endeavour; **(пытаться)** to try

старение aging, deterioration; **естественное** ~ natural aging; **~ населения** aging of the population

староста elder, senior (of a group)

старший senior; **~ по званию** higher ranking

старший ~ senior; **~ казначейства** ~ of the treasury; **~ мирового судьи** ~ of the world court

старшина senior representative; **~ присяжных заседателей** foreman of the jury

старшинств/о seniority; **по ~у** by seniority

статистика statistic, statistics; **демографическая** ~ demographic statistics; **сельскохозяйственная** ~ agricultural statistics; **судебная** ~ judicial statistics; **таможенная** ~ customs statistics; **транспортная** ~ transportation statistics; **~ внешнеторгового оборота** foreign trade turnover statistics; **~ заработной платы** wage figures; **~ населения** census figures; **~ преступности** crime statistics; **~ промышленности** industrial figures; **~ рождаемости** birth rate; **~ смертности** mortally rate; **~ торговли** trade figures

статус status; **дипломатический** ~ diplomatic ~; **колониальный** ~ colonial ~;

консультативный consultative ~; **культурный** ~ cultural ~; **международный** ~ international ~; **политический** ~ political ~; **правовой** ~ legal ~; **привилегированный** ~ privileged ~

статус кво status quo; **территориальный** ~ territorial ~

статья article, clause, item, paragraph; **газетная** ~ newspaper article; **доходная** ~ item of income; **ликвидная** ~ **актива** liquid asset; **типовая** ~ model article; ~ **актива** asset *(on balance sheet)*; ~ **баланса** balance sheet item; ~ **пассива** ~ liability *(on balance sheet)*; ~ **экспорта** item of export

стачечник striker

стачка strike; **дикая** ~ wildcat ~; **политическая** ~ political ~

стена wall; **общая** ~ common ~; **разграничивающая** ~ border ~

степень degree, extent; **докторская** ~ doctoral degree; **ученая** ~ academic degree; ~ **виновности** degree of guilt

стерлинги sterling; **500 фунтов стерлингов** 500 pounds sterling или 500 sterling; **в фунтах стерлингов** in pounds sterling

стивидор stevedore; **нанимать** ~**ов** appoint (employ) stevedores

стивидорн/ый: ~**ые работы** stevedoring; ~**ые расходы** stevedoring charges

стимул incentive, stimulus

стипендия grant, stipend; **государственная** ~ government grant, government stipend

стоимость 1. *(ценность, продажная стоимость, валовая стоимость, стоимость товара, включая накладные расходы)* value; **2.** *(стоимость какой-л. операции, услуги, элемента калькуляции)* cost; **арендная** ~ rental value; **балансовая** ~ book cost; **валовая** ~ gross value; **весовая** ~ cost of weight; **внутренняя** ~ domestic value; **действительная** ~ actual cost; **денежная** ~ cash value; **единичная** ~ unit value; **запродажная** ~ sale value; **застрахованная** ~ **груза** insured value; **заявленная** ~ declared value; **капитализированная** ~ capitalized value; **коммерческая** ~ commercial value; **конечная** ~ final cost; **ликвидационная** ~ liquidation value, salvage cost; **курсовая** ~ market value; **меновая** ~ barter value, exchange value; **наемная** ~ higher value; **нарицательная** ~ nominal value; **общая** ~ aggregate value; **объективная** ~ objective value; **объявленная** ~ declared value; **оценочная** ~ assessed value; **первоначальная** ~ original cost; **покупная** ~ purchase value; **полагаемая** ~ probable cost; **полная** ~ full cost; **потребительная** ~ use value; **прибавочная** ~ surplus value; **продажная** ~ sales value; **реальная** ~ actual value; **рыночная** ~ market value; **сметная** ~ estimated cost; **средняя** ~ average cost; ~ **сиф (фоб, фас)** c. i. f. (f. o. b., f. a. s.) value; ~ **товара по контракту** contract value of the goods; **субъективная** ~ subjective value; **условная** ~ conditional cost; **фактическая** ~ actual cost; ~ **фрахта (страхования)** cost of freight (insurance); ~ **экспорта (импорта)** value of exports (imports); **аккредитив на полную** ~ **товара** a letter of credit for the full value of the goods

стол table; **круглый** ~ round-table

столб pole, post; **пограничный** ~ border post (marker)

столица capital city

столкновение clash, conflict, collision; **военное** ~ military conflict; **пограничное** ~ border clash

сторож watchman; **ночной** ~ night watchman

сторон/а 1. *(поверхность)* side; **2.** *(лицо или группа лиц)* part; **3.** *(в судебном процессе, договоре, сделке)* party; **виновная** ~ guilty party; **возражающая** ~ opposing party; **заинтересованная** ~ interested party, the party concerned; **лицевая** ~ face (side), obverse side *(coin)*; **невиновная** ~ innocent party; **оборотная** ~ reverse side *(coin)*; **ответная** ~ the respondent party; **ответственная** ~ liable party; **отсутствующая** ~ absent party; **передняя** ~ front side; **подписавшаяся** ~ signatory; **потерпевшая** ~ injured party; **правая (левая)** ~ right-hand (left-hand) side; **противная** ~ adverse party; **суверенная** ~ sovereign ~; **с наружной** ~ы on the outside; **транзитная** ~ transit ~; **третья** ~ third ~; **экспортирующая** ~ exporting ~; ~, **выигравшая дело** the successful party; ~ **в договоре** a party to the contract; **с моей (нашей, вашей и т. д.)** ~ы on my (our, your, etc.) part; **со** ~ы **кого-л.** on the part of somebody; **с одной (другой)** ~ы: *(об участниках договора)* on (*или* of) the one (the other) part; *(с точки зрения)* on the one (on the other) hand

сторонник adherent, supporter; ~ **мира** peace activist; ~ **нейтралитета** adherent of neutrality

стоянка mooring, parking space, taxi stand; ~ **запрещена** mooring prohibited; ~ **в порту** moorage

стояночное время lay time

стоять to moor, to stand, to stay

страна country *(nation)*; **аграрная** ~ agrarian ~; **воюющая** ~ belligerent ~; **враждебная** ~ enemy ~; **импортирующая** ~ importing ~; **индустриализованная** ~ industrialized ~; **морская** ~ maritime ~; **нейтральная** ~ neutral ~; **оккупированная** ~ occupied ~; **отдаленная** ~ distant ~; **побежденная** ~ conquered ~; **развивающаяся** ~ developing ~

страна-неплательщик defaulter country

страна-продуцент producer country

страна-устроитель host country

страна-эмитент country of issue

стратификация stratification

страх fear, risk; **на свой** ~ **и риск** at one's own risk

страхование insurance (**от** — against); *(жизни)* assurance; *(ренты, пенсии)* annuity; *(судов, грузов)* underwriting; *(от потерь)* hedging; ~ **авационных и космических рисков** insurance against aviation and cosmic risks; **акционерное** ~ stock insurance; **взаимное** ~ mutual ~; ~ **в полную стоимость** full value insurance; **воздушное** ~ aviation ~; **государственное** ~ state ~; **групповое** ~ group ~; **дополнительное** ~ supplementary ~; **имущественное** ~ property ~; **личное** ~ personal ~; **морское** ~ maritime ~; **обязательное** ~ mandatory ~; **обязательное** ~ **гражданской ответственности** compulsory insurance against third party risks; **пожизненное** ~ life ~; ~ **от военных рисков** insurance against war risks *или* war risk insurance; ~ **от поломки** insurance against breakage; ~ **по первому риску** first loss insurance; **паушальное** ~ lumpsum insurance

страхователь insurant (insured party), assured, insured

страхователь *(лицо, отдающее имущество на страхование)* the insured

страховать to insure, to assure, to cover, to indemnify

страховать, застраховать to insure (**от** - against; **у, в** - with); **страховать в Ингосстрахе** to insure with Ingosstrakh

страховка insurance coverage

страхов/ой: ~ **полис** insurance policy; ~ **сертификат** insurance certificate; ~**ая премия** insurance premium; ~**ое возмещение** insurance indemnity

страховщик *(лицо, принимающее имущество на страхование)* insurer; underwriter; **морской** ~ marine underwriter

страхуемый insurable

стрелок rifleman, shot

строго strictly; ~ **без скидки** strictly net

строение building, composition, structure; **жилое** ~ residential building; **хозяйственное** ~ business structure

строй order, regime, social order, system; **аграрный** ~ agrarian order; **государственный** ~ governmental regime; **политический** ~ political system; **экономический** ~ economic order

стро/й: ввести в ~ to put into operation (*или* into service); **вывести из** ~**я** to bring to a standstill *или* to put out of action; **выбыть из** ~**я** to be brought to a

standstill или **to be put out of action**
строительство building, construction, project; **гражданское ~** civil engineering; **промышленное ~** industrial engineering
стройбанк construction bank
стропить (*мор.*) to strap, to sling
структура (*строение*) structure, formation, framework, set-up; (*состав*) composition, make-up; (*модель*) pattern; **административная ~** administrative arrangements; **коммерческая ~** commercial structure; **правовая ~** legal structure; **производственная ~** system of production; **финансовая ~** financial structure; **экономическая ~** economic structure; **юридическая ~** pattern of the legal system; **~ экспорта и импорта** export and import pattern
стрэдл (*комбинация опционов на продажу и покупку*) straddle
стряпчий scrivener
стукач informer, stool pigeon
ступень grade, level, phase, rung; **высшая ~** top; **~ развития** phase of development; **~ руководства** executive grade
стэнд-бай (*обязательство предоставить обусловленную сумму кредита в течение оговоренного срока*) stand-by
стэнд-стил (*застой в экономике*) standstill
стык crossroads, junction
стычка skirmish
стяжатель money grubber

субаренда sublease
субарендатор sub tenant
субвенция subvention; **~ от государства** state subsidy, state subvention; **~ при вывозе** export subsidy, export subvention
сублицензия sublicense
субподряд subcontract
субподрядчик subcontractor
субпоставщик sub-contractor
суброгаци/я subrogation; **оговорка ~и** subrogation clause
субсиди/я subsidy; **безвозмездная ~** grant; **военная ~** military subsidy; **государственная ~** state subsidy; **косвенная ~** indirect subsidy; **предоставить ~ю** to provide a subsidy; **прямая ~** direct subsidy; **федеральная ~** federal subsidy; **экономическая ~** economic subsidy
субсидирование subsidizing
субсидировать to subsidize
субститут substitution
субъект subject; **договорный ~** contractual ~; **~ гражданского права** civil law ~
суверен sovereign
суверенитет sovereignty; **внешний ~ ~** in foreign affairs; **внутренний ~** domestic ~; **военный ~** military ~; **ограниченный ~** limited ~; **полный ~** full ~; **правовой ~** legal ~; **территориальный ~** territorial
суд (*государственный*) court, court of law, law-court hearing, trial, tribunal; **арбитражный суд** *см.* **арбитражный**; **апелляционный суд** court of appeal; **административный ~** ad-

ministrative court; **апелляционный ~** court of appeals; **арбитражный ~** arbitral court; **быстрый ~** speedy trial; **верховный ~** Supreme Court; **верховный ~ автономной республики** Supreme Court of an autonomous republic; **военный ~** court martial; **вызвать в ~** to summons, to subpoena; **вызов в ~** summons, subpoena; **высший ~** upper court; **вышестоящий ~** superior court; **городской ~** municipal court; **гражданский ~** civil court; **детский ~** juvenile court; **духовный ~** ecclesiastical court; **изъять из ~а** to drop a suit; **искать в ~е** to sue; **кассационный ~** court of cassation; **коммерческий ~** commercial court; **компетентный ~** competent court; **конституционный ~** constitutional court; **консульский ~** consular tribunal; **международный ~** international court; **международный арбитражный ~** international arbitration court; **местный ~** local court; **мировой ~** world court; **морской ~** maritime court; **народный ~** people's court; **нижестоящий ~** inferior court; **~ низшей инстанции** minor court; **обратиться в ~** to apply to court; **~ общего права** court of common law; **общий ~** law court; **подать в ~** to bring an action; **патент-**

ный ~ patent court; **привлечь к ~у** to bring an action against; ~ **по делам о несостоятельности** bancrupcy court; ~ **по торговым делам** tribunal of commerce; ~ **по трудовым вопросам** labour court; **районный** ~ regional court; **революционный** ~ revolutionary court; **специальный** ~ special court; **третейский** ~ arbitration tribunal; **уголовный** ~ criminal court; **федеральный** ~ federal court; **федеральный конституционный** ~ federal constitutional court; **явиться в** ~ to make an appearance in court; ~ **Божий** trial by combat; ~ **второй инстанции** court of second instance; ~ **высшей инстанции** court of higher instance; ~ **обычного права** court of customary law; ~ **первой инстанции** court of first instance, *(амер)* trial court; ~ **последней инстанции** court of last resort; **промышленный** ~ industrial court; **обращаться в** ~ apply to court; **передавать дело в** ~ to submit a case to the court; **подавать в** ~ **на кого-л.** to bring an action (a suit) against smb.; **привлечь к ~у по обвинению в коррупции** put to trial on corruption charges; **требовать по ~у** claim in legal form; ~ **присяжных** jury trial

судебно-медицинский forensic

судебный legal, judicial, judiciary

судейский judicial, judiciary

судимость conviction, convictions

судить to judge, to try; ~ **при закрытых дверях** to try behind closed doors

судиться to be in litigation with

судно craft, vessel, boat, ship; **арестовать** ~ to arrest a vessel; **буксирное** ~ tugboat; **военно-морское** ~ naval vessel; **госпитальное** ~ hospital vessel; **государственное** ~ government vessel; **гражданское воздушное** ~ civil aircraft; **грузовое** ~ cargo vessel, freighter; **зарегистрированное** ~ registered vessel; **каботажное** ~ coasting vessel; **контейнерное** ~ container vessel; **морское** ~ seagoing vessel; **моторное** ~ motorboat; **насыпное** ~ bulk carrier; **неповреждённое** ~ sound vessel; **нефтеналивное** ~ oil tanker; **однотипное** ~ sister ship; **пассажирское** ~ passenger liner; **пиратское** ~ pirate vessel; **портовое** ~ harbor vessel; **почтовое** ~ mail boat; **прибывающее** ~ incoming vessel; **речное** ~ riverboat; **сухогрузное** ~ dry cargo ship; **таможенное** ~ Coast Guard vessel; **торговое** ~ merchant vessel; **трамповое** ~ cargo tramp vessel

судоверфь shipyard

судовладелец ship owner

судоговорение Pleadings

судопроизводство legal proceedings; **административное** ~ administrative proceedings; **гражданское** ~ civil proceedings; **уголовное** ~ criminal proceedings; **устное** ~ oral proceedings

судостроение shipbuilding

судостроительный shipbuilding

судоходный navigable

судоходство navigation, shipping; **внутреннее** ~ internal shipping; **каботажное** ~ coastal shipping; **международное** ~ international shipping; **морское** ~ ocean shipping; **речное** ~ inland shipping; **трамповое** ~ tramp shipping; **торговое** ~ merchant shipping

судья judge; **третейский судья или супер-арбитр** umpire; **верховный** ~ justice; **кантональный** ~ Canton Magistrat; е **компетентный** ~ competent ~; **местный** ~ local ~; **мировой** ~ justice of the peace; **полицейский** ~ police magistrate; **третейский** ~ arbitral referee; **федеральный** ~ federal judge

суеверие superstition

суждение judgment, opinion

сумасшедший insane

сумасшествие insanity

сумма amount, sum; **амортизационная** ~ amortized ~; **авансовая** ~ advance ~; **большая** ~ large ~; **валовая** ~ gross ~; **выкупная** ~ redemption ~; **выплачиваемая** ~ amount paid; **вырученная** ~ proceeds; **гарантийная** ~ guaranteed ~; **денежная** ~ monetary ~; **залоговая** ~ pledged ~; **ис-**

ковая ~ ~ claimed; **капитальная ~ долга** principal; **крупная ~** substantial ~; **лицензионная ~** licensing ~; **максимальная ~** maximum ~; **минимальная ~** minimum ~ **ничтожная ~** trivial ~; **номинальная ~** nominal ~; **общая ~** aggregate of; **отступная ~** indemnity ~; **паевая ~** share ~; **паушальная ~** lumpsum amount; **на сумму** to the amount of

суперарбитр umpire (arbitration)

супер-арбитр см. **судья**

супруг spouse (husband); **разведенный ~** divorced ~

супруга spouse (wife); **разведенная ~** divorced ~

супружество marriage, married life

суррогат substitute; **денежный ~** monetary substitute

суточный per diem allowance

суть central part, essential part; **~ дела** the crux of the matter

сухопутный overland; **сухопутная перевозка** overland transportation или transportation by land

существенно essentially; (*в значительной степени*) materially

существенный essential; (*важный*) important

существо essence, substance

сущность essence, real significance

сфера realm, sphere; **~ влияния** sphere of influence; **~ интересов** sphere of interests

схема chart, diagram, plan, schematic

сходный fair, reasonable

счет 1. (*бухгалтерский*) account; **2.** (*за выполненную работу, за услуги*) account, bill, invoice; **3.** (*счет-фактура*) см. **фактура**; **авансовый ~** deposit account; **банковский ~** bank account; **беспроцентный ~** non-interest bearing account; **блокированный ~** blocked account; **блокировать ~** to block an account; **бухгалтерский ~** accounting records; **бюджетный ~** budget account; **валютный ~** foreign exchange account; **в ~** (*частичное погашение причитающейся суммы*) on account; **внести в ~** to deposit into an account; **внешний ~** external account; **внутренний ~** domestic account; **временный ~** time deposit; **государственный ~** governmental account; **двухсторонний ~** bilateral account; **деблокировать ~** to unblock an account; **депозитный ~** deposit account; **закрыть ~** to close an account; **за ~ кого-л.** (*на средства кого-л.*) at somebody's expense или for somebody's account; **инвестиционный ~** investment account; **иностранный ~** foreign account; **капитальный ~** capital account; **клиринговый ~** clearing account; **конвертируемый ~** convertible account; **консолидированный ~** consolidated account; **корреспондентский ~** correspondent account; **лицевой ~** personal account; **общий ~** joint account; **особый ~** special account; **отдельный ~** separate account; **открыть ~** to open an account; **открыть ~ в банке** to open an account with a bank; **отрицательный ~** negative balance; **переводный ~** transferrable account; **почтовый ~** postal account; **расчетный ~** settlement account; **регистрированный ~** registered account; **резервный ~** reserve account; **текущий ~** current account; **~ за фрахт** freight account или bill; **выписка из ~а** statement of account; **выписка из вашего ~а у нас** statement of your account with us

счет-фактура commercial invoice

счетовод ledger clerk

счетоводство accounting

счетчик bank teller; **~ голосов** vote counter

счита/ть 1. (*сосчитать*) to count; **2.** (*полагать*) to consider; to think; **~ем необходимым сообщить** (*указать, сделать и т. д.*) we've consider it necessary to inform you (to state, to do, etc)

считыватель: ~ штрихкода photoelectric code reader

съезд conference, congress; **внеочередной ~** extraordinary congress; **национальный ~** national conference;

учредительный ~ constituent congress
съемщик lessee, tenant; **основной** ~ primary lessee
сын son; *приемный* ~ adopted ~
сыроварня dairy
сырой *(влажный)* damp; *(необработанный)* raw; *(незрелый)* green
сырье raw material
сырьевой primary
сэкономить to economize, to save
сюзеренитет suzerainty
сюрвейер surveyor

Т

табель (таблица) table, *(учет отработанных часов)* timesheet, *(график)* schedule; **текущий** ~ monthly timesheet
таблиц/а schedule, table, chart; **вносить в ~у** to tabulate; **детализированная** ~ individual table; **курсовая** ~ stock exchange rate list; **налоговая** ~ tax table; **однотипная** ~ single tabulation table; **разработочная** ~ spread sheet; **расчетная** ~ computational table; **сводная** ~ summary table; **сокращенная** ~ abridged table; **составлять ~у** to compile a table; **справочная** ~ reference table; **сравнительная** ~ comparative table; ~ **тарифных ставок** tariff rate table
тайм-чартер time charter (of a vessel)
тайм-шер *(возможность использования собственности ограниченный период времени, указанный в контракте)* time-sharing
таймшит (или тайм-шит) *(ведомость учета времени, затраченного на погрузку и выгрузку)* timesheet
тайна privacy, secret; **коммерческая** ~ commercial secret; ~ **вкладов** confidentiality of deposits
такс/а government-fixed rate; **плата по ~е** fixed-rate payments *(by government)*
таксация *(установление расценок на товары, услуги)* rating, price-fixing; valuation
таксировка *(калькуляция, расчет)* rating; *(исчисление платы за перевозку груза по тарифам)* freight rating
тактика tactics; ~ **переговоров** bargaining tactics; ~ **проволочек** delay tactics; ~ **проталкивания решений** steamroller tactics
талон coupon, pass; **абонементный** ~ coupon; **гарантийный** ~ guarantee bond; ~ **на оплату обеда** luncheon voucher; **отрывать ~ы** to detach a coupon; **отрывной** ~ detachable coupon; ~ **о прохождении технического контроля** inspection ticket; **подарочный** ~ gift token, gift voucher; **посадочный** ~ *(на поезд, самолет)* boarding pass, boarding card; *(на пароход)* embarkation card
тальман tallyman; **береговой** ~; shore checker
тальманский tally
таможенник customs agent
таможенный customs
таможн/я customs; **акт о конфискации груза ~ей** seizure note; **декларация ~и** ~ declaration; **квитанция ~и об уплате пошлины** ~ receipt; **печать ~и** ~ seal; **предъявлять разрешение ~и** to present a ~ permit; **провозить через ~ю** to bring through ~; **проходить через ~ю** to clear ~; **сотрудник ~и** ~ officer; **товары, пломбированные ~ей** goods under ~ seal
танкер tanker; **загружать** ~ to load a ~; **крупнотоннажный** ~ ma]or ~ ; **нефтяной** ~ oil ~
танкер-бункеровщик bunkering tanker
танкер-заправщик refueling tanker
танкер-рудовоз ore bulk carrier
тар/а container, tare; **арктическая** ~ ; arctic container; **вес ~ы** tare weight; **возвратная** ~ reusable container; **габариты ~ы** container dimensions; **грузить без ~ы** to load in bulk; **действительный вес ~ы** actual tare weight; **делать скидку на ~у** to tare; **дефекты ~ы** defects in tare; **закрытая** ~ closed container; **инвентарная** ~ returnable container; **индивидуальная** ~ unit pack;

картонная ~ cardboard container; **крупногабаритная** ~ large dimensioned container; **маркированная** ~ marked container; **многооборотная** ~ reusable tare; **открытая** ~ open container; **поврежденная** ~ damaged tare; **полимерная** ~ polymer container; **полиэтиленовая** ~ polyethylene container; **порожняя** ~ empty container; **пригодная** ~ suitable container; **прочная** ~ strong container; **разовая** ~ disposable container; **решетчатая** ~ crate; **фактурный вес ~ы** invoice tare; **хранение ~ы на складе** warehousing of tare

тариф tariff, tariff table; **автономный** ~ autonomous tariff; **агентский** ~ agency tariff; **багажный** ~ baggage rate; **базисный** ~ base rate; **в соответствии с железнодорожным ~ом** in accordance with railway tariff; **высокий** ~ high tariff; **гибкий** ~ flexible tariff rate; **государственный** ~ government tariff; **грузовой** ~ freight rate; **групповой** ~ group rate; **действующий** ~ current rate; **дискриминационный** ~ discriminatory tariff; **дифференциальный** ~ sliding scale tariff; **единый** ~ blanket tariff; **железнодорожный** ~ railway tariff; **жёсткий** ~ basic tariff; **запретительный** ~ prohibitive tariff; **зональный** ~ zone tariff; **изменять** ~ to adjust a tariff **импортный** ~ import tariff; **карательный** ~ retaliatory tariff; **классный** ~ class rate; **комбинированный** ~ combined rate; **конвенционный** ~ convention tariff; **конференциальный** ~ conference tariff; **линейный** ~ liner rates; **льготный** ~ preferential tariff; **максимальный** ~ maximum tariff; **международный** ~ international rate; **местный** ~ local tariff; **минимальный** ~ minimum tariff; **морской** ~ marine transport rate; **начальный** ~ basing rate; **низкий** ~ load tariff; **общий** ~ general tariff; **одноразовый** ~ one-time rate; **основной** ~ standard rate; **особый** ~ special tariff; **повышение ~ов** increase in tariffs; **поднимать** ~ to increase a tariff; **покровительственный** ~ protective tariff **почтовый** ~ postal tariff; **прейскурант ~ов** rate schedule; **применять** ~ **к** to apply a tariff; **промежуточный** ~ bridge rate; **пропорциональный** ~ proportional rate; **простой** ~ straight line tariff; **протекционистский** ~ protectionist tariff; **расхождение между ~ами** discrepancy between tariff rates; **рекламный** ~ advertising rate; **система множественных ~ов** multiple tariff system; **сквозной** ~ through rate; **сложный** ~ multilinear tariff; **снижение ~ов** reduction in tariffs; **ставки ~ов** tariff rates; **таможенный** ~ customs schedule; **таможенный ~ иностранного государства** customs schedule of a foreign government; **тарный** ~ tariff for tare carriage; **транзитный** ~ transit tariff; **транспортный** ~ traffic rate; **унифицированный** ~ unified tariff; **экспортный** ~ export tariff; **~ аккордных ставок** flat rate tariff

тарификация tariff rating
тарифицировать to rate, to set a tariff upon
тарифный tariff
тверд/ый (*неизменный*) firm; fixed; (*устойчивый*) stable, steadfast, hard; (*установившийся*) established; **~ая цена** firm (*или* fixed) price; **~ая оферта или ~ое предложение** firm offer
твист (*попытка центрального банка изменить временную структуру процентных ставок*) twist
текст text; **вставка в** ~ insertion; **дополнение к ~у** supplement to a ~; **исправление ~а** alteration of a ~; **исправленный** ~ altered ~; **одобрять** ~ to approve a ~; **первоначальный** ~ original ~; **печатать** ~ to print a ~; **подлинный** ~ authentic ~; **полный** ~ full ~; **рекламный** ~ advertising copy; **согласованный** ~ agreed ~; **контракта** ~ of a contract; **~ телекса** ~ of a telex
текучий fluid
текущ/ий (*нынешний*) current, present; (*действующий*) ruling; (*о долге*) un-

founded; ~его месяца (после числа месяца) instant (сокр. inst.); письмо от 10 числа ~его месяца letter of the 10th instant

телеграмм/а (посланная за границу) cable, telegram; wire; (посланная по телетайпу) telex; адрес для ~ telegraphic address; бланк ~ы telegram form; вызывать ~ой to wire for, to cable for; высылать ~у to send a cable, telegram; обычная ~ ordinary telegram; отправка ~ы dispatch of a cable; служебная ~ official cable; срочная ~ urgent cable; ~ой by telegram или by wire, или by cable, или by telex; уведомлять ~ой to notify by cable, telegram; шифрованная ~ encoded telegram

телеграмма-молния express telegram

телеграф telegraph; по телеграфу = телеграммой см. телеграмма

телеграфировать to telegraph, to wire, to cable; (во внутренней торговле и в разговорной речи) to wire; ~ по телетайпу to telex; ~ клером to cable in clear

телеграфн/ый telegraphic, cable; ~ое извещение (или уведомление) telegraphic (или cable) advice; ~ перевод telegraphic (или cable) transfer

телекс telex; направлять ~ to send a telex; ответ на ~ reply to a telex; подтверждать ~ to confirm a telex; служебный ~ official telex; срочный ~ urgent telex

телексный telex

телетайп teletype, teleprinter; по ~у by telex; послать телеграмму (или телеграфировать, передать) кому-л. по ~у to telex somebody

телетайпный teletype

телефакс facsimile, fax

телефон telephone; (разг.) phone; запрос по ~у ~ inquiry; звонить по ~у с оплатой абонентом to call collect; номер ~а ~ number; по ~у by ~; по ~у on the telephone или by telephone; позвонить кому-л. по ~у to telephone (или to phone) to somebody или to ring somebody up; вызов по междугороднему ~у см. вызов; уведомление по ~у notice by ~

телефонный telephone

телефонограмма telephone message

темп pace, rate, speed, tempo; в ускоренном ~е at a rapid pace; замедление ~ов развития slowing the rates of development; замедление ~ов роста slowing the rates of growth; замедлять ~ to slow the pace; ускорять ~ to pick up the pace; ~ инфляции the rate of inflation; ~ работы pace of work; ~ развития pace of development; ~ роста pace of growth

тенденци/я tendency; (направление) trend, drive, drift; (сдвиг) bias; (настроение) tone, vein; анализ ~й trend analysis; анализ ~й рынка market trend analysis; долговременная ~ long term trend; кратковременная ~ short-term trend; общая ~ general trend; определенная ~ definitive trend; основная ~ basic tendency; повышательная ~ upward trend; понижательная ~ downward trend; преобладающая ~ prevailing tendency; протекционистские ~и protectionist tendencies; проявлять ~ю to exhibit a tendency; рыночная ~ market trend; ~ цен price trend

тендер (извещение о предстоящих торгах) bid, tender; законный ~ legal tender; изолированные ~ы isolated tenders; международные ~ы international tenders; объявленный ~ invited bid; полный ~ full bid, tender; направлять ~ to forward a tender; номер ~а tender number; период подачи ~ов bidding period; условия ~а tender conditions

теплоход motorized vessel, motor vessel, motorship (сокр. M. V., m. v., MV, mv); наливной ~ motorized tanker

термин term; научные ~ы scientific terms; торговые ~ы terms of art (for a specific trade)

терминал terminal; контей-

нерный ~ container ~; **морской ~** marine ~; **~ для грузовых судов** freight liner ~
терминология terminology; **научная ~** scientific ~; **юридическая ~** legal ~
территориальный territorial
территория area, territory; **исключительная ~** exclusive territory; **лицензированная ~** licensed territory; **сбытовая ~** sales territory; **складская ~** storage area; **согласованная ~** agreed territory; **таможенная ~** customs territory
терция (*третий экземпляр векселя*) third bill of exchange
тест test; **выдерживать ~** to stand the ~; **подвергать ~у** to put to the ~; **проводить ~** to
техник mechanic, technician
техник/а technics, technique, engineering, equipment, machinery, technology; **достижения ~и** technological achievements; **заводские правила ~и безопасности** plant safety rules; **инструкция по ~е безопасности** safety instructions; **область ~и** field of technology; **особо точная ~** high precision equipment; **оценка ~и** technology assessment; **передовая ~** advanced technology; **превосходство в ~е** technical excellence; **сложная ~** sophisticated equipment; **соблюдать правила ~и безопасности** to observe safety rules; **~ безопасности** safety rules; **~**

новых поколений next generation technology; **~ связи** communications technology
технико-экономический technical and economic
технически technically; **~ возможный ~** feasible; **~ оптимальное решение ~** optimal solution; **~ правильный ~** correct; **~ приемлемый ~** acceptable
технический technical
технолог process engineer
технологи/я technology; **базовая ~** basic ~; **безотходная ~** low waste ~; **владеть ~ей** to master ~; **внедрение новой ~и** introduction of new ~; **делать ~ю доступной** to make ~ accessible; **капиталоемкая ~** capital intensive ~; **комплексная ~** package ~; **монополия на ~ю** monopoly on ~; **наукоемкая ~** high ~; **недавно разработанная ~** recently developed ~; **новая ~** new ~; **обновлять ~ю** to update ~; **общая ~** general ~; **одобрять ~ю** to approve ~; **оценивать ~ю** to evaluate ~; **передача ~и ~** transfer; **передовая ~** advanced ~; **подходящая ~** suitable ~; **привлекать современную ~ю** to apply modern ~; **приобретать ~ю** to obtain ~; **превосходная ~** superior ~; **применение ~и** application of ~; **развивать ~ю** to develop ~; **ресурсосберегающая ~** resource conserving ~; **трудоемкая ~** labor intensive

~; трудосберегающая ~ labor saving ~; **утечка ~и** leak of ~; **характеристика ~и** performance of ~; **экспорт ~и** export of ~; **энергосберегающая ~** energy saving ~
технологический technological
техобслуживание technical maintenance; **базы ~я ~** station; **станция ~я** service station
течение: в течение 1. (*на вопрос: как долго?*) for (*этот предлог может быть опущен*); **аккредитив должен быть действителен в течение 45 дней** the letter of credit is to be valid (for) 45 days; **2.** (*в пределах, не позже чем через*) within; **отгрузка будет произведена в течение 6 недель** shipment will be made within 6 weeks; **3.** (*на вопрос когда?*) during, in the course of; **в течение последних десяти дней цены значительно упали** the prices considerably declined during the last ten days
типовой model, standard
типография printing works
тираж circulation, run; **большой ~** large circulation; **выйти в ~** to be drawn (*as of lots*); **договорный ~** franchise circulation; **массовый ~** mass circulation; **предполагаемый ~** projected circulation; **~ печатных изданий** press run
титул (*право на имущество*) title; **законный ~** good ~;

тит

оспоримый ~ voidable ~; правовой ~ legal ~; передача правового ~а conveyance of legal ~; справка о ~е abstract of ~; показать законный ~ to show good ~; ~ на движимое имущество ~ to chattels; ~ на недвижимое имущество ~ to real property

титульный title

ткань fabric, cloth, textile; хлопчатобумажная ~ cotton cloth, cotton textile; набивная хлопчатобумажная ~ printed cotton cloth; хлопчатобумажная ~ в кусках cotton piece goods; суровая ~ grey cloth; шерстяная ~ woollen cloth; шелковая ~ silk

товар article, merchandise, wares; *(любой предмет купли-продажи)* goods *(мн. ч.)*; *(только для обозначения сырья, полуфабрикатов, массовых товаров)* commodity *(мн. ч. commodities)*; апробировать ~ to take goods on a trial basis; арест на ~ы seizure of goods; ассортимент ~а assortment of goods; аукционный ~ auction goods; бакалейные ~ы groceries; беспошлинные ~ы non dutiable commodities; бестарный ~ loose goods; биржа сельскохозяйственных ~ов agricultural commodities market; биржевые ~ы market commodities; большое разнообразие ~ов great diversity of goods; бондовый ~ bonded goods; браковать ~ to reject goods; браковка ~а rejection of goods; быстро продающийся ~ fast selling goods; быстро реализуемый ~ highly marketable goods; бытовые ~ы household appliances; взаимозаменяемые ~ы substitutable goods; вид ~а kind, nature of goods; владелец ~а owner of goods; внедрять ~ы на рынок to introduce goods to market; второсортные ~ы second rate goods; второстепенные ~ы non-essentials ~; выбрасывать ~ы на рынок to dump goods on the market; выгодно демонстрировать ~ to profitably demonstrate wares; выгружать ~ to unload goods; выгружать ~ на причал to unload goods on the dock; выкладка ~ов display of goods; выкладка ~ов в витрине display of goods in a store window; выкупать заложенный ~ to redeem pledged goods; выписка ~ов ordering of goods; галантерейные ~ы haberdashery goods; громоздкие ~ы bulky goods; группировка ~ов grouping of products; данный ~ subject goods; декларировать ~ to declare goods (to customs etc.); держать ~ на складе to keep goods in a warehouse; дефектный ~ defective goods; дефицитный ~ critical goods, scarce commodities; доброкачественный high quality goods; доставка ~а delivery of goods; доставлять ~ на условиях СИФ to deliver goods CIF; доставлять ~ на условиях ФОБ to deliver goods FOB; единица ~а unit of commodity; животноводческие ~ы livestock goods; жидкий ~ liquid goods; жизненный цикл ~а life cycle of goods; забирать ~ to collect goods; забракованный ~ rejected goods; заграничные ~ы foreign-made products; задержанный ~ delayed goods; заказ на ~ order for goods; заказной ~ ordered goods; закладная на ~ pledge on goods; закладывать ~ to pledge goods; закладывать ~ в банке to pledge goods to the bank; закупка ~а purchase of goods; залежалый ~ stale goods; заложенный ~ pledged goods; замененные ~ы replacements; заменять дефектный ~ to replace defective goods; замороженный ~ refrigerated goods; застрахованные ~ы insured goods; защита ~а protection of goods; заявлять о повреждении ~а to report damage to goods; извещение о готовности ~а к осмотру readiness advice (of goods for inspection); излишки ~а surplus goods; имидж ~а product image; импорт ~ов import of goods; импортировать ~ to import goods; импортные ~ы import goods; инвестиционный ~ investment goods;

испорченный ~ spoiled goods; испытывать ~ to test goods; кампания по продвижению ~а на рынок marketing campaign; категория ~ов category of commodities; качество ~а quality of goods; количество ~а quantity of goods; конкурентоспособные ~ы competitive goods; консигнационный ~ consignment goods; контрабандный ~ contraband, smuggled goods; косметические ~ы cosmetics; котировка ~а с немедленной сдачей и оплатой quotation on the commodities spot market; лесобумажные ~ы timber and paper goods; любые ~ы goods of every sort and kind; малоценный ~ low cost goods; марка ~а product brand; массовые ~ы bulk commodities; модные ~ы fashionable products; наукоемкие ~ы high technology products; небьющиеся ~ы unbreakable products; невыгодный ~ unmerchantable goods; недоброкачественный ~ poor quality goods; недопоставленный ~ short-delivered goods; недостаточный запас ~ов insufficient stock of goods; незаказанный ~ unordered goods; незатаренный ~ unpacked goods (especially for shipment); неистребованный ~ unclaimed goods; неконкурентоспособные ~ы non-competitive goods; неопасный ~ non-hazardous goods; неповрежденный ~ undamaged goods; непроданный ~ unsold goods; непродовольственные ~ы non-comestibles (non-food) goods; нетрадиционные ~ы non-traditional goods; неходовой ~ unsalable goods; низкосортный ~ low quality goods; новые ~ы new products; номенклатура ~ов bill of goods; обеспечивать ~ами to provide goods; обмен ~ов barter of commodities; обмениваться ~ами to barter commodities; образец ~а sample good; обращение ~а commodities circulation; общая стоимость ~а total cost of goods; огнеопасный ~ flammable goods; опасный ~ hazardous goods; описание ~а description of goods; освоение новых ~ов для экспорта development of new export products; основные ~ы staple commodities; остродефицитные ~ы goods in (very) short supply; отборный ~ selected goods; отгружать ~ to unload goods; отказ от ~а rejection of goods; отказываться от ~а to reject goods; оценивать ~ to value goods; партия ~а batch of goods; патентованные ~ы patented goods; перечень ~ов tally sheet; перечисленные ниже ~ы goods listed hereinbelow; перспективный ~ promising product; первоклассные ~ы first class goods; перевалка ~а transshipment of goods; поврежденный ~ damaged goods; порок в ~е defect in goods; поставщик ~ов supplier of goods; поступающий ~ incoming goods; посылать ~ to send goods; посылать ~ на консигнацию to send goods on consignment; посылать ~ на одобрение to send goods on approval; потребительские ~ы consumer goods; потребительские ~ы длительного пользования consumer durables; приемлемый ~ acceptable goods; приёмка ~а acceptance of goods; проданный ~ sold goods; продвижение ~а на рынок sales promotion); продовольственные ~ы foodstuffs; происхождение ~а origin of goods; промышленные ~ы industrial products; пропуск ~а через таможню clearance of goods through customs; просроченный ~ past due goods; пушной ~ fur products; расфасованный ~ prepackaged goods; расфасовка пищевых ~ов prepackaging of food products; реализация ~а sale of goods; реализованный ~ sold (realized) goods; реализовывать ~ to sell (realize) goods; реализуемый ~ merchantable goods; реальный ~ physical commodity; редкий ~ rare commodity; рекламировать ~ to advertise products; рекламируемый ~ advertised products; реэкспортные ~ы re-exported goods;

розничные ~ы retail goods; рынок ~ов commodities market; рынок сырьевых ~ов market for raw materials; сбыт ~ов sale of goods; сдача ~а delivery of goods; сделка на наличный ~ spot market transaction; сельскохозяйственные ~ы agricultural commodities; складированный ~ warehoused goods; складировать ~ to warehouse goods; следить за движением ~а to trace goods; сложный ~ sophisticated goods; собственник ~а proprietor of goods; собственность на ~ ownership of goods; спасённый ~ salvage goods; спецификация ~а specification of goods; список ~ов index of goods; список ~ов, не облагаемых пошлиной index of non-dutiable goods; спортивные ~ы sporting goods; спрос на ~ы массового потребления consumer demand; стандартизованный ~ standardized goods; стандартная партия ~а standard batch of goods; стоимость ~а cost of goods; стоимость ~а на внутреннем рынке cost of goods on the domestic market; стоимость ~а на условиях СИФ cost of goods delivered CIF; стоимость ~а на условиях ФОБ cost of goods delivered FOB; стратегические ~ы strategic goods; страховать ~ to insure goods; сухой ~ dry goods; сходные ~ы similar goods; сырьевой ~ raw materials; текстильные ~ы textiles ~; тип ~а type of goods; ~(ы) прибыл(и) the goods have arrived; торговать ~ом to deal in commodities; торговля "стратегическими" ~ами по спискам КОКОМ trade inslowbrand-strategic commodities on the COCOM list; торговое название ~а trade name of a product; труднореализуемый ~ slow selling goods; трудоёмкий ~ labor-intensive goods; трюмный ~ under deck cargo; упакованные ~ы packaged goods; уценённый ~ marked down goods; уценка ~а price reduction of goods; фактурная стоимость ~а invoice cost of a product; фармацевтические ~ы pharmaceutical products; фасованный ~ pre-packed goods; фирменный ~ name goods; характер ~а nature of goods; химические ~ы chemical products; хлопчатобумажные ~ы cotton products; ходкий ~ popular goods; хозяйственные ~ household goods; экспортный ~ export goods; ~ в тюках baled goods; ~ в упаковке wrapped goods

товариществ/о partnership; вступать в ~ enter into a ~; выходить из ~а to withdraw from a ~; коммандитное ~ ~ commandite или limited partnership; кооперативное ~ co-operative society; полное ~ general ~; ~ с ограниченной ответственностью limited (liability) ~

товарный commodity, goods, trade

товаровед commodities expert

товарообмен barter, commodities exchange;

товарообменн/ый barter, exchangeable; ~ая торговля barter trade; ~ые сделки barter transactions

то есть that is (*сокр. i. e. - от латинского выражения* id est)

товарооборот commodity turnover; валовый ~ gross ~

товароотправитель shipper (*of goods*)

товарополучатель consignee (*of goods*)

товаропроизводитель commodity producer

товарораспорядительный документ document of title (*to shipped commodities*)

тождественный identical (чему-л.- with)

ток current; электрический ток electric current; переменный ток alternating current (*сокр.* A. C.); постоянный ток direct current (*сокр.* D. C.)

толкование (*договора*) interpretation, construction

толковать (*договор*) to construe

тонна ton; длинная (или большая английская) ~ long (*или* English) ton; короткая (или малая) ~ short ton; метрическая ~ metric ton; обмерная (или фрахтовая) ~ cargo (*или* measurement) ton; регистровая ~ register ton; брут-

то-регистровые ~ы gross register tons

тоннаж tonnage; space, shiproom; **бездействующий ~** idle ~; **буксировать ~** to book ~; **валовой ~** gross ~; **грузовой ~** cargo ~; **дополнительный ~** additional shipping facilities; **зафрахтованный ~** chartered ~; **значительный ~** significant ~; **компенсированный ~** compensated ~; **линейный ~** liner ~; **максимальный ~** maximum ~; **морской ~** maritime ~; **наливной ~** tanker ~; **обусловленный ~** stipulated ~; **общий ~** total ~; **речной ~** inland ~; **спрос на ~ ~** demand; **трамповый ~** tramp ~

топливо fuel; **бункерное ~** bunker oil; **жидкое ~** liquid ~; **заправка ~м** bunkering; **твёрдое ~** solid ~

торг/и auction, bid, tenders; **выигрывать ~** to win tenders; **закрытые ~** closed bidding; **извещение о ~ах** notice of tenders; **международные ~** international tenders; **объявление ~ов** invitation of tenders; **открытые ~** open bidding; **публичные ~** public auction sale

торговать to deal (чем-л.-in), to trade

торговаться to bargain

торговая палата см. палата

торговец dealer, merchant, vendor; **биржевой ~** exchange dealer; **индивидуальный ~** independent trader; **мелкий ~** small trader; **оптовый ~** wholesaler, wholesale trader; **разъездной ~** traveling salesman; **розничный ~** retailer, retail tradesman; **рыночный ~** market trader

торговец-импортёр dealer-importer

торговл/я commerce, marketing, trade, traffic; **бартерная ~** barter trade; **беспошлинная ~** duty-free trade; **биржевая ~** exchange trading; **бойкая ~** bull market; **вести ~ю** to do business, to trade; **"видимая" ~** visible trade; **внешняя ~** foreign trade; **внутренняя ~** home (или domestic) trade; **встречная ~** counter trade; **выгодная ~** profitable business; **выручка от ~и** receipts from trade; **вялая ~** stagnant trade; **годовая ~** annual trade; **государственная ~** state trading; **двусторонняя ~** bilateral trade; **диверсификация ~и** diversification of trade; **дипломатическая ~** diplomatic trade; **дисбаланс ~и** trade imbalance; **договор о ~е** commerce treaty; **законная ~** lawful trade; **заниматься ~ей** to be in business; **застой в ~е** stagnation in trade; **значительная ~** significant trade; **каботажная ~** coasting trade; **контрабандная ~** illicit trade; **косвенная транзитная ~** indirect transit trade; **либерализация ~и** trade liberalization; **лицензионная ~** licensed trade; **меж-государственная ~** interstate trade; **межрегиональная ~** interregional trade; **меновая ~** bartering; **мировая ~** world trade; **многосторонняя ~** multilateral trade; **морская ~** maritime commerce; **национальная ~** national trade; **"невидимая" ~** invisible trade; **незаконная ~** unlawful trade; **объем ~и** volume of trade; **ограничение ~и** trade restriction; **оживление ~и** trade recovery; **оживленная ~** brisk trade; **оптовая ~** wholesale trade; **отрасль ~и** field of trade; **перспективы ~и** trade prospects; **политика расширения ~и** trade expansion policy; **помехи в ~е** trading obstacles **поощрять ~ю** to encourage trade **посредническая ~** intermediary trade; **посылочная ~** mail order business; **препятствовать развитию ~и** to impede the development of trade; **преференциальная ~** preferential trade; **прямая транзитная ~** direct transit trade; **развертывание ~и** expansion of trade; **региональная ~** regional trade; **розничная ~** retail trade; **свободная ~** free trade; **сезонная ~** seasonal trade; **частная ~** private trade; **экспортная ~** export trade; **~ за наличные** cash trade; **~ металлами** metals trading

торговое качество merchantable quality

торговое обыкновение *см.* обыкновение

торговый commercial, mercantile, trade

торговый обычай *см.* обычай

торгпред trade representative

торгпредство trade mission

точка point; **~ плавления** melting point; **~ зрения** point of view *или* standpoint

точно accurately, correctly, exactly, precisely; **~ по графику** right on schedule; **~ идентифицировать** to identify precisely; **~ определять** to determine precisely; **~ по размеру** exactly to measurement; **~ указанный** expressly indicated

точность accuracy, correctness, exactness, precision, punctuality; **абсолютная ~** absolute precision; **анализ ~и** precision analysis; **в ~и** precisely; **возможная ~** possible accuracy; **максимальная ~** maximum accuracy; **необходимая ~** required accuracy; **оценка ~и** estimate of precision

точный exact, precise

традиция tradition

трамп tramp steamer

трамповый tramp *(of vessel, not person)*

транзит traffic, transit; **виза для ~а** transit visa; **обратный ~** back haul; **~ом** in transit

транзитный through, transit

трансакция transaction; **банковская ~** bank ~; **биржевая ~** exchange ~; **валютная ~** currency exchange ~; **финансовая ~** financial ~

трансатлантический transatlantic

трансконтинентальный transcontinental

транспорт conveyance, means of conveyance, transport, transportation; **авиационный ~** air transport; **автомобильный ~** automobile transport; **вид ~а** mode of transport; **внутренний ~** inland transport; **внутренний водный ~** inland water transport; **водный ~** water transport; **воздушный ~** air transport; **городской ~** urban transport; **гражданский ~** civil transport; **грузовой ~** freight transport; **дорожный ~** road transport; **железнодорожный ~** rail transport; **морской ~** marine transport; **общественный ~** public transport; **пассажирский ~** passenger transport; **речной ~** river transport; **система ~а** transportation system

транспортирование carriage, transporting

транспортировать to carry, to haul, to ship, to transport

транспортировка carriage, haulage, transport; **контейнерная ~** container shipping; **морская ~** seagoing shipping; **обеспечивать ~ой** to provide shipping

транспортно-экспедиторский forwarding

транспортный transportation

трансферт *(перевод денег)* transfer, deed of transfer; **банковский ~** bank transfer; **кредитный ~** credit transfer; **получатель по ~у** transferee

трансфертный transfer

транш *(часть, доля, серия)* tranche

трасса direction, route; **воздушная ~** air route

трассант *(лицо, выставившее тратту)* drawer, maker of a bill

трассат *(лицо, на которого выставлена тратта)* drawee

трассировать *(выставлять тратту на кого-л.)* to draw a bill of exchange; **~ на долларов** to draw for dollars; **трассировать на кого-л. на какую-л. сумму сроком на** to draw on somebody for (the amount of)... at

трат/а expenditure, spending; **непроизводительная ~** wasteful expenditure

тратить to expend, to spend; **~ напрасно** to waste

тратить to spend

тратт/а acceptance, bill, bill of exchange, draft; **аванс против документарной ~ы** advance against a documentary draft; **авансовая ~** advance bill of exchange; **акцепт ~ы** acceptance of a draft; **акцептованная ~** acceptance draft; **акцептовать ~у** to accept a bill (*или* a draft); **не акцептовать ~у** not to accept a bill *или* to dishonour a bill (*или* a draft); **банковская ~** banker's draft; **внутренняя ~** inland bill of exchange; **возвращать ~у с**

протестом to return a bill of exchange under protest; возобновлять ~у to renew a bill; встречная ~ redraft; выписка ~ы drawing of a draft; выставить ~у на кого-л. на ... дней (месяцев) на сумму to draw a bill (of exchange) on somebody at ... days (months) for; действительная ~ valid draft; держатель ~ы holder of a bill of exchange; документированная ~ documentary draft, secured bill of exchange; долгосрочная ~ long term draft; домицилированная ~ domiciled bill of exchange; инкассировать ~у to collect a bill, draft; инкассо ~ы collection against a bill, draft; иностранная ~ foreign bill; коммерческая ~ commercial draft; краткосрочная ~ short term bill; неакцептованная ~ unaccepted draft недокументированная ~ clean draft; неоплаченная ~ outstanding bill of exchange; оплатить ~у to pay a bill (или a draft); переуступать ~у to negotiate a bill, draft; переучитывать ~у to rediscount a bill, draft; платить ~ой to pay through a bill, draft; плательщик по ~е drawee of a draft; платёж ~ами payment by drawing; платёж против ~ payment against drafts; представлять ~у to present a bill, draft; представлять ~у для акцепта to present a bill for acceptance; предъявительская ~а site draft; ~, срочная по предъявлении sight draft или bill payable at sight; ~, срочная через ... дней после предъявления (после даты выдачи) bill at ... days after sight (after date); ~ с платежом в долларах (фунтах стерлингов) dollar (sterling) bill или dollar (sterling) draft; пролонгировать тратту to renew a bill; рамбурсная ~ reimbursement draft; срок ~ы tenor of a bill, draft; срок платежа по ~е maturity of a draft; срочная ~ time draft; ставка по учёту ~ы discount rate; сумма ~ы amount of a draft; торговая ~ commercial paper

требовани/е application, (претензия) claim, (настоятельная просьба в категоричной форме) demand, request, (спрос) demand; (условия, которым что-то должно соответствовать) requirement, requirements (мн. ч.); встречное ~ counter claim; выдвигать ~я to make demands; выполнение ~й fulfillment of requirements; денежное ~ monetary claim; дополнительное ~ supplementary claim; заявлять ~ to present a demand; иметь особые ~я to have specific requirements; исковое ~ action at law; квалификационные ~я job specifications; количественные ~я quantitative requirements; нарушение ~й violation of requirements; настаивать на ~ях to press claims; настойчивое ~ insistent demand; настоятельное ~ urgent request; обоснование претензионного ~я grounds for a claim; обоснованное ~ reasonable demand; общие ~я general requirements; общие эксплуатационные ~я general operating requirements; обычное ~ common requirement; обязательное ~ mandatory requirement; окончательное ~ end requirement; платёжное ~ payment request; по ~ю on demand; преимущественное ~ preferential claim; претензионное ~ claim; признавать ~я to acknowledge a claim; регрессное ~ recourse; санитарно-гигиенические ~я sanitary hygiene standards; специальное ~ specific requirement; справедливое ~ just demand; срочное ~ urgent demand; строгое ~ strict requirement; технические ~я technical requirements; точные ~я exact requirements; удовлетворять (или отвечать) ~ям to meet the requirements; эксплуатационные ~я operating requirements; ~я истца plaintiff's demands

требовать (просить в настойчивой форме, считая это своим правом) to demand, to require; (предъявлять претензию) to claim; см. тж. претензия;

~ возмещения убытков to claim damages
требоваться *(иметь потребность в чем-л.)* to require, to need; **нам требуется** we require *или* we need; **в требуемый срок** at the required time; **требующийся нам (вам) срок отгрузки** the time of shipment required by us (by you)
трейдер *(бирж.)* trader; **~ торгового зала** floor trader
трейлер trailer
тренд trend; **долгосрочный ~** long-run trend; **периодический ~** cyclic trend
трения friction
трест "trust" *(group of enterprises under centralized management)*
трещина crack, crevice
тримминг trimming *(of a vessel)*
тропический tropical
трос cable, rope; **проволочный ~** wire rope; **стальной ~** steel cable
трубопровод pipeline
труд labor; **внутризаводское разделение ~a** in-factory division of ~; **высококвалифицированный ~** highly skilled ~; **квалифицированный ~** skilled ~; **непроизводительный ~** non-productive ~; **нормирование ~a** setting of ~ quotas; **оплата ~a** remuneration of ~; **охрана ~a** worker safety; **продуктивный ~** productive ~; **производительность ~a** productivity of ~; **производительный ~** efficient ~; **разделение ~a** division of ~; **ручной ~** manual ~;

условия ~a working conditions
труднодоступный laborious
труднореализуемый poor selling
трудност/ь difficulty, problem, trouble; **большие ~и** major difficulties; **ввиду ~ей** in view of difficulties; **встречаться с ~ями** to meet with difficulties; **выдерживать ~и** to withstand trouble; **вызывать ~и** to cause problems; **выносить ~и** to bear trouble; **значительные ~и** significant difficulties; **испытывать ~и** to experience difficulties; **небольшие ~и** ininor difficulties; **непредвиденные ~и** unforeseen difficulties; **огромные ~и** enormous difficulties; **платежные ~и** payment problems; **постоянные ~и** persistent difficulties; **преодолевать ~и** to overcome difficulties; **преувеличивать ~и** to exaggerate difficulties; **серьезные ~и** serious problems; **создавать ~и** to create problems; **технические ~и** technical difficulties; **указывать на ~и** to indicate difficulties; **финансовые ~и** financial difficulties; **экономические ~и** economic difficulties; **эксплуатационные ~и** operational difficulties
трудный difficult, hard
трудоемкий labor intensive
трудоемкость labor content
трудоспособность work capacity
трудоспособный able bodied

трюм hold *(of a vessel)*; **вместимость ~a** capacity of the ~; **вместительный ~** ample ~; **главный ~** main ~; **грузовой ~** cargo hold; **задний ~** aft ~
трюмный hold *(of a vessel)*
турбина turbine; **газовая ~** gas turbine; **паровая ~** steam turbine
туризм tourism; **иностранный ~** foreign ~; **международный ~** international ~; **развитие ~a** development of ~
туристический tourist
тщательно carefully, thoroughly; **~ исследовать** to thoroughly investigate; **~ осматривать** to carefully inspect; **~ проверять** to carefully examine; **~ разрабатывать** to elaborate; **~ рассматривать** to scrutinize
тщательный careful, thoroughly; **~ исследовать** to thoroughly investigate; **~ осматривать** to carefully inspect; **~ проверять** to carefully examine; **~ разрабатывать** to elaborate; **~ рассматривать** to scrutinize
тщательный careful, thorough
тюк bale, bundle; **плотный ~** compact bale; **~ шерсти** bale of wool
тяжба *(судебный процесс)* litigation
тяжеловес extra weight cargo
тяжеловесный heavy weight, heavy
тяжелый difficult, heavy, hard

У

убедительн/ый convincing, conclusive; **~ое доказательство** convincing (*или* conclusive) proof (*или* evidence)

убеждать, убедить 1. (*уговаривать*) to persuade; **2.** (*доказывать правоту*) to convince

убежище asylum, sanctuary; **налоговое ~** tax haven

убыль loss; (*уменьшение*) decrease; (*потери*) waste; **естественная ~** natural ~; **нормальная ~ и нормальный износ** normal wear and tear; **~ веса во время морской перевозки ~** of weight during ocean shipment

убыт/ок (*ущерб*) loss, *мн. ч.* **убытки** (*потери*) losses; damages, waste; (*компенсируемые убытки*) damages; (*возмещенные убытки*) damages; **аварийные ~ки** average losses; **анализ ~ков** loss analysis; **большие ~ки** heavy losses; **взыскание ~ков** recovery of damages; **взыскать ~ки** to recover damages; **включать ~ки** *или* **ущерб** to include loss or damage; **возбуждать иск об ~ках** to bring an action for damages; **возмещаемый ~** loss to be compensated; **возмещение ~ков** compensation for losses *или* damages; **возмещать ~ки** to compensate for losses, to pay damages; **возмещать ~ки истцу** to pay judgment damages; **возмещение ~ков** compensation; **возмещение будущих ~ков** anticipatory damages; **возмещение ожидаемых ~ков** prospective damages; **возмещение ~ков, причиненных неприятием товара** damages for non-acceptance; **возмещенный ~** compensated loss; **возможные ~ки** eventual losses; **в порядке возмещения ~ков** by way of damages; **гарантировать от ~ков** to indemnify; **гарантия от ~ков** guarantee against losses; **денежный ~** monetary loss; **единичные ~ки** single losses; **заявление об ~ках** damage claim; **значительные ~ки** significant losses; **избавлять кого-л. от ответственности за ~ки** to hold someone harmless for damages; **избежать ~ков** to avoid losses; **иск об ~ках** action for damages; **компенсация за ~ки** compensation for damages; **компенсировать ~ки** to compensate damages; **косвенные ~ки** indirect damages; **крупные ~ки** major losses; **материальный ~** property loss; **нести ~** to suffer damage; **нести ~ки** to incur losses; **нести значительные ~ки** to incur significant losses; **общая сумма ~ков** total losses; **оплата ~ков** payment of damages; **определение ~ков** determination of damages; **определять сумму ~ков** to determine the amount of damages; **ответственность за ~ки** liability for damages; **отказ от права на возмещение ~ков** waiver of right to damages; **оцененные ~ки** estimated losses; **оценивать ~ки по общей аварии** to adjust general average losses; **оценка ~ков** assessment of damages; **паушальная сумма ~ков** lumpsum damages; **"перевозчик не отвечает за ~ки"** "carrier not liable for damages"; **платить заранее оцененные и согласованные ~ки** to pay liquidated damages; **повлечь ~ки** to entail losses; **показывать ~ки** to show losses; **покрывать ~ки** to cover losses; **получать возмещение ~ков** to recover damages; **право на взыскание ~ков** right to recover damages; **предельные ~ки** marginal damages; **предотвращать ~ки** to avert losses; **предполагаемый ~** anticipated loss; **приносить ~ки** to sustain losses; **присуждать, присудить ~ки** to award damages; **причины возникновения ~ков** causes of damages; **причинять ~ки** to inflict harm, to cause damages; **продавать с ~ком** to sell at a loss; **проценты по погашению ~ков** interest on losses; **работать с ~ком** to operate at a loss; **размер ~ков** measure of damages; **реальные ~ки** actual losses; **решение о возмещении ~ков** award of damages; **сводный счет прибылей и**

~ков consolidated profit and loss statement; **случайный** ~ accidental loss; **согласованные и заранее оцененные** ~ки liquidated damages; **сокращать** ~ки **до минимума** to minimize loss; **стоимость** ~ков, **возникших в производстве** production loss value; **страховой** ~ indemnified loss; **сумма** ~ков amount of damages; **счет прибылей и** ~ков profit and loss statement; **считать кого-л. ответственным за** ~ки to hold someone liable for damages; **терпеть** ~ки to suffer (*или* to incur) losses, to sustain losses; **требовать возмещения** ~ков to demand compensation for losses; **уменьшение** ~ков reduction in damages; **уточнять** ~ки to adjust losses; **фактические** ~ки actual losses; **финансовый** ~ financial loss; **частичный** ~ partial loss; **чистый** ~ net loss; **чрезмерные** ~ки excessive losses; ~ки **от общей аварии** general average losses; ~ки **от частной аварии** particular average losses; ~ки **по займам** loss on loans; ~ки, **понесенные в связи с** losses suffered in connection with; ~ **при разгрузке** loss during discharge; ~ **при реализации спасенного имущества** salvage loss; ~ **причиненный поломкой** breakage loss; ~ки **при эксплуатации** operating losses

уведомлени/е advice, notice, notification; **банковское** ~ bank notification; **заблаговременное** ~ advance notice; **надлежащее** ~ due notice; **официальное** ~ official notification; **письменное** ~ written notification; **по** ~и upon notification; **получать** ~ to receive notice; **посредством письменного** ~я by written notice; **посылать** ~ to send notification; **посылать** ~ **заблаговременно** to provide advance warning; **предварительное** ~ preliminary notice; **представлять письменное** to provide written notification; **предписанное законом** ~ statutory notice; **при** ~и under advice; **при условии немедленного** ~я subject to timely notice; **регистрировать** ~ to file a notice; **с заблаговременным** ~ем within a reasonable period from notification; **своевременное** timely notice; **срочное** ~ immediate notice; **считайте это письмо официальным** ~ем consider this letter to be official notification; ~ **за одну неделю** one week's notice; ~ **о готовности** advice of readiness; ~ **о дебетовании** debit advice; ~ **о денежном переводе** remittance advice; ~ **о кредитовании** credit advice; ~ **о платеже** advice of payment; ~ **о погрузке** loading notification; ~ **о предъявлении претензии** notice of claim; ~ **о прибытии** notice of arrival; ~ **о прибытии на железнодорожную станцию** railway advice; ~ **об аккредитиве** notification of a letter of credit; ~ **об аукционе** auction notice; ~ **об иске** notice of legal action; ~ **об истечении срока** notice of expiration; ~ **об отгрузке** shipping advice; ~ **об отмене** cancellation notice; ~ **об отправке** forwarding advice; ~ **по почте** notice by mail; ~ **по телеграфу** notice by cable; ~ **по телексу** notice by telex; ~ **по телефону** telephonic notification

уведомлять to advise, to inform, to notify; **официально** ~ to give formal notice; **предварительно** ~ to give prior notice

увеличение expansion, increase (**на** ~ by, **до** ~ to); **вероятное** ~ probable increase; **допустимое** ~ permitted increase; **значительное** ~ significant increase; **общее** ~ overall increase; **общее** ~ **в процентном выражении** overall percentage increase; **ограниченное** ~ limited increase; **планировать** ~ to project an increase; **подлежать** ~ю to be subject to escalation; **покрыть** ~ **цены** to absorb a price increase; **разовое** ~ one time increase; **резкое** ~ sharp increase; **содействовать** ~ю **продажи** to promote sales; **способствовать** ~ю **производительности** to facilitate higher productivity; ~ **вкладов** increase of deposits; ~ **выставочной площади** expansion of exhibit space; ~

до increase to; ~ доходов income increase; ~ зарплаты raise (in pay); ~ импорта increase in imports; ~ капиталовложений increase in capital investments; ~ квоты extension of a quota; ~ надбавки к цене increased bid (auction); ~ налогов increase in taxes; ~ объема торговли increase in trade volume; ~ поставок increase in deliveries; ~ поступлений валюты increase in convertible currency receipts; ~ производительности increase in productivity; ~ производительности оборудования increase in equipment productivity; ~ производительности труда increase in labor productivity; ~ производства expansion of output; ~ процентов interest rate increase; ~ сбыта increase in sales; ~ численного состава increase in manpower

увеличивать, увеличить(ся) to increase

уверение assurance

уверенный sure, confident

уверять, уверить to assure

увольнение dismissal, firing (from a job)

увольнять to dismiss, to fire (from a job)

углевоз coal ship

уголовное дело criminal case; возбуждать ~ to press criminal charges against

удержание (вычет) deduction, detention, withholding; до ~я налогов pre tax; после ~я налогов after tax; право ~я lien; прогрессивное ~ progressive deduction; производить ~ to deduct; пропорциональное ~ proportional deduction; ~ из платежей withholding from payments; ~ налогов tax withholding; ~ суммы deduction of an amount; ~ франшизы deduction of franchise; право удержания см. право 1

удерживать, удержать 1. (вычитать) to deduct; 2. (оставлять у себя) to retain

удешевление drop in price

удешевлять to make cheaper, to reduce in price, to cheapen

удивление surprise; сильное ~ great surprise (или astonishment); мы с ~м узнали we are surprised to learn

удивляться to be surprised (чему-л.- at)

удлинение (о сроке) prolong, extend

удлинять (срок) to extend, to prolong

удобный comfortable, convenient (для - for)

удобрение (органическое) manure; (минеральное) fertilizer

удобство accommodation, convenience, comfort

удовлетворени/е consideration, satisfaction; в ~ in satisfaction; в полное и окончательное ~ in full and final satisfaction; встречное ~ consideration; встречное благоприятное ~ favorable consideration; встречное будущее ~ executory consideration; встречное действительное ~ valid consideration; встречное денежное ~ monetary consideration; встречное достаточное ~ sufficient consideration; встречное надлежащее ~ valuable consideration; встречное недостаточное ~ insufficient consideration; встречное предшествовавшее ~ past consideration; дать ~ to give satisfaction; делать к чьему-л. ~ю to perform to someone's satisfaction; к взаимному ~ to mutual satisfaction; к полному ~ю to complete satisfaction; к ~ю всех сторон to the satisfaction of all concerned; находить ~ to meet with satisfaction; отказываться от ~я to refuse to settle; получить полное ~ to be fully satisfied; частичное ~ partial settlement; ~ иска judgment for the plaintiff ~ кредитора satisfaction of a creditor ~ потребностей satisfaction of requirements; ~ претензии satisfaction of a claim; ~ просьбы satisfaction of a request; ~ спроса meeting demand; ~ требований satisfaction of demands

удовлетворительный satisfactory

удовлетворять, удовлетворить to satisfy; to meet; быть удовлетворенным to be satisfied (чем-л.- with); ~ просьбу to satisfy (или to meet) a request; ~ претензию to satisfy a claim; ~ требованиям спецификации to meet the specification

удорожание rise in price; ~

экспорта rise in export prices

удостоверени/е attestation, authentication, certificate; **выдача ~я** certification; **выдавать ~** to certify; **надлежащее ~ личности** proper credentials; **по письменному ~ю** certified in writing; **представить ~ личности** to present credentials; **с целью ~я личности** for purposes of identification; **санитарное ~** bill of health; **~ таможни на возврат таможенной пошлины** customs debenture; **~ для специалистов** professional credentials; **~ личности** identification card; **~ подписи** attestation of signature

удостоверять, удостоверить to attest, to authenticate, to certify

удостовериться to make sure (*или* to convince) oneself

узел (*транспортный*) junction; (*агрегат*) unit, assembly; (*клубок*) knot, tangle; **коммутационный ~** switching center; **~ противоречий** knot of contradictions

узкое место bottleneck

узловой key

узуфрукт (*право пожизненного пользования чужим имуществом*) usufruct

указ decree; **издать ~** to issue a decree, to issue an edict; **отменить ~** to revoke a decree

указани/е (*знак*) indication, (*инструкция*) instruction(s); (*сообщение*) statement; **в ожидании дальнейших ~й** pending further instructions; **в соответствии с ~ями** in accordance with instructions; **в упаковке и с маркировкой согласно ~ям** packed and marked as per instructions; **выполнять ~я** to comply with instructions; **дать ~я кому-л.** to instruct somebody *или* to give somebody instructions; **давать ~я** to give instructions; **давать ~я банку** to instruct the bank; **давать письменные ~я** to give written instructions; **делать по ~ю** to perform per instructions; **директивные ~я** directives; **дополнительные ~я** further instructions; **заблаговременное ~** forward direction; **на основании ~й** under the instructions of; **независимо от ~й** notwithstanding instructions; **неправильные ~я** improper directions; **несоблюдение ~й** non-observance of instructions; **общие ~я** general instructions; **ожидать ~й** to await further instructions; **передавать ~я** to transmit instructions; **письменное ~** written instructions; **по ~ю** by order of ...; **подробные ~я** detailed instructions; **правильные ~я** proper directions; **при отсутствии иных ~й** unless otherwise specified; **противоположные ~я** contrary instructions; **руководящие ~я** guidelines; **с ~ем** with the indication; **следовать ~ям** to follow instructions; **согласно ~ю** as per instructions; **счёт-фактура с ~ем позиций** itemized invoice; **технические ~я** technical instructions; **устные ~я** oral instructions; **~я заявителя** applicant's instructions; **~ количества** indication of quantity; **~я о порядке сборки** assembly instructions; **~я относительно маркировки** marking instructions; **~я по выполнению работы** work instructions; **~ потребностей** indication of requirements; **~я по эксплуатации** operating instructions; **~ происхождения** indication of origin; **~ срока** time indication; **~ стоимости** indication of the value **телеграмма с ~ем погруженного количества** a telegram stating the quantity loaded

указатель handbook, index; **алфавитный ~** alphebetical index; **заносить в ~** to index; **патентный ~** patent index; **предметный ~** index of a book; **сводный ~** consolidated index; **систематический ~** classified index; **снабжать ~ем** to compile an index; **~ заявителей** index of applicants; **~ заявок** index of applications; **~ классов** classification manual; **~ лицензий** index of licenses; **~ методов** manual of methods; **~ товарных знаков** index of trademarks; **~ цен** price index

указать 1. (*сообщать, заявлять*) to state; **как указа-**

но выше (в нашем письме) as stated above (in our letter); 2. *(обращать внимание на что-л.)* to point out; ~ **кому-л. на ошибку** to point out a mistake to somebody

указывать to indicate, to specify; **как указано ниже**; as indicated hereinbelow

укладк/а stacking, stowing, trimming; *(груза на судне)* stowage; **завершить ~у** to complete stowing; **многоярусная ~ ящиков** multi-level stowing; **небрежная ~** negligent stowage; **обеспечивать ~у** to stow; **операция по ~е** stevedoring operation; **плотная ~** tight stow; **расходы по ~е** stowage (fees); **свободная ~** loose stow; **требования по ~е** stowage requirements; **~ вверх дном** upside down stacking; **~ внизу** bottom stow; **~ в рефрижераторном помещении** refrigerated stowage; **~ в ящики** stowage in crates; **~ груза на паллеты** palletization of cargo; **~ пиломатериалов на прокладки** stacking; **~ сверху** top stow

укладывать to stack, *(груз на судне)* to stow

укомплектовывать to complete; **~ личным составом** to furnish personnel

укрупнение amalgamation
укрупнять to amalgamate
улов catch; **икра улова ... г.** caviar of ... catch

улучшать, улучшить to improve

улучшени/е advance, improvement; **быстрые ~я** rapid improvements; **добиваться ~я** to seek improvements; **иметь тенденцию к ~ю** to tend to improve; **патентоспособные ~я** patentable improvements; **потенциальное ~** potential improvement; **приводить к ~ю** to bring about an improve; **~ графика** improvement of schedule; **~ деловой активности** improvement of business; **~ деловой конъюнктуры** improvement of business conditions; **~ качества** quality improvement; **~ конструкции** design improvement; **~ технического уровня продукции** increase in the technical level of production; **~ условий труда** improvement of working conditions

уменьшать(ся), уменьшить(ся) to decrease, to reduce, to diminish (**на** - by, **до** - to); **~ в — раз** to reduce by — times; **~ вчетверо** to reduce by a quarter; **~ до —** to decrease to —; **~ на** to decrease by

уменьшение decrease (**на** - by, **до** - to), reduction; **~ акционерного капитала** reduction of share capital; **~ арендной платы** decrease in rent; **~ в весе** decrease in weight; **~ размера арбитражного сбора** decrease in arbitration fee; **~ расходов** reduction in expenses; **~ стоимости** depreciation; **~ цен** decrease in prices

умеренный moderate, reasonable
универсальный universal
уникальный unique
унификация unification; **~ документов** unification of documents
унция ounce *(сокр. для ед. и мн. ч. oz.)*
упакованный covered, packed, sealed, wrapped
упаковк/а container, packaging, wrapping; *(о массовых товарах)* in bulk; **аэрозольная ~** aerosol container; **без ~и** uncovered, exposed, unpacked; **безвозвратная ~** nonreturnable packing; **брезентовая ~** tarp covering; **в ~е** covered; **в ~е и с маркировкой согласно указаниям** packed and marked as specified; **вакуумная ~** vacuum packed; **вес ~и** tare weight; **вес ~и, указанный в счете** invoice tare weight; **вид ~и** kind of packing; **вкладыш в ~у** insert in a package; **включать ~у** to include packing; **внутренняя ~** inner wrapping; **в окончательной ~е** in final packaged form; **в отдельной ~е** under separate cover; **в процессе ~и** in the process of packaging; **во время ~и** during packing; **водонепроницаемая ~** waterproof packaging; **воздухонепроницаемая ~** airtight packaging; **вывоз ~и** removal of packing; **герметичная ~** hermetically sealed packing; **годная ~** suitable packing; **громоздкая ~** oversized packing; **дере-**

вянная ~ wooden packing; дефектная ~ defective packing; доброкачественная ~ good quality packing; достаточная ~ adequate packing; жесткая ~ sturdy packaging; за ~у будет начислена отдельная плата packing will be charged extra; завершать ~ to complete packing; заводская ~ factory packaging; защитная ~ protective packaging; импортная ~ import packing; картонная ~ cardboard container; контейнерная ~ container packing; контракт на ~у товара packing contract; лента, используемая при ~е packing tape; метод ~и packaging technique; многоразовая ~ returnable packaging; морская ~ maritime packing; мягкая ~ soft packing; надлежащая ~ proper packaging; наружная ~ external packaging; начинать ~у to commence packaging; небрежная ~ negligent packing; негабаритная ~ oversized packing; недоброкачественная ~ poor quality packing; недостаточная ~ insufficient packing; ненужная ~ unnecessary packing; неповрежденная ~ undamaged packing; неподходящая ~ unsuitable packing; непригодная ~ unfit packing; несоответствующая ~ inappropriate packaging; нестандартная ~ non standard packing; неудовлетворительная ~ unsatisfactory packing; новый вид ~и new type of packaging; обеспечивать должную ~у to secure the necessary packaging; обеспечивать своевременную ~у to secure timely packing; оборудование для ~и packing equipment; образец ~и sample packing; общая ~ total packaging; обыкновенная ~ ordinary packaging; обычная экспортная ~ standard export packing; определять достаточность ~и to determine the sufficiency of packing; осуществлять ~у to pack; отгружать товар в ~е to ship packed goods; парусиновая ~ canvas packing; перевозить без ~и to ship uncovered; плата за экспортную ~у export packing charge; платить за ~у to pay for packing; плотная ~ tight packing; плохая ~ bad packaging; поврежденная ~ damaged packaging; погрузка без ~и shipment in bulk; подарочная ~ gift wrapping; "подмоченная ~" "packing wet" (marking on cargo); подходящая ~ suitable packing; посылать в ~е to send in packing; правила ~и packing instructions; правильность ~и adequacy of packing; приступать к ~е to proceed with packing; проверять ~у to examine packaging; производить ~у to handle packing; прочная ~ strong packing; прочность ~и strength of packaging; размеры ~и package dimensions; размеры в ~е packed measurements; разорванная ~ torn packing; расходы по ~е packing expenses; расходы по ~е в ящики crate costs; рекомендации по ~е packaging recommendations; своевременная ~ timely packaging; соответствующая ~ appropriate packaging; специальная ~ special packaging; способ ~и packaging method; средства ~и packing facilities; стандарты ~и packing standards; стандартная ~ standard packaging; стоимость ~и cost of packing; стоимость ~и в ящики cost of crating; тара для ~и packing container; товар, продающийся в ~е prepackaged goods; транспортная ~ freight packing; требования к ~е packaging requirements; тропическая ~ packaging for tropical conditions; удовлетворительная ~ satisfactory packing; услуги по ~е packing services; услуги по ~е товара на экспорт export packing services; фабричная ~ factory packaging; целая ~ intact packaging; целесообразная ~ feasible packaging; цена без ~и packing not included (in cost); цена, включая ~у price includes packaging; экспортная ~ export packaging; эффективная ~ effective packaging; ~ без повреждений undamaged packaging; ~ **без ящиков** uncrated packaging; ~ **вакуумная** vacuum packed; ~ **в коробки** packaging in cartons; ~ **в мешки** packing in bags; ~ **в обрешетке** frame packaging; ~ **в полиэтиленовую пленку** polyethylene wrapping; ~ **в ящики** crating; ~ **за счет покупателя** packing extra; ~ **по контракту** packing per contract; ~ **по себестоимости за счет покупателя** packing extra at cost; ~ **поставщика** supplier's packaging; ~, **предназначенная для воздушной транспортировки** airfreight packaging; ~, **пригодная для** packing suitable for; ~, **пригодная для морской перевозки** seaworthy packaging; ~ **с веревочными ручками** packaging with rope handles; ~ **с инструкциями** packaging with instructions included

упаковочный packing

упаковывать to handle, to pack, to wrap ~ **вручную** to hand pack **должным образом** to pack in the proper manner ~ **машинным способом** to machine pack ~ **прочно** to pack securely

упаковывать, упаковать to pack

уплат/а payment, repayment, settlement; **авансировать деньги на ~у** to advance money in payment; **дополнительная ~ фрахта** extra freight charge; **досрочная ~** early settlement; **ежемесячная ~** monthly payment; **квитанция за ~у премии** receipt for premium; **квитанция таможни об ~е пошлины** customs clearance bill; **напоминать об ~е долга** to dun; **настаивать на немедленной ~е** to insist on immediate payment; **немедленная ~** immediate payment; **обеспечение ~ы** security for payment; **окончательная ~ долга** final repayment of a debt; **освобождать от ~ы** to exempt from payment; **отказываться от ~ы** to refuse payment; **отметка об ~е фрахта** "freight prepaid" stamp; **полная ~** payment in full; **полная ~ долга** complete discharge of debt; **полная ~ фрахта** payment of full freight; **процент к ~е** outstanding interest; **расписка об ~е долга** acquittance; **расходы по ~е процентов** interest charges; **резерв по ~е подоходного налога** reserve for income tax; **своевременная ~** prompt payment; **скидка за досрочную у по векселю** time discount (on bill, note); **срок ~ы процентов** interest date; **требование ~ы** demand for payment; **требование ~ы взноса за акции** cash call on shares; **требование ~ы возмещения за спасение** salvage claim; **требование ~ы мертвого фрахта** dead freight claim; **требование ~ы разницы** margin call; **уклонение от ~ы налогов** tax evasion; **цена при ~е наличными** cash price; **частичная ~** partial payment; **чек в ~у** check in payment; ~ **арбитражного сбора** payment of the arbitration fee; ~ **вознаграждения** payment of compensation, remuneration; ~ **в рассрочку** installment (payment); ~ **денежного возмещения** payment of monetary damages; ~ **долга** payment of debt; ~ **займа** redemption of a loan; ~ **золотом** payment in gold; ~ **капитала и процентов** payment of principal and interest; ~ **комиссии** payment of a commission; ~ **комиссии за услуги** payment of a service commission; ~ **наличными** payment in cash; ~ **налогов** payment of taxes; ~ **натурой** payment in kind; ~ **первоначального взноса** payment of initial deposit; ~ **пошлины** payment of duty; ~ **при поставке** payment on delivery; ~ **процентов** interest payment; ~ **процентов по вкладу** payment of interest on deposit; ~ **процентов по займу** interest payment on a loan; ~ **раньше сроков** pre-payment; ~ **сбора** payment of a fee; ~ **страховых взносов** payment of insurance premiums; ~ **суммы** payment of an amount; ~ **фрахта** freight payment

уплата *см.* платеж

упоминать, упомянуть to mention;

упомянутый выше mentioned above

управленческий administrative, management

управляющий managing director, manager; **главный ~** general manager; **помощник ~его** assistant manager; **~ группой** group manager; **~ заводом** plant manager; **~ недвижимостью** property manager; **~ отделом кредитования** credit manager; **~ отделом маркетинга** head of the marketing department; **~ отделом развития торговли** manager of business development; **~ отделом сбыта** manager of sales department; **~ по импорту** import manager; **~ по кадрам** personnel manager; **~ по экспорту** export manager; **~ производством** production manager; **~ складом** warehouseman

уравнивание equalization; **~ условий** leveling of conditions

уравнивать to equalize

урегулирование adjustment, settlement; **вести переговоры об ~и** to negotiate a settlement; **достигать мирного ~я** to achieve an amicable settlement; **дружественное ~** amicable settlement; **компромиссное ~** compromise settlement; **мирное ~ претензии** amicable settlement of a claim; **окончательное ~** final settlement; **переговоры по ~ю** settlement negotiations; **судебное ~** judicial settlement; **частичное ~** partial settlement; **~ долгов** settlement of debts; **~ претензии** settlement of a claim; **~ расчетов** clearance of accounts; **~ спора** dispute resolution, settlement of a dispute; **~ цен** price adjustment

урегулированный adjusted, settled

урегулировать to adjust, to settle; **~ путем переговоров** to settle by means of negotiation

уровен/ь degree, level, standard; **быть на ~не мировых стандартов** to be on the level of world standards; **восстановление ~ня запасов** restocking of inventories; **высший ~** peak level; **гарантировать высокий ~ обслуживания** to guarantee a high level of service; **льготный ~** preferential level; **минимальный ~** minimum level; **на высоком ~не** at a high level; **на должном ~не** at the required level; **на любом ~не** at any level; **на ~не министров** at the ministerial level; **на ~не мировых стандартов** at the level of world standards; **на одном ~не** at the same level; **наивысший мировой ~** top world standard; **научно-технический ~** scientific and technological level; **первоклассный ~**; **переговоры на высшем ~не** high level negotiations; **повышение ~ня жизни** increase in the standard of living; **профессиональный ~** professional level; **рост ~ня жизни** growth in the standard of living; **рост ~ня заработной платы** growth in wage levels; **стоять на ~не** to be at the level of; **средний ~** average level; **технический ~** level of engineering; **установленный ~ риска** assigned risk; **устойчивый ~** stable level; **~ арендной платы** level of rental payment; **~ деловой активности** level of business activity; **~ достижений** level of achievements; **~ дохода** income level; **~ жизни** standard of living; **~ запродаж** sales level; **~ зарплаты** wage level; **~ комплектности** stage of prefabrication; **~ лучших мировых образцов** level of best world standards; **~ образования и опыта** level of education and experience; **~ обслуживания** degree of service; **~ оформления** standard of design; **~ патентоспособности** standard of patentability; **~ проектирования** design standard; **~ производства** level of production; **~ процента на денежном рынке** market interest rate; **~ развития** degree of development; **~ рентабельности** level of profitability; **~ риска** degree of risk; **~ сбыта** level of sales; **~ ставок** level of rates; **~ цен** level of prices; **~ экономического развития** level of economic development; **~ экономической активности** level of economic activity; **~ экспертизы** standard of examination

урожа/й crop, yield; **валовый ~** gross yield; **прода-**

вать ~ на корню to sell a standing crop; рекордный ~ record crop; средний ~ average yield; размер ~я size of the harvest; расходы, связанные с уборкой ~я harvesting expenses; убирать ~ to harvest; уборка ~я harvesting

ускорять, ускорить to expedite, to speed up

услови/е condition, proviso, term; аварийные ~я emergency conditions; анализ ~й окружающей среды environmental analysis; аналогичные ~я similar terms; аренда на ~и исчисления платы в процентном отношении lease on percentage of sales basis; атмосферные ~я atmospheric conditions; базисные ~я поставки basic terms of delivery; благоприятные ~я favorable terms; быть ограниченным ~ем to be subject to a condition; быть связанным ~ями to be bound by conditions; в ~ях under conditions; в зависимости от ~й subject to the terms and conditions; в производственных ~ях under conditions of production; в рабочих ~ях under working conditions; в реальных ~ях under actual conditions; в соответствии с ~ями in accordance with the provisions; во влажных ~ях in humid conditions; вероятные ~я probable provisions; взаимовыгодные ~я mutually profitable terms; взаимоприемлемые ~я mutually agreeable conditions; включать ~я to include conditions; включать ~я дополнительно to include additional conditions; включать в ~я аккредитива to incorporate terms in the letter of credit; вносить поправки к ~ям аккредитива to amend a letter of credit; возможные ~я possible conditions; вредные ~я работы unhealthy working conditions; временные технические ~я temporary specifications; выгодные ~я profitable terms; выдвигать ~я to set out terms and conditions; вызывать изменения ~й соглашения to entail amendment of the terms and conditions; выполнять ~я to meet the terms; выполнять ~я контракта to fulfill the terms and conditions of a contract; выполнять ~я кредита to honor the terms of credit; выполнять ~я платежа to honor the payment terms; выставлять ~я to present conditions; выходить за пределы ~й контракта to fall outside the terms of the contract; действовать в рамках ~й контракта to act within the terms and conditions of a contract; действовать в соответствии с ~ями контракта to act in accordance with the terms and conditions of a contract; договариваться об ~ях to negotiate terms; договориться о приемлемых ~ях to agree to acceptable terms; дополнительное ~ additional condition; другие ~я other conditions; единые ~я uniform terms; если ~я аккредитива не предписывают иного unless otherwise provided by the terms of the letter of credit; если эти ~я все еще будут существовать if present conditions continue; жесткие технические ~я stringent technical conditions; жилищные ~я housing conditions; заем с определенными ~ями loan with certain conditions; записанные ~я written provisions; изучать ~я to study the terms; изучать технические ~я to examine technical specifications; изучать экономические ~я to study economic conditions; иные ~я платежа alternative terms of payment; климатические ~я climactic conditions; коммерческие ~я commercial terms; критические ~я critical conditions; линейные ~я berth terms; льготные ~я preferential terms; местные ~я local conditions; метеорологические ~я meteorological conditions; на ~ях subject to conditions of; на ~ях аренды on a rental basis; на ~ях банковского кредита under bank credit; на ~ях взаимности on a reciprocal basis; на ~ях генерального подряда on general contract terms; на ~ях консигнации on a consignment basis; на ~ях кредита on credit terms; на ~ях "под ключ" on a

усл

turn key basis; **на ~ях, предусмотренных в контракте** under the terms stipulated in the contract; **на взаимосогласованных ~ях** under the mutually agreed terms; **на выгодных ~ях** on profitable terms; **на льготных ~ях** on preferential terms; **на любых ~ях** under any conditions; **на обычных ~ях** on usual terms; **на основании ~й** under the conditions; **на прочих равных ~ях** on other similar terms; **на следующих ~ях** on the following conditions; **назначать ~я** to quote terms; **наилучшие ~я** best conditions; **намечать ~я** to outline terms and conditions; **напечатанные ~я** printed provisions; **нарушать ~я** to violate terms, conditions; **нарушать ~я контракта** to violate the terms of a contract; **нарушение ~й** violation of conditions; **неблагоприятные ~я** unfavorable conditions; **неблагоприятные погодные ~я** unfavorable weather conditions; **невыполнение ~й** non fulfillment of conditions; **ненормальные ~я** abnormal conditions; **неподходящие ~я** inappropriate conditions; **непременное ~** indispensible condition; **неприемлемые ~я** unacceptable terms, conditions; **неравноправные ~я** inequitable terms; **ни при каких ~ях** under no conditions whatsoever; **нормальные ~я** normal conditions; **нормальные ~я работы** normal working conditions; **несоблюдение ~и** non observance of terms, conditions; **облегчать ~я** to ease conditions; **обременительные ~я** exacting conditions; **обсуждать ~я** to discuss terms and conditions; **обучать специалистов в заводских ~ях** in plant training; **обусловливать ~я** to stipulate conditions; **общепринятые ~я** prevailing conditions; **общие ~я** general terms and conditions; **общие ~я контракта** general terms and conditions of the contract; **обычные ~я** usual terms; **обычные ~я платежа** usual terms of payment; **обязательные ~я** obligatory conditions; **обязательные ~я договора** obligatory conditions of a contract; **основные я договора** fundamental provisions of a contract; **основные ~я страхования** basic insurance conditions; **определять ~я** to define terms; **отвергать ~я контракта** to reject the terms and conditions of a contract; **отвечать ~ям** to meet conditions; **отказываться от ~й** to waive provisions; **отсроченные ~я платежа** deferred terms of payment; **отступать от ~й контракта** to deviate from contractual provisions; **первоначальные ~я контракта** original terms of a contract; **пересматривать ~я** to revise terms and conditions; **платить на ~ях кредита** to pay on credit terms; **плохие ~я работы** poor working conditions; **по ~ям контракта** under the terms and conditions of a contract; **по ~ям статей** under the provisions of clauses; **подробные ~я** detailed terms; **подходящие ~я** appropriate conditions; **покупать с ~ем предварительного осмотра и одобрения** to buy subject to inspection and approval; **пользоваться ~ями гарантии** to еnjoy warranty provisions; **последующие ~я** subsequent conditions; **поставка на ~ях ФОБ** delivery FOB; **практические ~я** practical conditions; **предварительное ~** pre condition; **предложенные ~я** proposed terms; **предоставлять ~я** to grant terms and conditions; **предоставлять ~я гарантии** to offer warranty provisions; **предоставлять необходимые ~я** to furnish necessary facilities; **предоставлять самые благоприятные ~я** to offer the most favorable terms; **предусматривать ~я** to stipulate terms and conditions; **предусмотренные ~я** contemplated terms and conditions; **преимущественные ~я** advantageous terms; **преобладающие ~я** prevailing conditions; **при ~и** on condition; **при и изменений** subject to alterations; **при ~и наличия** subject to availability; **при ~и немедленного уведомления** subject to prompt notice; **при ~и одобрения** subject to approval; **при ~и окончания** subject to termination; **при ~и правильной поставки** subject to proper delivery; **при ~и, что (если)** on condition that, provided that; **при одном ~и** upon the sole condition; **при определенных ~ях** under certain conditions; **при соблюдении следующих ~й** subject to observance of the following conditions; **привлекательные ~я** attractive terms; **придерживаться ~и** to maintain terms; **приемлемые ~я** acceptable terms; **принимать ~я** to accept conditions; **приспосабливать к местным ~ям** to adapt to local conditions; **причальные ~я** berth terms; **проектные ~я** design conditions; **производственные ~я** production conditions; **пройти испытания в лабораторных ~ях** to be laboratory tested; **противоречить ~ям спецификации** to be contrary to specifications; **рабочие технические ~я** performance specifications; **равноправные ~я** competitive conditions; **равные ~я** equal terms; **рассматривать ~я** to review terms and conditions; **реальные ~я** actual conditions; **с аналогичными ~ями** under similar terms; **соблюдать ~я** to comply with terms and conditions; **согласно ~ям** as per conditions; **согласованные ~я** agreed terms and conditions; **создавать ~я** to provide conditions; **создавать ~я для работы** to provide working conditions; **соответствовать ~ям** to be in accordance with conditions; **сотрудничество на подрядных ~ях** contractual cooperation; **социально-бытовые ~я** social conditions; **специальные ~я** special conditions; **специальные ~я платежа** special terms of payment; **ставить ~ем** to stipulate; **ставить ~я** to impose conditions; **стандартные ~я** standard provisions; **столкнуться с ~ем** to encounter conditions; **строгие ~я** strict conditions; **технические ~я** technical conditions; **юхнические ~я для обеспечения безопасности** safety specifications; **технические ~я договора** contract specifications; **технические ~я контракта** contract specifications; **технические ~я производственного процесса** process specifications; **технологические ~я** technological conditions; **типовые ~я** model conditions; **торговать на ~ях консигнации** to trade on a consignment basis; **удовлетворять ~ям** to satisfy conditions; **улучшать ~я** to improve conditions **установленные ~я** established conditions; **финансовые ~я** financial conditions; **формулировать ~я контракта** to phrase the terms and conditions of a contract; **хранить товар в подходящих ~ях** to store goods under proper conditions; **цена при ~и оплаты наличными** cash price; **частные ~я** particular conditions; **экономические ~я** economic conditions; **эксплуатационные ~я** operating conditions; **~я аварийного бонда** terms of an average bond; **~я аккредитива** terms of a letter of credit; **~я аннулирования** terms of annulment; **~я аренды** lease terms; **~я аукциона** terms and conditions of an auction; **~ гарантии** warranty provisions; **~я движения** traffic conditions; **~я, действующие автоматически** automatic conditions; **~я, действующие в настоящее время** present conditions; **~я договора** terms and conditions of a contract, treaty; **~я долгового обязательства** terms of debenture; **~я заказа** order specifications; **~я инкассо** collection terms; **~я испытаний** test conditions; **~я коммерческой сделки** terms of a commercial transaction; **~я коносамента** terms of a bill of lading; **~я консигнации** terms and conditions of consignment; **~я контракта** provisions of a contract; **~я кредита** credit terms; **~я купли-продажи** terms and conditions of a buy sell contract; **~я лицензионного договора** terms and conditions of a licensing agreement; **~я мены** barter terms; **~я**

монтажа conditions for construction; ~я **обслуживания** service conditions; ~я **о переуступке** assignment clause; ~я **о продлении срока** extension clause; ~я **о производстве платежа векселем (траттой)** draft terms; ~я **о размере и порядке уплаты фрахта** freight clause; ~я **"от всех рисков"** "against all risks" condition; ~я **отгрузки** shipment terms; ~я **перевозки** transport clause; ~я **платежа** payment terms; ~я **платежа за импорт товара** import payment terms; ~я **поездки** travel conditions; ~я **покупки** purchase terms; ~я **полиса** policy provisions; ~я **поставки** delivery terms; ~я **предложения** terms and conditions of a bid, offer, tender; ~я **предоставления финансовых услуг** terms and conditions of a financing package; ~я **приемки** terms of acceptance; ~я **продажи** sales terms; ~я **продажи с аукциона** auction sale conditions; ~я **продления чартера** continuation clause (charter); ~я **работы** conditions of work; ~я **расчета** settlement terms; ~я **рынка** market conditions; ~я **сдачи в аренду** lease conditions; ~я **сделки** terms of a deal; ~я **сотрудничества** terms of cooperation; ~я **торговли** terms of trade; ~я **транспортировки** terms of conveyance; ~я **труда** labor conditions; ~я **финансирования** terms of financing; ~я **фрахта** terms of freight; ~я **хозяйствования** conditions of economic management; ~я **хранения** storage conditions; ~я **чартера** charter party terms; **при ~и если** или **при ~и что** on condition (that) или provided (that), или subject to (с существительным или герундием)

условность reserve
условный conditional
услуг/а service; **ассортимент ~** range of ~s;; **аудиторские ~и** auditing ~s; **банковские ~и** banking ~s; **бесплатные ~и** free ~s; **бюро ~** ~ center; **взаимные ~и** reciprocal ~s; **внешнеторговые ~и** foreign trade ~s; **воспользоваться ~ами** to employ the ~s of; **договор о предоставлении ~** ~s agreement; **дополнительные ~и** additional ~; **дружеская ~** friendly ~; **импорт ~** import of ~s; **инженерно-строительные ~и** construction engineering ~s; **инжиниринговые ~и** engineering ~s; **к Вашим ~ам** at your ~; **комиссия за ~и** commission for ~; **коммерческие ~и** commercial ~s; **комплекс ~** package of ~s; **комплексные ~и** comprehensive ~; **конкурентные ~и** competitive ~; **конструкторские ~и** design ~s; **консультационные ~и** consulting ~s; **маркетинговые ~и** marketing ~s; **максимальный объем ~** maximum volume of ~s; **минимальные ~и** minimum facilities; **"невидимые" ~и** invisible ~s; **объем ~** scope of ~s **оказание ~** rendering of ~s; **операции по торговле ~ами ~** business; **оплата ~** payment for ~s; **пакет ~** package of ~s; **пакет ~, предоставляемых по лицензии** licensing package; **плата за таможенные ~и** customs fee; **плата за экспедиторские ~и** freight forwarding charge; **платные ~и** paid ~; **полнота ~** thoroughness of ~s; **полный цикл ~** full~; **пользоваться ~ами** to utilize ~s; **портовые ~и** harbor ~s; **посреднические ~и** intermediary ~s; **потребление ~** use of ~s; **предлагать пакет ~** to bid a ~ package; **прибегать к ~ам** to require ~s; **производственно-технические ~и** industrial ~s; **профессиональные ~и** professional ~s; **рынок ~** market for ~s; **стоимость ~** cost of ~s; **сфера ~** ~s sector; **технические ~и** technical ~s; **технологические ~и** technological ~s; **торговля ~ами** trade of ~s; **транспортные ~и** transportation ~s; **туристические ~и** tourist ~s; **управленческие ~и** management ~s; **финансовые ~и** financial ~s; **характер ~** nature of ~s; **экспертные ~и** expert ~s; **экспорт ~** export of ~s; **~и агента** agent's ~s; **~и агентства** agency ~s; **~и персонала** personnel ~s; **~и по обучению** training ~s; **~и по ор-**

У   **ухо**

ганизации продажи pre sales ~s; ~и по перевозке transportation ~s; ~и по поддержанию support s; ~и по страхованию insurance ~s; ~и по уборке cleaning ~s; ~и по фрахтованию chartering ~s

усмотрени/е 1. *(опцион, право выбора)* option; по нашему (вашему) ~ю at our (your) option *или* in our (your) option; по ~ю покупателей (продавцов, фрахтователей) at (*или* in) buyers' (sellers', charterers') option; 2. *(заключение, решение)* discretion; на ~ кого-л. to the discretion of somebody; по ~ю кого-л. at the discretion of somebody; зависеть от ~я кого-л. to be within the discretion of somebody

усовершенствовани/е improvement, perfection; внедрять ~ to incorporate improvements; возможное ~ potential improvement; запатентованное ~ patented improvement; многочисленные ~я numerous improvements; новое ~ new development; патент на ~ patent on an improvement; показывать ~ to demonstrate an improvement; разработать ~ to develop an improvement; патентоспособное ~ patentable improvement; сделать ~ to make an improvement; техническое ~ technical improvement; технологическое ~ technological improvement; ~я контейнер-

ной службы improvement of containerization

устав articles, by laws, charter; statutes, rules; ~ акционерного общества charter of a joint stock company; ~ корпорации articles of incorporation; ~ совместного предприятия charter of a joint venture

устанавливать, установить 1. *(определять)* to determine; 2. *(выяснять)* to ascertain; 3. *(назначать)* to fix; ~ цену to fix a price; ~ время to fix the time; 4. *(налаживать)* to establish; ~деловые отношения to establish business relations; 5. *(монтировать)* to install, to assemble, to mount, to erect

установка 1. *(монтаж)* installation, mounting, erection, set up; 2. *(машина, агрегат)* plant, set, installation, unit; паротурбинная ~ steamturbine plant; 3. *(директива)* guideline(s)

устойчивость soundness, stability; ~ курса валюты exchange rate stability; ~ цен price stability

устраивать, устроить to arrange; to make arrangements

устранение elimination; ~ дефектов elimination of the defects

устранять, устранить to eliminate; ~ дефекты to eliminate the defects

устроитель organizer, promoter; иностранный ~ foreign promoter; ~ ярмарки fair promoter

уступк/а concession, discount, rebate; взаимные ~ки mu-

tual concessions; вынужденная ~ forced concession; делать ~ки to make concessions; добиваться ~ок to seek concessions; максимальная ~ maximum concession; налоговые ~ки tax concessions; нетарифные ~ки non tariff concessions; специальные ~ки special concessions; тарифные ~ки tariff concessions; ~ки в цене discount; ~ки патента cession of a patent

утвердить *см.* утверждать 2

утвержда/ть 1. *(заявлять)* to maintain, to assert; ~ (что) якобы to allege; вы ~ете, что товар якобы хуже образцов you allege that the goods are inferior to the samples; 2. *(санкционировать)* to confirm, to approve, to sanction

утверждение 1. *(заявление)* statement, assertion; contention; 2. *(без основания)* allegation; 3. *(санкционирование)* confirmation, approval, sanction

утечка leakage

уточнени/е more precise definition; внести ~я в некоторые пункты договора to word some clauses of the contract more precisely

уточнять, уточнить to make more exact, to make more precise; to define more exactly, to define more precisely; to clarify; ~ некоторые пункты договора to word some clauses of the contract more precisely

уход maintenance; ~ за машиной maintenance of the machine

участи/е participation; **возобновлять заявку на ~** to renew an application; **выйти из ~я в работе над проектом** to withdraw from a project; **давать заявку на ~** to apply for participation; **договоренность об ~и** partnership arrangement; **доля ~я** interest, share (of ownership, etc.); **доля ~я в акционерном капитале** share of capital contribution; **заявка на ~** application for participation; **коллективное ~** collective participation; **крупное ~** large scale participation; **масштаб ~я** scale of participation; **назначать людей для ~я** to designate people to participate; **непосредственное** direct participation; **облигации на ~ в прибылях компании** participating bond; **обосновать ~** to justify participation; **отказ экспонента от ~я** withdrawal of an exhibitor; **отказаться от ~я** to withdraw; **официальное ~ на правительственном уровне** official governmental participation; **оформление ~я в выставке** registration of exhibitors; **подтверждать ~** to confirm participation; **поочередное ~** alternating participation; **предлагать ~** to offer a share in; **принимать ~** to participate; **принимать ~ в торгах** to bid; **принимать активное ~** actively participate; **разрешение на ~** admission; **расходы по ~ю** participation expenses; **с ~ем иностранных фирм** with the participation of foreign firms; **совместное ~** joint participation; **финансовое ~** financial participation

участник participant, partner, party; **основной ~** major participant; **общее число ~ов** total participation; **постоянный ~** permanent exhibitor; **потенциальный ~** potential participant; **предполагаемые ~и** prospective participants; **равноправные ~и** equal parties; **регистрация ~ов** registration of participants; **список ~ов** listed participants; **~ аукциона** bidder (at auction); **~ в совместных предприятиях** party to a joint venture; **~ выставки** exhibitioner; **~ договора** party to an agreement, contracting party; **~ переговоров** negotiating party; **~и соглашения** parties to an agreement; **~ торгов, предложивший наивысшую цену** highest bidder; **~ ярмарки** exhibitor at a fair

учет accounting, discount, registration; **бланк ~а экспортных операций** export note; **бухгалтерский ~** accounting books; **быть пригодным к ~у** to be discountable; **ведение ~а** record keeping; **вести ~** to keep records; **взять на ~** to register; **для ~а в бюджете** for budgetary purposes; **денежный ~** money accounting; **методы бухгалтерского ~а** accounting practices; **оперативный ~** routine accounting; **период ~а** discount period (bill, note); **повышение ставки банковского ~а** increase in the bank rate; **предъявлять вексель или тратту к ~у** to present a bill for discount; **принимать к ~у** to take on discount; **проводить ~** to take stock of; **проектировать с ~ом требований** to design to the requirements of; **производственный** performance record; **расходы по ~у** discount charge; **с ~ом риска** allowing for risk; **с ~ом сезонных колебаний** seasonally adjusted; **с ~ом этой возможности** with this possibility in mind; **снимать с ~а** to write off (accounts); **становиться на ~** to be registered; **статистический ~** statistical accounting; **табель ~а отработанных часов** time sheet; **тарифная ставка с ~ом' скидок** net rate (tariff); **~ векселей** discoun of bills, notes; **~ денежных поступлений** entry of payments received; **~ производственных затрат** cost accounting - **кадров** personnel records - **количества отработанных часов** total operating hours; **~ работы** work record; **~ спроса** demand records; **~ тратт** discount of drafts

учетный discount, registration

учитывать, учесть 1. *(принимать во внимание)* to take into consideration, to take into account, to bear in mind, to account for; 2. *(купить или продать вексель до истечения его срока, дисконтировать)* to discount; ~ **тратту** to discount a bill

учредитель founder

учреждать to establish, to found

учреждени/е establishment, foundation, institution; **административное** ~ administrative office; **государственное** ~ government institution; **закупочное** ~ purchasing agency; **здание ~я** office premises; **компетентное** ~ competent authorities; **кредитное** ~ lending institution; **кредитно-финансовое** ~ credit and financial institution; **научное** ~ scientific institution; **научно-исследовательское** research establishment; **правительственные ~я** governmental office; **правовые ~я** legal institutions; **расходы по ~ю акционерного общества** promotion expenses (of joint stock company); **страховое** ~ insurance company; **финансовое** ~ financial institution; **часы работы ~я** office hours; ~ **по продаже** sales office; ~, **содействующее продаже товара** sales promotion agency

ущерб 1. *(повреждение, убыток, потеря)* damage, loss, waste **(чему-л., для чего-л.** - to something); 2.*(вред)* harm, detriment; 3. *(ограничение прав)* injury, prejudice; **без ~а для чьих-л. прав** without prejudice to somebody's rights; **наносить ~ правам** to prejudice the rights; **без ~а** without prejudice; **без ~а для контракта** without prejudice to the contract; **без ~а для договора страхования** without prejudice to the insurance policy; **без ~а прав** without detriment to the rights of; **без ~а прав покупателя** without prejudice to the purchaser's rights; **большой** ~ great damage; **будет нанесен огромный** ~, **если** it will be extremely detrimental, if; **быть ответственным за** ~ to be liable for damage; **возмещать** ~ to indemnify for damage; **возмещение ~а** compensation for damages; **возможный** ~ possible damage; **в случае ~а** in case of damage; **дальнейший** ~ further damage; **действовать в** ~ to work against; **денежный** ~ monetary damage, loss; **застраховать кого-л. от ~а имуществу** to indemnify someone against property damage; **заявить об ~е** to report damage; **заявление об ~е** damage report; **значительный** ~ significant damage, significant loss; **компенсация за** ~ compensation for damages; **компенсировать** ~ to compensate damages; **косвенный** ~ indirect damage; **крупный** ~ major damage; **материальный** ~ material damage; **минимальный** ~ minimal loss; **нанесенный** ~ actual damage caused; **наносить** ~ to inflict a loss, to inflict damage; **наносить** ~ **интересам** to harm the interests; **наносить** ~ **правам** to prejudice the rights; **наносящий** ~ prejudicial; **незначительный** ~ insignificant damage, loss; **непоправимый** ~ irreparable harm; **обязательство возместить** ~ obligation to compensate for damage; **освидетельствование ~а** damage survey; **ответственность за** ~ liability; **оценивать размер ~а** to assess the damage; **оценка ~а** damage assessment; **понести** ~ to suffer damage, loss; **предотвращать** ~ to prevent damage; **причина ~а** cause of damage; **работа по возмещению ~а** remedial work; **размер ~а** extent of damage; **уровень ~а** level of damage; **характер ~а** nature of the damage; **частичный** ~ partial damage; ~ **в виде упущенной выгоды** loss of profit; ~ **вследствие неисполнения обязательств** loss due to non fulfillment of obligations; ~, **вызванный** damage caused by; ~, **нанесенный водой** water damage; ~ **от выбрасывания груза за борт** loss by reason of jettison; ~ **от пожара** fire damage; ~ **от шторма** storm damage; ~ **собственности** property damage

Ф

фабрик/а factory, mill, works, plant; **бумажная ~** paper mill; **директор ~и** plant manager; **консервная ~** cannery; **обогатительная ~** dressing mill; **опытная ~** pilot plant; **прядильная ~** spinning mill; **текстильная ~** textile mill; **хлопкопрядильная ~** cotton spinrting mill; **ткацкая ~** weaving mill; **управлять ~ой** to manage a factory; **шелкопрядильная ~** silk mill

фабричный factory, plant

фабриковать *(подделывать)* to fabricate, to manufacture, to forge; to cook up

файл file, data set; **~ данных** data file

факс fax; **отправить факс** to send fax, to fax

факсимиле facsimile *(of signature)*, signature stamp

факт fact; **веский ~** grave ~; **в соответствии с ~ами** in accordance with the ~s; **вышеупомянутый ~** the above ~; **выявить ~ы** to elicit ~s; **достоверный ~** established ~; **искажать ~ы** to distort the ~s; **исходный ~** datum; **малодостоверный ~** ill-grounded ~; **неопровержимый ~** irrefutable ~; **общеизвестный ~** a matter of common knowledge; **основанный на ~ах** well founded; **остается ~ом** the ~ remains; **отдельный ~** separate ~; **поставить перед ~ом** to confront with a fact; **соответствующий ~** relevant ~; **сталкиваться с реальными ~ами** to face ~s; **стоять перед ~ом** to be faced with the ~; **установленный ~** established ~; **~, имеющий отношение к данному вопросу** the ~, pertaining to this matter; **~ы говорят о том, что** the ~s shows that

фактически actually, as a matter of fact

фактический actual, real

фактор factor (agent), development; **благоприятный ~** favorable development; **важный ~** important factor; **внешний ~** external factor; **второстепенный ~** secondary factor **вышеназванный ~** the above factor; **новый ~** new development; **основной ~** the principal factor; **побудительный ~** incentive; **постоянно действующий ~** permanent factor; **решающий ~** decisive factor; **случайный ~** chance development; **человеческий ~** human factor; **учитываемый ~** accountable factor; **экономический ~** economic factor **~ времени** time factor; **~ долговременного действия** long term factor; **~ кратковременного действия** short term factor; **~ сбыта** market factor; **~ стоимости** cost factor

факторинг factoring

фактур/а *(счет-фактура)* invoice, bill of parcels, note of charges; **включать в ~у** to include in an ~; **выписывать ~у** to issue an ~; **дата ~ы** ~ date; **заверенная ~** certified ~; **коммерческая ~** commercial ~; **консульская ~** consular ~; **копия ~ы** ~ copy; **окончательная ~** final ~; **оригинал ~ы** original of the ~; **ориентировочная ~** pro forma (no-charge) ~; **переделывать ~у** to fraudulently alter an ~; **предварительная ~** preliminary ~, provisional invoice; **прилагать копию ~ы** to append a copy of an ~; **примерная ~** specimen ~, proforma invoice; **сумма ~ы** ~ amount; **уменьшать сумму ~ы** to reduce the ~ amount; **~ на** ~ for; **выписать ~у** to make out an invoice

фактура-лицензия invoice license

фактура-спецификация invoice specification

фактурирование invoicing; **~ по завышенным ценам** over-invoicing

фактурный invoiced

фальшивый *(поддельный)* forged, faked, countefeit, spurious, bogus; *(искусственный)* artificial

фамилия surname

фас *(франко вдоль борта судна)* free alongside ship (сокр. f. a. s.); **фас Петербург** f. a. s. Peterburg

фасовать to pre-pack

фасовка pre-packing; **отдел ~и и упаковки** packaging department

федеральный federal

федеративный federated

фидуциар *(доверенное лицо)* fiduciary

фидуция *(сделка, основанная на доверии)* fiduciary transaction

фиксация fixation; ~ **цен** price fixing

фиксинг (*установление валютного курса или цены золота*) fixing; ~ **золота** gold fixing; **франкфуртский** ~ Frankfurt fixing

фиксированный fixed

фиксировать to fix

фиктивный bogus, false; (*поддельный*) fixed

филиал affiliate, branch, branch office; **руководитель** ~**а** branch manager; ~ **банка** branch bank; ~ **компании** branch office; ~ **предприятия** affiliated enterprise

финанс/ы finances; **государственные** ~ public finance; **Министерство** ~**ов** Ministry of Finance; **Министр** ~**ов** Minister of Finance; **отдел** ~**ов и отчетности** finance and accounts department

финансировани/е financing; **банковское** ~ bank ~; **безвозвратное** ~ irrevocable ~; **бюджетное** ~ budgetary ~; **взаимное** ~ back to back ~; **внешнее** ~ foreign ~; **внутреннее** ~ domestic ~; **вторичное** ~ secondary ~; **гарантировать** ~ to guarantee ~; **государственное** ~ public ~; **договориться о** ~**и** to arrange for ~; **долгосрочное** ~ long term ~; **долевое** ~ participation in ~; **дополнительное** ~ supplementary ~; **источники** ~**я** sources of ~; **компания по** ~**ю продаж в рассрочку** sales finance company; **компенсационное** ~ compensatory ~; **краткосрочное** ~ short term ~; **кредитное** ~ credit; **международное** ~ international ~; **обеспечивать** ~**е контракта** to provide ~ for a contract; **объем** ~**я** amount of ~; **план** ~**я** plan of ~; **прекратить** ~ to cut off funding; **разрешение на** ~ financial authorization; **смешанное** ~ mixed ~; **совместное** ~ sponsored ~; **среднесрочное** ~ medium term ~; **условия** ~**я** terms of ~; **фонды** ~**я** ~ funds; **формы и методы** ~**я** forms and methods of ~; ~ **ассигнований** ~ of appropriations; ~ **импорта** import ~; ~ **с помощью выпуска акций** equity ~; ~ **торговли** trade ~; ~ **экспорта** export ~

финансировать to finance

финансирующий financing

финансист financier

финансово-кредитный finance and credit

финансово-хозяйственный finance and economic

финансовый financial; ~ **год** financial year

фирм/а (*акционерная компания*) company, firm, house; **агентская** ~ brokerage house; **арендная** ~ leasing company; **брокерская** ~ brokerage firm; **ведущая** ~ leading firm; **венчурная** ~ venture capital firm; **внешнеторговая** ~ foreign trade company; **возбуждать иск против** ~**ы** to file suit against a company; **генеральный директор** ~**ы** general director of a company; **глава** ~**ы** head of a company, senior partner of a firm; **государственная** ~ state owned company; **деятельность** ~**ы** operations of a company; **дочерняя** ~ subsidiary company; **железнодорожная транспортная** ~ rail carrier; **импортная** ~ import merchants; **инженерно-консультационная** engineering consulting firm; **инжиниринговая** ~ engineering firm; **иностранная** ~ foreign company; **капитал** ~**ы** capital of a firm; **капиталистическая** ~ capitalist firm; **конкурирующие** ~**ы** rival firms; **кооперативная** ~ cooperative company; **крупная** ~ major firm; **лизинговая** ~ leasing company; **ликвидация** ~**ы** liquidation of a ~; **маркетинговая** ~ marketing firm; **мелкая** ~ small business; **местная** ~ local company; **местонахождение** ~**ы** business address of a company; **название** ~**ы** company name **национальная** ~ national company; **начинающая** ~ entrant firm; **обанкротившаяся** ~ bankrupt company; **оптовая** ~ wholesale merchant; **основывать** ~**у** to found a ~; **отдел** ~**ы** division of a firm; **отделение** ~**ы** branch business; **отраслевая производственная** ~ industrial sector firm; **патентная** ~ patent agency, law firm with a patent practice; **переименовывать** ~**у** to change the name of a company; **платежеспособная** ~ solvent company; **подрядная** ~ contractor;

посредническая ~ business brokering firm; **посылочная** ~ mail order house; **представитель** ~ы representative of a firm; **представлять** ~у to represent a firm; **президент** ~ы president of a firm; **производственная** ~ manufacturing company; **промышленная** ~ industrial company; **размещать заказ у** ~ы to place an order with a company; **регистрировать** ~у to register a company, firm; **репутация** ~ы reputation of a company; **розничная** ~ retail firm; **руководить** ~ой to direct a business; **сбытовая** ~ direct marketing company; **смешанная торговая** ~ mixed trading company; **совладелец** ~ы co-owner of a firm; **совместные** ~ы joint firms; **солидная** ~ solid firm; **сотрудничать с** ~ой to do business with a firm; **специализированная** ~ specialized firm; **средняя** ~ medium sized firm; **статус** ~ы status of a firm; **стивидорная** ~ stevedoring company; **страховая** ~ insurance company; **строительная** ~ civil engineering company; **структура** ~ы structure of a company; **субподрядная** ~ subcontractor; **судовладельческая** ~ ship owners; **судоходная** ~ shipping firm; **торговая** ~ trading house; **транспортная** ~ transport company; **транспортно-экспедиционная** freight forwarding company; **турагентская** ~ tour company; **туристическая** ~ travel agency; **универсальная** ~ universal company; **упаковочная** ~ packing house; **филиал** ~ы branch office of a company; **финансовая** ~ financial firm; **частная** ~ private company **штемпель** ~ы business stamp; **экспортная** ~ export merchants; ~ **с хорошей репутацией** ~ with a good reputation; **письмо от** ~ы "Браун и Ко." a letter from Messrs. Brown & Co.

фирма-изготовитель manufacturer

фирма-подрядчик engineering contractor

фирма-покупатель purchasing company

фирма-поставщик supplier

фирма-производитель producer

фирма-участница participating firm; ~ **договора** contracting firm

фирма-арендодатель company lessor

фирма-исполнитель contractor

фирменный brand name, firm

флот fleet; **воздушный** ~ air ~; **морской** ~ marine ~ **наливной** ~ tanker ~; **нефтеналивной танкерный** ~ oil tanker ~; **океанский** ~ ocean going ~; **прикольный** ~ inactive ~; **речной** ~ inland water ~; **рыболовный** ~ fishing ~; **сухогрузный** ~ dry cargo ~; **танкерный** ~ tanker ~; **торговый** ~ merchant marine ~

флотский fleet, naval
фон background
фонд asset, fund, reserve, stocks; **автоматически возобновляемый** ~ revolving fund; **амортизационный** ~ amortization fund; **базовый** ~ basic fund; **банковские** ~ы bank's funds; **валютный** ~ monetary reserve; **вклад в уставный** ~ contribution to charter capital; **выкупной** ~ sinking fund; **денежный** ~ cash fund; **доля в уставном** ~е share of the charter fund; **дополнительные** ~ы supplementary funds; **замороженные** ~ы frozen capital; **инвестировать** ~ы to invest funds; **инвестиционные** ~ы investment funds; **иностранные** ~ы foreign funds; **компенсационный** ~ indemnification fund; **консолидированный** ~ consolidated fund; **кредитные** ~ы credit resources; **ликвидные** ~ы liquid funds; **неделимые** ~ы indivisible funds; **обновление производственных** ~ов rehabilitation of production assets; **оборотные** ~ы working assets; **образование** ~ов asset formation; **общий** ~ pool (of funds); **общественные** ~ы public funds; **объединенный долларовый** ~ dollar pool; **основные** ~ы fixed funds; **отчисления в валютный** ~ allocations to the monetary reserve; **патентный** ~ patent holdings; **пенсионный** ~ pension fund; **переходящие** ~ы

carry over assets; **правительственные ~ы** government funds; **привлекать ~ы** to raise funds; **резервный ~** reserve fund; **создавать ~ы** to set aside funds; **страховой ~** insurance fund; **уставный ~** charter capital; **формирование ~ов** formation of funds; **чрезвычайный ~** contingency fund; **~ валютных отчислений** currency reserves; **~ капитальных вложений** capital investment fund; **~ материального поощрения** incentive fund; **~ накопления** cumulation fund; **~ погашения** redemption fund; **~ помощи** relief fund; **~ потребления** consumption fund; **~ премирования** bonus fund; **~ развития производства** expansion fund; **~ экономического стимулирования** economic stimulus fund

фоб *(франко борт судна)* free on board *(сокр.* f. o. b.*)*; *(в США)* free on board vessel *(сокр.* f. o. b. vessel*)*; **фоб Лондон (Одесса)** f. o. b. London (f. o. b. Odessa); **фоб Нью-Йорк** f. o. b. vessel New York

фондирование state funding
фондовый share, stock
фондоотдач/а capital investment yield; **увеличивать ~у** to increase returns on capital investment

форм/а form, method; **организационные ~ы** organizational forms; **печатная ~** printed form; **различительная ~** distinct configuration (as of a logo); **~ документов** form of documents; **~ квитанции** receipt form; **~ коносамента** form of bill of lading; **~ контракта** standard form contract; **~ платежа** method of payment; **~ расписки** receipt form; **~ расчета** method of payment

формальный formal
формулировать to word, to formulate
формулировк/а *(редакция)* wording; **изменить ~у** to change the wording; **уточнить ~у** to make the wording more precise

форс-мажор force-majeur
фотокопия photo-copy
франко free; **франко вагон** free on rail; *см. тж.* **фоб, фас**

фрахт 1. *(груз)* freight; **2.** *(плата за провоз)* freight; **аванс ~а ~** advance; **аккордный ~** lumpsum **~** **базисный ~** base **~**; **взыскание ~а** collection of **~**; **двойной ~** double **~**; **дистанционный ~** distance **~**; **доходы от ~а** revenues; **комиссия с ~а** commission; **мертвый ~** dead **~**; **морской ~** ocean going **~**; **надбавка к ~у** surcharge on **~**; **налог на ~** **~** tax; **обратный ~** return **~**, home (*или* homeward) freight; **обусловленный ~** agreed **~**; **оплата ~а** collection of **~**; **плата за ~ по чартеру** charter hire; **повышать ~** to increase **~**; **получить ~** to receive **~**; **поступления от ~а ~** earnings **прибавка к ~у** primage; **размер ~а** amount of **~**; **расчет ~а** calculation of **~**; **речной ~** inland (river) **~**; **сквозной ~** through **~**; **скидка с ~а ~** rebate; **ставка ~а** rate of freight; **ставки ~а** shipping rates; **трамповый ~** tramp **~**; **уплатить ~** to pay **~**; **условия ~а** terms of **~**; **экспортный ~** outbound **~**; **~ "ад валорен"** ad valorem **~**; **~ в оба конца ~** both ways **~**; **в один конец** outgoing **~**; **~ за транзитный провоз грузов** in-transit **~**; **~ и плата за простой судна ~** and demurrage; **~, исчисляемый со стоимости груза ~** ad valorem; **~ оплачен до ~** paid to; **~ оплачивается предварительно ~** is prepayable; **~ по чартеру** charter **~**; **~, уплачиваемый в месте назначения ~** payable at destination; **~, уплачиваемый в порту выгрузки ~** forward; **~ уплачивается в порту выгрузки** freight forward; **~ уплачен** freight paid; **~ уплачен в порту погрузки** freight prepaid;

фрахтовани/е affreightment, chartering; **договор о ~и судна** freight contract; **договор о ~и судна на время** time charter; **письмо, подтверждающее ~** fixing letter; **производить ~ судов** to perform vessel chartering; **рейсовое ~** voyage chartering; **стоимость ~я** freightage; **~ в тайм чартер** time chartering; **~ на круговой рейс** round trip

фра

chartering; **~ на последовательные рейсы** consecutive voyage charter; **~ судна без экипажа** bare boat charter; **~ судна необходимого тоннажа** chartering at necessary tonnage; **~ тоннажа** freight booking

фрахтовател/ь affreighter, charterer; **агент ~я** charterer's agent; **брокер ~я** charterer's broker; **оговорка о прекращении ответственности ~я** cessation clause; **ответственность ~я по тайм чартеру** time charter's liability; **по выбору ~ей** at charterer's option; **пошлины подлежат оплате ~ем** charterer pays duties; **согласно распоряжению ~ей** as ordered by the charterers

фрахтовать to affreight, to charter

фрахтовщик carrier (freight)

фрахтовый charter, freight

фрахтов/ый: ~ рынок freight market; **~ая ставка** rate of freight; **обмерная ~ая тонна** (= 1,12 куб. м.) freight ton

фри аут free out and free discharge

фри ин free in; **~ со штивкой** free in and stowed; **~ с размещением** free in and trimmed

фундамент foundation

фундаментн/ый: ~ая плита (для машины) foundation plate; engine bed; **~ чертеж** см. **чертеж**

функционировать to function

фунт pound; **в ~ах стерлингов** in ~s sterling; **девальвация ~а стерлингов** devaluation of the ~ sterling; **египетский ~** Egyptian ~; **заем в ~ах стерлингов** loan denominated in ~s sterling; **кредит в ~ах стерлингов** credit denominated in ~s sterling; **курс в ~ах стерлингов** sterling rate; **обменивать ~ы на доллары** to exchange ~s for dollars; **паритет ~а стерлингов** parity of the ~ sterling; **платеж в ~ах стерлингов** payment in ~s sterling; **разменять ~ы** to change a ~ note; **спрос на ~ы стерлингов** demand for ~s sterling; **счет в ~ах стерлингов** account denominated in ~s sterling; **тратта с платежом в ~ах стерлингов** sterling draft bill; **~ стерлингов** ~ sterling

фунт 1. (единица веса) pound (сокр. lb.); **5 фунтов** 5 pounds или 5 lbs **2.** (денежная единица) pound (пишется сокр. вперед числом); **1 фунт** one pound или —1; **5 фунтов** 5 pounds или —5

фут foot (мн. ч. feet) (обозначается сокр. в ед. и мн. ч. ft. или знаком над числом); **5 футов** 5 feet, или 5 ft., или 5'

фьючерсный futures; **~ рынок** ~ market

Х

хаиринг hiring

халатност/ь carelessness, slipshod work, default, laches; (юр.) neglect; **должностная ~** negligence of official duty; **преступная ~** criminal neglect; **из-за ~и** through default

халатный careless, part time, slipshod, negligent

халтура part-time job, slipshod work

халтурить to moonlight, to work in a slipshod manner

характер (свойство) character, nature; (поведение) behaviour; (модель) pattern

характеристика characteristics, personnel report; **качественная ~** qualitative characteristics; **подробная ~** detailed characteristics; **техническая ~** technical characteristics; **эксплуатационная ~** operational characteristics

хедж (бирж.) hedge; **встречный ~** cross ~; **длинный ~** long ~; **короткий ~** short ~; **чистый ~** pure ~

хеджирование (бирж.) (страхование от потерь) hedge, hedging; **~ покупкой** buying hedge; **~ продажей** selling hedge; **~ процентной ставки** interest rate hedging; **~ экспортных и импортных операций** export-import hedging

хищени/е embezzlement, pilferage, plunder; **страховать товар против ~я** to insure goods against pilferage

хлеб (в зерне) grain; (на корню) crop; **зарабатывать на ~** earn one's bread

хлопок cotton; **~-сырец** seed cotton, cottonwool

хлопоты (беспокойство, тру-

ды) trouble; **благодарим вас за (ваши)** ~ we thank you for your trouble; **просим извинения за причиненные вам** ~ we apologize for the trouble caused you

хлопчатобумажный cotton; *см. тж.* **ткань**

ход *(течение, развитие, продвижение)* course, development, progress; *(прием, способ)* trick, ploy; ~ **выполнения заказа** progress of the order

ходатай *(юр.)* solicitor

ходатайств/о application, petition, solicitation, request; **обращаться с ~ом** to petition; **отказывать в ~е** to deny an application; **подавать** ~ to make a petition; **принимать** ~ to receive a petition; **удовлетворять** ~ to grant a petition; ~ **о визе** application for a visa ~ **об аннулировании** application for cancellation; ~ **об отсрочке** petition for postponement; ~ **о возмещении убытков** application for compensation; ~ **о выдаче патента** patent application; ~ **о пересмотре решения** petition for review; ~ **о проведении экспертизы** request for examination; ~ **о регистрации** application for registration

ходк/ий saleable; **~ая продукция** salable products

хождение *(денег)* circulation

хозрасчет cost accounting, self sufficiency; **быть на ~е** to operate on a cost accounting basis; **внутрисистемный** ~ intra system cost accounting; **переводить** ~ to transfer to cost accounting; **переход предприятия на** ~ transition of enterprise to self sufficiency; **переходить на полный** ~ to transition to complete self sufficiency; **полный** ~ full-scale cost accounting; **работа на базе** ~а work on a cost accounting basis; **система ~а** economic accounting system

хозрасчетный cost accounting, self sustaining

хозяин boss, master of the household, owner, proprietor

хозяйствовани/е economic management; **методы ~я** methods of ~

хозяйка boss, mistress of the household, landlady, proprietress

хозяйств/о economy, farm, industry; **ведение сельского ~а** farming; **внедрение в народное** ~ application to the national economy; **всемирное** ~ global economy; **городское** ~ urban economy; **зерновое** ~ grain economy; **лесное** ~ forestry; **мировое** ~ world economy; **многоотраслевое** ~ multiple production farm; **народное** ~ national economy; **натуральное** ~ natural economy; **опытное** ~ experimental farm; **плановое** ~ planned economy; **развитие народного ~а** national economic development; **рентабельное** ~ profitable economy; **рыбное** ~ fish industry; **рыночное** ~ market economy; **сельское** ~ agriculture; **складское** ~ storage facilities; **структура ~а** structure of the economy; **транспортное** ~ transport facilities

хозяйственный economic

хозяйствование economic management

хозяйствовать to manage

холдинг holding

холдинг-компания holding company, securities company

холст canvas; **упаковочный** ~ packing ~

хранени/е storage, *(в сейфе)* safe custody; **временное** ~; **длительное** ~ long term ~; **договор ~я** agreement; **закрытое** ~ indoor ~; **качество ~я** quality; **кратковременное** ~ short-term ~; **место для ~я** space; **на ~и у перевозчика** in carrier's custody; **небрежное** ~ negligent ~; **неправильное** ~ improper ~; **несоответствующее** ~ inadequate ~; **нормальное** ~ normal ~; **обеспечивать** ~ to provide ~; **ограниченное** ~ limited ~; **открытое** ~ *(под открытым небом)* outside ~; **операция ~я** ~ operations; **правила ~я** ~ regulations; **принимать на** ~ to accept for ~; **проверка ~я** ~ inspection; **расходы по ~ю** ~ expenses; **резервное** ~ standby ~; **сдавать на** ~ to turn in for ~; **система ~я** ~ system; **складское** ~ warehousing; **соответству-**

ющее ~ adequate ~; способ ~я mode of ~; срок ~я period of ~; стоимость ~я cost of ~; температура ~я ~ temperature; условия ~я ~ conditions; ~ в ~ in bags; ~ в холодильнике cold ~; ~ готовой продукции shelf ~; ~ груза ~ of cargo; ~ грузов на пристани wharfage; ~ дел document ~; ~ запчастей ~ of spare parts; ~ навалом bulk ~; ~ на таможенном складе ~ at a customs warehouse; ~ продукции ~ of goods; ~ продукции малыми партиями small-lot ~; расходы по ~ю storage (expenses); ~ ремонтного фонда pending-repair ~; ~ с переходящим остатком carryover ~; ~ тары на складе warehousing of tare; ~ товаров на ~e ~ of goods at a warehouse; ~ у терминала terminal ~

хранилище *(склад)* depository, depot, reservoir, storage, warehouse, *(амер.)* deposit; *(сейф)* vault; **банковское** ~ bank vault; ~ **депонированных ценностей в банке** safe deposit vault; **дополнительное** ~ additional storage; **открытое** ~ open depot; ~ **ценностей и документов** safe deposit

хранитель keeper, custodian; *(доверенное лицо)* depositary; *(юр.)* bailee

хранить to keep; *(на складе)* to store, to warehouse

хрупкий fragile, *(амер.)* brash

хутор farm *(private)*

Ц

царизм tsarism
царь tsar
цвет color; **в ~е** in ~; **изменение ~а** discoloration; **основной** ~ primary ~; **отклонение (расхождение) в ~е** deviation in ~
цедент *(лицо, совершающее передачу права)* cedent, assignor
цедировать *(передавать право)* to cede, to assign
целевой purposeful
целесообразность advisability, expediency; **экономическая и технологическая** ~ economic and technological expediency
целостность integrity; **территориальная** ~ territorial ~
целый 1. *(полный, весь)* whole; **в целом или целиком** wholly; 2. *(неповрежденный)* intact
цел/ь aim, purpose; **с ~ю сделать что-л.** in order to do something *или* for the purpose of doing something; *или* with the view of *(или* with a view to) doing something
цен/а price; *(предложенная покупателем)* bid; **базисная** ~ base, basis ~; **без нарицательной ~ы** no par value; **биржевая** ~ exchange ~; **бросовая** ~ dumping; **валовая** ~ gross ~; **валовая ~ на мировом рынке** world gross ~; **ведущая** ~ guideline ~; **вздутые ~ы** inflated ~s; **взимать ~у** to charge a ~;

включать в ~у товара to include in the ~ of a good; **внешнеторговые ~ы** external ~s; **внутрифирменные ~ы transfer ~s; возмещать ~у** to recover a ~; **возросшие ~ы** increased ~s; **война ~ ~** war; **выгодная ~** profitable ~; **выкупная ~** redemption ~; **выпускная ~** issue ~; **выручать ~у** to realize a ~; **высокая ~** high ~; **высшая ~** highest ~; **вычет из ~ы** deduction from a ~; **вышеуказанная ~** above-mentioned ~; **вычитать из ~ы** to deduct from a ~; **гарантированная ~** guaranteed ~; **гибкая ~** flexible ~; **глобальная ~** global ~; **государственные ~ы** government-set ~s; **данные о ~ах** pricing data; **движение ~** ~ behavior; **двойная ~** dual ~; **действительная ~** real ~; **демпинговая ~** dumping ~; **диктовать ~ы** to dictate ~s; **дилерская ~** dealer ~; **дифференциация ~ ~** differentiation; **добиться более высокой ~ы** to obtain a higher ~; **добиться снижения ~ы** to obtain a discount; **договариваться о ~е** to negotiate a ~; **договориться о ~е** to come to an agreement on a ~; **договоренность о ~е** agreement on a ~; **договорная ~** contract ~; **дополнительная ~** additional ~; **доступная ~** moderate ~; **дутая ~** "fancy" ~; **единая ~** uniform ~; **ежеквартальный пересмотр ~** quarterly ~ review; **желаемая ~** desired ~; **зависеть от ~ы** to depend on a ~; **завышать ~у** to overcharge; **завышенная ~** overcharge ~; **закупочная ~** purchase ~; **замораживание ~ ~** freeze; **замораживать ~ы** to freeze ~s; **занижать ~у** to lower a ~; **заниженная ~** undercharged ~; **запрашиваемая ~** asking ~; **запродажная ~** selling ~; **зональная ~** zone ~; **зональное установление ~** zonal pricing; **изменение ~ы ~** adjustment; **импортная ~** import ~; **индекс ~ ~** index; **информация о ~ах ~** information; **итоговая ~** aggregate ~; **калькулировать ~у** to calculate a ~; **калькуляция ~ ~** calculation; **категория ~ ~** category; **колебания ~ ~** fluctuations; **колебания ~ на рынке** market fluctuations; **колеблющаяся ~** fluctuating ~; **конкретная ~** concrete (solid) ~; **конкуренция по ~ам ~** competition; **конкурирующая ~** competitive ~; **контроль над ~ами ~** control; **контрактная ~** contract ~; **конъюнктурная ~** equilibrium ~s; **корректировать ~ы** to correct ~s; **котировальная ~** quoted ~; **котировать ~у** to quote a ~; **крайняя ~** outside ~; **купить по ~е, ниже предложенной** to buy at less than asking price; **лимит ~** ceiling; **лучшая ~** best ~; **льготная ~** preferential ~; **максимальная ~** maximum ~; **маркировка ~ ~** marking; **масштаб ~** standard of ~s; **международная ~** international ~; **местная ~** local ~; **метод калькуляции ~** method of calculation of ~s; **механизм ~ ~** mechanism; **минимальная ~** minimum ~; **монопольная ~** monopoly ~; **набавлять ~у** to bid up a ~; **надбавка к ~е** mark-up ~; **назначать ~у** to set a ~; **назначать более низкую ~у** to set a lower ~; **назначать завышенную ~у** to overcharge; **назначать низкую ~у** to set a low ~; **назначать твердую ~у** to give a firm ~; **назначение ~** netto net pricing; **назначение ~ с надбавкой** cost plus pricing; **назначенная ~** set ~; **наилучшая ~** better ~; **наилучшая возможная ~** best possible ~; **накидка на ~у** addition to the ~; **нарицательная ~** nominal ~; **начальная ~** starting ~; **невысокая ~** moderate ~; **негибкая ~** inflexible ~; **недоступные ~ы** prohibitive ~s; **неизменная ~** constant ~; **неконтролируемые ~ы** uncontrollable ~s; **непомерная ~** ramp pricing; **нереальные ~ы** unrealistic ~s **несоответствие в ~е** maladjustment of ~; **неустойчивость ~** instability of ~s; **неустойчивые (нестабильные) ~ы** unstable ~s; **низкая ~** low ~; **новые ~ы** new ~s; **ножницы ~ ~** discrepancy (sscissors); **номинальная ~** nominal ~; **нормальная ~** normal ~; **нормативы ~ ~** norms; **обзор ~ ~** review; **обозначенная ~** marked ~; **обоснованная ~** reasonable ~; **обосновывать ~ы** to justify ~s; **обсуждаемые ~ы** ~s under consideration; **обусловленная ~** stipulated ~; **общая ~** total ~; **общедоступные ~ы** affordable ~s; **обычная ~** conventional ~; **ограничение ~** restriction of ~s; **одинаковая ~** identical ~; **ожидаемые ~ы** anticipated ~s; **оказывать влияние на ~ы** to exert influence on ~s; **окончательная ~** final ~; **окончательно договориться о ~е** to finalize a ~; **округление ~** rounding off of ~s; **определение ~ы** determination of a ~; **определять ~у** to determine a ~; **оптовая ~** wholesale ~; **опубликовывать ~ы** to publish ~s; **ориентировочная ~** approximated ~; **основывать ~у на** to base a ~ on ...; **особая ~** extra ~; **отдельная ~** individual ~; **отклонения ~ от стоимости** deviation of ~s from value; **относительная ~** relative ~; **отправная ~** reserve ~; **официальная ~** official ~; **официально объявленная ~** officially posted ~; **оценка ~ы ~** evaluation; **ошибка в ~е** error in a ~; **падать в ~е** to sink in ~; **падать резко в ~е** to sink sharply in ~; **паритетная ~** parity ~; **паушальная ~** lumpsum ~; **первоначальные ~ы** original ~s; **переговоры по ~ам ~** negotiations; **переменные**

~ы cost-related ~s; **пересматривать ~ы** to review ~s; **пересматривать ~ы в сторону повышения** to revise ~s upwards; **пересматривать ~ы в сторону понижения** to revise ~ s downwards; **пересмотр ~ ~** renegotiation; **пересчитывать ~ы** to recalculate ~s; **плановая ~** target ~; **платеж по согласованным ~ам** payment of mutually agreed ~s; **платить ~у** to pay the ~; **по ~е** at the ~ of; **по ~е дня** at value; **по возросшей ~е** at an increased ~; **по конкретной ~е** at a concrete ~; **по любой ~е** at any ~; **по максимальной ~е** at a maximum ~; **по минимальной ~е** at a minimum ~; **по нарицательной ~е** at par ~; **по рыночной ~е** at the market ~; **по сниженной ~е** at a reduced ~; **по согласованной ~е** at the agreed ~; **по указанной ~е** at the indicated ~; **повышать ~у** to increase the ~; **поддержание ~ ~** supports; **поддерживать ~ы** to support ~s; **поддерживать рыночные ~ы на одном уровне** to peg the market; **поднимать ~у** to raise the ~; **подписная ~** subscription ~; **подробная ~** detailed ~s; **подтверждать ~у** to confirm a ~; **подтверждение ~ы** confirmation of a ~; **подтвержденные ~ы** confirmed ~s; **подходящая ~** fair ~; **позиционная ~** itemized ~; **показывать ~у каждой позиции в отдельности** to itemize ~s; **покрывать увеличение ~ы** to cover a ~ increase; **покупать по ~е** to buy at the ~ of ...; **покупать по ~е ниже нарицательной** to buy at below par; **покупная ~** purchase ~; **полная ~** full ~; **получать ~у** to get a ~; **полученная ~** received ~; **поправка в ~е ~** adjustment; **поправка на изменение ~ы ~** level adjustment; **поставлять товар по ~ам** to supply goods at ... ~s; **постоянная ~** fixed ~; **посчитать отдельную ~у** to charge an extra ~; **поштучная ~ ~** per item; **по ~е at the ~ of ~**; **правильная ~** correct ~; **превышать ~у** to exceed a ~; **предварительная ~** preliminary ~; **предварительная итоговая ~** estimated total ~; **предельная ~** limit ~; **предлагаемая ~** offering ~; **предлагать ~у** to make a bid; **предложение ~ы** bid, offer; **предложение по самой низкой ~е** lowest bid; **предоставлять особую ~у** to grant a special ~; **представлять бюджетные ~ы** to present a budget; **прейскурант базисных ~** base ~ schedule; **прейскурант с ~ами СИФ** CIF- ~ list; **прейскурант с ~ами FOB** ~-list; **прейскурантная ~** standard list ~; **преобладающая ~** prevailing ~; **препятствовать падению ~** to prevent a decline in ~s; **приблизительная ~** approximate ~; **привлекательная ~** attractive ~; **приемлемые ~ы** acceptable ~s; **применять ~у к** to apply ~s to ...; **принимать ~у** to accept a ~; **проверять ~ы** to verify ~s; **продавать выше номинальной ~ы** to sell over par; **продавать ниже номинальной ~ы** to sell below par; **продавать по ~е** to sell at a ~ of ...; **продажная ~** sales ~; **производить расчет по ~е** to effect payment at a ~ of ...; **просить ~у** to ask a ~; **публикуемая ~** published ~; **пункт об изменении ~ ~** variation clause; **разбивать ~у** to break down a ~; **разница в ~ах** difference in ~s; **разумная ~** reasonable ~; **рассчитывать ~ы** to calculate ~s; **растущие ~ы** escalating ~s; **расхождения ~ ~** disbursion, divergence; **расчет ~ ~** computation; **расчетная ~** settlement ~; **реализационная ~** realizable ~; **реализовать ~у** to realize a ~; **регулировать ~ы** to regulate ~s; **регулирование ~ ~** regulation; **регулируемые ~ы** regulated ~s; **резервируемая ~** reserve ~; **рекомендуемые ~ы** recommended ~s; **розничная ~** retail ~; **рост ~** growth of ~s; **рыночная ~** market ~; **самая высокая ~** highest ~; **самая низкая ~** lowest ~; **сбалансированная ~** equilibrium ~; **сбивать ~ы** to undercut ~; **сегодняшняя ~** today's ~; **сезонные ~ы** seasonal ~s; **скользящая ~**

sliding (*или* escalator) price; **скользящие** ~ы sliding-scale ~s; **скорректированная** ~ corrected ~; **скидка с ~ы** discount; **скольжение** ~ escalation; **снижать** ~ы to lower ~s; **снижающиеся** ~ы falling ~s; **сниженная** ~ reduced ~; **совместный пересмотр** ~ ~ renegotiation; **согласиться на** ~у to agree to a ~; **согласованная** ~ agreed ~; **согласовать** ~ы to agree on ~s; **создать конкуренцию по** ~ам to effect ~ competition; **соответствующая** ~ corresponding ~; **соотношение цен** parity of ~s; **сопоставимые** ~ы comparable ~s; **сопоставление цен** comparison of ~s; **сохранять** ~ы to maintain ~s; **спираль** ~ ~ spiral; **справочная** ~ posted ~; **сравнивать** ~ы to compare ~s; **средняя** ~ average ~; **средняя рыночная** ~ average market ~; **стабилизация** ~ ~ stabilization; **стабилизировать** ~ы to stabilize ~s; **стабильная** ~ stable ~; **стабильность** ~ stability of ~s; **стандартная** ~ standard ~; **структура** ~ ~ structure; **существующие** ~ы prevailing ~s; **сходная** ~ fair ~; **тарифная** ~ tariff ~; **твердая** ~ firm (*или* fixed) ~; **текущая** ~ current ~; **тенденция** ~ ~ trend; **тенденция рыночных** ~ market ~ trend; **типичная** ~ typical ~; **торговаться о** ~е to bargain; **торговая** ~ trade ~; **точная** ~ exact ~; **увеличивать** ~ы to increase ~s; **увеличивать** ~у **в 2 раза** to double the ~ **увеличивать** ~у **в 3 раза** to triple the ~; **увеличивать** ~у **на %** to increase the ~ by %; **удержание из** ~ы deduction from the ~; **удерживать** ~у to sustain a ~; **удерживать из** ~ы to deduct from a ~; **удовлетворительные** ~ы satisfactory ~s; **указанная** ~ indicated ~; **указатель** ~ ~ index; **указывать** ~у to indicate a ~; **уменьшать** ~у to reduce a ~; **умеренная** ~ moderate ~; **упорядочить** ~ы to rationalize ~s; **урегулировать** ~у to settle a ~; **уровень** ~ ~ level; **условленная** ~ stipulated ~; **условная** ~ conditional ~; **устанавливать** ~у to establish a ~; **установление** ~ establishment of ~s; **установленная** ~ established ~; **устойчивая** ~ steady ~; **устойчивость** ~ ~ stability; **уступать в** ~е to give a discount; **уступка в** ~е discount; **уточнять** ~у to specify a ~; **фабричная** ~ factory ~; **фактическая** ~ actual ~; **фактурная** ~ invoice ~; **фактурная** ~ **за единицу товара** invoice unit ~; **фиксация** ~ ~ fixing; **фиксированная** ~ fixed ~; **фиксировать** ~у to fix a ~; **формула** ~ы formula; **формула пересмотра** ~ ~ revision formula; **штучная** ~ piece ~; **эквивалентная** ~ equivalent ~; **экономить на** ~ах to economize on ~s; **экономия на** ~ах ~ savings; **экспортная** ~ export ~; **эскалация** ~ escalation of ~s; **этикетка с** ~ой ~ tag; ~ **без включения пошлины** inbond ~; ~ **без обязательства** ~ without obligation; ~ **без упаковки** ~ excluding packing; ~ **в валюте** ~ in convertible currency; ~ы **включают ВАТ** ~ including VAT; ~, **включающая пошлину** duty paid ~; ~, **включающая расходы по доставке** delivered ~; ~, **включающая фрахт и пошлину** ~ including freight and duty; ~ **внутреннего рынка** domestic market ~; ~, **выгодная для покупателей** buyers' ~; ~, **выгодная для продавцов** sellers' ~; ~ **выше номинала** premium ~; ~ **действительна до** valid until; ~ **для оптовых покупателей** wholesale ~; ~ **дня** present day ~; ~ **до повышения** pre increase ~; ~ **за весовую единицу** ~ per weight unit; ~ **завода-изготовителя** manufacturer's ~; ~ **за вычетом скидки** ~ less discount; ~ **за единицу товара** ~ per unit; ~ **за комплект** ~ per set; ~ **за метрическую тонну** ~ per metric ton; ~ **за наличные** cash ~; ~ **за фунт** ~ per pound; ~ **за штуку** ~ per piece; **КАФ** ~ C&F; ~ **локо** loco ~; ~ **местного рынка** local market ~; ~ **мирового рынка** world market ~; ~ы **могут быть** аннулированы или изменены без предупреждения ~s may be annulled or changed without warning; ~ на день отгрузки ~ on day of shipment; ~ на мировом рынке ~ on the world market; ~ы на потребительские товары consumer ~s; ~ на рекламу advertising charge; ~ на сельскохозяйственные продукты produce ~s; ~ на товар commodity ~; ~ на импортные товары import ~s; ~ на сырьевые товары raw material ~s; ~ы не включают ВАТ ~ does not include VAT; ~ нетто net ~; ~ы остаются без изменений ~s remain unchanged; ~ы остаются неустойчивыми ~s remain unsettled; ~ы остаются устойчивыми ~s remain stable; ~, относимая за счет покупателя ~ chargeable to the buyer; ~ы падают ~ s are falling; ~ по валютному курсу ~ at the current exchange rate; ~ы повысились ~s are up; ~ы повысились на ... % ~s are up ... %s; ~ подлежит изменению ~ is subject to change; ~ы подлежат изменению без предупреждения ~s are subject to change without warning; ~ы подлежат изменению в любое время ~s are subject to change at any time; ~ы подлежат подтверждению ~s subject to confirmation; ~ по кассовым сделкам spot ~; ~ по контракту contract ~; ~ покупателя buyer's ~; ~ы понизились ~s have dropped; ~ по прейскуранту list ~; ~ по себестоимости prime cost; ~ по срочным сделкам terminal ~s; ~ поставки supply ~; ~ по тарифу tariff ~; ~, предлагаемая изготовителем manufacturer's suggested ~; ~ предложения ~ of an offer; ~, предложенная на торгах tender ~; ~, предоставляемая конечному потребителю end-user ~; ~ предыдущей сделки ~ of the previous transaction; ~ при закрытии биржи closing ~; ~ при открытии биржи opening ~; ~ при перепродаже resale ~; ~ при продаже с торгов tender ~; ~ при уплате наличными cash ~; ~ при условии немедленной оплаты наличными spot ~; ~ы применимы к ~s apply to ...; ~ производителя producer's ~; ~ производства cost ~; ~ с баржи ex-barge; ~ свободного рынка free market ~; ~ с выгрузкой на берег landed ~; ~ с доставкой delivered ~; ~ с надбавкой ~ plus mark-up; ~ с немедленной сдачей spot market ~; ~ со всеми надбавками blanket ~; ~ со скидкой discount ~; ~ со склада ~ ex-warehouse; ~ спасательных работ salvage ~; ~ с поправкой на фрахтовые ставки ~s adjusted for shipping rates; ~ с приплатой cost plus ~; ~ спроса demand ~; ~ с разбивкой по позициям breakdown ~s; ~ с судна ~ ex-ship; ~ тары packing ~; ~ товара commodity ~; ~, требуемая продавцом seller's asking ~; ~, указанная в предложении ~ quoted in an offer; ~ фактической сделки actual transaction ~; ~ ФАС ~ FAS; ~ ФАС порт отгрузки, указанный продавцом ~ FAS port of shipment designated by seller; ~ ФОБ ~ FOB; ~ ФОБ без фабричной упаковки ~ FOB factory unboxed; ~ ФОБ со штивкой ~ FOB stowed; ~ ФОР ~ FOR; ~ ФОТ ~ FOT; ~ франко-баржа ~ ex-barge; ~ франко-вагон ~ FOR; ~ франко вдоль борта ~ FAS; ~ франко граница ~ free at border; ~ франко-завод ~ ex factory; ~ франко-пристань ~ ex quay; ~ франко-склад ~ ex warehouse; ~ франко-судно ~ ex ship; ~ фрахта ~ of freight; ~, указанная в счете-фактуре ~, indicated in the invoice

ценз qualification; **возрастной** ~ age ~; **имущественный** ~ property ~; **налоговый** ~ tax ~; **образовательный** ~ educational ~

цензура censorship; **вводить** ~у to intriduce (to impose) ~

ценить 1. *(определять стоимость, оценивать)* to value, to estimate (в - at); **оценить слишком высоко** to overestimate, **2.** *(признавать ценность, значе-*

ние) to appreciate; **мы ценим ваше приглашение** we appreciate your invitation
ценник price list
ценност/ь value, *(мн.ч.)* **ценности** valuables; **валютные ~и** securities; **депонировать ~и в банке** to deposit valuables in a bank; **единица ~и** unit of ~; **заложенные ~и** mortgaged valuables; **иметь большую ~** to have great ~; **иметь малую ~** to have little ~; **материальная ~** material ~; **не иметь никакой ~и** to have no ~; **не имеющий ~и** valueless; **не представлять никакой ~и** to have no ~; **переоценка ~тей** reappraisal of ~s; **реальная ~** real ~; **~ экспорта (импорта)** value of exports (imports); **представлять большую ~** to be of great value; **не представлять ~и** to be of no value
ценный valuable, **ценные бумаги** securities
ценные бумаги securities, funds, stock, paper
ценообразование price formation; **конкурентное ~** competitive pricing; **методика ~я** methods of price formation; **практика ~я** pricing practice; **принципы ~я** principles of price formation
центнер ($^1/_{20}$ **тонны**) hundredweight *(ед. и мн. ч. пишется сокр.* - cwt(s); **большой** *(или английский)* **центнер** long cwt; **американский центнер** short cwt; **метрический центнер**

($^1/_{10}$ **метрической тонны**) metric quintal
центр center; **быть в ~е внимания** to be in the ~ of attention; **в ~е** in the ~; **вычислительный ~** computer ~; **деловой ~** business ~; **информационно-вычислительный ~** data processing ~; **информационный ~** information ~; **коммерческий ~** commercial ~; **координационный ~** coordination ~; **культурный ~** cultural ~; **место в ~е** central location; **научно-исследовательский ~** research ~; **научно технический ~** scientific and technical ~; **промышленный ~** industrial ~; **технический ~** technical ~; **технологический ~** technological ~; **торговый ~** shopping ~; **финансовый ~** financial ~; **~ международной торговли** world trade ~; **~ обучения** training ~; **~ по профессиональной подготовке** professional training ~; **~ распределения** distribution ~
централизованный centralized
центральный central
цепной chain
цессия cession, transfer
цикл cycle, round; **жизненный ~ товара** product life ~
цилиндр cylinder
циркуляр circular;
циркулярный circular; **циркулярное письмо** circular letter
циркуляция circulation; **~ денег** ~ of money
цистерн/а cistern, tank; **в**

~ах in tanks; **железнодорожная ~** tank car; **емкость ~ы** tank capacity; **перевозить в ~ах** to transport by tank cars; **франко цистерна** ex tank; **хранить в ~е** to store in a tank
цитировать to quote
цифр/а figure, number, numeral; **в круглых ~ах** in round figures; **валовые ~ы** gross figures; **вычеркнуть ~у** to delete a number; **вышеуказанные ~ы** above mentioned figures; **дать точную ~у** to give an exact figure; **действительная ~** actual figure; **конечная ~** final number; **контрольные ~ы** target numbers; **круглые ~ы** round numbers; **малодостоверные ~ы** ill founded figures; **малоубедительные ~ы** unconvincing figures; **намеченная ~** target figure; **плановая ~** financial target; **предварительная ~** preliminary figure; **представлять ~ы** to submit figures; **представлять ~ы в виде таблицы** to tabulate; **приблизительная ~** approximate number; **сравнительные ~ы** comparable numbers; **сумма ~ами** amount in figures; **установить фактическую ~у** to establish the actual figure; **~ами** in figures; **~ переноса** carryover digit; **~ы с поправкой на сезонные колебания** adjusted figures
цифровой digital, numerical; **~ая вычислительная ма-**

шина digital computer; **в ~ом выражении** in figures

Ч

чартер charter (1. *документ, предоставляющий право, льготу;* 2. *договор о фрахтовании судна*); **аннулирование ~а** cancellation of a ~; **аннулировать ~** to cancel a ~; **банковский ~** bank ~; **брать судно в ~** to ~ a vessel; **владеть ~ом** to hold a ~; **генеральный ~** general ~; **долгосрочный ~** long term ~; **зерновой ~** grain ~; **лесной ~** timber ~; **линейный ~** berth ~; **морской ~** marine ~; **ответственность по ~у** liability on a ~; **открытый ~** open ~; **портовый ~** port ~; **подписывать ~** to sign a ~; **причальный ~** berthing ~; **проформа ~а** pro forma ~; **расторгать ~** to cancel a ~; **рейсовой ~** single voyage ~; **речной ~** river ~; **сдавать судно в наем по ~у** to ~ a vessel; **специальный ~** special ~; **сухогрузный ~** dry cargo ~; **типовой ~** standard ~; **условия ~а** terms and conditions of a ~; **угольный ~** coal ~; **хлебный ~** gram ~; **фрахт по ~у** freight ~; **чистый ~** clean ~; **широкий ~** broad ~; **бэрбоут ~** bare boat ~; **лумпсум ~** lumpsum ~; **на срок** time ~; **~ с посуточной оплатой** daily hire ~; **фрахтование судна без экипажа** bare boat ~; **~ фрахтования судна на рейс в оба конца** round trip ~;

чартер-партия charter party, charter; **рейсовый ~** voyage charter *или* trip charter, **тайм-чартер** time charter

час hour; **часы занятий** (*в учреждении, конторе*) office hours; **вне рабочих ~ов банка** after banking hours; **накопившиеся ~ы** cumulative ~s; **наработанные ~ы** ~s worked; **нерабочие ~ы** non-working ~s; **присутственные ~ы** office ~s; **проработанные ~ы** worked ~s; **рабочие ~ы банка** working ~s of the bank; **сверхурочные ~ы** overtime ~s; **свободные ~ы** off ~s; **служебные ~ы** office ~s; **фактически проработанные ~ы** actual ~s; worked **~ы простоя** idle ~s

част/ь allotment, installment, part, portion; **большая ~** the greater part; **быстроизнашивающиеся ~и** rapidly wearing parts; **важная ~** important part; **выплачивать ~ями** to pay by installments; **дефектные ~и** defective parts; **запасные ~и** spare parts; **значительная ~** substantial part; **меньшая ~** the lesser part; **небольшая ~ прибыли** small proportion of profits; **недоплаченная ~ акционерного капитала** unpaid capital; **неотъемлемая ~** integral part; **основная ~** principal part; **платеж ~ями** payment by installments; **по ~ям** in parts; **поставка по ~ям** delivery in lots; **пропорциональная ~ фрахта** pro rata freight; **разбирать на ~и** to take apart; **сдача по ~ям** delivery in installments; **сменная ~** replacement part; **составная ~** component; **~ переводного аккредитива** fraction of a transferrable letter of credit; **~ прибыли** share of profits; **~ рынка** market share

частично partially; **выполнять обязательства ~** to perform obligations ~; **изменять ~** to modify ~; **списывать ~ со счета** to write down (as a debt); **удовлетворять ~** to ~ satisfy; **~ занятые служащие** part-time employees; **~ оплаченные акции** ~ paid shares; **~ отгруженная партия товара** part load consignment; **~ принадлежащий ~** owned by

частичн/ый partial; (*в функции определения*) part, **~ая поставка** (*отгрузка*) part delivery (shipment)

частная авария, свободно от частной аварии, включая частную аварию *см.* авария 2

частновладельческий privately-owned

частность: в частности in particular, particularly

частный 1. (*особый, отдельный*) particular; 2. (*личный или относящийся к частной собственности*) private

част/ь part; **~ями** in parts; **запасные ~и** *см.* запасный; **сменные ~и** replacement parts

чек cheque: (*в США*) check;

аллонж к ~у allonge on a check; банковский ~ banker's cheque, cashier's ~; бланковый ~ blank ~; бланк ~а ~ form; валютный ~ currency ~; возвратный ~ redemption ~; возвращенный ~ returned ("bounced") ~; выдавать ~ to make out a ~; выписать ~ на банк на 1000 долларов to draw cheque on a bank for $1,000; выписывать ~ в пользу to make out a ~ in favor of; выписывать ~ сверх остатка на текущем счету to overdraw an account; выплата по ~у negotiation of a ~; выплачивать по ~у to negotiate a ~; выставлять ~ to make out a ~; датированный более поздним числом ~ postdated ~; дорожный ~ traveler's ~; зачет ~ов clearance of ~s; единый ~ на производство нескольких платежей single multi-payment ~; именной ~ check payable to ...; индоссамент на ~е endorsement on a ~; иностранный ~ foreign ~; кроссированный ~ crossed ~; корешок ~а ~-counterfoil; курс ~ов ~ ~ rate; курс ~ов в Лондоне на Париж London cheque rate on Paris; недействительный ~ cancelled ~; незаполненный ~ blank ~; некроссированный ~ open ~; неоплаченный ~ outstanding ~; непередаваемый ~ non-negotiable ~; непокрытый ~ NSF (insufficient funds) ~; не принятый к оплате банком ~ dishonored ~; номер ~а ~ number; обменивать ~и to exchange ~s; обращение ~ов currency ~s; оплата ~а settlement of a ~; оплата ~ом payment by ~; оплаченный ~ paid ~; опротестованный ~ protested ~; ордерный ~ order cheque *или* cheque to order; отказ в оплате ~а refusal to pay a ~; отказываться от уплаты ~а to refuse to honor a ~; открытый ~ open ~; отменять ~ to cancel a ~; переделанный ~ altered ~; передавать ~ to negotiate a ~; перевод ~ом transfer by ~; передаточная надпись на ~е ~ endorsement; передача ~а negotiation of a ~; пересылать ~ to remit a ~; пересылать деньги ~ом to remit money by ~; платеж ~ом payment by ~; платить ~ом to pay by ~; погашать ~ to pay on a ~; погашенный ~ cancelled ~; подделывать ~ to forge a ~; поддельный ~ forged ~; подделка ~а forgery of a ~; подтвержденный банком ~ confirmed ~; получать деньги по ~у to cash a cheque; подписывать ~ to sign a ~; посылать ~ в банк to forward a ~ to the bank; предъявительский ~ bearer ~ *или* cheque to bearer; представлять (предъявлять) ~ к оплате ~ to present a ~ for payment; прекратить платеж по ~у to stop payment on a ~; просроченный ~ stale ~; разменивать ~ to negotiate a ~; расчетный ~ clearinghouse ~; туристский ~ traveler's ~; трассировать ~ на банк to draw a ~ against the bank; удостоверенный ~ certified ~; уплачивать ~ом to pay by ~; уплачивать по ~у to honor a ~; фиктивный ~ bad ~; ~ без права передачи non-negotiable ~; ~, выданный отдельным лицом personal ~; ~, выписанный банком на другой банк banker's ~; ~, выписанный на банк ~ drawn on a bank; ~, выписанный на предъявителя ~ payable to bearer; ~, выписанный в оплату по нескольким сделкам multiple payment ~; ~ в погашение ~ in settlement; ~ в счет суммы ~ on account; ~ на предъявителя ~ made out to bearer; ~ на сумму ~ in the amount of ...; ~ по клиринговым расчетам clearinghouse ~; ~, по которому приостановлен платеж stopped (payment) ~

чековый check
чекодатель drawer of a check
чекодержатель holder of a check
человек-месяц man-month
человек-неделя man-week
человекодень man-day
человеко-час man-hour
чертеж drawing; **рабочий** ~ working drawing; ~ **общего вида** general view drawing; ~ **общего расположения**

general arrangement drawing; **сборочный** ~ assembly drawing; **фундаментный** ~ foundation drawing

честный honest

чехол covering; **брезентовый** ~ tarpaulin; **внешний** ~ external ~; **пленочный** ~ plastic ~; **полиэтиленовый** ~ polyethylene sheeting

числ/о 1. (*количество*) number; quantity; **2.** (*дата*) date; **без ~а** without a date; **датировать более поздним ~ом** to affix a later date; **датировать более ранним ~ом** to affix an earlier date; **датировать задним ~ом** to back date; **от того же ~а** of the same date; **от вчерашнего ~а** of yesterday's date; **пометить ~ом** to date; **письмо без ~а** undated letter *или* letter without date; **в первых ~ах мая** early in May; **выводить среднее ~** to find the average number; **дробное ~** fractional number; **из ~а** from the number *или* from among; **максимальное ~** maximum number; **минимальное ~** minimal number; **нечетное ~** odd number; **общее ~** total quantity; **округленное ~** round figure; **помечать ~ом** to date (as a document); **помеченный более поздним ~ом** post-dated; **порядковое ~** ordinal number; **постоянное ~** fixed number; **превосходить ~ом** to outnumber; **рекордное ~** record number; **среднее ~** average; **четное ~** even number; **~ мест** number of cases (freight)

численность quantity; **общая ~** total number; **фактическая ~** actual number; **штатная ~** regular staffing;

чист/ый clean; (*нетто*) net; pure; **~ коносамент** *см.* **коносамент**; **~ вес** net weight; **за фунт ~го веса** per pound net; **~ая вместимость судна** net tonnage

член member; **вступать в ~ы** to join (organization, etc.); **полноправный ~** full-fledged ~; **постоянный ~** permanent ~; **~ без права голоса** non-voting ~; **~ коллегии** collegium ~; **~ конгресса** ~ of congress; **~ парламента** ~ of parliament; **~ правления** board ~; **~ экипажа** crew ~

членский member, membership

членство membership

чрезвычайный emergency, extraordinary

чрезмерный excessive, exorbitant

чувствительный sensitive; **~ к изменению температуры** temperature-sensitive

чудо miracle, wonder, wonderwork; **~ техники** wonder of engeneering; **творить чудеса** to work wonders; **экономическое ~** economical miracle

Ш

шаблон template

шаблонность banality, unoriginality

шаблонный banal, routine, unoriginal

шаг pace, stage, step; **предпринимать ~и** to take steps

шанс chance; **~ы на успех** prospects of success; **не иметь ~ов** not to have the slightest chance

шантаж blackmail, racket, squeeze; **зеленый ~** (*бирж.*) greenmail; **осуществлять ~** to practise blackmail

шар: пробный ~ feeler

шахта mine; (*ракетная*) silo

шахтер miner

швартоваться to moor

швартовк/а berthing, moorage, mooring; **место ~и** berthing place

шельф shelf; **островной ~** island (insular) ~

шефмонтаж contract supervision; **график проведения ~а** construction schedule; **компетентный ~** competent ~; **обеспечивать ~** to provide ~; **осуществлять ~** to supervise a construction contract; **полный ~** complete ~; **проведение ~а** performance of ~

шефмонтер construction supervisor; **старший ~** senior ~; **пользоваться услугами ~а** to employ the services of a ~

шефперсонал supervisory personnel; **соответствующий ~** appropriate ~; **~ продавца** seller's ~

шипчандлер (*поставщик товаров на судно*) ship chandler

ширина width, breadth; **~ дороги** width of the road; **~ колеи** (*ж.д.*) gauge; **~ рынка** range

широта (*интересов*) breadth,

width; **охвата** wide scope

шифр cipher, code; **ключ к ~у** key to a code; **~ единицы** machine code; **~ом** in cipher

шифрование ciphering

шифрованный encoded; in code; in cipher

шифровка 1. *(действие)* coding, encoding, ciphering; **2.** *(сообщение)* coded (ciphered) message

шкал/а escalation, scale; **внутренняя ~** internal scale; **грузовая ~** deadweight scale; **официальная ~** official scale; **скользящая ~** sliding scale; **~ вместимости** tonnage scale; **~ водоизмещения** displacement scale; **~ выгрузки** discharge scale; **~ заработной платы** wage scale; **~ комиссионного вознаграждения** commission scale; **~ надбавок и скидок** escalation; **~ оплаты** pay scale; **~ расходов** scale of charges; **~ сборов** scale of fees; **~ скидок** scale of discounts; **~ Цельсия или стоградусная ~** Centigrade; **50 градусов по ~е Цельсия** *(или по стоградусной шкале)* 50 degrees *(или* 50°C) Centigrade

шлакбаум (toll)bar, turnpike

шлюз lock

шлюпка boat; **спасательная ~** lifeboat

шомаж *(страхование финансовых убытков из-за перебоев и остановки производства) (франц.)* chômage

шоссе highway, turnpike

шоу program, show; **рекламное ~** advertising program, infomercial

шпагат twine; **увязочный ~** binder ~

шпионаж espionage; **заниматься ~ем** to engage in ~

шрифт print, type

штабел/ь stack; **укладывать в ~я** to stack up

штабелировать to stack (as cargo)

штамп stamp; *(оттиск)* type; **гарантийный ~** guarantee ~; **заверять ~ом** to certify by ~; **ставить ~** to affix a ~

штамповать to stamp

штат personnel, staff; **быть в ~е** to be on the staff; **высококвалифицированный ~** highly qualified staff; **зачислять в ~** to add to a staff; **набор ~а** recruitment; **основной ~** basic staff; **постоянный ~** permanent staff; **производственный ~** production personnel; **раздутый ~** staff overage; **сокращать ~** to reduce personnel; **~ технических сотрудников** technical personnel

штатный staff

штемпел/ь impress, seal, stamp; **дата ~я пограничной станции** date stamp by border station; **дата почтового ~я** postmark date; **контрольный ~** control stamp; **почтовый ~** postmark; **проставлять ~** to stamp, to seal; **~ банка** bank stamp; **~ о весе** weight stamp; **~ переводчика** translator's seal *(on official translation)*

штемпелевать to impress

штивк/а *(укладка груза на судне)* stowage; **небрежная ~** negligent ~; **неправильная ~** improper ~; **свидетельство о ~е ~** certificate; **специальная ~** special ~; **стоимость ~и ~** cost; **производить ~у** to stow; **цена ФОБ со ~ой** price FOB with ~; **ФОБ включая ~у** FOB stowed; **фри ин со ~ой** free in and stowed

шторм storm; **сильный ~** strong ~

штраф fine, penalty, surcharge; **взыскивать ~** to enforce a penalty; **денежный ~** money fine; **договорный ~** contractual penalty; **исчислять ~ со стоимости** to calculate a penalty on the cost of ...; **налагать ~** to impose a penalty; **начислять ~** to calculate a penalty; **наложение ~а** imposition of a penalty, surcharge; **обычный ~** conventional penalty; **освобождение от уплаты ~а** penalty relief; **отказываться от оплаты ~а** to renounce a penalty; **платить ~** to pay a fine; **подвергать ~у** to impose a fine; **подвергаться ~у** to incur a fine; **подлежащий ~у** subject to penalty; **признавать ~** to accept a fine; **применять пункт о ~ах** to apply the penalty clause; **пункт о ~ах** penalty clause; **размер ~а** size of penalty **сумма ~а** amount of penalty; **таможенный ~** customs penalty; **~ за задержку** penalty for delay; **~ за задержку поставки** penalty for late delivery; ~ за задержку разгрузки detention charges; ~ за просрочку платежа penalty for late payment; ~ за просрочку поставки penalty for late delivery; ~ за простой demurrage penalty

штрафной penal; penalty

штрафовать to fine, to penalize

штрейкбрехер strikebreaker, blackleg

штрихкод bar code

штука item, piece, (*о приборах, аппаратах*) unit

штурман navigation officer

штучный piece

шурф (*горн.*) hole, bore pit; **разведочный** ~ test pit

Щ

щадить to spare; **не ~ сил** to spare no effort

щедрость generosity

щедрый generous

щит display, shield; **рекламный** ~ billboard

щекотлив/ый delicate, awkward; **~ая тема** delicate topic; **~ое дело** delicate matter

щепетильный punctilious, scrupulous

Э

эвакуация evacuation

эвикция (*лишение владения по суду*) eviction

эгид/а aegus; **под ~дой** under the aegus

э-деньги (*электронные деньги*) e-money

эквивалент equivalent, countervalue

экземпляр (*документа, книги*) copy, (*образец*) specimen; **в двух ~ах** in duplicate; **в пяти -ах** in five copies; **в трех ~ах** in triplicate; **в четырех ~ах** in four copies; **второй** ~ second copy; **выставлять тратту в трех ~ах** to issue a bill in triplicate; **действительный** ~ negotiable copy; **единственный** ~ single copy; **единственный** ~ **траты** single bill; **количество ~ов** number of copies; **комплект ~ов** set of copies; **контрольный** ~ control copy; **недействительный** ~ non-negotiable copy; **основной** ~ primary copy; **отмеченный** ~ marked copy; **оформленный** ~ executed copy; **первый** ~ first copy; **последний** ~ last copy; **приложить документы в трех ~ах** to enclose documents in triplicate; **рекламный** ~ complimentary copy; **сигнальный** ~ advance copy; **судовой** ~ **коносамента** copy of a shipped bill of lading; **тождественный** ~ identical copy; **уникальный** ~ unique copy; ~ **векселя** copy of a bill (note); ~ **документа** copy of a document; ~ **коносамента** copy of a bill of lading

экипаж crew

экипировать to equip, to fit out

экологический ecological, environmental

экология ecology

экономи/я ecdnomy, economic rationalization, savings; **валютная** ~ foreign exchange savings; **годовая** ~ annual savings; **гарантировать ~ю** to insure economic measures; **добиться ~и средств** to achieve savings; **значительная** ~ significant saving; **максимальная** ~ maximum saving; **меры ~и** economizing measures; **незапланированная** ~ unintended economies; ~ **обусловленная специализацией** economy of specialization; **осуществлять ~ю** to economize; **оценка ~и** estimate of economization; **получить ~ю на** to achieve savings on ...; **режим ~и** cost cutting drive; **строгая** ~ rigid economy; ~ **в расходах** cutback of expenditures; ~ **в результате сокращения объема запасов** economic rationalization of inventories; ~ **времени** time savings ~ **материала** economizing on material; ~ **места** space savings; ~ **на издержках** cost savings; ~ **на торговых издержках** savings on sales costs; ~ **на ценах** price savings; ~ **от разделения труда** economizing through division of labor; ~ **финансовых ресурсов** saving of financial resources

экономик/а economics, economy; **внутренняя** ~ domestic economy; **государственный сектор ~и** state-owned sector; **диверсификация ~и** diversification of the economy; **застойная** ~ stagnant economy; **конкурирующие** ~**и** competitive economies; **контролируемая** ~ directed economy; **мировая** ~ global economy; **многоотраслевая** ~ diversified economy **национальная** ~ national economy; **неустойчивая** ~ unstable economy; **оживление** ~**и** revival of the economy; **оживлять** ~**у** to revive the economy; **оздоровление** ~**и** recovery of the economy; **отрасли** ~**и** branches of the economy; **отсталая** ~ backwards economy; **перестраивать** ~**у** to restructure the economy; **перестройка** ~**и** restructuring of the economy; **плановая** ~ planned economy; **предпринимательская** ~ entrepreneurial economy; **промышленная** ~ industrial economy; **процветающая** ~ thriving economy; **развивающаяся** ~ expanding economy; **развитая** ~ developed economy; **развитие** ~**и** economic development; **рыночная** ~ market economy; **самообеспеченная** ~ self-sufficient economy **состояние** ~**и** state of the economy; **страны с рыночной** ~**ой** market economies; **товарная** ~ commodity-based economy; **устойчивая** ~ stable economy; **укрепление** ~**и** strengthening of the economy; **централизованно-планируемая** ~ centrally planned economy; **частный сектор** ~**и** private sector

экономист economist; **главный** ~ head ~; **промышленный** ~ industrial ~; **старший** ~ senior ~; ~-**аналитик** chartist

экономить to economize; ~ **на** *(чем-либо)* ~ on (something)

экономический ~ economic; ~ **эффект** ~ effect; ~ **эффект искажения цены** price distoring effect

экономично economically

экономичност/ь economic efficiency; **определение** ~**и** determination of profitability; **повышение** ~**и** improvement of ~

экономичный economical, cost-saving

экономи/я f. ecdnomy, economic rationalization, savings **валютная** ~ foreign exchange savings; **годовая** ~ annual savings; **гарантировать** ~**ю** to insure economic measures; **добиться** ~**и средств** to achieve savings; **значительная** ~ significant saving; **максимальная** ~ maximum saving; **меры** ~**и** economizing measures; **незапланированная** ~ unintended economies; ~ **обусловленная специализацией** economy of specialization; **осуществлять** ~**ю** to economize; **оценка** ~**и** estimate of economization; **получить** ~**ю на** to achieve savings on ...; **режим** ~**и** cost cutting drive; **строгая** ~ rigid economy; ~ **в расходах** cutback of expenditures; ~ **в результате сокращения объема запасов** economic rationalization of inventories; ~ **времени** time savings; ~ **материала** economizing on material; ~ **места** space savings; ~ **на издержках** cost savings; ~ **на торговых издержках** savings on sales costs; ~ **на ценах** price savings; ~ **от разделения труда** economizing through division of labor; ~ **финансовых ресурсов** saving of financial resources

экономный economical, thrifty

экспансия expansion; **внешнеторговая** ~ foreign trade ~; **кредитная** ~ credit ~

экспедитор(ы) freight forwarder, forwarding agent(s), shipping agent(s); **выступать в качестве** ~**а** to act in the capacity of ~; **быть назначенным** ~**ом** to be designated as ~; **генеральный** ~ general ~; **поручение** ~**у** order to the ~; **расписка** ~**а** ~'s certificate of receipt; ~ **по сборным отправкам** groupage operator

экспедиторский forwarding

эксперт consultant, expert, specialist; **возражения** ~**а** examiner's objections; **главный** ~ examiner-in-chief; **группа** ~**ов** panel of experts; **заключение** ~**а** expert's report; **комиссия** ~**ов** commission of experts; **коммерческий** ~ commercial expert; **консультироваться с** ~**ом** to consult a specialist; **назначать** ~**а** to appoint an expert; **показания ~a** expert's findings; **помощник ~a** assistant examiner; **постоянный ~** resident expert; **посылать ~ов** to send experts; **технический ~** technical expert; **торговый ~** trade expert; **транспортный ~** transportation expert; **~, владеющий несколькими языками** multilingual expert; **~ патентного ведомства** patent examiner; **~ по оценке (недвижимости)** assessor (real estate); **~ по перевозкам грузов** traffic expert (freight); **~ по промышленным образцам** design expert; **~ по товарным** trademark examiner; **~ по экономическим вопросам** economic expert

экспертиз/а examination, examination by experts, findings; **акт ~ы** examiners' statement; **возобновлять ~у** to resume examination; **государственная ~** state examination; **группа ~ы** examining panel; **заключительная ~** final examination; **заключение ~ы** expert findings; **затребовать ~у** to request an expert examination; **контрольная ~** control examination; **назначать ~у** to schedule an examination; **независимая ~** independent examination; **нуждаться в технической ~е** to require technical expertise; **объективная ~** objective examination; **окончательная ~** final examination; **отдел ~ы** examination department; **отсроченная ~** postponed examination; **патентная ~** patent examination; **повторная ~** follow-up examination; **подвергать ~е** to examine; **приостанавливать ~у** to withhold an examination; **прекращать ~у** to stop an examination; **предварительная ~** preliminary examination; **пункт решения ~ы** expert examination clause; **результаты ~ы** examination results; **решение ~ы** expert's decision; **специальная ~** special examination; **срочная ~** urgent examination; **техническая ~** technical examination; **тщательная ~** painstaking examination; **формальная ~** formal examination; **~ заявки** examination of an application; **~ на осуществимость** feasibility study; **~ на патентоспособность** patentability examination

экспертный expert; **экспертная комиссия** expert commission

эксплуатаци/я (*машины, оборудования*) maintenance, operation, running, service, utilization; **бесперебойная ~** trouble-free operation; **ввод в ~ю** putting into operation; **вводить в ~ю** to bring into operation; **время ~и** operating period; **вступать в ~ю** to go into operation; **выводить из ~и** to take out of service; **вывод из ~и** retirement from operation; **в условиях ~и** under operating conditions; **гарантийная ~** guaranteed operation; **годный к ~и** serviceable; **готовый к ~и** ready for use; **дата пуска в ~ю** start-up date; **метод ~и** method of operation; **находиться в ~и** to be in service; **надежный в ~и** reliable operation; **ненадежный в ~и** unreliable operation; **непригодный к дальнейшей ~и** unfit for further operation; **неправильная ~** misuse; **нормальная ~** normal operation; **опыт ~и** service experience; **отчет об ~и** operations report; **промышленная ~** commercial operation; **предназначенный для ~и** designed for operation; **период ~и** period of operation; **правила ~и** service regulations; **право на ~ю** operating right; **программа ввода в ~ю** start-up program; **процесс ~и** operating process; **пуск завода в ~ю** factory start-up; **пускать в ~ю в назначенный срок** to meet start-up date; **руководство по ~и** operating manual; **сдать в ~ю** to put into operation; **техника ~и** operating techniques; **техника ~и и монтажа оборудования** plant engineering; **условия ~и** operating conditions; **~ завода** factory maintenance; **~ международной линии** international operation

эксплуатировать to exploit, to operate, to run

экспозици/я exposition; **графическая ~** graphic ~; **коллективная ~** collective exhibit; **национальная ~** national ~; **организовать ~ю** to organize an ~; **осматривать ~ю** to review a ~; **подготовка ~и** preparation of an ~; **раздел ~и** section of an ~; **совместная ~** joint ~; **традиционная ~** traditional ~; **устраивать ~ю** to hold an ~; **~ витрины** window display

экспонат exhibit, sample; **ассортимент ~ов** range of exhibits; **выставочный ~** display unit; **выставлять ~ы** to put samples on display **главный ~** major exhibit; **демонстрировать ~ы** to show samples; **действующий ~** working exhibit; **демонстрация ~ов** demonstration of exhibits; **конкурентоспособный ~** competitive exhibit; **отбор ~ов** selection of exhibits; **отбирать ~** to remove a sample; **подбор ~ов** selection of samples; **подготовка ~ов** preparation of exhibits; **открытый показ ~ов** open display of exhibits; **продажа ~ов со стенда** "off-the-floor" sale; **представлять ~ы** to present exhibits; **размещать ~ы** to arrange exhibits; **расположение ~ов** layout of exhibits; **рекомендуемый ~** recommended exhibit

экспонент exhibitor; **~, выставляющий в первый раз** first-time ~; **главный ~** major ~; **заграничный ~** foreign ~; **зарубежный ~** overseas ~; **индивидуальный ~** individual ~; **коллективный ~** collective ~; **основной ~** main ~; **отечественный ~** domestic ~; **постоянный ~** permanent ~

экспонирование demonstrating, exhibiting

экспонировать to exhibit

экспонируемый on display

экспорт export, exportation, *(когда речь идет о количестве или стоимости вывоза)* exports; **беспошлинный ~** duty-free exportation; **бросовый ~** dumping (trade) ~; **быть упакованным для ~а** to be packed for export; **возможность ~а** export opportunity; **вопросы ~а** export matters; **диверсификация ~а** diversification of exports; **доля ~а** share of exports; **заниматься ~ом** to be in the business of exporting; **запрет на ~** ban on exports; **заявка ~** export application; **значительный ~** significant export; **иметь в наличии для ~а** to be available for export; **качество ~а** quality of exports; **контроль за ~ом** export control; **кредитование ~а** export credits; **косвенный ~** indirect exports; **малоприбыльный ~** marginally profitable exports; **наращивать ~** to increase exports; **невидимый ~** invisible exports; **неоплаченный ~** unpaid exports; **несельскохозяйственный ~** non-agricultural exports; **оборот по ~у** export turnover; **общий ~** total exports; **объем ~а** export volume; **ограничение ~а** export restrictions; **ограничивать ~** to restrict exports; **падение ~а** decline in exports; **поступление от ~а** proceeds from exports; **прямой ~** direct exports; **превышение ~а над импортом** export surplus; **предметы ~а** articles of export; **продажа на ~** export sale; **производство на ~** production for export; **развитие ~а** development of exports; **растущий ~** increasing exports; **расширять ~** to expand exports; **рационализация ~а** rationalization of export; **сделка на ~** export transaction; **содействие ~у** export promotion; **сокращать ~** to reduce exports; **спрос на ~** demand for exports; **статьи ~а** items of export; **стимулирование ~а** export stimulation; **стоимость ~а** value of exports; **страна ~а** country of exportation; **структура ~а** composition of exports; **товары традиционного ~а** traditional export goods; **технический ~** technical exportation; **традиционный ~** traditional exports; **увеличивать объем ~а** to increase the volume of exports; **удорожание ~а** increase in export prices; **ужесточение ~а** restriction of exports; **финансирование ~а** financing of exports; **финансировать ~** to finance exports; **эмбарго**

экс

на ~ embargo on exports; ~ **машин и оборудования** exportation of machinery and equipment; ~ **наукоемкой продукции** high technology exports; ~ **научно-технических результатов** export of R&D intensive products; ~ **по всему миру** world-wide exports; ~ **продовольствия** export of foodstuffs; ~ **продукции сельского хозяйства** export of agricultural goods; ~ **результатов творческой деятельности** exports of intellectual property; ~ **технологии** export of technology; ~ **товаров и услуг** export of goods and services; ~ **услуг** export of services

экспортер exporter; **единственный** ~ sole ~; **исключительный** ~ exclusive ~; **продовольственных товаров** ~ of foodstuffs; ~ **промышленных товаров** ~ of industrial goods; ~ **сырьевых товаров** ~ of raw materials

экспортировать to export

экспортно-импортный export-import

экспортный export

экспресс-служба express service

экстенсивный extensive

экстренный urgent

эмбарго embargo; **наложить** ~ **на** to lay (или to place) an embargo on, to impose an ~; **политика** ~ ~ policy; **снимать** ~ to lift an ~; ~ **на экспорт** ~ on exports

эмигрант emigrant, émigré

эмиграционный emigratory, emigration

эмиграция emigration; **вынужденная** ~ forced ~, exile

эмигрировать to emigrate

эмиссионный issuing

эмиссия emission, issue (bonds, currency, etc.); ~ **банкнот** issue of bank notes; ~ **денег** emission of currency; ~ **ценных бумаг** issue of securities

эмитент issuer, emittee; ~ **денег** money producer; ~ **кредитных карточек** credit card issuer

энвироника (наука об окружающей среде) environics, environmental engineering

энергоемкость energy consumption

эскалаци/я escalation; **подлежать** ~**и** to be subject to escalation; **формула** ~**и цен** price escalation formula; ~ **цен** price escalation

этап (стадия) stage, phase; (часть пути) leg

этикет/ка label, sticker, tag; (с адресом грузополучателя) docket; **бумажная** ~ paper label; **без** ~**ок** without labels или unlabelled; **наклеивать** ~**ку** to attach a label; **подробная** ~ detailed label; **прикреплять** ~**ку** to apply a label; **описательная** ~ descriptive label; **подробная** ~ detailed label; **прилагаемая** ~ enclosed label; **с** ~**ками** with labels или labelled; ~ **багажа** luggage tag; ~ **груза** cargo label; "**красная**" ~ "red" label (denotes dangerous cargo); ~ **места** package label; ~ **на задней части упаковки** back label; ~ **с артикулом** coded label; ~ **с ценой** price tag; ~, **содержащая рецепт для приготовления продуктов** recipe label

эффект effect, result; **давать экономический** ~ to be economically effective; **обеспечивать экономический** ~ to yield an economic effect; **общий** ~ cumulative effect; **побочный** ~ spillover effect; **положительный** ~ positive effect; **технический** ~ technical effect

эффективност/ь effectiveness, efficiency; **высокая** ~ high ~; **коммерческая** ~ commercial ~; **коэффициент** ~**и** effectiveness ratio; **общая** ~ overall effectiveness; **оптимальная** ~ optimum ~; **определять** ~ to determine ~; **повышение** ~**и** an increase in ~; **расчет экономической** ~**и** calculation of economic ~; **снижение** ~**и** decline in ~; **уровень** ~**и** level of ~

эффективный effective, efficient

эффективный effective; **принять эффективные меры** to take effective measures

эфир air; **быть в прямом** ~**е** to be live; **выходить в** ~ to go on air; **передавать в** ~ to put on the air

эшелон echelon; **высшие** ~**ы власти** higher (upper, top) echelons of power

Ю

юбилей anniversary, jubilee; **отмечать** ~ to celebrate the ~

юридическ/ий juridical, legal; **с ~ой точки зрения** from a legal standpoint; ~ **адрес** legal (juridical) address; **~ая консультация** legal advice department, legal clinic; **~ие науки** jurisprudence, legal sciences; **~ое лицо** juridical person *(legal entity)*; ~ **факультет** law department (law school)

юридически juridically, legally

юрисдикци/я jurisdiction; **государственная** ~ state ~; **гражданская** ~ civil ~; **иностранная** ~ foreign ~; **исключительная** ~ exclusive ~; **консульская** ~ consular ~; **консультативная** ~ advisory ~; **национальная** ~ national ~; **общая** ~ general ~; **подпадать под ~ю** to fall within the ~

юрисконсульт legal advisor, in-house counsel, lawyer; *(амер.)* solicitor; **внешний** ~ outside counsel; **генеральный** ~ **по патентам** general patent counsellor

юриспруденция jurisprudence

юрист lawyer; **консультация ~a** legal advice

юрфак *см.* **юридический факультет**

юстиция justice; **Министерство ~и** Ministry of Justice

Я

явиться to appear, to report (show up); ~ **в суд** to appear before the court; ~ **на службу** to report for duty; ~ **с повинной** to give oneself up, to turn oneself in *(to the authorities)*

явка appearance, attendance, rendezvous; ~ **в суд** court appearance

явление occurence, phenomenon

явный open, overt, patent

явочный attendance; ~ **пункт** call-up point *(for military conscription)*; ~ **участок** recruiting office

явствовать to be clear *(in meaning)*

язык language, tongue; ~ **жестов** *(о брокерах)* language of gestures; **родной** ~ native language, mother tongue

языковой language; ~ **барьер** ~ barrier

якобы allegedly

якорь 1. anchor; **бросить** ~ to cast, to drop anchor; **поднимать** ~ heave anchor; **стоять на ~е** to ride at anchor; **сняться с ~я** to weigh anchor; ~ **спасения** sheet-anchor; 2. *(тех.)* armature; rotor

якорн/ый anchor; **~ая стоянка** anchorage

ям/а pit, hole; **биржевая** ~ pit; **воздушная** ~ air pocket; **выгребная** ~ cesspit; **рыть ~у кому-нибудь** to lay a trap for somebody; **угольная** ~ coal bunker

ярлык label, tag; **бумажный** ~ paper tag; **инвентарный** ~ inventory tag; **металлический** ~ tin plate; **наклеивать** ~ to attach a tag; **отрывной** ~ tear-away tag; **пластмассовый** ~ plastic tag; **товарный** ~ goods tear-away tag; ~ **с указанием цены** price tag

ярмарк/а fair; **администрация ~и** ~ administration; **весенняя** ~ spring ~; **всемирная** ~ world's ~; **дни работы ~и, отведенные для бизнесменов** trade days; **заявка на участие в ~е** application to participate in a ~; **ежегодная** ~ annual ~; **коммерческий центр ~и** commercial center of a ~; **на ~е** at a ~; **международная** ~ international ~; **общий план ~и** general plan of a ~; **оптовая** ~ wholesale ~; **организаторы ~и** organizers of a ~; **осмотр ~и** tour of a ~; **открывать ~у** to open a ~; **осенняя** ~ autumn ~; **отраслевая** ~ specialized trade ~; **план участия в ~ах** plan of participation in ~s; **площадь ~и** area of a ~; **принимать участие в ~е** to participate in a ~; **предстоящая** ~ upcoming ~; **проводить ~у** to hold a ~; **пропуск на ~у** entrance pass to a ~; **раздел ~и** section of a ~; **региональная** ~ regional ~; **специализированная** ~ specialized ~; **специалист по ~ам** trade fair expert; **территория ~и** ~ grounds; **техническая** ~ technical ~; **торговая** ~ trade ~; **традиционная** ~ traditional ~;

устраивать ~у to arrange a ~; **участники ~и** participants in a ~; **экспозиция ~и** exposition of a ~; **юбилейная ~** jubilee ~; **~ образцов** sample ~

ярмарка-выставка trade show

ярмарочный fair

ясность clearness, clarity; lucidity; **внести ~ во что-нибудь** to clarify something

ясный clear; **делать ясным** to clarify, to make it clear

ястреб hawk

ячеистый cellular, porous

ячмень barley

ящик box, case; **вес ~а** weight of a case; **водонепроницаемый ~** watertight case; **вскрывать ~и** to open boxes; **габариты ~а** case dimensions; **деревянный ~** wooden box; **забивать ~** to nail down a case; **карточный ~** cardboard box; **комплект из нескольких ~ов** set of cases; **крышка ~а** box top; **маркировать ~** to mark a case; **металлический ~** metal box; **многооборотный ~** multi-use case; **негабаритный ~** oversized case; **непрочный ~** weak case; **поврежденный ~** damaged case; **почтовый ~** post office box; **прочный ~** strong box; **перевозить в ~ах** to carry in cases; **разборно-складной ~** fold-down box; **разборный ~** collapsible case; **размер ~а** case size; **решетчатый ~** skeleton case, crate; **содержимое ~а** contents of a case; **сортировать ~и** to sort cases; **складной ~** folding case; **стальной ~** steel box; **стандартный ~** standard box **тесовый ~** timber case; **товар в ~ах** cased goods; **упаковочный ~** packing case; **фанерный ~** plywood box; **щитовой ~** panel case; **экспортный ~** export case; **~, выложенный жестью** tin-lined case *или* case lined with tin; **~и, пригодные для морской перевозки** cases suitable for sea transportation; **~ для морской перевозки** overseas trunk; **~ одноразового пользования** disposable case; **~ со съемной крышкой** box with hinged lid; **~ имеет пятна от морской воды** the case is stained by seawater; **~ имеет следы течи** the case shows signs of leakage; **~и повреждены** the cases are damaged; **упаковывать в ~и** to pack in cases; *(амер.)* to box

ящик-лоток pallet

ящичный box

ПРИЛОЖЕНИЕ

СТРУКТУРА КОММЕРЧЕСКИХ ПИСЕМ
THE STRUCTURE OF BUSINESS LETTERS

§ 1. ЧАСТИ КОММЕРЧЕСКОГО ПИСЬМА И ИХ РАСПОЛОЖЕНИЕ

Коммерческие письма пишутся по установленной форме на напечатанных типографским способом бланках.

Для удобства изучения формы коммерческого письма, написанного на английском языке, его принято делить на следующие части:

1) заголовок,
2) дата письма,
3) наименование и адрес получателя письма (внутренний адрес),
4) вступительное обращение,
5) основной текст письма,
6) заключительная формула вежливости,
7) подпись,
8) указание на приложения.

Приведенная ниже схема показывает общепринятое расположение частей коммерческого письма:

```
                                        1) Заголовок

                                                           2) Дата письма

3) Наименование и адрес
   получателя письма

4) Вступительное обращение
................................................................................
................................................................................
                                        5) Текст письма


                                        6) Заключительная
                                           формула вежливости

                                                           7) Подпись

8) Указание на приложения
```

Приложение

Ширина поля с левой стороны листа должна быть не менее 2 см для удобства подшивки письма к соответствующему делу. В деловых письмах стремятся, по возможности, избегать переноса слов.

§ 2. ЗАГОЛОВОК

Заголовок содержит наименование и адрес организации или фирмы, отправляющей письмо, и ряд подробностей, а именно: адрес для телеграмм, номер факса, номера телефонов, названия коммерческих кодов*, употребляемых для телеграфных сношений и т. п. Под названием организации часто указывается род ее деятельности. В заголовках писем английских акционерных компаний иногда проставляются фамилии директоров компании.

Названия российских фирм и компаний не переводятся на иностранные языки. Они пишутся латинским шрифтом в транскрипции, принятой для всех иностранных языков.

В конце названий многих английских торговых и промышленных предприятий, банков и т. д. стоит слово Limited (сокращенно Ltd.):

> A. Smith & Co.**, Limited
> The Sheffield Engineering Co., Ltd.

Слово **Limited** представляет собой сокращение выражения limited liability company *компания с ограниченной ответственностью*. Это выражение означает, что ответственность членов компании (акционеров) ограничивается номинальной стоимостью приобретенных ими акций.

В США вместо слова **Limited** после названий многих торгово-промышленных предприятий стоит слово **Corporation** или слово **Incorporated** (сокращенно **Inc.**). **Corporation** означает *соединение лиц, корпорация* и в названиях американских фирм, банков и т. д. в большинстве случаев употребляется вместо **stock corporation** *акционерная корпорация*. **Incorporated (Inc.)** означает *зарегистрированный как корпорация*:

> The American Mining Corporation
> James Smith and Company, Incorporated

Отсутствие слова **Limited (Ltd.)** в названиях английских предприятий и слов **Corporation** или **Incorporated (Inc.)** в названиях американских предприятий указывает на то, что данное предприятие является товариществом (partnership), члены которого отвечают по обязательствам предприятия всем своим имуществом.

О б р а з ц ы   н а з в а н и й   т о в а р и щ е с т в:

> James Brown & Co. A.
> Robinson & Sons
> Bennet Bros.***
> Mills & Green

---

* Коммерческими кодами (codes) называются словари условных сокращений коммерческих терминов и фраз, используемых при составлении телеграмм (129, 3).

** Знак & - так называемый *ampersand* - часто употребляется в названиях фирм вместо *and*: & *CO.* читается *and Company*.

*** Bros. является сокращением слова Brothers *братья*; Bennet Bros. в переводе на русский язык означает *братья Беннет*.

Приложение

Примечание. В так называемых *коммандитных товариществах* (limited partnership) один или несколько участников могут не отвечать своим имуществом по обязательствам товарищества.

Часто в заголовке напечатано указание на ссылку, которую отправитель письма просит адресата упомянуть в своем ответе. В ссылках обычно приводятся инициалы составителя письма, инициалы того, кто письмо печатал, сокращенное обозначение отдела, номер дела и т. п.:

Our reference (*или* Our ref.) AC/DK/156.	Наша ссылка AC/DK/156.
Your reference (*или* Your ref.) 15/16/1865.	Ваша ссылка 15/16/1865.
In your reply please refer to FL/KD/151621.	В Вашем ответе просим сослаться на FL/KD/151621.
In your reply please mention our reference CA/DB.	В Вашем ответе просим упомянуть нашу ссылку CA/DB.
Kindly mention Ex. 16/1716 in your reply.	Просим упомянуть Ex. 16/1716 в Вашем ответе.
Our file No. 12/16/1865.	Наше дело № 12/16/1865.
Please quote No. 161718/AC when replying.	В ответе просим сослаться на № 161718/AC.

В заголовках некоторых фирм можно встретить следующую фразу:

All communications to be addressed* to the company and not to individuals.	Все сообщения должны быть адресованы компании, а не отдельным лицам.

В заголовках часто встречаются также надписи, иногда напечатанные красным шрифтом, предупреждающие возможных покупателей о том, что оферты данной фирмы являются свободными, т. е. не связывают ее:

All offers are subject to the goods being unsold on receipt of reply (*или* All offers are subject to prior sale).

Все оферты действительны лишь в том случае, если товары еще не будут проданы к моменту получения ответа.

Образец заголовка английской машиностроительной фирмы:

All communications to be addressed to the company and not to individuals
BROWN & SMITH. LIMITED

Steam Turbines, Steam Engines, Air Compressors
65, Victoria Street, London E.C.4

Codes:

Bentley

A.B.C. 7th edition

In your reply
   please refer to. . .

Fax:

237 2856

Telegraphic Address
Broosmith, London

All offers are subject to the goods being unsold on receipt of reply.

---

* To be addressed здесь означает are to be addressed. В торговых документах инфинитив часто встречается в функции сказуемого, выражающего долженствование.

Приложение

§ 3. ДАТА ПИСЬМА

Дата отправления письма обычно пишется в правом углу под заголовком. Дата обозначается одним из следующих способов:

1. 12th September, 1999   *читается*: the twelfth of September, nineteen ninety-nine
2. 12 September, 1999
3. September 12th, 1999   *читается*: September the twelfth nineteen ninety-nine
4. September 12, 1999

Предлог *on* и *артикль* перед датой не ставятся.

В Англии наиболее распространен первый способ обозначения даты - 12th September, 1999. Этот же способ обычно употребляется в письмах, исходящих от российских организаций. В США чаще всего применяется четвертый способ - September 12, 1999.

При обозначении даты по способам 1 и 3 необходимо обращать внимание на правильное написание порядкового числительного при помощи цифр и одного из окончаний st, nd, rd и th: 1st, 21st, 31st, 2nd, 22nd, 3rd, 23rd, 4th, 5th и т. д.

Следует также иметь в виду, что перед числительными, обозначающими год, обычно ставится запятая. Точка в конце обозначения даты не обязательна.

Названия месяцев, кроме **March, May, June** и **July**, часто сокращаются:

January	- Jan.	September	- Sept.
February	- Feb.	October	- Oct.
April	- Apr.	November	- Nov.
August	- Aug.	December	- Dec.

Примечание. Следует избегать употребления в датах цифр вместо названий месяцев, поскольку цифровое обозначение даты может быть понято в различных странах по-разному. Так, дата 6.2.1999 будет понята в США как 2 июня 1999 г. ввиду того, что в этой стране принято указывать в датах сначала месяц, а затем число. В Англии, как и в России, такая дата означает 6 февраля 1999 г.

§ 4. НАИМЕНОВАНИЕ И АДРЕС ПОЛУЧАТЕЛЯ ПИСЬМА (ВНУТРЕННИЙ АДРЕС)

1. Наименование и адрес организации или фамилия и адрес лица, которому направляется письмо, проставляются на левой стороне бланка письма у линии поля немного ниже строки с датой (см. схему на стр.   )*. Название организации или фамилия лица обычно пишутся на отдельной строке.

Если письмо адресуется фирме, то перед ее названием принято ставить слово *Messrs*. **Messrs.** представляет собой сокращение французского слова *Messieurs господа* и употребляется со значением *фирма* обычно в том случае, когда в названии фирмы имеются фамилии каких-либо лиц. В конце слова *Messrs.* обычно ставится точка:

Messrs. A. Robinson and Sons	Фирме А. Робинсон энд Санз
Messrs. John Brown & Co., Ltd.	Фирме Джон Браун энд Ко. Лимитед

---

* В письмах, адресуемых государственным учреждениям или исходящих от таких учреждений, а также в дипломатической переписке внутренний адрес часто пишется в левом нижнем углу под подписью.

Приложение

Если в названии фирмы нет фамилий лиц, то слово *Messrs.* перед ним обычно не пишется.

The Sheffield Engineering Co., Limited	Шеффильд Энджиниринг Ко. Лимитед*
The Modern Machine Tool Corporation	Модерн Машин Тул Корпорейшн

В США слово *Messrs.* перед названием корпораций и акционерных обществ обычно не ставится.

> Примечание. Слово *Messrs.* со значением *фирма* самостоятельно, т. е. без названия фирмы, не употребляется. Русскому слову *фирма*, не сопровождаемому названием фирмы, соответствует в английском языке слово *firm*. Когда речь идет об английской акционерной компании или американской акционерной корпорации, то наряду со словом *firm* часто употребляются слова *company* и *corporation*.

При адресовании писем какой-либо фирме или другой организации следует приводить название организации полностью в таком же виде, в каком оно дано в заголовках писем, исходящих от этой организации, или в торговых справочниках, не допуская каких-либо сокращений или изменений. Так, вместо названия компании *Robert Brown and Co., Ltd.* не следует во внутреннем адресе писать *R. Brown and Co., Ltd.*, поскольку буква R может быть первой буквой не только слова Robert, но и слов Richard, Reginald и т. д.

2. Когда письмо адресуется отдельному лицу - мужчине, то перед его фамилией ставится слово *Mr.*, которое представляет собой сокращение слова *Mister* мистер, господин и полностью никогда не пишется. В конце слова *Mr.* обычно ставится точка.

Перед фамилией лица следует указать его имя или первые буквы имен**:

Mr. Harold Brown	мистеру (*или* господину) Гарольду Брауну
Mr. A. White	мистеру (*или* господину) А. Уайту
Mr. M. D. Black	мистеру (*или* господину) М. Д. Блэку

В Англии вместо **Mr.** иногда после фамилии лица пишется слово **Esq.** Слово **Esq.** представляет собой сокращение слова **esquire** эсквайр и полностью никогда не пишется. В конце слова **Esq.** ставится точка. Перед фамилией лица необходимо и в этом случае указать его имя или инициалы:

Harold Brown, Esq.	Гарольду Брауну, эсквайру
A. White, Esq.	А. Уайту, эсквайру
B. M. D. Black, Esq.	М. Д. Блэку, эсквайру

Слово *Esq.* ранее употреблялось в Англии после фамилии лиц, занимающих видное общественное положение, а также лиц с университетским образованием. В настоящее время *Esq.* имеет то же значение, что и *Mr*. В США слово *Esq.* употребляется очень редко.

Слова *Mr.* и *Esq.* самостоятельно, т. е. без фамилии лица, не употребляются.

---

* Названия торгово-промышленных предприятий не переводятся на русский язык, а транскрибируются русскими буквами.

** Во многих странах, включая Англию и США, мужчины и женщины часто носят два имени и более.

Приложение

Примечание. В отличие от русского языка, в английском языке имя или первые буквы имен какого-нибудь лица (включая имена или инициалы российских граждан) никогда не пишутся после фамилии, а всегда перед ней. Прописные буквы, встречающиеся после фамилий каких-либо лиц, являются сокращениями, указывающими на принадлежность к определенной организации, на звание или на орден, которым награждено это лицо: **A. B. Smith, M. P.** (M. P.= Member of Parliament *член парламента*); **C. D. Brown, M. I. C. E.** (M. I. C. E. = Member of the Institution of Civil Engineers *член Института гражданских инженеров*); **E. F. White, LL. D.** (LL. D. == Doctor of Laws *доктор юридических наук*); **Q. H. Black, K. C. V. O.** (K. C. V. O. = Knight Commander of the Victorian Order *кавалер ордена королевы Виктории*).

Письма, посылаемые лицам, после фамилии которых имеются подобные сокращения, адресуются следующим образом: **A. B. Smith, Esq., M. P.; C. D. Brown, Esq., M. I. C. E.** и т. д.

3. Иногда письмо адресуется должностному лицу в какой-нибудь организации. Когда фамилия лица, занимающего определенную должность в данной организации, неизвестна, то адресат обозначается следующим образом:

The Chairman, A. Smith & Co., Ltd.	председателю компании А. Смит энд Ко. Лимитед

Указание должности без фамилии лица, ее занимающего, возможно, однако, лишь тогда, когда эта должность является единственной в организации, указанной в адресе (Chairman *председатель*, President *президент, председатель,* Managing Director *директор-распорядитель,* Secretary *секретарь.* Chief Accountant *главный бухгалтер*). В этом случае перед названием должности ставится артикль **the** (*The Chairman, The Secretary* и т. д.). Если же известны как фамилия, так и должность адресата, то они пишутся следующим образом:

R. S. Jones, Esq., Chairman, A. Smith & Co., Ltd.	Р. С. Джоунзу, эсквайру - председателю компании А. Смит энд Ко. Лимитед
Harold Brown, Esq., Director, The Sheffield Engineering Company, Ltd.	Гарольду Брауну, эсквайру - директору компании Шеффильд Энджиниринг Компани Лимитед

Артикль перед названием должности в таких случаях не употребляется.

4. При адресовании писем замужним женщинам в Англии и США употребляется слово **Mrs.** *миссис, госпожа*. За словом **Mrs.** следует обычно имя (или первая буква имени) и фамилия адресата:

Mrs. Mary Jones	миссис (*или* госпоже) Мэри Джоунз
Mrs. D. Brown	миссис (*или* госпоже) Д. Браун

В Англии и США после слова **Mrs.** часто пишут имя и фамилию мужа адресата:

Mrs. Harold Green	миссис (*или* госпоже) Гарольд Грии
Mrs. R. Palmer	миссис (*или* госпоже) Р. Палмер (*Р является первой буквой имени мужа адресата*)

Слово **Mrs.** полностью никогда не пишется и самостоятельно, т. е. без фамилии лица,

Приложение

не употребляется. В конце слова **Mrs.** обычно ставится точка - так же, как после всех сокращенных слов.

При адресовании писем незамужним женщинам употребляется слово **Miss** *мисс, госпожа,* за которым следует имя адресата (или первая буква имени) и фамилия:

  Miss Mary White   мисс (*или* госпоже) Мэри Уайт
  Miss L. Brown   мисс (*или* госпоже) Л. Браун

Слово **Miss** без фамилии и имени не употребляется.

5. Имя и фамилию лица, которому адресуется письмо, следует писать так, как они даны в справочниках или в личной подписи лица на полученных от него письмах.

Если данное лицо подписывается *James Robinson*, то оно обозначается в адресе *Mr. James Robinson*, или *James Robinson, Esq.*, а не *Mr. J. Robinson* или *J. Robinson, Esq.*

6. После наименования организации или фамилии адресата на отдельной строке пишется номер дома и название улицы, а затем - также на отдельной строке - название города.

Номер дома всегда стоит перед названием улицы.

Название города сопровождается в необходимых случаях принятым обозначением почтового района. Графство (в Англии) или штат (в США) пишутся после названия города.

Если письмо адресуется за границу, то после названия города следует название страны.

После наименования организации или фамилии адресата ставится запятая. Запятая ставится также после названия улицы и перед обозначением почтового района, штата и страны. Между номером дома и названием улицы (площади и т. п.) запятая не обязательна. Слова *Street, Place, Avenue* пишутся с прописной буквы.

Примеры:

    1. Messrs. A. Smith & Company,
      Limited,
      25, Leadenhall Street,
      10 London, E. C.,
      England.
    2. The Modern Machine Tool Corporation,
      300 Lincoln Place,
      Chicago, Illinois,
      U. S. A.

В приведенных примерах все строчки внутреннего адреса напечатаны без отступов, т. е. начинаются с линии поля. Этот способ применяется в США и в последнее время находит все большее распространение в Англии, где ранее строчки адреса обычно печатались с отступами.

Пример 1, напечатанный с отступами, выглядит следующим образом:

    Messrs. A. Smith & Company, Limited,
      25, Leadenhall Street,
       London, E. C.
       England.

Приложение

§ 5. ОБОЗНАЧЕНИЕ В АДРЕСАХ НАЗВАНИЙ ГРАФСТВ АНГЛИИ И ШТАТОВ США

Если письмо адресуется в небольшой населенный пункт в Англии или предприятию, расположенному около такого пункта, то после названия города, села и т. п. пишется полное или сокращенное название соответствующего графства:

    Messrs. A. B. Green & Co., Limited,
    Dursley, Gloucestershire,
    England.

Названия английских графств (*полностью и сокращенно*):

Argyllshire	Аргилшир	Argyl.
Bedfordshire	Бедфордшир	Beds.
Berkshire	Беркшир	Berks.
Buckinghamshire	Бакингемшир	Bucks.
Cambridgeshire	Кембриджшир	Cambs.
Carmarthenshire	Кармартеншир	Carm. (*или* Carmarths.)
Carnarvonshire	Карнарвоншир	Cam.
Cheshire	Чешир	Ches.
Cornwall	Корнуэлл	Corn.
Cumberland	Камберленд	Cumb.
Denbighshire	Денбишир	Den.
Derbyshire	Дербишир	Derbs. (*или* Derb.)
Devonshire	Девоншир	Devon.
Flintshire	Флинтшир	Flints, (*или* Flint.)
Glamorganshire	Гламорганшир	Glam.
Gloucestershire	Глостершир	Glos.
Hampshire	Гемпшир	Hants.
Hertsfordshire	Хартфордшир	Herts.
Huntingdonshire	Хантингдоншир	Hunts.
Lancashire	Ланкашир	Lanes.
Leicestershire	Лестершир	Leics.
Lincolnshire	Линкольншир	Li. (*или* Lines.)
Middlesex	Мидлсекс	Mdds. (*или* Midd'x, *или* Mx.)
Monmouthshire	Монмутшир	Mon.
Northamptonshire	Нортгемптоншир	Northants (*или* Northn.)
Nottinghamshire	Ноттингемшир	Notts.
Oxfordshire	Оксфордшир	Oxon.
Pembrokeshire	Пембрукшир	Pemb.
Somersetshire	Сомерсетшир	Soms.
Staffordshire	Стаффордшир	Staffs.
Warwickshire	Уорикшир	Warw.
Wiltshire	Уилтшир	Wilts.
Worcestershire	Вустершир	Wo. (*или* Worcs.)
Yorkshire	Йоркшир	Yks. (*или* Yorks.)

Если письмо адресуется в США, то необходимо после названия города указать название штата. Объясняется это тем, что в разных штатах США имеются города с одним и тем же названием. Так, например, существует пять городов с названием *Нью-Йорк.*, пять - с

Приложение

названием *Филадельфия*, двенадцать - с названием *Бостон* и т. д. Названия штатов часто сокращаются (за исключением названий Idaho *Айдахо*, Iowa *Айова*, Maine *Мэн*, Ohio *Огайо*, Texas *Техас* и Utah *Юта*).

Название штатов в США *(полностью и сокращенно)*:

Alabama	Алабама	Ala.
Arizona	Арканзас	Ariz.
Аризона	Arkansas	Ark.
California	Калифорния	Calif.
Colorado	Колорадо	Colo.
Connecticut	Коннектикут	Conn.
Delaware	Делавэр	Del.
District of Columbia	Округ Колумбия	D.C.
Fioride	Флорида	Fla.
Georgia	Джорджия (*или* Георгия)	Ga. (*или* Geo.)
Illinois	Иллинойс	Ill.
Indiana	Индиана	Ind.
Kansas	Канзас	Kans.
Kentucky	Кентукки	Ky.
Louisiana	Луизиана	La.
Maryland	Мэриленд	Md.
Massachusetts	Массачусетс	Mass.
Michigan	Мичиган	Mich.
Minnesota	Миннесота	Minn.
Mississippi	Миссисипи	Miss.
Missouri	Миссури	Mo.
Montana	Монтана	Mont.
Nebraska	Небраска	Nebr.
Nevada	Невада	Nev.
New Hampshire	Нью-Гемпшир	N.H.
New Jersey	Нью-Джерси	N.J.
New Mexico	Нью-Мексико	N.Mex.
New York	Нью-Йорк	N.Y.
North Carolina	Северная Каролина	N.C.
North Dakota	Северная Дакота	N.D. (*или* N.Dak.)
Oklahoma	Оклахома	Okla.
Oregon	Орегон	Oreg.
Pennsylvania	Пенсильвания	Pa.
Rhode Island	Род-Айленд	R. I.
South Carolina	Южная Каролина	S. C.
South Dakota	Южная Дакота	S. D. (*или* S. Dak.)
Tennessee	Теннесси	Tenn.
Vermont	Вермонт	Vt.
Virginia	Виргиния	Va.
Washington	Вашингтон	Wash.
Wisconsin	Висконсин	Wis.
Wyoming	Вайоминг	Wyo.

Название города *Нью-Йорк* в штате того же названия пишется *New York, N. Y.* или *New York City*.

Приложение

§ 6. ВСТУПИТЕЛЬНОЕ ОБРАЩЕНИЕ И ЗАКЛЮЧИТЕЛЬНАЯ ФОРМУЛА ВЕЖЛИВОСТИ

Вступительное обращение и заключительная формула вежливости представляют собой общепринятые стандартные формулы, играющие в письмах ту же роль, какую в разговоре играют соответственно выражения *good morning* и *good-bye*.

Вступительное обращение помещается на левой стороне письма под внутренним адресом, а заключительная формула - на правой стороне, в конце основного текста (см. схему на стр.   ). Обе формулы пишутся на отдельных строках.

В настоящее время в деловых письмах наиболее распространены нижеследующие формулы вежливости.

1. В письмах к фирмам и организациям:

Вступительное обращение:

    Deer Sirs   Господа;   Уважаемые господа
    Gentlemen   Господа

Обращение *Gentlemen* употребляется главным образом в США.

Заключительные формулы:

    Yours faithfully
    Faithfully yours   С уважением
    Yours truly

В США распространена также формула *Yours very truly* и ряд других формул. В Англии наиболее употребительными формулами являются *Dear Sirs* и *Yours faithfully*. Эти же формулы используются в письмах иностранных организаций, связанных с внешней торговлей.

2. В письмах к отдельным лицам:

Вступительное обращение:
Dear Sir
Dear Madam (*как к замужним женщинам, так и к незамужним*)

Заключительные формулы:

    Yours faithfully
    Faithfully yours
    Yours truly
    Truly yours
    Yours very truly

Обращения *Dear Sir* и *Dear Madam* соответствуют дореволюционным русским формулам *милостивый государь* и *милостивая государыня* или современным *Уважаемый господин* и *Уважаемая госпожа*

Обращения *Dear Sir* и *Dear Madam* к отдельным лицам являются строго официальными.

Приложение

Однако, если письмо адресуется хорошо знакомому лицу и не носит официального характера, то во вступительном обращении слова *Sir, Madam* заменяются фамилией лица с предшествующим *Mr., Mrs. или Miss;* имя или инициалы адресата при этом обычно опускаются:

Dear Mr. Smith	Уважаемый мистер Смит
Dear Mrs. Brown	Уважаемая миссис Браун
Dear Miss White	Уважаемая мисс Уайт

В этих случаях в качестве заключительной формулы обычно употребляется **Yours sincerely** или **Yours very sincerely** *искренне Ваш(и).*

После вступительного обращения ставится запятая (в Англии) или двоеточие (в США), а после заключительной формулы - запятая.

Распространенные формулы вежливости

Адресат	Вступительное обращение	Заключительная формула
Messrs. A. Smith & Co., Ltd.,	Dear Sirs Gentlemen:,	Yours faithfully Yours truly, Yours very truly,
Mr. A. Smith A. Smith, Esq.,	Dear Sir	Yours faithfully Yours truly, Yours very truly, *(строго официально)*
Mr. A. Smith A. Smith, Esq.	Dear Mr. Smith,	Yours sincerely, Yours very sincerely, *(менее официально)*

Адресат	Вступительное обращение	Заключительная формула
Mrs. B. Brown Miss C. White,	Dear Madam	Yours faithfully, Yours truly, Yours very truly, *строго официально)*
Mrs. B. Brown Miss C. White	Dear Mrs. Brown, Dear Miss White,	Yours sincerely, Yours very sincerely, *(менее официально)*

Примечание. При адресовании писем руководителям правительственных учреждений, членам дипломатического корпуса, лицам, имеющим дворянские титулы или военные звания, судьям и т. п. следует обращаться к специальным справочникам, где указаны принятые формы адресования писем таким лицам и соответствующие вступительные и заключительные формулы.

Приложение

Когда отправитель письма, адресованного какой-нибудь организации, желает, чтобы письмо было прочитано определенным лицом в этой организации, то перед вступительным обращением (или под ним) ставится следующая надпись:

For the Attention of Mr. D. Robinson	
Attention of Mr. D. Robinson	Вниманию господина Д.Робинсона
Attention: Mr. D. Robinson	

Такая надпись обычно подчеркивается для того, чтобы она бросалась в глаза сотруднику, разбирающему почту в данной организации, и была направлена соответствующему лицу.

Вступительное приветствие в этих случаях всегда пишется во множественном числе, т. е. *Dear Sirs* или *Gentlemen,* поскольку письмо адресуется организации, а не отдельному лицу:

      Messrs. A. Smith & Co., Limited,
      25 Leadenhall Street,
      London, E. C.,
      England.
        <u>Attention of Mr. D. Robinson</u>

Dear Sirs,
We have received your letter...

§ 7. УКАЗАНИЕ НА ОБЩЕЕ СОДЕРЖАНИЕ ПИСЬМА

Перед основным текстом письма часто дается краткое указание относительно содержания или темы письма. Это указание обычно помещается между вступительным обращением и основным текстом и подчеркивается для того, чтобы привлечь внимание лица, разбирающего почту. Все слова в указании, кроме артиклей, предлогов и союзов, пишутся с прописной буквы.

Примеры:

1. Dear Sirs,
    <u>Order No. 1234 for "Volga" Cars</u>
 We have received your letter
Уважаемые господа!
    <u>Заказ № 1234 на автомобили "Волга"</u>
Мы получили Ваше письмо

2. Dear Sirs,
    <u>S. S. * "Moskva", Contract No. 252</u>
 We thank you for your letter
Уважаемые господа!
    <u>П/х "Москва". Контракт № 252</u>
Мы благодарим Вас за Ваше письмо

3. Dear Sirs,
    <u>Re: Letter of Credit No. 12/1416</u>
 We have received your fax
Уважаемые господа!
    <u>Кас. аккредитива № 12/1416</u>
Мы получили Ваш факс

---

* S. S. - сокращение слова **steamship** *пароход;* пишется как прописными, так и строчными буквами.

Приложение

В последнем примере слово *Re* представляет собой сокращение латинского выражения *in re по делу* и имеет значение *касательно, относительно*. В настоящее время **Re** (или **re**) в обычной торговой переписке в Англии и США выходит из употребления и встречается наряду с выражением **in re** главным образом в переписке юридического характера со значением *по делу*:

Re:s. s. "Clyde"	по делу п/х "Клайд"
in re: Smith v.* Brown	по делу Смита против Брауна

§ 8. ПИСЬМА, НЕ ПОМЕЩАЮЩИЕСЯ НА ОДНОЙ СТРАНИЦЕ

Письма обычно пишутся только на лицевой стороне бланка. Если письмо не помещается на лицевой стороне бланка, оно пишется на двух или нескольких листах, причем используется также лишь одна сторона каждого листа.

В качестве дополнительных рекомендуется употреблять листы с названием организации, напечатанным типографским способом в левом верхнем углу, с отступом в 1 см от верхнего края листа; рядом, в правом верхнем углу, должны быть напечатаны слова **Continuation Sheet No. ...** *Лист для продолжения письма №....* Под названием организации-отправителя печатается имя лица или наименование организации, которой адресуется письмо, а также дата письма:

Aktsionernoe obschestvo "Dorstroj"	Continuation Sheet No. 1
Messrs. A. Smith & Co., Ltd.	12th May, 20. . .

Многие английские фирмы пользуются дополнительными листами без надписи *Continuation Sheet No...., .* В этих случаях на дополнительных листах проставляются номера страниц: на первой дополнительной странице ставится номер 2, на второй - номер 3 и т. д.

В нижнем правом углу каждой страницы текста, включая первую, но кроме последней, пишется слово *Continued* или сокращенно *Contd. (или Cont'd) продолжено*.

§ 9. ПОДПИСЬ

Подпись на письме помещается на правой стороне листа под заключительной формулой. Подпись на письме иностранной фирмы или организации выглядит обычно следующим образом.

На первой строчке под заключительной формулой проставлено название фирмы или организации, напечатанное или воспроизведенное путем оттиска каучукового штемпеля. Оно должно точно совпадать с названием фирмы или организации, напечатанным типографским способом в заголовке письма.

Под названием уполномоченное фирмой или организацией лицо ставит свою подпись. На той же строке или ниже следует напечатанное на машинке название должности лица, подписавшего письмо, или название соответствующего отдела предприятия. Часто фамилия подписавшего письмо также напечатана на машинке под рукописной подписью. Отдельные строчки в подписи не разделяются запятыми.

---

* Сокращение латинского предлога **versus** *против*.

Приложение

Председатель, директора и секретарь акционерной компании обычно подписывают текущую корреспонденцию, например, так:

A. Smith & Co., Ltd.
A. Brown Director
(A. BROWN.)

Другие служащие компании, которым директорами поручено подписывать письма, делают это следующим образом:

1. For A. Smith & Co., Ltd.
D. White
Export Department
2. A. Smith & Co., Ltd.
per *D. White*
Export Department

(Per D. Write употреблено в примере 2 в смысле by the hand of D. White *рукой Д. Уайта.*)

Когда торговая организация в Англии представляет собой не акционерное общество, а товарищество (в этом случае слово **Limited** в названии организации отсутствует), то каждый участник товарищества (компаньон) при подписании письма вместо своей фамилии собственноручно пишет название фирмы непосредственно после заключительного приветствия:

Yours faithfully,
Mills & Green

Образец такой подписи каждого компаньона с указанием его фамилии товарищество посылает банкам и другим организациям, с которыми оно имеет деловые отношения, что дает им возможность по почерку определить, кто именно из компаньонов подписал письмо или документ.

Договоры, чеки, финансовые обязательства, гарантии и другие важные документы должны подписываться за соответствующую сторону законно уполномоченными на то лицами. При подписании таких документов перед названием организации в подписи часто пишутся слова **For and on behalf of** *за и от имени* или **Per pro.** (от латинского выражения *per procurationem*) *по доверенности.*

Согласно российскому законодательству, внешнеторговые сделки, заключаемые российскими организациями, должны иметь две подписи: председателя организации или его заместителя и лица, получившего право такой подписи на основании специальной доверенности председателя оргинизации. Векселя и другие денежные обязательства, выдаваемые указанными организациями в России, подписываются директором (или его заместителем) и главным бухгалтером организации. Сделки, совершаемые от имени организации как на территории России, так и за границей, должны иметь подписи двух лиц, уполномоченных на то специальной доверенностью председателя организации.

Подпись на договоре, заключенном каким-нибудь объединением, фирмой, имеет, например, следующий вид:

For and on behalf of (название фирмы)*	За и от имени _ (название фирмы)*
A. Petrov President	*А. Петров* председатель
D. Ivanov Manager ... Department	*Д. Иванов* директор ... фирмы

---

* Условное обозначение организаций, принятое в данном тексте.

§ 10. УКАЗАНИЕ НА ПРИЛОЖЕНИЕ

Если к письму приложены какие-нибудь материалы или документы, то в левом углу письма ниже подписи (см. схему на стр.) пишется слово **Enclosure** *приложение* или слово *Enclosures приложения,* чаще сокращенно - **End**. Если имеются два приложения и более, то указывается, их число: **3 Enclosures** или **3 End**. 3 *приложения*.

В указании на приложения рекомендуется перечислить посылаемые материалы, в особенности когда это важные или ценные документы. В названиях материалов или документов все слова, кроме предлогов, пишутся с прописной буквы; артикли обычно опускаются:

End.: Cheque   Приложение: чек.
Enclosures: Приложения:
   Bill of Lading   коносамент
   Insurance Policy   страховой полис
   Invoice   счет-фактура

§ 11. ПОСТСКРИПТУМ

Постскриптум (Postscript), т. е. приписка в конце письма после подписи, допускается лишь в том случае, когда после подписания письма произошло событие, о котором нужно немедленно сообщить адресату. Приписка начинается с сокращения **P. S.** (читается: *Postscript*); в конце приписки снова ставится подпись.

§ 12. КОНВЕРТ

Адрес на конверте печатается так же, как и адрес над текстом письма (§ 4). Номер дома пишется перед названием улицы, а город - после улицы.

Над адресом крупным шрифтом печатаются слова, указывающие способ отправки, а именно: Registered *Заказное,* Air-Mail *Авиа,* Express Delivery *Со срочной доставкой*. To Be Called For (*или* Poste Restante) *До востребования*.

Образцы адресов на конвертах:

1. REGISTERED

    Messrs. A. Smith & Co., Limited,
        25 Leadenhall Street,
          London, E. C. 1,
            England.

2. AIR-MAIL

    The Modern Machine Tool Corporation,
        300 Lincoln Street,
          Chicago, Illinois,
            U. S. A.

Приложение

Обратный адрес пишется в нижней части лицевой стороны конверта или на его оборотной стороне.

Ему часто предшествует следующая надпись: **If not delivered, please return to ...** *В случае недоставки просьба вернуть письмо ...* (далее следует адрес отправителя).

Если письмо адресуется лицу, чей точный адрес неизвестен, то оно часто направляется какой-либо организации, с которой данное лицо поддерживает деловую связь и которая может передать или переслать ему это письмо. В этом случае перед названием организации пишутся слова **In care of** или **Care of** (сокращенно **C/o**), означающие *на попечение* и употребляющиеся в смысле *по адресу, через*. Например, письмо инженеру российского промышленного предприятия, уехавшему в командировку в Лондон и связанному по работе с Торгпредством России в Англии, может быть адресовано следующим *образом:*

```
AIR-MAIL
Mr. A. D. Ivanov,
C/o The Trade Delegation of Russia in the U. K.,
           "Westfield"
        32, Highgate West Hill,
            London, N. 6,
              England.
```

§ 13. ПРАВИЛА УПОТРЕБЛЕНИЯ ПРОПИСНЫХ БУКВ В КОММЕРЧЕСКИХ ПИСЬМАХ

С прописной буквы начинают следующие слова:

1. Имена существительные собственные и прилагательные, обозначающие национальную принадлежность (English, French и т. д.).

2. Все слова (включая сокращения) в названиях фирм и организаций, за исключением союзов, предлогов и артиклей. Артикль the пишется с прописной буквы, когда он является первым словом в строке:

```
        A. Smith and Company, Limited
        The Modern Engineering Co., Incorporated
```

3. Сокращения Mr., Mrs., Messrs., Esq. и слово Miss:

```
            Mr. John J. Carson
            A. B. Smith, Esq.
            Mrs. A. Green
            Messrs. Black & White
```

4. Все слова в обозначениях должностей или занимаемого положения, за исключением предлогов и артиклей:

President	президент, председатель
Chairman of the Board of Directors	председатель совета директоров
Chief Accountant	главный бухгалтер

5. Все слова в названиях отделов в организациях, за исключением союзов, предлогов и артиклей:

Accounts Department	бухгалтерия
Department of Fire Insurance	отдел страхования от пожара

6. Все слова (включая сокращения) в названиях городов, штатов, улиц, дорог, бульваров, площадей, районов, зданий, гостиниц, в обозначениях этажей, квартир, комнат:

>6 Main Street, Grand Avenue, New York, N. Y.
>Bush House, London, W. C.
>Hotel Savoy, Room 28.

7. Названия месяцев (полные и сокращенные) и названия дней.
8. Слова в обращениях *Dear Sirs, Gentlemen, Dear Sir, Dear Madam*
9. Первое слово в заключительных приветствиях *Yours faithfully, Faithfully yours, Yours truly, Truly yours, Yours sincerely*.
10. Все слова в указании на предмет, тему или содержание письма, за исключением союзов, предлогов и артиклей (7):

Your Order for Two Steam Engines	Ваш заказ на две паровые машины Слово **re** в таких надписях часто пишется со строчной буквы.

11. Наименование предлагаемых, купленных или проданных товаров и названия некоторых документов.
12. Слова в надписях, указывающих на способ отправки письма: **Air-Mail, Registered.**

§ 14. НЕКОТОРЫЕ ПРАВИЛА УПОТРЕБЛЕНИЯ ЗНАКОВ ПРЕПИНАНИЯ В КОММЕРЧЕСКИХ ПИСЬМАХ

1. В конце всех сокращенных слов ставится точка (Mr., Mrs., Messrs , Co., Ltd., Inc., Sept., Oct., и т.д.)*.

2. Если дата письма (§ 3) обозначена таким образом, что сначала стоит числительное, а затем месяц и год, то месяц отделяется от года запятой. Если название месяца сокращено, то после него ставится точка, а затем запятая:

>11th September, 2000
>11th Sept., 2000

Если числительное следует за названием месяца, то оно отделяется от года запятой:

>September 11, 2000

Точка после обозначения года не является обязательной.

3. В названиях фирм перед словом *Limited* или *Incorporated*, а также перед сокращениями этих слов часто ставится запятая, которая, однако, не является обязательной:

>The Modern Machine Tool Company, Ltd.
>Smith, White and Co., Inc.

4. Между названием города и названием штата или страны, а также перед обозначением почтового района ставится запятая:

---

* Когда первая и последняя буквы сокращенного слова совпадают с такими же буквами полного слова, то точка в конце сокращенного слова может не ставиться.

Приложение

                    Chicago, Illinois
                    Glasgow, England
                    London, E. C.

5. В адресах на конверте или над текстом письма запятые обычно ставятся после названия организации или фамилии адресата и перед названием района, города, штата и страны.

Между номером дома и названием улицы (площади и т. д.) запятая часто не ставится:

                    The British Engineering Co., Ltd.,
                    12 City New Road,
                    London, E. C. 1.

Запятая ставится также перед сокращением Esq. (4) и перед словами, обозначающими должность и положение:

                    A. B. Smith, Esq.,
                    Managing Director,
                    Smith & Brown, Ltd.,
                    12 High Street,
                    Manchester.

6. После приветствий Dear Sir, Dear Madam, Dear Sirs, Gentlemen в Англии ставится запятая, а в США - двоеточие. Восклицательный знак после вступительного приветствия никогда не ставится (в отличие от русского языка):

                    Dear Sirs,
                        In answer to your letter ...
                    Gentlemen:
                        We have received your letter ...

7. В выражениях типа *Вниманию господина* ... (6) после слова **Attention** ставится двоеточие (если после него нет предлога of). Двоеточие ставится также после слова **Re** или **re** в надписях, указывающих на предмет или тему письма (7):

                    Attention: Mr. Henry Watson
                    Re: Order No. 225

8. После заключительных приветственных формул **Yours faithfully, Yours truly** и т. д. всегда ставится запятая, отделяющая приветствие от подписи. Строчки подписи запятыми не отделяются:

                    Yours faithfully,
                    Smith & Company, Ltd.
                        A. *Brown*
                            Chairman.

ПРОСТЫЕ КОММЕРЧЕСКИЕ ПИСЬМА
SIMPLE COMMERCIAL LETTERS

§ 15. СТАНДАРТНЫЕ ВЫРАЖЕНИЯ В ДЕЛОВЫХ ПИСЬМАХ

В коммерческих письмах, написанных по-английски, встречается большое число стандартных выражений, используемых для подтверждения получения деловых писем, для выражения просьбы, при сообщении о посылке документов, каталогов и образцов, при ссылках на документы и т. п. Среди этих стереотипных выражений встречаются вычурные обороты и выражения, свойственные коммерческому жаргону.

В последние годы наблюдается тенденция к упрощению стиля деловых писем и приближению его к стилю обычной литературной речи. В связи с этим некоторые стереотипные выражения стали употребляться гораздо реже, чем раньше, а ряд оборотов постепенно выходит из употребления. Однако и в настоящее время в деловой переписке употребляется много стандартных выражений, придающих письмам официальный характер и редко встречающихся как в литературной, так и в разговорной речи на деловые темы.

§ 16. ВЫРАЖЕНИЯ, УПОТРЕБЛЯЕМЫЕ ДЛЯ ПОДТВЕРЖДЕНИЯ ПОЛУЧЕНИЯ ПИСЕМ, ТЕЛЕГРАММ, ФАКСОВ И Т. П.

Для подтверждения получения деловых писем в настоящее время наиболее употребительными являются выражения следующего типа:

1. We have received your letter of (the) 15th May.	Мы получили Ваше письмо от 15 мая.
2. We thank you (*или* Thank you) for your letter dated (the) 15th May.	Благодарим Вас за Ваше письмо, датированное 15 мая.
3. In reply (*или* In answer, In response) to your letter of ...	В ответ на Ваше письмо от ...
4. We are obliged for your letter of ...	Мы благодарны (*или* признательны) за Ваше письмо от ...
5. We acknowledge (the) receipt of your letter of ... We acknowledge your letter of ...	Подтверждаем получение Вашего письма от ...

Как видно из последнего примера, при подтверждении получения документов наряду с выражением **to acknowledge (the) receipt of a letter** *подтвердить получение письма* употребляется с тем же значением выражение **to acknowledge a letter,** т. е. **to acknowledge** без дополнения **receipt** также имеет значение *подтвердить получение*. Употребление глагола **to acknow-**

Приложение

ledge со значением *подтвердить получение* особенно часто встречается в разговорной речи. При составлении писем, однако, рекомендуется для ясности пользоваться выражением **to acknowledge receipt**.

Для подтверждения получения деловых бумаг употребляются также различные другие выражения, как, например:

1. We are in receipt[1] of your letter of ...*   Мы получили Ваше письмо от ...

   (в настоящее время это выражение встречается в письмах гораздо реже, чем раньше .)

2. We beg[2] to acknowledge (the) receipt of your letter of ...   Подтверждаем (*или* имеем честь вердить) получение Вашего письма от ...

3. We duly received your letter of ...   Мы своевременно получили Ваше письмо от ...

4. We are in possession of your letter of ...   Мы получили ваше письмо от (*дословно*: Мы находимся во владении Вашим письмом от ...)...

5. Your letter of ... has come into our possession.   Ваше письмо от ... нами получено (*дословно*: поступило в наше владение).

6. Your letter of ... is (*или* has come) to hand (*или* is at hand).   Ваше письмо от ... получено нами. *Или:* Мы получили Ваше письмо от ... (*дословно*: Ваше письмо от ... в наших руках *или* поступило в наши руки).

7. We hasten to acknowledge receipt your letter.   Мы спешим подтвердить получение Вашего письма.

(Выражения 2, 3, 4, 5, 6, 7 считаются устаревшими и при составлении писем ими пользоваться не рекомендуется.)

Пояснения к § 16

[1] We are in receipt of ...

Выражение to be in receipt употребляется только с глаголом to be в настоящем времени: I am in receipt (*или* I have received) *я получил*, we are in receipt (*или* we have received) *мы получили*, they are in receipt (*или* they have received) *они получили* и т. д. Эти выражения не употребляются со словами, указывающими на время получения документа, при наличии которых употребляется Present Perfect или Past глагола to receive. Так, предложению *Сегодня мы получили ...* соответствует английское предложение Today we have received ..., а не Today we are in receipt ...; предложению *Вчера мы получили ...* соответствует предложение Yesterday we received ... и т. д.

[2] We beg to acknowledge...

Глагол to beg означает *просить, умолять*. В выражении we beg to acknowledge слова we beg употреблены вместо устаревшей вежливой формулы we beg leave *мы просим разрешения* (*или мы позволяем себе*) . В настоящее время beg, за которым непосредственно следует инфинитив с частицей to (we beg to acknowledge), не имеет отдельного смыслового значения и лишь усиливает официальный характер сообщения, приблизительно соответствуя устаревшему русскому выражению вежливости *имеем честь***.

---

* В этой и последующих главах цифры при словах указывают на пояснения, которые даются в каждой главе в отдельных параграфах.

** В переписке между государственными организациями и в дипломатической переписке со значением *имеем честь* употребляется выражение *to have the honour*.

Приложение

Слово beg с непосредственно следующим за ним инфинитивом встречается также в выражении we beg to inform (to advise) you *сообщаем Вам* или *имеем честь сообщить Вам* и в некоторых других выражениях. В современной переписке выражение we beg to встречается очень редко, его употребление придает письму подчеркнуто официальный характер.

Некоторые фирмы употребляют глагол to beg со следующим за ним местоимением you для выражения просьбы: we beg you to send us *просим Вас прислать нам*. Такого употребления глагола to beg следует избегать и пользоваться для выражения просьбы глаголами to ask или to request.

Слова и выражения

to thank благодарить; we thank you (*или* thank you) for your letter благодарим за Ваше письмо

to date датировать

reply ответ; *синонимы* answer, response; in reply (*или* in answer, in response) to your letter в ответ на Ваше письмо

to be obliged for something быть благодарным, быть признательным за что-л.; I am much obliged to you=thank you very much благодарю Вас

to acknowledge подтверждать; подтверждать получение

receipt получение; to acknowledge (the) receipt подтверждать получение; we are (I am) in receipt of your letter мы получили (я получил) Ваше письмо

we beg to acknowledge the receipt подтверждаем получение, имеем честь подтвердить получение; we beg to inform (*или* to advise) you сообщаем Вам, имеем честь сообщить Вам

duly своевременно

possession владение; we are in possession of your letter мы получили Ваше письмо; to come into possession получить; your letter has come into our possession Ваше письмо нами получено

your letter is to hand (*или* has come to hand) Ваше письмо нами получено, мы получили Ваше письмо

to hasten спешить

§ 17. ССЫЛКИ НА ДАТЫ В ТЕКСТЕ ПИСЬМА

При подтверждении получения писем или телеграмм необходимо указывать их даты. Эти даты, равно как и другие даты, на которые приходится ссылаться в письмах, обозначаются и читаются так же, как и дата посылаемого письма (§ 3).

Однако, в отличие от даты посылаемого письма, которая пишется без предлога, перед датой, упоминаемой в тексте письма, ставится соответствующий предлог.

Если число месяца проставляется перед названием месяца, то в отличие от даты посылаемого письма перед числом в тексте может стоять артикль **the.** Как перед обозначением года, так и после него (если оно не в конце предложения), ставится запятая:

We have received your letter of (the) 19 ... (*или* 20th May, of May 20. 19 ...; of May 20th, 19 ...).

Мы получили Ваше письмо от 20 мая 19 ... г.

We sent you a fax on (the) 22nd June, 19 ...

Мы Вам послали факс 22 июня 19 ... г.

The goods ordered by you on (the) 26th November, 19 ..., are ready for shipment.

Товары, заказанные Вами 26 ноября 19 ... г., готовы к отгрузке.

Приложение

Вместо предлога **of** перед датой часто встречается слово **dated** *датированный:*

We have received your letter dated (the) 20th May, 19 ...	Мы получили Ваше письмо, датированное 20 мая 19 ... г.

Когда речь идет о еще не истекшем месяце или о месяце, непосредственно предшествовавшем текущему месяцу, то год в письмах обычно не указывается:

We wrote to you on (the) 15th May.	Мы Вам писали 15 мая.

(Из письма, посланного, например, в мае или в июне.)

Во всех остальных случаях при составлении писем рекомендуется указывать год соответствующим численным обозначением:

We refer to your letter of (the) 15th May, 1999.	Мы ссылаемся на ваше письмо от 15 мая текущего года (*или* на Ваше письмо от 15 мая 1999 г.).

(Из письма, посланного, например, в июле 1999 г.)

We refer to your letter of (the) 15th August, 1998.	Мы ссылаемся на Ваше письмо от 15 августа прошлого года (*или* на Ваше письмо от 15 августа 1998 г.).

(Из письма, посланного в 1999 г.)

Вместо численного обозначения года предшествовавшего месяца встречается также слово **last**:

We refer to your letter of (the) 15th May last (*или* of (the) 15th May, 1999).	Мы ссылаемся на Ваше письмо от 15 мая текущего года (*дословно*: от 15 числа последнего мая).

(Из письма, посланного, например, в июле 1999 г.)

We refer to your letter of the 15th December last (*или*, of the 15th December, 1998).	Мы ссылаемся на Ваше письмо от 15 декабря прошлого года (*дословно:* от 15 числа последнего декабря).

(Из письма, посланного, например, в январе 1999 г.)

При ссылках на даты договоров, коносаментов, фактур, чеков и т. п. необходимо всегда обозначать год даже в том случае, когда документ датирован текущим месяцем и текущим годом:

Contract dated (the) 15th May, 2000 ...	Контракт, датированный 15 мая текущего года (*или* Контракт, датированный 15 мая 2000 г.) ...

(Из письма, посланного, например, 25 мая 2000 г.)

Два-три десятилетия назад в обозначениях дат в тексте писем вместо названия месяца часто встречались слова **instant** (сокращенно **inst.**) *текущего месяца,* **ultimo** (сокращенно **ult.**) *прошлого месяца* и реже **proximo** (сокращенно **prox.**) *следующего месяца:*

Your letter of (the) 20th instant (*или* inst.) ...	Ваше письмо от 20 числа текущего месяца ...
Your telegram dated (the) 25th ultimo (*или* ult.)...	Ваша телеграмма, датированная 25 числом прошлого месяца ...
The vessel will arrive on (the) 2nd proximo (*или* prox.).	Судно прибудет 2 числа следующего месяца.

В настоящее время слово **instant** употребляется реже, а слово **ultimo** встречается очень редко. Вместо **instant** и **ultimo** теперь пишутся названия соответствующих месяцев. Слово **proximo** вышло из употребления, вместо него приводится название следующего месяца, после которого следует обозначение года или слово **next**:

The vessel will arrive on (the) 10th June, 2000 — Судно прибудет 10 июня 2000 г.
(*или* on the 10th June next).

Следует запомнить перевод русских выражений:

от сегодняшнего числа	of today's date
Наш факс от сегодняшнего числа	Our fax of today's date ...(*или* Our telegram sent to you today ...)
от вчерашнего числа	of yesterday's date
Наше письмо от вчерашнего числа	Our letter of yesterday's date ...

(В этом случае, однако, предпочтительнее указать число:
Our letter of the 8th May . . .)

от того же числа	of the same date
Наше письмо от 5 марта и наш факс от того же числа ...	Our letter of (the) 5th March and our fax of the same date ...

Вместо **of the same date** встречается с тем же значением также выражение **of even date**. Однако из стилистических соображений рекомендуется пользоваться выражением **of the same date**.

Слова и выражения

to cable телеграфировать.
shipment отгрузка
to refer ссылаться (на - to)
instant (*сокр.* **inst**.) текущего меюяца *(в обозначении, дат)*
ultimo (*сокр.* **ult.**) прошлого месяца

vessel судно
proximo (*сокр.* **prox.**)следующего месяца
last прошлый, последний
next следующий, ближайший
date дата, число *(месяца)*

Приложение

§ 18. LETTERS

1.

> London, 10th Oct., 19 ...
>
> A/0 "Rossport",
> Smolenskaya-Sennaya, 32/34,
> Moscow, 121200,
> Russia
>
> Dear Sirs,
> We have received your[3] letter of the 10th October for which we thank you.
>
> Yours faithfully,
> C. Brown & Co., Ltd.

Слова и выражения

to receive получать; *синоним* **to get** *(употребляется главным образом в разговорной речи)*

2.

> Moscow, 5th May, 19 ...
>
> Messrs. Smith & Brown, Ltd.,
> 12 High Street,
> London, E. C. 2,
> England.
>
> Dear Sirs,
> We have received your[3] letter of the 4th May sent by air-mail and thank you[3] for the information you sent us[4].
>
> Yours faithfully,
> A/0 "Rossport"

Слова и выражения

air-mail воздушная почта, авиапочта; **Air-Mail** *(или* **By Air-Mail)** Авиапочта, Авиа *(надпись на письме или на конверте - обратите внимание на прописные буквы);* **to send (to receive) a letter by air-mail** послать (получить) письмо авиапочтой

information *(только в ед. ч.)* информация, сведения

3.

> Air-Mail
>
> A/0 "Rosimport",
> Smolenskaya-Sennaya, 32/34.
> Moscow, 121200,
> Russia
> Liverpool, 28th June, 19 ...
>
> Dear Sirs,
>
> s. s. "Clyde"
>
> In reply to your fax of the 27th June we are glad to inform you that the s. s. "Clyde" will arrive in Liverpool on the 2nd July next.
>
> Yours faithfully,
> A. White & Co.

Приложение

Слова и выражения

telegram телеграмма; *синонимы* **cable, wire**
to arrive прибывать, приезжать; **to arrive in** прибывать, приезжать в *(страну, крупный город, крупный порт)*; **to arrive at** прибывать, приезжать в *(небольшой город, небольшой населенный пункт, небольшой порт)*

4.

Moscow, 16th August, 19 ...

Dear Sirs,

M. V. "Neva"

We acknowledge with thanks receipt[5] of your telegram of today's date informing us of the sailing[6] of the m. v. "Neva".

Yours faithfully,

Слова и выражения

thanks благодарность; **(very) many thanks** (*или* **thanks very much**) большое спасибо, очень благодарен *(разг.)*; **with thanks** с благодарностью; **thanks to something** благодаря чему-л.
to inform сообщать, извещать: **to inform somebody of something** сообщать кому-л. о чём-л.; *синоним* **to advise**
to sail плыть, отплывать, уходить в море, отправляться в море
m. v. (*или* **M. V., m/v, M/V**) == **motor vessel** теплоход

5.

Bombay, 22nd Sept., 1999

Dear Sirs,

We thank you for your letter dated the 18th September with which you sent us your catalogue of Compressors[7].

Yours faithfully,

Слова и выражения

catalogue (*в США* - **catalog**) каталог; **catalogue of machines** каталог машин
compressor компрессор

6.

Moscow, 2nd March, 19 ...

Dear Sirs,

We have received your letter of the 28th February and sent[8] it to our Clients for their consideration.
We will inform[9] you of their decision in a few days[10].

Yours faithfully,

Приложение

Слова и выражения

client *зд.* комитент
consideration рассмотрение, обсуждение; **to send for consideration** послать на рассмотрение, послать для обсуждения **decision** решение **in a few days** через несколько дней

7.

Moscow, 10th Dec., 19 ...

Dear Sirs,

Moskvitch Cars. Contract dated 5th June, 19 ...

We are obliged for your letter of the 5th December. We are contacting the plant producing Moskvitch Cars on the questions raised by you and will write to you immediately upon receipt of their reply.

Yours faithfully,

Слова и выражения

to contact somebody сноситься с кем-л., связаться с кем-л.;
синонимы **to communicate with somebody, to get in touch with somebody**
plant завод
to produce производить, изготовлять

car автомобиль *(легковой)*
on the question по вопросу
to raise (raised) поднимать **immediately** немедленно
on (*или* **upon**) **receipt** по получении *(обратите внимание на отсутствие артикля перед* receipt*)*

Пояснения к § 18

[3] В отличие от русских деловых писем, в которых местоимения Вы, Вас, Вам, Ваш, Ваши и т. д. пишутся с прописной буквы, английские местоимения you, your, yours пишутся со строчной буквы.

[4] ...the information you sent us дали ...информация, которую Вы нам прис-
Перед определительным предложением *you sent us* опущено относительное местоимение *which*, являющееся дополнением придаточного предложения: *you sent us = which you sent us*.

[5] We acknowledge ... receipt of your telegram. Подтверждаем ... получение Вашей телеграммы.
Когда после сочетания *to acknowledge receipt* следует оборот с предлогом *of*, то *receipt* может употребляться как без артикля, так и с артиклем *the*. При отсутствии такого оборота *receipt* обычно употребляется без артикля: *We acknowledge (the) receipt of your letter*. Мы подтверждаем получение Вашего письма. Но: *Please acknowledge receipt*. Пожалуйста, подтвердите получение.

[6] ...the sailing of the m. v. "Neva" ... ... отплытие теплохода "Нева"...
The sailing является отглагольным существительным, образованным от глагола *to sail* отплывать, отходить, отправляться в море.

[7] ...catalogue of Compressors... ... каталог компрессоров...
Названия товаров, являющихся предметом переговоров, а также названия проданных или купленных товаров обычно пишутся в деловых письмах с прописной буквы.

[8] We have received and sent... == We have received and have sent...
Когда два однородных сказуемых, выраженных глагольной формой с одним и тем же вспомогательным глаголом (have received, have sent), соединены союзом and или or то вспомогательный

глагол обычно опускается во второй глагольной форме. Аналогично: We shall sign the contract and send (*или* shall send) it to you to-morrow. *Мы подпишем контракт и пошлем его Вам завтра.*

[9] We **will** inform you... *Мы сообщим Вам...*

Глагол will *употреблен здесь с 1-м лицом для выражения обещания или намерения.*

[10] We **will inform** you **in** a few days... *Мы сообщим Вам через несколько дней.*

Предлог **in** со значением *через* употребляется с глаголом в будущем времени (will inform). Когда же глагол стоит в прошедшем времени, то со значением *через, спустя* употребляется предлог **after** или наречие **later**:

After a few days (a few days **later**) we **informed** them... *Через (спустя) несколько дней мы сообщили им...*

[11] We will write **to you** immediately... *Мы напишем Вам немедленно...*

Когда в деловых письмах при глаголе to write имеется лишь косвенное дополнение (отвечающее на вопрос *кому ?*), а прямое дополнение (отвечающее на вопрос *что ?*) отсутствует, то косвенное дополнение может употребляться как с предлогом to, так и без него: We will write (**to**) **you** immediately.

При наличии же при глаголе *to write* обоих дополнений употребление предлога *to* перед косвенным дополнением зависит от расположения дополнений по отношению друг к другу так же, как и после глаголов to give, to send, to show и др.: We shall write the suppliers a letter (*или* We shall write a letter to the suppliers). *Мы напишем поставщикам письмо.*

§ 19. ПРОСЬБЫ

При обращении с просьбой о чем-либо в письмах обычно используются выражения следующего типа:

1. Please inform us ...	Пожалуйста, сообщите нам (*или* Просим сообщить нам) ...
2. We shall (should) be obliged if you will (would) inform us[1] (*или* if you will (would) kindly inform us) ...	Мы будем (были бы) благодарны (*или* признательны), если Вы сообщите (если бы Вы сообщили) нам ...
3. We shall (should) appreciate it[2] if you will (would) inform us (*или* if you will (would) kindly inform us) ...	Мы будем (были бы) благодарны (*или* признательны), если Вы сообщите (если бы Вы сообщили) нам ...
4. We ask (*или* We request) you to inform us ...	Мы просим Вас сообщить нам ...
5. We would ask you to inform us ...	Мы просили бы Вас сообщить нам ...

Выражения 4 и 5 редко употребляются в качестве первых слов письма, т. е. не принято начинать письмо непосредственно со слов *we ask you, we request you* или *we would ask you*. Вместе с тем письма часто начинаются фразами следующего типа:

In reply to your letter of... we request you ...	В ответ на Ваше письмо от ... просим сообщить нам ...
Referring to our letter of ..., we would ask you ...	Ссылаясь на наше письмо от ..., мы просили бы Вас ...

В сообщениях об исполнении просьбы употребляются следующие выражения:

Приложение

in accordance (*или* In conformity) with your request ...	В соответствии с Вашей просьбой ...
In compliance with your request ...	Во исполнение Вашей просьбы ...
According to your request ...	Согласно Вашей просьбе ...
As requested by you (*или* As requested) ...	Согласно Вашей просьбе ...
As requested in your letter of ...	Как Вы просили в Вашем письме от ...

Слова и выражения

request просьба
to appreciate быть благодарным, быть признательным
we would ask you мы просили бы Вас *(обратите внимание на употребление* would, *а не* should *в этом выражении)*
in accordance with в соответствии с; *синонимичное выражение* **in conformity with**
in compliance with во исполнение чего-л., в соответствии с чем-л.
according to согласно чему-л.
to request просить; *синоним* **to ask**; **as requested (by you)** согласно Вашей просьбе; **as requested in your letter** как Вы просили в Вашем письме

§ 20. ВЫРАЖЕНИЯ, УПОТРЕБЛЯЕМЫЕ ПРИ ПОСЫЛКЕ ДОКУМЕНТОВ, КАТАЛОГОВ И Т. П.

При извещении о посылке документов, каталогов, образцов и т. п. обычно используются следующие выражения:

We are sending (*или* We send you (herewith) ...	Посылаем Вам (с этим письмом, при сем) ...
We are glad to send you ...	С удовольствием посылаем Вам (*дословно*: Мы рады послать Вам) ...
We are pleased to send you ...	С удовольствием посылаем Вам ...
We have pleasure in sending you ...	С удовольствием посылаем Вам ...
We enclose (*или - реже -* We are enclosing) ...	Мы прилагаем ...
We attach (*или - реже -* We are attaching) ...	Мы прилагаем ...

Реже в настоящее время встречаются выражения следующего типа:

We are sending you enclosed (*или* attached) ...	Посылаем Вам с этим письмом *или* при сем (*дословно*: Посылаем Вам приложенным/и) ...
Enclosed (*или* Attached) is (are) ...	Мы прилагаем (*дословно*: Приложенным/и является/являются) ...
Please find enclosed (*или* attached) ...	Мы прилагаем (*дословно*: Пожалуйста, найдите приложенным/и) ...
Enclosed (*или* Attached) you will find ...	Мы прилагаем (*дословно*: Приложенным/и Вы найдете) ...
We are handing (*или* We beg to hand) you ...	Посылаем Вам ...

Последнее выражение является устаревшим: глагол *to hand* со значением *посылать* встречается очень редко.

Примечание. Выражения we are glad to..., we are pleased to... и we have pleasure in... часто используются при всяких других извещениях, благоприятных для адресата, например: We are glad to inform you that the goods have arrived in good condition. *Мы рады сообщить Вам, что товары прибыли в хорошем состоянии.*

Если извещение неблагоприятно для адресата, то употребляется выражение we regret (*или* we are sorry) to inform you *с сожалением сообщаем Вам*. Например: We regret to inform (*или* to advise) you that we are not in a position to offer you these goods. *С сожалением сообщаем (Вам), что мы не в состоянии предложить Вам этот товар.*

Когда извещение носит нейтральный характер, то письмо обычно начинается со слов we write to inform you *сообщаем Вам* (дословно: *мы пишем, чтобы сообщить Вам*) или we have to inform you *сообщаем Вам* (дословно: *мы имеем сообщить Вам*). В начале писем встречаются также выражения this is to inform you *сообщаем Вам* (дословно: *это (письмо) предназначается для того, чтобы сообщить Вам*), the purpose of this letter is to inform yor *цель настоящего письма - сообщить Вам* please be informed *сообщаем Вам* (дословно: *пожалуйста, будьте извещены*). Из стилистических соображений выражением *please be informed* пользоваться не рекомендуется.

Слова и выражения

herewith с этим письмом, при сем
to please нравиться, доставлять удовольствие **to be pleased to do something** с удовольствием делать что-л.; **we are pleased to send you** с удовольствием посылаем Вам
pleasure удовольствие; **we have pleasure in sending you** с удовольствием посылаем Вам; *синонимичные выражения* **we are pleased to send you, we are glad to send you**
to enclose прилагать (в *смысле* вкладывать что-л. в тот же конверт); **to enclose something with** (*или* **in**) **a letter** прилагать что-л. к письму; **the cheque was enclosed with** (*или* **in**) **our letter** чек был приложен к нашему письму
to attach прилагать (*в смысле* прикреплять булавкой, скрепкой, приклеивать и т. п.); **to attach something to a letter** прилагать что-л. к письму; **the cheque was attached to our letter** чек был приложен к нашему письму
to regret сожалеть; **we regret to inform you** с сожалением сообщаем Вам

§ 21. ВЫРАЖЕНИЯ, УПОТРЕБЛЯЕМЫЕ ПРИ ССЫЛКЕ НА ДОКУМЕНТЫ, ПЕРЕГОВОРЫ И Т. Д.

При ссылках на письма, факсы и другие документы, на телефонные разговоры, переговоры и т.д. обычно употребляются следующие выражения:

With reference to your (our) letter of ...	Ссылаясь на Ваше (наше) письмо от ... (*дословно:* Со ссылкой на Ваше (наше) письмо от ...) ...
Referring to your (our) letter of ...	Ссылаясь на Ваше (наше) письмо от ...
We refer to your (our) letter of ...	Мы ссылаемся на Ваше (наше) письмо от ...
We revert to our letter of ...	Мы возвращаемся к нашему письму от ...
Reverting to our letter of ...	Возвращаясь к нашему письму от ..

При повторной ссылке обычно употребляются выражения with further reference to your

Приложение

(our) letter of ... *снова ссылаясь на Ваше (наше) письмо от* ... или further to our letter of ... *в дополнение к нашему письму от* ...

Слова и выражения

with reference to ссылаясь на
to revert to возвращаться к *(документу, вопросу)*
with further reference to снова ссылаясь на

further to в дополнение к; **further to our letter** в дополнение к нашему письму

§ 22. LETTERS

Письмо 1.

```
                                            London, 12th Oct., 19 ...
V/O "IN-Vest",
Smolenskaya-Sennaya, 32/34,
Moscow, 121200,
Russia

Dear Sirs,
    We shall be obliged if you will send us your latest catalogue of Passenger Cars and Motor Cycles.
                                            Yours faithfully,
                                            A. Smith & Co., Ltd.
```

Слова и выражения

latest последний (в *смысле* самый новый, позднейший); **the latest catalogue** последний каталог; **the latest news** последние известия (**latest** *не следует смешивать с* last - последний в *смысле* предшествующий, предыдущий: **our last order was placed in May** наш последний заказ был помещен в мае; **during my last visit to London** во время моего последнего посещения Лондона)
passenger car легковой автомобиль
motor cycle мотоцикл

Письмо 2

```
                                            Moscow, 15th Oct., 19 ...
Messrs. A. Smith & Co., Ltd.,
20, Moorgate Street, London, E. C. 2, England.

Dear Sirs,
    In accordance with your request, we have pleasure in sending you, under separate cover, our latest illustrated catalogue of Passenger Cars and Motor Cycles.
    We hope that the catalogue will be of interest to you.
                                            Yours faithfully,
                                            V/O "IN-Vest"
                                            London, 3rd January, 19 ...
```

592

Приложение

Слова и выражения

cover *зд.* обертка, конверт, пакет
separate отдельный; **under separate cover** в отдельном пакете, в отдельном конверте
to illustrate иллюстрировать

to hope надеяться
interest интерес; **to be of interest to somebody** представлять интерес для кого-л.

Письмо 3

London, 3rd January, 19 ...

Dear Sirs,

Order No. 1016

We enclose our cheque for[3] £1,020.10s.8d.[4] in final settlement of your invoice dated the 20th December, 19...., for the goods shipped by S. S. "Svir"[5] against our Order No. 1016.

Yours faithfully,

....

Encl.: Cheque

Слова и выражения

order заказ; **to order** заказывать
cheque (*в США и Канаде* - **check**) чек
£, условное сокращенное обозначение слова **pound(s)** фунт(ы); *пишется перед числительным, но читается после него:* £1,020-**one thousand and twenty pounds** 1020 фунтов
s. *условное сокращенное обозначение слова* **shilling(s)** шиллинг(и); *читается и пишется после числительного:* 10s. - **ten shillings** 10 шиллингов
d. *условное сокращенное обозначение слов* **penny** пенс, пенни *и* **репсе** пенсы; *пишется и читается после числительного:* 1d. - **one penny** одинпенс, одно пенни; **8d. eightpence** 8 пенсов
£ 1,020.10s. 8d. *читается* **one thousand and twenty pounds ten shillings and eightpence** 1020 фунтов 10 шиллингов и 8 пенсов

final окончательный
settlement расчет *(денежный),* уплата
invoice счет, фактура; счет-фактура *(счет на отправленный товар с указанием краткой спецификации, цены, расходов и других подробностей контракта);* **invoice for the goods** счет на товар
goods *(мн. ч.)* товар(ы); **the goods were shipped yesterday** товар(ы) был(и) отгружен(ы) вчера
to ship (shipped, shipping) отгружать, отправлять (со значением отправлять на морском или речном судне; *в США означает также* отправлять по железной дороге или другим видом транспорта); **to ship to somebody** (*но не* to ship somebody) отгружать кому-л; **to ship by a steamer** отгружать пароходом, отправлять на пароходе
against our order по нашему заказу

Письмо 4.

Moscow, 6th January, 19 ...

Dear Sirs,

Order No. 1016

We acknowledge with thanks receipt of your letter of the 3rd January enclosing[6] your cheque for £1,020.10.8d in final payment of our invoice dated the 20th December, 1961, for the goods shipped by S. S. "Svir" against Order No. 1016.

Yours faithfully,

....

Приложение

Слова и выражения

payment уплата, платеж

Письмо 5.

Moscow, 2nd March, 19 ...

Dear Sirs,

S. S. "Clyde". Contract No. 25

We attach a copy of the Charter-Party for the S. S. "Clyde" chartered by us for the transportation of 5,000 tons of Manganese Ore sold to you c. i. f. Manchester under Contract No. 257.

Please acknowledge receipt.

Yours faithfully,
....

1 Encl.

Слова и выражения

contract договор, контракт
copy 1. копия; **a copy of a letter** копия письма; 2. экземпляр; **a copy of a catalogue** экземпляр каталога
charter-party чартер-партия, чартер *(договор о найме судна; в письмах и других документах пишется с прописных букв)*
to charter фрахтовать *(нанимать судно для перевозки груза)*
transportation перевозка
ton тонна
ore руда
manganese марганец; **manganese ore** марганцевая руда
c. i. f. *(первые буквы слов* cost, insurance, freight — стоимость, страхование, фрахт) сиф *(условие продажи, в силу которого в продажную цену включена стоимость морской перевозки (фрахта) до указанного порта и стоимость страхования, ввиду чего в обязанность продавца входит отправка товаров морским путем и их страхование);* **c.i.f. Manchester** сиф Манчестер, на условиях сиф Манчестер; **on c.i.f. terms** на условиях сиф
under the contract по договору, по контракту *(в смысле* на основании договора, контракта*);*
against the contract по договору, по контракту *(в смысле* в счет или во исполнение договора, контракта*)*

Письмо 6.

Manchester, 3rd March, 19 ...

Dear Sirs,

Manganese Ore. Contract No. 25

With reference to Contract No. 25 for the sale to us of 5,000 tons of Manganese Ore c. i. f. Manchester, we would ask you to inform us whether you have already chartered a vessel for the transportation of the ore from Novorossijsk to Manchester.

Yours faithfully,
....

Приложение

Слова и выражения

vessel судно

Письмо 7.

Moscow, 5th March, 19 ...

Dear Sirs,

S. S. "Clyde". Contract No. 25

In reply to your letter of the 3rd March, we refer to our letter of the 2nd March in which we advised you of the chartering of the S. S. "Clyde" and with which we sent you a copy of the Charter-Party for this vessel.

Yours faithfully,
....

Слова и выражения

s.s. "Clyde" пароход "Клайд"

to advise сообщать, извещать (о - of или about); *синоним* **to inform chartering** фрахтование

Письмо 8.

Manchester, 5th March, 19_

Dear Sirs,

5,000 tons Manganese Ore. S. S. "Clyde"

We thank you for your letter of the 2nd March enclosing a copy of the Charter-party for the S. S. "Clyde". We request you to keep us informed of the position of the vessel. We should also be obliged if you would advise us by cable of the date of the vessel's sailing from Novorossijsk and the quantity of ore loaded.[8]

Yours faithfully,
....

Слова и выражения

to keep somebody informed (*или* **advised**) **of something** держать кого-л. в курсе чего-л. (*дословно*: держать кого-л. информированным о чем-л.)

position положение, местонахождение, позиция (время, в течение которого судно может прибыть в порт под погрузку)

cable телеграмма; **by cable** телеграммой, по телеграфу (обратите внимание на отсутствие артикля перед cable)

quantity количество

to load грузить; **to load on a steamer** грузить на пароход

Приложение

Письмо 9.

> Moscow, 10th March, 19...
>
> Dear Sirs,
>
> S. S. "Clyde."
>
> With further reference to our letter of the 2nd March, we wish to inform you that we have received a telegram from the Owners of the S. S. "Clyde" stating that the vessel had to call[9] at Piraeus owing to a severe storm on the Mediterranean Sea. However, she[10] is now again on the way to the port of loading and is expected at Novorossijsk on the 22nd March.
>
> Yours faithfully,
>
> ....

Слова и выражения

telegram телеграмма; *синоним* **cable**
owner владелец; **Owners** судовладельцы (*вместо* shipowners; *в этом значении* owners *пишется в письмах и документах с прописной буквы*)
to state заявлять, сообщать, указывать
Piraeus Пирей *(название порта в Греции)*
owing to из-за, вследствие; *синоним* **because of**
storm шторм, буря; **severe storm** сильная буря

the Mediterranean Sea Средиземное море (*в разговорной речи слово* Sea *обычно опускается:* **the Mediterranean**)
on the way в пути, на пути
port of loading порт погрузки; *антоним* **port of discharge** порт разгрузки
to expect ожидать

§ 23. ПОЯСНЕНИЯ К § 19-22

[1] We shall (should) be obliged if you **will (would) inform** us... *Мы будем (были бы) благодарны, если Вы сообщите (если бы Вы сообщили) нам...*

В условных предложениях, выражающих просьбу, глагол придаточного предложения обычно представляет сочетание will (would) с инфинитивом. Will и would в этом случае не являются вспомогательными глаголами, а служат для выражения просьбы.

[2] We shall (should) appreciate it if you will (would) inform us... *Мы будем (были бы) признательны, если Вы сообщите (если бы Вы сообщили) нам...*

Местоимение **it** является формальным прямым дополнением при глаголе **to appreciate** со значением *быть признательным, быть благодарным, ценить*. В данном случае содержание формального дополнения **it**, т. е. то, за что автор письма будет признателен, раскрывается в придаточном предложении **if you will inform us.**

[3] Our cheque **for** £1,020. *Наш чек на 1020 фунтов*

Предложный оборот с for после названий документов (cheque) указывает на основное содержание документа; *for* в этом случае соответствует русскому предлогу *на:* a contract **for** the sale of wheat *контракт* **на** *продажу пшеницы;* an order **for** a gas turbine *заказ* **на** *газовую турбину;* an invoice **for** machinery *счет-фактура* **на** *машины.*

[4] ..., £1,020... ...1020 фунтов...

В английском языке в многозначных целых числах, обозначающих денежные суммы и единицы меры и веса, каждые три цифры справа налево отделяются запятой: *$ 2,075- 2075 долл.; 5,000 tons - 5000 тонн ; 1,216,375 kgs - 1 216 375 кг.* При чтении эти запятые оставляются без внимания.

Запятые не ставятся в числах, обозначающих номера документов, телефонов, в обозначениях года и т. п.: Cheque No. 174050; Order No. 1786

[5] ...by S.S. "Svir"...

Названия судов пишутся с артиклем the: The S.S. "Svir" arrived yesterday. *Пароход "Свирь" прибыл вчера.* The goods were loaded on the S.S. "Svir". *Товары были погружены на пароход "Свирь".*

После предлога *by* артикль перед названиями судов часто опускается:
The goods were shipped by S.S. "Svir" (или by the S.S. "Svir"). *Товары были отгружены пароходом "Свирь".*

Артикль редко употребляется после предлогов латинского происхождения *per*, соответствующего предлогу *by*, и *ex*, соответствующего предлогу *from*: The goods were shipped per S.S. "Svir". *Товары были отгружены пароходом "Свирь".* The wheat was delivered ex S.S "Svir". *Пшеница была сдана с парохода "Свирь".*

[6] ...letter of ... enclosing your cheque ... *письмо от ... с приложенным к нему Вашим чеком* (дословно: *письмо от..., прилагающее Ваш чек)...*

Аналогичные обороты; your letter requesting us... *Ваше письмо с просьбой* (дословно: *Ваше письмо, просящее нас)...*; your telegram stating... *Ваша телеграмма с сообщением* (дословно: *Ваша телеграмма, сообщающая)...*

[7] ...under **Contract No. 25** *по контракту№ 25...*

Артикль не употребляется с существительными, за которыми следует число, обозначающее номер, размер, условное буквенное или цифровое обозначение и т. п. Существительное в этих случаях часто пишется с прописной буквы: Order No. 1015 *заказ № 1015;* size 15 *размер № 15;* paragraph 25 *параграф 25;* Series AD *серия АД;* Модель 12АМ *модель 12 АМ.*

[8] We should be obliged if you would inform us of the quantity of **ore loaded.** *Мы были бы благодарны, если бы Вы сообщили нам количество* **погруженной руды.**

Когда причастие Past Participle Passive, служащее определением и не имеющее пояснительных слов, выражает лишь действие, произведенное над предметом (loaded), а не качество, приобретенное предметом в результате этого действия, оно обычно стоит, в отличие от русского причастия, после определяемого слова (ore): *ore loaded.*

Past Participle Passive без пояснительных слов, выражающее качество, приобретенное предметом в результате действия, стоит, как и русское причастие, перед определяемым словом:
illustrated catalogue *иллюстрированный каталог,* damaged goods *поврежденные товары.*

К числу причастий, выражающих лишь действие и обычно стоящих после определяемого слова, относятся, кроме loaded, причастия received *полученный, sent посланный,* dispatched *отправленный,* bought *купленный,* sold *проданный* и др.: the letter received *полученное письмо;* the goods dispatched *отправленные товары;* the machines bought (sold) *купленные (проданные) машины.*

Некоторые причастия, не имеющие пояснительных слов, могут стоять как перед определяемым словом, так и после него: the required specification или the specification required *требуемая спецификация;* the enclosed letter или the letter enclosed *приложенное письмо;* the attached cheque или the cheque attached *приложенный чек.*

Причастие Past Participle Passive, имеющее при себе пояснительные слова, всегда стоит после определяемого слова: a telegram received from London *телеграмма, полученная из Лондона* (или *полученная из Лондона телеграмма);* goods damaged by sea water *товары, поврежденные морской водой;* the cheque attached to the letter *чек, приложенный к письму* (или *приложенный к письму чек).*

Приложение

[9] **The vessel had to call at Piraeus.** *Судно должно было* (или *Судну пришлось*) *зайти в Пирей.*

Глагол to have употреблен здесь в качестве модального глагола для выражения необходимости совершить действие в силу определенных обстоятельств.

[10] **She is on the way...** *Оно (судно) находится в пути...*

Существительные **vessel, boat, steamer** и другие обозначения и названия судов часто относятся к женскому роду и заменяются местоимением *she*.

§ 24. EXPRESSIONS OF REGRET, APOLOGIES, CORRECTION OF ERRORS

Письмо 1.

Moscow, 18th August, 19 ...

Dear Sirs,

M/V "Svetlogorsk". Order No. 2331

We confirm[1] our telephone conversation of this morning during which we informed you that you had omitted to enclose with your letter of the 15th August[2] the invoice for the goods shipped by M/V "Svetlogorsk" against Order No. 2331.

Please send us the invoice by air-mail.

Yours faithfully,

....

Слова и выражения

to confirm подтверждать

telephone conversation of this morning (of today, of yesterday, of the 15th May etc.) телефонный разговор, состоявшийся сегодня утром (сегодня, вчера, 15 мая и т. д.)

to omit упустить *(в сочетании с инфинитивом или герундием другого глагола указывает на неисполнение действия, выраженного этим. глаголом);* to omit to do *(или* to omit doing*)* не сделать; **we omitted to send** *(или* sending*)* **you** мы не послали Вам

Письмо 2.

London, 18th August, 19_

Dear Sirs,

Order No. 2331

With reference to our conversation by telephone today with Mr. M. G. Petrov, we regret that through a clerical error our invoice for the goods shipped by M/V "Svetlogorsk" was not enclosed in our letter to you of the 15th August.

We are sending you the invoice herewith and apologize for the inconvenience you have been caused[3].

Yours faithfully,

....

Enclosure.

Приложение

Слова и выражения

clerical канцелярский
error ошибка; синоним **mistake**; **through a clerical error** из-за канцелярской ошибки
herewith (вместе) с этим письмом, при сем
to apologize просить извинения, извиняться; **to apologize to somebody for something** извиниться перед кем-л. за что-л.
inconvenience неудобство, беспокойство
to cause причинять

Письмо 3.

Moscow, 21st October, 19_

Dear Sirs,

Portable Gas Turbines. Order No. 1716

We thank you for your letter of the 18th October enclosing your confirmation of our Order No. 1716 for 2 Portable Gas Turbines. We would like to draw your attention to an error which we noticed in the order confirmation, viz. the nominal rating of the turbines is indicated as 130 b. h. p. instead of 150 b. h. p.

For order's sake we would ask you to acknowledge receipt of this letter.

Yours faithfully,
....

Слова и выражения

portable переносный, передвижной
confirmation подтверждение
attention внимание
to draw (drew, drawn) привлекать *(внимание)* **to draw** (*или* **to call**) **somebody's attention to something** обращать чье-л. внимание на что-л.; **we would like** (*или* **we wish**) **to draw** (*или* **to call**) **your attention to the fact that** мы хотели бы обратить Ваше внимание на то, что
to notice заметить (*в смысле* увидеть)
order confirmation (*или* **confirmation of the order**) подтверждение заказа
nominal rating номинальная мощность
to indicate указывать
b.h.p. = **brake horse power** тормозная лошадиная сила
for order's sake для порядка

Письмо 4.

Birmingham, 24th October, 19 ...

Dear Sirs,

2 Portable Gas Turbines. Order No. 1716

We acknowledge with thanks receipt of your letter of the 21st October and very much regret that through a typing error the nominal rating of the Portable Gas Turbines was indicated in the confirmation of the order as 130 b. h. p. instead of 150 b. h. p.

We thank you for pointing out this mistake to us.

Yours faithfully,
....

Слова и выражения

typing error ошибка машинистки; **through a typing error** из-за ошибки машинистки, по вине машинистки
to point out указывать, обращать внимание; **to point out that** указать на то, что; **to point out to somebody** указать кому-л., обращать внимание кого-л.

Приложение

Письмо 5.

Sheffield, 16th November, 19 ...

Dear Sirs,

Diesel Locomotive Model 12 AC

We have received your cablegram of the 14th November reminding us of our promise to send you additional technical data concerning our Diesel Locomotive Model 12 AC described in the "Engineering" of the 10th October, 1998.

We regret that the information has been so delayed that you had to send us a reminder. Please accept our apologies for the delay which was due to pressure of work in our Technical Department.

We are sending you herewith the technical data required by you and trust that they will prove useful to you.

Yours faithfully,
....

Enclosure.

Слова и выражения

cablegram телеграмма
to remind напоминать; **to remind somebody of something** напомнить кому-л. о чем-л.
promise обещание
additional дополнительный, добавочный
technical технический
data (*мн. ч.*) данные; **technical data** технические данные
concerning относительно, касательно
model модель
to describe описывать
to delay задерживать
reminder напоминание
to accept принимать

apology извинение; **please accept our apologies** примите, пожалуйста, наши извинения; **to offer one's apologies** приносить извинения
delay задержка
to be due to something быть вызванным чем-л.
pressure давление; **pressure of work** загруженность срочной работой; **the delay was due to pressure of work in our Technical Department** задержка была вызвана тем, что наш технический отдел был загружен срочной работой
useful полезный; **to be (to prove) useful to somebody** быть (оказаться) полезным для кого-л.
to require требовать; **the data required by** you требующиеся Вам данные

ПОЯСНЕНИЯ К § 24

[1] **We confirm** our telephone conversation. *Мы подтверждаем, наш телефонный разговор.*

To confirm *подтверждать* и confirmation *подтверждение* следует отличать от to acknowledge *подтверждать* и acknowledg(e)ment *подтверждение*.

To confirm и confirmation употребляются:

а) Для сообщения, что посланные письмо, телеграмма, инструкции и т. д. остаются в силе. В этом смысле *to confirm и confirmation* употребляются для подтверждения своего же отправленного письма или своей же посланной телеграммы или факса, для подтверждения телефонного разговора и т. д.:

We confirm our fax (or telegram) dated the 15th October.

Подтверждаем (т. е. оставляем в силе) наш факс (или нашу телеграмму) от 15 октября.

Приложение

We confirm our telephone conversation.	*Подтверждаем наш телефонный разговор.*
In confirmation of our fax (cable) of the 15th October we are sending you...	*В подтверждение нашего факса (нашей телеграммы) от 15 октября посылаем Вам... .*

б) Для выражения согласия с чем-л., для санкционирования, для признания правильности, для удостоверения чего-л.:

We confirm your price and terms of payment.	*Подтверждаем Вашу цену и Ваши условия платежа (т. е. мы согласны с ними).*
We confirm your figures.	*Подтверждаем Ваши цифры (т. е. мы считаем их правильными).*
We are sending you our confirmation of your Order No. 2265.	*Посылаем Вам наше подтверждение Вашего заказа № 2265 (т. е. посылаем Вам документ о согласии с условиями заказа и о принятии его к исполнению).*

To acknowledge и acknowledg(e)ment употребляются в деловой переписке главным образом для сообщения о факте получения писем, телеграмм и других документов и не выражают отношения автора к содержанию документа:

We acknowledge (the) receipt of your letter of the 15th May.	*Подтверждаем получение Вашего письма от 15 мая.*
We enclose our cheque for £ 500 and request you to send us your acknowledgement.	*Прилагаем наш чек на 500 фунтов стерлингов и просим Вас прислать нам Ваше подтверждение.*

² You omitted to enclose with your letter of the 15th August the invoice for the goods shipped by m. v. "Svetlogorsk" against Order No. 2331. *Вы не приложили к Вашему письму от 15 августа счет-фактуру на товар, отгруженный теплоходом "Светлогорск" по заказу № 2331.*

Прямое дополнение the invoice к глаголу to enclose с тесно связанными с этим дополнением словами представляет собой большую группу слов (the invoice for the goods shipped by m. v. "Svetlogorsk" against Order No. 2331), а предложное дополнение with your letter с относящимися к нему словами - значительно меньшую группу слов (with your letter of the 15th August). Поэтому группа прямого дополнения стоит после группы предложного дополнения, а не непосредственно после глагола to enclose.

³ ...the inconvenience **you have been caused** (или the inconvenience which you have been caused) ... ... *беспокойство, которое было Вам причинено...*

В придаточном определительном предложении you have been caused опущено относительное местоимение which, служащее дополнением придаточного предложения.

ЗАПРОСЫ И ПРЕДЛОЖЕНИЯ
ENQUIRIES AND OFFERS

§ 25. ENQUIRIES

When a Buyer wants to know at what price and on what terms he could buy the goods required by him he usually sends out enquiries to firms, companies or organizations manufacturing such goods or dealing in them. Often the Buyer asks the Seller to send him illustrated catalogues, price lists or other publications and, if possible, samples or patterns of the goods he is interested in. When asking the Seller to send him a quotation (*or* to make him an offer), the Buyer gives as far as possible a detailed description of the goods required by him.

§ 26. SOME OF THE EXPRESSIONS USED IN ENQUIRIES FOR CATALOGUES, BROCHURES ETC. AND IN ANSWERS TO SUCH ENQUIRIES

1. We learn from (*or* have been informed by) ... that you are manufacturers (*or* exporters) of ...
2. We are indebted for your address to Messrs. Smith & Co., Ltd., who have informed us that you are manufacturers (or exporters) of ...
3. We have seen your advertisement (*or* We refer to your advertisement) in ...
4. We are interested in ... advertised by you in ...
5. We shall be obliged if you will send us your latest catalogues, brochures or any other publications containing a description of the following machines.
6. We are pleased to enclose our latest catalogue illustrating our range of Machine-Tools (*or* Generators, Compressors etc.) which we trust you will find useful.
7. We enclose for your information single copies of our Brochure No. 5068 and Leaflet No. 1235 covering ... which we trust you will find useful.
8. In compliance with your request we have pleasure in sending you in duplicate (or in triplicate) a description of our ... now being supplied by us to a number of countries in Europe and Asia.
9. We regret to advise you that our catalogue of ... is out of print. A new impression is being printed (*or* is in the press) now and as soon as the catalogues are available, we will send you some copies.
10. We regret that we have no publications for the machines mentioned by you.
11. The catalogues will only be printed after the service tests are completed.
12. The type of machine to which you refer is under re-designing and therefore no catalogues are available as yet.
13. We shall be glad to answer any additional questions you may ask.
14. If you require further copies of this catalogue (*or* publication, brochure) or if there are any details on which you desire to receive information, please do not hesitate to write to us.

§ 27. EXCHANGE OF LETTERS IN CONNECTION WITH AN ENQUIRY FOR CATALOGUES OF MACHINE-TOOLS

1.

Stockholm, 1st June, 19 ...

Dear Sirs,

We have seen your advertisement in "Russian Export" and shall be obliged if you will send us your General Catalogue of Machine-Tools.

Yours faithfully,
....

2.

Moscow, 4th June, 19 ...

Dear Sirs,

We thank you for your enquiry of the 1st June and are pleased to send you, by parcel post, two copies of our General Catalogue of Machine-Tools. We have marked with V the types of machines available now for sale and if you will advise us which models are of interest to you, we shall be glad to send you their detailed description with drawings.

Yours faithfully,
....

3.

Stockholm, 8th June, 19 ...

Dear Sirs,

We acknowledge with thanks receipt of your letter of the 4th June and of two copies of your General Catalogue of Machine-Tools sent by you by parcel post.

The Catalogue is of considerable interest to us. We are particularly interested in your Grinding Machines shown on pages 9-12 of the Catalogue and shall appreciate it if you will send us detailed descriptive literature relating to these machines.

Yours faithfully,
....

4.

Moscow, 12th June, 19_

Dear Sirs,

We thank you for your letter of the 8th of June and in compliance with your request are glad to send you, under separate cover, brochures and leaflets in duplicate relating to our Cylindrical Grinding Machines, Models 3125, 3160, 3161, 3164 A. To our regret we are unable to send you any publications covering Models 3151, 3162 and 3163 as they are out of print. A new impression is being printed and as soon as the publications are received from the printing works, we shall not fail[1] to send you some copies.

Yours faithfully,
....

Приложение

Слова и выражения к §§ 25 - 27

К § 25

price цена; **at what price** по какой цене; **at the price of £5** по цене (в) 5 фунтов стерлингов
term условие *(обычно во мн. ч. - terms)*; *синоним* **condition; on the terms** на условиях
to manufacture производить *(изделия)*, изготовлять;
синоним **to produce** производить *(как готовые изделия, так и различные виды сырья)*
to deal in something торговать чем-л.
publication печатное издание
sample образец *(торговый)*
pattern образчик; образец *(узора, рисунка)*
quotation 1. котировка, цена, курс, расценка; 2. предложение, оферта; **quotation for goods** цена товара, котировка товара; предложение на товар
offer предложение, оферта; **to make an offer for** *(или* **of) something** сделать предложение на что-л.
as far as possible по возможности, по мере возможности
description описание

К § 26

brochure брошюра
manufacturer производитель *(изделий)* **to be indebted to somebody for something** *(или* **to owe something to somebody)** быть признательным кому-л. за что-л.; **we are indebted for your address** *(или* **we owe your address) to Messrs. Smith & Co.** мы признательны за сообщение Вашего адреса фирме "Смит и Ко."
to advertise рекламировать, помещать объявление
advertisement реклама, объявление
range ряд, набор, номенклатура, типаж; **our range of compressors** наша номенклатура компрессоров, производимые нами типы компрессоров
machine-tool станок *(механический)*
generator генератор
single единственный; **single copies of a catalogue, brochure etc.** по одному экземпляру каталога, брошюры и т. п.
to cover покрывать; относиться к *(о документе, печатном издании);* **a brochure covering Model 20A** брошюра, относящаяся к модели 20A
number число, количество, ряд; **a number of** ряд, несколько; **a large (small) number** большое *(малое)* число; **the number of** число, количество чего-л.
leaflet листовка, проспект *(на одном листе)*
in duplicate в двух экземплярах
in triplicate в трех экземплярах
to be out of print разойтись *(о печатном издании);* **the catalogue is out of print** каталог весь разошелся
to print печатать *(в типографии)*
to be in the press печататься *(в типографии);* **the catalogue is in the press** *(или* **the catalogue is being printed)** каталог печатается
type тип
to mention упоминать, называть
test испытание; **service test** эксплуатационное испытание
to complete заканчивать, завершать
to re-design перерабатывать, переделывать *(о конструкции, проекте);* **the machine is under redesigning** конструкция машины перерабатывается, конструкция машины находится в стадии переработки
as yet еще, пока что
detail подробность
to desire желать; *синоним* **to wish**

К § 27

exchange обмен; **exchange of letters (telegrams)** обмен письмами (телеграммами)
connection *(или* **connexion)** связь; **in connection with** в связи с
"Russian Export" "Российский экспорт" *(название журнала)*
general общий; **general catalogue** общий каталог
parcel пакет, пачка, посылка **post** почта; **by parcel post** почтовой посылкой *(дословно:* посылочной почтой)

to mark обозначать, отмечать; **to mark with V** обозначить буквой V
sale продажа; **to be available for sale** иметься в продаже; **this machine is not available for sale** этой машины нет в продаже
drawing чертеж
considerable значительный
particularly в частности, в особенности
grinding machine шлифовальный станок
descriptive описательный
relating to относящийся к

indrical цилиндрический; **cylindrical grinding machine** круглошлифовальный станок
regret сожаление; **to our (my) regret** к нашему (моему) сожалению; к сожалению
unable неспособный; **to be unable** не быть в состоянии
at present (*или* **at the present time**) в настоящее время
printing works типография
we shall not fail to send мы не замедлим послать

ПОЯСНЕНИЯ К § 27

[1] We shall not fail to send you...

Глагол to fail в утвердительной форме, за которым следует инфинитив другого глагола, выражает отрицание: The Sellers failed to ship the goods. = The Sellers did not ship the goods. *Продавцы не отгрузили товар.* If the Sellers fail to ship the goods... == If the Sellers do not ship the goods... *Если продавцы не отгрузят товар...*

Глагол to fail в отрицательной форме, за которым следует инфинитив другого глагола, служит для усиления утверждения со значением *обязательно, непременно сделать что-л.; действительно сделать что-л.; не замедлить, не пропустить сделать что-л.;* We shall not fail to send you some copies of the catalogue. *Мы не замедлим послать Вам* (или *Мы непременно пошлем Вам*) *несколько экземпляров каталога.*

Без последующего инфинитива глагол to fail означает *не иметь успеха, не удаваться, обанкротиться:* The negotiations failed. *Переговоры были безуспешны.* This company failed last year. *Эта компания обанкротилась в прошлом году.*

§ 28. SOME OF THE EXPRESSIONS USED IN ENQUIRIES FOR PRICES AND TERMS

1. We are interested in ...
   We require ...
   We are in the market for ...
   We are regular buyers of ...

   and would ask you to send us your offer (*or* tender, quotation) for these goods (*or* for this machine, for this equipment).

2. Please inform us by return (of) post (*or* by return (of) mail, by return, by air mail) at what price, on what terms and how soon you could deliver ...

3. Please let us know if you can offer us (*or* if you can make us an offer for) ... equal to sample sent to you by parcel post (*or* as per[1] specification enclosed, according to the specification enclosed).

Приложение

4. Please send us samples of your manufactures stating your lowest prices and best terms of payment.

5. Your offer must be accompanied by specifications and blueprints.

Слова и выражения

to require требовать, нуждаться в; **we require** нам требуется

market рынок; **to be in the market** выступать на рынке; **to be in the market for something** намереваться купить что-л.

regular регулярный, постоянный

tender предложение *(письменное)*; заявка *(на торгах)*, торги; **tender for something** предложение на что-л.

equipment оборудование

by return (of) post *или* **by return, by return (of) mail** с обратной почтой

how soon в какой срок

equal равный, одинаковый; **equal to sample** полностью соответствующий образцу

as per согласно; **as per specification enclosed** согласно приложенной спецификации; *синоним* **according to**

specification спецификация

manufacture изготовление, производство *(изделий)*, изделие; *мн. ч.* **manufactures** изделия

terms of payment условия платежа; **best terms of payment** самые благоприятные условия платежа; *синонимичное выражение* **most favourable terms of payment**

lowest price самая низкая цена, крайняя цена

to accompany сопровождать; **to be accompanied by something** сопровождаться чем-л.

blue-print светокопия чертежа, синька

§ 29. ENQUIRY FOR PARAFFIN WAX

London, 12th June, 19 ...

Dear Sirs,

Paraffin Wax

We are indebted for your address to the Trade Delegation of Russia in London who have informed us that you are the sole exporters of Paraffin Wax from Russia.

We are regular buyers of this commodity[2] and request you, to send us samples of different grades of Paraffin Wax stating your best prices and most favourable terms of payment. We would add[3] that at the present time we are interested in about 1,000 tons of Paraffin Wax for immediate shipment.

Yours faithfully,
....

Приложение

Слова и выражения

paraffin wax парафин **commodity** товар; мн. ч. **commodities** товары **grade** сорт
best price самая выгодная цена; самая низкая *или* самая высокая цена (в зависимости, от контекста)

favourable благоприятный
to add добавлять, прибавлять; **we would add** мы хотели бы добавить
at the present time в настоящее время

§ 30. ENQUIRY FOR PEROXIDE OF MANGANESE ORE

London, 15th February, 19...

Dear Sirs,

Peroxide of Manganese Ore

We are in the market for Peroxide of Manganese Ore containing minimum 89% of MnO_2. We would ask you to inform us by return post whether you are in a position to supply us with 1,000 tons of such ore for immediate shipment quoting us your lowest price and best terms. Your price should include delivery c.i.f. London.

Yours faithfully,
....

Слова и выражения

ore руда
peroxide of manganse перекись марганца; **peroxide of manganese ore** руда перекиси марганца
Mn O_2 двуокись марганца, перекись марганца *(химическая формула)*
to contain содержать
to quote назначать *(цену, условия)*, назначать цену; сделать предложение; **to quote a price (terms of payment) for something** назначить цену (условия платежа) на что-л.; **to quote for something** назначить цену на что-л., сделать предложение на что-л.; **please quote us for 1,000 tons of ore** просим сделать нам предложение на 1000 тонн руды
terms условия; условия платежа (*вместо* terms of payment)
to include включать
delivery поставка, сдача

Приложение

§ 31. ENQUIRY FOR CAVIAR

London, 23rd January, 19...

Dear Sirs,

With reference to the previous contracts concluded with your organization, we shall be glad to receive your offer for the sale to us of Caviar of 19... catch.

We require the following quantities of barrelled caviar, viz.:

Beluga Caviar	5,000 lbs.
Osetrova Caviar	4,000 lbs.
Pressed Caviar	3,000 lbs.
Total	12,000 lbs.

We should like the shipment[4] of the Caviar to begin in May and continue at regular intervals until the end of 19... .

We hope to receive your offer as soon as possible.

Yours faithfully,

....

Слова и выражения

previous предшествующий, предыдущий
to conclude заключать
barrelled caviar икра в бочках, бочковая икра
beluga caviar белужья икра
lb.* (*от латинского слова* libra) *сокращенное обозначение единицы веса* pound фунт (*читается* pound); мн. ч. **lbs.** (*читается* pounds)

osetrova caviar осетровая икра
pressed caviar паюсная икра
total общее количество, итого, всего
to continue продолжаться)
as soon as possible как можно скорее

§ 32. ENQUIRY FOR COTTON TEXTILES

Ottawa, 25th May, 19...

Dear Sirs,

At the suggestion of Mr. A. B. Ivanov, the Commercial Counsellor of Russia Embassy in Canada, we write to enquire whether you could supply us with Cotton Piece Goods.

We are wholesalers of cotton fabrics and normally draw our supplies from the U.S.A., the U.K., India and Czechoslovakia. From the last-named country we have been buying annually goods to the value of about £ 150,000.

Please let us know the types of Cotton Textiles available for export from Russia sending us samples and advising us of your prices and terms. We do not restrict our purchases of textiles to special types and are interested in both printed cotton cloth and grey cloth.

We look forward with interest to your reply.

Yours faithfully,

....

Приложение

Слова и выражения

cotton хлопок; хлопчатобумажный
textiles ткани
commercial коммерческий, торговый
counsellor советник *(посольства)*; **commercial counsellor** торговый советник
embassy посольство
to enquire спрашивать, наводить справки, посылать запрос, запрашивать; **we write to enquire** мы просим сообщить *(дословно:* мы пишем, чтобы спросить)
piece кусок
cotton piece goods хлопчатобумажные ткани в кусках
wholesaler оптовый торговец; *антоним* **retailer** розничный торговец
fabric ткань; **we are wholesalers of cotton fabrics** мы ведём оптовую торговлю хлопчатобумажными тканями

normally обычно
to draw (drew, drawn) получать
supply снабжение, поставка; **to draw one's supplies** снабжаться товарами
last-named последний из названных
annually ежегодно
value стоимость, ценность; **to the value of** стоимостью в; **to the value of about** стоимостью, на сумму приблизительно в
to restrict ограничивать
special специальный
both ... and как ..., так и
cloth ткань
printed cotton cloth набивная хлопчатобумажная ткань
grey cloth суровая ткань, суровьё.

ПОЯСНЕНИЯ К § 28 - 32

[1]**...as per** specification enclosed..... *согласно приложенной спецификации.....*
Предлог as per *согласно* встречается преимущественно с названиями документов, которые в этом случае обычно употребляются без артикля: as per specification (invoice, contract, copy etc.) *согласно спецификации (счёту, контракту, копии и т. д.).*
Следует избегать употребления as per с другими существительными - в этих случаях обычно пользуются прелогом according to: according to your instructions *согласно Вашим инструкциям,* according to the information received *согласно полученной информации.*
Не рекомендуется также употреблять as per в начале предложения:
According to the (но не: As per) specification enclosed, the ore must contain 50 percent of manganese. *Согласно приложенной спецификации, руда должна содержать 50% марганца.*
В разговорной речи as per не употребляется.

[2] We are regular buyers of this **commodity**... *Мы являемся постоянными покупателями этого товара...*
Слово commodity *товар* (мн. число commodities *товары*) употребляется в отношении сырьевых товаров, продуктов сельского хозяйства, полуфабрикатов и других массовых товаров. В отличие от слова goods *товар, товары,* которое служит для обозначения любых покупаемых и продаваемых предметов, commodity (commodities) не употребляется в отношении машин и других видов оборудования, а также предметов индивидуального

Приложение

изготовления. Поэтому commodity и commodities могут быть всегда заменены словом goods, тогда как вместо goods не всегда можно употреблять commodity и commodities.

[3] **We would add** that at the present time... **Мы хотели бы добавить**, что **в настоящее время**...

С первым лицом ед. и мн. числа would (но не should) употребляется в сочетании с инфинитивом глаголов, выражающих сообщение или высказывание, и в этом случае имеет значение should like to, would like to *хотел(и) бы*. К глаголам, выражающим сообщение или высказывание, относятся глаголы to inform, to advise *сообщать, извещать*, to state *заявлять, указывать*, to point out *указывать, обращать внимание*, to add *добавлять*, to remind *напоминать* и др.: We would advise you... = We should (would) like to advise you... *Мы хотели бы сообщить Вам*... I would state... = I should (would) like to state... *Я хотел бы заявить (или указать)*... We would add... = We should (would) like to add... *Мы хотели бы добавить*...

С таким же значением would употребляется в сочетании с инфинитивом глаголов to ask и to request: We would ask (request) you... *Мы хотели бы просить Вас (или Мы просили бы Вас)*...

[4] ...the shipment of the caviar..... *отгрузка икры*...
Слово shipment имеет два значения:
1. *отгрузка* (действие по глаголу *отгрузить*) и 2. *груз, партия* (отгруженного товара).
Со значением *отгрузка* shipment употребляется только в ед. числе.
При отсутствии определения с предлогом of, shipment употребляется без артикля.
При наличии же такого определения shipment встречается как без артикля, так и с артиклем the:
Shipment will be made in January. *Отгрузка будет произведена в январе.*
The goods were offered for immediate shipment. *Товар(ы) был(и) предложены) с немедленной отгрузкой.*
(The) shipment of the goods will begin in May. *Отгрузка товара (товаров) начнется в мае.*

Со значением *груз, партия* (синоним consignment) shipment употребляется в ед. и мн. числе (shipments) с артиклями, согласно общим правилам употребления артиклей:
A large shipment (Large shipments) of cotton arrived yesterday. The shipment(s) arrived from Egypt. *Большая партия (Большие партии) хлопка прибыла (прибыли) вчера. Партия (партии) прибыла (прибыли) из Египта.*

Сравните:
We require shipment in September. *Нам требуется отгрузка в сентябре.* We require the shipment in September. *Нам требуется этот груз в сентябре.*

Приложение

§ 33. ENQUIRY FOR A DIESEL ENGINE

Moscow, 5th May, 19...

Dear Sirs,

We require a 6 Cylinder Diesel Engine of 900 H. P. and would ask you to send us your tender in accordance with the specification and technical conditions enclosed, stating:

1. The lowest price of the engine without foundation plate.
2. The price of the foundation plate.
3. The time of delivery.
4. The terms of payment.
5. The overall dimensions and weight of the engine.
6. The number of cases necessary for the packing of the engine, their measurements and weights.
7. The cost of packing for sea transportation.

We also request you to send us a list of spare parts stating the price of each part separately.

The price for the engine should be quoted[1] by you both free on rail your works and free on board English port.

Your offer should be accompanied[1] by specifications, drawings and publications giving a full description of the engine as well as by a list of firms to whom you have supplied Diesel engines similar to that[2] required by us.

Your tender with all enclosures should reach us by the 20th May at the latest.

Yours faithfully,

....
....

2 Enclosures.

Слова и выражения

engine двигатель, мотор; **Diesel engine** дизельный двигатель, дизель
cylinder цилиндр
H. P. = **horse power** лошадиная сила; **an engine of 900 H. P.** двигатель мощностью в 900 л. с.
technical технический
condition условие; **technical conditions** технические условия
foundation plate фундаментальная плита, опорная плита
overall полный, предельный
dimension размер; **overall dimensions** габаритные размеры; предельные размеры
weight вес
case ящик
necessary необходимый, нужный

measurement измерение, замер; *мн. ч.* **measurements** размеры
cost стоимость
to pack упаковывать
packing упаковка; **cost of packing** стоимость упаковки
transportation перевозка; **sea transportation** морская перевозка
spare запасный
part часть; **spare parts** запасные части
separately отдельно, в отдельности
free on rail (*сокр.* **f.o.r.** *или* **F.O.R.**) франко рельсы, франко вагон *(условие поставки, согласно которому продавец, обязан, за свой счет доставить и погрузить товар в железнодорожный вагон)*, **free on rail your works** франко вагон ваш завод *(обратите внимание*

Приложение

free on board (*сокр.* **f.o.b.** *или* **F.O. B.**) франко борт судна, фоб *(условие поставки, по которому продавец обязан за свой счет доставить и погрузить товар на борт судна);* **free on board English port** фоб английский порт *(обратите внимание на отсутствие предлога перед* English port); f.o.b. London фоб Лондон; *(в США* free on board *лишь тогда означает* фоб *или* франко борт судна, *когда непосредственно за ним следует слово* vessel) **F.O.B. vessel New York** фоб Нью-Йорк; *(при отсутствии слова* vessel *выражение* free on board *означает в этом случае* франко вагон в указанном железнодорожном пункте) **F.O.B. New York** франко вагон Нью-Йорк
to reach somebody, something достигать чего-л., доходить до кого-л., чего-л.; **your tender should reach us** ваше предложение должно поступить к нам (*дословно*: дойти до **нас**)
at the latest (*или* **at latest**) самое позднее, как самый поздний срок

ПОЯСНЕНИЯ К § 33

¹ а) The price for the engine **should be quoted** ... *Цена двигателя* **должна быть назначена**...
б) Your offer **should be accompanied** ... **Ваше** предложение должно сопровождаться...
Глагол should употреблен здесь для выражения долженствования в виде пожелания или рекомендации и с этим значением часто встречается в запросах.

² ... Diesel engines similar to **that** required by us... *дизели, подобные дизелю, требующемуся нам (или подобные тому, который требуется нам)*.
Указательное местоимение that заменяет здесь существительное Diesel engine в ед. числе (с артиклем the): . . . Diesel engines similar to that required by us. = ... Diesel engines similar to the Diesel engine required by us. Такая замена производится из стилистических соображений во избежание повторения одних и тех же слов в предложении.

§ 34. ENQUIRY FOR A PORTABLE AIR COMPRESSOR

Bombay, 12ᵗʰ October, 19...

Dear Sirs,

We require for the expansion of our plant a Portable Air Compressor, Model K.CE-6M, as shown on page 25 of your catalogue and would ask you to send us your quotation. The machine must be delivered complete with all essential accessories and tools together with manuals in English for service and maintenance.

We have already received quotations from three manufacturers who are offering us compressors of a similar design, for delivery in 5-6 months. As, however, most of the equipment for our plant was purchased in the Soviet Union, we should prefer to obtain this additional machine from your organization. We should be prepared therefore to place this order with you if the Compressor could be delivered in January, 19..., at the latest, and if, of course, you could quote us a competitive price.

Your immediate reply will be very much appreciated.

Yours faithfully,
....

Приложение

Слова и выражения

portable переносный, передвижной
portable air compressor передвижной воздушный компрессор
expansion расширение
complete полный, комплектный
essential существенный, необходимый
accessories принадлежности
tool инструмент
complete with all essential accessories and tools комплектно со всеми необходимыми принадлежностями и инструментами
manual руководство
service служба, обслуживание; эксплуатация
maintenance содержание, уход; эксплуатация
vice and maintenance эксплуатация и уход
design конструкция
however однако
to prefer предпочитать
to obtain получать, доставать
additional дополнительный, добавочный
to place an order with somebody поместить заказ у кого-л.
of course конечно, само собой разумеется
competitive конкурентный, конкурентоспособный
your early (*или* **prompt**) **reply will be very much appreciated** мы будем весьма признательны за Ваш скорый ответ

§ 35. ENQUIRY FOR MACHINERY FOR COAGULATING, EXTRACTING AND DRYING SYNTHETIC RUBBER

Moscow, 20th October, 19...

Dear Sirs,

We refer to the recent discussions with your Managing Director Mr. A. B. White here in Moscow, and in acccordance with the agreement reached we request you to send us your tender in triplicate for two sets of Machinery for Coagulating, Extracting and Drying Synthetic Rubber as per specification enclosed.

The price, net weight and overall dimensions of each machine and each item separately must be indicated in the offer. Your quotation should also include two sets of rapidly wearing out parts.

We request you to enclose with your offer copies of your publications and drawings containing a full technical description of each machine included in the tender.

We await your quotation with interest.

Yours faithfully,
....

Enclosure.

Слова и выражения

machinery машины, машинное оборудование (*употребляется только в ед. ч.*); **the machinery has arrived** машины прибыли
synthetic синтетический
rubber каучук
machinery for coagulating, extracting and drying synthetic rubber машинное оборудование для коагуляции, экстрагирования и сушки синтетического каучука
set набор, комплект
net weight вес нетто, чистый вес (*без тары и упаковки*); *антоним* **gross weight** вес брутто (*включая тару и упаковку*)
item предмет, статья, позиция
rapidly быстро
to wear out изнашивать (ся); **rapidly wearing out parts** быстро изнашивающиеся части

Приложение

§ 36. ENQUIRY FOR MACHINE-TOOLS

London, 15th October, 19...

Dear Sirs,

During our visit to the Brussels Universal and International Exhibition we were very impressed by Russia's Pavilion and had an opportunity of seeing the various machine-tools exhibited there. We examined with interest a Jig Boring Machine, Model ЛР-87 and consider that there should be a good demand for this machine in the U. K. We are members of the British Association of Machine-Tool Merchants and have many contacts with the users cf this type of machine.

We should therefore be grateful to you if you could send us a detailed quotation together with booklets fully describing the machine. Please state in your quotation what time of delivery you could guarantee and what resale discount you could grant.

We look forward with interest to receiving your answer.

Yours faithfully,
....

Слова и выражения

the Brussels Universal and International Exhibition Всемирная выставка в Брюсселе
to impress производить впечатление;
we were very impressed by (*или* **with**) **the Russia's Pavilion** на нас произвел большое впечатление павильон России
opportunity удобный случай, возможность; **to have the opportunity of doing something** иметь возможность сделать что-л.; **to take he opportunity of doing something** воспользоваться случаем сделать что-л.
to exhibit выставлять, экспонировать
to examine осматривать, рассматривать, изучать
jig boring machine координатно-расточный станок
to consider *у* считать, рассматривать

merchant *у* торговец, купец
association *у* ассоциация
contact *у* контакт, связь
user *у* потребитель
grateful *у* благодарный, признательный (*кому-л.* - **to**)
booklet *у* брошюра
to guarantee *у* *у* гарантировать
discount скидка
to grant предоставлять (*скидку, кредит и т. п.*); **to grant somebody something** (*или* **to grant something to somebody**) предоставлять кому-л. что-л.; **to grant a discount** предоставить скидку; *синонимичное выражение* **to allow a discount**
resale перепродажа
resale discount скидка для торговцев

§ 37. ANSWERS TO ENQUIRIES

A. It often happens that the Seller is not in a position to send a quotation immediately upon receipt of the Buyer's enquiry. For instance, in the case of an enquiry for machinery the Seller sometimes wants to get in touch with the manufacturing plant in order to find out whether the machines are still available for sale or whether they can be manufactured in conformity with the Buyer's specification within the time required by him. In such cases the Seller uses the following or similar expressions in his answers to the Buyers' enquiries:

1. The matter (*or* Your enquiry) is having (*or* is receiving) our careful attention and we hope to send you our quotation (*or* proposal) at an early date.

2. We are contacting the manufacturers with the view of (*or* with a view to) finding out whether the machine is available for sale and will advise you immediately upon receipt of their reply.

3. We have forwarded (*or* We have passed) your enquiry to our works and asked them to inform us whether this model can be altered to meet your specification within the time required by you.

Приложение

B. When the Seller is not able for some reason to offer the goods for sale, he uses, according to the circumstances, one of the following or similar expressions:

1. We thank you for your enquiry dated ... but regret to inform you that at the present time we are not in a position to make you an offer for the goods required by you.

2. As our plant is fully engaged with orders, we find it impossible to put forward a quotation for delivery this year.

3. We very much regret that we are unable to accept new orders for delivery within the time specified by you.

4. We are sorry that at the present time our machines Type AB12 are not available for sale and must ask you to excuse us from sending you a quotation.

5. We should prefer not to put forward an offer for this machine as it is under re-designing now.

6. We will revert to the matter at the end of next week.

Слова и выражения

A.

to happen случаться
for instance например
case случай; **in the case of** в случае, в отношении чего-л.
to get in touch with somebody связаться с кем-л.; *синонимичные выражения* **to communicate with somebody, to contact somebody**
manufacturing plant завод-изготовитель
to find out выяснять
to be available for sale иметься в продаже
in conformity with в соответствии с (*синонимичное выражение* **in accordance with**
within в пределах, в течение
to use something пользоваться чем-л.
the matter (your enquiry) is having (is receiving) our careful attention мы уделяем этому делу (Вашему запросу) должное внимание
proposal предложение
at an early date в скором времени
with the view of (*или* **with a view** to) с целью; для того чтобы (*с последующим герундием)*; **with the view of** (*или* **with a view to**) **finding out** с целью выяснить
to pass передавать, пересылать; **to pass somebody something** (*или* **to pass something to somebody**) передать, переслать кому-л. что-л.

to alter изменять
to meet the specification удовлетворять требованиям спецификации

B.

reason причина; **for some reason** по какой-л. причине
according to the circumstances в зависимости от обстоятельств
to be fully engaged with orders быть полностью загруженным заказами
to put forward a quotation представить предложение, сделать предложение
unable неспособный; **to be unable** не быть в состоянии, не мочь; **we are unable = we are not in a position = we cannot**
to specify указывать, обозначать
to excuse извинять; **to excuse somebody from something** освободить кого-л. от какой-л. обязанности; **we must ask you to excuse us from sending you a quotation** мы должны просить Вас освободить нас от обязанности послать Вам предложение; просим извинить нас за то, что мы не можем послать Вам предложение
to revert возвращаться, вернуться *(к вопросу, документу)*

Приложение

§ 38. MANUFACTURERS PROMISE TO SEND A QUOTATION

Birmingham, 24th October, 19...

Dear Sirs,

Many thanks for your kind enquiry of the 20th October concerning two sets of Machinery for Coagulating, Extracting and Drying Synthetic Rubber according to the specification enclosed with the enquiry. The matter is receiving our careful attention and we hope to send you our quotation at an early date.

Yours faithfully,
....

§ 39. ENQUIRY PASSED TO ANOTHER ORGANIZATION

Moscow, 15th November, 19...

Dear Sirs,

We acknowledge with thanks receipt of your enquiry of the 12th November tor Rails and Switches. As our organization does not export such goods, we have taken the liberty of passing your enquiry to "Sirius", Smolenskaya-Sennaya 32/34, Moscow 121200 who are the sole exporters of such kind of equipment from Russia and who will communicate with you direct.

Yours faithfully,
....

Слова и выражения

rails рельсы
switch железнодорожная стрелка

to take the liberty of doing something позволить (*или* разрешить) себе сделать что-л.

§ 40. DIFFERENT QUALITY OFFERED

Moscow, 19th February, 19...

Dear Sirs,

<u>Peroxide of Manganese Ore</u>

We thank you for your enquiry dated the 15th February concerning Peroxide of Manganese Ore. We regret to inform you that at the present time we cannot offer you any ore containing minimum 89% of MnO_2 for prompt shipment.

We could send you a quotation for ore containing 85% of MnO_2 if such quality should be[1] of interest to you.

We look forward with interest to your answer.

Yours faithfully,
....

Слова и выражения

different отличный, другой; различный
prompt немедленный; *синоним* **immediate**;
   prompt shipment немедленная отгрузка

§ 41. MACHINE UNDERGOING FINAL TESTS

Moscow, 20th October, 19...

Dear Sirs,

We acknowledge with thanks receipt of your enquiry of the 16th October for Grinding Machines Model TM-100 shown to your representatives in Samara and are glad to learn that in your opinion there should be a good demand for such machines in the U. K.

We regret, however, to advise you that these machines are not yet available for sale. As you are aware, this model represents a new design and before being put[2] on the market is undergoing final service tests at a number of engineering plants in this country. We believe that the results of the tests will have been summarized[3] by the end of this year. As soon as the machine is available for sale, we shall not fail to revert to your enquiry.

Meantime we remain,

Yours faithfully,
....

Приложение

Слова и выражения

opinion мнение; **in my (his, your etc.) opinion** по моему (его, вашему и т. д.) мнению; **in the opinion of somebody** по мнению кого-л.

aware знающий, осведомленный; **to be aware (of something)** знать (что-л.); быть осведомленным (о чём-л.); сознавать (что-л.); **as you are aware** как вам известно

to represent представлять

to put on the market выпускать на рынок

to undergo (underwent, undergone) подвергаться, проходить

final окончательный

to summarize суммировать, обобщать, подытоживать

end конец; **at the end of this year (this week, December etc).** в конце этого года (этой недели, декабря и т. д.)

we shall not fail to revert to your enquiry мы не замедлим вернуться к Вашему запросу

§ 42. FACTORY FULLY ENGAGED WITH ORDERS

Moscow, 25th March, 19...

Dear Sirs,

We thank you for your enquiry of the 21st March concerning Textiles tor delivery in June. We very much regret to inform you that our factory which produces the type of textiles required by you is fully engaged with orders and we are unable to put forward an offer for these goods for delivery before October.

We hope that you will send us your enquiries should you need[4] such textiles later on.

Yours faithfully,
....

Слова и выражения

later on позже, позднее, в будущем, в дальнейшем

ПОЯСНЕНИЯ К § 40 - 42

[1] We could send you a quotation for ore containing 85 per cent of MnO_2 **if such quality should be** of interest to you. *Мы могли бы послать Вам предложение на руду, содержащую 85% MnO_2. если бы такое качество представляло для Вас интерес.*

[2] ... **before being put** on market. ... **прежде чем быть выпущенной** на рынок (или **прежде чем она будет выпущена** на рынок).

Before being put представляет собой форму герундия в страдательном залоге с предлогом before и выражает время.

[3] We believe that the results of the tests **will have** been **summarized** by the end of this year. *Мы полагаем, что результаты испытаний будут обобщены к концу этого года.*

Will have been summarized представляет собой форму будущего совершенного времени страдательного залога (Future Perfect Passive). Она употреблена для выражения будущего действия, которое совершится до указанного момента в будущем (by the end of this year).

[4] We hope that you will send us enquiries should **you need** (или **if you should need**) such

textiles later on. *Мы надеемся, что Вы будете посылать нам запросы,* **если Вам** **потребуются** такие ткани в будущем.

В придаточных условных предложениях типа *if you should need* союз *if* может быть опущен, и в этом случае *should* ставится на первое место перед подлежащим.

§ 43. OFFER OF CAVIAR

Moscow, 27th January, 19 ...

Dear Sirs,

<u>Caviar of 19... Preparation</u>

We are obliged for your enquiry of the 23rd January and have pleasure in offering as follows:

1. DESCRIPTION AND QUANTITY: Barrelled Caviar in bulk of 19... preparation, viz.:

Beluga Caviar	5,000 lbs.
Osetrova Caviar	4,000 lbs.
Pressed Caviar	3,000 lbs.
Total	12,000 lbs. net weight.

We reserve the right to increase or decrease each of these quantities by 15 per cent.

2. QUALITY: First quality in accordance with Government Standards of Russia and/or[1] Sirius's standards. We undertake to submit, as final proof of quality, certificates of the State Inspection of Russia for Quality.

3. PRICES:

...per pound net	for Beluga Caviar.
...ditto	for Osetrova Caviar.
...ditto	for Pressed Caviar.

These prices are strictly net f. a. s. Petersburg.

4. TERMS OF PAYMENT: In pounds sterling[2] net cash against shipping documents by an irrevocable and confirmed Letter of Credit to be opened by you by cable in our favour with the Bank for Foreign Trade of Russia, Moscow, for the full value of each lot to be shipped[3] under the contract. Each Letter of Credit is to be established within 3 days of receipt of our telegraphic advice of the readiness of the respective lot for shipment and is to be valid for 30 days.

5. SHIPMENT: We could ship the goods from Petersburg in separate lots, when ready for shipment, and in assortment at our option, in the following approximate periods:

In June - August, 19 ..., about 4,500 lbs.
In September - December, 19 ..., about 7,500 lbs.

All other terms are stated in the enclosed Form of Contract.
This offer is subject to your acceptance within 6 days of this date.
We look forward with interest to your reply.

Yours faithfully,
. . . .

Enclosure.

Приложение

Слова и выражения

barrelled упакованный в бочки, бочковый
in bulk *зд.* без расфасовки, нерасфасованный; **barrelled caviar in bulk** нерасфасованная бочковая икра
to reserve сохранять, резервировать; **to reserve the right** сохранять за собой право
to increase увеличивать (на - by, до - to); **to increase the quantity by 15% (to 100 tons)** увеличить количество на 15% (до 100 тонн)
to decrease уменьшать (на - by, до - to)
quality качество; сорт; **first quality** первый сорт;
standard стандарт; **Government standard** государственный стандарт
to undertake (undertook, undertaken) 1. обязаться, взять на себя обязательство; 2. предпринимать
proof доказательство; **final proof of quality** окончательное доказательство, окончательное подтверждение качества; мн. ч. **proofs** доказательства
certificate сертификат, свидетельство
the State Inspection of Russia for Quality Государственная инспекция России по качеству
net (*или* nett) чистый, нетто; **per pound net** за фунт чистого веса
ditto (*сокр.* do) то же (*употребляется в таблице или колонке во избежание повторения вышестоящих слов или цифр*)
strictly строго; **strictly net** строго без скидки
f.a.s. (*первые буквы слов* free alongside ship) франко вдоль борта судна, фас (*условие об обязанности продавца доставить товар за свой счет к борту судна так, чтобы судно могло принять груз своими разгрузочными приспособлениями*); **f.a.s. Peterburg** фас Петербург
as stated = as it is stated как указано
sterling стерлинги; **in pounds sterling** в фунтах стерлингов (*обратите внимание на отсутствие окончания s в слове sterling*)
net cash (*реже* by net cash) наличными без скидки
irrevocable безотзывный
letter of credit (*сокр.* L/C) аккредитив; **irrevocable and confirmed letter of credit** безотзывный и подтвержденный аккредитив; **to open a letter of credit with a bank** (*реже* in a bank) открыть аккредитив в банке
the Bank for Foreign Trade of Russia Банк для внешней торговли России
in our (your, their etc.) favour в нашу (вашу, их и т. д.) пользу; на наше (ваше, их и т. д.) имя
lot партия (*товара*); **in lots** партиями
to establish a letter of credit = to open a letter of credit
telegraphic телеграфный
advice извещение (о - of); *синоним* **notification**
readiness готовность
respective соответствующий
valid действительный
when ready for shipment по мере готовности к отгрузке
assortment ассортимент;
in assortment в ассортименте
approximate приблизительный
period период; срок
from this date = from the date of this letter

ПОЯСНЕНИЯ К § 43

[1] **Government standards of Russia.** *Государственные стандарты России и/или стандарты Сириуса.*
Употребление одновременно двух союзов and и or в данном примере означает, что продавцы при поставке товара могут использовать следующие возможности: а) часть товара поставить по государственным стандартам, а остальное количество - по стандартам фирмы;

б) весь товар поставить по государственным стандартам; в) весь товар поставить по стандартам фирмы.

Payment is to be made in U.S.A. dollars and/or pounds sterling. *Платеж должен быть произведен в долларах США и/или фунтах стерлингов.*

Такое условие дает покупателям право уплатить либо часть суммы в долларах и часть в фунтах, либо всю сумму в одной из этих валют по их усмотрению.

[2] ... in pounds sterling ... *в фунтах стерлингов.*

Слово sterling *стерлинги, стерлинговый* раньше употреблялось в Англии по отношению к золотым и серебряным монетам со значением *установленной пробы, установленной ценности.* В настоящее время sterling при слове pound(s) употребляется в смысле: *установленными в Англии деньгами* или в *английской валюте.*

Во внутренней торговле Англии слово sterling в обозначениях денежных сумм очень часто опускается.

Во внешней торговле sterling при слове pound(s) употребляется, когда хотят указать, что речь идет именно о британской валюте.

[3] ...the value, of **each lot to be shipped** under the contract ... *стоимость каждой* **партии, которая, должна быть отгружена** (*или* **будет отгружена**) *по контракту.*

Инфинитив to be shipped (Indefinite Infinitive Passive) употреблен здесь в качестве определения к существительному lot и равен по значению определительному придаточному предложению со сказуемым, выражающим долженствование или будущее время: ... the value **of each lot to be shipped** under the contract = ... the value **of each lot which is to be shipped** (или **which will be shipped**) under the contract.

§ 44. QUOTATION FOR A PORTABLE COMPRESSOR STATION

Moscow, 25th May, 19 ...

Dear Sirs,

We thank you for your enquiry of the 19th May and have pleasure in offering you the equipment specified below on the terms and conditions stated herein including those printed on the reverse side of this tender.

SPECIFICATION: One Portable Compressor Station Type КСЭ-5, coupled with an electric motor mounted on a welded frame, designed for supplying various pneumatic tools with compressed air:

        Capacity-5 cu. m. / min. (= 175 cu. ft. / min.)
        Pressure - 7 atm.
        Speed   -730 r. p. m.
        Weight - 1,500 kg. (= abt. 3,300 Ibs.)

Приложение

Overall dimensions:

Length -2,130 mm. (=6,98¹ ft.)
Width -1,030 mm. (=3,38 ft.)
Height -1,258 mm. (=4.12 ft.)

The Compressor is delivered with aSlipring Electric Motor A. C., 3 Phase, 50 cycles, 400/440 volts, a Starting Rheostat and a standard set of spare parts and accessories.
PRICE: The total price of the Compressor with the electric motor, spare parts and accessories is ... c.i.f. Bombay including packing in three strong boxes.
PAYMENT: Out of an irrevocable, confirmed and divisible Letter of Credit to be valid for 90 days.
SHIPMENT: Within 12 weeks of the date of signing the contract.
VALIDITY of TENDER: The Tender is open for acceptance within 30 days of the date of its issue.
Should you find the above data insufficient in any respect, we shall be glad to send you any further information you may desire.

Yours faithfully,
....

Слова и выражения

on the terms and conditions на всех условиях
herein в этом документе, здесь
reverse side оборотная сторона
portable compressor station переносная компрессорная установка
to couple присоединять
to mount устанавливать, монтировать
welded frame сварная рама
to design конструировать, проектировать
pneumatic пневматический **compressed air** сжатый воздух
capacity производительность, мощность
cu. m./min.= cubic metres per minute кубометры в минуту
cu. ft./min. == cubic feet per minute кубические футы в минуту
atm.=atmospheres атмосферы
speed скорость
r.p.m. = revolutions per minute обороты в минуту
length длина
mm.= millimetres миллиметры

width ширина
height высота
kg. = kilogram килограмм; *мн. ч.* **kgs.**
slipring electric motor электрический мотор с контактными кольцами
A. C. = alternating current переменный ток
phase фаза
cycle период *(переменного тока)*
starting rheostat пусковой реостат
set набор, комплект
total общий (в *смысле* совокупный, весь)
spares (*или* **spare parts**) запасные части
validity действительность, срок действия
issue выпуск, выдача
insufficient недостаточный
respect отношение; **in any respect** в каком-л. отношении; **in one respect** в одном отношении; **in all (many) respects** во всех (многих) отношениях; **in respect of something** в отношении чего-л.

§ 45. GENERAL CONDITIONS OF SALE
(Reverse Side of the Offer)

1. ACCEPTANCE: The acceptance of this tender includes the acceptance of the following terms and conditions unless[2] there is a special agreement to the contrary in respect of any of them.

2. VALIDITY: No order shall be binding on the Sellers until confirmed by them in writing. The tender may be withdrawn or the price and/or the terms quoted may be altered in any respect before the order has been received and accepted by the Sellers.

3. QUALITY: Unless otherwise specified, the quality of the goods shall be in conformity with the corresponding Russia's Standards or in the absence of such standards with the technical specifications adopted by the manufacturing plant and confirmed by Certificates of Quality. The Sellers reserve the right without special consent of the Buyers to introduce alterations of minor importance which do not affect materially the quality and the price of the goods.

4. PRICE: The price includes the cost of a standard set of spare parts if such parts are required. Erection costs or technical service, if any, are not included in the price and will be charged extra.

5. DELIVERY: The tender is made subject to prior sale. The time indicated for shipment shall be reckoned from the date of the contract or of the Sellers' confirmation of the order. The date of delivery shall be considered for land transport - the date on which the goods pass Russia's border and for sea transport - the date of the Bill of Lading.

6. PAYMENT: Unless some other arrangement is made, payment shall be effected out of an irrevocable, confirmed and divisible Letter of Credit to be established by the Buyers in favour of the Sellers with the Bank for Foreign Trade of Russia, Moscow, within 15 days of receipt of the Sellers' notification of the readiness of the goods for shipment.

Unless otherwise specified, the Letter of Credit is to be valid for 90 days, all Bank charges being[3] at the expense of the Buyers.

7. GUARANTEE: The technical data given by the Sellers and the high quality and normal operation of the equipment are guaranteed for the period stated in the contract or in Sellers' confirmation of the order. Should the equipment prove to be defective during the guarantee period, the Sellers undertake to replace or repair any defective part free of charge. The guarantee shall not apply to normal wear or damage caused by improper storage, inadequate or careless maintenance.

Слова и выражения

unless если не, если только не
to the contrary в противоположном смысле, о противном; **on the contrary** наоборот
to withdraw (withdrew, withdrawn) отзывать
otherwise иначе
unless otherwise specified = **unless it is otherwise specified**

corresponding соответствующий
absence отсутствие; **in the absence of** в отсутствие (или в случае отсутствия) кого-л., чего-л.
to adopt принимать
consent согласие
to introduce вводить, вносить
alteration изменение

Приложение

minor незначительный, второстепенный; *антоним* **maj*or*** значительный; крупный, первостепенный; **to be of minor (major) importance** иметь второстепенное (первостепенное) значение
to affect something влиять на что-л.
materially существенно
erection монтаж, установка
erection costs стоимость монтажа
if any *зд.* если они имеют место
to reckon считать
to pass проходить
border граница
arrangement соглашение
divisible делимый
notification извещение, уведомление *(письменное); синоним advice*
charges расходы; **bank charges** банковские расходы; банковская комиссия

at the expense of за счет кого-л. **operation** *зд.* работа
to prove 1. оказываться; 2. доказывать
defective дефективный, неисправный; **to prove to be defective** (*или* **to prove defective**) оказаться дефектным, неисправным
to replace заменить (*чем-л.*- by something)
to repair ремонтировать
free of charge бесплатно
to apply применять(ся) (к -to); распространяться) (на-to)
wear износ
damage повреждение (чего-л. - to something)
to cause причинять, вызывать
improper несоответствующий, неправильный
storage хранение; складирование

ПОЯСНЕНИЯ К § 44 - 45

[1] 6.98 tt.
В английском обозначении десятичных дробей целое число отделяется от дроби точкой (в отличие от запятой в русском обозначении). Точка читается point (6.98 ft.- six point nine eight feet). Нуль читается nought (2.06 - two point nought six). Когда целое число равно нулю, оно часто не читается (0.26 - nought point two six или point two six).

[2] ...unless there is a special agreement to the contrary. ... *если только не имеется особого соглашения о противном.*
Союз придаточного предложения unless *если не, если только не* заключает в себе отрицание и поэтому глагол (is) стоит в утвердительной форме.

[3] ... the Letter of Credit is to be valid for 90 days, all bank **charges being at the expense of the Buyers.** ... *аккредитив должен, быть действителен в течение 90 дней,* **причем все банковские расходы относятся за счет покупателей.**

...all bank charges being at the expense of the Buyers ... представляет собой независимый причастный оборот, в котором причастие относится не к подлежащему или к дополнению предложения, а к существительному в общем падеже, стоящему перед причастием (all bank charges). Такие обороты, отделяемые в предложении запятой, выражают либо сопутствующее обстоятельство, которое переводится предложением с союзом *причем, а,* либо обстоятельство времени, причины или условия, которое переводится соответствующим придаточным предложением. Самостоятельные причастные обороты часто встречаются в документах, разговорной же речи они несвойственны.

§ 46. QUOTATION FOR RUBBER PROCESSING EQUIPMENT

London, 20th December, 19....

Dear Sirs,

With reference to your enquiry of the 10th November last and to the recent discussions with your experts in Moscow, we are prepared to supply you with complete equipment for a Synthetic Rubber Crumb Processing Plant in accordance with the enclosed detailed specification showing three groups of machinery and spares (A, B and C) required for the normal running of the plant and indicating prices for each item separately.

PRICES: Packed and f. o. b. British port:

	Machines	Spares	Total
Group A	£ 150,000	£ 20,000	£ 170,000
Group B	£ 120,000	£ 10,000	£ 130,000
Group C	£ 80,000	£ 5,000	£ 85,000

Total price for the complete equipment - £385,000 (three hundred and eighty-five thousand pounds sterling), Subject to: Our Conditions of Sale enclosed herewith.

Note: This quotation is subject to your immediate acceptance.

TERMS: Net cash in effective pounds sterling in the U. K. as follows:

10% (ten per cent) of the total amount of the order to be paid in advance in London through the Moscow Narodny Bank, Limited, London, within 15 days of the receipt by yourselves in Moscow of our confirmation of the order.

90% (ninety per cent) of the total amount of each part delivery to be paid in London through the Moscow Narodny Bank, Limited, London, within 45 days of the date of dispatch to you of the following documents:

Full set of clean "on board" Bills of Lading made out to order of "Sirius"
Invoice in triplicate.
Packing lists in triplicate.
Our letter of guarantee as to the quality of the equipment delivered.
Test certificate of the equipment delivered.
Photostatic copy of the corresponding export licence, if required.

Delivery to commence[1] in six to eight months and to be completed in twelve to sixteen months from the date of your final instructions enabling us to proceed to the execution of the order.

Note: This offer does not include the erection of the equipment or any electrical wiring.

GUARANTEE: The equipment is guaranteed for a period of 12 months after despatch against defective material and bad workmanship.

We look forward with interest to your reply.

Yours faithfully,
....

Enclosures: Specification
(24 pages).
Conditions of Sale.

Приложение

Слова и выражения

to process обрабатывать, перерабатывать; **rubber processing equipment** оборудование для обработки каучука
expert эксперт, специалист
synthetic rubber crumb processing plant завод для обработки крошки синтетического каучука
detailed подробный
running *зд.* работа
terms = **terms of payment**
in advance предварительно, в качестве аванса
the Moscow Narodny Bank, Limited Московский народный банк *(название российского банка в Лондоне)*
by yourselves = **by you**
part delivery частичная поставка, частичная сдача
clean bill of lading чистый коносамент *(не содержащий оговорок о повреждении груза, упаковки и т. п.)*
"on board" bill of lading бортовый коносамент *(коносамент на груз, фактически погруженный на судно, в отличие от* **"received for shipment" bill of lading** *коносамент на груз, принятый для погрузки)*
to make out выписывать *(о документе)*

to order приказу; **to our (your) order** нашему (вашему) приказу; **a bill of lading made out to order of somebody** коносамент, выписанный приказу какого-л. лица; **full set of clean "on board" bills of lading made out to order of "Sirius"** полный комплект чистых бортовых коносаментов, выписанных приказу фирмы "Сириус"
packing list упаковочный лист
photostatic фотостатический, светокопировальный; **photostatic copy** светокопия
licence *(или.* **license**) лицензия
to commence начинать(ся) *(в разговорной речи. не употребляется);* синонимы, **to begin, to start**
to enable дать возможность; **to enable somebody to do something** дать возможность кому-л. сделать что-л.
to proceed приступить (к- то)
execution исполнение
note примечание
electrical wiring установка электрических проводов
to guarantee against something гарантировать от чего-л.

§ 47. CONDITIONS OF SALE

The acceptance of this tender includes the acceptance of the following terms and conditions:

1. This tender is subject to written or fax confirmation of the order.

2. We undertake that the machinery manufactured by us shall be of good material and of sound workmanship and that we will eliminate any defects or replace any defective parts therein, particulars of which are given to us in writing, within six months of delivery and which are proved to be due solely to the use of defective materials or bad workmanship, any defective parts replaced to be[2] our property. Any machinery not of our own manufacture included in this tender is sold under such warranty only as the makers give us, but is not guaranteed by us in any way.

3. In the case of machinery for export, we do not accept any responsibility for damage during transit.

4. This tender is based upon the cost of labour, material and services ruling at the date hereof and, if by reason of any increase or decrease therein before delivery the actual cost to us shall increase[3] or decrease, the price shall be adjusted accordingly.

5. All descriptive and forwarding specifications, drawings and particulars of weights and dimensions submitted with this tender are approximate only, and the descriptions and illustrations con-

Приложение

tained in our catalogues, price lists and other advertising matter, are intended merely to give a general idea of the goods described therein and none of these shall form part of the contract.

6. In the case of machinery for export, packing cases are not returnable and no allowance will be made in respect of them.

7. The time for delivery stated in this tender is an estimate only.

8. Notwithstanding any agreed terms of payment, the machinery is not sold and delivered on credit, but on condition that the ownership therein shall not pass to the Purchaser until it is fully paid for.

9. All machinery included in this tender, after delivery by us, is at the Purchaser's risk, notwithstanding our property therein, and should be insured by the Purchaser.

Слова и выражения

to cable somebody something (*или* **to cable something to somebody**) телеграфировать кому-л. что-л.; **cabled confirmation** телеграфное подтверждение
sound workmanship хорошее качество изготовления; хорошая отделка
to eliminate устранять
therein == **in it, in them**; *зд.* **in the machinery** в оборудовании
solely исключительно, только
use использование
which are proved to be solely due to the use в отношении которых доказано, что они вызваны исключительно использованием
property собственность, право собственности (*на* - in)
warranty гарантия; *синоним* guarantee; **under such a warranty as** с такой гарантией, с какой
maker производитель, фабрикант, изготовитель
in any way каким-л. образом
labour рабочая сила
ruling действующий
hereof *зд.* **of this** tender этого предложения
by reason of вследствие, из-за, по причине чего-л.; *синоним* **owing to**
actual фактический, действительный

cost to us себестоимость
  to adjust уточнять
forwarding транспортный; экспедиторский; транспортирование
advertising matter рекламный материал
to intend предназначать
merely только, лишь
general idea общее представление
packing case упаковочный ящик
returnable подлежащий возврату
allowance скидка; **to make an allowance** сделать скидку
time for delivery срок поставки
estimate оценка, наметка; смета; **to be an estimate only** являться только приблизительным
notwithstanding несмотря на
agreed договоренный, согласованный
credit кредит; **on credit** в кредит (*обратите внимание на отсутствие артикля перед* credit)
ownership собственность, право собственности (*на* - in)
to pass переходить (*к* - to)
to pay for something оплатить что-л.
risk риск; **to be at somebody's risk** находиться на чьем-л. риске
to insure страховать, застраховать

Приложение

ПОЯСНЕНИЯ К § 46-47

¹ Delivery **to commence** in six to eight months and **to be completed** in twelve to sixteen months. *Поставка* **начнется** *через шесть - восемь месяцев и будет закончена через двенадцать - шестнадцать месяцев.*

Инфинитив в форме Indefinite Infinitive встречается в торговых документах в функции сказуемого, выражающего долженствование или будущее действие с оттенком долженствования (to commence = is to commence, will commence; to be completed = is to be completed, will be completed). Такой инфинитив свойственен только языку документов и в разговорной речи не употребляется.

² ...any defective parts replaced to be our property. ... *причем любые замененные части должны быть нашей собственностью.*

Здесь имеет место так называемый самостоятельный инфинитивный оборот, состоящий из существительного в общем падеже (parts) и инфинитива (to be) с относящимися к нему словами. Такой оборот соответствует в русском языке предложению с союзом *причем* и с глаголом, выражающим долженствование (to be = are to be).

Самостоятельный инфинитивный оборот стоит в конце предложения и отделен запятой. В разговорной речи такой оборот не употребляется.

³ ...if the actual cost to us Bshall increase or decrease ... ... *если фактическая себестоимость увеличится* **или** *уменьшится ...*

Сказуемое в придаточном условном предложении выражено здесь сочетанием shall с инфинитивом (shall increase) и имеет то же значение, что и сочетание should с инфинитивом: if the cost shall increase = = if the cost should increase.

§ 48. EXPRESSIONS USED IN OFFERS AND CONTRACTS IN CONNECTION WITH TERMS OF PAYMENT

1. Cash on delivery (C. O. D.).
2; Cash with order (C. W. O.).
3. Sport cash.
4. Cash (*or* In cash) against first presentation of documents.
5. Terms: Net by (*or* against) a three months' draft from date of invoice.
6. Terms: 1.5% discount for cash in 14 days or net within 60 days with interest at 5 per cent. p. a.
7. 3 d/s D/P.
8. 60 d/s D/A.
9. Terms: 10 per cent with order, 20% within 3 days against shipping documents, and the balance against a 90 days' draft with interest at 5% p. a.
10. Payment is to be made by the Buyers in instalments successively as the machine is being completed at the Sellers' works, as follows: ...

Приложение

Слова и выражения

cash on delivery (*сокр.* C. O. D.) уплата наличными при доставке
with order при выдаче заказа (дословно: с заказом); (*обратите внимание на отсутствие артикля перед* order); **cash with order** (*сокр.* C. W. O.) наличными при выдаче заказа
spot место; **on the spot** на месте, немедленно; **spot cash** (*или* **cash on the spot**) немедленная уплата наличными
net без скидки, без вычетов
draft тратта, переводный вексель; синоним **bill of exchange; three months' draft** (*или* **draft at three months**) тратта со сроком платежа через три месяца, трехмесячная тратта
interest проценты (*доход на каждые 100 денежных единиц; с этим. значением употребляется только в ед. ч.*); **with interest at** (*или* at the rate of) 5 per cent с начислением 5% (*дословно:* с процентами в размере 5%)
p. a. == **per annum** в год; **5 per** cent p. a. 5 процентов годовых
d/s = days

D/P = documents against payment (документы за наличный расчет (*условие о выдаче покупателю грузовых документов только при уплате суммы счета наличными*); 3 d/s **D/P** платеж в течение трех дней наличными против документов
D/A = documents against acceptance документы против акцепта (*условие о выдаче покупателю грузовых документов после акцепта им тратты*); 3 d/s **D/A** платеж в течение трех дней путем акцепта тратты против документов
balance остаток, остающаяся сумма, остающееся количество
instalment частичный взнос; **payment in** (*или* **by) instalments** платеж частичными взносами (*или* частями), платеж в рассрочку
successively постепенно, последовательно
as по мере того как; **successively as the machine is being completed** постепенно, по мере того как будут заканчиваться операции по изготовлению машины

§ 49. EXAMPLE OF A CLAUSE PROVIDING FOR PAYMENT IN A CURRENCY DIFFERENT FROM THE CURRENCY OF THE PRICE

The price of the goods is ... USA dollars per English ton. Payment to be made[1] in pounds sterling and the amount to be paid1 is to be ascertained by converting the total amount of the invoice in USA dollars into pounds sterling at the London average close rate of telegraphic transfer on New York as published in the "Financial Times" on the day preceding the day of handing over .the documents by the Bank to the Buyers.

Слова и выражения

to provide for something предусматривать что-л.
currency валюта
U.S.A. = United States of America Соединенные Штаты Америки (США); **U.S.A. dollars** доллары США
to ascertain определять, устанавливать
to convert конвертировать, переводить; **to convert dollars into pounds sterling** переводить доллары в фунты стерлингов

rate курс; **vat the rate** по курсу; **at the average close rate** по среднему заключительному курсу
telegraphic transfer (*сокр.* T. T.) телеграфный перевод; *синоним* **cable transfer: at the London close** (*или* **closing**) **rate of telegraphic transfer on New York** по заключительному курсу телеграфных переводов в Лондоне на Нью-Йорк
to hand over передавать; вручать

Приложение

§ 50. EXAMPLE OF A CLAUSE PROVIDING FOR THE ACCEPTANCE BY BUYERS OF SELLERS' DRAFTS AGAINST DOCUMENTS

Payment to be made in pounds sterling by Bills of Exchange drawn by the Sellers on the Buyers for the value of each delivery at ... months from the date of the Bill of Lading. These Bills of Exchange to include interest at ... per cent per annum and are to be accepted by the Buyers on delivery to them of the Bill of Lading, invoice, check sheets and Letter of Guarantee. Stamp duty on the Bills of Exchange to be at the expense of ...

Слова и выражения

acceptance акцепт (надпись на векселе о согласии произвести платеж по нему)
bill of exchange переводный вексель, тратта; синоним **draft**
to draw (drew, drawn) выставлять, выписывать (о *тратте*); **to draw a bill of exchange at ... months** выставить тратту со сроком платежа в ... месяцев

to accept акцептовать
delivery *зд.* вручение, передача; **on delivery** при вручении
check sheet проверочный лист; контрольный список
stamp duty гербовый сбор; **stamp duty on the bill of exchange** гербовый сбор по векселю

§ 51. EXAMPLE OF A CLAUSE PROVIDING FOR PAYMENT IN INSTALMENTS BY ACCEPTANCES

Payment will be made in effective pounds sterling in London through the Moscow Narodny Bank, Ltd., London, as follows:

1. The Buyers shall pay in advance 10% of the total contract value against Sellers' invoice within thirty-five days of the date thereof. The Sellers will arrange for a first-class British bank to guarantee² the refund of this initial payment proportionately to the value remaining unexecuted in the event of cancellation of the contract by the Buyers in accordance with the terms of the contract. The bank guarantee, together with a photo-copy of the licence, if required, will be forwarded with the invoice.

2. The balance of 90% in respect of each consignment shall be paid as follows:

10% in cash within thirty-five days of presentation to the Moscow Narodny Bank, Ltd., in London of a complete set of original Bills of Lading (or Certificate of Receipt issued by the Buyers' Forwarding Agent) accompanied by three copies of invoices, two copies of specification, one copy of a Release for Shipment issued by the Buyers' Inspectors and one copy of Guarantee.

80% in ten equal instalments plus interest at the rate of four percent per annum by drafts drawn (in 2 copies for each instalment) at 24, 30, 36, 42, 48, 54, 60, 66, 72 and 78 months from the date of the Bill of Lading or Certificate of Receipt by the Buyers' Forwarding Agent.

3. Drafts representing the ten instalments are to be drawn by the Sellers on the Buyers and accepted by them and domiciled for payment at the Moscow Narodny Bank, Ltd., London, the acceptances to be returned³ to the Sellers for presentation in London at maturity.

Within 60 days of signing the contract, the Buyers will furnish the Sellers with a guarantee of the Bank for Foreign Trade of Russia for the amount of 80 per cent of the total value of the contract including interest charges. The amount of the guarantee will diminish automatically by the sums of the drafts paid by the Buyers.

Слова и выражения

thereof = of it; *зд.* of the invoice счета-фактуры
to arrange принимать меры; устраивать, обеспечивать
refund возврат; возмещение (*о денежных суммах*)
to arrange for a bank to guarantee the refund of a payment обеспечить гарантию банком возврата платежа
proportionately пропорционально; *синоним* **in proportion**
unexecuted неисполненный, невыполненный
in the event of something в случае чего-л.
cancellation аннулирование, отмена, расторжение
photo-copy фотокопия
consignment партия (*товара*), отгруженная партия
original оригинал, оригинальный; **original bill of lading** оригинал коносамента, оригинальный коносамент
to issue выдавать

forwardind agent экспедитор
release for shipment разрешение на отгрузку
plus плюс, с добавлением; *антонимы* **minus, less** минус за вычетом
to domicile домицилировать (*обозначить на векселе место платежа*)
acceptance акцептованная тратта; акцепт
maturity срок платежа; **at maturity** при наступлении срока платежа
to furnish предоставлять снабжать; **to furnish somebody with something** предоставить кому-л. что-л., снабдить кого-л. чем-л.
interest charges проценты, подлежащие уплате; причитающиеся проценты, начисленные проценты
to diminish уменьшаться (*на* - by, *до* - to)
automatically автоматически

ПОЯСНЕНИЯ К § 49, 51

[1] Payment to be made in pounds sterling, and the amount to be paid... *Платеж должен быть произведен в фунтах стерлингов, и сумма, которая должна быть уплачена...*
Первый инфинитив - to be made - употреблен в функции сказуемого (to be made = is to be made), а второй инфинитив - to be paid - в функции определения к существительному amount (to be paid == = which is to be paid).

[2] The Sellers will arrange for a first-class British bank to guarantee the refund of the initial payment... *Продавцы обеспечат (или примут меры), чтобы первоклассный английский банк гарантировал возврат первоначального платежа (или Продавцы обеспечат гарантию первоклассного английского банка на возврат первоначального платежа)...*
В оборотах, состоящих из существительного с предлогом for (for a bank) и инфинитива (to guarantee), действие, выраженное инфинитивом, относится к существительному с предлогом for. Данный оборот является сложным дополнением к глаголу will arrange и переводится на русский язык придаточным предложением или однозначным оборотом.

[3] ...the acceptances to be returned to the Sellers... ... *причем акцептованные тратты должны быть возвращены продавцу...*

ПРОДАЖА ТОВАРОВ ЧЕРЕЗ АГЕНТОВ
SALE OF GOODS THROUGH AGENTS

§ 60. PROPOSAL TO ACT AS AGENTS

Delhi, 15th Sept., 19...

"Sirius",
Moscow, Russia

Dear Sirs,

Our object in writing to you is to enquire[1] whether you would be willing to appoint us as your Agents for the sale of Compressors, Pumps and Blowers in India.

We have for some years past been representing the well-known British manufacturing concern of A. B. Brown & Co., Ltd., who have now established their own branch in Delhi.

We have considerable experience in the sale of different types of machinery and are sure that we could sell a large number of your machines annually.

We have large show-rooms in Delhi, Bombay and Calcutta where the machines could be shown to advantage.

If you should appoint[2] us as your Agents, we should charge a commission of 5 per cent. on the net amount of all invoices for the goods sold through us. We should also be prepared to accept the del credere, if you should so desire[2], for which we should charge a commission of 3/4 per cent.

For references you may apply to the City Bank of New Delhi, who would provide you with all information you might desire concerning our status.

We should be glad to hear whether our proposal is acceptable to you. If so, we should be pleased to receive the terms upon which you would be willing to entrust us with the sale of the machines in question as well as your prospectuses and illustrated catalogues with prices.

Yours faithfully,
....

Слова и выражения

to act действовать, работать, выступать
object цель; **our object in writing to you** цель настоящего письма
willing согласный, склонный
to appoint назначать; **to appoint somebody as agent** назначить кого-л. агентом
agent агент
pump насос

blower вентилятор
past прошлый, минувший; **for some years past** за последние несколько лет; **for some time past** за последнее время
well-known известный
concern концерн; **manufacturing concern** промышленный концерн
branch отделение
sure уверенный
show-room выставочный (*или* демонстрационный) зал (*образцов товаров*)
advantage выгода, преимущество; **to advantage** выгодно, хорошо **commission** комиссия, комиссионное вознаграждение
del credere (*или* **delcredere**) делькредере (*поручительство комиссионера за выполнение покупателем его финансовых обязательств*); **to accept the del credere** принять на себя делькредере
reference 1. рекомендация; 2. ссылка
to apply 1. обращаться (*к* - to); 2. применять(ся), распространяться
to provide with something снабжать чем-л., обеспечить что-л.
status (*или* **financial status**) финансовое положение
to entrust somebody with something (*или* **to entrust something to somebody**) поручить (*или* вверить) кому-л. что-л.
in question о котором идет речь; данный
prospectus (*мн. ч.* **prospectuses**) проспект, публикация (*рекламного характера*)

§ 53. POSSIBILITIES OF RECIPROCAL TRADING IN MACHINE-TOOLS BETWEEN A BRITISH COMPANY AND " SIRIUS"

1.

Sheffield, 20th October, 19...

Dear Sirs,

We refer to the recent discussions we had with Mr. A. B. Petrov of the Trade Delegation of Russia in London on the possibility of our supplying you with machine-tools manufactured by our company and in return distributing in Great Britain, as your exclusive Agents, specified Russian machines to an equal value.

We enclose catalogues of our range of machine-tools with complete technical information as well as a list of our today's prices.

On the other hand, we have carefully examined the catalogues and specifications given to us by Mr. Petrov and are attaching to this letter a list of Russian machines which, in our opinion, would be in demand in this country[3] and which it would be advisable for you to send us on consignment.

To further the matter[4], the writer and our Export Manager, Mr. Arnold Jackson, are prepared to travel to Moscow and have personal discussions with members of Sirius so that our proposal can be discussed in detail and an agreement reached to our mutual benefit.

During our discussions with Mr. Petrov he suggested that we should list the points which we would like to be clarified in Moscow and we enclose herewith an enumeration of such questions.

We look forward with much pleasure to your reply.

Yours faithfully,
....

Enclosures.

Приложение

2.

Moscow, 25th October, 19...

Dear Sirs,

We thank you for your letter of the 20th October. We have carefully considered your proposal and are pleased to advise you that we agree in principle that you should act as our Consignment Agents in Great Britain for the sale of machine-tools manufactured in Russia. We should also agree to purchase from you machines of your manufacture equal in value to the sales of our machines from consignment stock.

We shall be glad to meet here Mr. James Moore and Mr. Arnold Jackson and discuss with them the points listed by you as well as other problems connected with the sale of our machines in Great Britain, such as advertising, showrooms, technical service, del credere etc. with the view of working out a detailed consignment agreement. We suggest that the visit of your representatives should take place about the 10th November next. If this time is convenient for you, kindly let us know the date of their arrival in Moscow.

Yours faithfully,
....

Слова и выражения

reciprocal взаимный, обоюдный; **reciprocal trading** торговля на основе взаимности

Письмо 1

in return в обмен
exclusive agent единственный агент; монопольный агент
to an equal value равной стоимости, на равную сумму
our range of machine-tools наша номенклатура станков, производимые нами типы станков
on the one (on the other) hand с одной (с другой) стороны
to be in demand пользоваться спросом; **to be in good (in poor) demand** пользоваться хорошим (плохим) спросом
consignment 1. консигнация *(договор, по которому комитент продает комиссионеру товар для продажи со склада комиссионера - консигнационного склада)*; **to send goods on consignment** посылать товар на консигнацию; 2. отгруженная или отправленная партия (товаров)
to further продвигать, содействовать продвижению

the writer пишущий это письмо, нижеподписавшийся
export manager заведующий экспортным отделом
agreement соглашение, договор
benefit выгода; **to our mutual benefit** с выгодой для обеих сторон
to list составлять список; перечислять, вносить в список
to clarify сделать ясным, вносить ясность в; **the points which we would like to be clarified** вопросы, в которые желательно внести ясность
enumeration перечень, перечисление, список

Письмо 2

principle принцип; **in principle** в принципе; **on principle** из принципа
consignment agent консигнационный агент *(комиссионер, которому комитент передает товар для продажи со склада комиссионера)*
equal in value равный по стоимости
consignment stock склад
advertising реклама, рекламирование
with the view *of* (или **with a view to**) с целью *(с последующим герундием)*
to work out вырабатывать, составлять

Приложение

ПОЯСНЕНИЯ К § 52 - 53

1 Our object in writing to you **is to enquire** ... *Цель настоящего письма* **состоит в том, чтобы спросить**...

Сочетание глагола-связк и to be с инфинитивом (is to enquire) представляет собой составное именное сказуемое. To be в таком сказуемом переводится на русский язык словами *состоять в том чтобы, заключаться в том чтобы*.

2 **If you should appoint** us as your Agents ... *Если бы Вы поручили нам. Ваше представительство* ...

If you should so desire ... *Если бы Вы этого пожелали*...

3 ... in this country ...*в Англии*

4 **To further** the matter ... = **In order to push on** the matter... *Чтобы содействовать продвижению этого дела* ...

Инфинитив здесь употреблен для выражения цели.

§ 54. SALE OF WHEAT THROUGH BROKERS

1. On the 14th Oct., 19 ..., Mr. Donaldson of Messrs. Donaldson & Son, Grain Brokers, called on Messrs. Simpson and Jones, Brokers of Sojuzexport, and enquired on behalf of Messrs. Frank & Sons, Ltd., Millers, about two cargoes of 6,000 tons each of Winter Wheat for shipment in November and November/December 19 ... . The negotiations which took place at that meeting are seen from the following letter sent on October 15th by the Brokers to Sirius, Moscow:

London, 15th October, 19 ...

Dear Sirs,

Mr. Donaldson of Messrs. Donaldson & Son, Grain Brokers, paid us a visit yesterday and enquired whether we were in a position to supply their Principals, Messrs. Frank & Sons, Ltd., Millers, with two cargoes of about 6,000 tons each of South Russian Winter Wheat for shipment in November and November-December, 19 ... .

We acquainted Mr, Donaldson with samples Nos. 421 and 441 received by us last week, and must say that he was favourably impressed by sample No. 421, intimating he was sure it would meet the requirements of his Principals.

However, he desired to receive their approval before definitely settling any business.

We agreed to this arrangement, subject to[1] his reply reaching us by Thursday, 18th October, and gave him our idea of the price at 32 pounds per English ton.

We will keep you informed of any further developments.

Yours faithfully,
....

---

2. Messrs. Frank & Sons, Ltd., approved the samples submitted to them by their Brokers, but desired the shipment of the first cargo to be made during the second half of November or the first half of December, and that of the. second cargo during the second half of December or the first half of January. The Brokers of Sirius accordingly informed Siorius by air-mail asking them for their confirmation by fax:

Приложение

London, 17th October, 19 ...

Dear Sirs,

Further to our letter of October 15th, we are pleased to inform you that Messrs. Frank & Sons, Ltd., Millers, have approved sample No. 421 of South Russian Winter Wheat presented to them by their Broker Mr. Donaldson.

It appears, however, that the Buyers desire the first cargo to be shipped[2] during the second half of November or the first half of December. The shipment of the second cargo must take place during the second half of December or the first half of January.

Kindly let us know by cable whether you agree to this postponement of the shipping dates. We presume that we shall be able to fix the price mentioned in our letter of the 15th October.

Yours faithfully,

....

3. Telegram sent on 20th Oct. by "Sirius" to their Brokers, confirming postponement of shipping dates:

"GRAINBROKERS LONDON-YOURS SEVENTEENTH OCTOBER AGREE SHIPMENT ONE CARGO SECOND HALF NOVEMBER FIRST HALF DECEMBER SECOND CARGO HALF DECEMBER FIRST HALF JANUARY SIRIUS".

4. Telegram sent by the Brokers on the 21st Oct., advising Sirius of the sale of two cargoes of Wheat on sample 421:

"SIRIUS MOSCOW-SOLD TWO CARGOES WHEAT SAMPLE 421 ABOUT SIX THOUSAND TONS TEN PER CENT EACH PRICE THIRTYTWO POUNDS PER ENGLISH TON CIF HULL SHIPMENT FIRST CARGO SECOND HALF NOVEMBER FIRST HALF DECEMBER SECOND CARGO SECOND HALF DECEMBER FIRST HALF JANUARY GRAINBROKERS".

5. The above telegram was confirmed on the same day by a letter of the Brokers, in which they also informed Sirius of favourable prospects of further business with the same Buyers:

London, October 21, 19 ...

Dear Sirs,

We confirm our telegram sent you today concerning the sale of two cargoes of Winter Wheat on sample No. 421, reading decoded as follows:

"SOLD TWO CARGOES WHEAT SAMPLE 421 ABOUT SIX THOUSAND TONS TEN PERCENT EACH PRICE THIRTYTWO POUNDS PER ENGLISH TON CIF HULL SHIPMENT FIRST CARGO SECOND HALF NOVEMBER FIRST HALF DECEMBER SECOND CARGO SECOND HALF DECEMBER FIRST HALF JANUARY".

Our Buyers, Messrs. Frank & Sons, Ltd., have assured us that if the quality of these two cargoes suits their requirements as a component part of a mixture of flour which they intend to introduce on the local market, they will be interested in further quantities of this wheat, provided[3] you could guarantee a regular supply at definite intervals, approximately of one cargo of about 6,000 tons each month.

We wish to draw your attention to the fact that Messrs. Frank & Sons, Ltd., have been buying wheat for the past few years and that business with them has been done to the satisfaction of all concerned.

As soon as the contract is drawn up, we shall send you a copy of it.

Yours faithfully,

....

ENGL.: Advice of Sale.

Приложение

6. Letter enclosing contract forms for two cargoes of wheat sold:

London, 25th October, 19 ...

Dear Sirs,

We enclose two copies of contracts Nos. 65 and 66 dated 24th October, covering the sale of two cargoes of 6,000 tons each of Winter Wheat, sample No. 421, to Messrs. Frank & Sons, Ltd., Hull.

Yours faithfully,
....

ENCL.: 2 Contract Forms.

---

7. Sirius chartered for the execution of these contracts two steamers of 6,000 tons, 10 per cent more or less, each.

About 10 days before the expected arrival of the first vessel intended for the first cargo, the Owners informed the Charterers that the s.s. "Fairfield" had been in collision with another vessel during a dense fog in the Mediterranean and was towed to Genoa disabled. The vessel was therefore unable to arrive at the loading port before the 15th of Sirius took urgent steps to replace the "Fairfield" by another prompt vessel, but without success.

Having at their disposal another vessel ready to load about the 6th December, but of a larger size, Sirius requested the Buyers to accept, instead of 6,000 tons, 10 per cent more or less, a larger cargo of 6,500 tons, 10 per cent more or less, and accordingly wrote to their Brokers asking them to communicate with Messrs. Frank & Sons, Ltd.:

Moscow, 25th November, 19 ...

Dear Sirs,

<u>Contract No. 65</u>

We have received from Messrs. Cardigan & Laurence, Owners of the s.s. "Fairfield", the following telegram dated London, 24th November, reading decoded as follows:

"S. S. FAIRFIELD CHARTER-PARTY 28TH OCTOBER REGRET TO INFORM UNABLE ARRIVE LOADING PORT BEFORE DECEMBER FIFTEENTH OWING TO COLLISION MEDITERRANEAN DURING DENSE FOG STEAMER TOWED GENOA REPAIRS STOP SHALL COMMUNICATE UPON RECEIPT DETAILS".

This vessel, placed by us against Contract No. 65, was to arrive in the Black Sea about the 6th December.

Owing to the collision, however, it is quite evident that the vessel will not be able to arrive at the loading port in time for shipping the cargo in question.

We have done all we could to secure another boat of this size, but there is practically no chance of finding a vessel which could guarantee the required position.

In view of the above, we have carefully investigated the position of all tonnage chartered by us and, after considerable changes in our loading program, find we could arrange shipment by another vessel[4] at the time required, the only obstacle being the size of the vessel[4] which is of 6,500 tons, 10 per cent.

Приложение

> We greatly regret this unforeseen complication, but in the circumstances, the only thing that remains for us to do is to request the Buyers to accept against Contract No. 65 a cargo of 6,500 tons, 10 per cent more or less, instead of 6,000 tons, 10 per cent more or less, as stipulated in the contract.
>
> We ask you therefore to communicate urgently with the Buyers and to use your best endeavours to settle the matter.
>
> Yours faithfully,
"Sirius"

8. Brokers request the Buyers to increase the cargo:

URGENT

London, 27th November, 19 ...

Dear Sirs,

Contract No. 65 Winter Wheat

We confirm our telephone conversation of today with Mr. Brown and enclose a copy of a letter received by us from "Sirius", Moscow, regarding the shipment of the above cargo.

The letter being self-explanatory[4], we would only add[5] that the difficulties which have arisen in this case through no fault of our friends have already caused them much trouble, and they would greatly appreciate it if you saw your way to meet their request to increase the cargo up to 6,500 tons in view of the absence of other suitable tonnage.

Hoping to receive your early reply,
We are,

Yours faithfully,
....

ENCL. 1.

---

9. Having considered the above communication, the Buyers informed the Brokers of Sirius of their agreement to increase the contract quantity, provided Sirius agreed to ship the goods not before 12th December:

Hull, 28th November, 19 ...

Dear Sirs,

Contract No. 65

We acknowledge receipt of your letter of the 27th inst. together with a copy of a letter of "Sirius", Moscow, and have noted their contents.

We wish to inform you that the increase of the cargo by 500 tons as requested by the Sellers would practically mean to us storage expenses on the above quantity for a period of at least two weeks, as the requirements of our mills for the coming month are fully covered by the quantity originally stipulated in the contract.

Nevertheless we are willing to increase the cargo up to 6,500 tons, 10 per cent more or less, provided "Sirius" agree to ship the cargo not before the 12th December.

Yours faithfully,
....

Приложение

10. Telegram from the Brokers advising Sirius of the Buyers' consent (sent on November 29):

"SIRIUS MOSCOW - YOUR LETTER 25 NOVEMBER CONTRACT 65 BUYERS AGREE INCREASE CARGO SIXTHOUSAND FIVEHUNDRED TONS TEN PER CENT PROVIDED SHIPMENT NOT BEFORE TWELFTH DECEMBER CABLE URGENTLY GRAINBROKERS".

11. Sirius confirmation:

"GRAINBROKERS LONDON - YOUR TELEGRAM 29 NOVEMBER CONTRACT 65 CONFIRM SIXTHOUSAND FIVEHUNDRED TONS TEN PER CENT SHIPMENT NOT BEFORE TWELFTH DECEMBER SIRIUS".

Слова и выражения

Письмо 1

wheat пшеница
broker брокер (*посредник между продавцом и покупателем при заключении сделок*)
grain broker брокер по продаже зерна
on behalf of от имени
miller мельник; **millers** *зд*. владельцы мельничных предприятий
cargo груз (*в договорах купли-продажи массовых и, в частности, биржевых, товаров слово cargo иногда понимается как полный пароходный груз; в таких случаях, если продавец, продавший товар на условиях сиф желает оставить за собой право перевозить на судне также товары для других покупателей, он включает в договор соответствующую оговорку*)
winter wheat озимая пшеница
principal доверитель, комитент
favourably благоприятно
to intimate указывать, намекать
approval одобрение, утверждение
definitely определенно; окончательно
to settle решать, разрешать; улаживать, урегулировать; **to settle the business** договориться о сделке, заключить сделку
arrangement мероприятие, план
idea of the price представление о цене
developments события

Письмо 2

to approve одобрять
further to our letter в дополнение к нашему письму, возвращаясь к нашему письму
to present представлять; (*при глаголе to present дополнение, отвечающее на вопрос кому?, всегда стоит с предлогом to*) **to present to somebody** представлять кому-л.
it appears that оказывается, что
postponement отсрочка
shipping date срок отгрузки
to presume полагать

Письмо 3

Crainbrokers условный адрес для телеграмм, посылаемых брокерской фирме по зерну

Письмо 4

10 percent *сокращение выражения* **10 per cent. more or less**

Письмо 5

to suit (*или* **to meet**) **the requirements** удовлетворять требованиям
component составной
mixture смесь
flour мука

Приложение

Письмо 7

charterer фрахтователь *(лицо, нанимающее судно)*
collision столкновение; **to be in collision** столкнуться *(или* иметь столкновение*)*
dense густой
fog туман
to tow буксировать
Genoa Генуя
disabled *зд.* лишенный возможности самостоятельно передвигаться
to be ready to load быть готовым к погрузке
urgent срочный
step шаг, мера; **to take steps** принимать меры
prompt vessel промптовое судно *(могущее стать под погрузку в короткий срок)*
disposal распоряжение; **at somebody's disposal** в чье-л. распоряжение *(или* в чьем-л. распоряжении*)*
to communicate сноситься
repairs ремонт
to place a vessel against a contract назначить судно для выполнения контракта
evident очевидный
in view of ввиду
to investigate изучить, исследовать; расследовать
loading programme план погрузки
only *зд.* единственный

obstacle препятствие
unforeseen непредвиденный
complication осложнение
urgently срочно
endeavour старание; **to use the best endeavours** прилагать все усилия
to settle the matter урегулировать *(или* уладить*)* вопрос

Письмо 8

self-explanatory говорящий сам за себя
fault вина; **through no fault of our friends** не по вине наших друзей
to see one's way to do *(или* in doing*)* **something** находить возможным сделать что-л.
up to = to до (up to *употребляется для подчеркивания увеличения количества, меры, суммы); антоним* **down to**

Письмо 9

communication сообщение, извещение
mill мельница; завод
to cover покрывать, обеспечивать
originally первоначально
nevertheless тем не менее; все же

ПОЯСНЕНИЯ К § 54

1 ...**subject to his reply reaching us** ... *при условии, что его ответ поступит к нам*
2....the Buyers **desire the first cargo to be shipped** ... *покупатели желают, чтобы первый груз был отгружен...*

Сочетание существительного в общем падеже без предлога с инфинитивом - the first cargo to be shipped - представляет собой оборот "объектный падеж с инфинитивом", употребленный после глагола, который выражает желание (to desire). Когда в этом обороте вместо существительного употреблено местоимение, оно ставится в объектном падеже без предлога.

Такие обороты выполняют в предложении функцию сложного дополнения и переводятся на русский язык придаточным предложением, начинающимся с союза *чтобы*.

Приложение

3 ...provided you could guarantee ... = provided that you could guarantee..-... *при условии если Вы могли бы гарантировать*...

4 ...we could ship the cargo by another vessel..., **the only obstacle being the size of the vessel** ... ... *мы могли бы отгрузить этот груз другим судном...*, **причем единственным препятствием является размер судна**...

The letter being self-explanatory, we would only add... **Так как письмо говорит само за себя,** мы хотели бы только добавить...

Обороты **the only obstacle being the size of the vessel** и **the letter being self-explanatory** представляют собой самостоятельные причастные обороты. Первый из них выражает сопутствующее обстоятельство и переводится на русский язык предложением с союзом причем, а второй выражает причину и переводится придаточным предложением причины.

5 ...we would only add ... ... *мы хотели, бы только добавить*...

ДОГОВОРЫ В ЭКСПОРТНОЙ ТОРГОВЛЕ И ИХ ИСПОЛНЕНИЕ
CONTRACTS IN EXPORT TRADE AND THEIR PERFORMANCE

§ 55. FORM OF CONTRACT FOR THE SALE OF OIL PRODUCTS

Contract No.
For Oil Products in Bulk, c. i. f. Terms

Moscow   Date.......

This contract is made between Objedinenije "Prodexport" Moscow, hereinafter called "Sellers"[1] and .... hereinafter called "Buyers"[1], whereby it is agreed as follows:

1. SUBJECT OF THE CONTRACT

Sellers have sold and Buyers have bought c. i. f. ....

2. QUALITY

The goods sold under the present contract shall be[2] of the following specification: ....

3. PRICE

....

4. TIME OF DELIVERY

The goods sold under the present contract are to be delivered by Sellers and accepted by Buyers ....
The date of the Bill of Lading to be considered[3] as the date of delivery.

5. PAYMENT

Payment for the goods sold under the present contract is to be effected out of an irrevocable confirmed Letter of Credit to be opened by Buyers in ... with the Bank for Foreign Trade of Russia, Moscow, or with ... in favour of Sellers for the value of each lot of the goods to be shipped plus 10%. The Letter of Credit to be valid 45 days.
The Letter of Credit to be opened not later than 15 days before the agreed time of shipment of each lot of the goods. Expenses in connection with Ihe opening, amendment and utilization of the Letter of Credit to be paid by Buyers.

Should Buyers fail to open[4.] the Letter of Credit in time, they are to pay Sellers a fine for each day of the delay, but not more than for 20 days, at the rate of 0.1 per cent. of the amount of the Letter of Credit and in that case Sellers shall have the right not to load the tanker until the Letter of Credit has been opened. Should the delay in the opening of the Letter of Credit exceed 20 days, Sellers shall have the right to refuse to deliver the goods which were to be paid for out of this Letter of Credit. And in all the above cases demurrage and dead freight paid by Sellers in connection with the delay in the opening of the Letter of Credit are to be repaid by Buyers. Payment out of the Letter of Credit is to be made against presentation by Sellers to the Bank for Foreign Trade of Russia in Moscow of the following documents:

Commercial invoice.

....

Insurance Policy or Certificate of Ingosstrakh of Russia

In case of the opening of the Letter of Credit with another Bank, payment is to be made against a telegram of the Bank for Foreign Trade of Russia, Moscow, acknowledging the receipt of the above documents.

The rate of exchange of U. S. dollars into ....

....

....

6. DELIVERY AND ACCEPTANCE

The goods are considered to be delivered by Sellers and accepted by Buyers in respect to quantity: as per weight indicated. in the Bill of Lading in conformity with the measurements of the shore tanks at the port of loading, and in respect to quality: as per certificate of quality issued by a laboratory at the port of loading. The weight stated in the Bill of Lading is to be considered final and binding upon both parties.

Previous to the loading of the goods, 4 arbitration samples are to be taken from each of the shore tanks from which the goods are to be loaded in the carrying tanker. These samples to be sealed by Sellers as well as by the Captain of the tanker; 2 samples to be handed over through the Captain of the tanker at the port of unloading to Buyers or to another person according to Buyers' instuctions and the other 2 samples to be retained by Sellers. Both parties shall keep these samples for 2 months from the date of delivery. Should, however, a claim be presented by Buyers, the parties shall keep these samples longer until final settlement of the claim.

In case of a dispute on the quality of the goods in connection with divergencies in the analyses of the arbitration samples made by the Sellers' and Buyers' laboratories, an analysis which is to be final and binding upon both parties is to be made by a neutral laboratory agreed upon by the parties.

7. INSURANCE

Sellers are to insure the goods for their account against usual marine risks including risks of leakage exceeding 1% with Ingosstrakh of Russia in accordance with the Transport Insurance Rules of Ingosstrakh for the amount of the invoice value of the goods plus 10 per cent. The goods may be insured against war and other risks upon special request of Buyers and for Buyers' account. The Insurance Policy or Certificate of Ingosstrakh of Russia is to be made out in the name of Buyers or another person according to their instructions and is to be sent together with the other shipping documents.

8. TERMS OF TRANSPORTATION

(1) Sellers are to inform Buyers by telegraph or by telex not later than 5 days before the starting of loading of the name and capacity of the tanker, the date and port of shipment of the goods.

Furthermore, the Captain is to advise Buyers or their agent by cable of the forthcoming arrival of the tanker at the port of discharge 4 days before her arrival.

Sellers have the right to substitute one tanker for another informing Buyers thereof by cable or telex.

(2) On arrival of the tanker at the port of discharge, the Captain is to give Buyers' representative at this port a written notice of readiness of the tanker for discharging. The Captain is entitled to hand in the above notice at any time of the day or the night.

(3) Lay time to commence 6 hours after such notice of readiness is handed in by the Captain, berth or no berth. Sundays, holidays, time of stormy weather preventing discharging as well as time during which discharging operations could not be carried out owing to technical and other conditions depending on the tanker are not to be included in the lay time.

(4) Time allowed for tanker's discharging is fixed at 50 per cent. of the time stipulated in the Charter Party for loading and unloading.

The time allowed for unloading, however, is not to be less than:

for tankers of 1,000 tons deadweight arfd less - 18 running hours
for tankers from 1,001 up to 2,000 tons deadweight - 24 - " -
"   "   "   4,001   "   8,000 "   "   - 60 - " -
"   "   of   8,001   tons deadweight and over - 72 - " -

(5) Demurrage is to be paid at the rate stipulated in the Charter Party per day and pro rata for any part of the running day but not more than:

for tankers of   1 000 tons d. w. and less   - £ 175.0.
"   "   from 1,001 up to 2,000 tons d. w. - £ 200.0.0
"   "   "   2,001 " " 3,000 "   " " - £ 225.0.0
"   "   " 18.00. " " 21,000 "   " "   £ 725.0.0

9. CLAIMS

In case of non-conformity of the quality of the goods actually delivered by Sellers with the contract specification, any claim concerning the quality of the goods may be presented within two months of the date of delivery.

No claim shall be considered by Sellers after expiration of the above period.

No claim presented for one lot of the goods shall be regarded by Buyers as a reason for rejecting any other lot or lots of the goods to be delivered under the present contract.

10. CONTINGENCIES

Should any circumstances arise which prevent the complete or partial fulfilment by any of the parties of their respective obligations under this contract, namely: fire, ice conditions or any other acts of the elements, war, military operations of any character, blockade, prohibition of export or import or any other circumstances beyond the control of the parties, the time stipulated for the fulfilment of the obligations shall be extended for a period equal to that during which such circumstances last.

If the above circumstances last for more than 20 days, any delivery or deliveries which are to be made under the contract within that period may be cancelled on the declaration of any of the parties, and if the above circumstances last more than 40 days, each party shall have the right to discontinue any further fulfilment of their obligations under the contract in whole and in such cases neither of the parties shall have the right to make a demand upon the other party for compensation for any possible losses.

The party for whom it became impossible to meet its obligations under the contract shall immediately advise the other party as regards the beginning and the termination of the circumstances preventing the fulfilment of its obligations.

Certificates issued by the respective chamber of commerce of Sellers' or Buyers' country shall be sufficient proof of such circumstances and their duration.

11. ARBITRATION

Any dispute or difference which may arise out of or in connection with the present contract[5] shall be settled, without recourse to courts of law, by the Foreign Trade Arbitration Commission of Russia Chamber of Commerce in Moscow in accordance with the Rules for Procedure of the said Commission.

The awards of this Arbitration shall be considered final and binding upon both parties.

12. OTHER CONDITIONS

(1) Neither party is entitled to transfer its rights and obligations under the present contract to a third party without the other party's previous written consent.

Besides, Buyers are not entitled to resell or in any other way alienate the goods bought under this contract to any third country without Sellers' previous written consent.

(2) After the signing of the present contract all previous negotiations and correspondence between the parties in connection with it shall be considered null and void.

(3) All amendments and additions to the present contract are valid only if they are made in writing and signed by both parties.

(4) All taxes, customs and other dues connected with the conclusion and fulfilment of the present contract, levied within Russia, except those connected with the Letter of Credit, to be paid by Sellers, and those levied outside Russia to be paid by Buyers.

(5) Russia is regarded as the place of conclusion and fulfilment of the contract.

13. JURIDICAL ADDRESSES

Sellers: ....
Buyers: ....

      SELLERS   **BUYERS**
   (Signatures)   (Signatures)

Приложение

Слова и выражения

hereinafter ниже, в дальнейшем (в этом документе); **hereinafter called "Sellers" ("Buyers")** именуемый в дальнейшем "Продавцы" ("Покупатели")
whereby = by which которым, посредством которого; **contract ... whereby it is agreed as follows** договор ..., посредством которого стороны пришли к следующему соглашению (*или* договор ... о нижеследующем)

Пункт 1

subject предмет, содержание, существо (**договора**)

Пункт 5

amendment изменение
utilization использование
penalty пени, штраф, неустойка
at the rate of в размере
tanker танкер *(наливное судно)*
demurrage демередж, плата за простой *(судна)*
freight фрахт; **dead freight** мертвый фрахт *(плата за зафрахтованный, но неиспользованный тоннаж)*
to repay (repaid) возвращать, возмещать *(деньги)*
commercial invoice коммерческий счет, счет-фактура
insurance policy страховой полис
Ingosstrakh Ингосстрах
rate of exchange курс перевода, валютный курс; **rate of exchange of U. S. A. dollars into pounds sterling** курс перевода долларов США в фунты стерлингов

Пункт 6

in respect to (*или* of) в отношении; **in respect to quality (quantity)** в отношении качества (количества) *или* по качеству (количеству)
measurement измерение, замер
shore tank береговой резервуар
previous to = before
arbitration арбитраж; **arbitration sample** арбитражная проба
carrying tanker танкер, перевозящий груз

to seal опечатывать
to retain удерживать, сохранять у себя
claim претензия, рекламация; **to present a claim** предъявить претензию
in case of в случае чего-л.
dispute спор; **dispute on the quality** спор по качеству
divergency расхождение
neutral нейтральный

Пункт 7

to insure страховать (*от, против* - against; *у, в* - with)
account счет; **for somebody's account** за чей-л. счет; *синоним* **at somebody's expense**
marine морской
leakage утечка; **risk of leakage** риск от утечки
Transport Insurance Rules Правила транспортного страхования
upon request по просьбе
in the name of на имя кого-л.

Пункт 8

capacity грузоподъемность *(судна)*
furthermore == besides, in addition кроме того
forthcoming предстоящий
destination назначение; **port of destination** порт назначения
to substitute подставлять, заменять, замещать; **to substitute tanker B for tanker A** заменить танкер A танкером B (*или* назначить танкер B вместо танкера A); *синоним* **to replace**; **to replace A by B** A заменить B
on arrival по прибытии
notice извещение; нотис *(в морском деле)*; **notice of readiness of the tanker for discharging** извещение (*или* нотис) о готовности танкера к выгрузке
to entitle дать право, предоставить право; **to be entitled** иметь право (*или* быть вправе)
to hand in вручать
lay time стояночное время, сталийное время *(период времени, обусловленный в чартер-партии для погрузки и разгрузки* судна*)*; *синоним* **lay days**

Приложение

Пункт 9

non-conformity несоответствие (*чему-л.*- with, to)
to regard рассматривать
to reject something отказаться от чего-л.

Пункт 10

contingency непредвиденное обстоятельство
partial частичный
fire пожар
ice conditions ледовые условия
blockade блокада
prohibition запрещение
beyond the control of the parties которые стороны не могут предотвратить, не зависящие от сторон
declaration заявление
to discontinue прекращать
in whole в целом
to make a demand (up)on somebody for something предъявить требование к кому-л. чего-л.
loss убыток
to meet one's obligations выполнить свои обязательства
termination прекращение, окончание
sufficient достаточный
duration продолжительность

Пункт 11

differenceD разногласие
recourse обращение (*за помощью*)
court of law суд (*государственный*); **without recourse to courts of law** без обращения в суды
procedure процедура; производство дел (*судебное*); **Rules for** (*или* **of**) **Procedure** правила о производстве дел
award решение (*суда или арбитров*)

Пункт 12

to resell (resold) перепродавать
to alienate отчуждать
null and void недействительный, потерявший силу, не имеющий силы
tax налог
customs таможенные пошлины
dues сборы, пошлины
to levy взимать, облагать
within Russia на территории России
outside Russia за пределами России

Пункт 13

juridical юридический;
juridical address юридический адрес; *синоним* **legal address**

ПОЯСНЕНИЯ К § 55

¹ Продавец и покупатель в контрактах обозначаются словами Seller, Sellers, Buyer, Buyers с артиклем the или без артикля. Seller(s) и Buyer(s) пишутся с заглавной буквы. Во вводной части контракта Seller(s) и Buyer(s) ставятся в кавычках.

² The goods ... shall be of the following specification ... *Товар ... должен быть (или должен соответствовать) следующей спецификации...*

³ The date of the Bill of Lading to be considered (= is to be considered) as the date of delivery. *Дата коносамента должна считаться датой поставки.*

⁴ Should Buyers fail to open the Letter of Credit ... *Если покупатели, не откроют аккредитив...*

⁵ ... which may arise **out of or in connection with** the present contract. == ... which may arise out of the present contract or in connection with the present contract.
Сложный предлог out of *из* и составной предлог in connection with *в связи с* относятся к одному и тому же существительному the contract, которое опущено после первого

Приложение

предлога (out of) во избежание повторения. Поскольку обороты out of the contract *из контракта* и in connection with the contract *в связи с контрактом* переводятся на русский язык различными падежами слова *контракт (контракта, контрактом)*, при переводе всего выражения на русский язык слово *контракт* после первого предлога не может быть опущено, а после второго предлога оно либо повторяется, либо заменяется личным местоимением: which may arise out of or in connection with the present contract *которые могут возникнуть из настоящего контракта или в связи с настоящим контрактом (или в связи с ним)*.

§ 56. FORM OF CONTRACT FOR THE SALE OF GRAIN

Contract No. ...

C. I. F.

.... .19 ...

Exportno-Importnoje Objedinenije "Prodexport", Moscow, hereinafter referred to as the "Sellers", and Messrs. ..., hereinafter referred to as the "Buyers", have concluded this contract to the effect that the Sellers have sold and the Buyers have bought on the terms and conditions set forth and subject to General Conditions of Sale endorsed hereon, the following goods:

1. DESCRIPTION OF THE GOODS AND QUANTITY: ....
....
metric tons, 10 (ten) per cent more or less, at the Sellers' option, in bulk.

2. QUALITY:
The grain intended for shipment must be in sound condition and free from any foreign smell. Natural weight .... kilos per hectolitre. Admixture of foreign substances .... per cent, including dirt up to .... per cent.

3. PRICE:
... (...) per metric ton c. i. f. ... in bulk.

4. DELIVERY TIME:
Shipment is to be effected during ... 19... from the port/s of the Black Sea and/or Baltic Sea at the Sellers' option. The Sellers have the right to effect partial shipments.

5. TERMS OF DISCHARGE:
A. Discharge of the goods out of vessel's holds at the port of destination to be effected by the Buyers at their own expense, free of risk and expenses to. the vessel, at the average rate of... metric tons per hatch per weather day, Sundays, official general and local holidays are excepted unless used. For detention of the vessel over the time allowed for discharge the Buyers to pay to the Sellers demurrage at the rate of ... per GRT of the vessel per day and pro rata for any part of a day, and for all lay time saved in discharge the Sellers to pay to the Buyers dispatch money at the rate of ... per GRT of the vessel per day and pro rata for any part of a day.

B. Discharge of the goods shall be at the Buyers' expense, once they have passed the ship's rail. The Buyers must accept the goods from the vessel as quickly as the vessel can deliver them and are responsible for any detention of the vessel being through their fault (particularly for not placing lighters in due time when discharge is being effected into lighters) paying as compensation for detention of vessel in unloading ... per GRT of the vessel per day.

As a compensation for expenses connected with discharge of the goods from ship's rail the Buyers to pay to the Sellers ... per each metric ton of the goods discharged.

6. PAYMENT:
A. Payment to be effected in ... at the rate of exchange .... The Buyers to establish by cable an irrevocable confirmed Letter of Credit with the Bank for Foreign Trade of Russia, Moscow, in favour of the Sellers covering the full value of the goods sold under this contract plus 10% margin. The Letter of Credit to be established by the Buyers not later than three days after receipt of the Sellers' cable advice of the readiness of the goods for shipment. The Letter of Credit to be valid ... days. Payment from the Letter of Credit to be effected against the presentation of the following documents:

Invoice/s in ... .
Bill/s of Lading.
Certificate/s of Quality issued by the State Grain Inspection of Russia
Insurance Policy/ies or Certificate/s of Ingosstrakh.

All expenses connected with the establishment and extension, if any, of the Letter of Credit and any other Bank charges as well as Bank's commission to be for the Buyers' account.

B. Payment to be effected in ... at the rate of exchange ... through ... by cash against cable advice of the Bank for Foreign Trade of Russia, Moscow, stating that the Bank has received from the Sellers the following documents:

Invoice/s in ... .
Bill/s of Lading.
Certificate/s of Quality issued by the State Grain Inspection of Russia
Insurance Policy/ies or Certificate/s of Ingosstrakh.

As soon as payment is effected the Bank for Foreign Trade of Russia will forward the documents to the Buyers' Bank.

The Sellers' Invoices shall be paid in full. Claims, if any, to be settled separately. The Buyers shall not make any deductions from invoice amounts without the Sellers' consent.

Should payment not be effected within 24 hours upon receipt by the Buyers' Bank of the cable from the Bank for Foreign Trade of Russia confirming receipt of Invoices, shipping and other documents, the Buyers shall pay the Sellers 0.05% of invoice amount for each day of the delay. All Bank expenses for collecting payments as well as Bank's commission to be for the Buyers' account.

7. OTHER CONDITIONS: ....

8. LEGAL ADDRESSES OF THE PARTIES:
The Sellers - Exportno-Importnoje Objedinenije "Prodexport", Moscow 121200, Smolenskaja-Sennaja 32/34.
The Buyers - ....

....
The SELLERS
(Signatures)

The BUYERS
(Signatures)

Приложение

Some of the General Conditions of Sale

1. Everything which in a shipment of cereals is mixed with grains of the cereal contracted for is considered as foreign admixture.

Admixture of wheat grains in rye up to 5 (five) per cent, admixture of wheat and rye grains in barley up to 5 (five) per cent. and admixture of wheat, rye and barley grains in oats up to 5 (five) per cent. shall not be considered as foreign admixture.

2. The Sellers shall be entitled to ship cereals with natural weight and foreign admixture superior or inferior to those stipulated in clause "Quality" of the present contract. Should the natural weight be superior or the contents of foreign admixture inferior, the Buyers pay to the Sellers a bonus to the contract price at the rate of 1 per cent. per each kilogram or each per cent. of difference respectively; should the natural weight be inferior or the contents of foreign admixture superior, the Sellers grant the Buyers an allowance at the rate of 1 per cent. of the contract price per each kilogram or each percent, of difference respectively. Fractions to be counted pro rata.

Where the natural weight is guaranteed by two figures (f. e. 78/79 kg per hectolitre), the computation will be made on the basis of the average of the two figures (78.5 kg per hectolitre).

Bonuses and allowances shall be computed according to the data given in the Certificates of Quality of the State Grain Inspection of Russia.

3. The date of the Bill of Lading shall be sufficient evidence of the date of shipment. The Bill of Lading may be marked "freight prepaid" or "freight to be paid by Charterers according to the Charter Party".

6. A. The goods shall be considered as delivered by the Sellers and accepted by the Buyers with regard to the quantity according to weight stated in the Bill of Lading. The Bill of Lading weight shall be final and binding upon both parties.

B. The weight of the goods shall he ascertained at time of discharge. Both the Buyers and the Sellers have the right of supervision of the weighing. The weight ascertained at time of discharge of the goods, including goods damaged by water, oil or other liquids or by any other means whatsoever, to be final. If the weight ascertained at discharge exceeds the weight indicated in the Bill/s of Lading, the surplus is to be paid for by the Buyers, whereas shortweight, if any, is to be refunded by the Sellers. Surpluses or shortweights to be settled on the basis of final invoices issued by the party in favour of which the final balance is to be paid.

Слова и выражения

Контракт

to the effect that о том что, в том смысле что
to set (set) излагать
forth *зд.* ниже
to endorse записать *(напечатать)* на оборотной стороне *(документа)*
hereon = on this document; **subject to General Conditions of Sale endorsed hereon** при условии соблюдения общих условий продажи, напечатанных на оборотной стороне контракта

Пункт 2

sound condition здоровое состояние
foreign smell посторонний запах
natural weight натурный вес
hectolitre гектолитр *(мера объема; = 100 л)*
admixture примесь
foreign substance постороннее вещество
dirt сорная примесь

Приложение

Пункт 5

hold трюм
hatch люк
weather day погожий день *(когда погода не мешает погрузке и выгрузке судна)*; **per hatch per weather day** на люк в погожий день
unless used == **unless they are used** если они не будут использованы
detention задержка, простой *(судна)*
CRT = **gross register ton** брутто-регистровая тонна
to save экономить
dispatch (*или* **despatch**) **money** диспач *(премия за более быструю погрузку или выгрузку)*
once раз уж; **once they have passed the ship's rail** с того момента как он *(товар)* прошел через бортовый рельс судна
fault вина; **through somebody's fault** по чьей-л. вине; **detention ... being through their fault** простой, происходящий по их вине
to place *зд.* подавать
lighter лихтер; **for not placing lighters in due time** за неподачу лихтеров в должное время

Пункт 6

margin *зд.* дополнительная сумма
establishment открытие *(аккредитива)*
ension продление
if any если оно *(продление)* имеет место
the State Grain Inspection of Russia Государственная хлебная инспекция России
to collect инкассировать

Общие условия продажи

Пункт 1

cereal хлебный злак
grain(s) зерно (зерна)
to contract заключать контракт; **the cereal contracted for** хлебный злак, являющийся предметом контракта
foreign admixture посторонняя примесь
rye рожь
oats овес

Пункт 2

superior выше
bonus надбавка, бонификация
fraction дробь
to count считать
f. e. == **for example** например
computation исчисление, расчет
the average среднее (число)

Пункт 3

freight prepaid фрахт уплачен *(до ухода судна из порта погрузки)*

Пункт 6

liquid жидкость
means способ
whatsoever какой бы то ни было
to exceed превышать
surplus излишек, превышение
whereas в то время как
shortweight недостаток в весе

§ 57. EXTRACT FROM A STANDARD FORM OF CONTRACT FOR THE SALE OF TIMBER THROUGH BROKERS IN THE U.K.

Contract No. ...
(C. I F. form)

Adopted by the Timber Trade Federation of the United Kingdom and by Exportno-Importnoje Objedinenije "Exportles" of Moscow.
Sold to ....
Bought of Exportno-Importnoje Objedinenije "Exportles" of Moscow through the Agency of

Приложение

Messrs. Churchill & Sim Ltd., and/or Messrs. Foy, Morgan & Co. Ltd. and/or Messrs. Pharaoh, Gane & Co. Ltd., in the city of London, the wood goods hereinafter specified subject to a variation in Sellers' option of 20 per cent. more or less on any or every item but not exceeding 20 standards on any one item, and items of two to five standards may be varied to the extent of one standard, always provided the total quantity is not varied to an extent of more than 10 per cent. In the event of over-shipment of any item of the contract or of the total contract quantity Buyers shall not be entitled to reject the entire shipment but shall have the option to be exercised without delay of taking up the Bills of Lading and paying for the whole quantity shipped or of taking up the Bills of Lading and paying only for the contract quantity rejecting the balance. The same conditions shall apply if the excess is not apparent from the Bills of Lading but is discovered only on arrival of the goods at their ultimate destination in the United Kingdom or other country of destination. If Buyers elect to take the contract quantity only the Sellers shall pay all extra expenses incurred by Buyers in consequence of the over-shipment. In the event of under-shipment of any item. Buyers are to accept or pay for the quantity shipped, but have the right to claim compensation for such shortshipment. Each item of this contract to be considered a separate interest.

The goods to be shipped at ... during ... or as soon thereafter as suitable tonnage obtainable, but this latitude is limited to 21 days. Date of shipment to be determined by date of Bill of Lading.

Buyers undertake that full loading orders shall be in Agent's hands as early as possible, but in any case not later than... . Where the goods sold are to be shipped in more than one cargo or parcel Buyers are to furnish Agents with written details as to quantities and destinations for the purpose of allocation of tonnage. not later than ... . This stipulation being of the essence of the contract[1], default by the Buyers shall entitle the Sellers to load and ship the goods as convenient to themselves to any of the ports named in this contract and Buyers shall take delivery accordingly.

Prices include cost, freight (free of all discharging expenses to Sellers) and insurancs to ... always afloat. Other conditions as specified below and on the back.

SPECIFICATION:

....
....
....

1. The prices are in British Sterling
   - for Sawn goods per St. Petersburg standard of 165 English cubic feet;
   - for Planed goods per St. Petersburg standard of 165 English cubic feet (nominal measure);
   - for Hewn goods per load of 5.0 English cubic feet (Customs' Calliper measure).

2. The prices for Sawn and Planed goods, except where otherwise stated, are for lengths 9 feet and up. Sellers' usual bracking, with falling ends 5/8 feet at two-thirds price. Where such ends are shipped in excess of 4 per cent. of the total contract quantity, such excess of ends, if according to contract, shall be taken at two-thirds f. o. b. price plus full freight as per Charter Party or Bill of Lading. Such ends to be regarded as included in the quantities named on the other side, but to be disregarded in the calculation of average length.

....
....

4. Shiproom to be secured by Sellers in due time: they however, not to be responsible for any delay in shipment occasioned by circumstances beyond their control. Should any vessel chartered under or allocated to this contract be lost previous to loading after the name has been declared to Buyers, Sellers have the option of chartering in substitution other tonnage calculated to be available for loading within the stipulated time of shipment or of cancelling the contract to the extent of the lost vessel's intended shipment upon giving prompt notice to Buyers. In the event of cancellation Buyers to have the option to take the goods at a corresponding f. o. b. price, i. e. the c. i. f. prices stipulated less cost of insurance and the rate of freight whereat tonnage lost had been secured.

....
....

7. Any freight advance, which is not to exceed one-third of the total freight, to be settled by cash in exchange for Captain's receipt and Policy of Insurance or Cover Note. The amount of the advance shall be endorsed upon the Bill of Lading in British sterling.

8. In case the manufacture and/or shipment and/or sea transport of any of the goods should be delayed or hindered by reason of fire or through an accident to the saw mills, or through drought, ice, floods, mobilisation, delay to vessel chartered, or through any other cause beyond Sellers' control, the Sellers, provided they give notice by telegram to Buyers as soon as possible after such delay or hindrance has been established, shall not be responsible for any damage resulting to the Buyers therefrom; if shipment of the whole or part is thereby effectively rendered impossible within six weeks of the stipulated time of shipment. Sellers shall then have the option of cancelling the contract to the extent of their inability to deliver, and also of being released from the obligation of delivering the remainder, leaving, however, in this event. Buyers the right of taking the goods that are available at corresponding f. o. b. price subject prompt decision.

....
....

In the event of prohibition of export or import, blockade, war or mobilisation for war, preventing shipment within the time stipulated or within such extended time as in the preamble or otherwise mutually agreed upon, this contract, or any unfulfilled part thereof, to be cancelled. If, through any of the reasons enumerated above, or through any reasons whatsoever beyond Shippers' control, a rise in the rate of the sea-freight should occur exceeding 20 per cent. of the basis rate named below. Sellers to have the option of cancelling the contract unless Buyers agree to pay any such excess, such agreement by Buyers to be declared[2] in writing to Sellers through their Agent within three days from receipt of the notice from Sellers. For the purpose of this clause the basis freight is to be mutually agreed at ...

10. Buyers to pay[3] for the freight as per Charter Party or Bill of Lading which is to be on "Russianwood" form, and for the balance on receipt of and in exchange for shipping documents[4], and good Policy of Insurance or Cover Note as per clause 6, in cash less 3 1/2 per cent. discount payable in London, or at Buyers' option by approved acceptances of Sellers' or authorised Agents' drafts, payable in London at four months from date of Bill of Lading.

Payment of freight to be made in English pounds sterling by the Buyers direct to Shipowners, at the rates stipulated in the Charter Party and in accordance with freight account made out at loading port in the following manner: 90 per cent. of freight to be paid in accordance with the "Russianwood" Charter Party and the remainder upon completion of discharge and upon final outturn being ascertained. If final outturn has not been ascertained within 30 days of completion of discharge, a further 5 per cent. of freight shall then be paid, and if still unascertained at the

Приложение

expiry of 60 days from completion of discharge the balance of freight shall thereupon be n,aid on the basis of Bill of Lading quantity, less allowance for pieces short-delivered, provided that the Buyers may within six months of completion of discharge claim refund of any over-payment on the basis of final outturn. These percentages shall be calculated upon the quantity of cargo on board the vessel upon arrival at destination.

The goods sold hereunder are pledged with the State Bank of Russia and proceeds for same belong to the State Bank of Russia as security for advances, but the delivery of documents by the Agent to the Buyer against payment of the invoice amount by the latter to the Agent shall be a complete discharge of any pledge to or lien of the State Bank of Russia on either the goods or the documents.

....
....

12. Property in goods to be deemed for all purposes, except retention of the State Bank of Russia lien for unpaid purchase price, to have passed to Buyers when goods have been put on board.

13. The goods to be shipped under as many Bills of Lading as may be required by Buyers, provided that loading orders are reasonable, and that the total number of Bills of Lading required shall not exceed 5 per 100 standards (3 per 100 standards from the Kara Sea) and that for any Bill of Lading in excess Buyers shall pay four guineas, in addition to which Buyers shall pay at the rate of:

a) 20s. per standard if, at Buyers' request, any item or parcel is split up on different Bills of Lading in smaller quantities than 5 standards and/or if any item or parcel under 5 standards is split up on different Bills of Lading;

b) 40s. per standard if, at Buyers' request, any item or parcel is split up on different Bills of Lading in smaller quantities than 2 standards and/or if any item or parcel under 2 standards is split up on different Bills of Lading.

The charges under a) and b) above are payable only in respect of such parts of the item or parcel as are less than the 5 standards or 2 standards respectively resulting from such splitting up of the contract item.

Notwithstanding the stipulations in a) and b) any item or parcel of under 10 standards specified in the contract may be split up on two Bills of Lading without extra charge.

From the Kara Sea, items of under 10 standards must not be sub-divided on different Bills of Lading.

Goods from different mills
Goods of White Sea and Petersburg bracking } may not be combined on one Bill of Lading.
Goods of different dates of readiness
Goods for under-deck and ondeck shipment

Goods ordered on one Bill of Lading are to be shipped in one steamer. Goods may be shipped in one or more steamers together with goods for other receivers, at shippers' option.

....
....

Приложение

Слова и выражения

to adopt принимать
Timber Trade Federation Федерация лесной торговли
agency агентство; посредничество; through the agency через посредничество
wood goods лесоматериалы
variation изменение; subject to a variation of 20 per cent. подлежащие изменению (*или которые могут быть изменены*) в пределах 20%
item *зд.* размер; on any or every item в любом или каждом размере
standard стандарт (*мера объема для лесоматериалов*)
to vary колебаться, изменяться
to the extent of в пределах, в размере
always provided при непременном условии что
over-shipment погрузка большего количества
to exercise осуществлять, использовать; to exercise an option осуществлять (*или* использовать) право
to take up выкупать (*о документах*)
excess превышение
apparent видимый; if the excess is not apparent если превышение не видно
to discover обнаруживать
ultimate конечный
to elect избирать, предпочитать
consequence следствие; in consequence of вследствие
under-shipment погрузка меньшего количества
interest *зд.* объект
thereafter с этого времени
obtainable который может быть получен; to be shipped as soon thereafter as suitable tonnage (is) obtainable должен быть погружен немедленно по получении подходящего тоннажа (*о товаре*)
latitude льгота
to limit ограничивать
order ордер, приказ; loading order погрузочный ордер
to allocate tonnage назначать тоннаж
stipulation условие
essence существо, сущность; this stipulation being of the essence of the contract поскольку это условие является существенной частью контракта

default невыполнение
to name называть
to take delivery принять сдачу, принять поставку (*товара*)
afloat на плаву; always afloat всегда на плаву

Пункт 1

sawn goods пиломатериалы St. Petersburg standard петербургский стандарт planed goods строганые доски
measure мера; измерение, обмер; nominal measure номинальный обмер (*обмер пиломатериалов перед строганием*)
hewn goods тесаные материалы
load лоуд (*мера объема для лесоматериалов*)
calliper калипер, мерная вилка; customs' calliper measure таможенный калиперный обмер

Пункт 2

lengths 9 feet and up доски длиною в 9 футов и более
ends эндсы, дилены (*соу-от досок*); with falling ends с соответствующими дилёнами
up *зд.* выше
bracking сортировка, браковка, бракераж
to disregard не принимать во внимание

Пункт 4

shiproom тоннаж
in due time своевременно
to occasion вызывать, причинять
vessel chartered under or allocated to this contract судно, зафрахтованное на основании этого контракта или назначенное для его исполнения
to be lost погибать
to declare объявлять, заявлять
to calculate рассчитывать; tonnage calculated to be available for loading тоннаж, который по расчетам (*продавцов*) может быть использован для погрузки
to cancel the contract to the extent ot the lost vessel's intended shipment аннулировать контракт в части груза, предназначавшегося для погибшего судна

Приложение

Пункт 7

freight advance аванс фрахта
to settle уплачивать
policy of insurance (*или* insurance policy) страховой полис
cover note коверноут, ковер-нота (*временное свидетельство о страховании*)
to endorse the amount of the advance on the Bill of Lading вписать сумму аванса в коносамент

Пункт 8

to hinder мешать, препятствовать
accident несчастный случай, авария
saw mill лесопильный завод
drought засуха
flood наводнение
hindrance препятствие
damage ущерб (*в этом значении только в ед. ч.*)
to result проистекать, получаться, последовать
therefrom = from it, from them от него, от них
the Jwhole все количество
thereby = by it, by that means, in that connection этим, посредством этого, из-за этого, в связи с этим
effectively фактически, в действительности
inability невозможность; **to the extent of their inability to deliver** в той части, которую они не могут поставить
to release освобождать
remainder остаток, остающееся количество

Пункт 9

extended time продленный срок
preamble преамбула (*вводная часть контракта*)
unfulfilled неисполненный, невыполненный
through any reason (*или* for any reason) по любой причине
shipper грузоотправитель
sea freight морской фрахт
basis rate базисная (*основная*) ставка
for the purpose of this clause для целей толкования этого параграфа (*или* условия)

Пункт 10

Sovietwood Совьетвуд (*название типовой чартер-партии на фрахтование судов под лес*)

good *зд.* действительный
approved одобренный, подтвержденный
to authorize уполномочивать
draft payable at four months тратта со сроком платежа через 4 месяца
shipowner судовладелец
freight account счет за фрахт
completion завершение, окончание
outturn выгруженное количество
thereupon немедленно после этого
short-delivered недостающий при сдаче
percentage процент, доля в процентах
to pledge закладывать, заложить; **to pledge goods with a bank** заложить товар в банке
proceeds (*мн. ч.*) вырученная сумма, выручка
to belong принадлежать
advance *зд.* ссуда
discharge *зд.* погашение, ликвидация
pledge залог, заклад
lien право удержания (*имущества*)
either on the goods or the documents как в отношении товара, так и документов

Пункт 12

to deem считать, полагать retention сохранение, удержание
except retention of the State Bank of Russia lien for unpaid purchase price с сохранением, однако, права Госбанка России на удержание груза в обеспечение получения покупной цены

Пункт 13

in excess сверх этого количества
guinea гинея (= 21 шиллингу)
to split up (split) раздроблять, разбивать; **to split goods on different bills of lading** выдать на товар несколько коносаментов (*не количества, равные в сумме общему количеству товара*)
to sub-divide (*или* subdivide) *зд.* раздроблять, разбивать
mill *зд.* лесопильный завод
deck палуба; **under-deck shipment** погрузка под палубу (*или.* в трюм); **on-deck shipment** погрузка на палубу
to combine объединять; комбинировать, смешивать

Приложение

ПОЯСНЕНИЯ К § 57

1 This stipulation being of the essence of the contract ... *Поскольку это условие является существенной частью контракта* ...
2 ...such agreement by Buyers to be declared to Sellers ... ... *причем о таком согласии покупателей должно быть объявлено продавцам* ...
3 Buyers to pay for the freight = Buyers are to pay for the freight ... *Покупатели должны уплатить за фрахт* ...
4 ...on receipt of and in exchange for shipping documents = ... on receipt. of shipping documents and in exchange for shipping documents ... ... *по получении грузовых документов и в обмен на них*...

§ 58. EXTRACT FROM A CONTRACT FORM FOR THE SUPPLY OF GOODS TO AGENTS ON CONSIGNMENT BASIS

Contract No. .

Moscow ....19 ...

Objedinenije "Prodexport", Moscow, hereinafter referred to as "Prodexport" on the one part, and Messrs. ... hereinafter referred to as the "Agents" on the other part, have concluded the present contract whereby it is agreed as follows:

1. SUBJECT OF THE CONTRACT

Prodexport shall supply to the Agents on consignment basis goods in accordance with the enclosed specification as well as with any further specifications that may be agreed upon between the parties during the period of validity of the present contract for demonstration and sale, the above specifications constituting an integral part of the contract.

The Agents undertake to sell on the territory of ... the goods delivered by Prodexport on consignment in their own name and for their own account.

The period for which the goods are sent on consignment shall not exceed ... months from the date of delivery of the goods.

In case the goods are not sold within the period of consignment the Agents undertake to purchase the goods for their own account and pay Prodexport the full value of same.

The period of consignment can be extended in particular cases only, upon agreement of both parties.

Prodexport have the right to recall the goods prior to the expiration of the stipulated period but not before ... months from the date of delivery of the goods on consignment.

The Agents undertake to procure the necessary licences for the import of the goods to ... and if required for the export of the goods from .... all expenses connected therewith being borne by ... .

2. ORGANIZATION OF WORK

In connection with the present contract the Agents undertake:
a) to make arrangements to have the goods demonstrated and shown in operation in special show-rooms or on other premises suitable for that purpose;
b) to organize shows of the goods;
c) to set up warehouses adapted for the storage of the goods;
d) to provide advisory services and render technical assistance to purchasers of the goods;
e) to arrange for regular advertising of the goods on show making use of the most efficient forms of publicity and also to issue catalogues, leaflets and other advertising matter, the form and contents of the advertisements being agreed upon with Prodexport;
f) to give quarterly reports to Prodexport regarding the state of the market in respect of goods supplied on consignment under the present contract;
g) to submit reports to Prodexport on the first day of each month regarding both the goods sold and the balance of goods unsold as indicated in the proforma-in voices.

The representatives of Prodexport shall have the right to visit the consignment warehouse and show-rooms with the view of investigating the maintenance of the goods delivered by Prodexport and the arrangements made for their demonstration.

Each item of goods delivered by Prodexport on consignment basis shall bear a plate indicating its name and type and stating that it is exported by "Prodexport", Moscow, Russia

3. PRICE

The goods will be delivered at prices agreed upon by the parties and indicated in the specifications, packing being either included or excluded, depending upon the nature of the goods supplied.

The prices are ....

The Agents will fix the selling prices for the goods upon agreement with Prodexport, taking into consideration that the difference between the selling price and the contract price is to constitute the commission fee of the Agents and is to cover all expenses connected with the demonstration and sale of the goods as provided for by the present contract.

4. DELIVERY TIME

The goods shall be delivered within the period stipulated in the specifications agreed upon between the parties.

The date shown on the Bill of Lading or on the Railway Bill shall be considered as the date of delivery.

Prodexport have the right to deliver the goods prior to the stipulated dates, notifying the Agents beforehand.

5. NOTIFICATION OF SHIPMENT

Prodexport undertake to advise the Agents by cable of the shipment of the goods, indicating the date of shipment, port of shipment or station of despatch, name of ship, number of the Bill of Lading when shipment is effected by sea, or of the Railway Bill when the goods are dispatched by rail, as well as gross and net weight.

Simultaneously with the shipment of the goods Prodexport shall send to the Agents a specified proforma-invoice in ... copies giving the value of the goods shipped in accordance with clause 3 of the present contract.

When shipment is effected by sea Prodexport shall send along with the goods a copy of the Bill of Lading and ... copies of specification by Captain's mail.

6. TRANSHIPMENT AND RETURN OF GOODS

In case the goods are recalled by Prodexport, the Agents undertake:

a) to pack and mark the goods to be returned in conformity with the instructions forwarded by Prodexport and in accordance with the conditions of this contract, applying all the necessary means of preservation to fully protect the goods from corrosion;

b) to ship the goods not later than within one month of receipt of Prodexport's shipping instructions;

c) the date shown on the Bill of Lading or on the Railway Bill shall be considered as the date of transhipment or return of the goods to Prodexport. All expenses connected with the return of the goods to be borne by ... .

7. EXPENSES CONNECTED WITH THE DEMONSTRATION AND ADVERTISING OF THE GOODS

The Agents shall bear all transport expenses from ... to the place of destination as well as all expenses connected with the organization and maintenance of the consignment warehouse and show-rooms, installation and demonstration of goods also expenses connected with showing the goods in operation, with advertising and insurance of goods kept at the consignment warehouse and in show-rooms and with the sale of the goods to third parties.

8. TERMS OF PAYMENT

Within two days after the sale of the goods the Agents shall notify Prodexport accordingly.

Payment of the full value of the goods sold shall be made by the Agents within 7 days from the date of sale.

The Agents shall inform Prodexport of the prices at which the goods have been sold to third parties.

The Agents are not entitled to make any deductions from the sums due to Prodexport as a security for claims which might have been made on Prodexport or on third parties.

9. RESPONSIBILITY OF THE AGENTS FOR THE GOODS DELIVERED BY PRODEXPORT

The Agents bear full liability for the safe and sound condition of the goods delivered by Prodexport on consignment to the full value of same in accordance with clause 3 of the present contract beginning on the date of arrival at the port of destination and ending on the date of payment or on the date of transhipment or return of the goods to Sojuzexport according to the instructions received from Prodexport.

The Agents shall insure the goods for the above mentioned period for the full value of the goods for their account and send the Insurance Policy to Prodexport within ... days upon receipt of same.

During the above mentioned consignment period beginning on the date of delivery and ending on the date of payment or on the date of return of the goods to Prodexport, the delivered goods shall be considered the property of Prodexport that cannot be mortgaged, pledged or otherwise encumbered.

As a security of fulfilment of their obligations under the present Contract the Agents shall submit to Prodexport a Letter of Guarantee of a first-class bank, the wording of which is to be agreed upon with Prodexport.

The Letter of Guarantee shall cover the full value of the goods to be supplied on consignment and shall be presented not later than within 20 days of the date of signing the present contract.

In case further specifications of goods are agreed upon, the Agents shalt submit to Sojuzexport additional Letters of Guarantee covering these goods not later than within 20 days of the date of signing of the said specifications.

All expenses connected with the Bank guarantees shall be borne by the Agents.

In case the Bank guarantee is not submitted within the stipulated time, Prodexport will be entitled to delay shipment of the goods or to extend th& delivery dates shown in the specifications accordingly.

10. GUARANTEE OF PRODEXPORT

Prodexport guarantee the quality as well as the normal operation and capacity of the goods for the period of... months from the date of putting the goods into operation, but not more than ... months from the date of delivery.

If the goods or any part thereof prove defective within the guarantee period, Prodexport shall eliminate the defects for their own account, or replace the defective part and/or defective goods.

The guarantee of Prodexport does not apply to rapidly wearing parts or natural wear, or to damage which has occurred as a result of improper or careless storage, irregular or careless maintenance or overloading, incorrect installation and/or assembly and putting into operation, and/or non-fulfilment by the Buyer of the technical instructions on installation and/or assembly, on putting into operation and on operation of the goods.

The claims should contain a detailed and well grounded description of the case indicating the types of goods not conforming to the conditions of the contract as well as the actual demands of the claimants.

The claims should be forwarded by a registered letter enclosing the respective survey reports, drawn up in the presence of a neutral expert, and other documents justifying the claim.

Prodexport have the right to inspect the goods found defective as well as to verify the correctness of the claim.

In case the claim is satisfied, Prodexport shall have the right to ask the Agents for the return of the defective goods after the shipment of the replacement goods has been effected.

All expenses connected with the return of the defective goods including freight, insurance, etc. to be borne by Prodexport.

The presentation of claims does not entitle the Agents to refuse acceptance of other consignments delivered under the present contract.

Приложение

Слова и выражения

Пункт 1

on consignment basis на условиях консигнации
to agree (up)on something договариваться о чём-л., согласовывать что-л.; **specifications that may be agreed upon between the parties** спецификации, о которых стороны могут договориться
demonstration демонстрирование
in somebody's name от чьего-л. имени
upon agreement по соглашению
to recall отзывать
prior to = before до, перед
to procure доставать, обеспечивать
therewith = with that, with it с этим

Пункт 2

operation действие, работа; эксплуатация; **in operation** в действии
premises *(мн. ч.)* помещение
show выставка
to set up учреждать, открывать
to adapt приспособлять
to provide предоставлять, обеспечивать
advisory консультативный, совещательный; **advisory services** обслуживание консультациями, консультации
goods on show демонстрируемые *(на выставке)* товары
efficient эффективный
publicity реклама
quarterly квартальный
report отчет
proforma (*или* **pro forma**) **invoice** предварительный счет
plate пластинка; **each item shall bear a plate** к каждому предмету должна быть прикреплена пластинка

Пункт 3

depending (up)on в зависимости от **fee** вознаграждение; **commission fee** комиссионное вознаграждение

Пункт 4

to notify извещать *(письменно)*
beforehand заранее

Пункт 5

simultaneously одновременно
specified proforma invoice предварительный счет с перечислением товаров
Captain's mail капитанская почта; **by Captain's mail** капитанской почтой, через капитана

Приложение

РЕКЛАМАЦИИ И ПРЕТЕНЗИИ. АРБИТРАЖ
COMPLAINTS AND CLAIMS. ARBITRATION

§ 59. SETTLEMENT OF CLAIMS

1. It often happens that one of the parties to the contract considers that the other party has infringed the terms of the contract. In such cases the dissatisfied party may think it necessary to send the other party a letter of complaint which often contains a claim, i. e. a demand for something to which the sender of the letter, in his opinion, has a right as, for instance, a claim for damages or for a reduction in the price etc. Complaints and claims may arise in connection with inferior quality of the goods, late delivery or non-delivery of the goods, transportation, insurance and storage of the goods and in many other cases.

The Sellers, for example, may hold the Buyers responsible for omitting to give transport instructions in time, and the Buyers may make a claim on (against) the Sellers for damage to the goods caused by insufficient packing.

2. Very often the parties agree upon an amicable settlement of the claim in question. If, however, an amicable settlement is not arrived at, the dispute is decided either by a court of law or, which is more often the case, by arbitration. Contracts usually stipulate that in case of arbitration each party should appoint its arbitrator, and, if the two arbitrators cannot agree, they have to appoint an umpire whose decision (award) is final and binding upon both parties.

Disputes between Russian organizations and foreign firms arising out of foreign trade transactions are very often settled by the Foreign Trade Arbitration Commission at the Russian Chamber of Commerce*. When the parties refer their dispute to the Arbitration Commission, each party chooses its Arbitrator from among the members of the Commission. These two Arbitrators appoint an Umpire - another member of the same Commission. If the Arbitrators fail to agree on an Umpire, the Umpire is appointed from among the members of the Arbitration Commission by the President of the Foreign Trade Arbitration Commission.

3. Arbitration clauses in some contracts stipulate that all disputes and dif. ferences should be settled by arbitration in a third country, while some other contracts provide for arbitration in the country of the respondent party.

Contracts concluded in accordance with the Rules of different trade associations in the United Kingdom (the Coffee Trade Federation, the London Rubber Trade Association, the London Corn Trade Association, the London Cocoa Association) provide for arbitration to be held in conformity with these Rules.

---

* Disputes arising out of Charter Parties, contracts of affreightment and marine insurance as well as those concerning salvage and collision liability are decided by the Maritime Arbitration Commission at the Russian Chamber of Commerce.

Приложение

In contracts for the sale of timber concluded on a standard form adopted by the Timber Trade Federation of the U. K. and "Exportles", it is provided that certain kinds of disputes should be referred for settlement to arbitration in the U. K. and others - to the Foreign Trade Arbitration Commission at the Russian Chamber of Commerce in Moscow.

Слова и выражения

Пункт 1

complaint жалоба, рекламация (но - about)
party to the contract участник договора, сторона в договоре
to infringe нарушать
dissatisfied неудовлетворенный
letter of complaint рекламационное письмо, письменная жалоба
demand требование
sender отправитель
reduction снижение; **reduction in the price** снижение цены, скидка с цены
non-delivery непоставка, несдача

Пункт 2

amicable дружественный, дружелюбный; **amicable settlement** дружественное разрешение спора; *синоним* **friendly**
court of law суд (государственный)
to be the case иметь место; **which is more often the case** что чаще имеет место
by arbitration арбитражем, арбитражным судом
arbitrator арбитр

contract of affreightment договор морской перевозки
salvage спасение *(судна или груза)*
maritime морской; **the Maritime Arbitration Commission at the Russian Chamber of Commerce** Морская арбитражная комиссия при Российской торговой палате
from among из числа, из
umpire супер-арбитр, третейский судья

Пункт 3

respondent ответчик;
respondent party ответчик (*дословно:* ответная сторона)
rules правила, устав
the Coffee Trade Federation Федерация по торговле кофе *(в Англии)*
the London Rubber Trade Association Лондонская ассоциация по торговле каучуком
the London Corn Trade Association Лондонская ассоциация по торговле зерном
the London Cocoa Association Лондонская ассоциация по торговле какао

§ 60. PHRASES AND EXPRESSIONS USED IN CONNECTION WITH DELAY IN DELIVERY

I

1. We shall be glad to know when we may expect delivery of the goods as they are most urgently wanted (needed, required).
2. Please inform us by cable whether you can deliver in August.
3. If you cannot deliver within the next 3 weeks, we shall have to cancel the order and obtain the goods elsewhere.
4. The delivery of the goods was to have taken place last month, and we have been caused serious inconvenience through the delay.

Приложение

5. When placing this order with you, we particularly stipulated for delivery within eight weeks.

6. The order was placed with you on the strength of your undertaking to effect delivery within eight weeks.

7. We must insist on your informing us by cable of the earliest date you can deliver the goods.

8. Your delay in delivering the goods against Order No. 1225 causes us considerable inconvenience.

9. We are surprised that you have not yet delivered the goods against Order No. 1225.

10. This is not the first time we have had to complain of delay in delivery ot goods against our orders.

11. We must insist on your unconditional guarantee that the goods will be delivered at the end of September.

12. Should you fail to deliver the goods by the 20th August, we shall be compelled to cancel the order.

13. We are surprised that no advice has been received from you as the execution of our Order No. 1225.

14. Please despatch the Spare Parts by the first steamer available.

15. We refuse to accept the goods on the ground of late delivery.

16. We are sure you will give this matter your immediate attention.

17. We expect that you will look into the matter without delay.

18. As the delay in delivery has lasted over six weeks, you will have to pay us agreed and liquidated damages in accordance with clause 10 of the contract.

II

1. We are very sorry that you have to complain of delay in delivery of the goods.

2. We ask you to accept our apologies for the delay and the inconvenience you have been caused.

3. We apologize for the delay and trust that you have not been caused any serious inconvenience.

4. We assure you that we have done all we could to speed up delivery.

5. As the delay was entirely due to reasons beyond our control, we cannot be held responsible for it.

6. Unfortunately, production in our factory was held up for six weeks by a fire (*or* by a breakdown of machinery).

7. The delay in delivery occurred through no fault of ours.

8. The great pressure of orders for these goods has made it impossible for us to deliver the goods in August.

Приложение

Слова и выражения

I

elsewhere *зд.* у другой фирмы
strength сила; **on the strength** в силу
to complain жаловаться (*на что-л.*- of, about)
unconditional безусловный, безоговорочный
to compel вынуждать, заставлять
ground основание, мотив, причина; **on the ground**
    на основании, по причине

II

entirely всецело, исключительно
to hold up останавливать, задерживать
through no fault of ours не по нашей вине

§ 61. PHRASES AND EXPRESSIONS USED IN CONNECTION WITH UNSATISFACTORY OR DAMAGED GOODS

I

1. We regret to inform you that the examination of the goods shipped by M. V. "Svetlogorsk" against Contract No. 1250 has shown that they are not in accordance with the contract specification.

2. The bulk of the goods discharged from the vessel do not correspond with the samples submitted.

3. The goods shipped by you in execution of our Order No. 1500 do not correspond with the sample on the basis of which the order was placed (*or* which led to our placing the order).

4. We have received serious complaints from our Clients with regard to the machine supplied by you against Contract No. 142.

5. We regret having to complain of some grave defects in the machine delivered by you in execution of our Order No. 1682.

6. Our experts have come to the conclusion that the apparatus is quite useless for the purpose intended.

7. As the period of guarantee has not yet expired, we ask you to replace-the apparatus by another one.

8. We have examined the goods in the damaged cases and find that we cannot use them.

9. The quality (*or* The goods) is (are) not up to sample (*or* inferior to sample).

10. We regret to inform you that some of the Spare Parts shipped by S. S. "Erevan" against Order No. 1225 do not correspond with your invoice of the 20th May.

11. We have received the Bearings shipped by you against Order No.. 12156 and find everything correct with the exception of 20 Bearings the size of which is RNP20 instead of RNP19 as ordered.

12. We cannot make use of the goods and are very sorry to have to place them at your disposal.

13. The goods are being held at your disposal pending your instructions as to how they should be returned.

14. Altogether 120 bales of Rubber Nos. 440-559 do not correspond to the-quality contracted for and we claim an allowance of $1^{1}/_{4}$ d per pound.

15. Failing your acceptance of our offer, the claim will be submitted to Arbitration.

16. We are making a claim on (against) you for inferior quality of the goods as follows:
....

Приложение

17. While discharging a cargo of Soya Beans from Vladivostok brought by the S. S. "Erevan", our stevedores came upon a large quantity of bags in hold No. 1 severely damaged by sea water.

18. We opened at random a number of cases which showed no signs of damage on the outside, and found that the contents were badly damaged.

19. We can accept the goods only on condition that you grant us an allowance of ... per ... .

20. In the circumstances, we are compelled to give you formal notice of claim for Inferior quality of the goods shipped on all Bills of Lading.

21. We estimate that the damage amounts to ... .

22. From the calculation enclosed you will see that our losses amount to 7.5% of the value of the goods, and we propose that you should allow us such a discount in settlement of our claim (*or* and we ask you to make us an allowance to this extent).

II

1. We are sorry to see from your letter of ... that you are not satisfied with the quality of the consignment shipped by the s. s. ... .

2. We regret to hear that the goods dispatched in execution of your Order No. ... have not met with your approval.

3. We are sorry that you have had trouble with the Grinding Machine delivered against your Order No. ... .

4. We should be obliged if you would return us a few pieces so that we could look into the matter.

5. We suggest that the consignment should be examined by experts.

6. We have instructed our Agents Messrs. ... to appoint an expert to investigate the matter and will write to you as soon as we receive his report.

7. The goods had been carefully examined before shipment and found in excellent condition.

8. We had specially selected the goods which were superior to the samples in every respect.

9. We have carefully examined your complaint and find that it is apparently due to a misunderstanding.

10. We are surprised to learn from your telegram and subsequent letter, both dated the ... that you refuse to accept the goods shipped by s. s. ... alleging that they are inferior to the samples which led to the conclusion of the contract.

11. We cannot accept your claim for the following reason.

12. We cannot be responsible for any damage incurred during the transport.

13. We must state that in no way can we hold ourselves responsible for the alleged damage to the goods ex s. s. ... .

14. We agree to consider a settlement of the claim on the lines proposed in Mr. A.'s report.

15. We hope that you will be satisfied with this explanation and withdraw your claim.

16. In the opinion of our expert, £, ... would be a fair compensation.

17. We agree to pay you, without prejudice, £ ... in full and final settlement of your claim.

18. We maintain that we are not liable for the damage, but considering our long-standing business relations and the loss you have suffered, we offer you as a token of goodwill the sum of £... in full and final settlement of your claim.

19. We do not see our way (*or* we are unable) to grant you a discount of $7^1/_2$ per cent. in settlement of your claim. The utmost we are prepared to allow you is 5 per cent.

20. We prefer to settle the matter by arbitration rather than to pay such an allowance which we consider to be (very much) exaggerated.

Приложение

21. We feel sure that you will withdraw your claim after a closer examination of the goods.
22. As our guarantee does not cover damage resulting from failure to comply with our Maintenance Instructions, we think you will agree that we cannot be expected to replace the damaged parts free of charge.
23. We trust you will agree that this concession on our part is a satisfactory solution of the difficulty.

Слова и выражения

unsatisfactory неудовлетворительный
bulk большая часть, основная часть
to discharge разгружать
to lead (led) вести, привести
grave серьезный; *синоним* **serious**
to be up to something быть на уровне, быть в соответствии, соответствовать; **to be up to sample** соответствовать образцу
bearing подшипник
exception исключение; **with the exception** за исключением
pending в ожидании, до
bale кипа, тюк
the quality contracted for качество, обусловленное в договоре
failing в случае отсутствия, в случае невыполнения, несовершения;
failing your acceptance of our offer если Вы не акцептуете (*или* не примете) наше предложение
voyage рейс
marks маркировка
soya beans соевые бобы
stevedore стивидор, грузчик
to come upon something натолкнуться на что-л., встретиться с чём-л., обнаружить что-л.
severely очень, очень сильно; *синоним* **badly**
at random наугад
on the outside снаружи, с наружной стороны
notice of claim заявление о претензии, извещение о претензии; **to give formal notice of claim** официально заявить (*или* известить) о претензии

II

we regret to hear с сожалением узнали
to meet with somebody's approval быть одобренным кем-л., удовлетворить кого-л.
superior лучше (*чего.* Чем - to)
apparently по-видимому
misunderstanding недоразумение

we are surprised to learn мы с удивлением узнали
to allege утверждать (что) якобы; **alleging that they are inferior to the samples** заявляя, что он (*товар*) якобы хуже образцов
to incur навлечь на себя; происходить; **damage incurred during the transport** порча, происшедшая во время перевозки
in no way can we hold ourselves responsible for the alleged damage to the goods мы никоим образом не можем считать себя ответственными за поврежденный, согласно-Вашему утверждению, товар
on the lines в духе, в направлении
explanation объяснение
fair справедливый; **fair compensation** вполне достаточная компенсация
prejudice ущерб, ограничение; **without prejudice** без ущерба для наших прав
to maintain утверждать
settlement расчет; **in full and final settlement** в полный и окончательный расчет
liable ответственный; *синоним* **responsible**
long-standing долголетний, давнишний; **long-standing business relations** долголетние деловые отношения
token знак
goodwill доброжелательность; **as a token of goodwill** в знак доброжелательности
to see one's way to do something найти возможным сделать что-л.
the utmost самое большое
rather than скорее чем
to exaggerate преувеличивать
close подробный
o comply with соблюдать что-л., следовать чему-л., поступать согласно чему-л.
failure (*в сочетании с инфинитивом указывает на невыполнение действия*) **failure to comply with our Maintenance Instructions** несоблюдение наших инструкций по уходу

Приложение

§ 62. PHRASES AND EXPRESSIONS USED IN CONNECTION, WITH SHORTAGE IN WEIGHT, UNSATISFACTORY PACKING, ETC.

I

1. We regret to draw your attention to the fact that a shortage (*or* a deficiency) in weight of 12 cwt. was found when the goods were discharged.

2. We find that eleven bales show a landed weight of 2,496 lbs. against a shipping weight of 2,750 lbs., thus showing a loss of 254 lbs.

3. We must ask you to send us your credit note for the value of the goods short-shipped, viz.£... .

4. A considerable number of cases arrived in a badly damaged condition, the lids being broken and the contents crushed.

5. The packing of the goods is inadequate and unsuitable to local conditions.

6. The consignment contains only 35 cases whereas 42 cases are stated on the Bill of Lading.

7. Unfortunately you did not send us the Bill of Lading for these goods and in order to obtain delivery we have had to incur extra expenses for which we hold you responsible.

8. We trust you will pay the greatest attention to packing so as to avoid any breakage in future.

II

1. We have received your letter of ... claiming for shortage in weight in the consignment of Cotton shipped by s. s. "Erevan".

2. We request you to send us the certificates of landed weights for the consignment in ques.ion to enable us to compare them with the shipped weights.

3. The loss in weight was clearly caused by pilferage, and a claim should be made by you against the Underwriters.

4. We regret to learn from your fax that 20 cases ex s. s. "Svir" arrived in damaged condition.

5. The goods were packed in strong cases and with the greatest care, and we can only conclude that the cases have been stored and handled carelessly.

6. We should recommend you to lodge your claim with the Insurance Company.

7. We must point out that the Bill of Lading for these goods is a "clean" one, i. e. it does not contain any qualifications in respect of the packing and condition of the goods.

8. We have taken up the matter with the Shipping Company and requested them to send an explanation to you direct.

9. We are sorry to disagree with you on this matter.

10. We regret very much that we are unable to meet your request (*or* to comply with your request).

Приложение

Слова и выражения

I

deficiency недостача, нехватка; *синоним* **shortage**
landed weight вес при выгрузке, выгруженный вес
shipping weight вес при погрузке, погруженный вес
credit note кредитовое авизо
short-shipped оставшийся непогруженным
lid крышка
to crush дробить, раздавливать, мять
breakage поломка

II

pilferage хищение, воровство *(из отдельных мест груза)*
underwriter страховщик *(лицо, принимающее на страхование имущество)*
care внимание, осторожность, тщательность
to handle обращаться, обходиться
carelessly небрежно
to lodge предъявлять *(требование, претензию)*; **to lodge a claim with somebody** предъявлять претензию к кому-л.
qualification оговорка
to take up the matter with somebody возбудить вопрос перед кем-л.
shipping company пароходная компания
to disagree не соглашаться *(с кем-л.* - with somebody); **we are sorry to disagree with you** к сожалению, мы не можем согласиться с Вами
to meet a request удовлетворить просьбу
to comply with a request исполнить просьбу, удовлетворить просьбу

ФИНАНСОВЫЕ ДОКУМЕНТЫ
FINANCIAL DOCUMENTS

§ 63. BILL OF EXCHANGE

A bill of exchange (also called a bill) is a written order, addressed by one person to another, to pay on demand or at a specified date a stated sum to a specified person or to his order, or to bearer. English and American law give the following definition of a bill of exchange:

"A bill of exchange is an unconditional order in writing, addressed by one person to another, signed by the person giving it, requiring the person to whom it is addressed to pay on demand or at a fixed or determinable future time, a sum certain in money to or to the order of a specified person, or to bearer."

Bills are either inland or foreign.

An inland bill is one which is drawn by a person in one country upon another person resident in the same country as a bill drawn in London upon a person in Sheffield.

A foreign bill is one which is drawn by a person resident in one country upon another person resident in some other country, as a bill drawn in New York upon a firm in London.

Let us suppose that Smith & Co., Ltd., of London have sold goods to A. B. White & Cu. of Sheffield and that the contract provides for payment by a three months' bill. Let us further suppose that the amount to be paid to the Sellers at the expiration of the three months is ^ 258.10.6.

Smith & Co., Ltd., will then draw the following bill upon A. B. White & Co.:

£ 258   Due 11th May, 19...

London, 8th February, 19...

Stamp   .Three months after date pay to our order the sum of two hundred
               and fifty-eight pounds.

To Messrs. A. B. White & Co.   For and on behalf of Smith
   Sheffield   Co, Ltd. (Signatures)

The person who draws or makes out the bill (Smith & Co., Ltd.) is called the drawer, the person upon whom it is drawn (A. B. White & Co.) is called the drawee. The drawee is the person who will have to pay. In its present form the document is called a draft, and in this state it is sent by Smith & Co., Ltd., to A. B. White & Co. to be signed, or as it is called, accepted. When A. B. White & Co. receive the draft, if they are willing to pay as directed in the draft, they write on the paper, and, generally, across the face of it, the word "accepted", together with their name, and, very likely, the name of their bank, where the amount will be paid:

> Accepted
> Payable at
>
> the Sheffield City Bank, Ltd.
> A. B. White & Co.

The draft has now become an acceptance* and, because-they have accepted it, A. B. White & Co. are called the acceptor. In its altered form the draft is returned to the drawer, Smith & Co., Ltd.

It will be noticed that the bill is due on the eleventh of May, three months and three days from the eighth of February.

The three extra days allowed in England for the payment of the bill are called days of grace.

Suppose, however, that Smith & Co., Ltd., desire to obtain money for the bill before the date on which it falls due. They can do so by taking it to banker, who will cash it for them, giving them the amount stated on the bill less the charge for cashing it. This is called discounting the bill, and the amount charged by the banker is called discount. When selling the bill the drawer endorses it,'that is, he writes his name across the back of the bill, which then becomes a negotiable document, and may be passed from one person to another, each one endorsing it in turn, until it is presented, on the eleventh of May, for payment at the bank mentioned by A. B. White & Co.

Bills may be drawn at a stated time after date as above, at sight (on demand) or at a stated time after sight.

The following is a specimen of a bill drawn at a stated time after sight.

When William Brown & Co. receive this document for accepting, they sign name across it, as in the previous case, and add the date on which they do so.

£70 10s. Od.

London, 8th May, 19...

Fourteen days after sight pay to our order the sum of seventy pounds ten shillings sterling for value received.

Per Pro James Benson & Co.
(Signatures)

To Messrs. William Brown & Co.
15 High Street, Manchester.

---

* In commercial correspondence "draft" is often used instead of "acceptance" or "bill of exchange".

Приложение

Foreign bills are usually drawn in sets of three, and sent abroad by different mails, so that in case the first gets lost by any means, the second or third may be safely delivered. Only one part (one bill of the set) should be accepted by the drawer.

The following is a specimen of a part of a foreign bill:

Bill of Exchange for $5,000

New York, May 1, 19...

Ninety days after sight of this First of Exchange (Szconi anJ Third of the same date ani tenor bein^ unpaid) pay to the order of Messrs. Collecting Bank, Ltd. , the sum of five thousani dollars only. Value received and charge to account of

The American Exporting Corporation
(Signatures)

To British Importers. Ltd.
35 Cheapside,
London, E. C.

When the bill has been drawn by an exporter, he attaches to it the shipping documents and hands the bill to the bank for collection., instructing the collecting bank how to deliver the documents to the Buyer. If the documents are to be surrendered only against payment, the documentary bill is known as a "D/P" bill (D/P=documents against payment). If the instructions are to surrender the documents against acceptance of the bill, the documentary bill is called a "D/A" bill (D/A= documents on acceptance).

If the bill is payable to the exporter himself ("pay to our order"), he endorses it on the back, before handing the bill to his bank for collection. The bank then places its own endorsement on the bill making it payable to its correspondent in the drawee's town.

There are different kinds of endorsements (or indorsements). An endorsement in blank (or blank endorsement) represents merely the signature of the endorser on the back of the bill without any direction as to whom or to whose order the bill is to be payable; the bill is then payable to bearer. A special endorsiment specifies the name of the payee:

Pay to the order of Messrs A. Robinson & Co.
For and on behalf of Smith & Co., Ltd.
(Signatures)

A restrictive endorsement may be a mere authority to deal with the bill as directed by the endorser:

Pay the Collecting Bank, Limited, or order for collection
For and on behalf of Smith & Co., Ltd.
(Signatures)

Приложение

Слова и выражения

on demand по требованию
determinable который может быть определен
a sum certain in money определенная сумма денег
to the order приказу
specified person обозначенное лицо
bearer податель, предъявитель
inland bill внутренний переводный вексель
foreign bill иностранный переводный вексель
resident проживающий
due 11th May срок платежа 11 мая, срочный 11 мая
drawer трассант *(лицо, выставившее тратту)*
drawee трассат *(лицо, на которое выставлена тратта)*
acceptor акцептант
days of grace льготные дни
suppose = **let us suppose** предположим **to fall due** наступать сроку
to cash платить *(по чеку, векселю)*

to discount 3(3. учитывать, дисконтировать *(вексель)*
negotiable который может быть переуступлен, оборотный; **negotiable document** оборотный документ
in turn по очереди
to draw a bill at a stated time выписать тратту со сроком платежа в указанное время
sight предъявление; **at sight** по предъявлении
first of exchange = **first bill of exchange** первый экземпляр переводного векселя
to charge дебетовать; **charge to account** дебетуйте счет
collection инкассирование; **for collection** на инкассо
to surrender выдавать
blank endorsement бланковый индоссамент
endorser индоссатор *(лицо, совершающее передаточную надпись)*
special endorsement именной индоссамент
restrictive endorsement ограниченный индоссамент

§ 64. TELEGRAPHIC TRANSFER (T. T.)

When the debtor has to settle his account without delay, he can buy a telegraphic transfer (*or* cable transfer) from a bank, paying the equivalent amount at the current rate of exchange plus the cost of the telegram to be sent by the bank. The bank will then send their correspondent in the creditor's town a telegram in a secret code instructing the correspondent to pay the creditor or to his order the amount of the debt. This method is called for short T. T.

Слова и выражения

telegraphic transfer (сокр. T. T.) телеграфный перевод
debtor должник

§ 65. MAIL TRANSFER (M. T.)

Instead of cabling the money, the bank can send a transfer (*or* a mail payment) by forwarding a letter to their correspondent, instructing the correspondent to pay the amount of the debt to the creditor direct or through his bank

Слова и выражения

mail transfer почтовый перевод

Приложение

§ 66. CHEQUES

A cheque (*or* in U. S. A.- check) is defined as a bill of exchange drawn on a bank and payable on demand.

The holder of a bearer cheque can receive its value in cash from the bank on which it is drawn.

The following is a form of a bearer cheque:

```
                                                         No.  ...
                                                    London,    19

Brown's Bank Limited
Pay to Mr. A. White or bearer                          Stamp
the sum of twenty pounds only.


£ 20-0-0
                          John Smith
```

An order cheque is also payable direct to the holder, but the latter must endorse it before such a cheque can be cashed at the bank.

In order to safeguard the cheque it is often crossed. The purpose of crossing is to instruct the bank not to pay the amount of the cheque over the counter, but only tt-rourgh another bank.

The following is a form of an order cheque (crossed):

```
                          No. ...
                        London,           ... 19 ...

       Brown's           Bank            Limited
     Pay to Mr,         A. White,        or order
     the sum 10/6       of three         hundred pounds



                       John  Smith        Stamp

  £300-10-6
```

General crossing consists in drawing two parallel lines across the face ot the cheque with the words "and Company", "& Co." or "not negotiable" between them. Two parallel lines without these words also consititute a crossing:

When the name of a bank is written across the face of a cheque either with or without the words "not negotiable", this addition constiiutes a special crossing, the cheque is then crossed specially and to that bank. The name of the bank may be between parallel lines, or it may stand alone without any lines.

A special crossing directs the bank on which the cheque is drawn to pay the amount of the cheque to the payee's account at the bank indicated in the crossing.

Слова и выражения

bearer cheque чек на предъявителя
order cheque ордерный чек
to safeguard охранять, ограждать
crossed cheque кроссированный чек, перечеркнутый чек.

counter зд. окошко кассира
to draw чертить
not negotiable не подлежит передаче

§ 67. BANK CREDITS

Sellers often stipulate in contracts that payment should be made by Buyers by means of a credit established (or opened) by the Buyers with a bank in favour of the Sellers. This means that the Buyers must go to their bank and arrange that the bank should open a credit under which the bills of exchange (payable at sight or at a stated time - according to the contact) accompanied by shipping documents will be drawn by the Sellers on the bank, and not on the Buyers.

If a bank issues a revocable credit, it has the right to revoke it at any time without notice to the beneficiary (i. e. the Sellers of the goods).

The bank which agrees to issue an irrevocable credit, cannot cancel it, even if the Buyers ask them to do so.

Слова и выражения

revocable отзывной

Приложение

§ 68. SPECIMEN LETTER OF CREDIT (REVOCABLE)

IMPORTERS BANK, LTD.

Foreign Branch, London, E. C. 2

Revocable Credit No ...

Dated London Amount f,

(Please quote this reference
on all correspondence
relating hereto)

Amount £ ...

To _____

At the request of _____

we hereby advise having opened our Revocable Credit in your favour: drafts to be drawn on us at _____ to the extent of ...

The following documents (complete set unless otherwise stated) must accompany your draft(s):

1. Bills of Lading —— on Board / Received for Shipment —— Clean, To Order, and endorsed in blank.

2. Invoice.

3. —— Policy / Certificate —— of Insurance covering —— marine / marine and war —— risks for invoice value plus ... per cent.

Other insurance risks to be covered ...

4. Other documents _____
Evidencing shipment of

Merchandise { Decription / Quantity / Weight }   Price   C. I. F.
S. & F.
F. O. B.
F. O. R.

From _____ to _____

In —— part consignments / one consignment ——, when pro rata drawings —— may / may not —— be made.

676

Drafts drawn hereunder must clearly specify the number of this credit. Nothing in this letter is to be taken as confirmation of the credit, which s revocable and therefore subject to cancellation at any time without notice.

          Yours faithfully,
          For and on behalf of Importers Bank, Ltd..
          (Signature)

Слова и выражения

"received for shipment" bill of lading коносамент на груз, принятый для отправки
"to order" bill of lading ордерный коносамент
endorsed in blank с бланковым индоссаментом, с бланковой передаточной надписью
certificate of insurance страховой сертификат
to evidence явиться доказательством; evidencing являющийся доказательством

C. & F. = cost and freight каф = сто-имость и фрахт *(условие продажи, по которому цена включает расходы по фрахту)*
in part consignments отправка частями; in one consignment одним грузом
drawing выписка тратт; **pro rata drawing** выписка тратт на суммы, пропорциональные количеству груза

§ 69. SPECIMEN LETTER OF CREDIT (IRREVOCABLE)

IMPORTERS BANK. LTD

Foreign Branch, London, E. C. 2

Irrevocable Credit No. . . .   Dated London ...
(Please quote this reference   Expiring in London
on all correspondence   Amount £
relating hereto)

To_____
  At the request of_____
we hereby authorise you to draw on us at_____
to the extent of_____

The following documents (complete set unless otherwise stated) must accompany your draft(s):

         on Board
1. Bills of Lading _____ Clean, to Order, and edosed in blank.
       Received for Shipment
2. Invoice.

   Policy   marine
3. —————— of Insurance covering —————- risks for invoice value plus_____.per cent.
   Certificate   marine and war
Other insurance risks to be covered ...

Приложение

4. Other documents _____

Evidencing shipment of

Merchandise
- Description _____ — C. I. F.
- Price — C. &. F.
- — F.O.B.
- Quantity
- Weight — F.O.R.

In ⎯⎯⎯⎯⎯⎯ (part consignments / one consignment), when pro rata drawings ⎯⎯⎯⎯ (may / may not) be made.

Drafts drawn hereundier must clearly specify the number of this credit, and must be presented on or before ....

We hereby undertake to accept and/or pay all drafts regularly drawn upon us under this credit.

       Yours faithfully,
      For and on behalf of Importers Bank, Ltd.,
         (Signature)

§ 70. ОБОЗНАЧЕНИЕ И ЧТЕНИЕ ДЕНЕЖНЫХ СУММ В ВАЛЮТЕ США

1. В США расчетными денежными единицами являются dollar *доллар*. и cent *цент*.. В долларе 100 центов.

2. Слово dollar(s) *доллар(ы)* обычно обозначается сокращенно знаком $ или $, стоящим перед числом вплотную к нему: $25-*25 долларов*.

Денежные суммы, состоящие из одних долларов (без центов), обозначаются одним из следующих способов: $25; $25.00; $25:00; $25^{00}; $25^{00}/$_{100}$. Все эти обозначения читаются twenty-five dollars.

Обозначения $25^{00} и $25^{00}/$_{100}$ часто встречаются в чеках и векселях.

Когда хотят указать, что речь идет именно о долларах США в отличие, например, от канадских или мексиканских долларов, то перед знаком $ ставятся буквы U.S. или U.S.A.: U.S.$25.00 *25 долларов США*. При обозначении или повторении суммы прописью ее пишут следующим образом: $25.00 (twenty-five ^{00}/$_{100}$ dollars), U.S. $25.00 (twenty-five ^{00}/$_{100}$ U. S. dollars).

Если количество цифр в числе долларов больше трех, то каждые три цифры справа налево отделяются запятой: $2,250,136.00- two million two hundred and fifty thousand a hundred and thirty-six dollars *2 250 136 долларов*.

3. Слово cent(s) *центы* обозначается либо полностью, либо сокращенно буквой с (с точкой или без точки), стоящим после числа: 1 cent, lc., one cent *один цент;* 10 cents, 10c., 10c-ten cents *десять центов*.

Центы обозначаются также следующими способами: $0.01 или $0.1 (читается one cent) *один цент;* $0.05 или $0.5 (читается five cents) *пять центов;* $0.10 или $.10 (читается ten cents) *десять центов;* $0.65 или $.65 (читается sixty-five cents) *шестьдесят пять центов*.

Приложение

Когда хотят указать, что речь идет именно о валюте США, то перед словом cent(s) или перед сокращениями с. ставят буквы U.S. или U.S.A.: 5 U.S. cents, 5 U.S. c., 5 U.S., *с 5 центов США*.

При обозначении суммы в центах прописью слово cent(s) пишется полностью: 25 c. - twenty-five cents, 25 U.S.c. - twenty-five U.S. cents.

4. Суммы, состоящие из долларов и центов, обозначаются и читаются следующим образом:

$18.01, $18:01, $18 $^{01}/_{100}$-eighteen dollars and one cent *18 долларов 1 цент;*
$18.10, $18:10, $18 $^{10}/_{100}$-eighteen dollars and ten cents *18 долларов 10 центов;*
$18.65, $18/65, $18 $^{65}/_{100}$-eighteen dollars and sixty-five cents *18 долларов 65 центов;*
$18.02 $^{3}/_{4}$, $18:02 $^{3}/_{4}$-eighteen dollars and two and three quarters cents *18 долларов 2 $^{3}/_{4}$ цента;*
$3,225.65, $3.225:65, $3.225 $^{65}/_{100}$ - three thousand two hundred and twenty-five dollars and sixty-five cents 3225 *долларов и 65 центов*

При обозначении или повторении суммы в долларах и центах прописью центы обычно пишутся в виде дроби перед словом dollars следующим образом: $325.45 (three hundred and twenty-five and $^{45}/_{100}$ dollars),U.S. - $325.45 (three hundred and twenty-five and $^{45}/_{100}$ U. S. dollars).

ЛЕКСИКОГРАФИЧЕСКИЕ ИСТОЧНИКИ

1. Shane R. DeBeer. - Business and Law Dictionary.- Hippocrene Books, Inc.,New York, USA.-1995
2. The Oxford Russian Dictionary.- Oxford University Press.- New York.- 1994
3. F.Henderson. A Dictionary of Scientific Terms.- Fifth edition by J.H.Kenneth.-New York.- USA.1953
4. И.Ф.Жданова.Русско-английский экономический словарь.-М.-Русский язык.-1999
5. А.Чмель. Англо-русский словарь бухгалтерских терминов.- Финансы и статистика.- М.-1998
6. Webvster's New Encyclopedic Dictionary.- Black Dog & Leventhal Publishers, Inc.- New York.-1993

ДЛЯ ЗАМЕТОК

ДЛЯ ЗАМЕТОК

ДЛЯ ЗАМЕТОК

ДЛЯ ЗАМЕТОК

ДЛЯ ЗАМЕТОК

Издательская группа АСТ

Издательская группа АСТ, включающая в себя около **50 издательств** и редакционно-издательских объединений, предлагает вашему вниманию **более 10 000** названий книг самых разных видов и жанров.

Мы выпускаем классические произведения и книги современных авторов.

В наших каталогах — интеллектуальная проза, детективы, фантастика, любовные романы, книги для детей и подростков, учебники, справочники, энциклопедии, альбомы по искусству, научно-познавательные и прикладные издания, а также широкий выбор канцтоваров.

В числе наших авторов мировые знаменитости:

Сидни Шелдон, Стивен Кинг, Даниэла Стил, Джудит Макнот, Бертрис Смолл, Джоанна Линдсей, Сандра Браун, создатели российских бестселлеров Борис Акунин, братья Вайнеры, Андрей Воронин, Полина Дашкова, Сергей Лукьяненко, Фридрих Незнанский, братья Стругацкие, Виктор Суворов, Виктория Токарева, Эдуард Тополь, Владимир Шитов, Марина Юденич, а также любимые детские писатели Самуил Маршак, Сергей Михалков, Григорий Остер, Владимир Сутеев, Корней Чуковский.

Издательская группа АСТ

129085, Москва, Звездный бульвар, д. 21, 7-й этаж
Справки по телефону:
(095) 215-01-01, факс 215-51-10
E-mail: astpub@aha.ru   http://www.ast.ru

Книги издательской группы АСТ вы сможете заказать и получить по почте в любом уголке России. Пишите:

107140, Москва, а/я 140

ВЫСЫЛАЕТСЯ БЕСПЛАТНЫЙ КАТАЛОГ

Книги издательской группы АСТ вы сможете заказать и получить по почте в любом уголке России. Пишите:

107140, Москва, а/я 140

ВЫСЫЛАЕТСЯ БЕСПЛАТНЫЙ КАТАЛОГ

Вы также сможете приобрести книги группы АСТ по низким издательским ценам в наших **фирменных магазинах**:

Москва

- м. «Перово», ул. 2-я Владимирская, д. 52, тел. 306-18-91, 306-18-97
- м. «Алексеевская», Звездный б-р, д. 21, стр. 1, тел. 232-19-05
- м. «Павелецкая», ул. Татарская, д.14, тел. 959-20-95
- м. «Маяковская», ул. Каретный ряд, д. 5/10, тел. 209-66-01, 299-65-84
- м. «Царицыно», ул. Луганская, д. 7, корп. 1, тел. 322-28-22
- м. «Таганская», м. «Марксистская», Б. Факельный пер., д. 3, стр. 2, тел. 911-21-07
- м. «Кузьминки», Волгоградский пр., д. 132, тел. 172-18-97
- ТК «Крокус-Сити», 65-66-й км МКАД, тел. 754-94-25
- м. «Сокольники», м. «Преображенская площадь», ул. Стромынка, д. 14/1, тел. 268-14-55
- м. «Варшавская», Чонгарский б-р, д. 18а, тел. 119-90-89
- Зеленоград, корп. 360, 3-й мкрн, тел. 536-16-46
- ТК «Твой дом», 24-й км Каширского шоссе, «Книги на Каширке»

Регионы

- г. Архангельск, 103-й квартал, ул. Садовая, д. 18, тел. (8182) 65-44-26
- г. Белгород, пр. Б. Хмельницкого, д.132а, тел. (0722) 31-48-39
- г. Калининград, пл. Калинина, д.17-21, тел. (0112) 44-10-95
- г. Краснодар, ул. Красная, д. 29
- Ярославская обл., г. Рыбинск, ул. Ломоносова, д. 1/Волжская наб., д. 107
- г. Оренбург, ул. Туркестанская, д. 23, тел. (3532) 41-18-05
- г. Череповец, Советский пр., д. 88а, тел. (8202) 53-61-22
- г. Н. Новгород, пл. Горького, д. 1/61, тел. (8312) 33-79-80
- г. Воронеж, ул. Лизюкова, д. 38а, тел. (0732) 13-02-44
- г. Самара, пр. Кирова, д. 301, тел. (8462) 56-49-92
- г. Ростов-на-Дону, пр. Космонавтов, д. 15, тел. (8-86-32) 35-99-00
- г. Новороссийск, сквер Чайковского
- г. Орел, Московское ш., д. 17
- г. Тула, Центральный р-н, ул. Ленина, д. 18

Издательская группа АСТ

129085, Москва, Звездный бульвар, д. 21, 7-й этаж
Справки по телефону:
(095) 215-01-01, факс 215-51-10
E-mail: astpub@aha.ru   http://www.ast.ru

Бизнес-словарь

Англо-русский
и русско-английский

Редактор В.С. Шайдрова
Художник Е.В. Матершева
Компьютерная верстка Е.Н. Макарова

Подписано в печать с готовых диапозитивов 20.12.02. Формат 84х108 $^1/_{16}$.
Бумага офсетная. Печать офсетная. Усл. печ. л. 72,24. Тираж 5100 экз. Заказ 1198.

Общероссийский классификатор продукции
ОК-005-93, том 2; 953004 — научная и производственная литература

ООО «Издательство АСТ»
368560, Республика Дагестан, Каякентский район,
с. Новокаякент, ул. Новая, д. 20
Наши электронные адреса:
WWW.AST.RU
E-mail:astpub@aha.ru

При участии ООО «Харвест». Лицензия ЛВ № 32 от 27.08.02.
220013, Минск, ул. Кульман, д. 1, корп. 3, эт. 4, к. 42.

Республиканское унитарное предприятие
«Минская фабрика цветной печати».
220024, Минск, ул. Корженевского, 20.